Henning Ottmann (Hrsg.)

# Nietzsche-Handbuch

Leben – Werk – Wirkung

Sonderausgabe

Verlag J. B. Metzler
Stuttgart · Weimar

Bibliografische Information der Deutschen Nationalbibliothek
Die Deutsche Nationalbibliothek verzeichnet diese Publikation in der Deutschen Nationalbibliografie; detaillierte bibliografische Daten sind im Internet über <http://dnb.d-nb.de> abrufbar.

ISBN 978-3-476-02403-9
ISBN 978-3-476-00662-2 (eBook)
DOI 10.1007/978-3-476-00662-2

Dieses Werk einschließlich aller seiner Teile ist urheberrechtlich geschützt. Jede Verwertung außerhalb der engen Grenzen des Urheberrechtsgesetzes ist ohne Zustimmung des Verlages unzulässig und strafbar. Das gilt insbesondere für Vervielfältigungen, Übersetzungen, Mikroverfilmungen und die Einspeicherung und Verarbeitung in elektronischen Systemen.

© 2000/2011 Springer-Verlag GmbH Deutschland
Ursprünglich erschienen bei J.B. Metzlersche Verlagsbuchhandlung und Carl Ernst Poeschel Verlag GmbH in Stuttgart 2011
www.metzlerverlag.de
info@metzlerverlag.de

# Inhaltsübersicht

| | |
|---|---|
| Vorwort | IX |
| Lektürehinweise | X |
| Artikelverzeichnis | XI |
| I. Zeit und Person | 1 |
| II. Werke in chronologischer Reihenfolge | 61 |
| III. Begriffe, Theorien, Metaphern | 183 |
| IV. Lektüren, Quellen, Einflüsse | 363 |
| V. Aspekte der Rezeption und Wirkung | 427 |
| Autorenverzeichnis | 531 |
| Bibliographie | 533 |
| Siglenverzeichnis | 535 |
| Register der Werke und Sachen | 536 |
| Namenregister | 553 |

# Inhaltsverzeichnis

## I. Zeit und Person
Nietzsches Zeit *(Christian Niemeyer)* .................................... 2
Nietzsches Leben *(Christian Niemeyer)* ................................... 9
Freunde *(Hubert Treiber)* ................................................ 35
Frauen *(Carol Diethe)* ................................................... 50
Nietzsches Krankheit *(Pia Volz)* ......................................... 57
Nietzsches Bibliothek *(Thomas H. Brobjer)* ............................... 59

## II. Werke in chronologischer Reihenfolge
Jugendschriften (1852–1869) *(Johann Figl/Hans Gerald Hödl)* .............. 62
Von der *Geburt der Tragödie* bis *Richard Wagner in Bayreuth (Holger Schmid)* ........ 74
Nachlaß (1872–1876) *(Holger Schmid)* ..................................... 87
Von *Menschliches, Allzumenschliches* bis zur *Fröhlichen Wissenschaft*
   *(Wiebrecht Ries/Karl-Friedrich Kiesow)* ............................. 91
Vom *Zarathustra* bis zu *Ecce homo (Marco Brusotti)* ..................... 120
Nachlaß 1880–1885 *(Claus Zittel)* ........................................ 138
Nachlaß 1885–1888 *(Maria Cristina Fornari)* .............................. 143
Die Gedichte *(Rüdiger Ziemann)* .......................................... 150
Philologica *(Gherardo Ugolini)* .......................................... 157
Briefe *(Renate Müller-Buck)* ............................................. 169
Die Kompositionen *(Dieter Schellong)* .................................... 179

## III. Begriffe, Theorien, Metaphern
Antisemitismus 184 – Aphorismus 185 – Apollinisch-dionysisch 187 – Architektur 190 – Ariadne 191 – Aristokratie 192 – Artistenmetaphysik 194 – Asketismus 195 – Ästhetik 197 – Aufklärung 200 – Barbaren 202 – Begriff 203 – Bewußtsein 203 – Blonde Bestie 205 – Buddhismus 206 – Christentum 207 – Darwinismus 212 – décadence 213 – Demokratie 215 – deutsch, der Deutsche 217 – Einsamkeit 218 – Erde: Treue zur Erde 219 – Erkenntnis 219 – Europa, Europäer 221 – Ewige Wiederkunft 222 – Experiment, Experimentalphilosophie 230 – Frau 232 – Freigeist 235 – Freundschaft 237 – Geist der Schwere 238 – Genie 239 – Gerechtigkeit 241 – Gesetz 242 – Gesundheit/Krankheit 243 – Gewissen 244 – Gott 245 – Grausamkeit 248 – Große Politik 248 – Heilig, der Heilige 250 – Held, Heros 251 – Herrenmoral – Sklavenmoral 253 – Historie 255 – Idiot 256 – Instinkt 256 – Irrtum und Schein 257 – Jasagen, Bejahung: Jasagen, Neinsagen 259 – Judentum 260 – Kapitalismus 262 – Kind 263 – Kraft 264 – Krieg, Kampf 266 – Kultur 266 – Lachen 268 – Leben 269 – Leib/Körper 271 – Leiden 273 – Leidenschaft 275 – Liebe 275 – Logik 276 – Lüge 277 – Lust 278 – Masse 279 – Metapher 280 – Metaphysik 281 – Mitleid 283 – Moral 284 – Musik 286 – Mythos/Mythologie 288 – Natur, das Natürliche 289 – Nihilismus 293 – Opfern 298 – Pathos der Distanz 299 – Perspektivismus 299 – Pessimismus 301 – Poetik 302 – Priester 303 – Rasse: Rassenreinheit, Herrenrasse 304 – Rausch 305 – Recht 306 – Redlichkeit, intellektuelle 308 – Religion 309 – Renaissance/Renaissancismus 311 – Ressentiment 312 – Rhetorik 313 – Romantik 315 – Schaffen 317 – Schauspieler, Maske 318 – Schuld 320 – Seele 321 – Selbst 321 – Selbstaufhebung 324 – Sklave, Sklaverei 325 – Sokratismus 326 – Sozialismus 327 -Sprachphilosophie 330 – Staat 331 – Strafe 333 – Subjekt 334 – Tanz, Tänzer 335 – Tragödie 336 – Trieb 339 – Typus 341 – Übermensch 342 – Umwerthung der Werthe 345 – Unbewußte, Das 347 – Unschuld des Werdens 348 – Vergessen 349 – Wahrheit 350 – Wille zur Macht 351 – Wissenschaft 355 – Zeichen 356 – Zeit 358 – Züchtung 360

## IV. Lektüren, Quellen, Einflüsse

Altes Testament *(Andreas Urs Sommer)* . . . . . . . . . . . . . . . . . 364
Antike, griechische *(Andrea Orsucci)* . . . . . . . . . . . . . . . . . . 365
Antike, römische *(Andrea Orsucci)* . . . . . . . . . . . . . . . . . . . 379
Christentum *(Jörg Salaquarda)* . . . . . . . . . . . . . . . . . . . . 381
Deutsche Klassik und Romantik *(Claus Zittel)* . . . . . . . . . . . . . 385
Deutscher Idealismus *(Renate Reschke)* . . . . . . . . . . . . . . . . 392
Englischer Utilitarismus *(Karl Brose)* . . . . . . . . . . . . . . . . . 394
Französische Aufklärung *(Giuliano Campioni)* . . . . . . . . . . . . . 397
Französische Moralistik *(Claus Zittel)* . . . . . . . . . . . . . . . . . 399
Malerei/Bildende Kunst *(Claus Zittel)* . . . . . . . . . . . . . . . . . 401
Naturwissenschaft *(Claus Zittel)* . . . . . . . . . . . . . . . . . . . 404
Philosophie der Neuzeit (17.–19. Jh.) *(Henning Ottmann)* . . . . . . . . 409
Philosophie und Theologie des 19. Jh. *(Andreas Urs Sommer)* . . . . . . 412
Politik *(Urs Marti)* . . . . . . . . . . . . . . . . . . . . . . . . . . 422
Psychologie *(Martin Stingelin)* . . . . . . . . . . . . . . . . . . . . 423
Sprachphilosophie *(Martin Stingelin)* . . . . . . . . . . . . . . . . . 424

## V. Aspekte der Rezeption und Wirkung

Altphilologie *(Andrea Orsucci)* . . . . . . . . . . . . . . . . . . . . 428
Architektur *(Henning Ottmann)* . . . . . . . . . . . . . . . . . . . . 430
Englischsprachige Welt *(Henning Ottmann)* . . . . . . . . . . . . . . 431
Film *(David Marc Hoffmann)* . . . . . . . . . . . . . . . . . . . . . 434
Frankreich *(Knut Ebeling)* . . . . . . . . . . . . . . . . . . . . . . 435
Geschichte der Nietzsche-Editionen *(Katrin Meyer)* . . . . . . . . . . . 437
Geschichte des Nietzsche-Archivs *(David Marc Hoffmann)* . . . . . . . 440
Italien *(Giorgio Penzo)* . . . . . . . . . . . . . . . . . . . . . . . . 443
Literatur und Dichtung (deutschsprachig) *(Bruno Hillebrand)* . . . . . . 444
Literatur und Dichtung (fremdsprachig) *(Bruno Hillebrand)* . . . . . . . 466
Musik *(Henning Ottmann)* . . . . . . . . . . . . . . . . . . . . . . 479
Nietzsche-Darstellungen in Malerei und bildender Kunst *(Henning Ottmann)* . . 480
Nietzsche-Kult *(David Marc Hoffmann)* . . . . . . . . . . . . . . . . 485
Pädagogik *(Christian Niemeyer)* . . . . . . . . . . . . . . . . . . . 486
Philosophie *(Hans-Martin Gerlach)* . . . . . . . . . . . . . . . . . . 489
Politik (Faschismus, Nationalsozialismus, Sozialdemokratie, Marxismus)
   *(Hans-Martin Gerlach)* . . . . . . . . . . . . . . . . . . . . . . 499
Psychologie *(Renate Müller-Buck)* . . . . . . . . . . . . . . . . . . 509
Rußland *(Maria Deppermann)* . . . . . . . . . . . . . . . . . . . . 514
Schweiz *(David Marc Hoffmann)* . . . . . . . . . . . . . . . . . . . 515
Skandinavien *(Thomas H. Brobjer)* . . . . . . . . . . . . . . . . . . 516
Soziologie *(Hubert Treiber)* . . . . . . . . . . . . . . . . . . . . . 520
Spanischsprachige Welt *(José Jara)* . . . . . . . . . . . . . . . . . . 526
Theologie *(Peter Köster)* . . . . . . . . . . . . . . . . . . . . . . . 527

# Vorwort

Ein Nietzsche-Handbuch ist – der Prominenz des Philosophen zum Trotz – bis heute nicht erschienen. Ein solches Handbuch ist ein Desiderat. Schon die enorme Wirkungsgeschichte Nietzsches ist nahezu unübersehbar geworden. Nach Gottfried Benn war Nietzsche »das größte Ausstrahlungsphänomen der Geistesgeschichte« – ein Wort, das sich auch in der zweiten Hälfte des 20. Jahrhunderts sowie in unserer Gegenwart erneut bewahrheitet hat.

Die Geschichte dieser enormen Wirkung Nietzsches war überschattet von Moden und Verteufelungen, reichend von der Editionspolitik des Nietzsche-Archivs und den Machenschaften der Schwester Nietzsches bis hin zu den bekannten politischen Indienstnahmen, sei es durch die nationalsozialistische Kulturpolitik, sei es durch die Instrumentalisierung Nietzsches im Marxismus-Leninismus, die noch in den letzten Lebensjahren der DDR seltsame Blüten trieb.

Vieles ist heute in der Nietzsche-Forschung anders geworden, als es war. Das Erscheinen der Kritischen Gesamtausgabe der Werke und Briefe Nietzsches (Colli/Montinari) hat der Nietzsche-Forschung erstmals eine verläßliche philologische Grundlage gegeben. An die Stelle des Bildes vom einsamen Denker, der unbeeinflußt von anderen Dichtern und Denkern seinen Weg geht, ist heute das Bild eines Nietzsche getreten, dessen Werk aus der Vielzahl der Lektüren und Quellen zu deuten ist, von denen sein Denken beeinflußt war.

Das Nietzsche-Handbuch soll die Diskussionen über Werk und Wirkung, Person und Zeit dokumentieren und erschließen. Es soll fern aller Nietzsche-Verteufelung und fern aller Nietzsche-Verherrlichung nichts als eine Hilfe für die Schule des genauen Lesens sein. In diese führt der Denker und Dichter Nietzsche wie wenige andere sonst, wenn er denn gelesen und nicht nur für die Zwecke der Gegenwart in Dienst genommen wird.

›Wer vieles bringt, wird manchem etwas bringen‹. Das Nietzsche-Handbuch stellt Werk und Wirkung, Begriffe und Metaphern, Lektüren und Einflüsse in 169 Artikeln vor. Gleichwohl mag mancher immer noch das eine oder andere Stichwort vermissen. Manche der vorgesehenen Artikel – wie etwa die über *Orte* oder *Dichtung des 19. Jahrhunderts* – haben die Redaktion nicht rechtzeitig erreicht. Für den fehlenden Artikel *Orte* sei verwiesen auf das schöne Buch von D. F. Krell und D. L. Bates, das Texte Nietzsches mit Photographien seiner Arbeits- und Lebensorte vereint (*The Good European. Nietzsche's Work Sites in Word and Image*, Chicago/London 1997). Den einen oder anderen Artikel hat der Herausgeber in letzter Minute beigesteuert. Immer noch bestehende Lücken wird erst eine zweite Auflage schließen können.

Die Idee, ein Nietzsche-Handbuch herauszugeben, geht auf Dr. David Marc Hoffmann zurück. Seine jetzige Gestalt gewonnen hat das Handbuch durch die Hilfe von Dr. Bernd Lutz und Dr. Oliver Schütze vom Metzler-Verlag. Zahlreiche Anregungen von Autoren sind berücksichtigt worden. Gedankt sei Frau Dr. Renate Müller-Buck für ihre zügige Übersetzung der Artikel aus dem Italienischen. Ein besonderer Dank gilt Herrn Matthias Eberl, M.A. und Herrn Dirk Lüddecke, M.A. für ihre kritische Lektüre, Herrn Peter Seyferth, M.A. und Herrn Philip Knöll für die redaktionelle Arbeit, die das Erscheinen des Handbuchs zum hundertsten Todestag des Philosophen überhaupt erst ermöglicht hat.

Beiträge zugesagt hatten die Kollegen Ernst Behler, Fritz Bornmann, Peter Heller und Jörg Salaquarda, die während der Entstehungszeit des Handbuches verstorben sind. Nur die Artikel von Jörg Salaquarda haben die Redaktion noch erreicht. Möge das Handbuch dem Anspruch genügen, der durch diese Gelehrten in der Nietzsche-Forschung etabliert worden ist!

Henning Ottmann, Juni 2000

# Lektürehinweise

Das Handbuch ist in fünf Abteilungen gegliedert. Die erste ist *Zeit und Person* gewidmet, der Epoche und dem Leben Nietzsches sowie jenen Menschen, denen er begegnet ist. Die zweite Abteilung stellt jedes der *Werke* Nietzsches doxographisch und in chronologischer Reihenfolge vor. Dabei werden auch die Gedichte, die Kompositionen, die Philologica, der Nachlaß der 80er Jahre und die Briefe gewürdigt. Die dritte Abteilung ist ein Lexikon, das von »Antisemitismus« bis zu »Züchtung«, von »Aufklärung« bis zu »Zeichen« *Begriffe, Theorien und Metaphern* erläutert. In der vierten Abteilung werden die *Lektüren, Quellen und Einflüsse* aufgeschlüsselt, die in Nietzsches Werke eingegangen und zum größten Teil erst in den letzten Jahrzehnten erschlossen worden sind. Die fünfte Abteilung versucht einen Eindruck zu geben von den *Aspekten der Rezeption und Wirkung*, die in Altphilologie und Pädagogik, Psychologie und Soziologie genauso enorm gewesen sind wie in Architektur und Musik, in Dichtung, Philosophie oder Politik.

Zitiert wird nach der *Kritischen Studienausgabe in 15 Bänden* (KSA). Für die Jugendschriften und die Philologica wird auf die *Kritische Gesamtausgabe* von Colli und Montinari (KGB) oder – wo noch nötig – auf die *Historisch-kritische Gesamtausgabe* (BAW) zurückgegriffen. Nietzsches Briefe werden durch den Adressaten und das Datum belegt. Briefe an Nietzsche werden nach der *Kritischen Gesamtausgabe der Briefe* (KGB) zitiert. Wo Nietzsche Aphorismen fortlaufend numeriert hat, wird die Nummer des jeweiligen Aphorismus im Zitatnachweis genannt. Nachlaßfragmente werden unter der Sigle »N« unter Angabe des jeweiligen Bandes der KSA aufgeführt. Dazu wird in den meisten Fällen auch die Nummer des jeweiligen Fragmentes mitgenannt.

Hinweise auf Speziallitteratur finden sich am Ende eines jeden Artikels. Standardliteratur wird aus der Gesamtbibliographie (S. 533f.) zitiert. Zitate aus Nietzsches Werken werden mit Hilfe der gängigen Siglen nachgewiesen (siehe das Siglenverzeichnis).

Ein alphabetisches Stichwortverzeichnis im Anschluß an diese Hinweise erleichtert die Suche nach Artikeln, auf die durch Pfeile innerhalb einzelner Artikel verwiesen wird.

# Artikelverzeichnis

Also sprach Zarathustra  120–122
Altes Testament (Lektüren, Quellen, Einflüsse)  364–365
Altphilologie (Wirkungsgeschichte)  428–429
Antike, griechische (Lektüren, Quellen, Einflüsse)  365–379
Antike, römische (Lektüren, Quellen, Einflüsse)  379–381
Antisemitismus  184–185
Aphorismus  185–187
Apollinisch-dionysisch  187–190
Architektur (Begriffe, Theorien, Metaphern)  190–191
Architektur (Wirkungsgeschichte)  430–431
Ariadne  191–192
Aristokratie  192–194
Artistenmetaphysik  194–195
Asketismus  195–197
Ästhetik  197–200
Aufklärung  200–202
Barbaren  202–203
Begriff  203
Bewußtsein  203–205
Blonde Bestie  205–206
Briefe  169–178
Buddhismus  206–207
Christentum (Begriffe, Theorien, Metaphern)  207–212
Christentum (Lektüren, Quellen, Einflüsse)  381–385
⟨Darstellung der antiken Rhetorik⟩  167
Darwinismus  212–213
Das griechische Musikdrama  161
Das Verhältnis der Schopenhauerschen Philosophie zu einer deutschen Cultur  78
David Strauss der Bekenner und der Schriftsteller  78–80
De Laertii Diogenis fontibus  159–160
De Theognide Megarensi  158
décadence  213–215
Demokratie  215–217
Der Antichrist  132–134
Der Fall Wagner  126–128
Der Florentinische Tractat über Homer und Hesiod, ihr Geschlecht und ihren Wettkampf  160
Der Gottesdienst der Griechen  167
Der griechische Staat  77
deutsch, der Deutsche  217–218
Deutsche Klassik und Romantik (Lektüren, Quellen, Einflüsse)  385–391
Deutscher Idealismus (Lektüren, Quellen, Einflüsse)  392–394
Die dionysische Weltanschauung  162
Die fröhliche Wissenschaft  111–119
Die Geburt der Tragödie aus dem Geiste der Musik  74–76
Die griechischen Lyriker  163–164
Die Philosophie im tragischen Zeitalter der Griechen  87–89
Die vorplatonischen Philosophen  166
Dionysos-Dithyramben  136–137
Ecce homo  134–136
Einführung in das Studium der platonischen Dialoge  165–166
Einführung in die lateinische Epigraphik  165
Einleitung in die Rhetorik des Aristoteles  167
Einleitung in die Tragödie des Sophokles  164–165
Einsamkeit  218–219
Encyclopaedie der klassischen Philologie  165
Englischer Utilitarismus (Lektüren, Quellen, Einflüsse)  394–397
Englischsprachige Welt (Wirkungsgeschichte)  431–434
Erde: Treue zur Erde  219
Erkenntnis  219–221
Europa, Europäer  221–222
Ewige Wiederkunft  222–230
Experiment, Experimentalphilosophie  230–232
Film (Wirkungsgeschichte)  434–435
Frankreich (Wirkungsgeschichte)  435–437
Französische Aufklärung (Lektüren, Quellen, Einflüsse)  397–399
Französische Moralistik (Lektüren, Quellen, Einflüsse)  399–401
Frau  232–235
Frauen (Zeit und Person)  50–56
Freigeist  235–237
Freunde (Zeit und Person)  35–49
Freundschaft  237–238
Fünf Vorreden zu fünf ungeschriebenen Büchern  76–78

Gedanken über die Zukunft unserer Bildungsanstalten 77
Gedichte 150–156
Geist der Schwere 238–239
Genie 239–241
Gerechtigkeit 241–242
Geschichte der griechischen Beredsamkeit 166–167
Geschichte der griechischen Literatur 167
Geschichte der Nietzsche-Editionen 437–440
Geschichte des Nietzsche-Archivs 440–443
Gesetz 242–243
Gesundheit/ Krankheit 243–244
Gewissen 244–245
Gott 245–248
Götzen-Dämmerung 130–132
Grausamkeit 248
Griechische Rhythmik 165
Große Politik 248–250
Heilig, der Heilige 250–251
Held, Heros 251–252
Herrenmoral – Sklavenmoral 253–255
Historie 255–256
Homer und die klassische Philologie 160–161
Homer's Wettkampf 78
Idiot 256
Instinkt 256–257
Irrtum und Schein 257–259
Italien (Wirkungsgeschichte) 443–444
Jasagen, Bejahung: Jasagen, Neinsagen 259–260
Jenseits von Gut und Böse 122–124
Judentum 260–262
Jugendschriften (1854–1869) 62–73
Kapitalismus 262–263
Kind 263–264
Kompositionen 179–181
Kraft 264–265
Krieg, Kampf 266
Kultur 266–268
Lachen 268–269
Leben 269–271
Leib/ Körper 271–273
Leiden 273–275
Leidenschaft 275
Liebe 275–276
Literatur und Dichtung (deutschsprachig) (Wirkungsgeschichte) 444–466
Literatur und Dichtung (fremdsprachig) (Wirkungsgeschichte) 466–478
Logik 276–277

Lüge 277–278
Lust 278–279
Malerei/ Bildende Kunst (Lektüren, Quellen, Einflüsse) 401–404
Masse 279–280
Menschliches, Allzumenschliches 92–103
Metapher 280–281
Metaphysik 281–283
Mitleid 283–284
Moral 284–286
Morgenröthe 103–111
Musik (Begriffe, Theorien, Metaphern) 286–288
Musik (Wirkungsgeschichte) 479–480
Mythos/ Mythologie 288–289
Nachlaß 1872–1876 87–90
Nachlaß 1880–1885 138–142
Nachlaß 1885–1888 143–149
Natur/ das Natürliche 289–293
Naturwissenschaft (Lektüren, Quellen, Einflüsse) 404–409
Nietzsche contra Wagner 129–130
Nietzsche-Darstellungen in Malerei und bildender Kunst 480–485
Nietzsche-Kult (Wirkungsgeschichte) 485–486
Nietzsches Bibliothek 59–60
Nietzsches Krankheit 57–58
Nietzsches Leben 9–34
Nietzsches Zeit 2–8
Nihilismus 293–298
Opfern 298–299
Pädagogik (Wirkungsgeschichte) 486–489
Pathos der Distanz 299
Perspektivismus 299–301
Pessimismus 301–302
Philologica 157–168
Philosophie (Wirkungsgeschichte) 489–499
Philosophie der Neuzeit (17.–19. Jh.) (Lektüren, Quellen, Einflüsse) 409–412
Philosophie und Theologie des 19. Jahrhunderts (Lektüren, Quellen, Einflüsse) 412–422
Poetik 302–303
Politik (Faschismus, Nationalsozialismus, Sozialdemokratie, Marxismus) (Wirkungsgeschichte) 499–509
Politik (Lektüren, Quellen, Einflüsse) 422–423
Priester 303–304
Prolegomena zu den Choephoren des Aeschylus 163
Psychologie (Lektüren, Quellen, Einflüsse) 423–424

Psychologie (Wirkungsgeschichte)  509–514
Rasse: Rassenreinheit, Herrenrasse  304–305
Rausch  305–306
Recht  306–308
Redlichkeit, intellektuelle  308–309
Religion  309–311
Renaissance/ Renaissancismus  311–312
Ressentiment  312–313
Rhetorik  313–315
Richard Wagner in Bayreuth  84–86
Romantik  315–317
Rußland (Wirkungsgeschichte)  514–515
Schaffen  317–318
Schauspieler, Maske  318–320
Schopenhauer als Erzieher  80–82
Schuld  320
Schweiz (Wirkungsgeschichte)  515–516
Seele  321
Selbst  321–324
Selbstaufhebung  324–325
Skandinavien (Wirkungsgeschichte)  516–520
Sklave, Sklaverei  325–326
Socrates und die Tragoedie  161
Sokratismus  326–327
Sozialismus  327–330
Soziologie (Wirkungsgeschichte)  520–526
Spanischsprachige Welt (Wirkungsgeschichte)  526–527
Sprachphilosophie (Begriffe, Theorien, Metaphern)  330–331
Sprachphilosophie (Lektüren, Quellen, Einflüsse)  424–426
Staat  331–333
Strafe  333–334

Subjekt  334–335
Tanz, Tänzer  335–336
Theologie (Wirkungsgeschichte)  527–530
Tragödie  336–339
Trieb  339–341
Typus  341
Ueber das Pathos der Wahrheit  76–77
Ueber Wahrheit und Lüge im aussermoralischen Sinne  89–90
Übermensch  342–345
Umwerthung der Werthe  345–346
Unbewußte, Das  347–348
Unschuld des Werdens  348–349
Unzeitgemäße Betrachtungen  78–86
Vergessen  349–350
Vom Nutzen und Nachtheil der Historie für das Leben  82–84
Vom *Zarathustra* bis zu *Ecce homo* (1882–1889)  120–137
Von der *Geburt der Tragödie* bis *Richard Wagner in Bayreuth* (1871–1878)  74–86
Von *Menschliches-Allzumenschliches* bis zur *Fröhlichen Wissenschaft* (1878–1882)  91–119
Vorlesung über lateinische Grammatik  164
Wahrheit  350–351
Wille zur Macht  351–355
Wir Philologen  162
Wissenschaft  355–356
Zeichen  356–358
Zeit  358–360
Züchtung  360–361
Zur Genealogie der Moral  124–126
Zur Geschichte der Theognideischen Spruchsammlung  158–159

# I. Zeit und Person

# Nietzsches Zeit

Als jemand, der »in der Sumpfluft der Fünfziger Jahre« aufgewachsen sei, könne er »keinen Zustand der Dinge zugeben, wo der Mucker obenauf ist« (EH, KSA 6, 288). Wie in einem Brennglas verdichtet sich hier das Wort von N.s »exemplarischer Existenz«, von einem Dasein, »in dem die Selbsterfahrung zum Okular der Epochendiagnose wird« (Gerhardt 1996, 87). Vieles scheint von hier aus besehen erklärbar, angefangen von N.s Bewunderung für die »revolutionäre Weise« (Franziska u. Elisabeth N., Anf. Juli 1866), in der Bismarck im Zusammenhang der Begründung des Norddeutschen Bundes agiert hat, über seine gegen Hegel (↗Philosophie) gerichtete Äußerung: »Wer [...] erst gelernt hat, vor der ›Macht der Geschichte‹ den Rücken zu krümmen [...], der nickt zuletzt chinesenhaft-mechanisch sein ›Ja‹ zu jeder Macht« (HL 8, KSA 1, 309), über Zarathustras Wort: »Sie lauern einander auf, sie lauern einander Etwas ab, – das heissen sie ›gute Nachbarschaft‹« (Za III, KSA 4, 263), bis hin zu seinem Wort in »Frage[n] der Rasse«, wonach ihm als (angeblich) polnischem Edelmann kein Tropfen schlechtes Blut beigemischt sei, »am wenigsten deutsches« (EH, KSA 6, 268). Besondere Beachtung aber verlangt das Wort von einem Dasein, ›in dem die Selbsterfahrung zum Okular der Epochendiagnose wird‹, im Blick auf N.s Wagnererfahrung. Denn in der Figur Wagners (↗Freunde) und in dem maßgeblich durch Cosima Wagner (↗Frauen) sowie v. Wolzogen organisierten ›Bayreuther Kreis‹, der in späterer Phase an der Wagner/Hitler-Verbindung knüpfte (Schüler 1971, 52 ff.), kulminierte die Epoche, in der N. zunächst nur den Part des Altphilologen spielte, sich zugleich jedoch als ein durch die Antike belehrter Kulturkritiker verstand, in besonders fragwürdiger und N. anfangs stark beeinflussender Niedergangsgewißheit sowie Aufstiegshoffnung.

Dabei ist schon das Wort ›Wagnererfahrung‹ – wie der Überblick über ↗N.s Leben zeigt – wörtlich zu nehmen: Zunächst nämlich blieb N. demonstrativ gelassen. Er säße, so läßt er einen Freund, der ihn für Wagner begeistern will, wissen, gerade an einer »große[n] Arbeit über Theognis«, ein Konzert habe es gestern allerdings auch gegeben, »oder vielmehr eine Vorlesung, denn das Konzert war die Nebensache« (Gustav Krug, 12. 6. 1864). Jahre später, in seinem letzten Studiensemester, versagt die hier noch bezogene Gelehrtenattitüde. Eine wichtige Veränderung bringt ein Wagnerkonzert, vor allem aber der Umstand, daß N. Wagner persönlich vorgestellt wird. Als besonders bemerkenswert hebt er anschließend hervor, Wagner sei so berühmt, daß er »vom kleinen König« einen Brief nach Leipzig nachgeschickt bekommen habe, der nur mit der Adresse versehen sei: »›an den großen deutschen Tondichter Richard Wagner‹« (Erwin Rohde, 9. 11. 1868). N., so darf man diese Bemerkung vielleicht weiterführen, erlebt sich als Zeitzeuge des Versuchs, Politik und Kunst in Allianz zu bringen (wie am Beispiel Wagners und Ludwigs II., dem ›kleinen König‹, beobachtbar).

Den Part, in den N. dabei hineinrutschte, gab Wagner vor. Einen ersten Hinweis enthält schon seine im Januar 1871 vorgenommene Würdigung N.s als des einzigen außer Konstantin Frantz, »der mir etwas gebracht hat« (C. Wagner 1976, Bd. 1, 338). Damit spielte Wagner auf die Münchner Zeiten 1865/66 an, als er einen auch politisch sehr weitreichenden Einfluß auf den jungen bayerischen Regenten auszuüben suchte und ihn für die Anstellung des bismarckfeindlichen politischen Schriftstellers Frantz und für das von diesem befürwortete Projekt einer Zusammenführung der Mittelstaaten unter Leitung Bayerns gewinnen wollte (Naegele 1995, 346 f.). Wagners im September 1865 für Ludwig II. verfaßte These lautete dabei, daß die im 18. Jh. anhebende »Neugeburt des deutschen Geistes« nach wie vor überfällig und damals durch den Umstand verhindert worden sei, daß »Friedrich mit Voltare französisch philosophirte« (Wittelsbacher ... 1936, Bd. IV, 9), ein Satz, der nur die Deutung zuließ, daß Wagner für sich am bayerischen Hof jenen Platz beanspruchte, den Voltaire (↗Französische Aufklärung) vorübergehend und mit hemmenden Folgen für die Regeneration des deutschen Geistes in Sanssouci innegehabt hatte (Naegele 1995, 139 f.). Noch im März 1866, als sich Wagner gegenüber Frantz in einem Rückblick auf die Hochphase seiner politischen Einwirkung auf Ludwig II. von »bedeutungsvoller Ahnung« davon erfüllt sah, in welchem Sinne und in welcher Weise er »auf Deutschland selbst zu wirken berufen sein möchte«, meinte er die Übereinstimmung mit Frantz in dem vielsagenden Satz bündeln zu können: »mit dem Heil Deutschlands steht und fällt auch mein Kunstideal« (Wittelsbacher ... 1936, Bd. IV, 134 f.). 1868 schließlich erklärte sich Wagner über die Frantz-Connection dahingehend, daß bisher wohl selten »eine so vollständige gegenseitige Ergänzung eingetreten« sei wie hier zwischen »dem Politiker und dem Künstler« (Wagner 1868, 196 f.). Warum also, so Wagners Überlegung mit Blick auf N., nicht im Verhältnis von Philosoph und Künstler das wiederholen, was sich am Fall Frantz im Verhältnis von Politiker und Künstler bewährt hatte?

Wie sehr Wagner damit bei N. auf Zustimmung stieß, macht ein Brief aus der Zeit von N.s tiefster Wagnerverehrung deutlich. N. erzählt hier, Wagner habe ihm seine noch unveröffentlichte Schrift *Über Staat und Religion* von 1864 gegeben, und er, N., sei ganz begeistert von der »Höhe und Zeitentrücktheit« dieser – aus heutiger Sicht eher peinlich berührenden – »Memoire an den jungen Baiernkönig« (Erwin Rohde, 15. 8. 1869). In ähnliche Richtung weist N.s rückblickend angelegtes Urteil, »gewisse Schriften« Wagners – neben der vorgenannten Schrift nennt er vor allem die *Beethoven*-Abhandlung – brächten jedes »Gelüst zum Widersprechen« zum Verstummen und erzwängen eher »ein stilles innerliches, andächtiges Zuschauen, wie es sich beim Aufthun kostbarer Schreine geziemt« (WB 10, KSA 1, 501 f.). Ein Zeugnis dieser ›Andächtigkeit‹ gab N. schon mit seiner ersten *Unzeitgemäßen Betrachtung* über Strauss, insofern er durchaus nicht von allein darauf gekommen war, diesen ›Bildungsphilister‹ mittels einer Arbeit hinzurichten, die noch nicht einmal davor zurückschreckte, Wagners Stil der Polemik auch in ihren antisemitischen Gehässigkeiten zu kopieren (Köhler 1996, 108 f.). Vielmehr begegnet einem der Name Strauss neben den Namen Hanslick oder Auerbach unter dem Stichwort »Anzugreifen« (KSA 7, 500) auch auf einer Liste, die N. offenbar nach einem Besuch bei Wagner im Sommer 1872 erstellt hatte.

Den in der ersten *Unzeitgemäßen Betrachtung* unterbreiteten Ertrag in der Sache, nämlich daß die ↗›Kultur‹ »vor allem Einheit des künstlerischen Stiles in allen Lebensäusserungen eines Volkes« sei und daß man mit der für die Deutschen kennzeichnenden, auf Nicht-Einheitlichkeit des künstlerischen Stils abstellenden Kultur »keine Feinde bezwingen« könne (DS, KSA 1, 163), hatte N. zuvor schon dargeboten in Texten, von deren Veröffentlichung er in der Regel – und klugerweise – absah. Dies gilt etwa für die in einiger Nähe zu Lagarde zu sehenden, in der pädagogischen Rezeption kaum auf ihren – auch pädagogikinternen (Schneider 1992) – Kontext hin bedachten Bildungsvorträge von 1872 (Niemeyer 1999b), in denen N. von einer »im tiefsten Fundamente ungermanische[n] Civilisation der Franzosen« sowie davon redet, daß das, was »sich jetzt mit besonderem Dünkel ›deutsche Kultur‹ nennt«, nicht mehr sei als ein »kosmopolitisches Aggregat, das sich zum deutschen Geiste verhält, wie der Journalist zu Schiller, wie Meyerbeer zu Beethoven« (N, KSA 1, 690). Spätestens dieser Zusatz erinnert insofern an Wagner, als dieser sich sowohl als Antikosmopolit wie als antisemitischer Meyerbeer-Verächter verstand und unmittelbar zuvor Beethoven einen literarischen Denkstein gesetzt hatte als einem deutschen »Weltbeglücker« und »Bahnbrecher in der Wildnis des entarteten Paradieses« (lies: Frankreich), der, gleichsam im Rahmen eines Kulturfeldzuges, den ersten Rang vor dem deutschen »Welteroberer« (Wagner 1870, 126) beanspruchen könne.

Zusätzlich hatte N. zumindest dem Eingeweihten – und dazu gehörte selbstredend auch Wagner – einen Begriff ›des‹ Journalisten offeriert, der grundsätzlich ausschloß, ihm eine Rolle zuzuschreiben für die Restitution des deutschen Geistes, »der sich in der deutschen Reformation und in der deutschen Musik« ebenso offenbart habe wie »in der ungeheuren Tapferkeit und Strenge der deutschen Philosophie und in der neuerdings erprobten Treue des deutschen Soldaten« (N, KSA 1, 691). Dabei wird man zu berücksichtigen haben, was dem Begriff ›Journalist‹ vom Wagnerkreis ausgehend anhaftete: die Assoziation mit Vokabeln wie ›Berlin‹ sowie ›Jude‹. Ins Zentrum rückten diese Ausdrücke, weil das Jahr 1871 zwei wichtige, den ↗Antisemitismus jener Epoche nicht unbeeinflußt lassende Ereignisse brachte: die Aufhebung der Beschränkungen der (staats-)bürgerlichen Rechte von Juden (›Jüdische Emanzipation‹) sowie den Erfolg der sogenannten jüdischen Pressebarone (u. a. Ullstein und Mosse) insbesondere auf dem Berliner Zeitungsmarkt, bedingt nicht zuletzt durch die Einführung der Reklame als Einnahmequelle (Gay 1993, 168) und mit der Folge, daß der Journalistenberuf zunehmend attraktiv wurde als Ersatzperspektive angesichts der den Juden vielerorts erschwerten Universitätskarriere. Diesen zuletzt angesprochenen eigentlichen Hintergrund dafür, warum »in Deutschland der verdorbene Gelehrte, in den romanischen Ländern der künstlerisch gebildete Mensch zum Journalisten wird«, sprach N. nicht an, wohl aber die Folgen, insofern es im unmittelbar anschließenden Satz heißt: »Mit dieser angeblich deutschen, im Grunde unoriginalen Kultur darf der Deutsche sich nirgends Siege versprechen: in ihr beschämt ihn der Franzose und der Italiäner« (N, KSA 1, 690). Dies zu ändern, war also N.s wie vor allem Wagners Anliegen – jedenfalls, wenn man nur diese frühe Phase in Betracht zieht.

Diesen Eindruck erweckt auch noch N.s über weite Strecken Ende 1871 fertiggestellte *Geburt der Tragödie*. So wird nicht ganz zufällig im Vorwort versichert, man habe es bei dieser Schrift trotz ihres ästhetischen Kerns und der Rückwendung auf die griechische Antike mit einem »ernsthaft deutschen Problem« zu tun, »das von uns recht eigentlich in die Mitte deutscher Hoffnungen, als Wirbel und Wendepunkt hingestellt wird« (GT, KSA 1, 24). Die Druckfassung des Vorworts ist allerdings weniger klar als dessen – deutlich auf Wagner als den ersten Leser setzender – Entwurf vom Februar 1871. Hier heißt es an entscheidender Stelle: »Die einzige produktive politische Macht in Deutschland, die wir Niemanden näher zu bezeichnen brauchen, ist jetzt in der ungeheuersten Weise zum Siege gekommen und sie wird von jetzt ab das deutsche Wesen bis in seine Atome hinein beherrschen«, zumal gelte: »Wer anders als der deutsche Jüngling wird die Unerschrockenheit des Blicks und den heroischen Zug in's Ungeheure haben, um allen jenen schwächlichen Bequemlichkeitsdoktrinen des liberalen Optimismus in jeder Form den Rücken zu kehren und im Ganzen und Vollen ›resolut zu leben‹?« (N, KSA 7, 355f.). Mit dieser Deutung des Liberalismus als »Krankheitszustand«, »an dem das deutsche Wesen vornehmlich seit der großen Französischen Revolution zu leiden hat« (N, KSA 7, 355), bei gleichzeitiger Aufwertung jener politischen Macht, die zu dieser Zeit in keiner anderen Figur denn in jener Bismarcks präsent war, hatte N. sich auch in dieser Hinsicht vollständig auf die Seite Wagners geschlagen. Diesem nämlich war die politische Schwäche des von ihm zunehmend als »Phantasten« und »Crétin[ ]« (C. Wagner 1976, Bd. 1, 167) abgewerteten bayerischen Königs während seiner Münchener Jahre evident geworden. Folglich hatte er beschlossen, ihn nur noch als Mäzen zu nutzen, sich aber in Sachen Bayreuth eher um die Schirmherrschaft Bismarcks und Kaiser Wilhelms I. zu bemühen und schließlich gar, im Mai 1871, einen *Kaisermarsch* in Berlin in Anwesenheit des Kaisers zur Aufführung zu bringen (Naegele 1995, 379).

Die These, N. sei spätestens seit November 1870 nicht mehr »Anhänger Bismarcks und der deutschen Politik« (Ottmann 1991/92, 17) gewesen, ist gleichwohl nicht falsch. Als absurd darf heutzutage beispielsweise der Versuch von N.s Schwester (Förster-N., E.) gelten, die nach 1914 daran ging, den Willen zur Macht als N.s Quintessenz aus seinem Kriegserlebnis von 1870/71 anzubieten (Krummel 1983, 571 f.; Niemeyer 1999a, 217 ff.). Auch muß man die offiziösen von den privaten Mitteilungen N.s trennen. So äußerte N. unmittelbar nach seinem krankheitsbedingten Ausscheiden aus seinem Dienst als freiwilliger Krankenpfleger gegenüber seinem damals wohl besten Freund v. Gersdorff (↗Freunde) im Hinblick auf »die ungeheuren nationalen Erfolge« im deutsch-französischen Krieg: »Im Vertrauen: ich halte das jetzige Preußen für eine der Cultur höchst gefährliche Macht« (Carl v. Gersdorff, 7. 11. 1870). Und noch gut achtzehn Jahre später spottete er aus Nizza gegenüber einem damals in Kairo weilenden Bekannten darüber, daß Gott »mit dem ihm eigenen Cynismus, gerade über u n s seine Sonne schöner scheinen [läßt] als über das so viel achtbarere Europa des Herrn von Bismarck (– das mit fieberhafter Tugend an seiner Bewaffnung arbeitet und ganz und gar den Aspekt eines heroisch gestimmten Igels darbietet.)« (Reinhart v. Seydlitz, 12. 2. 1888). Das Resümee stand für ihn außer Frage: »In der Hauptsache – und das bleibt die Cultur – kommen die Deutschen nicht mehr in Betracht«, weil sie Themen Vorrang gäben wie »Wirthschaft, Weltverkehr, Parlamentarismus, Militär-Interessen« (GD, KSA 6, 106). Diesem Resümee kam zumal in einer Zeit, in der Deutschland im Gegenzug zu dem von Bismarcks Diplomatie konservierten labilen europäischen Gleichgewicht »ruhelos, ehrgeizig und unvorsichtig« agierte und seiner Macht als der seit 1871 stärksten Kontinentalmacht zunehmend bewußt wurde (Barraclough 1960, 736), einige Bedeutung zu. Dies gilt vor allem auch deshalb, weil N. in einer Nachlaßvariante ausdrücklich noch hinzusetzte, daß den »Deutschen von Heute«, eben weil sie »keine Denker« mehr seien, der ›Wille zur Macht‹ »sch⟨we⟩r verständlich« (N, KSA 12, 450) sei. Denn es war exakt dieser Satz, den Förster-N. aus Sorge, der seit 1888 regierende Kaiser Wilhelm II. könne sich andernfalls gegen N.s Philosophie stellen, durch die von ihr erstellte Fälschung ersetzte: »Der Wille zur Macht als Princip wäre ihm (dem Kaiser) schon verständlich!« (KSA 14, 743)

Erst in Kenntnis dieser Fälschung läßt sich das ganze Ausmaß der auch politischen Distanz N.s gegenüber Wagner ermessen. Sie stellte sich parallel zur Reichsgründung im Januar 1871 ein, und eskalierte 1879, drei Jahre nach der gleichsam offiziellen Loslösung N.s von Wagner im Verlauf der Bayreuther Festspiele. In einer kleinen Bemerkung ließ sich N. nur noch mit Hohn über den von ihm selbst im Februar 1871 sowie von Wagner in *Deutsche Kunst und deutsche Politik* popularisierten Typus des patriotischen ›deutschen Jünglings‹ aus, den Erben der »Prediger[ ] des Franzosenhasses«, der sich zumal im Blick auf die ihn auszeichnenden, angeblich typisch ›deutschen Tugenden‹ undankbar verhalte gegenüber seinen eigentlichen Großvätern, die er »in Paris, in Genf« (WS, Nr. 216, KSA 2, 652) suchen müsse, sprich: derer er in Gestalt Voltaires – ein Name, der hier allerdings nicht expressis verbis genannt wird – bzw. Rousseaus (↗Französische Aufklärung) habhaft werde. Diese Wendung im Verein mit N.s unmittelbar in diese Phase fallende Freundschaft mit Rée (↗Freunde) veranlaßte C. Wagner offenbar, einer Freundin den ihrer Meinung nach letzten Grund für den Wandel in N.s Anschauungen zu enthüllen: »Schließlich kam noch Israel hinzu in Gestalt eines Dr. Rée, sehr glatt, sehr kühl, gleichsam durchaus eingenommen und unterjocht durch N., in Wahrheit aber ihn überlistend, im Kleinen das Verhältnis von Judäa und Germania. N. wußte nichts von Voltaire noch von französischer Literatur. Ich würde eine Wette eingehen, daß er jetzt noch gar nichts davon weiß« (zit. n. Du Moulin Eckart 1929, 842). Für sie war also alles klar: N., der noch in Vorarbeiten zu seinem Erstling gegen die »gänzlich ungermanische [...], ächt romanisch flache [...] Philosophie« (N, KSA 7, 346) der ↗Französischen Aufklärung angeschrieben hatte, war vom vielversprechenden Anhänger ihres Mannes zum billigen Epigonen eines zweitrangigen jüdischen Literaten verkommen.

Tatsächlich könnte man N.s 1878 geführten Angriff auf die »litterarische Unart [...], die Juden als Sündenböcke aller möglichen öffentlichen und inneren Uebelstände zur Schlachtbank zu führen« (MA I, Nr. 475, KSA 2, 310), als einen verdeckten, durch Rée angeregten Angriff auf Wagner lesen, mit dem sich N. zugleich erstmals öffentlich als Gegner des Antisemitismus zu profilieren suchte. Die klarsten Zeugnisse in letztgenannter Hinsicht gibt N. 1886, als er sich bei seinen Lesern für eine »politische[ ] Infektion« entschuldigt, die er sich bei »einem kurzen gewagten Aufenthalt auf sehr inficirtem Gebiete« (JGB, Nr. 251, KSA 5, 192 f.) – zu vermuten ist Tribschen (vgl. Niemeyer 1998, 174 f.) – zugezogen habe. Gleichsam als aktualisierten Beleg zitiert er Volkes Stimme: »›Keine neuen Juden mehr hinein lassen! Und namentlich nach dem Osten (auch nach Östreich) zu die Thore zusperren!‹ also gebietet der Instinkt eines Volkes, dessen Art noch schwach und unbestimmt ist«, und setzte hinzu, daß »es vielleicht nützlich und billig wäre, die antisemitischen Schreihälse des Landes zu verweisen« (JGB, Nr. 251, KSA 5, 193 f.). Zu dieser Passage gehört ein erläuternder Zusatz – »(man sehe sich doch diese armen Historiker, diese Sybel und Treitzschke und ihre dick verbundenen Köpfe an –)« (JGB, Nr. 251, KSA 5, 192) –, der deutlich macht, daß N. hier von seiner frühen antisemitischen Journalistenkritik abgerückt ist. Offenbar hat er sehr genau die Gefahr registriert, die von Gelehrten ausging, die, wie v. Treitschke im November 1879, ›Volkes Stimme‹ in der bezeichneten Weise Ausdruck gegeben hatten (Kostprobe: »[...] über unsere Ostgrenze aber dringt Jahr für Jahr aus der unerschöpflichen polnischen Wiege eine Schar strebsamer hosenverkaufender Jünglinge herein, deren Kinder und Kindeskinder dereinst Deutschlands Börsen und Zeitungen beherrschen sollen [...]«; zit. n. Ferrari-Zumbini 1993, 133).

Eine Darlegung der Position N.s gegenüber den geistigen Tendenzen seiner Epoche wäre unvollständig, wenn unerörtert bliebe, daß N. Tönnies als »Philosoph[ ] des Kapitalismus« (Tönnies 1893, 103) galt, während er von anderen für eine »Gegenwelle der Aristokratisierung« gegen die »grosse[ ] Schlammwelle der Demokratisierung« (v. Salis-Marschlins 1897, 1) in Anspruch genommen wurde. Nimmt man, nach einhundert Jahren Wirkungsgeschichte, die einschlägigen Forschungsergebnisse im Blick auf N.s politische Philosophie im Zusammenhang (Ottmann ²1999; Marti 1993), ist kaum der Unwille zu übersehen, den N.s Skepsis gegenüber der Gleichheits- und Demokratieidee als der maßgebenden Idee seiner Epoche immer wieder erregte und nach wie vor erregt. Dabei sind allerdings Differenzierungen angebracht. Wenn beispielsweise der N. der Bildungsvorträge strengen Gehorsam »unter dem Scepter des Genius« (N, KSA 1, 680) fordert und die ›wahre Bildung‹ als diejenige bestimmt, »welche an der aristokratischen Natur des Geistes festhält« und die insofern nicht »Bildung des Masse« beanspruche, sondern »Bildung der einzelnen ausgelesenen, für große und bleibende Werke ausgerüsteten Menschen« (N, KSA 1, 698), sollte man nicht überhören, welchem Genius (wiederum Wagner) er damit gleichsam höchst privatim Gehorsam schwört – keine zureichende Textbasis, so möchte man ergänzen, auf der sich ein verallgemeinerungsfähiges Urteil über N.s bildungs- oder demokratietheoretische Grundoption erstellen läßt.

Umgekehrt verhält es sich, wenn N. von einem »Rudel blonder Raubthiere« – in Analogie zum bekannteren Schlagwort von der ↗›blonden Bestie‹ – spricht und gleichsam erläuternd anfügt: »Wer befehlen kann, wer von Natur ›Herr‹ ist, wer gewaltthätig in Werk und Gebärde auftritt – was hat der mit Verträgen zu schaffen!« (GM, KSA 5, 324) Denn hier, bei diesem vergleichsweise späten Textstück, bei dem ein Bezug zu Wagner nicht auszumachen ist, mag zwar die Sprache als ungebührlich rauh empfunden werden. Die Sache selbst scheint aber kaum zu beanstanden: Es gibt keinen Grund anzunehmen, N. verbinde mit der in Rede stehenden Textpassage ein Statement in Sachen Demokratietheorie, beabsichtige also anderes als den Tadel von Sozialvertragstheorien, die naiv sind gegenüber dem Charisma handlungsentschlossener Staatsgründer – Zusammenhänge, die erkannt werden wollen und erkannt werden können.

Die Forderung nach Zusammenhangsberücksichtigung scheint dort besonders sinnvoll, wo N. nach wie vor mit dem stärksten Widerspruch zu rechnen hat: auf dem Feld des sozialpolitischen Denkens. Liest man N. flüchtig, scheint die Industrialisierung, die sich beschleunigende Verstädterung bei anhebendem Bevölkerungswachstum, der ›Gründerkrach‹, die ›Arbeiterbewegung‹ oder, globaler gesprochen, die ›soziale Frage‹ und die in Reaktion auf sie einsetzende Sozialpolitikdebatte der Bismarck-Ära gar nicht stattgefunden bzw. in ihm einen ihren verbissensten Spötter gefunden zu haben. Für Spott zeugt beispielsweise seine Kritik der Besitztümer als der »giftträgerischen Verbreiter jener Volkskrankheit, welche als socialistische Herzenskrätze sich jetzt immer schneller der Masse mittheilt« (MA II, Nr. 304, KSA 2, 303). N.s in diesem Zusammenhang formulierter Rat an die Besitzenden: »Euch müsst ihr zuerst besiegen, wenn ihr irgendwie über die Gegner eures Wohlstandes siegen wollt« (ebd.), tat diesen im übrigen kaum weh, sondern half ihnen, jene ›Volkskrankheit‹ im Besitz als solchem zu verorten, nicht aber in dessen ungerechter Verteilung. Diese Art Skepsis gegenüber dem ↗›Mitleid‹ rief in einer Zeit »des industriellen Massengiftmordes, der finanziellen Plünderungszüge« und »der junkerlich-agrarischen Jagdfreiheit« (Eisner 1892, 61) schärfsten Widerspruch hervor. Nur gelegentlich wurde eingeräumt – so von Simmel (↗Soziologie) –, daß N. die Gründerjahre mit »einzigartiger Klarheit« als »ein schreckhaftes Symbol von volkswirtschaftlicher Ausschweifung, Unsolidität, übermütigem Materialismus« gelesen habe, wenngleich davon der Vorwurf unberührt blieb, N. habe an den in Reaktion darauf aufsteigenden sozialen Bewegungen nur das Äußerliche, Materialistische, Ungeistige gesehen, nicht aber begriffen, »welche ungeheure weltgeschichtliche Idee [...] mit ihr jenen Materialismus zu durchdringen begann« (Simmel 1914, 22ff.). Entsprechend dieser Vorgaben wird N. noch in einem Zeugnis aus neuerer Zeit vorgehalten, »zeitgleich zum Beginn des Ausbaus des [...] Sozialstaats« (Thiersch 1995, 30f.) und im Einvernehmen mit den Urhebern des Manchester-Liberalismus eine »historisch gewachsene Anti-Sozialstaatsrhetorik« (Thiersch 1995, 214) vertreten zu haben.

Immerhin läßt sich zumal aus postsozialistischer Sicht kaum übersehen, daß N.s Votum denen gegenüber, die ein »Reich der Gerechtigkeit und Eintracht auf Erden« anstrebten, ohne zu sehen, daß dieses »unter allen Umständen das Reich der tiefsten Vermittelmässigung und Chineserei sein würde« (FW, Nr. 377, KSA 3, 629), offenbar nicht ganz unberechtigt war. Selbst Natorp, der sich als zeitgenössischer Widerpart N.s begriff und – unter dem Titel ›Sozialpädagogik‹ – einige Propaganda machte für eine durch den (Sozial-)Staat zu verbürgende Politik der sozialen Gerechtigkeit und gemeinschaftsvermittelten Erziehung, warnte davor, daß ein »Übermaß von Staatlichkeit [...] immer eine ungesunde innere Verfassung des sozialen Körpers« (Natorp 1924, 87) verrate, was sich fast wie die Paraphrase eines fünfzig Jahre älteren Statements N.s liest: »Je besser der Staat eingerichtet ist, desto matter die Menschheit« (N, KSA 8, 91). Am Ende dessen erwartete N. – in Anspielung auf ein Wort Goethes – »die Erde als Hospital: und ›Jeder Jedermanns Krankenpfleger‹ wäre der Weisheit letzter Schluß« (N, KSA 12, 181). Durchaus in der Linie dieser Kritik hat man auch in der Weimarer Epoche die Etablierung des ›Wohlfahrtsstaates‹ gelegentlich mit den skeptischen Worten kommentiert, daß am »Ende einer solchen Entwicklung« ein Zustand erreicht sein könne, »in dem jedem einzelnen Menschen für alle vorkommenden Notfälle [...] und für alle Lebensalter [...] ein Stab wegweisender Fürsorger und Berater zur Verfügung steht« (Fischer 1925, 332). In wesentlich schärferer Form artikulierte sich dieses Unbehagen gut zwanzig Jahre später, als Horkheimer und Adorno aus dem nordamerikanischen Exil heraus und namens der Kritischen Theorie (↗Politik) darüber klagten, daß überall »Nachbarn, Sozialfürsorger [...] und Heimphilosophen [bereitstünden] mit dem Herzen auf dem rechten Fleck, die aus der gesellschaftlich perpetuierten Misere [...] heilbare Einzelfälle machen« (Horkheimer/Adorno 1982, 135). Offenbar, so ließe sich ausgehend von diesen prominenten Beispielen resümieren, war das treibende Motiv in N.s analog angelegter Sozialstaatskritik nicht ein sozialzynisches, sondern es war geprägt von der Sorge um den Rückgewinn von Subjektivität in einer verwalteten Welt, die es in ihrer kolonialisierungsträchtigen Neugier für das Schicksal des in Not Geratenen zu depotenzieren galt. So gesehen war aber N. ein durchaus hellsichtiger Diagnostiker der ↗›décadence‹ seiner Zeit.

Literatur: Wagner, R.: Zur Widmung der zweiten Auflage von Oper und Drama (1868), in: ders.: Gesammelte Schriften und Dichtungen. Bd. 8, Leipzig ⁴1907, 195–199; Wagner, R.: Beethoven (1870), in: ders.: Gesammelte Schriften und Dichtungen. Bd. 9, Leipzig ⁴1907, 61–126; Eisner, K.: Psychopathia spiritualis. F.N. und die Apostel der Zukunft, Leipzig 1892; Tönnies, F.: N.-Narren (1893), in: ders.: Der N.-Kultus. Eine Kritik. Hrsg. v. G. Rudolph. Berlin 1990, 98–104; v. Salis-Marschlins, M.: Philosoph und Edelmensch, Leipzig 1897; Förster-N. 1904; Jodl, F.: Das N.-Problem (1905), in: ders.: Zur neueren Philosophie und Seelenkunde. Aufsätze, ausgew. u. hrsg. v. W. Börner, Stuttgart/Berlin o. J., 87–106; Simmel, G.: Deutschlands innere Wandlung (1914), in: ders.: Der Krieg und die geistigen Entscheidungen. Reden und Aufsätze, München/Leipzig 1917, 7–30; Natorp, P.: Der Deutsche und sein Staat, Erlangen 1924; Fischer, A.: Die Problematik des Sozialbeamtentums (1925), in: Leben und Werk. Bd. 3/4, München 1954, 319–349; Du Moulin Eckart, R. Graf: Cosima Wagner. Ein Lebens- und Charakterbild, Berlin 1929; Wittelsbacher Ausgleichs-Fonds/Wagner, W. (Hgg.): König Ludwig II. und Richard Wagner. Briefwechsel, Bde. I-IV, Karlsruhe 1936; Barraclough, G.: Das europäische Gleichgewicht und der neue Imperialismus, in: Propyläen Weltgeschichte, hrsg. v. G. Mann/A. Heuss, 8. Bd., 2. Halbb., Frankfurt a. M. u.a. 1960, 703–739; Schüler, W.: Der Bayreuther Kreis von seiner Entstehung bis zum Ausgang der Wilhelminischen Ära. Wagnerkult und Kulturreform im Geiste völkischer Weltanschauung, Münster 1971; Wagner, C.: Die Tagebücher, Bde. 1–4, hrsg. v. M. Gregor-Dellin/D. Mack, München/Zürich 1976; Horkheimer, M./Adorno, Th. W.: Dialektik der Aufklärung, Frankfurt a. M. 1982; Krummel 1983; Ottmann 1987, ²1999; ders.: N. und die deutsche Politik, in: Jahresschrift der Förder- und Forschungsgemeinschaft F.N. e.V. Bd. II (1991/92), 17–30; Schneider, J.: N.s Basler Vorträge ›Über die Zukunft unserer Bildungsanstalten‹ im Lichte seiner Lektüre pädagogischer Literatur, in: NSt 21 (1992), 308–325; Ferrari-Zumbini, M.: »Ich lasse eben alle Antisemiten erschießen«. Anmerkungen zum Thema: N. und der real existierende Antisemitismus, in: Wagner – N. – Thomas Mann. Festschrift für Eckhard Heftrich, hrsg. v. H. Gockel/M. Neumann/R. Wimmer, Frankfurt a. M. 1993, 123–140; Gay, R.: Geschichte der Juden in Deutschland. Von der Römerzeit bis zum Zweiten Weltkrieg, München 1993; Marti, U.: »Der grosse Pöbel- und Sklavenaufstand der Moral«. N.s Auseinandersetzung mit Revolution und Demokratie, Stuttgart/Weimar 1993; Naegele, V.: Parsifals Mission. Der Einfluß Richard Wagners auf Ludwig II. und seine Politik, Köln 1995; Thiersch, H.: Lebenswelt und Moral. Beiträge zur moralischen Orientierung sozialer Arbeit, Weinheim/München 1995; Gerhardt 1996; Köhler, J.: F.N. und Cosima Wagner. Die Schule der Unterwerfung, Berlin 1996; Niemeyer, Ch.: N.s andere Vernunft. Psychologische Aspekte in Biographie und Werk, Darmstadt 1998; Niemeyer, Ch.: »Plündernde Soldaten«. Die pädagogische N.-Rezeption im Ersten Weltkrieg, in: Zs. f. Pädagogik 45 (1999), 209–229 (1999a); Niemeyer, Ch.: N.s Vorträge »Über die Zukunft unserer Bildungsanstalten« im Kontext. Kritische Anmerkungen aus rezeptionsgeschichtlicher Perspektive mit Schwerpunkt auf Wagner, Lagarde und Langbehn, in: Viertelj. f. Wiss. Pädagogik 75 (1999), 173–207 (1999b).

*Christian Niemeyer*

# Nietzsches Leben

Als noch nicht Dreißigjähriger meinte N.: »Schenkt mir erst Leben, dann will ich euch auch eine neue Cultur daraus schaffen!« (HL 10, KSA 1, 329). Mit diesem stolzen Ausruf begründete er seinen Ruf als Stichwortgeber der um die Jahrhundertwende sich zur Jugendbewegung sammelnden bürgerlichen Jugend als einer »erste[n] Generation«, die nicht nach dem »leere[n] ›Sein‹« fragt, sondern nach dem »volle[n] und grüne[n] ›Leben‹« (HL 10, KSA 1, 328f.). Gleichwohl: Das ›volle‹, ›grüne‹ Leben war N., von eher vagen Intermezzi abgesehen, nicht vergönnt, aber er entwickelte auch und gerade aus dem ihm vorenthaltenen Leben um so nachdrücklicher die gegenwirkende Vision eines rauschhaft-intensiven, lebens- und weltgestaltenden Zusammenstehens mit Menschen gleichgerichteter Aufgeklärtheit. Daß man um diese Zusammenhänge wissen müsse, hätte er selbst wohl am allerwenigsten bezweifelt. Der Biograph – so schrieb er einmal – »muss nach dem Grundsatze über das Leben denken, dass keine Natur Sprünge macht«, und er habe entsprechend die Aufgabe, die »Verzahnungen« aufzufinden, »wo das neue Gebäude [eines von ihm untersuchten Denkers; d. Verf.] aus dem älteren herauswächst« (WS, Nr. 198, KSA 2, 640). Entsprechend liegt es nahe, auch N.s Leben unter der Maßgabe zu analysieren, jene ›Verzahnungen‹ zu verdeutlichen und für die Werkinterpretation fruchtbar zu machen (vgl. auch Niemeyer 1998).

## I. Kindheit und Jugend (1844–1864)

N. wurde er am 15. Oktober 1844 in Röcken als Sohn des Pfarrers Carl Ludwig N. (1813–1849) und dessen Frau Franziska (1826–1897) geboren. Schon bald bekam er eine Schwester namens Elisabeth (1846–1935) (↗Frauen) sowie einen Bruder namens Joseph (1848–1850). Dem Tod des Brüderchens ging noch der des Vaters am 30. Juli 1849 voraus, was die junge Witwe zwang, das Pfarrhaus in Röcken zugunsten einer Übersiedelung zu den Verwandten ihres Mannes nach Naumburg zu verlassen. Für einen weiteren zentralen Einschnitt steht der Wechsel N.s vom Naumburger Domgymnasium zur Landesschule Pforta im Jahre 1858. An dieser äußerst anspruchsvollen und wegen ihrer prominenten Absolventen renommierten Ausbildungsstätte, an der N. einen Freiplatz erhielt, sah er sich schon bald in die ↗Altphilologie hineingezogen, der er dann auch mit Aufnahme seines Studiums im Herbst 1864 nachgehen sollte.

Schon dieser kurze Abriß über Kindheit und Jugend erhebt den Tod des Vaters zum zentralen Ereignis. N., damals noch keine fünf Jahre alt, erlebte das monatelange Siechtum des Vaters hautnah mit und wandte sich in seiner Not immer wieder an Gott (Schmidt 1995, 56). Aus dem gleichwohl eingetretenen Tod des Vaters hat er offenbar entnommen, daß Gott nicht hören wollte oder daß Erwachsene über seine Macht unzutreffende Vorstellungen vertraten. Beide Fragen beschäftigten den jungen N. nachhaltig, auch in literarischer Form (Schmidt 1991, 733f.), so daß es naheliegt, von diesem Ereignis ausgehend N.s »Vernichtungskampf gegen den alten Gott« zu datieren, ebenso übrigens wie seinen »Befreiungskampf um den ›unbekannten Gott‹« (Kreis 1986, 15). Es war dieser Gott, den N. schon in einem Primanergedicht angerufen hat als denjenigen, den er kennenlernen will und dem er künftig sein Leben zu weihen sich vornimmt (BAW 2, 428).

N. beschäftigte im Zusammenhang des Todes seines Vaters aber nicht nur dieser ins Grundsätzliche weisende Aspekt, sondern auch – und dies zumal mit seiner ↗Krankheit – die Frage, woran sein Vater eigentlich gestorben war. Die offizielle Diagnose lautete auf ›Gehirnerweichung‹, aber dies war eher ein Verlegenheitsausdruck der damaligen Medizin, hinter dem sich ein Schlaganfall oder ein – möglicherweise durch ein Kopftrauma im Wachstum beschleunigter – Gehirntumor ebenso verbergen konnte wie eine syphilidogene Paralyse (Volz 1990, 35f.). In jedem Fall war hinreichend Raum für das Einbringen erbgenetischer Gesichtspunkte gegeben, die erstmals im Zusammenhang der auffälligen Ersterkrankung N.s aktiviert wurden, zumal des Vaters Symptome – u.a. Anfälle heftiger Kopfschmerzen schon während der Schülerzeit (Schmidt 1995,

43) – deutlich an die des Sohnes erinnerten. N.s Vater, so vermerkte denn auch das Krankentagebuch Pfortas im August 1862 im Anschluß an einen der um diese Zeit recht zahlreichen Aufenthalte N.s in der Krankenstation seiner Schule, »starb jung an Gehirnerweichung und war im hohen Alter gezeugt; der Sohn in der Zeit, wo der Vater schon krank war. Noch sind keine schweren Zeichen sichtbar, wohl aber Rücksicht auf die Antecedentien nötig« (zit. n. Volz 1990, 329). Hinter dieser Bemerkung verbarg sich offenbar auch die Sorge, N.s Vater, der noch in den dreißiger Jahren in einigen französischen Studien als hereditär relevanter Syphilitiker verdächtigt wurde (Volz 1990, 28), könne auch als Krankheitsüberträger in diesem spezifischen Sinn in Betracht kommen – ein Gesichtspunkt, der sich in N.s subjektiven Krankheitstheorien möglicherweise spiegelt (Niemeyer 1998, 68 ff.).

In jedem Fall irritieren Bemerkungen N.s wie die folgenden: »Die Phantasie des Kranken beruhigen, dass er wenigstens nicht, wie bisher, mehr von seinen Gedanken über seine Krankheit zu leiden hat, als von der Krankheit selber, – ich denke, das ist Etwas!« (M, Nr. 54, KSA 3, 57). Jahre später, unter dem Einfluß erbbiologischer Lektüre, notiert N.: »Es ist gar nicht möglich, dass ein Mensch nicht die Eigenschaften und Vorlieben seiner Eltern und Altvordern im Leibe habe: was auch der Augenschein dagegen sagen mag«. Als Beispiele nennt er: »widrige Unenthaltsamkeit«, »Winkel-Neid« oder eine »plumpe Sich-Rechtgeberei«, etwas, was auf das Kind so sicher übergehe wie – man höre und staune – »verderbtes Blut« (JGB, Nr. 264, KSA 5, 219). Ein Jahr darauf schreibt N.: »Die Leidenden [...] durchwühlen die Eingeweide ihrer Vergangenheit und Gegenwart nach dunklen fragwürdigen Geschichten, wo es ihnen freisteht, in einem quälerischen Verdachte zu schwelgen und am eignen Gifte der Bosheit sich zu berauschen – sie reissen die ältesten Wunden auf, sie verbluten sich an längst ausgeheilten Narben, sie machen Übelthäter aus Freund, Weib, Kind und was sonst ihnen am nächsten steht« (GM III, Nr. 15, KSA 5, 374f.). Der Umstand, daß N. hier seinen Vater, der ihm zumindest in der hier erörterten Frage ›am nächsten steht‹, nicht auflistet, ist schon fast ein Eingeständnis, daß hier von keinem anderen als von diesem, unter der Rubrik ›Übelthäter‹, die Rede ist. Und auch wenn man diesen Schluß nicht teilt, liegt zumindest die These nahe, daß N.s Philosophieren – insbesondere jenes über Krankheit, Tod und Glaubenszweifel – auch Themen des Biographischen variiert und insoweit einen Beleg gibt für den Sinn der auch von N. geteilten Forderung Lou v. Salomés (↗ Frauen), wonach es gelte, »philosophische[ ] Systeme auf Personal-Acten ihrer Urheber« zu reduzieren (Lou v. Salomé, 16. 9. 1882).

Zu N.s Vater und insbesondere zu seinen – offenbar recht autoritären (Bohley 1987, 171; Gabel/Jagenberg 1994, 38; Schmidt 1995, 47) – Erziehungsmethoden ließe sich noch einiges berichten, bis hin zu der These von einer »die ganze Charakterstruktur bestimmenden existentiellen Depression« (Goch 1994, 101). N. selbst konnte nur wenig einbringen, obgleich er noch 1861 versicherte, sich an seinen Vater genau erinnern zu können: »Sein Bild steht noch lebendig vor meiner Seele: eine hohe, schmächtige Gestalt mit feinen Gesichtszügen und wohlwollender Freundlichkeit« (BAW 1, 281). Unter dem Strich aber hat man den Eindruck, als sei N. lediglich dem ihm Kolportierten gefolgt. »Mit Geist und Gemüth begabt, mit allen Tugenden eines Christen geschmückt, lebte er ein stilles, einfaches, aber glückliches Leben und wurde von allen, die ihn kannten, geachtet und geliebt«, lesen wir beispielsweise in einem Rückblick N.s von 1858, in welchem er das »vollendete Bild eines Landgeistlichen« (BAW 1, 1) skizziert. Drei Jahre später wird dieses Porträt mit Superlativen wie: »der zärtlichste Gatte«, »der liebevollste Vater« (BAW 1, 282) deutlich aufpoliert. Fast scheint es so, als halte sich N. konsequent an seinen Aphorismus: »Wenn man keinen guten Vater hat, so soll man sich einen anschaffen« (MA I, Nr. 381, KSA 2, 266).

Besonders fragwürdig profilierte sich auf diesem Felde N.s Mutter, die erkennbar darum bemüht war, ihre Art der Huldigung des Andenkens an den Verstorbenen zu einer Sache aller zu machen. In den Schlußformeln vieler ihrer Briefe an den Sohn ist denn auch der Vater präsent. Mitunter fungiert er als gleichsam außerirdischer Zaungast innerweltlichen Geschehens. Auch N.s Schwester schreibt, daß des Vaters »Geist und seine Ansichten [...] unseren ganzen Haushalt und unsere Kindheit [beherrschten], ihm Ehre zu machen, mußte unser höchstes Bestreben sein, weshalb unser weiblicher Haushalt im Grunde doch unter männlicher Leitung stand« (Förster-N. 1935, 23). Wo aber der tote Vater immer wieder neu als Sitteninstanz heraufbeschworen und insoweit »vom Toten nicht realitätsangemessen Abschied genommen wird, erscheint er als Gespenst – wie in N.s Leben« (Figl 1995, 34).

Entsprechend diesen Vorgaben nimmt es kaum wunder, daß N.s Schulzeit durch Strenge und hohe Leistungsanforderungen gekennzeichnet war. »Feiere [...] recht gesund und vergnügt«, wird N. schon zu seinem achten Geburtstag von Freunden des Vaters ermahnt, »denn [...] es sind nun nur noch wenige Jahre, wo Du dann fort auf eine hohe Schule kommst, damit du etwas tüchtiges lernst, so wird es nicht lange dauern so bist Du Pförtener Alumnus, dann Student, dann Candidat, und endlich Herr Pastor« (von Selma Oßwald, 14. 10. 1852). Kindheit war bei dieser Lesart eine störende Episode auf dem Weg zum Erwachsensein, eine Lesart, die N. sich, angetrieben durch das ihm vorgehaltene Leitbild, rasch zu seiner eigenen machte. Seine frühen Briefe legen Zeugnis ab für einen sehr ernsten und arbeitsamen Schüler, der spürt, daß das Vaterbild in ihm fordernd sich regt. Typisch dafür ist etwa die Notiz des Dreizehnjährigen: »Ich will aber nun schließen, da ich noch ungemein zu arbeiten habe« (David Ernst und Wilhelmine Oehler, 1. 11. 1857), oder die andere, einige Monate später: »Spazierengehen ist mir jetzt etwas ganz unbekanntes da ich stets nach den Baden sowohl der Zeit als der Kräfte dazu entbehre« (Rosalie N., 1. 7. 1858). Die Reformpädagogik sollte derartige Klagen später unter dem Thema der Überbürdung verhandeln und in Projekte der Reform des gymnasialen Lehrplans einmünden lassen. N. hingegen genoß trotz gerade bei ihm zutage tretender Überbürdungseffekte seinen Schulerfolg als Zeichen für die sich in ihm dokumentierende Nähe zum Vater.

Folglich stilisierte er auch den Urgrund seines Naturells aus der gleichsam offiziellen Kolportage. Sein Vater habe »die Keime des Ernsten, Betrachtenden« (BAW 3, 67) in seine Seele gelegt, heißt es 1864 in einer autobiographischen Notiz. Ein Jahr später versieht er seine Klage über die des Wetters wegen ausstehende Heiterkeit seines Gemüts mit dem denkwürdigen Zusatz: »aber nein, Heiterkeit ist mir fremd, sage ich lieber Ruhe« (Franziska und Elisabeth N., 26. 10. 1865). Und noch zehn Jahre später äußerte N. gegenüber seinem Freund Rohde: »ich gerathe mitunter in eine schreckliche Klagerei und bin immer mir einer tiefen Melancholie meines Daseins bewusst, bei aller Heiterkeit« (Erwin Rohde, 14. 5. 1874). Auch der Eindruck seines Freundes Deussen (↗Freunde) unterstreicht diesen Aspekt: »N. war von Haus aus eine tiefernste Natur [...]; ich habe viele geistvolle Bemerkungen, aber selten einen guten Witz von ihm zu hören bekommen« (Deussen 1901, 85). Entsprechend spärlich sind Berichte über Jugend- und Schulstreiche.

Mit der »außerordentlichen Natur« (Franz Overbeck, 14. 9. 1884) seines Vaters erklärte N. auch seine Bereitschaft, der Schwester gegenüber immer wieder zu schnell einzulenken. Diese selbst redete ihrem Bruder ein, daß sein »bezauberndes Wesen zum Theil [...] Erbe des guten Vaters« (von Elisabeth Förster, 26. 12. 1885) sei. Danken wollte sie mit diesem Brief an sich nur für seine Bereitwilligkeit, die Kosten für eine der väterlichen Begräbnisstätte würdige Grabplatte vollständig zu übernehmen, ein »Vorrecht«, wie er erläuternd formuliert hatte, das er sich »als Sohn« (Franziska N., 10. 12. 1885) nicht nehmen lasse. Diese einerseits kalkulierte, andererseits inszenierte Fremd- wie Selbstzurechnung von Grandezza als Vatererbe verfängt auch noch drei Jahre später. »Ich habe nie die Kunst verstanden, gegen mich einzunehmen« (EH, KSA 6, 269), heißt es nun, sowie: Ich bin »bloss mein Vater noch einmal und gleichsam sein Fortleben nach seinem allzufrühen Tode« (EH, KSA 6, 271). Wenn man diesen Satz seiner sarkastischen Distanz nach begreift, läßt sich allerdings nicht eine andere, eher abgründige Botschaft überhören: die vom Auftauchen des großen Anti-Vaters in der Gestalt des weise gewordenen Sohnes, dessen ›Fortleben‹ seine Rechtfertigung allein daraus empfängt, daß er sich zum schärfsten Ankläger dessen macht, wofür Naturell wie Frömmigkeit des Vaters einstanden, vor allem aber: welche anderen, dunklen Seiten durch sie möglicherweise verborgen gehalten werden sollten und werden mußten.

Von anderer Qualität ist das, was sich aus N.s Beziehung zu seiner Mutter entwickeln läßt. In der N.-Forschung genießt sie, diese Pastorentochter ohne reguläre Schulbildung, kein sonderlich hohes Ansehen. Sie gilt in aller Regel als wenig begabt und als kaum verständnisvoll im

Hinblick auf das, was ihren Sohn in philosophischer Hinsicht umtrieb. »Ich halte mich bei Dir an den Theologen der in Dir steckt, denn was verstehen wir Frauen einen Philosophen!« (von Franziska N., 21. 12. 1887), lautete denn auch ihre hoffnungsfroh auf die Spuren seines theologischen Erbes zurechnende diesbezügliche Position in einem ihrer Briefe an den Sohn. Insgesamt vermitteln diese eher spärlichen Texte kein sehr günstiges Bild: Die Mutter lamentiert häufig, tadelt oft und vergißt auch schon einmal den Geburtstag ihres Sohnes oder weigert sich gar aus Ärger über ihn, seine Briefe anzunehmen. Dabei scheint sie eher in der Vergangenheit zu leben, in der ihr ihr Mann noch gehörte, denn in der Zukunft, die ihr Sohn mit seinen Werken zu gestalten im Begriff steht. »Du betrachtest die Leute zu sehr vom Standpunkte Deiner eigenen Tugenden« (Franziska N., Ende August/Anfang September 1869), ließ N. sie einmal wissen, um in einer Vorstufe von *Ecce homo*, im Zusammenhang der von ihm geliebten Mutmaßung, seine Vorfahren seien »polnische Edelleute« gewesen, vieldeutig nachzutragen: »Aber meine Mutter [...] ist jedenfalls etwas sehr Deutsches« (KSA 14, 472).

Selbst N.s Schwager vertraute seiner Frau – zum gefälligen Weitertransport an N. – an, seine Schwiegermutter habe »etwas Bedrückendes« und verändere »die Dimensionen der Dinge und der Erlebniße: Großes erschiene klein und Kleines groß« (von Elisabeth Förster, 26. 11. 1885). Die schärfsten Worte fand allerdings N.s Schwester. Ihre Mutter, so lesen wir in einem freilich auf bewußte Diffamierung angelegten Brief an den Arzt der Mutter, habe nichts eigentlich Wahres, sondern alles sei nur Schauspielerei gewesen, »für andere Leute berechnet. Das hat uns grenzenlosen Kummer bereitet, zum Beispiel unserer Mutter Christentum, was für eine jämmerliche Tuerei und Spiegelfechterei, Augen-Aufschlagen etc. etc. und da wundert man sich, daß Fritz zum Antichrist geworden ist« (zit. n. Peters 1983, 202). Mit N.s Antichristentum konnte sich seine Mutter tatsächlich am schlechtesten arrangieren. Nach der Erkrankung ihres Sohnes soll sie gar beabsichtigt haben, seine »gottlosen Schriften«, gleichsam als Sühneopfer, zu verbrennen (Podach 1932, 31). Verbrannt haben wollte sie am liebsten aber auch jeweils ihre Briefe an den Sohn, denn er ließe sie, wie sie ihm tadelnd mitteilte, immer offen liegen, und so sei für sie »kein tiefres Eingehen möglich« (von Franziska N., 5. 9. 1871).

Schon aus diesen wenigen Hinweisen entsteht das Bild einer einfachen, frömmelnd-paranoiden Frau, die der Aufgeklärtheit und Wahrhaftigkeit ebenso entbehrte wie der ungeteilten Fähigkeit zur Mutterliebe. Ungeachtet dessen gehört der vor einigen Jahren vorgelegte Briefwechsel zwischen ihr und ihrem Neffen (Gabel/Jagenberg 1994) zu einem anrührenden Dokument, das ein positiveres Mutterbild begründen hilft und deutlich macht, welchen gravierenden Intrigen die Mutter in ihren letzten Lebensjahren seitens ihrer Tochter ausgesetzt war. Aber davon unbeeinflußt wird man wohl auch weiterhin von einem »mütterlichen Liebesgespinst« reden dürfen, »in dessen Fäden jede juvenile Revolte als bösartiger Anschlag auf die Würde und den Lebenssinn der Mutter gedeutet werden könnte« (Goch 1994, 26). Besser hätte wohl auch N. den Kern des Problems nicht auszudrücken vermocht, mit einem kleinen Unterschied: den Konjunktiv hätte er fortgelassen, war er doch der in der Sache Erfahrene.

Auf den Kern der im engeren Sinn pädagogischen Erfahrung N.s geht dabei das Wort seiner Schwester, »daß jetzt nirgends Kinder so streng erzogen werden wie wir es wurden« (Förster-N. 1935, 35). Das Wort ›Strenge‹ steht dabei allerdings für mehr als nur dafür, daß in N.s Elternhaus im gegebenen Fall hart gestraft und sehr auf Leistung, Korrektheit und Christengläubigkeit geachtet wurde (Bohley 1987; Schmidt 1995). N.s Definition, Erziehung sei »Umtaufen-lernen oder Anders-fühlen lernen« (N, KSA 9, 479), könnte hier etwas anderes lehren, nämlich daß er auch die Beschädigung seiner ihm höchst eigenen Wertungs- und Empfindungsweise im Blick hatte, etwa gemäß dem Satz: »Welche Marter für ein Kind, immer im Gegensatz zu seiner Mutter sein Gut und Böse anzusetzen und dort, wo es verehrt, gehöhnt und verachtet zu werden!« (N, KSA 12, 15) Nicht minder bemerkenswert ist N.s Stoßseufzer in einem Brief: »Weiß eigentlich irgend Jemand, was mich krank machte? was mich jahrelang in der Nähe des Todes und im Verlangen nach dem Tode festhielt? Es scheint mir nicht so [...]; ich war [...] schon als Kind allein, ich bin es heute noch, in meinem 44ten Lebensjahre« (Franz Overbeck, 12. 11. 1887).

Auf derlei Klagemotive hätte N. gewiß einen vielstimmigen Refrain anstimmen können. »›Liebe Mutter ich wünsche Dir Glück, und mir einen freundlichen Blick‹« (zit. n. Schmidt 1995, 45), hatte schon der gerade Zweieinvierteljährige zum 21. Geburtstag seiner Mutter auf Vorgabe seiner Tante Rosalie aufgesagt, damit zugleich das erste und beklemmendste Zeugnis hinterlassend für die von der Tante sensibel registrierte Vereinsamung eines Kindes, das nicht ganz einfach war und seitens der Mutter offenbar vor allem mit Liebesentzug bestraft wurde, obwohl oder, besser, weil seine »geistige Lebendigkeit« schon im Alter von fünf Monaten vom Vater als »ganz außerordentlich« (zit. n. Schmidt 1995, 43) verbucht wurde. Denn es ist diese geistige Lebendigkeit gewesen, die der Mutter wohl die meiste Sorge bereitete. So monierte sie nach Erinnerung von N.s Schwester noch bezüglich des inzwischen Sechsjährigen vor allem, daß er »über alle Dinge seine eigenen Gedanken [habe], die mit denen andrer Leute garnicht übereinstimmten« (Förster-N. 1912, 33). Wie sehr sich diese ›eigenen Gedanken‹ gegen die Erfahrungen in seinem Herkunftsmilieu richteten, belegt N.s rückblickender Hinweis, er habe als Verwandter von Pfarrern früh Einblick gewonnen in »geistige und seelische Beschränktheit Tüchtigkeit Hochmut« (N, KSA 8, 505). Später redete N. gar von einer ihm eigenen Bedenklichkeit gegen die Moral, »welche in meinem Leben so früh, so unaufgefordert, so unaufhaltsam, so in Widerspruch gegen Umgebung, Alter, Beispiel, Herkunft auftrat, dass ich beinahe das Recht hätte, sie mein ›A priori‹ zu nennen« (GM, Vorrede 3, KSA 5, 249).

Es ist wohl diesem ›A priori‹ zuzurechnen, wenn es Ostern 1861 zwischen Mutter und Sohn zu ersten Auseinandersetzungen in Glaubensdingen kam (Janz 1978, Bd. 1, 93). Noch aber wußte N. nichts anderes zu tun als Abbitte zu erflehen: »Verzeihe mir doch ja liebe Mamma, aber dann bitte ich dich, nie mehr dieser Ereignisse zu gedenken, sondern sie als ungeschehen zu betrachten« (Franziska u. Elisabeth N., April 1861). Im Jahre 1862, in dessen Verlauf die Mutter erneut Anlaß haben wird, den Sohn dafür zu tadeln, »immer etwas anderes zu thun als die Anderen« (von Franziska N., 12. 11. 1862), ahnte N. in einem Vortrag für die Germania – ein mit zwei Naumburger Jugendfreunden gegründeter Bildungsverein – etwas von den Hintergründen dieser seiner Bereitschaft zum Kompromiß: »Wenn wir mit freiem, unbefangenem Blick die christliche Lehre und Kirchengeschichte anschauen könnten, so würden wir manche den allgemeinen Ideen widerstrebende Ansichten ausspre⟨c⟩hen müssen. Aber so, von unsern ersten Tagen an eingeengt in das Joch der Gewohnheit und der Vorurtheile [...], glauben wir es fast als Vergehn betrachten zu müssen, wenn wir einen freieren Standpunkt wählen, um von da aus ein unparteiisches und der Zeit angemessenes Urtheil über Religion und Christentum fällen zu können. Ein solcher Versuch ist nicht das Werk einiger Wochen, sondern eines Lebens« (BAW 2, 54). Damit hatte N. seine Sendung formuliert, der er mit Aufnahme seines Studiums bedeutend näherkam.

## II. Studienzeit (1864–1868)

Zum Wintersemester 1864/65 wird N. an der Universität Bonn immatrikuliert, zunächst für Theologie, dann, gemäß einer Entscheidung, die er schon Ende 1863 seinem Vormund gegenüber angedeutet hatte (KGB I/4, 321) und die er zum Abschluß des ersten Semesters fast beiläufig nach Hause übermittelte (Franziska und Elisabeth N., 2. 2. 1865), ausschließlich für Philologie. Zum zweitwichtigsten Ereignis geriet N. sein Beitritt zur Burschenschaft Franconia. Damit besiegelte er zugleich, abgesehen von Karriereoptionen, seine Teilhabe am studentischen Leben, was feuchtfröhliche Nebenfolgen ebenso einschloß wie permanente Geldsorgen, die ein sofort nach Studienbeginn gemietetes und erst nach einigen Monaten wieder aufgegebenes Klavier nicht eben minderte. Die Wahrnehmung seiner Person durch andere blieb von all dem nicht unbetroffen: »Ich gelte hier in studentischen Kreisen etwas als musikalischer Kauz [...]. Ich bin durchaus nicht unbeliebt, ob ich gleich etwas moquant bin und für satyrisch gelte« (Franziska und Elisabeth N., 18. 2. 1865). Daß im Rücken dessen die Erinnerung an die so asketische Zeit in Pforta Regie führt, wird den Naumburgern nicht vorenthalten, und sei es nur im Zusammenhang von Überlegungen N.s, ob er nicht besser daran getan hätte, gleich nach der Schule seinen Militärdienst abzuleisten: »Aber erst Pforte – und dann Unteroffiziere! Nein, ›Freiheit liebt das Thier der Wüste!‹« (Franziska und Elisabeth N., Ende Februar 1865). Und schließlich noch übt sich N. im ketzerischen Gedankengut und gibt darüber der Schwester Kunde, indem er sie beispielsweise fragt, ob es schwerer sei, das anzunehmen, »worin man erzogen ist«, »als im Kampf mit Gewöhnung [...] neue Bahnen zu gehn?« (Elisabeth N., 11. 6. 1865) Wenig später mokiert er sich in einem Brief an die Mutter über die »bigotte katholische Bevölkerung« Bonns sowie, anläßlich einer Fronleichnamsprozession, über »krampfhaft fromm thuend[e], quäkende und krächzende alte Weiber« (Franziska N., zweite Junihälfte 1865).

In Naumburg selbst zeigt man sich durchaus beunruhigt angesichts dieser so widersprüchlichen Botschaften eines Studenten, dem die Tante ursprünglich den Auftrag gegeben hatte, ihr mitzuteilen, wieviele Kirchen es in Bonn gäbe, »wie die Prediger heißen« und welche ihm am besten gefielen (von Rosalie N., 15. 10. 1864). Auch N.s Mutter hatte ihren Sohn nicht nur immer wieder zum Sparen ermahnt oder zum Einhalten eines festen Ziels, sondern sie hatte ihn auch und mit vielsagendem Unterton von der Freude in Kenntnis gesetzt, die der Sohn einer befreundeten Pastorengattin dieser mit seiner Entscheidung gemacht habe, nun doch Theologie (und nicht Philologie) zu studieren (von Franziska N., 25. 11. 1864). Daß aber all dies nichts half, wurde den Naumburgern spätestens Ostern 1865 klar: N. ließ in Vorbereitung seines im Zusammenhang dieses Festes anstehenden Besuches in provokanter Manier wissen, er habe, obgleich aus formalen Gründen der theologischen Fakultät zugehörig, sein Gepäck mit dem Namenszusatz »stud. philologiae« versehen (Franziska und Elisabeth N., Mitte März 1865). Damit indes war nur das Vorspiel gegeben zu religiösen Differenzen, die sich auch in N.s Weigerung Ausdruck verschaffen, Mutter wie Schwester an den Ostertagen zum Abendmahl zu begleiten, und die eskalierten, nachdem N. seiner Mutter im Herbst erneute Glaubenszweifel bekundet hatte. »Hoffentlich bist du ganz wohl mein lieber Fritz«, meldete sie nun in heller Aufregung nach Leipzig, dem neuen Studienort ihres Sohnes, und erklärte, daß ihm als dem möglicherweise zukünftig einzigen Ernährer »die Lebensaufgabe« zukomme, seiner Mutter »eine gute Stütze zu sein« sowie – und dies mit einem zornigen Seitenblick auf die bisher alle Avancen ihrer Verehrer abweisende Tochter – »vielleicht auch Deiner Schwester« (von Franziska N., 12. 11. 1865).

N.s Reaktion auf diese unmißverständliche Engführung seiner eigenen Ambitionen in Richtung eines bloßen – theologischen – ›Brotstudiums‹ war konsequent. Er privatisierte weitgehend das sich in ihm entwickelnde Problembewußtsein und führte fortan ein Doppelleben »als radikaler Philosoph und als rücksichtsvoller Sohn« (Kjaer 1990, 179). Entsprechend war es nicht untypisch für ihn, Briefe nach Hause mit der einschränkenden Formel zu versehen, daß er nichts mehr zu schreiben wisse, denn »meine philologischen Ergebnisse interessiren Euch nicht, philosophische Erörterungen liebt Ihr nicht« (Franziska und Elisabeth N., 29. 5. 1866). Daß neben das Zweigestirn Theologie/Philologie zunehmend und schließlich in dominanter Weise die Philosophie treten sollte, hatte schon ein Lehrer seiner alten Schule in einem von N. in seinem ersten Bonner Semester vorgelegten Empfehlungsschreiben vorausgesehen, als er schrieb: »Er schwankt noch zwischen Theologie und Philologie, doch wird die letztere wohl siegen, besonders aber wird er unter ihrer Leitung sich freudig der Philosophie zuwenden, zu der ihn doch sein innerster Trieb hinführt« (KGB I/4, 338). Dies war, zumal im Hinblick auf die fernere Zukunft N.'s, gut beobachtet. Zunächst freilich, in seiner Bonner Studiensituation, verlangte ihm die Philologie alle Aufmerksamkeit ab, und zwar als eine Wissenschaft, »die mit kühler Besonnenheit, mit logischer Kälte, mit gleichförmiger Arbeit gefördert werden könnte, ohne mit ihren Resultaten gleich ans Herz zu greifen« (BAW 5, 253).

Gleichfalls nicht gleich ans Herz griff ihm der in Bonn lehrende Ordinarius Ritschl, der damals, wie sich N.s Baseler Kollege Mähly später ausdrückte, derjenige war, der »am philologischen Himmel sozusagen den Regen und den Sonnenschein machte« (zit. n. Gilman 1981, 93). N. jedoch zeigte sich zunächst noch unentschlossen. So ließ er Schwester wie Mutter zu Anfang seines ersten Semesters wissen: »Daß Männer wie Ritschl, der mir eine Rede über Philologie und Theologie hielt, wie Otto Jahn, der, ähnlich wie ich, Philologie und Musik treibt, ohne eins von beiden zur Nebensache zu machen, einen großen

Einfluß auf mich einüben, wird sich jeder vorstellen können, der diese Heroen der Wissenschaft kennt« (Franziska und Elisabeth N., 10.–17. 11. 1864). Schon diese Charakterisierung belegt, daß N. anfangs glaubte, Jahn werde ihm allemal nähertreten als Ritschl. »Aus der Ferne verehrte ich die Persönlichkeit Friedrich Ritschl's« (BAW 5, 255), lesen wir denn auch in einem 1868/69 verfaßten Rückblick N.s auf die Bonner Zeit, die mit einem Streit zwischen Jahn und Ritschl sowie damit endete, daß letzterer einen Ruf nach Leipzig annahm und N. sich auf die Seite Ritschls schlug. »Ich weiß nicht, ob Ihr davon gehört habt, daß unser Ritschl nach Leipzig gehen wird; das ist der Hauptgrund« (Franziska und Elisabeth N., 29. 5. 1865), ließ er via Naumburg verlauten, um die Absicht eines Wechsels von Bonn nach Leipzig kundzutun.

Auf diese Weise fügte es sich, daß N. im Wintersemester 1865/66 Ritschls Leipziger Antrittsvorlesung beiwohnte, sich später erinnernd: »Da kam er denn hineingerutscht in den großen Saal auf seinen großen Filzschuhen [...]. Heiter und aufgeräumt blickte er sich in dieser neuen Welt um und bald entdeckte er auch Gesichter, die ihm nicht fremd waren. Indem er sich hinten im Saale herumtrieb, rief er plötzlich ›Ei da ist ja auch Herr N.‹ und winkte mir lebhaft mit der Hand« (BAW 3, 295). Dieser Quasi-Adoption folgte schon wenig später der Ritterschlag, nachdem N. den Mut aufgebracht hatte, Ritschl einen philologischen Vortrag zu überreichen, von dem sich dieser deutlich beeindruckt zeigte, indem er N. erklärte, »noch nie von einem Studierenden des dritten Semesters etwas Ähnliches der strengen Methode nach, der Sicherheit der Combination nach gesehen zu haben« (BAW 3, 300). N.s Reaktion war verständlich: »Einige Zeit gieng ich wie im Taumel umher; es ist die Zeit, wo ich zum Philologen geboren wurde, ich empfand den Stachel des Lobes, das für mich auf dieser Laufbahn zu pflücken sei« (BAW 3, 300). In der Hauptsache indes trug die Förderung Ritschls dazu bei, N. von der Auffassung abzubringen, der Schüler eines anderen zu sein, sei unvereinbar mit seinem Selbstgefühl: N. konvertierte zum »Ritschelianer« (Gilman 1981, 65), der seinen Förderer mit Vorliebe als »Vater Ritschl« (BAW 3, 305) titulierte und mit diesem »in ein näheres Verhältniß« kam: »Fast wöchentlich ein paar Mal gieng ich in der Mittagsstunde zu ihm und fand ihn da jederzeit bereit ein ernstes oder lustiges Gespräch anzuknüpfen« (BAW 3, 304).

Ritschl gefiel sicherlich auch, daß N. bei all seinem Talent zugleich doch auch so fügsam sein konnte. »Wähle Dir ein Untersuchungsfeld mit Resignation, bearbeite es mit Hingebung« (Paul Deussen, 22. 6. 1868), hatte beispielsweise Deussen zu hören bekommen, als wolle N. nicht nur diesen auf eine neue Arbeitshaltung, sondern sich selbst auf seinen ›Frondienst‹ bei Ritschl einstimmen. Zwei Wochen zuvor hatte sich N. auf Ritschls Wunsch hin entschieden, nicht länger Berlin, sondern Leipzig als Habilitationsort ins Auge zu fassen (Erwin Rohde, 6. 6. 1868). Die Folgen ließen nicht lange auf sich warten: N. erstellte im klugen Erfassen des in dieser Situation Gebotenen und gewiß nicht ganz so »freiwillig und mit einiger Vorliebe« (Friedrich Ritschl, 2. 8. 1868), wie er glauben machen wollte, für Ritschls Periodikum ein 24 Jahrgänge umfassendes Register. Dabei wurde er zwar von seiner Schwester unterstützt, sah sich aber behindert von den langwierigen und schmerzhaften Folgen eines Reitunfalls, den er im Mai 1868 im Zuge seines seit Oktober 1867 währenden Militärdienstes als Freiwilliger (in Naumburg) erlitten hatte.

Bei all dem übersah N. nicht die dunkle Seite Ritschls, nämlich eine unbedingte »Überschätzung seines Fachs« und die entsprechende Abneigung, »daß Philologen sich näher mit der Philosophie einließen« (BAW 3, 305). Grundlagen für eine in diese Richtung weisende Philologiekritik hatte N. noch in Leipzig gelegt. »In unsrer Zeit ist ein Philolog ein Mensch, der ein Buch noch mit der Genauigkeit liest als ob er vor Erfindung der Buchdruckerkunst geboren sei« (BAW 5, 194), spottete er beispielsweise in einer seiner letzten privaten Niederschriften aus der Leipziger Zeit über seine Zunft, als ›zeitgemäße‹ Gegenposition demgegenüber festhaltend: »Der Philologe liest nur Worte, wir Modernen nur noch Gedanken« (BAW 5, 268). Enthalten war in diesem Einspruch der Vorgriff auf den Versuch, die philologische Textkritik eher den hermeneutischen Verfahren der Geisteswissenschaften einzuarbeiten, anstatt beharrlich dem Streben nachzugeben nach einer von Inhalt und Kontext weitgehend absehenden präzisen Textentzifferung. Die Philologie sei eine »Mißgeburt der Göttin Philosophie, erzeugt mit einem Idioten oder Cretin«, bekannte N. denn auch zumindest privat, um im nächsten Atemzug Verwahrung einzulegen gegen die, die »abgezehrten Leibes, mit vertrockneten Adern, welkem Munde das Blut junger und blühender Naturen aufsuchen und vampyrartig aussaugen« (Paul Deussen, zweite Oktoberhälfte 1868). Als N. dies niederschrieb, hatte er längst schon einen anderen Lehrer im Visier: Schopenhauer, der, seinerseits ohne Professur, für seinen Spott an den Universitätsphilosophen und deren »matten Herzschlag, den trüben, spähenden Augen, den stark entwickelten Freßwerkzeugen, der stockenden Rede und dem schwerfälligen Gange« (Schopenhauer 1851, 199) berühmt-berüchtigt war.

Auf Schopenhauer gestoßen war N., unmittelbar nachdem er den Wechsel von Bonn nach Leipzig vollzogen und seinen Austritt aus der Franconia erklärt hatte. Entsprechend hing er »mit einigen schmerzlichen Erfahrungen und Enttäuschungen ohne Beihülfe einsam in der Luft, ohne Grundsätze, ohne Hoffnungen und ohne eine freundliche Erinnerung« (BAW 3, 297). Dies war die Stimmung, aus der heraus er im Herbst 1865 in einem Leipziger Antiquariat Schopenhauers *Die Welt als Wille und Vorstellung* entdeckte. Dafür wählte er später die Darstellung, ihm habe ein »Dämon« zugeflüstert: »Nimm Dir dieses Buch mit nach Hause« (BAW 3, 298) – eine offenbar stilisierte Erzählvariante angesichts der sich häufenden Indizien für eine frühere Schopenhauer-Kenntnis N.s (Figl 1984, 114ff.). Zumindest psychologisch interessanter aber ist noch der Umstand, daß die Worte ›Nimm Dir dieses Buch mit nach Hause‹ sich auch in den *Confessiones* des Augustinus finden, hier allerdings nicht von einem Dämon gesprochen, sondern von einem Kind und mit der Folge, daß Augustinus ausgerechnet jene Stelle des Römerbriefs aufschlug, in der Paulus die Gläubigen ermahnt, »vom Saufen und Fressen und Huren und Streiten abzulassen« (Ross 1980, 157). In der Linie dieser Parallele liegt die Frage nahe, ob auch N. damals ein Bedürfnis zur Bekehrung verspürte, das er durch seine Schopenhauerlektüre stillen wollte.

Die Antwort scheint umstandslos möglich. Denn nur wenige Monate vor der Leipziger Antiquariatsszene soll sich N. in einem Bordell luetisch infiziert haben (Lange-Eichbaum 1947, 16). Als Beleg gilt ein noch aus Bonn geschriebenen Brief N.s, in dem er darüber berichtet, daß er an einigen Festen teilgenommen habe, aber in den letzten Wochen wegen Krankheit im Bett liegen müsse. Die Krankheitssymptome beschreibt er als Rheumatismus, »der aus den Armen in den Hals kroch, von da in die Backe und in die Zähne« und der ihm gegenwärtig »die stechendsten Kopfschmerzen« (Carl v. Gersdorff, 4. 8. 1865) verursache, was mancherorts als Anzeichen für den »Beginn des sekundären Stadiums der Lues« (Lange-Eichbaum 1947, 16) genommen wurde. Auch wenn diese Hypothese zu weit gehen mag, spricht einiges dafür, N.s Schopenhauerbegeisterung als Indiz für die Suche nach einer Ersatzreligion zu lesen, derer N. in dieser Zeit dringend bedürftig war.

An Schopenhauer fesselte ihn dessen deprimierender Ausblick auf die »Negativität alles Glückes« (Schopenhauer 1859, Bd. I, 418) und mithin auf die Trivialität des Lebens, das, Schopenhauers Lesart zufolge, seinen Sinn vergeblich aus der Abwehr des Todes zu gewinnen trachte und allein verwiesen sei auf eine sich im »wahre[n] Christenthum« aussprechende asketische »Verneinung des Willens zum Leben« (Schopenhauer 1859, Bd. II, 715). »Hier war jede Zeile«, so N. denn auch im Rückblick auf seine Schopenhauerlektüre, »die Entsagung, Verneinung, Resignation schrie [...]. Hier sah mich das volle interesselose Sonnenauge der Kunst an, hier sah ich Krankheit und Heilung, Verbannung und Zufluchtsort, Hölle und Himmel« (BAW 3, 298). N.s Zentralmotiv war dabei vor allem das der Heilung: Er sah sich von einem »Bedürfniß nach Selbsterkenntniß, ja Selbstzernagung« gepackt – und verbrachte viel Zeit mit »nutzlosen Selbstanklagen« und »verzweifelten Aufschauen zur Heiligung und Umgestaltung des ganzen Menschenkerns«, um sich zugleich aus Selbstverachtung dazu zu zwingen, zwei Wochen lang jeweils nur vier Stunden zu schlafen, was nicht folgenlos bleiben sollte: »Eine nervöse Aufgeregtheit bemächtigte sich meiner und wer weiß bis zu welchem Grade von Thorheit ich vorgeschritten wäre wenn nicht die Lockungen des Lebens, der Eitelkeit und der Zwang zu regelmäßigen Studien dagegen gewirkt hätten« (BAW 3, 298).

Immerhin: In einem eingeschränkten Sinn hielt die ›Torheit‹ zunächst an und führte zu einer Art Schopenhauerkult (Zwick 1995, 71ff.), dem sich rasch auch N.s wichtigste Freunde anschlossen. In der dritten *Unzeitgemäßen Betrachtung Schopenhauer als Erzieher* (1874), in der N. mittels eines »Selbstgelöbnisse[s]« (Georg Brandes, 19. 2. 1888) aller Welt überdeutlich signalisiert, wem er seine Sendung als Philosoph dankt, lesen wir: »Mit ihm würde ich es halten, wenn die Aufgabe gestellt wäre, es sich auf der Erde heimisch zu machen« (SE 2, KSA 1, 348). Namentlich der Zusatz, wonach Schopenhauer »nur solche zu seinen Erben zu machen verhiess, welche mehr sein wollten und konnten als nur seine Leser, nämlich seine Söhne und Zöglinge« (SE 2, KSA 1, 350), klingt dabei durchaus nach einem in der Person Schopenhauers vorübergehend zur Befriedigung gelangten Vatersuchmotiv N.s. In jedem Fall war die Spannung erheblich, in die N. als ein Ritschl verpflichteter, heimlich Schopenhauer verehrender und R. Wagner (↗Freunde) allmählich ins Auge fassender philologischer Nachwuchsstar geraten mußte. Der Gattin Ritschls gab N. denn auch fast schelmisch zu verstehen: »Die Pferdefüße Wagners und Schopenhauers lassen sich schlecht verstecken« (Sophie Ritschl, 2. 7. 1868).

Wenige Monate später war es eben jene Sophie Ritschl, die N. indirekt und gleichsam in Begleitung eines glanzvollen Abschlusses seiner Studentenzeit zur Bekanntschaft mit Wagner verhalf. Den ersten Akt des nun anhebenden Dramas hatte N. klug vorbereitet: »Im Übrigen«, so hatte er einen Freund wissen lassen, »nehme ich mir vor, etwas mehr Gesellschaftsmensch zu werden: insbesondere habe ich eine Frau aufs Korn genommen, von der mir Wunderdinge erzählt sind, die Frau des Professor Brockhaus, Schwester Richard Wagners« (Erwin Rohde, 8. 10. 1868) – und, wie hinzuzusetzen ist, Freundin der Gattin Ritschls. Die Ernte dieser geschickten Karriereplanung brachte N. vier Wochen später ein, nachdem er sich zwischenzeitlich erstmals und nach langen Jahren der zurückhaltenden Bewertung anläßlich eines Konzertes für Wagners Musik hatte begeistern lassen. Wagner weilte damals bei seinen Verwandten in Leipzig, Frau Ritschl kam gesprächsweise auf N.s musikalische Fertigkeiten zu sprechen, und Wagner gab – so Originalton N. – »allerhöchsten Willen kund, mich incognito kennen zu lernen« (Erwin Rohde, 9. 11. 1868). Das Treffen selbst verlief dann auch zur vollsten Zufriedenheit N.s, wie insbesondere sein Wagnerporträt belegt: »Es ist [...] ein fabelhaft lebhafter und feuriger Mann, der sehr schnell spricht, sehr witzig ist und eine Gesellschaft dieser privatesten Art ganz heiter macht« (Erwin Rohde, 9. 11. 1868). Was N. offenbar nicht erkannte, war die lebensgeschichtlich bedingte und psychologisch komplizierte Verstrickung beider, die nun anhob. Auf einen kurzen Begriff gebracht, liegt die Vermutung nahe, N. sei der Suggestion unterlegen, Wagner böte Voraussetzungen zur Abwicklung dessen, was bei Ritschl sowie Schopenhauer unerledigt geblieben war: die Stillung nicht nur der kognitiven, sondern auch der emotionalen Bedürftigkeit eines Kindes, dem im familialen Umfeld weitgehend Unverständnis für das ihm Eigene begegnet war und das gelegentlich mit dem Gedanken spielen mochte, unter dem Regiment des leiblichen Vaters wäre dies anders gewesen (Niemeyer 1998, 128 f.). Zum ernsthaften Problem geriet dies erst, nachdem N. durch seinen Ruf nach Basel Wagner auch räumlich nahegekommen war.

## III. Professorenleben (1869–1879)

Am 10. 1. 1869 erreichte N. die Nachricht, daß er mit einem Ruf nach Basel rechnen könne. Vorgearbeitet hatte hier Ritschl mit einem an N.s Vorgänger in Basel gerichteten, geradezu hymnisch gehaltenen Empfehlungsschreiben. Darin heißt es: »Er ist ein Abgott und (ohne es zu wollen) Führer der ganzen jungen Philologenwelt hier in Leipzig, die (ziemlich zahlreich) die Zeit nicht erwarten kann, ihn als Docenten zu hören. Sie werden sagen, ich schildere eine Art von Phaenomen; nun ja, er ist das auch; dabei liebenswürdig und bescheiden«. Ritschl setzte noch hinzu, daß er in seiner fast vierzigjährigen Karriere niemanden kennengelernt habe, »der *so* früh und *so* jung schon *so* reif gewesen wäre, wie diesen N.« (KGB I/4, 542). Damit stand außer Frage, daß N. Basel nicht mehr zu nehmen war. »Eine Empfehlung von Seiten dieses Koryphäen«, so Mähly in Erinnerung an die Erwartung, die man in Basel an das erbetene Ritschl-Votum geknüpft hatte, »galt damals so viel als der sichere Weg zum Ziel« (zit. n. Gilman 1981, 93). Zweitrangig war dabei, daß N. in Leipzig, seines Baseler Stellenantritts wegen, nur im Schnellverfahren und nur pro forma promoviert worden war, wobei man in erster Linie die Person und in zweiter die von dieser verfaßten kleineren philologischen Veröffentlichungen einer Würdigung unterzogen hatte.

N. selbst freute sich selbstverständlich über diese Entwicklung der Dinge. Gleichwohl konnte er angesichts des mit Rohde für den Sommer 1869 gefaßten Planes, in Paris »die göttliche Kraft des Cancan« kennenzulernen, »um später würdig an der Spitze der Civilisation maschiren zu können« (Erwin Rohde, 6. 8. 1868), nicht übersehen, daß ihm nun die »Berufskette« drohe (Erwin Rohde, 16. 1. 1869). N.s Glück war also weit ambivalenter als die Erwartungen der Basler, die Ritschl mit seiner auf N. bezüglichen Bemerkung: »Er wird eben alles können was er will« (KGB I/4, 548), so stimuliert hatte, daß diese annahmen, N. werde alles können, was man von ihm verlangte. Ebensowenig fragte man in Basel nach den ›dunklen‹ Seiten in N.s altphilologischem Überzeugungssystem – dies wohl auch, weil N. sie schon vor Ritschl sorgsam verborgen hatte (Niemeyer 1998, 91 ff.).

Dies gilt insbesondere für N.s scharfe Philologiekritik, die, ebenso wie das Ausmaß seiner Schopenhauerverehrung, lediglich guten Freunden bekannt war. Entsprechend waren es auch eher diese – wie v. Gersdorff (↗ Freunde) –, die N. zu dessen Berufung nach Basel brieflich mit den Worten gratulierten, daß nun endlich ein »Schopenhaueraner« das Katheder besteige, wenn auch nicht, »um Philosophie zu docieren« (von Carl v. Gersdorff, 16. 2. 1869). N.s Antwort war voller Selbstbewußtsein: »Einer Art des Philisteriums bin ich zwar näher gerückt, der species ›Fachmensch‹ [...]. Aber ich bilde mir ein, dieser Gefahr mit mehr Ruhe und Sicherheit entgegen gehen zu können als die meisten Philologen; zu tief wurzelt schon der philosophische Ernst [...]. Meine Wissenschaft mit diesem neuen Blute zu durchdringen, auf meine Zuhörer jenen Schopenhauerischen Ernst zu übertragen [...] – dies ist mein Wunsch, meine kühne Hoffnung« (Carl v. Gersdorff, 11. 4. 1869). Entsprechend begann N. darum zu kämpfen, den Philosophen in sich auch schon in der Lehre bzw. im Unterricht zur Geltung zu bringen, und zwar dies im Rahmen eines Wochenplans, der ihm nicht gerade ein geringes Pensum abverlangte: »Jeden Morgen der Woche halte ich um 7 Uhr meine Vorlesung [...]. Dienstag und Freitag habe ich am Paedagogium zweimal zu unterrichten, Mittwoch und Donnerstag einmal: dies thue ich bis jetzt mit Vergnügen« (Friedrich Ritschl, 10. 5. 1869).

Die Einschränkung (›bis jetzt‹) war klug gewählt. Denn lange konnte sich N. nicht über sein Publikum bzw., und dies eher mit Blick auf seine Tätigkeit am Pädagogium, darüber freuen, »zum Schulmeister zwar nicht geboren, aber doch auch nicht verdorben zu sein« (Elisabeth N., 29. 5. 1869). Selbst seiner Mutter gegenüber klagte er bald schon über seine berufliche »Fessel« sowie über »die greuliche Masse der ›geehrten‹ Collegen, die sich pflichtgemäß bemühen, mich Abend für Abend einzuladen«; andererseits aber wußte N. sie auch zu trösten durch den Hinweis, daß er durch seine Antrittsrede vom 28. 5. 1869 seine Stellung »gesichert« habe (Franziska N., Mitte Juni 1869). Dabei behielt er für sich, daß diese Rede auch ein Warnzeichen an die Adresse der Baseler enthielt. N. nämlich forderte den »Beistand der Künstler« (BAW 5, 287) für eine Philologieauslegung, die in den Stand setze, Modernisierungs- und Kulturkritik zu leisten und die nur auf diesem Wege jene »Scheinmonarchie« (BAW 5, 285) beenden könne, mit der sie sich solange begnügen müsse, solange sie ihre Ordnungsfunktion gegenüber den an ihrem Gewerbe zu beteiligenden disziplinären Sehweisen nicht ausübe und ihres philosophischen Anspruchs ledig bleibe. Dies aber war eine Konzeption, die in Richtung Wagner wies und die insoweit die Philologieüberwindung N.s ebenso forcierte wie seine Unzufriedenheit in Basel – und vice versa.

Wie weit und wie rasch diese Entwicklung voranschreiten sollte, wurde 1871 deutlich. N. hatte sich zwischenzeitlich (im August 1870) freiwillig (wegen seiner Schweizer Professur nur als Krankenpfleger) für den deutsch-französischen Krieg gemeldet. Von dort gelangte er schon nach wenigen Wochen, an Ruhr erkrankt – später wurde mitunter zusätzlich gemutmaßt: infiziert von der Syphilis Verwundeter (Gilman 1981, 728) –, nach Naumburg in häusliche Pflege. Nach einigen Wochen halbwegs genesen, kehrte N. nach Basel zurück, um das Wintersemester mit großem Enthusiasmus zu beginnen. Gleichwohl überkam ihn schon bald ein erneuter Überdruß am »übermäßige[n] Schulmeistern« (Franziska und Elisabeth N., 21. 1. 1871), der, im Verein mit der Sorge um das Schicksal der Kämpfer für die »kommende Culturperiode« (Carl v. Gersdorff, 7. 11. 1870), zu der Idee beitrug, einen »Bruch mit der bisherigen Philologie und ihrer Bildungsperspektive« (Erwin Rohde, 15. 12. 1870) herbeizuführen. Die Gelegenheit dazu schien günstig, da zur selben Zeit universitätsintern ein philosophischer Lehrstuhl vakant wurde, auf den sich N. bewirbt, obgleich er noch nicht einmal drei Jahre zuvor die Idee, über ein philosophisches Thema zu promovieren, verworfen hatte, weil dies bedeute, »leichtsinniger als eine Fliege zu Werke [zu] gehen« (Erwin Rohde, 3. oder 4. 5. 1868). Nun jedoch ist N. nicht nur leichtsinnig, er ist fast unverfroren: Er fühle, so schreibt er in seinem Bewerbungsschreiben an seinen Baseler Förderer, »daß meine eigentliche Aufgabe, der ich im Notfalle jeden Beruf opfern müßte, meine philosophische [ist]«, und er untersteht sich nicht, es mit der jetzigen »Constellation der philosophischen Zustände an Universitäten« sowie der Übermacht »der beeindruckenden Persönlichkeit Ritschls« zu erklären, daß er überhaupt in der Philologie gelandet sei (Wilhelm Vischer (-Bilfinger), vermutlich Januar 1871).

Der darob konsternierte Vischer durfte hieraus lernen, daß die Baseler einen Philologen wider Willen eingekauft hatten, den sie im wohlverstandenen Eigeninteresse besser gleich in die Philosophie entließen. Vor diesem Hintergrund nimmt es kaum wunder, daß das Vorhaben des gerade erst 26jährigen Philologieprofessors kläglich scheiterte, d.h. in dessen ureigenstem Interesse gleichsam unter den Tisch fiel zugunsten der Berufung Rudolf Euckens. Bei all dem mußte es für N. eine große Beruhigung sein, daß sich zumindest seine Beziehung zu Wagner zunächst zu seiner vollsten Zufriedenheit entwickelte. Zum ersten Mal nach ihrer Leipziger Begegnung hatten beide sich Pfingsten 1869, also knapp zwei Wochen vor N.s Baseler Antrittsrede, in Tribschen wiedergesehen. Wagner, den N. dort auf dessen Einladung besuchte, bewohnte damals, subventioniert durch den ihm ursprünglich gänzlich verfallenen ›Märchenkönig‹ Ludwig II., eine herrschaftliche, am Vierwaldstätter See gelegene Villa, und zwar zusammen mit einer in Scheidung lebenden Baronin, der Liszt-Tochter und zweifachen Mutter Cosima v. Bülow (↗Frauen), die hochschwanger war, von Wagner, mit dem sie bereits zwei weitere Kinder hatte und den sie dann im August 1870 heiraten sollte. Bis zu diesem Zeitpunkt waren dies also durchaus delikate und für einen Pastorensohn sowie Professor wie N. doppelt anstößige Verhältnisse. N. lehnte denn auch eine erneute Einladung Wagners zu dessen kurz darauf zu feierndem 56. Geburtstag ab – offiziell zwar unter Hinweis auf die »leidige[n] Ketten« seines Berufes (Richard Wagner, 22. 5. 1869), tatsächlich aber wohl aus Gründen der »Tugend« (Erwin Rohde, 29. 5. 1869).

Als weit weniger anstößig aber empfand N. zunächst offenbar Wagners ↗Antisemitismus (Köhler 1996, 47) sowie dessen ›Philosophie‹. Jedenfalls bedauerte er in seinem ersatzweise übersandten Geburtstagsglückwunsch zutiefst, nicht erneut teilhaben zu können an Wagners »germanische[m] Lebensernst«, der permanent gefährdet werde »durch philosophischen Unfug und vordringliches Judenthum« (Richard Wagner, 22. 5. 1869). Ähnliche Vokabeln finden sich auch dort, wo N. von der »lange[n] Entwürdigung« spricht, »unter der der deutsche Genius, entfremdet von Haus und Heimat, im Dienste tückischer Zwerge lebte« (GT, Nr. 24, KSA 1, 154). Damit will er ganz offenkundig das Einverständnis mit Wagners Absicht bekunden, die Nibelungentetralogie als Moritat auf die Unterdrückung des ›deutschen Genius‹ Siegfried durch die als Judenkarikaturen angelegten ›tükkischen Zwerge‹ Mime und Alberich aufzubereiten (Niemeyer 1998, 169ff.).

Die Optik, die N. dabei und in der Folge auf lange Zeit einnahm, war die schon im November 1868 eingeübte: Es war die des kritiklos Verehrenden, der bald an den Wochenenden und auch zu Weihnachten in Tribschen mit großer Selbstverständlichkeit erwartet wird und sich sogar mit einem eigenen Zimmer ausgestattet sieht, sich rasch fühlend wie in der Nähe des »Auserwählten der Jahrhunderte« (Gustav Krug, 4. 8. 1869). In Kreisen des Baseler Bürgertums galt N. entsprechend rasch als »Ganymed des neuen deutschen Olympiers, in dessen Idyll Tribschen er ein- und ausging« (Bernoulli 1908, 73). Aus Wagners Perspektive hatte N. die Rolle eines zuverlässigen Archivars sowie propagandistisch tätigen Professors zu erfüllen. In beiden Hinsichten wurde N. auch brieflich instruiert: einerseits mit der Botschaft, daß er zum »Wächter« über Wagners »Angedenken« bestimmt sei (von Richard Wagner, 4. 6. 1870); andererseits mit dem Hinweis, daß er Wagner ein »ganzes Halbtheil« seiner »Bestimmung« abnehmen könne (von Richard Wagner, 12. 2. 1870), am Beispiel gesprochen: daß er von seiner »Stellung als Fachmann, als Professor der Philologie aus, den Kampf gegen das Erziehungswesen« beginnen möge (von Carl v. Gersdorff, 31. 5. 1872).

Als N. diesen Auftrag Wagners von einem seiner damals besten Freunde ›gesteckt‹ bekam, saß er gerade an einem nicht mehr fertiggestellten sechsten (und siebten) seiner Bildungsvorträge, die er am 16. 1. 1872 eröffnet hatte, in einer Phase des scheinbaren Erfolges, die durch seinen Anfang des Jahres erschienenen Erstling ebenso gekennzeichnet ist wie durch einen von der Studentenschaft angebotenen Fackelzug, mit dem N.s mit einer Gehaltserhöhung gratifizierte Ablehnung einer Rufvoranfrage der Universität Greifswald ›belohnt‹ werden sollte. Möglicherweise war es dieser Hintergrund, der dazu führte, daß N. kurz vor seinem letzten Vortrag seinem Verleger – der zugleich jener Wagners war – den Abdruck anbot, verbunden mit dem Hinweis, es sei Absicht und Inbegriff seiner Vorträge, den Lehrern den Sinn der Kulturbedeutung der »Musikbewegung« Wagners »ans Herz« zu legen (Ernst Wilhelm Fritzsch, 22. 3. 1872). Damals noch wollte N. unbedingt gesichert wissen, daß seine Vorträge zum 22. Mai gedruckt vorlagen – in der Hauptsache Wagners 59. Geburtstags wegen. Davon nahm er zwar im April Abstand zugunsten einer gründlichen Überarbeitung, die die Erstellung weiterer Vortragsteile einschloß. Schließlich aber, nachdem N. noch seinen inzwischen in Bayreuth residierenden geistigen Mentor Wagner »als der wahren ›Bildungsanstalt‹« (Richard Wagner, 25. 7. 1872) brieflich erfolglos um Hilfe angegangen war, verlor er offenbar die Lust an der Materie und entschloß sich zu einem endgültigen Publikationsverzicht angesichts von Vorträgen, die seiner Meinung nach »nicht genug in die Tiefe« gingen (Malwida v. Meysenbug, 7. 11. 1872).

Ein nicht minder unglückliches Schicksal nahm sein Erstling, wobei man allerdings zu differenzieren hat. Denn auch wenn beispielsweise Ritschl auf die ihm schon am 31. 12. 1871 übersandte Schrift seines Schülers zumindest gegenüber N. nicht reagierte und erst, auf erneute Nachfrage N.s, am 14. 2. 1872 antwortete, und zwar demonstrativ reserviert: entscheidend schien für N. in dieser Sache zunächst doch die Haltung der Tribschener, und die ließ nichts zu wünschen übrig. Ritschls Brief sei »nicht aufrich-

tig und warm genug für den väterlichen Lehrer, und nicht originell und bedeutend für den berühmten Gelehrten« (von Cosima Wagner, Anfang März 1872), ließ man von hier, im klugen Ausnutzen der nun sich verstärkenden Entfremdung zwischen N. und Ritschl, verlauten, sowie, und dies unmittelbar nach Übersendung von N.s Arbeit: »Schöneres als Ihr Buch habe ich noch nicht gelesen!« (von Richard Wagner, Anfang Januar 1872). Ein Thema für sich akzentuierte dabei die Zusatzbotschaft: »Tief und weit blicke ich mit Ihnen, und unübersehbar weite Gebiete hoffnungsvollster Thätigkeit eröffnen sich vor mir, – vor mir – mit Ihnen zur Seite« (von Richard Wagner, 10. 1. 1872). Denn dies war zwar diffus gesprochen, aber doch immerhin so klar, daß N. hoffen konnte, seinem Philologie- und Dozentenüberdruß werde via Wagner und im Zusammenhang mit dessen für April 1872 avisierten Umzug nach Bayreuth Befriedigung zuteil.

Fortan sah sich Wagner gehäuft Anfragen N.s ausgesetzt derart, daß er seine »jetzige Existenz« als Vorwurf empfände und ihn aufrichtig anfrage, »ob Sie mich brauchen können« (Richard Wagner, 24. 1. 1872). Mehr für sich faßte N. gar den Plan, »im deutschen Vaterland« herumzuziehen, um Vorträge auf Einladung der Wagnervereine zu halten und anschließend »2 Jahre nach dem Süden zu gehen« (Erwin Rohde, 11. 4. 1872) – bei gleichzeitiger Weitergabe seiner Professur an Rohde und in der Hoffnung, ihm selbst würde zumindest doch der Titel belassen. In Bayreuth allerdings konnte man sich damit nicht anfreunden, dies wohl auch, weil die Befürchtung groß war, N. könne sich in der »Himmelsluft der Musik« und in der »Wassertiefe der Philosophie« verlieren, wenn er den »feste[n] Boden« der Philologie verlasse (von Cosima Wagner, 22. 8. 1872). Wichtiger aber war wohl – und N. bekam derartiges andeutungsweise als Meinung Wagners hinterbracht (von Carl v. Gersdorff, 31. 5. 1872) –, daß ein amtierender Philologieprofessor ein weit besserer Zeuge für die Triftigkeit des in Bayreuth Beabsichtigten war als ein von der Universität beurlaubter Wagnerianer. Dies war wohl auch der Grund dafür, daß Wagner N. sowie dessen inzwischen seinerseits auf eine Professur berufenen Freund Rohde in Bayreuth mit Vorliebe mit den Worten vorstellte: »Meine Freunde, die beiden Universitätsprofessoren« (zit. n. Förster-N. 1915, 104). Als wollte N. auf diesen Zusammenhang anspielen, notierte er sich später: »Es beleidigt unversöhnlich, zu entdecken, dass man dort, wo man überzeugt war geliebt zu werden, nur als Hausgeräth und Zimmerschmuck betrachtet wurde, an dem der Hausherr vor Gästen seine Eitelkeit auslassen kann« (MA II, Nr. 74, KSA 2, 408).

Vor dem Hintergrund dieser extrem uneindeutigen Konstellation bahnte sich für N. infolge seines Erstlings eine mittlere akademische Katastrophe an. Eigentlich hatte er vorgehabt, sich mit dieser Schrift für die Bewerbungspanne vom Januar 1871 zu rehabilitieren, wollte sich also »philosophisch etwas ausweisen und legitimieren« (Erwin Rohde, 29. 3. 1871). Dies gelang ihm zumindest insofern, als ihn ein philosophisches Periodikum um einen kurzen Lebenslauf bat, wodurch er sich »gewissermaßen unter die ›Philosophieprofessoren‹ aufgenommen fühle« (Erwin Rohde, 30. 4. 1872). Schon bald aber brach das Verhängnis, das sich schon in Ritschls Zurückhaltung angedeutet hatte, über ihn herein: Die *Geburt der Tragödie* wurde von den Philosophen totgeschwiegen und von den Philologen, ungeachtet von Verteidigungsschriften, die eher aus Freundschaft (Rohde) bzw. Kalkül (Wagner) geschrieben wurden, als das Werk eines Zunftgenossen gelesen, der sich in seinen Ambitionen verstiegen habe. Und so konnte N. auch nur bilanzieren: »von der Zunft bin ich, wie es scheint, zum Tode verurteilt« (Erwin Rohde, 7. 7. 1872). Wie sehr dies zutraf, wurde im folgenden Wintersemester deutlich, als die Studenten ausblieben, weil ihnen, wie N. in einem Fall ganz sicher erfahren haben wollte, geraten würde, an keiner Universität Philologie zu studieren, wo er als akademischer Lehrer tätig sei (Erwin Rohde, November 1872).

Das Tal der Tränen, das durch die Freundschaft – und ›Waffengenossenschaft‹ (vgl. Sommer 1997) – mit N.s 1870 nach Basel berufenem Theologiekollegen und zeitweiligem Wohngenossen Overbeck (↗Freunde) etwas gemildert wurde, war damit allerdings noch nicht durchschritten, im Gegenteil: Nachdem im August 1873 auch noch N.s erste *Unzeitgemäße Betrachtung* erschienen war – sicherlich die schwächste Schrift N.s, mit der er den ›Bildungsphilister‹ Strauss vorführen wollte –, schien für viele das Maß voll. Gottfried Keller jedenfalls sprach von einem »knäbische[n] Pamphlet« (zit. n. Krummel 1974, 18), das Baseler Bildungsbürgertum reagierte verstört, und in einer überregionalen Zeitschrift wurde – mutmaßlich ausgerechnet von N.s späterem Schwager (Krummel 1974, 20) – behauptet, daß N. nur »durch ein Kunststück Ritschl's und die Dummheit der Basler« Professor geworden sei (Carl v. Gersdorff, 27. 10. 1873). Der negative Höhepunkt war allerdings erst zum Jahresende erreicht. N. besuchte noch einmal Ritschl und mußte sich von diesem »in einer halben Stunde ein schnell gesprochenes Wort-Feuer« anhören, das ihm endgültig verdeutlichte, wie sehr ihn Ritschl und der Geist, den er repräsentierte, als einen ›unzeitgemäßen‹ Wirrkopf abzustempeln im Begriff stand. Zum Trost gereichte ihm in dieser Situation die Erinnerung, am Ende seiner – soeben abgeschlossenen – zweiten *Unzeitgemäßen Betrachtung* ein »Lied« gesungen zu haben, »das dieser Art von knicklich-kricklichen Greueln recht elend wehe thun wird« (Erwin Rohde, am Sylvestertage 1873–74). Tatsächlich aber wurde N. zunehmend unklarer, wie und wo er sich dauerhaft situieren konnte bzw. woher er die Freiheit zum Austragen des Neuen sowie die Kraft beziehen sollte zum Kampf »gegen das viele, unsäglich viele Unfreie, was mir anhaftet« (Carl v. Gersdorff, 1. 4. 1874).

Wagner tat in dieser Situation, die auch ihn bedrohte, instinktiv das einzig Richtige: Bezogen auf die Historienschrift merkte er an, daß er einen »schönen Stolz empfinde, nun nichts mehr zu sagen zu haben, und Ihnen Alles Weitere überlassen zu können« (von Richard Wagner, 27. 2. 1874). Und auf dem Höhepunkt des Ärgers um N.s Strauss-Pamphlet vermerkte er mit Rückblick auf N.s nun fast zwei Jahre alte *Geburt der Tragödie*: »Ich habe wieder darin gelesen und schwöre Ihnen zu Gott zu, dass ich Sie für den Einzigen halte, der weiss, was ich will!« (von Richard Wagner, 21. 9. 1873) Die erste Bemerkung sollte ein allgemeines Vertrauenssignal geben, die zweite sollte N.s Aufmerksamkeit etwas von den Tagesscharmützeln weg auf das wirklich überdauernde Werk lenken. Dahinter verbarg sich das allgemeinere Signal, daß, in Fortführung der hier angedeuteten Richtung, nun vielleicht doch der Punkt gekommen sei, an dem der endgültige Bruch mit der Philologie unabweisbar werde und eine Einfügung N.s in die sich formierende Bayreuther Szenerie geboten sei.

Interessant ist nur, daß N.s Visionen, sofern sie

sich in der Folge auf außeruniversitäre Existenzbedingungen richteten, zunehmend weniger an Bayreuth geheftet waren. Zwar feierte er Wagner noch gelegentlich als seinen »Vater«, dessen Geburtstag er auch zur Feier seiner (geistigen) Geburt begehe und der sich nicht beunruhigen dürfe, wenn er es eines Tages an der Universität »nicht mehr aushielte« (Richard Wagner, 20. 5. 1874). Konkret ventilierte er aber eher die Idee des Lebens auf einem »Landgut« (Franziska N., 1. 2. 1874) oder jedenfalls doch in Gestalt einer – eventuell in Rothenburg ob d. T. zu realisierenden – »Singulärexistenz« (Erwin Rohde, 14. 5. 1874). Sein Wunsch zum Weihnachtsfest 1874 unterstreicht dies noch einmal: »Schenkt mir doch [...] ein kleines Landhaus, wo ich den Rest meines Lebens ruhig sitzen kann und schöne Bücher schreiben – ach! (Seufzer!)« (Franziska und Elisabeth N., 3. 12. 1874). Derlei Ausblicke auf ein Leben ohne Professur – ein Leben, das N. dann schneller zu führen hatte als ihm lieb gewesen sein dürfte, – verrieten dadurch, daß sie die Bayreuthvision nicht mehr bedienten, eine allmähliche Distanz gegenüber Wagner, die auch durch andere Ereignisse gefördert wurde.

Dazu gehörte auch der Fall Strauss (↗ Philosophie und Theologie des 19. Jh.s). Denn es ist durchaus auffällig, daß N. das erwähnte Lob Wagners (»Ich habe wieder darin gelesen und schwöre Ihnen zu Gott zu, dass ich Sie für den Einzigen halte, der weiss, was ich will!«) irrtümlich – und wie er voller Stolz sofort weitererzählte (Carl v. Gersdorff, 27. 9. 1873) – auf sein Strauss-Pamphlet bezog, um sich dann aber schon einige Monate später angesichts des Todes von Strauss für eben diese Schrift zu schämen (Carl v. Gersdorff, 11. 2. 1874), was letztlich bedeutete, daß er sich zugleich für das schämte, ›was Wagner wollte‹. Aufklärung verschafft hier die Vorgeschichte. Denn schon in der Tribschener Zeit war N. signalisiert worden, daß seine Agitation gegen Strauss sehr erwünscht sei (von Cosima Wagner, 4. 12. 1870), eine ›Anregung‹, die N., der Strauss durchaus schätzte, damals noch zu ignorieren verstand. Gut zwei Jahre später allerdings verfing dieses Mittel nicht mehr. N. wurde nun so geschickt auf Strauss hingewiesen (von Cosima Wagner, 12. 2. 1873), daß er annehmen mußte, er könne sein Glück darüber, daß nun wieder, nach einer Reihe für ihn unerklärbarer Verstimmungen, »Frieden geschlossen« sei (Carl v. Gersdorff, 2. 3. 1873), auf Dauer stellen, wenn er sich dem Begehren Wagners, das dieser ihm dann noch einmal bei einem Besuch in Bayreuth im April 1873 sowie brieflich mit einem »Heraus damit!« (von Richard Wagner, 30. 4. 1873) vortrug, nicht entzöge und stellvertretend für Wagner auf Begleichung der Rechnung drängte, die zwischen diesem und Strauss noch aus Münchener Zeiten offen war (Janz 1978, Bd. 1, 533 f.).

Daß dies allerdings auf lange Sicht auch eine Quittung nach sich zöge, die N. Wagner präsentieren würde, bringt schon die Scham N.s über Strauss' Tod zum Ausdruck. Ihr Vorspiel – in Gestalt eines schlechten Gewissens – ist darin zu sehen, daß N. ursprünglich und als Teil einer von ihm in Szene zu setzenden »großen Mystifikation« (Erwin Rohde, 5. 5. 1873) beabsichtigte, seinen Angriff auf Strauss unter dem Namen eines seiner besten Freunde oder jedenfalls doch unter dem eines von diesem übersetzten Italieners erscheinen zu lassen, was der so Angefragte mit Gründen, die N. sich selber hätte sagen müssen, ablehnte (von Carl v. Gersdorff, 10. 5. 1873). Immerhin: N. war es offenbar von Beginn an nicht wohl bei der Sache gewesen, und den Rest besorgte C. Wagner. Denn sie kommentierte die Skrupel N.s nach Strauss' Tod mit den Worten, daß sie »keinerlei Sentimentalitäten in Dingen des Geistes« gestatte, wobei es einerlei sei, »ob einer krank oder sterbend ist wenn er schädlich erscheint« (von Cosima Wagner, 20. 3. 1874). Von da ab wußte N., was ihm blühen würde, wenn man in Bayreuth beschloß, ihn als ›schädlich‹ zu definieren. Insofern ist es durchaus auffällig, daß in eben jenen Wochen die ersten kritischen Niederschriften N.s über Wagner einsetzten, die den endgültigen Bruch vom Sommer 1876 vorbereiteten (Eger 1988, 74).

Förderlich war dabei zweifellos auch, daß Wagner, in Vorbereitung der 1876er Festspiele befangen, kleinlaut wissen ließ: »Ich bin jetzt reiner Geschäftsmann, d.h. Theater-Unternehmer geworden« (von Richard Wagner, 18. 2. 1875). Denn wenn sich N. wenige Monate später in ein Fragment eintragen wird: »Nieder mit der Kunst, welche nicht in sich zur Revolution der Gesellschaft, zur Erneuerung und Einigung des Volkes drängt!« (N, KSA 8, 218), dann klingt dies nur allzu deutlich nach Enttäuschung darüber, daß Wagner in Bayreuth seinem Revolutionspathos von 1849 und den damit im Zusammenhang stehenden theaterpolitischen Absichten untreu zu werden im Begriff stand. Vor diesem Hintergrund ist N.s extra für die Festspiele angefertigte vierte *Unzeitgemäße Betrachtung* exakt das, was N. im Jahre 1886 von ihr sagen wird: Sie ist »eine Huldigung und Dankbarkeit gegen ein Stück Vergangenheit von mir«, also »eine Loslösung, ein Abschiednehmen« (MA II, Vorrede 1, KSA 2, 370).

Unklar bleibt bei all dem, woraus sich N.s Erwartung an Bayreuth begründet hatte. Denn dagegen stand beispielsweise schon ein wohl nicht umsonst »geheim gehaltene[s] Schriftstück« (MA II, Vorrede 1, KSA 2, 370) aus dem Jahre 1873, in dem es heißt: »Im Menschen [...] ist die Täuschung [...], das Maskirtsein, die verhüllende Convention, das Bühnenspiel vor Anderen und sich selbst [...] so sehr die Regel und das Gesetz, dass fast nichts unbegreiflicher ist, als wie [...] ein ehrlicher und reiner Trieb zur Wahrheit aufkommen konnte« (WL 1, KSA 1, 876). Dies war nicht nur wie ein zweiter Schopenhauer, sondern auch wie ein zweiter ↗Rousseau gesprochen – und harrte der Anwendung auf den 1876er Wagner und das Publikum, das er anlockte. Was sich in Bayreuth nämlich sammelte, war entweder die Welt des Adels und der Mächtigen und insofern die der Konvention und Intrige, oder es war die Welt der neurotisch-regressiv Bedürftigen, mit jenem – wie N. später lästerte – »hysterisch-erotische[n] Zug, den Wagner am Weibe besonders geliebt und in Musik gesetzt hat« (N, KSA 11, 591). Dies letztlich genügte N., um ihn ahnen zu lassen, daß das von ihm in der *Geburt der Tragödie* zu neuen Ehren gebrachte Dionysische in der Gefahr stand, zum Hochmotiv in einem Dasein der Öde zu verkommen.

Entsprechend geriet sein Bayreuthbesuch zum Fiasko: Von Kopfschmerzen geplagt und mit Grauen vor den »langen Kunst-Abende[n]« (Elisabeth N., 1. 8. 1876), reiste er enttäuscht wieder ab und nahm, nach zwischenzeitlicher Rückkehr und erneuter Abreise, als zentrale Lektion die Botschaft mit, daß Krankheit jedesmal die Antwort sei, »wenn wir an unsrem Recht auf unsre Aufgabe zweifeln wollen« (MA II, Vorrede 4, KSA 2, 373). N. also nahm sich nun endlich jenes Recht – und konzipierte auf seiner ›Bayreuthflucht‹ und einem dreiwöchigen Aufenthalt im Bayerischen Wald seine Aphorismensammlung *Menschliches, Allzumenschliches*. Weitere Ausarbeitungsschritte erfolgten im anschließenden Winter in Sorrent auf Einladung Malwida v. Meysenbugs. Es war diese Einladung, die N. auf die Idee brachte, einen mindestens einjährigen (Forschungs-)Urlaub zu beantragen, der im Oktober 1876 genehmigt wurde. Damit waren die Würfel gefallen: N. begann, jene Lebensform zu realisieren, die er erstmals im April 1872 und spätestens seit 1874 immer wieder ersehnt hatte und die ihn Bayreuth nun auch räumlich ferne rücken ließ.

Der zentrale Grund für die Urlaubsgenehmigung war die Hoffnung, N. könne auf diese Weise seine Gesundheit wiederherstellen. Daß mit ihm gesundheitlich nicht alles in Ordnung sei, ließ N. erstmals – wenn man von Problemen aus der Schulzeit sowie dem im Frühjahr 1871 auch seinem Arbeitgeber gegenüber (Wilhelm Vischer-Bilfinger, 15. 3. 1871) publik gemachten Erschöpfungszustand infolge des Krankenpflegedienstes 1870 sowie der ersten Baseler Semester absieht – im März 1873 verlauten (Franziska und Elisabeth N., 9. 3. 1873). Wochen später finden sich Klagen darüber, daß er »öfter einmal an Augenschmerzen laborire« (Franziska und Elisabeth N., 29. 4. 1873). Auch Wagner gegenüber begründete N. die Verzögerung der Umarbeitung seines an sich als Geburtstagsgeschenk gedachten »Anti-Strauss« u.a. damit, daß er »sehr an plötzlicher und schmerzhafter Augenschwäche leide« und entsprechend »besorgt« sei (Richard Wagner, 20. 5. 1873). Diese Sorge war, zumal sich N.s Zustand über Monate hinweg kaum besserte und er zunehmend auch beim Schreiben und Lesen auf Hilfe angewiesen war – etwa durch Carl v. Gersdorff, der ihn von Mitte Mai bis Mitte September 1873 in Basel besuchte –, fortan auch eine im Hause Bayreuth, nur daß sie von hier aus in gelegentlich zweideutige Richtungen gelenkt wurde. Hierzu gehören Wagners Bedenken angesichts von N.s überwiegend »männliche[m] Umgang, wie Sie ihn in Basel für die Abendstunden haben«, mit der Aufforderung, endlich zu heiraten und kulminierend in dem Stoßseufzer: »Warum muss nur Gersdorf gerade eine Mannsperson sein!« (von Richard Wagner, 6. 4. 1874)

N. allerdings war für diesen Unterton zunächst nicht sonderlich empfänglich, auch wenn er gegenüber Freunden über die in Bayreuth versammelte »Heiraths-Überlegungs-Commission« (Carl v. Gersdorff, 1. 6. 1874) spottete. Das

Thema selbst blieb allerdings in den Folgemonaten erhalten und kulminierte in teilweise tragikomischen Versuchen N.s, sich einer Braut zu vergewissern, die nicht zu alt und unansehnlich sowie – und dies vor allem – wohlhabend genug war, ihm eine außeruniversitäre Existenz zu sichern. Allerdings blieb auch der Nebenakzent erhalten, den Wagner dem Thema verliehen hatte und der mit N.s anhaltenden gesundheitlichen Beschwerden immer deutlicher nach Beachtung verlangte. An Dramatik gewann dieses Vorspiel erst, als auch N.s Urlaubsjahr in Sorrent keine dauerhafte Besserung gebracht hatte und Wagner N.s Frankfurter Arzt Dr. Eiser im Oktober 1877 mit seiner Vermutung konfrontierte, N.s Ehelosigkeit sowie seine »Temperamentszüge[ ] und charakteristischen Gewohnheiten« seien »Folgen der Onanie« (zit. n. Gregor-Dellin 1980, 683). Daß sich hinter diesem Hinweis die Befürchtung verbarg, N. könne homosexuell sein, läßt sich einem zeitgleichen Brief C. Wagners an v. Meysenbug entnehmen (Köhler 1989, 176f.). Eiser jedenfalls ließ sich dazu verleiten, Wagner seinen Befund anzuvertrauen, N. sei seiner Sexualkonstitution nach unauffällig, habe sich aber in der Jugend »infiziert« und müsse als »unheilbar« krank gelten (Gregor-Dellin 1980, 684). Diese Indiskretion wiederum blieb N. offenbar nicht unbekannt (Gilman 1981, 345), wofür auch ein nach Wagners Tod verfaßter Brief N.s an Köselitz – den er gelegentlich als ›Peter Gast‹ titulierte (↗Freunde) – spricht. In diesem Brief klagt N. darüber, Wagner habe mit seinen Ärzten Briefe gewechselt, »um seine Überzeugung auszudrücken, meine veränderte Denkweise sei die Folge unnatürlicher Ausschweifungen, mit Hindeutungen auf Päderastie« (Heinrich Köselitz, 21. 4. 1883).

Erklären läßt sich damit allerdings allenfalls die Drastik des Ausdrucks in manch späterer Äußerung N.s über Wagner, nicht aber die aus der Sache sich begründende tiefgreifende Entfremdung zwischen beiden. In diesem Zusammenhang wird man nicht die rückblickende Bemerkung N.s außer acht lassen dürfen, wonach ihn und Wagner vor allem die »verfluchte Antisemiterei« (Franz Overbeck, 2. 4. 1884) verfeindet hätte. Denn es ist durchaus auffällig, daß N., der noch zu Tribschener Zeiten an Wagners Antisemitismus ebensowenig Anstoß nahm wie an den antisemitischen Äußerungen seiner damals engsten Freunde – wie etwa v. Gersdorff –, ausgerechnet in der Zeit seiner Ablösung von Wagner »so manche Erfahrungen« machte, die ihm »eine sehr grosse Erwartung« eingaben gerade bezogen auf ›Jünglinge‹ jüdischer Herkunft (Siegfried Lipiner, 24. 8. 1877). N. dachte dabei offenkundig vor allem an Rée (↗Freunde), dem er im März 1876 nähertrat und mit dem zusammen er dann den Winter in Sorrent verbrachte, vertieft in gemeinsame Arbeit und gleichsam als »Flitterwochen« ihrer Freundschaft (von Paul Rée, 10. 10. 1877). Der Zufall wollte es, daß R. und C. Wagner Zeugen dieser Freundschaft wurden, als sie im Oktober/November 1876 in Sorrent Station machten. Fortan und zumal nach Erscheinen von *Menschliches, Allzumenschliches* galt N. in Bayreuther Lesart als Opfer Rées und dessen Begeisterung für eine durch die französische Aufklärung geprägte Moralkritik, von der auch Wagner und sein Antisemitismus nicht verschont blieben.

Das Grundsätzliche der Neuorientierung N.s ist damit allerdings noch nicht getroffen. Sehr viel aussagekräftiger ist da schon eine Nachlaßnotiz, in der es heißt: »Lesern meiner früheren Schriften will ich ausdrücklich erklären, daß ich die metaphysisch-künstlerischen Ansichten, welche jene im Wesentlichen beherrschen, aufgegeben habe: sie sind angenehm, aber unhaltbar« (N, KSA 8, 463). Ersatzweise lautet die neue Formel: »Der wissenschaftliche Mensch ist die Weiterentwickelung des künstlerischen« (MA I, Nr. 222, KSA 2, 186). Im Prinzip hatte N. damit auch gemeint, daß er, so wie er sich nun, in der hiermit anhebenden ›mittleren‹ Phase seines Schaffens, auszulegen begann, die Weiterentwicklung Wagners war. Vor dem Hintergrund dieser so eindeutigen Absage gegenüber dem einstmals Verehrten irritiert es schon, daß N. allen Ernstes hoffte, man würde in Bayreuth auf die im April 1878 erfolgende Übersendung seines neuen Buches mit Toleranz reagieren.

Monate zuvor, in einem unmittelbar nach Beginn der Drucklegung verfaßten Begleitbrief, der später dann doch nicht genutzt wurde, hatte N. noch geschrieben: »Dies Buch ist von mir: ich habe meine innerste Empfind⟨ung⟩ über Menschen und Dinge darin ans Licht gebracht und zum ersten Male die Peripherie meines eigenen Denkens umlaufen« (Richard und Cosima Wagner, Anfang 1878). Dies war in aller Unschuld gesprochen, ließ aber, bei genauerem Zusehen, die eigene Schuld doch deutlich werden. Denn bei jenen ›innersten Empfindungen über Menschen‹ handelte es sich nicht nur um bisher unausgesprochene Empfindungen N.s mit Blick auf Wagner, sondern auch mit Blick auf dessen Frau. So mußte es sie fraglos kränken, aus N.s Buch in verklausulierter Form das angesichts ihrer beachtlichen Körpergröße wenig geschmackvolle Bild entnehmen zu dürfen, wonach sie ihrem egoistischen und schwierigen Mann aus purem Geltungsdrang immer wieder als »Blitz-, Sturm- und Regenableiter« (MA I, Nr. 430, KSA 2, 281) zur Verfügung stehe. Und daß N., wie er in jenem Briefentwurf gleichfalls meinte, in seinem neuen Buch nun zum ersten Mal die Peripherie seines ›eigenen Denkens‹ umlaufen habe, sollte zugleich bedeuten, daß Wagner ihn bisher immer für ›fremdes Denken‹ instrumentalisiert hatte. Wagner hätte hierzu noch erfahren können: »Das unzweideutigste Anzeichen von einer Geringschätzung der Menschen ist diess, dass man Jedermann nur als Mittel zu seinem Zwecke oder gar nicht gelten lässt« (MA I, Nr. 524, KSA 2, 325). Damit war zugleich N.s neue Rolle vorgezeichnet: Er galt nämlich nun in Bayreuth gar nichts mehr.

Dies färbte zweifellos auch ab auf das Urteil selbst eines an sich so guten Freundes wie Rohde, der, in Nachahmung der Bayreuther Empörung, gleichfalls nicht begriff, wie N. so plötzlich habe Rée werden können (von Erwin Rohde, 16. 7. 78). Was speziell Wagners Empörung anging, übte sich N. zunächst in der Attitüde des Erstaunten. Von Bayreuth aus sei sein Buch »in eine Art von Bann gethan«, über den Autor habe man die »große Excommunication« verhängt, Wagner habe eine große Gelegenheit, »Größe des Charakters zu zeigen, unbenutzt gelassen« (Heinrich Köselitz, 31. 5. 1878), klagte er gegenüber dem, der sich in der Folge zum unentbehrlichen Korrektor seiner Texte entwickeln sollte. Wenige Monate später bat N. seinen (neuen) Verleger – der ihn mit einer nicht zuletzt auch gegen ihn gerichteten Streitschrift Wagners bekannt gemacht hatte –, von derartigen Hinweisen fortan abzusehen, weil er sich den Begriff von Wagners Größe erhalten wolle und sich dazu Wagners »Allzumenschliches etwas vom Leibe halten« (Ernst Schmeitzner, 10. 9. 1878) müsse. Damit war das Wagnerkapitel in N.s Biographie der Hauptsache nach abgeschlossen, wenngleich das Thema selbst immer wieder und bis in N.s letzte Veröffentlichungen hinein eine Rolle spielte.

Nicht endgültig abgeschlossen war hingegen N.s Professorenkarriere, obwohl das wenige, was dem noch folgte, letztlich nicht mehr war als eine Freisetzung auf Raten. So wurde er, der sich ab September 1877 auf eine gemeinsame Haushaltung mit seiner Schwester angewiesen sah, im November auf das Gutachten von Dr. Eiser hin wegen andernfalls drohender Erblindung auch für das Wintersemester 1877/78 von seiner Lehrtätigkeit am Pädagogium entbunden, eine Befreiung, die im März 1878 auf Dauer ausgesprochen wurde. Die Arbeit an der Universität blieb davon an sich zwar unberührt, aber in der Auswahl der Vorlesungsstoffe zeigte sich dann doch, daß N. zunehmend nicht nur des Interesses, sondern auch der Kraft entbehrte, sprich: »thematisch nichts Neues bot« (Janz 1978, Bd. 1, 804). Als sich N.s Gesundheitszustand im Verlauf des Jahres 1878 weiter verschlechterte, schien das Finale fast unausweichlich.

Hinzu kam, daß die Jahresbilanz ganz unabhängig von dem Ärger mit Wagner eine überaus bedrückende war, was nur durch einige Daten angezeigt sei: Bruch der Freundschaft (bis Dezember 1881) mit v. Gersdorff im Dezember 1877; Konkurs des ersten Verlegers (Fritzsch) im März 1878; Wegzug von ›Gast‹ nach Venedig im April 1878; Tod des Sorrentiner ›Miturlaubers‹ Brenner im Mai 1878; und, nicht zuletzt: Rückkehr der Schwester nach Naumburg und Auflösung des mit ihr geführten Hausstandes im Juni 1878 mit der Folge, daß N. fortan unter äußerst bescheidenen Umständen ein stadtfern gelegenes kleines möbliertes Zimmer bewohnt, wo er infolge der zwischenzeitlichen Verheiratung fast all seiner Jugend- und Studienfreunde weit weniger Besuch als früher erhielt. Zwar ging zu Sylvester noch ein neues Druckmanuskript an den Verlag, das unter dem Titel *Vermischte Meinungen und Sprüche* 1879 separat erschien und 1886 zusammen mit der 1880 herausgebrachten Fortsetzung *Der Wanderer und sein Schatten* zu *Menschliches, Allzumenschliches* II vereinigt wurde. Aber der Text selbst belegte durch die auch hier bevorzugte und bis hin zum *Zarathustra* favorisierte aphoristische Form, daß N. seiner Augenschwäche nun auch unter textkompositorischen Gesichtspunkten Tribut zu zollen hatte. So kam es, wie es kommen mußte: Am 2. Mai 1879 bittet N. darum, aus dem Universitätsdienst entlassen zu werden, ein Gesuch, das Mitte Juni bei einem Ruhegehalt von 2/3 der zuletzt erzielten Einnahmen bewilligt wurde. Damit hatte N.s Leben als Professor, aber auch sein Leben an einem Ort und mit einer eigenen Unterkunft, ein Ende.

## IV. Jahre der Unrast und der Einsamkeit (1879–1888)

Die Jahre der Unrast und zugleich aber auch die der »idealistische[n] Dachstuben-Einsamkeit« (Franz Overbeck, zweite Hälfte November 1880), die jene von N. so lange ersehnte Unabhängigkeit im Gefolge haben sollte, beginnen mit der Haushaltsauflösung in Basel und ersten Versuchen, bei Davos eines der Gesundheit förderlichen Sommerdomizils habhaft zu werden. Obgleich in dieser Zeit *Der Wanderer und sein Schatten* entsteht, ist das Ergebnis zwiespältig, wie überhaupt das Jahre 1879, das N. in Naumburg beschließen wird, als niederschmetternd zu gelten hat: »Beständiger Schmerz, mehrere Stunden des Tages ein der Seekrankheit verwandtes Gefühl einer Halb-Lähmung, wo mir das Reden schwerfällt, zur Abwechsung wüthende Anfälle (der letzte nöthigte mich 3 Tage und Nächte lang zu erbrechen, ich dürstete nach dem Tode). Nicht lesen können! Sehr selten schreiben! Nicht verkehren mit Menschen! Keine Musik hören können! Allein sein und spazieren gehen, Bergluft, Milch- und Eier-Diät« (Otto Eiser, Anfang Januar 1880). Skizziert ist damit zugleich auch der Tagesablauf, der von nun an der für N. typische sein wird bei seinem Leben in einer der Pensionen, die er im Winter in Italien und im Sommer bevorzugt im Engadin, in Sils-Maria, bewohnt – ein Tagesablauf wie der folgende: »Alle Morgen um 5 kalte Gesammtabwaschung, täglich 5–7 Stunden Bewegung. Von 7–9 Abends still im Dunkeln sitzen [...]: nie Theater, Concert u.s.w.« (Franziska N., 24. 8. 1881). Als Deussen N. fünf Jahre später wiedersehen wird, zeigt er sich erschüttert angesichts des zwischenzeitlich eingetretenen Niedergangs: »Das war nicht mehr die stolze Haltung, der elastische Gang, die fließende Rede von ehedem. Nur mühsam und etwas nach der Seite hängend, schien er sich zu schleppen, und seine Rede wurde öfter schwerfällig und stockend« (Deussen 1901, 92).

Im Rücken dieser krankheitsbedingten Tragik ist noch eine ganz andere zu verzeichnen. So erreichte N. schon kurz nach seiner Entlassung der Bericht seines Verlegers über einen »abscheulichen Mißerfolg« (Franz Overbeck, 15. 6. 1879) von *Menschliches, Allzumenschliches* I: statt der erwarteten 1200 sind nur 200 Exemplare verkauft worden. Jahre später wird N. lernen müssen, derlei Verkaufszahlen als Erfolg anzusehen. So schreibt ihm sein Verleger nach Erscheinen der ersten zwei Teile des *Zarathustra* im klagenden Ton, früher seien im ersten Jahr 200–250, jetzt hingegen nur noch 100 Exemplare sofort verkauft worden (von Ernst Schmeitzner, 23. 9. 1884). Der Sinn von derlei Rückmeldungen ist klar: N.s Verleger hat die Geduld mit N. verloren, und die Aussicht, daß andere dies anders sehen werden, ist gering.

Der Gipfel ist aber erst da erreicht, wo N. einige Zeit später die ablehnende Haltung eines von ihm ins Auge gefaßten neuen Verlegers für sein soeben fertiggestelltes Buch *Jenseits von Gut und Böse* mit dem Entgegenkommen meint verändern zu können, »auf Zahlung des Honorars bis zu dem Zeitpunkt zu warten, wo 600 Exemplare verkauft sind« (C. Heymons, 20. 4. 1886). Denn auch auf dieses Anerbieten hin, mit dem N. die ihm seit Jahren gewährten Vertragskonditionen preisgibt, folgt prompt eine Absage wegen unrealistisch hoher Absatzerwartungen (von C. Heymons, 24. 4. 1886). N.s Konsequenz, dieses Werk wie auch alle weiteren auf eigene Kosten drucken zu lassen, ist zwar kostspielig, aber ebenso unvermeidbar, wie die tiefe Verbitterung, die diese Entscheidung im Gefolge hat und deren tiefster Ausdruck noch der ist, *Jenseits von Gut und Böse* mit dem scheinbar paradoxen Vermerk zu versenden, daß dieses Buch erst »gegen das Jahr 2000 gelesen werden darf...« (Malwida v. Meysenbug, 24. 9. 1886).

Erstmals hatte N. diese Phantasie, wonach er zu früh käme, 1881 mit der *Morgenröthe* erprobt, nur daß er damals noch meinte und wohl auch meinen konnte, sein Durchbruch stünde unmittelbar bevor. Entsprechend gab er per Brief via Basel (Franz Overbeck, 18. 3. 1881) sowie Naumburg (Franziska u. Elisabeth N., 11. 6. 1881) das Signal aus, dieses Buch werde seinen Namen unsterblich machen. Auch N.s Verleger erfuhr, dieses Buch sei »das, was man ›einen entscheidenden Schritt‹ nennt – ein Schicksal mehr als ein Buch« (Ernst Schmeitzner, 23. 2. 1881). Wenig später setzte N. noch hinzu, Reklame für sein neues Buch sei dessen Qualität halber ganz überflüssig und im übrigen auch schon seines Namens willen zu unterlassen (Ernst Schmeitzner, 13. 3. 1881) – eine Äußerung ganz so, als habe das Publikum bereits einen feststehenden und in jedem Falle positiven Begriff von dem, was es mit N. auf sich habe. Die Resonanz jedoch, die dieses Buch erfuhr, zeigte, daß das Gegenteil der Fall war, so daß N. nur ein »gewisses trübes Erstaunen« blieb angesichts der zwar ›achtbaren‹ und ›wohlwollenden‹, aber letztlich auch nichtssagenden Reaktionen, die ihm deutlich machten, daß er seine Kraft nur aus sich selbst nehmen könne, nicht aber auf »Zurufe Ermuthigungen Tröstungen von außen« warten dürfe (Heinrich Köselitz, 14. 8. 1881).

Daß sich dies leichter sagte als getan war, mußte N. schon wenig später erfahren. Wieder nämlich war er ganz begeistert von einem neuen Buch oder jedenfalls doch von den ersten Kapiteln zu *Die fröhliche Wissenschaft*, erlebt sich zugleich aber, aus dem Winterdomizil im fernen Genua, als »ein wenig allzu verlassen und allzu todt geschätzt« (Heinrich Köselitz, 25. 1. 1882). Schon also will sie nicht mehr genügen, die Ermutigung, die er aus sich selbst zu ziehen vermag, wenngleich die Ankündigung des neuen Werkes weit weniger die Figur der nun erreichten Unsterblichkeit strapaziert als vielmehr die des notwendig zum Scheitern verurteilten Außenseiters, etwa gemäß dem Motto: »Dies Buch ist in jedem Betracht wider den deutschen Geschmack und die Gegenwart: und ich selber bin es noch mehr« (Franz Overbeck, 22. 8. 1882). Es mußte bitter sein für N., daß selbst dieses Urteil nicht mehr recht geteilt wurde. »Es ist eine Stimmung darin, die mich anmuthet wie die Luft eines schönen klaren Septembertages« (von Carl v. Gersdorff, 11. 9. 1882), schrieb man N. im Freundeskreis als Dank für die Übersendung des neuen Werkes, oder aber auch: »Wenn es wirklich Ihre Absicht war, Ihre Freunde ›muthig und fröhlich‹ zu machen, so werden Sie wohl Ihren Zweck erreicht haben« (von Marie Baumgartner, 12. 9. 1882). N., so sah es also aus, drohte in den Augen der immer zurückhaltender werdenden Freunde unter seinen immer weniger werdenden Lesern zum Erbauungsliteraten zu verkommen.

Aus dem Blick geriet damit, daß es ihm gerade mit diesem Buch um weit mehr gegangen war. N. selbst hatte darüber keinen Zweifel gelassen. So begründete er im Januar 1882 Verzögerungen im Abschluß des Manuskripts mit einem Gedanken, den auszusprechen ihm noch der Mut fehle und der ›Jahrtausende‹ brauche, »um etwas zu werden« (Heinrich Köselitz, 25. 1. 1882). Jahre später wird N. im Zusammenhang des *Zarathustra* gleichfalls von einem Gedanken sprechen, zu dem ihm – wegen der nach wie vor dominierenden »Entmuthigung« seiner Person – noch der »Muth zum Tragen« fehle (Franz Overbeck, 8. 3. 1884). Hier wie da verbirgt sich hinter den gleichermaßen pathetischen Formeln das gleiche Problem, nämlich der Gedanke der ↗›Ewigen Wiederkunft‹. Er findet sich dann auch – gleichsam als Probe auf die »Grundconception« (EH, KSA 6, 335) des *Zarathustra* – in *Die fröhliche Wissenschaft* angedeutet, wenn N. in dem vierten Buch, das ihm so große Mühe bereitete, von jenem »Dämon« erzählt, der uns in unsere »einsame Einsamkeit« nachschliche, um uns die Frage aufzunötigen, ob wir bereit seien, unser Leben, so wie wir es leben und gelebt haben, zu bejahen und insofern immer wieder in genau gleicher Form zu leben (FW, Nr. 341, KSA 3, 570). Für N. als einen kranken Menschen war dieser Gedanke, der ihm erstmals im August 1881 in Gestalt einer Art Vision in Sils-Maria kam (N, KSA 9, 494), im höchsten Maße beunruhigend. Davon unabhängig hoffte er, daß der Mensch, diesen gleichsam ›züchtigenden‹ Gedanken (↗›Züchtung‹) im Hintergrund, zu einer Lebensführung fände, die ihn in einer Welt ohne Gott (↗›Gott‹) als Schöpfer seiner eigenen Tugend erkennbar werden lasse, als einen der »Neuen«, der »Einmaligen«, der »Unvergleichlichen«, der »Sich-selber-Gesetzgebenden«, der »Sich-selber-Schaffenden« (FW, Nr. 335, KSA 3, 563).

N. legt diese Gedanken der damals einundzwanzigjährigen Petersburger Generalstochter v. Salomé dar (Andreas-Salomé 1894, 194ff.), die später als Literatin sowie Freundin Rilkes und Schülerin Freuds bekannt werden sollte. N. hatte Lou im April 1882 in Rom kennengelernt. Vermittler zwischen beiden war Rée, der im März nach Rom vorgereist war, nachdem er N. Anfang Februar in Genua besucht hatte. Dieser Besuch war für N. überaus anregend verlaufen, wie Briefe aus dieser Zeit belegen, in denen er »die

Freiheit, Heiterkeit und Unverantwortlichkeit« (Heinrich Köselitz, 11. 3. 1882) lobt, darüber redet, er würde gerne »mit Rée in die Palmen-Oase Biskra reisen« (Heinrich Köselitz, 4. 3. 1882), oder – und dies ausgerechnet gegenüber seiner so pietistisch-sparsamen Mutter – damit prahlt, er sei mit Rée im sündhaft teuren Monaco gewesen, dem »Paradies der Hoelle« (Elisabeth u. Franziska N., 4. 3. 1882). Mitten hinein in dieses plötzlich aufsteigende Wissen um das eigene ungelebte Leben, das den zeitgleich entwickelten Imperativ »gefährlich leben!« (FW, Nr. 283, KSA 3, 526) aus *Die fröhliche Wissenschaft* als eine höchstpersönliche Lektion kenntlich macht, erreichten N. Briefe Rées aus Rom über Lou. Sie sind meistenteils verlorengegangen, wenngleich einige der erhaltenen Antworten N.s ihre Tendenz erkennen lassen: Rée möge »diese Russin« von ihm grüßen, er sei »nach dieser Gattung von Seelen lüstern«, müsse allerdings gleich einschränkend betonen, daß er sich im Fall der Fälle seiner vielen Arbeit wegen »höchstens zu einer zweijährigen Ehe« verstünde (Paul Rée, 21. 3. 1882). Rée macht in Reaktion darauf zwar weiter Reklame für Lou – sie sei »ein energisches, unglaublich kluges Wesen mit den mädchenhaftesten, ja kindlichen Eigenschaften« –, ergänzt aber, daß Lous Begierde, N. kennenzulernen, auch im Blick auf ein demnächst eventuell zu dritt zu verbringendes »nettes Jahr« (von Paul Rée, 20. 4. 1882) zu verstehen sei.

Rée hatte durchaus seine Gründe, N.s Aufmerksamkeit von der Eheperspektive weg auf diese Dreierkonstellation zu richten. Denn schließlich hatte er sich zwischenzeitlich in Lou verliebt und damit eine nicht eben günstige Basis geschaffen für das, was geschehen sollte, als auch N. sich, Ende April endlich in Rom eingetroffen, prompt in Lou verliebte – und in seiner Unwissenheit ausgerechnet Rée als Liebesboten auserkor. Damit sowie infolge Lous Unfähigkeit, sich für einen von beiden zu entscheiden, war das weitere Drama grundgelegt: mit N. in der Rolle des – wie er in einem Briefentwurf schreibt – verliebten Studenten (Franz Overbeck, 25. 12. 1882), der am Ende, als Opfer gezielt gestreuter Fehlinformationen, zwischen Selbstmord und Duell (mal mit Rée, mal mit Lou) schwankt; mit Lou in der Rolle der *femme fatale*; und mit N.s Schwester in der Rolle der über alle Maßen eifersüchtigen Intrigantin, die nicht davor zurückschreckt, dafür Sorge zu tragen, daß N.s Mutter ihren Sohn am Ende – wie N. später bitter klagen wird – eine »Schande« für das Grab seines Vaters nennen wird (Franz Overbeck, 10. 2. 1883).

Bis in die Phase der Niederschrift des zweiten Teils des *Zarathustra* bleibt diese Affäre virulent, angestachelt durch neue Intrigen der Schwester im Rahmen zwischenzeitlicher Versöhnung (im Mai 1883) und begleitet durch das Aufbrechen alter Wunden infolge von Wagners Tod (im Februar 1883), der unmittelbar der Nachricht nachfolgte, Wagner »beklage« den Bruch mit ihm (von Heinrich Köselitz, 6. 1. 1883). Es bleibt die irreparable Entfremdung N.s von Mutter wie Schwester, die durch die Ehe der letzteren mit dem militanten Antisemiten B. Förster (im Mai 1885) ebenso beschleunigt wurde wie durch beider Auswanderung nach Paraguay (im Februar 1886) zwecks Gründung einer völkisch-deutschtümelnden Kolonie. Als theoretischen Ertrag wird man festhalten können, daß N. sich erst durch die Lou-Affäre als »reif« empfand für den *Zarathustra* (Elisabeth N., Januar/Februar 1884), daß also erst diese Affäre N., diesen vom Umgang mit anderen so sehr entwöhnten Menschen, der 1882 erstmals und mit aller Naivität und Ungeduld des ungelebten Lebens die Liebe und vor allem das Geliebtwerden erwartete, nur noch mehr bestärkt haben dürfte in der Inszenierung seiner selbst als des einsamen Philosophen, der sein Eremitendasein fortan in den Dienst der Schöpfung des Neuen stellte.

Nach Abschluß dieser Phase, also nach Vorlage der ersten drei Teile des *Zarathustra*, wird N. zwar wieder auf die Menschen zugehen in der Erwartung, er werde nun einen »Ordensbund höherer Menschen« zu begründen in der Lage sein, »welche gleich mir nicht nur jenseits der politischen und religiösen Glaubenslehren zu leben wissen, sondern auch die Moral überwunden haben« (N, KSA 11, 195). Tatsächlich aber war der *Zarathustra* noch sehr viel weniger als alle vorherigen Werke geeignet, N. eine neue, respektable Anhängerschaft zu sichern, im Gegenteil: Daß mit diesem Werk »nichts anzufangen« sei (zit. n. Krummel 1983, 488), war selbst der Eindruck jener N.-Verehrer, die, wie etwa der Freud-Mäzen Paneth, noch durch N. persönlich über die mit diesem Werk verfolgten Absichten instruiert wurden.

N. zog daraus eine naheliegende Konsequenz:

Alles, was er nun noch schreiben sollte, gehorchte dem Gebot, der Auslegung eben dieses Werkes dienlich zu sein. Die dritte Abhandlung der *Genealogie der Moral* beispielsweise wollte N. als eine verstanden wissen, die der Auslegung eines einzigen Satzes aus dem *Zarathustra* dient. Auch von der Schrift *Jenseits von Gut und Böse* erwartete N., daß sie »ein paar erhellende Lichter auf meinen Zarathustra zu werfen« vermag (Franz Overbeck, 5. 8. 1886). Gleiches galt für *Der Antichrist*, ein Buch, das N. als eines auswies, das sich an Leser wende, »welche meinen Zarathustra verstehn« (AC, Vorwort, KSA 6, 167). Selbst zwei Arbeiten seiner ›mittleren‹ Schaffensperiode, nämlich die *Morgenröthe* sowie *Die fröhliche Wissenschaft*, las N. aus der Perspektive des *Zarathustra* als »Einleitung, Vorbereitung und Commentar« (Franz Overbeck, 7. 4. 1884). Mithin hatte zumindest N. keine Schwierigkeiten, seine »ganze Philosophie« hinter »all den schlichten und seltsamen Worten« des *Zarathustra* verborgen zu sehen (Carl v. Gersdorff, Ende Juni 1883). Die Schwierigkeiten der zeitgenössischen Leser, die der Fingerzeige aus dem, was nachfolgte – und was die Kenntnis des Nachlasses und der Briefe an Zusätzlichem gibt –, noch entbehrten, waren damit freilich nicht beseitigt.

In dieser Situation konnte N., dessen Gesundheitszustand sich allmählich etwas zu stabilisieren begann, nicht der ihm von Overbeck nahegebrachten Versuchung widerstehen, jenem ›Ordensbund höherer Menschen‹ oder jedenfalls doch einer ihm eigenen Schülerschaft mittels der Wiederaufnahme seiner Lehrtätigkeit etwas zügiger nahezukommen. Als Ziel der Wahl schien dafür nur seine alte *alma mater*, die Universität Leipzig, in Frage zu kommen. Dabei mag begünstigend hinzugetreten sein, daß ihr damaliger Rektor Max Heinze einst nicht nur ein Lehrer N.s in Pforta, sondern auch sein Kollege in Basel gewesen war.

Was dann allerdings geschah, war für N. ein Fiasko. Heinze nämlich wies N. darauf hin, daß eine Nicht-Genehmigung seines Gesuchs seitens des Ministers wegen »manche[r] scharfe[n] Äußerung über die Gottesvorstellung und besonders über das Christenthum« (von Max Heinze, 19. 8. 1883) sicher zu erwarten sei – ein Argument, mit dem N. an sich ganz gut leben konnte: »Bravo! Dieser Gesichtspunkt gab mir meinen Muth wieder« (Heinrich Köselitz, 26. 8. 1883). Still für sich behielt er allerdings die bittere Pille, die Heinze ihm zu schlucken gegeben hatte und die sich in dessen Rat verbarg, N. möge sich durch die Ablehnung seines Gesuchs doch auf keinen Fall davon abhalten lassen, seine »Ansichten über Griechen und griech⟨ische⟩ Cultur in etwas zusammenhängender Form zu Papier [...] zu bringen« (von Max Heinze, 19. 8. 1883), sprich: Er möge endlich lernen, was jedem Doktoranden auch aufgetragen wird, nämlich sich verständlich auszudrücken, systematisch zu argumentieren und mit der gebührenden Bescheidenheit und unter Konzentration auf einen ihm vom Werdegang her vertrauten Gegenstandsbereich aufzutreten. Erst über ein Jahr später gab N. zu erkennen, daß er Heinzes Herablassung durchaus nicht überlesen hatte: Heinze, so schrieb er nun, habe »nicht den entferntesten Begriff von meiner Bedeutung« (Franziska u. Elisabeth N., 4./11.12. 1884). Dem war wohl so: Heinze, seines Zeichens Philosophiehistoriker, hatte schlicht vorgeführt, wie man noch 1883 mit einem Eindringling aus fremdem Lager umgehen konnte, von dem Kaatz nur zehn Jahre später meinte, daß man, von Fachzeitschriften abgesehen, kaum mehr einem Aufsatz begegne, der das philosophische Gebiet auch nur streife, ohne mit dem Namen N. konfrontiert zu werden (vgl. Krummel 1974, 108).

Für diesen Trost konnte sich N. freilich nichts mehr kaufen. Was ihm blieb, war, im Gleichklang mit der anhaltenden Mißachtung, die Selbststilisierung unter dem Vorzeichen von Unzeitgemäßheit. Als beispielsweise sein Verleger endgültig die Lust verlor, schrieb er seiner in diesem Sinne – wie die Folgegeschichte zeigt – überaus hellhörigen Schwester, daß seine Verlagsrechte bei ihm lägen, »und zwar bis auf 30 Jahre nach meinem Tode hinaus«, was »unter Umständen« etwas sei, was ihn noch »vermögend« machen könne (Franziska u. Elisabeth N., 4./11.12. 1884). Und als ihn erneut das Gefühl ankam, daß er in seiner besten Kraft stünde, »um eine große Schul-Thätigkeit als Philosoph auszuüben« (Elisabeth Förster, kurz vor dem 1. 8. 1885) – eine Gemütslage, aus der heraus sich die vage Phantasie genährt haben mag, daß er bei zureichender Gesundheit sicherlich als Nachfolger Burckhardts (↗Freunde) in Basel angefragt worden wäre (Elisabeth Förster, 12. 3. 1886) –, war er durchaus nicht frei von

Häme angesichts der Nachricht, Burckhardt sei »unglücklich über seinen insipiden Nachfolger« (Elisabeth Förster, 5. 6. 1887). Vor allem aber begann er nun die Vorstellung zu kultivieren, daß er aufgrund der vor ihm stehenden Aufgaben ohnehin »tiefe Isolation« benötige (Heinrich Köselitz, 15. 8. 1887). Im anhebenden Wahnsinn wird N. sein hier umschriebenes Problem dann in dem vielzitierten Satz bündeln: »Lieber Herr Professor, zuletzt wäre ich sehr viel lieber Basler Professor als Gott; aber ich habe es nicht gewagt, meinen Privat-Egoismus so weit zu treiben, um seinetwegen die Schaffung der Welt zu unterlassen« (Jacob Burckhardt, 6. 1. 1889). Als Burckhardt diese in Turin verfaßten Zeilen las, wußte er, daß etwas Schreckliches geschehen sein mußte. Overbeck, von Burckhardt alarmiert, aber auch seinerseits durch ›Wahnsinnszettel‹ N.s beunruhigt, fuhr sofort nach Turin und fand N. dort in seiner Pension in einem offensichtlichen Wahnsinnsanfall befangen.

N.s Schwester hat später immer wieder erzählt – auch Naumburgbesuchern (Gilman 1985, 702) –, der geistige Zusammenbruch ihres Bruders sei Folge der von Medikamentenmißbrauch begleiteten Überarbeitung, deren er sich in den letzten Monaten vor dem Turiner Geschehen schuldig gemacht habe. Diese These ist schon aus medizinischer Sicht nicht haltbar, obgleich sich die erstaunliche Produktivität des späten N. nicht leugnen läßt. Gleiches gilt aber auch für die zunehmend pathologischer werdende Selbstüberhebung, von der sie begleitet ist. So brüstete sich N. nach Fertigstellung der *Genealogie der Moral*, er habe diese Schrift, obgleich »extrem indisponiert«, in noch nicht einmal drei Wochen geschrieben (Heinrich Köselitz, 8. 8. 1887). Im Januar 1888 schreibt er, er habe den Deutschen »mitten in der Periode des geistigen Niedergangs Werke ersten Ranges gegeben, um deren willen die Nachwelt vielleicht diesem Zeitalter verzeihen wird, daß es dagewesen ist« (Franziska N., 29. 1. 1888). Im Februar, im auffälligen Nachgang zur Nachricht des Verlegers, daß *Jenseits von Gut und Böse* »zuletzt nur noch wenig verlangt [wurde]« (von Constantin Georg Naumann, 30. 1. 1888), sucht sich N. in einem Briefentwurf dem für dieses Buch in Aussicht genommenen Rezensenten mit den Worten zu empfehlen, er habe »seit 10 Jahren lauter Meisterwerke hervorgebracht« (Carl Spitteler, 10. 2. 1888). Mitte September, *Der Fall Wagner* ist soeben erschienen und die *Götzen-Dämmerung* in Druck gegangen, erprobt N. die eher gegenläufige Taktik des lässigen – und sich in seiner Lässigkeit zugleich wieder aufhebenden – Understatements, indem er diese beide Schriften als »wirkliche Erholungen inmitten einer unermeßlich schweren und entscheidenden Aufgabe« bagatellisiert, die geeignet sei, »die Geschichte der Menschheit in zwei Hälften« zu spalten (Paul Deussen, 14. 9. 1888). Und schließlich, Ende November – inzwischen ist auch *Ecce homo* im Druck –, kündigt N. seinem Verleger an, daß er infolge dieser Schrift, die »ein Erstaunen ohne Gleichen hervorrufen [wird]«, an eine Übersetzung seiner noch in Ausarbeitung befindlichen *Umwerthung aller Werte* – wenig später: *Der Antichrist* – »in 7 Hauptsprachen durch lauter ausgezeichnete Schriftsteller Europas« denke (Constantin Georg Naumann, 25. 11. 1888). Wenig später, begleitend zu seinen letzten Arbeiten, den *Dionysos-Dithyramben* sowie dem Kompendium *N. contra Wagner*, kalkuliert N. in Sachen *Der Antichrist* gar auf eine Startauflage von einer Millionen »in jeder Sprache« (Georg Brandes, Anfang Dezember 1888) und gibt damit deutlich Kunde von einem Wahn, dessen Besiegelung in seiner Feststellung gründet, daß sich nun »unwiederruflich herausgestellt hat, daß ich eigentlich die Welt geschaffen habe« (Paul Deussen, 4. 1. 1889).

In den Kern der sich hier aussprechenden Pathologie führt eine erstmals von Podach (1930) bekanntgemachte Anekdote, derzufolge N. den eigentlichen Anlaß zum Einschreiten Dritter gegeben haben soll, als er Ende Dezember 1888 oder Anfang Januar 1889 einem von einem Kutscher mißhandelten Pferd um den Hals fiel. Setzt man einmal den Wahrheitsgehalt dieser Anekdote voraus, scheint sie für sich wenig Sinn zu machen. Aufschlußreicher wird sie, wenn man einbezieht, daß N. Monate zuvor einem Bekannten berichtet hatte, er habe sich das folgende Bild »von einer moralité larmoyante« ausgedacht: »Winterlandschaft. Ein alter Fuhrmann, der mit dem Ausdruck des brutalsten Cynismus, härter noch als der Winter ringsherum, sein Wasser an seinem eigenen Pferde abschlägt. Das Pferd, die arme geschundne Creatur, blickt sich um, dankbar, s e h r dankbar −« (Reinhardt v. Seydlitz, 13. 5. 1888). Diese Fiktion entsprach noch nicht ganz dem, was sich später ereignete. Vor allem fehlt die Legitimation für den schützenden Eingriff eines Dritten. Deswegen spricht N. von einer ›moralité larmoyante‹, von einer Moral, die, von christlichen Werten getragen und durch menschliches Empfinden vermittelt, das Leiden der Kreatur zu unrecht unterstellt. Immerhin könnte man nun aber folgern, daß N. diese Antinomie noch zu erkennen in der Lage war, im Gegensatz zu dem N., der Monate später, all seiner Kritik an der Mitleidsmoral zuwiderhandelnd, dem geschundenen Tier helfend zur Seite springen wird. Denn dieser N. bezeugt jenseits aller Theorie die in ihm gründende unterschwellige Sehnsucht nach jener Mitleidsmoral, der er zu geistig gesunden Zeiten theoretisch jedes Recht absprach, obwohl er ihr praktisch doch immer wieder bedurfte und nun für immer bedürfen wird.

Fast noch bedrückender sind die Bezüge der Turiner Szene zu Dostojewskis Roman *Schuld und Sühne* (vgl. auch Niemeyer 1998, 237f.). Dabei sind auch hier Unwägbarkeiten gegeben. So ist es nach wie vor nicht ganz sicher, ob N. diesen Roman tatsächlich auch gelesen hat. Sicher ist nur, daß N.s so skandalträchtiges Umarmen des geplagten Pferdes in Turin an jene Schlüsselszene des Romans erinnert, in der Dostojewskis Negativheld Raskolnikow einem prügelnden Kutscher in die Parade fährt. Dabei ist zu bedenken, daß Raskolnikow nicht an Gott glaubt und Dostojewski dieses Geschehen deswegen als kindheitsbezogenen Traum konstellieren muß. Die Pointe der Turiner Kutscheranekdote würde so gesehen einem Menschen gelten, der bis in den anhebenden Wahn hinein die Sehnsucht spürte nach unverrückter Geltung jenes an die Gottesidee gebundenen Kinderglaubens an das Gute, den systematisch zu dekonstruieren N. Lebensziel und Verpflichtung war.

## V. Jahre des Siechtums bis zum Tod (1889–1900)

Von Overbeck wird N. zunächst von Turin in die Nervenheilanstalt Basel verbracht, wo er angibt, er habe sich »zweimal specifisch inficiert« (zit. n. Volz 1990, 381). Die Mutter wird ihn dann, noch im Januar, in Basel abholen und nach Jena, in die dortige Irrenanstalt, überführen. Die hier angelegte Krankenakte verzeichnet, allerdings im unklaren haltend, ob hier N. selbst noch sich entsprechend geäußert hat: »1866 Syphilit. Ansteckg.« (zit. n. Volz 1990, 393). Nimmt man N.s Jenaer Prostituiertenträume hinzu (Volz 1990, 398) sowie die Mitteilung eines der ersten ihn nach seinem Turiner Zusammenbruch untersuchenden Ärzte, wonach der Patient »fortwährend Frauenzimmer« (zit. n. Podach 1930, 107) verlange, entsteht jener Kontext, in den N.s progressive Paralyse, allen späteren Ablenkungsmanöver seiner Schwester sowie Mutter zum Trotz, gehört. Deren Aufgeregtheit gründete im wesentlichen in schon bald aufgekommenen Gerüchten, der Zusammenbruch N.s zeuge für ein Erbübel väterlicherseits.

Mütterlicherseits jedenfalls sieht sich N. zunächst in Obhut genommen. Seine Schwester ist noch bis zum legendenumwitterten Selbstmord ihres Mannes Bernhard (im Juni 1889) sowie aufgrund von nachfolgenden, ihre Rückkehr nach Naumburg erst im September 1893 ermöglichenden Abwicklungsgeschäften (MacIntyre 1992) in Paraguay gebunden, um 1894 mit der Gründung des N.-Archivs – zunächst in Naumburg, ab 1896 in Weimar – der Herrschaft über das nun plötzlich verkaufsträchtige Œuvre ihres Bruders näherzukommen (↗Geschichte des N.-Archivs). N.s Mutter tritt also – zumal in der Phase der durch sie in Naumburg gewährleisteten Hauspflege N.s zwischen Mai 1890 und ihrem Tod im April 1897 – nur ein Interregnum an, das für sie durchaus auch etwas Beruhigendes hat. Denn nun kann sie bar aller Sorgen sein um das, was da noch aus seiner Feder fließen möge. Freilich wußte sie sich anfangs dem Drängen Overbecks und auch Binswangers als des Leiters der Jenaer Irrenanstalt, am besten gleich N.s ganze Pension nach Jena zu schicken und folglich auch ihres Sohnes Dauerunterbringung dortselbst zuzustimmen (Podach 1937, 13), kaum zu erwehren. Es kam hinzu, daß ihr Naumburg als Aufenthaltsort aus vielerlei Gründen ungeeignet schien. »Nach Naumburg gehen«, so schreibt sie etwa noch im März 1890, ihren Sohn als Zeugen aufrufend, »davon will er nicht recht etwas wissen, auch habe ich erwogen, was es für einen Kampf täglich geben würde, wenn ich ihn nicht in sein Kabinett mit seinen Büchern ließe« (zit. n. Podach 1937, 72).

Daß sich hinter diesem banalen Einwand sehr viel gravierendere, aber nicht recht eingestehbare Ängste verbargen, wußten Außenbeobachter durchaus wahrzunehmen. Langbehn beispielsweise, der sich in das Vertrauen der Mutter einschmeicheln konnte und vorübergehend auch ›Gast‹ auf seiner Seite wußte, hatte schon im Herbst 1889 den von ›Gast‹ kolportierten Verdacht geäußert, die Mutter stünde der Verlegung ihres Sohnes von Jena nach Naumburg entgegen, weil sie die Negativreaktion der Naumburger und namentlich die ihrer Mieter fürchte (Podach 1932, 177ff.). Auch waren seine Bedenken gegen N.s Jenaer Unterbringung nicht unberechtigt und letztlich wohl auch der Anlaß dafür, daß die Mutter sich genauer um das zu kümmern begann, was mit ihrem Sohn im Inneren der Jenaer Anstaltsmauern geschah. Dabei mag auch N.s Ausruf nach einem Spaziergang mit ihr in Jena Ende März 1890 angesichts der Rückkehr zur Anstalt (»Mütterchen, da sind wir doch wieder an dem schrecklichen Haus, wie konntest Du mir so etwas antun«; zit. n. Podach 1937, 75) eine Rolle gespielt haben. Jedenfalls bedurfte es nur noch eines einzigen Skandals – N. war der für einen Moment unaufmerksamen Mutter ›entwischt‹ und von der Polizei aufgegriffen worden, weil er neben dem an diesem Tag geschlossenen Jenaer Herrenbad »in einer Lache habe baden wollen« (zit. n. Podach 1937, 80) –, um die Mutter zu überzeugen, daß schnelles Handeln geboten sei. Fluchtartig und durchaus couragiert verbrachte sie ihren Sohn im Mai 1890 von Jena nach Naumburg, um dort den Schwur abzugeben, daß sie eher ihr Leben daran setzen würde, als ihn wieder in eine Anstalt zu bringen (Podach 1937, 97).

Freilich war die Courage von N.s Mutter nicht von langer Dauer. So hatte sie noch im November 1892 erleichtert registriert, daß sie ein eigenes Haus habe, denn in der Irrenanstalt müsse »alles Laute vermieden werden [...], weil es die anderen Kranken stört« (zit. n. Podach 1937, 157). Im Verlauf des Jahres 1894 hingegen stand sie im Begriff, ihrerseits Sorge dafür zu tragen, daß ›alles Laute‹ vermieden werde: Wegen gelegentlichen lauten Brüllens wurde N.s Schlafzimmer verbarrikadiert und zu dem idealen Ort erklärt, den Sohn, »da er auch beim Baden so laut war« (zit. n. Podach 1937, 175), dort – und nicht länger im zuvor gelegentlich noch besuchten öffentlichen Stadtbad – zu baden.

Auch die Begründungen, die N.s Mutter Außenstehenden für ihre Maßnahmen gab, wirken nicht immer glaubwürdig. »Vor 14 Tagen habe ich hauptsächlich für ihn, eine kleine Baulichkeit vornehmen lassen« (zit. n. Podach 1937, 163), erfuhr Overbeck Ende März 1893 von ihr in Sachen ihres Sohnes, nachdem sie Overbeck schon im Januar mitgeteilt hatte, daß für die Parterrewohnung keine Mieter mehr zu finden seien, »indem man sich doch wohl an die Anwesenheit meines geliebten Kranken stößt« (zit. n. Podach 1937, 161). Schon diese Bemerkung war nicht ungeschickt. Denn in erster Linie ging es ihr darum, Overbeck, der in Basel nicht ohne Einfluß war, die Notwendigkeit der Fortzahlung der Baseler Pension zu verdeutlichen. Innerlich aber hatte sie längst schon beschlossen, keine weiteren Mieter mehr aufzunehmen, wie sie ohnehin für sich behielt, daß die kleine ›bauliche Veränderung‹ – die die Vergrößerung der Veranda betraf – weniger N. diente (»so kann er den ganzen Sommer in der schönsten frischen Luft zubringen«) denn der Zeit vorarbeiten sollte, zu der sie Spaziergänge wegen des öffentlichen Aufsehens als gänzlich inopportun verwarf.

Ähnlich fragwürdig argumentierte sie im Juni 1893, als Overbeck von ihr erfuhr, sie ließe sich jetzt regelmäßig zusammen mit ihrem Sohn von einem Kutscher im Wald absetzen, um ihm »eine kleine Überraschung zu bereiten, außerdem daß er nicht zu sehr ermüdet wird, ehe wir das schöne Grün erreichten« (zit. n. Podach 1937, 165). Denn das eigentliche Motiv dieses ihres Tuns bezeichnet erst die Bemerkung – aus einem anderen Brief an Overbeck –, der Kutscher sei »glücklicherweise mehr als halb taub« (zit. n. Podach 1937, 173). Anfang Oktober 1893 schließlich muß Overbeck erfahren, daß auch derlei Ausflüge seit etwa zehn Wochen gänzlich eingestellt seien, weil N. gerade dann, »wenn uns jemand begegnete auf unserem einsamen Wege, laut wurde« (zit. n. Podach 1937, 168). Zwar kam es in der Folge immer mal wieder zu kurzen Gängen rund um das Haus. Aber auch diese wurden bald eingestellt, weil N., wie seine Mutter Overbeck im März 1894 wissen ließ, »wir sind kaum um die Ecke fragt ›wo ist unser Haus‹ und selig ist wenn wir wieder davor stehen und hineingehen« (zit. n. Podach 1937, 173). Das Muster, das sich hinter all diesen und weiteren, hier nicht mehr anzuführenden Briefen ausmachen läßt, ist das nämliche: Die Mutter tut alles für den Sohn – nur eines nicht: in seinem Interesse das Unverständnis einer Umwelt auszuhalten, die auf offene

Psychiatrie offenbar schlecht vorbereitet war, sowie in sich zu forschen nach jenem Egoismus, der sich in ihrem Altruismus ausspricht. Besser aber läßt sich die Kritik, die ihr Sohn zu Zeiten seiner geistigen Gesundheit an ihr und der Mitleidsmoral übte, gar nicht bestätigen.

Auch in der Darstellung, die die Mutter ihrer Tochter gibt, ist nicht sie es, die angesichts des denkbaren Aufsehens auf Spaziergänge verzichten will und diese auch ihr verbietet. Vielmehr muß ihre Sorge herhalten um den Sohn, dem Spaziergänge »nicht mehr gut täten« (Förster-N. 1914, 541) – eine geradezu klassische Umdeutung des für sie peinlichen eigensüchtigen Motivs in ein altruistisches. Ein vergleichbarer Umdeutungsmechanismus bestimmt auch die Darstellung der Schwester. Denn die von ihr mit – wie der Briefwechsel der Mutter mit dem Neffen belegt (Gabel/Jagenberg 1994) – perfiden Mitteln betriebene Skandalisierung der mütterlichen Pflege diente allererst dem Zweck, der Mutter die Vormundschaft über N. und mithin auch die Vollmacht über sein Werk zu entziehen (Goch 1994, 326ff.). Namentlich der von der Schwester nahegelegte Schluß, die Jahre 1894–1897, in denen N. noch der mütterlichen Pflege oblag und ohne Spaziergänge in der Enge des Naumburger Hauses lebte, seien die »unglücklichsten« ihres Lebens gewesen und ihr Bruder sei erst nach dem Tode der Mutter unter schwesterlicher Pflege in Weimar aufgeblüht (Förster-N. 1914, 542), soll die Vorteile, die sie persönlich im Zuge der Vermarktung ihres Bruders aus der Übersiedlung nach Weimar zog, durch altruistische Handlungsmotive überdecken helfen sowie die Schuldgefühle stillstellen hinsichtlich ihrer Verantwortung für die Aufregungen, die zum Tode der Mutter führten.

Und so liegt denn auch noch über den letzten Jahren des irreversibel erkrankten N. eine Tragik besonderer Art. Denn ganz abgesehen von dem sich hinter seinem Rücken abspielenden Kampf zwischen Mutter und Schwester um sein Erbe sieht er sich erneut verleugnet, nun allerdings weniger wegen seiner Werke als wegen der Eigentümlichkeit seiner rapide verfallenden Person, die in Weimar allenfalls noch als Requisit dient, das man einflußreichen und finanzstarken Besuchern zur Schau stellt. Zum dritten Mal wird N. mit seinem Tod am 25. 8. 1900 verleugnet, jedenfalls wenn man das Röckener Kirchenbuch zu Rate zieht: »Friedrich Wilhelm N., Professor, Dr. phil. aus Weimar / in Röcken geboren 15. Okt. 1844 als Sohn des damaligen Pfarrers N. und sonach evang; nach seinen philosoph. Werken aber anti-christlich«, lautet die Kunde angesichts von N.s Beisetzung, die, wie hinzugesetzt wird, »ohne kirchliche Beteiligung« (zit. n. Bohley 1980, 405) stattfand. Unausgesprochen bleibt hier, daß N. nicht des Berufs des Vaters wegen, sondern seiner Konfirmation halber evangelisch war. Und schon gar nicht wird die Frage gestellt, was in N. wohl vorgegangen sein mag auf seinem langen Weg vom Tod des Vaters über sein schon fast angetretenes Erbe geistiger Vaterschaft bis hin zur Errrichtung seiner selbst als des Begründers einer neuen Konfession der Konfessionslosigkeit.

Literatur: Schopenhauer, A.: Parerga und Paralipomena, Bd. I (1851). Werke in fünf Bänden, Bd. IV, hrsg. v. L. Lütkehaus, Zürich 1988; Schopenhauer, A.: Die Welt als Wille und Vorstellung, Bd. I u. II (1859). Werke in fünf Bänden, Bd. I u. II, hrsg. v. L. Lütkehaus, Zürich 1988; Andreas-Salomé 1894; Deussen, P.: Erinnerungen an F. N., Leipzig 1901; Bernoulli 1908; Förster-N., E.: Der junge N., Leipzig 1912; Förster-N., E.: Wagner und N. zur Zeit ihrer Freundschaft, München 1915; Du Moulin Eckart, R. Graf: Cosima Wagner. Ein Lebens- und Charakterbild, Berlin 1929; Podach, E. F.: N.s Zusammenbruch, Heidelberg 1930; Podach, E. F.: Gestalten um N., Weimar 1932; Förster-N., E.: F.N. und die Frauen seiner Zeit, München 1935; Podach, E. F. (Hrsg.): Der kranke N. Briefe seiner Mutter an Franz Overbeck, Wien 1937; Lange-Eichbaum, W.: N. Krankheit und Wirkung, Hamburg 1947; Krummel 1974; Janz 1978ff.; Bohley, R.: N.s Taufe, in: NSt 9 (1980), 383–405; Gregor-Dellin, M.: Richard Wagner. Sein Leben. Sein Werk. Sein Jh., München 1980; Ross 1980; Gilman, S. L. (Hrsg.): Begegnungen mit N., Bonn 1981; Peters, H. F.: Zarathustras Schwester. Fritz und Lieschen N. – ein deutsches Trauerspiel, München 1983; Krummel 1983; Figl, J.: Dialektik der Gewalt. N.s hermeneutische Religionsphilosophie, Düsseldorf 1984; Kreis, R.: Der gekreuzigte Dionysos. Kindheit *und* Genie F. N.s, Würzburg 1986; Bohley, R.: N.s christliche Erziehung, in: NSt 16 (1987), 164–196; Eger, M.: »Wenn ich Wagnern den Krieg mache...« Der Fall N. und das Menschliche, Allzumenschliche, Wien 1988; Köhler, J.: Zarathustras Geheimnis. F.N. und seine verschlüsselte Botschaft, Reinbek 1989; Kjaer, J.: F.N. Die Zerstörung der Humanität durch Mutterliebe, Opladen 1990; Volz 1990; Schmidt 1991; MacIntyre, B.: Vergessenes Vaterland. Die Spuren der Elisabeth N., Leipzig 1992; Schmidt, H. J.: N. absconditus oder Spurenlesen bei N. II. Jugend. 1. Teilband 1858–1861, Berlin/Aschaffenburg 1993; Gabel, G. U./Jagenberg, C. H. (Hgg.): Der entmündigte Philosoph. Briefe von

Franziska N. an Adalbert Oehler von 1889–1897, Hürth 1994; Goch, K.: Franziska N. Eine Biographie. Frankfurt a. M./Leipzig 1994; Figl, J.: Geburtstagsfeier und Totenkult. Zur Religiosität des Kindes N., in: Nietzscheforschung 2 (1995), 21–34; Schmidt, H. J.: F. N. aus Röcken, in: Nietzscheforschung 2 (1995), 35–60; Zwick, J.: N.s Leben als Werk. Ein systematischer Versuch über die Symbolik der Biographie bei N., Bielefeld 1995; Köhler, J.: F. N. und Cosima Wagner. Die Schule der Unterwerfung, Berlin 1996; Sommer, A. U.: Der Geist der Historie und das Ende des Christentums. Zur ›Waffengenossenschaft‹ von F. N. und Franz Overbeck, Berlin 1997; Niemeyer, Ch.: N.s andere Vernunft. Psychologische Aspekte in Biographie und Werk, Darmstadt 1998; Goch, K.: N.s Vater oder: Die Katastrophe des deutschen Protestantismus. Eine Biographie, Berlin 2000.

*Christian Niemeyer*

# Freunde

*Burckhardt* – Fuchs – *Gast - v. Gersdorff* – Granier – *Deussen* – Krug – Mushacke – *Overbeck* – Pinder – *Rée* – *Rohde* – Romundt – Roscher – *v. Stein - R. Wagner* – Widemann

Jede Präsentation ausgewählter Freunde N.s wird überschattet von dem Diktum, das – mit Blick auf die jeweiligen Zeitumstände, wie dies z.B. ein Brief an einen Jugendfreund zeigt (Gustav Krug, 16. 11. 1880, KSB 6, 46) – entweder als Selbststilisierung oder als Selbstbeschreibung angesehen werden kann:»Ich bin die ↗Einsamkeit als Mensch...« (N, KSA 13, 641: 25 [7]). Stammt dieser Satz aus dem Nachlaß (1888/89), so ist der folgende dem *Ecce homo* entnommen: »In einer absurd frühen Zeit, mit sieben Jahren, wusste ich bereits, dass mich nie ein menschliches Wort erreichen würde [...]« (EH, KSA 6, 297). Und dennoch: N., der noch an der »gro-ße[n] Epoche der Freundschaft in der deutschen Geschichte« (Tenbruck 1964, 437; Treiber 1989, 130ff.) partizipierte, war nicht nur beinahe zeitlebens von einer »Sehnsucht nach Freundschaft« erfüllt – »[...] wer einsam ist vermöge einer Naturmarotte, vermöge einer seltsam gebrauten Mischung von Wünschen Talenten und Willensstrebungen, der weiß, welch ›ein unbegreiflich hohes Wunder‹ ein F r e u n d ist« (Erwin Rohde, 10. 1. 1869) –, sondern hatte in allen wichtigen Lebensphasen auch wirkliche Freunde, mit denen er nicht nur brieflich verkehrte (Andler 1931, 144ff.).

1850 trifft N. im Alter von 6 Jahren auf seine beiden Jugend- und Schulfreunde *Wilhelm Pinder* (1844–1928) und *Gustav Krug* (1844–1902), die er durch seine Großmutter Erdmuthe N. kennengelernt hatte (Nachbericht KGB I/4, 710f., 719f.; Pernet 1989, 51ff.). Diese Freundschaft verdient aus zwei Gründen Erwähnung. Durch Vater und Sohn Krug – der letztere machte N. 1861 mit dem Klavierauszug von Wagners *Tristan und Isolde* vertraut und weckte dadurch dessen Interesse für Wagners Musik (EH, KSA 6, 289) – wurde N.s Leidenschaft für Musik geweckt und gefördert (Janz 1997, 73; Schmidt 1993, II/1, 501f.), mit diesen beiden Freunden gründete N. im Juli 1860 den Selbstbildungsverein Germania (Janz 1981, Bd. 1, 87ff.), der drei Jahre bestand und der Pflege literarisch-künstlerischer Neigungen diente; auch dort hatte Krug Wagner auf die Tagesordnung gebracht (Borchmeyer/Salaquadra 1994, 1278). Dieser Musenbund zum gegenseitigen Ansporn war zugleich ein Gefolgschaftspakt (Ross 1984, 213). Vereinsähnliche Zusammenschlüsse im Lichte einer begeisternden Vorgabe oder Idee sind für N. immer wieder Gelegenheiten, um Freundschaften zu schließen und zu pflegen. Durch die Auflösung der Germania 1863 erhält diese Jugendfreundschaft eine erste Zäsur. Mit der geographischen Entfernung – Krug und Pinder studieren Jura in Heidelberg – beginnt eine erste Entfremdung, die mit der durch Verlobung und Heirat angezeigten Bindung an die bürgerliche Welt (Jaspers) stärker werden sollte, auch wenn N. Krug noch 1887 eine seiner Kompositionen – den *Hymnus an die Freundschaft* als Zeichen der Verbundenheit zusendet. Eine solche, durch Verlobung bzw. Heirat eintretende Entfremdung wird sich noch öfter beobachten lassen.

Auch die Internatszeit von Schulpforta (1858–1864) bringt neben kurzlebigen Internatsfreundschaften, wie derjenigen zum Mitschüler *Raimund Granier* (1843–1909), dem Adressaten der pikanten Novelle *Euphorion* (Montinari 1991, 24ff.), auch solche von Dauer, denen freilich Trennung und Wiederannäherung(en) nicht fremd sind (Schmidt II/1 1993; Schmidt II/2 1994). Zu diesen gehören sowohl der Pastorensohn Paul Deussen (1845–1919) – auch mit ihm schloß N. einen zum Freundschaftsbund erhobenen Dreibund (der Dritte im Bunde war *Guido Meyer*) – als auch der Freiherr *Carl v. Gersdorff* (1844–1904), dessen Vater der preußischen Herrenschicht angehörte.

*Paul Deussen*

Paul Deussen wurde am 7. 1. 1845 in Oberdreis geboren und besuchte seit 1859 bis zum Abitur 1864 die Landesschule Pforta. Auf seinen Entschluß, in Bonn Theologie zu studieren, reagierte N. mit harscher Kritik (Janz 1981, Bd. 1, 204f.), wie überhaupt der Umgangston N.s Deussen gegenüber recht schulmeisterlich war. Ross (1984, 215) nennt ihn deshalb zu Recht »eine Art geliebte[n] Prügelknaben«, und Jaspers (1981, 81) kommt zu dem Urteil, »in keinem seiner Briefwechsel [sei] N. in so hohem Maße und so rücksichtslos erzieherisch«. Mit Deussen verbindet N. wiederum den intensiv erlebten Augenblick des Glücks angesichts des wiedererlangten Gefühls der Kindheit (Montinari 1991, 28), was ihn jedoch nicht hindert, die Beziehung zwischendurch auf schroffste Weise zu beenden (Janz 1981, Bd. 1, 261 f.). Deussen studierte in Bonn, Tübingen und Berlin Theologie, Philologie und Philosophie, aber auch Sanskrit, und promovierte 1869 in Marburg *De Platone Sophista* (Nachbericht KGB I/4, 699 ff.; Deussen 1922, 100 ff.) – einer seiner Prüfer war Leopold Schmidt. Durch N. vollends bekehrt, wurde er zu einem überzeugten Anhänger Schopenhauers, dessen Werke er seit 1911 herausgab. 1912 gründete er die Schopenhauer-Gesellschaft. Der Zufall, aber auch das Bekenntnis zu Schopenhauer, hatten Deussen anläßlich eines Aufenthalts in der Schweiz im Sommer 1872 mit *Rée* zusammengebracht (Deussen 1922, 140). Seitdem N. als Student der Altphilologie seinem Lehrer Friedrich Ritschl (1806–1876), der infolge des Bonner »Philologenstreits« nach Leipzig gewechselt war, 1865 nach dorthin gefolgt und von dort 1869 nach Basel berufen worden war, sollten sich die beiden Freunde persönlich nur noch selten sehen (zuletzt 1887 in Sils-Maria). N.s Bemerkung zu Deussens Erstlingsschrift *Die Elemente der Metaphysik* (1877) – es handle sich um eine »glückliche Ansammlung alles dessen, was **ich** nicht mehr für wahr halte« (Paul Deussen, Aug. 1877) – verrät, daß die eingetretene Entfremdung – noch 1872 hatte N. Deussen eine Hauslehrerstelle vermittelt – tiefere Ursachen hatte. Deussen (1922, 209 ff.; 273 ff.) habilitierte sich 1881 in Berlin bei Eduard Zeller (*Das System des Vedanta*, 1883); 1887 wurde er a.o. Prof. in Berlin, 1889 o. Prof. der Philosophie in Kiel, wo er am 6. 7. 1919 verstarb. Seinen erkrankten Freund hatte Deussen, der als Übersetzer und Darsteller der indischen Philosophie Reputation erworben hatte – N. bezeichnet ihn in der *Genealogie der Moral* als den »ersten wirklichen Kenner der indischen Philosophie in Europa« (GM, KSA 5, 381) – wiederholt besucht (Deussen 1901, 96 f.).

*Carl von Gersdorff*

Mit dem Freiherrn Carl v. Gersdorff, der am 26. 12. 1844 in Jena geboren wurde und als Repräsentant der Herrenschicht Preußens (Schlechta 1934, VIIIf.) das aristokratische »Ideal der Vornehmheit« zu verkörpern schien, kam N. 1861 während der Internatszeit in Schulpforta in näheren Kontakt, der durch die gemeinsame »Leidenschaft zur Musik« »häufiger und inniger« wurde (Peter Gast, 14. 9. 1900, Thierbach 1937, 55 f.; Janz 1981, Bd. 1, 96 f.). V. Gersdorff nahm 1865 in Göttingen zunächst ein ungeliebtes Jura-Studium auf, wo er – auch hierin standesgemäß – Corpsstudent wurde, wie überhaupt seine späteren Titel resp. Ämter über seine soziale Herkunft und Zugehörigkeit deutlich Auskunft geben. Sein Studium setzte er in Leipzig und Berlin fort, obwohl er lieber Maler und Bildhauer geworden wäre: Da er nach dem Soldatentod seiner beiden älteren Brüder das Gut in Ostrichen zu übernehmen hatte, studierte er außerdem von 1874–76 Landwirtschaft in Hohenheim (Nachbericht KGB I/4, 705 f.). Während der kurzen Leipziger Zeit war der persönliche Umgang mit N. besonders eng. Mit *Hermann Mushacke* (1845–1906), einem Freund N.s aus der Bonner Studienzeit, schließen sich die beiden zu einem Freundestrio zusammen, das zerfällt, als v. Gersdorff Sommer 1866 zum Militär einrückt und Mushacke nach Berlin wechselt. N.s Briefwechsel mit v. Gersdorff, den er zunächst zu einem Schopenhauer-, später (1869) dann auch zu einem Wagner-Anhänger bekehrt hatte, ist zu diesem Zeitpunkt besonders dicht, wie überhaupt diese Korrespondenz »manche der tiefsten Einblicke in N.s verborgene Seelenwinkel« (Ross 1984, 225) gewährt und zugleich Aufschluß gibt über N.s damalige »ideale Bibliothek« (Montinari).

Auch für N. trifft zu, daß sich gerade während des Studiums dauerhafte Freundschaften herausbilden: so gewinnt er gerade in seiner Leipziger Studienzeit – der er auch die beiden Ausnahmeerscheinungen unter seinen Freunden verdankt: *E. Rohde* (1845–1898) und *R. Wagner* (1813–1883) – neue und besonders anhängliche Freunde hinzu, nicht zuletzt über den von F. Ritschl angeregten und Dez. 1865 gegründeten Philologischen Verein (Janz 1981 Bd. 1, 184 ff.), unter ihnen u.a. *Heinrich Romundt* (geb. am

27.12.1845 in Freiburg/Elbe; gest. am 13.5. 1919 in Bischofswerda), der N. später mit *Rée* bekannt machen sollte, aber auch den »Freund seines Lebens« Rohde, den übrigens v. Gersdorff seit der gemeinsam verbrachten Zeit in der Stoyschen Erziehungsanstalt zu Jena bereits kannte (Patzer 1990, 591).

In der ersten Hälfte der Basler Zeit N.s übernahm v. Gersdorff, dem Montinari (1991, 38) in der Gegenüberstellung mit Deussen »eine ›formbarere‹ Natur« bescheinigt, immer wieder umfangreiche Schreib- und Korrekturarbeiten für N. (Schlechta 1934, XII; Nachbericht KGB I/4, 704). Die enge Freundschaft zu N., die sich durch Wagner derbe Anspielungen gefallen lassen mußte (Ross 1984, 226), geriet 1876 durch die von Malwida v. Meysenbug angestiftete Verlobung v. Gersdorffs mit Nerina Finocchietti in eine Krise, zerbrach dann 1877, lebte aber 1881 wieder auf, nachdem v. Gersdorff die Affäre Nerina beendet und sich mit Marta Nitzsche, die er dann auch heiratete, verlobt hatte. Nach dem frühen Tod seiner ersten Frau, heiratete v. Gersdorff 1898 noch einmal; sein tragischer Tod – er stürzte August 1904 aus einem Fenster – bescherte auch dieser Ehe keine lange Dauer. V. Gersdorff, der auch an N.s Grab gesprochen hatte, setzte auch nach N.s Erkrankung sowohl mit dessen Schwester als auch mit dessen alten Freunden Rohde, Overbeck und Köselitz die Korrespondenz fort.

Läßt man die von N. bis dahin eingegangenen Freundschaften Revue passieren, dann fällt die Neigung zum Dreibund, d.h. zur Dreizahl, auf. Dadurch brachte sich N. in die Rolle des »konsolidierenden Dritten«, der die beiden anderen stärker miteinander zu verknüpfen vermag (Simmel 1920, 68), gerade auch dann, wenn er z.B. »allein und beharrlich ›Germania‹ spielte« (Janz 1981, Bd. 1, 87). Wenn der Dritte die beiden anderen gar weltanschauungsmäßig (N. spricht vom gemeinsamen »ethisch-philosophischen Hintergrund«, BAW 3, 312) zu binden versucht, ist dies ein riskantes Unterfangen. Er kann dadurch die Integration erhöhen, aber auch zur Entfremdung Anlaß geben, zumal dann, wenn er seine Überzeugung wechselt. V. Gersdorff repräsentiert die erste Variante, schreibt er doch N., »der Tag seiner wirklichen Geburt sei derjenige gewesen ›da wir uns in Pforta zusammenfanden‹, die Taufe aber sei jener Augenblick gewesen, da

N. ihm Schopenhauer [...] empfohlen« habe (F. N., 25.12.1869, KGB II/2, 103; Ross 1984, 223). Bei dem später mit Lou v. Salomé und Paul Rée geschlossenen Dreibund der »heiligen Dreieinigkeit« sollte N. freilich die Rolle des desintegrierenden Dritten spielen. Der Philologische Verein zu Leipzig kann wiederum als eine Art Vorläufer des noch zu behandelnden »Klosters für freiere Geister« angesehen werden. Zwar kam die Anregung zu diesem von Rohde (KGB II/2, 280; Erwin Rohde, 15.12.1870), doch hat gewiß Schulpforta für dieses Kloster- und Freundschaftsprojekt Pate gestanden (Treiber 1999), auch wenn sich verblüffende Parallelen zu Burckhardts Lob des Mönchtums – entsprechende Ausführungen macht dieser in *Die Zeit Constantins des Grossen* (1955, 302f.), von N. Februar 1870 ausgeliehen – aufzeigen lassen: besonders in als Krisis empfundenen Zeiten entstehe das Gefühl einer inneren Zerrissenheit, wodurch das Bedürfnis wachse, sich zu sammeln und zurückzuziehen. Insofern erscheint das Kloster als ein »Kräftereservoir für die Starken der Zukunft«.

Für N.s damaliges Verständnis von ↗Freundschaft, aber auch für seine offenkundige Präferenzskala, ist ein an Deussen gerichteter Brief besonders aufschlußreich. In diesem stellt N. Rohde infolge des gemeinsamen »ethisch-philosophischen Hintergrund[s]« (BAW 3, 312) »in erster und einziger Stellung« sich gleichrangig an die Seite, gefolgt von Romundt, dem N. »wegen seiner philosophischen Gleichstimmung« eher die »Stellung eines lernendmitstrebenden Freundes« zuweist, der den Typus des jüngeren, sich bereitwillig unterordnenden Bewunderers verkörpert (zu Romundt vgl. Treiber 1988, 44; Treiber 1992, 358ff.). Es folgt dann u.a. eine Namensparade: Die dort Aufgeführten werden alle als »gute Freunde und treue Kameraden« bezeichnet – mit der Einschränkung, sie alle stünden ihm zwar nahe genug, »doch nicht in der ersten Linie der Freundschaft«. Wie er Deussen außerdem wissen läßt, beruhe diese Rangfolge auf strengen Auswahlkriterien. Die so gewonnene Rangfolge rechtfertigt er mittels einer raffinierten »Theorie«, derzufolge die Freundesreihe als »eine Projektion unsres Innern nach Außen, [als] eine Art Tonleiter« erscheint, »auf der alle Töne unsres Wesens einen Ausdruck finden« (Paul Deussen, 25.8.1869). Als absolute Ausnahmeerscheinung wird im selben Schreiben indessen Wagner gepriesen: als »leibhaftigste Illustration dessen, was Schopenhauer ein Genie nennt« (Erwin Rohde, 9. 12. 1868). Überhaupt versetzt der direkte persönliche Kontakt zu Wagner N. in die Rolle des »gate-keepers«, der ausgesuchten Freunden den Zugang zum »größten Genius und größten Menschen dieser Zeit« (Paul Deussen, 25. 8. 1869) vermittelt (so z.B. auch *Carl Fuchs* [1838–1922]), was N.s Ansehen im Freundeskreis förderlich ist, wie auch die oben angesprochene Projektionstheorie der Selbsterhöhung dient. Auch in Basel wird der in der gemeinsamen Schopenhauer- und Wagnerverehrung zum Ausdruck kommende »ethisch-philosophische[ ] Hintergrund« zum entscheidenden Selektionskriterium für die Aufnahme in jenen Freundschaftsbund, der unter dem Namen der »Gesellschaft der Hoffenden« (HL, KSA 1, 332) firmiert und sich »als Zentrum wachsender Kreise verstand« (Pestalozzi 1988, 93).

*Erwin Rohde*

Der in »N.s Leben [...] erste[n] Freundschaft unter Gleichrangigen« (Montinari 1991, 39) – der Studienfreundschaft mit Rohde – gehörte ein ganzes Jahr als intensiv erlebte »Gegenwart«; dann trat an ihre Stelle der »Kultus der Erinnerung« (Paul Deussen, 25. 8. 1869). Erwin Rohde wurde am 9. 10. 1845 als Sohn eines Hamburger Arztes geboren, dessen Ehefrau eine geborene Schleiden war. Zu dieser Familie gehörte auch der Professor für Botanik M.J. Schleiden – die 1838 veröffentlichte Schleiden-Schwannsche Zelltheorie ist mit seinem Namen verbunden –, auf dessen Rat hin der junge Rohde in das Stoysche pädagogische Institut zu Jena gegeben wurde – für ihn Jahre einer »verlorene[n] Jugend«. Rohde gehörte einem bildungsbürgerlich geprägten Milieu in der expandierenden Handelsstadt Hamburg an, das dazu tendierte, den sozial-strukturellen Wandel als ›Tragödie der Kultur‹ (Simmel) zu empfinden. Nach dem Abitur 1864 am Johanneum in Hamburg begann er im SS 1865 mit dem Studium der Philologie in Bonn, um von dort mit F. Ritschl nach Leipzig zu gehen. Die kurze Zeit in Leipzig – Rohde wechselt bereits zum WS 1867 nach Kiel, um bei O. Ribbeck, seinem späteren Kollegen und Freund, dem auch das große Erstlingswerk *Der Griechische Roman* gewidmet ist, das Studium der Klassischen Philologie fortzusetzen und 1869 mit einer preisgekrönten Dissertation über antikes Bühnenwesen zu beenden – bildet den Höhepunkt der enthusiastischen Freundschaft *inter pares* (Jaspers 1981, 59). 1869/70 unternimmt Rohde zusammen mit *Wilhelm Roscher* (1845–1923), dem Sohn des bekannten Nationalökonomen, die übliche Bildungsreise nach Italien. Auf der Rückkehr macht er in Basel bei N. Halt, mit diesem zusammen sucht er in Tribschen R. Wagner und Cosima v. Bülow auf. Hieraus sollte sich eine enge Freundschaft zu beiden entwickeln, die mit dem von N. vollzogenen Bruch mit Wagner ebenfalls zu Ende ging. 1870 habilitierte sich Rohde in Kiel. Dort wurde er 1872 zum a.o. Prof. ernannt; ebenfalls 1872 erschien im Mai durch Wagners Vermittlung in der *Norddeutschen Allgemeinen Zeitung* seine Besprechung von N.s *Geburt der Tragödie*, auf die ebenfalls im Mai Ulrich von Wilamowitz-Moellendorffs bekannte, gegen N.s Erstlingswerk gerichtete Streitschrift folgte (Janz 1981, Bd. 1, 460 ff., 490 ff.). Auf diese antwortete Rohde N. zuliebe mit einer Verteidigungsschrift, *Afterphilologie* betitelt, die seine eigene akademische Laufbahn hätte gefährden können (Jaspers 1981, 61; Latacz 1994, 41 ff.). 1876 erhielt Rohde einen Ruf auf eine Professur nach Jena, ebenfalls 1876 erschien – als »ein Gegenstück zu N.s *Geburt der Tragödie*«, so Cancik (1985, 456) – seine umfangreiche Studie *Der Griechische Roman und seine Vorläufer*. 1876 ist aber auch das Jahr der beginnenden Entfremdung zu N., der sich, wie Aufzeichnungen aus dem Jahre 1874 belegen, seinerseits bereits von Wagner loszulösen beginnt. Und es ist wiederum kein Zufall, daß in dieses Jahr auch die Verlobung Rohdes mit der 17jährigen Valentine Framm fällt, die er 1877 heiratet: »Mit der Ehe wurde [...] die Bindung Rohdes an die bürgerliche Welt, ihre Institutionen und gültigen Meinungen, sowie an die Gesetze des Philologenberufs immer fester« (Jaspers 1981, 62; Cancik 1985, 457). Auffällig ist auch, daß sich die beiden Freunde seit dieser Zeit gegenseitig aus dem Wege zu gehen beginnen, selbst dann, wenn sich der eine in unmittelbarer Nähe des andern aufhielt (so war Rohde im Frühjahr 1888 sogar in Turin, ohne N. aufzusuchen). Nachdem Rohde 1878 von Jena nach Tübingen und von dort im April 1886 nach Leipzig gewechselt war, sollte er sich dort Sommer 1886 ein letztes Mal mit N. am Ort ihrer früheren »Dioskuren-Freundschaft« treffen. Unter dem unmittelbaren Eindruck von N.s Zusammenbruch in Turin berichtet Rohde Overbeck hierüber: »Eine unbeschreibliche Atmosphäre der *Fremdheit*, etwas mir damals völlig *Unheimliches*, umgab ihn. [...]. Als käme er aus einem Lande wo sonst Niemand wohnt« (Franz Overbeck, 24. 1. 1889, Patzer 1990, 135). Unmittelbar nach dem Leipziger Treffen, hatte Rohde allerdings geschrieben: »N. habe ich mehrmals hier gesehen, ich fand ihn weit weniger gespannt und *überspannt* in seiner Stimmung als früher« (Franz Overbeck, 27. 6. 1886, Patzer 1990, 103). Auf N.s Schriften reagiert Rohde zunehmend kritisch: *Menschliches, Allzumenschliches* z.B. ist ihm ein »Gegenstand des [...] schmerzlichen Erstaunens« (Franz Overbeck, 16. 6. 1878, Patzer 1990, 25) und dünkt ihm, ein Werk Rées zu sein (KGB II, 6, 895f.), *Jenseits von Gut und Böse* liest er »mit großem Unmuthe« (Franz Overbeck, 1. 9. 1886, Patzer 1990, 108), und am *Zarathustra* glaubt er nachträglich, den Ausbruch von N.s Wahnsinn festmachen zu können (Franz Overbeck, 4. 8. 1889, Patzer 1990, 138). Den Bruch der Freundschaft vollzieht allerdings N. im Frühjahr 1887, Anlaß war ein Rohde zugeschriebenes, abschätziges Urteil über H. Taine.

Von Leipzig recht bald enttäuscht, nahm Rohde noch im Herbst 1886 einen Ruf nach Heidelberg an, wo er am 11. 1. 1898 auch starb. 1890 und 1893/94 erschien Rohdes Anthropologie, Ethnologie und Religionswissenschaft einbeziehende, zweibändige Studie *Psyche. Seelencult und Unsterblichkeitsglaube der Griechen*, die ihm über Fachkreise hinaus Anerkennung verschaffen sollte (Cancik 1985, 471ff.). Auch die Niederschrift dieses Buches, in dem N. nirgends erwähnt wird, obwohl es sich ausführlich mit der »Dionysischen Religion« befaßt (Jaspers 1981, 64; Cancik 1990, 400), war für ihn eine Leidensgeschichte mit psychosomatischen Beschwerden, die auch Overbeck plagten. N. ließ seinem vormals engsten Freund aus Turin ebenfalls einen seiner Wahnsinnszettel zukommen, unterzeichnet mit »Dionysos«. Folgt man Cancik (1985, 470, 497), dann fügt sich gerade bei Rohde dieser »Name besonders gut in Mythos und Biographie des Adressaten«, da er den »Freundschaftstraum« evoziere. Anders als Overbeck war Rohde der Schwester N.s beratend bei Gründung und Aufbau des N.-Archivs behilflich (Cancik 1985, 480; Hoffmann 1991), was ihn Overbeck entfremdete (siehe unten).

Besonders aufschlußreich auch für seine Beziehung zu N. ist Rohdes Haltung gegenüber dem Industrialisierungsprozeß (mit all seinen Begleiterscheinungen) und gegenüber der etablierten gründerzeitlichen Kultur. Auf diese von ihm so genannte »gräßliche Jetztzeit«, die in seinen Augen das ihm so teuere Ideal der klassischen Bildung völlig entwertet, reagiert er mit einem »elitären Antimodernismus«, der das antike Griechenland zum »Sehnsuchtsland« werden läßt (Cancik 1985, 438, 449f.). Windelband (1921, 252ff.), der Hölderlins Wahnsinn als »charakteristische[s] Symptom für eine soziale Krankheit« darstellt, vermag einsichtig zu machen, worin eigentlich Rohdes, aber auch N.s »Leiden an der gräßlichen Jetztzeit« besteht. Hölderlin, so Windelband, sei an der »atomistischen Zerrissenheit« von Gesellschaft und Kulturleben zerbrochen, an der Ersetzung des Kulturmenschentums durch das Fachmenschentum, mit dem ein »oberflächliche[r] Dilettantismus« Einzug halte. Hölderlin sei von der Idee beseelt gewesen, »daß das ästhetische, wissenschaftliche, religiöse und staatliche Leben des Menschen wieder in eine große Einheit harmonisch zusammenschmelzen müsse«, daß das »Individuum seine Aufgabe nur auf dem Grunde einer universalistischen Bildung und in der vollkommenen Einheit mit der gesamten Kultur zu lösen vermöge«. An der Unmöglichkeit, dieses Ideal verwirklichen zu können, sollte Hölderlin, so Windelband, schließlich verzweifeln – »nur in der antiken Welt sah er es realisiert«. Ausschließlich in Briefen und persönlichen Notizen lastet Rohde seine tiefe Abneigung gegenüber der »gräßlichen Jetztzeit« den Juden an (Cancik 1990, 397), die, verglichen mit den kulturschaffenden Hellenen, in seinen Augen ein kulturarmes, ja kulturfeindliches Volk darstellten; im übrigen eine verbreitete Sehweise, so z.B. auch Renan (1998, 87f.), Wellhausen (Boschwitz 1968, 54ff.) oder Lübke (1881, 65). ↗Antisemitismus und romantischer Antikapitalismus finden auf diese Weise zusammen. Der Ekel an der bloßen »Zweckrationalität der Jetztzeit« (Rohde) verführt zu (Welt-)Flucht in Literatur und Kunst, der als Bildungsreligion ein metaphysischer Wert zugeschrieben wird, bzw. zur konservativen Überanpassung – als Ordinarius ist Rohde schließlich zum »konservativen Bismarckianer« geworden (Cancik 1985, 437). Die »Überlagerung von Antisemitismus und irrationalem Kapitalismus« dient aber auch zur Erklärung des jüdischen Selbsthasses (Hellige 1983, 49), dem auch *Paul Rée* als Jude erlegen sei, so wenigstens T. Lessing, der dieses Interpretationsangebot direkt von Lou v. Salomé angedient bekam (Treiber 1987, 52 ff.). Auch wenn es für Rée zutrifft, daß ihm als Schopenhauer-Verehrer ein pessimistischer Grundzug eigen war, wie ihm auch zeitweilig Selbstmordgedanken nicht fremd waren (Paul Rée, 12. 12. 1878; Briefe M. v. Meysenbug, Handschrift.abtl., Univ.bibl. Frankfurt), ja, so Lou Andreas-Salomé, es »sein krankhafter und ganz unermesslicher Gram gewesen sei, Jude zu sein, und sich vielleicht sein gesammtes Leben und Denken daraus erklären liesse« (Ferdinand Tönnies, 1. 12. 1904, Lou Salomé-Archiv), so sprechen die Fakten, die der amtliche Unfallbericht zu Rées tödlichem Sturz in die Inn-Schlucht bei Celerina bereithält, gegen Versuche, diesen als Freitod auszugeben – ganz im Sinne der Lessing-These vom »jüdischen Selbsthaß«.

*Franz Overbeck*

Die Basler Berufsjahre (1869–1879) als Lehrer am Pädagogium und an der Universität bescherten N. recht früh in dem Theologen Franz Camille Overbeck (1837–1905) einen Kollegen und verläßlichen Freund, mit dem er über vier Jahre bis zu dessen Verheiratung mit Ida Rothpletz 1876, die zu N. eine eigenständige Beziehung gewinnen sollte (v. Reibnitz 1994, 49; Müller/v. Reibnitz 2000), im »Contubernium« der sog. Baumannshöhle zusammenlebte, die auch Romundt während seiner Basler Privatdozentenzeit als zeitweiligen Mitbewohner sah (Peter 1995). Overbeck wurde am 16. 11. 1837 in St. Petersburg geboren, sein Vater, ein Kaufmann, war Deutscher und protestantischen Glaubens, seine Mutter Französin und Katholikin. Das protestantisch-theologische Milieu, wie es N. vertraut war, war ihm also fremd (v. Reibnitz 1994, 51). Nach der Schule, die er in Rußland, Frankreich und Sachsen absolvierte, studierte Overbeck Theologie in Leipzig (1856–1857; 1859; 1861–1863), Göttingen (1857–1859), Berlin (Mai 1860-Mai 1861) und Jena (1863–1864). In Göttingen gehörte er der Verbindung der Grünen Hannoveraner an und war mit dem Vater des Soziologen Max Weber, einem Bundesbruder, eine Zeitlang befreundet (Patzer 1990, 225; Treiber 1993, 169 f.). In der Leipziger Studienzeit erfuhr er die größte Anregung zu seiner theologischen Entwicklung durch die Lektüre von Karl Schwarz' *Zur Geschichte der neuesten Theologie* (1856), der sich u.a. eingehend mit D.F. Strauss' *Leben Jesu* und F.C. Baur, dem Haupt der »Tübinger Schule«, auseinandersetzt. Ihr sollte sich Overbeck später selbst zurechnen, infolge ihrer Vorliebe für die historisch-kritische Methode (Peter 1992, 42 ff., 59 ff.). Mit Göttingen verbindet sich für Overbeck auch die Freundschaft mit *Heinrich von Treitschke* (1834–1896), der »geistigen Leitfigur seiner Studienzeit« (Sommer), dem er N.s Manuskript *Musik und Tragödie* (1871) zum Abdruck für die *Preußischen Jahrbücher* angedient hatte (v. Reibnitz 1992, 47 f.; Peter 1992, 105 ff., 122). Den endgültigen Bruch mit Treitschke, dem er sich bereits entfremdet hatte, vollzog Overbeck 1880, als sich dieser öffentlich zum ↗Antisemitismus bekannt hatte. Overbeck promovierte 1860 in Leipzig und habilitierte sich 1864 in Jena mit einer Arbeit über Hippolyt. Von dort wurde er 1870 nach Basel auf eine Professur für »Neues Testament und Alte Kirchengeschichte« (im Sinne der kritischen Theologie) berufen (Janz 1992). Bereits sein 1867 in Jena gehaltener Vortrag *Ueber die Anfänge des Mönchthums* bezieht mit der These, dieses sei »tief in der urchristlichen Weltentsagung verwurzelt« und spiegle den ursprünglichen »Antagonismus des Christenthums gegen die Culturverhältnisse, unter denen es [entstanden]« sei, eine gegen die protestantische Schuldogmatik (Ritschl, Harnack) gerichtete Position (Peter 1994, 3 f.), die er in dieser Frage mit Burckhardt teilt (1955, 302 ff.; Berneburg 1981). Overbeck zufolge ist radikale Weltablehnung im Schatten eschatologischer Hoffnungen ein genuines Merkmal des (Ur-)Christentums, das deshalb für alle, von Theologie und Kulturprotestantismus angedienten Reform- und Modernisierungsvorhaben unempfänglich sei. Die in der parallel zu N.s erster *Unzeitgemäßer Betrachtung* entstandenen und veröffentlichten Schrift *Ueber die Christlichkeit unserer heutigen Theologie* (1873) herausgearbeitete These von der Modernisierungsunfähigkeit des Christentums radikalisiert Overbeck schließlich zu der These vom historischen Ende des Christentums in der Moderne. Die Frage, inwieweit Overbeck sich in dieser Schrift von dem in der *Geburt der Tragödie* entwickelten Begriff des ↗Mythos und der dort artikulierten Kulturkritik beeinflußt zeigt, wird derzeit kontrovers diskutiert (Peter 1992, 121 ff.; Sommer 1997, 73 ff.). Overbeck interessierte sich besonders für streng historische Arbeiten, hierunter fällt u. a. auch die umfangreiche Zettelsammlung seines sog. *Kirchenlexicons* (Overbeck, Werke und Nachlaß [= OWN] Bd. 4 bis 6, 1995–97), die einer nicht verwirklichten profanen Kirchengeschichte als Grundlage dienen sollte. Hierher gehört aber auch sein Interesse für die besonderen Tradierungsvoraussetzungen religiöser Texte, wie sie Kanonisierungsprozessen eigen sind, liege es doch »im Wesen aller Kanonisation, ihre Objecte unkenntlich zu machen« (Hoffmann et al. 1998, 593).

Nach seiner krankheitsbedingten frühzeitigen Emeritierung 1897 sah sich Overbeck seit 1900 gegen seinen erklärten Willen in Querelen verstrickt, die letztlich N.s Schwester Elisabeth infolge ihrer Editions- und Archivpolitik zu verantworten hatte und die auch nach seinem Tod am 26. 6. 1905 noch weitergehen sollten. Overbecks Schüler *Carl Albrecht Bernoulli* (1868–1937) hat die (auch vor Gericht gelangten) Auseinandersetzungen mit dem N.-Archiv in Weimar (Sommer 1997, 156 ff.), dessen Gründung Overbeck von Anfang an mißtrauisch gegenüberstand, fortgeführt und auch die von Overbeck verfaßten Freundschaftsbekundungen für N. aus dem Nachlaß veröffentlicht (1906: *Erinnerungen an N.*; 1908: *Franz Overbeck und F.N. Eine Freundschaft*, 2 Bde.) sowie einige, das Werk Overbecks betreffende Nachlaßeditionen gefertigt, darunter die editorisch fragwürdige, das *Kirchenlexicon* betreffende Kompilation mit dem Titel *Christentum und Kultur* (1919; vgl. OWN 6/1, 1996), die eine wissenschaftliche Auseinandersetzung mit Overbecks Werk initiierte, nicht zuletzt durch K. Barths *Unerledigte Anfragen an die heutige Theologie* von 1920 (Rese 1988). Die Auseinandersetzung mit N.s Schwester belastete auch die Verbundenheit Overbecks mit Rohde und seiner Familie, den er durch N. August 1874 näher kennengelernt (Patzer 1990, XVIII, XXII) und für dessen Sohn Erwin er 1881 die Patenschaft übernommen hatte. Anlaß zu der Verstimmung war der Eindruck Overbecks, von Rohde über dessen

Kontakte zu N.s Schwester und dem N.-Archiv nicht bzw. nur unzureichend unterrichtet worden zu sein (Patzer 1990, 213 f., 503 f., 511 f., 515 ff., 583 ff.). Auch mit *Heinrich Köselitz (Peter Gast)*, mit dem er sich zunächst in der Ablehnung der von N.s Schwester verfolgten Editions- und Archivpläne einig wußte, kam es zum endgültigen Bruch, als sich dieser von N.s Schwester, die ihm 1893/94 Nachlaßverwaltung und Gesamtausgabe entzogen hatte, erneut zur Mitarbeit im Archiv (1900–1909) überreden ließ. Dieser wurde dadurch nicht nur »Mitgestalter des heroischen N.-Kultus und machte sich als fast willenloses Werkzeug mitschuldig an Elisabeth Förster-N.s Unterdrückungen, Zurechtbiegungen und Fälschungen der Biographie, in der Briefausgabe und in der Nachlaßkompilation *Der Wille zur Macht*« (Hoffmann et al. 1998, XXXVII f.), sondern betrieb auch als Mitarbeiter des Archivs 1908 jenen Prozeß gegen Bernoulli resp. Diederichs, dessen Ausgang dazu führte, daß das beim Diederichs Verlag 1908 verlegte Buch Bernoullis über die Freundschaft N.s mit Overbeck geschwärzte bzw. entfernte Stellen aufwies (Hoffmann 1991, 59 ff., 75 ff.).

Als N. 1879 aus gesundheitlichen Gründen seine Basler Professur aufgab, war es Overbeck, der ihm nicht nur als Verwalter der N. zugestandenen Pension behilflich war, sondern ihm auch stets bei der »gewählten Lebensform des Fugitivus errans« beistand, was ihm dieser in seinem Geburtstagsbrief November 1880 auch zu danken wußte: Basel habe ihm sein Bild und das Burckhardts gegeben, vor allem aber sei ihm das Schauspiel von »Würde und [...] Anmuth einer eigenen und wesentlich einsiedlerischen Richtung im Leben und Erkennen« durch Overbeck »ins Haus geschenkt« worden (Franz Overbeck, 2. Hälfte Nov. 1880). So blieb es auch Overbeck vorbehalten, als er und Burckhardt N.s Wahnsinnszettel aus Turin erhalten hatten, diesen von dort abzuholen, um ihn fürs erste der Basler Nervenklinik zu übergeben (Janz 1981, Bd. 3, 58 ff.). Auch in den Jahren des Wahnsinns von N. erwies sich Overbeck als ein uneigennütziger und verläßlich-treuer Freund, der diesen vor dem beginnenden N.-Kult bewahren wollte, der aber auch der Mutter N.s beistand, indem er z. B. 1890 der Langbehn-Affäre ein Ende machte. Doch sollte Overbeck nicht darauf reduziert werden, daß er für N. »wesentlich ein lieber und treuer Freund« gewesen sei (Kaufmann 1982, 33; Jaspers 1981, 83). Schon Andler (1909) und Landry (1931) legten weitaus subtilere Würdigungen der vielschichtigen Persönlichkeit Overbecks vor, die der Beziehung zu N. eher gerecht werden. Overbecks Notiz aufgreifend, sein und N.s »beiderseitiges Verhältnis habe von Anfang an unter einer starken Spannung aus Anziehung und Differenz gestanden«, kommt v. Reibnitz (1994, 54) zu dem ausgewogenen Urteil, dieser sei »nie zu einem Adepten N.s geworden«, noch habe er jemals verkannt, »was er dem Umgang mit ihm an Freiheit des Denkens verdankte«, doch habe er auch die »Radikalität, in der N. in dieser Freiheit mit sich selbst experimentierte, stets verteidigt« (vgl. auch v. Reibnitz in OWN 7/2, 1999). Diese Wertschätzung einer wechselseitig zuerkannten Autonomie deckt sich mit jenem Verständnis von ↗Freundschaft, das N. im Zarathustra vertritt: dort ergreift er »Partei für eine Freundschaft, die beide Partner als autonome und gleichrangige Individuen setzt und keinem Unterordnung oder Selbstpreisgabe abverlangt; kurz: er ergreift Partei für die Art der Freundschaft, die er gemeinsam mit Overbeck pflegen lernte« (Sommer 1997, 13).

*Richard Wagner*

Nur wenn man N.s sich ändernde Reflexionen über ↗Freundschaft berücksichtigt (Kaufmann 1982, 426ff.; Sommer 1997, 11), läßt sich die Entwicklung der Freundschaftsbeziehung zu Richard Wagner (22.5.1813–13.2.1883) erfassen (Gregor-Dellin 1983; Wilberg 1996). In die ersten Jahre von N.s Basler Professur fallen der enthusiastische Beginn wie die Vertiefung der Freundschaft zu Wagner, die er mit dem Namen des Landguts, das dieser damals mit Cosima v. Bülow bewohnte, umschreibt, ja verklärt: »Diese drei Jahre, die ich in der Nähe von Tribschen verbrachte, in denen ich 23 Besuche dort gemacht habe – was bedeuten sie für mich! Fehlten sie mir, was wäre ich! Ich bin glücklich, in meinem Buche [=GT] mir selbst jene Tribschener Welt petrificirt zu haben« (Carl v. Gersdorff, 1.5.1872). Noch im *Ecce homo* (KSA 6, 288) möchte er »um keinen Preis die Tage von Tribschen aus [seinem] Leben weggeben, Tage des Vertrauens, der Heiterkeit, der sublimen Zufälle – der tiefen Augenblicke«. Tribschen ist also die Chiffre für die in diesem Lebensabschnitt Wagner entgegengebrachte »enthusiastische Verehrung (Jaspers 1918, 65f.), den er damals für »den größten Genius und größten Menschen dieser Zeit hielt« (Paul Deussen, 25.8.1869). Aus dieser Meister-Jünger-Beziehung sollte sich N. schließlich selbst befreien: der Jünger, der als Wegbereiter eines Größeren wirken wollte, setzt sich mit seinem Zarathustra an dessen Stelle, so jedenfalls N.s eigene Sehweise: »Der Beweis dafür [...] ist meine Schrift *Wagner in Bayreuth*: an allen psychologisch entscheidenden Stellen ist nur von mir die Rede, – man darf rücksichtslos meinen Namen oder das Wort ›Zarathustra‹ hinstellen, wo der Text das Wort Wagner giebt« (EH, KSA 6, 314). Wenn N. andererseits die *Geburt der Tragödie* als »Petrificirung« der »Tribschener Welt« bezeichnet, dann bringt er hiermit unmißverständlich zum Ausdruck, daß er diese »Welt« mit der seinen als wahlverwandt betrachtet (Jaspers 1981, 65ff.): d.h. seine und Wagners »Denk- und Gefühlswelt [...] bilde[n] eine so enge und – wie man ausdrücklich betonen muß – gräzistisch so kenntnisreich fundierte Einheit, daß es [...] töricht wäre, den zweiten Teil von N.s Buch als höfisch-elegante Verbeugung vor dem verehrten Meister abzutun« (Latacz 1994, 41). Mit dieser kulturkritischen Schrift will N. einen unmittelbaren Gegenwartsbezug herstellen. Die von ihm vorgestellte Sehweise der griechischen Kultur im Sinne einer Psychologie der antiken Kultur (Cancik 1995, 50ff.) sollte sich vornehmlich zum Verständnis und zur Kritik der modernen Kultur eignen, aber auch dazu, deren Probleme durch eine Kulturreform zu lösen, die hervorzubringen nur das Wagnerische Musikdrama mit seiner mythenerneuernden Kraft imstande sei. Doch ist die Hingabe N.s an Wagner beinahe von Beginn an auf Selbstbefreiung durch Selbstverwirklichung angelegt, wie N.s früh einsetzende Zweifel an der reformatorischen Kraft von Wagners Kunst erkennen lassen (N, KSA 7, 756: 32 [8]; 761: 32 [20]; 773: 32 [55]), welche – mit Ausnahme des ↗»Décadence-Begriffs« (v. Meysenbug [1927, 79] verwendet ihn schon Dez. 1875) – bereits alle Argumente vorhalten, die im *Fall Wagner* wieder aufgenommen werden, einer Streitschrift, die N. auch als »Turiner Brief vom Mai 1888« bezeichnet – mit einer nicht zu übersehenden Anspielung auf Paul Lindaus *Bayreuther Briefe vom reinen Thoren* (1883; mit zahlreichen Parallelstellen). Vor dem »Spiegel- und

Gegenbild Wagners« vollzieht sich N.s Prozeß der Selbstüberwindung, einen ersten großen Schritt hierzu stellt (mit noch versteckten Angriffen auf Wagner) *Menschliches, Allzumenschliches* dar mit dem gewichtigen Schritt vom mythischen zum anti-mythischen Denken, den N.s Umgebung nicht verstanden und insofern Rée angelastet hat. Es gab zwar immer wieder deutliche Hinweise auf eine sich abzeichnende Entfremdung – so z.B. N.s frühe Einsicht in Wagners »Schauspieler-Natur« oder die Enttäuschung über den Festspielauftakt in Bayreuth 1876 –, doch sollte schließlich das Jahr 1878 mit seiner »tödtlichen Beleidigung« – N. erhält am 3. 1. 1878 den Textdruck des *Parsifal* mit Wagners bekannter Widmung – den endgültigen Bruch der (Erden-) Freundschaft mit Wagner bringen. Was N. hierunter versteht, sagt er in seinem an M. v. Meysenbug gerichteten Brief vom 21. 2. 1883, der für Montinaris (1978, 293) Sehweise spricht, den »persönlichen Bruch [mit Wagner] durch die unabweisbare Konsequenz von N.s geistiger Entwicklung« zu erklären, d.h. diesen Bruch als »eine geistige, eine philosophische Tat« zu begreifen (anders Eger 1988, 125 ff.). Insofern ist es nur konsequent, im *Zarathustra* den Gegenentwurf zur Welt des späten Wagner zu sehen, ihn als »N.s ›Anti-Parsifal‹« zu deuten (Borchmeyer/Salaquarda 1994, 1355). Akzeptiert man diese Vorgabe, dann lassen sich Äußerungen N.s zur ↗Freundschaft auch auf sein sich wandelndes Verhältnis zu Wagner beziehen. Zu Beginn ihrer Freundschaft, die von N. eingedenk des klassischen Freundschaftsideals »agonal« ausgelegt wird, stabilisieren vor allem gemeinsame Feindschaften diese Art »Waffengenossenschaft«, Nelson (1977, 151 f.) zufolge eine Reminiszenz des feudalen Verständnisses von Freundschaft, welches besagt: »Freunde [haben] alles gemeinsam, vor allem Feinde«. Wagner erweist N. insofern einen wirklichen Freundschaftdienst, als er diesem, »dem Freunde[,] ein Erlöser« ist (Za I, KSA 4, 72). So gesehen, wird Freundschaft zu einem Mittel der Selbstüberwindung. Freunde erziehen sich wechselseitig, dabei haben sie sich unnachgiebig zu zeigen: »In seinem Freunde soll man seinen besten Feind haben« (Za I, KSA 4, 71) – damit man werde, was man ist! Doch weil beide einst sich einander in selbstloser Liebe verbunden fühlten – Wagner wollte ja früher einmal N. »an Sohnes Statt« annehmen (Borchmeyer/Salaquarda 1994, 1289) –, verfiel N. den »Paroxysmen abgewiesener Liebe«, enttäuscht darüber, daß Wagners Liebe seine kritische Wendung gegen ihn nicht aushalten, nicht verzeihen konnte (Borchmeyer/Salaquarda 1994, 1290). – Dennoch hoffte N. stets auf Wagners Größe, wie dies im Mythos der »Sternenfreundschaft« (FW, Nr. 279, KSA 3, 523 f.), welche »die notwendige Entfremdung und ›Erdenfeindschaft‹ der Antipoden überwölben wird« (Borchmeyer/Salaquarda 1994, 1317), zum Ausdruck kommt.

## Jacob Burckhardt

Die Basler Berufsjahre vermitteln N. nicht nur das »Tribschen-Erlebnis«, sondern auch die Begegnung mit Jacob Burckhardt (25. 5. 1818–8. 8. 1897), in dem man einen Antipoden zu Wagner sehen kann, steht er doch dessen Persönlichkeit und Musik kritisch gegenüber (Janz 1981 Bd. 1, 325; Montinari 1991, 52; Salin 1938, 76 f.; zu Burckhardts Leben und Werk vgl. seine selbst verfaßte vita: Christ 1989, 119 ff.; ferner: Kaegi 1947 ff.; Rüsen 1973). Diese Begegnung stand zu Beginn im Zeichen gegenwartsbezogener Kulturkritik und -diagnose, die dem »Händler-Geist« der Jetzt-Zeit mit den »gleichmacherischen« Tendenzen der sich ankündigenden Demokratie den »Aristokratismus und Heroismus hoher Kultur« am Beispiel der griechischen Antike entgegenhielt (Ottmann ²1999, 19; Andler 1946, 44 ff.). Diese Übereinstimmung in den Grundanschauungen, die sich auch in der Wertschätzung Schopenhauers, der Liebe zur Musik sowie im Interesse am Italien der Renaissance zeigte (Janz 1981, Bd. 1, 387), ermöglichte eine erste Annäherung: Bereits am 29. 5. 1869, dem Tag nach der Antrittsvorlesung über *Homer und die klassische Philologie*, spricht N. Rohde gegenüber, den er bereits Juni 1870 mit Burckhardt bekannt machen sollte (Patzer 1990, 253 f.), davon, »nähere Beziehungen [...] zu dem geistvollen Sonderling Jakob Burckhardt [von vorn herein] bekommen« zu haben (Erwin Rohde, 29. 5. 1869). Diese sollten dann auch vertieft werden, einmal dergestalt, daß N. November 1870 Burckhardts Vortrag *Historische Größe* hörte und im WS 1870/71 auch dessen Kolleg über das Studium der Geschichte besuchte, das später unter dem Titel *Weltgeschichtliche Betrachtungen* veröffentlicht werden sollte. Als Burckhardt im SS 1872 zum ersten Mal seine *Griechische Kulturgeschichte* las, zeigte N. ein großes Interesse an dieser Veranstaltung (Janz 1981, Bd.1, 489), u.a. daran auch ablesbar, daß sorgfältige Kollegnachschriften, die zwei seiner Studenten erstellt hatten, während des Sorrentiner Aufenthalts 1876/77 gründlich gelesen und erörtert wurden (v. Meysenbug 1927, 239). Umgekehrt besuchte Burckhardt 1872 alle Vorträge N.s *Über die Zukunft unserer Bildungsanstalten* und nahm hiervon den Eindruck mit, einen »Menschen von hoher Anlage« vor sich zu haben, »der alles aus erster Hand hat und weitergibt« (Ross 1984, 317). Gemeinsame Spaziergänge und Ausflüge, Diskussionen im Kreuzgang des Münsters, eine mit Burckhardt zusammen durchgeführte »Dämonenweihe« (Carl v. Gersdorff, 20.10. u. 18.11.1871), Bestandteil des Freundschaftskults (Cancik 1990, 30f.), an dem N. und seine Freunde partizipierten, dies alles berechtigt zu dem Urteil, daß sich zwischen N. und Burckhardt in den ersten Basler Jahren ein freundschaftlicher Umgang herausgebildet hatte (Stähelin 1930, XXIII). Auch die Einschätzung Jaspers (1981, 81) dürfte zutreffen, N. habe für Burckhardt »eine ungewöhnliche, nie von ihm in Frage gestellte Verehrung gezeigt«, wie auch unbestritten sein dürfte, daß N. dazu neigte, die ihm von diesem entgegengebrachte Gewogenheit stets in einem günstigeren Licht erscheinen zu lassen, so wenn er z.B. Rohde wissen ließ, jener sei »von den Entdeckungen des Buches (= GT) für die Erkenntniß des griechischen Wesens so fascinirt, daß er Tag und Nacht darüber nachdenkt und mir das Beispiel der fruchtbarsten historischen Benutzung an tausend Einzelheiten giebt« (Erwin Rohde, Februar 1872, KSB 3, 294; vgl. aber auch Burckhardts Urteil bei Hoffmann et al. 1998, 475). Die Burckhardt entgegengebrachte Verehrung mag N. auch bewogen haben, seine jeweils neuesten Veröffentlichungen diesem zukommen zu lassen, auch noch nach seinem Weggang aus Basel. Verfolgt man die hierzu vorliegende Korrespondenz (Hoffmann 1992, 177f.; Salin 1938, 207ff.), so begegnet Burckhardt N. jedoch mit einer eigentümlichen Zurückhaltung und Reserve, die sich gerne hinter Lob und Metaphern – vorzugsweise ist es eine Metaphorik des Bergsteigens, die N. später selbst zur Charakterisierung seines Denkens heranziehen sollte – versteckt, die diesen dazu verleiten, aus ihnen nur Zustimmung herauszulesen. Beispielhaft ist hierfür Burckhardts Brief v. 25.2.1874 auf die Zusendung der zweiten *Unzeitgemäßen*, die ihn als Historiker und Lehrer der Geschichte sicherlich »unangenehm berührt und [...] beunruhigt« haben dürfte (Noll 1997, 17). In »bedachter Bescheidenheit und scheinbarer Ahnungslosigkeit« (Noll) bezieht Burckhardt in diesem Brief dennoch Stellung und formuliert seine eigene, konträre Position, ohne sich auf eine vertiefende Diskussion mit N. einzulassen. Insofern mag es auch nicht überraschen, daß jene beiden Autoren, die sich besonders eingehend mit dem biographischen und geistigen Verhältnis zwischen Burckhardt und N. beschäftigt haben – Salin mit seiner 1938 veröffentlichten Studie *Jakob Burckhardt und N.* und v. Martin mit seinem *N. und Burckhardt* aus dem Jahre 1941 –, zu völlig gegensätzlichen Urteilen gelangen. Spricht Salin »mit N.s Wort« von einer »Sternenfreundschaft, die in Ehrfurcht zu deuten« sei, so vermag v. Martin keineswegs den »Eindruck einer wirklichen Freundschaft« zu gewinnen. Betrachtet man jedoch die Beziehung zu Burckhardt mit N.s Augen – er sieht in diesem einen »grossen Lehrer«, gerade der Wahnsinnszettel vom 4.1.1889 hält diese Einschätzung mit außergewöhnlicher Klarheit fest: »Nun sind Sie – bist du – unser grosser grösster Lehrer [...]« (KSB 8, 574) –, dann verrät gerade diese Äußerung nicht nur die exzeptionelle Stellung Burckhardts in der Wertschätzung N.s, sondern ist zugleich auch eine Freundschaftserklärung, da die erzieherische Haltung, wie sie dem »grossen Lehrer« eigen ist, zu N.s Freundschaftsverständnis gehört.

*Paul Rée*

Den Basler Jahren als Universitätslehrer verdankt N. auch die langjährige Freundschaft mit Paul Rée (21.11.1849–28.10.1901). Dieser war seit dem Studium in Leipzig mit Romundt befreundet, der ihn Frühjahr 1873 zu einem Besuch nach Basel eingeladen und dort mit N. bekannt gemacht hatte. Seit dem SS 1872 hatte sich Rée bereits in Zürich aufgehalten, wo er naturwissenschaftliche Vorlesungen (Experimentalphysik: Optik und Elektrizität; organische Chemie) hörte, aber auch die »Philosophischen Übungen« bei F.A. Lange, dem auch von N. so geschätzten Autor der *Geschichte des Materialismus*, besuchte (Treiber 1998).

Rée stammt väterlicherseits aus einer wohlhabenden Hamburger (Kaufmanns-)Familie, beide Eltern, ursprünglich der »mosaischen Religion« zugehörend, sind kurz vor der 1843 in Schwerin vollzogenen kirchlichen Trauung zum evangelisch-lutherischen Glauben übergetreten (Treiber 1988, 45 ff.). In Schwerin hat Rée auch Ostern 1869 am Gymnasium Fridericianum das Abitur gemacht, ein Jahr nach Hans Paul v. Wolzogen, mit dem Wunsch, in Leipzig Geschichte zu studieren. 1869 immatrikulierte er sich an der dortigen Universität zunächst für Philosophie, ab Mai 1870 für Rechtswissenschaften, sein faktisches Studienverhalten hielt sich jedoch nicht an die Grenzen dieser beiden Disziplinen (Treiber 1993, 171 ff.). Nachdem er Sommer 1871 am Deutsch-Französischen Krieg teilgenommen hatte, wechselte er Herbst 1871 für ein Semester nach Berlin, wo er beinahe ausschließlich naturwissenschaftliche Übungen und Vorlesungen besuchte bei hervorragenden akademischen Lehrern, unter ihnen z.B. der Chemiker A.W. v. Hofmann (bei ihm hörte Rée anorganische Chemie), der Anatom, Zoologe und Ethnologe R. Hartmann, ein Schüler von J. Müller und R. Virchow, sowie der Anatom K.B. Reichert, der als Schüler von K.E. v. Baer die Nachfolge des Ausnahmephysiologen J. Müller angetreten hatte. Als einzige nicht-naturwissenschaftliche Veranstaltung hatte er bei dem Philosophen F.A. Trendelenburg dessen Übung zu Aristoteles' *de anima* belegt (Treiber 1993, 179 ff., 203 f.). Hinter diesem Studienprogramm verbirgt sich die Auseinandersetzung mit der von Helmholtz im *Handbuch der Physiologischen Optik* (1867) entwickelten empiristischen Wahrnehmungstheorie (dort auch der zustimmende Bezug auf Aristoteles' Annahme, die Wahrnehmung äußerer Objekte beruhe auf einem Urteil) bzw. mit F.A. Langes »physiologischem Neukantianismus«. Hierfür sprechen nicht nur die in Zürich 1872 gewählte Fächerkombination mit dem Besuch der Lange-Übung, sondern auch die Frühjahr 1873 getätigten Ausleihen aus der Basler Universitätsbibliothek (Treiber 1993, 204). November 1874 erbittet Rée die Zulassung zur Promotion in Halle, wo er am 10. 3. 1875 mit der Schrift *Über den Begriff des Schönen (sittlich Guten) in der Moralphilosophie des Aristoteles* von R. Haym zum Dr. phil. promoviert wird. Im Prüfungsprotokoll wird ihm u.a. bescheinigt, »mit den Hauptschriften Platons und Aristoteles'« sowie »mit einem Teil der hervorragenden Schriften der englischen Moralisten[,] mit Locke, Hume, Hutcheson, ferner mit Kant und Schopenhauer wohl vertraut« zu sein. Rée hatte sich also nicht nur mit der herkömmlichen Moralphilosophie vertraut gemacht, das Studium bei Curtius und Drobisch (in Leipzig) sowie bei Hartmann (Berlin) hatte ihn zu einer empirisch und vergleichend orientierten Moralwissenschaft hingeführt, die sich an dem von Geologie (Lyell) und vergleichender Sprachwissenschaft (Leipziger Junggrammatiker) zur Verfügung gestellten Ansatz ausrichtete (Treiber 1992, 332 ff.). 1875 veröffentlichte Rée anonym (und angeblich aus dem Nachlaß) seine, die ↗Französischen Moralisten zum Vorbild nehmende Aphorismensentenz *Psychologische Beobachtungen*, von denen sich N. angesprochen fühlte (Erwin Rohde, 8. 12. 1875). 1877 folgte *Der Ursprung der moralischen Empfindungen* (von N. zunächst gelobt, dann heftig kritisiert). Mit dieser Schrift wollte sich Rée in Jena habilitieren, da diese jedoch bereits veröffentlicht war, wurde sein Gesuch aus formalen Gründen abgelehnt (Patzer 1990, 21, 251 ff.). Die Absicht, diese Schrift in Zürich oder Basel als Habilitationsschrift einzureichen, hatte Rée, nachdem er noch aus Sorrent Overbecks Rat hierzu erbeten hatte, aufgegeben. 1885 erschien dann *Die Entstehung des Gewissens*, eine Schrift, die Rée ursprünglich N. zueignen wollte, was sich dieser wegen ihres Zerwürfnisses verboten hatte. Ein mit dieser Schrift begründetes Habilitationsbegehren bei der Friedrich Wilhelm Universität Berlin wurde aufgrund der Voten von Zeller und Dilthey zurückgewiesen. Nach dem Bruch der Freundschaft mit Lou v. Salomé studierte Rée Medizin: von 1885 bis 1888 in Berlin, im SS 1888 in Zürich, vom WS 1888/89 bis WS 1889/90 in München, wo er am 22. 3. 1890 die Approbation zum Arzt erhielt, nachdem er am 19. 2. 1890 die entsprechende Prüfung mit »gut« bestanden hatte (Treiber 1998).

Man kann demnach in Rée, der alsbald zum Freund avancierte und in N.s engeren Freundeskreis integriert worden war, einen kompetenten Gesprächspartner N.s sehen (Andreas-Salomé 1994, 131 ff.), so wie es dieser selbst Rohde gegenüber zum Ausdruck brachte: »Wir fanden einander auf gleicher Stufe vor: der Genuss unserer Gespräche war grenzenlos, der Vortheil gewiss sehr gross, auf beiden Seiten [...]« (Erwin Rohde, nach dem 16. 6. 1878). Durch Rée ist N. einerseits mit »jenem Typus des gebildeten assimilierten Juden bekannt geworden, der ihm [...] zum Vorbild eines kosmopolitisch-freien Geistes werden« sollte (Borchmeyer/Salaquarda 1994, 1329), andererseits könnte er in diesem auch ein alter ego gesehen haben, da dieser all das schon verwirklicht hatte, was N. sich einst vorgenommen hatte: So hatte Rée nicht nur Chemie studiert und bei F.A. Lange gehört, sondern Herbst 1875 auch die »Traumreise« nach Paris unternommen, wo er unweit vom Collège de France Quartier bezogen hatte (dort lehrten damals u.a. Claude Bernard und Ernest Renan).

Bevor es wegen der Lou-Affäre zum endgültigen Zerwürfnis mit N. kam (Streiter 1988, 193f.; Treiber 1987; Treiber 1988), hatte Rée diesen mehrfach auf Reisen begleitet oder in Basel besucht gehabt. Besonders hervorzuheben ist der gemeinsam verbrachte Aufenthalt in Sorrent 1876/1877, wo in der von M.v. Meysenbug angemieteten Villa Rubinacci zusammen mit *Albert Brenner* (1856–1878) und (dem zeitweilig anwesenden) *Reinhart v. Seydlitz* (1850–1931) N.s Klosterplan (Gilman 1981, 199f., 315f., 336ff.) – das »Kloster für freie Geister« – in Ansätzen verwirklicht wurde, mit »ewigen Junggesellen« als besonders geeigneten »Novizen«. N.s Klosterplan ist immer auch ein Freundschaftsplan (Treiber 1989), der die sechsjährige Internierung in Schulpforta als Erfahrungsfeld heranzieht. So vermag N. die ihm seit seiner Kindheit vertraute Soziallage des Einsamen mit dem Umgang ausgesuchter Freunde zu verbinden, wie er dies in Schulpforta bereits praktiziert hatte. Auf diese Weise ließ sich auch das ihm eigene »Pathos der Distanz« mit seinem Mitteilungsbedürfnis versöhnen. N.s »Kloster für freiere Geister« als »Schule der Erzieher, wo diese sich selbst erziehen« ist eine Diskursgemeinschaft unter gleichgesinnten Freunden, die sich zur Selbstvervollkommnung erziehen (sollen). Insofern deckt sich zu diesem Zeitpunkt N.s Freundschaftsverständnis mit seiner Vorstellung vom »Freieren Geist« (↗Freigeist) – für beide gilt die bei Pindar entlehnte Formel des »Werde, der Du bist!« Sie bezeichnet ein (zunächst auf Freiwilligkeit beruhendes) Programm der Selbsterziehung durch Selbstüberwindung, das an das in Schulpforta vertretene Bildungsprogramm erinnert, das »reli-

giösen und neuhumanistischen Auffassungen von ›innerem Wachstum‹ und vollständiger Selbstentwicklung« (Ringer 1983, 83) verpflichtet war, wie dies auch die Begriffs- und Bedeutungsgeschichte von »Bildung« belegt (Koselleck 1990). Zu diesem aktiv betriebenen Prozeß der Verwandlung und Selbstentfaltung gehört als Kontextbedingung immer auch ein Kreis gleichgesinnter und gleichgewillter Freunde, so daß sich Selbst- und Fremdkontrolle idealiter ergänzen. Die angestrebte Selbstüberwindung bedient sich des Mittels der Sublimierung, wie dies der starke pädagogische Impetus zum Ausdruck bringt (Kelsen 1964): wie einst das Kloster seine Insassen auf »spirituelle[ ] Zuneigung« nach dem Vorbild des »vollkommenen Freundes«, wie er von Christus vorgelebt wurde, verpflichtete (Nelson 1977, 152f.), so wird auch N.s »Kloster für freiere Geister« durch »einen sublimierten *eros*, d.h. durch *amicitia* (Freundschaft), *insbesondere* geistige Freundschaft« (Nelson 1977, 151) zusammengehalten, mit dem Ziel, »den ↗›Willen zur Macht‹ so [zu] vergeistigen, daß er einer Befriedigung durch die Unterwerfung anderer nicht bedarf« (Grau 1984, 10). Und wenn Zarathustra lehrt: »Nicht den Nächsten lehre ich euch, sondern den Freund« (Za I, KSA 4, 78), so kann dies als Versuch gewertet werden, den Vorrang des traditionellen Freundschaftsethos gegenüber der Tendenz zur »Heiligung der besonderen Liebe« in Ehe und Familie zu behaupten, die die puritanische Idee, die Nächstenliebe beginne zu Hause (Nelson 1977, 155), freigesetzt hatte. Zarathustras Ausspruch verweist aber auch auf die höchst konkrete Erfahrung N.s, daß gerade durch Verlobungen und Vermählungen Freundschaften, die ihm viel bedeuteten, gefährdet wurden.

### Heinrich von Stein

Rée hat in gutgemeinter Absicht, für N. als »Menschenfischer« tätig zu sein (Pfeiffer 1970, 12f.), diesem durch die Entdeckung von Lou v. Salomé (1861–1937) und Heinrich von Stein (1857–1887), der wie Rée an naturwissenschaftlichen und philosophischen Studien interessiert war (Bernauer 1998, 76f.), zwei tiefsitzende Enttäuschungen bereitet. Als 1882/83 die »heilige Dreieinigkeit« mit Paul Rée und Lou v. Salomé auseinanderbrach, war N. jene Person abhanden gekommen, die er als geeignete Schülerin ausersehen hatte. Und 1884 hatte er, der mit dem Philoktet-Gleichnis seine Maske gelüftet hatte, die Erfahrung machen müssen, daß der Dühring-Anhänger und Wagner-Verehrer v. Stein die ihm angetragene Jüngerschaft zurückwies (Bernauer 1998, 139ff., 156ff.; Janz 1981, Bd. 2, 325ff.). Steht für die Werbung N.s das v. Stein zugesandte Gedicht *Einsiedlers Sehnsucht* (Heinrich v. Stein, Ende Nov. 1884), so für die Zurückweisung die 1886 unter dem Titel *Aus hohen Bergen* als »Nachgesang« zu *Jenseits von Gut und Böse* abgedruckte und um zwei Strophen erweiterte Version (JGB, KSA 5, 241ff.). Die feinsinnige Interpretation, die Pestalozzi (1970, 198ff.) zu beiden Gedichten vorgelegt hat – nur wer sich wie der Einsiedler ständig verwandelt, bleibt ihm verwandt und kann ihm ein Freund sein (d.h. zum Bleibenden des Einsiedlers gehört es, Freunde zu verlieren und neue Freunde zu gewinnen), doch unterliegen diese erhofften, neuen Freunde »ganz der Einbildungskraft des Einsiedlers«, sind »seine Projektionen, die er erwartet«, bis es schließlich »Zarathustra« ist, der die Sehnsucht nach neuen Freunden zu stillen vermag: er ist das »Aequivalent für die verlorenen Freunde«, mit ihm »hatte sich N. sein Eigenstes zum Freund genommen« (Pestalozzi 1970, 208, 240, 242) – stimmt gänzlich mit der bilanzierenden Feststellung überein, mit der Montinari (1991, 96) N.s Freundschaften Revue passieren läßt: »In N.s weiterem Leben [seit 1884; d. Verf.] gibt es keine einzige menschliche Beziehung mehr, die der Freundschaft mit Rohde in den Leipziger und Basler Jahren vergleichbar wäre oder der ›Waffenbrüderschaft‹ mit Franz Overbeck zur Zeit der *Unzeitgemäßen Betrachtungen*, ganz zu schweigen von dem ›Tribschener Idyll‹ mit Cosima und Richard Wagner, oder dem leidenschaftlichen Gedankenaustausch mit Paul Rée«.

### Peter Gast (d.i. Heinrich Köselitz)

So zutreffend diese resümierende Feststellung auch ist, sie müßte um eine weitere projektive Gestalt ergänzt werden: um N.s Peter Gast, der in Wirklichkeit Heinrich Köselitz (10. 1. 1854–15. 8. 1918) hieß. Dieser war als begeisterter Leser von N.s *Geburt der Tragödie* 1875 zusammen mit seinem Studienfreund Paul Heinrich Widemann mit einem Empfehlungsschreiben von N.s Chemnitzer Verleger Schmeitzner (Bernauer 1998, 108ff.), mit dem Widemann befreundet war, von Leipzig, wo er Kontrapunkt und Komposition studiert hatte, nach Basel gekommen, um dort N. zu hören (Janz 1981, Bd.1, 624, 695ff.; Ross 1984, 568ff.). Sich von Heinrich Köselitz alias Peter Gast ein zutreffendes Bild zu machen, fällt trotz der vorzüglichen Studie Loves (1981) nicht leicht. Köselitz übernahm bis zu N.s Zusammenbruch – selbst nach seiner 1878 erfolgten Abreise nach Venedig – immer wieder aufwendige Schreib- und Korrekturarbeiten für N., doch war er für diesen weit mehr als ein unverzichtbarer Sekretär: so machte er Formulierungsvorschläge (u.a. hat er N. auch zum Buchtitel *Morgenröthe* [KSA 14, 203] verholfen), wies N. auf (natur-)wissenschaftliche Arbeiten hin, genügte also gänzlich der Rolle eines anregenden Brief- und Gesprächspartners. Daneben gab es jedoch die projektive Gestalt des Peter Gast, der mehr oder weniger erfolglos versuchte, in Wagners »Schatten« im Rückgriff auf die Formen der klassischen Oper eine »moderne Musiksprache« zu finden und gar als Komponist das Erbe Wagners anzutreten (Borchmeyer/Salaquarda 1994, 1349; Hoffmann et al. 1998, 606), hierzu u.a. verleitet und angespornt durch N.s vermeintliche Entdeckung einer Verwandtschaft zwischen seiner Philosophie und Gasts Musik (Franz Overbeck, 18. 5. 1881). Doch beruhte diese angebliche Wahlverwandtschaft darauf, daß Gasts Musik – nach N.s eigenem Eingeständnis – weitgehend von dessen kulturkritischen und musiktheoretischen Ideen inspiriert war (Malwida v. Meysenbug, 20. 10. 1888): im Sinne einer Wagner überwindenden, »guten« (= nicht mehr romantischen) Musik, wie sie N. in Gasts Oper *Der Löwe von Venedig* verwirklicht sah, weswegen er ihn auch als »neuen Mozart« pries und H. v. Bülow, der N.s Aufforderung, Gasts Oper zur Aufführung gelangen zu lassen, nicht beachtet hatte, im Wahnsinnszettel vom 4. 1. 1889 dazu »verurteilte«, vom »Löwen von Venedig« gefressen zu werden (KSB 8, 574). So ruht diese langandauernde (weitgehend brieflich gepflegte und daher für Selbsttäuschungen besonders anfällige) Freundschaft einerseits auf der unentbehrlichen Zuarbeit von Köselitz, andererseits aber auch auf dem erstaunlich stabilen Fundament wechselseitiger Selbsttäuschung. Und wie N. Köselitz zu einer projektiven Gestalt, zu einem »neuen Mozart« machte, so stattete dieser vornehmlich während seiner Zugehörigkeit zum N.-Archiv (1900–1909) die projektive Gestalt des »Zarathustra« mit der Identität N.s aus, machte diesen zum religiösen Heroen, bei dem »Leben und Lehre Eins« gewesen seien, der »das Leben seines Zarathustra« gelebt habe (Hoffmann et al. 1998, XLI). Zusammen mit N.s Schwester wurde Köselitz so zu einem »Mitgestalter des heroischen N.-Kultus«.

Literatur: Windelband, W.: Über Friedrich Hölderlin und sein Geschick (1878), in: ders.: Präludien. Aufsätze und Reden zur Philosophie und ihrer Geschichte. 7.u.8. Aufl., Bd.1, Tübingen 1921, 230–259; Burckhardt, J.: Die Zeit Constantins des Grossen, Basel 1955 [Nachdruck der 2. Aufl. 1880]; Lübke, W.: Grundriss der Kunstgeschichte, 9. Aufl., Bd. 1, Stuttgart 1881; Andreas-Salomé, L.: F. N. in seinen Werken, Frankfurt a. M./Leipzig 1994 [zuerst 1894]; Deussen, P.: Erinnerungen an F. N., Leipzig 1901; Andler, Ch.: N. und Overbeck, in: Die Propyläen. Wochenschrift 6 (1909), Nr. 15 u. 16, 225–227; 242–244; Simmel, G.: Die Gesellligkeit, in: ders.: Grundfragen der Soziologie, Berlin/Leipzig 1920, 50–71; Deussen, P.: Mein Leben, hrsg. v. E. Rosenthal-Deussen, Leipzig 1922; v. Meysenbug, M.: Memoiren einer Idealistin (und ihr Nachtrag:) Der Lebensabend einer Idealistin, 42. u. 43. Aufl., Bd. 2, Berlin/Leipzig 1927; v. Meysenbug, M.: Im Anfang war die Liebe. Briefe an ihre Pflegetochter, hrsg. v. B. Schleicher, München 1927; Stähelin, F.: Einleitung, in: ders. (Hrsg.): Jacob Burckhardt. Griechische Kulturgeschichte. Erster Band, Basel 1930, XV-XL; Andler 1931; Landry, H.: F. N., Berlin 1931; Kelsen, H.: Die platonische Liebe (1933), in: Topitsch, E. (Hrsg.): Aufsätze zur Ideologiekritik. Neuwied/Berlin 1964, 114–197; Schlechta, K. (Hrsg.): Die Briefe des Freiherrn Carl von Gersdorff an F. N. Zum 90. Geburtstag F. N.s, Teil I 1864–1871, N.-Archiv, Weimar 1934 [Einleitung, VII-XIII]; Thierbach, H. (Hrsg.): Die Briefe des Freiherrn Carl von Gersdorff an F. N., Teil IV, Ergänzungsband, N.-Archiv, Weimar 1937; Salin, E.: Jacob Burckhardt und N., Basel 1938 [unter dem Titel »Vom deutschen Verhängnis. Gespräch an der Zeitenwende: Burckhardt-N.« 1959 bei Rowohlt erneut veröffentlicht]; Martin, A.: N. und Burckhardt, München 1941 [3. erw. Aufl. unter dem Titel »N. und Burckhardt. Zwei geistige Welten im Dialog«, Basel 1945]; Andler, Ch.: N. und Burckhardt, Basel/Strassburg 1946; Kaegi, W.: Jacob Burckhardt. Eine Biographie, 7 Bde., Basel (u. Stuttgart Bd. IIIff.) 1947–1982; Tenbruck, F.: Freundschaft: Ein Beitrag zu einer Soziologie der persönlichen Beziehungen, in: Kölner Zeitschrift für Soziologie und Sozialpsychologie 16 (1964), 431–456; Boschwitz, F.: Julius Wellhausen. Motive und Maß-Stäbe seiner Geschichtsschreibung, Darmstadt ²1968; Pestalozzi, K.: Die Entstehung des lyrischen Ich. Studien zum Motiv der Erhebung in der Lyrik, Berlin 1970; Pfeiffer, E. (Hrsg.): F. N., Paul Rée, Lou von Salomé. Die Dokumente ihrer Begegnung, Frankfurt a. M. 1970; Rüsen, J.: Jacob Burckhardt, in: Wehler, H.-U. (Hrsg.): Deutsche Historiker, Bd. III, Göttingen 1973, 7–28; Nelson, B.: Eros, logos, nomos, polis. Die wechselnde Gewichtsverteilung zwischen eros, logos, nomos, polis und die Wandlungen von Gemeinschaften und Zivilisationen, in: ders.: Der Ursprung der Moderne. Vergleichende Studien zum Zivilisationsprozeß, Frankfurt a. M. 1977, 140–164; Montinari, M.: N. und Wagner vor hundert Jahren, in: NSt 7 (1978), 288–302; Berneburg, E.: Jacob Burckhardts Würdigung des Mönchtums, in: Zeitschrift für Theologie und Kirche 78 (1981), 289–319; Gilman, S. L. (Hrsg.): Begegnungen mit N., Bonn 1981; Janz 1981, 3 Bde.; Jaspers 1981; Love, F. R.: N.s Saint Peter. Genesis and Cultivation of an Illusion, Berlin/New York 1981; Kaufmann 1982; Gregor-Dellin, M.: Richard Wagner. Sein Leben. Sein Werk. Sein Jahrhundert, München 1983; Hellige, H. D.: Rathenau und Harden in der Gesellschaft des Deutschen Kaiserreichs. Eine sozialgeschichtlich-biographische Studie zur Entstehung neokonservativer Positionen bei Unternehmern und Intellektuellen, in: ders. (Hrsg.): Walter Rathenau. Maximilian Harden. Briefwechsel 1897–1920, München/Heidelberg 1983, 15–299; Ringer, F. K.: Die Gelehrten. Der Niedergang der deutschen Mandarine 1890–1933, Stuttgart 1983; Grau 1984; Ross, W.: Der ängstliche Adler. F. N.s Leben, München 1984; Cancik, H.: Erwin Rohde – ein Philologe der Bismarckzeit, in: Semper Apertus. Sechshundert Jahre Ruprecht-Karls-Universität Heidelberg 1386–1986, Festschrift in sechs Bänden, Bd. II, Berlin/Heidelberg/New York/Tokyo 1985, 436–505; Ottmann 1987, ²1999; Treiber, H.: Paul Rée – ein Freund N.s, in: Bündner Jahrbuch 29 (1987), 35–59; Eger, M.: »Wenn ich Wagnern den Krieg mache ...« Der Fall N. und das Menschliche, Allzumenschliche, Wien 1988; Pestalozzi, K.: Overbecks ›Schriftchen‹ »Über die Christlichkeit unserer heutigen Theologie« und N.s »Erste unzeitgemässe Betrachtung: David Strauss. Der Bekenner und der Schriftsteller«, in: Brändle, R./Stegemann, E.W. (Hgg.): Franz Overbecks unerledigte Anfragen an das Christentum, München 1988, 91–107; Rese, M.: Fruchtbare Mißverständnisse. Franz Overbeck und die neutestamentliche Wissenschaft, ebd. 211–226; Streiter, S.: Lou Andreas-Salomé (1861–1937), in: Verein Feministische Wissenschaft Schweiz (Hrsg.): Ebenso neu als kühn. 120 Jahre Frauenstudium an der Universität Zürich, Zürich 1988, 192–194, 230f.; Treiber, H.: Gruppenbilder mit einer Dame, in: Forum 35 (1988), 40–54; Christ, K: Jacob Burckhardt (1818–1897), in: ders.: Von Gibbon zu Rostovtzeff. Leben und Werk führender Althistoriker der Neuzeit, Darmstadt ³1989, 119–158; Pernet, M.: Das Christentum im Leben des jungen N., Opladen 1989; Treiber, H.: N.s »Kloster für freiere Geister«, in: Antes, P./Pahnke, D. (Hgg.): Die Religion von Oberschichten. Religion – Profession – Intellektualismus, Marburg 1989, 117–161; Cancik, H.: Erwin Rohde, in: Classical Scholarship. A Biographical Encyclopedia, hrsg. v. W.W. Briggs/W.M. Calder III,

New York/London 1990, 395–404; Cancik, H.: »Freundschaftskult«. Religionsgeschichtliche Bemerkungen zu Mythos, Kult und Theologie der Freundschaft bei Friedrich Hölderlin, in: Elsas, Chr./Kippenberg, H. G. (Hgg.): Loyalitätskonflikte in der Religionsgeschichte. Festschrift für C. Colpe, Würzburg 1990, 1–34; Koselleck, R.: Einleitung – Zur anthropologischen und semantischen Struktur der Bildung, in: ders. (Hrsg.): Bildungsbürgertum im 19. Jh. Teil II. Bildungsgüter und Bildungswissen, Stuttgart 1990, 11–46; Patzer, A. (Hrsg.): Franz Overbeck. Erwin Rohde. Briefwechsel, Berlin/New York 1990; Hoffmann, D.M.: Zur Geschichte des N.-Archivs, Chronik, Studien und Dokumente, Berlin/New York 1991; Montinari, M.: F.N. Eine Einführung, Berlin/New York 1991; Janz, C.P.: Die Berufung Overbecks an die Universität Basel, in: Basler Zeitschrift für Geschichte und Altertumskunde 92 (1992), 139–165; Peter, N.: Im Schatten der Modernität – Franz Overbecks Weg zur »Christlichkeit unserer heutigen Theologie«, Stuttgart/Weimar 1992; Reibnitz 1992; Treiber, H.: Wahlverwandtschaften zwischen N.s Idee eines »Klosters für freiere Geister« und Webers Idealtypus der Puritanischen Sekte, in: NSt 21 (1992), 326–362; Schmidt, H.J.: N. absconditus oder Spurenlesen bei N., II/1, Jugend, Berlin/Aschaffenburg 1993; Treiber, H.: Zur Genealogie einer »Science Positive de la Morale en Allemagne«, in: NSt 22 (1993), 165–221; Borchmeyer, D./Salaquarda, J. (Hgg.): N. und Wagner. Stationen einer epochalen Begegnung, 2 Bde., Frankfurt a. M./Leipzig 1994; Latacz, J.: Fruchtbares Ärgernis: N.s »Geburt der Tragödie« und die gräzistische Tragödienforschung, in: Hoffmann, D.M. (Hrsg.): N. und die Schweiz, Zürich 1994, 30–45; Peter, N.: Einleitung, in: Stegemann, E. W./Peter, N. (Hgg.): Franz Overbeck. Werke und Nachlaß. Schriften bis 1873, Stuttgart 1994, 1–11 [OWN 1]; Reibnitz, B. v.: »Ich verdanke Dir soviel, lieber Freund …«. N.s Freundschaft mit Franz Overbeck, in: Hoffmann, D.M. (Hrsg.): N. in der Schweiz, Zürich 1994, 46–54; Schmidt, H. J.: N. absconditus oder Spurenlesen bei N., II/2, Jugend, Berlin/Aschaffenburg 1994; Cancik, H.: N.s Antike. Vorlesung, Stuttgart/Weimar 1995; Peter, N.: Overbeck, in: Theologische Realenzyklopädie, Bd. XXV, Berlin/New York 1995, 563–568; Reibnitz, B. v. (Hrsg.): Franz Overbeck. Werke und Nachlaß, Bd. 4 und Bd. 5, Kirchenlexicon. Texte, Ausgewählte Artikel, Stuttgart/Weimar 1995 [OWN 4 und 5]; Reibnitz, B. v. (Hrsg.): Franz Overbeck. Werke und Nachlaß, Bd. 6/1, Kirchenlexicon. Materialien, »Christentum und Kultur«. Kritische Neuausgabe, Stuttgart/Weimar 1996 [OWN 6/1]; Wolberg, P.-H.: Richard Wagners mythische Welt, Versuche wider den Historismus, Freiburg 1996; Janz, C. P.: Die Musik im Leben F. N.s, in: NSt 26 (1997), 72–86; Noll, Th.: Vom Glück des Gelehrten. Versuch über Jacob Burckhardt, Göttingen 1997; Sommer, A. U.: Der Geist der Historie und das Ende des Christentums. Zur »Waffengenossenschaft« von F.N. und Franz Overbeck, Berlin 1997; Stauffacher-Schaub, M. (Hrsg.): Franz Overbeck, Werke und Nachlaß, Bd. 6/2, Kirchenlexicon. Materialien, Gesamtinventar, Stuttgart/Weimar 1997 [OWN 6/2]; Bernauer, M.: Heinrich von Stein, Berlin/New York 1998; Hoffmann, D. M./Peter, N./Salfinger, Th. (Hgg.): Franz Overbeck. Heinrich Köselitz (Peter Gast). Briefwechsel, Berlin/New York 1998; Renan, E.: La funzione dei popoli semitici nella storia della civiltà, in: ders.: Che cos'è una nazione? e altri saggi, Rom 1998, 81–95; Treiber, H.: Nachträge zu Paul Rée, in: NSt 27 (1998), 515f.; Reibnitz, B. v. (Hrsg.): Franz Overbeck, Werke und Nachlaß, Bd. 7/2, Autobiographisches. »Meine Freunde Treitschke, N. und Rohde«, Stuttgart/Weimar 1999 [OWN 7/2]; Treiber, H.: N.s »Kloster für freiere Geister«. Zu einer höchst zeitgemäßen Vision eines Unzeitgemäßen, in: Faber, R./Holste, Chr. (Hgg.): Kreise-Gruppen-Bünde. Zur Soziologie moderner Intellektuellenassoziation, Würzburg 1999; Meyer, K./Reibnitz, B. v. (Hgg.): F.N. – Franz und Ida Overbeck, Briefwechsel, Stuttgart/Weimar 2000.

*Hubert Treiber*

# Frauen

Lou Andreas-Salomé – Marie Baumgartner – Elisabeth Förster-N. – Malwida von Meysenbug – Meta von Salis – Ida Overbeck – Mathilde Trampedach – Franziska N.-Oehler – Resa von Schirnhofer – Cosima Wagner

N. lebte und starb ledig; ob er überhaupt sexuelle Erfahrung hatte, wissen wir nicht, obwohl behauptet wird, er habe Prostituierte besucht und sich dadurch, wahrscheinlich 1866 oder 1870, mit Syphilis angesteckt – allerdings eine Diagnose, die medizinisch durchaus noch umstritten ist. Was man mit Sicherheit behaupten darf, ist die Tatsache, daß er mit mehreren Frauen feste Freundschaften pflegte. Dies ist umso merkwürdiger, wenn man sich N.s Ansichten zur Stellung der ↗Frau in der Gesellschaft ins Gedächtnis ruft.

Sehr früh, also um 1870, hat sich N. über die Frau im vorsokratischen Griechenland geäußert. In seinen Augen war es vollkommen richtig, daß die hellenische Frau zu Hause blieb und in Ruhe ihre Kinder gebar: auf diese Weise kamen Helden zur Welt. Es ist ein Paradox, daß der Philosoph der Zukunft seine Muster für Frauen in der Antike fand, ganz abgesehen davon, daß der Mann, der sich selbst als Dynamit bezeichnete, die Meinungen über die häusliche und mütterliche Rolle der Frau mit der Mehrheit der konventionellen Wilhelminischen Bevölkerung teilte. Er dachte, eine Frau könne durch Studieren ihrer Gebärfähigkeit schaden, und war deshalb gegen ein Hochschulstudium für Frauen.

Nur in einer Beziehung war N. ikonoklastisch: er behauptete, die Frau habe ein volles Recht auf Genuß beim Geschlechtsverkehr. Zu einer Zeit, in der das erotische Verlangen der Frau systematisch verneint wurde, behauptete N., daß die Frau praktisch aus erotischem Verlangen bestehe. Dieses Verlangen hatte aber ein Ziel: das Kind. Nichts fand er abstoßender als eine schreibende Frau. Nichts war schlimmer für das Menschengeschlecht als gelehrte Frauen. Und doch führte er sein Leben lang Freundschaften mit klugen, gebildeten Frauen, die oft auch Autoren waren, etwas, was seinen Theorien in vieler Hinsicht widersprach.

*Lou Andreas-Salomé*

Lou Andreas-Salomé (1861–1938) war bei Malwida v. Meysenbug in Rom zu Gast, als sie N. im April 1882 kennenlernte. N. konnte damals von ihren Problemen mit Männern nichts ahnen. Andreas-Salomé hatte früh eine schlechte Erfahrung mit Pastor Hendrik Gillot gemacht, der ihr Konfirmandenunterricht erteilte; dieser hatte sich in sie verliebt und wollte seine Frau verlassen, um Andreas-Salomé zu heiraten. Ihr Glaube an Gott wurde dadurch erschüttert, ihr Vertrauen in Männer ebenfalls. Nichts ärgerte die junge Andreas-Salomé mehr als der Versuch eines Mannes, sie in einem erotischen Verhältnis an sich zu binden. Als N. nun Paul Rée (↗Freunde) mit dem Auftrag losschickte, in seinem Namen um Andreas-Salomés Hand zu bitten, wußte er nicht, daß Rée selbst einige Wochen vorher ebenfalls einen Heiratsantrag gemacht hatte. Außerdem hätte N. aus seiner Erfahrung mit Mathilde Trampedach wissen können, wie risikoreich eine solche Strategie in Bezug auf Heiratsanträge war. Vielleicht um die spätere Katastrophe zu rationalisieren, versicherte N. Ida Overbeck, daß er den Heiratsantrag an Andreas-Salomé nur deswegen gestellt habe, um Andreas-Salomés guten Namen in der geplanten *ménage à trois* mit Rée und N. zu schützen. Was man nicht verleugnen darf, ist N.s Verehrung für diese junge und hochintelligente aristokratische Frau. Wenn schon nicht als Frau, so wollte er sie doch als Jüngerin in seiner Nähe behalten. Deswegen war ihm Andreas-Salomés Besuch im August 1882 in Tautenburg, wo er ein Ferienhaus gemietet hatte, so außerordentlich wichtig. Die Sache ging aber so schief, daß nicht einmal die Freundschaft zwischen N. und Andreas-Salomé zu retten war. Als er im Winter 1882/3 den ersten Teil von *Also sprach Zarathustra* schrieb, schlichen sich misogyne Äußerungen wohl *nolens volens* in den Text ein.

N.s Bruch mit Richard Wagner 1876 bedeutete, daß N. die Festspiele in Bayreuth nicht mehr besuchte, was seine Schwester Elisabeth Förster-N. nicht daran hinderte, sich dort regelmäßig sehen zu lassen. Nichts konnte logischer sein, als daß Elisabeth, sozusagen als Anstandsdame, Andreas-Salomé nach Beendigung der Spiele (wo übrigens die Uraufführung des *Parsifal* stattfand) nach Tautenburg in Thüringen begleiten sollte. Leider begann der Streit zwischen den beiden Frauen schon vor der Hinreise. Elisabeth fand es gar nicht passend, daß Andreas-Salomé das berühmte »Peitschenfoto« in Bayreuth herumzeigte. Der Anblick ihres Bruders mit Rée, die beiden wie Pferde vor einen Wagen gespannt, in dem Andreas-Salomé mit einer Peitsche hockte, amüsierte sie überhaupt nicht.

Als Andreas-Salomé im August 1882 in Tautenburg bei N. wohnte, wuchs in ihr der Verdacht, er wolle sie in der intellektuellen Beziehung, die sich nun zwischen ihnen entwickelte, als eine Art Untertan festhalten. Es ist also kein Wunder, daß sich bei Andreas-Salomé, die Mißtrauen gegen N. hatte und bei Elisabeth offen verpönt war, die Begeisterung für die geplante *ménage à trois* rapide abkühlte. Trotzdem waren Andreas-Salomé und Rée im November 1882 in Leipzig in Kontakt mit N. Dieser war jedoch schwer enttäuscht, als seine beiden Freunde bald nach Paris abreisten, um ohne ihn *à deux* zusammenzuleben.

Aus ihrem *Lebensrückblick* (1951) erfahren wir, daß Andreas-Salomés Verhältnis mit Rée platonisch war – wie auch ihr Verhältnis mit Fred Andreas, den sie 1887 heiratete. Erst in ihrem Verhältnis zu Rainer Maria Rilke, den sie 1897 kennenlernte, begann sie, ein erotisches Leben im vollen Sinn, einschließlich Geschlechtsverkehr, zu führen. Als sich Andreas-Salomé von Rilke trennte, war dieser verzweifelt, wie zuvor Rée und, wie oben erwähnt, N. selber.

1894 veröffentlichte Lou Andreas-Salomé *F.N. in seinen Werken*, die erste Monographie über N.s Philosophie. Hier spürt man schon die Veranlagung der Verfasserin für Psychologie; ihre Bemerkungen über N. können aus diesem Grund tendenziös erscheinen. Zum Beispiel behauptet Andreas-Salomé, N. sei gegen sich selbst gespalten, weil er seinen Hang zur Religion nie richtig überwunden habe. Daher das Paradox, daß er den Hedonismus für andere empfahl, während er selber wie ein Asket lebte, und daß er sowohl den asketischen Priester wie auch den Liberalismus in der Moralität angriff. Andreas-Salomé traf Sigmund Freud 1911 und wurde daraufhin selbst zur praktizierenden Psychoanalytikerin. Zur gleichen Zeit war sie auch Schriftstellerin, trotz ihrer Meinung, daß das Schreiben für eine Frau Nebensache bleiben solle – eine Meinung, die unter den radikalen Feministinnen in der Frauenbewegung, wie etwa Hedwig Dohm, unbeliebt war. Allerdings war Andreas-Salomé in dieser Beziehung eine echte Jüngerin N. s. Wie er bejahte auch sie die mütterliche Rolle der Frau, obwohl sie selbst keine Kinder hatte, und war streng gegen die Bewegung der Frauenemanzipation. Insbesondere fand sie es vollkommen unangemessen, daß eine Frau die gleiche Arbeit wie die eines Mannes verlangte. Frau zu sein, war für Andreas-Salomé eine Wohltat der Natur, eine Meinung, die in ihrem Werk N.s Lebensbejahung entsprach.

## Marie Baumgartner

Marie Baumgartner (1831–1897), die mit ihrem Mann in Lörrach wohnte, war die Mutter eines von N.s Studenten in Basel. N. hatte während der Jahre 1875/76 durch ihre Tätigkeit als Übersetzerin des dritten Aufsatzes der *Unzeitgemäßen Betrachtungen* ins Französische viel Kontakt mit ihr. Auf ihrer Seite war die Freundschaft tief genug, daß sie N. im November 1878 ihre auf französisch geschriebenen Gedichte zeigte; den extrem privaten Charakter dieser Gedichte beweist die Tatsache, daß sie N. im März 1879 aufforderte, diese zu verbrennen. Krank und deprimiert, suchte Baumgartner Trost in ihrer Beziehung zu N., dem sie freilich auch nützlich war, wenn ihm die Bewunderung der viel älteren Frau auch peinlich gewesen sein mag. Obwohl ihr Sohn im Juli 1879 promovierte, war dies ein graues Jahr für Baumgartner, weil N. die Stadt Basel endgültig verlassen hatte. Baumgartner bereute dies so tief, daß man sogar vermuten darf, sie sei in N. verliebt gewesen. Bemerkenswert ist der Unterschied im Ton zwischen Baumgartners frühen und späten Briefen an Elisabeth Förster-N., die das Jahr 1875 in Basel verbrachte und auch sonst öfter dort war. 1878 schrieb Baumgartner aus Versehen »Du« an »liebe Elisabeth«, während sie 1894 Elisabeth formell als »verehrte liebe Frau Förster« adressierte.

*Elisabeth Förster-Nietzsche*

Elisabeth Förster-N. (1846–1935) war zwei Jahre jünger als N., war aber im Gegensatz zu ihm mit guter Gesundheit gesegnet und auch noch im hohen Alter geistig aktiv: Sie veröffentlichte ihr Buch *F. N. und die Frauen seiner Zeit* sogar in ihrem Todesjahr. Hier lernt man allerdings wenig Neues; Förster-N.s Antipathie gegenüber Lou Andreas-Salomé bleibt bis zuletzt so bissig wie eh und je. Als N. den Winter 1882/83 krank und betrübt verbrachte, war er über die Rolle seiner Schwester in dieser Affäre bitter. Elisabeths Vendetta hatte eine Verständigung zwischen Andreas-Salomé, Rée und N. unmöglich gemacht. Obwohl N. im April 1883 einen Waffenstillstand mit Elisabeth erklärte, verzieh er seiner Schwester ihre Rolle im Tautenburg-Fiasko nie so richtig. Auch stand er den antisemitischen Ansichten ihres Freundes und späteren Ehemannes, Bernhard Förster, mit äußerster Skepsis gegenüber. Im Sommer 1883 waren sie aber genügend versöhnt, um gemeinsam einige Zeit in Rom zu verbringen, wo N. an *Also sprach Zarathustra* arbeitete.

Obwohl Elisabeth Förster-N. später den Eindruck zu vermitteln versuchte, daß ihr Verhältnis mit ihrem Bruder ununterbrochen gut gewesen sei, stimmt dies nicht. N. begegnete seiner Schwester von 1882/83 an kühl und vorsichtig, im Kontrast zu ihrem früheren Verhältnis, das wirklich manchmal »fast wie eine Geschwisterehe« (Goch) aussah, zumal 1875, als Elisabeth Förster-N. in Basel zusammen mit ihrem Bruder wohnte und für ihn den Haushalt regelte. Als Elisabeth Förster-N. und Bernhard Förster im Mai 1885 heirateten, konnte N. sich nicht dazu bringen, der Hochzeit beizuwohnen; er lernte seinen Schwager erst später im selben Jahr persönlich kennen. Försters ganzer Plan, eine deutsche Siedlung in Paraguay zu stiften, ekelte ihn an. Trotzdem reiste seine Schwester im Frühling 1886 mit ihrem Gemahl nach ›nueva Germania‹.

Als ihr Mann 1889 Selbstmord beging, beschloß Elisabeth Förster-N., die die Nachricht von der Geisteskrankheit ihres Bruders erhalten hatte, nach Deutschland zurückzukehren und für ihren Bruder zu sorgen. Schon in Naumburg gründete sie ein Archiv für N.s Werke, von denen einige noch in Manuskriptform waren (*Der Antichrist*; *Ecce homo*). 1896 gewann sie von ihrer Mutter die Kontrolle über N.s Finanzen. Nach dem Tod Franziska N.s 1897 zog Elisabeth Förster-N. samt N. und dessen Nachlaß nach Weimar um. Hier kaufte sie mit Hilfe von Meta von Salis die Villa Silberblick, heutzutage Humboldtstraße 36, die bald den Namen *N.-Archiv* erhielt und 1902/3 von Henry van de Velde renoviert wurde. Hier fing die N.-Industrie im Ernst an.

Elisabeth Förster-N. schrieb die erste Biographie ihres Bruders, *Das Leben F. N.s*, in drei Bänden (I: 1895; II: 1897; III: 1904). Drei Jahrzehnte lang machte sie Propaganda für die Philosophie ihres Bruders, obwohl sie sie nie wirklich gründlich verstand (obwohl sie 1896 von Rudolf Steiner Privatunterricht erhielt). Man muß ihren Fleiß trotzdem anerkennen. Wenn sie trotz mangelnder Schulausbildung so weit kommen konnte, sollte man auch fragen, wie weit sie vorangekommen wäre, wenn sie in eine Schule wie Schulpforta geschickt worden wäre. Solche Schulen existierten damals für Mädchen nicht. Während N. immer tiefer in seine Krankheit sank, wurde Elisabeth Förster-N. immer stärker und anspruchsvoller. Sie hatte nie genug Geld, um ihre Pläne zu realisieren, obwohl die Tantiemen von *Also sprach Zarathustra* und *Der Wille zur Macht* beträchtlich waren. Das letztere war eine Sammlung von Notizen, die N. eigentlich verworfen hatte, obwohl er am Ende von *Zur Genealogie der Moral* angekündigt hatte, daß er an dem Werk arbeite. Die gesamte Gliederung des Buches stammt von den Herausgebern des Textes, die alle unter Elisabeth Förster-N. im N.-Archiv arbeiteten (↗ Geschichte des N.-Archivs). Die berühmten Fälschungen von N.s Schwester sind selten völlig absichtlich; vielmehr ließ Frau Förster-N. Stellen unter einem erfundenen Titel stehen, oder sie schnitt Stellen aus Passagen und klebte sie hin, wo sie nicht hingehörten. Die eigentlichen Wörter stammen aber normalerweise schon von N. Manche wundern sich darüber, daß Elisabeth Förster-N. nicht mehr vernichtete; der Grund hierfür ist ihre echte Verehrung des Werkes ihres Bruders, auch wenn sie mit dem Inhalt nicht einverstanden war. Ein Beispiel ist *Der Antichrist*, ein Werk, das Franziska N. ohne das Eingreifen ihrer Tochter möglicherweise verbrannt hätte.

Die Soldaten im ersten Weltkrieg konnten eine billige Ausgabe von *Also sprach Zarathustra* kaufen (im Gegensatz zu der verbreiteten Ansicht wurde das Buch nicht umsonst ausgegeben). Während des Krieges war N.s Name berühmt; die junge Generation betrachtete ihn als Inspiration. Nach dem Krieg aber wandte sich das Meinungsklima gegen ihn, was für Elisabeth Förster-N. durch die zwanziger Jahre hindurch, insbesondere 1923, finanzielle Schwierigkeiten brachte. Auch wurde ihre Hinneigung zu den Faschisten, besonders zu Benito Mussolini, immer kritischer betrachtet. Dies verursachte 1933 z.B. den Austritt Romain Rollands aus der Gesellschaft der Freunde des N.-Archivs.

Elisabeth Förster-N. lernte Adolf Hitler im Januar 1932 im Weimarer Theater kennen. Er besuchte sie in den Jahren 1933, 1934 und 1935 im N.-Archiv. Ein Grund für die Freundschaft zwischen Elisabeth Förster-N. und Hitler war Hitlers finanzielle Unterstützung des N.-Archivs. Natürlich wollte Hitler N.s in Schlagwörter gefaßte Ideen für die nationalsozialistische Propaganda benutzen. Eine Fundgrube solcher Schlagwörter tat sich in *Der Wille zur Macht* auf. Andere Aspekte von N.s Philosophie, wie gerade die zentrale Rolle des Individualismus, ignorierte er. Natürlich hätte Hitler auch ohne die Hilfe von N.s Schwester Konzepte wie den Übermenschen verfälscht für seine Zwecke nutzen können. Es half ihm aber und schadete dem Namen N.s im gleichen Maße, daß er die persönliche Freundschaft von Elisabeth Förster-N. genoß.

*Malwida von Meysenbug*

Malwida von Meysenbug (1816–1903) wurde in Kassel geboren und nahm an der Revolution von 1848 teil. Sie mußte anschließend die Jahre 1852–59 als Flüchtling in London verbringen. Dort arbeitete sie eine Zeitlang für Alexander Herzen und nahm dessen Tochter als Pflegekind an, nachdem Herzens Frau gestorben war. N. lernte v. Meysenbug 1872 beim Legen des Grundsteins für das Festspielhaus in Bayreuth kennen. Sie war schon seit ihren Londoner Tagen eine Bewunderin Wagners; politisch rutschte sie nun unter Wagners Einfluß – wie er selbst – immer mehr nach rechts.

N. sah in v. Meysenbug immer das Mütterliche und war gern bei ihr zu Gast. Auf diese Weise traf er im April 1882 bei v. Meysenbug in Rom Lou Andreas-Salomé. Als N. mit Paul Rée und Albert Brenner den Winter 1876/77 bei v. Meysenbug in Sorrent verbrachte, waren v. Meysenbugs *Die Memoiren einer Idealistin* soeben erschienen. Es ist ein Paradox, daß diese Publikation sehr rasch eine bahnbrechende Schrift für die wachsende Bewegung der Frauenemanzipation in Deutschland wurde, eine Bewegung, zu deren schärfsten Kritikern N. gehörte. V. Meysenbug scheint N.s Ansichten zur Frauenemanzipation übersehen zu haben, seinen Bruch mit Wagner bedauerte sie sehr. 1901 schrieb sie in *Individualitäten*, alles könne sie N. vergeben, nur den *Fall Wagner* nicht. V. Meysenbug blieb in schriftlichem Kontakt mit N., als er seine sonstigen Freunde 1888 durch Beleidigungen verlor. Er habe, so meinte sie, seit dem Bruch mit Wagner allmählich das »Sonnenzentrum« seines Lebens verloren.

*Meta von Salis*

Meta von Salis (1855–1929) stammte aus einer der ältesten schweizerischen Adelsfamilien, den Marschlins. Nachdem sie *Die Memoiren einer Idealistin* gelesen hatte, schrieb sie voller Anerkennung an v. Meysenbug, und auf diese Weise knüpfte sich eine enge Freundschaft an. Da ihr Vater ihrem Wunsch zu studieren widerstrebte, verließ v. Salis ihr Schloß, um das nötige Geld für das Studium selbst zu verdienen. Auf v. Meysenbugs Empfehlung war sie zwei Jahre lang die Gesellschafterin von Baronin Wöhrmann in Naumburg, wo sie N.s Mutter und Schwester kennenlernte, bevor sie N. selbst 1884 in Zürich traf. Dort studierte v. Salis Philosophie und Jura. Mit ihrer Doktorarbeit über Agnes von Poitou war ihr Studium 1887 zu Ende. Ein weiteres Mal muß man sich fragen, wie eine Feministin ihres Schlages solch eine tiefe Bewunderung für N. hegen konnte. So radikal war v. Salis in ihrer Verteidigung zweier Frauen gegen eine Ungerechtigkeit, daß sie selbst 1894 eine Woche im Gefängnis verbringen mußte. Trotzdem verteidigte sie N.s Ansichten über die Stellung der Frau in der Gesellschaft. N. stellte sich nie der Frage, warum sich so viele Töchter aus guten Familien wie Schmetterlinge benehmen mußten, während v. Salis die sozialen Verhältnisse des Heiratsmarktes bedauerte. V. Salis ging davon aus, daß ein Mensch edel sei oder nicht, ganz unabhängig von seiner Herkunft. Die Frau habe ein Recht auf höhere Bildung: die Frau der Zukunft (so heißt auch v. Salis' 1886 geschriebenes Werk), werde sich durch ihre Bildung auszeichnen. N.s Idee von den aristokratischen Werten war weniger demokratisch. Herkunft und Bildung machten für ihn den Kulturmenschen aus. Er war strengstens gegen die höhere Bildung der Frau, weil diese ihr in ihrer mütterlichen Kapazität schaden werde. Solche Themen behandelt v. Salis literarisch in *Die Schutzengel* (1889–91), wo N.s Meinungen durch Falconier vertreten werden. Im Aufsatz *Philosoph und Edelmensch. Ein Beitrag zur Charakteristik F. N.s* (1897) gibt v. Salis eine Kurzfassung von N.s Philosophie. Im selben Jahr verhalf v. Salis N.s Schwester zum Kauf der Villa Silberblick in Weimar, wo N. bis zu seinem Tod im Jahre 1900 wohnte und Elisabeth Förster-N. bis zu ihrem Tod im Jahre 1935. V. Salis selbst, nun müde vom Kampf um das Frauenrecht, zog sich 1904 auf die Insel Capri zurück.

*Ida Overbeck*

Ida Rothplezz (1848–1933) heiratete 1876 N.s Freund Franz Overbeck, den er seit 1870 kannte. Dies bedeutete, daß N. seinen Hausgenossen (seit 1870 hatte er dasselbe Haus wie Overbeck bewohnt) verlor und sich nun selbst nach einer Frau umsah – allerdings vergebens, wie die Geschichte von Mathilde Trampedach beweist. Ida Overbeck war eine gebildete Frau, die 1879 an *Menschen des 18. Jahrhunderts* arbeitete. Das Werk, das 1880 erschien, enthält von ihr selbst übersetzte Auszüge aus Werken französischer Schriftsteller wie Sainte-Beuve. 1880 übersetzte Ida Overbeck für N. einen Aufsatz des Literaturhistorikers Paul Albert, dessen *La littérature française au XIX siècle* 1876 erschien.

N. verehrte die begabte Frau seines Freundes und suchte oft ihre Meinung zu persönlichen Vorkommnissen. So besuchte er die Overbecks im Mai 1882 in Basel kurz nach seiner Begegnung mit Lou v. Salomé in Rom und schwärmte über seine neue Bekannte. N. entwickelte damals den Plan, einige Wochen mit v. Salomé zu verbringen, und schlug ihr vor, sie solle zuerst die Overbecks in Basel aufsuchen, was sie tatsächlich Ende Mai tat. Obwohl das Ehepaar Overbeck v. Salomé bewunderte, waren sie beide über ihr Verhältnis mit N. beunruhigt. Dieser war im vorherigen Jahr dauernd krank gewesen und schien seine Gesundheit eben erst wiederzugewinnen. Als er im November 1882 in Leipzig von Rée und v. Salomé ›im Stich‹ gelassen wurde, eilte er stracks nach Basel, um bei seinen Freunden Overbeck Trost zu suchen. Als er wegen der Lou-Affäre mit seiner Mutter und Schwester brach, riet ihm Ida Overbeck, sich mit seiner Familie zu versöhnen. Es sei ein Fehler von ihm gewesen, sein Vertrauen in seine Schwester zu legen. Als N. sich dann im April 1883 mit seiner Schwester Elisabeth versöhnte, beklagte er sich bei ihr über Ida Overbecks »kleinen moralischen Brief«, in dem sie ihn belehrte, daß »man nur durch Schwächen zu seinen höchsten Tugenden kommt«.

Obwohl N. Ida Overbeck mit seinen Aussagen über schreibende Frauen vor den Kopf stieß, blieb sie ihm treu, als er 1889 seinen Verstand verlor und die Hilfe Overbecks benötigte. Dieser holte den kranken N. zu einer Zeit aus Turin, da N. durch seine skurrilen Briefe mit den meisten seiner Freunde gebrochen hatte. Franz und Ida Overbeck waren auf der Seite von N.s Mutter, als Elisabeth mit Franziska um die Rechte an N.s Werken rang, und sahen empört zu, als Elisabeth Förster-N. mit ihrem Versuch begann, aus N. schon zu seinen Lebzeiten eine Kultfigur zu machen. Im Zusammenhang mit der Veröffentlichung von Carl Albrecht Bernoullis *Franz Overbeck und F.N. Eine Freundschaft* (1907/8) war Ida Overbeck in einen Rechtsstreit mit Elisabeth Förster-N. verwickelt, die sie 1908 verklagt hatte. Franz Overbeck, der 1905 gestorben war, hatte seine Korrespondenz, einschließlich der Briefe, die er von N. erhalten hatte, der Universität Basel hinterlassen – ein Schatz von unschätzbarem Wert, den Elisabeth Förster-N. für das rechtmäßige Eigentum des N.-Archivs hielt. Darüber hinaus enthielten die Briefe herabsetzende Bemerkungen über Elisabeth, die daher ein ureigenes Interesse daran hatte, ihre Veröffentlichung zu verhindern. Der erste Band des Briefwechsels war 1907 erschienen, und Band II war im Januar 1908 zur Veröffentlichung bereit. Diese verzögerte sich aber, weil sich Bernoulli und Ida Overbeck dem Druck widersetzten, die Briefe auszuhändigen, bis Elisabeth ihre Klage gegen sie gewonnen hatte, was Bernoulli de facto einen beträchtlichen Teil seines Publikationsmaterials entzog. Im September 1908 kam der zweite Band des Briefwechsels schließlich heraus, wobei die relevanten Abschnitte geschwärzt beziehungsweise in einer anderen Ausgabe durch unbedruckte Lücken ersetzt wurden.

## Mathilde Trampedach

Mathilde Trampedach (geb. 1853) war mit ihrer jüngeren Schwester im April 1876 in Genf, als N. ohne die Begleitung seiner Schwester Elisabeth (die damals den Basler Haushalt für ihn führte) dorthin reiste. Die 23jährige Russin Trampedach nahm zu jener Zeit Klavierstunden bei Hugo von Sengers und war heimlich in ihn verliebt (1879 wurde sie v. Sengers dritte Frau). Als N. ihr einen Heiratsantrag schrieb, hatte er sie nur dreimal gesehen. Es ist auch anzumerken, daß er schriftlich statt mündlich um Trampedachs Hand bat, ein Plan, den er schon mit v. Sengers besprochen hatte. Nicht nur kannte er die junge Dame kaum: er wollte eine pünktliche Antwort, da sein Zug um 11 Uhr abfuhr! Solche Eile spricht nicht von großer Liebe, obwohl Janz den Antrag trotz aller Steifheit für echt erklärt. Trampedachs Ablehnung ist ein Muster von Takt, und N. scheint darunter nicht gelitten zu haben. Vielleicht hatte N. eine Art Torschlußpanik, da Overbeck sich im Januar mit Ida Rothpletz verlobt hatte und sie im August heiratete. N.s Freund Carl von Gersdorff hatte in eben jenem Jahr eine Liebesaffäre mit der italienischen Contessa Nerina Finochietti, während Erwin Rohde im August 1877 Valentine Framm heiratete.

## Franziska Nietzsche-Oehler

Franziska N.-Oehler (1826–1897) stammte aus einem pietistischen Pfarrhaus. In der kinderreichen Familie herrschte eine fröhliche Stimmung, obwohl es für die älteren Schwestern etwas schwierig war, als Franziska vor ihnen schon mit siebzehn Jahren 1842 den 30jährigen Carl Ludwig N. heiratete. Der Altersunterschied, zusammen mit Franziska N.s Unerfahrenheit, spielte eine große Rolle in der Familiendynamik des Hauses, in dem N. geboren wurde. Die Mutter Carl Ludwigs, Erdmuthe N., blieb nach wie vor in den schönsten Räumen des Hauses. Sie und ihre beiden unverheirateten Töchter Rosalie und Augusta behandelten die junge Franziska als eine Mischung von Hausgast und Kind, wohl nie als die Pfarrersfrau. Zusätzlich dazu war Franziskas Pietismus unwillkommen in einem Haus, in dem der Rationalismus des Luthertums gepflegt wurde. Als Carl Ludwig 1849 starb, war Franziska finanziell noch völlig auf ihre Schwiegermutter angewiesen. Nachdem die ganze Familie nach Naumburg, Erdmuthes Heimatstadt, übersiedelte, zog N.s Mutter endlich – 1858 – in ihr eigenes Haus. N. war damals 13 Jahre alt.

In jüngster Zeit haben Kritiker wie Goch, Kjaer und Schmidt angemerkt, Franziska N.-Oehler sei eine allzu strenge Mutter gewesen, die N.s Hemmungen im Sexualbereich verursacht habe. Zu ihrer Verteidigung kann man den großen Einfluß der Großmutter erwähnen. Hinzufügen darf man auch, daß Franziska durch ihren Pietismus, einen Glauben, den sie von zu Hause mitbrachte, sich selbst gegenüber sehr streng war. Obwohl N. gerade gegen die pietistische Tendenz war, blindlings zu glauben, ohne die Theologie zu befragen, faszinierte ihn trotzdem die Tiefe eines solchen Glaubens. Als er 1879 in Basel ansässig war, blieb er mit den Pietisten Johann Jakob Bachofen und Jacob Burckhardt befreundet, obwohl er bald darauf sein Wort »Gott-ist-tot« (*Fröhliche Wissenschaft*, 1882) sprechen sollte. N. versuchte, seine Mutter vor solchen Meinungen zu schonen. Sie fand dann seine letzten Publikationen, z.B. *Der Antichrist*, umso schockierender. In den Augen Franziskas war N.s Atheismus ein Zeichen seiner Krankheit. Sie holte N. aus der Klinik in Jena und betreute den geisteskranken Sohn bis zu ihrem Tod im Jahr 1897.

## Resa von Schirnhofer

Resa von Schirnhofer (1855–1948) wurde in Krems, Österreich, geboren. Sie kam 1882 nach Zürich, um dort, wie schon Lou Andreas-Salomé und bald (1883) Meta v. Salis, an der Universität zu studieren. Als gute Bekannte Natalie Herzens gehörte v. Schirnhofer dem Kreis um Malwida v. Meysenbug an. Letztere hatte ihre Bemühungen noch nicht aufgegeben, eine Frau für N. zu finden. Sie änderte ihren Plan, die Osterferien 1884 mit v. Schirnhofer zu verbringen, damit Schirnhofer N. zu jener Zeit in Nizza besuchen konnte. Sie kam mit N. gut aus, obwohl er sie nicht schön fand (dies war für ihn wichtig), und amüsierte sich darüber, daß er für ihren Onkel gehalten wurde. Er sah sie keineswegs als potentielle Ehefrau, obwohl er den Vorschlag machte, sie solle ihn im kommenden Jahr nach Korsika begleiten. Aus diesem Plan wurde zu v. Schirnhofers Enttäuschung nichts. Als Elisabeth Förster-N. v. Schirnhofer zur Übergabe von N.s Briefen aufforderte, wollte sie diese nicht weggeben. »Ich bin Niemand und wünsche das auch so zu bleiben« schrieb sie. Trotzdem siegte Elisabeth und veröffentlichte die Briefe N.s an v. Schirnhofer in ihrem Spätwerk *F. N. und die Frauen seiner Zeit*.

## Cosima Wagner

Cosima Wagner (1837–1930) war sieben Jahre älter als N. und hochschwanger, als sie ihm am 17. Mai 1869 begegnete (Siegfried wurde am 6. Juni geboren). Für N. muß sie damals als der Inbegriff der Mütterlichkeit erschienen sein, obwohl sie ihm altersmäßig nahe genug war, um als begehrenswert zu erscheinen. Cosima ihrerseits war von N. als Bewunderer Wagners begeistert. Die häufigen Besuche, die N. bei den Wagners 1869–71 in Tribschen abstattete (zweimal sogar zu Weihnachten), waren für N. die glücklichste Periode seines Lebens. Nach seinem Zusammenbruch war Cosima Wagners Name der einzige, den N. in der Jenaer Klinik aussprach: Acht Tage nach seiner Ankunft in der Klinik am 19. März 1889 behauptete er: »Meine Frau Cosima Wagner hat mich hierher gebracht«. Man sollte daraus nicht schließen, daß N. noch in Cosima verliebt war. Dies zeigt eher, daß er noch am Mythos der Tribschen-Idylle festhalten wollte, trotz des Bruches mit den Wagners, ein Bruch, der sich schon bei den Festspielen von 1876 abzeichnete. Er verließ Bayreuth in Hast, ohne das ganze Programm gehört zu haben. Die Stimmung des *Rings* war aber nicht der alleinige Grund: Er hatte sich wieder in eine schöne, musikalische Frau, Louise Ott, verliebt, ohne zu wissen, daß sie schon verheiratet und Mutter eines kleinen Sohnes war. Nach dem früheren Fiasko mit Mathilde Trampedach im selben Jahr in Genf muß diese neue Liebesenttäuschung umso härter für N. gewesen sein und ist ein weiterer Grund dafür, daß N. Bayreuth endgültig den Rücken kehrte.

N. traf Wagner nur einmal wieder, 1876 in Sorrent, als Wagner ihm seinen Plan, *Parsifal* zu schreiben, erläuterte. Zwar bedeutete der Bruch mit Wagner auch den Bruch mit Cosima, aber es ist auch klar, daß N. sich schon gegen sie gewandt hatte, als er bei Wagner den zunehmenden Hang zur Religion bemerkte. Als *Parsifal* 1882 die Erstaufführung erlebte, konnte N. angesichts Wagners Suche nach Erlösung nur verzweifeln. Es war nicht nur die Tatsache, daß die Oper von Erlösung spricht: Indem Parsifal sich von Kundry losmacht, um christlich erlöst zu werden, befreit Wagner seinen Helden auch aus den Klauen der Sexualität. Für N. war die Freiheit der sexuellen Impulse axiomatisch. Seine Kritik gegenüber dem asketischen Priester wuchs aus dieser Überzeugung. Nun mußte er in Wagner eine Art asketischen Priester sehen. Ob dies nun gerechtfertigt ist oder nicht, N. jedenfalls gab Cosima die Verantwortung für Wagners »nein« zur Sexualität und »ja« zum christlichen Glauben.

N. dachte unbewußt wohl an die junge Cosima, die er so tief verehrte, als er 1888 kryptisch schrieb: »wer weiß außer mir, was Ariadne ist« (EH, Za 8, KSA 6, 348). Die Frage ist vielmehr: Wer war Dionysos, derjenige also, der Ariadne von der Insel Naxos rettete, wo Theseus sie verlassen hatte? Laut Harry Graf Kessler gab ihm Elisabeth Förster-N. 1899 zu verstehen, N. sähe sich als Dionysos und Wagner als Theseus. Als sie Cosima Wagner ihre Freundschaft allmählich entzog, wollte Förster-N. suggerieren, nach N.s Meinung sei v. Bülow Theseus gewesen und Wagner Dionysos. Dies kann kaum stimmen, weil der kranke N. sich doch immer mehr mit der Gestalt des Dionysos identifizierte. Cosima als Ariadne ist ein Idealbild des kranken N., der seine frühe Bewunderung für Cosima nie hat überwinden können.

Literatur: Brann, H. W.: N. und die Frauen (1931), Bonn ²1978; Förster-N., E.: F. N. und die Frauen seiner Zeit, München 1935; Oehler, A.: N.s Mutter, München 1940; Kjaer, J.: N. Die Zerstörung der Humanität durch Mutterliebe, Opladen 1990; Goch, K.: Franziska N. Eine Biographie, Frankfurt a. M. 1994; Diethe, C.: N.s Women: Beyond the Whip, Berlin/New York 1996; dt.: Vergiß die Peitsche. N. und die Frauen, Hamburg/Wien 2000.

*Carol Diethe*

# Nietzsches Krankheit

N. war ein sensibles, hochbegabtes, melancholisches Kind, dessen basale Mutterbeziehung früh gestört wurde (Schmidt 1994) und der väterlicherseits die Neigung zur Hyperirritabilität und zum Kopfweh erbte. Das Trauma des frühen, grausamen Todes des Vaters 1849 an einem (nicht vererblichen) Gehirntumor (vermutlich einem Gliom) überschattete die Kindheit. In der Schulzeit litt N. an Kopf- und Augenschmerzen (»Kopfcongestionen«) bei starker Kurzsichtigkeit und Schielen. Die Myopie betrug minus 6 Dpt. und schwankte auf dem linken Auge in späteren Jahren zwischen minus 13 und minus 20 Dpt. Der Gymnasiast, häufig auf der Krankenstube, hatte emotionale Erregungszustände, die N. später als ›epileptoid‹ bezeichnete. Geplagt von Alpträumen, vom toten Vater geholt zu werden, befürchtete er bis zu seinem 36. Jahr, selbst an »Krämpfen« zu sterben. 1879, das Jahr, in dem er schließlich seine Basler Professur aufgeben mußte, zählte er 118 schwere Anfallstage. Die heftigen mehrtägigen Kopfschmerzanfälle mit Aura-Phänomen (die Welt erschien ihm »verklärt«) waren von Lichtscheu, Nausea, Galle-Erbrechen und Magen-Darmatonien begleitet. Die ›Kopfneuralgie‹ wurde rein symptomatisch behandelt (u. a. mit Beruhigungsmitteln wie Brom, Elektrisieren). Trink- und Bäderkuren sowie zahlreiche Diät-Versuche sollten die durch den »chronischen Magenkatarrh« bedingte Dyspepsie bessern. N. experimentierte auch mit Homöopathika und stellte sich in Italien teilweise selbst Rezepte aus (s. Volz 1990, 358). 1875 wurde erstmals eine chronische Ader- und Regenbogenhautentzündung (Chorio-Retinitis centralis) konstatiert, welche beim Lesen zeitweise die Worte zu Klumpen werden ließ. Diese erst einseitig, dann beidseitig über mehr als 25 Jahre chronisch verlaufende Uveitis ist zu Recht als wichtiges Indiz für eine syphilitische Infektion gedeutet worden. Die Infektion selbst ist vermutlich während der Studentenzeit in Leipzig 1866 erfolgt und hatte »rheumatische Schmerzen« zur Folge. N. selbst meinte, sich mit Gonorrhoe (Tripper) angesteckt zu haben (vgl. den Genitalbefund aus der Jenaer Klinik, Volz 1990, 393). Für eine Syphilidophobie N.s gibt es keine Belege. Von seiner Schwester zum asexuellen Heiligen stilisiert, war N. vielmehr, wie J. Köhler (1989) aufzeigte, ein »passionierter Erotiker«, der sich aber seine latente Homosexualität kaum auszuleben getraute. Abgesehen von gelegentlichen Kontakten zu Prostituierten hatte er keine intimen Liebesbeziehung weder zu einem Mann noch zu einer Frau, wobei er die schizoid-narzißtische Beziehungsstörung zum heroischen Einsamkeitsgestus idealisierte und sich seinen »Sohn« Zarathustra als Alter ego erschuf. Eine inzestuöse Beziehung zur Schwester Elisabeth bleibt reine Fiktion, sie spielte jedoch als bewunderndes Selbstobjekt (im Kohutianischen Sinne) für ihn eine wichtige Rolle. Von 1880 an wurde N. sehr erschreckt von der Intensität seiner Gefühle, die zwischen starken depressiven Verstimmungen und rauschhaften Glücks- und Inspirationszuständen schwankten und die zu quälender Schlaflosigkeit führten, gegen die er verschiedene Schlafmittel einnahm. »Ein Gefühl von Welt-Fremdheit, Vorüber-Eilendem, Wanderer-haftem sitzt sehr tief in mir drin [...] mein Gefühl, sei es des Angenehmen oder des Unangenehmen, hat so heftige Explosionen, daß ein Augenblick [...] hinreicht [...] mich vollkommen krank zu machen«, klagte er Franz Overbeck (9. 7. 1883). In diesen Jahren verschlimmerte sich die neurologische Symptomatik: es traten stundenlange Krampferscheinungen und längere Bewußtlosigkeiten auf sowie ein »der Seekrankheit eng verwandtes Gefühl einer Halb-Lähmung, wo mir das Reden schwer wird« (Otto Eiser, Jan. 1880). Differentialdiagnostisch ist an eine Migraine accompagnée zu denken, die durch den meningo-encephalitischen (syphilitischen) Hirnprozeß überlagert wurde, der wohl auch zu dem hypomanischen Schaffensrausch 1888 führte. N. hielt sich in diesen Jahren für einen dekadenten Neurastheniker mit einer nervösen »Gesammt-Erschöpfung«, vom Vater her erworben, der auch »nur an Folgeerscheinungen des Gesammt-Mangels an Lebenskraft gestorben ist« (Franz Overbeck, 4. 7. 1888). Zugleich haßte N., dieser »Sado-Masochist an sich selbst« (Andreas-Salomé 1894), seine körperlichen Hinfälligkeiten, wehrte sie durch kompensatorische Gegenentwürfe von der »Großen Gesundheit« ab und erklärte sich im *Ecce homo* für »im Grunde gesund«. Um die Jahreswende 1888/89 erfolgte ein psychischer Zusammenbruch in Turin, ein hochgradiger Erregungszustand mit Größenwahn. In der Basler Psychiatrischen Klinik Friedmatt wurde die Diagnose »Progressive Paralyse« gestellt, die auf dem klinisch-neurologischen Befund fußte, da Laboruntersuchungen wie die Wassermann-Reaktion (Syphilis-Nachweis) seinerzeit noch nicht existierten. Die Geisteslähmung schritt auch während des dreivierteljährigen Aufenthalts in der Jenaer Klinik rasch voran mit Denkinkohärenz, Merkfähigkeitsstörungen, zeitlicher und örtlicher Desorientiertheit, Apathien, abwechselnd mit aggressiven Durchbrüchen. 1890 wurde N. als in »Remission« befindlich in die Obhut seiner Mutter entlassen. Lesen, Klavierspielen, Spazierengehen waren noch eingeschränkt möglich, doch nahmen das unerwartete Aufschreien, die Gangstörungen und die Demenz zu. 1893 und 1895 traten motorische Reizerscheinungen (stundenlanges Reiben der Brust) auf. In den letzten drei Lebensjahren ereigneten sich zwei Schlaganfälle, so daß N., in halbseitig gelähmtem bettlägerigem Zustand, kaum bemerkte, wie er zum Mittelpunkt eines schaurigen Kultus wurde. Ein letzter Schlaganfall des 54jährigen im August 1900 führte zu einer Pneumonie und zum Tod. Eine Sektion erfolgte nicht. Elisabeth Förster-N. lehnte die Paralyse venerischen Ursprungs ab und postulierte einen Schlaganfall sowie Chloralhydrat-Vergiftung als Ursache der geistigen Lähmung ihres Bruders. An der breit und kontrovers geführten pathographischen Diskussion um die Ursachen der Erkrankung beteiligten sich renommierte Psychiater wie Paul Möbius, Kurt Hildebrandt, Karl Jaspers, Lange-Eichbaum. Weitere Diagnosen, über die heftig spekuliert wurde, waren u.a. Haschisch-Paralyse, Paranoia, Hysterie, Schizophrenie, Zyklothymie, Epilepsie. Die symbolisch überhöhten Krankheitsdeutungen (Mann 1947) fokussierten darauf, daß N. als radikaler Denker seine auf dionysische Selbstzerstörung angelegte Lebenstragödie selbst inszeniert habe (Ross 1994). Psychoanalytiker wie Wurmser (1993) z.B. betonten die ausgeprägte Konflikthaftigkeit von N.s Innenleben im Sinne von Über-Ich-Konflikten mit starker Autoaggressivität. N.s vielgestaltige und wechselnde Symptomatik ist Ausdruck eines Krankheitskomplexes, bei dem sich organische Faktoren (wie Migräne, Myopie, Paralyse) und psychische Faktoren (neurotische Depression mit hypomanischer Depressionsabwehr auf dem Boden einer narzißtischen Persönlichkeitsstörung) überlagerten. N. selbst sah seine Krankheiten als klinisch-somatisches Faktum einerseits und als geistige Auseinandersetzung mit dem Leiden andererseits und zwar im Sinne der Transfiguration von Schmerz in Erkenntnis.

Literatur: Möbius, P. J.: Über das Pathologische bei N., Wiesbaden 1904; Hildebrandt, K.: Gesundheit und Krankheit in N.s Leben und Werk, Berlin 1926; Jaspers 1936; Lange-Eichbaum, W.: N., Krankheit und Wirkung, Hamburg 1947; Mann, Th.: N.s Philosophie im Lichte unserer Erfahrung (1947), in: GW IX, Frankfurt 1990, 675–712; Schipperges, H.: Am Leitfaden des Leibes. Zur Anthropologie und Therapeutik F. N.s, Stuttgart 1975; Benedetti, G.: Die neurotische Lebensproblematik N.s als eine Wirkkraft und Grenze seiner Philosophie, in: Gesnerus 41 (1984), 111–132; Knodt, R.: Die ewige Wiederkehr des Leidens, Bonn 1987; Lange-Eichbaum, W./Kurth, W.: Genie, Irrsinn und Ruhm, München 1989, Bd. 7.; Köhler, J.: Zarathustras Geheimnis. F.N. und seine verschlüsselte Botschaft, Nördlingen 1989; Volz, P. D.: N. im Labyrinth seiner Krankheit. Eine med.-biogr. Untersuchung, Würzburg 1990; Wurmser, L.: Das Rätsel des Masochismus, Berlin 1993; Haslinger, R.: N. und die Anfänge der Tiefenpsychologie, Roderer 1993; Ross, W.: Der wilde N. oder die Rückkehr des Dionysos, Stuttgart 1994; Schmidt, H. J.: »Jeder tiefe Geist braucht die Maske«. N.s Kindheit als Schlüssel zum Rätsel N.? in: N.-Forschung 1 (1994), 137–160; Türcke, Chr.: Der tolle Mensch. N. und der Wahnsinn der Vernunft, Frankfurt 1995; Niemeyer, Chr.: N.s andere Vernunft. Psychologische Aspekte in Biographie und Werk, Darmstadt 1998.

*Pia Volz*

# Nietzsches Bibliothek

Eine der bedeutenden Informationsquellen über N. und sein Denken, welche bislang nur wenig genutzt wurde, ist seine Bibliothek und seine Lektüre. In den Standardwerken zu N. werden diese nur selten referiert, obwohl die Kenntnis von N.s Lektüre auf mehrfache Weise zum Verständnis seines Denkens beiträgt. Ausgehend von den Büchern, die N. selber las (und kommentierte) erhält man eine tiefere Einsicht in das intellektuelle Klima während der zweiten Hälfte des 19. Jh.s. Auch ergibt sich eine neue Möglichkeit, N.s vielfach schwer erfaßbarem Denken näherzukommen. Die Art des Lesens ist besonders bedeutsam für einen Denker wie N., der einen Großteil seines Lebens sehr isoliert lebte, aber um so mehr las. In den Büchern, die N. las, finden sich viele der Informationen und Argumente wieder, die er selber verwendete. Da er seine Bücher häufig mit zahlreichen Anmerkungen versah, läßt sich oft erkennen, wie er auf Ideen und Themen reagierte. Noch wichtiger ist, daß man in seiner Lektüre viele der Fragen findet, auf welche sein Denken und seine Philosophie eine Antwort zu geben versuchen. Letztlich ist die Kenntnis seiner Lektüre zum Verständnis zahlreicher Begriffe N.s nützlich, da viele von ihnen wörtlich in den von ihm gelesenen Büchern vorkamen, wie beispielsweise: Übermensch, virtù, ressentiment, Nihilismus, Zarathustra oder décadence. Für andere Begriffe wie »Wille zur Macht« und »die ewige Wiederkunft« findet man dort wichtige Beschreibungen oder ähnliche Formulierungen. Darüber hinaus benutzt N. mehrfach Ausdrücke wie »ressentiment« und »Wille zur Macht« als Randbemerkungen in seinen Büchern.

Bereits in jungen Jahren wußte N. Bücher und das Lesen zu schätzen, und es gibt mehrere Verzeichnisse der Bibliothek des Schülers. Außer N.s Privatbibliothek und Verzeichnissen darüber dienen sowohl die Bücher, die er aus den Bibliotheken in Schulpforta und in Basel auslieh, als auch Bücherrechnungen und seine Diskussionen in Briefen und anderen Schriften als Informationsquellen über seine Lektüre. In Basel (1869–1879) erwarb sich N. eine ansehnliche Privatbibliothek, deren Schwerpunkt in der Altphilologie lag. Als N. im Jahre 1879 Basel verließ, wurden einige seiner Bücher zum Haus der Mutter in Naumburg gebracht und eine beträchtliche Anzahl wurde in Zürich bei Frau Rothpletz, der Schwiegermutter seines Freundes Overbeck, verwahrt. Diese Bücher wurden später nach Naumburg gebracht. Elisabeth Förster-N. behauptet, daß N. im Jahre 1879 ebenfalls eine beträchtliche Anzahl Bücher, vor allem philologische, verkauft hat.

Während der ersten Hälfte seiner zehn Wanderjahre (1879–89) führte N. oft eine große Bücherkiste mit sich. In mehreren Briefen des Jahres 1884 spricht er von seinem 104 Kilo schweren »Klumpfuß«.

In der zweiten Hälfte seiner Wanderphase scheint N. Bücher an verschiedenen Orten untergebracht zu haben; in Nizza, in Sils-Maria und natürlich im Haus seiner Mutter in Naumburg. 1888 ließ er drei »Bücherkisten« von Nizza nach Turin überführen. Abgesehen von seinen eigenen Büchern benutzte er oft Bibliotheken und lieh auch relativ häufig Bücher von seinen Freunden aus, welche diese ihm mit der Post sandten.

Bedauerlicherweise hat Elisabeth Förster-N. um 1900 herum eine große Anzahl der Bücher, davon vielleicht ein Drittel der mit Anmerkungen versehenen Werke, binden oder neubinden lassen. Die Seiten wurden dabei derart beschnitten, daß viele von N.s Anmerkungen, besonders die längeren Kommentare, verloren gingen oder nur noch bruchstückhaft erhalten blieben und häufig unlesbar sind.

Ein wichtiger Grund dafür, daß die N.-Bibliothek so wenig benutzt worden ist, liegt in N.s eigener und größtenteils falscher Aussage, daß er wenig gelesen habe. Ein anderer Grund ist, daß die Bibliothek, die in Weimar liegt, zu DDR-Zeiten für Besucher und Forscher so gut wie unzugänglich war. Es gibt keine umfassende Studie, die sich eingehend mit N.s Lektüre und seiner Bibliothek auseinandersetzt und nur wenige Artikel sind zu diesem Thema erschienen.

Die Bibliothek besteht heute aus ca. 1 000 Titeln oder 2 000 Bänden, wovon ungefähr 450 mit Bemerkungen oder Strichen versehen sind (ungefähr 150 mit umfassenden Anmerkungen).

Hinzu kommen ca. 250 Bücher mit Eselsohren, aber ohne andere Lesespuren. Die Bibliothek umfaßt insgesamt schätzungsweise 18 000 Seiten, die Lesespuren aufweisen. Die Bibliothek scheint relativ vollständig zu sein, auch wenn viele der Bücher, die N. einst besaß, fehlen. Dies gilt besonders für die Belletristik.

Eine allgemeine Übersicht über die N.-Bibliothek zeigt, daß die Bücher von und über antike Schriftsteller die größte Gruppe ausmachten. Es gibt mehr als doppelt so viele griechische wie römische Autoren, und die Werke griechischer Schriftsteller sind dreimal so oft von N. mit Kommentaren und Unterstreichungen versehen worden wie die römischen. Von den Büchern über die Antike, d.h. von der Sekundärliteratur, sind nur wenige markiert, und diese nur in geringem Umfang. Die zweitgrößte Gruppe besteht aus Titeln, welche man als Belletristik und Literaturgeschichte klassifizieren kann. Hierbei macht die deutschsprachige Literatur die größte Gruppe aus (mit ca. 65 Titeln), dicht gefolgt von der französischen Literatur (mit ca. 60 Titeln), wovon die Hälfte auf französisch ist, eine Sprache, die er nach 1880 gut beherrschte. N. las auch beispielsweise Strindberg oder Dostojewski (die nicht in der Bibliothek vorhanden sind) auf französisch.

Die drittgrößte Gruppe macht der Bereich »Philosophie und Psychologie« aus. Die Bücher dieser Gruppe sind mehr als andere mit Bemerkungen versehen. Weitere bedeutende Gruppen sind »Naturwissenschaft, Mathematik und Medizin«, »Ästhetik, Kunstgeschichte und Musik«, »Geschichte, Kulturgeschichte, Politik und Wirtschaft« sowie »Religion und Theologie«. Von diesen vier Gebieten weisen alle ungefähr im gleichen Ausmaß Lesespuren auf. Eine andere interessante Gruppe ist die »Rechtsgeschichte«. Sie besteht aus nur zehn Titeln, von denen sechs reichhaltig mit Strichen und Bemerkungen versehen worden sind. Die Hälfte der Titel ist im Jahre 1883 oder später erschienen, was deutlich zeigt, daß es sich hierbei um ein neues Interesse des späten N. handelt.

N. hat behauptet, wenig gelesen zu haben, aber er war wahrlich ein emsiger und aktiver Leser, der weitaus weniger »unzeitgemäß« war, als er vorgab. Er las oft zeitgenössische Autoren und ließ sich von ihnen inspirieren. Als Leser war N. toleranter und besser informiert, als man von seinen gedruckten Stellungnahmen her hätte vermuten können. Als gutes Beispiel dafür dienen Mill, Lecky und Goncourt, die N. in seinen veröffentlichten Schriften barsch kritisierte. N.s Exemplare der Bücher von Mill, Lecky und Goncourt sind hingegen zahlreich mit Ausdrücken wie »ja«, »gut« und »sehr gut« kommentiert.

N. machte seine Kommentare meist mit Bleistift. Bisweilen benutzte er einen roten oder einen blauen Stift. In seiner Jugend schrieb er oft mit brauner oder schwarzer Tinte. Gelegentlich findet man sowohl Bleistift- als auch Buntstiftanmerkungen in demselben Buch und auf derselben Seite, was ein mehrfaches Lesen andeutet. Abgesehen von Marginalstrichen und Unterstreichungen sind die häufigsten, immer wieder vorkommenden Anmerkungen: »NB [nota bene]«, »!«, »gut«, »sehr gut«, »?«, »nein«, »bravo«, »falsch« und »warum«?«. In den französischsprachigen Büchern sind einige der kürzeren Kommentare auf französisch. Gelegentlich, aber selten, kommen Schimpfwörter wie »Esel« und »Vieh« vor.

N.s schlechte Gesundheit hat ihm oft das Lesen erschwert. Manchmal ließ er sich von anderen vorlesen (er stellte dafür sogar Fremde an), aber meistens las er verhältnismäßig viel, ungeachtet wiederkehrender Migräneanfälle und ernsthafter Augenprobleme.

Grob geschätzt läßt sich vermuten, daß N. ungefähr die doppelte Menge der in der Bibliothek vorhandenen Bücher gelesen hat. In seinen letzten vier aktiven Jahren scheint er durchschnittlich ein Buch pro Woche gelesen und annähernd jede zweite Woche ein neues Buch gekauft zu haben.

Literatur: Oehler, M.: N.s Bibliothek, Weimar 1942; Brobjer, T.H.: N.s Reading and Private Library, 1885–1889, in: Journal of the History of Ideas 58 (1997), 663–693 [Referenzen zu Untersuchungen der Bedeutung einzelner Bücher in N.s Bibliothek finden sich in den Fußnoten dieses Artikels]; Campioni, G./D'Iorio, P./Orsucci, A.: N.s Bibliothek (in Druck).

Thomas H. Brobjer

# II. Werke in chronologischer Reihenfolge

# Jugendschriften (1852–1869)

Gerade bei einem Philosophen, für den die Fragen nach dem Zusammenhang von Leben und Denken und überhaupt nach der Genealogie und dem ↗Werden eine zentrale Bedeutung gewinnen sollten, mag auch das Interesse an den Anfängen seines eigenen biographischen und geistigen Weges einen besonderen Stellenwert einnehmen. Aber auch unabhängig von diesen speziellen Fragestellungen sind N.s frühe Aufzeichnungen von großer Bedeutung, nämlich wegen ihres allgemeinen kulturgeschichtlichen Wertes und ihrer philosophiegeschichtlichen Besonderheit: von keiner anderen bedeutenden Persönlichkeit des 19. Jh.s ist ein Nachlaß aus der Kindheit und Jugendzeit in einem auch nur annähernd vergleichbaren Umfang bekannt. Deshalb ist es eine besondere Aufgabe, die frühen Aufzeichnungen N.s möglichst in ihrer Vollständigkeit zur Kenntnis zu nehmen. Auf diese Weise kann von frühen Anfängen an Stufe um Stufe die Entwicklung eines bedeutenden Philosophen- und Gelehrtenlebens nachvollzogen werden. Um diesen hermeneutischen Postulaten gerecht zu werden, werden im ersten Abschnitt dieses Beitrags 1. grundlegende Überlegungen zum Manuskript-Bestand der Jugendschriften N.s und deren Edition durchgeführt, 2. ist auf Aspekte der Interpretation derselben einzugehen und 3. die Begegnung N.s mit wesentlichen, seinen weiteren Denkweg bestimmenden Motiven an Beispielen (Rezeption der Philosophie von ↗Schopenhauer bzw. des ↗Buddhismus) aufzuzeigen. Im zweiten Abschnitt werden schwerpunktmäßig Schriften N.s aus der Schulzeit (1854–1864) behandelt.

## I. Manuskriptbestand

Die Schriften aus der Jugendzeit wurden – abgesehen von einzelnen Mitteilungen Elisabeth ↗Förster-N.s in den Biographien über ihren Bruder und der Auswahl im Band 1 der MusA – erstmals in BAW 1–5 ediert. Es ist zunächst festzuhalten, daß dort die Texte in relativ hohem Ausmaß philologisch exakt entziffert sind; doch die Beschäftigung mit dem Originalbestand im Goethe- und Schiller-Archiv in Weimar (GSA) zeigt, daß dem erwähnten positiven Tatbestand gravierende Mängel gegenüberstehen, die bei einer Neuedition der Jugendschriften auf jeden Fall vermieden werden müßten: Erstens ist die BAW unvollständig, zweitens ist sie chronologisch nicht einheitlich angeordnet und drittens auch systematisch nicht befriedigend konzipiert. Als gravierendster Mangel muß die Unvollständigkeit der BAW erscheinen; sie ist – streng genommen – keine Gesamtausgabe, da wichtige Gruppen von N.s Aufzeichnungen fehlen, was übrigens nicht im einzelnen begründet wird. Dabei handelt es sich um Handschriften, die zur Gänze, und solche, von denen Teile fehlen. Aus der *Schulzeit* fehlen zur Gänze Übersetzungen, Abschriften, Nachschriften, Buchverzeichnisse, Exzerpte, Schulnotizen, etc. (vgl. z.B. BAW 2, 457–459, wo diese bloß genannt werden). Darüber hinaus sind viele Schulmitschriften im Nachlaß vorhanden, die wohl von vornherein von einer eventuellen Publikation ausgeklammert wurden. Hinzu kommen Abschriften von Gedichten, die anläßlich des Neujahres oder des Geburtstages der nächsten Angehörigen überreicht wurden und die z.T. anlaßbedingt datiert sind. Aus der *Studentenzeit* fehlen einige biographische Notizen, Gedichte etc., ferner z.B. aufschlußreiche Buchnotizen; und insbesondere die Kollegnachschriften. Aus ansonsten wiedergegebenen Texten fehlen zahlreiche ausführliche oder auch als beiläufig erscheinende Textvarianten und Entwürfe. Ferner ist die Chronologie dieser Edition widersprüchlich; dies zeigt sich u.a. darin, daß BAW die frühesten Notizen des Kindes N. im Anhang zum Band 1 einordnet, der eben damit chronologisch zu beginnen hätte. Auch in den anderen Bänden finden sich Ungereimtheiten, z.B. in Band 3, insofern sich die philosophischen Notizen (317ff.) mit den unmittelbar vorhergehenden Notizen chronologisch überschneiden. Dies hängt zusammen mit einem mangelhaften systematischen Ansatz, der im folgenden zu behandeln ist. Es sind kaum durchgehende Kriterien einer Systematik ausgewiesen. Es scheint problematisch zu sein, wenn man bestimmte Aufzeichnungen aus den Manuskripten als angeblich leicht und »als eine Art rein philosophischer Fremdkörper« erkennbare herauslöst (BAW 3, 439); über die erwähnte spezielle Problematik hinausgehend zieht sich eine generelle Problematik durch die gesamte Edition hindurch. Es ist nicht im einzelnen erörtert, inwiefern Nachschriften einzubeziehen sind bzw. ausgeschlossen werden. Zudem hätte systematisch geklärt werden müssen, wie im einzelnen die Beziehung zu den ↗Philologica, die in KGW in einer eigenen Abteilung (II) erscheinen, zu beurteilen ist. Eine spezielle Frage, die der Manuskriptbestand aufwirft, ist die nach dem chronologischen »Beginn« der Jugendaufzeichnungen. Meines Wissens gibt es keinen vergleichbaren Fall eines bedeutenden Denkers, bei dem die Schriften der Kindheit und Schulzeit in diesem Umfang erhalten sind wie bei N. Darum gibt es auch keine anderen Editionen, an denen man sich in dieser Frage durchgehend orientieren könnte. Im Rahmen der zahlreichen im GSA aufbewahrten Nachlässe sind z. B. von G. Büchner Hefte aus der Gymnasialzeit erhalten, jedoch in sehr geringem Umfang. Innerhalb der großen klassischen Philosophen-Ausgaben scheinen Materialien aus der Gymnasialzeit am ausführlichsten bisher in der Marx- und Engels-Gesamtausgabe (MEGA) veröffentlicht worden zu sein (vgl. zu F. Engels, MEGA IV/1, 437f.: im Hinblick auf diesen Anhang wird gesagt, daß er »Zeugnisse ergänzenden Charakters« bietet [Einleitung, 13]; zu K. Marx, Abiturarbeiten und literarische Versuche, MEGA I/1, 449f.). Die Beurteilung dieses Sachverhaltes ist schwierig: einerseits mag man denken, daß gerade angesichts der Bedeutung des späteren Schrifttums N.s es irrelevant erscheinen mag, was er als Kind gedacht und geschrieben hat; andererseits lenkt gerade seine große Bedeutsamkeit das Interesse auch auf seine geistige Entwicklung und Prägung von früh an; hinzu kommt, daß N. selbst dem individuellen Lebenskontext eine eminente Bedeutung für die Inhalte des Denkens zugesprochen hat und demnach Biographie und Werk nicht ohne weiteres zu trennen sind. Gerade der letztere Grund scheint sehr dafür zu sprechen, den gesamten frühen Nachlaß zu publizieren. Es ist also – wie auch bei der Briefausgabe – mit den frühesten Notizen zu beginnen. Die überlieferten eigenhändigen Aufzeichnungen N.s reichen weit in seine Kindheit zurück. Diese einmalige Überlieferungssituation stellt die Edition vor eine wichtige Aufgabe. Es ist die Frage zu klären, in welcher Form alles vom Kind N. schriftlich Vorliegende in der Werkausgabe veröffentlicht wird – und da es sich (erstmals) um eine vollständige Ausgabe handelt, wäre es willkürlich, gewisse Textarten a priori auszuscheiden. Gegen eine selektive Vorgangsweise hinsichtlich der Kindheits- und Jugendnotizen sprechen zudem zwei weitere, durch die Editionsgeschichte vorgegebene Fakten: einerseits wurden bereits in BAW die Aufzeichnungen N.s ab etwa dem zehnten Lebensjahr (1854/55) publiziert, andererseits sind auch die Briefe N.s vom Anfang ihrer Überlieferung an, d.h. auch vom 5 ½-jährigen (!) Kind, in KGB I/1 veröffentlicht. Die brieflichen Aufzeichnungen beginnen – soweit sie überliefert sind – mit dem 1. Juni 1850, abgesehen von einem in kindlicher Schrift in einem Brief des Vaters an Erdmuthe, Rosalia und Auguste N. am 15. Juni 1847 festgehaltenen Gruß (GSA 71/311, 1). Im Hinblick auf die Edition von brieflichen Aufzeichnungen, die einen hohen biographischen Charakter hat, ist es naheliegend, wenn mit den Briefen aus der Kindheit begonnen wird; doch aufgrund der ebenfalls großen biographischen Bedeutung anderer Aufzeichnungen aus dieser frühen Zeit trifft das auch für nichtbriefliche Niederschriften zu. Diesen Ausführungen entsprechend ist in der Neuedition strikt chronologisch vorgegangen und KGW I/1 mit den frühesten von N. selbst verfaßten Aufzeichnungen begonnen worden. Ebenso ist es nicht einsichtig, Nachschriften und Schulmaterialien als belanglos auszuscheiden.

Damit ist ein weiterer Aspekt angesprochen, die Bedeutung von Nachschriften in einem Kindheits- und Jugendnachlaß. Die Kritische Gesamtausgabe der Jugendschriften bringt über die von N. selbst verfaßten und konzipierten Texte hinaus auch Nachschriften, Exzerpte und Übersetzungen, Übungen und andere Materialien aus der schulischen Ausbildung, also Texte, die primär eine Wiedergabe der fremden Gedanken bzw. Texte anderer Autoren beinhalten; sie werden auch mit Siglen, die sich von den im Hauptteil verwendeten unterscheiden, gekennzeichnet (1A, 2A usf.), um sie von Anfang an als rezipierte Texte auszuweisen. Die Aufnahme dieser Textgattungen im Kontext der Gesamtedition legt sich aus mehreren Gründen nahe: abgesehen von der kulturgeschichtlich einmaligen Gegebenheit eines Nachlasses von Exzerpten und Niederschriften aus der Schul- und Studentenzeit etc., die über die Philosophie hinaus für zahlreiche Disziplinen bedeutsam sind (Pädagogik, Psychologie, Theologie etc.), ist vor allem darauf hinzuweisen, daß gerade durch diese Texte N.s Bildungsgang, die Beeinflussung durch Lehrer und Lektüre, sehr frühe Begegnungen mit bedeutenden Autoren und zahlreiche andere für die Genese seines Werkes und für seine Biographie (↗N.s Leben) wichtige Aspekte dokumentiert werden und so erforschbar sind. So ist es auf der Basis des veröffentlichten Nachlasses möglich, bei der Interpretation neue und unbekannte Dimensionen der geistigen Begegnungen des jungen N. zu erschließen und damit erstmals vollständig die Texte aus diesem frühen Zeitraum zu berücksichtigen. Der zeitliche Umfang der Jugendschriften erstreckt sich von den frühesten nichtbrieflichen Aufzeichnungen N.s an (1852) bis zum Jahr 1869, also jenem Zeitpunkt, in dem N. nach ↗Basel übersiedelt und seine Tätigkeit als Professor beginnt.

## II. Lebens- und zeitgeschichtlicher Zusammenhang

Im Hinblick auf die Hermeneutik des Denkens und Lebens N.s, und zwar nicht nur des Jugendlichen, aber schon mit ihm angefangen und in manchen Aspekten insbesondere für die Jugendzeit zutreffend, ist es besonders wichtig, den lebens- und zeitgeschichtlichen Zusammenhang herauszustellen. Es ist aus dem bisher Gesagten wohl evident, daß N.s Biographie nicht ohne vielfältige kontextuelle Bezüge geschrieben werden kann; die Dokumente über Schule und Schulzeit z.B., aber auch über die Inhalte der religiösen Vermittlung, des Religionsunterrichts, der Predigtlehre und ferner Aussagen über Erziehungsprämissen, die für N. zutreffen hätten sollen (z.B. pädagogische Leitvorstellungen in Naumburg und in Pforta), sind in eine solche Deutung miteinzubeziehen. Natürlich auch die zur Zeit gesellschaftlichen, politisch und geschichtlich weitreichenden Ereignisse, wie insbesondere die Ereignisse um das Jahr 1848, da hier Auswirkungen auf Kinder, die in der damaligen Zeit gelebt haben, anzunehmen sind. Um hier nicht bloß Spekulationen anzustellen, ist es notwendig, den lokalgeschichtlichen Hintergrund, den diese übergreifenden Ereignisse gehabt haben, zu erfassen und dazu die Berichte über das zu untersuchen, was sich 1848 z.B. in Röcken und Umgebung ereignet hat, als auch wie sich diese Ereignisse auf die frühen 50er Jahre in Naumburg ausgewirkt haben, zu untersuchen. Einschlägige Materialien der Naumburger Zeit sind hier sehr aufschlußreich. Von dort aus müßte auch die Frage von N.s Verhältnis zur Revolution bzw. zu sozialistischen Ideen insgesamt neu aufgerollt werden. Bekanntlich hat N.s Vater die 48er-Revolution mit großer Erschütterung zur Kenntnis genommen. Auch über das Familienleben und den Haushalt in Röcken kann wenig Schlüssiges gesagt werden, wenn nicht die einschlägigen Notizen, die z.T. im Familienarchiv erhalten sind, berücksichtigt werden (vgl. Schmidt 1995), bis hin zu den ebenfalls aufbewahrten medizinischen Rezepten für den kranken Vater; die gesamte medizinisch-psychiatrische Fragestellung ist in diesem Zusammenhang aufzurollen (vgl. Volz). Wenn die Lebensgeschichte im Zusammenhang mit der Werkgeschichte, also eine lebenszeitimmanente Interpretation vorgenommen wird, so muß man sich Rechenschaft darüber ablegen, welche anthropologischen Vorstellungen vom Verhältnis der Kindheit zu Jugend und Erwachsenenalter bestehen, welche Phasenmodelle psychologischer Art (in Anlehnung an Freud, Erikson, Jung oder andere) verwendet werden, wie hier der Bezug zwischen Psychologie- bzw. Biographiekonzept einerseits und Philosophieverständnis andererseits bestimmt wird. Im Hinblick auf eine umfassende, Leben und Werk nicht verkürzt einbeziehende Interpretation bedarf es der ausführlichen Explikationen aller Aspekte des psychologisch-biographischen Umfeldes und des kulturell-ideengeschichtlichen Kontextes desselben. Nur in der Zusammenschau dieser vielfältigen Dimensionen kann die ausreichende hermeneutische Basis zum Verständnis tragender – aber auch peripherer – Existenzerfahrungen und Aussagen N.s grundgelegt werden. Ein Beispiel solcher prägender Kindheitserfahrungen kann anhand von N.s Selbstinterpretation erschlossen werden. Schon als Kind ist N. der ↗Musik in positivem Kontext begegnet, die einen unauslöschlichen Eindruck bei ihm hinterließ. So schreibt er in *Der Wanderer und sein Schatten*, Nr. 168: »Als wir noch Kinder waren, haben wir den Honigseim vieler Dinge zum ersten Mal gekostet, niemals wieder war der Honig so gut wie damals, er verführte zum Leben, zum längsten Leben, in der Gestalt des ersten Frühlings, der ersten Blumen, der ersten Schmetterlinge, der ersten Freundschaft. Damals – es war vielleicht um das neunte Jahr unseres Lebens – hörten wir die erste Musik, und das war die, welche wir zuerst verstanden, die einfachste und kindlichste also, welche nicht viel mehr als ein Weiterspinnen des Ammenliedes und der Spielmannsweise war. [...] An jene ersten musikalischen Entzückungen – die stärksten unseres Lebens – knüpft unsere Empfindung an, wenn wir jene italiänischen Melismen hören: die Kindes-Seligkeit und der Verlust der Kindheit, das Gefühl des Unwiederbringlichsten als des köstlichsten Besitzes, – das rührt dabei die Saiten unsrer Seele an, so stark wie es die reichste und ernsteste Gegenwart der Kunst allein nicht vermag« (vgl. dazu Montinari 1991, 13). An diesem Aphorismus zeigt sich nicht nur, daß N.s musiktheoretische Notizen unleugbare biographische Wurzeln haben, sondern daß allgemeine Erörterungen bei diesem Denker fast immer mit eigenen Lebenserfahrungen verbunden sind. Die Musik ermöglichte ihm, tiefere Schichten des unbewußten Fühlens zu erreichen sowie auszudrücken; sie wurde ihm schon in der Gymnasialzeit zu einer Metapher für das Geschehen der Dinge. N. war aber zugleich von dem theoretischen Zugang zur Wirklichkeit in Anspruch genommen – und dieses Dilemma findet sich z.B. in den musik- und kunsttheoretischen Überlegungen der Gymnasial- und besonders Studentenzeit, die auf die *Geburt der Tragödie* vorausweisen (KGW I/2, 473 ff.; vgl. Figl 1992).

## III. Studentenzeit (Buddhismus, Schopenhauer)

Die Bedeutung der Studienzeit N.s für seine philosophische Entwicklung wurde bisher nicht ausreichend erforscht. Der Grund ist in der Tatsache zu erblicken, daß bis heute die von ihm verfaßten Kollegnachschriften noch nicht publiziert sind. Nur sie aber könnten Aufschluß über wesentliche Einflüsse in der Studentenzeit auf N. geben; sie dokumentieren nicht selten die erstmalige Begegnung N.s mit Theologen und Philosophen in Geschichte und Gegenwart (vgl. Figl 1984, 71–95). Die im GSA aufbewahrten Manuskripte von N.s Nachschriften der von ihm besuchten Vorlesungen können darum auch wesentlichen Aufschluß über seine Begegnung mit nichtchristlichen Religionen (↗Buddhismus) und außereuropäischen Kulturen geben, sofern sich diese nachweisen läßt. Von besonderer Bedeutung ist hier die Nachschrift der von N. im Sommersemester 1865 in Bonn besuchten Vorlesung »Allgemeine Geschichte der Philosophie« von Carl Schaarschmidt (1822–1909). Dieser war selbst ein ehemaliger Schüler der Landesschule Pforta. Schon zu Beginn des Studiums in Bonn bekam N. mit ihm Kontakt; Karl Steinhart, der Altphilologe aus Schulpforta, hatte eine Empfehlung für N. und Paul Deussen (↗Freunde) mitgegeben, und Schaarschmidt lud beide mit herzlicher Offenheit mehrfach im Laufe des ersten Semesters zu sich nach Hause ein (vgl. Briefe vom 10. 11. 1864, 7. und 9. 12. 1864, von Ende Dezember 1864 und vom 11. 1. 1865, KGB II/1, 18, 21 f., 35 f.). Es ist nicht uninteressant festzuhalten, daß N. 1887 noch die *Genealogie der Moral*, eines seiner letzten Werke, an Schaarschmidt schicken ließ (vgl. KGB III/5, 188). In der Nachschrift von Schaarschmidts Vorlesung kommt innerhalb der Aufzeichnungen N.s der ↗Buddhismus in einem wesentlichen Zusammenhang und in einer pointierten Charakterisierung vor, da er dort ausdrücklich innerhalb der Einleitung und dann unmittelbar vor der Darstellung des Neuplatonismus genannt wird (vgl. Figl 1989; 1991). Dies überrascht, da Schaarschmidt ja keine Weltgeschichte der Philosophie vorgetragen hat, sondern seine Darstellung auf die europäische Philosophie beschränkte. Hinsichtlich der östlichen Philosophie heißt es nach der Überschrift »Die alte Philosophie« bloß: »Wir scheiden die orientalische einfach ab« (8; das zum Zeitpunkt der Abfassung dieses Artikels noch unpublizierte Manuskript mit der Archiv-Signatur: NFG/GSA 71/41 wird mit bloßen Seitenzahlen zitiert. Ergänzungen des Verfassers, J.F., sind durch eckige Klammern kenntlich gemacht). Dennoch wird die indische Philosophie und im Zusammenhang mit ihr der Buddhismus in den einleitenden generellen Überlegungen genannt. In einer an Hegel erinnernden universalgeschichtlichen Perspektive werden drei Etappen des Denkens genannt: »Drei große Stufen: die indische[,] die griechische u[nd] die neuere. (letzt[ere) unter dem Einfluß des Christenthums.) Die Indische ist noch nicht gehörig durchforscht, sie zeigt nur Elemente u[nd] besitzt keinen logische[n] Fortschritt, [...]« (5). Innerhalb des indischen Denkens führt Schaarschmidt nach der Mitschrift N.s namentlich folgende Ausprägungen an: Ausgehend vom »Brahma[-]Religionssystem« werden die »Commentare zu den Vedas« erwähnt (5), hernach wird gesagt, daß die »Sancyaphilos[ophie]« »Freiheit von den orthodoxe[n] Anschauunge[n] [zeigt]«, und es wird hinzugefügt: »Sie haben die Unart philos[ophische] Aphorismen zu lieben« (6). Nach Nennung der »drei Hauptgegenstände: 1. Die göttliche[n] Dinge, Gott u[nd] Schöpfung 2. die Seele u[nd] der Aszetische Zwang. 3. Logische Lehren«, folgt eine Art Zusammenfassung mit den Worten: »Pantheistische[r] Grundcharakter, die Welt ist Emanation Gottes, ebenso die menschl[iche] Seele. Zwar nicht logisch bewiesen[.] Sondern als Behauptungen nach den Vedas, nach dem volksthümliche[n] System. Die Schranke[n] der irdische[n] Unvollkommenh[eit] abzustreifen ist das Ziel der Askese. Seelenwand[e]rung ist die Folgerung (...)«(6). Nach einem Hinweis auf »das Manugesetzbuch« findet sich unmittelbar daran anschließend am Ende des bisher zitierten Absatzes die signifikante Äußerung über den Buddhismus: »Im Buddhaismus ist er [vermutlich zu beziehen auf: pantheistischer Grundcharakter; J.F.] noch tiefer in den pantheist[ischen] Nihilismus versunken. Nirwana ist das Ziel ›Vernichtung‹« (6). Es sind zwei Aspekte, die an dieser Kennzeichnung – man könnte fast sagen: »Definition« – auffallen, und die in der Interpretation noch näher hervorgehoben werden sollen. Nämlich einerseits die Tatsache, daß der Buddhismus hier als ↗Nihilismus charakterisiert und dies auch durch die Nennung der folgenden Ausdrücke »Nirwana« und »Vernichtung« noch vertieft wird, und andererseits das Faktum, daß es sich um einen pantheistischen Nihilismus handelt, wodurch nach der Darstellung Schaarschmidts der Zusammenhang mit dem indischen Denken insgesamt gegeben ist. Buddhismus wird also bei N. sehr früh in einem substantiellen Zusammenhang in einer Vorlesungsnachschrift seines zweiten Semesters erwähnt und dabei substantivisch als Nihilismus charakterisiert, der adjektivisch in seinem pantheistischen Charakter bestimmt wird. Die philosophiegeschichtliche Vorlesung Schaarschmidts hat also in wesentlicher Weise die nähere Kenntnisnahme und Kennzeichnung des Buddhismus für N. mitbestimmt. Biographisch einprägsamer – zumindest nach N.s Selbstverständnis – war jedoch die Begegnung mit Schopenhauer (↗Philosophie und Theologie des 19. Jh.s), die ebenfalls eine indirekte Kenntnis indischen Denkens allgemein und des buddhistischen im besonderen vermittelte. Es ist nun von großem Interesse festzustellen, daß auch das vermutlich erste Kennenlernen Schopenhauers sich schon im Zusammenhang mit der Schaarschmidt-Vorlesung vollzog, da sich auf einer der letzten Seiten von N.s Nachschrift ein Auszug aus dem Anhang zum ersten Band von *Die Welt als Wille und Vorstellung* unter dem Titel »Kritik der Kantisch[en] Philosophie von A. Schopenhauer« (59) findet. Und es ist tatsächlich ein Exzerpt wiedergegeben, das den Seiten 494–500 (Band 1) der von N. benutzten dritten Auflage von Schopenhauers Hauptwerk (Leipzig 1859) entspricht. Demnach hätte N. schon in seiner Bonner Studienzeit Schopenhauers Denken kennengelernt. Er selbst jedoch sagt in seinem Rückblick auf die Leipziger Studienzeit, daß er in Leipzig erstmals Schopenhauer gelesen hat. Dem tieferen Eindringen in das Werk Schopenhauers entspricht eine immer stärkere Auseinandersetzung, die sich unter anderem in einer eigenwilligen Verwendung des buddhistischen Zentralbegriffs »Nirvâna« äußert. In einem tabellarischen Rückblick auf die Zeit von Ostern 1867 bis Herbst 1867, dem vierten Leipziger Semester, finden wir auch die Notiz: »Naturfreuden. ›Nirwana‹« (BAW 3, 315; vgl. KGB I/2, 235, 247). Sowohl Naturerfahrung als auch Erfahrung der Kunst werden in einem übertragenen Sinn mit dem Ausdruck »Nirwana« zu erfassen versucht. Dies verrät eine innere Nähe zum Denken Schopenhauers und zu seiner Verwendung dieses buddhistischen Grundbegriffs, aber zugleich auch eine Neuakzentuierung, die das ursprünglich nihilistische Verständnis wesentlich modifiziert. Dieses zuletzt angeführte Beispiel kann verdeutlichen, daß es nicht sachgemäß wäre, N.s Jugendschriften bloß von ihren rezeptiven Aspekten her, die sie unzweifelhaft haben, zu deuten, sondern zugleich das Eigenständige und Unverwechselbare seines Denkens von den Anfängen an herauszuarbeiten. Und ebensowenig wäre es angemessen, gleichsam deduktiv spätere Gedankengänge N.s von

Erfahrungen der Kindheit und Jugend herzuleiten und die Neuansätze sowie Weiterentwicklungen allzusehr zu relativieren. Auf der anderen Seite ist freilich zu betonen, daß das Originäre an N.s Denken sowie seine Neueinsichten im Verlauf seines Lebensweges in wichtigen Dimensionen durch die Kenntnis der Aufzeichnungen aus seiner Jugendzeit, ja, der Kindheit, umfassender verstanden werden kann, und zwar nicht allein in biographischer, sondern ebenso in inhaltlicher Hinsicht.
*Johann Figl*

## IV. Schriften der Schulzeit (1854–1864)

Die Aufzeichnungen N.s aus der Schulzeit kann man, neben der chronologischen Einteilung in Niederschriften aus der Zeit vor dem Besuch des Domgymnasiums Naumburg (bis zum Herbst 1855), der Zeit, die N. in Quinta, Quarta und Tertia des Naumburger Domgymnasiums verbracht hat (nach dem Zeugnis der Schulnachrichten des Domgymnasiums Naumburg von Herbst 1855 – Sommer 1858), und der Zeit seines Aufenthaltes an der Landesschule Pforta (Herbst 1858 – Sommer 1864), sachlich in sechs Gruppen einteilen. Zunächst (1) Aufzeichnungen aus der Schule (wie Mitschriften, Collectaneen, Übungen), sodann (2) Exzerpte und (3) Schularbeiten (deutsche und lateinische Aufsätze und Gedichte zur freien Ausarbeitung), (4) Aufzeichnungen aus dem familiären Bereich (vorgefertigte Gedichte, die bei famlären Festen vorgetragen wurden), (5) eigenständige Arbeiten im familiären Bereich (z.B. Gedichte und Aufsätze als Geburtstags- und Weihnachtsgeschenke, insb. [ ↗Frauen] für die Mutter, Franziska N.-Oehler) und schließlich (6) aus eigenem Antrieb (insbes. für den Freundschaftsbund Germania) entstandene Arbeiten. Man muß jedoch beachten, daß man nicht in allen Fällen Sicherheit über die Zuordnung gewinnen kann. Weiters ist auch in den Texten, bei denen der Anteil der eigenständigen Arbeit bedeutender ist, die Komponente der Rezeption nicht deshalb schon als gering zu veranschlagen. Im folgenden wird eine Übersicht über die thematischen Schwerpunkte von N.s Arbeiten gegeben, die stärker auf der Seite der eigenständigen Bearbeitung stehen, nämlich die Gruppen (3), (5), (6). Die Einteilung ist freilich eine heuristische, die eine gewisse Unschärfe nicht ausschließt.

Neben ersten poetischen und theatralischen Versuchen nehmen Aufzeichnungen zu militärischen Themen – hauptsächlich im Kontext der Nachrichten über den Krimkrieg entstanden –, einen großen Umfang in N.s erhaltenen Aufzeichnungen aus der Zeit von 1854 bis Anfang 1856 ein. Für diese Aufzeichnungen gilt ebenso wie für einige der ersten dramatischen Versuche des Knaben, daß sie im Zusammenhang der Kinderspiele der Familien N., Pinder und Krug angesiedelt sein dürften, wie sich sowohl aus Aufzeichnungen N.s aus diesem Kontext, seiner ersten Autobiographie (1858) und aus dem Tagebuch der Mutter N.s wie auch aus einer in GSA (72/2806) aufbewahrten Abschrift einer Autobiographie des Freundes Wilhelm Pinder erschließen läßt. In den Jahren 1856–58 dominieren poetische Versuche. Sammlungen erster Gedichte sind als Geburtstagsgaben an die Mutter aus dem Jahr 1856 (9 Gedichte und eine Widmung; KGW I/1, 115–125) und dem Jahr 1858 (8 Gedichte und ein Widmungsgedicht; KGW I/1, 215–226) erhalten. Aus Aufzeichnungen des Jahres 1857 (KGW I/1, 180, 3 [2] und 3 [3]) läßt sich erschließen, daß N. eine solche Sammlung geplant hat. Die Entwürfe lassen aber keinen sicheren Aufschluß darüber zu, wie die (falls sie abgefaßt wurde, jedenfalls nicht erhaltene) Sammlung aufgebaut war. Der junge N. lehnt sich in den Gedichten dieser Jahre z.T. an Vorbilder aus dem damaligen Kanon der deutschen Literatur an, die allerdings eher formal als inhaltlich benutzt werden. In ähnlicher Weise paraphrasiert er in einem Novellenfragment aus dem Jahr 1857 den Anfang von Goethes *Löwennovelle* (↗Deutsche Klassik), ohne daß eine inhaltliche Anlehnung an den Stoff der Vorlage erkennbar wäre (vgl. Hödl 1994b). Für einige der Texte gilt natürlich auch, daß sie im schulischen Kontext entstanden sind, wie dies etwa bei den metrischen Versuchen zu *Hecktors Abschied* (KGW I/1, 261; mit Anklängen an die Behandlung des Stoffes durch Schiller) oder *Jason und Medea* (KGW I/1, 246ff.; 255; nach dem VII. Buch der *Metamorphosen* des Ovid) der Fall ist, wie aus den Schulnachrichten des Domgymnasiums Naumburg hervorgeht. Inhaltlich findet sich eine Vielzahl von Themenkreisen verarbeitet. Zunächst Themen aus der griechischen Antike, und zwar sowohl geschichtliche Stoffe (vgl.

KGW I/1, 132ff.) als auch Bearbeitung von Sagen, wie *Cecrops* (KGW I/1, 134ff.), *Andromeda*, (ebda., 136ff.), *Leonidas und Telakeus* (ebd., 139ff.) oder *Der Raub der Proserpina* (ebd., 187ff.). Die dramatischen Versuche aus 1856 spielen in der griechischen Götterwelt. Über das Verhältnis der beiden Entwürfe *Die Götter vom Olymp* und *Der Geprüfte* läßt sich aufgrund der Quellenlage keine völlige Klarheit erreichen. Nur von letzterem ist ein Textfragment erhalten, Besetzunglisten (»Theaterzettel«) jedoch sind für beide überliefert. N.s Autobiographie von 1858 (vgl. KGW I/1, 309) legt, wie die Biographie von Elisabeth Förster-N. und eine Tagebucheintragung von Franziska N. (vgl. Goch 1994, 207), die Annahme nahe, daß letzteres in ersterem aufgegangen ist oder von diesem ersetzt wurde. Die Götter Griechenlands sind auch die Protagonisten der z.T. humoristischen Entwürfe zu einem Drama aus 1858, *Untergang Trojas* (vgl. KGW I/1, 233-38). Weiters ist der Entwurf eines Theaterstücks mit dem Titel *Orcadal*, das die Kreuzfahrerthematik (Sarazenen/Christen) behandelt, erhalten (vgl. KGW I/1, 165ff.). Zu beachten ist, daß N. selbst in seiner Autobiographie von 1858 angibt, er hätte die Stücke aus 1856 (*Der Geprüfte* resp. *Die Götter vom Olymp* und *Orcadal*) »im Verein mit Wilhelm [Pinder] geschrieben« (KGW I/1, 309).

Oft ist die Schiffahrt Gegenstand von N.s ersten poetischen Versuchen. Hierher gehören die Gedichte *Meeres Sturm* (KGW I/1, 116f.), *Rettung* (ebd., 119), *Ein Schifflein fährt auf Meeres Bahn* (ebd. 122), *Auf den Meere ist es dunkel* (ebd., 148), *Schifferlied* (ebd. 224), wie auch die Behandlung der Entdeckungsfahrt des Kolumbus (ebd., 267f.), die in der Metaphorik von *Morgenröthe* und *Fröhliche Wissenschaft* einen bedeutenden Platz einnehmen wird und von N. auch in den *Liedern des Prinzen Vogelfrei* thematisiert worden ist (vgl. M, Nr. 575, KSA 3, 331; FW, Nr. 124, KSA 3, 480; FW, Nr. 289, KSA 3, 529f.; KSA 3, 649; N, KSA 10, 12; KSA 14, 661). Häufig verbindet der junge N. diese Thematik mit der Schilderung von Naturgewalten, so in den genannten Gedichten *Meeres Sturm* und *Ein Schifflein fährt auf Meeres Bahn*. Die zerstörende Macht von Gewittern wird in den Gedichten *Gewitter* aus 1856 (KGW I/1, 122ff.) und *Ein Gewitter* aus 1858 (ebd., 220) beschrieben. Daneben findet man aber auch die Behandlung positiv gefärbten Naturerlebens, etwa in dem – sich an ein Gedicht von Matthison anlehnenden – Gedicht *Elegie* aus 1856, im *Maigesang* (nach Hölty; 1856; KGW I/1, 146f.), in den Gedichtentwürfen 4 [30] (ebd., 244), 4 [36] (ebd., 250), 4 [42] (ebd., 253). In manchen Entwürfen, insb. aus dem Jahr 1858, wird eine gewisse Bangigkeit der Zukunft gegenüber mit Motiven positiven Naturerlebens bekämpft, so in 4 [41] (ebd., 252f.). Auch Bearbeitungen von Themen aus dem Bereich des ↗Christentums sind erhalten, so eine Prosaarbeit, die der Mutter als »Weihnachtsgabe« im Jahr 1857 übergeben wurde (KGW I/1, 204f.) sowie Choralentwürfe, die Elemente aus Kirchenliedern montieren (ebda., 195ff.), oder auch Gedichtentwürfe aus dem Jahr 1858 (vgl. einige Entwürfe in KGW I/1, 239ff.). Christliche Motive sind manchmal mit der Schilderung positiven Naturerlebens verbunden (vgl. 4 [51]; KGW I/1, 260), wie man auch Beispiele für die Verbindung von negativer Naturgewalt und göttlichem Zorn findet (vgl. 4 [19], a.a.O., 239, allerdings ist dort nicht nur dieser Aspekt angesprochen). Man kann jedenfalls ein Übergewicht der antiken über die christlichen Themen feststellen, ohne daß letztere fehlen. Das Vorherrschen antiker Stoffe hat insbesondere H.J. Schmidt in seiner Interpretation der frühesten Aufzeichnungen N.s herausgearbeitet, wobei seine Bewertung dieses Umstandes in der Forschung kontrovers ist. Vgl. dazu etwa die Diskussion zwischen Jørgen Kjaer und Schmidt um die Bedeutung des Griechentums für den jungen N. (*Nietzscheforschung 2*, 341–380).

Als offensichtlich eigenständiger größerer Entwurf fällt die leider nur fragmentarisch überlieferte Gestaltung der Thematik ›Suche nach dem Glück‹ aus dem Jahr 1857 auf. In verschiedenen Anläufen wird der Lebensweg eines Mannes mit Namen Alfonso geschildert, der sich theoretisch und praktisch auf die Suche nach der Antwort auf die Frage, »was glücklich heißt«, begibt (KGW I/1, 175–180; 185–187; vgl. dazu Schmidt 1990, 239–269; 274–293). N. erwähnt diesen Entwurf in seiner Autobiographie aus 1858 besonders (vgl. KGW I/1, 291f.). Die umfangreichste eigenständige Arbeit aus dieser Zeit, N.s Autobiographie aus dem Jahre 1858, eine unter vielen Hinsichten bedeutsame Schrift, zeigt den dreizehnjährigen Schüler bereits als »nachlaßbewußten« Schriftsteller, der Rechenschaft über seine bisherigen poetischen Leistungen abgibt. Daneben schildert er aber auch seinen bisherigen Werdegang, sein soziales Umfeld und die Orte Röcken und Naumburg und legt auch Rechenschaft von seinen übrigen Interessen, wie etwa Musik und Malerei, ab. Die etwas altkluge Art dieser Betrachtungen hat er als 18jähriger in der Autobiographie von 1863 selbst festgestellt (vgl. Hödl 1999b). Die Frage nach Adressat und Zweck des Textes aus 1858 ist kontrovers. Während Schmidt (1990) davon ausgeht, daß es sich um einen Geschenktext an die Mutter handelt, und er auch die Möglichkeit in Erwägung zieht, daß Elisabeth ↗Förster-N. bei Abfassung ihrer Biographie N.s noch zwei Fassungen des Textes vorgelegen haben könnten, argumentiert Hödl (1994b) gegen beide Annahmen.

Kritische Reflexion auf die eigenen schriftstellerischen Versuche zeigt auch die dramatische Behandlung des Prometheus-Stoffes im Jahr 1859, der N. eine Art Kritik und ein satirisches Gespräch mehrerer Personen – fiktive Publikumsreaktionen beschreibend – nachfolgen hat lassen (vgl. KGW I/2, 36–51). Die Arbeiten aus N.s Pfortenser Zeit können hier freilich nur exemplarisch dargestellt werden. Erwähnt seien die Texte, die N. im Freundschaftsbund Germania vorgetragen hat und in denen er, wie schon Karl Löwith bemerkt (Löwith 1938, 495f.), der Frage nach der Gegründetheit der christlichen Deutung der Weltgeschichte als Heilsgeschichte nachgeht, insbesondere im Zusammenhang mit evolutionistischen Theorien. Er stellt in dem Aufsatz *Die Kindheit der Völker* (1861; KGW I/2, 235–243) Überlegungen zur Begründung einer immanent argumentierenden Entwicklungstheorie und einer heilsgeschichtlich orientierten Deszendenztheorie der kulturellen Entwicklung an. In der kleinen Abhandlung *Fatum und Geschichte* (1862; KGW I/2, 431–437) verbindet er diese Fragestellung mit der Frage nach dem Verhältnis von Autonomie und Heteronomie. Wären wir nicht durch »Gewohnheit«, »Vorurtheile« und durch die Prägung der Kindheit bestimmt, könnten wir leichter einen kritischen Standpunkt der Tradition gegenüber einnehmen. Es handele sich aber bei dem Unternehmen, die christlichen Traditionen neu zu bewerten, um ein Lebenswerk, da es darum gehe, die Autorität zweier Jahrtausende zu stürzen und jahrtausendalte philosophische Meinungskämpfe zu entscheiden. Neben der destruktiven Arbeit, die überkommenen »Ansichten um⟨zu⟩stürzen«, sieht er die konstruktive Aufgabe, Naturwissenschaft mit Philosophie zu einigen und aus Naturwissenschaft und Geschichte ein System des Reellen zu erstellen. Dem schließt er Reflexionen über die Unmöglichkeit, als Jüngling eine solche Aufgabe zu erfüllen, an. Bezeichnenderweise ist in diesem Text an zentraler Stelle – bei der Schilderung der Ungesichertheit der Situation, in der sich der skeptisch die Tradition in Frage Stellende befindet – das Bild der Seefahrt dominant: »Aus der Mitte des unermeßlichen Ideenozeans sehnt man sich dann oft nach dem festen Lande zurück: wie oft überschlich mich nicht bei fruchtlosen Spekulationen die Sehnsucht zur Geschichte und Naturwissenschaft« (KGW I/2, 432). Der Kampf zwischen dem Anspruch der christlichen Tradition und möglicher alternativer Welt- und Geschichtsdeutungen wird auf theoretischem Gebiet als unentschieden angesehen, der Ausschlag dafür, der Tradition zuzustimmen, kommt von biographischen Ereignissen, die uns »zum alten Kinderglauben« zurückbringen. Auf der Suche nach einem Weg zur Abschwächung des von der Tradition ausgehenden Drucks bringt N. erste kritische Infragestellungen der ↗Moral. Hingewiesen sei auf fragmentarisch erhaltene Aufzeichnungen zum Wesen des Musikalischen (↗Musik), die sich auf eine im Freundschaftsbund Germania erörterte Frage über das »Wesen der Musik« beziehen (KGW I/2, 473ff.). In diesen wird einerseits ein Teil der Thematik der *Geburt der Tragödie* antizipiert, andererseits sind sie ein wichtiges Bindeglied in der Entwicklung von N.s Einschätzung der Kunst Richard Wagners, die er in der Autobiographie 1858 noch ablehnt, in dem großen – in drei Sprachen (lateinisch, deutsch und griechisch) abgefaßten – Primaneraufsatz über den *Oedipus rex* von Sophokles, *Primum Oedipodis regis carmen choricum* (1864) aber bereits – im expliziten Bezug auf die griechische Tragödie – positiv bewertet (↗Philologica) (vgl. BAW 2, 376f.).

Eine weitere wichtige Perspektive, die sich am Schnittpunkt von Schularbeiten und persönlichen Interessen ergibt, eröffnet sich durch die literargeschichtlichen Studien des Primaners. Man kann – ohne der Frage, ob dies einer Vorgabe von außen korrespondiert oder eigengeleitet ist, nachzugehen – feststellen, daß der Sekundaner sich vornehmlich mit historischen Fragestellungen beschäftigt, während der Primaner literargeschichtliche Fragen in den Mittelpunkt seiner Arbeiten stellt. Besitzen wir aus Sekunda, namentlich aus dem Jahr 1862, eine Fülle von erhaltenen Mitschriften aus dem Geschichtsunterricht wie auch Exzerpte N.s vornehmlich aus geschichtlichen Werken und z. T. diesen korrespondierende eigenständige Arbeiten, so sind die aus Prima erhaltenen Nachschriften und Exzerpte mit einigen Ausnahmen fast durchweg dem Gebiet der literarischen Studien zuzuordnen. Aus 1862 sind uns Exzerpte aus Werken über englische Geschichte, aus Mundts *Geschichte der Gesellschaft*, aus Menzels *Geschichte der letzten vierzig Jahre* und aus geschichtlichen Werken von Gervinus erhalten (vgl. KGW I/2, 389–412; 487–509). Vom Primaner sind uns dagegen Exzerpte z.B. aus Hettners Literaturgeschichte (GSA 71/219; MP V 25), ein Manuskript mit dem Titel *Vorträge über deutsche Literatur* – von Mette wohl fälschlicherweise in die Studentenzeit verwiesen (GSA 71/219; MP V 36; vgl. BAW 2, 459) – oder auch ein Exzerpt aus August Schlegels ästhetischen Schriften (MP V 23) überliefert. Diese Schwerpunktsetzung zeigt sich aber auch in den von N. bearbeiteten Themen. Außer den bereits besprochenen Arbeiten ist hier der Vortrag über Napoleon III. im Jahr 1862, der auf das Exzerpt aus Menzel zurückgeht, zu nennen, ebenso ist die Beschäftigung mit Theodor Mundt, wie man aus W. Pinders Reaktion auf N.s Napoleon-Vortrag weiß, auf Diskussionen in der Germania bezogen (vgl. Hödl 1999a).

Die Sage vom Ostgothenkönig Ermanarich hat sowohl den Sekundaner als auch den Primaner beschäftigt, wobei sich die Perspektive ändert. Präsentiert N. 1861 der Germania *Eine historische Skizze* (KGW I/2, 274–284), so handelt seine umfangreiche und detaillierte, historisch-kritische Schularbeit im Herbst 1863 von der *Gestaltung der Sage* (BAW 2, 281–312), bringt also den Ermanarichstoff unter einem literaturgeschichtlichen Gesichtspunkt. Die vergleichende literarhistorische Perspektive, die sich N. in den Jahren 1863/64 erarbeitet, weist allerdings auf eine wichtige Thematik seines späteren Werkes voraus (vgl. v. Reibnitz 1994; Gerratana 1994). Hier sind insbesondere sein Arbeitsplan *Für die Ferien* (vgl. BAW 2, 221) und die in diesem Zusammenhang entstandenen Arbeiten zu nennen. N. widmet sich im Sommer 1863 komparativen literarischen Studien im Hinblick auf vergleichende Psychologie. Er beschäftigt sich namentlich mit dem Nibelungenlied, mit Juvenal und Persius sowie mit dem Neuen Testament. Dabei formuliert er Fragestellungen und beantwortet diese in notizartigen Aufzeichnungen, die zeigen, daß er seine Studien nicht in Hinsicht auf die Charakterschilderungen der in den verschiedenen Epen auftretenden Personen betreibt, sondern danach fragt, welche Voraussetzungen welche Darstellungen von Charakteren ergeben. Innerhalb dieses Programmes ist festzustellen, daß sich N. für das Verhältnis von Christentum und Heidentum in den Darstellungen interessiert. Abwechselnd will N. Autoren der heidnischen Antike, das Neue Testament und das Nibelungenlied lesen, wobei er sich bei diesem notiert: »die heidnischen und christlichen Anschauungen scharf hervorzuheben«. In den Anmerkungen zu den Nibelungen notiert er: »Glauben sonderbar und äußerlich« (BAW 2, 225), er notiert sich unter dem Titel »Genetische Bemerkungen«: »Die heidnischen Elemente. Die christl. Anklänge in Bezug auf Ethik und Mythologie«. N. verbindet diese Frage stets mit dem ästhetischen Standpunkt. Für das Nibelungenlied notiert er sich: »der aesthetische Gesichtspunkt«; für Persius und Juvenal: »Wesentlich vom aesthetischen Standpunkt«; er stellt sich die Frage nach dem Poetischen in der Satire, in den Reden Jesu. Dazu kommt die Beschäftigung mit einer Theorie des Schönen und des Naturgenusses, die sich insbesondere in seiner Beschäftigung mit Emersons Essay über Schönheit zeigt: in den betreffenden Notizen über Naturgenuß geht es um die Konstitution des ästhetischen Erlebnisses im Subjekt. Ferner untersucht N., welche äußeren Mittel angewandt werden, um innere Vorgänge darzustellen. Bei Persius und Juvenal vermerkt er im ferialen Arbeitsprogramm in Anschluß an die Betonung des ästhetischen Standpunktes: »Rückschlüsse auf den Charakter der Männer und auf ihre Zeit«. Weiters stellt er eine Frage, welche die ästhetische Betrachtung mit einer psychologischen Fragestellung verbindet: »Auf welche verschiedne Arten drückt das deutsche u. griechische Volksepos Seelenbewegungen aus« (BAW 2, 226). Ähnlich äußert er sich in bezug auf *Kudrun*. Schließlich gelangt er in diesen Studien zu einer Distanzierung durch Perspektivierung (↗Perspektivismus): N. hat gelernt, über eine naive Lektüre, die von den in ihm hervorgerufenen Wirkungen der Literaturen ausgeht, hinauszugehen und aus den in der Literatur beabsichtigten Wirkungen und den angewandten Mitteln, um diese zu erzielen, auf die Charaktere der »Männer und ihrer Zeit«, also der Schriftsteller und ihrer soziokulturellen Bedingungen zu schließen. Er würde also nicht mehr fragen, welche Ergebnisse für eine Charakterstudie aus einem Werk zu ziehen seien, sondern danach, was das Werk über seinen Urheber verrät. Diese genealogische Sichtweise hilft ihm, auf Distanz zu gehen. So, wenn er die ins Große gesteigerten Leidenschaften im Nibelungenlied nicht mehr bloß als Verzerrungen, sondern als Ausdruck einer tiefen Natur lesen kann, oder wenn er sich die Frage stellt, wie denn »Jesus als Volksredner« zu betrachten sei. Dies ist eine Betrachtungsweise, die sich von einer erbaulichen Lektüre der Bibel zu entfernen scheint. Stattdessen wird seine – bruchstückhafte – Analyse an einigen Stellen deutlich von der Frage nach den beabsichtigten Wirkungen und den dazu ergriffenen Mitteln geleitet: welcher Charakter offenbart sich in den Gleichnissen? Damit ist dann natürlich auch erst die Grundlage geschaffen, um einer Frage wie dem Verhältnis von Heidentum und Christentum nachzugehen.

Ein dritter Strang in den Aufzeichnungen des Pfortenser N., für den die textliche Evidenz bis auf den Sommer 1858, also die Zeit vor dem Übertritt in die Landesschule Pforta, zurückgeht und der sich in die Studentenzeit hinein verfolgen läßt, sind Schriften autobiographischer Natur. N. hat von klein auf sehr bewußt auf seine Biographie reflektiert, wie uns die vielen erhalten gebliebenen autobiographischen Aufzeichnungen des jungen N. zeigen. Unter den tagebuchähnlichen Aufzeichnungen ist das umfangreiche und ausführliche Tagebuch aus dem Sommer und Frühherbst 1859 hervorzuheben, das die Doppelnatur von Aufzeichnungen der Ereignisse und Selbstentwürfen, die den Autobiographien des jungen N. großteils eignet, aufweist (KGW I/ 2, 98–136). Unter den rein autobiographischen Arbeiten sind zu nennen: die *Aus meinem Leben* – wie Goethes *Dichtung und Wahrheit* – betitelte, erste uns bekannte Autobiographie des 13jährigen N. aus dem Sommer 1858 (KGW I/1, 281–311). Der erste Schulaufsatz N.s in Pforta: *Mein Leben* (KGW I/2, 3f.). Ein Schulaufsatz aus dem Mai 1861: *Mein Lebenslauf*, von dem zwei Vorstufen erhalten sind (vgl. KGW II/1, 255–263). Die Autobiographie *Mein Leben* vom 18. September 1863, die im Nachlaß von Elisabeth Förster-N. aufgefunden wurde, erstveröffentlicht in einer Faksimileausgabe des N.-Archivs 1936. Die der *Valediktionsarbeit* in Schulpforta beigefügte Autobiographie (BAW 3, 66ff.). Die Schrift *Rückblick auf meine zwei Leipziger Jahre* (KGW I/4, 506–30, 60[1]) und schließlich N.s Autobiographie für die Erziehungsbehörde in Basel anläßlich seiner Berufung zum a.o. Prof. der Philologie mit aufschlußreichen Vorstufen (BAW 5, 250–256). Aufzeichnungen aus der Zeit von *Menschliches, Allzumenschliches* beweisen, daß N. sich in diesen Jahren mit den biographischen Niederschriften seiner Jugendzeit beschäftigt hat (vgl. Montinari 1982). In den frühen autobiographischen Entwürfen und Besinnungen aus den Jahren 1858–1869 zeigt sich als ein Hauptthema N.s ›Bildungsprogramm‹. Dies meint ein selbstverordnetes Programm und nicht die ihm von außen zuteil gewordene Bildung. Die Aufzeichnungen, die die Doppelnatur von Lebensrückblicken und Lebensentwürfen haben, stimmen durchaus – aus so unterschiedlichem Anlaß sie auch entstanden sein mögen und an welche Adressaten auch immer sie sich richten mögen – dieses Thema des selbstverordneten Bildungsprogrammes, in sich wandelnder Bewertung und Akzentuierung, an (vgl. Hödl 1997). N. selbst erwähnt dieses Bildungsprogramm – seine Bemühungen, sich selbst zu erziehen – am Anfang von *Schopenhauer als Erzieher* 2 (KSA 1, 341f.).

Literatur: Oehler, A.: N.s Mutter, München 1940; Metterhausen, W.: F. N.s Bonner Studienzeit 1864/65, Kassel 1942 (Ms.); Blunck, R.: F. N. Kindheit und Jugend, München/Basel 1953; Pfeil, H.: Von Christus zu Dionysos. N.s religiöse Entwicklung, Meisenheim a. G. 1975; Bohley, R.: Die Christlichkeit einer Schule. Schulpforta zur Schulzeit N.s. Wissenschaftliche Abhandlung zur Qualifikationsprüfung, Naumburg o.J. (1975) Ms.; ders.: Über die Landesschule zur Pforte. Materialien aus der Schulzeit N.s, in: NSt 5 (1976), 298–320; Balkenohl, M.: Der Antitheismus N.s. Fragen und Suchen nach Gott, München/Paderborn/Wien 1976; Bohley, R.: N.s Taufe. Was, meinest Du, wird aus diesem Kindlein werden?, in: NSt 9 (1980), 383–495; Montinari, M.: N.s Kindheitserinnerungen aus den Jahren 1875 bis 1879, in: ders.: N. lesen, Berlin/New York 1982, 21–37; Figl, J.: Dialektik der Gewalt. N.s hermeneutische Religionsphilosophie, Düsseldorf 1984, 39–120; Pestalozzi, K.: N.s Gedicht »Noch einmal eh ich weiter ziehe ...«, in: NSt 13 (1984), 101–110; Schmidt, H. J.: N. ex/in nuce. Früheste Schülerphilosophie in ihrer grundlegenden Bedeutung für die N.-Interpretation, in: ZDPh 6 (1984), Heft 3, 138–147; ders.: N.s Briefwechsel im Kontext, ein kritischer Zwischenbericht, in: Philosophischer Literaturanzeiger 37 (1985), 359–378; Kreis, R.: Der gekreuzigte Dionysos. Kindheit und Genie F. N.s. Zur Genese einer Philosophie der Zeitenwende, Würzburg 1986; Bohley, R.: N.s christliche Erziehung, in: NSt 16 (1987), 164–96; Figl, J.: Die Buddhismus-Kenntnis des jungen N., in: Das Gold im Wachs [Festschrift für Thomas Immoos zum 70. Geburtstag], hrsg. v. E. Gössmann/G. Zobel, München 1988, 499–511; Kjaer, J.: Der lebensgeschichtliche Hintergrund von N.s Denken. Sozialisation zur Antisozialität, in: Marx-Engels-Stiftung, Wuppertal (Hrsg.): Bruder N.? Wie muß ein marxistisches N.-Bild heute aussehen? Düsseldorf 1988, 173–185; Miller, A.: Das ungelebte Leben und das ungelebte Werk eines Lebensphilosophen, in: dies.: Der gemiedene Schlüssel, Frankfurt a. M. 1988, 9–78; Bohley, R.: N.s christliche Erziehung, in: NSt 18 (1989), 377–96; Figl, J.: N.s frühe Begegnung mit dem Denken Indiens, in: NSt 18 (1989), 455–471; Köhler, J.: Zarathustras Geheimnis. F. N. und seine verschlüsselte Botschaft, Nördlingen 1989; Pernet, M.: Das Christentum im Leben des jungen F. N., Opladen 1989; Schmidt, H. J.: Mindestbedingungen nietzscheadäquater N.-Interpretation oder Versuch einer produktiven Provokation, in: NSt 18 (1989), 440–54; Kjaer, J.: N. Die Zerstörung der Humanität durch »Mutterliebe«, Opladen 1990; Pernet, M.: F. N. über Gustav Krug, seinen »ältesten Freund und Bruder in arte musica«. Aus dem Nachlaß der Familie Krug, in: NSt 19 (1990), 488–518; Figl, J.: N.s Early Encounters with Asian Thought, in: Parkes, G. (Hrsg.): N. and Asian Thought, Chicago 1991, 51–63; ders.: N.s Begegnung mit Schopenhauers Hauptwerk. Unter Heranziehung eines frühen unveröffentlichten Exzerptes, in: Schirmacher, W. (Hrsg.): Schopenhauer, N. und die Kunst (Schopenhauer-Studien Bd. 4), Wien 1991, 89–100; ders.: Der junge N. – Deutung und Bedeutung von Biographie und Werk, in: Jahresschrift der Förder- und Forschungsgemeinschaft F. N. e.V. II (1991/92), 7–16; Schmidt, H. J.: N. absconditus oder Spurenlesen bei N. I. Kindheit Teil 1/2, Berlin/Aschaffenburg 1991, Teil 3, Berlin/Aschaffenburg 1991, II. Jugend 1. Teilband 1858–1861, Berlin/Aschaffenburg 1993, 2. Teilband 1862–1864, Berlin/Aschaffenburg 1994; Figl, J.: Ästhetische Theorie und tragische Existenz. Musikverständnis als Erlebnishorizont des jungen N., in: Mesotes 2 (1992), 466–77; ders.: Biographie und Atheismus, in: Ateismo e Societa. A cura di Albino Babolin. Vol. 1, Perugia 1992, 201–235; Hödl, H.G.: Verlust der Heimat. »Röcken« in N.s Autobiographien 1858–1863, in: Mesotes 2 (1992), 478–487; Schmidt, H. J.: Das Ereignis N. – im Ausgang von Röcken, Dortmund 1992; ders.: »so anders ... als alle anderen«. N.s Kindheit(stexte) als Schlüssel zu N.?, Dortmund 1992; Müller, R.G.: Antikes Denken und seine Verarbeitung in Texten des Schülers N., Dortmund 1993; dies.: »Wanderer, wenn Du im Griechenland wanderst ...« – Reflexionen zur Bedeutsamkeit von »Antike« für den jungen F. N., in: Nietzscheforschung 1 (1994), 169–179; dies.: »De rebus gestis Mithridatis regis«. Ein lateinischer Schulaufsatz N.s im Spannungsfeld zwischen Quellenstudium und Selbstdarstellung, ebd., 351–363; Figl, J.: Biographisch orientierte Analysen eines Philosophen. Zu neueren Ansätzen in der N.-Deutung, in: NSt 23 (1994), 273–84; ders.: Edition des frühen Nachlasses F. N.s – grundsätzliche Perspektiven, in: Nietzscheforschung 1 (1994), 161–68; ders.: Interpretation der Jugendschriften N.s. Zum Verhältnis von Biographie und Philosophie, in: Borsche, T./Gerratana, F./Venturelli, A. (Hgg.): Centauren-Geburten. Wissenschaft, Kunst und Philosophie beim jungen N., Berlin/New York 1994, 309–25; Gerratana, F.: »Jetzt zieht mich das Allgemein-Menschliche an«. Ein Streifzug durch N.s Aufzeichnungen zu einer »Geschichte der litterarischen Studien«, ebd., 326–350; Goch, K.: Franziska N. Ein biographisches Porträt, Frankfurt a. M./Leipzig 1994; ders.: Franziska N. – Vorläufige Anmerkungen zu einer Biographie, in: Nietzscheforschung 1 (1994), 245–259; ders.: Franziska N. in Röcken. Ein Blick auf die deutsch-protestantische Pfarrhauskultur, in: Nietzscheforschung 2 (1994), 107–140; Hödl, H. G.: Dichtung oder Wahrheit? Einige vorbereitende Anmerkungen zu N.s erster Autobiographie und zu H.J. Schmidts »N. absconditus«, in: NSt 23 (1994), 285–306; ders.: Verklärt-reine Herbstlichkeit. Einige Anmerkungen zu N.s erster Bekanntschaft mit Goethe, in: Borsche, T./Gerratana, F./Venturelli, A. (Hgg.): Centauren-Geburten. Wissenschaft, Kunst und Philosophie beim jungen N., Berlin/New York 1994b, 257–267; ders.: N.s Gervinuslektüre 1862 im Kontext seiner geschichtsphilosophischen Reflexionen in »Fatum und Geschichte«, in: Nietzscheforschung 1 (1994), 365–382; Kjaer, J.: Die Relevanz der Berücksichtigung von N.s Kindheit beim Interpretieren und Gebrauch seiner Philosophie. Zwei Beispiele der Tradierung unbewältigter Probleme der N.schen Philosophie (Gilles Deleuze und Richard Rorty), in: Nietzscheforschung 1 (1994), 207–244; Losch, U./Schmidt, H. J.: »Werde suchen mir ein Schwans Wo das Zipfelch(en) noch ganz«. – Spurenlesen im Spannungsfeld von Text, Zeichnung, Phantasie und Realität beim zehnjährigen N., in: Nietzscheforschung 1 (1994), 267–287; Otte, R.: Der Vater, die Söhne, das Gesetz. Was N. und Freud mit Moses verbindet, in: Nietzscheforschung 1 (1994), 191–206; Schmidt, H. J.: »Du gehst zu Frauen« – Zarathustras Peitsche – ein Schlüssel zu N. oder einhundert Jahre lang Lärm um nichts?, in: Nietzscheforschung 1 (1994), 111–134; ders.: »Jeder tiefe Geist braucht die Maske«. N.s Kindheit als Schlüssel zum Rätsel N.?, ebd., 137–60; ders.: Naumburg oder Pforta? – Eine Pförtner Verlust- und Gewinnbilanz, ebd., 291–311; Wischke, M.: F. N.s Bekanntschaft mit der Romantik in Pforta und ihr widersprüchlicher Einfluß auf sein ethisches Denken, in: Nietzscheforschung 1 (1994), 383–393; Ziemann, R.: Abschiede – zu zwei Jugendgedichten N.s., in: Nietzscheforschung 1 (1994), 181–189; ders.: »Das liebe ewige Leben« – Zur Brentano-Lektüre des jungen N., ebd., 335–350; Bloch, P. A.: »Aus meinem Leben«. Der Selbstporträtcharakter von N.s frühen Lebensbeschreibungen, in: Nietzscheforschung 2 (1995), 61–94; Figl, J.: Geburtstagsfeier und Totenkult. Zur Religiosität des Kindes N., in: Nietzscheforschung 2 (1995), 21–34; ders.: Die Abteilung I im Kontext der Kritischen Gesamtausgabe der Werke N.s. Ein Zwischenbericht, in: NSt 24 (1995), 315–323; ders.: Der ›verborgene N.‹. Zu Hermann Josef Schmidts Werk über die Kindheits- und Jugendschriften des Philosophen, in: Information Philosophie XXIII (1995/3), 91–94; Schmidt, H. J.: F. N. aus Röcken, in: Nietzscheforschung 2 (1995), 35–60; Hödl, H. G.: Musik, Wissenschaft und Poesie im Bildungsprogramm des jungen N. oder: »Man ist über sich selbst entweder mit Scham oder mit Eitelkeit ehrlich«, in: Pöltner, G./Vetter, H. (Hgg.): N. und die Musik, Frankfurt a. M./Berlin/Bern/New York/Paris/Wien 1997, 17–43; Kjaer, J.: N.s (selv)dannelsesproces, in: ders. (Hrsg.): N. im Netze. N.s Lyrik, Ästhetik und Kindheit im deutschdänischen Dialog, Aarhus 1997, 134–173; Schmidt, J.: »Auf nie noch betretener Bahn«. Poetische Selbstfindungsversuche des Kindes N., ebd., 10–38; Ziemann, R.: Der Halb-Unsinn und das Ewig-Närrische. Goethes Gegenwart in Gedichten N.s, ebd., 39–59; Hödl, H. G.: Der alte Ortlepp war es übrigens nicht ... Philologie für Spurenleser, in: NSt 27 (1998), 440–445; Niemeyer, Ch.: N.s andere Vernunft. Psychologische Aspekte in Biographie und Werk, Darmstadt 1998; Figl, J.: Die »Ausbildung der Seele erkennen«. Die Bedeutung der frühen Texte N.s innerhalb seiner Philosophie im ganzen, in: Nietzscheforschung 5/6 (1998/99), 433–443; Hödl, H. G.: »Vom kleinen Stockphilister zum Kritiker der greisenhaften Jugend.« Reflexionen zum Kontext von Bildungsprogramm und Selbstentwürfen N.s 1858–65. Selbst ein Entwurf, ebd., 369–381; Müller, R. G.: EIMAPMENH, MOIPA, TYXH/FATUM, SORS, FORTUNA. Zu verschiedenen Aspekten von »Schicksal« beim jungen N., ebd., 405–416; Ries, W.: Das Bewußtsein des Unglücks. Zu thematischen Parallelen in der Kindheits- und Jugendgeschichte Hölderlins, N.s und Kafkas, ebd., 443–455; Volz, P. D.: »Mein Träumen und mein Hoffen?« Narzistische Traumstimmung und Traumdichtung beim jungen N., ebd., 383–404; Wischke, M.: »Stets mein Vorhaben, ein kleines Buch zu schreiben«. N.s Leben und Texte 1844–1864, ein Überblick, ebd., 325–343; Figl, J.: Das religiös-pädagogische Kindheitsmilieu N.s. Eine biographisch-philosophische Interpretation frühester Aufzeichnungen, in: Entdecken und Verraten. Zu Leben und Werk F. N.s, hrsg. im Auftrag der Stiftung Weimarer Klassik v. A. Schirmer/R. Schmidt, Weimar 1999, 24–36; Hödl, H. G.: Genie und Moral in der »Germania«. Zur Kritik Wilhelm Pinders an N.s »Napoleon III. als Präsident«, in: ebd. (1999b), 37–58.

*Hans Gerald Hödl*

# Von der *Geburt der Tragödie* bis *Richard Wagner in Bayreuth* (1871–1878)

## *Die Geburt der Tragödie aus dem Geiste der Musik* (1872)

Anknüpfend an die Grundformel des Wagner geltenden Vorworts von der Kunst als »der höchsten Aufgabe und der eigentlich metaphysischen Thätigkeit dieses Lebens« (GT, KSA 1, 24) statuiert die (1868/69 bis Ende 1871 aus vielen Vorstufen entstandene) Schrift die bekannte »Duplicität des ↗Apollinischen und des Dionysischen« als Bedingung aller Kunst. Es handelt sich um in der Natur vorhandene »Triebe«, vergleichbar der Polarität der Geschlechter in der Fortpflanzung; ihr Gegensatz ergibt zwei antagonistische Kunsttendenzen, die bildhaft-plastische und die »unbildlich«-musikalische, deren gemeinsames Schicksal die Kunst formt. Die Namengebung aus dem griechischen Mythos deutet auf die Geschichte der griechischen Kunst als der exemplarischen, die an ihrem Höhepunkt die streitenden Gewalten versöhnt und aus deren »Paarung« die attische Tragödie hervorbringt.

Die Duplizität verdeutlicht N. durch den analogen Gegensatz der physiologischen Phänomene von »Traum« und »Rausch«, um so zunächst mit Hilfe Lukrezens und Wagners die Traumwelt (die des »Scheins«, oder schopenhauerisch: der Individuation, *Geburt der Tragödie*, KSA 1, 26) als Voraussetzung bildender Kunst wie bildhaft-plastischer Poesie darzustellen. Prinzip und Macht des Begrenzten ist den Griechen ihr Apollo. Dionysos dagegen, dem »Rausch« verglichen, repräsentiert die enthusiastische Einheit alles Lebendigen, die Versöhnung von Natur und Mensch, zu deren Charakteristik N. Beethovens *Lied an die Freude* beschwört. Der apollinische Mensch ist Künstler, der dionysische selber Kunstwerk. Scharf betont N. die spezifische Differenz der dionysischen Griechen gegen die »dionysischen Barbaren« der alten Welt, »von Rom bis Babylon« (GT, KSA 1, 31; dazu Jähnig 1975): sie besteht gerade in der Beziehung aufs Apollinische, d.h. der Möglichkeit der delphischen Versöhnung, »der wichtigste Moment in der Geschichte des griechischen Cultus« (GT, KSA 1, 32), und manifest in der Tragödie, ebenso der griechischen Kunst.

Die gesamte olympische Götterwelt wird so auf den apollinischen »Trieb« zurückgeführt, damit aber zugleich als Antwort auf ein zugrundeliegendes »Bedürfniss«, mit der dionysischen (in der Weisheit des Silens offenbaren) Einsicht vom Unwert des Daseins überhaupt zu leben, betrachtet. Homerisches Epos verkörpert also keinen »naiven« Ursprung, sondern einen Sieg über die titanische Gegenwelt (§ 3). Da der Daseinsgrund des Ur-Einen selbst vom Riß des Widerspruchs und Leidens durchzogen ist, gibt Kunst – der Schopenhauerschen Erlösung »vom« Willen diametral entgegen – die »Erlösung im Schein« (§ 4).

Zur Tragödie hin führt N.s Erklärung des antiken Lyrikers – paradigmatisch: Archilochos – in seiner »Vereinigung, ja Identität [...] mit dem Musiker« (KSA 1, 43). Apollinisch berührt, sprüht der dionysische Schwärmer seine Gedichte wie »Bilderfunken« um sich, die sich zum gestalteten Drama als »Vision« entfalten; täuschend ist das »Subjektive« lyrischen Ich-Sagens, da es in Wahrheit aus dem Abgrund des Ur-Einen singt. Dessen Erlösung im Schein enthält die nach N. allein mögliche Rechtfertigung des Daseins als »aesthetisches Phänomen« (GT, KSA 1, 47). Der ontologische Primat des Dionysischen (es verhält sich zum apollinischen Bild wie das Ding-an-sich zur Erscheinung) spiegelt sich danach in der These vom Ursprung der Tragödie aus dem Chor (§ 7). In den »Satyr« (so deutet N. Kap. 4 der Aristotelischen *Poetik*) als Natur-Grund verwandelt sich der Zuschauer, um so der ekstatisch-apollinischen Vision (der nachmaligen Bühnenhandlung) teilhaftig zu werden; darin sei ursprünglich allein das Leiden des Dionysos verbildlicht worden, glaubt N. im Anschluß an K. O. Müller (§ 8).

Wie sich in der Tragödie als apollinisch-dionysischem Kunstwerk der »tragische Mythos« kundgibt, schildert N. exemplarisch an dem *Oedipus* des Sophokles und dem *Prometheus* des (Ps.-)Aischylos: als »Glorie der Passivität« und

»Glorie der Activität« (GT, KSA 1, 67) weisen sie gemeinsam auf Schrecken wie Notwendigkeit des Frevels für den Menschen (§ 9). Indem gemäß der Ursprungstheorie alle tragischen Helden als »Masken« des Dionysos (Gestaltungen des Ur-Einen) gedeutet werden, ergibt sich die »Mysterienlehre der Tragödie« vom Zerbrechen der Individuation entsprechend der Legende von der Zerreißung des Dionysos-Zagreus durch die Titanen, »als die Ahnung einer wiederhergestellten Einheit« (GT, § 10; KSA 1, 73).

Komplementär zur Genesis der Tragödie ist ihr Untergang im späten 5. Jh., d. h. ihr in Euripides inkarnierter »Selbstmord« (GT, KSA 1, 75) durch Eindringen des Sokratismus: das Drama wird Handlung und Intrige (der Weg zur chorlosen Neuen Komödie), die archaisch-apollinische »Heiterkeit« wird zur bürgerlichen Selbstgefälligkeit des Mittelmaßes (§ 11). Die Zuordnung zu Sokrates – der seinerseits indes nur als Maske auf ein ungeheures »Triebrad« (GT, KSA 1, 91) hinter ihm durchblicken läßt – wird an den antidionysischen Abirrungen der euripideischen Kunstform: Episierung, Rationalismus und Affekt-Naturalismus, konkretisiert (§ 12). Erbe dessen ist der platonische Dialog als Vermischung aller Stile und Formen, woraus das moderne Kunstparadigma des Romans entsteht (§ 14). So gründet sich die Herrschaft des theoretischen Menschen, der selbst jedoch die Grenze erkennt, wo die Logik »sich in den Schwanz beisst«, und so auf die »neue Form der Erkenntniss« ausblickt, die als »tragische« (GT, KSA 1, 101) die Korrelation zur Kunst notwendig findet (§ 15).

Mit dem Motiv einer »Wiedergeburt der Tragödie« (GT, KSA 1, 103) leitet N. dann in den zuletzt angefügten zehn Abschnitten zur Gegenwart über, d.h. zur Reflexion des Wagnerischen Kunstideals in dichter Entsprechung zu Wagners Beethoven-Schrift von 1870: die moderne Musik wird fähig, »den Mythus d.h. das bedeutsamste Exempel zu gebären« und so ein Äquivalent des bei Euripides verlorenen tragischen Chores zu bilden (GT, KSA 1, 107). Grund dieser Hoffnung ist ein Gleichlauf deutscher Philosophie und Musik, welcher den Optimismus des wissenschaftlichen Menschen (inhärent dem »Wesen der Logik«) in die Krise bringt: Nach Kant und Schopenhauer sind Raum, Zeit und Kausalität bloße Formgesetze der Erscheinung, also der Unwahrheit; darum gehört an Stelle der Wissenschaft als höchstes, »tragisches« Kultur- und Erkenntnisziel »die Weisheit« (GT, KSA 1, 118; vgl. den Passus über Kleist, *Schopenhauer als Erzieher* 3, KSA 1, 355f.). Parallel dazu destruiert die deutsche Musik, vom Luther-Choral aus (»der erste dionysische Lockruf«, GT, KSA 1, 147) zu »ihrem mächtigen Sonnenlaufe von Bach zu Beethoven« aufbrechend, die rousseauistisch erfundene Naivetät der Oper. Anders als der Klassizismus meint N. dabei, »dass wir gleichsam in umgekehrter Ordnung die grossen Hauptepochen des hellenischen Wesens analogisch durcherleben« (GT, KSA 1, 127f.). Die hier nur angedeuteten Folgerungen für den Bildungsgedanken (§ 20) kann man sich wiederum in *Vom Nutzen und Nachtheil der Historie* ausgeführt denken.

Anknüpfend an die früheren Gedanken zur Wechseldurchdringung des Apollinischen und Dionysischen im tragischen »Bruderbund beider Gottheiten« (GT, KSA 1, 140) gibt N. dann deren exemplarische Anwendung auf *Tristan und Isolde* (§ 21f.), mit kritischer Implikation gegen Wagners ältere Theorie, »als ob die Musik nur ein höchstes Darstellungsmittel zur Belebung der plastischen Welt des Mythus sei« (GT, KSA 1, 134; Zustimmung Wagners in *Über die Benennung ›Musikdrama‹*, 1872). Der Bühnen-Mythus ist vielmehr apollinisches Schutz- und Heilmittel gegen den sonst lebenbedrohenden symphonischen Andrang, in dem das Herz des Ur-Einen selber zu Tönen kommt. Es kommt also nicht zur eigentlichen Ruhe des Anschauens wie bei Epos und Plastik, da im »tragischen Mythus« (im »Schein«) nur Verbildlichung des Dionysischen vorliegt, also des tristanischen Drangs zur »Urheimat« (GT, KSA 1, 141). An Stelle des bloß kontemplativ »anschauenden« Rezipienten (gemeint ist Hanslick) wird darum mit der Tragödie auch »der aesthetische Zuhörer wieder geboren« (GT, KSA 1, 143), wobei der Gedanke wieder mit der Bildungskonzeption konvergiert: dieser wahre Zuhörer – nochmals der sokratischen Abstraktion in Sitte, Staat und Recht gegenübergestellt – ist befähigt, den Mythus als »das zusammengezogene Weltbild« (GT, KSA 1, 145) zu perzipieren, den ihm vor allem die nachlutherische deutsche Musik vor Augen bringen soll, da sich der von der »Wiedererweckung des alexandrinisch-römischen Alterthums im fünfzehnten Jahrhundert« bestimmte Kultur-Zeitraum zum Ende neigt (GT, KSA 1, 148; vgl.

*Richard Wagner in Bayreuth* 10, KSA 1, 503). Es besteht also eine konstitutive Wechselbeziehung zwischen dem »tragischen Mythus« und der »rein aesthetischen Sphäre«, in der sich nun die früher aufgestellte Hauptthese der alleinigen Rechtfertigung von Welt und Dasein als »aesthetisches Phänomen«, als Spiel des Willens mit sich selbst, erfüllt: dieses »Urphänomen der dionysischen Kunst«, sagt N., begreift sich allein aus der Bedeutung der »musikalischen Dissonanz«, da die Lust des tragischen Mythus und die der Dissonanz zusammenfallen. Mit ihr wird ebenso der Aion des Heraklit, das aufbauende und zerstörende »spielende Kind« (fr. 52 DK), »Zeus« als das Ur-Eine (vgl. PhtZ 6–7, KSA 1, 828 u. 830), in Beziehung gesetzt (GT, KSA 1, 152f.). Daß Lust tiefer als Herzeleid sei, findet sich später als Motiv von Zarathustras *Mitternachtslied* (Za III) wieder; umgekehrt wird so auch der Begriff des »tragischen« Zeitalters für die Blütezeit der griechischen Philosophie konkret. Am Ende der *Geburt der Tragödie* unterläßt es N. nicht, den erhofften deutschen Geist in der Wagnerischen Siegfriedgestalt symbolisiert vorzustellen, wie er einem rechtfertigenden Herniedersteigen Apollos entgegenharrt, »dessen üppigste Schönheitswirkungen wohl eine nächste Generation schauen wird« (KSA 1, 155).

Literatur: Kremer-Marietti, A.: L'homme et ses labyrinthes. Essai sur F. N., Paris 1972; Jähnig, D.: Die Befreiung der Kunst-Erkenntnis von der Metaphysik in N.s »Geburt der Tragödie«, in: Welt-Geschichte: Kunst-Geschichte, Köln 1975, 122–160; O'Flaherty, J. C./Sellner, T. F./Helm, R. M. (Hgg.): Studies in N. and the Classical Tradition, Chapel Hill 1976; Silk, M./Stern, J.: N. on Tragedy, Cambridge 1981; Kruse, B. A.: Apollinisch-Dionysisch. Moderne Melancholie und Unio Mystica, Frankfurt a. M. 1987; Böning, Th.: Metaphysik, Kunst und Sprache beim frühen N., Berlin/New York 1987; Bremer, D.: Vom Mythos zum Musikdrama. Wagner, N. und die griechische Tragödie, in: Borchmeyer, D. (Hrsg.): Wege des Mythos in der Moderne, München 1987, 41–63; Schmidt, B.: Der ethische Aspekt der Musik. N.s »Geburt der Tragödie« und die Wiener klassische Musik, Würzburg 1991; v. Reibnitz 1992; Latacz, J.: Fruchtbares Ärgernis: N.s »Geburt der Tragödie« und die gräzistische Tragödienforschung, Basel 1998.

# Fünf Vorreden zu fünf ungeschriebenen Büchern

*1. Über das Pathos der Wahrheit* (1872)

Im ersten Stück der *Fünf Vorreden zu fünf ungeschriebenen Büchern* – Cosima Wagner zum Geburtstag am 25. Dezember 1872 dediziert, doch von ihr mit kritischem Vorbehalt aufgenommen – statuiert N. einen Zusammenhang von »Ruhm und Ewigkeit« (vgl. das so betitelte Gedicht der späten *Dionysos-Dithyramben*) im Stolz und Unsterblichkeitswunsch, wie er seltenen Menschen aus weltbeherrschenden Augenblicken der großen Empfindung als dem Inbegriff ihres eigensten Wesens erwachse. Es definiert sich daraus das Hauptthema aller fünf Vorreden, der »Grundgedanke der Kultur« (FV 1, KSA 1, 755): die Kette jener großen Momente als ein die Menschheit durch Jahrtausende hin verbindender »Höhenzug«, unabhängig z.B. von der Vorstellung einer Evolution. Daß »der das Dasein am schönsten lebt, der es nicht achtet« (FV 1, KSA 1, 757), ist die entsprechende Maxime für den Ruhmbegierigen.

Zweierlei Anwendung wird gegeben. Zum einen sind Urbilder solchen Stolzes einsamer Größe die Philosophen. Exemplarisch folgt die bekannte Schilderung Heraklits (»Sein Auge, lodernd nach innen gerichtet, blickt erstorben und eisig, wie zum Scheine nur, nach außen«, FV 1, KSA 1, 758; vgl. PhtZ 8, KSA 1, 834), wie er beim Anblick spielender Kinder das Entstehen und Vergehen der Welt im »Spiel des großen Weltenkindes Zeus« bedenkt (also ›Aion‹ und ›Ekpyrosis‹: vgl. PhtZ 7 und GT 24; Wohlfart 1992). Mehr noch als die von ihrer politischen Ambition doch wieder auf die Aktualität verwiesenen Pythagoras und Empedokles erfüllt er so, wiederum archetypisch, die delphische Forderung nach Selbsterkenntnis und dringt, wie die von ihm genannte Sibylle, mit seiner Stimme durch tausend Jahre.

Zum andern aber läßt N., da die stolze »Wahrheit«, deren Heraklit sich rühmte, längst verflüchtigt sei, einen gefühllosen »Dämon« die Anfangssätze von *Wahrheit und Lüge im aussermoralischen Sinne* über den vergeblichen Hochmut des Erkennens rezitieren – und zwar in so erweiterter Form, daß die nihilistische Konsequenz dieser Einsicht (»sie [...] fluchten im Sterben der

Wahrheit«, FV 1, KSA 1, 760) den in *Wahrheit und Lüge im aussermoralischen Sinne* irreführend ausgesparten Zusammenhang mit der *Geburt der Tragödie* herstellt: anstatt im philosophischen »Pathos der Wahrheit« die Schutzwand der »Illusion« durchbrechen zu wollen, rettet die Kunst, »mächtiger als die Erkenntniß«, vor der Vernichtung. Indessen »versinkt« der Philosoph, »während er den Schlafenden zu rütteln glaubt, in einen noch tieferen magischen Schlummer« (ebd.), den Traum jener Unsterblichkeit.

*2. Gedanken über die Zukunft unserer Bildungsanstalten* (1872)

Das »ungeschriebene Buch« zu dieser Vorrede – einer Neufassung der Vorrede (Sommer 1872; KSA 1, 648 ff.) zum Drucktext der gleichnamigen Basler Vortragsreihe – läßt sich aus dieser gut vorstellen; auch zum Kapitel »Was ich den Alten verdanke« der *Götzen-Dämmerung* besteht Verbindung, besonders durch das Hauptmotiv der »schwindelnde[n] Hast unseres rollenden Zeitalters« (FV 2, KSA 1, 762). Von den drei Forderungen, die das hier skizzierte Bild des gewünschten Lesers bestimmen, ist danach, neben der Fähigkeit zur Muße und zur Geduld gegen voreilige konkrete Erwartungen, die wichtigste ganz sokratisch gefärbt: »von dem Wissen des Nichtwissens aus« im Bildungswesen »das Spezifische unserer gegenwärtigen Barbarei« zu erkennen (FV 2, KSA 1, 763).

*3. Der griechische Staat* (1872)

Entstanden aus dem »Fragment einer erweiterten Form der *Geburt der Tragoedie*« (N, KSA 7, 333 ff.; Anfang 1871). Das auch im äußeren Umfang herausragende Mittelstück der *Fünf Vorreden zu fünf ungeschriebenen Büchern* polemisiert gegen zwei Hauptgedanken neuerer Ethik und Gesellschaftslehre: Würde des Menschen und Würde der Arbeit. Die davon bestimmte Kultur, sagt N., überschätzt unphilosophisch die Würde des Daseins selbst, die »Gier des Existenz-Kampfes«, indes die Griechen illusionslos den Menschen als »eines Schattens Traum« und Arbeit als unvermeidliche Schmach sahen (FV 3, KSA 1, 765). Da Würde mithin erst auf der Stufe bestehe, wo »das Individuum völlig über sich hinaus geht und nicht mehr im Dienste seines individuellen Weiterlebens zeugen und arbeiten muß« (FV 3, KSA 1, 766), will N. die »grausam klingende Wahrheit« rechtfertigen, daß zum Wesen einer Kultur das Sklaventum gehöre. Dieselbe konstitutive »Grausamkeit« liegt auch, so N. im Anklang an Burckhardt, »in der Natur der Macht, die immer böse ist« (FV 3, KSA 1, 768). Dies lehren die Griechen, die »im Hinblick auf die einzige Sonnenhöhe ihrer Kunst« als die »›politischen Menschen an sich‹« zu konstruieren seien, Beispiel einer »furchtbaren Entfesselung des politischen Triebes« und »Hinopferung aller anderen Interessen im Dienste dieses Stateninstinktes« (FV 3, KSA 1, 771). In der Moderne, mit ihrem schon ausgebildeten Staatenwesen, konzentriert sich der »Trieb des bellum omnium contra omnes von Zeit zu Zeit zum schrecklichen Kriegsgewölk der Völker und entladet sich gleichsam in seltneren, aber um so stärkeren Schlägen« (FV 3, KSA 1, 772).

Doch steht die Gegenwart unter der Herrschaft einer »eigensüchtigen staatlosen Geldaristokratie«, die N. mit antisemitischen Untertönen darstellt: Echo dessen, was sich etwa im Tagebuch der Adressatin Cosima Wagner findet. Diese Herrschenden verstehen allein, den Staat als Mittel des Eigeninteresses zu nützen; sie streben deshalb, den Angriffskrieg durch Gleichgewichtspolitik unmöglich zu machen; um an den Egoismus der Masse zu appellieren und monarchische Instinkte aufzulösen, bedienen sie sich klug der Lehren der französischen Aufklärung. Die sozialen Mißstände und der Verfall der Künste hängen in solchem Gegenbild zur griechischen Kultur ebenso eng zusammen. Da andererseits sich dort der Ursprung des Staates im militärischen Genius erweist (Beispiel ist das lykurgische Sparta), bekräftigt N.s »Päan auf den Krieg« die analogen Notwendigkeiten des Kriegs für den Staat wie der Sklaverei für die Gesellschaft (FV 3, KSA 1, 774). Er mündet in eine Apotheose des platonischen Idealstaats – dessen Kunstfeindschaft sei eine bloße Äußerlichkeit – als »wunderbar große Hieroglyphe einer [...] Geheimlehre vom Zusammenhang zwischen Staat und Genius« (FV 3, KSA 1, 777).

### 4. Das Verhältniss der Schopenhauerischen Philosophie zu einer deutschen Cultur (1872)

N. konfrontiert in diesem (das spätere *Schopenhauer als Erzieher* antizipierenden) Text den deutschen Kulturzustand im Blick eines Betrachters, dessen Denken nicht »ein verworrener, wohl gar mit den Trompetenstößen des Kriegsruhms gemischter Lärm« (FV 4, KSA 1, 778) störe, mit der Vorbild- und Richtergestalt des Philosophen Schopenhauer. Besonders dem Philistertum des historischen Bewußtseins (vgl. *Vom Nutzen und Nachtheil der Historie*) wird zugerufen: »›Die Welt ist zu allen Zeiten voll von Trivialitäten und Nichtigkeiten gewesen: eurem historischen Gelüste entschleiern sich eben diese und gerade nur dies.‹« (FV 4, KSA 1, 780).

### 5. Homer's Wettkampf (1872)

Die Frage nach einer Humanität, welche die »Natur« nicht abstrakt von sich abstoßen, sondern vielmehr zu integrieren strebt, lenkt den Blick zurück auf die griechische Kultur, womit N. das Problem der gesellschafts-fundierenden »Grausamkeit« aus der 3. Vorrede erneut, und zwar seltsam kontrastierend, aufnimmt. Das Entsetzen einer »vorhomerischen« Welt, durch die theogonischen Sagen geoffenbart, führte zur Auffassung des Daseins als Strafe und zur Weltverneinung hin. Zum Heilmittel wird dagegen das Element des »Wettkampfs«, in Hesiods Dichtung von der zwiefachen Eris verkörpert (FV 5, KSA 1, 786). Das Agonale prägt also die Gesamtkultur zutiefst, kennt aber zugleich den Bereich der Götter, mit denen der Mensch nie den Wettkampf wagen darf, wie es die Schicksale des Thamyris, des Marsyas und der Niobe zeigen.

Aus dieser ›positiven‹ Bewertung von Neid und Groll werden Züge hervorgehoben, die für N.s eigne Existenz bedeutsam werden, so z.B., »daß selbst ein Todter einen Lebenden noch zu verzehrender Eifersucht reizen kann«; ferner die »ungeheure Begierde als Wurzel dieses Angriffs«, selbst an die Stelle des Gestürzten zu treten und dessen Ruhm zu erben (FV 5, KSA 1, 788). Der nach N. ursprüngliche Sinn des griechischen Ostrazismus als Stimulans zur Aufrechterhaltung des Wettstreits, setzt ein Gleichgewicht mehrerer »Genies« voraus, die einander zur Tat reizen, »wie sie sich auch gegenseitig in der Grenze des Maaßes halten« (FV 5, KSA 1, 789). Abscheu gegen Alleinherrschaft und unbedingter Wunsch, für die Wohlfahrt der Stadt im Ganzen zu wirken, sind wechselseitig konstitutiv für die agonale Grundlage der hellenischen Kultur: »ein Gedanke, der der ›Exclusivität‹ des Genius im modernen Sinne feindlich ist« (ebd.). Nochmals wird betont und an dem tiefen Sturz des Feldherrn Miltiades exemplifiziert, wie gleich dem Individuum auch die griechischen Staaten, Athen und Sparta neben andern, »durch Thaten der Hybris ihren Untergang herbeigeführt« haben (FV 5, KSA 1, 792).

Literatur: Vogt, E.: N. und der Wettkampf Homers, in: Antike und Abendland 11 (1962), 103–113; Pöschl, V.: N. und die klassische Philologie, in: Flashar, H./Gründer, K./Horstmann, A. (Hgg.): Philologie und Hermeneutik im 19. Jh., Göttingen 1979, 141–155; v. Reibnitz, B.: N.s »Griechischer Staat« und das deutsche Kaiserreich, in: Der altsprachliche Unterricht 30/3 (1987), 76–89; Lachterman, D. R.: Die ewige Wiederkehr des Griechen: N. and the Homeric Question, in: Conway, D./Rehn, R. (Hgg.): N. und die antike Philosophie, Trier 1992, 13–36; Wohlfart, G.: Also sprach Herakleitos, Freiburg/München 1992; Taminiaux, J.: Le théâtre des philosophes, Grenoble 1995, 143ff.; Sowa, H.: Agonale Kunst. N.s Wendung vom ästhetischen zum künstlerischen Urteil, in: Riedel, M. (Hrsg.): »Jedes Wort ist ein Vorurteil«. Philologie und Philosophie in N.s Denken, Köln/Weimar/Wien 1999, 215–226.

## Unzeitgemäße Betrachtungen

N. plante nach der *Geburt der Tragödie* eine Reihe von kultur- und zeitkritisch intendierten Schriften. Von den 13 geplanten »Betrachtungen« schloß er zwischen 1873 und 1876 vier ab, eine fünfte, *Wir Philologen* (N, KSA 8, 11–130; s.u. ↗Philologica, S. 162) kam über das Entwurfsstadium nicht hinaus.

### David Strauss der Bekenner und Schriftsteller (1873)

N.s Streitschrift aus dem Frühling 1873 gegen den gealterten Hegelianer Strauss und dessen Buch *Der alte und der neue Glaube* (1872) brandmarkt an diesem Exempel die damals besonders virulente Verwechslung des deutschen Waffensiegs über Frankreich mit einem Triumph deutscher über französische Kultur: N. befürchtet im Gegenteil eine »Niederlage, ja Exstirpation des deutschen Geistes zu Gunsten des

›deutschen Reiches‹« (DS, KSA 1, 160). Ist nämlich Kultur zu definieren als Einheit des künstlerischen Stiles in allen Lebensäußerungen eines Volkes, so herrscht in Deutschland deren Gegensatz, die »Barbarei« in der »Stillosigkeit oder dem chaotischen Durcheinander aller Stile« (DS, KSA 1, 163), wie sie vor allem auch von der zeitgenössischen »Bildung« befördert wird.

Den Typus ihrer Träger charakterisiert der von N. aufgegriffene und berühmt gemachte Ausdruck »Bildungsphilister«. Er sucht nicht mehr die Kultur, da er sie bereits zu besitzen glaubt, während er nur – stets unter seinesgleichen wandelnd – »überall das gleichförmige Gepräge seiner selbst wiederfindet« und sich gegen alles andere verschließt: »er hält gerade das, was die Kultur verneint, für die Kultur« (DS, KSA 1, 165f.). Ihn verkörpert der Denker und Schriftsteller Strauss mit seinem »neuen Glauben«: der »Philister als der Stifter der Religion der Zukunft« (DS, KSA 1, 177).

N. nimmt zunächst Straussens Meinungen über Dichter und Musiker aufs Korn. Die Lessing nachgerühmte Einheit von Autor und Mensch, »Kopf« und »Herz«, wird, da sie ebensogut dem schlechten Schriftsteller eignet, als pseudokünstlerische Vorstellung entlarvt. Gleichfalls verkennt der Philister die Lage von Zwang und Verzweiflung, die seine »Klassiker« zu der von ihm gepriesenen »Universalität« nötigte (DS, KSA 1, 183). Sein Vorbehalt gegen die Neunte Symphonie, die nur jenen gefalle, »welchen das Barocke als das Geniale, das Formlose als das Erhabene gilt« (DS, KSA 1, 186), wird von N. mit Ingrimm als banausisch kommentiert: *mutatis mutandis* ein bemerkenswertes Vorspiel zu N.s eigener künftiger Polemik gegen Wagner.

Philosophisch wird der Maßstab Schopenhauers angelegt, um zu zeigen, daß dessen Verächter Strauss, für den es darum »keine Kantische Philosophie« gebe, in dem »gröblichsten Realismus« und wissenschaftsgläubigen Positivismus hängen bleibe (DS, KSA 1, 191). Entsprechend ist die Weltanschauung des Philisters der »inkurable Optimismus«, also die von Schopenhauer als Hohn über die Leiden der Menschheit gegeißelte »ruchlose Denkungsart« (DS, KSA 1, 192). Seiner Begeisterung für den Darwinismus wirft N. Inkonsequenz vor, da sie nicht »aus dem bellum omnium contra omnes und dem Vorrechte des Stärkeren Moralvorschriften für das Leben« abzuleiten den Mut habe und sich statt dessen mit antiklerikalen Ausfällen begnüge: »Denn mit einer ächten und ernst durchgeführten Darwinistischen Ethik hätte man den Philister gegen sich« (DS, KSA 1, 195). Straussens These, Gott zeige uns, »dass zwar der Zufall ein unvernünftiger Weltherrscher wäre, dass aber die Nothwendigkeit, d.h. die Verkettung von Ursachen in der Welt, die Vernunft selber ist«, zitiert N. mit der Bemerkung, solche »Kosmodizee« stelle eine Hegelische Erschleichung dar, die denen unklar bleibe, die in solcher Anbetung des »Wirklichen«, »das heisst, in der Vergötterung des Erfolges, gross gezogen sind« (DS, KSA 1, 197). Von Interesse ist derlei auch als Hintergrund z.B. für das erste Buch des künftigen *Jenseits von Gut und Böse*.

Der Autor Strauss spricht zu seinem Publikum in einer Zeit, da »der wissenschaftliche Mensch« neuerdings in eine Hast gerät, »als ob die Wissenschaft eine Fabrik sei«, und dadurch wesentlich mit dem Philister konvergiert: er »geht durch alle Geschäfte [...] mit jener halben Aufmerksamkeit oder mit jenem widrigen Erholungs-Bedürfnisse hindurch, welches dem erschöpften Arbeiter zu eigen ist« (DS, KSA 1, 202). Um dessentwillen untersucht N. ferner Strauss als Schriftsteller, der jenem Publikum als »klassisch« gilt (DS, KSA 1, 207). Er tut es mit Kategorien, die wiederum für den Stilbegriff des späteren N. (vor allem in *Der Fall Wagner*) von Belang sind: angefangen mit der Frage nach der »Architektur des Buches«, danach, »ob Strauss die künstlerische Kraft hat, ein Ganzes hinzusetzen, totum ponere« (DS, KSA 1, 209). Es ergibt sich, daß logisch wie künstlerisch Strauss dies nicht erfüllt, was N. dann auf ein sachliches, grundlegendes Mißverhältnis der Begriffe von Religion und Wissenschaft zurückführt. Den Autor, der gar nicht als »Charakter«, sondern bloß in vorgenommenen »Masken« (wie z.B. Lessing oder Voltaire) existiert, bekennt N. daraufhin zu schätzen »wie einen Schauspieler, der das naive Genie und den Klassiker spielt« (DS, KSA 1, 220).

Als »ganz nichtswürdiger Stilist« wird Strauss zunächst halbwegs entschuldigt durch die zeitgenössischen Sprachzustände, die in Deutschland dem Schriftsteller im Wege stehen: Mangel an der künstlerischen Wertschätzung, Behandlung und Ausbildung der mündlichen Rede (ebd.). Als Symptomatik und Musterbeispiel des vom Philister erzeugten »Allerweltstils« (DS, KSA 1, 223) fügt N. dann noch eine kommentierte Sammlung von Stilblüten des »Klassikers« Strauss hinzu, in der Erbitterung gelegentlich unterbrochen von Paränesen wie: »Sind eure Ohren stumpf geworden, nun so fragt, schlagt Wörterbücher nach, gebraucht gute Grammatiken, aber wagt es nicht, so in den Tag hinein fortzusündigen!« (DS, KSA 1, 235). Was also die Philister-Kultur in Deutschland für einen Klassiker und »lebendigen Gott« erkennt, hat N. als Fall von »bemalten Götzenbildern« gefaßt und »umzuwerfen« unternommen (DS, KSA 1, 241).

Literatur: Hofmiller, J.: Letzte Versuche, München 1952, 130 ff.; Salin, E.: Vom deutschen Verhängnis. Gespräch an der Zeitenwende: Burckhardt – N., Hamburg 1959; Fink 1960, 35 ff.; Hollingdale, R. J.: N.: The Man and His Philosophy, London 1965 (Neuausg. 1999), 120 ff.; Kaufmann 1982, 156–164.

*Vom Nutzen und Nachtheil der Historie für das Leben* (1874)

Die »Betrachtung über den Werth und den Unwerth der Historie« (HL, KSA 1, 245), entstanden im Herbst und Winter 1873, spannt sich von der Darstellung dreier möglicher – an ihrem Orte zulässiger und wünschbarer – Weisen des Verhaltens zum historisch Überlieferten hin zu der kritischen Erörterung, wie es damit in der zeitgenössischen Kultur, nämlich unter dem Alleinherrschaftsanspruch des wissenschaftlichen Weltbezuges, bestellt sei. Gefahr birgt der »historische Sinn«, wo unter der Last des Vergangenen »die plastische Kraft eines Menschen, eines Volkes, einer Cultur« zum Erliegen kommt: dort ist ein Element des Vergessens heilsam. Je stärker umgekehrt die plastische Kraft ist, desto mehr kann sie sich die Erfahrung und Aneignung des Fremden gestatten: »die mächtigste und ungeheuerste Natur« würde zuletzt keinerlei Grenzen des historischen Sinns und seines »es war« nötig haben und derart »alles Vergangene [...] in sich hineinziehen« (HL, KSA 1, 251). Nicht nur hier erweisen sich Bezüge zwischen dem Begriff eines »überhistorischen Standpunkts« in der *Historien*-Schrift (KSA 1, 254) und der späteren Konzeption der Zarathustra-Gestalt.

Um an diesem Maßstab des »Lebens« nun seine Gegenwart zu beurteilen, exponiert N. drei Weisen, in denen die Historie dem Leben dient:

1. Die »monumentalische« Weise ist die des »Tätigen« (Beispiel: Schiller), welcher selbst Großes zu schaffen strebt und dabei die Geschichte als Vorbild, Anhalt und Trost erfährt. (Hier übernimmt N. bei der Lehre vom »Höhenzug der Menschheit durch Jahrtausende« einen großen Teil aus *Fünf Vorreden zu fünf ungeschriebenen Büchern*, 1, KSA 1, 259 f. = 756 f.) Nachteil des Monumentalischen ist die Gefahr falscher Idealisierung unter Mißachtung des »wahrhaft geschichtlichen Connexus von Ursachen«: wahr sein könnte es im Grunde nur, wenn mit den Pythagoreern an die ewige Wiederkehr des Gleichen zu glauben wäre: »daß bei gleicher Konstellation der himmlischen Körper auch auf Erden das Gleiche, und zwar bis auf's Einzelne und Kleine, sich wiederholen müsse« (HL, KSA 1, 261). Jede der drei Weisen ist nur unter Umständen segensreich; im falschen Ort und Zeitpunkt wächst jede »zum verwüstenden Unkraut heran« (HL, KSA 1, 264). – 2. Die »antiquarische« Haltung ist die des »Bewahrenden und Verehrenden« mit dem Grundzug der Pietät: N.s Beispiele sind Goethe vor dem Straßburger Münster und die Erweckung des »antiken italischen Genius« in den Italienern der Renaissance (HL, KSA 1, 266). Spricht deren Größe für sich selbst, so ist ihre Gefahr die Enge des Gesichtsfelds und die Selbstuntergrabung der Begeisterung durch die sich verselbständigende »gelehrtenhafte Gewöhnung« (HL, KSA 1, 268). – 3. Zuweilen muß der Mensch eine Vergangenheit zerbrechen um seines Lebens willen: dies erzeugt den »kritischen« Sinn für Historie im Kampf um Befreiung aus einer Notlage: er sitzt über die Geschichte zu Gericht, um sie zu verurteilen – nicht aus Gerechtigkeit: »das Leben allein, jene dunkle, treibende, unersättlich sich selbst begehrende Macht« tut es (HL, KSA 1, 269). In seinem Impuls des Neu-Schaffens neigt er andererseits zu dem gefährlichen Versuch, »sich gleichsam a posteriori eine Vergangenheit zu geben, aus der man stammen möchte« (HL, KSA 1, 270).

Danach setzt N. neu an, um die vom historischen Sinn einseitig geprägte Kultur seiner Zeit auf ihre Schwächen hin zu examinieren: sein eigener Versuch gibt sich damit als zur »kritischen« Haltung gehörig zu erkennen: es geht um Befreiung von einer »Not«. Diese wird durch die entscheidende Neuerung bestimmt, »dass die Historie Wissenschaft sein soll« (HL,

KSA 1, 271). Sie verstärkt, besonders in Deutschland, den unantiken, bloßem Sich-bequem-Machen und flüchtiger Hast förderlichen Zwiespalt zwischen »Innerlichkeit« und als sekundär mißdeuteter »äußerer Form«; man hat so nur eine Art Wissen um die Bildung, nicht diese selbst. Den Defekt erläutert N. in fünferlei Hinsicht. 1. Schwächung der Persönlichkeit: Der Mensch wird zum beständigen Zuschauer reduziert, der immer nur neuer Reizmittel seines erschlaffenden Interesses bedarf und nur in dieser Form, gleichsam als *bystander*, überhaupt wahrnimmt: »Noch ist der Krieg nicht beendet und schon wird er in bedrucktes Papier hunderttausendfach umgesetzt« (HL, KSA 1, 279). Desgleichen gegenüber der kulturellen oder künstlerischen Tat: »sofort sieht der ausgehöhlte Bildungsmensch über das Werk hinweg und fragt nach der Historie des Autors« (HL, KSA 1, 284). – 2. Illusion der »Gerechtigkeit« infolge des Glaubens an wissenschaftliche »Objektivität«: daß künstlerische Beschaulichkeit einen passiv-reinen Spiegel des empirischen Wesens der Dinge böte, wie man es etwa an Ranke pries, ist eine schlechte »Mythologie« (HL, KSA 1, 290). N. führt dagegen Grillparzer und Schiller an und weist auf die absurde Konsequenz, ein guter Philologe sei etwa der, den die griechische Vergangenheit »gar nichts angehe«. Dagegen steht der zentrale Satz der Abhandlung: »Nur aus der höchsten Kraft der Gegenwart dürft ihr das Vergangene deuten« (HL, KSA 1, 293 f.): das Wissens- und Bewahrenswerte offenbart sich nur einer Anspannung der edelsten Eigenschaften des seltenen Historikers. – 3. Hinderung des Reifens: Große Dinge der Kultur brauchen zum Wachstum eine Schutzhülle oder »Atmosphäre«, die ihnen die Gegenwart verweigert. Sie will keineswegs die proklamierten »Persönlichkeiten«, sondern im Gegenteil: »die Menschen sollen zu den Zwecken der Zeit abgerichtet werden, um so zeitig als möglich mit Hand anzulegen« und »dem Arbeitsmarkte« keine Kraft zu entziehen (HL, KSA 1, 299). Gerade die Gelehrten unterliegen dem. – 4. Das Gefühl der Spätzeit: es geht in Wahrheit auf das christlich-theologische Denkschema vom nahen Weltende zurück, welches stets wieder die Vorstellung vom Ende der Geschichte produzieren muß. Besonders für die Deutschen, als verspätete Nation oder »Volk von Nachkommen«, gilt das Postulat: jener »Ursprung muss selbst historisch erkannt werden, die Historie muss das Problem der Historie selbst auflösen, das Wissen muss seinen Stachel gegen sich selbst kehren« (HL, KSA 1, 306): der zweite philosophische Kernsatz der Schrift. – 5. Zusammenhang von Ironie, Zynismus und Egoismus: Er gründet in der Vorstellung des »Weltprozesses«, als dessen »Spitzen und Zielscheiben« sich zu fühlen den modernen Menschen ihre Selbstgefälligkeit erlaubt. Das Wissen des überstolzen Europäers des 19. Jh.s vollende nicht die Natur, sondern töte nur seine eigene (HL, KSA 1, 312 f.). Von da führt N. eine lange Polemik gegen Hartmann (↗Philosophie und Theologie des 19. Jh.), den Theoretiker der doppelten Überhebung von Weltprozeßlehre und Willensverneinung. Dessen Hegelsche Erbschaft, die »nackte Bewunderung des Erfolges« (HL, KSA 1, 309) und der historischen Macht, führe zur Vergöttlichung des Egoismus als eines neuen Glaubens, um mit Hilfe des Staates »die kommende Geschichte auf dem Egoismus zu errichten« (HL, KSA 1, 321). Die philosophische Krudität dieser Geschichts-Ideologie (die N. mit gespielter Unschuld, wie im Falle von ↗Strauss, als Selbstironie des Denkers und »Schelms« Hartmann hinstellt) führt wiederum auf manches, was unter geänderten Vorzeichen beim späteren N. erneut auftaucht (vgl. etwa HL, KSA 1, 317 f.).

Für die Deutschen, die »bis jetzt keine Cultur haben« (HL, KSA 1, 325), besteht demnach in N.s Generation die »Not«, das kulturelle Zentralproblem, in einer »Erziehung der Erzieher«, erschwert durch jene habituelle Vergötzung des Tatsächlichen und der Macht. Ihre erste Denkaufgabe ist es mithin, den Glauben an dessen vermeintliche Notwendigkeit (qua »Weltprozeß« und sonst) zu durchbrechen: hier folgt ein Vergleich mit dem Problem der platonischen Republik, das zu der Feier Platos in der dritten der *Fünf Vorreden zu fünf ungeschriebenen Büchern* in einer merkwürdigen Spannung zu stehen scheint (HL, KSA 1, 326–328). Der Monopolanspruch der Wissenschaft, die nichts als »überall ein Gewordnes, ein Historisches« sehen kann, ist durch Besinnung auf Kunst und Religion zu relativieren, um nun gerade die plastische Kraft zur illusionslosen Vergegenwärtigung der Geschichte zu befreien: damit sie wieder lerne, »sich der Vergangenheit wie einer kräftigen Nahrung zu bedienen« (HL, KSA 1, 329 f.). Zu Anhalt und

Ermutigung wird auf das delphische »Erkenne dich selbst« verwiesen: von den Griechen sei ihre eigene, analoge Situation eines wilden Chaos von Formen und Überlieferungen »dank jenem apollinischen Spruche« in eine wirkliche Bildung verwandelt worden (HL, KSA 1, 333). So können sie dem Modernen, der in »kritischer« Wendung zur Historie dem Gedanken folgt, »daß Kultur noch etwas anderes sein kann als Dekoration des Lebens«, das wechselseitige Bedingtsein von Bildung und »Wahrhaftigkeit« zu klären helfen. Daß sie den Gedanken von Kultur im Sinne einer »neuen und verbesserten Physis, ohne Innen und Aussen« (HL, KSA 1, 334) – auf dem Weg der Selbsterkenntnis, nicht der Nachahmung der Antike – zu liefern vermag, scheint zuletzt der »Nutzen« der Historie im Augenblick von N.s Betrachtung zu sein.

Literatur: Reinhardt, K.: N. und die Geschichte, in: Vermächtnis der Antike, Göttingen 1960, 296–309; Jähnig, D.: Der Nachteil und der Nutzen der modernen Historie nach N., in: Welt-Geschichte: Kunst-Geschichte, Köln 1975, 68–111; Schröter, H.: Historische Theorie und geschichtliches Handeln. Zu N.s Wissenschaftskritik, Mittenwald 1982; Gerhardt, V.: Leben und Geschichte. Menschliches Handeln und historischer Sinn in N.s zweiter »Unzeitgemäßer Betrachtung«, in: ders.: Pathos und Distanz, Stuttgart 1988, 133–162; Borchmeyer, D. (Hrsg.): »Vom Nutzen und Nachteil der Historie für das Leben«: N. und die Erinnerung in der Moderne, Frankfurt a. M. 1996; Meyer, K.: Ästhetik der Historie. F. N.s »Vom Nutzen und Nachteil der Historie für das Leben«, Würzburg 1998.

### Schopenhauer als Erzieher (1874)

Die dritte *Unzeitgemäße Betrachtung*, geschrieben zwischen Frühjahr und August 1874, gibt ein Portrait Schopenhauers in seiner Zeit: es ist unverkennbar als Modell philosophischer Existenz überhaupt (etwa dem platonischen Sokratesbild vergleichbar) gezeichnet. Im Vordergrund steht die Kulturbedeutung des Denkers unter Deutschen, in bezug auf dessen prägende Wirkung und deren Probleme bei einer nachfolgenden Generation: somit, dem Generalthema der *Unzeitgemäßen* entsprechend, Schopenhauer »als Erzieher«. Außer den Alten darin allenfalls mit Montaigne vergleichbar, offenbart der Denker die einander bedingenden Grundzüge des philosophischen Bios, die der »Ehrlichkeit« und der Unabhängigkeit. Sie definieren seine wesentliche Stellung in der ihn umgebenden, modernen (d.h. wissenschaftlich bestimmten) Kultur; so wird aber auch zugleich »theoretisch« das prinzipielle Verhältnis der Philosophie zur Wissenschaft, besonders unter nachkantischen Verhältnissen, zumindest mitgedacht. Wiederum an den Sokrates etwa aus *Symposion* oder *Phaidon* erinnernd, wird der Rang des Philosophen danach beurteilt, wieweit »er im Stande ist, ein Beispiel zu geben« (SE, KSA 1, 350). Die Stärke der Unabhängigkeit, aber ebenso der vom Denker in der Moderne zu zahlende Preis der Isolation und ihrer Folgen werden an drei »Gefahren« dargestellt.

Schieres Überleben im Klima der deutschen »Bildung« verbraucht schon enorme Kräfte: »nur Naturen von Erz, wie Beethoven, Goethe, Schopenhauer und Wagner, vermögen Stand zu halten« (SE, KSA 1, 352). Deformierend wirkt der durch die Einsamkeit erzwungene Kampf gegen die »Inquisitionszensur« des Totschweigens (welches hier vielleicht zu einseitig als deutsche Spezialität erscheint), auch in den Pyrrhussiegen des Bekanntwerdens: solche »grösste Gefahr der Einsamen«, von der auch Zarathustras *Nachtlied* sprechen wird, ist N. selbst nur zu vertraut: »Von Zeit zu Zeit rächen sie sich für ihr gewaltsames Sich-Verbergen [...] Sie kommen aus ihrer Höhle heraus [...] ihre Worte und Thaten sind dann Explosionen, und es ist möglich, dass sie an sich selbst zu Grunde gehen« (SE, KSA 1, 354).

Unmittelbar philosophischer Natur ist die zweite der Gefahren, die »Verzweiflung an der Wahrheit«. Gegen die befürchtete alleinige Wirkung Kantischer Erkenntniskritik, die »eines zernagenden und zerbröckelnden Skepticismus und Relativismus«, hält N. das Beispiel von Kleists bekanntem Brief über die »Kantische Philosophie«, die ihn im »heiligsten Innern« verwundet und seines höchsten Ziels beraubt habe. Eben hier könne es Schopenhauer sein, »welcher aus der Höhle des skeptischen Unmuths oder der kritisirenden Entsagung hinauf zur Höhe der tragischen Betrachtung leitet« (SE, KSA 1, 355f.). Man lege ihn aus, »individuell, vom Einzelnen allein für sich selbst«, im Blick auf ein hohes »Gesammtziel«: »Macht zu gewinnen, um durch sie der Physis nachzuhelfen und ein wenig Corrector ihrer Thorheiten [...] zu sein« (SE, KSA 1, 357). Dem entfließt sogleich die dritte Gefahr, die der Verhärtung aus ungestillter Sehnsucht nach der Wiedergeburt als Genius, die bei Schopenhauer eine »seltsame und höchst gefährliche

Doppelheit« erzeugt habe (SE, KSA 1, 358). Diese und weitere Gefahren drohen dem Philosophen bei seinem Tun, »Gesetzgeber für Maass, Münze und Gewicht der Dinge zu sein«. Mit Berufung auf den Pessimismus des Empedokles bei solcher »Gesammtabrechnung« über den Werth des Daseins (SE, KSA 1, 360f.) bringt N. die wiederum auf *Zarathustra* vordeutende Frage an den schöpferischen Menschen: »›bejahst denn du im tiefsten Herzen dieses Dasein? Genügt es dir? Willst du sein Fürsprecher, sein Erlöser sein?‹«. Die hier zu erwartende, doch nicht ausgesprochene Antwort scheint indes auf ein Nein hinauszukommen (SE, KSA 1, 363). Doch später, wo er – nach Erörterung der vorherigen Typen des Menschenbildes, des rousseauisch-katilinarischen und des goethisch-beschaulichen – auf die erstmals von Schopenhauer gelehrte »mächtige Sehnsucht nach Heiligung und Errettung« zurückkommt, läßt N. den Wahrhaftigen »den Sinn seiner Thätigkeit als einen metaphysischen, aus Gesetzen eines andern und höhern Lebens erklärbaren und im tiefsten Verstande bejahenden« empfinden: »so sehr auch alles, was er thut, als ein Zerstören und Zerbrechen der Gesetze dieses Lebens erscheint« (SE, KSA 1, 372). So steigt vor der Seele dieses Heroisch-Erkennenden die »ungeheure Aufgabe« auf, »alles Werdende zu zerstören, alles Falsche an den Dingen an's Licht zu bringen«. Er lebt ohne Hoffnung; doch eben deshalb kann ihm zuletzt Enttäuschung in Verklärung umschlagen als jemandem, der »Unwahrheit in allem sucht und dem Unglücke sich freiwillig gesellt«. Seiner wartet womöglich »ein anderes Wunder der Enttäuschung«: »etwas Unaussprechbares, von dem Glück und Wahrheit nur götzenhafte Nachbilder sind, naht sich ihm, die Erde verliert ihre Schwere«, worin sich wohl, jenseits der seltsamen Doppelheit in Schopenhauer, die Höhe der »tragischen Betrachtung« verkörpert. Damit beendet N. seine Zeichnung des Philosophen als des »idealen Menschen«, »welcher in und um Schopenhauer, gleichsam als seine platonische Idee, waltet« (SE, KSA 1, 375f.).

Die zweite Hälfte der Schrift will, zur Vervollständigung und Applikation, die Erzieherqualität dieses Ideals darin erweisen, daß es, über den Augenblick rauschhaften Aufschwungs hinaus, über einen neuen »Kreis von Pflichten« mit der Alltagswelt und den »Gemeinschaften der Thätigen« vermittelbar sei (SE, KSA 1, 376). Dazu wird zunächst wieder prinzipiell die Natur betrachtet als zur menschlichen Erkenntnis hindrängend: da der Mensch »zu ihrer Erlösung vom Fluche des Thierlebens nöthig ist«, zur Offenbarung der metaphysischen Bedeutsamkeit des Lebens (SE, KSA 1, 378). Wahrhafte Menschen sind aber allein der Philosoph, der Künstler und der Heilige. An ihrer Erzeugung, »in uns und außer uns«, zu arbeiten – und »dadurch an der Vollendung der Natur«, sagt N. – ist der »Grundgedanke der Kultur« als einer verklärten Physis (dazu vgl. *David Strauss*, KSA 1, 363, und *Vom Nutzen und Nachtheil der Historie*). Philosoph und Künstler dienen der Selbsterkenntnis der Natur, der Heilige dient ihrer Selbsterlösung: sein leidendes Leben wird nicht individuell empfunden, sondern »als tiefstes Gleich-, Mit- und Eins-Gefühl in allem Lebendigen«. In diesem »Wunder der Verwandlung«, das wir in unserer Alltagsverfassung nicht erreichen, liegt erst die »endliche und höchste Menschwerdung«, auf welche die Natur hindrängt (SE, KSA 1, 382).

So umschrieben, erwächst die Möglichkeit zu jenem »Kreis von Pflichten« in aktiv-kritischer Auseinandersetzung mit Kultur hindernden Gegenmächten, die N. im Bild einer dreifachen »Selbstsucht« charakterisiert. Die Selbstsucht der Erwerbenden: sie interessiert eine »rasche Bildung, um bald ein geldverdienendes Wesen zu werden«. Die Selbstsucht des Staates: sie fesselt und zersplittert die kulturellen Kräfte, von N. am Schicksal des Christentums – »eine der reinsten Offenbarungen jenes Dranges nach Kultur und gerade nach der [...] Erzeugung des Heiligen« – unter dem Staat verdeutlicht. Schließlich der Ästhetizismus einer bloß häßliche Inhalte übertünchenden »schönen Form«, den N. im Deutschland nach der Reichsgründung verhängnisvolle Ausmaße annehmen sieht (SE, KSA 1, 387–391): »sich nicht merken lassen, wie elend und schlecht man ist, wie raubthierhaft im Streben, wie unersättlich im Sammeln« (SE, KSA 1, 392).

Eine vierte Art Selbstsucht, ihre Natur und Konsequenzen, wird im verbleibenden Teil der Schrift besprochen: »die Selbstsucht der Wissenschaft und das eigenthümliche Wesen ihrer Diener, der Gelehrten« (SE, KSA 1, 393). N. gibt hier, indem er eine Gelehrtenpsychologie skizziert, zugleich einen Kommentar zu Schopenhauers Abhandlung über die Universitätsphilosophie in den *Parerga und Paralipomena*. Ein

Grundzug der gegenwärtigen Kultur liegt ja darin, die Philosophie als ein akademisches Fach, als Broterwerb und »eine der Wissenschaften« anzusetzen und dergestalt, so denkt N. weiter, ein älteres Wissensideal, »dem eigentlich der mittelalterliche Gelehrte als Ziel der vollendeten Bildung vorschwebt« (SE, KSA 1, 402), durch das szientifische und ökonomische *laisser faire* beherrschen zu lassen (vgl. SE, KSA 1, 367). Wer jenen »Grundgedanken der Kultur« gefaßt hat und zudem etwa »die Abstumpfung aller modernen Menschen gegen Bücher, welche sie eben durchaus nicht mehr ernst nehmen wollen«, erkennt (SE, KSA 1, 406), wird nicht nur den Selbstbetrug der Moderne durch »flausenhafte Begriffe« wie »national« (SE, KSA 1, 407) bekämpfen, sondern auch die Basis philosophischer Existenz neu bedenken. Wieder dient hier Schopenhauer zum Vorbild solcher Lebensbedingungen: der »stolze und republikanisch freie Charakter seines Vaters«, das Reisen in fremden Ländern und Kulturen. »Bei Zeiten wurde er gegen die nationalen Beschränktheiten abgestumpft oder allzu geschärft« (SE, KSA 1, 408). Gegenüber Kant, der durch die preußische Monarchie geduckt und menschlich »in einem gleichsam verpuppten Zustande« gehalten wurde, hatte Schopenhauer ferner das Glück, in Goethe »den Genius aus der Nähe zu sehen« und so über dessen Bios belehrt zu werden. Er hatte ferner, fügt N. hinzu, »sogar noch etwas Höheres gesehen«: »er hatte den Heiligen als Richter des Daseins gesehn«. So konnte der Denker ein »wirklicher Mensch« werden (SE, KSA 1, 409f.).

Zentrale Kategorie philosophischen Lebens ist darum »Freiheit und immer wieder Freiheit« (SE, KSA 1, 411). An ihr, und an der mit ihr einhergehenden Einsamkeit, meint N., würde der gewöhnliche Erdensohn sofort zugrunde gehen. Aber auch jene Umdeutung der Philosophie zum akademischen Fach steht ihr entgegen; sie verhält zu der pessimistischen Behauptung, »dass in Hinsicht auf die großen Philosophen von Natur, nichts ihrer Erzeugung und Fortpflanzung im Wege steht als die schlechten Philosophen von Staatswegen« (SE, KSA 1, 413). In Form von mehrerlei »Concessionen« an den Staat (oder wer sonst Universitäten kontrolliert) – Auswahl, Organisation der Tätigkeit, Vorformung durchs Prüfungswesen und Selbständigkeit des Denkens betreffend – beschreibt N. Hindernisse jener Freiheit beim Akademiker (SE, KSA 1, 415f.). Den zeitgenössischen Brotgelehrten, denen die Universität zum Zweck und die Philosophie zum Mittel wurde, wirft N. vor, sie machten es sich bequem: »sie fanden immer Gründe, weshalb es philosophischer sei, nichts zu wissen als etwas zu lernen« (SE, KSA 1, 419). Vor allem gegenüber den Naturwissenschaften und der Historie hätten sie das eigenständige Denken eingebüßt. »Sie hat Niemanden betrübt« (SE, KSA 1, 427) soll darum der Universitätsphilosophie als Grabschrift zukommen; von Schopenhauer inspirierte Geister denken derweil auf Erneuerung.

Literatur: Havenstein, M.: N. als Erzieher, Berlin 1922; Kaufmann 1982, 183–206; Löw, R.: N. – Sophist und Erzieher, Weinheim 1984.

### *Richard Wagner in Bayreuth* (1876)

Die Schrift, die N. in Erwartung der ersten Bayreuther Festspiele konzipierte und (nach Vorarbeiten seit Mitte 1875) als Festgeschenk im Sommer 1876 dorthin mitbrachte, unternimmt es, beim Lesepublikum durch die Schilderung von Wagners Wesen und Werdegang einen Sinn für die Größe des bevorstehenden Ereignisses zu wecken. Die Sorge, der große Moment werde ein kleines Geschlecht finden, führt auf den Kerngedanken des Ganzen: Wagner und die, die seine Tat – »die erste Weltumsegelung im Reiche der Kunst« – jetzt schon verstehen, »als unzeitgemässe Menschen« zu begreifen (WB, KSA 1, 432f.).

N. beschreibt zunächst Wagners früheres Schicksal (an Hand von dessen Autobiographie *Mein Leben*, die ihm zur Verfügung gewesen war), um in seinem Charakter »zwei Triebe oder Sphären« zu scheiden (WB, KSA 1, 437): einen schrankenlosen Machtwillen und einen milden, liebevollen Geist (dieser, als »selbstlose Treue«, im *Ring des Nibelungen* vor allem in der Brünnhilde manifest). Wagners unerhörte Begabung des Lernens wird hervorgehoben und gegen die übliche Bildung »als Opiat gegen alles Umwälzende« abgesetzt: analog zur wirklichen Aufgabe von Philosophie, das Veränderliche der Welt festzustellen und auf dessen Verbesserung »loszugehen« (WB, KSA 1, 445). So verknüpft sich das Porträt mit N.s Diagnose der Epoche durch Synkrisis mit der griechischen Kultur; Analogien bestehen etwa zwischen Kant und den Eleaten,

Schopenhauer und Empedokles, Aeschylus und Wagner. Doch der moderne Geschichtsgang muß den griechischen umkehren: den von Alexander zerhauenen gordischen Knoten gilt es wieder zu binden durch »eine Reihe von Gegen-Alexandern«, zu denen Wagner gehört (WB, KSA 1, 447). Da hierbei die Kunst sich selber nicht als Apologie des Bestehenden und Schopenhauersches Quietiv des Willens mißverstehen soll, ist Kulturziel das Entstehen eines Überpersönlichen, der »tragischen Gesinnung« (WB, KSA 1, 453). Sie wird, besonders in Hinsicht auf die Bedeutung der Kunst, in den folgenden Teilen der Schrift umrissen.

Scheinbar hoffnungslos getrennte Sphären, so N., sind von Wagner neu zusammengefügt: Musik und Leben einerseits, Musik und Drama andererseits. Er hat als Grundübel der zivilisierten Völker der Gegenwart ein Erkrankt-Sein der Sprache erkannt, aufgrund dessen die Menschen »sich nicht wahrhaft mittheilen« können: dabei werde Sprache zu einer medialen »Gewalt für sich«, »welche nun wie mit Gespensterarmen die Menschen fasst und schiebt, wohin sie eigentlich nicht wollen«; beim Versuch der Verständigung auch über Elementares »erfasst sie der Wahnsinn der allgemeinen Begriffe«, hohl und gewaltherrisch (WB, KSA 1, 455; zum Beispiel der »Umzäunungen des nationalen Wesens« äußert sich der zehnte Abschnitt). Gegen die so bedingte, als »Bildung« definierte Versklavung der Individualität wirkt die Musik, »Feindin aller Convention«, durch eine »Rückkehr zur Natur«, die vielmehr zugleich »Umwandelung der Natur« ist – N. sagt dies im vollen Bewußtsein seiner Polemik gegen den Rousseauismus in der *Geburt der Tragödie*: »in ihrer Kunst ertönt die in Liebe verwandelte Natur«. Dem entspricht eine aus der Hörwelt kommende Erneuerung »der gesamten Schauwelt« gegenüber der bürgerlichen Fassadenkultur (WB, KSA 1, 456). Diese strebt, sich durch Gelehrsamkeit und Philosophie mit einem Schein von Legitimität zu umhüllen, wo z.B. die Biologen sich bemühen, »die thierischen Ausbrüche von Gewalt und List und Rachsucht im jetzigen Verkehre der Staaten und Menschen untereinander als unabänderliche Naturgesetze hinzustellen« (WB, KSA 1, 463). Das hierbei eigentlich treibende schlechte Gewissen wird durch die Kunst Wagners ins Licht der Erkenntnis gerückt.

Der Hörer und Zuschauer, Adressat von Wagners dämonischer Mitteilungsfähigkeit, nimmt selbst deren Kraft auf und wird so »gleichsam durch ihn gegen ihn mächtig«: N.s Lehre von einer geheimnisvollen »Gegnerschaft« (WB, KSA 1, 466) im Wesen des Betrachtens wird meist als verhüllte Distanzierung von Wagner aufgefaßt, da sie dem Stereotyp vom rauschhaften »Gesamtkunstwerk« widerspricht; es handelt sich um Ausarbeitung des im fünften Abschnitt zur Beziehung von Sprache, Empfindung und Individualität Vorgebrachten. Hieraus folgt die Lehre vom »Wesen des dithyrambischen Dramatikers«, die N. später im *Ecce homo* auf den *Zarathustra*-Autor zu übertragen vorschlägt. Mit dessen Kunst, uns unentbehrlich, steigen wir »auf die höchsten Sprossen der Empfindung«, teilen den Gegen-Trieb, »das liebende Verlangen zur Erde«, um so »zu tragischen Menschen umgewandelt« zurückzukehren (WB, KSA 1, 469).

In diesem Punkt bricht, objektiv durch die Lage genötigt, der in Wagner geschilderte Konflikt zwischen Macht und Liebe erneut auf und macht ihn zum kulturkritischen Polemiker und Revolutionär, eben während sich »die beiden Grundkräfte seines Wesens immer enger zusammenschliessen« (WB, KSA 1, 474). »Das Volk«, bisherige produktive Instanz von Lied, Mythus und Spracherfindung, ist nicht vorhanden; so stellt sich Wagners Grundfrage: »Wie entsteht das Volk?«. In dieser Krisis vertieft Wagner sein Denken und wirft als Genius der dithyrambischen Dramatik die Hülle ab: »Das Begehren nach höchster Macht, das Erbgut früherer Zustände, tritt ganz in's künstlerische Schaffen über« (N. interpretiert hier Wotans »Erlösung«: vgl. WB, KSA 1, 509f.); »er spricht durch seine Kunst nur noch mit sich« (KSA 1, 478). Die beiden Grundkräfte ergeben die unerhörte Nachbarschaft der *Meistersinger* und des *Tristan*. Ein Kreis von »Freunden« stellt sich ein, Vorwegnahme des »Volks« und seiner zu hoffenden Größe des Erlebens, und eröffnet den wahren Horizont des »Kunstwerks der Zukunft«, dessen Begriff der Rest der Abhandlung umspielt und ausdeutet.

Das Dichterische in Wagners Kunst ist »mythisch«, nicht Einkleidung von Gedanken, sondern selbst ein Denken »in fühlbaren Vorgängen«; daher die Formel, der *Ring* sei »ein ungeheures Gedankensystem ohne die begriffliche

Form des Gedankens« (WB, KSA 1, 485). Daß die Sprache so in einen fast vorbegrifflichen »Urzustand« zurückgezwungen erscheint, besagt, daß das Drama nicht »bestimmt ist, gelesen zu werden«, d.h. nicht »unter die Botmäßigkeit der Rhetorik« gehört (WB, KSA 1, 486 und 488): die Grundthese der *Geburt der Tragödie*. Die Eloquenz der Tonsprache legt eine komplementäre Kargheit der plastischen Gebärde nahe (WB, KSA 1, 490). Im Musikalischen knüpft Wagner an die Befreiung des Pathos durch Beethoven an und entdeckt die neue Möglichkeit eines künstlerischen Gesamtbaues: den Strudel der dramatisch-pathetischen Regungen bändigt »ein übermächtiger symphonischer Verstand« und bringt ein Abbild der heraklitischen Welt hervor, »als eine Harmonie, welche der Streit aus sich zeugt« (WB, KSA 1, 494). Im Gesamtcharakter dieser neuen Kunst ist der Gegensatz von Gebildet und Ungebildet überwunden und derart ein Schritt über die bis zu Goethe und Leopardi reichende Renaissance-Tradition der »Philologen-Poeten« hinaus getan (WB, KSA 1, 503). Den Rang von Wagners Gedanken als »überdeutsch« – »nicht zu Völkern, sondern zu Menschen« redend – angesichts der »Flut der überall unvermeidlich scheinenden Revolution« zu wahren, gilt N. als Kennzeichen jener, in denen das »Volk« zu erkennen wäre, verbunden durch »eine gemeinsame Noth« und »durch eine gemeinsame Kunst« Erlösung der »auch im Menschlichen wiederhergestellten Natur« suchend (WB, KSA 1, 505, 507). Solche Menschen der Zukunft hält N. schließlich dazu an, ihr Leben zu deuten an Wotan – indem sie »selber immer größer werden« im Zurücktreten oder, wie es nochmals mit Burckhardt (vgl. FV 3) heißt, »wissend und erfahrend, dass die Macht böse ist« – und an Brünnhilde: »aus Liebe ihr Wissen dahingeben und zuletzt doch ihrem Leben das allerhöchste Wissen entnehmen« (WB, KSA 1, 509). Diesem ungeborenen »Volk« wird Wagner als Deuter und Verklärer einer Vergangenheit erscheinen: analog zu dem von N. gegen Strauss zitierten Goethe-Wort über die Deutschen: »es können noch ein paar Jahrhunderte hingehen, ehe [...] man von ihnen wird sagen können, es sei lange her, dass sie Barbaren gewesen« (DS 1, KSA 1, 164).

Literatur: Hildebrandt, K.: Wagner und N. Ihr Kampf gegen das 19. Jh., Breslau 1924; Love, F.: Young N. and the Wagnerian Experience, Chapel Hill 1963; Montinari 1982, 38–55; Janz, C. P.: N.s Wagner-Erfahrung, Muttenz o. J.; Hollinrake, R.: N., Wagner and the Philosophy of Pessimism, London 1982; Fubini, E. (Hrsg.): Richard Wagner e F. N., Mailand 1984; Vogel, M.: N. in Bayreuth, in: Loos, H./Massenkeil, G.(Hgg.): Zu Richard Wagner, Bonn 1984, 121–132; Liébert, G.: N. et la musique, Paris 1995.

*Holger Schmid*

# Nachlaß 1872–1876

## *Die Philosophie im tragischen Zeitalter der Griechen (1873)*

Entstanden bis Frühjahr 1873, unter weiteren Umarbeitungen vermutlich bis 1875/76, zeichnet sich der Versuch eines Gesamtbildes der älteren griechischen Philosophie (d.h. von Thales bis Anaxagoras) dadurch aus, daß N. alles Streben nach doxographischer Vollständigkeit – also die Darstellung von ohnehin als obsolet begriffenen »Systemen« – preisgibt und statt dessen trachtet, das »Persönliche« jener Denker-Charaktere, mittels »drei Anecdoten«, zu erfassen (PhtZ, KSA 1, 803). Dahinter steht die Frage nach der Kulturbedeutung von Philosophie: die Griechen geben das Beispiel eines in seiner Blütezeit, dem »tragischen« Zeitalter zwischen Solon und Sophokles, philosophierenden Volkes. Zwei Aspekte sind von vornherein hervorgehoben: einmal die unerhörte Fähigkeit des Lernens und Aufnehmens (»Nichts ist thörichter als den Griechen eine autochthone Bildung nachzusagen«), zum andern die für die Form der Kultur entscheidende Maxime, »daß der ungebändigte Wissenstrieb an sich zu allen Zeiten ebenso barbarisirt als der Wissenshaß« (PhtZ, KSA 1, 806f.). Die vorplatonischen Philosophen, Repräsentanten einer solche Barbarisierung erfolgreich bewältigenden Gesamtkultur, geben hier das Gegenbild zu der für die Philosophie sonst unvermeidlichen Rolle exzentrischen Außenseitertums, wie es etwa das Schicksal Schopenhauers war.

Philosophie entsteht im Satz des *Thales*, alles sei Wasser: »in einer mystischen Intuition« des »Alles ist Eins« gründend, löst dieser sich nicht nur vom Mythischen, sondern zugleich auch »gewaltherrisch« von der naturforschenden Empirie (PhtZ, KSA 1, 813). Als Mann des scharfen »Geschmacks« (N. stellt ›sophia‹ etymologisch zu ›sapiens‹) scheidet sich der Philosoph derart zugleich gegen die Wissenschaft und gegen die alltägliche Klugheit: »so beginnt die Philosophie mit einer Gesetzgebung der Größe, ein Namengeben ist mit ihr verbunden«. Von da an gilt, daß »der Ausdruck jeder tiefen philosophischen Intuition [...] durch wissenschaftliches Reflektiren« wie in Thales' Rede vom Wasser »im Grunde eine metaphorische [...] Übertragung in eine verschiedene Sphäre und Sprache« darstellt (PhtZ, KSA 1, 816f.).

Den Rätselspruch des *Anaximander* von der Ungerechtigkeit der Dinge deutet N. unter Berufung auf Schopenhauers Pessimismus als eine »anthropomorphische Metapher« (PhtZ, KSA 1, 818) vom gleichen Stil der kühn vom Menschenlos hin zum Charakter allen Daseins springenden Verallgemeinerung. Die hier erstmals bei den Griechen auftauchende Grundfrage nach dem Wert des Daseins verbindet sich sofort mit der kosmologischen Problematik der Weltzyklen und periodischen Untergänge: auf die Frage »warum ist denn nicht schon längst alles Gewordne zu Grunde gegangen, da doch bereits eine ganze Ewigkeit von Zeit vorüber ist?« (PhtZ, KSA 1, 821; vgl. dazu *Vom Nutzen und Nachtheil der Historie* 9, KSA 1, 317) habe sich Anaximander nur mystisch retten können.

Positiver Mittelpunkt der Betrachtung ist *Heraklit*. Die anaximandreische Dike deutet er um: »nicht die Bestrafung des Gewordenen schaute ich, sondern die Rechtfertigung des Werdens«. Ebenso nimmt er den Dualismus der Welten, des »metaphysischen« Apeiron und des Physisch-Bestimmten, zurück: »er leugnete überhaupt das Sein« (PhtZ, KSA 1, 822f.) zugunsten des ewigen Rhythmus im Werden. Dessen Form ist die Polarität auseinandertretender und zugleich wieder zusammenstrebender Kräfte, »die gute Eris Hesiods, zum Weltprincip verklärt« (PhtZ, KSA 1, 825). So ist der Streit des Vielen selbst die eine Gerechtigkeit. Gegen Anaximander, von dem er als Physiker abhängt, nimmt Heraklit das Kalte nur als Grad des Warmen (des »Feuers« als Weltgrund); er stimmt aber mit dem Milesier in der Annahme des periodischen Weltbrandes überein. (N. schreibt also dem Heraklit die strittige Lehre von der Ekpyrosis zu.) Die Epoche des Strebens zum Feuer, in das sich dann alles auflöst, wird von Heraklit »in höchst auffallender Weise als ein Begehren und Bedürfen charakterisirt«, dessen Vollendung als »Sattheit«, welche »Hybris« gebiert (PhtZ, KSA 1, 829). So ergibt sich doch wieder die Aussicht, daß angesichts des Vielen »der ganze Weltprozeß ein Bestrafungsakt der

Hybris« sei: doch nur für den Menschenblick, während »für den contuitiven Gott« alles schön und gerecht ist. Dies meint das bekannte »Gleichniß« von der Welt als künstlerisches Spiel des »Feuers« mit sich selbst, wo N. – mit Bernays – die heraklitische Gnome vom »Aion« auf dem Hintergrund von *Ilias* 15, 362 ff. deutet (PhtZ, KSA 1, 830). Den waltenden Sinn, den »Logos«, erkennt nicht die Menschenvernunft als solche, sondern nur in ihren höchsten Exemplaren; schon durch die Stoiker wird aber Heraklits bejahend »aesthetische Grundperception vom Spiel der Welt« ins Flache der gemeinen Zweckrationalität umgedeutet: »ein kruder Optimismus, mit der fortwährenden Aufforderung an Hinz und Kunz zum plaudite amici« (PhtZ, KSA 1, 833). Dem Bild der höchsten Einsamkeit entspricht der höchste Stolz des Einzelnen in Heraklit: »als ob er der wahre Erfüller und Vollender der delphischen Satzung ›Erkenne dich selbst‹ sei, und Niemand sonst« (PhtZ, KSA 1, 835).

Als Gegenbild, wie aus Eis und kaltem Licht, erscheint *Parmenides*, der nach der anaximandrischen eine zweite Hälfte des vorsokratischen Denkens eröffnet: die der »Abstraktion«. Das bisherige Reich der Qualitäten wird rubriziert in positive und negative Werte (oder in »seiend« und »nichtseiend«), deren Miteinandersein bloß durch Appell an eine »Aphrodite« genannte »qualitas occulta« beschworen (PhtZ, KSA 1, 838f.). Hier ist der Grund zur Starrheit künftiger Metaphysik gelegt; eine Affinität zu den ethischen und mystischen Lehren und der starken Individualität des Xenophanes wird von N. bestritten. Mit der Polemik gegen die »Doppelköpfe« meint Parmenides den Heraklit des Welt-Spiels; mit der Ablehnung der Sinne, der ersten »Kritik des Erkenntnißapparats« – bei der Parmenides »die Vernunft jäh auseinander riß, als ob es zwei durchaus getrennte Vermögen wären« – schafft er den Geist-Körper-Dualismus, der seit Plato »wie ein Fluch auf der Philosophie liegt« (PhtZ, KSA 1, 843). Das neue Streben nach Gewißheit und der dogmatische Glaube an ein »Organ der Erkenntniß« bedingen einander; über ihre legitime Funktion als »negative Bedingung aller Wahrheit« hinaus wird fälschlich der Logik ein Probierstein für den Inhalt der Erkenntnis zugetraut (PhtZ, KSA 1, 846). Sein heißt aber nur »atmen«: eine Metapher, welche die Existenz der Dinge »nach menschlicher Analogie« ansetzt (PhtZ, KSA 1, 847). So hängen auch im ferneren Eleatismus z.B. die Zenonischen Aporien des Unendlichen am *Hysteron proteron* der »gänzlich unbeweisbaren [...] Voraussetzung«, »daß wir in jenem Begriffsvermögen das entscheidende höchste Kriterium über Sein und Nichtsein [...] besitzen«. Schließlich ist die Konzeption der trügenden »Sinne« in sich aporetisch: wenn es »in Wahrheit nur die reale Identität von Denken und Sein giebt, was sind dann die Sinne selbst?« (PhtZ, KSA 1, 849f.): eine Thematik, die im ersten Buch von *Jenseits von Gut und Böse* wiederkehrt.

Die Rettung des Vielen, Seienden gegen die Eleaten vollbringt *Anaxagoras*, der alle Veränderung als Modifikation daseiender Vielheit erklärt: »es giebt zahllose Substanzen, aber nie mehr, nie neue« (PhtZ, KSA 1, 853). Statt dessen erwächst die Frage nach dem Ursprung von Bewegung, da das umgekehrte Vorurteil besteht, wahrhaft Seiendes müsse »ein Klumpen Materie« sein und darin ein mit allem andern Seienden »gleichartiges Substrat« aufweisen. Vor allem ergibt die Annahme zahlloser Substanzen den »Widerspruch einer abgeschlossen und vollendet zu denkenden Unendlichkeit« (PhtZ, KSA 1, 855f.). N. bringt dies mit der neukantisch-zeitgenössischen Debatte um die Realität von Zeit, also Bewegung, Sukzession und Vergängnis zusammen und läßt Anaxagoras darum, zur (freilich mißlingenden) Vermeidung einer causa sui, den Nous als Ansatz von Bewegung ersinnen. Wirkt diese Bewegung aber als »blindeste Beliebigkeit«, oder wie wird »aus dem Chaos ein Kosmos«? Hier liegt, so N., bei Anaxagoras »das Allerheiligste« (PhtZ, KSA 1, 864). Es liegt im Wirken des Nous im »Charakter einer concentrisch fortgesetzten Kreisbewegung«, Schweres zentripetal, Leichtes zentrifugal und so »überall das Gleiche zum Gleichen herausschnellend«. Von wunderbarer »Kühnheit und Einfachheit« (PhtZ, KSA 1, 865f.), denkt diese Konzeption Bewegung als »eine Art der Schwingung«, die, einmal angestoßen, notwendig verläuft »und Wirkungen erzielt, die der weisesten Berechnung des Scharfsinns und der durchdachtesten Zweckmäßigkeit gleichen, ohne sie zu sein« (PhtZ, KSA 1, 867; vgl. JGB, Nr. 22).

Nicht allein immanent philosophisch ist aber der anaxagoreische »Künstler«-Geist für N. von Interesse; er deutet auf die Ausgangsfrage, was Philosophieren für die Griechen der »tragischen« Blütezeit gewesen sei. Der Freund des Sophokles und »allergrößte Anaxagoreer« ist nämlich Perikles: er bilde in seiner Erscheinung als öffentlicher Redner vor seinem Volk »die Abbreviatur des anaxagorischen Kosmos, das Bild des Nous, der sich das schönste und würdevollste Gehäuse gebaut hat und gleichsam die sichtbare Menschwerdung der bauenden bewegenden [...] Kraft des Geistes« (PhtZ, KSA 1, 870). Mit seiner Heraklit-Erörterung knüpft N. dies zuletzt noch zusammen, indem er die Willkür der weltsetzenden Nous-Bewegung erneut betont als Akte des »freien Willens«: dieser kann »nur zwecklos gedacht werden, ungefähr nach Art des Kinderspieles oder des künstlerischen Spieltriebes« (PhtZ, KSA 1, 872; die Meinung Schopenhauers wird hierbei berichtet).

Literatur: Ruedorffer, J. J.: N. und die Philosophie im tragischen Zeitalter der Griechen, in: Frommel, W. (Hrsg.): Die Begegnung mit der Antike, Berlin 1934, 108–116; Schönblum, S.: N. und die Vorsokratiker, Diss. Wien 1936; Furness, R.: N. and Empedocles, in: Journal of the British Society for Phenomenology 2 (1971), 91–94; Hershbell, J./Nimis, S.: N. and Heraclitus, in: NSt 8 (1979), 17–38; Hölscher, U.: Die Wiedergewinnung des antiken Bodens, in: Neue Hefte für Philosophie 15/16 (1979), 156–182; Borsche, T.: N.s Erfindung der Vorsokratiker, in: Simon, J. (Hrsg.): N. und die philosophische Tradition, Würzburg 1985, 62–87; Djuric, M.: N. und die Metaphysik, Berlin/New York 1985; Conway, D./Rehn, R. (Hgg.): N. und die antike Philosophie, Trier 1992; Riedel, M.: Ein Seitenstück zur »Geburt der Tragödie«. N.s Abkehr von Schopenhauer und Wagner und seine Wende zur Philosophie, in: NSt 24 (1995), 45–62; Bremer, D.: Die Spannung von Nähe und Ferne in N.s Auseinandersetzung mit Heraklit und Platon, in: Riedel, M. (Hrsg.): »Jedes Wort ist ein Vorurteil«. Philologie und Philosophie in N.s Denken, Weimar/Köln/Wien 1999, 191–206.

## Ueber Wahrheit und Lüge im aussermoralischen Sinne (1873)

1873 im Zusammenhang mit dem geplanten *Philosophenbuch* einerseits, der Arbeit für die Lehrveranstaltungen über Rhetorik andererseits entstanden, von N. nicht publiziert, gilt die Schrift heute vielfach als zentrales Dokument für N.s sprachkritische »Erkenntnistheorie«. Ihre Hauptabsicht ist es, dem menschlichen Intellekt, durch Reflexion auf dessen Bedingtheit als bloßes »Hülfsmittel« (WL, KSA 1, 876) zum Überleben, den Anspruch auf objektive Wahrheit (d. h: wissenschaftliche Erkenntnis der »Dinge an sich«) als Illusion und Selbstwiderspruch nachzuweisen.

Erklärungsbedürftig ist schon, woher überhaupt ein Trieb zur »Wahrheit« stammen sollte, da der Intellekt im Dienst der Erhaltung vor allem zur Verstellung dient. Ein hobbesianischer »Friedensschluß« zur Eindämmung des bellum omnium contra omnes stiftet zuerst eine Welt des Gleichmäßig-Verbindlichen und damit die Möglichkeit der Erfahrung von »Dingen«, von So-oder-Anders-Sein; daraus folgt die Hauptthese der Schrift: »die Gesetzgebung der Sprache giebt auch die ersten Gesetze der Wahrheit« (WL, KSA 1, 877). Sprachlicher und sozialer Zusammenschluß der Menschen fallen wie in der Tradition zusammen. N. entwickelt hieraus seine Lehre von der Metaphernbildung, wie sie mit dem Menschsein schlechthin konvergiert, andererseits aber niemals über sich hinaus auf ein An-sich der Dinge weist: denn nur ein falscher Kausalschluß geht vom Wort – der »Abbildung eines Nervenreizes in Lauten« – auf »eine Ursache ausser uns«. Nicht Gegenstände, nur Relationen lassen sich bezeichnen, und dies durch mannigfache metaphorisch-willkürliche Sprünge: eben vom Nervenreiz zum »Bild«, von dort zum Laut; und immer weiter entfernt man sich dabei, so meint N. sagen zu können, von den »ursprünglichen Wesenheiten« (WL, KSA 1, 878f.). Begriffe machen das Ungleiche gleich; Sprache selbst ist ursprünglich rhetorisch (oder »Lüge«), und Wahrheit nur eine spezifische, konventionelle Variante davon: ein »bewegliches Heer von Metaphern, [...] Anthropomorphismen [...] die nach langem Gebrauche einem Volke fest, canonisch und verbindlich dünken« (WL, KSA 1, 880). Entscheidend ist bei solcher Errichtung eines anthropomorphischen »Begriffsdomes«, »gleichsam auf fliessendem Wasser«, daß dabei »der Mensch sich als Subjekt und zwar als künstlerisch schaffendes Subjekt vergisst« (WL, KSA 1, 882f.). Vergessen wird dabei auch, daß der illusionäre Begriff der »Perzeption« logisch widersprüchlich ist, da er etwas vom Subjekt Unabhängiges demselben Subjekt als dessen Wahrnehmung zumutet, ohne sich von der Notwendigkeit einer »frei dichtenden und frei erfindenden Mittel-Sphäre und Mittel-Kraft« Rechenschaft abzulegen (WL, KSA 1, 884). Alle uns beeindruckende Gesetzmäßigkeit »fällt im Grunde mit jenen Eigenschaften zusammen, die wir selbst an die Dinge heranbringen« (WL, KSA 1, 886).

Der zweite Abschnitt der Schrift exemplifiziert einige Folgerungen aus jenem Konzept des metaphorischen Fundamentaltriebs. Die Wissenschaft verlängert und kanalisiert nur den rhetorischen Grundvorgang der Sprache selbst; der Grundtrieb aber sucht sich außerhalb neue Bahnen »im Mythus und überhaupt in der Kunst« (WL, KSA 1, 887). In der schöpferischen Anarchie, befreit von der Erhaltungsdienstbarkeit, erreicht der Intellekt dabei die Höhe von Stärke und Glück. Wird er nicht von der Erhaltungsklugheit erdrückt, so kann er, wie im Falle des älteren Griechenlands, eine »Kultur« stiften: die glanzvolle Täuschung in allen Lebenszeugnissen, die deren Ursprung aus der Überlebensnot verbirgt. So entsteht dem intuitiven Menschen »eine fortwährend einströmende Erhellung, Aufheiterung, Erlösung«, die ihn vom stoischen Begriffsmenschen abhebt und ihn gerade im Unglück »mit würdigem Gleichmaasse« bestehen läßt (WL, KSA 1, 889 f.).

Literatur: Goth, J.: N. und die Rhetorik, Diss. Tübingen 1970; Lacoue-Labarthe, Ph.: Le détour (N. et la rhétorique), in: Poétique 5 (1971), 53–62; Kofman, S.: N. et la métaphore, Paris 1972; Stegmaier, W.: N.s Neubestimmung der Wahrheit, in: NSt 14 (1985), 69–95; Meijers, A.: Gustav Gerber und F.N. Zum historischen Hintergrund der sprachphilosophischen Auffassungen des frühen N., in: NSt 17 (1988), 369–390; Babich, B.: N.s Philosophy of Science. Reflecting Science on the Ground of Art and Life, New York 1994; Kopperschmidt, J./Schanze, H. (Hgg.): N. oder »Die Sprache ist Rhetorik«, München 1994; Hödl, G.: N.s frühe Sprachkritik, Wien 1997; Simon, J.: Der Name »Wahrheit«. Zu N.s früher Schrift »Über Wahrheit und Lüge im außermoralischen Sinne«, in: Riedel, M.(Hrsg.), »Jedes Wort ist ein Vorurteil«. Philologie und Philosophie in N.s Denken, Weimar/Köln/Wien 1999, 77–94.

*Holger Schmid*

# Von *Menschliches, Allzumenschliches* bis zur *Fröhlichen Wissenschaft* (1878–1882)

»Man hat meine Schriften eine Schule des Verdachts genannt, noch mehr der Verachtung, glücklicherweise auch des Muthes, ja der Verwegenheit. In der That, ich selbst glaube nicht, dass jemals Jemand mit einem gleich tiefen Verdachte in die Welt gesehen hat [...]« (MA I, Vorrede, KSA 2, 13). Dieser Selbstkommentar N.s aus dem Jahre 1886 beschreibt eine Stimmung und umreißt zugleich ein Programm, das für die an die Publikation der *Geburt der Tragödie* und der *Unzeitgemäßen Betrachtungen* anschließende sog. »positivistische Phase« des Denkers kennzeichnend ist. In der Tragödienschrift hatte er in vielfältig auslegbaren Symbolen des Apollinischen und des Dionysischen eine Interpretationsmatrix entworfen, welche ihm eine Kritik an der einseitig logisch-theoretischen Kultur des ↗Sokratismus und zugleich eine Wiedergewinnung der tiefer und reicher geschichteten tragischen Kultur älteren Ursprungs ermöglichte, – ein Grundriß, der in gewisser Weise für das nachfolgende Schrifttum maßgeblich bleiben sollte. Die zeitgemäße Form, in der N. diese Intention verwirklicht sah, war anfänglich das Kunstschaffen Wagners: In einer vorgeblich mythisch fundierten Kulturinszenierung hoffte der Denker, seine Absicht Gestalt annehmen zu sehen. Die Reihe der *Unzeitgemäßen Betrachtungen* verfolgt ebenfalls eine kulturkritische Linie, wenn N. den Bildungsbegriff seiner Zeitgenossen und das zum Historismus übersteigerte geschichtliche Bewußtsein einer eindringenden und polemischen Analyse unterzieht. Die doppelte Bindung an den tragischen Mythos der Griechen und das Musikdrama Wagners verleiht N. in diesem Stadium seines Philosophierens in konstruktiver und kritischer Hinsicht eine Sicherheit, die in den folgenden Entwicklungen zufolge einer horizontöffnenden Experimentalphilosophie verloren gehen wird.

Es dürfte sich als zweckmäßig erweisen, N.s Werke der mittleren Periode in einem ersten Schritt vor einen ideengeschichtlichen Hintergrund zu stellen. Die strenge Scheidung des philosophischen Begriffs von der Argumentationspraxis der exakten Wissenschaften und dem künstlerischen Ausdrucksschaffen, die für die Tradition kennzeichnend gewesen war, wird von N. aufgehoben. Schon die französische Moralistik und die Romantik, deren Erbe N. oft unbewußt antritt, hatten diese Grenzziehung erschüttert. Die Werke der mittleren Periode sind so gesehen Formexperimente, in denen sich N. bald dem wissenschaftlichen Ideengut seiner Zeit, bald der freien Begriffsschöpfung zu nähern scheint. Indem der Denker sich einmal dem für die Wissenschaft tragenden Glauben an den Primat der äußeren Erfahrung, ein andermal der Erforschung der inneren Welt und damit der künstlerischen Intuition anvertraut, stellt er die Auflösung des überlieferten Wissenskosmos unter Beweis, die im Zuge der Destruktion des Hegelianismus und damit des Aufkommens der ersten Systeme einer induktiven Metaphysik für das 19. Jh. zunehmend charakteristisch geworden war, und macht diese Tatsache zu einer Voraussetzung seiner Produktion.

Wenn sich in den Werken der mittleren Periode N.s die traditionellen Themen der Erkenntnis-, Moral-, Kultur- und Gesellschaftskritik in wechselnden Konstellationen darbieten, so ist das eigentliche Motiv des Autors demgegenüber die Suche nach einer der Philosophie adäquaten Formensprache, d.h. einer »Symbolik«, die es gestatten soll, zugleich das Fazit aus der Kritik der überlieferten philosophischen Systeme, wie auch der eigenen inneren Entwicklung zu ziehen. Mehr noch als in der *Geburt der Tragödie* stilisiert er daher die geistigen Mächte der Vergangenheit, wie etwa den Platonismus, den Sokratismus, den Epikureismus, das Christentum und den Buddhismus zu Chiffren der Selbstverständigung und Selbstvergewisserung; er reflektiert sich in der Nachfolge und doch vor allem als Überwinder dieser und anderer Positionen. Der damit angedeutete Prozeß, anfänglich durchaus der Wissenschaft geneigt, terminiert zuletzt im Horizont der Kunst, oder vielmehr im Horizont einer artistischen Metaphysik, die zwar den Unterschied von Wissenschaft und Kunst relativiert, im Entwurf einer Symbolik der spirituellen Erfahrung jedoch der Kunst als Organon der Metaphysik den Vorzug gibt. Diese Beobachtung ermöglicht es, den Schriften N.s nicht nur unter thematischem, sondern auch unter kompositorischem Aspekt zu begegnen, d. h. an den Textsegmenten darzutun, wie der Denker von einer traditionellen Auffassung der Aufgabenstellung aufklärerischer Kritik zu einer Hermeneutik des Lebens übergeht. Hintergründig geht es N. darum, die Philosophie des Mittags und den Gedanken der Ewigen Wiederkehr des Gleichen vorzubereiten, damit zugleich einer neuen Weltdeutung, ja einer neuen Metaphysik jenseits überlieferter Ontologie und Transzendentalphilosophie vorgreifend.

Die hier vorgestellten Schriften dokumentieren einen Bruch, der sich in N.s Denken um das Jahr 1878 vollzieht. Nicht mehr die im ↗Mythos, in der tragischen Kunst und in der Musik sich aussprechende Wahrheit bildet nunmehr die thematische Mitte von N.s Denken; vielmehr untergräbt er jetzt das fraglose Vertrauen in das Selbstsein der Dinge. Verbindendes Element zahlreicher thematisch scheinbar heterogener Textpassagen ist das Motiv der Fiktion oder vielmehr des Fiktionalismus, das freilich in einer bezeichnenden Doppeldeutigkeit in Erscheinung tritt. Einerseits weist nämlich N. die Fiktionalität sowohl der tragenden epistemologischen Fundamente menschlichen Denkens und Erkennens wie auch der moralischen Phänomene auf, andererseits schreibt der Philosoph dem Konzept der Fiktion einen konstruktiven Nebensinn zu, der den späteren Entwurf eines universalen Perspektivismus ahnen läßt. Vorerst kritisiert N. vorwiegend die Illusion identischer Substanzen sowie auch das moralische Vorurteil der Willensfreiheit, ohne jedoch die durchschlagende Radikalität der späteren Identitätskritik zu erreichen.

Hatte in N.s Frühwerk die spekulative Umdeutung altphilologischer Themen sowie der antiken Kultur als ganzer dominiert, so wandelt sich sein Denken nunmehr auch in der äußeren Form. An die Stelle der gelehrten Abhandlung tritt die Kunst der zugespitzten Formulierung, d. h. der ↗Aphorismus als der literarische Formtypus, durch den der Philosoph im Medium eines versuchenden Denkens der widersprüchlichen Konstitution des Wirklichen gerecht werden will. Dieser antisystematische Impuls bringt N. in einen offenen oder versteckten Gegensatz zu Plato, Kant und Hegel, welche in je verschiedener Weise das fluktuierende Denken den Grenzen fester Begriffsbildung zu unterwerfen suchen.

Diese Verschiebung wirkt sich auch auf den theoretischen Bestand der Werke dieser Phase aus: N. gibt in ihnen eine umfassende Symptomatologie des Lebens, in der das einsame wie auch das gesellschaftliche Individuum, die Religion, die Kunst, die Wissenschaft und das moralische Bewußtsein erstmals in der Methodik eines umfassenden Perspektivismus erfaßt werden. Zugleich enthält diese Symptomatologie eine tiefenpsychologisch orientierte Betrachtung der dem Leben eigentümlichen Strebungen, zentriert um die Existenz der Affektpole und die Differenz von Wesen und Erscheinung, Erkenntnisse, die ihn begreifen lassen, wie ein jedes Phänomen in seinen Gegensatz überzugehen vermag oder ihn vielmehr schon in sich enthält (s. dazu immer noch: L. Klages: *Die pychologischen Errungenschaften N.s*, Leipzig ²1930). Ferner erprobt der Denker erstmals eine genealogische Sichtweise, die es ihm erlaubt, die Identität der Erscheinungen in eine historische Entwicklungsreihe aufzulösen. Der traditionelle Kanon der philosophischen Disziplinen, zunächst in der Disposition noch äußerlich festgehalten, wird mehr und mehr verwischt; das Relief der überlieferten Metaphysik weicht einer Flucht von Perspektiven, welche den Bestand erster und letzter Wahrheiten in Frage stellt. Der ästhetische Reiz, der den Schriften N.s für den Leser von jeher angehaftet hat, ist nicht zuletzt eine Funktion dieser formalen und inhaltlichen Dynamik.

## *Menschliches, Allzumenschliches. Ein Buch für freie Geister* (1878–1879)

*Zur Entstehungsgeschichte von »Menschliches, Allzumenschliches« I.* In den Monaten Juni und Juli 1876, der Zeit der ersten Bayreuther Festspiele, diktiert N. seinem »Sekretär« H. Köselitz die ersten Aphorismen zu einer geplanten Schrift *Die Pflugschar*, welche später in *Menschliches, Allzumenschliches* eingehen sollten. Die einschlägigen Aufzeichnungen dauern den ganzen Winter an. Im Februar des Jahres 1876 hatte N. die persönliche Bekanntschaft mit P. Rée geschlossen, dessen Abhandlungen *Psychologische Beobachtungen* (1875) und *Der Ursprung der moralischen Empfindungen* (1877) stärksten Einfluß auf den ersten Teil von *Menschliches, Allzu-*

*menschliches* ausüben. Durch ihn wird N. auf die Literatur der ↗französischen Moralisten aufmerksam; sein Denken, bisher nur an Schopenhauer und Wagner orientiert, gewinnt nun zunehmend die Tiefe und Weite einer gesamteuropäischen Orientierung. Seine Notizen über den ↗Freigeist faßt N. Anfang September 1877 zusammen und offeriert sie dem Verleger Schmeitzner am 3. Dezember« 1877; am 14. April 1878 sind die Korrekturen an dem Werk abgeschlossen. Es erscheint am 1. Mai 1878, mit dem Untertitel *Ein Buch für freie Geister*, und ist Voltaire zum 100. Todestag gewidmet.

*Zur zeitgenössischen Rezeption.* Die Aufnahme des neuen Werks in Bayreuth ist »eisiges Schweigen und totale Ablehnung« (M. Montinari); man verstand es dort sogleich als Kampfansage. Im Sommer 1878 greift Wagner den Autor (ohne Namensnennung) in seinen *Bayreuther Blättern* an, indem er das »Genie« und die »Inspiration des Dichters« gegen die »historische Kritik« verteidigt. C. Wagner schreibt an M. von Schleinitz: »Das Buch von N. habe ich nicht gelesen. Das Durchblättern und einige prägnante Sätze daraus genügten mir und ich legte es ad acta. Bei dem Autor hat sich ein Prozeß vollzogen, welchen ich schon längst habe kommen sehen, gegen welchen ich nach meinen geringen Kräften gekämpft habe« (KSA 15, 83f.). Nicht ohne antisemitische Stichelei gegen Rée wird die Ablösung vom Hause Wagner scharfsichtig erkannt. J. Burckhardt schreibt am 10. Dezember 1878 an F. v. Preen: »[...] haben Sie bemerkt, daß N. in seinem Buch wieder eine halbe Wendung zum Optimismus vollzieht? [...] Er ist ein außerordentlicher Mensch; zu Allem hat er einen eigenen eigentümlichen, selbsterworbenen Gesichtspunct« (KSA 15, 86). E. Rohde reagiert, wie briefliche Äußerungen belegen, stark befremdet. Die »Freunde« N.s sehen in dem Buch vorwiegend einen verhängnisvollen Einfluß von P. Rée. Dies ist in ihrer Sicht zutreffend, da sie N. ganz von seiner *Geburt der Tragödie* her verstanden haben und nicht in der Lage sind, seine Krise und inneren Wandlungen nachzuvollziehen.

*Zur Entstehungsgeschichte von »Menschliches, Allzumenschliches« II.* Im August 1878 entsteht der größere Teil der Aphorismen zu MA II. Mitte November desselben Jahres besorgt Frau M. Baumgartner die Abschrift von *Vermischte Meinungen und Sprüche* (MA II, 1. Abt.). Am 31. Dezember schickt N. das druckfertige Manuskript an Schmeitzner; es erscheint am 12. März des folgenden Jahres.

*Zur zeitgenössischen Rezeption.* Das Buch findet ein geteiltes Echo. Mit höflicher Reverenz, auch mit sehr verhaltener Ironie schreibt J. Burckhardt am 5. April 1879 an den Autor: »In den Tempel des eigentlichen Denkens bin ich bekanntlich nie eingedrungen, sondern habe mich zeitlebens in Hof und Hallen des Peribolus ergötzt, wo das Bildliche im weitesten Sinne des Wortes regiert. Und nun ist in Ihrem Buche gerade auch für so nachlässige Pilger, wie ich bin, nach allen Seiten auf das reichlichste gesorgt. Wo ich aber nicht mitkommen kann, sehe ich mit einer Mischung von Furcht und Vergnügen zu, wie sicher Sie auf den schwindelnden Felsengraten herumwandeln, und suche mir ein Bild von dem zu machen, was Sie in der Tiefe und Weite sehen müssen« (KSA 15, 101). E. Rohde schreibt unter dem 31. Mai 1879 an F. Overbeck: »N. hat, so scheint, den kalten Föhn des Réeismus, nach dem heißen des Wagnertums schon zum größten Teil überwunden« (KSA 15, 102).

Im Juli/August 1879 entsteht in St. Moritz *Der Wanderer und sein Schatten*. Am 30. September desselben Jahres kommt die Reinschrift, von Köselitz erstellt, in Naumburg bei N. an. Das druckreife Manuskript, wiederum von Frau Baumgartner geschrieben, erscheint Anfang Dezember 1879 bei Schmeitzner. Rohde äußert sich brieflich am 22. Dezember an den Freund: »Der Schluß Deines Buches reißt Einem durch die Seele; es sollen und müssen noch sanftere Accorde nach dieser abgerissenen Disharmonie kommen [...]« (KSA 15, 111). N. antwortet aus Naumburg am 28. Dezember 1879: »Habe Dank, theurer Freund! Deine alte Liebe, neu besiegelt – [...]. [...] das herrliche Zeugniß Deiner Treue hat mich ganz erschüttert« (KSB 5, 474).

N.s spätere Rückschau auf *Menschliches, Allzumenschliches* besteht aus zwei längeren Rekapitulationen; die erste ist enthalten in der im Frühling 1886 anläßlich der Neuauflage des Werkes in Nizza geschriebenen Vorrede, die zweite steht in dem seine Schriften würdigenden Selbstkommentar im *Ecce homo* aus dem Jahr 1888. Hier wie dort charakterisiert N. die Schriften als »Denkmal einer Krisis« (EH, KSA 6, 322) und Zeugnis einer »grossen Loslösung« (MA I, Vorrede, KSA 2, 15). Diese bezieht sich auf N.s

Emanzipation sowohl von Schopenhauer als auch von Wagner, zunächst in Gestalt einer durchdringenden Kritik des »Idealismus« (EH, KSA 6, 327) und des »metaphysischen Bedürfnisses« (EH, KSA 6, 328), sodann als Lossagung von der anfänglich undurchschauten Pose des Bayreuther Künstlers. Hierin ist, nach der anders gerichteten *Geburt der Tragödie*, eine weitere »Umwerthung aller Werthe« zu erblicken (EH, KSA 6, 328). In ihr erkennt N. die vornehmste Aufgabe des freien Geistes, und so setzt sich der Autor in einem reflektierenden Spiel mit dieser Maske mit dem Protagonisten der französischen Aufklärung, Voltaire, gleich. Autorschaft wird von N. nunmehr unter dem Bild eines Identifikationsgeschehens begriffen: Die Selbstfindung als weitgespannter biographischer und geistiger Prozeß soll zu dem Ergebnis einer »grossen Gesundheit« führen (MA I, Vorrede, KSA 2, 18). Ging die Intention der Aufklärung seit der Sophistik auf eine Kritik der gesellschaftlichen Verhältnisse in der Erwartung, diese nach dem von ihr postulierten Vernunftideal umzuschichten, so ist das Denken des »freien Geistes« auf die Wiedergewinnung einer antiken Gestalt von Weisheit gerichtet. In einer erneuten thematischen Wendung des Denkens füllt N. dieses Programm mit einem gegenüber der *Geburt der Tragödie* veränderten geistigen Gehalt.

*Zu Aufbau und Thematik des Gesamtwerks.* N. gliedert MA I in insgesamt neun Hauptstücke. MA II setzt sich aus zwei Textstücken zusammen, welche die Titel *Vermischte Meinungen und Sprüche* sowie *Der Wanderer und sein Schatten* tragen. Es ist leicht zu bemerken, daß in der vorgestellten Themenkomposition eine gewisse Bezugnahme auf die traditionellen Lehrgebiete der Philosophie vorliegt; es handelt sich hierbei jedoch mehr um einen äußerlichen Rahmen, dessen Ausfüllung N. Gelegenheit gibt, in der typisch verschlungenen Gedankenführung des Essays sein experimentierendes Denken zur Durchführung kommen zu lassen. Er spannt den thematischen Bogen von den Anfängen der Kultur bis zur staatlichen Organisation des gesellschaftlichen Lebens der Gegenwart, von der Kritik der sozialen Konvention zur individuellen oder gar esoterischen Gefühlswelt des Künstlers und des ↗Heiligen. Philosophische, moralkritische, endlich sogar biologische und soziologische Argumentationsfiguren beherrschen ein Denken, das sich als philosophisches zugleich auf der Schwelle zum Abschied von der Philosophie weiß.

Man kann in *Menschliches, Allzumenschliches* verschiedene Stilstufen konstatieren: wissenschaftliche Prosa, epigrammatische und aphoristische Stücke von variierendem Grad formaler Gebundenheit sowie die Soliloquien, die »der Wanderer und sein Schatten« führen. Diese Textebenen verdeutlichen verschiedene Stadien der Emanzipation des Subjekts von der durch die Überlieferung des Glaubens, der gelehrten und der künstlerischen Tradition geschaffenen Bindung und nehmen damit die entsprechenden Befreiungsschritte von der alteuropäischen Welt auf, der sich N. durch seinen persönlichen Werdegang und seine Erziehung so tief verbunden wußte.

N. sagt den »muthmaassliche[n] Sieg der Skepsis« (MA I, Nr. 21, KSA 2, 42) voraus; von diesem Standpunkt aus entfaltet er die Disposition seiner Schrift, indem er eine »Entstehungsgeschichte des Denkens« (MA I, Nr. 16, KSA 2, 37) entwirft, durch welche die »Grundfragen der Metaphysik« (MA I, Nr. 18, KSA 2, 38) als illusorisch erwiesen, insbesondere auch die dem Kantischen und Schopenhauerischen Kritizismus entsprungenen Begriffe des »Dings an sich« und der »Erscheinung« (MA I, Nr. 10, KSA 2, 30) als gegenstandslos hingestellt bzw. auf die Wirksamkeit einer »Gehirnfunction« (MA I, Nr. 12, KSA 2, 31) zurückgeführt werden, die auch – wie es in letzter entwicklungstheoretischer Reduktion heißt – in der »Logik des Traumes« (MA I, Nr. 13, KSA 2, 32) und in den Täuschungen der »Sprache« (MA I, Nr. 11, KSA 2, 30) wirksam ist. Die Einheit des Begriffs ist daher für N. ebenso trügerisch, wie es die logische und die numerische Identität sind (vgl. z.B. MA I, Nr. 19, KSA 2, 40f.). Der Denker entscheidet sich vor diesem erkenntnis- und metaphysikkritischen Hintergrund dafür, daß der »Irrthum über das Leben zum Leben nothwendig sei« (MA I, Nr. 32, KSA 2, 52), und will im übrigen als einzigen unbezweifelbaren Prozeß der Realität das fortwährende Hervorgehen der Erscheinungen aus dem Gegensatz gelten lassen.

Ausgangspunkt des 1. Hauptstücks ist die Konzeption einer »Chemie der Begriffe und Empfindungen« (MA I, Nr. 1, KSA 2, 23); diese Metapher zeigt N. als einen Denker, der den Kritizismus unter dem Einfluß F. A. Langes (*Geschichte des Materialismus und Kritik seiner Bedeutung in der Gegenwart* [1866]) materialistisch, ja sogar sensualistisch zu unterlaufen, dadurch aber auch neu zu begründen versucht. Das materialistische Prinzip wird zugleich radikal geschichtlich gedacht; an die Stelle der stationären Prinzipien der traditionellen Metaphysik und Naturphilosophie tritt ein strenger Dynamismus, in dessen Prozeß der qualitative Umschlag der Naturerscheinungen nicht dialektisches Konstrukt ist wie in der Lehre Hegels, sondern phänomenologisch-interpretativ erfaßbares Erfahrungsdatum. Die Nähe zur ältesten naturphilosophischen Spekulation der Griechen ist programmatisch. Damit erübrigt sich zugleich der Vorwurf des Reduktionismus, der etwa den Vorgängern N.s im französischen Sensualismus gemacht zu werden pflegt. Schon in dieser frühen Schrift läßt N. die psychophysische Organisation des Menschen, in spekulativer Ausweitung des Gedankens auch der Natur als ganzer durchblicken, so daß der rudimentäre Ansatz einer Philosophie des Organismus festgestellt werden kann.

In eigenartigem Kontrast zu diesen, ungeachtet ihrer erkenntnis- und metaphysikkritischen Funktion, doch streng wissenschaftlich stilisierten Passagen findet sich eine lyrische Episode wie die in Nr. 29 unter dem Titel Vom Dufte der Blüthen berauscht abgedruckte, wo es u.a. heißt: »Der Irrthum hat den Menschen so tief, zart, erfinderisch gemacht, eine solche Blüthe, wie Religionen und Künste, herauszutreiben. Das reine Erkennen wäre dazu ausser Stande gewesen. Wer uns das Wesen der Welt enthüllte, würde uns Allen die unangenehmste Enttäuschung machen. Nicht die Welt als Ding an sich, sondern die Welt als Vorstellung (als Irrthum) ist so bedeutungsreich, tief, wundervoll, Glück und Unglück im Schoosse tragend« (MA I, Nr. 29, KSA 2, 50). Aus der Verwerfung der logischen und epistemologischen Grundbegriffe läßt N. die »Welt« des Irrtums, der Illusion und des ästhetischen Scheins hervorgehen, will sagen: das apollinische Prinzip der *Geburt der Tragödie* wird in eine ästhetische Hermeneutik transformiert, für die der Schein in der ihm eigentümlichen Abgründigkeit das gegenüber dem Selbstsein der Dinge reichere und fruchtbarere Prinzip darstellt. Hatte in der *Geburt der Tragödie* der Mythos in N.s Interpretation noch den Ordnungszusammenhang des Seins zu gewährleisten versucht, so schafft das Denken des freien Geistes seine Kristallisationspunkte, indem es aus der Fluktuation der Erscheinungen gewisse Komplexe auswählt, welche sich in stets wechselnder Beleuchtung von einem ungewissen Lebenshintergrund abheben und erst in einem offenen Prozeß vorübergehend zu festen Interpretationsgegenständen ordnen. Wenn bei N. von einer Phänomenologie die Rede sein kann, so nicht im Sinne einer eidetischen Fixierung von Denk- und Erfahrungsinhalten, sondern als Resultat eines dynamischen Perspektivismus, der sich mit der Grundhaltung einer Leidenschaft der Erkenntnis verbindet.

Das 2. Hauptstück ist ganz von dem Gedanken einer »Geschichte der moralischen Empfindungen« beherrscht. N. wendet sich gegen die Autonomie der Ethik, gegen die Idee des Guten als selbständiges Sein im Sinne Platos oder als Unbedingtes, wie von Kant in der *Kritik der praktischen Vernunft* (1788) formuliert. Statt dessen fragt er nach der Genesis der moralischen Phänomene und löst ihren Eigenwert in historischer Perspektive auf. Eine Schlüsselpassage findet sich etwa in Aph. 45: »Doppelte Vorgeschichte von Gut und Böse. – Der Begriff gut und böse hat eine doppelte Vorgeschichte: nämlich einmal in der Seele der herrschenden Stämme und Kasten. Wer die Macht zu vergelten hat, Gutes mit Gutem, Böses mit Bösem, und auch wirklich Vergeltung übt, also dankbar und rachsüchtig ist, der wird gut genannt; wer unmächtig ist und nicht vergelten kann, gilt als schlecht. [...] Sodann in der Seele der Unterdrückten, Machtlosen. Hier gilt jeder andere Mensch als feindlich, rücksichtslos, ausbeutend, grausam, listig, sei er vornehm oder niedrig [...]. Unsere jetzige Sittlichkeit ist auf dem Boden der herrschenden Stämme und Kasten aufgewachsen« (MA I, Nr. 45, KSA 2, 67 f.). N. greift in diesen Worten der in der *Genealogie der Moral* entwickelten Theorie des ↗Ressentiments vor, wenn er den Gegensatz des Guten nicht mehr ausschließlich in der ethischen, sondern vielmehr in der moral*soziologischen* Dimension sucht. Dabei erweist sich für ihn die Polarität von Gut und Schlecht gegenüber der von Gut und Böse als die ältere und jedenfalls ursprünglichere.

Das Programm einer Aufhellung der Ursprungstatsachen menschlicher Kultur führt N.

zu einer Kritik der moraltheoretischen Grundbegriffe, wie etwa der Tugend, der Freiheit des Willens und des moralischen Charakters; leitmotivisch ist Aph. 39: **Die Fabel von der intelligibelen Freiheit.** Von dieser programmatischen Tendenz her erschließt sich die innere Einheit der einzelnen Stücke, die im übrigen nach dem von N. auch sonst beobachteten Stilprinzip der lockeren Fügung aneinander gereiht scheinen. Prinzipielle Tendenz der Darstellung ist es, den bloß konstruktiv gewonnenen Begriffen der philosophischen Tradition moralpsychologisch und moralsoziologisch gefüllte Konzepte entgegenzusetzen, wie etwa die Schuld, das Schamgefühl, die Dankbarkeit und die Rachsucht. Diese letzten Begriffe werden einer Prüfung aus genetischem Gesichtspunkt unterworfen. Indem N. so vom Apriorismus Kantischer und noch Schopenhauerischer Prägung abrückt und auch den seinerzeit sehr populären Utilitarismus im Prinzip verwirft, bleibt er doch in der Verwendung der Begriffspaare Lust/Unlust sowie Egoismus/Altruismus speziell dem zuletzt erwähnten Standpunkt in gewisser Weise nahe.

Ein Beispiel für die Wesenserforschung der moralischen Phänomene durch Ergründung ihres Ursprungs oder vielmehr zeitlichen Anfangs gibt N. in dem Aph. 92, in dem er den bekannten Melier-Dialog aus dem Geschichtswerk des Thukydides aufgreift und interpretiert. Während unter Ungleichen nur das Gesetz des Stärkeren zählt – vgl. hierzu auch die erweiterte Ausführung in Aph. 93 –, gibt es unter Mächten von gleicher Größenordnung eine adäquate Abstimmung der beiderseitigen Interessensphären. Hierin sieht der Philosoph den Ursprung der Gerechtigkeit; diese ist demnach nicht unpersönlich und überindividuell, sondern Ergebnis eines Ausgleichs von Kräften, bei dem oft eine dritte Macht vermittelnd eingreift und so in den Rang einer friedenstiftenden und nur insofern moralischen Instanz aufsteigt. Die archaische Charakteristik von Recht und Gerechtigkeit ist der Friedensschluß nach vorangehenden Waffenhändeln sowie der machtbewehrte, aber im Ergebnis friedliche Tauschhandel, bei dem die beteiligten Parteien im Maßstab ihrer Durchsetzungsfähigkeit sich erhalten und erweitern. Wer erkennte nicht schon hier die von N. später zu größter Abstraktheit und Grundsätzlichkeit gesteigerte Logik der Macht-Quanten? Freilich noch ganz im Gewande einer soziologischen oder pseudosoziologischen Terminologie! N. glaubt, daß die Kulturmenschheit den Ursprung der Moralvorstellungen in Vergessenheit hat geraten lassen, so daß ein vermeintlich apriorisches Sittengesetz als Rechtfertigungshintergrund moralischer Handlungen in Betracht zu kommen scheint. Es verbirgt sich hinter dem trügerischen Anschein eines solchen aber stets nur ein Gleichgewichtszustand der inneren und äußeren Kräfte menschlichen Lebens. Diese Denkfigur behält ihre grundsätzliche Bedeutung für N. auch späterhin und in stark abgewandeltem Kontext.

An die Triebgrundlagen der Moral rührt N. in Aph. 99, wenn er dort schreibt: »**Das Unschuldige an den sogenannten bösen Handlungen.** – Alle ›bösen‹ Handlungen sind motivirt durch den Trieb der Erhaltung oder, noch genauer, durch die Absicht auf Lust und Vermeidung der Unlust des Individuums; als solchermaassen motivirt, aber nicht böse« (MA I, Nr. 99, KSA 2, 95). Schon in diesem Textstück wird erkennbar, daß N. gewillt ist, in der Erhaltung und Steigerung des organischen Lebens einen letzten Maßstab auch für die Beurteilung der moralischen Phänomene gelten zu lassen; dieser Maßstab ist seinerseits der Kritik entrückt, läßt aber mannigfache Abstufungen zu, welche in zahlreichen Variationen und Anwendungsbeispielen des Gedankens zum Ausdruck kommen. Grausamkeit und die Zufügung von Schmerz, von denen das geschichtliche Dasein des Menschen Zeugnis ablegt, müssen, wie in den Aph. 43 und 81 ausgeführt, als Symptome von Frühzuständen menschlicher Kultur gewürdigt werden. Umso mehr wendet sich der Denker der Quelle moralischer Selbsttäuschungen zu, deren Gefahr im Zuge der kulturellen Verfeinerung zunehmend deutlich wird; es gibt, wie schon der zuletzt erwähnte Aphorismus unter Beweis stellt, »Irrthümer des Leidenden und des Thäters«, und auch den frommen Selbstbetrug im Mitleid und den ihm wesensverwandten Gefühlsanwandlungen (Aph. 46ff.). Einer ähnlich differenzierenden Betrachtung wird die Lüge unterworfen (Aph. 54). Eine interpretatorische Ausschöpfung dieses Phänomens gibt die viel später edierte Abhandlung *Ueber Wahrheit und Lüge im aussermoralischen Sinne* (konzipiert 1872; publiziert erstmals 1896).

Mit dem Erscheinungskreis der Wahrheit und

der Lüge umreißt N. ein Problemfeld, das ihn endlich zur Konzeption einer Entwicklungslehre führen wird, die den archaischen Kulturzuständen das Bild eines zukünftig erneuerten Menschentums gegenüberstellt. Als das vornehmste Recht des Menschen erscheint schon in Aph. 58 das Vermögen, etwas zu »versprechen«, dem in N.s Augen wie der Lüge eine eigenartige »Unschuld« innewohnt. Ist der Mensch durchaus Natur, so gibt es keinen Unterschied zwischen der Notwendigkeit und dem freien Willen, sondern nur eine in den überlieferten Moralvorstellungen verborgene Selbsttäuschung des Menschen. Für N. »handelt« daher der Mensch »immer gut«: »in irgend einem Sinne handelt es sich immer um Selbsterhaltung. Sokrates und Plato haben Recht: was auch der Mensch thue, er thut immer das Gute, das heisst: Das, was ihm gut (nützlich) scheint, je nach dem Grade seines Intellectes, dem jeweiligen Maasse seiner Vernünftigkeit« (MA I, Nr. 102, KSA 2, 99). Eine systematisch konsequente Darstellung, die aber die internen Argumentationsverhältnisse bei Plato verfehlt. Nicht stets kann sich N. auf die Untrüglichkeit seines philologischen und historischen Ingeniums verlassen. – Es gibt, wie bereits in Aph. 94 angedeutet, »Phasen« der Moralität; sie führen vom individuellen Nützlichkeitsdenken über das Prinzip der Ehre zu einer Gesetzgebung, welche für die Zukunft erwarten läßt, daß der Mensch sich mit seiner unaufhebbaren Natürlichkeit abfindet und statt des Schuld- und Sündenbewußtseins der Vergangenheit eine neue Unbefangenheit gegenüber sich selbst erlernen wird.

Diese zentrale Vision führt der Philosoph in Aph. 107 aus, wo es etwa heißt: »Die völlige Unverantwortlichkeit des Menschen für sein Handeln und sein Wesen ist der bitterste Tropfen, welchen der Erkennende schlucken muss, wenn er gewohnt war, in der Verantwortlichkeit und der Pflicht den Adelsbrief seines Menschenthums zu sehen« (MA I, Nr. 107, KSA 2, 103). Eine »weise Menschheit« hätte die schmerzliche Erkenntnis zu akzeptieren, daß eine natürliche Notwendigkeit, welche alle ihre Lebensäußerungen zeitigt, die Illusion individueller Freiheit ablöst. Gefordert wird eine Bescheidung, die gelernt hat, daß der Mensch mit seinem Erkenntnisvermögen und seinen moralischen Anlagen Teil des Naturganzen in seiner interpretatorisch unauflöslichen Gleichgültigkeit ist: »Die Sonne eines neuen Evangeliums wirft ihren ersten Strahl auf die höchsten Gipfel in der Seele [...]. Alles ist Nothwendigkeit, – so sagt die neue Erkenntniss: und diese Erkenntniss selber ist Nothwendigkeit. Alles ist Unschuld: und die Erkenntniss ist der Weg zur Einsicht in diese Unschuld« (MA I, Nr. 107, KSA 2, 105). Wer will, kann in diesen Worten bereits eine frühe Fassung des *amor-fati*-Gedankens erblicken, dessen explizite Formulierung man bei N. erst später findet. – Diese in der Intention radikale Naturalisierung des Menschen, mit der zugleich die Last seines geschichtlichen Daseins abgeworfen werden soll, zieht jedoch als Konsequenz nach sich, daß seine überlieferte Bestimmung: nämlich seine natürliche Welt immer schon geschichtlich zu transformieren, verlorengeht. N.s utopischer Naturalismus ist ein logisches Unding, ein Phantasma.

Das 3. Hauptstück knüpft an die Religionskritik des 18. und 19. Jh.s an: »**Die Wahrheit in der Religion.** – In der Periode der Aufklärung war man der Bedeutung der Religion nicht gerecht geworden, daran ist nicht zu zweifeln: aber ebenso steht fest, dass man, in dem darauffolgenden Widerspiel der Aufklärung, wiederum ein gutes Stück über die Gerechtigkeit hinausgieng, indem man die Religionen mit Liebe, selbst mit Verliebtheit behandelte und ihnen [...] ein tieferes, ja das allertiefste Verständniss der Welt zuerkannte; welches die Wissenschaft des dogmatischen Gewandes zu entkleiden habe, um dann in unmythischer Form die ›Wahrheit‹ zu besitzen« (MA I, Nr. 110, KSA 2, 109). Diese Passage läßt die komplexe ideengeschichtliche Prämisse, unter der N.s Betrachtungen über das »religiöse Leben« stehen, mit besonderer Deutlichkeit erkennen. Die religionskritische Anstrengung der Aufklärungszeit, wie auch die romantische Zuwendung zur Religion, beschreiben jeweils nur eine Facette des Problems. N. selbst geht in grundsätzlicher Anknüpfung an Schopenhauer davon aus, daß die Religion ein Mittel zur Linderung des Leidens sei, aber diese Erkenntnis ist für ihn kein Letztes, da sein Lehrer und Vorgänger sich »über den Werth der Religion für die Erkenntniss [...] geirrt hat. [...] noch nie hat eine Religion, weder mittelbar, noch unmittelbar, weder als Dogma, noch als Gleichniss, eine Wahrheit enthalten. Denn aus der Angst und dem Bedürfniss ist eine jede geboren, auf den Irrgängen der Vernunft hat sie sich in's Dasein geschlichen [...]« (MA I, Nr. 110, KSA 2, 110).

Religion ist daher für N. weit mehr eine der Lebensnot gehorchende Auslegung des Daseins als eine Allegorie der Wahrheit, wie noch für seinen Lehrer Schopenhauer. Ein dem Leben als solchem entspringender, aber durchaus wahrheitsindifferenter automatischer Interpretationsprozeß wird hier ein erstes Mal konzipiert.

Der Denker beläßt es im übrigen nicht bei der ausdrücklichen Zurückweisung des Wahrheitsanspruchs der Religion(en), sondern gewinnt zusätzliche Argumente aus dem entstehungsgeschichtlichen Zusammenhang. So diskutiert Aph. 111 den »Ursprung des religiösen Cultus«; N. stellt für dieses hypothetische Frühstadium, welches noch hinter die ihm und seinen Zeitgenossen vertrauten Zeugnisse griechischer Religion zurückgreift, das Fehlen eines »jede[n] Begriff[s] der natürlichen Causalität« fest (MA I, Nr. 111, KSA 2, 112). In seiner Sicht ist für den Menschen ältester Kulturstufe die Natur ein Komplex von Willensträgern, in den er sich, selbst ein fühlendes und wollendes Wesen, hineingestellt weiß, von höheren Mächten teils bedroht und teils geschützt. N. setzt für dieses Stadium den Gedanken eines sympathetischen Allzusammenhangs voraus, der Tier, Mensch und Gott mit dem Naturganzen verknüpft; alle Lebensträger sind durch ein System wechselseitiger Verpflichtungen miteinander verbunden, die sich nicht selten geradezu als Verträge darstellen. Ungeachtet seiner bedrängten Stellung unter den anderen Wesen, ist der Mensch keineswegs durchaus ohnmächtig, verfügt er doch über das Mittel des Geisterzwangs, wie denn überhaupt jede Einwirkung auf andere Wesen nach dem Vorbild willensmäßiger Beeinflussung vorgestellt ist. Magie und Animismus nehmen den Platz ein, der in späterer Zeit durch eine empirisch-rationale Kausalitätsidee beansprucht wird. Menschen und Götter sind nicht durch einen Abgrund voneinander getrennt; eher wird man ihrem Verhältnis durch den Vergleich eines Zusammenlebens niederer und höherer Kasten gerecht. Was N. über die mutmaßliche Entstehung kultischer und ritueller Vollzüge mitteilt, zeigt, wie sein Denken schrittweise aus dem Bann der philosophischen Religionskritik heraustritt, um sich statt ihrer der Resultate der fachlichen, d.h. religionspsychologischen und -soziologischen Tatsachenforschung seiner Zeitgenossen zu bedienen. Der Philosoph nimmt daher weder das Kompensationsmodell Schopenhauers noch das Projektionsmodell Feuerbachs auf, vielmehr gruppiert er seine konzeptionellen Ideen um den Entwicklungsgedanken, der, teils von der Philosophie (Comte, Spencer), teils von der Naturwissenschaft (Darwin) ausgehend, zum Zeitpunkt der Entstehung von N.s Schrift die Kulturwissenschaft zu erobern begann und sich beispielsweise in den Forschungen Tylors über primitive Kultur (1871) niederschlug (zu N.s Positivismus vgl. im übrigen Kremer-Marietti, 1998).

Auch den Hochreligionen, wie etwa dem Christentum, glaubt N. mit einer psychologischen Untersuchungsmethode am ehesten gerecht zu werden. Seine Analyse, enthalten in den Aph. 132ff., reflektiert die Entstehung des christlichen Sünden- und Schuldbewußtseins, die der Denker auf die unbewußte Gewohnheit des Vergleichs von menschlicher und göttlicher Subjektivität zurückführt, durch die unvermeidlich die menschliche Natur als gebrochen erfahren wird, eine Tatsache, welche geeignet ist, Strafängste zu mobilisieren (MA I, Nr. 132, KSA 2, 125 f.). Folgt N. in diesem Zusammenhang einer recht anspruchslosen Aufklärungstradition, so zeigt er sich in seiner Kritik der christlichen ↗Askese auf der Höhe der Meisterschaft. Als Psychologe erscheint ihm die Askese, ungeachtet ihres einheitlichen Erscheinungsbildes, als das Ergebnis einer Zusammensetzung: »Die allgemeine erste Wahrscheinlichkeit, auf welche man bei Betrachtung der Askese und Heiligkeit zuerst geräth, ist diese, dass ihre Natur eine complicirte ist: denn fast überall, innerhalb der physischen Welt sowohl wie in der moralischen, hat man mit Glück das angeblich Wunderbare auf das Complicirte und mehrfach Bedingte zurückgeführt. Wagen wir es also, einzelne Antriebe in der Seele der Heiligen und Asketen zu isolieren und zum Schluss sie in einander uns verwachsen zu denken« (MA I, Nr. 136, KSA 2, 130). An diese Forderung anknüpfend, gibt N. eine Kasuistik der asketischen Motive, welche den Bogen von der banalen Eitelkeit bis zum Raffinement der Selbstzerknirschung spannt. Meisterung des Affekts, Selbstverleugnung und ein Zerbrechen der individuellen Persönlichkeit sind die Gefühlsmomente und

Antriebssegmente der Askese, aber darüber hinaus stellt N. noch ein analytisches Element fest, welches er als das der »Emotion an sich« bezeichnet (MA I, Nr. 140, KSA 2, 133), und diese Betrachtung führt ihn von der psychologischen zu einer biologischen und schließlich soziologischen Auffassung der Askese, welche einerseits ihre Doppelfunktion im Dienste der Dämpfung wie auch der Steigerung des Lebensinstinkts, andererseits die Wirkung des Asketen und Heiligen auf die Gemeindebildung in den Mittelpunkt rückt (Aph. 140–144).

Überblickt man das 3. und das 4. Hauptstück im Zusammenhang, so wird erkennbar, daß N. den religiösen und den künstlerischen Lebenstyp durch Beziehungen der Affinität und des Kontrasts beschrieben glaubt und mancherlei diskrete Übergänge zwischen beiden als möglich ansieht. N.s Gedankengänge werfen ein eigenartig helles Licht auf die Situation der modernen Kultur, welche einerseits zu einer immer schärferen Herausbildung der Lebensrollen und -stile führt, andererseits die Reinheit der Typenbildung dadurch erschwert, daß die Komplexität der Lebensbedingungen, welche auf den Rollenträgern lastet, im Zuge der Entwicklung beständig zunimmt. So ist es ein archaisches Stigma, wenn religiös-zeremonielle und künstlerische Züge ineins fallen. In der modernen Welt hingegen heben sich die religiöse und die künstlerische Lebensrolle zunehmend kontrastiv voneinander ab und geraten beiderseits in einen doppeldeutigen Gegensatz zur Ethik der wissenschaftlichen Wahrheitssuche. N. reflektiert diese Tatsache am Beispiel der Gegenüberstellung wissenschaftlicher und künstlerischer Wahrhaftigkeit: »Der Wahrheitssinn des Künstlers. – Der Künstler hat in Hinsicht auf das Erkennen der Wahrheiten eine schwächere Moralität, als der Denker; er will sich die glänzenden, tiefsinnigen Deutungen des Lebens durchaus nicht nehmen lassen und wehrt sich gegen nüchterne, schlichte Methoden und Resultate. [...] er hält also die Fortdauer seiner Art des Schaffens für wichtiger, als die wissenschaftliche Hingebung an das Wahre in jeder Gestalt, erscheine diese auch noch so schlicht« (MA I, Nr. 146, KSA 2, 142). Im Gegensatz zur Mehrzahl der Äußerungen, in denen N. vom Wahrheitsgehalt der Kunst oder gar der Kunst als eigentlich metaphysischer Aktivität des Menschen spricht, fällt in der zitierten Stelle das Urteil mit dezidierter Einseitigkeit zugunsten der Wissenschaft aus. Nur die Wissenschaft, nicht die Kunst ist dem Maßstab der Tatsachenwahrheit so rückhaltlos verpflichtet, wie es den Erfordernissen der modernen Kultur entspricht.

Auch in der Behandlung der Rolle der Kunst im gesellschaftlichen Leben und der Genie-Wirkung verfolgt N. eine streng analytische Methode, deren Anleihen in den Bereichen der Biologie, Soziologie, Psychologie und Sprachwissenschaft zwar im Rückblick oft als zeitgebunden erscheinen, deren philosophische Pointe jedoch in einer rückhaltlosen Auflösung des substanziellen Eigenwesens der Kulturerscheinungen besteht. Die Funktion der Kunst ist so keine einheitliche, vielmehr ergibt sich für N. aus ihrer allmählichen Lösung aus sakraler Bindung und kultisch-ritueller Zwecksetzung ein offenes Wirkungsspektrum und ein Pluralismus der Bezüge. Kunst kann im Dienste der Verklärung des Daseins stehen oder aber den Lebensinstinkt schwächen, indem sie das Schattenhafte, Dunkle und Morbide zu Lasten des Gesund-Vitalen erweitert; sie kann der Weihe des Herkommens und dem Ruhm der Ahnen verpflichtet sein oder sich dem Anspruch und Zugriff der Kollektivmächte auf das einsame Leben und Schaffen des Künstlers und Artisten widersetzen. Wenn Kant und die deutsche Romantik das Genie als Naturanlage gefeiert hatten, so geht das Genie-Problem für N. weder in natürlichen noch in gesellschaftlichen Bezügen einseitig auf. Der Philosoph kritisiert den Glauben an die Kraft unmittelbarer Eingebung, d.h. an die Inspiration, und hebt die Unentbehrlichkeit des gewissermaßen handwerklich Erarbeiteten für das Kunstschaffen hervor (s. Aph. 155ff.). In der Durchführung des Genie-Problems verlegt N. den Schwerpunkt vorwiegend in die Ebene der Wirkung und des Genusses; damit nähert er sich der modernen Einsicht, daß das Genie keine in sich ruhende Erscheinung ist, sondern vielmehr in der Anerkennung durch eine Gemeinde oder ein Publikum besteht oder diese jedenfalls voraussetzt. Die Parallele zur Existenz oder vielmehr Wirksamkeit des Heiligen und Asketen liegt auf der Hand.

Ein weiteres Beispiel für N.s Argumentationsweise ist das Sprachproblem. In Aph. 216 geht der Autor dem mutmaßlichen Zusammenspiel von Gebärde, Mimus, Symbolik, Musik und Poesie bei der Entstehung der archaischen Ausdrucksformen nach. Eine Spekulation der von N. angestellten Art ist indessen keineswegs originell; Entwicklungstheorien der Sprache von ähnlichem Zuschnitt kannte bereits die Aufklärung. Die Ursprungsfrage und damit der Zusammenhang mit der Musik waren von Vico, Hamann, Herder und Humboldt, sowie vor allem im Kreise der Romantik tiefgründig erörtert worden. Unter den unmittelbaren Vorläufern N.s in dieser Sache ist auch G. Gerber zu nennen, dessen Werk *Sprache als Kunst* (1871), Goethe, Schiller und Schopenhauer ebenso wie Lotze und Vischer verpflichtet, ein wirkungsgeschichtlich bedeutsames Bindeglied zwischen dem Zeitalter von Klassik und Romantik sowie der Periode des entwicklungstheoretischen Positivismus abgibt. Während Gebärde und Mimus für N. dem Rhythmus der organischen Existenz und der Nachahmung der äußeren Natur verhaftet bleiben, überwindet sich der Affekt- oder Naturlaut in der Gemeinsprache zu gegenständlicher, in der tragischen und komischen Dichtung zu dramatischer Bedeutung, in der Musik aber zu einem autonomen tonalen Kosmos. Es ist kein Zufall, daß N. vor diesem Hintergrund erregende Einblicke in das System der Kunstgattungen und ihre entwicklungsmäßige Verwobenheit gelingen. Der Abschnitt als Ganzes schließt mit einem Abgesang auf die Kunst (Aph. 222 f.).

In diesen Abschnitten von MA I stiftet N. einen virtuellen thematischen Mittelpunkt, von dem aus scheinbar heterogene Problemkreise sich auf kohärente Weise in den Horizont seines Denkens einbeziehen lassen. Als stehende Kennzeichen der Vorgehensweise N.s sind hervorzuheben: (i) die Konzentration auf die Frühformen der Kulturerscheinungen in der Erwartung, auf diese Weise ihren Wesensgehalt zu ergründen; (ii) die integrierte Betrachtungsweise, oder besser: die Denktechnik des iterierten Vergleichs, durch die der Gesamteindruck entsteht, daß alle elementaren kulturellen Phänomene im Ursprung verbunden sind, und folglich (iii) die anfängliche Beschränkung auf eine äußerliche Sicht, die insbesondere die Würdigung des Wahrheitsgehalts der Hochreligionen und der Autonomie der Wertsphäre zunächst suspendiert. Erst im Zuge der Weiterentwicklung seiner Gedanken in *Morgenröthe* und *Fröhliche Wissenschaft* gelingt es N., durch einen permanenten Wechsel zwischen Außen- und Innenperspektive den Mangel einer gewissen Einseitigkeit zu beheben, d. h. das moral- und religions*soziologische* Problem beizubehalten, ohne die Wahrheitsfrage preiszugeben. N.s Gedankenführung ist stilbildend geworden für die Denker der nachfolgenden Generation, so etwa Bergson, M. Weber, Simmel und Scheler.

Der Ansatz, die Genese der Macht, die Bildung der Sittlichkeit und der Moral, die Entstehung von Recht, das Genie-Problem, die Kunst und die Sprachfrage in einheitlicher Perspektive zu zeigen, ihre latente Affinität aufzuweisen, ist eine denkerische Leistung von hohem Rang, mit der der Philosoph auf Dauer eine neue Problemlage geschaffen hat. Als weiterführend erweist sich indessen weniger die ganz dem Entwicklungsgedanken und damit der Aufklärung verpflichtete Kritik von Macht und Recht, Sitte und Moral – N. kann hier kaum mit der entfalteten Spekulation eines Plato, Aristoteles, Hobbes, Rousseau, Kant oder Hegel Schritt halten – als vielmehr die tiefgründige Zusammenschau des Sprachproblems, der Geniefrage und des Formenkreises von Askese und Sinngebung. N.s Denken schafft zwischen diesen Phänomenen interpretatorische Übergänge, die der philosophischen Tradition unbekannt waren, und kann in diesem Punkte unverändert Aktualität für sich in Anspruch nehmen. – Eine integrierende Betrachtung der Kulturfaktoren bietet der 5. Abschnitt. Religion, Kunst, Wissenschaft und Philosophie in vergleichender Betrachtung zusammenzuführen, das relative Entwicklungsalter verschiedener Kultursegmente abzuschätzen, ist altes europäisches Geisteserbe, das bis auf die griechische Sophistik zurückgeht; in neuerer Zeit ist an Rousseau, die Romantik, im Hinblick auf N. auch speziell an das Vorbild der Vorlesungen J. Burckhardts zu erinnern, deren literarische Endfassung in den *Weltgeschichtlichen Betrachtungen* (posthum 1905) vorliegt.

Wenn N. im 5. Hauptstück »niedere« und »höhere« Kultur unterscheidet, so sind diese Bezeichnungen nicht wertend intendiert. Im Gegensatz zu der durch die *Geburt der Tragödie* repräsentierten älteren Phase von N.s kulturtheoretischem Denken verbietet es sich dem Philosophen von nun an grundsätzlich, die verschiedenen Stadien und Segmente der Kultur, also etwa das Archaikum und die Moderne, Magie, Religion, älteste Dichtung und andererseits philosophisches, szientisches oder artistisches Problembewußtsein der Gegenwart, gegeneinander auszuspielen. In diesem Sinne schreibt er: »Alles ist im [...] Strome: nach Einem Ziele hin« (MA I, Nr. 107, KSA 2, 105). Der Dynamismus der Kulturentwicklung schafft und zerstört Werte, ist aber als solcher wertindifferent. Der Zukunft aufgespart bleibt die Entwicklung einer höheren Kultur, deren Bild N. in Aph. 251 entwirft. Mythische Phantasie und Dichtung sind ebenso unentbehrlich wie der nüchterne Tatsachensinn des Wissenschaftlers; das Kennzeichen dieser höheren Kultur erblickt N. daher in der Existenz eines »Doppelgehirn[s]«, dessen »Kammern« »Wissenschaft« wie auch »Nicht-Wissenschaft« zu »empfinden« in der Lage sind: »neben einander liegend, ohne Verwirrung, trennbar, abschliessbar; es ist dies eine Forderung der Gesundheit. Im einen Bereich liegt die Kraftquelle, im anderen der Regulator. Mit Illusionen, Einseitigkeiten, Leidenschaften muss geheizt werden, mit Hülfe der erkennenden Wissenschaft muss den bösartigen und gefährlichen Folgen einer Ueberheizung vorgebeugt werden. – Wird dieser Forderung der höheren Cultur nicht genügt, so ist der weitere Verlauf der menschlichen Entwicklung fast mit Sicherheit vorherzusagen: das Interesse am Wahren hört auf, je weniger es Lust gewährt, die Illusion, der Irrthum, die Phantastik erkämpfen sich Schritt um Schritt, weil sie mit Lust verbunden sind, ihren ehemals behaupteten Boden: der Ruin der Wissenschaften, das Zurücksinken in Barbarei ist die nächste Folge; [...]« (MA I, Nr. 251, KSA 2, 209).

Um diesen Gedanken zentriert N. seine Aussagen über die Symptome des Aufstiegs wie des Niedergangs der Kultur; es verwundert nach den bisherigen Beobachtungen nicht, daß sich die einzelnen Prosastücke nach einem Schema der Korrespondenzen ordnen lassen. Über die Frühstadien der Kultur äußert sich der Denker z.B. in den Aph. 245 ff.; ihnen entsprechen antithetisch die großen Befreiungsschritte, in denen die Menschheit das Joch der Tyrannei und des Aberglaubens abwirft (Aph. 275 ff.). Eine herausragende Stellung nimmt in diesem Zusammenhang die vergleichende Betrachtung von Renaissance und Reformation ein; N. beobachtet, daß der Reformation ein retardierendes Moment innegewohnt habe, während die Renaissance, die eigentliche Emanzipationsbewegung, in den Anfängen stecken geblieben sei. Insgesamt hält der Denker einen »Kreislauf des Menschenthums« für möglich, eine Spekulation, die sich in anderer Form auch bei Hegel, Marx und Comte findet (MA I, Nr. 247, KSA 2, 205). Daher werden der Fortschrittsoptimismus und die romantische Sehnsucht nach der geschichtlichen Frühe von N. gleichermaßen kühl abgewehrt. Der systematische Ertrag von N.s Philosophieren liegt in der Gegenüberstellung des »gebundenen« und des »freien Geistes« (Aph. 225, 226, 229, 232, 291 und öfter).

Der abschließende Aph. 292 »Vorwärts« ist ein einzigartig »versöhnter« Rückblick N.s auf den Weg seiner Entwicklung, verbunden mit einer Retrospektive auf die europäische Kultur und ihre Quellen. »Man muss«, so schreibt er, »Religion und Kunst wie Mutter und Amme geliebt haben, – sonst kann man nicht weise werden. Aber man muss über sie hinaus sehen, ihnen entwachsen können; bleibt man in ihrem Banne, so versteht man sie nicht. Ebenso muss dir die Historie vertraut sein und das vorsichtige Spiel mit den Wagschalen ›einerseits – andererseits‹. Wandle zurück, in die Fussstapfen tretend, in welchen die Menschheit ihren leidvollen grossen Gang durch die Wüste der Vergangenheit machte: so bist du am gewissesten belehrt, wohin alle spätere Menschheit nicht wieder gehen kann oder darf« (MA I, Nr. 292, KSA 2, 236). Anders als Hegel und Goethe weiß N. sich nicht als Bestandteil einer harmonischen Gesamtkultur, sondern vielmehr als ein verzweifeltes Einzelschicksal, das gleichwohl mit dem Entwicklungsgang der Kultur korrespondiert. Nicht von ungefähr wird der Tonfall N.s hier mehr und mehr ein persönlicher (MA I, Nr. 292, KSA 2, 237).

Das 6. Hauptstück »Der Mensch im Verkehr« und das 7. Hauptstück »Weib und Kind« stehen durch die scharfe Helligkeit ihrer psychologischen Entlarvungskunst ganz in der Tradition der französischen Moralistik, und die zahlreichen Aphorismen der genannten Themenkreise bleiben im Hinblick auf die verborgenen Motive der Sozialität des Menschen auf der Höhe dieser Tradition. Das 8. Hauptstück »Ein Blick auf den Staat« bildet eine tief konservative Kritik an der modernen Demokratie und dem Sozialismus, dem »jüngeren Bruder des fast abgelebten Despotismus« (MA I, Nr. 473, KSA 2, 307), den N. hellsichtig auf die Entwicklung eines im 20. Jh. realisierten Staatssozialismus hin auslegt. In

Aph. 481 Grosse Politik und ihre Einbussen gibt N. jedoch andererseits eine Kritik der Bismarck-Ära und des mit ihr verbundenen Nationalismus. Der Aph. 475 ist eine scharf ablehnende Kritik des Antisemitismus; N. ruft in Erinnerung, daß die Welt dem Judentum den »edelsten Menschen (Christus), den reinsten Weisen (Spinoza), das mächtigste Buch und das wirkungsvollste Sittengesetz« (MA I, Nr. 475, KSA 2, 310) verdankt. Diese kritischen Notizen, wie auch zahlreiche inhaltlich verwandte, sind auf dem Hintergrund der Apolitie des freien Geistes geschrieben (Ottmann ²1999).

Im 9. Abschnitt »Der Mensch mit sich allein« nimmt N. den Gedanken wieder ganz in die Form des Aphorismus zurück. Ungeachtet seines Titels, wird jedoch auch in diesem Zusammenhang vorwiegend die gesellschaftliche Lebenssituation des Menschen reflektiert, und so kehren die Grundthemen dieser Literaturgattung in mannigfachen Variationen wieder: die Eitelkeit der menschlichen Dinge, die Torheit des Ruhms und die Mißverständnisse und Selbstmißverständnisse des schöpferischen Menschen. Auch diese Betrachtungen verdichten sich zu einer Apologie des freien Geistes (Aph. 629 ff.), wenn N. zeigt, unter welchen Bedingungen Überzeugungssysteme sich bilden oder auflösen. Am Ende steht die Gestalt des Wanderers, als Figur der von N. repräsentierten philosophischen »Nomadenexistenz«. Ihr ist der Aph. 638 gewidmet. Im Motivischen mit der Romantik verbunden, ist der Wanderer als die »weltliche Gestalt des christlichen Pilgers« (K. Löwith) selbst eine allegorische Deutung des freien Geistes. Über ihn und seine Weggefährten schreibt N.: »Geboren aus den Geheimnissen der Frühe, sinnen sie darüber nach, wie der Tag zwischen dem zehnten und zwölften Glockenschlage ein so reines, durchleuchtetes, verklärt-heiteres Gesicht haben könne: – sie suchen die Philosophie des Vormittages« (KSA 2, 363). Der Tag zwischen dem zehnten und zwölften Glockenschlag deutet schon auf den »grossen Mittag«, welcher Zarathustra das Geheimnis der ewigen Wiederkunft lehrt.

Der zweite Teil von *Menschliches, Allzumenschliches* ist die Fortsetzung des Denkweges, auf welchem N. unterwegs ist »zu sich selber«. Rückblickend heißt es in der Vorrede von 1886: »Einsam nunmehr und schlimm misstrauisch gegen mich, nahm ich, nicht ohne Ingrimm, dergestalt Partei gegen mich und für Alles, was gerade mir wehe that und hart fiel: – so fand ich den Weg zu jenem tapferen Pessimismus wieder, der der Gegensatz aller romantischen Verlogenheit ist, und auch, wie mir heute scheinen will, den Weg zu ›mir‹ selbst, zu meiner Aufgabe« (MA II, Nr. 4, KSA 2, 373). Die Aufgabe, die N. an dieser Stelle anspricht, ist die Überwindung der Krankheit am Leben zu einer neuen »Gesundheit«. Die erste Abteilung, *Vermischte Meinungen und Sprüche*, knüpft an die antike Spruchweisheit und die Sentenzenkunst Montaignes, Pascals und der französischen Moralistik an. Die literarische Form eines Totengesprächs, von N. gelegentlich auch zur Gestalt eines Geistergesprächs fortstilisiert, reflektiert die vom Autor intendierte Aufhebung eines gegenständlichen und argumentativen Denkstils in einem spielerischen Typus philosophierenden Selbstentwurfs, die sich in dem anschließenden zweiten Nachtrag im Entwurf des Wanderers und seines Schattens weitergebildet sieht. Anregung und Vorbild mag N. in Lukian und Fontenelle gefunden haben.

Bedeutsam ist Aph. 408 »Die Hadesfahrt. – Auch ich bin in der Unterwelt gewesen, wie Odysseus, und werde es noch öfter sein; und nicht nur Hammel habe ich geopfert, um mit einigen Todten reden zu können, sondern des eigenen Blutes nicht geschont. Vier Paare waren es, welche sich mir, dem Opfernden nicht versagten: Epikur und Montaigne, Goethe und Spinoza, Plato und Rousseau, Pascal und Schopenhauer. Mit diesen muss ich mich auseinandersetzen, wenn ich lange allein gewandert bin, von ihnen will ich mir Recht und Unrecht geben lassen, ihnen will ich zuhören, wenn sie sich dabei selbst untereinander Recht und Unrecht geben« (MA II, Nr. 408, KSA 2, 533 f.). Die von N. vorgenommene Gegenüberstellung ist zugleich ein Schlüssel zum Verständnis seines Philosophierens. Das Ordnungsprinzip ist nicht das der chronologischen Reihung. Vielmehr verkörpern Epikur und Montaigne für N. – jenseits des Heilsdramas der christlichen Existenz – eine Form antiker Weisheit, Spinoza und Goethe den Pantheismus und die Weltfrömmigkeit; Plato und Rousseau repräsentieren für ihn den hohen spekulativen Zug der Philosophie, zugleich aber deren schwärmerisch-enthusiastischen Grundcharakter, Pascal und Schopenhauer demgegenüber die redliche Besinnung auf die Grundlagen menschlicher Existenz. So interpretiert, belegt die vorstehende Textstelle die intuitive Begabung, mit der N. die typischen Richtungen philosophischen Denkens charakterisiert.

Das Motiv einer Hadesfahrt kannte bereits der Aph. 374, wie es denn überhaupt für N.s literarische Kompositionstechnik kennzeichnend ist, auf der Suche nach einer eigenen Formensprache die überlieferten Topoi graduell zu variieren und damit ihr metaphorisches Volumen zu erweitern. Man müsse, so heißt es dort, »viele Dinge«, »im Schatten halbbewussten Fühlens« belassen, dürfe sie nicht »aus ihrem Schatten-Dasein erlösen« wollen, da sie sonst, »als Gedanke und Wort«, zu »dämonischen Herren« würden und »grausam nach unserem Blute« verlangten (MA II, Nr. 374, KSA 2, 526). Die Hadesfahrt wird von N. auf das philosophische Erkenntnisgeschehen übertragen. Solange der Mythos sein Recht behauptet, erheischt er vom Menschen der Jetztzeit, daß er sich dem Anspruch der Vorwelt beuge. In N.s Transponierung besagt dies, daß der erkennende Mensch, wenn er sich in die Vergangenheit versenkt, bereit sein muß, seine Begriffe und Kategorien, seinen Denkstil und seine Erkenntnishaltung entsprechend der Altertümlichkeit des Gegenstandes abzuwandeln. Das mythische *quid pro quo* greift damit in gewisser Weise auf das Verhältnis von Mythos und Erkenntnis selbst über. Der Mythos birgt oft selbst Erkenntnis, aber wiederum die Erkenntnis bleibt im Kern mythisch, kann nicht ohne weiteres zur *epistéme* geläutert werden. Eine spätere Denkfigur N.s, die Beziehung der »fröhlichen Wissenschaft« auf den tragischen Hintergrund menschlicher Erkenntnis, deutet sich hier bereits an.

Bemerkenswert an dem Textstück unter dem Titel *Der Wanderer und sein Schatten* ist zunächst die formale Klammer, welche durch die einleitenden und abschließenden Dialoge der beiden Rollenpartner geschaffen wird. Das Motiv der Bewußtseinsspaltung, welches auch sonst in N.s Werk wiederkehrt, tritt hier in uneigentlicher Form auf: Wie der Schatten vom Körper, so hängt die zweite der beiden Dialogrollen von der ersten ab; nicht zufällig löst jene sich zuletzt wieder in dieser auf. Thematischer Mittelpunkt ist der Aph. 84 »Die Gefangenen«, eine Parabel der Zweideutigkeit der religiösen Glaubenssituation und damit eine Vorwegnahme der Formel »Gott ist todt«: »[...] ›Der Gefängnisswärter ist eben plötzlich gestorben.‹« (MA II, Nr. 84, KSA 2, 591). Daneben finden sich Reflexionen über die Entstehungsgeschichte der religiösen und moralischen Vorstellungen, über die Pflicht zur Wahrheit (Aph. 43), die Kunst des Schreibens (Aph. 87 ff.); hieran schließen sich pointierte Vergleiche von deutscher und französischer Kultur, begleitet von Würdigungen Wielands, Lessings, Goethes, Jean Pauls und anderer.

Die Grundaussage dieses Abschnitts konzentriert sich in dem Aufweis eines geheimen Zusammenhangs der Philosophie des Vormittags mit der des Mittags, in welcher die Gegensätze von Licht und Schatten, Höhe und Tiefe, Ja und Nein in einem Gegensatzgefüge integriert werden. Zur Stunde des Mittags, zur Zeit des höchsten Standes der Sonne, überfällt den Wanderer ein ihm bisher fremdes Glück: die Wahrnehmung der »Ewigkeit« im Sinne des mystischen Erlebnisses des *nunc stans*. N. spielt auf die Mitte auch des eigenen Lebens und die sich in ihr überraschend auftuende Nähe zum Tode an, wenn er schreibt: »Es wird still um ihn [scil. den Wanderer], die Stimmen klingen fern und ferner; die Sonne scheint steil auf ihn herab [...] Er will Nichts, er sorgt sich um Nichts, sein Herz steht still, nur sein Auge lebt, – es ist ein Tod mit wachen Augen. Vieles sieht da der Mensch, was er nie sah, und soweit er sieht, ist Alles in ein Lichtnetz eingesponnen und gleichsam darin begraben. Er fühlt sich glücklich dabei, aber es ist ein schweres, schweres Glück. -« (MA II, Nr. 308, KSA 2, 690) Die zitierte Textpassage deutet schon auf die Mittagserfahrung im *Zarathustra*, Teil IV: »Mittags«. Das Verhältnis von Zeit und Ewigkeit, Entrückung und Todesnähe wird hier wie dort in seiner Zwiespältigkeit erfahren.

## Morgenröthe. Gedanken über die moralischen Vorurtheile (1881)

*Zur Entstehungsgeschichte.* Im Winter 1880/81 verfaßt N. die Reinschrift der *Morgenröthe*, wiederum unter dem Arbeitstitel *Die Pflugschar. Gedanken über die moralischen Vorurtheile.* Bis Mitte März 1881 wird die Vorbereitung des Druckmanuskripts unter Mithilfe von Köselitz zu Ende geführt. Im Mai 1881 beginnt Teubner für Schmeitzner die Drucklegung; am 17. Juni ist die Korrektur beendet; das Buch erscheint Anfang

Juli desselben Jahres. 1887 erscheint die zweite Auflage, versehen mit einer Vorrede aus dem Jahr 1886.

*Zur zeitgenössischen Rezeption.* Im Unterschied zu *Menschliches, Allzumenschliches* ist von öffentlicher Resonanz keine Rede, so daß N. am 14. August 1881 an Köselitz im Tonfall tiefer Resignation schreibt: »[...] keiner hat etwas durch mich erlebt, keiner sich einen Gedanken über mich gemacht – es ist achtbar und wohlwollend, was man mir sagt, aber ferne, ferne, ferne. Auch unser lieber Jacob Burckhardt schrieb so ein kleinlautes verzagtes Brieflein«.

*Zu Aufbau und Thematik des Werks.* Wegen der vielfältigen thematischen Korrespondenzen von *Menschliches, Allzumenschliches, Morgenröthe* und *Fröhlicher Wissenschaft* sollen im folgenden überwiegend solche Motive herausgestellt werden, in denen N.s Denken sich neu akzentuiert. In fünf »Bücher« gegliedert, umfaßt die *Morgenröthe* 575 Abschnitte von unterschiedlicher Länge, die von wenigen Zeilen bis zu einigen Seiten reichen. N. spielt wiederum mit den literarischen Formen, wenngleich das lyrische Gedicht, sonst oft in seinen Werken vertreten, hier fehlt. Die *Morgenröthe* versucht eine umfassende Symptomatologie des menschlichen Lebens zu geben, welche in der Vorrede von 1886 eine »Arbeit der Tiefe« genannt wird (M, KSA 3, 11). Diese gilt einer Archäologie der Kultur, welche die sie tragenden Schichten unter der Oberfläche freilegen will. – Schon zur Zeit der Abfassung der *Morgenröthe* hat N.s Denken keinen festen Punkt mehr außerhalb seiner selbst, es versteht sich vielmehr als ein fortgesetzter Prozeß der interpretativen Destruktion: »[...] ich begann ein altes Vertrauen zu untersuchen und anzugraben, auf dem wir Philosophen seit ein paar Jahrtausenden wie auf dem sichersten Grunde zu bauen pflegten, – immer wieder, obwohl jedes Gebäude bisher einstürzte: ich begann unser Vertrauen zur Moral zu untergraben« (M, KSA 3, 12). Eine Prüfung der Grundlagen der Kultur hat für N. an diesem Punkte einzusetzen. Die Moral ist eine »Circe«, ihre Systeme sind durch einen unbefragten Glauben von Grund aus verdorben, und selbst Kant – dessen Zweideutigkeit N. durchgängig hervorhebt – ist von dieser Kritik nicht auszunehmen (M, KSA 3, 13). In seiner Schrift erblickt der Denker eine Fortführung jenes Pessimismus, den er als das wertvolle Grundmotiv des Luthertums und damit des deutschen Geisteserbes ansieht, dessen Überlieferung in Kant und Hegel, d.h. in Kritizismus und Idealismus, freilich für ihn zugleich die Geschichte einer fortgesetzten Retardierung ist. N. exponiert damit zugleich den Begriff des »intellectualen ↗Gewissens« (wie es später in *Die fröhliche Wissenschaft* heißen wird): »– und dies ist die letzte Moral [...]: dass wir nämlich nicht wieder zurückwollen in Das, was uns als überlebt und morsch gilt, in irgend etwas ›Unglaubwürdiges‹, heisse es nun Gott, Tugend, Wahrheit, Gerechtigkeit, Nächstenliebe [...] – allein als Menschen **dieses** Gewissens fühlen wir uns noch verwandt mit der deutschen Rechtschaffenheit und Frömmigkeit von Jahrtausenden [...]. In uns vollzieht sich, gesetzt, dass ihr eine Formel wollt, – **die Selbstaufhebung der Moral.** – « (M, KSA 3, 16).

Hatte Kant die Grenzen der menschlichen Erkenntnis in den Bestimmungen der Anschauung und des Verstandes gesehen, so findet N. sie in der Organisation des menschlichen Leibes, der Physiologie und Psychologie der Affekte sowie in den Bedingungen des Erkenntnis*willens*, die bewußtseinsvorgängig in den Tiefenschichten unserer psychophysischen Natur verankert sind. Vattimo (1992, 41) hat darauf verwiesen, es sei der Hauptkritikpunkt N.s in der *Morgenröthe*, es könne moralische Handlungen geben. Voraussetzung hierfür wäre, »daß das handelnde Subjekt ein ausreichendes Bewußtsein davon hat, was denn sein Handeln ist«. Da die Innenwelt des Subjekts für N. eine »**unbekannte Welt**« ist (M, Nr. 116, KSA 3, 108), können seine Handlungen weder angemessen beurteilt noch erkannt werden. So heißt es an dieser Stelle: »Die Handlungen sind **niemals** Das, als was sie uns erscheinen! Wir haben so viel Mühe gehabt, zu lernen, dass die äusseren Dinge nicht so sind, wie sie uns erscheinen, – nun wohlan! mit der inneren Welt steht es ebenso! Die moralischen Handlungen sind in Wahrheit ›etwas Anderes‹, – mehr können wir nicht sagen: und alle Handlungen sind wesentlich unbekannt« (M, Nr. 116, KSA 3, 109). Wenn N. sich in seinen Schriften rühmt, im Sensualismus und Phänomenalismus die besten Überlieferungsbestandteile der europäischen Philosophiegeschichte festzuhalten, so zieht dies für seine Moralphilosophie die doppelte Konsequenz nach sich, daß der Denker zwar einerseits wie wenige vor und nach ihm der trügerischen Natur der moralischen Affektationen und Wertvorstellungen inne wird, daß er aber andererseits den autonomen Bestand der Werte selbst aufhebt, also seiner Kritik – nicht anders als in Erkenntnistheorie und Naturphilosophie – selbst den Boden entzieht. Der Erscheinungscharakter der inneren und äußeren Natur wird von N. oft mißverständlich der Scheinhaftigkeit, die Fiktionalität dem Illusionscharakter gleichgesetzt. Man kann daher in *Morgenröthe* am ehesten den Entwurf einer »entlarvenden« Psychologie sehen, sachlich und stilistisch in der Mitte zwischen dem Scharfsinn der französischen Moralisten, Gracians und Schopenhauers einerseits und der Psychoanalyse Freuds und seiner Weggenossen und Nachfolger andererseits.

Spielen in die Handlungen eines Menschen Momente hinein, die jenseits der Kontrolle seines Bewußtseins liegen, so gilt es, wie N. im Vorgriff auf die Psychoanalyse Freuds schreibt, einzusehen, daß »all unser sogenanntes Bewusstsein ein mehr oder weniger phantastischer Commentar über einen ungewussten, vielleicht unwissbaren, aber gefühlten Text ist [...]« (M, Nr. 119, KSA 3, 113). Aus der beschriebenen Voraussetzung ergibt sich für N. die Leugnung der Erkennbarkeit der moralischen Natur von Handlungen sowie die Ablehnung der Willensfreiheit des Subjekts. So heißt es im Aph. 120 »**Zur Beruhigung des Skeptikers.** – ›Ich weiss durchaus nicht, was ich **thue**! Ich weiss durchaus nicht, was ich **thun soll**!‹ – Du hast Recht, aber zweifle nicht daran: **du wirst gethan**! in jedem Augenblicke! Die Menschheit hat zu allen Zeiten das Activum und das Passivum verwechselt, es ist ihr ewiger grammatikalischer Schnitzer« (M, Nr. 120, KSA 3, 115). Hatte die klassische deutsche Philosophie in Kant und Hegel von dem Gegensatz von Freiheit und Notwendigkeit gesprochen, so baut N.s naturalistische Moraltheorie diese Antithese zu der von Notwendigkeit und Zufall ab und redet so von einem »**Reich der Zwecke**« und einem »**Reich der Zufälle**« (M, Nr. 130, KSA 3, 120). Wenn für nahezu die gesamte europäische Tradition der seelische Binnenbezirk der Sitz der metaphysischen und moralischen Gewißheiten gewesen war, so vollzieht sich in *Morgenröthe* das intellektuelle Drama, daß das Subjekt als der tragende Boden philosophischer Konstruktion verlorengeht.

Ähnlich wie *Menschliches, Allzumenschliches* setzt die *Morgenröthe* mit der Beobachtung ein, daß menschliches Gemeinschaftsleben unter dem Einfluß eines Faktors steht, den N. als die »**Sittlichkeit der Sitte**« bezeichnet: »Sittlichkeit ist nichts Anderes (also namentlich **nicht mehr**!), als Gehorsam gegen Sitten, welcher Art diese auch sein mögen; Sitten aber sind die **herkömmliche** Art zu handeln und abzuschätzen. In Dingen, wo kein Herkommen befiehlt, giebt es keine Sittlichkeit; und je weniger das Leben durch Herkommen bestimmt ist, um so kleiner wird der Kreis der Sittlichkeit. Der freie Mensch ist unsittlich, weil er in Allem von sich und nicht von einem Herkommen abhängen will: in allen ursprünglichen Zuständen der Menschheit bedeutet ›böse‹ so viel wie ›individuell‹, ›frei‹, ›willkürlich‹, ›ungewohnt‹, ›unvorhergesehen‹, ›unberechenbar‹« (M, Nr. 9, KSA 3, 21f.). Der Gesamtumfang der Sitte schließt demnach für N. in einer frühen Kulturphase noch das gesellschaftliche Leben als ganzes ein, er verweist darauf, daß die Schaffung und Überwachung der Moralgebote dementsprechend oft genug das Vorrecht einer privilegierten Kaste gewesen sei. Eine jede Form des Individualismus ist demgegenüber anfänglich bloß als Normabweichung darstellbar, erst mit dem Nachlassen der Bindewirkung der »Sittlichkeit der Sitte« entsteht ein Pluralismus der Sitten, eine innere Differenzierung der Tradition, mit deren Fortschritt es möglich wird, die individuelle Variation des Herkommens positiv zu würdigen. Das Daimonion des Sokrates und das christliche Gewissen, die beide im Rahmen einer konventionell geprägten Kultur von den maßgebenden Schichten als anstößig oder vielmehr skandalös empfunden werden mußten, verdeutlichen diese Entwicklungsmöglichkeit. Der »**erste[] Satz der Civilisation**«, so heißt es demnach, lautet: »[...] jede Sitte ist besser, als keine Sitte« (M, Nr. 18, KSA 3, 29).

Ungeachtet der Fülle von Textpartien, in denen N. weiterhin im Stile von *Menschliches, Allzumenschliches* das Konzept einer genetischen Ableitung der moralischen und der religiösen Vorstellungskomplexe verfolgt, hat sich die logische Grundlage der Argumentation doch merklich verschoben. In *Menschliches, Allzumenschliches* versucht der Denker sich noch in einer Erforschung des Wesensgehalts der Kulturerscheinungen durch Ergründung ihres Ursprungs und zeitlichen Anfangs; dieser Ansatz tritt nunmehr etwas zurück. So schreibt N. in Aph. 44 Ursprung und Bedeutung: »Mit der Einsicht in den Ursprung nimmt die Bedeutungslosigkeit des Ursprungs zu: während das Nächste, das Um-uns und In-uns allmählich Farben und Schönheiten und Räthsel und Reichthümer von Bedeutung aufzuzeigen beginnt, von denen sich die ältere Menschheit nichts träumen liess« (M, Nr. 44, KSA 3, 52). In diesem Aufleuchten einer Hermeneutik lebensweltlicher Bezüge erschließt sich eine größere Anzahl von Textstellen der *Morgenröthe*, in denen N. statt einer genetischen eine psychologisch-*phänomenologische* Betrachtung durchführt. Wie auch die titelgebende Metaphorik zum Ausdruck bringt, verjüngt sich die Welt für den Denker noch einmal – auch N. selbst verfügte ja, wie außer ihm nur Goethe, über das Vermögen, sich im Zuge seiner geistigen Wandlungen selbst zu verjüngen. Für die Interpretation von *Morgenröthe* wichtig ist die Beobachtung, daß der Text in mehreren Schichten organisiert ist. Da findet sich ein Aphorismus wie die Nr. 14; N. unterstreicht hier die »Bedeutung des Wahnsinns in der Geschichte der Moralität« (KSA 3, 26 ff.), und dieser moral- und religionskritische Topos wird auch im folgenden abgewandelt (Aph. 18, 28, 50). Nicht diese, die Linie von *Menschliches, Allzumenschliches* eindrucksvoll fortsetzenden Textstellen bestimmen indessen das Bild, vielmehr wird die Mitte der Argumentation von Passagen bestimmt, in denen N. den Wahrheitsgehalt der moralischen und religiösen Systeme einer Widerlegung von innen her unterzieht.

Der Aph. 62 Vom Ursprunge der Religionen spricht das Prinzip der folgenden Widerlegung des Wahrheitsanspruchs des Christentums aus, indem er die Frage der Möglichkeit der Genese eines religiösen Vorstellungskomplexes aufwirft: »Diess ist das Problem von der Entstehung der Religionen: jedesmal hat es einen Menschen dabei gegeben, in welchem jener Vorgang möglich war« (M, Nr. 62, KSA 3, 62). In der Folge diskutiert N. am Beispiel der großen religiösen Ausnahmeexistenzen eines Paulus, Luther und Pascal das Für und Wider des Glaubens, und indem er zeigt, daß dessen Wahrheitsgehalt an paradoxe Vollzugsbedingungen geknüpft ist, neigt sich sein Denken in wissenschaftlichem Geiste der Absage an das Christentum zu: »Was ist Wahrheit? – Wer wird sich den Schluss der Gläubigen nicht gefallen lassen, welchen sie gern machen: ›die Wissenschaft kann nicht wahr sein, denn sie leugnet Gott. Folglich ist sie nicht aus Gott; folglich ist sie nicht wahr, – denn Gott ist die Wahrheit.‹ Nicht der Schluss, sondern die Voraussetzung enthält den Fehler: wie, wenn Gott eben nicht die Wahrheit wäre, und eben dies bewiesen würde? wenn er die Eitelkeit, das Machtgelüst, die Ungeduld, der Schrecken, der entzückte und entsetzte Wahn der Menschen wäre?« (M, Nr. 93, KSA 3, 86)

In der Betrachtung des religiösen Phänomens ist eine Oszillation zwischen der Innen- und der Außenperspektive festzustellen. Hatte bereits der Aph. 84 Die Gefangenen aus *Der Wanderer und sein Schatten* die Unentscheidbarkeit der Wahrheit der christlichen Religion in einem parabolischen Rätsel ausgesprochen, so wirft *Morgenröthe* die Frage nach der »Redlichkeit Gottes« auf: »Ein Gott, der allwissend und allmächtig ist und der nicht einmal dafür sorgt, dass seine Absicht von seinen Geschöpfen verstanden wird, – sollte das ein Gott der Güte sein?« (M, Nr. 91, KSA 3, 84). Was diese Textstelle von früheren Äußerungen des Denkers unterscheidet, ist – neben der kennzeichnenden Stilprägung eines blasphemischen Tonfalls – die Bereitschaft N.s, die Glaubensbewegung aufzugreifen und das Glauben-Wollen mit dem Glauben-Können zu konfrontieren. Erst am Ende kehrt der Aphorismus zu einer mehr äußerlichen Sichtweise zurück, indem er davon spricht, »alle Religionen zeig[t]en ein Merkmal davon, dass sie einer frühen unreifen Intellektualität der Menschheit ihre Herkunft verdanken [...]« (M, Nr. 91, KSA 3, 84 f.; s. hierzu grundlegend Grau 1958).

Nicht von ungefähr erscheint als Kontrastbild zur christlichen Existenz, die N. in bedenklicher Weise als Glaubens-Ekstase, d. h. als psychopathologisches Phänomen interpretiert, die Figur des antiken Weisen in ihren stoischen wie auch epikureischen Varianten (s. Aph. 72). Der Zurückweisung eines extrem gewordenen Christentums (s. Aph. 58) entspricht das Lob der vita contemplativa in den Aph. 41 ff. Gegen das tragische Pathos einer christlichen Existenz wird das leidarme Glück des Erkennenden gesetzt. Dieser Intention korrespondiert auch die positive Akzentuierung der Idee der Selbsterlösung im Brahmanismus und ↗Buddhismus (s. Aph. 65 und 96). Der in den Augen N.s mißlungenen Erlösung des Menschen durch das Christentum wird die Gestalt des ›Seelenarztes‹ gegenübergestellt, der sich freilich statt mit einer absoluten mit einer relativen Linderung menschlichen Leidens zufrieden geben muß (s. Aph. 50 und 52). Im Gegensatz zur christlichen Tradition kann N. den Wahrheitsbeweis durch den existenziellen Vollzug nicht akzeptieren: »Es ist zum Erbarmen! So lernt doch, dass diess Alles nicht für und nicht gegen die Wahrheit spricht, dass die Wahrheit anders bewiesen wird, als die Wahrhaftigkeit, und dass letztere durchaus kein Argument für die erstere ist!« (M, Nr. 73, KSA 3, 72), – und damit hat der Denker implizit die Grundlage jedes *religiösen* Wahrheitsbegriffes aufgegeben bzw. diesen der Wissenschaft überantwortet.

Brusotti (1997) hat in seiner bedeutenden Studie darauf hingewiesen, daß eine leitende Intention des Denkers darin bestand, die Belastung durch den Druck der Forderungen einer illusionären Moral und Religion zu brechen. Im Programm einer Überwindung der Furcht ist N. der Philosophie der europäischen Aufklärung seit der griechischen Antike verpflichtet. Gleichwohl wird seine ambivalente Einstellung der christlichen Überlieferung gegenüber nicht nur daran ersichtlich, daß er wie wenige andere das religiöse Genie eines Pascal zu würdigen vermochte, sondern daß er den priesterlichen Habitus des Katholizismus in der edelsten Gestaltung des Menschentums gegenüber den Vermassungs- und Verflachungserscheinungen einer geistlosen Zeitgenossenschaft gerühmt hat, wohl aus einer geheimen Wahlverwandtschaft seiner eigenen aristokratisch gesinnten Geistigkeit heraus: »Und diess Ergebniss menschlicher Schönheit und Feinheit in der Harmonie von Gestalt, Geist und Aufgabe wäre, mit dem Ende der Religionen, auch zu Grabe getragen?« (M, Nr. 60, KSA 3, 61).

Das 2. Buch der *Morgenröthe* bietet neben anderen Diskussionsgegenständen einen Entwurf der Psychologie N.s. Während der Denker seine Kritik der überlieferten Begriffe von Freiheit und Verantwortlichkeit fortführt, rückt er als positive Konzeption das Machtgefühl und seine gradweise Steigerung oder Verminderung in den Mittelpunkt der Betrachtung. Der Aph. 112 »Zur Naturgeschichte von Pflicht und Recht« deutet dieses Phänomen auch in die Entstehung des Rechtsverhältnisses hinein: »Der ›billige Mensch‹ bedarf fortwährend des feinen Tactes einer Wage: für die Macht- und Rechtsgrade, welche, bei der vergänglichen Art der menschlichen Dinge, immer nur eine kurze Zeit im Gleichgewichte schweben werden, zumeist aber sinken oder steigen: – billig sein ist folglich schwer und erfordert viel Übung, ⟨viel⟩ guten Willen und sehr viel sehr guten Geist. –« (M, Nr. 112, KSA 3, 102) Ähnlich findet N. in den Phänomenen der Askese, der Buße, der Kasteiung und des Märtyrertums, also in der Erniedrigung des Selbst, ein heimliches Bedürfnis nach Machtsteigerung; daraus resultiert für ihn so etwas wie eine Psychopathologie des Machtstrebens (M, Nr. 113, KSA 3, 102ff.). Der Denker gibt sich indessen nicht damit zufrieden, diese Erscheinungen in der menschlichen Welt nachzuweisen, indem er zeigt, wie im Zusammenspiel von Leidensbereitschaft und Illusionsbefangenheit der Nimbus des ↗»Heiligen« entsteht, vielmehr deutet er diesen Prozeß, wohl noch in Abhängigkeit von Schopenhauer, auch in den Schöpfungsvorgang selbst hinein.

Aus dem Schatten Schopenhauers heraustretend, gibt N. eine Kritik des ↗Mitleids, die folgerichtig um das Grundmotiv kreist, daß dieser Affekt für ihn, obwohl unter ethischem und religiösem Gesichtspunkt stets als wertvoll gerühmt, zu einer Verminderung von Macht und damit zu einer Vermehrung des Leidens in der Welt führt. Mit einer Kritik der Motive einsetzend (s. Aph. 129), führt der Autor diese gedankliche Linie in Aph. 134 ff. konsequent durch, indem er zeigt, daß das Mitleid nur ausnahmsweise zur Behebung oder Linderung menschlicher Leidenszustände beiträgt, im übrigen aber zur Melancholie führt (Aph. 134), daß die Kundgabe des Mitleids zumal bei stolzen Völkern eine Demonstration der Herablassung und Verachtung einschließt (Aph. 135) und daß das Mitleid nur dort ein Glücksmoment gewährt, wo, wie in der indischen Philosophie, das Elend des menschlichen Daseins als unverrückbarer Grundtatbestand gilt (Aph. 136).

Die Vermengung metaphysischer und ethischer Mitleidsbegriffe stellt aufs neue die Problematik eines Übergangsstadiums in N.s philosophischem Schaffen unter Beweis. Hieran anschließend, gibt N. eine »Theorie der Mitempfindung«, die man als das Gegenstück der Ausführungen von *Menschliches, Allzumenschliches* über Sprache, Kunst und Geniewirkung ansehen darf und die unter Beweis stellt, daß N. das dort inaugurierte Programm einer Destruktion der metaphysischen oder vielmehr nicht-wissenschaftlichen Begriffsgrundlagen der Philosophie in *Morgenröthe* fortführt.

N. setzt sich in Aph. 142 mit der These seines Lehrers Schopenhauer auseinander, wonach das Mitleid einen Bogen von Einzel-Ich zu Einzel-Ich spannt und die Berührung mit dem Absoluten insofern gewährt, als es die Nichtigkeit des Lebens und der Welt einsehen läßt. Diese Konzeption einer »mystischen« Einswerdung zweier Bewußtseine lehnt der Denker ab. Er geht statt ihrer von der Beobachtung aus, daß man bei der Nachbildung der Gefühle anderer Personen grundsätzlich zwei verschiedene Wege gehen kann, indem man entweder den Grund jener Gefühle und damit diese selbst in sich reproduziert oder indem man die Wirkungen in Ausdruck, Stimme, Gang oder Haltung nachbildet, die diese beim anderen hervorrufen. Für diese letzte Fähigkeit gibt N. eine entwicklungstheoretische Ableitung, welche dem Mitleid die metaphysische Tragweite entzieht, indem sie ihm einen psychologischen Funktionswert zuerkennt: »Fragen wir, wodurch die Nachbildung der Gefühle Anderer uns so geläufig geworden ist, so bleibt kein Zweifel über die Antwort: der Mensch, als das furchtsamste aller Geschöpfe, vermöge seiner feinen und zerbrechlichen Natur, hat in seiner Furchtsamkeit die Lehrmeisterin jener Mitempfindung, jenes schnellen Verständnisses für das Gefühl des Andern (auch des Thieres) gehabt« (M, Nr. 142, KSA 3, 134). In der vorstehenden Textpartie, die N. ebensosehr als ahnenden Metaphysiker wie als Entwicklungstheoretiker zeigt, wird der mimetische Impuls einerseits psycho- und soziogenetisch abgeleitet, andererseits aber wieder in den Lebensgrund der Erscheinungen hineingedeutet – ein typisches Beispiel jener Inkonsequenz, die man ihm in dieser Übergangsphase seines Denkens nicht selten vorwerfen muß. Das positivistische Moment der Erklärung besteht darin, daß das menschliche Ausdrucksverstehen eine seiner ursprünglichen biologischen Zweckmäßigkeit entkleidete psychische Leistung ist, die im Aufbau der ästhetischen Illusion eine sekundäre Funktion erworben hat. Diese Sichtweise erinnert nicht von ungefähr an Darwins Theorie der Emotionen (1873), welche den Ausdruck bei Mensch und Tier auf ehemals zweckmäßige Bewegungen zurückführen will.

Im 3. Buch der *Morgenröthe* sind die Ausführungen zu den Themenkreisen des griechischen Menschen, der Bildung und der Politik hervorzuheben. Das Lob des Griechentums, oder vielmehr der sophistischen Bewegung, der es N. zufolge seine geistige Blüte verdankt, spricht am deutlichsten aus dem Aph. 168: »Ein Vorbild. – Was liebe ich an Thukydides, was macht, dass ich ihn höher ehre, als Plato? Er hat die umfänglichste und unbefangenste Freude an allem Typischen des Menschen und der Ereignisse und findet, dass zu jedem Typus ein Quantum guter Vernunft gehört: diese sucht er zu entdecken. Er hat eine grössere praktische Gerechtigkeit, als Plato [...]. So kommt in ihm, dem Menschen-Denker, jene Cultur der unbefangensten Weltkenntniss zu einem letzten herrlichen Ausblühen, welche in Sophokles ihren Dichter, in Perikles ihren Staatsmann, in Hippokrates ihren Arzt, in Demokrit ihren Naturforscher hatte; jene Cultur, welche auf den Namen ihrer Lehrer, der Sophisten, getauft zu werden verdient [...]« (M, Nr. 168, KSA 3, 150f.). Wenn N. in den Genannten die nämliche Anlage der Griechen zur Herausarbeitung des Typischen, ihren plastischen Sinn, wirksam sieht, so ist seine Kunst der Zusammenschau zu rühmen; umso problematischer ist es auf der anderen Seite, wenn er alle hohen Leistungen der Griechen in ihrer klassischen Zeit, unter asymmetrischer Ausgrenzung Platos und der sokratischen Schulen, auf die Anregung durch die Sophistik zurückführt. Immerhin steht diese Parteinahme in einem schlüssigen Zusammenhang mit der Tendenz seiner Schrift, die sich der Tradition der alten und neuen Aufklärung verpflichtet weiß.

Hält N. der alten Welt insgesamt zugute, sie habe geformte, in sich ruhende menschliche Typen hervorgebracht, die nur ein schlichter Sinn zu würdigen vermöge, so wirft er dem Bildungsgedanken der Gegenwart umso nachdrücklicher vor, durch ein Übermaß von geschichtlichem Wissen und eine bloß äußerliche Nachbildung antiker Gesittung und Gesinnung die Gebrochenheit moderner Kultur nicht sowohl korrigiert als vielmehr prolongiert zu haben: »Nichts wird mir von Jahr zu Jahr deutlicher, als dass alles griechische und antike Wesen, so schlicht und weltbekannt es vor uns zu liegen scheint, sehr schwer verständlich, ja, kaum zugänglich ist [...]« (M, Nr. 195, KSA 3, 169f.). In ähnlicher Weise hatte bereits der Aph. 169 davon gesprochen, das »Griechische« sei uns »fremd«: »[...] wie einfach waren in Griechenland die Menschen sich selber in ihrer Vorstellung! Wie weit übertreffen wir sie in der Menschenkenntniss! Wie labyrinthisch aber auch nehmen sich unsere Seelen und unsere Vorstellungen von den Seelen gegen die ihrigen aus! Wollten und wagten wir eine Architektur nach unserer Seelen-Art (wir sind zu feige dazu!) – so müsste das Labyrinth unser Vorbild sein!« (M, Nr. 169, KSA 3, 151f.). Diese Textstelle kann als paradigmatisch gelten für N.s Reserviertheit gegenüber dem Erscheinungsbild der modernen Kultur, wie er sie im Unterschied zur Geformtheit des griechischen Menschen verstand; sie nimmt Schillers Unterscheidung von naiver und sentimentalischer Dichtung auf und kann darüber hinaus als Fortführung der Kritik Hegels am unglücklichen Bewußtsein interpretiert werden. In der Verwendung des manieristischen Symbols des Labyrinths erweist sich zugleich der Stilbruch, welcher den Denker von dem Zeitalter der deutschen Klassik trennt.

Das 4. Buch der *Morgenröthe* kehrt wieder mehr zu einer souveränen Überschau der menschlichen Dinge zurück, in seiner Prägung läßt es daher die Fülle der Motive und die Verschlungenheit der thematischen Durchführung erkennen, welche diese Betrachtungsweise von jeher auszeichnet. – Herauszuheben ist eine Denkfigur, die N. in Aph. 327 entwickelt: »Eine Fabel. – Der Don Juan der Erkenntniss: er ist noch von keinem Philosophen und Dichter entdeckt worden. Ihm fehlt die Liebe zu den Dingen, welche er erkennt, aber er hat Geist, Kitzel und Genuss an Jagd und Intriguen der Erkenntniss – bis an die höchsten und fernsten Sterne der Erkenntniss hinauf! – bis ihm zuletzt Nichts mehr zu erjagen übrig bleibt, als das absolut Wehethuende der Erkenntniss, gleich dem Trinker, der am Ende Absinth und Scheidewasser trinkt. So gelüstet es ihn am Ende nach der Hölle, – es ist die letzte Erkenntniss, die ihn verführt. Vielleicht, dass auch sie ihn enttäuscht, wie alles Erkannte! Und dann müsste er in alle Ewigkeit stehen bleiben, an die Enttäuschung festgenagelt und selber zum steinernen Gast geworden, mit einem Verlangen nach einer Abendmahlzeit der Erkenntniss, die ihm niemehr zu Theil wird! – denn die ganze Welt der Dinge hat diesem Hungrigen keinen Bissen mehr zu reichen« (M, Nr. 327, KSA 3, 232). Wie die ↗Romantik mit dem Unendlichen kokettiert hatte, so kokettiert N. in dieser Passage mit den Überlieferungsbestandteilen der europäischen Kultur: mit der Rede der Diotima über den Eros im *Symposion* Platos, mit der Abendmahlsszene des NT, mit Pascals *divertissement*, mit Mozarts Oper *Don Giovanni* und ihrer Anverwandlung in Stendhals *De l'amour*. Bleibt nach Plato das Streben nach Erkenntnisbesitz wesentlich unerfüllt, so wird doch der Liebend-Erkennende, repräsentiert im Erotiker Sokrates, in immer neue Horizonte der Liebe und Erkenntnis geführt, bis er zuletzt über die bloße Ahnung hinaus der Idee des Schönen inne wird. Im Sakrament des Liebesopfers wird der Bruch zwischen Gott und Mensch durch die Stiftung eines neuen Bundes geheilt. Durch die mehrfache Brechung und Spiegelung des Grundmotivs wird allerdings diesen hermeneutischen Konstellationen der abendländischen Kulturtradition das originäre Gewicht weitgehend entzogen, – ein für N.s Experimentalphilosophie typisches Risiko »unendlicher Reflexion« – Auflösung des Substantiellen in eine Kulisse dekorativer Motive. Nicht zuletzt ist die Figur eines Don Juan der Erkenntnis eine der Masken von N. selbst. (Die hier angedeuteten Bezüge werden meisterlich entfaltet von Brusotti 1997, 295ff.)

Im 5. Buch eröffnet N. die Betrachtungen mit dem Aph. 423 »Im grossen Schweigen«. Ein überraschend neuartiger Tonfall wird angeschlagen; wie denn überhaupt das Werk N.s, im Unterschied zur stets gleichbleibenden Tonlage seines Lehrers Schopenhauer, durch ein Höchstmaß stilistischer Variation gekennzeichnet ist: »Hier ist das Meer, hier können wir der Stadt vergessen. Zwar lärmen eben jetzt noch ihre Glocken das Ave Maria – es ist jener düstere und thörichte, aber süsse Lärm am Kreuzwege von Tag und Nacht, – aber nur noch einen Augenblick! Jetzt schweigt Alles! Das Meer liegt bleich und glänzend da, es kann nicht reden. Der Himmel spielt sein ewiges stummes Abendspiel mit rothen, gelben, grünen Farben, er kann nicht reden. Die kleinen Klippen und Felsenbänder, welche in's Meer hineinlaufen, wie um den Ort zu finden, wo es am einsamsten ist, sie können alle nicht reden. Diese ungeheure Stummheit, die uns plötzlich überfällt, ist schön und grausenhaft, das Herz schwillt dabei. –« (M, Nr. 423, KSA 3, 259). Textpassagen wie diese sind auch in N.s Schriften selten, an Bezugsstellen sind etwa zu nennen *Geburt der Tragödie* (KSA 1, 8f.) sowie *Wahrheit und Lüge im aussermoralischen Sinne* (KSA 1, 877). Die Stimmung, der N. Ausdruck verleihen will, könnte dem panischen Naturgefühl verglichen werden, da sie etwas darzustellen scheint, das mit dem Wechsel von Rede und Stummheit, der Allgegenwart des Schreckens und der Unerlöstheit der Natur zusammenhängt; auch besaß N. eine gesteigerte Sensibilität für Naturstimmungen und Naturgefühle, die er zu seinen produktiven Dispositionen in Parallele zu setzen wußte. Es handelt sich bei der zitierten Textpassage um ein lyrisches Gebilde, aber transponiert in die Ausdrucksweise der Prosa, ein weiterer Beweis für die gattungsüberschreitende Ausdruckstendenz von N.s Philosophie.

Tiefer betrachtet aber erschließt der Aphorismus eine innere Situation, deren Vorbild bei Schopenhauer zu suchen ist. Raum und Zeit als die Formen äußerer und innerer Erfahrung sind als wesentlicher Bestandteil des *principium individuationis* zugleich Garanten der Kontinuität des Ich-Bewußtseins. Wenn sich dieses Individuationsprinzip als scheinhaft, als illusorisch erweist, so resultiert damit zugleich eine seelische Grenzsituation oder vielmehr eine Entgrenzung des Ich. Von ihr redet auch der Aphorismus N.s, aber er redet von ihr in einer Sprache, die schon durch die Absorption in der großartigen Stummheit der Natur bedroht wird: »Das Sprechen, ja das Denken wird mir verhasst: höre ich denn nicht hinter jedem Worte den Irrthum, die Einbildung, den Wahngeist lachen? Muss ich nicht meines Mitleidens spotten? Meines Spottens spotten? – Oh Meer! Oh Abend! Ihr seid schlimme Lehrmeister! Ihr lehrt den Menschen auf hören, Mensch zu sein! Soll er sich euch hingeben? Soll er werden, wie ihr es jetzt seid, bleich, glänzend, stumm, ungeheuer, über sich selber ruhend? Über sich selber erhaben?« (M, Nr. 423, KSA 3, 260). Es handelt sich um eine Rückbildung des Organischen in das Anorganische, eine Lockung in den Tod, welche zugleich als Bedrohung erfahren wird. Daß Leben, Bewußtsein, menschliche Existenz im Ganzen der Naturabläufe ephemere und dem Untergang geweihte Größen sind, ist eine Erkenntnis, die schon der junge N. in vielfältiger Weise in seinen Schriften zum Ausdruck gebracht hat; als Lebensstimmung begleitet ihn das Gefühl der Gefährdung bis in den Zusammenbruch hinein.

Der Aph. 429 kann als Fortführung und Variation des »Don Juan der Erkenntnis« gelesen werden, heißt es doch: »Die Unruhe des Entdeckens und Errathens ist uns so reizvoll und unentbehrlich geworden, wie die unglückliche Liebe dem Liebenden wird: welche er um keinen Preis gegen den Zustand der Gleichgültigkeit hergeben würde; – ja, vielleicht sind wir auch unglückliche Liebende! Die Erkenntniss hat sich in uns zur Leidenschaft verwandelt, die vor keinem Opfer erschrickt und im Grunde Nichts fürchtet, als ihr eigenes Erlöschen [...]« (M, Nr. 429, KSA 3, 264). Es ist dies eines jener Zeugnisse, in denen N. Erkenntnis und Leidenschaft in ihren möglichen Beziehungen zueinander diskutiert; diese Fragestellung kennzeichnet seine Position seit *Menschliches, Allzumenschliches* und findet in den hier interpretierten Schriften zahlreiche Ausformungen. Daß der »Trieb zur Erkenntniss«, absolut gesetzt, sein Objekt verliert, damit zugleich sich selbst und das Erkenntnissubjekt gleichsam aufzehrend – dies verrät die innere Nähe N.s zur Romantik, ihrer sich ins Bodenlose verlierenden Ironie. Von einem »Tragödienausgang der Erkenntniss« hatte bereits das 1. Buch der *Morgenröthe* gesprochen (M, Nr. 45, KSA 3, 52); konkreter redet N. im vorliegenden Zusammenhang von der Aussicht, »dass die Menschheit an dieser Leidenschaft der Erkenntniss zu Grunde geht!« (M, Nr. 429, KSA 3, 265), aber diese Möglichkeit eines Unterganges der Menschheit an einer exzessiv gewordenen theoretischen Neugier scheint N. immer noch vorzugswürdig im Vergleich zu Ermattung und Schwäche: »[...] wir wollen Alle lieber den Untergang der Menschheit, als den Rückgang der Erkenntniss!« (ebd.).

Wie so oft, veranschaulicht N. auch in *Morgenröthe* die Bewegung seines Denkens im Bilde einer Entdeckungsreise oder Schiffahrt. Der Aph. 575 »Wir Luft-Schifffahrer des Geistes« entwirft ein für N. typisches Metapherngeflecht, in dem der Flug des Vogels leitmotivisch die unendliche Sehnsucht des nach Erkenntnis Strebenden verkörpert, seine Unruhe, die ihn zuletzt auf die Ankunft verzichten lehrt, es sei denn, die Reise ende in einem fernen Indien, das zu suchen anfangs ganz fernlag. Das Werk N.s kennt Topoi von ähnlicher Aussagekraft, so den freien Geist und den Wanderer. Der Autor gibt der Gewißheit Ausdruck, daß er selbst das Erkenntnisziel seiner Philosophie nicht zu erreichen vermöge, so wenig wie seine Lehrmeister, aber andere werden kommen und die Fahrt zu neuen Horizonten fortsetzen. Es ist abermals eine Variation des Denkmotivs der Unendlichkeit, N. kostet die unendliche Perspektive der Erkenntnis in verzweifelten, hoffnungsvollen, resignativen und Aufbruchsstimmungen aus und setzt so die Thematik einer Leidenschaft der Erkenntnis in ihrem ganzen Beziehungsreichtum ins Werk. Wolff (1956, 145) hat wahrscheinlich gemacht, daß in der Bewegung nach Westen, der »Indien«-Fahrt, eine Metapher des Wiederkunftsgedankens zu sehen ist, da sich West und Ost, Sonnenuntergang und Sonnenaufgang, Tod und Leben zur Kreisfigur zusammenschließen. Unverkennbar ist die Nähe des Aph. 575 zu G. Leopardis Gedicht *L'infinito* (ca. 1819).

## Die fröhliche Wissenschaft (1882)

*Zur Entstehungsgeschichte*. Die Aufzeichnungen zur *Fröhlichen Wissenschaft* waren zunächst als Fortsetzungen der *Morgenröthe* geplant. In einem Brief vom 25. Januar 1882 unterrichtet N. Köselitz darüber, daß er seit Tagen das 6. bis 8. Buch der *Morgenröthe* abgeschlossen habe und das 9. und 10. Buch für den nächsten Winter plane. Doch nach der Bekanntschaft mit L. v. Salomé im Laufe des ersten Halbjahres 1882 ändert er sein Vorhaben und kündigt am 8. Mai seinem Verleger Schmeitzner das Manuskript der *Fröhlichen Wissenschaft* an. Das Werk erscheint am 26. August 1882; der 1. Auflage wird von N. die Gedichtsammlung mit dem von Goethe herrührenden Titel *Scherz, List und Rache* vorangestellt. Anläßlich der 2. Auflage 1887 fügt er dem Werk die Vorrede, das 5. Buch und die *Lieder des Prinzen Vogelfrei* hinzu und ergänzt als Untertitel die aus dem Provencalischen stammende Formel »La gaya scienza«.

*Zur Wirkungsgeschichte*. Das Echo auf die Versendung von Exemplaren des Werks im Freundeskreis bleibt äußerst dürftig. So spricht E. Rohde in einem (nicht erhaltenen) Brief davon, »in dem Buch offenbare sich ›eine zweite Natur‹ N.s, die ihm allerdings fremd bliebe« (Janz 1981, Bd. 2, 155). Am 13. September 1882 antwortet J. Burckhardt: »Im übrigen geht gar vieles (und ich fürchte, das Vorzüglichste) was Sie schreiben, über meinen alten Kopf weit hinaus [...]. Eine Anlage zu eventueller Tyrannei, welche Sie [...] verraten, soll mich nicht irre machen«. G. Keller reagiert am 20. September 1882 mit einem höflich-reservierten Schreiben, in dem es heißt: »Die fröhliche Wissenschaft habe ich einmal durchgegangen und bin jetzt daran, mit gesammelter Aufmerksamkeit das Buch zu lesen, befinde mich aber zur Stunde noch im Zustand einer alten Drossel, die im Walde von allen Zweigen die Schlingen herunterhängen sieht, in welche sie den Hals stecken soll« (Groddeck/Morgenthaler 1994, 108). N.s Lebenslage als philosophischer Schriftsteller wird von nun an zunehmend durch die Signatur der Einsamkeit gekennzeichnet. Öffentliche Bestätigung gibt es kaum noch; die Reaktionen alter Freunde werden immer verhaltener und verraten Sorge und Ablehnung, wohl auch deshalb, weil N.s wachsende Entfremdung vom methodischen Ideal der exakten Wissenschaft befürchten ließ, daß der Denker nicht länger bereit sei, die Resultate seines experimentellen Philosophierens den restringierenden Bedingungen einer kontrollierten Argumentation zu unterwerfen. Indem N. sich mehr und mehr auf sich selbst zurückzieht, werden seine Schriften zu einem fortlaufenden Kommentar seiner denkerischen Existenz und ihrer Wandlungen.

*Zu Aufbau und Thematik des Werks*. Die *Fröhliche Wissenschaft* besteht aus fünf Aphorismen-Büchern, eröffnet durch ein *Vorspiel in deutschen Reimen*, denen die *Idyllen aus Messina* (1882) vorausgeschickt werden. In den vierzeiligen Knittelversen altdeutscher Tradition rückt N. bewußt von dem Pathos hoher Kunst ab, die Verse wollen nicht ganz ernst genommen werden; nur die Schlußstücke, darunter das berühmte »Ecce homo« (Nr. 62) mit der Selbstidentifikation des Autors mit der Flamme, schlagen empfindsamere und intimere Töne an. Zu erwähnen sind auch Nr. 61 »Der Skeptiker spricht« und Nr. 63 »Sternen-Moral«. Die fünf Bücher umfassen 383 Prosastücke von ungleichem Gewicht; ähnlich wie in *Menschliches, Allzumenschliches* und *Morgenröthe* variiert N. die Textlänge, indem er sich bald der Kürze des Aphorismus bedient, bald zu längerer Ausführung nach dem Vorbild des

Essays ausholt. Die einzigartige Stellung der Schrift innerhalb des Gesamtwerks, in welchem es die Mitte bildet, ist in dem Versuch zu sehen, schwerste Leiderfahrung und glückliche Erhebung aus Krankheit und seelischem Siechtum in einer neuen Form von »Gesundheit« miteinander zu verbinden. In *Die fröhliche Wissenschaft* kommt N. erstmals ganz zu sich selbst; das Werk beinhaltet in nahezu ausnahmsloser Vollständigkeit die zentralen Denkfiguren und Sinnbilder, die sein Schaffen nach der Lösung von der sog. positivistischen Phase bestimmt hatten und die weitere Entfaltung seines Werkes noch mindestens bis zum *Zarathustra* begleiten werden.

Der Aph. 1 des *1. Buches* lehrt die Abgründigkeit verstehen, welche im Verhältnis der absoluten Unerkennbarkeit eines letzten Daseinszweckes zu dem menschlichen Sinngebungsbestreben eintritt. »Ueber sich selber lachen, wie man lachen müsste, um **aus der ganzen Wahrheit heraus** zu lachen, – dazu hatten bisher die Besten nicht genug Wahrheitssinn und die Begabtesten viel zu wenig Genie! Es giebt vielleicht auch für das Lachen noch eine Zukunft! [...] Vielleicht wird sich dann das Lachen mit der Weisheit verbündet haben, vielleicht giebt es dann nur noch ›fröhliche Wissenschaft‹. Einstweilen ist es noch ganz anders, einstweilen ist die Komödie des Daseins sich selber noch nicht ›bewusst geworden‹, einstweilen ist es immer noch die Zeit der Tragödie, die Zeit der Moralen und Religionen« (FW, Nr. 1, KSA 3, 370). Hatte N. in der *Geburt der Tragödie* die dionysische Wurzel des Lebens, mit ihr den tragischen (↗Tragödie) Hintergrund menschlicher Existenz gefeiert, so entscheidet sich die *Fröhliche Wissenschaft* für den Primat der Komödie. Der tragische Rhythmus des Lebens wird von dem komischen Rhythmus überlagert und endlich absorbiert, was für N. bedeutet, daß die Grundaussagen aller ethischen und religiösen Systeme, von ihren Schöpfern oft genug als etwas Absolutes deklariert, stets von neuem hinfällig werden. So kompromittiert die Komik, die dem menschlichen Leben wie dem Leben überhaupt innewohnt, den absoluten Wahrheitsanspruch in jeder seiner Formen: »Der Mensch ist allmählich zu einem phantastischen Thiere geworden, welches eine Existenz-Bedingung mehr, als jedes andere Thier, zu erfüllen hat: der Mensch **muss** von Zeit zu Zeit glauben, zu wissen, **warum** er existiert, seine Gattung kann nicht gedeihen ohne ein periodisches Zutrauen zu dem Leben! **Ohne Glauben an die Vernunft im Leben!**« (FW, Nr. 1, KSA 3, 372). Die menschliche Existenz ist für N. auf einen illusionären Sinn gestellt.

N. bedient sich an dieser Stelle einer darwinistischen Terminologie, die er aber zweifellos als bloße *façon de parler* betrachtet. Denn im Begriff der Arterhaltung denkt der Autor, wie insbesondere der Aph. 4 unter Beweis stellt, einen anderen Bedingungskomplex des Lebens, als es der zeitgenössische ↗Darwinismus tat, den der Denker im übrigen mit dem ↗Utilitarismus eines Mill oder Bentham in Parallele setzt, wie an anderer Stelle mit Hegel. »**Das Arterhaltende.** – Die stärksten und bösesten Geister haben bis jetzt die Menschheit am meisten vorwärts gebracht: sie entzündeten immer wieder die einschlafenden Leidenschaften [...], sie weckten immer wieder den Sinn der Vergleichung, des Widerspruchs, der Lust am Neuen, Gewagten, Unerprobten, sie zwangen die Menschen, Meinungen gegen Meinungen, Musterbilder gegen Musterbilder zu stellen. Mit den Waffen, mit Umsturz der Grenzsteine, durch Verletzung der Pietäten zumeist: aber auch durch neue Religionen und Moralen! Die selbe ›Bosheit‹ ist in jedem Lehrer und Prediger des **Neuen** [...]. Das Neue ist [...] unter allen Umständen das **Böse** [...]« (FW, Nr. 4, KSA 3, 376). Die traditionelle Wertskala des Guten und Bösen wird als vordergründig erwiesen, wenn N. zeigt, daß der Verstoß gegen die geltende Moral, ja die Tabuverletzung zu den Bedingungen des Kulturfortschritts gehört. Die N.s Werk begleitende Frage nach dem Vorrang von Wissenschaft, Philosophie und Kunst erfährt eine entscheidende Relativierung durch die Erkenntnis, daß der Kulturwandel im wesentlichen durch den Wandel von Wertsystemen bedingt wird.

Ein zentraler Text der *Fröhlichen Wissenschaft* ist der Aph. 2 des 1. Buches, der eine thematische Achse des Gesamtwerks von N. fixiert: »**Das intellectuale Gewissen.** – Ich mache immer wieder die gleiche Erfahrung und sträube mich ebenso immer von Neuem gegen sie, ich will es nicht glauben, ob ich es gleich mit Händen greife: **den Allermeisten fehlt das intellectuale Gewissen**; ja es wollte mir oft scheinen, als ob man mit der Forderung eines solchen in den volkreichsten Städten einsam wie in der Wüste sei« (FW, Nr. 2, KSA 3, 373). Was der Autor das »intellectuale ⁄ Gewissen« nennt, ist dem Wahrheitssinn weder des religiösen noch des künstlerischen oder wissenschaftlichen Typus ohne weiteres gleichzusetzen; am ehesten kann man es als die aus der Abwicklung der religiösen Idee zum Atheismus hin resultierende »Redlichkeit« des modernen Menschen interpretieren. Diese Situation ist in der Nachfolge von N. mit exemplarischer Deutlichkeit von M. Weber aufgefaßt und ausgesprochen worden.

Der Aph. 11 »Das Bewusstsein«, der zweckmäßig in Verbindung mit der Nr. 13, »Zur Lehre vom Machtgefühl« zu lesen ist, gibt eine biologische Kritik des Bewußtseins, das nach N. in der traditionellen Philosophie zu Unrecht der »›Einheit des Organismus‹« (FW, Nr. 11, KSA 3, 383) gleichgesetzt wird. Realistisch gewürdigt, ist das Bewußtsein aber nur eine späte, stets gefährdete Entwicklung der organischen Welt, deren Nützlichkeit oder vielmehr deren biologischer Funktionswert primär in der Konservierung lebenserhaltender Irrtümer zu erblicken ist: »Es ist immer noch eine ganz neue und eben erst dem menschlichen Auge aufdämmernde, kaum noch deutlich erkennbare Aufgabe, das Wissen sich einzuverleiben und instinctiv zu machen, – eine Aufgabe, welche nur von Denen gesehen wird, die begriffen haben [...] dass alle unsere Bewusstheit sich auf Irrthümer bezieht!« (ebd.). Der Aph. 13 lehrt dementsprechend, daß wir den tieferliegenden Zweck der ethisch genannten Handlungen, nämlich den Machtzuwachs, infolge ihrer altruistischen Verkleidung regelmäßig verkennen.

Erneut rückt für N. die Gestalt Epikurs in den Mittelpunkt der Betrachtung; sie verkörpert für ihn »das Glück eines Auges, vor dem das Meer des Daseins stille geworden ist, und das nun an seiner Oberfläche und an dieser bunten, zarten, schaudernden Meeres-Haut sich nicht mehr satt sehen kann: es gab nie zuvor eine solche Bescheidenheit der Wollust« (FW, Nr. 45, KSA 3, 411). Epikurs Lehre wird von N. an dieser Stelle nicht im üblichen Sinne als Glückslehre ausgelegt; vielmehr deutet er sie als Ausdruck einer Weisheit, die, der Abgründigkeit der Dinge überdrüssig geworden, am Sichtbaren der Welt Halt zu finden hofft. Der Aph. 54 setzt diesen Gedanken fort, archetypisches metaphysisches Lehrgut aufnehmend. »Das Bewusstsein vom Scheine. – Wie wundervoll und neu und zugleich wie schauerlich und ironisch fühle ich mich mit meiner Erkenntniss zum gesamten Dasein gestellt! Ich habe für mich entdeckt, dass die alte Mensch- und Thierheit, ja die gesamte Urzeit und Vergangenheit alles empfindenden Seins in mir fortdichtet, fortliebt, forthasst, fortschliesst, – ich bin plötzlich mitten in diesem Traume erwacht, aber nur zum Bewusstsein, dass ich eben träume und dass ich weiterträumen muss, um nicht zu Grunde zu gehen [...]« (FW, Nr. 54, KSA 3, 416f.). Für N. ist entgegen der Hauptlinie der europäischen Tradition, die mit dem Lehrgedicht des Parmenides das Sein über den Schein erhebt und sich damit als Ontologie versteht, der Schein das »Wirkende und Lebende selber«; das Leben erschließt sich ihm als ein »Tanz«, welcher nur unter der Bedingung weitergeht, daß die Illusion, der Selbstbetrug und die fromme Lüge als die wesentlichen Bedingungen des menschlichen Lebens fortbestehen. Die Übereinstimmung mit dem Geist gewisser indischer Philosopheme, die N. durch Schopenhauer und Deussen nahegebracht worden waren, ist offenkundig, und das interpretative Genie des Denkers besteht darin, als einer der ersten den so viel spröderen Dokumenten der europäischen Philosophiegeschichte Bezüge von dieser Tragweite abgerungen zu haben.

Das 1. Buch schließt mit dem Aph. 56 »Die Begierde nach Leiden«, in dem N., sachliche und persönliche Reflexionen verknüpfend, dem Leidensgrund der Existenz sein wiedergewonnenes persönliches Glück entgegenhält. N. richtet sich gegen den zeitgenössischen oberflächlichen Pessimismus mit der ihn charakterisierenden »Begierde nach Leiden«, dessen Bekenner aufgrund eines für sie undurchschaubaren Projektionsmechanismus die Not stets am anderen wahrnehmen, mit sich selbst aber nichts »anzufangen« wissen. Unfähig, sich selbst »wohlzuthun« oder auch eine »eigene, selbsteigene Noth« zu schaffen (FW, Nr. 56, KSA 3, 418f.), bleiben sie daher unproduktiv. N. läßt erkennen, daß der letzte Maßstab für den Menschen die Fülle des Schaffens ist. Diese Sicht wird vertieft in Aph. 58 »Nur als Schaffende!«, in dem N. zeigt, daß das Vermögen, den Dingen Namen zu geben, ihre Maße und Gewichte festzusetzen, sie also zu taxieren, das Kulturschöpfertum des Menschen ausmacht: »Nur als Schaffende können wir vernichten! – Aber vergessen wir auch diess nicht: es genügt, neue Namen und Schätzungen [...] zu schaffen, um auf die Länge hin neue ›Dinge‹ zu schaffen« (FW, Nr. 58, KSA 3, 422).

Das 2. Buch der *Fröhlichen Wissenschaft* trägt unter verstärktem Rückgriff auf die ↗ französische Moralistik und Schopenhauer N.s Gedanken über die Liebe, die Frau und ihre Wirkung auf den Mann, über Kunst und Künstlertum, Sprache und Poesie sowie den nationalen Stil in den verschiedenen Kunstgattungen vor. Hervorzuheben, besonders auch im Hinblick auf die wirkungsgeschichtliche Tragweite für die kunstphilosophische Diskussion des 20. Jh.s, ist der Aph. 84 »Vom Ursprunge der Poesie«, der mit der Frage einsetzt, wie die Kunst in eine Welt der bloßen Nützlichkeit gekommen sei, um sodann die These zu variieren, daß der Rhythmus als das tragende Element der Poesie ursprünglich ein Instrument des Geisterzwanges gewesen sei. Die Richtigkeit der philologischen Konjekturen und geschichtlichen Hypothesen, die N. an diesen Grundgedanken knüpft, mag durchaus dahinstehen; unverkennbar aber setzt sich in diesem Textstück erneut der Entwicklungsgedanke als Deutungsmaßstab für die großen Kulturerscheinungen durch, den N. bereits in *Menschliches, Allzumenschliches* am Beispiel des religiösen Kultus sowie der Sprache eingeführt hatte. Die besondere Meisterschaft der *Fröhlichen Wissenschaft* zeigt sich indessen darin, daß N. ungeachtet seiner analytischen Fragestellung weit mehr intuitives Gespür für den Eigenwert der von ihm diskutierten Phänomene entwickelt, daß er gleichsam eine Einstellung der »zarten Empirie« ihnen gegenüber entfaltet, die *Menschliches, Allzumenschliches* und *Morgenröthe* noch weitgehend fremd war.

Das 3. Buch steht ganz unter dem thematischen Vorzeichen eines Kampfes gegen den »Schatten« Gottes. Es charakterisiert N.s Sichtweise, daß er aufgrund einer persönlich vertieften Erfahrung der Unvollziehbarkeit des christlichen Glaubens den Wahrheitsanspruch der Religionen nur mehr noch historisch zu interpretieren weiß, d.h. diese selbst lediglich als geschichtliche Phänomene zu sehen vermag. Von daher ist auch die erneute Inbeziehungssetzung von Christentum und Buddhismus in Aph. 108 verständlich (vgl. M, Nr. 96). Wenn es religiös erfüllte Zeitalter überhaupt gegeben hat, so sind die Heutigen durch einen Abgrund von ihnen getrennt. Die Entzauberung der religiösen Illusion schließt daher die Erkenntnis ein, daß der Tod Gottes, will sagen: das verzögerte Innewerden der Tatsache, daß der Glaube an Gott verlorengegangen, weil unvollziehbar (geworden) ist, sich in seinen Folgen für die Gegenwart und Zukunft noch stets entfaltet. Ritus und Mythos in ihren äußerlichen Formen mögen noch weiterhin geübt und überliefert werden; die hinter ihnen stehende Instanz verbindlicher Sinnstiftung ist indessen längst verblaßt. N. findet hier eine Formel für die Grundstruktur von Geschichte schlechthin. Die erstmals in Aph. 108 benutzte Formel: »Gott ist todt« erfährt ihre klassische Durchführung in Aph. 125 »Der tolle Mensch«. (Zur Vorgeschichte dieses Aphorismus in seinen verschiedenen Varianten eingehend Brusotti 1997, 404 ff.) »Der tolle Mensch sprang mitten unter sie und durchbohrte sie mit seinen Blicken. ›Wohin ist Gott? rief er, ich will es euch sagen! Wir haben ihn getödtet, – ihr und ich! Wir alle sind seine Mörder!‹« (FW, Nr. 125, KSA 3, 480 f.). Aber dieses Bekenntnis erregt bei den Zuhörern des tollen Menschen lediglich Unverständnis und Befremden; die Wahrheit der Mitteilung gewinnt keine unmittelbare Macht über sie. »›Ich komme zu früh, sagte er dann, ich bin noch nicht an der Zeit. Diess ungeheure Ereigniss ist noch unterwegs und wandert [...]. Diese That ist ihnen immer noch ferner, als die fernsten Gestirne, – und doch haben sie dieselbe gethan!‹« (KSA 3, 481 f.). Es handelt sich demnach um die Explikation der Tragweite der Faktums, das im Tode Gottes zu sehen ist, und M. Heidegger (1950, 193–274) legt N. zu Recht so aus, daß sich durch dieses Ereignis die abendländische ↗ Metaphysik in ihr Unwesen verkehrt habe. In der Tat läßt sich im Blick auf die Tradition des metaphysischen Denkens zeigen, daß der Gott der Metaphysik sich als jener Grund darstellt, der als das höchste Gut zugleich dasjenige ist, auf das jegliches Tun des Menschen, wie auch das natürliche Werden notwendig bezogen ist. Die philosophische Gotteslehre von Plato bis Hegel besagt, daß Wahrheit nur von ihrem Grunde, d.h. von Gott her erkannt werden kann, denn »Wahrheit« gehört auf die Seite des Seins, nicht auf die Seite des Erkennens. Die Botschaft des »tollen Menschen«, daß Gott tot sei, kann insofern noch in die Geschichte der Metaphysik einbezogen werden, als ihre Metaphorik –

»Sonne«, »Horizont«, »Meer« – im Sinne einer Dialektik der Umkehrung der Aspekte auf grundlegende Bild- und Begriffsbestimmungen vor allem der platonischen Philosophie zurückgeht.

Die Parabel vom tollen Menschen kann als der zentrale geschichtsphilosophische Text unseres Jahrhunderts gelesen werden, wird doch durch den »Tod Gottes« alle bisherige wie zukünftige Geschichte neu interpretiert. War bisher Gott das Subjekt der Geschichte, so ist dies nunmehr der Mensch in radikaler Einsamkeit und Selbstverantwortlichkeit, deren Signatur für N. in dem Mißverhältnis zwischen der »Kleinheit« des Menschen und der »Größe« seiner Tat – der Tötung Gottes – gegeben ist. Um die Sonderstellung des Textes zu würdigen, welche ihn zugleich von der »Naivität« atheistischer Zeugnisse vor und nach N. unterscheidet, ist es empfehlenswert, auf seine literarische Gestalt als Parabel im Rahmen einer Hermeneutik von Frage und Antwort zu reflektieren, wie dies beispielhaft H. R. Jauß getan hat (*Ästhetische Erfahrung und literarische Hermeneutik*, Frankfurt a.M. 1982, 463f.). Die Botschaft des tollen Menschen von der Tat der Tötung Gottes ist in ihrer Paradoxie als mythische Aussage zu werten: Sie ist apodiktisch in der Verweigerung aller Begründung und irreal, da es dem Wesen Gottes widerspricht, durch ein sterbliches Wesen »getötet« zu werden. Die Situation, die nach dem Tode Gottes eintritt, ist von äußerster Zweideutigkeit, da sie eine Rechtfertigung von Mensch und Welt unter erschwerten Bedingungen erfordert. Wenn nicht allein der christliche Gott, auf den sich die Parabel in erster Auslegung bezieht, sondern zugleich der »Gott der Philosophen« (Pascal), d.h. das Ordnungsaxiom und der Seinshorizont der abendländischen Metaphysik hinfällig geworden sind, dann droht das gesamte Gefüge der Moral wie auch der politischen und sozialen Verhältnisse auseinanderzubrechen. In der These vom »Tod Gottes« gibt N. der seinen Zeitgenossen noch verdeckten Erfahrung des ↗Nihilismus ihren zugespitzten Ausdruck. Sein ganzes weiteres Denken kreist um die Frage, wie der Verlust des höchsten Wertzentrums »Gott« zu kompensieren sei, z.B. in der gesteigerten Kraft einer ungeheuren Entsagung. Als Beispiel hierfür kann der Aph. 285 »Excelsior« aus dem 4. Buch stehen. Nachdem der 1. Abschnitt einen versteckten Hinweis auf die Ewige Wiederkehr gebracht hat – »du willst die ewige Wiederkunft von Krieg und Frieden« (KSA 3, 528) – faßt der 2. Abschnitt die Situation des Menschen im Bilde eines Sees, der höher steigt, da er es sich versagt, abzufließen. Der Sinn dieser höchst artifiziellen Allegorese ist, daß der Mensch eine Steigerung seines Wertes erlangen kann, insofern er es sich verbietet, in einen Gott »auszufließen«. Die hypothetische Form der Gedankenführung ist zu beachten: Da bislang noch niemand die Kraft zu dieser Entsagung aufgebracht hat, muß der Gedanke der Wertsteigerung als Hinweis auf den ↗Übermenschen, d.h. eine dem Menschen noch bevorstehende Möglichkeit, verstanden werden. Dadurch aber, daß es nicht sicher ist, ob der »Damm« hält, von dem der zitierte Aphorismus spricht, wird die prekäre Balance zwischen Schrecken und Verheißung deutlich.

Das 4. Buch *Sanctus Januarius* ist bestimmt durch den Versuch N.s, aus dem Tod Gottes die Konsequenz zu ziehen. Die eingetretene Situation bedeutet für den Menschen Entlastung und Belastung zugleich und ist insofern von elementarer Zwiespältigkeit. An die Stelle des getöteten Gottes, der die Menschheit mit Verboten, Strafangst und Schulderfahrung beschwert hatte, tritt »das grösste Schwergewicht«, d.h. die größtmögliche Belastung (↗ewige Wiederkunft): »Wie, wenn dir eines Tages oder Nachts, ein Dämon in deine einsamste Einsamkeit nachschliche und dir sagte: ›Dieses Leben, wie du es jetzt lebst und gelebt hast, wirst du noch einmal und noch unzählige Male leben müssen; und es wird nichts Neues daran sein, sondern jeder Schmerz und jede Lust und jeder Gedanke und Seufzer und alles unsäglich Kleine und Grosse deines Lebens muss dir wiederkommen, und Alles in derselben Reihe und Folge [...]‹. Würdest du dich nicht niederwerfen und mit den Zähnen knirschen und den Dämon verfluchen, der so redete?« (FW, Nr. 341, KSA 3, 570) Biographischer Hintergrund dieses Aphorismus ist jener »Gedanke«, den N. im August 1881 am See von Silvaplana als einen »ungeheuren Augenblick« erlebte: »6000 Fuss über dem Meere und viel höher über allen menschlichen Dingen! –« (N, KSA 9, 494) Auf ihn verweist der Brief N.s an Köselitz über seine Arbeit an der *Morgenröthe* vom 25. Januar 1882, in dem es unvermittelt heißt: »Ein Gedanke ist darunter, der in der That ›Jahrtausende‹ braucht, um etwas zu werden.

Woher nehme ich den Muth, ihn auszusprechen?«. Zu dem Aph. 341 hat sich J. Salaquarda (1989, 317–337) exemplarisch geäußert. Er zeigt, wie in der *Fröhlichen Wissenschaft* dieser »Gedanke« implizit thematisiert wird, z. B. im *amor-fati*-Appell des Aph. 276. Die drei letzten Aphorismen des 4. Buches deuten darauf, daß sie im Dienst der Vorbereitung auf die Verkündigung der »Lehre« der ewigen Wiederkehr im *Zarathustra* stehen. Bezeichnend ist, daß Aph. 341 in der Mitte steht zwischen einem Textstück, das sich Sokrates als dem großen *décadent* zuwendet (Nr. 340), und einer Stelle, die auf Zarathustra, den Bejaher und Prediger der ewigen Wiederkunft verweist (Nr. 342). Wie in der Parabel vom tollen Menschen ist auch hier die Mitteilung eine mythische Aussage, die weder in Frage gestellt noch begründet wird. Die literarische Gestaltgebung dieser Mitteilung besitzt jedoch eine »innere Vorgeschichte«. So schreibt N. am 14. August 1881 an Köselitz: »[...] An meinem Horizont sind Gedanken aufgetaucht, dergleichen ich noch nie *gesehen* habe«. In einer fünfteiligen Planskizze aus dem Sommer 1881 ist ausdrücklich von dem »neuen Schwergewicht« der ewigen Wiederkehr die Rede (N, KSA 9, 494). Die sprachliche Wendung vom Sehen des Gedankens in dem zitierten Brief an Köselitz läßt auf ein pathisches Bedeutungserlebnis der ewigen Wiederkunft schließen (in seinem Charakter stellt es eine Parallele zum »Damaskus«-Erlebnis des Paulus dar). Die kosmische Projektion dieses als Vision erfahrenen Gedankens belegt zugleich die Gefahr des Distanz- und Kontrollverlusts, in der sich N.s Denken fortan bewegen sollte.

Der »ungeheure Augenblick«, von dem N. spricht, läßt Verzweiflung an sich selbst und der Welt in vorbehaltlose Bejahung umschlagen. »Augenblick« und »Mittag«, höchster Ausdruck mystischer Intensität, fallen ineins. Die in Aph. 341 sich öffnende Alternative von Verzweiflung und Bejahung wird in rhetorischer Frageform aufgelöst: »Oder wie müsstest du dir selber und dem Leben gut werden, um nach Nichts **mehr zu verlangen**, als nach dieser letzten ewigen Bestätigung und Besiegelung?–« (FW, Nr. 341, KSA 3, 570). Ihr entscheidendes Kriterium ist die Verschmelzung von Ich und Welt, in der alle Differenz gelöscht ist. Zustände der geschilderten Art sind in der Geschichte der religiösen Ideen zuverlässig bezeugt und werden von Religionspsychologie und -phänomenologie anhand der überlieferten Dokumente eingehend untersucht. Der mystischen Ekstase jenseits von Raum und Zeit ist indessen keine Dauer gewährt, da sie sich in der linearen Dimension gewöhnlicher Erfahrung nicht entfalten oder entwickeln läßt. Wenn N. in späteren Werken versucht hat, den Wiederkunftsgedanken durch einen kosmologischen »Beweis« mit der Naturwissenschaft seiner Zeit als kompatibel zu erweisen, so konnte er damit nur scheitern. Der innerseelische Ursprung und Wahrheitsgrund dieser mystischen Erfahrung wird mehr und mehr zu einem Gedankenexperiment, dem durch »Einverleibung« – wie N. sich ausdrückt – zur Wirklichkeit verholfen werden muß (N, KSA 9, 494; s. Montinari 1991, 86 ff.).

Wenngleich der naturwissenschaftliche Realbeweis des Wiederkunftsgedankens N. alsbald entgleitet, hält er diesen doch in der Figur des Zarathustra weiterhin fest. Nicht umsonst verkörpert diese auch das Erlebnis der Zwei-Einheit, welches den Kern der mystischen Erlebnisweise ausmacht (vgl. dazu das mit *Sils-Maria* betitelte Gedicht, das in den »Anhang« der *Fröhlichen Wissenschaft* integriert ist). Im ersten Entwurf der Zarathustra-Figur wird dieser als ein Weiser vorgestellt, der für zehn Jahre die Nähe der Menschen gemieden, sich in das Gebirge geflüchtet hatte, von dem er nun herabsteigt, um seine Lehre zu verkünden. Wie die Sonne, an die Zarathustra sich bei seinem Aufbruch zu den Menschen wie an ein lebendes Wesen wendet, muß auch er Fülle und Glanz verschwenden, um zuletzt wie sie unterzugehen. Diese Passage ist als Vorrede wörtlich in den Text des *Zarathustra* übernommen. Zur Symbolfülle der Gestalt gehören, neben ihren äußeren Attributen, der Schlange und dem Adler, die kennzeichnenden Gegensatzpaare von Einsamkeit und Sehnsucht nach Gemeinschaft, Weisheit und Torheit, Reichtum und Armut, Aufgang und Untergang, ein für N. typisches literarisches Verfahren der wechselseitigen Kontamination gegensätzlicher Topoi.

Unter Rückgriff auf den Titel der *Morgenröthe* reflektiert der Autor in dem einleitenden Aphorismus des 5. Buches »**Was es mit unserer Heiterkeit auf sich hat**« die neue Situation des Denkens. »[...] In der That, wir Philosophen und ›freien Geister‹ fühlen uns bei der Nachricht, dass der ›alte Gott todt‹ ist, wie von einer neuen Morgenröthe angestrahlt; unser Herz strömt dabei über von Dankbarkeit, Erstaunen, Ahnung, Erwartung, – endlich erscheint uns der Horizont wieder frei, gesetzt selbst, dass er nicht hell ist, endlich dürfen unsre Schiffe wieder auslaufen, auf jede Gefahr hin auslaufen, jedes Wagniss des Erkennenden ist wieder erlaubt, das Meer, u n s e r Meer liegt wieder offen da, vielleicht gab es noch niemals ein so ›offenes Meer‹. –« (FW, Nr. 343, KSA 3, 574). Der Dynamismus von N.s Denken wird in dieser Textpartie durch ein Symbol beschrieben, die Ausfahrt aus dem Hafen, das sich zu dem herrlichen Bild des offenen Meeres unter einem dunklen Horizont erweitert; selten ist dem Autor eine so glückhafte Verknüpfung des gedanklichen Gehalts mit dem Stimmungswert des sprachlichen Ausdrucks vergönnt gewesen. Sie steht im übrigen in der Tradition der berühmten Formel Pascals »vous êtes embarqués« (*Pensées*, fr. 233).

Auch dieses letzte Buch wandelt die für N. charakteristischen Themen ab, so das Problem des »höheren Menschen« als der Frühgeburt einer noch unbewiesenen Zukunft (s. Aph. 373) – diese Züge ergänzen sich für ihn zum Gesamtbild einer abgelebten Kultur, die nur durch eine Fundamentalrevision ihrer geistigen Grundlagen zu erneuern ist. »Wie weit der perspektivische Charakter des Daseins [↗Perspektivismus] reicht oder gar ob es irgend einen andren Charakter noch hat, ob nicht ein Dasein ohne Auslegung, ohne ›Sinn‹ eben zum ›Unsinn‹ wird, ob, andrerseits, nicht alles Dasein essentiell ein a u s l e g e n - d e s Dasein ist – das kann [...] auch durch die fleissigste und peinlich-gewissenhafteste Analysis und Selbstprüfung des Intellekts nicht ausgemacht werden: da der menschliche Intellekt bei dieser Analysis nicht umhin kann, sich selbst unter seinen perspektivischen Formen zu sehn und n u r in ihnen zu sehn. [...] Die Welt ist uns [...] noch einmal ›unendlich‹ geworden: insofern wir die Möglichkeit nicht abweisen können, dass sie u n e n d l i c h e  I n t e r p r e t a t i o n e n  i n s i c h  s c h l i e s s t« (FW, Nr. 374, KSA 3, 626f.). Der Schauder Pascals vor der Unendlichkeit der schweigenden Räume, diese spezifisch neuzeitliche Erfahrung des Zerbrechens der Einheit des physischen Universums als zugleich des Ortes, an dem sich das christliche Heilsdrama abspielt, geht ebenso in diese Stilisierung ein wie die In-Frage-Stellung und Delegitimierung der Kantischen Generalthese, der menschliche Verstand sei der Gesetzgeber der Natur in wenigstens formaler Hinsicht, die zugleich die Existenz einer intelligiblen Ordnung gewährleisten sollte. Daher verknüpft N. das Prinzip der Interpretation mit dem Perspektivismus und der Absage an jeglichen Alleingeltungsanspruch.

Stand am Beginn des 5. Buches der vom Licht einer neuen »Morgenröthe« beglänzte Aufbruch in einen offenen Horizont, so schlägt diese Euphorie am Ende des Buchs in die Stimmung des »grossen Ernstes« um, über den bereits die Tragödie eines Unterganges ihren Schatten legt, »das Schicksal der Seele sich wendet, der Zeiger rückt, die Tragödie b e g i n n t [...]« (FW, Nr. 382, KSA 3, 637). Von den insgesamt 14 in Genua entstandenen Liedern übernahm N. sechs Texte aus den *Idyllen aus Messina*, die er 1882 in der *Internationalen Monatsschrift* (1. Jahrg., Nr. 5, Mai) publiziert hatte, in teilweise stark überarbeiteter Form. Schon das erste *An Goethe* gerichtete Gedicht ist eine parodistische Umkehrung des *Chorus mysticus* aus *Faust II*, Vers 12 104 ff. Aber auch der heraklitische Gedanke eines Weltspiels, für N.s Denken zentral, wird hier als eine Mischung von »Sein« und »Schein« parodiert. »Das Ewig-Närrische/Mischt u n s hinein! ...« (KSA 3, 639). Als Formcharakteristikum ist festzustellen, daß der Tonfall dieser Lieder durchweg frei, auch erotisch-freizügig, zugleich ironisch-foppend ist. Zwischen Nonsens und Travestie entfaltet sich der Bedeutungsfächer dieser Gelegenheitsdichtungen. Im Gegensatz dazu stehen die vier Schlußgedichte: *Mein Glück!*, *Nach neuen Meeren*, *Sils-Maria* sowie das Tanzlied *An den Mistral*. Ihre Thematik verweist auf die Stimmung des kaum erhaschten, schon entgleitenden Glücks, das bejahte Risiko geistiger Argonautenfahrt, auf die Parusie der Zarathustra-Figur in der Zeitentrücktheit einer ekstatischen Einswerdung der Seele mit der vollkommen *ganz* gewordenen Welt um die Stunde von »Mittag und Ewigkeit« sowie auf den Rhythmus eines dionysisch gelösten Tanzes, der zugleich – in der für N. typischen Verschlingung der Motive – Feier einer »frei[en] Kunst« und einer »fröhlich[en] Wissenschaft« sein will (KSA 3, 650). Der hohe Stil und die Formen der Parodie und Travestie stehen ebenso wie die hohe und die niedere Kultur in einem wechselseitigen Bedingungs- und Ermöglichungsverhältnis. In der Wahl von Sprachebene und Ausdrucksform kommt die Distanz N.s zur hohen Kultur und ihrem Ernst als das eigentliche immoralistische Bekenntnis des freien Geistes zur Geltung. Zu dem einzigartigen sechszeiligen Gedicht *Sils-Maria* hat sich in jüngster Zeit M. Riedel (*Freilichtgedanken. N.s dichterische Welterfahrung*, Stuttgart 1989, 11 ff.) geäußert. In einer »Zeit ohne Ziel« ereignet sich die traumhafte Selbstbegegnung des lyrischen Ich mit seinem Doppelgänger, dem Zarathustra-Ich. In dieser »Selbstbegegnung«, welche die mystische Erfahrung des *nunc stans* durch den »Vorübergang« Zarathustras als Spaltungserlebnis in Bewegung bringt, liegt die Keimzelle der Zarathustra-Dichtung.

Die *Fröhliche Wissenschaft* ist wie die *Morgenröthe* ein Werk des Übergangs und zugleich eine Bilanz der philosophischen Arbeit der Kritik, die mit *Menschliches, Allzumenschliches* begonnen hatte (s. Brief an Lou Salomé vom 27./28. Juni 1882). Sie ist überdies das Zeugnis einer über schwerste Lebenskrisen und die sie begleitenden Depressionen siegenden Selbststeigerung (s. Brief an Lou Salomé vom 3. Juli 1882). N.s »Siege« über die physischen und psychischen Zusammenbrüche seines Lebens führen zu deren Einverleibung und Anverwandlung in dem Prozeß einer literarischen Selbst- und Neuschöpfung. Damit wird N. zu einem Prototyp des modernen Schriftstellers, der sich im Akt des Schreibens selbst überholt und neu entwirft. Aufschlußreich hierfür sind auch jene Maximen, mit denen N. die acht Fragen an sich selbst am Ende des 3. Buches der *Fröhlichen Wissenschaft* beantwortet, um so die spielende Existenzform des freien Geistes in einer aus tiefstem persönlichen Leide gewonnen Ethik der Vornehmheit zu transzendieren.

Der vorstehend verfolgte Denkweg N.s zeigt einen Autor, der in *Menschliches, Allzumenschliches* noch nicht ganz die traditionelle Thematik der Moral- und Kultur- bzw. Gesellschaftskritik hinter sich gelassen hat, diese Literaturgattung aber mit einer Meisterschaft handhabt, die eine vertiefte Vertrautheit mit den Zeugnissen der Moralistik und der Schopenhauerischen Philosophie, vor allem aber eine kongeniale Übereinstimmung mit ihrem »aufklärerischen« Impetus unter Beweis stellt. Im Unterschied zu jedem bis dahin überlieferten Theoriebegriff will N.s Leidenschaft der Erkenntnis keine selbstgenügsamen geistigen Gebilde; sie sucht vielmehr die Erkenntnis des Lebens, eine Konstante des theoretischen Interesses, die auch in N.s späterem theoretischen Werk unverändert festgehalten wird, wobei das Leben selbst nicht nur Gegenstand, sondern zugleich Mittel der Erkenntnis ist. Der Sommer 1881 mit dem für N. zentralen »Erlebnis« der ewigen Wiederkehr wird dann zum Anstoß, seine bisher einseitig der Aufklärung verpflichtete Philosophie zu einer Gesamtbetrachtung des Lebens zu erweitern, welche jeden ↗»Sokratismus« hinter sich läßt, um vielmehr eine tragische Interpretation der menschlichen Existenz anzubahnen, die sich sogar der Form der Verkündigung eines neuen Glaubens wie in *Zarathustra* zu bedienen weiß. Der Reichtum der Motive, die N. teils der Tradition entlehnt, teils frei entwirft, aber auch die eigentümliche Sicherheit, mit der vermeintlich Heterogenes oder sogar Disparates zu Denkfiguren neuen Stils verknüpft wird, macht den Rang dieser Werke aus. In der mittleren Phase seines Schaffens zeigt sich N. als Virtuose des Formexperiments, aber diese seine unübertroffene künstlerische Meisterschaft verbirgt nicht länger die Tragik des Lebensgrundes; N.s Existenz- und Schaffenskrise ist längst eine permanente geworden, und der Denker selbst findet nur noch an formalen artistischen Symbolen Halt, die überdies stets divergierenden Interpretationshorizonten einbeschrieben sind. Es gibt bei N. in der Konsequenz weder einen religiösen noch einen tragischen Glauben; vielmehr bedient er sich des überlieferten Formenschatzes, ohne ihm eine authentische neue Erfahrung abgewinnen zu können. Insofern kann man den Weg von *Menschliches, Allzumenschliches* bis zu *Fröhliche Wissenschaft* als den Prozeß einer stets gefährdeten Selbstfindung N.s als wissenschaftlicher und philosophischer Schriftsteller auffassen.

Damit stellt sich zugleich die formkritische Frage nach der Konsistenz von N.s Werk. Wenn der Essay eine mehr oder minder verschlungene Problemlage zu entwirren versucht, so will der Aphorismus eine Situation des Denkens, das lyrische Gedicht etwas so Flüchtiges wie einen Stimmungswert fixieren. Nur schwer ist zu entscheiden, ob N. sich mit den Werken seiner mittleren Periode in die Reihe der großen Formparadigmata der europäischen Tradition eingegliedert hat, die über das Spruchgut Heraklits, das Lehrgedicht des Parmenides, die Dialoge Platos, die Vorlesungsmitschriften des Aristoteles als des großen Vorbildes gelehrten Kommentars bis zu den seelenkundlichen Selbstreflexionen der Kirchenväter oder eines Montaigne und Pascal sich erstrecken. Aber vielleicht beinhaltet diese Frage oder vielmehr diese formkritische In-Frage-Stellung des Ranges von N.s Werk bereits ein Stück Ungerechtigkeit gegenüber dem Denker. Spricht doch N. selbst die Tatsache aus, daß die Zerrissenheit der modernen Kultur das Gelingen des großen Entwurfs auch individuell in Mitleidenschaft zieht. So verstanden, bezeugen N.s Formexperimente nicht nur einen äußerst verfeinerten artistischen Kunstverstand, sie sind vielmehr zugleich Dokumente höchster kulturkritischer Sensibilität. Wenn eine harmonische Kultur Bedingung für große Werke des geschlossenen Stils ist, so modifiziert dies den Beurteilungsmaßstab für N.s Schrifttum der mittleren Periode.

Literatur: Heidegger, M.: N.s Wort ›Gott ist tot‹, (1943), in: Heidegger 1950, 193–247; Rothacker, G.: Die »Morgenröte« F. N.s, Bonn 1954; Wolff, H.: F. N. Der Weg zum Nichts, Bern 1956; Grau, G.-G.: Christlicher Glaube und intellektuelle Redlichkeit, Frankfurt a. M. 1958; Biser, E.: ›Gott ist tot‹. N.s Destruktion des christlichen Bewußtseins, München 1962; Heller, P.: Von den ersten und letzten Dingen. Studien und Kommentar zu einer Aphorismenreihe von F. N., Berlin/New York 1972; Janz 1978 ff.; Montinari, M.: Chronik zu N.s Leben, in: KSA 15, 7–210; ders.: N.s Philosophie als ›Leidenschaft der Erkenntnis‹, in: Montinari 1982, 64–78; Kaulbach, F.: Sprachen der ewigen Wiederkunft, Würzburg 1985; Djuric, M./Simon, J.: Kunst und Wissenschaft bei N., Würzburg 1986; Campioni, G.: ›Wohin man reisen muss‹. Über N.s Aphorismus 223 aus »Vermischte Meinungen und Sprüche«, in: NSt 16 (1987), 209–226; Salaquarda, J.: Der ungeheure Augenblick, in: NSt 18 (1989), 317–337; Montinari, M.: F.N. Eine Einführung, Berlin/New York 1991; Vattimo, G.: F.N. Eine Einführung, Stuttgart/Weimar 1992; Groddeck, W./Morgenthaler, W.: N.s Begegnung mit Gottfried Keller, in: Hoffmann, D.M. (Hrsg.): N. und die Schweiz, Zürich 1994, 102–121; Wotling, P.: N. et le Problème de la Civilisation, Paris 1995; Brusotti 1997; ders.: Erkenntnis als Passion. N.s Denkweg zwischen »Morgenröthe« und der »Fröhlichen Wissenschaft«, in: NSt 26 (1998), 199–225; Kremer-Marietti, A.: Menschliches-Allzumenschliches: N.s Positivismus? in: NSt 26 (1998), 260–275; Salaquarda, J.: Die »Fröhliche Wissenschaft« zwischen Freigeisterei und neuer »Lehre«, in: NSt 26 (1998), 165–183; Figal, G.: F.N. Eine philosophische Einführung, Stuttgart 1999.

*Wiebrecht Ries/Karl-Friedrich Kiesow*

# Vom *Zarathustra* bis zu *Ecce homo* (1882–1889)

## *Also sprach Zarathustra. Ein Buch für Alle und Keinen* (1883–1885)

Unter dem Titel *Also sprach Zarathustra. Ein Buch für Alle und Keinen* erschien 1883 eine kleine Schrift, die aus »Zarathustra's Vorrede« und 22 »Reden Zarathustra's« bestand und nicht als erster Teil gekennzeichnet war. Nichts wies auf eine Fortsetzung hin. Noch im selben Jahr jedoch folgte ein »zweiter Theil« und 1884 ein dritter, womit N. seinen *Zarathustra* erst einmal als abgeschlossen betrachtete. Im Jahr 1885 erschien noch ein »vierter und letzter Theil«, aber nur als Privatdruck. Eine Ausgabe »[i]n drei Theilen« – N. ließ dabei einfach die Restexemplare der ersten drei »Zarathustras« zusammenbinden – erschien im Jahr 1887. Der von ihm weitgehend geheim gehaltene vierte *Zarathustra* wurde erst 1892, also nach seinem geistigen Zusammenbruch, in die durch P. Gast besorgte Ausgabe aufgenommen.

Der erste Abschnitt von »Zarathustra's Vorrede« ist bis auf geringfügige Änderungen mit »Incipit tragoedia« identisch, dem Aphorismus, der die erste Ausgabe der *Fröhlichen Wissenschaft* abschließt. Nach zehn Jahren Einsamkeit verläßt Zarathustra seine Höhle im Gebirge. Er begegnet zuerst einem alten Einsiedler, der noch nichts davon gehört hat, »dass Gott todt ist« (KSA 4, 14), d.h., daß der christliche Glaube im Untergang begriffen ist und mit ihm Metaphysik und Moral. In seiner ersten Rede – seiner »Vorrede« – konfrontiert Zarathustra das auf dem Marktplatz versammelte »Volk« mit zwei entgegengesetzten Möglichkeiten: mit dem ↗»Übermenschen« und dem »letzten Menschen«. »Ich lehre euch den Übermenschen. Der Mensch ist Etwas, das überwunden werden soll«. Der Forderung, den Übermenschen zu schaffen, schließt Zarathustra eine Kennzeichnung des Menschen an: »Der Mensch ist ein Seil, geknüpft zwischen Thier und Übermensch, – ein Seil über einem Abgrunde«. Da seine Zuhörer vom Übermenschen nichts wissen wollen, droht Zarathustra mit einer entgegengesetzten Entwicklung: Nach dem Tod Gottes könnte der Mensch zum nicht mehr des Schaffens fähigen, unverwüstlich mittelmäßigen »letzten Menschen« werden. Aber auch diese Strategie bleibt erfolglos: Das »Volk« lacht Zarathustra aus. Nach einigen Zwischenfällen beschließt er, nur ausgesuchte Jünger durch seine Reden auf jene Aufgabe vorzubereiten. Diese jeweils durch die Formel »Also sprach Zarathustra« abgeschlossenen Reden zu verschiedenen Themen bilden den Rest des ersten Teils. Hier seien nur die erste und die letzte erwähnt. Die erste – »Von den drei Verwandlungen« – beschreibt die Verwandlungen des Geistes – »wie der Geist zum Kameele ward, und zum Löwen das Kameel, und der Löwe zuletzt zum Kinde« (KSA 4, 31). Das Kamel, d.h. der »tragsame Geist«, der »entsagt und ehrfürchtig ist«, eilt in seine Wüste. Mitten in der einsamsten Wüste wird er zum Löwen, der mit seinem »Ich will« den Drachen »Du-sollst« besiegt. Der Löwe hat sich dadurch Freiheit »zu neuem Schaffen« erkämpft, er selbst kann aber noch keine neuen Werte schaffen. Dazu muß er in einer dritten Verwandlung noch zum ↗»Kind« werden; denn »zum Spiele des Schaffens [...] bedarf es eines heiligen Ja-sagens«. Die Rede »Von der schenkenden Tugend« preist die »Macht«, die der Erde einen Sinn, »einen Menschen-Sinn«, gibt, als »die höchste Tugend«. Mit einem Ausblick nimmt Zarathustra hier von den Jüngern Abschied, die er inzwischen um sich gesammelt hat. »›Todt sind alle Götter: nun wollen wir, dass der Übermensch lebe.‹ – diess sei einst am grossen Mittage unser letzter Wille!« (Za I, KSA 4, 102) Der künftige »grosse Mittag« ist die Zeit, »da der Mensch auf der Mitte seiner Bahn steht zwischen Thier und Übermensch« (ebd.).

Am Anfang des zweiten Teils kehrt Zarathustra, durch eine Vision gemahnt, nach jahrelanger Einsamkeit zu den inzwischen abtrünnig gewordenen Jüngern zurück. »Einst sagte man Gott, wenn man auf ferne Meere blickte; nun aber lehrte ich euch sagen: Übermensch« (Za II, Auf den glückseligen Inseln, KSA 4, 109). In der Rede »Von der Selbst-Ueberwindung« setzt Zarathustra Schopenhauers Auffassung des Willens (dem »Willen zum Leben«) eine andere Deutung des Lebens entgegen: »Nur, wo Leben ist, da ist auch Wille: aber nicht Wille zum Leben, sondern

[...] Wille zur Macht!« (Za II, KSA 4, 149). Auch das, was man gemeinhin »Willen zur Wahrheit« nennt, ist eigentlich ein »Wille zur Denkbarkeit alles Seienden« und als solcher ↗Wille zur Macht. Als Wille zur Macht muß sich das Leben ständig überwinden und über sich selbst hinaus schaffen. Vor allem muß der Wille, »welcher der Wille zur Macht ist«, die »Rache« – »des Willens Widerwille[n] gegen die Zeit und ihr ›Es war‹« – überwinden und die Vergangenheit »erlösen«; letzteres bedeutet, »alles ›Es war‹ umzuschaffen in ein ›So wollte ich es!‹« (Za II, Von der Erlösung, KSA 4, 179). Der Wille zur Macht muß die ewige Wiederkunft des Gleichen bejahen. Dieser Gedanke wird im zweiten *Zarathustra* freilich verschwiegen. Es wird aber ständig geheimnisvoll auf ihn angespielt und darauf, daß Zarathustra seinen tiefsten Gedanken noch für sich behält. Am Ende befiehlt die »stillste Stunde« dem zögernden Zarathustra, sich noch einmal von seinen Jüngern zu trennen.

Im *dritten Teil* muß Zarathustra seine »einsame Wanderung« antreten und sich mit seinem Gedanken der ↗ewigen Wiederkunft auseinandersetzen. »[...] der Ewige-Wiederkunfts-Gedanke, diese höchste Formel der Bejahung, die überhaupt erreicht werden kann« (EH, KSA 6, 335), ist laut der späten Autobiographie *Ecce homo* die »Grundconception des Werks«. Das gilt zumindest für den zweiten, aber vor allem für den dritten *Zarathustra*. Im geheimnisvollen Kapitel »Vom Gesicht und Räthsel« deutet Zarathustra dem ↗»Geiste der Schwere« am »Thorweg« »Augenblick« diesen »abgründlichen Gedanken« an: »Muss nicht, was geschehn kann von allen Dingen, schon einmal geschehn, gethan, vorübergelaufen sein? /Und wenn Alles schon dagewesen ist: was hältst du Zwerg von diesem Augenblick? Muss auch dieser Thorweg nicht schon – dagewesen sein? /Und sind nicht solchermaassen fest alle Dinge verknotet, dass dieser Augenblick alle kommenden Dinge nach sich zieht? Also – – sich selber noch? /[...] müssen wir nicht Alle schon dagewesen sein? [...] müssen wir nicht ewig wiederkommen? –« (Za III, KSA 4, 200). Aber wirklich dargelegt wird der Gedanke im dritten *Zarathustra* nicht. Zarathustra vermag erst im späteren Kapitel »Der Genesende«, den Wiederkunftsgedanken ›heraufzubeschwören‹, und erst nach dieser Auseinandersetzung mit dem Gedanken ist er wirklich »der Lehrer der ewigen Wiederkunft«. Den Abschluß des dritten Teils bildet Zarathustras *Ja- und Amen-Lied*, seine Liebeserklärung an die »Ewigkeit«. »Die sieben Siegel«, so der eigentliche Titel des Kapitels, schließen jeweils mit der Formel: »**Denn ich liebe dich, oh Ewigkeit!**«

Den 1885 nur als Privatdruck hergestellten und nur einem engen Leserkreis zugänglich gemachten »Vierten und letzten Theil« nahm N. in die dreiteilige Ausgabe von 1887 nicht auf. Strenggenommen handelt es sich also um eine nachgelassene Schrift, die N. in *Ecce homo* als »Versuchung Zarathustra's« erwähnt. Der »Wahrsager der grossen Müdigkeit« – »Alles ist gleich, es lohnt sich Nichts, Welt ist ohne Sinn, Wissen würgt« – will Zarathustra zu seiner »letzten Sünde« verführen: zum ↗»Mitleiden«. Zarathustra hört den »Nothschrei« der »höheren Menschen«. Nach dem Tod Gottes suchen diese Verzweifelnden bei Zarathustra Halt. Er beherbergt sie und feiert mit ihnen ein Fest, in dem sie sich zu einer vorübergehenden Lebensbejahung aufschwingen. Erst am Schluß wird Zarathustra bewußt, daß er so jener Versuchung, dem »Mitleiden mit dem höheren Menschen«, erlegen ist. Er hat sie nun aber überwunden. Die »höheren Menschen« ergreifen die Flucht vor dem Löwen, der zusammen mit einem Taubenschwarm Zarathustras »Kinder« ankündigt: der vierte *Zarathustra* schließt mit einem Ausblick auf den endlich heraufkommenden »großen Mittag«.

Der *Zarathustra* parodiert immer wieder Altes und Neues Testament, ahmt die Lutherbibel sprachlich nach, lehnt sich aber auch an Texte anderer Religionen an (z.B. des Buddhismus), an Philosophen wie Heraklit und Plato, an Märchen und Legenden (etwa aus *Tausendundeiner Nacht*) sowie an verschiedene literarische Vorbilder (von Hölderlin bis Emerson). Freilich hat der späte N. die literarische Qualität von *Also sprach Zarathustra*, das an stilistischer Eleganz weit hinter den aphoristischen Schriften zurückbleibt, gewaltig überschätzt. »Man darf vielleicht den ganzen Zarathustra unter die Musik rechnen«, heißt es in *Ecce homo*, wo N. den *Zarathustra* auch einen »Dithyrambus auf die Einsamkeit« (EH, KSA 6, 276) nennt. Ab dem zweiten Teil redet Zarathustra nicht nur, sondern singt auch Lieder, die von der Formel »Also sang Zarathustra« abgeschlossen werden. Gerade Lieder wie *Das Nachtlied* gehören zu den schönsten Texten des Werkes.

Nachgelassene Skizzen und Titelentwürfe zeigen, daß N. zeitweilig an die Abfassung von weiteren Zarathustra-Schriften gedacht hat. (Zu den »Liedern Zarathustra's« vgl. den Beitrag über die *Dionysos-Dithyramben*.) Unmittelbar nach der Abfassung des dritten Teils, mit dem er seine Schrift als abgeschlossen betrachtete, sah er in *Also sprach Zarathustra* »nichts als eine Vorrede, Vorhalle« vor der eigentlichen Darstellung seines Wiederkunftgedankens. Einige Jahre später dagegen, in *Ecce homo*, erscheint ihm der *Zarathustra* als der sonst nie erreichte Gipfel seiner Philosophie.

Naumann, G.: Zarathustra-Commentar, 2 Bde., Leipzig 1889 f.; Weichelt, H.: Zarathustra-Kommentar, Leipzig ²1922; Bennholdt-Thomsen, A.: N.s »Also sprach Zarathustra« als literarisches Phänomen. Eine Revision, Frankfurt a. M. 1974; Heidegger, M.: Wer ist N.s Zarathustra?, in: ders.: Vorträge und Aufsätze, Pfullingen ⁵1985, 97–122; Lampert, L.: N.s Teaching. An Interpretation of »Thus Spoke Zarathustra«, New Haven/London 1986; Pieper 1990; Brusotti 1997, 490–627; Zittel, C.: Das ästhetische Kalkül von F. N.s »Also sprach Zarathustra«, Würzburg 2000.

## *Jenseits von Gut und Böse. Vorspiel einer Philosophie der Zukunft* (1886)

*Jenseits von Gut und Böse* ist die erste aphoristische Schrift, die N. nach *Also sprach Zarathustra* vorlegt. Nach dem Erscheinen des vierten *Zarathustra* hatte er versucht, *Menschliches, Allzumenschliches* im Sinn seiner neuen Philosophie gründlich umzuarbeiten. Den Versuch hatte er bald aufgegeben. Es entstand eine neue Schrift, *Jenseits von Gut und Böse*, die wie *Menschliches, Allzumenschliches* in neun betitelte »Hauptstücke« gegliedert und damit thematisch geschlossener aufgebaut ist als etwa *Morgenröthe* oder *Die fröhliche Wissenschaft*. In den Jahren, in denen N. nur seine philosophische Dichtung veröffentlicht hatte, hatte sich Material angesammelt; dieses konnte er zusammen mit noch unbenutzten Reflexionen aus der Zeit vor der *Fröhlichen Wissenschaft* für *Jenseits von Gut und Böse* nutzen.

Den neun »Hauptstücken«, die insgesamt 296 numerierte Aphorismen enthalten, ist eine kurze Vorrede vorangestellt. Der Nachgesang *Aus hohen Bergen* rundet die Schrift ab. Den metaphysischen Systemen liegt laut der Vorrede entweder 1) »irgend ein Volks-Aberglaube aus unvordenklicher Zeit« zugrunde »(wie der Seelen-Aberglaube, der als Subjekt- und Ich-Aberglaube auch heute noch nicht aufgehört hat, Unfug zu stiften)« oder 2) »irgend ein Wortspiel vielleicht, eine Verführung von Seiten der Grammatik her« oder 3) »eine verwegene Verallgemeinerung von sehr engen, sehr persönlichen, sehr menschlich-allzumenschlichen Thatsachen« (JGB, KSA 5, 11 f.). Damit gibt N. drei Hauptrichtungen seiner Kritik der Metaphysik an: Die *historische*, die *sprachphilosophische* und die *psychologische*. Bereits das erste Hauptstück »Von den Vorurtheilen der Philosophen« führt die Kritik unter diesen Gesichtspunkten aus. N. erklärt die Ähnlichkeit zwischen der indischen, der griechischen und der deutschen Philosophie aus der Sprachverwandtschaft, d. i. aus »der unbewussten Herrschaft und Führung durch gleiche grammatische Funktionen«, aus »der gemeinsamen Philosophie der Grammatik«. Philosophen, die nicht im »Bann« jener grammatischen Funktionen stehen, etwa »Philosophen des ural-altaischen Sprachbereichs (in dem der Subjekt-Begriff am schlechtesten entwickelt ist) werden mit grosser Wahrscheinlichkeit anders ›in die Welt‹ blicken« (JGB, Nr. 20, KSA 5, 34f.). Aus der grammatischen Unterscheidung zwischen »Subjekt« und »Prädikat« erklärt N. nämlich so folgenschwere Irrtümer wie das Cartesische Subjekt und den traditionellen Willensbegriff (↗Sprachphilosophie, Philosophie). N. beschränkt sich aber keineswegs auf eine radikale Kritik der philosophischen Tradition, er will metaphysische Grundsätze und -irrtümer auch noch in den modernen Naturwissenschaften aufdecken. Nicht allein durch die Grammatik ist das philosophische Denken in bestimmte Bahnen gezwungen, sondern auch durch die oft unbewußten Instinkte der jeweiligen Philosophen. »Allmählich hat sich mir herausgestellt, was jede grosse Philosophie bisher war: nämlich das Selbstbekenntnis ihres Urhebers und eine Art ungewollter und unvermerkter mémoires; insgleichen, dass die moralischen (oder unmoralischen) Absichten in jeder Philosophie den eigentlichen Lebenskeim ausmachten, aus dem jedesmal die ganze Pflanze gewachsen ist« (JGB, Nr. 6, KSA 5, 19 f.). So kann die Entstehung der »entlegensten metaphysischen Behauptungen« durch die Moral erklärt werden, auf die der jeweilige Philosoph mehr oder weniger bewußt hinauswill; und auch »hinter aller Logik und ihrer anscheinenden Selbstherrlichkeit der Bewegung stehen Werthschätzungen, deutlicher gesprochen, physiologische Forderungen zur Erhaltung einer bestimmten Art von Leben« (JGB, Nr. 3, KSA 5, 17). Historisch beschränkt sich N. nicht darauf, den Ursprung metaphysischer Lehren aus verschiedenen Formen urtümlichen Aberglaubens anzunehmen, z. B. wenn er erklärt, daß Schopenhauer mit seiner Auffassung, »der Wille allein sei uns eigentlich bekannt«, »ein Volks-Vorurtheil übernommen und übertrieben« habe (JGB, Nr. 19, KSA 5, 31 f.). Darüber hinaus stellt N. gegen den Grundglauben der Metaphysiker, den Glauben an die Gegensätze der Werte, die Frage, die schon die in *Menschliches, Allzumenschliches* skizzierte »Chemie der moralischen Empfindungen« bewegte, nämlich, ob etwa ↗Wahrheit, Wahrhaftigkeit, Selbstlosigkeit aus ihren vermeintlichen Gegensätzen entstanden und mit ihnen »auf verfängliche Weise verwandt, verknüpft, verhäkelt, vielleicht gar wesensgleich« sind (JGB, Nr. 2, KSA 5, 17). Zu N.s Kritik der Metaphysik sei noch an das Problem erinnert, das gleich der erste Aphorismus der Schrift einführt, ein Problem, das »noch nie bisher gestellt«, »von uns zum ersten Male gesehn, in's Auge gefasst, gewagt« worden sei: das »Problem vom Werthe der Wahrheit«. »Gesetzt, wir wollen Wahrheit: warum nicht lieber Unwahrheit? Und Ungewissheit? Selbst Unwissenheit?« (JGB, Nr. 1, KSA 5, 15)

Das *Vorspiel einer Philosophie der Zukunft* war konkreter auch als vorbereitende Schrift zum geplanten und nie ausgeführten Hauptwerk gedacht, das N. damals *Der Wille zur Macht* (↗Nachlaß 1885–88) nennen wollte, und zugleich als »eine Art Einführung in die Hintergründe des Zarathustra«. »So gewiß auch dies ›Vorspiel einer Philosophie der Zukunft‹ keinen Commentar zu den Reden Zarathustra's abgiebt und abgeben soll,« – heißt es in der Vorrede zu einer geplanten Fortsetzung – »so vielleicht doch eine Art vorläufiges Glossarium, in dem die wichtigsten Begriffs- und Werth-Neuerungen jenes Buchs – eines Ereignisses ohne Vorbild, Beispiel, Gleichniß in aller Litteratur – irgendwo einmal vorkommen und mit Namen genannt sind« (N, KSA 12, 6[4], 234). Der Wille zur Macht und die ewige Wiederkehr des Gleichen – die Hauptgedanken von *Also sprach Zarathustra* – tauchen in *Jenseits von Gut und Böse* zwar auf, aber vor allem die ewige Wiederkehr erscheint hier eher am Rand. Auf den »circulus vitiosus deus« wird nur einmal angespielt: N. stellt »das Ideal des übermüthigsten lebendigsten und weltbejahendsten Menschen« auf, »der sich nicht nur mit dem, was war und ist, abgefunden und vertragen gelernt hat, sondern es, so wie es war und ist, wieder haben will, in alle Ewigkeit hinaus, unersättlich da capo rufend, nicht nur zu sich, sondern zum ganzen Stücke und Schauspiele, und nicht nur zu einem Schauspiele, sondern im Grunde zu Dem, der gerade dies Schauspiel nöthig hat – und nöthig macht: weil er immer wieder sich nöthig hat – und nöthig macht – –« (JGB, Nr. 56, KSA 5, 75). N. scheint ebenfalls darüber unschlüssig, wie er dem Leser den Willen zur Macht vorstellen soll. Am weitesten wagt er sich in einem Aphorismus vor, in dem er den Gedanken zu beweisen versucht. Auch dieser Beweisversuch ist freilich hypothetisch gehalten. Und wenn er den Willen zur Macht der Auffassung jener Physiker entgegensetzt, die die Regelmäßigkeit des Geschehens als »Gesetzmässigkeit der Natur« verstehen, führt er ihn nur als unverbindliche alternative Interpretation ein. »Gesetzt, dass auch dies nur Interpretation ist – [...] – nun, um so besser. –« (JGB, Nr. 22, KSA 5, 37). In Hinsicht auf diese beiden Gedanken zeigt N. jene Liebe zur Verstellung und Zurückhaltung (»Alles, was tief ist, liebt die Maske«), zu der er sich wiederholt bekennt: »Jede Philosophie ist eine Vordergrunds-Philosophie [...] Jede Philosophie verbirgt auch eine Philosophie; jede Meinung ist auch ein Versteck, jedes Wort auch eine Maske« (JGB, Nr. 289, KSA 5, 234).

»Eine neue Gattung von Philosophen kommt herauf«, kündigt das *Vorspiel einer Philosophie der Zukunft* an. Im zweiten Hauptstück »Der freie Geist« schlägt N. für sie den Namen »Versucher« vor (JGB, Nr. 42, KSA 5, 59). Der Titel des Hauptstücks knüpft an das in *Menschliches, Allzumenschliches* vertretene Ideal des Freigeistes an, das N. aber 1886 schon lange hinter sich hat. Die von ihm vorausgesehenen »Philosophen der Zukunft« werden dementsprechend zwar »freie, sehr freie Geister«, aber »nicht bloss freie Geister sein« (JGB, Nr. 44, KSA 5, 60). »Die eigentlichen Philosophen«, liest man im 6. Hauptstück »Wir Gelehrten«, »sind Befehlende und Gesetzgeber«. Die eigentliche Aufgabe des Philosophen »verlangt, dass er Werthe schaffe« (JGB, Nr. 211, KSA 5, 144f.).

»Dank der krankhaften Entfremdung, welche der Nationalitäts-Wahnsinn zwischen die Völker Europa's gelegt hat und noch legt,« heißt es im achten Hauptstück »Völker und Vaterländer«, »[...] werden jetzt die unzweideutigsten Anzeichen übersehn oder willkürlich und lügenhaft umgedeutet, in denen sich ausspricht, dass Europa Eins werden will« (JGB, Nr. 256, KSA 5, 201). Was N. freilich beim Einswerden ↗ Europas vorschwebt, ist kein demokratischer Prozeß, sondern »die Züchtung einer neuen über Europa regierenden Kaste« (JGB, Nr. 251, KSA 5, 195). Die gleiche antidemokratische Gesinnung zeigt auch das neunte und abschließende Hauptstück »Was ist vornehm?«, in dem einige der dann in *Zur Genealogie der Moral* weitergeführten Theorien wie die vom Ursprung des Staates und die Unterscheidung zwischen ↗ Herren- und Sklavenmoral aufgestellt werden. Zugleich formuliert v. a. dieses Hauptstück N.s persönliche Moral.

»Erwägt man, dass das Buch nach dem Zarathustra folgt,« – schreibt N. in *Ecce homo* – »so erräth man vielleicht auch das diätetische régime, dem es eine Entstehung verdankt. Das Auge, verwöhnt durch eine ungeheure Nöthigung fern zu sehn [...], wird hier gezwungen, das Nächste, die Zeit, das Um-uns scharf zu fassen« (EH, Jenseits von Gut und Böse 2, KSA 6, 351). Nachdem mit *Also sprach Zarathustra* »der jasagende Theil [s]einer Aufgabe gelöst war, kam die neinsagende, neinthuende Hälfte derselben an der Reihe: die Umwerthung der bisherigen Werthe selbst« (EH, Jenseits von Gut und Böse 1, KSA 6, 350). Für den N. von *Ecce homo* ist *Jenseits von Gut und Böse* »in allem Wesentlichen eine Kritik der Modernität, die modernen Wissenschaften, die modernen Künste, selbst die moderne Politik nicht ausgeschlossen, nebst Fingerzeigen zu einem Gegensatz-Typus, der so wenig modern als möglich ist, einem vornehmen, einem jasagenden Typus. Im letzteren Sinne ist das Buch eine Schule des *gentilhomme*, der Begriff geistiger und radikaler genommen als er je genommen worden ist« (EH, Jenseits von Gut und Böse 2, KSA 6, 350). Vor allem, aber nicht nur, im erwähnten letzten Hauptstück »Was ist vornehm?« stellt N. dieses neue Ideal eines vornehmen und jasagenden Typus auf.

Literatur: Nehamas, A.: Will to Knowledge, Will to Ignorance, and Will to Power in »Beyond Good and Evil«, in: Yovel, Y. (Hrsg.): N. as Affirmative Thinker, Dordrecht/Boston/Lancaster 1986, 90–108; van Tongeren, P. J.: Die Moral von N.s Moralkritik. Beitrag zu einem Kommentar von »Jenseits von Gut und Böse«, Bonn 1987; Allison, D. B.: A Diet of Worms. Aposiopetic Rhetoric in »Beyond Good and Evil«, in: NSt 19 (1990), 43–58.

## *Zur Genealogie der Moral. Eine Streitschrift* (1887)

Die im Jahr 1887 erschienene »Streitschrift« besteht aus einer Vorrede und drei »Abhandlungen«. Sie wurde von N., wie auf der Rückseite des Titelblatts angemerkt, »[d]em letztveröffentlichten ›Jenseits von Gut und Böse‹ zur Ergänzung und Verdeutlichung beigegeben« (KSA 14, 377). Am Beispiel Rée kritisiert die Vorrede den englischen Stil einer allzu abstrakten, spekulativen Entstehungsgeschichte der Moral: Kein »Hypothesenwesen in's Blaue« darf den »Moral-Genealogen« interessieren, sondern »das Graue, will sagen, das Urkundliche, das Wirklich-Feststellbare, das Wirklich-Dagewesene, kurz die ganze lange, schwer zu entziffernde Hieroglyphenschrift der menschlichen Moral-Vergangenheit« (GM, Vorrede 7, KSA 5, 254). Die »Kenntniss der Bedingungen und Umstände«, aus denen die moralischen Werte »gewachsen, unter denen sie sich entwickelt und verschoben haben«, ist wiederum nur das, freilich unentbehrliche, Mittel zu einer darüber hinausgehenden »Kritik« dieser moralischen Werte; »der Werth dieser Werthe ist selbst erst einmal in Frage zu stellen« (GM, Vorrede 6, KSA 5, 253).

Die Grundsätze seiner historischen Methode, auf die sich die philosophische Rezeption nicht zuletzt seit den Arbeiten von M. Foucault konzentriert hat, legt N. am ausführlichsten etwa in der Mitte der zweiten Abhandlung dar. Die sogenannte »Entwicklung« eines physiologischen Organs ebenso wie einer gesellschaftlichen Sitte oder eines politischen Brauchs ist hiernach alles weniger als ein linearer Prozeß. Es handelt sich vielmehr um »die Aufeinanderfolge von mehr oder minder tiefgehenden, mehr oder minder von einander unabhängigen, an ihm sich abspielenden Überwältigungsprozessen, hinzugerechnet die dagegen jedes Mal aufgewendeten Widerstände, die versuchten Form-Verwandlungen zum Zweck der Vertheidigung und Reaktion, auch die Resultate gelungener Gegenaktionen. Die Form ist flüssig, der ›Sinn‹ ist es aber noch mehr...« (GM II, Nr. 11, KSA 5, 314f.). Diese »fortgesetzte Zeichen-Kette von immer neuen Interpretationen und Zurechtmachungen«, in der »die ganze Geschichte eines ›Dings‹, eines Organs, eines Brauchs« (ebd.) besteht, ist der Forschungsgegenstand des Moralgenealogen (↗Zeichen). Eine neue Macht kann einer Institution einen neuen Sinn geben und dabei den ursprünglichen verwandeln, verwischen oder gar ins Gegenteil umkehren. Die Interpretation ist immer Tätigkeit eines Willens zur Macht, der sich ihrer bedient, um zur Herrschaft zu gelangen. Am Beispiel der Strafe warnt N. davor, eine erst später übernommene Funktion als Ursache der Entstehung zu postulieren; »die Prozedur selbst [wird] etwas Älteres, Früheres als ihre Benutzung zur Strafe sein« (GM II, Nr. 13, KSA 5, 316); wiederum muß die Herkunft mit der späteren Funktion nicht unbedingt etwas zu tun haben. Der Moralgenealoge vermeidet also genetische Fehlschlüsse, er schreibt keine lineare Geschichte und untergräbt alle teleologischen Konstruktionen, die vom Ursprung zum Ziel führen möchten.

In der *Genealogie der Moral* hat N., wie er selbst in der Vorrede erklärt, »Herkunfts-Hypothesen« geordnet, abgewandelt und weiterentwickelt, die schon in den Schriften ab *Menschliches, Allzumenschliches* eine erste Formulierung gefunden hatten. Nur weil er eigene umfangreiche Vorarbeiten verwertete, konnte er seine Streitschrift in knapp drei Wochen, zwischen dem 10. 6. und dem 3. 7. 1887, niederschreiben. Bei aller interpretativer Freiheit im Umgang mit der Geschichte wollte N. »das Urkundliche, das Wirklich-Feststellbare« nicht außer Acht lassen und zog zu diesem Zweck immer wieder die verschiedensten Wissenschaften zu Rate (etwa Geschichte, Ethnologie, Sprachwissenschaft, Rechtswissenschaft, Medizin und Psychiatrie); neuere Forschungen haben diese lange verkannte ›gelehrte‹ Natur der *Genealogie* immer deutlicher ans Licht gebracht und viele der von N. ausgewerteten Autoren ermittelt.

Der Titel der ersten Abhandlung »›Gut und Böse‹, ›Gut und Schlecht‹« nennt den jeweiligen Leitunterschied der zwei entgegengesetzten Moraltypen, die N. wie schon in *Jenseits von Gut und Böse* als ↗»Herrenmoral« und »Sklavenmoral« bezeichnet. Gegen die utilitaristische Moralpsychologie (↗Utilitarismus) vertritt er die These, daß ursprünglich nicht Handlungen, sondern nur Menschen als »gut« beurteilt wurden. Es waren die Adligen, die mit ihrem Gefühl der eigenen Überlegenheit gegenüber den Untergebenen, mit ihrem »Pathos der Distanz«, sich selbst und ihresgleichen als »gut« bezeichneten – und gleichsam nebenbei die eigenen Untertanen als »schlecht«. Die »Sklavenmoral« dagegen wurzelt nicht im »Pathos der Distanz«, sondern im ↗Ressentiment. Hier heißt gerade der Starke, also der »Gute« der vornehmen Moral, »böse« und der »Schlechte« jener Moral »gut«. »– Die Wahrheit der ersten Abhandlung« – schreibt N. in *Ecce homo* – »ist die Psychologie des Christenthums: die Geburt des Christenthums aus dem Geiste des Ressentiment, nicht, wie wohl geglaubt wird, aus dem ›Geiste‹, – eine Gegenbewegung ihrem Wesen nach, der grosse Aufstand gegen die Herrschaft vornehmer Werthe« (EH, Genealogie der Moral, KSA 6, 352). N. betrachtet den durch das Christentum zu Ende geführten »Sklavenaufstand in der Moral«, d. i. den Sieg der Sklaven- über die Herrenmoral, als das zentrale Ereignis in der Geschichte der europäischen Moral.

»Die zweite Abhandlung giebt die Psychologie des Gewissens: dasselbe ist nicht, wie wohl geglaubt wird, ›die Stimme Gottes im Menschen‹, – es ist der Instinkt der Grausamkeit, der sich rückwärts wendet, nachdem er nicht mehr nach aussen hin sich entladen kann. Die Grausamkeit als einer der ältesten und unwegdenkbarsten Cultur-Untergründe hier zum ersten Male ans Licht gebracht« (EH, Genealogie der Moral, KSA 6, 352). So deutet *Ecce homo* das Thema der Abhandlung » ↗›Schuld‹, ›schlechtes ↗Gewissen‹ und Verwandtes«. Sie geht dem historischen Prozeß nach, im Laufe dessen die »Verantwortlichkeit«, d. i. die Fähigkeit, eine Verpflichtung einzuhalten, sich allmählich herausgebildet hat. N. rekonstruiert zunächst die uralte grausame »Mnemotechnik«, durch die seit Urzeiten »dem Menschen-Thiere« mit seinem »Augenblicks-Verstande« ein solches Gedächtnis gemacht wurde. Ein entscheidendes Ereignis sieht N. in der gewaltsamen Entstehung des ↗Staates: Ein primitives Volk wird plötzlich durch eine »Eroberer- und Herrenrasse« (die berüchtigten und oft im philogermanischen Sinn mißverstandenen ↗»blonden Bestien«) unterworfen, die die Geknechteten mit äußerster Brutalität dazu zwingt, ihre Instinkte zu unterdrücken und zu verinnerlichen. Diese unterdrückten, nach innen gewendeten »Instinkte der Freiheit«, vor allem eben die ↗Grausamkeit, bilden eine erste, gleichsam vormoralische Form von schlechtem Gewissen, das vom späteren moralischen schlechten Gewissen noch weit entfernt ist. Dieses bildet sich erst in einem langwierigen Prozeß heraus, zu dem die religiöse Interpretation und die »Moralisirung« der ursprünglich anders gemeinten Begriffe »Schuld und Pflicht« wesentlich gehören.

Nachdem die erste Abhandlung insbesondere das nach außen gewendete Ressentiment und die zweite die Verinnerlichung der aktiven Grausamkeit dargelegt hat, zeigt die dritte die vom asketischen Priester eingeleitete »Rückwärtsrichtung des Ressentiments«, d. i. jenen Prozeß, in dem das Ressentiment sich nach innen wendet und die Gestalt eines Schuldgefühls annimmt. Hier bestimmt N. das ↗Ressentiment gegen E. Dühring als einen Versuch der Schmerzbetäubung durch die Entladung eines beliebigen Affekts, vor allem aber der Grausamkeit. Diese wirkungsgeschichtlich folgenreiche Analyse des Ressentiments wird von N. in das allgemeinere Thema der dritten Abhandlung eingearbeitet: »Was bedeuten asketische Ideale?«. Seine Antwort darauf interpretiert N. in *Ecce homo* folgendermaßen: »Die dritte Abhandlung giebt die Antwort auf die Frage, woher die ungeheure Macht des asketischen Ideals, des Priester-Ideals, stammt, obwohl dasselbe das schädliche Ideal par excellence, ein Wille zum Ende, ein décadence-Ideal ist. Antwort: nicht, weil Gott hinter den Priestern thätig ist, was wohl geglaubt wird, sondern faute de mieux, – weil es das einzige Ideal bisher war, weil es keinen Concurrenten hatte. ›Denn der Mensch will lieber noch das Nichts wollen als nicht wollen‹ ... Vor allem fehlte ein Gegen-Ideal – bis auf Zarathustra.« (EH, Genealogie der Moral, KSA 6, 352f.) N. lehnt Schopenhauers Interpretation des Asketismus als Willensverneinung ab. Gerade daß der Mensch »ein Ziel« braucht und aus diesem Grund eher »noch das Nichts wollen, als nicht wollen« will, ist für N. vielmehr die »Grundthatsache des menschlichen Willens« (GM III, Nr. 1, KSA 5, 339). Da es kein alternatives Ziel und somit keine alternative Sinngebung für das Leiden gibt, – *Ecce homo* fügt hinzu: bis auf Zarathustra, also bis auf N. selbst – herrscht das asketische Ideal über die ganze Welt. Daß die Wissenschaft dabei ist, es zu überwinden, und damit ein echtes »Gegenideal« darstellt, bestreitet N. vehement. Die Wissenschaft bleibt s.E. nicht nur im Bann des asketischen Ideals, sie sichert sogar dessen Herrschaft und stellt etwas wie dessen Weiterentwicklung dar: Ihr unbedingter Wille zur Wahrheit ist die letzte, feinste Gestalt des asketischen Ideals. N. will diesen unbedingten Willen zur Wahrheit in Frage stellen und dadurch die Überwindung von Metaphysik und asketischem Ideal einleiten.

Literatur: Foucault, M.: N., die Genealogie, die Historie, in: ders.: Von der Subversion des Wissens, Frankfurt a. M./Berlin/Wien 1978, 83–110; Thatcher, D. S.: Zur Genealogie der Moral: some textual annotations, in: NSt 18 (1989), 587–599; Brusotti, M.: Die ›Selbstverkleinerung des Menschen‹ in der Moderne. Studie zu N.s »Zur Genealogie der Moral«, in: NSt 21 (1992), 81–136; Stegmaier 1994.

## *Der Fall Wagner. Ein Musikanten-Problem* (1888)

Den Kern vom *Fall Wagner* bildet ein »Turiner Brief vom Mai 1888« in zwölf Kapiteln, der durch ein »Vorwort«, zwei »Nachschriften« und einen »Epilog« abgerundet wird. »[E]in kleines Pamphlet über Musik beschäftigt meine Finger«, schreibt N. am 20. April 1880 dem Freund Heinrich Köselitz. Im Juni war ein erstes Druckmanuskript fertig, das N. seinem Verleger sandte, bald jedoch wieder zurückforderte. In den Folgemonaten wurde *Der Fall Wagner* noch gründlich bearbeitet, erweitert und mit den genannten Zusätzen versehen. Die kleine Schrift erschien im September 1888.

Wagner ist laut dem Vorwort ein exemplarischer »Fall«, an dem eine weit allgemeinere Erscheinung studiert werden kann: Er ist der Hauptvertreter der modernen europäischen ↗*décadence*; »man hat beinahe eine Abrechnung über den Werth des Modernen gemacht, wenn man über Gut und Böse bei Wagner mit sich im Klaren ist«. N. bezeichnet »das Problem der décadence« als die Frage, die ihn am meisten beschäftigt hat, und sieht in der Analyse der *décadence* eine grundsätzliche, noch allgemeinere Aufgabe als die Kritik der Moral. »›Gut und Böse‹ ist nur eine

Spielart jenes Problems«. Die Analyse der *décadence* ist zugleich Kritik der Modernität. Der Philosoph hat »das schlechte Gewissen seiner Zeit zu sein«. »Ich bin so gut wie Wagner das Kind dieser Zeit, will sagen ein décadent: nur dass ich das begriff, nur dass ich mich dagegen wehrte. Der Philosoph in mir wehrte sich dagegen«. Analyse der *décadence* und Kritik der Modernität stellen für N. das ernste, strenge Hauptanliegen der Schrift dar, der er das Motto »ridendo dicere severum« voranstellt.

N.s aufrichtige Bewunderung für Bizets *Carmen* gibt ihm zugleich die Gelegenheit, einen Gegensatz zwischen dem französischen Komponisten und Wagner aufzubauen (*Der Fall Wagner* 1–2). Nach einigen eher scherzhaften Ausführungen über das »Problem der Erlösung« bei Wagner – »seine Oper ist die Oper der Erlösung« – (WA 3, KSA 6, 16), schildert N. dessen eigene »Erlösung«, d. h. Wagners Wende während der langwierigen Arbeit am *Ring des Nibelungen*: Der Zyklus, der ursprünglich im Zeichen des Optimismus auf »eine socialistische Utopie« hindeuten sollte, wurde zuletzt zum Ausdruck von Schopenhauers Philosophie und ihrem Pessimismus. »Erst der Philosoph der décadence [Schopenhauer] gab dem Künstler der décadence [Wagner] sich selbst« (WA 4, KSA 6, 21). Als »typischer décadent« (WA 7, KSA 6, 27) hat Wagner »die Musik krank gemacht –«. »Wagner est une névrose« (WA 5, KSA 6, 22). Sein Erfolg ist ein »Massen-Erfolg« (WA 11, KSA 6, 37), die von ihm bevorzugten Ausdrucksmittel sind »das Grosse, das Erhabene, das Gigantische, das, was die Massen bewegt«. In seiner Musik gibt es wohl keine »Logik«, keine »Gedanken«, es gibt »Unendlichkeit, aber ohne Melodie«, dafür umwerfende Leidenschaft: »Die Farbe des Klangs entscheidet [...]; was erklingt ist gleichgültig« (WA 6, KSA 6, 24). N. zeichnet ein Bild vom »Verfall der Kunst« und vom »Charakter-Verfall« der Künstler: »[D]er Musiker wird jetzt zum ↗Schauspieler, seine Kunst entwickelt sich immer mehr als ein Talent zu lügen« (WA 7, KSA 6, 26). Schon N.s vierte *Unzeitgemäße Betrachtung* hatte Wagners »schauspielerische Urbegabung« (UB IV, WB 7, KSA 1, 467) herausgestellt, aber im *Fall Wagner* ist damit eine extrem negative Einschätzung verbunden: Wagner erscheint nun als »Histrio« (WA, KSA 6, 3.) und die »Gesammtverwandlung der Kunst in's Schauspielerische« als »Ausdruck physiologischer Degenerescenz (genauer, eine Form des Hysterismus)« (WA 7, KSA 6, 27). N. wendet auf Wagners Musik Paul Bourgets Auffassung der literarischen *décadence* an. (Da er Bourgets *Essais de psychologie contemporaine* nicht nennt, werden ihn die Wagnerianer des Plagiats bezichtigen.) In der Literatur der *décadence* wohnt das Leben nicht mehr im Ganzen, »das Ganze ist kein Ganzes mehr« (ebd.), es sind nun die kleineren Einheiten, die sich verselbständigen und vorherrschen. Wagner mangelt es an organisierender Kraft. Seiner »Unfähigkeit zum organischen Gestalten« entspricht seine eigentümliche Begabung »in der Erfindung des Kleinsten, in der Ausdichtung des Détails«; N. nennt ihn »unsern grössten Miniaturisten in der Musik« (WA 7, KSA 6, 28). »Wagner war nicht Musiker von Instinkt«. Er gab laut N. »alle Gesetzlichkeit und, bestimmter geredet, allen Stil in der Musik« preis; dafür vermehrte er »das Sprachvermögen der Musik« ins Unermeßliche, machte die Musik »gleichsam elementarisch« und ersetzte den Stil durch »Klang, Bewegung, Farbe, kurz die Sinnlichkeit der Musik«. Er war ein »ganz grosser Schauspieler«, ein »Histrio«, ein »Sceniker« (WA 8, KSA 6, 30), aber »kein Dramatiker« im strengen Sinn des Wortes; denn die »Handlung« ist bei Wagner eigentlich nur »eine Reihe starker Szenen«, sie läßt die vom Drama verlangte »harte Logik« vermissen – Wagner war dazu »nicht Psychologe genug«. In mythischem Gewand behandeln die Texte seiner Dramen »[l]auter ganz moderne, lauter ganz grossstädtische Probleme«, d. i. genau die Probleme, »welche heute die kleinen Pariser décadents interessiren. Immer fünf Schritte weit vom Hospital!« (WA 9, KSA 6, 34). Wagners theoretische Schriften dann, seine »Litteratur«, haben im Wesentlichen die Aufgabe, aus seiner Unfähigkeit, »aus dem Ganzen [zu] schaffen«, ein Prinzip, eine Norm zu machen; dementsprechend ist für Wagner die Musik »immer nur ein Mittel«. Er wiederholte laut N. sein ganzes Leben, »dass seine Musik nicht nur Musik bedeute! Sondern mehr! Sondern unendlich viel mehr! ... ›Nicht nur Musik‹ – so redet kein Musiker« (WA 10, KSA 6, 35). Wagner bedeutet die »Heraufkunft des Schauspielers in der Musik«; er ist die typische Erscheinung einer jener »Niedergangs-Kulturen«, in denen die »Massen« über den großen Erfolg, den »Massen-

Erfolg«, entscheiden und die Schauspieler gegenüber den »Echten« den Vorzug genießen. Die »Heraufkunft Wagner's« gehört mit der »Heraufkunft des ›Reichs‹« zusammen (WA 11, KSA 6, 39). N.s Turiner Brief schließt mit »drei Forderungen«: 1) »Dass das Theater nicht Herr über die Künste wird«. 2) »Dass der Schauspieler nicht zum Verführer der Echten wird«. 3) »Dass die Musik nicht zu einer Kunst zu lügen wird« (WA 12, KSA 6, 39).

Die erste »Nachschrift« – N. stellt sie als »einige Sätze aus einer ungedruckten Abhandlung« mit dem Titel »Was Wagner uns kostet« vor – bekräftigt immer wieder den Refrain: »Die Anhängerschaft an Wagner zahlt sich theuer«. Die »Zweite Nachschrift« vertritt die These, daß andere zeitgenössische Musiker gegen Wagner nicht in Betracht kommen, selbst Brahms nicht, dem N. eine »Melancholie des Unvermögens« attestiert.

In der Analyse der *décadence* baut N. mit dem *Fall Wagner* seine physiologische und psychiatrische Begrifflichkeit beträchtlich aus. Seine »Physiologie der Kunst«, seine in Begriffen wie »Hysterismus«, »Hallucination«, »physiologische Degenerescenz« formulierte Wagner-Kritik hat in der Rezeption ihr Gegenstück gefunden: in der immer wieder gestellten Frage nach den psychologischen Hintergründen von N.s eigener Kritik, nach dem Menschlichen-Allzumenschlichen seiner zu Bruch gegangenen persönlichen Beziehung zu Richard Wagner und dessen Frau. Vermag N.s Kritik musiktheoretisch zu überzeugen? Th. W. Adorno, selbst ein scharfer Kritiker der Wagnerschen Formkonstruktion, wandte sich zu Recht gegen »die seit N. reaktionär nachgebetete Phrase von der Wagnerschen Formlosigkeit«, und auch seine Bemerkung, N. habe Wagner »mit den Ohren des Biedermeier gehört«, ist nicht ganz von der Hand zu weisen. Man versteht N. nicht, wenn man nur nach den psychologischen Hintergründen fahndet, und im Grunde auch nicht, wenn man ausschließlich an Wagners Musik denkt. Die in Wagners Schriften vertretene Weltanschauung – etwa sein Antisemitismus, Nationalismus und Obskurantismus – und die kulturpolitische Bedeutung von Bayreuth im neuen Deutschen Reich müssen mit in Betracht gezogen werden. Ebenso kritisch blickt N. auf die Erscheinungen der modernen Massenkunst; seine Kritik dieser Kunst und ihres Publikums hat spätere musiksoziologische Ansätze – unter anderem Adornos eigenen *Versuch über Wagner* – nachhaltig beeinflußt.

*Der Fall Wagner* regte mit seiner radikalen Kritik eine heftige Diskussion an. Diese kontroverse Aufnahme bedeutete für N., dessen letzte Schriften sehr schwach rezipiert worden waren, einen deutlichen Popularitätsschub. Bevor das Pamphlet erschien, galt N. vielen noch als Wagnerianer: Er war als Autor der Wagner gewidmeten *Geburt der Tragödie* bekannt und hatte 1876 mit seiner vierten *Unzeitgemäßen Betrachtung, Richard Wagner in Bayreuth*, eine Festschrift für die ersten Bayreuther Festspiele verfaßt. Den anschließenden, schon lange zurückliegenden Bruch mit Wagner und die seit dessen Tod (1883) immer expliziter vorgetragene Wagnerkritik (etwa in der dritten Abhandlung der *Genealogie der Moral*, Nr. 2 ff.) hatten viele offenbar nicht zur Kenntnis genommen. Dementsprechend wurde N. nach dem Erscheinen des *Fall Wagner* vorgeworfen, er habe mit dieser Streitschrift einen ebenso plötzlichen wie willkürlichen Sinneswandel vollzogen. Diese unbegründeten Vorwürfe veranlaßten den Philosophen zum Projekt *Nietzsche contra Wagner*, d.h. zu einer Auslese seiner früheren kritischen Äußerungen über Wagner (s.u. S. 129f.).

Literatur: Mann, Th.: Leiden und Größe Richard Wagners, in: Gesammelte Werke, Bd. IX, Berlin 1960, 363–426; Müller-Lauter, W.: Artistische décadence als physiologische décadence. Zu F. N.s später Kritik am späten Richard Wagner, in: Bürckle, H./Becker, G. (Hgg.): Communicatio fidei, Festschrift für Eugen Biser, Regensburg 1983, 285–294, jetzt auch in: ders.: Über Freiheit und Chaos. N.-Interpretationen II, Berlin/New York 1999, 1–23; Borchmeyer, D.: N.s Wagner-Kritik und die Dialektik der décadence, in: Richard Wagner 1883–1983. Die Rezeption im 19. und 20. Jh., Stuttgart 1984, 207–228; Hudek, F. P.: Die Tyrannei der Musik. N.s Wertung des Wagnerischen Musikdramas, Würzburg 1989; Ferrari-Zumbini, M.: N. in Bayreuth: N.s Herausforderung, die Wagnerianer und die Gegenoffensive, in: NSt 18 (1990), 246–291; Eger, M.: »Wenn ich Wagnern den Krieg mache.« Der Fall N. und das Menschliche, Allzumenschliche, München 1991; Campioni, G.: Wagner als Histrio. Von der Philosophie der Illusion zur Physiologie der décadence, in: Borsche, T./Gerratana, F./Venturelli, A. (Hgg.): Centauren-Geburten. Wissenschaft, Kunst und Philosophie beim jungen N., Berlin/New York 1994, 461–488; Borchmeyer, D./Salaquarda, J.: N. und Wagner. Stationen einer epochalen Begegnung, Frankfurt a. M. 1994.

## *Nietzsche contra Wagner.*
## *Aktenstücke eines Psychologen*
## (1889)

*Nietzsche contra Wagner* ist eine Auswahl von mehr oder weniger stark überarbeiteten Texten über Wagner, die N. gegen Ende 1888 aus seinen früheren Schriften zusammenstellte. Er war sich bis zuletzt ungewiß, ob diese »Aktenstücke« wirklich erscheinen sollten. Seine letzte überlieferte Entscheidung, unmittelbar vor dem endgültigen geistigen Zusammenbruch, war, die schon gesetzte und von ihm mit einem Imprimatur versehene Schrift doch *nicht* zu veröffentlichen. Das im September 1888 herausgekommene »Pamphlet« *Der Fall Wagner* hatte eine heftige Kontroverse entfacht. Mit *Nietzsche contra Wagner* wollte der Philosoph einen Vorwurf seiner Kritiker entkräften: Die Aktenstücke sollten nachweisen, daß der ehemalige Autor der dem Komponisten gewidmeten *Geburt der Tragödie* nicht erst mit der gerade erschienenen Streitschrift von Wagners glühendem Verehrer zu dessen erbittertem Gegner mutiert war. Um zu zeigen, wie lange der von seinen Kritikern übersehene Konflikt in Wirklichkeit schon andauerte, wählte N. Texte aus seinen früheren Schriften ab den *Vermischten Meinungen und Sprüchen* aus. Mit dieser dokumentarischen Funktion hing wohl die ursprüngliche Absicht zusammen, die Textsammlung nicht selbst zu veröffentlichen, sondern von einem ›Unbeteiligten‹ (Carl Spitteler) als »Aktenstücke aus N.s Schriften« herausgeben zu lassen. N. kam aber von dieser Idee sofort wieder ab und nahm selbst die Auswahl vor. Mit den ausgewählten Texten ging er freilich viel freier um, als die versachlichende Bezeichnung »Aktenstücke« suggeriert. Er selbst gesteht es ein, obwohl er seine Eingriffe herunterspielt: Er habe die gesammelten Texte, heißt es im Vorwort, »vielleicht hier und da« »verdeutlicht«, »vor allem verkürzt«. Selbst wenn die Sammlung wegen dieser Änderungen ihre dokumentarische Absicht nur mit Einschränkungen verwirklicht, täuscht N. bei aller Selbststilisierung den Leser in der Hauptsache nicht. In einem der Vorrede von *Menschliches, Allzumenschliches* II entnommenen »Aktenstück« erklärt er, er habe schon im Sommer 1876, »mitten in der Zeit der ersten Festspiele«, bei sich von Wagner Abschied genommen (»Wie ich von Wagner loskam«). Welche Zweifel er an Wagners Sache schon als junger Autor der Festschrift für die ersten Bayreuther Festspiele (*Richard Wagner in Bayreuth*) hegte, hat die Forschung anhand seiner damaligen Aufzeichnungen und Entwürfe eindeutig festgestellt.

»Wir Antipoden« lautet einer der ausgewählten Texte, und »wir sind Antipoden« ist die Grundthese, über die *Nietzsche contra Wagner* keinen Zweifel lassen soll. N. sieht im Konflikt zwischen Wagner und ihm selbst, schreibt er F. Avenarius, den »Gegensatz eines décadent« »und einer aus der Überfülle der Kraft herausschaffenden, das heißt dionysischen Natur, der das Schwerste Spiel ist« (10. 12. 1888). (Der für den späten N. auch sonst entscheidende Begriff der »décadence« bildet den Angelpunkt der im *Fall Wagner* vorgelegten Wagner-Interpretation und -Kritik.) »Wir Antipoden« unterscheidet unter Künstlern und Philosophen zwei Arten von Leidenden, »die an der Überfülle des Lebens Leidenden, welche eine dionysische Kunst wollen und ebenso eine tragische Einsicht und Aussicht auf das Leben – und sodann die an der Verarmung des Lebens Leidenden, die Ruhe, Stille, glattes Meer oder aber den Rausch, den Krampf, die Betäubung von Kunst und Philosophie verlangen. Die Rache am Leben selbst – die wollüstigste Art Rausch für solche Verarmte! ...« (NW, KSA 6, 425). Zu den letzteren zählt N. Wagner und Schopenhauer, zu den »an der Überfülle des Lebens Leidenden« sich selbst. Der Gegensatz zwischen ihm und Wagner ist in N.s Augen also ein psychologischer, und deshalb gibt er der Schrift zuletzt den Untertitel »Aktenstücke eines Psychologen«. Auch das Vorwort erklärt, es handle sich um einen »Essai für Psychologen [...], aber nicht für Deutsche ...« (ebd. 415; wie in allen seinen letzten Schriften läßt es N. auch hier an einer scharfen Kritik gegen »Europa's Flachland Deutschland« nicht fehlen.)

Nach dem kurzen »Vorwort« eröffnet N. seine Textsammlung mit einer Würdigung: »Wagner ist Einer, der tief gelitten hat, – sein Vorrang vor den übrigen Musikern. – Ich bewundere Wagner in Allem, worin er sich in Musik setzt« (»Wo ich bewundere«). Diesen anerkennenden Worten folgen schwerwiegende Einwände, N. nennt sie »physiologische Einwände«: »[W]ozu dieselben erst noch unter ästhetische Formeln verkleiden? Ästhetik ist ja nichts als eine angewandte Physiologie« (NW, KSA 6, 418). Sein Verdikt lautet klipp und klar: »Wagner macht krank« (»Wo ich Einwände mache«). In einem »Intermezzo« erklärt N., was er »eigentlich von der Musik will«, und erwähnt dabei mit Auszeichnung auch Wagners »Siegfried-Idyll«. Anschließend aber sieht er aus Wagners unendlicher Melodie eine potentielle »Gefahr für die Musik« hervorgehen, »die vollkommne Entartung des rhythmischen Gefühls, das Chaos an Stelle des Rhythmus«. Daß die Musik in den Dienst der »Attitüde« gestellt wird, »das ist das Ende« (»Wagner als Gefahr«). Laut »Eine Musik ohne Zukunft« (der Titel parodiert Wagners ›Zukunftsmusik‹) entspringt Wagners Musik einer alsbald versinkenden Kultur. Dem erwähnten »Wir Antipoden« folgt »Wohin Wagner gehört«. Hier vertritt N. die These, »daß die französische Romantik und Richard Wagner auf's Engste zu einander gehören«. Wagner gehört gegen sein Selbstverständnis eher zu Frankreich als zu Deutschland, er ist eher ein gesamteuropäisches als ein deutsches Phänomen. In »Wagner als Apostel der Keuschheit« wird vor allem dessen letztes Werk, der *Parsifal*, aufs Korn genommen; dann schildert das erwähnte autobiographische Stück »Wie ich von Wagner loskam« N.s »große Loslösung« von Wagner. Im anschließenden Abschnitt »Der Psychologe nimmt das Wort« wird der Komponist nicht namentlich genannt: Es geht im allgemeinen um die Gefahr, die für einen Psychologen (wie N.) das ↗Mitleid mit jenen »ausgesuchten Menschen« (wie Wagner) darstellt, deren innere seelische Not er letztlich durchschaut. Der »Epilog« (ursprünglich der Schlußteil der Vorrede zur zweiten Ausgabe der *Fröhlichen Wissenschaft*) bringt N.s ästhetisches Credo zum Ausdruck: Er richtet seinen Blick auf die alten Griechen, die »den ganzen Olymp des Scheins« anbeteten: »Diese Griechen waren oberflächlich – aus Tiefe...« Sie waren wie N. selbst »Anbeter der Formen, der Töne, der Worte? Eben darum – Künstler?« (NW, KSA 6, 439). Das Gedicht *Von der Armuth des Reichsten* schließt die Textsammlung ab (vgl. dazu den Beitrag zu den *Dionysos-Dithyramben*).

Literatur: Salaquarda, J. u.a.: F.N. und Richard Wagner, in: Nietzscheforschung 2 (1995), 141–273. Vgl. auch die Literaturangaben zu *Der Fall Wagner*.

## *Götzen-Dämmerung oder Wie man mit dem Hammer philosophirt* (1889)

»Götzen-Dämmerung: ah wer begriffe es heute, von was für einem Ernste sich hier ein Einsiedler erholt! – Die Heiterkeit ist an uns das Unverständlichste...« (GD, Was den Deutschen abgeht 3, KSA 6, 105f.). Von welchem »Ernst« er sich hier »erholt«, erklärt der Autor in Briefen. Da bezeichnet er die *Götzen-Dämmerung* und deren »Zwilling«, den *Fall Wagner* (an C.G. Naumann, 7.9.1888), als »in der Hauptsache nur Erholungen von der Hauptsache: letztere heißt Umwerthung aller Werthe« (an G. Brandes, 13.9.1888). Im Laufe des Sommers 1888 hatte er eine Reihe von Aufzeichnungen, die er für das von ihm geplante Hauptwerk benutzen wollte, überarbeitet und als kleine geschlossene Abhandlungen ins Reine geschrieben. Aus diesem Manuskript zog er schließlich – neben den ersten 23 Abschnitten des *Antichrist* – eine »vollkommne Gesammt-Einführung« in seine Philosophie (an Carl Fuchs, 9.9.1888). Auf Anraten von Heinrich Köselitz ließ er den zunächst vorgesehenen blassen Titel *Müssiggang eines Psychologen* fallen und ersetzte ihn durch den weit wirkungsvolleren *Götzen-Dämmerung*, zugleich eine Parodie von Wagners *Götterdämmerung*. Am 25.11.1888 erhielt er die ersten Exemplare seiner Schrift, auf die er in seiner Autobiographie *Ecce homo* kurz einging. Das tatsächliche Erscheinen der *Götzen-Dämmerung* konnte der ab Anfang 1889 geistig umnachtete Autor jedoch nicht mehr bewußt erleben.

Die *Götzen-Dämmerung* ist in zehn Abschnitte gegliedert, die durch ein kurzes Vorwort eingeleitet werden; eine Passage aus dem dritten Teil von *Also sprach Zarathustra*, unter dem Titel »Der Hammer redet«, schließt die Schrift ab. Bei den Abschnitten handelt es sich um 7 kurze »Abhandlungen« mit mehr oder weniger abgegrenzten Themen, eine Sentenzensammlung (»Sprüche und Pfeile«), eine Art Fabel (»Wie die »wahre« Welt« endlich zur Fabel wurde«) und einen längeren Abschnitt, unter dem Texte zu den verschiedensten Themen versammelt sind (»Streifzüge eines Unzeitgemäßen«).

»Das, was Götze auf dem Titelblatt heisst«, – schreibt N. in *Ecce homo* – »ist ganz einfach das, was bisher Wahrheit genannt wurde. Götzen-Dämmerung – auf deutsch: es geht zu Ende mit der alten Wahrheit...« (EH, KSA 6, 354). Der Untertitel »Wie man mit dem Hammer philosophirt« ist absichtlich zweideutig und insofern irreführend: Er legt eine brutale Zerstörung durch wuchtige Hammerschläge nahe (»werdet hart!«, verkündet der »Hammer« im Schlußgedicht), meint aber zugleich ein raffiniertes diagnostisches Verfahren. Anders als im *Fall Wagner* sind es »diesmal keine Zeitgötzen, sondern ewige Götzen«, erklärt N. im Vorwort, »an die hier mit dem Hammer wie mit einer Stimmgabel gerührt wird« und die darauf mit einem hohlen Ton antworten. In *Ecce homo* erklärt er freilich berichtigend, seine Schrift habe es nicht nur auf »die ewigen Götzen«, sondern auch auf »die allerjüngsten«, auf die »modernen Ideen« abgesehen. Diese werden hier tatsächlich mitberücksichtigt und kritisiert.

N. bezeichnet die *Götzen-Dämmerung* als eine Zusammenfassung seiner »wesentlichsten philosophischen *Heterodoxien*«. Gerade hier erhalten viele seiner metaphysikkritischen, sprachphilosophischen und kunsttheoretischen Einsichten ihre letzte und oft reifste Formulierung. Breiten Raum nimmt die Kritik der Metaphysik ein, der mehrere Kapitel gewidmet sind. Unter dem Titel »Die ›Vernunft‹ in der Philosophie« kritisiert N. zwei Idiosynkrasien der Philosophen: Die erste ist »ihr Mangel an historischem Sinn, ihr Hass gegen die Vorstellung selbst des Werdens, ihr Ägypticismus« und damit verbunden ihre Feindschaft gegen die Sinnlichkeit. Die zweite »besteht darin, das Letzte und das Erste zu verwechseln«, d.h., die Philosophen setzen »die allgemeinsten, die leersten Begriffe« »an den Anfang als Anfang«. Zu dieser Verwechslung werden sie durch die Sprache verführt. Was wir »Vernunft« nennen, ist eigentlich »Sprachmetaphysik«: »Ich fürchte, wir werden Gott nicht los, weil wir noch an die Grammatik glauben...« (GD, KSA 6, 78). Das Kapitel schließt mit vier Thesen über die irrtümliche metaphysische Unterscheidung zwischen einer »wahren« und eine »scheinbaren« Welt. Anschließend zeigt die kurze Erzählung »Wie die ›wahre Welt‹ endlich zur Fabel wurde« Aufstieg und Untergang der Zweiweltentheorie: Nach ihrer zunehmenden Verfeinerung bei Plato, dem Christentum und Kant wird sie zunächst vom Positivismus und schließlich von N. selbst aufgelöst: »Die wahre Welt haben wir abgeschafft: welche Welt blieb übrig? die scheinbare vielleicht?... Aber nein! mit der wahren Welt haben wir auch die scheinbare abgeschafft!« (GD, KSA 6, 80f.; als »Die vier grossen Irrthümer« bezeichnet N. im gleichnamigen Abschnitt den »Irrthum der Verwechslung von Ursache und Folge«, den »Irrthum einer falschen Ursächlichkeit«, den verwandten »Irrthum der imaginären Ursachen«, unter dem der ganze Bereich der Moral und Religion gehört, und schließlich den »Irrthum vom freien Willen«).

N. nennt die Unterscheidung von wahrer und scheinbarer Welt »eine Suggestion der décadence«. Auch in der *Götzen-Dämmerung* ist die »décadence« wie schon im *Fall Wagner* ein Grundbegriff. »Das Problem des Sokrates«, dem ein wichtiges Kapitel gewidmet ist, hatte N. seit der *Geburt der Tragödie* beschäftigt. Seine philosophische Erstlingsschrift enthielt eine kompromißlose Kritik des ↗»Sokratismus«. In der *Götzen-Dämmerung* wird Sokrates als *décadence*-Erscheinung interpretiert. Auch im Abschnitt »Moral als Widernatur« fällt der massive Gebrauch physiologischer und psychiatrischer Fachbegriffe auf. (N.s Anleihen aus psychiatrischer und medizinischer Literatur – insbesondere aus dem Werk von Ch. Féré – haben neuere Forschungen in den Blick genommen.) Hier formuliert N. u.a. folgendes »Princip«: »Jeder Naturalismus in der Moral, das heisst jede gesunde Moral ist von einem Instinkte des Lebens beherrscht, – irgend ein Gebot des Lebens wird mit einem bestimmten Kanon von ›Soll‹ und ›Soll nicht‹ erfüllt, irgend eine Hemmung und Feindseligkeit auf dem Wege des Lebens wird damit bei Seite geschafft. Die widernatürliche Moral, das heisst fast jede Moral, die bisher gelehrt, verehrt und gepredigt worden ist, wendet sich umgekehrt gerade gegen die Instinkte des Lebens, – sie ist eine bald heimliche, bald laute und freche Verurtheilung dieser Instinkte« (GD, KSA 6, 85). Im Kapitel »Die ›Verbesserer‹ der Menschheit« unterscheidet N. »Moral der Züchtung« und »Moral der Zähmung«: »Sowohl die Zähmung der Bestie Mensch als die Züchtung einer bestimmten Gattung Mensch ist ›Besserung‹ genannt worden: erst diese zoologischen termini drücken Realitäten aus – Realitäten freilich, von denen der typische ›Verbesserer‹, der Priester, Nichts weiss – Nichts wissen will...«

(GD, KSA 6, 99). Für beide Moralen, so unterschiedlich sie auch sind, gilt freilich der gleiche Grundsatz: »[W]ir dürfen als obersten Satz hinstellen, dass, um Moral zu machen, man den unbedingten Willen zum Gegentheil haben muss«. »[A]lle Mittel, wodurch bisher die Menschheit moralisch gemacht werden sollte, waren von Grund aus unmoralisch. –«(GD, KSA 6, 102) Besonders abstoßend wirkt N.s unerbittliche »Moral für Ärzte«, die bedenkliche Einstellungen der damaligen Psychiatrie radikalisiert: »Eine neue Verantwortlichkeit schaffen, die des Arztes, für alle Fälle, wo das höchste Interesse des Lebens, des aufsteigenden Lebens, das rücksichtsloseste Nieder- und Beiseite-Drängen des entartenden Lebens verlangt [...]« (GD, KSA 6, 134).

Deutschland ist ein Thema, das den späten N., auch den der *Götzen-Dämmerung*, immer wieder beschäftigt. Nach der »Heraufkunft des ›Reichs‹« – heißt es in »Was den Deutschen abgeht« – »kommen die Deutschen« »in der Hauptsache – und das bleibt die Cultur –« »nicht mehr in Betracht«. »Deutschland gilt immer mehr als Europa's Flachland« (GD, KSA 6, 105).

Unter dem Titel »Streifzüge eines Unzeitgemäßen« hat N. Texte vermischten Inhalts versammelt. Neben der erwähnten »Moral für Ärzte« findet man hier spitze Bemerkungen über seine »Unmöglichen« – Philosophen, Schriftsteller, Musiker usw. – oder aber würdigende Texte etwa über Emerson und Goethe. Erwähnenswert sind die Betrachtungen zur Psychologie des Künstlers, in denen N. Grundbegriffe seiner *Geburt der Tragödie* wie »apollinisch« und »dionysisch« reinterpretiert; *beide* erscheinen nun »als Arten des Rausches«; und neben ihnen wird noch »der Rausch des großen Willens« genannt, der beim Architekten »zur Kunst verlangt«. Im abschließenden »Was ich den Alten verdanke« nimmt N. für sich in Anspruch, erst seine *Geburt der Tragödie* habe das Goethe und Winckelmann fremd gebliebene dionysische Griechentum ans Licht gebracht.

Literatur: Montinari, M.: N. lesen: Die »Götzen-Dämmerung«, in: NSt 13 (1984), 69–79; Pfotenhauer, H.: Die Kunst als Physiologie. N.s ästhetische Theorie und literarische Tradition, Stuttgart 1985; Lampl, H. E.: »Ex oblivione: Das Féré-Palimpsest«, in: NSt 15 (1986), 225–264; Wahrig-Schmidt, B.: ›Irgendwie, jedenfalls physiologisch‹. F. N., Alexandre Herzen (fils) und Charles Féré 1888, in: NSt 17 (1988), 434–464.

## Der Antichrist. Fluch auf das Christenthum (1888)

»Meine Umwerthung aller Werthe, mit dem Haupttitel ›der Antichrist‹ ist fertig«, schreibt N. am 26. November 1888 seinem Freund Paul Deussen. Im Sommer desselben Jahres hatte der Philosoph eine Reihe von Aufzeichnungen für das damals geplante Hauptwerk überarbeitet und in kleine geschlossene Abhandlungen kopiert. Aus diesem Manuskript zog er neben der *Götzen-Dämmerung* die ersten 23 Kapitel des *Antichrist*. Am 30. September war auch diese Schrift fertig. Zunächst sah N. den *Antichrist* lediglich als erstes der geplanten vier Bücher der *Umwerthung aller Werthe* an. Aber spätestens ab dem 20. November betrachtete er ihn als die ganze *Umwerthung*: Die Schrift hieß damals *Der Antichrist. Umwerthung aller Werthe*. Zuletzt aber fiel *Umwerthung aller Werthe* auch als Untertitel weg und wurde durch *Fluch auf das Christenthum* ersetzt. Die Schrift erschien erst einige Jahre nach N.s geistiger Umnachtung im Band VIII der GA (1895). Eine einwandfreie Wiedergabe des Textes erfolgte erst in der Kritischen Gesamtausgabe.

Dem kurzen »Vorwort« folgen 62 Abschnitte und ein »Gesetz wider das Christenthum«. Im »Vorwort« gibt N. die Bedingungen an, unter denen man ihn »versteht, und dann mit Nothwendigkeit versteht«; es sind z. B., »[e]ine Vorliebe der Stärke für Fragen, zu denen Niemand heute den Muth hat; der Muth zum Verbotenen; die Vorherbestimmung zum Labyrinth«. Der Text der ersten sieben Kapitel war ursprünglich unter dem Titel »Wir Hyperboreer« als Einleitung der *Umwerthung aller Werthe* konzipiert. Hier skizziert N. die Leitidee des *Antichrist*: »Gut« ist »Alles, was das Gefühl der Macht, den Willen zur Macht, die Macht selbst im Menschen erhöht«, »schlecht« dagegen »Alles, was aus der Schwäche stammt«; Glück ist »[d]as Gefühl davon, dass die Macht wächst, dass ein Widerstand überwunden wird«. »Das Leben selbst gilt mir als Instinkt für Wachsthum, für Dauer, für Häufung von Kräften, für Macht: wo der Wille zur Macht fehlt, giebt es Niedergang. Meine Behauptung ist, dass allen obersten Werthen der Menschheit dieser Wille fehlt, – dass Niedergangs-Werthe, nihilistische Werthe unter den heiligsten Namen die Herrschaft führen« (AC,

Nr. 6, KSA 6, 172). Daran schließt N. eine Kritik des ↗Mitleidens und des Christentums als der Religion des Mitleidens an (AC, Nr. 7). Die darauffolgenden Kapitel – etwa Nr. 8–14 – gelten dem Gegensatz zwischen dem »Theologen-Instinkt«, der nahezu die ganze Geschichte der Philosophie beherrscht, und dem Habitus von Philosophen wie N. selbst bzw. seinen freien Geistern, die »umgelernt« haben und insofern »bereits eine ›Umwerthung aller Werthe‹« darstellen. Es folgt eine Kritik der christlichen Religion und Theologie: »Weder die Moral noch die Religion berührt sich im Christenthume mit irgend einem Punkte der Wirklichkeit« (AC, Nr. 15). Das Christentum baut eine »reine Fiktions-Welt« (AC, Nr. 15) auf, durch die es die Wirklichkeit verfälscht und verneint. Dieser These schließen Nr. 16–19 eine Kritik des christlichen Gottesbegriffs an. Im christlichen Gott wird »das Nichts vergöttlicht, der Wille zum Nichts heilig gesprochen« (AC, Nr. 18). Gleichsam als Zwischenspiel heben Nr. 20–23 den ↗Buddhismus vom Christentum ab: Zwar handle es sich bei beiden um *décadence*-Religionen, aber der Buddhismus sei anders als das Christentum keine Religion des Ressentiments: Buddhas »Lehre wehrt sich gegen nichts mehr als gegen das Gefühl der Rache, der Abneigung, des ressentiment«.

Es folgt der Versuch, die Entstehung des Christentums historisch zu rekonstruieren: N. interpretiert die Geschichte Israels »als typische Geschichte aller Entnatürlichung der Natur-Werthe« (AC, Nr. 25): Auch Jahve sei ursprünglich ein Ausdruck jener Werte gewesen, d.i. »der Ausdruck des Macht-Bewusstseins, der Freude an sich, der Hoffnung auf sich«; aber mit dem politischen Niedergang »veränderte«, »entnatürlichte« man diesen Gottesbegriff (AC, Nr. 24–26). Das Christentum führte diesen Prozeß der Entnatürlichung bis zur letzten Konsequenz und verneinte »noch die letzte Form der Realität, das »heilige Volk«, das »Volk der Ausgewählten«, die »jüdische Realität selbst« (AC, Nr. 27). Einen entscheidenden Beitrag zur Geschichte des Christentums bezwecken die Abschnitte, in denen die »Psychologie des Erlösers«, »der psychologische Typus des Erlösers«, analysiert wird (AC, Nr. 28). »Mit der Strenge des Physiologen gesprochen«, und wohl mit Dostoevskij im Sinn, schlägt N. gegen Renan, der in Jesus ein »Genie« und einen »Helden« sieht, ein anderes Wort vor: »das Wort ›Idiot‹« (AC, Nr. 29). Der Typus des Erlösers sei durch einen »Instinkt-Hass gegen die Realität« und zugleich durch die »Instinkt-Ausschliessung aller Abneigung, aller Feindschaft, aller Grenzen und Distanzen im Gefühl« gekennzeichnet, beides »Folge einer extremen Leid- und Reizfähigkeit« (AC, Nr. 30). N. geht davon aus, »dass der Typus des Erlösers uns nur in einer starken Entstellung erhalten ist« (AC, Nr. 31). Dem historischen Jesus seien Begriffe wie Schuld und Strafe (oder Lohn) ganz fremd gewesen, er habe die frohe Botschaft verkündet, daß »jedwedes Distanz-Verhältnis zwischen Gott und Mensch« und damit die Sünde »abgeschafft« sei; diese »Seligkeit« sei kein Versprechen gewesen, sondern »die einzige Realität – der Rest ist Zeichen, um von ihr zu reden« (AC, Nr. 33). Jesus habe als großer »Symboliker« »nur innere Realitäten als Realitäten, als ›Wahrheiten‹« anerkannt (AC, Nr. 34). Er habe seine Symbole rein psychologisch gemeint: »Das ›Himmelreich‹ ist ein Zustand des Herzens – nicht Etwas, das ›über der Erde‹ oder ›nach dem Tode‹ kommt« (AC, Nr. 34). Dementsprechend ist für N. »die Geschichte des Christenthums – und zwar vom Tode am Kreuze an – [...] die Geschichte des schrittweise immer gröberen Missverstehns eines ursprünglichen Symbolismus« (AC, Nr. 37). Die »echte Geschichte des Christenthums«, die er anschließend erzählt (AC, Nr. 39ff.), besteht in einer Reihe grober Mißverständnisse der Lehre Jesu. »Das Wort schon ›Christenthum‹ ist ein Missverständniss –, im Grunde gab es nur Einen Christen, und der starb am Kreuz. Das ›Evangelium‹ starb am Kreuz« (AC, Nr. 39, KSA 6, 211). Die kleine Christengemeinde mißverstand »hinterdrein Jesus als im Aufruhr gegen die Ordnung« (AC, Nr. 40). Sie war von der Frage gequält, wie Gott den Tod Jesu hatte zulassen können; sie – und erst sie – erfand zu diesem Zweck »eine geradezu schrecklich absurde Antwort: Gott gab seinen Sohn zur Vergebung der Sünden, als Opfer« (AC, Nr. 41). Erst sie erfand die Jesus fremden Lehren vom Gericht und von der Auferstehung. Paulus, der »Dysangelist«, ist der eigentliche Erfinder der christlichen Religion. Der historische Jesus war mit Buddha einigermaßen verwandt, ein *décadent* zwar, aber ohne Ressentiment. Paulus dagegen erfand die

Lehre vom jüngsten Gericht (AC, Nr. 42) und machte aus Jesu Freiheit vom Ressentiment die Ressentiment-Religion par excellence: »Paulus war der grösste aller Apostel der Rache ...« (AC, Nr. 45). »– In Formel: deus, qualem Paulus creavit, dei negatio.–« (AC, Nr. 47, KSA 6, 225).

Anschließend kritisiert N. ausführlich die Feindseligkeit der Priester gegenüber der Wissenschaft (AC, Nr. 47–49) und entwirft eine »Psychologie des ›Glaubens‹, der ›Gläubigen‹« (AC, Nr. 50–55), die mit einem Lob der »Skepsis« einhergeht (AC, Nr. 54). Im Anschluß an seine Ausführungen zur heiligen Lüge (AC, Nr. 55) sieht er im »Gesetzbuch des Manu«, das er nur in einer extrem fragwürdigen von Jacolliot herausgegebenen Fassung kennt, einen Gegensatz zum Christentum (AC, Nr. 56–57). In jenem Gesetzbuch drücken sich s.E. die Erfahrungen und der Sinn für die Wirklichkeit von Jahrtausenden aus. Das Lob der »Ordnung der Kasten« in Indien leitet über zur Gleichsetzung von »Christ« und »Anarchist«, beide seien *décadents* und auf Zerstörung aus. »Nihilist und Christ: das reimt sich, das reimt sich nicht bloss ...« (AC, Nr. 58). Es folgt eine Art Schadensabrechnung (AC, Nr. 59–61): Das Christentum hat Europa nacheinander »um die Ernte der antiken Cultur«, »um die Ernte der Islam-Cultur« – N. meint die »wunderbare maurische Cultur-Welt Spaniens« – und durch Luther und die deutsche Reformation »um die letzte grosse Cultur-Ernte [...], – um die der Renaissance« gebracht. Abschließend verkündet N. sein »Urtheil«: »Ich verurtheile das Christenthum« (AC, Nr. 62). Dem Buch ist sogar ein »Gesetz wider das Christenthum« beigegeben, das auf den 30. September 1888 datiert ist. Dieser Tag, der Tag, an dem *Der Antichrist* fertig wurde, nimmt für N. welthistorische Bedeutung an: Es sei der Tag der Umwertung aller Werte, der letzte Tag des Christentums, der erste einer neuen Zeitrechnung.

Literatur: Salaquarda, J.: »Der Antichrist«, in: NSt 2 (1973), 91–136; ders.: Schopenhauers Einfluß auf N.s »Antichrist«, in: ders. (Hrsg.): Schopenhauer, Darmstadt 1985; Cancik, H./Cancik-Lindemaier, H.: Philhellénisme et antisémitisme en Allemagne: le cas N., in: Bourel, D./Le Rider, J. (Hgg.): De Sils-Maria à Jérusalem. N. et le judaïsme. Les intellectuels juifs et N., Paris 1991, 21–46; Orsucci 1996, insbes. 318–340.

## *Ecce homo. Wie man wird, was man ist* (1888/89)

Am 15. Oktober 1888 – seinem 44. Geburtstag – begann N. die Arbeit an seiner Autobiographie. In wenigen Wochen war eine erste Fassung fertig, die er dann bis unmittelbar vor seiner geistigen Umnachtung Anfang Januar 1889 ergänzte und korrigierte. H. Köselitz fertigte später eine Kopie des Manuskriptes an, schrieb aber jene Stellen nicht ab, die ihm übertriebene Selbstapotheosen oder allzu ungerechte Angriffe zu enthalten schienen. Diese »anstößigen Stellen« dürften zuletzt vernichtet worden sein, denn die Abschrift ist bis auf geringfügige Abweichungen mit dem uns erhaltenen *Ecce homo* identisch. Die Schrift erschien erst posthum 1908. Eine kritisch einwandfreie Fassung liegt freilich erst in der von G. Colli und M. Montinari herausgegebenen Kritischen Gesamtausgabe vor.

Dem Vorwort und einem kurzen Prolog folgen drei Abschnitte mit den provozierenden Titeln »Warum ich so weise bin«, »Warum ich so klug bin«, »Warum ich so gute Bücher schreibe«. In den anschließenden zehn Kapiteln erläutert N. seine Schriften vom philosophischen Erstling *Die Geburt der Tragödie* bis zur *Götzen-Dämmerung*. (Er hält die tatsächliche chronologische Ordnung weitgehend ein, nur die *Götzen-Dämmerung* bespricht er vor dem *Fall Wagner*.) Der Abschnitt »Warum ich ein Schicksal bin« – auch dieser Titel verrät N.s übersteigertes Selbstbewußtsein – schließt das Buch ab. Nicht nur wegen der anmaßenden Attitüde wurde die Wirkungsgeschichte von *Ecce homo* durch die Frage nachhaltig geprägt, ob bzw. inwiefern die Autobiographie schon Ausdruck von N.s ausbrechendem Wahnsinn ist. Wie auch immer die Antwort ausfällt: Fest steht, daß *Ecce homo* wertvolle Einblicke in N.s philosophische Entwicklung gewährt, die freilich bei seinem Hang zur Selbststilisierung nicht ungeprüft bleiben dürfen.

N., der seit seiner frühesten Jugend eine intensive autobiographische Selbstreflexion pflegte (hier sei nur die Skizze *Aus meinem Leben* erwähnt), hatte zuletzt noch zwischen 1886 und 1887 versucht, seinen Denkweg nachzuzeichnen. Anläßlich einer neuen Ausgabe seiner Schriften hatte er *Die Geburt der Tragödie, Menschliches, Allzumenschliches* I und II, *Morgenröthe* und *Die fröhliche Wissenschaft* u.a. mit jeweils einer Vorrede versehen. Wie diese fünf Vorreden N.s Denkweg von der *Geburt der Tragödie* bis zum *Zarathustra* in Form von Kommentaren zu Entstehung und Erlebnissen der zitierten Werke rekonstruieren, so behandelt *Ecce homo* N.s Schriften in jeweils einem Abschnitt. Die autobiographischen Vorreden hatten auch einen praktischen Zweck; sie sollten zum Erfolg jener neuen Ausgaben wesentlich beitragen. Mit *Ecce homo* verband N. eine ähnliche Absicht: Er wollte seine Autobiographie der *Umwerthung aller Werte*, aus der zuletzt *Der Antichrist* wurde, als eine Art Vorrede vorausschicken. Dadurch wollte er eine gespannte Erwartung hervorrufen und die Verbreitung der *Umwerthung* fördern, mit deren geplantem gleichzeitigem Erscheinen in mehreren Sprachen er den weltfremden Plan verband, durch seine radikale Kritik des Christentums alle bestehenden Institutionen umzustürzen. »Die Entdeckung der christlichen Moral ist ein Ereigniss, das nicht seines Gleichen hat, eine wirkliche Katastrophe. Wer über sie aufklärt, ist eine force majeure, ein Schicksal, – er bricht die Geschichte der Menschheit in zwei Stücke. Man lebt vor ihm, man lebt nach ihm ...« (EH, Warum ich ein Schicksal bin 8, KSA 6, 373) »Der Begriff Politik ist dann gänzlich in einen Geisterkrieg aufgegangen, alle Machtgebilde der alten Gesellschaft sind in die Luft gesprengt – sie ruhen allesamt auf der Lüge: es wird Kriege geben, wie es noch keine auf Erden gegeben hat. Erst von mir an giebt es auf Erden grosse Politik. –« (EH, Warum ich ein Schicksal bin 1, KSA 6, 366). Am Schluß von *Ecce homo* fordert N. eine Entscheidung: »Dionysos gegen den Gekreuzigten ...« Dionysos steht für die Lebensbejahung, die N. der durch den Gekreuzigten versinnbildlichten und vom Christentum verkörperten Lebensverneinung entgegensetzt.

N. traute seinem *Antichrist* zwar geradezu welthistorischen Einfluß zu, litt aber zugleich unter der mangelnden Beachtung und unter den gravierenden Mißverständnissen, die seinen früheren Schriften widerfahren waren. Beidem sollte die vorausgeschickte Autobiographie im Fall seines neuen Buches nach Möglichkeit vorbeugen. »Verwechselt mich vor allem nicht!«, werden die Leser gleich im ersten Abschnitt des Vorworts gewarnt, und in »Warum ich ein Schicksal bin« erklärt N. in diesem Sinn: »Ich habe eine erschreckliche Angst davor, dass man mich eines Tags heilig spricht: man wird errathen, weshalb ich dies Buch vorher herausgebe, es soll verhüten, dass man Unfug mit mir treibt ... Ich will kein Heiliger sein, lieber noch ein Hanswurst ... Vielleicht bin ich ein Hanswurst ...« (EH, Warum ich ein Schicksal bin 1, KSA 6, 365). Derlei Ansätze zur Selbstrelativierung sind das Gegenstück zu den vielen selbstbewußten bis exaltierten Passagen; beides gehört in dieser späten Autobiographie zu N.s Selbststilisierung. Die intensive Beschäftigung mit neuerer medizinischer und psychiatrischer Literatur hinterläßt wie in allen späten Schriften auch in dieser Selbstdarstellung ihre Spuren. Die physiologische Begriffswelt und insbesondere der zentrale Begriff der *décadence* prägen auch N.s Selbstverständnis: Er sei »décadent zugleich und Anfang«. »Ich habe für die Zeichen von Aufgang und Niedergang eine feinere Witterung als je ein Mensch gehabt hat, ich bin der Lehrer par excellence hierfür, – ich kenne Beides, ich bin Beides.« (EH, Warum ich so weise bin 1, KSA 6, 264) Das Interesse für medizinische Themen zeigt sich in *Ecce homo* übrigens auch von seiner praktischen Seite, in der Aufmerksamkeit für die Gestaltung des Alltags und in den zahlreichen Ausführungen über »Ernährung, Ort, Clima, Erholung, die ganze Casuistik der Selbstsucht.«

»An diesem vollkommnen Tage [...] fiel mir eben ein Sonnenblick auf mein Leben: ich sah rückwärts, ich sah hinaus, ich sah nie so viel und so gute Dinge auf einmal. [...] Wie sollte ich nicht meinem ganzen Leben dankbar sein? Und so erzähle ich mir mein Leben.« (EH, KSA 6, 263) Eher als direkt sein Leben zu erzählen, kommentiert N. seine Schriften und geht dabei eher punktuell auf die entsprechenden Erlebnisse und Ereignisse ein. Vor allem seinen Werken gilt sein dankbarer Rückblick. Den Hintergrund dieser philosophischen Haltung bildet der *amor fati*, ein von N. in der *Fröhlichen Wissenschaft* eingeführter Gedanke. In *Ecce homo* heißt es: »Meine Formel für die Grösse am Menschen ist amor fati: dass man Nichts anders haben will, vorwärts nicht, rückwärts nicht, in alle Ewigkeit nicht« (EH, Warum ich so klug bin 10, KSA 6, 297). Dieser Haltung entsprechend bekundet der aus Pindar entlehnte Untertitel *Wie man wird, was man ist* N.s Absicht, die innere Notwendigkeit seiner persönlichen und denkerischen Entwicklung zu zeigen. Auch das Gedicht

»Ruhm und Ewigkeit«, das zunächst als Schluß von *Ecce homo* vorgesehen war, sollte dieser bejahenden Liebe zur Notwendigkeit Ausdruck geben (vgl. dazu den Beitrag zu den *Dionysos-Dithyramben*).

Literatur: Montinari, M.: Ein neuer Abschnitt in N.s »Ecce homo«, in: NSt 1 (1972), 380–418 (auch in: Montinari 1982, 120–168); Kittler, F. A.: Wie man abschafft, wovon man spricht: der Autor von »Ecce homo«, in: Literaturmagazin 12 (1980), 153–175; Groddeck, W.: »Die Geburt der Tragödie« in »Ecce homo«. Hinweise zu einer strukturellen Lektüre von N.s »Ecce homo«, in: NSt 13 (1984), 325–331; Derrida, J.: N.s Otobiographie oder Politik des Eigennamens, in: Fugen. Deutsch-Französisches Jahrbuch für Textanalytik, 1980, 64–98; Gauger, H. M.: N.s Stil am Beispiel des »Ecce homo«, in: NSt 13 (1984), 332–355; Hahn, K. H./Montinari, M.: »Kommentar« zur Faksimileausgabe der Handschrift, Wiesbaden 1985; Kofman, S.: Explosion, Bd. 1: De l'Ecce Homo de N., Paris 1992.

## *Dionysos-Dithyramben* (1888/89)

Die *Dionysos-Dithyramben* sind N.s letztes Werk. Im Sommer 1888 stellte der Philosoph eine Reihe noch unveröffentlichter dichterischer Fragmente zusammen. In den darauffolgenden Monaten benutzte er dieses Material zur Abfassung von fünf Gedichten (»Zwischen Raubvögeln«, »Das Feuerzeichen«, »Die Sonne sinkt«, »Ruhm und Ewigkeit«, »Von der Armuth des Reichsten«). Zusammen mit einem früheren, schon 1883 entstandenen Gedicht (»Letzter Wille«) bildeten sie sechs »Lieder Zarathustra's«. Noch in einer »Vorstufe« des Prologs von *Ecce homo* führt N. unter den in den letzten Monaten entstandenen Texten »die ersten 6 Lieder Zarathustras« (N, KSA 13, 613) an. Die restlichen drei *Dithyramben* stammen aus dem 1885 nur im Privatdruck erschienenen, von N. als »geheim« betrachteten vierten Teil von *Also sprach Zarathustra*. Insoweit waren auch diese drei Gedichte, die er für seine letzte Gedichtsammlung übrigens bearbeitete, in N.s Augen nicht wirklich veröffentlicht. Dementsprechend bezeichnete er die *Dionysos-Dithyramben* im Ganzen als seine »Inedita et inaudita«.

N. hatte zunächst an eine Veröffentlichung jener sechs »Lieder Zarathustra's« unter diesem Titel gedacht. Zeitweilig hatte er zwei Lieder als Schluß von *Ecce homo* (»Ruhm und Ewigkeit«) bzw. von *Nietzsche contra Wagner* (»Von der Armuth des Reichsten«) vorgesehen. Erst in den allerletzten Tagen seines bewußten Lebens machte er im Fall von *Ecce homo* diese Entscheidung rückgängig (zu »Von der Armuth des Reichsten« vgl. den Beitrag über *Nietzsche contra Wagner*) und begann, die *Dionysos-Dithyramben* ins Reine zu schreiben. Sie erschienen 1891 zusammen mit dem vierten Teil von *Also sprach Zarathustra*.

N. machte also aus Liedern Zarathustras schließlich Dithyramben des Dionysos. (Freilich wurden die drei Lieder aus dem vierten *Zarathustra* dort *nicht* von Zarathustra selbst gesungen, sondern von zwei der in Not geratenen »höheren Menschen«, die ihn in seiner Einsiedelei aufsuchten; zwei sang der »Zauberer« und eins der »Wanderer«, »Zarathustras Schatten«.) Er strich aber den Namen Zarathustra nicht, der in vier *Dithyramben* vorkommt (»Zwischen Raubvögeln«, »Das Feuerzeichen«, »Ruhm und Ewigkeit«, »Von der Armut des Reichsten«). Vielmehr identifiziert etwa der N. von *Ecce homo* Zarathustra mit Dionysos: Er nennt Zarathustra einen »Dionysos«, erklärt, daß in *Also sprach Zarathustra* sein Begriff »dionysisch« »höchste That« geworden sei, und betrachtet dieses Werk im Ganzen als einen »Dithyrambus auf die Einsamkeit, oder, wenn man mich verstanden hat, auf die Reinheit...« Über Zarathustra heißt es: »Welche Sprache wird ein solcher Geist reden, wenn er mit sich allein redet? Die Sprache des Dithyrambus. Ich bin der Erfinder des Dithyrambus« (EH, Za 7, KSA 6, 345). Das »Nachtlied« aus dem zweiten *Zarathustra* nennt *Ecce homo* einen »Dithyrambus der Sonnen-Vereinsamung im Lichte« und »Die sieben Siegel« aus dem dritten *Zarathustra* einen »Dithyrambus«, mit dem der Dichter »tausend Meilen über das hinaus[flog], was bisher Poesie hiess«.

Als N. Anfang des Jahres 1889 das Druckmanuskript der *Dionysos-Dithyramben* abfaßte, identifizierte er offenbar nicht nur die literarische Gestalt Zarathustra, sondern darüber hinaus auch *sich selbst* mit Dionysos. Als »Dionysos« signiert er die vom ersten Januar 1889 datierte Widmung im Brief an Catulle Mendès und als »N. Dionysos« deren Vorstufe. Die Widmung lautet: »Indem ich der Menschheit eine unbegrenzte Wohlthat erweisen will, gebe ich ihr meine Dithyramben. /Ich lege sie in die Hände des Dichters der Isoline, des größten und ersten Satyr, der heute lebt – und nicht nur heute... /Dionysos«. Zu den sogenannten ›Wahnsinnszetteln‹ gehört auch folgende Mitteilung, die N. am 3. Januar 1889 an Cosima Wagner, seine »Ariadne«, adressierte: »Man erzählt mir, daß ein gewisser göttlicher Hanswurst dieser Tage mit den Dionysos-Dithyramben fertig geworden ist ...«.

»Im dionysischen Dithyrambus wird der Mensch zur höchsten Steigerung aller seiner symbolischen Fähigkeiten gereizt« – hieß es in N.s Jugendwerk *Die Geburt der Tragödie* (GT 2): »Um diese Gesammtentfesselung aller symbolischen Kräfte zu fassen, muss der Mensch bereits auf jener Höhe der Selbstentäusserung angelangt sein, die in jenen Kräften sich symbolisch aussprechen will: der dithyrambische Dionysusdiener wird somit nur von Seinesgleichen verstanden!« Diese höchste Steigerung symbolischer Kräfte gehört auch beim späten N. zum Begriff des Dithyrambus (und in diesem Sinn beschreibt *Ecce homo* die »Inspiration« des Autors von *Also sprach Zarathustra*). Sonst halten sich die formellen Gemeinsamkeiten zwischen den einzelnen Gedichten in Grenzen. Die dichterische Produktion ist auch in den letzten Monaten von N.s bewußtem Leben von der philosophischen Arbeit alles andere als abgetrennt. So kommen auch in den *Dithyramben* wesentliche Gedanken zur Sprache, etwa der *amor fati* (»Ruhm und Ewigkeit«), die Kritik am Willen zur Wahrheit (»Nur Narr! Nur Dichter!«), der Nihilismus (»Unter Töchtern der Wüste«). N. geht jedoch in seinen Gedichten weit über die Exposition philosophischer Gedanken in Versform hinaus.

Die »Klage der Ariadne« stammt aus dem Kapitel »Der Zauberer« im vierten *Zarathustra*, wo der Klagende freilich nicht Ariadne, sondern der (vom »Zauberer« gespielte, vorgetäuschte) »Büsser des Geistes« war. »Oh komm zurück, /mein unbekannter Gott! mein Schmerz! /mein letztes Glück!« Anders als im *Zarathustra* wird im *Dithyrambus* Ariadnes Bitte erfüllt. Dionysos erscheint: »Muss man sich nicht erst hassen, wenn man sich lieben soll? ... /Ich bin dein Labyrinth ...« Der »Zauberer« sang auch »Das Lied der Schwermuth« – so hieß die ursprüngliche Fassung von »Nur Narr! Nur Dichter!« im vierten *Zarathustra*. Der *Dithyrambus* ist eine Absage an den unbedingten Willen zur Wahrheit: »Der Wahrheit Freier – du? [...] Nein! nur ein Dichter! [...] nur Narr! nur Dichter!« »[...] dass ich verbannt sei /von aller Wahrheit, /Nur Narr! Nur Dichter!« N. übernimmt das Kapitel *Unter Töchtern der Wüste* im Ganzen, also auch den Text, der im vierten *Zarathustra* das eigentliche Lied einleitet. So wird das Lied auch in den *Dionysos-Dithyramben* von dem »Wanderer« gesungen, »der sich den Schatten Zarathustras nannte«. »Die Wüste wächst: weh dem, der Wüsten birgt!« – der Satz, der die ursprüngliche Fassung einleitet und abschließt, erhält nun eine Fortsetzung: »Stein knirscht an Stein, die Wüste schlingt und würgt. /Der ungeheure Tod blickt glühend braun /und kaut, – sein Leben ist sein Kaun ... /Vergiss nicht, Mensch, den Wollust ausgeloht: /du – bist der Stein, die Wüste, bist der Tod ...« Eine andere Stimmung herrscht in *Ruhm und Ewigkeit*, dem Gedicht, das N. zeitweilig als Schluß von *Ecce homo* vorgesehen hatte: Hier bringt er die für seine Autobiographie kennzeichnende bejahende Liebe zum eigenen Schicksal, den *amor fati*, zum Ausdruck: »Meine Liebe entzündet / sich ewig nur an der Nothwendigkeit«, heißt es. »Schild der Nothwendigkeit! / Höchstes Gestirn des Seins! / – das kein Wunsch erreicht, / das kein Nein befleckt, / ewiges Ja des Sein's, / ewig bin ich dein Ja: / denn ich liebe dich, oh Ewigkeit! – –«.

Literatur: Reinhardt, K.: N.s »Klage der Ariadne«, Frankfurt a. M. 1936; Volkmann-Schluck, K. H.: N.s Gedicht »Die Wüste wächst«, Frankfurt a. M. 1958; Groddeck, W.: F. N. »Dionysos-Dithyramben«. Bd. 1 Textgenetische Edition der Vorstufen und Reinschriften, Bd. 2 Die »Dionysos-Dithyramben«: Bedeutung und Entstehung von N.s letztem Werk, Berlin/New York 1991; Salaquarda, J.: Noch einmal Ariadne. Die Rolle Cosima Wagners in N.s literarischem Rollenspiel, in: NSt 25 (1996), 99–125.

Marco Brusotti

# Nachlaß 1880–1885

## I.

Welchen Stellenwert man N.s Nachlaß beimessen soll, ist für jede N.-Interpretation eine vorab zu klärende Grundsatzfrage, denn mit ihr verknüpfen sich gravierende Vorentscheidungen darüber, wie N. zu lesen sei. Lange Zeit jedoch fehlte zu ihrer Beantwortung die philologische Grundlage. Die älteren Nachlaß-Editionen waren sämtlich unzulänglich und druckten korrupte Texte, die thematisch gegliedert wurden. Am meisten Material bot die Großoktavausgabe (GA), verstreut in den Bänden XI-XVI, die zwischen 1901 und 1911 erschienen. Zerstückelt und lückenhaft blieb auch die Edition der Nachlaßtexte in der Schlechta-Ausgabe (1965). Erst mit der KGW und der KSA und den sukzessiv erscheinenden *Nachberichten* zur KGW ist es möglich geworden, sich einen chronologisch geordneten Überblick über das Gros des nachgelassenen Materials zu verschaffen. Dabei werden in den *Nachberichten* bestimmte Notate als Vorstufen qualifiziert, von den anderen Aufzeichnungen separiert und dem jeweiligen Werk zugeordnet. Es wird auf diese Weise dem Leser eine doppelte Lektürerichtung ermöglicht: zum einen kann er N.s Gedanken in der Umgebung, in der sie entstanden, aufsuchen, zum andern bekommt er durch die *Nachberichte* einen teleologisch ausgerichteten Einblick in die direkte Werkgenese.

Auch wenn die Unterscheidung zwischen ›Fragment‹ und ›Vorstufe‹ editionstheoretisch problematisch ist, da »jede von N. nicht publizierte Notiz [...] als potentielle Vorstufe in Hinblick auf eine seiner publizierten Schriften verstanden werden« könnte (Groddeck 1991a, 169), führt diese Anordnung zu einem erheblichen Zugewinn an interpretierbarem Textmaterial.

Weit bedenklicher jedoch ist die Kategorialisierung der nachgelassenen Aufzeichnungen als ›Fragmente‹ durch die Colli/Montinari-Ausgabe, insofern diese suggeriert, es handele sich – wie etwa beim romantischen Fragment – um selbständige Texte mit Werkcharakter (Groddeck 1991a, 168f.). Texte im Sinne von Werken sind die nachgelassenen Aufzeichnung aber keineswegs (Kohlenbach/Groddeck 1995). N.s Aufzeichnungen präsentieren sich in der KSA vielmehr als eine höchst heterogene Mischung von Textsorten.

Die hier (in diesem Rahmen nur sehr selektiv) vorzustellenden nachgelassenen Aufzeichnungen N.s aus der Zeit von 1880–1885 (KSA 9–11) bestehen aus notierten Gedanken, Skizzen, Vorstufen zu publizierten Texten in mannigfachen Varianten, Lektüre-Exzerpten, Plänen, Gedichten, Titel- und Briefentwürfen, Listen und Alltagsbeobachtungen – wie etwa die durch Derridas Apologie zu Berühmtheit gelangte Notiz: »›Ich habe meinen Regenschirm vergessen‹« (12 [62] KSA 9, 587). Diese Notate weisen nur in Ausnahmefällen bereits eine literarische Form auf. Man findet hier vielmehr »ein intellektuelles Tagebuch« (Montinari 1982, 94), das aufschlußreiche Einblicke in die Werkstatt des Philosophen und dessen Denkbewegungen gewährt, aber kaum ›fertige‹ Texte.

De facto aber werden die Nachlaßnotizen von seiten vieler N.-Forscher bis heute behandelt, als hätten sie den gleichen interpretatorischen Status wie ein literarisch vollendeter Aphorismus in einer Publikation N.s. Diese Vernachlässigung der qualitativen Differenz zwischen ästhetisch geformtem Text und bloßer Skizze ist nicht nur im Hinblick auf Kontroversen um die nachgelassenen Aufzeichnungen zum ↗»Willen zur Macht« fatal (↗Nachlaß von 1885–1889), sondern auch in Hinsicht auf alle anderen Themenkreise N.s, insbesondere in bezug auf die vermeintlichen Mythologeme (↗Mythos) ↗Übermensch und ↗Ewige Wiederkunft.

Denn grundsätzlich ist festzustellen, daß N. seine Gedanken im Nachlaß thetischer formuliert, was viele Interpreten dazu verleitet, aus den isolierten Notizen »letzte Lehren« zu rekonstruieren und zu Dogmen zu verdinglichen. Im publizierten Werk kommen diese vermeintlichen Lehren, wenn überhaupt, ästhetisch kontextualisiert vor und werden dadurch zumeist auf vielfältige Weise ironisiert, gebrochen und unterlaufen (Zittel 2000). N. formuliert hier hypothetisch, doppelbödig und vielschichtig; er operiert mit zahllosen Anspielungen und Verweisungen, durch welche die einzelnen Gedanken in einem komplexen Beziehungsgeflecht situiert werden, bzw. durch dieses erst konstituiert werden. Den veröffentlichten Schriften eignet somit qua Form ein Reflexionsgrad mehr als den nachgelassenen Aufzeichnungen.

## II.

Konnte man durch die thematische Ordnung der früheren Nachlaß-Editionen damals noch der Fiktion erliegen, es gebe ein unveröffentlichtes, ›eigentliches‹ Werk N.s, so ist diesem Glauben mit der Herausgabe des Nachlasses durch Colli und Montinari die Grundlage entzogen. Wenn dennoch viele Interpreten sich weiterhin auf die Nachlaßexegese konzentrieren, steht zu vermuten, daß dies aus dem Bedürfnis nach einer Philosophie mit vertrauten Mustern geschieht und weil das nachgelassene Material im Unterschied zu den vollendeten Schriften sich allzu bequem der gewohnten inhaltsorientierten Deutungspraxis fügt.

Der Streit um den Status von N.s Nachlaß hat in der N.-Forschung eine lange Tradition. Maßgeblich wurde die These von der Priorität des Nachlasses durch Heidegger verfochten, der hierin Baeumler folgte. Seine, nüchtern besehen, nicht nachvollziehbare Behauptung: »Was N. zeit seines Schaffens selbst veröffentlicht hat, ist immer Vordergrund. [...] Die eigentliche Philosopie bleibt als ›Nachlaß‹ zurück« (Heidegger 1961, Bd. 1, 17), prägte die philosophische N.-Rezeption auf folgenschwere Weise, teilweise bis heute (vgl. Kuhn 1992, 41). Hingegen konnte sich Schlechta mit seiner (zu pauschalen) Ansicht, es sei im Nachlaß »kein *neuer* zentraler Gedanke zu finden« nicht durchsetzen, obgleich er bereits die Einsicht klar formulierte: »Was N. zu sagen hatte, ehe ihn der Wahnsinn umfing, das hat er vernehmlich gesagt. Ja, ein vehementeres Hervorrücken des Nachlasses scheint mir insofern geradezu gefährlich, als dieser die feineren Akzente der Gedankenführung verwischt [...] Der Nachlaß vergröbert also, nicht von ungefähr hat er die N.-Enthusiasten immer so sehr angezogen« (Schlechta 1965, 1433).

## III.

Sichtet man den Nachlaß der frühen 80er Jahre, so bestätigt sich Schlechtas Einschätzung insbesondere für die Aufzeichnungen bis zum Sommer 1881 aus dem Bd. 9 der KSA. Die hier zu findenden Texte sind mehrheitlich primär Vorstufen und Variationen zu moralpsychologischen Reflexionen, wie sie in ↗ *Morgenröthe*, *Die fröhliche Wissenschaft* und *Jenseits von Gut und Böse* angestellt werden, und fügen diesen im wesentlichen sachlich nichts hinzu. Dennoch können manche dieser Textzeugnisse aus dem Nachlaß wichtige Verständnishilfen für N.s Philosophie geben.

Interessant sind diese Notate im Hinblick auf die Genese von N.s Begriffen. Seit dem Sommer 1880 wurde die begriffliche Bestimmung des »Willens zur Macht« durch die Untersuchungen zum »Gefühl der Macht« (KSA 9, 144ff.) vorbereitet, die dann in der *Morgenröthe* (Frühjahr 1881) und später in *Zur Genealogie der Moral* aufgenommen wurden.

Das Machtgefühl wird von N. zu diesem Zweck in den unterschiedlichsten Hinsichten betrachtet, wobei facettenreich die verschiedenen psychologischen Zustände und Wirkeffekte, die mit ihm einhergehen, analysiert werden. N. befragt hier beispielsweise bereits den Zusammenhang zwischen asketischer Selbstdisziplinierung und sich dadurch steigerndem Machtempfinden (4 [175], KSA 9, 145; 4 [204], KSA 9, 151). Ebenfalls werden Moral (4 [205], KSA 9, 151), Kunst (4 [221], KSA 9, 156), Politik (4 [244], KSA 9, 160), das Bewußtsein (5 [47], KSA 9, 192f.), Sexualität (6 [53], KSA 9, 206f.), Rhetorik (4 [301], KSA 9, 174f.) und die Wissenschaft unter dem Machtaspekt interpretiert. Es sei das »Gefühl der Macht heute auf Seiten der Wissenschaft: nicht der Einzelne für sich (›Philosoph‹) sondern als Glied. Die Fürsten und Völker dienen ihr« (4 [183], KSA 9, 146). »Die Macht der Wissenschaft baut jetzt ein Gefühl der Macht auf, wie es Menschen noch nicht gehabt haben. Alles durch sich selber.« (4 [198], KSA 9, 149) Doch ist N. auch hier fern davon, das Machtgefühl einfach zu affirmieren, sondern er benennt die Risiken und hybriden Selbsttäuschungen (4 [199], KSA 9, 149), die mit ihm verbunden sind: »Wenn die Don Quixoterie unseres Gefühls von Macht einmal uns zum Bewußtsein kommt und wir aufwachen – dann kriechen wir zu Kreuze wie Don Quixote, – entsetzliches Ende! Die Menschheit ist immer bedroht von dieser schmählichen Sich-selbst-Verleugnung am Ende ihres Strebens« (4 [222], KSA 9, 156).

Ein weiteres wichtiges Motiv, das in dieser Zeit im Nachlaß aufkommt und gleichfalls mit dem sich erhöhenden Machtgefühl verflochten wird, ist das der Wahrhaftigkeit, Redlichkeit bzw. Leidenschaft der Erkenntnis (6 [274], KSA 9, 268 f., vgl. 11 [63, 68, 69, 141], KSA 9, 464 ff.; 12 [96], KSA 9, 594 und dazu M, Nr. 429, KSA 3, 264, Montinari 1982, 64 ff. und Brusotti 1997).

Des weiteren finden sich in dieser Umgebung sehr aufschlußreiche Reflexionen für N.s Konzept des ↗Perspektivismus und der ↗Erkenntnis (6 [441], KSA 9, 311), in welchen N. mit interessanten Formulierungen aufwartet, wie z.B. wenn er über » – unsere dichterisch-logische Macht, die Perspektiven zu allen Dingen festzustellen, vermöge deren wir uns lebend erhalten«, spricht (15 [9], KSA 9, 636 f.). Immer wieder betont N. hier den relationalen Charakter unserer »Wirklichkeit« (6 [412 ff.], KSA 9, 303 ff.; vgl. Zittel 2000, 77–131), was bedeutet, daß wir nirgends zur Erkenntnis einer Welt an sich gelangen könnten, da wir nur in Relationen denken und wahrnehmen würden: »Die Welt ist also für uns die Summe der Relationen zu einer beschränkten Sphäre irriger Grundannahmen« (6 [441], KSA 9, 312).

Es gibt jedoch auch Gedankenkomplexe, zu denen es im veröffentlichten Werk keine Parallele gibt. Hier sind vor allem N.s naturwissenschaftliche Begründungsversuche für seinen Gedanken der ↗Ewigen Wiederkunft zu nennen (↗Naturwissenschaft). Diese Divergenz ist insofern entscheidend, als man daran klar feststellen kann, daß im veröffentlichten Werk N. offenkundig derartige Überlegungen nicht nur nicht autorisieren wollte, sondern darüber hinaus durch die Wahl der ästhetischen Präsentationsform des Gedankens der Ewigen Wiederkehr diesen gerade nicht mit wissenschaftlichen Objektivitätsansprüchen belastete. Im Gegenteil kann für alle Erwähnungen in den publizierten Schriften gezeigt werden, daß die Ewige Wiederkunft nur als vielfältig problematisierter, teils gar konterkarierter Gedanke auftritt (Zittel 2000, 191–204).

In N.s Nachlaß taucht der Gedanke der Ewigen Wiederkehr als Niederschrift aus dem Sommer 1881 auf. Ab diesem Zeitpunkt verändert sich der Charakter von N.s Notizheften, die nun mehr und mehr mit Vorarbeiten zu den einzelnen Teilen von *Also sprach Zarathustra* gefüllt werden. Anfang August 1881 schrieb N. den ersten Entwurf über die Ewige Wiederkunft nieder und datierte ihn drei Wochen später. Er ist ein bezeichnendes Beispiel für den ›thetischen‹ Formulierungsstil des Nachlasses: »**Die Wiederkunft des Gleichen. Entwurf. 1. Die Einverleibung der Grundirrthümer. 2. Die Einverleibung der Leidenschaften. 3. Die Einverleibung des Wissens und des verzichtenden Wissens. (Leidenschaft der Erkenntniss) 4. Der Unschuldige. Der Einzelne als Experiment. Die Erleichterung des Lebens, Erniedrigung, Abschwächung – Übergang. 5. Das neue Schwergewicht: die ewige Wiederkunft des Gleichen.** Unendliche Wichtigkeit unseres Wissen's, Irren's, unsrer Gewohnheiten, Lebensweisen für alles Kommende. Was machen wir mit dem Reste unseres Lebens – wir, die wir den grössten Theil desselben in der wesentlichsten Unwissenheit verbracht haben? **Wir lehren die Lehre** – es ist das stärkste Mittel, sie uns selber einzuverleiben. Unsre Art Seligkeit, als Lehrer der grössten Lehre. Anfang August 1881 in Sils-Maria, 6000 Fuss über dem Meere und viel höher über allen menschlichen Dingen! –« (11 [141], KSA 9, 494).

In diesem Kontext wird auch zum ersten Mal die Zarathustra-Figur konzipiert, und zwar im Hinblick auf ein unter dem Titel *Mittag und Ewigkeit* geplantes Werk: »**Mittag und Ewigkeit. Fingerzeige zu einem neuen Leben.** Zarathustra, geboren am See Urmi, verliess im dreissigsten Jahre seine Heimat, gieng in die Provinz Aria und verfasste in den zehn Jahren seiner Einsamkeit im Gebirge den Zend-Avesta« (11 [195], KSA 9, 519). Die auch hinsichtlich des späteren Aufbaus von *Also sprach Zarathustra* bedeutsamste Werkdisposition findet sich in unmittelbarer Nachbarschaft: »*Zum ›Entwurf einer neuen Art zu leben‹*. **Erstes Buch** im Stil des ersten Satzes der neunten Symphonie. **Chaos sive natura**: ›von der Entmenschlichung der Natur‹. Prometheus wird an den Kaucasus angeschmiedet. Geschrieben mit der Grausamkeit des Κράτος, ›der Macht‹. **Zweites Buch.** Flüchtig-skeptisch-mephistophelisch. ›Von der Einverleibung der Erfahrungen.‹ Erkenntniss = Irrthum, der organisch wird und organisirt. **Drittes Buch.** Das Innigste und über den Himmeln Schwebendste, was je geschrieben wird: ›vom letzten Glück des Einsamen‹ – das ist der, welcher aus dem ›Zugehörigen‹ zum ›Selbsteignen‹ des höchsten Grades geworden ist: das vollkomme ego: nur erst dies ego hat Liebe, auf den früheren Stufen, wo die höchste Einsamkeit und Selbstherrlichkeit nicht erreicht ist, giebt es etwas anderes als Liebe. **Viertes Buch.** Dithyrambisch-umfassend. ›Annulus aeternitatis.‹ Begierde, alles noch einmal und ewige Male zu erleben. Die unablässige Verwandlung – du musst in einem kurzen Zeitraume durch viele Individuen hindurch. Das Mittel ist der unablässige Kampf. Sils-Maria 26. August 1881« (11 [197], KSA 9, 519f.).

Als weiterer Motivkomplex tritt in dieser Zeit die Vorstellung vom *Tod Gottes* (12 [77], KSA 9, 590) hinzu. Hierbei finden sich im Vergleich zum berühmten Aphorismus »Der tolle Mensch« (FW, Nr. 125) interessante Zusatzreflexionen über die immer noch fortdauernde Nachwirkung der untergegangenen Gottesvorstellung (14 [14], KSA 9, 626). Insbesondere in der langen Version der Aufzeichnung aus dem Herbst 1881 erfährt diese Überlegung eine radikale selbstreflexive Wendung, wenn N. schreibt: »Noch sehen wir unsren Tod, unsere Asche nicht, und dies täuscht uns und macht uns glauben, daß wir selber das Licht und das Leben sind – aber es ist nur das alte frühere Leben im Lichte, die vergangne Menschheit und der vergangne Gott, deren Strahlen und Gluthen uns immer noch erreichen – auch das Licht braucht Zeit, auch der Tod und die Asche brauchen Zeit! Und zuletzt, wir Lebenden und Leuchtenden: wie steht es mit dieser unserer Leuchtkraft? verglichen mit der vergangner Geschlechter? Ist es mehr als jenes aschgraue Licht, welches der Mond von der erleuchteten Erde erhält?« (14 [25], KSA 9, 631f.).

Im Jahr darauf entwirft N. *Die fröhliche Wissenschaft* und es verdichten sich die Zarathustrapläne, unterbrochen von den »Tautenburger Aufzeichnungen« für Lou Salomé, die als wichtigsten Ertrag N.s »Zur Lehre vom Stil« erbringen (1 [109], KSA 10, 38f.). Mehr und mehr rückt die Übermenschthematik ins Zentrum von N.s Überlegungen (vom Sommer 1882 bis zum Sommer 1885, KSA 10 u. 11, wobei der weitaus größte Teil dieser Aufzeichnungen bis zum Sommer 1883 niedergeschrieben wurde und somit der Entstehungszeit von Teil I-III von *Also sprach Zarathustra* entstammt). Bemerkenswert ist, daß N. früh bereits eine aufschlußreiche persönliche und vom Pessimismus durchdrungene Distanzierung zur Zarathustravision vom Übermenschen in sein Heft notiert: »Ich will das Leben nicht wieder. Wie habe ich's ertragen? Schaffend. Was macht mich den Anblick aushalten? der Blick auf den Übermenschen, der das Leben bejaht. Ich habe versucht, es selber zu bejahen – Ach!« (4 [81], KSA 10, 137).

Überhaupt gilt auch für die Übermensch-Konzeption, was bereits anhand der Ewigen Wiederkunft benannt wurde, daß N. in seinen Veröffentlichungen nur in gebrochener Weise von ihm handelt, etwa indem er einen fiktiven Protagonisten den Übermensch verkünden und dieses auch noch von ihm selbst als Dichterlüge (↗Lüge) erklären läßt (Za II, KSA 4, 163); daher sollte man sich keineswegs durch isolierte Nachlaßnotate dazu verleiten lassen, aus diesen eine affirmative Übermenschpropaganda N.s herauszudestillieren (Zittel 2000, 35ff., 146ff. u. 211–217). Wie die einschlägige Studie Haases (1984) im einzelnen belegt, steht die Entfaltung des Übermenschgedankens im Nachlaß in engem Zusammenhang mit dem Gedanken der Ewigen Wiederkunft. Die Ewige Wiederkunft könne, überlegt N. hier, von Zarathustras Zuhörern als Lehre nicht in ihrer ganzen Härte ohne eine Hoffnung auf einen Ausweg ertragen werden. Diesen Ausweg soll der Übermensch verheißen. Er ist als tröstende Illusion in ausweglose Lage konzipiert (Haase 1984, 229ff.), aber auch im Nachlaß nicht als realer Ausweg behauptet. N. plante später nach dem Erscheinen von *Also sprach Zarathustra* noch einen V. und VI. Teil. In den dazugehörigen Entwürfen ist davon die Rede, daß nun die Züchtung des Übermenschen und der Herren der Erde vorgeführt werden sollte: »II. Die Rangordnung durchgeführt in einem System der Erdregierung: die Herrn der Erde zuletzt, eine neue herrschende Kaste. Aus ihnen hier und da entspringend, ganz epicurischer Gott, der Übermensch, der Verklärer des Daseins« (35 [73], KSA 11, 541 vgl.; ebd. ff.). Diese Pläne wurden jedoch bezeichnenderweise von N. aufgegeben oder teilweise in *Jenseits von Gut und Böse* nur stark verändert aufgenommen, wobei dort die ›Übermenschen‹ zu ›realen‹, d.h. ›höheren Menschen‹ depotenziert werden. Insgesamt gilt aber für die

Nachlaßtexte, daß auch in ihnen kein konkreteres Bild vom Übermenschen gezeichnet wird und dieser hier ebenso vage und konturlos bleibt wie in den Verkündigungen Zarathustras in *Also sprach Zarathustra* (Haase 1984, 244).

Aus dem nachgelassenen Material hervorzuheben bleibt noch die Notatgruppe 28 (KSA 11, 297–332). Diese stellt den bedeutsamsten Fundus für N.s gesamten lyrischen Nachlaß dar. Wichtig ist diese Werkgruppe insbesondere dadurch, daß N. in ihr mit dem vorübergehenden Ziel, eine eigenständige Gedichtausgabe herauszugeben, ältere Gedichte überarbeitet. Bei allen späteren Gedichtpublikationen greift N. auf diese Sammlung zurück (Groddeck 1991b, 177f.). In ihr finden sich aber Gedichte von eigenständigem Rang, die von N. nicht veröffentlicht wurden, wie das berühmte *Der Freigeist. Abschied.* (28 [64], KSA 11, 329) oder auch *Der Wanderer* (28 [58], KSA 11, 322f.).

Literatur: Heidegger 1961; Schlechta, K.: Nachwort zu: F.N. Werke (3 Bde), München 1965, Bd. 3, 1433–1452; Montinari 1982, 10–21, 64–119; Haase, M.-L.: Der Übermensch in »Also sprach Zarathustra« und im Zarathustra-Nachlaß 1882–1885, in: NSt 13 (1984), 228–244; Montinari, M.: Die spröde Art N. zu lesen. Die Niederschrift von »Also sprach Zarathustra« am Beispiel des Kapitels »Auf den glückseligen Inseln«, in: Weber, G.W. (Hrsg.): Idee, Gestalt, Geschichte, Festschrift für Klaus von See, Odense 1988, 481–513; Groddeck, W.: ›Vorstufe‹ und ›Fragment‹. Zur Problematik einer traditionellen textkritischen Unterscheidung in der N.-Philologie, in: Stern, M. (Hrsg): Textkonstitution bei mündlicher und schriftlicher Überlieferung, Tübingen 1991a, 165–175; ders.: »Gedichte und Sprüche«. Überlegungen zu einer textkritischen Ausgabe von N.s Gedichten, in: Martens, G./Woesler, W. (Hgg.): Edition als Wissenschaft. Festschrift für Hans Zeller, Tübingen 1991b, 169–180; Kuhn, E.: F.N.s Philosophie des europäischen Nihilismus, Berlin 1992; Müller-Lauter, W.: »Der Wille zur Macht« als Buch der ›Krisis‹ philosophischer N.-Interpretation, in: NSt 24 (1995), 223–269; Kohlenbach, M./Groddeck, W.: Zwischenüberlegungen zur Edition von N.s Nachlaß, in: Text. Kritische Beiträge 1 (1995), 21–39; Brusotti 1997; Zittel, C.: Das ästhetische Kalkül von F. N.s »Also sprach Zarathustra«, Würzburg 2000.

*Claus Zittel*

# Nachlaß 1885–1888

N.s nachgelassene Fragmente aus der Zeit zwischen Ende 1884 und April 1885 (Gruppe 29–33) enthalten zahlreiches Material zur Fortsetzung des *Zarathustra*. Es hat den Anschein, als sei N.s Auseinandersetzung mit dem Lehrer des Übermenschen und der ewigen Wiederkehr noch nicht abgeschlossen. Der Übermensch taucht allerdings bis Herbst 1885 lediglich zweimal auf (N, KSA 11, 366 und 541), ganz im Gegensatz zu dem massenhaften Auftauchen des »höheren Menschen«, jenem, der »am Menschen leidet, und nicht nur an sich« (N, KSA 11, 338). Auffallend ist N.s Bemühen um Metaphern, Gleichnisse und Sprüche, die teilweise neu sind, meist jedoch schon verwendet worden waren und lediglich überarbeitet worden sind: Eine Art Überproduktion, die gekennzeichnet ist durch die »gespannte Atmosphäre des Versuchs« (Montinari 1981, 135). N. denkt in dieser Zeit noch an eine Fortsetzung des *Zarathustra*, an einen fünften Teil, aber er konzipiert auch Überschriften für mögliche neue Werke: »Mittag und Ewigkeit«, ein Werk, dessen erster Teil »Die Versuchung Zarathustra's« (N, KSA 11, 367) heißen sollte, oder etwa »Gai saber. Selbst-Bekenntnisse von Friedrich Nietzsche« (N, KSA 11, 423), oder »Briefe an einen philosophischen Freund. Bei Gelegenheit von Also sprach Zarathustra. Von Friedrich Nietzsche« (N, KSA 11, 429). N. hat offenbar auch das Bedürfnis, eine Einführung in seine Philosophie der ewigen Wiederkehr zu verfassen (»Die neue Aufklärung. Eine Vorbereitung zur ›Philosophie der ewigen Wiederkunft‹« [N, KSA 11, 228] ist ein weiterer Titel aus dieser Zeit). Bis Mitte April 1885 finden sich kaum theoretische Überlegungen. Diese finden erst Eingang in *Jenseits von Gut und Böse*. Das vorbereitende Material zu dieser Schrift diktierte N. im Juni 1885 in Sils-Maria Louise Röder-Wiederhold.

Den vierten Teil von *Zarathustra*, der im Winter 1884/85 in Nizza entstanden ist, läßt N. auf eigene Kosten in vierzig Exemplaren drucken (März/April 1885). Danach finden wir in den Aufzeichnungen fast nichts mehr zum *Zarathustra* (vgl. jedoch N, 2[71] Herbst 1885 – Herbst 1886, KSA 12, 93). Das dichterische Erlebnis scheint abgeschlossen zu sein, zumindest in seiner überschwenglichen, ekstatischen Gestalt, die Colli als Ergebnis eines »Zustands dithyrambischer Exaltation« beschrieben hat. Colli spricht auch von einem plötzlich eingetretenen Mißtrauen gegen die Mitteilbarkeit und stellt fest, daß im Sommer 1885 eine »Selbstbesinnung und ein Zurückgreifen auf Vergangenes« stattfindet, ein »reifes und melancholisches Nachdenken«, das in dem Wunsch, seine bisherigen Werke zu überarbeiten und neu herauszugeben, zum Ausdruck kommt (»Im Übrigen wird nichts mehr ›publicirt‹: es geht nunmehr bei mir, wider den Anstand«; Peter Gast, 22. 11. 1885). In den Fragmenten von August/September 1885 (Gruppe 41 und 42, aber auch schon davor, sowie in einzelnen Blättern aus den Mappen XV, XVI, XVII nach der Signatur von H. J. Mette, 1932) läßt sich in der Tat der Versuch einer Überarbeitung seiner früheren Werke, insbesondere von *Menschliches, Allzumenschliches* feststellen, neben der Revision von Abschnitten aus früheren Notizheften und einer Materialsammlung für eine neue Unzeitgemäße über Richard Wagner. Darauf verzichtete N. im Herbst und ließ die Ergebnisse dieser Arbeit zusammen mit anderen bereits vorhandenen Materialien in *Jenseits von Gut und Böse* einfließen, ein Werk, das nach diversen verlegerischen Schwierigkeiten, die der Briefwechsel bezeugt, im August 1886 erschien, und dem ursprünglich ein zweiter Teil folgen sollte (vgl. z.B. N, KSA 12, 100 und 135). Nicht verzichtet hat N. hingegen, wie die Fragmente von Herbst und Winter 1885/86 bezeugen, auf die Ausarbeitung neuer Vorworte zu *Menschliches, Allzumenschliches* I und II, *Morgenröthe* und *Fröhliche Wissenschaft*. Dieser Wille zur Selbstbesinnung ist vielleicht nicht nur, wie Colli es tut, als persönlicher Rückzug zu verstehen, sondern zeugt von einem Bedürfnis nach Vollendung und Ordnung, nach einer Bilanz des Vergangenen, ein Bedürfnis, das N. an allen entscheidenden Etappen seines Philosophierens überkommt. Wenn wir wie Montinari davon überzeugt sind, daß in N.s Plänen die Theorie unvermeidlich der Praxis des Gesetzgebers weichen mußte (»Für N. hatte die Philosophie als theoretische Aktivität keine

Daseinsberechtigung mehr: An ihre Stelle – N. sagt es selbst – ist die Historie getreten. Der Nachfolger des Philosophen muß ein Gesetzgeber sein und das Ziel N.s der Zweck seiner ›Umwerthung aller Werthe‹ ist es in der Tat, der Menschheit ein neues Gesetz zu geben« [Montinari 1981, 164]), so führen uns die Notizhefte von 1885 den noch offenen, im Entstehen begriffenen Versuch einer konstruktiven Philosophie vor Augen, und zwar unabhängig von den bereits veröffentlichten Werken und vor allem unabhängig von der willkürlichen Kompilation *Der Wille zur Macht* des N.-Archivs, die einen großen Teil dieser Fragmente verwendete. Vor allem in den Aufzeichnungen von April bis Juni 1885 (Heft N VII 1: Gruppe 4) finden sich verstärkt – immer versuchsweise und niemals eindeutig und festgefügt – Gedanken über den Charakter und die Natur des /»Willens zur Macht«. Das Philosophem, das in der *Morgenröthe* in den Ausführungen zu dem »Gefühl der Macht« erstmals auftauchte und in *Zarathustra* II (»Von der Selbst-Ueberwindung«) lapidar beschrieben wurde, wird im Sommer 1885 auch zum Gegenstand eines literarischen Projekts, das jedoch nie zu Ende geführt wurde.

Montinari hat in einer akribischen philologischen Textanalyse »die Entstehung und Entwicklung und schließlich das Aufgeben des literarischen Projekts dieses Namens« (Campioni, in: Montinari 1999, 204) endgültig dargelegt. Demnach findet sich *Der Wille zur Macht* als Titel erstmals in N.s Manuskripten aus dem Spätsommer 1885, zusammen mit anderen möglichen Titeln. Die Themen, die vom deutschen Geist bis zum guten Europäer, von der moralischen Heuchelei zur Demokratie und der Erkenntnis als Fälschung reichen, fließen zum großen Teil in *Jenseits von Gut und Böse* ein, als »Kritik der Modernität« (EH, KSA 6, 350). Zahlreiche Aufzeichnungen drehen sich um den Willen zur Macht in seinem Verhältnis zur organischen Welt – aber bezeichnenderweise auch zu unorganischen Prozessen, als Vielheit der Willen und seiner verschiedenen Ausdrucksformen, als Basis physiologischer Prozesse wie Ernährung und Zeugung, wobei sein Verhältnis zur Lehre der ewigen Wiederkehr immer deutlicher herausgearbeitet wird. Während die vielleicht bekannteste Definition des Willens zur Macht sich in dem Fragment 38[12] von Juni – Juli 1885 findet (N, KSA 11, 610f.), das im Aph. 36 von *Jenseits von Gut und Böse* wiederkehrt (»Und wißt ihr auch, was mir ›die Welt‹ ist? Soll ich sie euch in meinem Spiegel zeigen? [...] Diese Welt ist der Wille zur Macht – und nichts außerdem! Und auch ihr selber seid dieser Wille zur Macht – und nichts außerdem!«), geht der erste Plan zu einem literarischen Werk mit diesem Titel auf August-September 1885 zurück (N, KSA 11, 619). Er weist den Willen zur Macht aus als »Versuch einer neuen Auslegung alles Geschehens«. Daß der Wille zur Macht »Ausdeutung« sei und »nicht Erklärung« (N, KSA 12, 98), ist eine Bestimmung, die ihre Gültigkeit behält (vgl. 1[115] Herbst 1885-Frühjahr 1886: »Der interpretative Charakter alles Geschehens. Es giebt kein Ereigniß an sich. Was geschieht, ist eine Gruppe von Erscheinungen ausgelesen und zusammengefaßt von einem interpretirenden Wesen« [N, KSA 12, 38]). Ebenso bleibt die Überschrift: »Der Wille zur Macht. Versuch einer neuen Auslegung alles Geschehens« mit geringfügigen Abweichungen bis zum Sommer 1886 gleich. Daneben existieren jedoch weitere Pläne und mögliche Titel (N. sucht vor allem nach einem geeigneten Untertitel für *Jenseits von Gut und Böse*, während er die Druckfassung vorbereitet), bis hin zu einer ganzen Titelreihe: »**Die Titel von 10 neuen Büchern**«, datiert »Frühjahr 1886« (N, KSA 12, 94), in der der Titel »Der Wille zur Macht. Versuch einer neuen Welt-Auslegung« nur einer unter vielen ist. Wenig später jedoch tritt »eine entscheidende Wendung« (Montinari 1981, 144) in N.s Plänen ein. In einem Fragment vom Sommer 1886 in Sils-Maria gibt N. seinem Werk eine endgültige Struktur in vier Büchern (Nihilismus, Kritik der Werte, das Problem des Gesetzgebers, Lehre von der ewigen Wiederkunft) sowie einen neuen Untertitel: »Versuch einer Umwerthung aller Werthe«, der bis August 1888 seine Gültigkeit behält (N, KSA 12, 109). Erst von da an kann man korrekterweise von der »Umwerthung aller Werthe« in Verbindung mit dem Willen zur Macht sprechen (bis dahin hatte sich N. darauf beschränkt, die »Umkehrung der Werthe« als eine Aufgabe für freie Geister zu fordern, während »Ein Versuch der Umwerthung aller Werthe« lediglich als Untertitel eines möglichen Werks über die ewige Wiederkunft gedacht war; vgl. N, 26[259] Sommer – Herbst 1884, KSA 11, 218), so wie es auch erst von diesem Zeitpunkt an Sinn hat, von N.s ausdrücklicher Absicht zu reden, ein Werk mit dem Titel *Der Wille zur Macht. Versuch einer Umwerthung aller Werthe*. In vier Büchern zu sprechen, wie es auf dem Einband seines *Vorspiels einer Philosophie der Zukunft* (*Jenseits von Gut und Böse*) als »in Vorbereitung« befindlich angekündigt wird. Diesen editorischen Plänen scheint N.s Wunsch zu entsprechen, Ordnung in die Fülle seiner Aufzeichnungen zu bringen. Nach Erscheinen von *Jenseits von Gut und Böse* schickte N. seinem Verleger ein fünftes Buch und einen Anhang zur *Fröhlichen Wissenschaft* (*Lieder des Prinzen Vogelfrei*), unter Verwendung von Material, das teilweise bis ins Jahr 1882 zurückreichte. Danach verfaßte er in nur wenigen Wochen ein neues bedeutendes Werk: die *Genealogie der Moral*. Im Sommer 1887 verfügte N. immer noch über eine Fülle wertvoller, größtenteils noch unfertiger Aufzeichnungen, die in keinem seiner Werke Verwendung gefunden hatten. Das Bedürfnis, dieses Material zu bewältigen, ist offenkundig: Bereits im Frühjahr 1887 erstellte N. eine Liste mit 53 Punkten (N, KSA 12, 201–204), auf Grund derer er später verschiedene Aufzeichnungen aus dem Heft W I 8 thematisch ordnete (N. hat nachträglich zahlreiche Fragmente dieses Hefts oben rechts mit Rotstift numeriert). In einem weiteren Schritt und aus demselben Bedürfnis reißt er zahlreiche Seiten aus den Notizheften dieser Zeit heraus, um sie an anderer Stelle, zunächst ohne weitere Bearbeitung, einzufügen (Mp XVII 3b, Mp XVII 3c; aber auch diese werden im Sommer 1888 durchnumeriert). Es ist möglich, daß N. bei dieser Gelegenheit diejenigen Hefte und einzelnen Blätter, deren Inhalt bereits endgültig überarbeitet und zum Druck gegeben war, vernichtet hat. Dies würde u.a. das spärliche Material zur *Genealogie der Moral* erklären, zu der es so gut wie keinen Entwurf gibt (der Titel erscheint in den Aufzeichnungen lediglich an zwei Stellen, vgl. N, KSA 12, 198 und 218). Laufend kommt neues Material hinzu: die Überarbeitung früherer Notizen, neue Formulierungen, Exzerpte seiner Lektüren. Drei dicke Hefte von Herbst 1887 (W II 1, W II 2, W II 3, letzteres von November 1887 bis März 1888) zeugen von N.s enormer Anstrengung, wichtige theoretische Gedanken zu klären und zu vertiefen im Hinblick auf jenen konstruktiven Teil seines Werks, den er als sein »Schicksal« bezeichnet, als »Rechtfertigung seiner Existenz« (»Ein Strich ist unter meine Existenz gezogen – das war der Sinn der letzten Jahre. Freilich, ebendamit hat sich die bisherige Existenz als das herausgestellt, was sie ist – ein bloßes Versprechen«; Peter Gast, 20. 12. 1887). Parallel dazu arbeitet N. sehr konsequent und konzentriert an einer Ordnung des Materials. Anfang 1888 rubrizierte er 372 Fragmente, aus den Heften W II 1, W II 2 und den ersten 58 Seiten des großen Notizhefts *in folio* W II 4. Für diese Rubrizierung verwendete er ein weiteres Heft (W II 4), in das er die Fragmente stichwortartig eintrug. Diese Aufzeichnungen gliederte er mit römischen Ziffern in vier Bücher, die sich auf den *Willen zur Macht* beziehen. Am 13. Februar 1888 schrieb er an Peter Gast, die »Niederschrift« seines »Versuchs einer Umwerthung« sei fertig. Mit dem umfangreichen Notizheft W II 5, das mit dem Datum »Nizza, 25. März 1888« beginnt, ändern sich die Pläne zum *Willen zur Macht* allmählich. Nachdem N. den Plan zur Veröffentlichung ein weiteres Mal geändert hat (er schwankt zwischen der gewohnten Struktur in vier Büchern und einem Buch mit sieben bis zwölf Kapiteln), scheint sich allmählich der Gedanke an ein Aufgeben dieses geplanten Werks durchzusetzen. Es ist zwar richtig, daß N. im Sommer 1888 die Notizhefte erneut vornahm, um eine letzte Anordnung zu versuchen (die letzte Rubrizierung des Heftes W I 8 und der Mappen XVII 3b, Mp XVII 3c mit dem letzten Plan zum *Willen zur Macht* trägt das Datum August 1888), aber es stimmt auch, daß »jegliches Anzeichen eines Versuchs, das Material zu ordnen und zu gliedern« fehlt, »es fehlen die Aufstellungen und Numerierungen, wie wir sie in den Heften des vorhergegangenen Winters finden. Die theoretische Erörterung des Begriffs vom Willen zur Macht ist mit Ausnahme von wenigen Fragmenten abgebrochen« (Colli, KSA 13, 667). Dagegen drängen sich Reflexionen zum Pessimismus und Nihilismus, zur décadence und der Kunst als »Gegenbewegung« immer stärker in den Vordergrund. Um sie kreist N.s Interesse in den letzten intensiven Monaten seines bewußten Lebens. Der letzte Entwurf zu einem Werk in zwölf Kapiteln mit dem Titel »der Wille zur Macht. Versuch einer Umwerthung aller Werthe« ist vom 26. August 1888 (N, KSA 13, 537). Danach verzichtet N. bewußt auf diesen Plan und verwendet das bis dahin gesammelte Material auf andere Weise. Aus diesem Material gehen unter anderem –

nicht ohne größere Umarbeitungen und Ergänzungen – die *Götzen-Dämmerung*, ein »Auszug« seiner Philosophie, sowie ungefähr die Hälfte des *Antichrist* hervor (dessen Niederschrift in der zweiten Septemberhälfte 1888 erfolgte; vgl. insbesondere Heft W II 8). *Der Antichrist* war ursprünglich als Werk in vier Teilen mit dem Titel »Umwerthung aller Werthe« geplant (man beachte, daß von nun an der Begriff »Wille zur Macht« in N.s Aufzeichnungen verschwindet). Schließlich betrachtete N. wenig später (Ende November) den *Antichrist* als seine gesamte »Umwerthung aller Werthe« (»Meine Umwerthung aller Werthe, mit dem Haupttitel ›der Antichrist‹ ist fertig«; Paul Deussen, 26. 11. 1888). Zuletzt, vermutlich im Dezember 1888 oder Anfang Januar 1889, fügte N. noch den Untertitel »Fluch auf das Christentum« hinzu, mit dem er endgültig einen Schlußstrich unter den *Willen zur Macht* gezogen hat.

In der Zwischenzeit hatte sich N. mit *Der Fall Wagner* eine kleine »Erholung« verschafft (Malwida von Meysenbug, 4. 10. 1888). Er entstand im Frühjahr 1888 in Turin und wurde Mitte August 1888 vollendet (einige Aufzeichnungen finden sich in Heft W II 5 und werden in W II 6, 7 weitergeführt). Eine große »Erholung« hingegen von sich selbst scheint *Ecce homo* gewesen zu sein. Der Gedanke an die Niederschrift einer Autobiographie (die erste Notiz dazu in Heft W II 9, vgl. N, 24[1] Oktober–November 1888, KSA 13, 615–632) unterbricht jäh die Aufzeichnungen zu einem geplanten letzten Buch zur »Umwerthung aller Werthe« mit dem Titel »Der Immoralist«, dessen Spuren sich ungefähr Mitte Oktober 1888 verlieren. Ebenfalls zum Nachlaß dieser Zeit gehören die Aufzeichnungen und Entwürfe zu einer letzten polemischen Schrift gegen Wagner, *Nietzsche contra Wagner*, auf die N. am Ende verzichtet. In Heft W II 10 sammelte N. alte und neue Gedichte (die ersten gehen auf die *Zarathustra*-Zeit zurück), die ursprünglich als »Lieder Zarathustras« konzipiert waren und im Januar 1889 als *Dionysos-Dithyramben* veröffentlicht wurden. Den Schluß von N.s Nachlaß bilden Aufzeichnungen, die vermutlich als Ergänzungen zum Druckmanuskript des *Ecce homo* geplant waren, auf die N. dann jedoch verzichtete, darunter die berühmte »Kriegserklärung« an das Haus Hohenzollern, deren gereizter Ton bereits Anzeichen des beginnenden Wahnsinns verrät.

Sich mit N.s Nachlaß auseinanderzusetzen bedeutet, sich mit der ganzen Geschichte der Manuskripte auseinanderzusetzen, »mit ihren Entwürfen, Plänen und Anordnungen, ihren Brüchen und Irrwegen« und sie mit den »anderen Denkern zu konfrontieren, deren Lektürespuren durch Paraphrasen oder Exzerpte bezeugt sind« (D'Iorio 1996, 158). Es bedeutet auch, sich auf ein reiches und glänzendes Denken einzulassen, dem man als Ganzes nicht gerecht werden kann, höchstens einzelnen Aspekten. Ein solcher Aspekt ist für Colli die »Philosophie des Dionysos«, die N. im Frühjahr 1885 ausarbeitet. In ihr sieht Colli ein Anzeichen für jenes bereits zitierte Mißtrauen in die Mitteilbarkeit. Der tragische dionysische Geist widersetzt sich der Philosophie in Wort und Schrift. Colli zufolge handelt es sich um eine neue Denkrichtung von höchstem spekulativem Niveau, in deren Mittelpunkt das mystische Erlebnis der Griechen steht, das N. in ein mitteilbares System zu verwandeln suchte (Colli spricht in Bezug auf die Aufzeichnungen aus diesem Zeitraum von einer esoterisch/exoterischen Doppelgleisigkeit, wobei erstere destruktiv und letztere illusorisch konstruktiv sei (KSA 13, 651). Auf diese Weise sind die Beschreibungen des Willens zur Macht, wie sie in den Notizheften bis 1887 enthalten sind, lediglich eine »Verkleidung des Schopenhauerschen Denkens«, nichts anderes, als der exoterische Ausdruck von N.s Gedanken einer illusorischen und unsagbaren Wirklichkeit. »Die Entstehung der Theorie vom Willen zur Macht geht von der Sprache seiner sogenannten positivistischen Periode aus, von den mechanistischen Formulierungen und vom wissenschaftlichen Begriff der Kraft«, schreibt Colli. Aber für ihn vollzieht sich hier notwendigerweise ein »metaphysischer Übergang: Der Kraft wird eine innere Welt zugesprochen, ein Drinnen, ein Substrat; etwas nicht Physikalisches, nicht Erfahrbares, ein Verlangen, ein Spinozascher oder Schopenhauerscher *conatus*. [...] Die Wissenschaft wird verraten: Man weiß, wie übel beleumdet der Analogismus in der Wissenschaft ist, und außerdem – im Blick auf ein strenges Urteil über das kosmische Geschehen – erscheint ein solches anthropomorphes Bekenntnis naiv« (Colli KSA 11, 724f.). Der Analogieschluß zwischen biologischem Organismus und Willen zur Macht, den N. zieht, ist für Colli Zeugnis »einer nicht gerade strengen Methode«, vielmehr nur eine »hübsche Theorie«, »exoterische Ergüsse«, hinter denen N. seine gnoseologischen und metaphysischen Ansichten verbirgt. In Wirklichkeit finden N.s auf der Analogie zum Organischen basierende Überlegungen zum Willen zur Macht ihr exaktes Pendant in den biologischen und physiologischen Debatten seiner Zeitgenossen, mit denen sich N. intensiv auseinandersetzt (besonders wichtig der Einfluß von Nägeli, Roux, Hermann). In diesem Zusammenhang ist auch der einzige Hinweis aus dieser Zeit auf den Satz von der Erhaltung der Energie von großer Bedeutung, der sich in Heft N V III befindet (»Der Satz vom Bestehen der Energie fordert die ewige Wiederkehr« [N, KSA 12, 205]). Er belegt, wie weit die Hypothese der ewigen Wiederkehr von jeglicher mythischen oder emotionalen Bedeutung entfernt ist, sich vielmehr voll und ganz in die aktuelle Kosmologie-Debatte einfügt, wie auch die jüngste Forschung gezeigt hat (vgl. auch N, KSA 12, 535f. und 13, 260f.). N. denkt ebenfalls über die verschiedenen Äußerungsformen der ↗Instinkte nach, über die Motive des Handelns und ihre Umsetzung in die scheinbare Einheit des Bewußtseins – letzteres ist streng an die Erinnerung gebunden – ›über das empedokleische Spiel von Anziehung und Abstoßung‹, um zu einer Definition des Willens zur Macht zu gelangen, die sich immer mehr »am Leitfaden des ↗Leibes« orientiert (N, 40[15], 40[21] August–September 1885, KSA 11, 634f. und 638f., u.a.), eine Richtung, die von zahlreichen Aufzeichnungen aus der Folgezeit bestätigt wird. Insbesondere wird der Mensch als eine »Vielheit von ›Willen zur Macht‹« aufgefaßt, »jeder mit einer Vielheit von Ausdrucksmitteln und Formen«, die Müller-Lauter (1971) als »Macht-Quanten« beschrieben hat. Bei diesem Willen handelt es sich folglich weder um ein Sein noch um ein Werden, sondern um ein Pathos, das N. erlaubt, zukünftig vom Willen zur Macht als einem schöpferischen Impuls zu sprechen, der seine höchste Form im dionysischen Ausdruck erhalte. Eine bemerkenswerte Verschiebung in N.s Betrachtungen setzt in den Aufzeichnungen vom Frühjahr–Sommer 1887 ein, unter denen sich das wichtige Fragment über den europäischen Nihilismus befindet, das »Lenzer Heide den 10. Juni 1887« datiert ist (N, KSA 12, 211–217). In der ersten Kompilation des *Willens zur Macht* durch das N.-Archiv (1901) erschien dieses Fragment ohne Datum, in der zweiten (1906) war es in mehrere Teile zerstückelt. Von diesem Zeitpunkt an (mehr noch in dem folgenden Heft W II 1 von Herbst 1887) tritt das Problem des ↗Nihilismus als äußerste Consequenz des Willens zur Wahrheit in den Vordergrund: Ein Bewußtwerden des bedrohlichen Charakters jeglicher Erkenntnis markiert den **»Eintritt in das tragische Zeitalter von Europa«** (N, KSA 12, 378) und stürzt es in einen **»zweite[n] Buddhismus«** (N, KSA 12, 377). Wenn man also die »Geschichte des europäischen Nihilismus [a]ls nothwendige Consequenz der bisherigen Ideale« (N, KSA 12, 339) lesen kann, so scheint N. von dem Willen geleitet zu sein, die Geschichte der Erkenntnis als eine des Nihilismus zu betrachten. Dies erklärt auch die zahlreichen Aufzeichnungen zu Spinoza, Leibniz, Hume und Kant (N, KSA 12, 259–270), die zum großen Teil auf die eifrige Benutzung der Bibliothek in Chur zwischen Mai und Juni 1887 zurückgehen. In diesem Zusammenhang ist die erneute Lektüre von Langes *Geschichte des Materialismus* von Bedeutung sowie die Begegnung mit *L'Ancienne et nouvelle philosophie* von E. de Roberty. Die Problematik des Willens zur Macht wird jetzt auf den Nihilismus übertragen. (Einigen Plänen von Herbst 1887 zufolge sollte sich das geplante Buch über die Umwertung ausschließlich mit dem Nihilismus und seiner Überwindung befassen [N, KSA 12, 410; N, KSA 12, 432; ferner N, KSA 13, 215). Der destabilisierende Verlust eines sinnstiftenden Horizonts (das, was N. in diesem Zusammenhang als »passiven Nihilismus« bezeichnet) (N, KSA 12, 351), kann sich in ein aktives Überwinden verwandeln. Die Auflösung – dank des »Willens zur Wahrheit« – der falschen Dichotomie wahre/scheinbare Welt (in Heft W II 5 vom Frühjahr 1888 vorweggenommen und in *Götzen-Dämmerung* in dem Abschnitt »Wie die ›wahre Welt‹ endlich zur Fabel wurde« kanonisiert) macht Platz für eine tragische Dimension der Existenz, verstanden als unschuldiges Spiel mit unendlichen schöpferischen Möglichkeiten. N.s Betrachtungen verschieben sich dadurch erneut in signifikanter Weise hin zur Kunst (zur Gestalt des Philosophen Dionysos, einer antimetaphysischen und antimythischen Chiffre) und hin zu dem, was er selbst in Anlehnung an Taine (vgl. Campioni 1993) als »Physiologie des Tragischen« bezeichnet hat, eine

Ästhetik, die an den Leib geknüpft ist, die Wert legt auf das Maß an Kraft, Werten und »virtù«, die den Schöpfer neuer Werte selbst auszeichnen. In den Reflexionen der letzten Hefte interessiert sich N. dann in der Tat für das Maß an Kraft der Wertsetzenden. Zahlreiche Aufzeichnungen drehen sich um Goethe (eine »Form«, die in der Lage ist, alle Gegensätze in sich zu vereinen [N, KSA 12, 443f., u. a.]), um den Renaissance-Menschen (die Quelle hierfür ist vor allem E. Gebhart, *La Renaissance italienne et la philosophie de l'histoire*, 1887), um Napoleon, verstanden als »Künstler-Tyrann« wie ihn Taine charakterisiert hat (im Gegensatz zum »positivistischen Tyrannen« Renans), um Stendhal, im Rahmen einer generellen Gegenüberstellung von klassisch und romantisch (entscheidend in diesem Zusammenhang ist die Lektüre der *Études critiques sur l'histoire de la littérature française* von Brunetière), die für N. zunehmend zu einer physiologischen Frage von Stärke und Schwäche, Gesundheit und Krankheit wird. Parallel zu der Suche nach dem starken Typus, der in der Lage ist, dem Leben einen neuen, von der Moral unabhängigen Sinn zu geben, kristallisieren sich die Umrisse seines Gegenteils heraus, des décadence-Typus, mit dem sich N. konsequent in den letzten Monaten seines bewußten Lebens auseinandersetzt (der Begriff ↗ décadence taucht in den nachgelassenen Fragmenten von 1888 insgesamt 96mal auf). Die intensive Lektüre dieser Zeit, N. liest hauptsächlich Franzosen: Flaubert, Balzac, die Brüder Goncourt, Zola, Renan und vor allem Baudelaire aber auch Constant und Bourget (vgl. die Gruppe 11, 1887, N, KSA 13, 9–194), bezeugen N.s Willen, der décadence, dem wichtigsten Symptom der Moderne, gerecht zu werden. Einen besonderen Fall der décadence des Werturteils die »Gesammt-Abirrung der Menschheit von ihren Grundinstinkten« (N, KSA 13, 89) stellt für ihn das ↗ Christentum dar (»Christenthum ist ein Typus der décadence« [N, KSA 12, 511]). Die letzten nachgelassenen Schriften stehen ganz im Zeichen dieses Phänomens, das für N. den Sieg einer der untersten Stufen des Willens zur Macht verkörpert. Die Charakterisierung des Christentums, wie wir sie aus dem *Antichrist* kennen, geht auf zahlreiche, durch den Nachlaß bezeugte Quellen zurück, deren Kenntnis zu einem adäquaten Verständnis unbedingt erforderlich ist: Die *Prolegomena zur Geschichte Israels* von Wellhausen, *Die Anthropologie des Apostels Paulus* von Lüdemann (die N. bereits 1872 gelesen hat), *Les législateurs religieux. Manou-Moïse-Mahomet* von Jacolliot. N. konstruiert die Psychologie des décadence-Typus Jesus aber auch und vor allem in Opposition zu Renan, Dostoevskij und Tolstoj (zahlreiche ausführliche Exzerpte zeugen von einer intensiven Auseinandersetzung mit diesen Autoren; Elisabeth Förster-N. hat diese Exzerpte zum Teil in ihre Kompilation des *Willens zur Macht* als N.-Texte aufgenommen, obwohl sie als Exzerpte gekennzeichnet waren). Der Kampf gegen das Christentum wird für N. sogar zu einem politischen Kampf. Es sind die Schwächsten, die ihren Willen reaktiv durchsetzten vermittels unnatürlicher Moralvorschriften und des ebenso unnatürlichen schlechten Gewissens (vgl. N, KSA 12, 429). Die diesbezüglichen Ausführungen in der *Genealogie der Moral* sind bekannt. N. hatte ursprünglich eine Fortsetzung (»zweite Streitschrift«) geplant, die er aber »einstweilen, als zu umfänglich, bei Seite gelassen« hat (vgl. Franz Overbeck, 4. 1. 1888 sowie N, KSA 12, 377). Diese sollte sich hauptsächlich mit dem »Heerdeninstinkt« auseinandersetzen und mit dem, was N. als »Macchiavellismus der Macht« bezeichnet (N, KSA 12, 419 und 13, 25f.), den er auch und gerade in den zeitgenössischen Forderungen der Anarchisten und Sozialisten sowie in den demokratischen Bestrebungen ausmachte. Diesen reaktiven Naturen, die durch eine Erschöpfung der Lebenskraft gekennzeichnet sind, stellt N. die überlegenen Naturen gegenüber, die aus einem Überschuß von Kraft heraus bejahen, wobei er in der Tat an »Selektion« und »Züchtung« denkt (N, KSA 12, 425 u.a.), an eine »große Politik«, die nichts anderes ist als der Krieg der großen Geister gegen die Modernität und ihre Verirrungen. N. will also ganz im Gegensatz zu seiner sonstigen Natur zeitgemäß und aktuell sein, aber es handelt sich um eine »im Grunde heitere und boshafte ›Aktualität‹« (Peter Gast, 25. 11. 1888), fern jeglicher Anmaßung und politischer Ansprüche, auf die sie nur – wie geschehen – mit Hilfe gewaltiger Verdrehungen reduziert werden konnte. Der Wille, sich einzumischen, hat in den letzten Monaten von N.s bewußtem Leben eher die Leichtigkeit des Feuilletons und den Scharfsinn des Pamphlets. Für den Philosophen, der nur wenig später zur Rechtfertigung der unheilvollsten deutschen Geschichte mißbraucht werden sollte, war es inzwischen »an der höchsten Zeit daß [er] noch einmal als Franzose zur Welt komme« (Jean Bordeau, etwa 17. 12. 1888) – zumindest wünschte er sich das.

Die Masse der Aufzeichnungen, Exzerpte, mehr oder weniger ausgearbeiteten Formulierungen, Entwürfe und Skizzen, die den Nachlaß ausmachen und die in der Ausgabe von Colli und Montinari in chronologischer Ordnung publiziert worden sind, ohne den Versuch einer Systematisierung und frei von ideologischen Vorbehalten, führen uns N.s Denken in seiner authentischen Gestalt vor Augen, im Moment des Entstehens und Werdens, ein Denken, das sich manchmal von sprühenden Einfällen leiten läßt, sich meistens aber auf sich selbst besinnt, um sich, auch in stilistischer Hinsicht, zu schärfen und zu verfeinern. Der Nachlaß stellt auch eine Art Werkstatt dar, in der ein einfaches Fragment in einem komplexen und geduldigen Prozeß der Bearbeitung und »Destillation«, in einen Aphorismus oder eine Sentenz verwandelt wird. Es ist der Ort stilistischer Übungen und Verbesserungen sowie thematischer Suche und Orientierung. Aus den Tausenden von Nachlaßseiten gehen die veröffentlichten Schriften hervor, aber auch N.s Experimente, seine kritischen Auseinandersetzungen, seine Versuche und Verzichte, ein N., der eben nicht den auch heute noch vielen geforderten Kriterien ideologischer Lesbarkeit entspricht. Angesichts der, wenn man so will, »chaotischen« Masse von Aufzeichnungen wird noch heute immer wieder Lesbarkeit und Kohärenz gefordert, auch um den Preis, N.s Denken zu entstellen, ein Denken, das man nur entwirren kann, indem man es zunächst noch komplexer macht und die Quellen, die kulturellen Bezüge und biographischen Ereignisse mit einbezieht, wie der kritische Apparat der Ausgabe von Colli und Montinari es versucht. Inzwischen wird von M.-L. Haase und M. Kohlenbach eine neue Edition des Nachlasses von 1885–1889 vorbereitet, die von der DFG und dem Schweizerischen Nationalfond finanziert wird. Dabei handelt es sich um eine diplomatische Abschrift, die anstelle einer chronologischen Anordnung jede Seite manuskriptgetreu zu reproduzieren sucht.

Literatur: Mette, H.J.: Der handschriftliche Nachlaß F. N.s, Leipzig 1932; Konkordanz. Der Wille zur Macht: Nachlaß in chronologischer Ordnung der Kritischen Gesamtausgabe, hrsg. v. M.L. Haase/J. Salaquarda, in: NSt 9 (1980), 446–49; Montinari, M.: Critica del testo e volontà di potenza, in: N., Rom 1981, 47–65; Ders. 1982, 92–119; Groddeck, W.: ›Vorstufe‹ und ›Fragment‹. Zur Problematik einer traditionellen textkritischen Unterscheidung in der N.-Philologie, in: Stern, M. (Hrsg.): Textkonstitution bei mündlicher und bei schriftlicher Überlieferung, Tübingen 1991, 165–175; Montinari, M.: Der späte N. (1885–1889), in: Ders., N. Eine Einführung, Berlin/New York 1991, 95–129; Brusotti, M., Introduzione a: N. F.: Tentativo di autocritica 1886–1887, Genua 1992; Campioni, G.: »Nel deserto della scienza«. Una nuova edizione della »Volontà di potenza« di N., in: Belfagor (1993), 205–226; Ders.: Wagner als Histrio. Von der Philosophie der Illusion zur Physiologie der décadence, in: »Centauren-Geburten«. Wissenschaft, Kunst und die Philosophie beim jungen N., hrsg. v. T. Borsche/F. Gerratana/A. Venturelli, Berlin/New York 1994; D'Iorio, P.: Les volontés de puissance, in: Montinari, M.: »La volonté de puissance« n'existe pas, Paris 1996, 119–160 ; Campioni, G.: Nachwort, in: Montinari, M.: Che cosa ha detto N.?, Mailand 1999, 195–224.

*Maria Cristina Fornari*
*(aus dem Ital. von Renate Müller-Buck)*

# Die Gedichte

Die frühesten der erhaltenen literarischen Versuche N.s sind Gedichte; das letzte Werk, das der Autor abschloß, ist ein Gedichtzyklus. Gedichte entstanden in allen Perioden der Lebens- und Werkgeschichte. Einige der Texte, die heute den Ruhm des Lyrikers N. begründen, ließ er nie drucken; sie gelangten später oft mit nicht vertretbaren Änderungen an die Öffentlichkeit. Bis zum gegenwärtigen Zeitpunkt gibt es keine eigene wissenschaftliche Edition des lyrischen Gesamtwerks. Durch die Colli-Montinari-Ausgabe hat sich die Textsituation sehr gebessert, da nun die Gedichte, die seit 1870 entstanden, in den authentischen Formen vorliegen; die früheren Gedichte kann man seit Jahrzehnten in der Edition von Mette lesen, deren Schwächen die neue Ausgabe der Jugendschriften mit Sicherheit beheben wird. Wie Groddecks Lesart von *Klage der Ariadne* zeigt (Groddeck 1991 Bd. 1, 143), sind Änderungen weiterhin denkbar.

Lyrischem Sprechen begegnet der Leser in fast allen Schriften N.s, nicht nur in *Also sprach Zarathustra*; wesentliche »Kapitel« sind dort große Gesänge. *Oh Mensch! Gieb Acht!* wird in verschiedenen Kontexten szenisch entfaltet und konzentriert (Za III; Za IV, KSA 4, 285, 404); ein Herauspräparieren des »eigentlichen« Gedichts verbietet sich da. Allerdings ist die hier vorgenommene Eingrenzung der Textart »Gedicht« auf lyrische Versdichtung in einem weiten Verständnis – das freirhythmische Reihen ebenso einschließt wie mit Verssequenzen verbundene Prosateile – ebenfalls nicht ohne Willkür.

Die Gedichte, die während der Schulzeit entstanden, sind zum Teil Auftragswerke. Zu ihnen zählen Casualgedichte, die im Leben gebildeter Familien des 19. Jh.s noch ihren festen Platz hatten, und Texte, mit denen Schulaufgaben erfüllt wurden. Oft werden die frühen Gedichte – durchaus nicht zu Unrecht – als »epigonal« bezeichnet; das Attribut eignet man deutscher Lyrik der Zeit gern zu. Die pejorative Charakterisierung verdeckt auch Werte: Solche Dichtung hat die große Tradition im Blick, sieht sich ihr gegenüber in einer Verantwortung.

In den Bildern und metrischen Strukturen der frühen Gedichte spiegelt sich die Lektüre der wichtigsten Dichter der jüngeren deutschen Literatur. Schillers Vorbild ist allgegenwärtig, aber auch das Goethes fehlt nicht (↗Deutsche Klassik). Romantische Lyrik lernte der junge Dichter zum beträchtlichen Teil über Vertonungen kennen. Die Choralliteratur vermittelte eine solide – obgleich kaum als solche reflektierte – Verbindung zur Barocklyrik. Den engen Zusammenhang der Lyrik mit der Musik – die zentrale These der Lyrik-Theorie in *Die Geburt der Tragödie* – entdeckte schon der Autor der Jugendgedichte. Daneben steht – ebenfalls zeitig – die Poesie der großen Rede und der pathetisch vorgetragenen Geschichte, dessen also, was N. später als das Wesen des Dramatischen bestimmte (WA 9, KSA 6, 32).

Ein Gedicht des Dreizehnjährigen hat den Titel *Hecktors Abschied* (BAW 1, 434). Nicht nur seine Stanzen sollen gegenüber den schlichteren Schweifreimstrophen des gleichnamigen Schiller-Gedichts als die höhere Form gelesen werden, es bringt auch den homerischen Stoff mit größerer Vollständigkeit und in christlichem Gewand. Die jungdeutsche Vorliebe für die oft parodierenden Kontrafakturen zu älteren Texten wird hier mit neuem Sinn übernommen: Der jüngere Dichter zeigt, daß ihm in der Literatur ein Platz zusteht. Hierher gehören neue Texte zu gängigen Melodien, wie das Gedicht *Abschied* (BAW 1, 426), das die Strophe von Eichendorffs *Der Jäger Abschied* übernimmt.

Wie vielfach in Gedichten der ↗Romantik wird in der Natur das Bild des richtigen Lebens beschworen; die Thematik der Naturpredigt trägt die Ahnung einer anderen Welt. Lyrische Dichtungen entziehen sich eindeutiger Interpretation, sie sind offen für experimentelle Entwicklungen von Lebensbildern, in ihnen kann versteckt werden, was nach Ausdruck verlangt und sich gleichzeitig dem ungeneigten Deuter verweigern will. Schmidt hat in den Jugendgedichten N.s die Dokumentation des inneren Werdens dieser Persönlichkeit gezeigt, eines Prozesses der Lösung aus sozialen und religiösen Fremdbestimmungen (Schmidt 1997). In der Tat fällt eine deutliche Übereinstimmung zwischen den recht konventionellen Liedern und den Helden- und Schauerballaden im Stil der Zeit auf: Es geht immer um den einsamen Menschen, der sich mit inniger Liebe dem Tod zuwenden, der aber auch in heroischem Trotz seine einsame Höhe feiern kann. Zwölfjährig schrieb N. das Gedicht *Ohne Heimath* (BAW 1, 122) um eins seiner liebsten Selbstbilder, das des vornehmen Vagabunden, des fahrenden Ritters. Der klangmalende Einwortvers »Heidideldi!« weist ebenfalls auf spätere Gedichte voraus, auch auf die des letzten Zyklus. In der vierten Unzeitgemäßen fordert N., daß die Ausrichtung unserer Sprache auf das, was dort als das »Netz der ›deutlichen Begriffe‹« (WB 5, KSA 1, 456) erscheint, durch die Arbeit am sprachlichen Ausdruck des Gefühls ergänzt werde. Dieses Bemühen um die »Musik« in der Sprache – auf das Problematische des Begriffs ist hier nicht einzugehen – schlägt eine Brücke vom Dichtungsverständnis der deutschen ↗Romantik zu dem der europäischen Moderne.

Krisenhafte Momente im Verhältnis zur überkommenen Religion finden in einigen Gedichten der letzten Schuljahre ihren Ausdruck. *Vor dem Crucifix* (BAW 2, 187) läßt einen verzweifelten Trinker vergeblich einen kindlich-direkten Weg zu Jesus suchen. Die Verse der komplizierten langen Strophen des Gedichts erinnern an Madrigale; man darf wohl die Absicht einer Vertonung annehmen.

Das gilt auch für *Jetzt und ehedem* (BAW 2, 189), dessen ähnliche Strophe noch freier ist. Der »Zerrissene« der Spätromantik ist seinen titanischen Weg gegangen und hat zu den Seligkeiten von Kirche und Kirchhof zurückgefunden. Eine spröde, melodisches Belcanto immer wieder erreichende und verlierende Sprache deutet ebenso auf den späteren Dichter voraus wie das Spiel mit sprachlichen Fertigteilen, mit offenen und versteckten Zitaten.

Berühmt wurde das letzte Gedicht des Abiturienten: *Noch einmal eh ich weiter ziehe* (BAW 2, 428). Viele Drucke des Fragments sind fehlerhaft, da sie den Text retuschieren. Jeweils zwei ungleiche Vierzeiler bilden die achtzeilige Strophe; die siebten Verse haben nur die halbe Länge. Abweichungen vom alternierenden Prinzip und der Vierfüßigkeit dürften auch aus dem Fragmentcharakter des Textes zu erklären sein. Die abschließende dritte Strophe hat nur fünf Verse; wahrscheinlich wurde sie nicht vollendet.

In der Apostelgeschichte wird berichtet, daß Paulus den unbekannten Gott, dem die Athener das Gastrecht einräumten, als den Gott der Christen verehrt wissen wollte. Dem folgt N.s Gedicht nicht, das eine jenseits aller Erfahrung und Lehre angenommene Instanz anspricht, welcher der Sprecher sogar (*selbst*) dienen will. Diese Instanz ist ihm in ihrer Fremdheit feindlich und zugleich tief verwandt. Es gibt Gründe, Anklänge an die Religiosität der Parsen zu sehen. Schließlich wäre auf die kurze Distanz zu verweisen, die diesen »unbekannten Gott« von der letzten »Liebe« der Lyrik N.s trennt: der Ewigkeit.

Aus den achtziger Jahren – an deren Beginn N. die Zusammenstellung und Herausgabe von Gedichtsammlungen erwog – ist ein umfangreiches lyrisches Werk überliefert. Viele der Texte entstanden früher und wurden vom Autor für die Editionen bearbeitet. Eine beträchtliche Zahl von Gedichten aus den siebziger und den frühen achtziger Jahren aber, die offensichtlich nicht in die Kompositionen der Sammlungen paßten, sind nur in Formen erhalten, die nicht für den Druck autorisiert wurden. Man gab sie dennoch heraus, und so existieren berühmte Gedichte von N., die deutlich den Intentionen des Dichters nicht entsprechen. Diese Texte werden weiterhin nachgedruckt.

Für Sammlungen solcher Gedichte schufen die Herausgeber Ordnungen. Inmitten von Materialien zu *Die fröhliche Wissenschaft* aus dem Jahre 1882 konnten sie das Gedicht *Lieder und Sinnsprüche* (N, KSA 9, 679) finden, das die schlichte Einteilung der lyrischen Kunstwerke in diese beiden Arten ironisch begründet. Da N.s Sammlungen der Versdichtungen, welche *Die fröhliche Wissenschaft* in der zweiten Ausgabe eröffnen und schließen, seinem Muster zu folgen scheinen, hielt man wohl in den späteren Ausgaben eine ähnliche Einteilung der Inedita für geboten. Durchaus irreführend war die Zusammenstellung einer Gruppe, deren konstitutives Merkmal eine besondere Nähe der zum großen Teil späten kurzen lyrischen Versfolgen zu den *Dionysos-Dithyramben* sein sollte. Texte der Gruppe sprechen Ansätze der Zarathustra-Zeit weiter, und schließlich läßt sich alles in dieser Sammlung mit gleichem Recht dem »Umkreis« fast jedes der Werke des Jahres 1888 zuordnen. Deshalb ist es günstiger, auf solche Hilfen zu verzichten und sich damit abzufinden, daß für die Gesamtheit der nicht von N. veröffentlichten Gedichte – hier muß das Wort für Lyrisches stehen, das nicht in jedem Falle als abgeschlossenes Werk existiert – bisher nur die Chronologie annehmbare Gliederungseinheiten bietet.

1871 entstand das Gedicht *An die Melancholie* (N, KSA 7, 389), das mit seiner Landschaft auf spätere und späte Gedichte vorausweist. Es spricht odisch eine allegorische Figur an; die Strophe ist eine im Deutschen häufige Nachbildung der Stanze. In der sich über die vertraute und gefährdende Melancholie erhebenden Rede ist schon der Wille zur Ironie; die Überhöhung des Schlusses, der die in so hohem Ton Angesprochene schließlich fortkomplimentiert, stimmt da nicht mehr. Auch das mag ein Grund dafür gewesen sein, daß N. das Gedicht bei den späteren Planungen überging.

Dagegen führte er die Arbeit an zwei 1877 in Rosenlauibad entstandenen Gedichten weiter. Sie können als exemplarisch für N.s lyrische Landschaften angesehen werden. Die Landschaften der frühen Gedichte sind noch in der romantischen Tradition daheim; die Natur ist ein Buch, sie hat eine Botschaft, die älter ist als der Leser, die ihm helfen kann, in seinem Leben richtig zu handeln. In den Rosenlauibad-Gedichten begegnet der Leser einer Natur, die so von Leid und Schmerz zerrissen ist, daß sich eine Landschaft gar nicht mehr herstellen kann; die Bilder sind nicht mehr im klassischen Sinne »symbolisch«, in ihnen fallen nicht mehr Bild der Natur und Bild der Seele zusammen, sondern die Elemente des Landschaftsbildes sind nur noch Material für Bilder einer nervösen, versehrten, modernen Seele. Die Ironie, die man im fabulierenden Umgang mit Sonne, Gletscher, Frühling sehen darf, deutet darauf, daß auch alle schöne Naturverbundenheit im günstigsten Fall über die Einsamkeit des Menschen täuscht. Schon der klassisch-romantische Blick in die tröstende Natur hatte die Enttäuschung durch die Menschen zu lindern. Nun wächst die Einsamkeit; im subjektivierten Landschaftsbild verflüchtigt sich die betrachtende und sprechende Subjektivität.

Die Rosenlauibad-Gedichte erhielten erst im Zusammenhang mit den späten Überarbeitungen ihre Titel. *Am Gletscher* (N, KSA 11, 325) heißt nun die Mythe vom Sommerknaben, der in der frühen Fassung nicht krank ist. Seltsamer ist der Titel des bekannten Herbstgedichts, dessen erste Fassung ebenfalls in Rosenlauibad entstand: *Im deutschen November* (N, KSA 11, 323). Jetzt werden den Bildern des Abschieds, des Schauderns und des selbstvergessenen Mitleidens gleichsam leitmotivisch die Warnung vor der tödlichen Gefahr, die dem Herzen droht, und die dringliche Aufforderung zur Flucht entgegengestellt. Die Erweiterung macht einen Riß in der Weltsicht des Autors deutlich: In ihm lebt alles, was die Kultur deutsch-romantischer Empfindsamkeit ausmacht, eine Kultur, die im Mitleiden, im Annehmen von Leid und Schmerz, Werte sieht, und eben diese Werte stellt er jetzt radikal in Frage.

Das wohl berühmteste Gedicht N.s, das gleichzeitig mit den Spätfassungen der Rosenlauibad-Gedichte entstand, vereint, was dort in Schichten wuchs. An jenen Spätfassungen bemerkt der Leser eine stärkere Betonung des dramatischen Elements, der Rollenrede; auch dies wirkt mit, die redende Subjektivität zu mindern. »Die Krähen schrei'n« beginnt das Gedicht, dessen letzter Titel *Der Freigeist* (N, KSA 11, 329) lautet. Es besteht aus einem Dialog, in dem offensichtlich nur ein Mensch spricht. In vielen Publikationen wurde der erste Teil allein als das ganze Gedicht gedruckt, meistens unter dem Titel *Vereinsamt*. Zu sich selbst sprechend, »Zur Winter-Wanderschaft verflucht«, scheint hier der Nachfolger des Wanderers aus der *Winterreise* seine Fremdheit schließlich zu akzeptieren. Im zweiten Teil wird deutlich, daß im ersten einer redete, der in den Wanderer den Heimatlosigkeit Erleidenden nur hineingesehen hatte.

Schon zwei Jahre vor den Neubearbeitungen der früheren Gedichte begann der Aufstieg einer anderen Dichtung, die nur eine Stimme des besprochenen Widerstreits reden läßt, der Poesie der fröhlichen Masken, die alle mit der des Narren verwandt sind. Yorick sollte zum Helden eines Zyklus werden, dann wieder hieß die Gestalt »Der Einsiedler« und schließlich »Prinz Vogelfrei«. 1882 erschienen in der Chemnitzer *Internationalen Monatsschrift* die *Idyllen aus Messina* (KSA 3, 333–342). Mit Sicherheit sind nicht alle und vielleicht ist keins dieser Gedichte auf Sizilien entstanden. »Messina« ist ebenso programmatisch zu verstehen wie »Idyllen«. N.s Sizilien-Mythos war der des – wie ihn der junge Goethe nannte – »Honig-lallenden,/Freundlich winkenden/Theokrit«, jener Dichter des schlichten, naturnahen Hirtenlebens. So preist der lyrische Sprecher im ersten Gedicht ein nicht fremdbestimmtes, aber eigentlich auch nicht selbstbestimmtes, sondern aller Bestimmung abgeneigtes Leben. Im letzten Gedicht hört der Sprecher ein Ticken; das Metrum, das auch mit den Metren der Theokritnachfolge des 18. Jh.s nichts zu tun hat, ergreift ihn. Viertaktige alternierende Verse, die als besonders volkstümlich gelten, dominieren den Zyklus. Verse mit einigen Freiheiten in der Taktgestaltung gibt es nur in einem Gedicht, in dem man die Parodie eines bekannten Mörike-Liedes vermuten darf. Ebenfalls alternierende Verse, aber nicht so liednahe Strophen hat das Gedicht *Vogel Albatross*. Das Gedicht knüpft mit kritischer Sympathie an das Gedicht Baudelaires an, dessen jambische Fünffüßer die geradzahligen Verse aufnehmen, während die Dreifüßer die Verbindung zu den anderen Gedichten des Zyklus herstellen.

Dem lästigen »Ticken« ergibt sich der lyrische Sprecher schließlich, und er begründet erst dadurch sein Dichteramt. Ein Gedanke des ersten Gedichts kehrt hier wieder: Der Sprecher vertraut dem Umgang, den die Geschehnisse der Welt mit seinem Schicksal pflegen, einem Rhythmus, den nicht er bestimmt. Hier ereignet sich dies im Vordergrund; daß es auch in komplizierteren Dimensionen gilt, scheint das Gedicht anzudeuten, das wohl jedem Interpreten Schwierigkeiten bereitet: *Das nächtliche Geheimniss*. Man darf von Traumstrukturen sprechen, die sich über eine immer noch bukolische Szenerie legen, aber damit ist nicht viel gesagt. Wir bleiben auf das Vertraute im Umgang unserer Poesie mit solchen Bildern verwiesen und auf die Ahnungen von Unsicherheit, von Unheil, die durch geringfügige Verstellungen in diesen Bildern aufkommen.

Ebenfalls 1882 erschien *Die fröhliche Wissenschaft* mit einem Gedichtzyklus. N. hatte in seiner Ankündigung an den Verleger von »vielen Epigrammen in Versen!!!« (Ernst Schmeitzner, 8. 5. 1882) gesprochen, womit er wohl ein besonderes Verständnis des Genres signalisierte; neben Epigrammen, die in vier Versen ihr »acumen« ausformen, findet man die Reimartistik des sich ruhiger entfaltenden Gedichts *Meine Rosen*, das Rokokohaftes in die Sammlung bringt und das man nicht übersehen darf, wo es um das ideelle Konzept des Gedichtensembles geht. Ein unabhängiger Mensch behauptet seine Besonderheit und seine Freiheit. Das beginnt mit einem Versuch, mit dem Leser zu sprechen, und mündet in einige der schönsten, stolzesten und einsamsten Bekenntnisse: *Ecce homo, Sternen-Moral*. Der Zyklus trägt den Titel eines Goethe-Lustspiels: *Scherz, List und Rache* (KSA 3, 353–367). Sein Untertitel lautet: *Ein Vorspiel in deutschen Reimen*. ›Reim‹ hat hier die alte Bedeutung ›Vers‹; es gibt auch ein Distichon.

Obgleich er von einem »Aberglauben« spricht, hält es N. doch für nötig, daran zu erinnern, daß man »einen Gedanken als wahrer empfindet, wenn er eine metrische Form hat und mit einem göttlichen Hopsasa daher kommt« (FW, Nr. 84, KSA 3, 442). Das praktiziert das ironische Spiel dieser Gedichtsammlung. Anders als in den offenen Aphorismen werden hier Gewißheiten ausgesprochen, und immer bleibt der Vorbehalt, daß alles Spiel ist, daß die letzte Beglaubigung im Zusammenklingen der Verse liegt. Schließlich lesen wir im gleichen Aphorismus, es sei »für eine Wahrheit gefährlicher, wenn der Dichter ihr zustimmt, als wenn er ihr widerspricht«.

1887 erschien *Die fröhliche Wissenschaft* in einer Neuauflage mit dem *Anhang: Lieder des Prinzen Vogelfrei* (KSA 3, 639–651). Der Zyklus besteht aus vierzehn Gedichten. Er enthält sechs der acht Gedichte der *Idyllen aus Messina* in teilweise kaum, teilweise erheblich bearbeiteten Fassungen. *Das nächtliche Geheimniss* hat im wesentlichen nur einen neuen Titel: *Der geheimnissvolle Nachen*; das lenkt Assoziationen zum Bedeutungskomplex des Acheron, aber auch zu den Tücken des Metaphorischen. Zwei Änderungen hat das Albatros-Gedicht: Der Titel ironisiert jetzt die Emphase des Dichters, und die zweite Strophe, in welcher »der Himmel selbst« den Fliegenden hebt, wurde gestrichen. Den Zyklus eröffnet eins der Gedichte an historische Personen, das einzige, das der Dichter veröffentlichte: *An Goethe*. Es setzt mit einer Parodie des *Chorus mysticus* aus dem Faustdrama ein. N. hat die Verse wiederholt parodiert; allein im Zarathustra-Buch geschieht das an zwei Stellen (Za II, KSA 4, 110, 163), und der Satz »Alles Unvergängliche – das ist nur ein Gleichniss« wird in beiden Fällen von einem noch häufiger wiederholten Satz begleitet: »Und die Dichter lügen zuviel«. Wenige Zeilen vor diesen Sätzen heißt es im Abschnitt »Auf den glückseligen Inseln«: »Wie? [...] alles Vergängliche nur Lüge?« Gleichnisse sind Lügen. Die Behauptung eines Unvergänglichen ist Goethes Gleichnis und somit Goethes Lüge; der handliche Name für das Unvergängliche – »Gott« – wird zur »Dichtererschleichniss«.

Der Text könnte als gegen Goethe und gegen die Poesie gerichtet gelesen werden, erschiene nicht schon im nächsten Gedicht der Sprecher als jemand, der auf ›Erschleichnisse‹, auf Reim- und Wortbeute aus ist, würde ihn nicht das dritte Gedicht als entschieden der »Wahrheit« abgeneigt darstellen. Dürfen wir in der Gesamtheit der Gedichte N.s den Mythos seines Innern sehen, schließt dieser Zyklus die Reihe ab, die mit den *Idyllen aus Messina* begann. Es wird eine Existenz dargestellt, die keine metaphysische Schwere will, eine Weltsicht, die gegen das »Ewig-Weibliche« der Dichtung Goethes das »Ewig-Närrische« setzt. Es schadet den Gedichten nicht, daß immer wieder die Anstrengung dieser Konstruktion zum Ausdruck drängt. Verzweiflung wird in komischer Grobheit verborgen, und N.s Satz, nach dem die Welt nur als ästhetisches Phänomen immer gerechtfertigt sei, wandelt sich in der derben Sprache von *Rimus remedium* zu der Diagnose, daß nur Reime den am Unheil der Welt kranken Dichter heilen können.

Solchen Tönen folgen sehr andere. *Mein Glück!* wird man immer unter den großen Venedig-Gedichten des Jahrhunderts zu nennen haben. Das Gedicht, das Platen indirekt zitiert und auf andere Weise mit Wagner zu tun hat, spielt mit Synästhesien und mit einer Bildlichkeit, die gleichsam musikalisch funktioniert, die sich immer nur punktuell auf »Bedeutung« fixieren läßt. Dieser »Symbolismus« ist dem des Venedig-Gedichts aus *Ecce homo* (EH, KSA 6, 291) sehr nahe. Die beiden folgenden Gedichte sind schon durch frühere Planungen gegangen. *Columbus novus* (N, KSA 10, 34) trägt nun den Titel *Nach neuen Meeren*. Die auffälligste Änderung stellt die überraschende Eliminierung aller Aktivität dar. Es gibt kein Steuer mehr, dessen Bedienung »Muth« nötig machte. *Sils-Maria* ist eine Bearbeitung von *Portofino* (N, KSA 10, 107), das nicht veröffentlicht wurde. Auch hier verstärkt die Änderung zuerst die Momente der wachen und reichen Passivität im Erleben der Zeit. Das Ich, das sich nicht gegen den Hintergrund abgrenzen, »definieren« will, kann sich in zwei Personen, Masken begreifen.

Noch vor *Sils-Maria* erschien das Gedicht *Aus hohen Bergen* (KSA 5, 241); es bildete 1886 den *Nachgesang* zu *Jenseits von Gut und Böse*. Beide Gedichte haben eine zeitlich parallele Geschichte mit vielen Überschneidungen. Allerdings wartet der Sprecher in *Aus hohen Bergen* nicht »auf nichts«, sondern auf die alten Freunde. Sie kommen, und mit ihnen kommt die Enttäuschung. Sie sind unverändert, aber: »Nur wer sich wandelt, bleibt mit mir verwandt«. Die Erwartung neuer Freunde geht dann im Bruch der letzten Fassung unter: Freunde in diesem Verständnis scheinen nicht mehr nötig, da das Ich die Gemeinsamkeit mit seinem anderen Ich gefunden hat.

Die *Lieder des Prinzen Vogelfrei* beginnen mit einer Widmung, und sie enden mit einem Widmungsgedicht: *An den Mistral*. Das *Tanzlied* folgt der Weise des Liedes vom Prinzen Eugen. War im Eingangsgedicht das Unvergängliche, von dem Goethe nicht lassen wollte, zum Gleichnis erklärt worden, hatte das Gedicht Dämon und Nötigung mit leichtem Scherz gestreift, ist nun eigentlich alles Gleichnis, und nichts will schwer sein. Die Attacke auf eine christliche Weltsicht kann niemand übersehen. Von da aus erscheint es seltsam, mit wie vielen alten Bildern aus jener Welt das Gedicht arbeitet. Da wird der tradierte Bildzusammenhang zwischen der bewegten Luft und dem *spiritus sanctus* für den neuen Geist in Anspruch genommen. Da wundert es nicht, daß der Tanz »zwischen Gott und Welt« – wieder ein Goethe-Zitat! – getanzt wird. Im Wirbel der Gleichnisse werden die grausamen Unschärfen einiger Textstellen leicht; was da zu Kranken und Krüppeln gesagt wird, dürfen wir dann getrost »uneigentlich« verstehen, wobei nach den Erfahrungen mit einigen Deutungen unseres Zeitalters wenigstens Verunsicherungen bleiben. Daß sich der Sprecher immer wieder selbst »überstimmt«, wird auch dem weniger achtsamen Leser nicht entgehen. Beide Widmungsgedichte sprechen zum Herkommen. Goethe steht für die große Kultur, die das Gedicht in den Wirbel der ewigen Wandlung wirft; der lyrische Sprecher will seine Herkunft und sein Schicksal im Bilde des aggressiven Nordwinds begreifen.

N.s letztes Werk sind die *Dionysos-Dithyramben* (KSA 6, 373–410). Sie wurden in den ersten zwei Tagen des Jahres 1889 endgültig niedergeschrieben. Die kurze Arbeitszeit bleibt auch dann erstaunlich, wenn man weiß, daß Vorbereitungen für einen Zyklus im Sommer 1888 begannen, daß die frühesten Fragmente, die auf die Dithyramben deuten, aus dem Jahre 1881 stammen und daß drei der neun Lieder in Grundformen schon zum vierten Buch von *Also sprach Zarathustra* gehörten. Der Titel, der offenbar erst spät gefunden wurde, erscheint nur auf den ersten Blick tautologisch. N. wußte, daß Dithyramben Dichtungen zur Feier des Dionysos waren. Hier sind Lieder gemeint, in denen der Gott des großen Lebens und der ↗ewigen Wiederkunft sich selbst feiert. N. bezeichnete sich als den »Erfinder des Dithyrambus« (EH, KSA 6, 345). Die Beispiele, auf die er verweist, sind bedeutende Dichtungen und insofern einmalig; verwandte Formen aber lassen sich leicht bei Goethe, Hölderlin, Novalis oder Heine finden. Eingangs der Darlegungen zum Dithyrambus wird nach der Sprache gefragt, die ein dionysischer Geist reden werde, »wenn er mit sich allein redet«, und geantwortet: »Die Sprache des Dithyrambus«. Sprache des Dithyrambus ist nicht die der menschlichen Kommunikation; sie schafft eine eigene »Gesellschaft«. Wie jede Rede wird sie epische und dramatische Elemente einschließen, aber sie wird nicht Epik oder Dramatik werden. So ist auch dies ein Stück romantischen Erbes.

N. ist durchaus der »Erfinder des Dithyrambus«; er hat die Form in *Die Geburt der Tragödie* dargestellt, eine lyrische Form, aus der Szenisches hervorging, welches somit in der Form enthalten gewesen sein muß. Man könnte auch von einem poetischen »Gesamtkunstwerk« sprechen, von der Tendenz zur Grenzenverwischung. N.s »Dithyramben« sind eine Form der poetischen Moderne.

Der poetische Sprecher kann Berichtender sein oder aus einer Rolle sprechen; die Ebene des Redens läßt nur selten nach Subjektivität fragen. In fünf der neun Gedichte agiert Zarathustra, von diesen Gedichten stammt nur eins aus dem Zarathustra-Buch. Und gerade dort hat Zarathustra die bescheidenste Rolle: Er gehört zum Publikum einer musikalisch-literarischen Darbietung. Das vierte Gedicht spricht zu ihm, und der da spricht, ist wohl er selbst. Im fünften Gedicht scheint er wieder mit sich selbst zu sprechen; nachdem von ihm in der dritten Person gehandelt wird, folgt die erste. Das achte Gedicht zeigt in seinem ersten Teil Zarathustra so betont in einer Außensicht, daß man einen Erzähler annehmen muß, der die mit dem Fluch einsetzende Rede des Helden wiedergibt. Das neunte Gedicht läßt Zarathustra das Wort zu einem großen Selbstgespräch; in diesem wird er durch eine Besucherin unterbrochen, der die letzte Rede des Zyklus gehört.

Ähnlich verschieden reden die Gedichte, in denen Zarathustra nicht vorkommt: Im ersten Gedicht rahmt eine Klage eine erinnerte Rede ein. Ohne Rolle oder szenische Aktion sind das dritte und das sechste Gedicht, während das siebte eine dramatische Szene mit Akteuren und sogar einer Regieanweisung darstellt. »Von grossen Dingen [...] / soll man schweigen / oder gross reden«, heißt es im achten Dithyrambus. Der Zyklus redet groß von großen Dingen, und das schließt die Minderung des lyrischen Subjekts ein. Sie ergibt sich ja auch aus den Redeformen. Hohe, angestrengte Sprache in freirhythmischen Reihen und frei geordnete Sequenzen solcher Reihen verstehen sich da von selbst; ohne den Vorlauf deutscher Hymnik seit Klopstock und Hölderlin wären die Gedichte nicht vorstellbar. Die Grundformen variieren stärker, als es in freirhythmischen Gedichten meistens geschieht. Es begegnen nicht nur einerseits Prosapartien und andererseits gereimte Verse, in auffälligem Maße werden graphische Mittel genutzt, von den vielen Hervorhebungen bis zur Imitatio des barocken Bildgedichts, wenn etwa eine Schräge aus Zeilenschlüssen den Sturzflug des Adlers darstellt.

In der Sprache des Zyklus fehlt nichts von dem, was in deutscher Hymnik zu erwarten ist. Da gibt es viel Bibelrede, Goethe begegnet dem Leser immer wieder; das sechste Gedicht etwa zitiert ihn nicht nur im Titel, und der Auftritt der allegorischen Figur im letzten Gedicht erinnert an *Zueignung*. Aber auch Texte anderer Stillage können zitiert werden, wie das bekannte Wanderlied von Scheffel. Oft wird der hohe Stil des großen Redens durch derben Humor und selbst Nonsens ironisiert.

Die Häufigkeit dialogischer und szenischer Elemente läßt leicht übersehen, daß es in den Dithyramben außer dem lyrischen Sprecher fast keine Menschen gibt. Der »Freund« in *Letzter Wille* ist schließlich ein »Gleichnis«, und die klagende Ariadne läßt sich nicht von Mythos und Oper trennen. Nur ein Gedicht ist voller Menschen, und was dort geschieht, vollzieht sich vor dem Horizont der zeitgenössischen Kultur: *Unter Töchtern der Wüste*. Interpreten sehen hier eine verfremdete Bordellszenerie; jedenfalls agiert der europäische Held inmitten von Orientalinnen, die Gestalten der exoto-erotischen Literatur jener Zeit nachempfunden sind und deren Namen aus Werken Byrons und Goethes stammen. Vor diesen Damen, die ihn nicht zu verstehen scheinen, die aber wohl auch über jedes Gespräch erhaben sind, breitet der Held seine europäische Bildung aus, die mit jedem Wort fragwürdiger wird. Würde, Tugend und Zweifel erscheinen lächerlich, die Schlußstrophe, die zu den jüngsten Textteilen des Zyklus gehört, verläßt jeglichen Humor und warnt vor der wachsenden Wüste, die eine vergnügungssüchtige Menschheit baut. Scheint so das Gedicht eine Lebensunmöglichkeit zu beschwören, muß doch auch auf den Eingangstext der *Idyllen aus Messina* verwiesen werden, an dessen Szenerie hier einiges erinnert.

»Tod...« ist das letzte Wort des zweiten Dithyrambus, und der dritte beginnt: »So sterben,/ wie ich ihn einst sterben sah –«. Im ersten Dithyrambus erinnert sich der lyrische Sprecher daran, wie er als »der Wahrheit Freier« verspottet wurde und sich in die Verbannung »von aller Wahrheit« finden mußte, der letzte schließt mit dem Satz der geliebten Besucherin: »– Ich bin deine Wahrheit...«. Legt das nicht den Gedanken nahe, daß von hier aus alles wieder beginnen könnte?

Einen großen Gedanken in der Fülle seiner Perspektiven bildlich zu machen, vor die Vorstellung zu bringen, das ist eine vornehme Möglichkeit der poetischen »Lüge«; letztlich kann nur sie den Menschen im unmittelbaren Erfahren und Erleben des Erkannten zeigen. Interpretationen werden immer den Plural von »Wahrheit« finden. Aus diesen Gedichten spricht ein Mensch, dem es ernst ist mit dem Denken einer labyrinthischen Welt, in der alles ewig wiederkehrt, mit der Bejahung eines so begriffenen Lebens.

Literatur: Meyer, R. M.: N., München 1913; Groddeck, W.: F.N. – »Dionysos-Dithyramben«. Bd. 1: Textgenetische Edition der Vorstufen und Reinschriften, Bd. 2: Die »Dionysos-Dithyramben« – Bedeutung und Entstehung von N.s letztem Werk, Berlin/New York 1991; Groddeck, W.: »Gedichte und Sprüche«. Überlegungen zur Problematik einer vollständigen, textkritischen Ausgabe von N.s Gedichten, in: Martens, G./Woesler, W. (Hgg.): Edition als Wissenschaft, Tübingen 1991, 169–180; Meyer, T.: N., Tübingen 1991; Volz, P.D.: N. – Der lyrische Melancholiker, in: Jahresschrift der Förder- und Forschungsgemeinschaft F.N. III (1992/1993), 23–45; Müller, R.G.: »Wanderer, wenn du in Griechenland wanderst...« – Reflexionen zur Bedeutsamkeit von »Antike« für den jungen N., in: Nietzscheforschung 1 (1994), 169–179; Ziemann, R.: Abschiede – Zu zwei Jugendgedichten N.s, in: Nietzscheforschung 1 (1994), 181–189; Kjaer, J.: Zarathustras »Nachtlied« und der Dionysosdithyrambus »Von der Armut des Reichsten«, ebd., 127–146; Müller, R. G.: »Idyllen aus Messina«. Versuch einer Annäherung, ebd., 77–86; Zittel, C.: Abschied von der Romantik im Gedicht – F. N.s »Es geht ein Wandrer durch die Nacht«, ebd., 193–206; Schmidt, H. J.: »Auf noch nie betretner Bahn«. Poetische Selbstfindungsversuche des Kindes N., in: Kjaer, J. (Hrsg.): N. im Netze – N.s Lyrik, Ästhetik und Kindheit im deutsch-dänischen Dialog, Aarhus 1997, 10–38; Ziemann, R.: Der Halb-Unsinn und das Ewig-Närrische, in: ebd., 39–59.

*Rüdiger Ziemann*

# Philologica

Nur wenige Wochen nach Erscheinen der *Geburt der Tragödie* veröffentlichte der dreiundzwanzigjährige Berliner Philologe Wilamowitz-Moellendorff sein Pamphlet *Zukunftsphilologie!*, in dem er der Schrift N.s jegliche wissenschaftliche Basis und jeglichen methodischen Wert absprach. Es steht außer Frage, daß das Urteil von Wilamowitz allein schon aufgrund der führenden Rolle, die er jahrzehntelang innerhalb der deutschsprachigen klassischen Philologie innehatte, die gesamte Rezeptionsgeschichte von N.s Tragödienbuch bestimmt hat. Dieses Urteil erstreckte sich automatisch auf die gesamte weitere philologische Produktion N.s und verhinderte so lange Zeit eine unvoreingenommene Beurteilung N.s von Seiten der Altertumsforschung. Die Frage ist durchaus berechtigt, welche Stellung N. innerhalb der Geschichte der klassischen Philologie eingenommen hätte, wenn er nicht die *Geburt der Tragödie* geschrieben und seine Basler Professur nicht aufgegeben hätte. Natürlich ist eine Beantwortung dieser Frage unmöglich, es genügt jedoch schon ein flüchtiger Blick auf den Umfang und die Qualität seiner frühen wissenschaftlichen Arbeiten (Publikationen und Vorlesungen), um zu begreifen, daß N. ein beachtlicher Rang in der Geschichte dieser Disziplin zukommt.

Das Bild, das Ritschl in seinem Empfehlungsschreiben vom 11. Januar 1869 an die Universität Basel von seinem Schüler entwirft, macht deutlich, wie sehr sich der junge N. zur ↗Altphilologie hingezogen fühlte. »[...] so viele junge Kräfte ich auch seit nunmehr 39 Jahren unter meinen Augen sich habe entwickeln sehen: noch nie habe ich einen jungen Mann gekannt resp. in meiner disciplina nach meinen Kräften zu fördern gesucht, der so früh und so jung schon so reif gewesen wäre, wie diesen N. Seine Museumsaufsätze hat er im 2ten und 3ten Jahr seines akademischen Trienniums geschrieben! Er ist der erste, von dem ich schon als Studenten überhaupt Beiträge aufgenommen. Bleibt er, was Gott gebe, lange leben, so prophezeie ich, daß er dereinst im vordersten Range der deutschen Philologie stehen wird [...]. Er ist der Abgott und (ohne es zu wollen) Führer der ganzen jungen Philologenwelt hier in Leipzig, die (ziemlich zahlreich) die Zeit nicht erwarten kann, ihn als Docenten zu hören. Sie werden sagen, ich schildere eine Art von Phaenomen; nun ja, er ist das auch« (Adolf Kiessling, zit. nach Stroux 1925, 32f.). Im übrigen konnte sich der vierundzwanzigjährige N. bereits damals einer Reihe hochkarätiger wissenschaftlicher Veröffentlichungen rühmen, die seinen Ruf nach Basel auch ohne Promotion ermöglichten. Die Berufung zum philologischen Handwerk vollzog sich bei N. ungewöhnlich früh, sie reifte bereits in der Zeit von Schulpforta (1858–64). Es konnte auch nicht anders sein. Die Schule in Pforta glich ihrer Organisation nach durchaus der einer Militärakademie. Das oberste Ziel war die Vermittlung der Ideale der humanistischen Tradition. Dort las N. unter der Leitung ausgezeichneter Lehrer zum ersten Mal Homer, die Tragiker, Platon, Thukydides, Horaz, Virgil, Ovid und andere griechische und lateinische Klassiker. Die philologische Ausbildung, die für alle verpflichtend war, bestand in erster Linie im Verfassen linguistisch-philologischer Kommentare zu ausgewählten Stücken einzelner Autoren. Von N. sind unter anderem zwei lateinische Arbeiten zu Tragödien des Sophokles überliefert: ein Kommentar zum ersten Stasimon des *Ajax* (*Primi Ajacis stasimi interpretatio et versio cum brevi praefatione*, BAW 2, 155–64) und einer zum ersten Chorgesang des *König Ödipus* (*Primum Oedipodis regis carmen choricum commentario illustravit, dissertationibus adornavit Fr. Gu. Nietzsche*, BAW 2, 364–99). Hierbei handelt es sich um Schularbeiten, die neben einer beachtlichen Sprachgewandtheit im Lateinischen und Griechischen und der Beherrschung der Werkzeuge philologischer Analyse auch interessante eigene Ansätze aufweisen – wie z.B. den Vergleich zwischen der griechischen Tragödie und dem Musikdrama Richard Wagners (↗Freunde), oder den Gedanken des religiösen Ursprungs der ↗Tragödie – die bereits Motive der *Geburt der Tragödie* vorwegnehmen. Innerhalb des umfangreichen Materials der Philologica ist zu unterscheiden zwischen philologischen Schriften, die in Zeitschriften oder besonderen Reihen veröffentlicht worden sind, den öffentlichen Vorträgen, die N. im Winter 1869/70 in Basel gehalten hat (zwei davon sind als Privatdruck erschienen), den postum veröffentlichten Schriften sowie den Vorlesungsaufzeichnungen.

# I. Philologische Schriften

*De Theognide Megarensi* (1864, BAW 3, 21–64)

Diese auf lateinisch verfaßte Schrift wurde von N. im September 1864 als Valediktionsarbeit in Schulpforta eingereicht. Die Abhandlung ist in drei Teile gegliedert: Im ersten Teil stellt N. das Leben des Dichters Theognis vor dem sozialgeschichtlichen Hintergrund der Stadt Megara im 6. Jh. v. Chr. dar. Im zweiten Teil behandelt er das Werk des Theognis unter formalen und inhaltlichen Gesichtspunkten und geht auf Datierungsfragen ein. Im dritten Teil setzt er sich mit den politischen, moralischen und religiösen Vorstellungen des Theognis auseinander. Er sieht in dem Dichter einen Vertreter des dorischen Adels, den Träger und Bewahrer einer archaischen Weisheit, die ihn zu einer geistig und moralisch überlegenen Persönlichkeit macht.

*Zur Geschichte der Theognideischen Spruchsammlung* (1867, KGW II/1, 1–58)

Hierbei handelt es sich um die erste wissenschaftliche Veröffentlichung N.s, die noch während seiner Leipziger Studentenzeit im *Rheinischen Museum für Philologie* (XXII 1867, 161–200) erschien, einem angesehenen Organ der klassischen Altertumsforschung. Ursprünglich hatte N. im Leipziger Philologischen Verein, einem studentischen Verein unter der Obhut Ritschls, in dem jedes Mitglied seine Forschungsergebnisse frei vorstellen konnte, einen Vortrag über die Gedichtsammlung des Theognis gehalten. Danach wurde er von seinem Lehrer aufgefordert, sein Material zu einer Veröffentlichung umzuarbeiten. Unter teilweiser Verwendung seiner Pfortaer Valediktionsarbeit beschäftigte sich N. mit der sogenannten Theognisfrage, indem er das komplexe Problem der verschiedenen Schichten, die dem Theognideischen Corpus zugrunde liegen, analysierte. Durch die Entdeckung des *Codex Mutinensis* zu Beginn des 19. Jh.s, der auch das zweite, bis dahin unbekannte Buch von Theognis' Werk enthielt, sowie durch die neue Edition von Bekker (1815), erhielt die Theognisforschung neuen Antrieb. Welcker hatte in den *Prolegomena* zu seiner Edition (1826) die extreme Heterogenität der behandelten Autoren, Themen und Formen in den Fragmenten, die uns unter dem Namen Theognis überliefert sind, betont. Er sah darin eine vage historische Schichtung, die durch die ungeordnete Auswahl früherer Chrestomathien bestimmt war, und verzichtete darauf, ein Ordnungsprinzip herzustellen. Auch Theodor Bergk, der 1845 einen wichtigen Artikel zur Theognisfrage verfaßt hat, betonte den fragmentarischen und heterogenen Charakter der Sammlung, die in verschiedenen Phasen zusammengetragen wurde und das Werk mehrerer Epitomatoren ist, und vertrat ebenfalls die Ansicht, daß es unmöglich wäre, eine ursprüngliche Ordnung herzustellen. Was die Datierung anlangt, so dachte Welcker an die byzantinische Zeit, während Bergk sie aus Gründen der Schulenbildung auf das 1. oder 2. Jh. n. Chr. zurückdatierte. N. konzentrierte sich auf das Problem der Wiederholungen in dem theognideischen Corpus, die man gewöhnlich für zufällig erachtete oder der Zerstreutheit der Kopisten zuschrieb. Die Analyse der Codices brachte N. jedoch zu dem Schluß, daß gerade die ältesten Codices, angefangen vom *Codex Mutinensis*, die meisten Wiederholungen aufwiesen. Daher die Theorie N.s, man könne durchaus ein formales Ordnungsprinzip ausmachen: Bestimmte Stichwörter würden die Fragmente untereinander verbinden. Im zweiten Teil befaßt sich N. mit dem Zweck der Sammlung und der Datierungsfrage. Er weist die These Bergks, daß es sich um eine der zahlreichen gnomologischen Sammlungen für den Schulgebrauch handle, zurück und geht stattdessen von einer parodistischen Intention des Kompilators aus, mit dem Ziel, das moralische Ansehen des Theognis zu diskreditieren. N. datiert die Sammlung auf das 5. Jh. n. Chr. (vor Stobäus, der sie benutzt).

Die Theognis-Forschung hat in ihrem weiteren Verlauf die Stichwörtertheorie auf einzelne Teile der Sammlung eingegrenzt bzw. ganz aufgegeben. Dessen ungeachtet ist N.s Schrift ein wichtiger und wertvoller Beitrag zur Geschichte der Theognis-Forschung, der durch die Strenge des methodischen Ansatzes und die klare Argumentationsführung besticht.

*Beiträge zur Kritik der griechischen Lyriker. Der Danae Klage* (1868, KGW II/1, 59–74)

Der Aufsatz erschien im *Rheinischen Museum für Philologie* (XXIII 1868, 480–9). Er behandelt die sogenannte *Danae-Klage*, ein Gedicht des Dichters Simonides (Fr. 38 Page) zum Mythos der Danae, der Mutter des Perseus, die von ihrem Vater Akrisios zusammen mit ihrem Kind in einem Kasten dem Meer preisgegeben wurde, ein Gedicht, das nur fragmentarisch und ohne metrische und strophische Struktur durch Dionysios von Halikarnassos überliefert ist (*De comp. verb.* 26). N. übernimmt die Aufzeichnungen zu einem Aufsatz, den er bereits während seiner Bonner Studienzeit zu schreiben beabsichtigte (*Simonidis lamentatio Danaae*, BAW 3, 104–113). In seiner Interpretation suchte er die ursprüngliche metrische Struktur herzustellen (die sich jedoch als falsch erwies), indem er davon ausging, daß die Niederschrift des Dionysios nur den Schluß der Strophe wiedergab, während die Antistrophe und die Epode in Gänze überliefert seien. N. schlug auch einige Korrekturen in Form von Konjekturen vor, die teilweise von späteren Herausgebern übernommen worden sind. Abgesehen von den Resultaten, ist vor allem die Sicherheit und Strenge im Umgang mit den textkritischen Methoden sowie N.s Kenntnis der Feinheiten griechischer Sprache und Metrik bemerkenswert.

*De Laertii Diogenis fontibus* (1868/69, KGW II/1, 75–167)

Der Aufsatz, der in lateinischer Sprache verfaßt worden ist, erschien in zwei Teilen im *Rheinischen Museum für Philologie* (XXIII 1868, 631–53 und XXIV 1869, 181–228). Er beinhaltet eine Untersuchung der Quellen des hellenistischen Doxographen Diogenes Laertius (3. Jh. n. Chr.), dem Verfasser zahlreicher Biographien antiker Philosophen. Die Entscheidung, sich diesem Autor zu widmen, geht teilweise auf eine Anregung Ritschls zurück, hängt aber auch mit N.s zunehmendem Interesse an der Geschichte der griechischen Philosophie zusammen. Die Quellen des Diogenes Laertius waren damals noch wenig erforscht. N. widmete sich dieser Aufgabe mit großem Engagement, wobei er auf große objektive Hindernisse stieß. Er versuchte nachzuweisen, daß die Hauptquelle des Diogenes Laertius der Epikureer Diokles von Magnesia (1. Jh. v. Chr.) gewesen sei, und zwar nicht nur, wie bereits allgemein anerkannt, für das siebte Buch, sondern für alle anderen *Leben*. N. zufolge hat Laertius ganze Teile aus Diokles und anderen Quellen übernommen, die ebenfalls auf Diokles zurückgingen, wie etwa Demetrius von Magnesia (wichtig für die Indizes und die biographischen Notizen), Antisthenes und Alexander Polyhistor. Als weitere wichtige, wenngleich nur ergänzende Quelle nennt N. Favorinus von Arelate (1.–2. Jh. n. Chr.), dessen Werken Diogenes Laertius einiges entnommen habe, ohne ihn je zu zitieren. Im Schlußteil seines Aufsatzes untersucht N. das Verhältnis zwischen den *Leben* des Laertius und dem byzantinischen Lexikon *Suda*, wobei er die gängige Meinung, daß *Suda* von Laertius abhänge, widerlegt. Und schließlich bestreitet N. die Annahme, daß zwischen den *Leben* des Laertius und den *Leben* des Hesychius von Milet ein Abhängigkeitsverhältnis bestehe: Beide gingen vielmehr unabhängig voneinander auf Demetrius von Magnesia zurück. Die Thesen N.s über die Quellen des Diogenes Laertius wurden in der Folgezeit von anderen Philologen widerlegt. Insbesondere die Studien von Hermann Diels zu den griechischen Doxographen haben zu einer Neubewertung der Abhängigkeit des Laertius von Diokles geführt, die offenbar viel geringer war, als N. dies angenommen hatte. Abgesehen von einigen verzerrenden Schlußfolgerungen, kommt N. das Verdienst zu, die neuere Laertius-Forschung angeregt zu haben, indem er die Grundlagen (auch methodisch) für weitere Entwicklungen gelegt hat (vgl. Gigante 1984; Barnes 1986). Darüber hinaus haben N.s frühe Untersuchungen über Diogenes Laertius keinen geringen Einfluß auf seine spätere Auffassung der antiken Philosophie gehabt, deren Bedeutung für ihn vor allem in dem Unwiderlegbaren großer philosophischer Persönlichkeiten lag, und nicht in den jeweils widerlegbaren philosophischen Systemen. N. ist später noch zweimal auf das Problem der Quellen des Diogenes zurückgekommen. 1870 veröffentlichte er den Aufsatz *Analecta Laertiana* (*Rheinisches Museum* XXV 1870, 217–31; KGW II/1, 169–90), in welchem er verschiedene Aspekte des Texts aufgreift und in stark polemischer Absicht gegen die soeben erschienene Dissertation von F. Bahnsch wendet. Danach veröffentlichte er noch die *Beiträge zur Kritik des Laertius Diogenes*

(KGW II/1, 191–245), eine Gratulationsschrift zum fünfzigjährigen Dienstjubiläum seines Kollegen Gerlach am Basler Pädagogium. Darin überarbeitet und vertieft N. die Thesen der beiden vorausgegangenen Abhandlungen. Neu in diesen *Beiträgen* ist N.s Behauptung, Diogenes Laertius sei auch der Verfasser von Epigrammen gewesen, ja seine poetische Produktion sei sogar von Diogenes selbst als die wichtigere im Vergleich zur doxographischen angesehen worden.

*Der Florentinische Tractat über Homer und Hesiod, ihr Geschlecht und ihren Wettkampf* (1870, KGW II/1, 273–337)

Diese unmittelbar nach Erscheinen der *Geburt der Tragödie* verfaßte Abhandlung, die in zwei Teilen im *Rheinischen Museum* (XXV 1870, 528–40 und XXVIII 1873, 211–49) erschienen ist, beweist, daß N.s Bruch mit der klassischen Philologie in dieser entscheidenden Phase seines Lebens noch keineswegs endgültig vollzogen war. Die kleine Schrift *Certamen Homeri et Hesiodi* beschreibt die Herkunft und den Tod von Homer und Hesiod (↗Griechische Antike) und vor allem in einem zentralen Kapitel den dichterischen Wettkampf, den Hesiod aufgrund des Urteilsspruchs vom Kampfrichter Paneides gewonnen hat, obwohl das Publikum für Homer stimmte. Zu N.s Zeit war es *communis opinio*, daß das *Certamen* eine sophistische Übung gewesen sei, die zur Zeit des Kaisers Hadrian verfaßt worden ist. Bevor nicht die Entdeckung eines neuen Florentinischen Codex das Interesse erneut auf dieses Werk gelenkt hat, gab es keine Untersuchungen zu seiner Genese und seinen Quellen. N. greift auch in diesem Fall auf einen früheren Vortrag zurück, den er 1867 im Leipziger Philologischen Verein gehalten hat: *Der Sängerkrieg auf Euboea* (BAW 3, 230–44). N.s wichtigste These lautete, von dem Wettkampf zwischen Homer und Hesiod sei lediglich eine einzige Quelle überliefert, und zwar die durch den Florentinischen Codex bezeugte, und nicht, wie von Welcker angenommen, mehrere Variationen des Themas. Der Verfasser des Codex aus der Zeit Hadrians, dem das *Certamen* zugeschrieben wurde, habe lediglich ein älteres Werk kopiert, dessen wahrer Verfasser Alkidamas, ein Schüler des Gorgias gewesen sei. Dies beweise unter anderem ein ausdrückliches Zitat aus dem *Museum* des Alkidamas sowie die Ähnlichkeit zwischen dem *Certamen* und den Gedanken des Rhetors (z.B. hinsichtlich des Werts der Improvisation in der ↗Rhetorik). Die These von der Urheberschaft des Alkidamas hat wichtige Bestätigung durch papyrologische Entdeckungen gefunden und wurde von den Gelehrten allgemein anerkannt (vgl. Vogt 1962). N. verdanken wir unter anderem die erste kritische neuzeitliche Ausgabe des *Certamen*, dreihundert Jahre nach der ersten und bis dahin einzigen Ausgabe überhaupt, durch Stephanus im Jahr 1573. Sie erschien 1871 unter dem Titel *Certamen quod dicitur Homeri et Hesiodi e codice florentino post Henricum Stephanum denuo edidit Fridericus Nietzsche Numburgensis* (KGW II/1, 341–64) als erster Band der »Acta societatis philologae Lipsiensis«, einer von Ritschl geleiteten wissenschaftlichen Reihe. Einige der Konjekturen N.s wurden übrigens auch von Wilamowitz übernommen.

## II. Öffentliche Vorträge

Zwischen Mai 1869 und Februar 1870 hielt N. in Basel drei öffentliche Vorträge. Den ersten über Homer, die anderen zwei über die griechische Tragödie, deren philologische Aspekte ein paar kurze doxographische Ausführungen an dieser Stelle rechtfertigen.

*Homer und die klassische Philologie* (1869, KGW II/1, 247–69)

Hierbei handelt es sich um N.s Antrittsrede, die er am 28. Mai 1869 zu Beginn seiner akademischen Lehrtätigkeit an der Universität Basel gehalten hat. Der ursprüngliche Titel des Vortrags lautete *Über die Persönlichkeit Homers*. N. hat ihn im Nachhinein als Privatdruck unter dem Titel *Homer und die klassische Philologie. Ein Vortrag* veröffentlicht. N.s Interesse an Homer und der Homerfrage steht in Zusammenhang mit dem *Certamen Homeri et Hesiodi*. Im Gegensatz zur gängigen Forschungsmeinung, die in den Homerschen Gedichten die verschiedenen Einzellieder oder sogenannten Kleinepen zu unterscheiden suchte, versuchte N. den Begriff der Individualität oder Künstlerpersönlichkeit Homers zu retten. Dabei wollte er keineswegs zu den alten

Vorstellungen vor Wolf zurückkehren, die in Homer den einzigen Autor der Versepen sahen. N. stellte ein neues Konzept der Persönlichkeit Homers vor, das verschiedene Ebenen voneinander trennte: 1. Für die älteste Zeit ist der Name Homer gleichzusetzen mit dem eines mythischen Begründers des Epos, vergleichbar etwa Orpheus oder Daedalus; 2. Homer als Dichter, der die verschiedenen Episoden miteinander verbunden und die sogenannten homerischen Gesänge verfaßt hat; 3. in späteren Zeiten hat sich erst der Vorrang der *Ilias* und der *Odyssee* vor den andern Werken des »homerischen Zyklus« herausgebildet. Insofern ist »Homer als der Dichter der Ilias und der Odyssee [...] nicht eine historische Ueberlieferung, sondern ein aesthetisches Urtheil« (263). Die Behandlung des Themas entpuppte sich jedoch in erster Linie als Vorwand zu allgemeinen Überlegungen zur klassischen Philologie, ihren Methoden und Zielen. N. prophezeit der Philologie eine Entwicklung, die sie zu einem »Zentauren« werden läßt, in dem Wissenschaft und Kunst zusammenleben. Besonders bezeichnend für das Unbehagen des jungen Professors und alles, was später daraus folgen sollte, ist N.s abschließendes Bekenntnis, das er Seneca umkehrend formuliert: »*Philosophia facta est quae philologia fuit*. Damit soll ausgesprochen sein, dass alle und jede philologische Thätigkeit umschlossen und eingehegt sein soll von einer philosophischen Weltanschauung, in der alles Einzelne und Vereinzelte als etwas Verwerfliches verdampft und nur das Ganze und Einheitliche bestehen bleibt« (268).

*Das griechische Musikdrama*
(1870, KSA 1, 513–32)

Ein Vortrag, den N. am 18. Januar 1870 in der Aula des Basler Museums gehalten hat. N. behandelt hierin die Frage nach der Natur der griechischen Tragödie, indem er sie mit modernen theatralischen Erfahrungen vergleicht, wie der klassischen französischen Tragödie, dem deutschen Drama, dem Theater Shakespeares und der Oper. Die griechische Tragödie ist eine natürliche und instinktive dramatische Form, die ihren Ursprung im Volk hat. Darüber hinaus ist sie ein Gesamtkunstwerk im Wagnerschen Sinn, indem sie Musik, Dichtung, Malerei, Architektur, Tanz, Rezitativ, Gesang usw. vereint. Die antiken Tragödiendichter mußten folglich Experten auf allen diesen Gebieten sein. Der zweite entscheidende Punkt dieses Vortrags war die Frage der Musik: Sie bildete den Kern der antiken Tragödie und sollte die durch die Aufführung geweckten Gefühle und Empfindungen zum Ausdruck bringen, ohne die Handlung zu unterbrechen oder durch unnütze formale Verzierungen zu stören. All dies steht in klarem Gegensatz zur modernen Empfindungsweise, die daran gewöhnt ist, Musik und Text getrennt zu genießen. Darüber hinaus kündigt N. in diesem Vortrag bereits einige seiner grundlegenden Theorien an, die in der *Geburt der Tragödie* weiter ausgeführt werden, darunter der Gedanke, daß der Chor das entscheidende Element bei der Entstehung der griechischen Tragödie gewesen sei; daß die Tragödie sich aus dem Satyrchor entwickelt habe; daß die Erfahrung des tragischen Schauspiels derjenigen der ekstatischen Riten des Dionysoskults vergleichbar sei.

*Sokrates und die Tragödie*
(1870, KSA 1, 533–49)

Ein Vortrag, den N. am 1. Februar 1870 in der Aula des Basler Museums gehalten hat. Zentrales Thema dieses Vortrags ist der Verfall und der »Tod« der Tragödie. Die Krise gehe auf Aischylos und Sophokles zurück, bei denen bereits das Rezitativ den ursprünglichen Chorgesang überwiege. Die eigentlichen Ursachen für diesen Verfall sieht N. in den *Fröschen* des Aristophanes, in der »rationalistischen Aesthetik« des Euripides und dem Einfluß des Sokrates. Mit Euripides, so N., verliert die griechische Tragödie den Charakter des unmittelbaren, instinkthaften, der ihr bis dahin anhaftete (Pathos, das von der Dichtung und der Musik geschaffen wurde), und wird auf die Bühne transponierte reine Dialektik. Euripides reduzierte den tragischen Helden zu einem gewöhnlichen Menschen und brachte das gewöhnliche Alltagsleben auf die Bühne. Wenn auch die Polemik N.s gegen Euripides nicht völlig neu ist, insofern sie romantische Wurzeln bei den Brüdern Schlegel hat, so scheint doch die Annäherung des Euripides an Sokrates einigermaßen neu zu sein, wenngleich es auch hierfür bereits antike Quellen gibt.

## III. Nachgelassene Schriften

Unter den nachgelassenen Schriften N.s, die philologischer Natur sind, verdienen insbesondere zwei eine nähere doxographische Betrachtung: *Die dionysische Weltanschauung* und die Aufzeichnungen zu der geplanten *Unzeitgemäßen Betrachtung Wir Philologen*.

*Die dionysische Weltanschauung*
(1870, KSA 1, 551–77)

Hierbei handelt es sich um eine Abhandlung in vier Abschnitten, die N. im Juli 1870 verfaßt, aber nie veröffentlicht hat, von der er jedoch eine Kopie anfertigte, die er unter dem Titel *Die Geburt des tragischen Gedankens* (KSA 1, 579–99) Cosima Wagner 1870 zu Weihnachten schenkte (diese entspricht den ersten drei Abschnitten der *Dionysischen Weltanschauung*). Hauptgegenstand dieser Abhandlung ist das Gegensatzpaar ↗apollinisch und dionysisch. Wenn N. auch schon in seinem Vortrag *Das griechische Musikdrama* in bezug auf die sokratische Dialektik von »apollinischer Klarheit« und in *Sokrates und die Tragödie* von »dionysischem Naturleben« sprach, so werden doch hier die beiden Begriffe erstmals als zwei gegensätzliche ästhetische Kategorien vorgestellt. Das Apollinische entspricht dem Traum und das Dionysische dem Rausch. Der Künstler ist derjenige, der in der Lage ist, die beiden gegensätzlichen Prinzipien zu einem Ganzen zu vereinen (wie das in der griechischen ↗Tragödie der Fall ist). Apollo ist der Gott der bildnerischen Kräfte, er ist der »Scheinende«, der »Sonnen- und Lichtgott«, er verkörpert Schönheit, ewige Jugend und die »höhere Wahrheit«. Dionysos ist der Gott der naturhaften Triebe und verkörpert den eigentlichen Sinn des Lebens: Spiel, Trunkenheit, Selbstvergessenheit, das Durchbrechen vom *principium individuationis*. Auch hierbei handelt es sich um Konzepte, die in der ↗*Geburt der Tragödie* wieder aufgenommen, weiter vertieft und systematisiert werden.

*Wir Philologen* (1874/75, KSA 8, 11–130)

In N.s Notizheft U II 8 finden sich zahlreiche fragmentarische Aufzeichnungen aus der Zeit von 1874 bis Anfang 1875, die N. in Hinblick auf eine weitere geplante *Unzeitgemäße Betrachtung* unter dem Titel *Wir Philologen* verfaßt hat. Im März 1875 übergab N. diese Aufzeichnungen seinem Freund Gersdorff (↗Freunde) mit der Bitte, eine Reinschrift zu erstellen (Mp XII 6b). Im September desselben Jahres verzichtete er jedoch endgültig auf eine weitere *Unzeitgemäße Betrachtung* zur Philologie. Der Struktur nach sollte diese Schrift den vorhergehenden gleichen. In Fragment 2[3] (N, KSA 8, 11 f.) finden wir einen ungefähren Plan, der sechs Abschnitte vorsieht: »1. Genesis des jetzigen Philologen. 2. Die jetzige Philologie und die Griechen. 3. Wirkungen auf Nichtphilologen. 4. Andeutungen über die Griechen. 5. Die zukünftige Erziehung des Philologen. 6. Griechen und Römer – und Christenthum. Wolf's Loslösung«. Ein Großteil der Aufzeichnungen dreht sich um die Bedeutung der klassischen Philologie und das Handwerk des Philologen in der modernen Gesellschaft. N. unterwirft das kanonische Bild der Antike, das von positiven Werten wie Humanität, Menschenliebe, Maß, Weisheit, Heiterkeit und Toleranz geprägt ist, einer radikalen Kritik. N.s Antike war archaisch, inhuman, tragisch, aristokratisch, antichristlich und grausam, sie ermangelte einer festen staatlichen Ordnung, weshalb Kunst und Wissenschaft in ihr gedeihen konnten (Cancik 1994). N. warnt ausdrücklich vor einem Studium der Antike, das nur der Flucht aus der gegenwärtigen Wirklichkeit dient (N 3[16], KSA 8, 19), im Gegenteil, »nur durch Erkenntnis des Gegenwärtigen kann man den Trieb zum klassischen Alterthum bekommen« (N 3[62], KSA 8, 31). In dieser Hinsicht ist für ihn der Dichter Leopardi das gelungenste Beispiel eines modernen Philologen (N 3[71], KSA 8, 35).

## IV. Vorlesungen

Die Aufzeichnungen zu den Vorlesungen, die N. zwischen 1869 und 1879 an der Universität in Basel hielt, bilden ein äußerst wertvolles Textkorpus, das viel zu einem besseren Verständnis der philologischen Studien des jungen N. beiträgt. Sie wurden erstmals in den Bänden XVII, XVIII und XIX der GA in unvollständiger und ungenügender Form publiziert und sind erst in jüngster Zeit im Rahmen der KGW erschienen. Die Vorlesungen, die von der N.-Forschung lange Zeit vernachlässigt, um nicht zu sagen völlig vergessen worden sind, harren noch einer umfassenden systematischen Würdigung. Ausgaben und Übersetzungen einzelner Vorlesungen sind zumindest auf französisch, englisch und italienisch erschienen und meist mit einem Kommentar versehen. Die Themen, die N. behandelte, sind sehr unterschiedlich. Sie reichen von eher »institutionalisierten« Vorlesungen (Einführung in die lateinische Grammatik, in die griechische Metrik, in die Literaturgeschichte oder Religion der Griechen) über die Kommentierung einzelner Werke (die *Choephoren* des Aischylos, *König Ödipus* von Sophokles, die *Rhetorik* des Aristoteles) hin zu Themen, die N. besonders am Herzen lagen, wie z.B. die vorsokratische Philosophie, die Dialoge Platons, die Lyriker etc. Es ist interessant, festzustellen, daß N. seine eigenen wissenschaftlichen Abhandlungen nie zu didaktischen Zwecken benutzt hat. Er zog es vor, sich mit neuen und allgemeineren Themen zu beschäftigen, und zwar eher aus einer umfassenden historisch-philologischen Sicht, nicht so sehr unter streng textkritischen Aspekten. In der Wahl dieses thematischen und methodologischen Ansatzes, der schon allein aus den Titeln der Vorlesungen hervorgeht, spiegelt sich eine Auffassung des klassischen Altertums, die äußerst problematisch ist, voller Zweifel und Widersprüche, die N. zu Beginn seiner Basler Jahre entwickelte. Diese neue Auffassung hat N. auch in zahlreichen Briefen dieser Zeit zum Ausdruck gebracht sowie in seinen Vorträgen *Ueber die Zukunft unserer Bildungsanstalten* (1872), in zahlreichen nachgelassenen Fragmenten und vor allem in den Aufzeichnungen zu *Wir Philologen*. Es ist nicht möglich, einen vollständigen doxographischen Bericht über sämtliche Vorlesungen N.s zu geben. Wir beschränken uns auf diejenigen, die auch im Hinblick auf die spätere Entwicklung von N.s Gedankenwelt von besonderer Bedeutung sind.

*Prolegomena zu den Choephoren des Aeschylus*
(1869, KGW II/2, 1–104)

An den *Choephoren* des Aischylos ist N. offenbar besonders viel gelegen und zwar vom SS 1869 an, als er sich zum ersten Mal damit beschäftigt hat. Er kam im Laufe seiner Basler Lehrtätigkeit mehrfach darauf zurück und machte sie zum Gegenstand mehrerer Vorlesungen und Seminare. Die Art und Weise, in der N. die *Choephoren* behandelt, ist besonders nüchtern und hat darstellenden Charakter. Nach einer Inhaltsangabe des Dramas geht N. auf die unterschiedliche Bearbeitung des Stoffes (Rückkehr und Rache des Orest an den Mördern des Vaters) durch andere Dichter vor und nach Aischylos ein (Homer, Stesichoros, Sophokles und Euripides). N.s Aufmerksamkeit gilt vor allem der Dramaturgie des Aischylos, insbesondere folgenden Gesichtspunkten: Die Struktur des Theaters, in dem die Aufführungen stattfanden; die Verteilung der Chorpartien, die Anzahl der Choreuten; die Rollenverteilung unter den Schauspielern; der Brauch, Dramengruppen zu Trilogien zusammenzuschließen. Ein weiteres Kapitel war dem Schicksal des aischyleischen Theaters bis in die byzantinische Zeit gewidmet. Die Vorlesungsaufzeichnungen zu den *Choephoren* werden duch zahlreiche textkritische und metrische Anmerkungen ergänzt (Rekonstruktion des *stemma codicum*, Vorschläge zu Konjekturen). Es mag überraschen, daß hier Reflexionen ästhetisch-philosophischer Natur vollkommen fehlen (so sagt N. z.B. nichts über den Schicksalsbegriff des Aischylos); auch das Thema des Ursprungs der ↗Tragödie bleibt vollkommen ausgespart, obwohl N. sich ausführlich mit der Rolle des Chors bei Aischylos auseinandersetzt.

⟨*Die griechischen Lyriker*⟩
(1869, KGW II/2, 105–82)

Diese dreistündige Vorlesung hat N. zum ersten Mal in seinem ersten Basler Semester (SS 1869) gehalten und bis zum WS 1878/79 mehrfach wiederholt. Es sind noch Aufzeichnungen erhalten, in denen man die ursprüngliche Fassung und die späteren Ergänzungen N.s unterscheiden kann. Neben den Vorlesungsaufzeichnungen N.s sind auch noch anonyme Vorlesungsnachschriften durch Studenten überliefert (KGW II/2, 373–442). N. behandelte die einzelnen Autoren nacheinander, wobei er jeweils auf die Biographie, den sozialgeschichtlichen Hintergrund und den Charakter der Dichtung einging, um sodann einzelne Fragmente zu lesen und zu kommentieren (dieser Teil ist nicht überliefert). Unter anderem befaßte sich N. mit Terpandros, Archilochos, Olympos, Kallinos, Mimnermos, Tyrtaios, Sappho, Ibykus, Anacreon, Pindar und Simonides. Von besonderem Interesse ist N.s Auseinandersetzung mit dem Dithyrambus, dem er in dieser Vorlesung ein eigenes Kapitel widmet (146–49): Demnach ist der frühe Dithyrambus, der mit dem ekstatischen Dionysoskult verbunden ist, Ausdruck dionysischer Musik und der Urgrund, aus dem sich später die ↗Tragödie entwickelt. Von besonderer Bedeutung ist, daß N. sich bei seiner Interpretation der Tragödie an dieser Stelle auf zahlreiche antike Quellen (von Plutarch zu Athenaios, von Proklos zu Dionysios von Halikarnassos) beruft und streng philologisch argumentiert. In einer späteren Ergänzung unterscheidet N. zwischen altem, mittlerem und neuem Dithyrambus (ein Thema, auf das er in der *Geburt der Tragödie* nicht eingegangen ist).

*Vorlesungen über lateinische Grammatik* (1869/70, KGW II/2, 183–310)

Die publizierten Aufzeichnungen zu dieser Vorlesung aus dem WS 1869/70 in 26 Abschnitten lassen erkennen, daß es N. darum ging, ein vollständiges und systematisches Bild der lateinischen Grammatik zu entwerfen. Die ersten vier Abschnitte haben einen eher einführenden und theoretischen Charakter: N. geht auf den Ursprung der Sprache ein, die sprachliche Verwandtschaft des Lateinischen mit anderen Sprachen, die Geschichte der lateinischen Sprache und die gemeinsame Geschichte von Sprache und Literatur. Im zweiten Teil behandelt N. die verschiedenen phonetischen, morphologischen und syntaktischen Aspekte, mit Schwergewicht auf Fragen der Aussprache und Etymologie. Insgesamt handelt es sich um eine Pflichtveranstaltung ohne besondere eigene Reflexionen.

*Einleitung in die Tragödie des Sophocles. 20 Vorlesungen* (1870, KGW II/3, 3–57)

Diese dreistündige Vorlesung, die N. im SS 1870 gehalten hat, ist charakteristisch für die Art und Weise, in der N. Fragen behandelt hat, die er einige Monate später in die Schlußfassung der *Geburt der Tragödie* aufgenommen hat. Darüber hinaus untersucht N. hier erstmals zusammenhängend verschiedene Fragen zum Ursprung der ↗Tragödie, die in den vorangegangenen Abhandlungen und Vorträgen noch separat behandelt wurden. Die Aufzeichnungen, die überliefert und veröffentlicht sind, beziehen sich auf den einleitenden Teil der Vorlesung unter dem Titel *Zur Geschichte der griechischen Tragödie*. Sie sind in elf Abschnitte gegliedert: 1. Die antike und die neuere Tragödie in Ansehung des Ursprungs; 2. Die Musik in der Tragödie (der Dithyramb); 3. Das Publikum der Tragödie; 4. Der Bau des Dramas; 5. Der Chor; 6. Der Stoff der antiken Tragödie; 7. Nachahmungen der antiken Tragödie. Die antike Tragödie und die Oper; 8. Geltung der drei Tragiker im Alterthum; 9. Sophocles und Aeschylus; 10. Sophocles und Euripides; 11. Leben des Sophocles. N.s wichtigste Thesen in diesen Ausführungen sind folgende: Der Gedanke, daß die griechische Tragödie sich aus dem dithyrambischen Chor entwickelt hat (Ausdruck einer monodischen Volkslyrik, die in Zusammenhang mit religiösen Kulten Anwendung fand); das klar herausgearbeitete Gegensatzpaar ↗apollinisch und dionysisch als ästhetische Kategorien (zentrales Thema der *Dionysischen Weltanschauung*). Die griechische Tragödie wird als ursprüngliches Phänomen der rein dionysischen Kunst interpretiert: Mit Hilfe der Musik und des Gesangs weckt sie im Zuschauer/Zuhörer Schmerz und Schrecken, die ihn in einen ekstatischen Zustand versetzen. In der Folge hat sich, als Synthese der beiden Prinzipien, die Tragödie entwickelt, in der das Dionysische durch die strengen Regeln dichterischer Komposition (das Apollinische) »domestiziert« worden ist. Zahlreiche Überlegungen gelten dem Unterschied zwischen der Auffassung des Tragischen bei den Griechen (das Schicksal als etwas Absurdes, Zufälliges, Immoralisches) und der Auffassung der Modernen (vor allem in Bezug auf Schiller und A. W. Schlegel). N. analysiert die verschiedenen, im Verlauf der Geschichte unternommenen Versuche, ein der griechischen Tragödie verwandtes Werk zu schaffen, von der Camerata Fiorentina der Renaissance über Monteverdi und Gluck hin zum Musikdrama Richard Wagners. Das Thema des Verfalls der Tragödie als Werk des Euripides und des Sokrates wird im Vergleich zu dem Vortrag *Sokrates und die Tragödie* noch weiter vertieft, wobei die Elemente, die zu diesem Verfall führten, sehr genau und ausführlich untersucht werden (der Prolog des Euripides, der Deus ex machina, der Chor als Intermezzo usw.). Im Vergleich zur *Geburt der Tragödie* läßt sich sagen, daß hier »einige der in *Geburt der Tragödie* stark rhetorisierten und schematisierten Thesen [...]

(historisch) konkreter vorgetragen« werden (v. Reibnitz 1992, 34).

*Griechische Rhythmik*
(1870/71, KGW II/3, 99–201)

Die Vorlesung über die *Griechische Rhythmik* vom WS 1870/71 ermöglichte N., den Studenten der klassischen Philologie in Basel einen Forschungsgegenstand zu präsentieren, der ihm besonders am Herzen lag. In der Tat hat sich N. zwischen Winter 1870 und Anfang 1872 mehrfach mit griechischer Metrik beschäftigt, wie aus den Aufzeichnungen (ohne Überschrift) in Heft P I 17 (KGW II/3, 203–61) hervorgeht sowie aus den nachgelassenen Schriften *Zur Theorie der quantitirenden Rhythmik* und *Rhythmische Untersuchungen* (KGW II/3, 263–80 und 218–338). In der Vorlesung behandelt N. die Konzepte Arsis, Thesis und Rhythmos in ihrer theoretischen und historischen Bedeutung. Er geht also auf Aristoxenos von Tarent, den bedeutendsten Musiktheoretiker des Altertums, ein und erläutert seine musikalische Theorie, insbesondere dessen aus sieben Teilen bestehende musikalische Harmonik (Geschlechter, Intervalle, Ton, Systeme, Tonoi, Metabole, Melopoiia). Der interessanteste Aspekt an N.s metrischen Studien ist sein eigener Ansatz, mit dem er beweisen will, daß die modernen metrischen Theorien, die auf die alte Musik angewandt werden, haltlos sind. N. bestreitet die grundlegende Bedeutung des Ictus in der antiken Rhythmik und hält das Prinzip der »Wortaccente« dagegen. Spätere Untersuchungen haben N.s Thesen im weitesten Sinn bestätigt (vgl. Bornmann 1979).

*Encyclopaedie der klassischen Philologie*
(1871, KGW II/3, 339–437)

Diese Vorlesung aus dem SS 1871 ist von N. als allgemeine Einführung in die klassische Philologie konzipiert worden. Im ersten Teil ging er von der »Entdeckung des Alterthums bei den Italiänern« aus, um sodann die Entwicklung der Altertumsforschung in Frankreich, Holland, England und Deutschland zu untersuchen. Der wichtigste Teil war der »Genesis und Vorbildung des klassischen Philologen« gewidmet (Abschnitt 6), dies war zugleich der heikelste und polemischste Punkt. N. polemisiert gegen das traditionelle Bild des Philologen und gegen den »falschen Begriff der klassischen Bildung auf den Gymnasien« in derselben Richtung wie in seinen Vorträgen *Ueber die Zukunft unserer Bildungsanstalten* (1872). Er betont die Wichtigkeit einer »philosophischen Vorbereitung« des Philologen. Im letzten Teil geht es ihm um die verschiedenen Methoden, über die die klassische Philologie verfügt: Textkritik, diplomatische Kritik, literarhistorische Kritik, archäologische Kritik, metrische und rhythmische Untersuchung der Sprache. Einzelne Abschnitte sind speziell der klassischen Philosophie gewidmet, sowie der Mythologie und Religion. In einem Brief aus der Zeit kommentierte N. diese Vorlesung folgendermaßen: »Jetzt lese ich ›Einleitung und Enzyklopädie‹, zum Staunen meiner Zuhörer, die sich schwerlich in dem Bilde wiedererkennen, das ich von dem idealen Philologen entwerfe« (Erwin Rohde, 7. 6. 1871).

*Einführung in die lateinische Epigraphik*
(1871/72, KGW II/4, 189–206)

Von dieser Vorlesung aus dem WS 1871/72 sind unter den Vorlesungsaufzeichnungen nur wenige Seiten überliefert, aus denen hervorgeht, daß N. zur Einführung seiner Studenten in die lateinische Epigraphik, von der Geschichte der »namhaftesten Epigraphiker und deren Werke« sowie einer Einteilung der Inschriften in »Hauptklassen« ausging. Insgesamt handelt es sich hierbei um eine relativ uninteressante Vorlesung ohne eigene Ansätze.

⟨Einführung in das Studium der platonischen Dialoge⟩ (1871/72, KGW II/4, 1–188)

Diese Vorlesung aus dem WS 1871/72, die N. wenngleich unter anderem Titel im WS 1874/75 wiederholte, stellt eine allgemeine Einführung in die Philosophie Platons dar. Sie gliedert sich in zwei große Abschnitte. Im ersten gibt N. einen Überblick über »die neuere Platonische Litteratur«. Darauf folgt eine ausführliche Darstellung der Biographie Platons auf der Basis antiker Quellen in der Absicht, die Persönlichkeit des Philosophen zu beleuchten (»Wir müssen versuchen uns den Schriftsteller Plato in den Menschen Plato zu übersetzen«). N.s Ansatz zielt hier, wie auch in der Vorlesung über die Vorsokratiker und in der *Philosophie im tragischen Zeitalter der Griechen*, mehr auf ein Erfassen der gesamten Persönlichkeit der Philosophen als nur auf ihre philosophischen Systeme. Es folgt eine Darstellung der einzelnen Dialoge mit Akzent auf der Struktur, den Gesprächspartnern, der Datierung, den Überschriften und der künstlerischen Form. Der zweite Abschnitt trägt die Überschrift: »Platons Philosophie als Hauptzeugniß für den Mensch Plato«. Hierbei handelt es sich um ein thematisch geordnetes Kompendium der Philosophie Platons (der Einfluß des Sokrates, die Erkenntnistheorie, die Funktionsweise der Dialektik, die platonische Ideenlehre, das Verhältnis zu Heraklit und den Pythagoreern, die Unsterblichkeit der Seele usw.). N.s Verhältnis zu Platon ist im allgemeinen ziemlich widersprüchlich, aber in dieser Vorlesung verkörpert Platon das Sinnbild des großen Philosophen, der gleichzeitig auch Künstler ist. Ein einziger Satz genügt, um die Affinität N.s zu Platon zu belegen: »Wir dürfen ihn nicht als Systematiker in vita umbratica betrachten, sondern als agitatorischen Politiker, der die ganze Welt aus den Angeln heben will und unter anderem auch zu diesem Zwecke Schriftsteller ist.« (8 f.)

*Die vorplatonischen Philosophen*
(1872, KGW II/4, 207–362)

Diese Vorlesung, die N. für das WS 1869/70 angekündigt hat, hielt er in Wirklichkeit erstmals im SS 1872 und hat sie danach noch mehrfach wiederholt. Das Adjektiv »vorplatonisch« war zu N.s Zeit üblich, erst mit Diels wurde der Begriff »vorsokratisch« kanonisiert. Die Vorlesung gliedert sich in zwei Teile: Im ersten Teil stellt N. diejenigen Philosophen vor, in denen er die »mythische Vorstufe der Philosophie« (die Orphiker, Homer, Hesiod) und »die sporadisch-spruchmäßige Vorstufe der Philosophie« erblickt. Daneben entfaltet er die Vorstufen des *sophos aner* (Abschnitt 1–5). Im zweiten Teil untersucht N. die Tradition der klassischen Geschichtsschreibung und die Tradition der indirekten Überlieferung in Bezug auf die großen Gestalten des griechischen Denkens von Thales bis Sokrates. Die einzelnen Kapitel sind Thales, Anaximander, Anaximenes, Pythagoras, Heraklit, Parmenides und Xenophanes, Zeno, Anaxagoras, Empedokles, Leukipp und Demokrit, Pythagoras und Sokrates gewid-

met. Die Bedeutung der Vorlesung über die Vorsokratiker geht aus ihrem Verhältnis zu der Abhandlung *Philosophie im tragischen Zeitalter der Griechen* von 1873 hervor. Diese Vorlesung kann in der Tat als eine genauere und analytischere Vorstufe zu dieser Abhandlung angesehen werden, außerdem endet diese mit Anaxagoras, während N. seine Darstellung in der Vorlesung bis zu Sokrates weiterführt. Was die Einzeldarstellungen anlangt, so folgen diese in der Regel alle demselben Schema: Bemerkungen zur Biographie, sozialgeschichtlicher Hintergrund, psychologische und philosophische Darstellung der Persönlichkeit, Analyse einzelner Fragmente und der doxographischen Tradition. An vielen Stellen wird N.s Gegenposition zu dem monumentalen Werk Zellers *Zur Philosophie der Griechen in ihrer geschichtlichen Entwicklung* sichtbar, das N. für »langgesponnen« hielt (Erwin Rohde, 11. 6. 1872). Auf die Vorlesung über die vorplatonischen Philosophen von 1872 geht auch die Abhandlung *Die Diadochai der vorplatonischen Philosophen* (1874, KGW II/4, 613–632) zurück. Dabei handelt es sich um eine kurze Abhandlung, die N. vermutlich 1874 seinem Freund Gersdorff diktiert und mit einigen späteren Zusätzen versehen hat. Es ist nicht klar, ob es sich hierbei um Materialien handelt, die er unmittelbar zu einer Vorlesung verwendet hat. Die Untersuchung richtet sich hauptsächlich auf die verschiedenen philosophischen Schulen, die auf die ältesten griechischen Philosophen zurückgehen (Eleaten, Atomisten usw.), ferner auf die hellenistischen Quellen, die diese Verbindungen behaupten.

*Geschichte der griechischen Beredsamkeit*
(1872/73, KGW II/4, 363–411)

Eine Vorlesung, die N. vermutlich im WS 1872/73 gehalten hat, in der er eine Geschichte der Beredsamkeit von den Anfängen bis in die Zeit der Römer skizziert. Die Darstellung ist ziemlich traditionell und präzise in der Durchführung, jedoch ohne eigene Ansätze. Auch hier legt N., neben der Darstellung der Persönlichkeit der großen Redner, besonderen Wert auf den kulturellen und sozialgeschichtlichen Hintergrund.

⟨*Darstellung der antiken Rhetorik*⟩
(1874, KGW II/4, 413–502)

Eine weitere Vorlesung N.s zur antiken Rhetorik, die er vermutlich im SS 1874 gehalten hat, in der eine systematische Darlegung der rhetorischen Mittel und Prinzipien erfolgt. N. bezieht sich auf zwei Traditionslinien: die im strengen Sinne altphilologische (Westermann, Spengel, Volkmann, Hirzel, Blass) und die an der ↗Sprachphilosophie orientierte (Gerber). In 16 Abschnitten erläutert N. der Reihe nach den Begriff der ↗Rhetorik, die einzelnen Bereiche, in die sie sich traditionell untergliedert (*elocutio, dispositio* usw.), das Verhältnis des Rhetorischen zur Sprache, die rhetorischen Figuren und ihre Funktion, die verschiedenen Genera der Beredsamkeit. N. orientiert sich hauptsächlich an Richard Volkmanns *Rhetorik der Griechen und Römer in systematischer Übersicht* von 1872. Der *Abriß der Geschichte der Beredsamkeit* (KGW II/4, 503–20) im Anhang der Vorlesung enthält eine Zusammenfassung der geschichtlichen Entwicklung der antiken Beredsamkeit.

*Einleitung zur Rhetorik des Aristoteles* (1874/75, KGW II/4, 521–611)

Im WS 1874/75 hielt N. eine Vorlesung über die *Rhetorik* des Aristoteles, die er im SS 1875 fortsetzte. N. hat das Werk den Studenten vorgestellt und mit ihnen einige herausragende Abschnitte gelesen. Unter den Vorlesungsaufzeichnungen befinden sich mehrere Seiten mit Übersetzungen einzelner Abschnitte, die N. für die Vorlesung verwendet hat. Es ist interessant zu beobachten, wie N. mehrfach auf die Übersetzung zurückkam, frühere Lösungen verworfen hat oder gelegentlich zwei parallele Versionen nebeneinander stehen ließ, ohne sich für die eine oder andere zu entscheiden. Die Übersetzung ist in vielen Fällen mit Anmerkungen und Hinweisen inhaltlicher, sprachlicher oder textkritischer Art von N.s Hand versehen.

*Geschichte der griechischen Literatur* (1874/75, KGW II/5, 1–353)

Im WS 1874/75 und im SS 1875 hielt N. eine Vorlesung, in der er eine Rekonstruktion der Geschichte der griechischen Literatur versuchte. Es ist die letzte Vorlesung, die N. *ex novo* vorbereitete. In den einleitenden Kapiteln behandelte er den Literaturbegriff allgemein und theoretisch, wobei er besonderen Wert auf die Mündlichkeit in der Kultur der alten Griechen legte. Er beschäftigte sich dann mit dem Verhältnis zwischen Sprache und Literatur, zwischen Literatur und anderen Kunstformen, wie auch zwischen Prosa und Poesie. Die Entwicklung der griechischen Literatur untersuchte N. nach den verschiedenen Gattungen. Besonders interessant und modern erscheinen die Beobachtungen, die N. zu jedem einzelnen literarischen Genre macht, hinsichtlich der Frage nach den Entstehungs- und Produktionsbedingungen, nach der Art des Publikums, den sozialen Bedingungen des Autors, den Überlieferungsorten (Theater, Symposion, Tribunal usw.). In dem Abschnitt über die Tragödie (79 ff.) bekräftigt N. seine eigenen Ansichten über den Ursprung dieser Gattung unter Berufung auf zahlreiche Quellen und genauer Analyse der Zeugnisse über die ersten Tragiker aus voraischyleischer Zeit (Thespis, Choerilus, Phrynichos, Pratinas).

*Der Gottesdienst der Griechen*
(1875/76, KGW II/5, 355–524)

Hierbei handelt es sich um eine Vorlesung, die N. im WS 1875/76 und danach noch einmal im WS 1877/78 gehalten hat. Die Behandlung der griechischen Religion folgt ziemlich traditionellen Darstellungsmustern. N. geht es mehr um die Realien als um die Theorie. Die Vorlesung ist in drei Teile gegliedert: Im ersten behandelt N. »Orte und Gegenstände des Cultus«, darunter Themen wie die Typologie der Tempel nach ihrer Bestimmung, Entwicklung der Götterbilder, hellenistische Heiligtümer, antike Gräber usw. Im zweiten Teil mit der Überschrift »Priester, Wahrsager und Verwandtes« untersucht er die Organisationsformen des religiösen Kultes in der Antike unter besonderer Berücksichtigung der Mantik. Der dritte und letzte Teil »Die religiöse Gebräuche« handelt von verschiedenen Reinigungs- und Opferritualen.

Literatur: Howald, E.: F.N. und die Klassische Philologie, Gotha 1920; Stroux, J.: N.s Professur in Basel, Jena 1925; Vogt, E.: N. und der Wettkampf Homers, in: Antike und Abendland XI (1962), 103–13; Rodriguez Adrados, F: N. y el concepto de la filología clásica, in: Habis 1 (1970), 87–105; Janz, C. P.: F. N.s Lehrtätigkeit in Basel 1869–1879, in: NSt 3 (1974), 192–203; Lloyd-Jones, H.: N. and the Studies of the Ancient World, in: J.C. O'Flaherty/T.F. Sellner/R.M. Helm (Hgg.): Studies in N. and the Classical Tradition, Chapel Hill 1976, 1–15; Pöschl, V.: N. und die klassische Philologie, in: Flashar, H./Gründer, H./Horstmann, K. (Hgg.): Philologie und Hermeneutik im 19. Jh., Göttingen 1979, 141–55; Bornmann, F.: N.s metrische Studien, in: NSt 18 (1979), 427–89; Cataldi Madonna, L.: Il razionalismo di N. Filologia e teoria della conoscenza negli scritti giovanili, Neapel 1983; Gigante, M.: Gli studi di N. su Diogene Laerzio, Rendiconti dell'Accademia di Archeologia, in: Lettere e Belle arti 59 (1984), 67–78; Negri, A. (a cura di): Introduzione a F. N., Teognide di Megara, Rom/Bari 1985; Barnes, J.: N. and Diogenes Laertius, in: NSt 15 (1986), 16–40; v. Reibnitz 1992; Cancik, H.: »Philologie als Beruf«. Zur Formengeschichte, Thema und Tradition der unvollendeten vierten Unzeitgemäßen F. N.s, in: Borsche, T./Gerratana, F./Venturelli, A. (Hgg.): »Centauren-Geburt«. Wissenschaft, Kunst und Philosophie beim jungen N., Berlin/New York 1994, 81–96; Most, G./Fries, T.: Die Quellen von N.s Rhetorik-Vorlesung, ebd., 17–46; Ugolini, G. (a cura di): F. N., Sulla storia della tragedia greca. Introduzione al corso universitario sull'Edipo re di Sofocle, Neapel 1994.

*Gherardo Ugolini*
*(aus dem Ital. von Renate Müller-Buck)*

# Briefe

Er würde »alle seine Freunde verpflichten, nichts von ihm nach seinem Tode herauszugeben als was er selbst für die Publication bestimmt und fertiggestellt hätte; denn wenn man sich sein ganzes Leben geplagt hätte, nur Ausgearbeitetes und Ganzes vor das Volk zu bringen, möchte man doch nicht dann im Hauskleid erscheinen« – so N. in Nizza zu S. Freuds Freund J. Paneth in einem Gespräch über Briefe und das Publizieren von Briefen. Dieser Wunsch N.s konnte indes nicht verhindern, daß bis heute ca. 2850 Briefe von ihm bekannt und veröffentlicht worden sind.

## Editionsgeschichte

Eine erste Sammlung mit Briefen von und an N. erschien in fünf Bänden zwischen 1900 und 1909 unter E. Förster-N.s Regie. Bereits zuvor hatte sie das umfangreiche Briefcorpus zur Grundlage ihrer Biographie (1895–1904) gemacht, in der zahlreiche Briefe, meist auszugsweise, erstmals veröffentlicht worden sind. Es ist hier nicht der Ort, auf die schwerwiegenden Fälschungen dieser Ausgabe einzugehen, Janz hat in seiner Publikation über N.s Briefe zahlreiche einschlägige Beispiele angeführt. Fest steht, daß E. Förster-N. die N.-Forschung nicht nur durch ihren *Willen zur Macht* (1901 und 1906) und ihre Biographie (1895–1904), sondern auch durch diese fünfbändige Briefausgabe nachhaltig beeinträchtigt hat, insbesondere durch ihre gezielten Vernichtungsaktionen (u. a. Briefe v. Salomés und Rées). 1916 erschien als Ergänzung und Korrektiv zu dieser Ausgabe, der von Bernoulli und R. Oehler herausgegebene Briefwechsel mit Overbeck (320 Briefe und Gegenbriefe; neu in Meyer/v. Reibnitz 2000). 1923/24 gab A. Mendt zwei Bände mit 250 Briefen Peter Gasts an N. heraus, 1934/36 veröffentlichte Schlechta drei Bände mit 156 Briefen v. Gersdorffs an N.; 1938/40 erschienen die von Thierbach herausgegebenen 94 Briefe C. Wagners. Eine historisch-kritische Ausgabe konnte erst nach dem Tod der Schwester in Angriff genommen werden. Zwischen 1938 und 1942 erschienen die ersten vier, von Hoppe und Schlechta herausgegebenen Bände der BAB (bis Mai 1877), die aber lediglich die Briefe N.s enthalten, nicht die Gegenbriefe, von denen einige wichtige jedoch im Apparat wiedergegeben sind. Diese Ausgabe wurde durch den Krieg unterbrochen und danach nicht weitergeführt. Einzelne Briefe und Briefreihen wurden auch in Zeitungen und Zeitschriften veröffentlicht (*Neue Deutsche Rundschau* 1899 ff., *Deutsche Revue* 1901, *Die Neue Rundschau* 1908, *Süddeutsche Monatshefte* 1909 u. a.). Einen ersten Versuch, an BAB anzuknüpfen, unternahm Schlechta mit seiner 1956 veröffentlichten Briefauswahl. – Die erste vollständige Ausgabe des gesamten Briefwechsels erscheint seit 1975 im Rahmen der Kritischen Gesamtausgabe von Colli und Montinari bei de Gruyter in Berlin. Die Briefe liegen seit 1984 in sechzehn Textbänden vor (ca. 2850 Briefe von und 2184 an N.). Von den geplanten sieben Nachberichtbänden sind bisher zwei erschienen (Gerratana und Müller-Buck, 1993 und 1998). Diese Ausgabe ist in drei Abteilungen gegliedert: 1. Abteilung: Kindheit, Jugendjahre und Studentenzeit (Juni 1850 – April 1869), 637 Briefe von und 229 Briefe an N. 2. Abteilung: Basler Zeit (April 1869 – Dezember 1879), 946 Briefe von und 1296 Briefe an N. 3. Abteilung: Wanderjahre (Januar 1880 – Januar 1889), 1267 Briefe von und 656 Briefe an N.

## Allgemeines

In seiner Einleitung zu dieser Ausgabe schrieb der Historiker und Philologe Montinari: »Die kritische Gesamtausgabe von N.s Briefwechsel hat einen unüberschätzbaren biographischen Wert für die N.-Forschung. Ihre Bedeutung erschöpft sich darin jedoch keineswegs. Sie eröffnet wesentliche Einblicke in die Geistesgeschichte des 19. Jahrhunderts.« Für Montinari waren Briefe generell, nicht nur die Briefe N.s, zeitgeschichtliche Dokumente allerhöchsten Ranges. Sie vermitteln »unentbehrliche Kenntnisse über die Entstehung von N.s Schriften und über seine literarischen Pläne«, sie registrieren »das erste Auftauchen von bestimmten philosophischen Gedanken und literarischen Einfällen bis zu charakteristischen Wortprägungen«, und sie enthalten »wichtige Daten über die Publikation von N.s Werken und die damit zusammenhängenden Fragen der Textkonstitution«. Mit der Edition dieses Briefwechsels wollte Montinari »einen entscheidenden Beitrag zur Entmythologisierung des N.-Bildes und zur kritischen Kenntnis seines Lebens und seiner Zeit« leisten. – Briefe sind immer doppelt bestimmt, einmal durch den Schreibenden und zugleich durch den Adressaten. Diese doppelte Bestimmtheit bezeichnete N. in seiner für v. Salomé verfaßten »Lehre vom Stil« als »Gesetz der doppelten Relation«: »Der Stil soll dir angemessen sein in Hinsicht auf eine ganz bestimmte Person, der du dich mitteilen willst« (8./24. 8. 1882 an v. Salomé). Bereits in *Menschliches, Allzumenschliches* I (Nr. 374, KSA 2, 261) hatte N. das Problem der stilistischen Anempfindung an den jeweiligen Brief- oder Gesprächspartner zum Gegenstand theoretischer Reflexion gemacht: »Das Zwiegespräch ist das vollkommene Gespräch, weil Alles, was der Eine sagt, seine bestimmte Farbe, seinen Klang, seine begleitende Gebärde in strenger Rücksicht auf den Anderen, mit dem gesprochen wird, erhält, also dem entsprechend, was beim Briefverkehr geschieht, dass ein und der selbe zehn Arten des seelischen Ausdrucks zeigt, je nachdem er bald an Diesen, bald an Jenen schreibt.« Diese Kunst der stilistischen Anempfindung beherrschte N. meisterhaft. Es genügt, die Briefe des jungen N. an seine Mutter mit denen an seine Freunde zu vergleichen, um einen Einruck von den völlig verschiedenen Tonarten zu bekommen. In den 80er Jahren wird der Ton einheitlicher, da N. zunehmend nur noch mit sich selber spricht.

## Briefe, I. Abteilung

Der erste überlieferte Brief N.s ist an die Großmutter E. N. gerichtet (1. 6. 1850). Die Familienbriefe, allen voran die Briefe an Mutter und Schwester machen den Hauptteil der ersten Abteilung aus. Mehrmals die Woche schickte der Pfortaer Alumnus Bittbriefe nach Hause: »Schickt mir [...] Zinksalbe und Lippenpomade« (11. 11. 1858). »Ich brauche [...] Chocoladenpulver, Spiegel, Halstücher und vor allen Brillen« (Mitte Nov. 1858). »Fehlende Sachen. 1. Hoffmann. 2. Streichhölzer. 3. Waschlappen. 4. Servietten 5. Schnupftücher 6. Hosen 7. Nüsse. 8. Schöpfung. Schickt recht bald!« (17. 1. 1859). Der Ton dieser Briefe ist schlicht, fast gesprächshaft, aber immer ungeduldig drängend und fordernd. Die Briefe an die Schulfreunde Pinder und Krug klingen daneben so feierlich-gehoben, als seien sie bereits späterer Veröffentlichung bestimmt: »Nun sind die schönen Tage schon wieder vorüber [...] vorüber die Zeiten, die in der Erwartung so hoffnungsvoll, in der Erinnerung so trostreich sind« (14. 1. 1861). Ganz anders im Ton und einzig in seiner Art ist ein Brief an den Mitschüler Granier: »Den Plan zu meiner widerwärtigen Novelle [...] habe ich, als ich das erste Kapitel geschrieben hatte, vor Ekel über Bord geworfen. Ich sende ihnen das Monstrummanuscript zum Gebrauch auf ... nun, wie sie wollen. Als ichs geschrieben, schlug ich eine diabolische Lache auf – Sie werden selbst schwerlich nach Fortsetzung Appetit haben« (28. 7. 1862). – Auch in der Studentenzeit überwiegen die Familienbriefe, neben Briefen an die ↗Freunde Rohde, v. Gersdorff, Mushacke, Deussen u. a. Die schulmeisterlich-belehrenden Briefe an Deussen bezeugen N.s früh entwickelten erzieherischen Eifer: »Lieber Paul, es ist wirklich keine Kleinigkeit, in den 20ger Jahren längere Zeit über seinen Beruf im Unklaren zu sein« (Sept. 1866). – Schon früh fängt N. an, seine Lektüren in Briefen zu kommentieren. Ein erstes Beispiel ist sein Kommentar zu Langes *Geschichte des Materialismus*, die er gleich nach Erscheinen las. N.s Brief an v. Gersdorff von Ende August 1866 enthält ein vollständiges Manifest seiner Lange-Rezeption. Auch die berühmteste und folgenschwerste Lektüre des jungen N., Schopenhauers *Welt als Wille und Vorstellung*, schlägt sich zunächst in einem Brief an Mutter und Schwester nieder (5. 11. 1865). Die Mutter antwortete prompt, daß sie: »derartige Ansichten [und] Entwikelungen [sic!] weit weniger liebe, als ein richtiges Briefschwätzchen« (12. 11. 1865).

## Briefe, II. Abteilung

Einer der wichtigsten Briefwechsel der Basler Jahre ist derjenige mit *Rohde* (↗Freunde), der als in sich geschlossenes Dokument einer Freundschaft zu den schönsten Beispielen der Briefkultur des 19. Jh.s zählt. Von den insgesamt 126 überlieferten Briefen N.s an Rohde fallen 96 in die Basler Zeit. Darin werden oft seitenlang Philologika ausgetauscht (Mitte Juni 1869; 11. 6. 1872; 16. 7. 1872). Rohde wird zum Eingeweihten seiner bedingungslosen Wagner-Verehrung (29.5., 16.6., 15. 8. 1869, 15. 2. 1870) und den damit verbundenen grundlegenden Zweifeln an der Philologie: »Die Philologenexistenz in irgend einer kritischen Bestrebung, aber 1000 Meilen abseits vom Griechenthum wird mir immer unmöglicher. Auch zweifle ich, ob ich noch je ein rechter Philologe werden könne« (15. 2. 1870). Auch seine Befürchtungen über die Bildungs- und Kulturpolitik des neu gegründeten Reichs teilt er mit Rohde: »Sieh doch zu daß Du aus dem fatalen kulturwidrigen Preußen herauskommst!« (23. 11. 1870). Nach Erscheinen der *Geburt der Tragödie* wird Rohde zum »Kriegsgenossen« (25. 10. 1872) im Kampf gegen Wilamowitz (16. 7. 1872; 25. 7. 1872 an Rohde) und riskiert damit selbst seinen Ruf als Philologe. Er bespricht die *Geburt der Tragödie* in der *Norddeutschen Allgemeinen Zeitung*: »Freund, Freund, Freund, was hast Du gemacht!« (27. 5. 1872 an Rohde) und verfaßt ein Pamphlet gegen Wilamowitz (*Afterphilologie*, 1872). Mit Rohdes Heirat im Frühjahr 1877 beginnt eine Zeit der Entfremdung, die durch *Menschliches, Allzumenschliches* noch verstärkt wird. Rohdes Überraschung darüber »war die allergrößte«, es sei ihm vorgekommen, als ob er direkt aus einem »caldarium in ein eiskaltes frigidarium gejagt« würde (16. 6. 1878). Aus den 80er Jahren sind nur noch 13 Briefe überliefert, zuletzt kam es wegen Taine noch zum Zerwürfnis: »Nein, alter Freund Rohde, ich erlaube Niemanden über Mr. Taine so respektwidrig zu reden [...] Ihn ›inhaltslos‹ zu nennen ist ganz einfach eine rasende Dummheit« (19. 5. 1887). – Der zweite wichtige Briefwechsel der Basler Jahre ist derjenige mit R. und C. Wagner. Von einem Briefwechsel heute noch zu sprechen, verbietet sich eigentlich, da Cosima die Briefe N.s weitgehend vernichtet hat. Von den ca. 70 Briefen N.s an Cosima sind, abgesehen von den ›Wahnsinnszetteln‹, nur drei überliefert (Anfang Juli 1876; 19. 12. 1876; 10. 10. 1877), zu denen es 94 überlieferte Gegenbriefe gibt. Von den zahlreichen Briefen N.s an Wagner sind einschließlich aller Entwürfe, Dispositionen und Telegramme immerhin 24 erhalten. Diese atmen eine Atmosphäre tiefer Dankbarkeit und Verehrung. Die Anrede ist meist »Geliebter Meister«, der Ton bewundernd-verehrungsvoll: »die besten und erhobensten Momente« seines Lebens verdanke er ihm (22. 5. 1869), Wagner sei sein »Mystagog in den Geheimlehren der Kunst und des Lebens« (21. 5. 1870); durch ihn fühle er »den stärksten Antrieb zum Besser-Reifer-Ruhigerwerden« (15. 10. 1872). In den Briefen Wagners klang alles viel kühler und pragmatischer. Er gab dem anstelligen Philologen Manuskripte zur Bearbeitung, und, wenn dieser nicht gleich zur Stelle war, wurde er ungehalten: Kommen Sie zum Wochenende, »das vermag doch etwa jeder Handwerker, um so vielmehr doch ein Professor« (3. 6. 1869). Nach der Lektüre von *Sokrates und die Tragödie* ermahnte er ihn: »Theuerster Herr Friedrich!« Sie sind »mit den ungeheuren Namen der grossen Athener in überraschender Weise modern umgegangen«; ich habe »Sorge um Sie und wünsche von ganzem Herzen, dass Sie sich nicht den Hals brechen sollen« (4. 2. 1870). Daß N.s Abkehr von Wagner bereits vor den ersten Festspielen im Sommer 1876 stattgefunden hat, dokumentiert deutlich ein Entwurf zum Begleitbrief zu *Richard Wagner in Bayreuth*: »Diesmal bleibt mir nichts übrig als Sie zu bitten: lesen Sie die Schrift als ob sie nicht von Ihnen handelte und als ob sie nicht von mir wäre. [...] Sie müssen in dieser Sache einiges über sich ergehen lassen, ohne zu zucken« (Juli 1876). Auch der letzte Brief N.s, der Begleitbrief zu *Menschliches, Allzumenschliches*, der das Ende der Beziehung markiert, ist nur noch als Entwurf überliefert (Anfang August 1878). – Der Briefwechsel mit dem Pfortaer Schulfreund *v. Gersdorff* (↗Freunde), hat seinen Höhepunkt ebenfalls in den Basler Jahren. Von den 95 Briefen N.s an v. Gersdorff entfällt der weitaus größte Teil in diese Zeit (69 Briefe), wohingegen aus der Studentenzeit nur 18 Briefe überliefert sind und lediglich acht aus dem letzten Jahrzehnt. Von v. Gersdorff sind 156 Briefe überliefert. Als Jurist, Offizier, Landwirt und Verwalter des väterlichen Gutes in der Lausitz war v. Gersdorff, wenn auch contre coeur, ein Mann der Tat und damit die Ausnahme unter N.s Freunden. Gerade dies, wie überhaupt die aristokratische Tradition v. Gersdorffs – der Großvater Großherzoglicher Wirklicher Geheimrat und Staatsminister am Hofe Carl

Augusts in Weimar – war für N. sehr wichtig. Gersdorff repräsentierte für ihn die Verbindung zum öffentlich-politischen Leben. Der zu Beginn der siebziger Jahre besonders intensive Briefwechsel ist vor allem dadurch gekennzeichnet, daß darin auch von Politik die Rede ist (besonders während des dt.-frz. Krieges 20.10. und 12. 12. 1870, aber auch schon 1866: 12.8., 15.8. und Ende Aug. 1866). Daneben bilden natürlich Schopenhauer und Wagner einen wichtigen gemeinsamen Bezugspunkt: »unsre schönsten Hoffnungen und Pläne laufen nun in einer Bahn« (1. 5. 1872), schreibt N., nachdem er den Freund in Tribschen und Bayreuth eingeführt hat. Gersdorff wird durch N. zu einem begeisterten Anhänger Schopenhauers und Wagners und einem »extatischen« Bewunderer der *Geburt der Tragödie*: »Ach lieber Freund meine besten Stunden verlebe ich jetzt mit diesem Deinem Erstling« (12. 1. 1872). 1877 kommt es zum Bruch wegen v. Gersdorffs geplanter Heirat mit Nerina Finocchietti: »Lieber Freund, die größte Trivialiät in der Welt ist der Tod, die zweitgrößte das Geborenwerden; dann aber kommt zu dritt das Heirathen«, schrieb N. ungehalten, denn er hatte bereits im Jahr zuvor Overbeck und Rohde durch Heirat bzw. Verlobung verloren. Er verunglimpfte die Verlobte (21. 12. 1877 an v. Gersdorff), worauf v. Gersdorff den Kontakt abbrach. Danach sahen sie sich nie wieder. Zu N.s großer Erleichterung nahm v. Gersdorff vier Jahre später den Kontakt brieflich wieder auf, doch wurde er nie mehr so eng wie früher. N.s Briefe wurden immer unpersönlicher. 1882 schickte er ihm die *Fröhliche Wissenschaft* mit wenigen Zeilen, in denen es heißt, »Brief-schreiben« sei für ihn Unsinn: »Dafür erzählen meine Bücher so viel von mir, als hundert Freundschafts-Briefe nicht könnten« (Ende Aug. 1882). Je weniger er selber noch Briefe schreiben wollte und konnte, desto mehr war er auf brieflichen Zuspruch angewiesen: »Deine letzten Briefe thaten mir sehr gut, ich danke Dir von ganzem Herzen« (15. 11. 1882). »Thatsächlich ist die Oede um mich ungeheuer; ich vertrage eigentlich nur noch die ganz Fremden und Zufälligen und, anderseits, die von Altersher und aus der Kindheit mir Zugehörigen. [...] Es bewegte mich, Deinen Brief, und Deine alte Freundschaft darin, gerade jetzt zum Geschenk zu erhalten. [...] Ich bin dir wirklich nicht einen Augenblick untreu geworden« (20. 12. 1887). Mit Gersdorffs Antwort und dem darin enthaltenen Lob, N. sei »einer von den Wenigen, vielleicht jetzt der Einzige, der noch deutsch schreiben kann«, endet der Briefwechsel (4. 3. 1888). – Ein wichtiger philosophischer Gesprächspartner der Basler Jahre ist der spätere Kant-Forscher *Romundt*. Von einem umfangreichen Briefwechsel sind nur noch drei Briefe N.s überliefert, denen 56 Briefe Romundts gegenüberstehen. Ein Brief Romundts vom 4. Mai 1869 ist der einzige Beleg dafür, daß N. sich bereits im Leipziger Winter 1868/69 mit der Thematik seines späteren Tragödienbuchs beschäftigte. Bereits damals habe N. gesprochen von »wiedererstandenem Pessimismus, vom Drama der Zukunft, in dem Sophocles wiedergeboren wird, [...] von der Musik als dem Schlüssel aller Kunstphilosophie, von Richard Wagner und Arthur Schopenhauer und von unzähligem Anderem«. Überhaupt verschaffen uns die Briefe Romundts einen guten Einblick in die philosophischen Interessen N.s jener Zeit. – Ein Briefwechsel, der sich über die II. und III. Abteilung gleichermaßen erstreckt, ist derjenige mit *v. Meysenbug*. Er beginnt im Sommer 1872 nach der Grundsteinlegung in Bayreuth, wo sie sich zum ersten Mal begegneten, und endet am 4. 1. 1889. Das gemeinsame Interesse gilt Wagner und Bayreuth. Besonders nach dem Bruch ist viel von Wagner die Rede: »Hören Sie Gutes von Wagner's? Es sind drei Jahre, daß ich nichts von ihnen erfahre: die haben mich auch verlassen« (14. 1. 1880). »Ws Tod hat mir fürchterlich zugesetzt«, schreibt er umittelbar nach diesem Ereignis (21. 2. 1883). Kurz darauf versucht N. seine idealistische Freundin mit *Zarathustra* I zu provozieren: »Wollen Sie einen neuen Namen für mich? Die Kirchensprache hat einen: ich bin – – – – – – – der Antichrist« (3./4. 4. 1883). Mit diesem Werk habe er »alle Religionen herausgefordert und ein neues ›heiliges Buch‹ gemacht!« (20. 4. 1883) Er habe Dinge auf seiner Seele, die hundert Mal schwerer zu tragen seien als »la bêtise humaine: Es ist möglich, daß ich für alle kommenden Menschen ein Verhängniß, das Verhängnis bin« (Ende März 1884). Der Ton wird immer schärfer und schneidender. Als v. Meysenbug ihr Mißfallen an *Der Fall Wagner* bekundet, bricht N. den Kontakt ab: »das sind keine Dinge, worüber ich Widerspruch zulasse. Ich bin in Fragen der décadence die höchste

Instanz, die es auf Erden giebt« (18. 10. 1888). »Ich habe allmählich fast alle meine menschlichen Beziehungen abgeschafft [...] Jetzt sind Sie an der Reihe. [...] Denn Sie sind ›Idealistin‹ – und ich behandle den Idealismus als eine Instinkt gewordene Unwahrhaftigkeit [...] Sie haben sich – Etwas, das ich nie verzeihe – aus meinem Begriff ›Übermensch‹ wieder einen ›höheren Schwindel‹ zurechtgemacht...« (20. 10. 1888). Damit fällt eine langjährige herzliche Freundschaft dem paranoiden Wahn zum Opfer.

## Briefe, III. Abteilung

Mehr noch als die Briefe der 70er Jahre sind die Briefe der 80er Jahre unentbehrliche Zeugnisse, wenn es darum geht, den Weg von N.s Denken nachzuzeichnen. Bei keinem anderen Denker sind Leben und Denken so sehr eins wie bei N. Allein dadurch kommt seinen Briefen ein ganz besonderer Stellenwert zu. »Ich schreibe nur, was von mir **erlebt** worden ist« (Anfang September 1882 an Schmeitzner). Er habe jetzt »den Punkt erreicht, wo [er] **lebe** wie [er] **denke**« (2./3. 8. 1882 an Burckhardt). Der *Zarathustra* sei sein Testament, er gehe auf lauter Erlebnisse zurück, die er mit niemandem teile (4. 2. 1883 an Overbeck). Seine Lehre, daß die Welt des Guten und Bösen nur eine scheinbare und perspektivische Welt ist, sei eine »solche Neuerung«, daß ihm »bisweilen dabei Hören und Sehen vergeht. [...] Die Abende, wo ich ganz allein, im engen niedrigen Stübchen sitze, sind harte Bissen zum Kauen« (23. 7. 1884 an Overbeck). Wahrheit sei bei ihm immer etwas, das er sich »Stück für Stück vom Herzen« abreißen müsse, die Konzeption der »Umwerthung aller Werthe« beschreibt er infolgedessen als eine einzige Qual: »bei weitem die längste Tortur, die ich erlebt habe, eine wirkliche Krankheit« (13. 2. 1888 an Overbeck). Die Briefe der 80er Jahre nehmen auch insofern eine besondere Stellung innerhalb des gesamten Briefcorpus ein, als N. in diesen Jahren völlig isoliert und aus allen praktischen Lebenszusammenhängen herausgelöst lebte und seine Briefpartner über weite Strecken die einzigen Gesprächspartner waren. Oft genug wurde ihm der Briefdialog so zu einem Mittel, sich seiner selbst zu vergewissern. – Die beiden existentiellen Grunderfahrungen, die N.s gesamte leibliche und geistige Existenz der 80er Jahre prägen und bestimmen, sind Krankheit und Einsamkeit. Der Briefwechsel mit Overbeck ist der vertraulichste von allen und enthält die erschütterndsten Zeugnisse dieses torturierten Lebens am Rande des Todes. »Ich glaube, ich gehe unfehlbar zu Grunde« (10. 2. 1883 an Overbeck). Er frage sich immer wieder, »ob je ein Mensch schon so gelitten hat« (21. 5. 1884 an Overbeck), und wisse oft nicht, »wie er den **nächsten** Augenblick aushalten soll« (12. 2. 1884 an Overbeck). Sein Leben sei »zum allergrößten Theil ein wahres **Hundeleben**... ich will **keinen** Tag von den 3 letzten Jahren zum zweiten Male durchleben, Spannung und Gegensätze waren zu groß« (Anfang Dez. 1885). Aber auch an v. Meysenbug schreibt er: Die »furchtbare und fast unablässige Marter meines Lebens läßt mich nach dem Ende dürsten« (14. 1. 1880). »Es giebt Nächte, wo ich mich auf eine vollkommen demüthigende Weise nicht mehr aushalte« (15. 1. 1888 an Köselitz). – Neben den Schmerzen ist es vor allem die Einsamkeit, die das letzte Jahrzehnt bestimmt: »[...] diese Einsamkeit, und von Kindesbeinen an! Diese Verschlossenheit im vertrautesten Verkehre noch! Es ist mir gar nicht mehr beizukommen, auch mit Wohlthun nicht mehr. [...] Ich fand noch Niemanden, vor dem ich reden könnte, wie ich mit mir selber rede« (Anfang Mai 1884 an v. Meysenbug). Und an Overbeck: »Wenn ich Dir einen Begriff meines Gefühls von **Einsamkeit** geben könnte! Unter den Lebenden so wenig als unter den **Todten** habe ich Jemanden, mit dem ich mich verwandt fühlte. Dies ist unbeschreiblich schauerlich; und nur die Übung im Ertragen dieses Gefühls... macht mir's begreiflich, daß ich daran noch nicht zu Grunde gegangen bin« (5. 8. 1886). »Nach einem solchen Anrufe, wie mein Zarathustra es war, aus der innersten Seele heraus, nicht einen Laut von Antwort zu hören, nichts, nichts, immer nur die lautlose, nunmehr vertausendfachte Einsamkeit – das hat etwas über alle Begriffe Furchtbares, daran kann der Stärkste zu Grunde gehn – ach, und ich bin nicht ›der Stärkste‹! Mir ist seitdem zu Muthe als sei ich tödtlich verwundet, es setzt mich in Erstaunen, daß ich noch lebe« (17. 6. 1887 an Overbeck). Overbeck wird auch zum Zeugen seiner bohrenden Selbstzweifel und Schaffenskrisen. Nach Vollendung eines Werks überfällt ihn jedesmal erneut die schwärzeste Melancholie: »Es ist wieder Nacht um mich; mir ist zu Muthe, als hätte es geblitzt – ich war eine kurze Spanne Zeit ganz in meinem Elemente und in meinem Lichte. Und nun ist es vorbei. Ich glaube, ich gehe unfehlbar zu Grunde« (10. 2. 1883 an Overbeck). »Ich begreife nicht mehr, wozu ich auch nur ein halbes Jahr leben soll [...] Ich [...] habe einen Begriff von der Unvollkommenheit, den Fehlgriffen und den eigentlichen Unglücksfällen meiner ganzen geistigen Vergangenheit, der über alle Begriffe ist. Es ist Nichts mehr gut zu machen; ich werde nichts Gutes mehr machen. Wozu noch etwas machen! –«, schreibt er nach Abschluß von *Zarathustra* I an Overbeck (22. 3. 1883). – Auch die sieben überlieferten Briefe N.s an *Burckhardt* zeugen vor allem von N.s verzweifelter Suche nach einem Gleichgesinnten. Obwohl ihm Burckhardts betontes Distanznehmen nicht verborgen geblieben sein konnte, wurde N. bis zuletzt nicht müde, die geistige Nähe immer wieder zu beschwören: Er kenne niemanden, der eine solche Menge Voraussetzungen mit ihm gemein habe: »es scheint mir, daß Sie dieselben Probleme in Sicht bekommen haben, – daß Sie an den gleichen Problemen in ähnlicher Weise laboriren, vielleicht sogar stärker und tiefer noch als ich, da Sie schweigsamer sind. Dafür bin ich jünger« (22. 9. 1886). Burckhardt antwortete: »Probleme wie die Ihrigen sind, bin ich nie im Stande gewesen nachzugehen oder mir auch nur die Prämissen derselben klar zu machen. Zeitlebens bin ich kein philosophischer Kopf gewesen und schon die Vergangenheit der Philosophie ist mir so viel als fremd« (26. 9. 1886). Burckhardts Brief »betrübte mich«, schrieb N. daraufhin an Overbeck: »Ich wünschte zu hören ›das ist meine Noth! Das hat mich stumm gemacht!‹ – In diesem Sinne allein, mein alter Freund Overbeck, leide ich an meiner ›Einsamkeit‹. An Menschen fehlt mir's nirgends, aber an solchen, mit denen ich meine Sorgen, meine Sorgen gemein habe!« (12. 10. 1886). N. gab nicht auf und wandte sich nach Erscheinen der *Genealogie der Moral* erneut an Burckhardt: »Mein liebster Trost ist immer noch der, der Wenigen zu gedenken, die es unter ähnlichen Bedingungen ausgehalten haben, ohne zu zerbrechen [...]. Es kann Niemand Ihrer dankbarer gedenken, hochverehrter Mann! als ich es thue. [...] Oh wären Sie hier!!« (14. 11. 1887) Eine Antwort Burckhardts ist nicht überliefert, ebensowenig wie auf die wiederum binnen Jahresfrist erfolgte Zusendung des *Fall Wagner*, in der es heißt: »ein einziges Wort von Ihnen würde mich glücklich machen« (13. 9. 1888). Es scheint nicht erfolgt zu sein, aber es blieb auch kaum noch Zeit. In einem allerletzten an Burckhardt gerichteten Brief vom 6. 1. 1889 teilt N. ihm mit, er wäre zuletzt sehr viel lieber Basler Professor geworden als Gott, doch habe er es nicht gewagt, seinen »Privat-Egoismus so weit zu treiben, um seinetwegen die Schaffung der Welt zu unterlassen«. Tief beunruhigt eilte Burckhardt mit diesem Brief zu Overbeck, der sich unverzüglich nach Turin begab, um den kranken Freund zurückzuholen. – Über weite Strecken besteht N.s Briefwechsel der 80er Jahre in einem Austausch mit seinem ehemaligen Schüler *Köselitz* alias *Peter Gast*. Von den 45 überlieferten Briefen, die N. im Jahr 1881 erhalten hat, stammen 35 aus der Feder von Köselitz, 1882 sind es 32 von 66 und ein Jahr später 31 von 55. Köselitz antwortete meist umgehend und unterzeichnete bis zuletzt fast ausnahmslos als ›Ihr dankbar ergebener Schüler‹. Allein die Tatsache, daß Köselitz all die Jahre hindurch bei der Erstellung der Druckmanuskripte behilflich gewesen ist, vermag das ungeheure Maß an Zuwendung nicht zu erklären, das diesem zuteil wurde. Viel wichtiger scheint zu sein, daß es gerade Köselitz ist, der N. in den schwersten Zeiten immer wieder dazu verhelfen muß, den Glauben an sich selber nicht zu verlieren. Es ist bewegend zu sehen, wie sehr N. ausgerechnet auf seinen Zuspruch angewiesen ist und wie sehr er bereit ist, sich ein bißchen über sich täuschen zu lassen. Diese Bereitschaft zur Täuschung und Selbsttäuschung, die in N.s Glauben an Köselitz als einen zweiten Mozart ihren traurigen Höhepunkt erreicht, ist ein Charakteristikum des Briefwechsels zwischen diesen ungleichen Partnern. Wenn N. schreibt, Köselitz habe mit seiner Oper *Scherz, List und Rache* ein Werk geschaffen, welches ihn seine »arme stückweise Philosophie vergessen« lasse (Ende August 1881 an Rée), werden wir dies kaum ernst nehmen, wie denn überhaupt Thomas Manns Warnung, N. wörtlich zu nehmen, ganz besonders auch für die Briefe gilt. Vielmehr scheint uns die grenzenlose Überschätzung von Köselitz' Musik ein Zeichen für N.s Leiden an Wagner zu sein, bzw. der Versuch einer Abwehr dieses Leidens. »Viel von sich reden ist auch ein Mittel sich zu verbergen« (N, KSA 10, 500). »Ich selber war immer sehr schweigsam über mich in allen Hauptsachen, ohne daß es doch so erschien« (Mitte Juli 1881 an E. N.). – Liebesbriefe gibt es nicht in N.s Korrespondenz. Auch die Briefe an *Lou v. Salomé* sind keine solchen, wenngleich diese Frau ihn für kurze Zeit durchaus in einen Zustand versetzt hat, der dem Verliebtsein zum Verwechseln ähnlich war. Er hörte plötzlich die Nachtigallen ganze »Nächte durch vor [s]einem Fenster« singen (24. 5. 1882 an v. Salomé) und war bereit, seine gesamte bisherige Lebensweise auf den Kopf zu stellen: Er wolle »nicht mehr einsam sein und wieder lernen, Mensch zu werden [...] an diesem Pensum habe [er] fast alles noch zu lernen« (3. 7. 1882 an v. Salomé). »Was ich nie mehr glaubte, einen Freund meines letzten Glücks und Leidens zu finden, das erscheint mir jetzt als möglich – als die goldene Möglichkeit am Horizonte all meines zukünftigen Lebens. Ich werde bewegt, so oft ich nur an die tapfere und ahnungsreiche Seele meiner lieben Lou denke.« (7. 6. 1882 an v. Salomé) Er hoffte, in ihr »eine Schülerin zu bekommen, [...] eine Erbin und Fortdenkerin« (13. 7. 1882 an v. Meysenbug). An dieser Liebe sei nichts, »was zur Erotik gehört«, höchstens der liebe Gott hätte »eifersüchtig« werden können, versicherte er Rée (Mitte Dez. 1882). Lous Briefe sind nicht überliefert. N.s Schwester, die die junge Russin »als ein giftiges Gewürm, welches man um jeden Preis vernichten müsse« (Mitte Dez. 1882 an v. Meysenbug), betrachtete, hat sie vernichtet. – Ein Heiratsantrag an *Mathilde Trampedach* stellt eher eine Kuriosität innerhalb von N.s Korrespondenz dar: »Mein Fräulein [...] Nehmen Sie allen Muth ihres Herzens zusammen, um vor der Frage nicht zu erschrecken, die ich hiermit an Sie richte: Wollen Sie meine Frau werden? Ich liebe Sie und mir ist es als ob Sie schon zu mir gehörten. Kein Wort über das Plötzliche meiner Neigung!« Er stellte ihr ein Ultimatum »bis morgen um 10 Uhr« (11. 4. 1876). Die so eilig Umworbene erschrak zutiefst, und N. blieb nichts anderes übrig, als sich vier Tage später für seine »grausame gewaltsame Handlungsweise« zu entschuldigen (15. 4. 1876). – Etwas romantischer ist da schon der Briefwechsel mit *Louise Ott*, einer schönen Wagnerianerin aus Paris (die Tante Henri Lichtenbergers), der N. bei den ersten Bayreuther Festspielen begegnet war. Ihr schrieb er: »[...] diese neue Freundschaft ist wie neuer Wein, sehr angenehm, aber ein wenig gefährlich vielleicht. Für mich jedenfalls« (22. 9. 1876). Die frisch vermählte junge Mutter versicherte ihm ihrerseits: »Alles was bis jetzt vorgegangen bleibt unter uns – es bleibt unser Heiligthum für uns beide allein« (2. 9. 1876). – Mit zahlreichen gebildeten Frauen seiner Zeit stand N. in Briefverkehr, darunter Meta v. Salis (deren Antwortbriefe nicht überliefert sind), Resa v. Schirnhofer, Helen Zimmern, Emily Fynn u. a. Sie alle schätzten ihn als besonders höflichen und einfühlsamen Gesprächspartner. – In den beiden letzten Jahren vor dem Zusammenbruch kommen für N. wichtige neue Briefpartner hinzu: In Frankreich Taine, im Norden Brandes und Strindberg. Ein sehr kurzer und im Grunde sehr einseitiger Briefverkehr entspinnt sich mit *Taine*, dem N. vier seiner Werke schickt. Die drei Briefe, welche die Buchsendungen begleiten, sind nur als Entwürfe überliefert: Herbst 1886 *Jenseits von Gut und Böse*, ein Buch »voller Hintergedanken« (um den 20. 9. 1886); Sommer 1887 die Neuauflagen von *Fröhliche Wissenschaft* und *Morgenröthe* (4. 7. 1887); Ende 1888 *Götzen-Dämmerung*, das »radikalste Buch, das bisher geschrieben wurde« (8. 12. 1888). Taine bedankt sich jeweils höflich und bedauert, mangels Sprachkenntnissen nicht alle »audaces et finesses« zu verstehen (14. 12. 1888). Ähnlich einseitig war bereits Jahre zuvor ein kurzer Briefwechsel mit *Keller*, dem N. im Herbst 1882 ein Exemplar der *Fröhlichen Wissenschaft* gewidmet hat (16. 9. 1882). Kellers Antwort wirkte bemüht (20. 9. 1882), was N. nicht davon abhielt, ihm ein halbes Jahr später auch den *Zarathustra* I zu schicken (1. 5. 1883), worauf Keller nicht reagierte. Ungeachtet dieser ablehnenden Haltung kam es auf N.s Wunsch (20. 9. 1884 an Keller) im Herbst 1884 zu einer persönlichen Begegnung in Zürich. Eine Antwort Kellers auf die Übersendung von *Jenseits von Gut und Böse* (14. 10. 1886) ist nicht überliefert. – Ganz anders der Briefwechsel mit *Brandes*. Er ist geprägt von Brandes' Interesse an seinem Werk sowie von N.s Euphorie, endlich einen intelligenten Leser gefunden zu haben, der seiner würdig ist. In den insgesamt 13 überlieferten Briefen an Brandes entwirft N. ein Bild von sich und seinen Schriften, das Motive von *Ecce homo* vorwegnimmt. *Schopenhauer als Erzieher* und *Richard Wagner in Bayreuth* seien »mehr Selbstbekenntnisse« denn Beschreibungen der jeweiligen Protagonisten. Zwischen den *Unzeitgemäßen Betrachtungen* und *Menschliches, Allzumenschliches* liege »eine Krisis und Häutung. Auch leiblich«. Er habe jahrelang in der nächsten Nähe des Todes gelebt (19. 2. 1888). Brandes' Nachricht, er halte einen Zyklus öffentlicher Vorlesungen über N., versetzte diesen in eine ungeahnte Hochstimmung: »Ich bin so erleichtert, so gestärkt, so guter Laune« (4. 5. 1888). – Überdies schrieb Strindberg, von Brandes auf N. aufmerksam gemacht, N. habe der Menschheit zweifellos die tiefsten Bücher gegeben, die sie besitze. Er schließe alle seine Briefe mit: »lisez N.«. Dies sei sein »Carthago est delenda!« (Anfang Dez. 1888 von Strindberg). – Danach verliert N. zunehmend den Kontakt zur Realität: »ich komme aus hundert Abgründen, in die noch kein Blick sich gewagt, ich kenne Höhen, wohin kein Vogel sich verflog, ich habe am Eis gelebt, – ich bin verbrannt worden von hundert Schneen: es scheint mir, daß warm und kalt in meinem Munde andere Begriffe sind« (27. 11. 1888 an Unbekannt). Er habe jetzt den »berühmte[n] Rubicon« überschritten (21. 12. 1888 an Köselitz). Danach schickt er seine sogenannten Wahnsinnszettel in die Welt, kleine Bigliette aus Turin, in denen er sich abwechselnd mit Dionysos und dem Gekreuzigten identifiziert (u. a. an C. Wagner, seine geliebte Ariadne, an die »erlauchten Polen«, Kardinal Mariani und an Umberto I., König von Italien). »Dionysos gegen den Gekreuzigten« waren auch die letzten Worte des *Ecce homo*. Er selber ist beides, wie die Zettel aus den ersten Januartagen 1889 zeigen. Indem N. versucht, beide Extreme in sich zu vereinen, treibt er die tragische Spannung seines Lebens an ihren äußersten Punkt, an dem sie zerbricht. Sein heller, scharfer Geist versinkt im tröstenden Dunkel geistiger Umnachtung.

## Verlegerbriefe

Ein Kapitel für sich ist N.s Korrespondenz mit seinen Verlegern Fritzsch, Schmeitzner und Naumann. Der Ton dieser Briefe ist häufig gereizt, hochfahrend-arrogant und verletzend: »Herr F⟨ritzsch⟩ Sie setzen mich in Erstaunen. Was soll ich mit Ihnen anfangen? Waren Sie krank? [...] Sie haben die Ehre, mit einem der ersten Geister des J⟨ahr⟩h⟨underts⟩ zu thun zu haben – und Sie benehmen sich gegen mich, wie sie es sich gegen Niemanden erlauben dürfen« (Ende Jan. 1888). N.s Selbsteinschätzung kontrastierte stark mit den Verkaufsziffern seiner Bücher. Als Schmeitzner 1886 Konkurs machte, hatte er noch fast alle gedruckten Exemplare des *Zarathustra* auf Lager, dabei hatte ihm N. dieses Werk einst als »Fünftes Evangelium« angepriesen (13. 2. 1883). »Sie haben jetzt das zukunftsreichste Buch in ihrem Verlag, das es giebt« (6. 2. 1884). Schmeitzner war so wenig Geschäftsmann wie sein Autor, dem er »absolute Blindheit für die einfachsten geschäftlichen Dinge« vorwarf (3. 4. 1886), immerhin bezahlte er N. ein, wenn auch nur bescheidenes, Honorar. Naumann und Fritzsch waren nicht mehr dazu bereit, so daß N. alle weiteren Bücher auf eigene Kosten drucken lassen mußte, ein »curios kostspieliger Luxus« (30. 11. 1888 an Fritzsch). Auch um Vertrieb und Werbung hatte er sich selbst zu kümmern und natürlich um die Ausstattung: Er sei ein »Freund tiefschwarzen Drucks« und bitte sich »solchen auch für die Correkturbogen aus« (12. 3. 1885 an Naumann). Die »Umschlag-Seite soll nicht den Eindruck eines Angebots und einer Aufforderung zum Kaufen machen [...] Ich ersuche also um kleinere und bescheidenere Lettern« (19. 7. 1886 an Naumann). »Aber nein! das dürfen Sie mir nicht anthun«, schrieb er an Fritzsch, der das Vorwort zur Neuauflage der *Geburt der Tragödie* gesetzt hatte, »ich selbst werde es nie zulassen, daß ein Wort von mir von solcher Wichtigkeit, wie es diese Vorrede ist, dermaßen unaesthetisch und unwürdig vor die Welt gebracht wird« (13. 9. 1886). Für *Der Fall Wagner* wünscht er sich dann »Große, fette, schöne Lettern und nicht mehr als 27 Zeilen auf die Seite [...] das Papier stärker und womöglich gelb (– es soll sehr delikat aussehen)«, und für den Umschlag »wieder das blasse Grün und den Titel in roth« (26. 6. 1888 an Naumann). – Auch liefern die Briefe an die Verleger wichtige Hinweise zur Interpretation seiner Werke. Die *Genealogie der Moral* betrachtete er selber in jeder Hinsicht als Fortsetzung von *Jenseits von Gut und Böse*. Er überlegte zunächst, sie als Anhang dazu zu publizieren, entschied sich dann jedoch für einen eigenständigen Titel, aber mit der Auflage: »Ausstattung, Typen, Papier, Zahl der Exemplare – Alles exakt wie bei ›Jenseits‹: so daß diese Abhandlung wirklich als Fortsetzung von jenem ›Jenseits‹

auch äußerlich sich ausnimmt« (17. 7. 1887 an Naumann). »Die beiden Bücher müssen zum Verwechseln ähnlich aussehn« (29. 7. 1887 an Naumann). Zu *Der Fall Wagner* bemerkte er: »Daß ich den Epilog hinzuschrieb, scheint mir jetzt der allerglücklichste Einfall: ich habe damit diese Einzelheit ›den Fall Wagner‹ in Zusammenhang mit meiner Gesamt-Tendenz gebracht« (15. 9. 1888 an Naumann). Als in dem von Fritzsch herausgegebenen *Musikalischen Wochenblatt* ein Angriff auf *Der Fall Wagner* erschien, kündigte N. umgehend die Verlagsbeziehungen: »Daß Sie einer alten Gans wie Pohl erlauben können, über mich zu reden, gehört zu den Dingen, die nur in Deutschland möglich sind« (18. 11. 1888 an Fritzsch). »Unter diesen Umständen ist es mir nicht erlaubt, meine Schriften in Ihren Händen zu lassen. Wieviel verlangen Sie für alles zusammen?« (20. 11. 1888). Fritzsch machte umgehend ein Angebot (22. 11. 1888), und 1892 ging alles an Naumann über.

## Briefentwürfe

Bereits Janz hat auf die besondere Stellung hingewiesen, die die Briefentwürfe N.s in seinem Nachlaß einnehmen, und darauf, daß diese Entwürfe »Zugänge zu Auskünften eröffnen, die sonst nicht zu erhalten wären« (1972, 24). Besonders die Entwürfe an die Schwester stellen das von ihr propagierte Bild ungetrübter geschwisterlicher Eintracht völlig auf den Kopf: »Diese Art von Seelen, wie Du eine hast, meine arme Schwester, mag ich nicht: und am wenigsten mag ich sie, wenn sie sich gar noch moralisch blähen, ich kenne Eure Kleinlichkeit. – Ich ziehe es bei weitem vor, von Dir getadelt zu werden« (Sept. 1882, Entwurf). »Muß ich's denn immerfort noch büßen, mich wieder mit Dir versöhnt zu haben? Ich bin Deine unbescheidene Moralschwätzerei gründlich müde. Und soviel steht fest, daß Du und Niemand anders mein Leben in 12 Monaten dreimal in Gefahr gebracht hast! Einem Menschen wie mir – seine höchste Thätigkeit zu zerstören! Ich habe noch Niemand gehaßt, Dich ausgenommen!« (25./26. 8. 1883, Entwurf) »Nachdem ich gar den Namen Z in der antis. Correspondenz gelesen habe, ist meine Geduld am Ende – ich bin jetzt gegen die Partei Deines Gatten im Zustand der Notwehr. Diese verfluchten Antisemiten-Fratzen sollen nicht an mein Ideal greifen!! Daß unser Name durch Deine Ehe mit dieser Bewegung zusammen gemischt ist, was habe ich daran schon gelitten! Du hast die letzten 6 Jahre allen Verstand und alle Rücksicht verloren« (Ende Dez. 1887, Entwurf).

## Rezeption

Obwohl eine vollständige Publikation des gesamten Briefwechsels (KGB) seit 1984 vorliegt, ist bislang eine wissenschaftliche Auseinandersetzung und Würdigung der Briefe als literarischer Texte ausgeblieben. Sie dienen der Forschung lediglich als Sekundärquelle zur Rekonstruktion der Biographie und Ergänzung zum Werk. Auch wurde nicht genügend berücksichtigt, wie sehr die Briefe an N. ihrerseits wichtige Dokumente einer ersten N.-Rezeption sind, indem sie die Versuche seiner Zeitgenossen, mit N.s Werk umzugehen, belegen. In diesem Zusammenhang sind nicht nur die Briefe von herausragenden Persönlichkeiten wie Hillebrand, Burckhardt, Taine, Strindberg oder Brandes von Bedeutung, sondern auch diejenigen von Lanzky, Spitteler oder Köselitz. H. Harts Brief vom 4. 1. 1877 ist das älteste direkte Zeugnis von N.s Einfluß auf den Naturalismus. – Auch fehlt bisher eine Lektüre, die dem engen Zusammenhang von Leben und Werk bei N. gerecht würde. Während der Arbeit am *Antichrist* schreibt N. an Seydlitz: »Lieber Freund, das war kein ›stolzes Schweigen‹, [...] vielmehr ein sehr demüthiges, das eines Leidenden, der sich schämt zu verrathen, wie sehr er leidet. Ein Thier verkriecht sich in seiner Höhle, wenn es krank ist; so tut es auch la bête philosophe ... Ich bin jetzt allein, absurd allein; und in meinem unerbittlichen unterirdischen Kampfe gegen Alles, was bisher von den Menschen verehrt und geliebt worden ist« (12. 2. 1888). Im Vorwort zum *Antichrist* lesen wir dann: »Man muss der Menschheit überlegen sein [...] durch Verachtung« (KSA 6, 168). Erst eine Lektüre, die beide Pole zusammensieht und die ganze extreme, übermenschliche Spannung dieses Lebens und Denkens im Auge behält, kann ihm in seiner ganzen tragischen Tiefe gerecht werden. In diesem Sinn harren die Briefe noch der Entdeckung.

Literatur: Gesammelte Briefe, Bd. I: F. N.'s Briefe an Carl von Gersdorff, Marie Baumgartner, Otto Eiser, Louise Ott, Gustav Krug, Paul Deussen, Carl Fuchs, Reinhard von Seydlitz, Karl Knortz, hrsg. v. P. Gast/A. Seidel, Leipzig 1900; Bd. II: F. N.'s Briefwechsel mit Erwin Rohde, hrsg. v. E. Förster-N./F. Schöll, Leipzig 1902; Bd. III, 1: F. N.'s Briefwechsel mit Friedrich Ritschl, Jacob Burckhardt, Hippolyte Taine, Gottfried Keller, Heinrich von Stein und Georg Brandes, hrsg. v. E. Förster-N./C. Wachsmuth, Leipzig 1904; Bd. III, 2: F. N.'s Briefwechsel mit Hans von Bülow, Hugo von Senger und Malwida von Meysenbug, hrsg. v. E. Förster-N./P. Gast, Leipzig 1905; Bd. IV: F. N.'s Briefe an Peter Gast, hrsg. v. P. Gast, Leipzig 1908; Bd. V,1 und V,2: F. N.'s Briefe an Mutter und Schwester, hrsg. v. E. Förster-N., Leipzig 1909; Bernoulli, C. A./Oehler, R. (Hgg.): F. N.s Briefwechsel mit Franz Overbeck, Leipzig 1916; Mendt, A. (Hrsg.): Die Briefe Peter Gasts an F. N., 2 Bde., München 1923/24; Schlechta, K. (Hrsg.): Die Briefe des Freiherrn Carl von Gersdorff an F. N., 3 Teile, Weimar 1934/36; Thierbach, E. (Hrsg.): Die Briefe Cosima Wagners an F. N., 2 Teile, Weimar 1938/40; Schlechta, K./Hoppe, W. (Hgg.): F. N. Historisch-Kritische Gesamtausgabe Briefe (BAB), Bd. 1–4, München 1938/42; Colli, G./Montinari, M. (Hgg.): N. Briefwechsel. Kritische Gesamtausgabe (KGB), Berlin/New York 1975 ff.; Janz, C. P.: Die Briefe F. N.s. Textprobleme und ihre Bedeutung für Biographie und Doxographie, Basel 1972; Müller-Buck, R.: »Ich schreibe nur was von mir erlebt worden ist«. F. N.s Briefe der achtziger Jahre, Phil. Diss. Teil 2, Berlin 1998; Meyer, K./Reibnitz, B. v. (Hgg.): F.N.-Franz und Ida Overbeck, Briefwechsel, Stuttgart/Weimar 2000.

*Renate Müller-Buck*

# Die Kompositionen

## I.

N.s Kompositionen sind vollständig und einwandfrei ediert: F. N., *Der musikalische Nachlaß*, hg. im Auftrag der Schweizerischen Musikforschenden Gesellschaft v. C. P. Janz, Bärenreiter-Verlag Basel 1976 (= MN). Der kritische Bericht (319–351) gibt über alles einzelne unter Heranziehung der einschlägigen Briefe N.s erschöpfend Auskunft, auch über frühere Publikationen.

## II.

Komponiert hat N. seit etwa seinem zehnten Lebensjahr bis zum 30., am häufigsten (wenn auch jeweils stoßweise) zwischen 1860 und 1865; in den Jahren 1868/69 gar nicht, danach nur noch selten und dann bevorzugt unter Aufnahme früherer Kompositionen. Das meiste ist fragmentarisch geblieben. Ein Nachzügler ist 1882 das *Gebet an das Leben* (MN Nr. 41), ein Lied auf einen Text von Lou v. Salomé, das aber nicht neu zu diesem Text komponiert ist, sondern die vorangegangene und letzte Komposition N.s verwertet: den *Hymnus auf die Freundschaft* von 1873/74 (MN Nr. 40c). Das *Gebet* ließ N. von Heinrich Köselitz (Peter Gast) für große Besetzung bearbeiten. Dieser erstellte 1886/87 unter dem Titel *Hymnus an das Leben* zwei Fassungen, zunächst für Chor und Militärorchester, dann für Chor und gemischtes Orchester. Die Manuskripte sind nicht erhalten, die zweite Fassung aber ist 1887 bei E. W. Fritsch in Leipzig im Druck erschienen (MN Nr. 42). Auf sie nimmt N. in *Ecce homo* Bezug (im 1. Zarathustra-Abschn., als »Hymnus auf das Leben«, KSA 6, 336); auch hat er eine rege, wenn auch vergebliche Korrespondenz geführt, um Aufführungen zu erreichen. Er wollte, daß der *Hymnus* bekannt wird, um einst »zu meinem Gedächtnis« gesungen zu werden (so mehrfach brieflich im Herbst 1887).

Von diesem letzten Stück abgesehen wird man N.s Kompositionstätigkeit einzuordnen haben in die häufigen kindlichen und jugendlichen Versuche, schriftstellerisch aktiv zu werden und sich darin zu erproben. Von musikalisch Interessierten und Tätigen, namentlich Klavier-Spielenden, wurden neben Gedichten und Dramen dann eben auch Musikstücke abgefaßt. N. selber hat das in seinen Rückblicken so eingestuft (vgl. BAW 3, 67f. von 1864 oder die Liste von 1863: BAW 2, 333–335). Der dabei erwähnte »kleine wissenschaftliche Verein [...] mit zwei gleichgesinnten Freunden« nannte sich Germania und verpflichtete die Mitglieder (außer N. waren es Gustav Krug und Wilhelm Pinder) zu regelmäßiger Vorlage neuer Werke (Janz 1972, 174).

Schon da, erst recht in späterer Zeit, waren Kompositionen durch Anlässe bedingt: Freundestreffen, Festtage und Geburtstage, etwa der Geburtstag von N.s Mutter am 2. Februar. Im Hinblick auf die Mutter dürften auch die vielen Entwürfe zu geistlicher Musik zu erklären sein, vor allem in der Zeit zwischen 1858 und 1861 (N.s Konfirmation), gipfelnd in einem geplanten großangelegten *Weihnachtsoratorium* (MN Nr. 69), dessen Disposition aus den Skizzen jedoch nicht deutlich wird. Als Nachtrag dieser Art ist ein *Kyrie-Fragment* von 15 Takten vom Januar 1866 zu nennen (zu den Worten »Christe eleison, Amen«; MN Nr. 32). Fertig geworden ist weniges – auch das entspricht den üblichen Kompositionsversuchen klavierspielender Jugendlicher. Selbst ironisiert hat N. dies 1864 oder 1865 mit einem kleinen Stück: Das *Fragment an sich*, das er bei einem Freundestreffen am 16. Oktober 1871 humorvoll so überarbeitet hat, daß es immer wieder von vorne zu wiederholen ist (MN Nr. 17 u. 35). Vollendet sind vor allem Lieder und Stücke für Klavier zu vier Händen. Letztere waren bestimmt für gemeinsames Klavierspielen mit Freunden, noch mit Overbeck. Der *Hymnus auf die Freundschaft* ist das Stück, an dem N. am längsten gearbeitet und das er am genauesten ausgearbeitet hat, das auch nicht frühere Stücke aufbereitet. Obwohl eigentlich für Chor und Orchester gedacht, waren ihm zu komponieren und mit Freunden auszuführen nur Fassungen für Klavier zu vier und zu zwei Händen praktikabel (MN Nr. 40a-c). Exemplare davon ließ er außer an Overbeck auch an G. Krug und W. Pinder gehen. Wahrscheinlich läßt sich von dieser letzten Komposition N.s aus der soziale Ort seines Komponierens am besten verstehen (Janz 1972, 183).

## III.

In seiner unermüdlichen Beschäftigung mit sich selbst hat N. immer wieder auch seine Kompositionsversuche ausgedeutet. Er war sich aber gleichzeitig bewußt, daß er als Autodidakt das Handwerk nicht beherrschte, und dementsprechend hat er seine musikalischen Werke auch immer wieder herabgesetzt, sich auch bei neuen Stücken des öfteren damit entschuldigt, daß er schon lange nichts mehr komponiert habe (auch wenn das gar nicht stimmte) (Janz 1972, 181).

Eine Bewertung seiner Kompositionen ist deshalb nicht sinnvoll. Man kann auch nicht von seinen Kompositionen darauf schließen, was er an der Musik anderer wahrgenommen hat. Was N. in der Musik hätte leisten können, wenn er darin ausgebildet worden wäre und zielstrebig hätte lernen können und wollen – falls er seine Lebensaufgabe darin gesehen hätte – weiß niemand. Selbst musikalische Einfälle (die man in N.s Kompositionen vergeblich sucht) kommen (wenn sie denn kommen) ja nur im Prozeß des anhaltenden Lernens. Musik entsteht aus Musik, nicht von außen her. N. war aber in allem zum Komponieren Gehörenden unbewandert. Das mag daran gelegen haben, daß die Klavierschulen seiner Zeit nur Klavierspielen lehrten, nichts sonst. Aber selbst der Klaviersatz in seinen Kompositionen ist primitiv.

1857/58 bemühte er sich um die Kenntnis des Altschlüssels (für die Violastimme), doch als er 1871 eine Partitur seiner Manfredkomposition anzufertigen begann, beherrschte er ihn offensichtlich nicht mehr (MN Nr. 38b). Auch unter transponierenden Instrumenten kannte er sich nicht aus. Dies erschwerte ihm die Diskussion über Peter Gasts Partitur des *Hymnus an das Leben*. Nachdem Gast in seiner Aussetzung einige (regelwidrige) Quintenparellelen aus N.s Liedkomposition eliminiert hatte, wollte er gegen Schluß auch einen Querstand (ais in der Melodie zum folgenden A im Baß) vermeiden und führte deshalb die Melodiestimme nach a (fis-moll), was N. gar nicht zusagte. In der Tat dürfte N.s Vorstellung von dieser Stelle die bessere sein (den Querstand hätte man auch durch Änderung der Baßführung mildern – oder auch stehen lassen können). N.s Unbehagen über die Gastsche Version (auf der dieser beharrte) hat sich bis in *Ecce homo* niedergeschlagen: »(Letzte Note der Oboe cis nicht c. Druckfehler)« (KSA 6, 336), wobei die Notenangabe für die A-Klarinette richtig ist, während die Oboe (die diese Stelle aber gar nicht zu spielen hat) kein transponierendes Instrument ist, so daß N. hier – wohl nicht ganz zufällig – mit einem Irrtum von seinen Kompositionen Abschied nahm. Die falsche Erklärung »Druckfehler« zeigt, daß er den offenen Konflikt mit P. Gast wegen des a vermeiden wollte.

## IV.

Erwähnenswert aus N.s Kompositionen sind noch: 1. eine Art von Symphonischer Dichtung *Ermanarich* im Entwurf für Klavier (1861/62), durch das Anhören von Liszts *Dante-Symphonie* ausgelöst (MN Nr. 72 und 12). Der Ermanarich-Stoff hat N. zu der Zeit sehr beschäftigt, so daß er ihn auch literarisch zu bearbeiten suchte. Eine erklärende und zugleich abwertende Deutung seines Musikstücks von 1862 zeigt, wie stark sich N. damals emotionalen Ausbrüchen in der Musik hingab und wie zwiespältig er das selber ansah (BAW 2, 100–105).

2. Ein Entwurf für Klavier zu vier Händen einer Orchester-Meditation zu Byron's *Manfred* aus dem April 1872. Wieso N. sich in diesem Alter, in dem er der Schülerzeit wahrlich entwachsen war, noch an eine solche Komposition machte, ist ungeklärt. Eine musikalische Notwendigkeit bestand nicht, plünderte er doch für den *Manfred* seinen ein Jahr vorher komponierten *Nachklang einer Sylvesternacht*, der wiederum *Eine Sylvesternacht* von der Jahreswende 1863/64 aufnimmt, die für das gemeinsame Musizieren mit dem Freund Krug bestimmt gewesen war (MN Nr. 19 u. 36). Auch der *Nachklang* ging an Freunde – allerdings auch an Cosima Wagner (zu deren Geburtstag am 25. 12. 1871). Für wen aber war der *Manfred* bestimmt? N.s Erklärung in *Ecce homo*, er habe aus Ingrimm gegen den süßlichen Sachsen Schumann eine Gegenouverture zu *Manfred* komponiert (KSA 6, 286), erklärt nichts. Es sei denn, er hätte damit der Antipathie des Sachsen R. Wagner gegen Schumann liebedie-

nern wollen (so wie ein Jahr später – sehr viel gekonnter – mit der *Unzeitgemäßen Betrachtung David Strauss* der Abneigung Wagners gegen D. Fr. Strauss). Noch unerfindlicher ist, warum er dies Opus an H. v. Bülow schickte. Bülows exaltierte Charakterisierung »Euterpe nothzüchtigen« aus seinem Antwortbrief vom 24. 7. 1872 konnte N. in *Ecce homo* augenzwinkernd öffentlich machen (a. a. O. 287), aber die Wahrheit steht in Bülows Brief wenige Zeilen vorher: »Sie haben [...] selbst Ihre Musik als ›entsetzlich‹ bezeichnet – sie ists in der That, *entsetzlicher als Sie vermeinen*« (KGB II/4, 53; Hervorhebung d. Verf.). Zu sagen, daß Bülow den impressionistischen »Ausbrüchen aus der Funktionsharmonik« nicht mehr zu folgen vermocht hätte (Janz 1972, 183), geht daneben: Damit wird ein Vorgang künstlerischer bewußter Könnerschaft bei N. suggeriert; doch man sollte Stümperei nicht als »Ausbruch« aus einem künstlerischen System ansprechen – in dem sie nie zuhause war.

3. Von der Nachwelt als Musik (und nicht nur um ihres aus anderen Gründen berühmten Autors willen) geschätzt werden können allenfalls die Lieder, die kurz und manchmal stimmungsvoll sind, wenn auch da einem kaum prägnante Einfälle begegnen. Im November – Dezember 1864 komponierte N. zwölf Lieder, von denen neun erhalten sind (MN Nr. 20–28), in den vorausgegangenen Jahren 1861–63 vier Lieder (MN Nr. 1, 8, 10b u. 16) sowie ein Melodram (Nr. 14a). Dazu kommt noch ein Lied aus dem Sommer 1865 (MN Nr. 29) und schließlich das schon genannte *Gebet an das Leben* (Nr. 41). Die von N. gewählten Textdichter sind (in der Reihenfolge des Vorkommens): K. Groth, S. Petöfi, A. v. Chamisso (diese mehrfach), F. Rückert, J. v. Eichendorff, H. Hoffmann v. Fallersleben, A. Puschkin, N. selber und Lou v. Salomé (je einmal). Einige Lieder wurden von N. s. Schwester einzeln der Öffentlichkeit zugänglich gemacht, 1924 erschien eine vom N.-Archiv verantwortete Gesamtausgabe der Lieder, hg. v. G. Göhler, die durchaus Beachtung fand. Es könnte sich empfehlen, eine verbesserte Ausgabe aufgrund der kritischen Edition von Janz zum praktischen Gebrauch zu veranstalten.

Literatur: Janz, C. P.: Die Kompositionen F N.s, in: NSt 1 (1972), 173–184; ders.: F. N.s Verhältnis zur Musik seiner Zeit, in: NSt 7 (1978), 308–338 (mit Diskussion).

*Dieter Schellong*

# III. Begriffe, Theorien, Metaphern

Antisemitismus
Aphorismus
Apollinisch-dionysisch
Architektur
Ariadne
Aristokratie
Artistenmetaphysik
Asketismus
Ästhetik
Aufklärung
Barbaren
Begriff
Bewußtsein
Blonde Bestie
Buddhismus
Christentum
Darwinismus
décadence
Demokratie
deutsch, der Deutsche
Einsamkeit
Erde: Treue zur Erde
Erkenntnis
Europa, Europäer
Ewige Wiederkunft
Experiment, Experimental-
  philosophie
Frau
Freigeist
Freundschaft
Geist der Schwere
Genie
Gerechtigkeit
Gesetz
Gesundheit/Krankheit
Gewissen
Gott
Grausamkeit
Große Politik
Heilig, der Heilige
Held, Heros
Herrenmoral
Sklavenmoral
Historie
Idiot
Instinkt
Irrtum und Schein

Jasagen, Bejahung:
  Jasagen, Neinsagen
Judentum
Kapitalismus
Kind
Kraft
Krieg, Kampf
Kultur
Lachen
Leben
Leib/Körper
Leiden
Leidenschaft
Liebe
Logik
Lüge
Lust
Masse
Metapher
Metaphysik
Mitleid
Moral
Musik
Mythos/Mythologie
Natur, das Natürliche
Nihilismus
Opfern
Pathos der Distanz
Perspektivismus
Pessimismus
Poetik
Priester
Rasse: Rassenreinheit, Herrenrasse
Rausch
Recht
Redlichkeit, intellektuelle
Religion
Renaissance/Renaissancismus
Ressentiment
Rhetorik
Romantik
Schaffen
Schauspieler, Maske
Schuld
Seele
Selbst
Selbstaufhebung

Sklave, Sklaverei
Sokratismus
Sozialismus
Sprachphilosophie
Staat
Strafe
Subjekt
Tanz, Tänzer
Tragödie
Trieb
Typus
Übermensch
Umwerthung der Werthe
Unbewußte, Das
Unschuld des Werdens
Vergessen
Wahrheit
Wille zur Macht
Wissenschaft
Zeichen
Zeit
Züchtung

## Antisemitismus

N. wurde vielfach als Wegbereiter des ↗Nationalsozialismus angeklagt. Wegen des unterstellten Einflusses auf die nazistische Propaganda und den Völkermord haftet der Philosophie N.s ein Makel an, den sie nie wieder ganz losgeworden ist. G. Lukács wollte in »N. deutlich ein[en] Prophet[en] des Hitlerismus« (Lukács 1948, 33) erkennen. Schärfer noch argumentierte der Historiker G. Lichtheim: »It is not too much to say that but for N. the SS – Hitler's shock troops and the core of the whole movement – would have lacked the inspiration which enabled them to carry out their programme of mass murder in Eastern Europe« (Lichtheim 1972, 152).

Tatsächlich lassen sich etwa in der *Geburt der Tragödie* (GT 9, KSA 1, 69) und in den Briefen des jüngeren N. an R. Wagner (Richard Wagner, 22. 5. 1869) völkische Tendenzen und antijüdische Floskeln festmachen, die sich jedoch eher als Zugeständnis an die Freundschaft mit Wagner, denn als Ausdruck rassistischen Hasses lesen lassen. Der gereifte Denker hat sich davon distanziert und bei seinen Lesern quasi entschuldigt: »Möge man mir verzeihen, dass auch ich, bei einem kurzen gewagten Aufenthalt auf sehr inficirtem Gebiete, nicht völlig von der Krankheit verschont blieb« (JGB, Nr. 251, KSA 5, 192f.). Wagner selbst hatte mit seinem Pamphlet *Das Judenthum in der Musik* bereits 1850 eine krude Judenfeindlichkeit signalisiert, die in der Mesalliance mit J. A. v. Gobineau rassentheoretisch aufgeladen und später von Ideologen des Antisemitismus vereinnahmt wurde. Wagners Judenhaß bereitete N. zunehmendes Unbehagen. Seine Antwort auf die Schrift des Komponisten *Was ist deutsch?* lautete unmißverständlich: »Gut deutsch sein heisst sich entdeutschen« (MA II, Nr. 323, KSA 2, 511f., vgl. auch JGB, Nr. 256, KSA 5, 204). Die Wagnerianer galten ihm als »haarsträubende Gesellschaft«, die er zur Belehrung der Nachwelt ausgestopft oder in Spiritus gesetzt sehen wollte, da es eben an letzterem mangele. »Keine Missgeburt fehlt darunter, nicht einmal der Antisemit« (EH, KSA 6, 324).

Der Terminus Antisemitismus ist um 1880 geprägt und verbreitet worden. Die Ideologie und organisierte Bewegung des Antisemitismus erfahren in diesen Jahren einen raschen Aufwind. Sie wenden sich vor allem gegen die politische, soziale und rechtliche Gleichstellung von Menschen jüdischer Herkunft in der Gesellschaft.

»N., der ›Einsiedler‹ und der ›Heimatlose‹ erweist sich als einer der besten Kenner der antisemitischen Bewegungen in Deutschland« (Ferrari Zumbini 1999, 10f.) und erklärt sich zu einem »unverbesserlichen Europäer und Anti-Antisemiten« (Elisabeth Förster-N., 7. 2. 1886). Er bezieht Stellung, indem er sich für die vorsichtige Integration der Juden ausspricht und empfiehlt, »die antisemitischen Schreihälse des Landes zu verweisen« (JGB, Nr. 251, KSA 5, 194). Diese Referenz mußte selbst seinen Schwager B. Förster mit einschließen, der sich als antisemitischer Agitator mit der ersten deutschen Massenkundgebung gegen Juden hervorzutun suchte, indem er eine Petition an Bismarck mit 267 000 Unterschriften erwirkte, welche die »Einschränkung der Judeneinwanderung, Ausschluß der Juden aus den obrigkeitlichen Schichten und dem Volksschullehramt, Registrierung der Juden usw.« (Podach 1932, 125) forderte. N.s Verachtung gegenüber Förster wurde lange Zeit durch briefliche und biographische Manipulationen seiner Schwester vertuscht. »Die verfluchte Antisemiterei [...] hat R[ichard] Wagner und mich verfeindet, sie ist die Ursache eines radikalen Bruchs zwischen mir und meiner Schwester« (Franz Overbeck, 2. 4. 1884). Obwohl dieses bekannte Zitat als repräsentativ für N.s Ansicht über die politischen Rancunen seiner Schwester gelten sollte, gibt es wegen des Auftritts A. Hitlers bei E. Förster-N. (↗Frauen) immer wieder Anlaß für Spekulation über eine Verbindungslinie zum Bruder.

Seinen Verleger E. Schmeitzner, der eine antisemitische Monatsschrift herausgab und sich für »Internationale Antijüdische Kongresse« engagierte, hat N. beargwöhnt (vgl. Franz Overbeck, 9. 7. 1883, 2. 4. 1884). Es verdroß ihn, daß der »fluchwürdige deutsche Antisemitismus, dies Giftgeschwür der névrose nationale« zerstörerisch in sein Dasein eingriff, weil der von Schmeitzner verlegte *Also sprach Zarathustra* nunmehr »Eintritt in die Welt als unanständige Litteratur gemacht« (KSA 14, 505f.) hätte. N. entwickelte im persönlichen Umgang mit dem Antisemitismus bei C. und R. Wagner, den »Idealisten« der *Bayreuther Blätter*, bei seiner Schwester, seinem Schwager und seinem Verleger ein

Gespür für die verzweigten Zusammenhänge politischer Entwicklungen der neuen Bewegung. Wegen rassistischer Hetze griff er den religiös-konservativen Hofprediger A. Stoecker (vgl. N, KSA 12, 484) ebenso an wie den radikal-antireligiösen E. Dühring (vgl. GM, 3. Abh., Nr.14, KSA 5, 370). Im Frühjahr 1887 erreichen N. wiederholt private Zeilen des Publizisten T. Fritsch, der gerade am Beginn seiner Karriere zu einem der radikalsten Antisemiten stand. Zunächst ist dieser mit dem süffisanten Rat abgewiesen worden, doch eine Liste jüdischer Gelehrter und Künstler herauszugeben, wenn er einen Beitrag zur deutschen Kultur leisten wolle (vgl. Theodor Fritsch, 23.3.1887). Nunmehr wagte der »Gralshüter des Antisemitismus« (Nipperdey 1992, 299) eine erneute Annäherung an den Philosophen. Dieser verbat sich fürderhin dergleichen Post und bemerkte, daß »dieses abscheuliche Mitredenwollen noioser Dilettanten über den Werth von Menschen und Rassen, diese Unterwerfung unter ›Autoritäten‹, welche von jedem besonneneren Geiste mit kalter Verachtung abgelehnt werden« (Theodor Fritsch, 29.3.1887), ihn auf die Dauer erzürnen könnten. In privaten Aufzeichnungen verleiht er tatsächlich seinem Zorne Ausdruck: »Es giebt gar keine unverschämtere und stupidere Bande in Deutschland als diese Antisemiten. [...] Dies Gesindel wagt es den Namen Z[arathustra] in den Mund zu nehmen! Ekel! Ekel! Ekel!« (N, KSA 12, 321). Wie zur exaltierten Erwiderung auf eine Vision des kommenden Genozides steigert sich die Aversion noch im Wahne: »Ich lasse eben alle Antisemiten erschiessen ...« (Franz Overbeck, 4.1.1889).

N. diagnostizierte dem Nationalismus und Rassenhaß »Herzenskrätze und Blutvergiftung« (FW, Nr. 377, KSA 3, 630), dem daraus gereiften Antisemitismus Neid und ressentimentbeladene Selbstverlogenheit. Letzterer war ihm das Motiv einer Herden- und Massenbewegung, war ihm »ein Name der ›Schlechtweggekommenen‹« (N, KSA 13, 365). Antisemitische Gesinnung deute auf einen diffizilen Selbsthaß, ein Motiv das Otto Weininger in seinem Kapitel zum Judentum in *Geschlecht und Charakter* übernommen hat. Wiewohl N.s Position wider den völkischen Antisemitismus klar ist, verhehlt seine philosophische Interpretation keineswegs die Kritik an der jüdischen Priesterschaft, deren Genie gegen die aristokratischen Werte der Vornehmheit und Macht mit dem Eintreten für Arme und Leidende die Sklavenmoral (↗Herrenmoral) entworfen habe, die in seiner Sicht schließlich das geistige Fundament des Christentums bedeutete. N.s diffizile Motivik vom ↗Pathos der Distanz, Sinn für Rangordnung und der ↗Züchtung des bedeutenden Menschen ist vielfach ideologisch benutzt oder als Chauvinismus diffamiert worden. Doch ging dem Philosophen, ↗deutsch zu denken oder zu fühlen, über die Kräfte; er hing der romantischen Legende einer polnischen Abstammung nach und blickte wie Chopin gen Frankreich, den »Sitz der geistigsten und raffinirtesten Cultur Europa's« (JGB, Nr. 254, KSA 5, 198). »Alle Versuche, N. nur im Rahmen der deutschen Geschichte und ihrer Katastrophe begreifen zu wollen, versagen vor N. dem Frankreichfreund und Europäer« (Ottmann ²1999, 126).

N. sprach sich für eine neue Synthesis im werdenden ↗Europa aus, die eine Verschmelzung der Nationen sowie eine Mischung der »Rassen« mit sich bringt und beiläufig »das ganze Problem der Juden [, das] nur innerhalb der nationalen Staaten vorhanden« (MA I, Nr. 475, KSA 2, 309) ist, von selbst behebt (vgl. u.a. das aufschlußreiche Gespräch N.s mit Dr. Paneth aus dem Winter 1883/84, in: Förster-N. 1904, 481–493.). Der Artist der Ambiguität, der Umwerter und Freigeist entzieht sich tagespolitischen Kategorien und bleibt ›unzeitgemäß‹. Seine anti-antisemitischen Äußerungen sind eine große Absage an die Realpolitik.

Literatur: Weininger, O.: Geschlecht und Charakter, Wien 1903, 403–441; Förster-N. 1904; Podach, E.F.: Gestalten um N., Weimar 1932, 125–176; Lukács, G.: Der deutsche Faschismus und N., in: Schicksalswende, Berlin 1948, 5–36; Lichtheim, G.: Europe in the Twentieth Century, London 1972, 118–164; Ottmann, H.: Anti-Lukács. Eine Kritik der N.-Kritik von Georg Lukács, in: NSt 13 (1984), 570–586; Nipperdey, Th.: Deutsche Geschichte, Machtstaat vor der Demokratie, Bd. 2, München 1992, 289–311; Cancik, H.: N.s Antike, Stuttgart/Weimar 1995, 122–149; Ferrari Zumbini, M.: Untergänge und Morgenröten, N. – Spengler – Antisemitismus, Würzburg 1999.

*Sven Brömsel*

## Aphorismus

Ausgeprägter noch als in seiner Gattungsgeschichte (vgl. Spicker 1997, 380–395), nimmt der

Aphorismus in N.s Werk eine Zwischenstellung zwischen Philosophie und Literatur ein. Sie wird schon durch den Umstand akzentuiert, daß N. den Denkraum, den der Aphorismus formal erschließt, wiederum in Aphorismen ermißt und reflektiert. Aphorismen im engeren Sinn – d.h. nichtfiktionale, kontextuell voneinander isolierte, konzis formulierte und sprachlich bzw. sachlich pointierte Prosatexte (vgl. Fricke 1984, 7–18) – sind die selbständigen Sammlungen *Menschliches, Allzumenschliches, Morgenröthe* und *Fröhliche Wissenschaft* sowie die »Sprüche und Zwischenspiele« aus *Jenseits von Gut und Böse* (KSA 5, 85–104) und die »Sprüche und Pfeile« aus *Götzen-Dämmerung* (KSA 6, 59–66). Den nachgelassenen Fragmenten fehlt im Gegensatz zu den Aphorismen die Spannung zwischen dem esoterischen und dem exoterischen Moment (vgl. Strobel 1998, 46–57).

Die Wahl der Gattung Aphorismus dürfte von N.s intensiver Rezeption Lichtenbergs (vgl. Stingelin 1996) und der ↗französischen Moralistik von La Rochefoucauld, Pascal und Chamfort (vgl. Helmich 1991, 283–294; Göttert 1993) angeregt worden sein, weniger von ↗Schopenhauer, dessen *Aphorismen zur Lebensweisheit* (1851) noch der älteren Tradition der Lehrbuch-Aphoristik systematisch gereihter Thesen verpflichtet sind. Drei Momente erweisen sich dabei als ausschlaggebend: 1. Die Wahl des Aphorismus entspringt N.s Skepsis gegen ein Denken unter dem systematischen Gebot der Widerspruchsfreiheit; seiner starren Begriffsarchitektur setzt N. die offene Haltung und formale Beweglichkeit jener Gattung entgegen, die »[e]rst durch das Bündnis mit dem Paradoxon [...] als eigenständige literarische Kunstform mündig geworden« sein soll (Asemissen, zit. nach Greiner 1972, 11). 2. Die Wahl der Gattung entspricht damit gleichzeitig den Aporien, in die sich N.s Philosophie mit der konsequenten In-Frage-Stellung ihrer Voraussetzungen begibt; sie antwortet darauf durch ein ausgeprägtes selbstreflexives Formbewußtsein, der die Gattung des Aphorismus allgemein, bei N. in besonderer Weise sprachkritisch zugeneigt ist. 3. Mit dem Grad der damit verbundenen Verdichtung und Opazität wächst aber auch die Kommentierungsbedürftigkeit von N.s Aphorismen, die den Leser dialogisch in ein Rezeptions- und Interpretationsspiel verstrickt, das sein Mit- und Selbstdenken voraussetzt. Dadurch beugt die Wahl der Gattung formal der dogmatischen Verabsolutierung philosophischer Konzepte vor, die aphoristisch ausgedrückt werden.

1. Das »Lob der Sentenz« – wie N. die Gattung nennt, ehe er sich seit *Der Wanderer und sein Schatten*, Nr. 109 auch im veröffentlichten Werk bei ihrer Bezeichnung ausdrücklich an »Lichtenberg's Aphorismen« (WS, Nr. 109, KSA 2, 599) anlehnt – sieht in dieser von Anfang an »das grosse Paradoxon in der Litteratur, das Unvergängliche inmitten des Wechselnden« (MA II, Nr. 168, KSA 2, 446). Ihre Gestaltungskraft und vermeintliche formale Geschlossenheit sprengt experimentell und spielerisch das Korsett des Systemzwangs, das Hegel mit der philosophischen Einheit von »Wahrheit«, »System« und »Geist« in der *Phänomenologie des Geistes* geschnürt hatte: »Der Glaube in der Form, der Unglaube im Inhalt – das macht den Reiz der Sentenz aus – also eine moralische Paradoxie« (N, 3[1], Nr. 121, KSA 10, 68).

2. N. betont mit der Wahl des Aphorismus dagegen den Vorrang der Form im Denken. Mit der Reflexion seiner formalen, d.h. bei N. genauer sprachlichen, tropischen und grammatikalischen, Bedingtheit wendet das Denken sich kritisch gegen sich selbst und begibt sich dabei in eine Reihe von Aporien – allen voran die Aporie, daß eine selbstbezüglich gewordene Kritik sich ihrem erkenntnistheoretischen Ort entzieht –, denen das Paradoxe des Aphorismus sprachkritisch korrespondiert: »So werden die kanonischen Begriffe der Ratio im Prozeß des Aphorismus dadurch zur Selbstkritik gezwungen, daß der Aphoristiker ihnen, und zwar mit ihrer Hilfe, einen Inhalt gibt, der ihrer Form widerspricht, daß er also durchaus logisch gegen den Formalismus der Logik angeht« (Krüger 1957, 84–85).

3. Gleichzeitig wenden N.s Aphorismen sich explizit an den Leser, bis hin zur widersprüchlichen Selbstbestimmung: »Es sind Aphorismen! Sind es Aphorismen? – mögen die welche mir daraus einen Vorwurf machen, ein wenig nachdenken und dann sich vor sich selber entschuldigen – ich brauche kein Wort für mich« (N, 7[192], KSA 9, 356). Der Leser, dem sich die Aphorismen um so besser einprägen, je mehr sie sein aktives Mit- und Selbstdenken erfordern, wird auf diese Weise in ein Verweisungsspiel einbezogen, das ihm die Arbeit der »Auslegung« aufbürdet, »zu der es einer Kunst der Auslegung bedarf«. So

stellt N. der dritten Abhandlung von *Zur Genealogie der Moral* einen »Aphorismus« voran und versteht diese selber ausdrücklich als »dessen Commentar« (GM, Vorrede 8, KSA 5, 255–256). Analog hatte er schon die Aphorismensammlungen *Morgenröthe* und *Fröhliche Wissenschaft* als »Commentar« zu *Also sprach Zarathustra* bezeichnet, die er »vor dem Text gemacht« habe (an Franz Overbeck, 7. April 1884). So führt in der Gattung des Aphorismus kein Weg aus der Interpretation heraus.

N.s Aphorismen stellen einen markanten Einschnitt sowohl in die Begriffs- wie in die Gattungsgeschichte des Aphorismus dar (vgl. Spikker 1997, 181–261). Begriffsgeschichtlich sind die Gattung und ihre Bezeichnung in N.s Werk eine ebenso unauflösliche wie wirkungsmächtige Verbindung eingegangen und seither eng miteinander verknüpft. Gattungsgeschichtlich hat N. insbesondere für die Neigung des Aphorismus zur Selbstreflexion seines experimentellen Charakters, seiner Verdichtungsleistung und seiner Rezeptionsverwiesenheit (vgl. Spicker 1994) stilbildend gewirkt und diese verstärkt. N.s Ehrgeiz, »in zehn Sätzen zu sagen, was jeder Andre in einem Buche sagt, – was jeder Andre in einem Buche nicht sagt« (GD, KSA 6, 153), teilte selbst der erklärte N.-Gegner Karl Kraus in einem Aphorismus, den er am 22. März 1909 in der *Fackel* veröffentlichte: »Es gibt Schriftsteller, die schon in zwanzig Seiten ausdrücken können, wozu ich manchmal sogar zwei Zeilen brauche«. An N.s Aphorismen knüpfen noch die Aphorismen von Roland Barthes, vor allem in *Die Lust am Text* (1973; dt. Übers. 1974), formal wie motivisch in vielfacher Weise an.

Literatur: Klein, J.: Wesen und Bau des deutschen Aphorismus, dargestellt am Aphorismus N.s, in: GRM 22 (1934), 358–369; Krüger, H.: Über den Aphorismus als philosophische Form, Frankfurt a.M. 1957, Neuaufl. München 1988; Häntzschel-Schlotke, H.: Der Aphorismus als Stilform bei N., Diss. Heidelberg 1967; Greiner, B.: F.N.: Versuch und Versuchung in seinen Aphorismen, München 1972; Heller, P.: »Von den ersten und letzten Dingen«. Studien und Kommentare zu einer Aphorismenreihe von F.N., Berlin/New York 1972; Neumann, G.: Ideenparadiese. Untersuchungen zur Aphoristik von Lichtenberg, Novalis, Friedrich Schlegel und Goethe, München 1976; Fricke, H.: Aphorismus, Stuttgart 1984; Helmich, W.: Der moderne französische Aphorismus. Innovation und Gattungsreflexion, Tübingen 1991; Thönges, B.: Das Genie des Herzens. Über das Verhältnis von aphoristischem Stil und dionysischer Philosophie in N.s Werken, Stuttgart 1993; Göttert, K.-H.: Kunst der Sentenzen-Schleiferei. Zu N.s Rückgriff auf die europäische Moralistik, in: DVJS 67 (1993), 717–728; Spicker, F.: Aphorismen über Aphorismen: Fragen über Fragen. Zur Gattungsreflexion der Aphoristiker, in: ZfdPh 113 (1994), 161–198; Stingelin, M.: »Unsere ganze Philosophie ist *Berichtigung des Sprachgebrauchs*«. N.s Lichtenberg-Rezeption im Spannungsfeld zwischen Sprachkritik (Rhetorik) und historischer Kritik (Genealogie), München 1996; Spicker, F.: Der Aphorismus. Begriff und Gattung von der Mitte des 18. Jh.s bis 1912, Berlin/New York 1997; Strobel, E.: Das »Pathos der Distanz«. N.s Entscheidung für den Aphorismenstil, Würzburg 1998.

*Martin Stingelin*

## Apollinisch-dionysisch

I. Das Begriffspaar *apollinisch-dionysisch* ist die Grundlage von N.s ↗ Artistenmetaphysik und seiner frühen Theorie der ↗ Tragödie. Benannt nach den griechischen Göttern Apollon und Dionysos, stellen das Apollinische und das Dionysische zwei Kunsttriebe dar, die in der Natur herrschen und sich in den Werken der Kunst offenbaren. In der Unterscheidung zweier als metaphysisch verstandener Kunstmächte kehrt die Schopenhauersche Metaphysik von ›Erscheinungswelt‹ und ›Ding an sich‹ (Wille) wieder – rückgetragen in die mythologische Welt des Griechentums. Ihre Äquivalente bei N. sind »Schein« und »Rausch«. Dem Apollinischen und dem Dionysischen entsprechen einmal bestimmte ästhetische Ausdrucksformen, darüber hinaus aber äußern sich beide Kräfte als Rausch und Gemeinsamkeit (dionysisch) einerseits, als Distanz und Individuation (apollinisch) andererseits.

II. Das *Apollinische* ist das Olympisch-Klare, die formale Disziplin, die Einfachheit – das Klassische im Sinne Goethes. Apollon ist »der Gott des Maßes und der Besonnenheit, der Heilung und der Sühne, der Gott des Orakels zu Delphi [...] der Gott der Städtegründungen und des Staates, der Führer der Musen und Herr der Wissenschaften« (Ottmann ²1999, 58). Das Apollinische ist der jene Visionen hervorrufende Kunsttrieb, welche sich zur schönen Kunst, zur bildenden Kunst und Poesie ausformen. Apollinisch steht für sondernd, tektonisch, denkend, nüchtern, bestimmt, hell, begrenzt (Hildebrandt 1911, 115). Aus N.s eigener Sicht ist mit dem Begriff apollinisch verbunden: der Drang zum vollkommeneren Für-sich-Sein, zur Individualität, zu Allem, was vereinfacht, heraushebt, stark, deutlich, unzweideutig, typisch macht. Das Apollinische als Traum, vornehmlich zum Ausdruck gebracht im Epos und der Malerei, ist die spontane Produktion von Bildern, für N. das menschliche Urvermögen, das primitiv Künstlerische am Menschen. Das allein jedoch reicht für einen Spannungsbogen, wie N. ihn beabsichtigt, nicht aus. Er stellt der für ihn letztlich zu glatten, zu harmonisierend-weichen apollinischen ↗ Klassik von Schiller, Goethe und Humboldt das Dionysische gegenüber.

Das *Dionysische* ist Symbol für das überschäumende Leben, für die Formlosigkeit. Dionysos steht für den Willen in der »ewigen Fülle seiner Lust«: als Symbol unzerstörbarer Lebensfreude, trotz allen Leids im Dasein, als Symbol des »Wahren«, der ewigen Erneuerung. Dionysisch meint kontinuierlich, fließend, fühlend, rauschvoll, unbestimmt, dunkel, unendlich (Hildebrandt 1911, 115). Das *rein* Dionysische ist die überfließende Schaffenskraft, die schiere Kreativität, ein formloses Chaos ohne eine Struktur von Ordnung, Form und Harmonie. Es findet, das Orgiastische erzeugend, in der Musik seinen Ausdruck. Es erweist sich im Rausche seiner Erfahrung geradezu als Auflösung der Individuation, als Aufhebung jenes Moments also, welches das Apollinische als solches konstituiert. Erst dadurch wird jene »mystische Einheitsempfindung« wiedergewonnen, welche »das Einssein als Genius der Gattung« auszeichnet (Grau 1984, 341).

Gänzlich neu war der Zauber des Dionysischen zu N.s Zeit nicht mehr, bereits der Frühromantiker Friedrich Schlegel hatte die griechische Poesie mit Dionysos verbunden und vom Dionysischen eine Erweckung romantischer Mythologie erhofft (ähnlich auch Görres und Schelling; bei Hölderlin und Novalis ist der Dionysos der dichterische Künder neuen Lebens). Die Wiederentdeckung des Dionysischen hatte sich bereits vor N. in der Romantik sowie der Altphilologie des 19. Jh.s vollzogen (Cremer, Müller, Welcker u.a.). Für N. ist der Dionysos eine Chiffre für die Wiedergewinnung des tragischen Lebensgefühls der Griechen, für die Wiedergewinnung von Mythos, Naturnähe und Instinkt. Keineswegs jedoch will der Philosoph das Dionysische per se: Den asiatischen Kult des Dionysos mit seiner Raserei und Ausschweifung lehnt N. als barbarisch ab (GT, KSA 1, 31 ff.). Stattdessen sucht er nach einem »Bruderbund« (GT, KSA 1, 140) von Apollo und Dionysos, der erst die Spannung und die Nöte der griechischen Kultur zu erklären vermag.

Obwohl N. sein Konzept des Dionysischen niemals aufgibt, hat es sich dennoch gewandelt. N. nimmt Einschränkungen vor ebenso wie er, nach dem Bruch mit Wagner, seine Sicht auf die Kunst und den Typ des Künstlers modifiziert. Das Apollinische und das Dionysische sind nun nicht mehr notwendig erschöpfende ästhetische Anschauungen, und das Dionysische ist fortan nicht mehr nur allein dem Sokratischen und Apollinischen als ästhetisches Prinzip gegenübergestellt, sondern auch dem Christentum. Es ist als das Lebensbejahende das Gegenstück zu allem Lebensverneinenden (Danto ²1967, 64). Um der Vernunft eine neue Gestalt zu geben, vereinigt N. dieselbe mit dem Prinzip des Dionysischen, in dem das philosophische Denken und die künstlerische Produktion in N.s späterer, gereifter Charakteristik nur zwei verschiedene Gestalten ein und derselben »dionysischen Vernunft« (Kaulbach 1980, 296) sind. Der späte Begriff des Dionysischen sieht nicht die Auflösung der Grenzen, sondern ihre ständige Überschreitung vor: in experimentellen Versuchen, weitere Horizonte und »höhere« Standpunkte für die philosophische Vernunft zu schaffen (Kaulbach 1980, 296). Das »dionysische Denken« (Kaulbach) entwirft die Welt der ewigen Wiederkehr: »dionysisch zum Dasein stehn –: meine Formel dafür ist amor fati ...« (N, KSA 13, 492).

III. Dionysischer Rausch und apollinischer Traum fordern sich wechselseitig heraus und sind aufeinander angewiesen (Riehl ⁸1923, 72). Beide Triebe vereint erzeugen die attische ↗ Tragödie, dieses »ebenso dionysische als apollinische Kunstwerk«, in welchem in paradigmatischer Synthese der »Bruderbund« zum Ausdruck kommt: die dionysische Bewegung des Überschreitens, Ausholens und reichen Umfassens vereinigt mit dem apollinischen Prinzip des Gestaltens, der Entscheidung für ein profiliertes Weltkonzept.

Im Zusammenspiel der beiden antagonistischen Kräfte vollzieht sich die Aufhebung des »principium individuationis« der rational-eigenständigen Lebensgestaltung (apollinisch) zugunsten des dionysischen Rauscherlebens, das nur im parteilichen Engagement für das Leben erfahrbar ist (Grau 1984, 330). Würde das Dionysische allein herrschen, wären Dumpfheit und Chaos die Folge; es bedarf daher des vereinfachenden, ordnenden Moments: des Apollinischen. Setzte sich dieses absolut, würde Erstarrung das Ende sein; das Apollinische ist daher auf das überströmend Lebendige seines Gegenteils angewiesen. Wie das Dionysische der apollinischen Form, so bedarf das Apollinische der Naturkraft des ↗Mythos, »soll seine Phantasie und Intellektualität nicht bodenlos, seine Wissenschaft nicht abstrakt und die Helle seines Bewußtseins nicht zur Gefahr für die schöpferische Kraft und Einheitlichkeit einer Kultur werden« (Ottmann ²1999, 62). Das Dionysische erstrebt die Einheit des *Ganzen*, das Apollinische die Eindeutigkeit der Perspektive. Das Dionysische drängt zu einer Universalität, die selbst die Extreme umfaßt und alle Grenzen überspielt. Auch das Apollinische will Einheit, aber nicht die universale, alle Gegensätze umspannende des Dionysischen, sondern die eindeutige, die aus der Fülle des Ganzen einen Teil heraushebt und sich bewußt auf ihn beschränkt; die Unterordnung unter ein Gesetz beseitigt die Mehrdeutigkeit. Das Wechselverhältnis der Kunsttriebe beschreibt N.s Künstlerideal, seine hohe Auffassung von der Polarität als dem lebenssteigernden Prinzip schlechthin. Daß N. dem Dionysischen dennoch eine Vorrangstellung einräumt, liegt an seiner Beurteilung des 19.Jh.s, in dem er ein bedrohliches Übergewicht des Theoretisch-Begrifflichen (↗Sokratismus) erblickt, das durch die Wiederkehr des Dionysischen reduziert und wieder mit dem Mythos als dem Boden aller Kultur vereint werden soll. So gesehen ist dies die erste ›Umwertung aller Werte‹ (Lypp 1984, 372).

IV. N.s Zurückführung des tragischen Mythos auf den Gegensatz und die Synthese von »apollinisch und dionysisch« mutet in mancher Hinsicht als eine gewaltsame Reduktion an (vgl. Ottmann ²1999, 64). Von den zahlreichen, über 20 Beinamen des Apollon und Dionysos wie von der Vielzahl lokaler Kulte gibt N.s Dichotomie nur einen Bruchteil wieder. Die Psychologie von Traum und Rausch ist vereinfachend. Denn es gibt sowohl den bakchischen Apoll, die Ekstase der apollinischen Pythia wie auch die Mantik des Dionysos. »Mit der Verwandlung des *Licht*gottes Apollon in den Gott des Scheins« hat sich N., so Ottmann (²1999, 64), »geistreich vergriffen: Dionysos ..., mit dem sich Apollon das Jahr teilte, war Lichtgott so gut wie Apollon, er war Musenführer wie dieser«. Auch die Musik ist schon an sich und ohne die Hilfe des Worts und der Szene eine »apollinische«, weil formvolle Kunst. Und obwohl es, so Danto (²1967, 50), dionysische Malerei gab und Musik ursprünglich ihren Patron in Apollo hatte, gibt es bei N. eine klare Überordnung des Dionysos über den Apoll, der Musik über das Drama, des Willens über die Erscheinungswelt (vgl. GT, KSA 1, 139f.).

N.s Deutungen der beiden Gottheiten als Kunsttriebe waren zu seinen Lebzeiten hoch umstritten. Vogel nennt die Bestimmung des Begriffspaars denn auch die Geschichte eines »genialen Irrtums«. Dennoch hatte das Gegensatzpaar apollinisch-dionysisch bestimmte Wesenszüge beider Götter korrekt erfaßt. N.s Interpretationen gehen über den engen Rahmen der altphilologisch-wissenschaftlichen Fragestellung hinaus. N.s Besetzung und Inanspruchnahme vor allem des Dionysischen verkam in der Folgezeit nicht nur zur einseitig trivialisierten Allerweltsformel für ein berauschtes Lebensgefühl, sondern hatte auch eine handfeste politisierte Wirkungsgeschichte und Nutzung bis hinein in die enthusiasmierte Bohème ab 1900 oder in den Rassismus eines Ludwig Klages und seiner Philosophie des kosmogonischen Eros: »Die Vitalität des Dionysos sollte da arisch sein, während alle Dominanz des Geistes über die Seele, des Intellekts über das Leben als semitisch galt« (Ottmann ²1999, 71). Dionysos wurde zum rassistischen Gott, wiedererscheinend im Dritten Reich, auf der linken Seite des politischen Spektrums konstatierte man eine Wiederkehr des Dionysischen in der Subkultur, im Drogenkult, Psychedelismus und den Verheißungen einer entsublimierenden Emanzipation (vgl. Ottmann ²1999, 71ff.). Die psychologische Ausdeutung erblickte das Apollinische in der Liebe oder als das Introvertierte, das Dionysische im Streit oder als das Extravertierte. Triebpsychologisch besehen galt das Dionysische gar als Summe inzestuöser, homosexueller Tendenzen. Es ist deshalb unerläßlich festzustellen, daß es N. einzig um die agonale Spannung der beiden Kräfte in einer tragischen Kultur mit dem Ziel der Steigerung des Lebens ging.

Literatur: Hildebrandt, K.: Romantisch und Dionysisch, in: Jahrbuch für die geistige Bewegung 2 (1911), 89–115, 3 (1912) 115–131; Otto, W. F.: Dionysos. Mythos und Kultus, Frankfurt a.M. ⁵1960; Vogel, M.: Apollinisch und Dionysisch, Regensburg 1966; Danto ²1967; Baeumer, M. L.: Das moderne Phänomen des Dionysischen und seine ›Entdeckung‹ durch N., in: NSt 6 (1977), 123–153; Kaulbach 1980; Grau 1984; Lypp, B.: ›Dionysisch-apollinisch‹: ein unhaltbarer Gegensatz, in: NSt 13 (1984), 356–373; Ottmann ²1999.

*Christian Schüle*

## Architektur

N.s Bemerkungen über Architektur sind erst in den letzten Jahren auf Beachtung gestoßen (Buddensieg 1999, 2000). Auch hat die erstaunliche Wirkung seines Denkens auf Architekten des 20. Jh.s erst neuerdings Aufmerksamkeit gefunden (↗Architektur [Wirkungsgeschichte]). N.s Äußerungen über Architektur sind spärlich; auch sind sie oft nur ein Echo der Burckhardtschen Kunsthistorie. Aber was N. über Architektur zu sagen hat, steht doch auch in einem engen Zusammenhang mit seiner Kritik an Religion und Metaphysik, mit seiner Kunstauffassung, seiner Lehre vom »großen Stil« sowie schließlich mit der Lehre vom ↗Willen zur Macht. Schon der Student N. hatte in seinen Bonner Jahren (1864/65) Vorlesungen des Kunsthistorikers Anton Springer über ↗Michelangelo und die deutsche Kunst des Mittelalters gehört. (Die Vorlesungsnotizen wurden bisher nicht ediert.) Er hatte mehr als ein Jahrzehnt Gelegenheit, die Bauwerke in Pisa, in der Umgebung von Sorrent, in Venedig, Genua, Rom, Florenz und Turin zu besichtigen (was er mit Burckhardts *Cicerone* und dem Reiseführer von Gsell/Fels in der Hand tat). Meist sind es auch Bauwerke in Italien, anhand derer N. seine Architekturtheorie exemplifiziert.

Die Verbindung von N.s Architekturtheorie mit seiner Denkweise überhaupt zeigt schon eine nachgelassene Notiz zum »Gottesmord« und »tollen Menschen«. Der Tod Gottes stürzt demnach nicht nur die obersten Werte, sondern auch die Perspektivik überhaupt. »Wie brachten wir dies zu Stande, diese ewige feste Linie wegzuwischen [...] nach der bisher alle Baumeister des Lebens bauten, ohne die es überhaupt keine Perspektive, keine Ordnung, keine Baukunst zu geben schien?« (N, KSA 9, 631). Mag dies noch metaphorisch klingen und auf eine ›Baukunst‹ des Lebens zielen, so ist doch unverkennbar, daß N. in der Architektur stets einen Spiegel der Seele, ein Art Stein gewordene Psychologie erblickt. Die erhabene und einfache Architektur der Alten, die N. des öfteren preist (M, Nr. 169, KSA 3, 151), entspricht der Seele des modernen Menschen nicht mehr. »Wollten und wagten wir eine Architektur nach unserer Seelen-Art [...] – so müsste das Labyrinth unser Vorbild sein!« (ebd. 152). Der moderne Mensch ist Schauspieler geworden, und im Zeitalter der »Schauspieler« vermag der Mensch nicht mehr »ein Stein in einem großen Baue« zu werden (FW, Nr. 356, KSA 3, 596f.). Überhaupt ist mit dem Verlust der Metaphysik und der christlichen Ordnung die Architektur ihres Verweis- und Bedeutsamkeitscharakters beraubt. »Der Stein ist mehr Stein als früher«, und die Schönheit eines Gebäudes ist nur noch maskenhaft (MA I, Nr. 218, KSA 2, 178f.).

N.s Kritik der seelenlos gewordenen Architektur spiegelt sich im *Zarathustra*, wenn dieser klagt: »Was bedeuten diese Häuser? Wahrlich, keine grosse Seele stellte sie hin, sich zum Gleichnisse!/Nahm wohl ein blödes Kind sie aus seiner Spielzeugschachtel? Dass doch ein anderes Kind sie wieder in seine Schachtel täthe!« (Za III, Von der verkleinernden Tugend, KSA 4, 211). Auf der anderen Seite bewundert N. die Architektur der Alten und vor allem auch die der Renaissance (eine Neubewertung des Barock, wie sie Buddensieg bei N., vorausweisend auf Wölfflin, zu erkennen meint, läßt sich nicht bemerken; zwar ist N.s Urteil über den Barock so schwankend wie das Burckhardts [*Cicerone* 1925, 346; MA II, Nr. 144, KSA 4, 438], aber meist ordnet N. den Barock doch als Spätstil und Dekadenzkunst ein). N. erhofft sich die Wiedergeburt einer Architektur für »große Seelen«, die wie ehemals die Römer wieder »für Ewigkeiten [...] baut« (N, KSA 9, 135). Diese neue Architektur soll das Erbe der Kirchen und Klöster antreten, indem sie Gebäude in Stätten der Kontemplation und Erkenntnis verwandelt. »[...] wir wollen in uns spazieren gehen, wenn wir in diesen Hallen und Gärten wandeln« (FW, Nr. 280, Architektur der Erkennenden, KSA 3, 525).

Reist man mit N. durch Italien, so begegnet man seinen Vorlieben und Abneigungen. Gelobt werden das aristokratische Turin (Heinrich Köselitz, 7. 4. 1888) und Genua (FW, Nr. 291, KSA 3, 532). Verstörend war für N. offenbar die Begegnung mit den Kirchen Roms. Den Zarathustra läßt N. klagen über »süß-duftende Höhlen« und »Buss-Treppen«, und Zarathustra kündigt an, die »Stätten dieses Gottes« erst wieder betreten zu wollen, »wenn der reine Himmel wieder durch zerbrochne Decken blickt, und hinab auf Gras und rothen Mohn [...]« (Za II, KSA 4, 118). Allerdings ist N. beeindruckt von der »Via Appia« und insbesondere vom Triton-Brunnen Berninis auf der Piazza Barberini, in dessen Anblick das »Nachtlied« entstanden ist (EH, KSA 6, 341). (Davon zu unterscheiden ist N.s kritischer Vergleich von Bernini und Wagner, der die Kritik an der décadence mit der am Barockstil vereint und der vielleicht ein Echo ist von Stendhals »Berninismus« in der Musik; Carl Fuchs 26. 8. und 9. 9. 1888; N. besaß Stendhals *Rome, Naples et Florence*, Paris 1854, hier 404). Der von N. so hoch geschätzte Michelangelo wird als Baumeister entweder überhaupt nicht (Medici-Kapelle, Kapitol) oder nur beiläufig (Kuppel des Petersdomes) erwähnt (N, KSA 9, 667; KSA 10, 242). In Venedig schätzt N. die »Piazza di San Marco«, die er sein »schönste[s] Studirzimmer[]« nennt (GM, KSA 5, 353). Dem Gedicht *Die Tauben von San Marco seh ich wieder* ist zu entnehmen, daß N. in Venedig ausnahmsweise auch einmal glücklich war und daß ihn der Turm beeindruckte, der mit »Löwendrange« emporgestiegen sei (FW, KSA 3, 648).

Zum Bauwerk der Bauwerke wurde N. Brunelleschis Palazzo Pitti, den er als einziges Exempel für sein Ideal des »großen Stils« nennt. Schon für Burckhardt war dieser Palazzo Pitti der Gipfel der profanen Baukunst. N. gilt er als das reine Gegenteil des Décadence-Stils (↗ décadence) (Carl Fuchs, April 1886). Der Palazzo Pitti dokumentiert den Unterschied zwischen »großem« und »kleinem Stil«, eine Unterscheidung, die jener von »Heerde oder Führer« (N, KSA 11, 624) parallel läuft. »Man frägt sich«, hieß es schon bei Burckhardt (*Cicerone* 1925, 106), »wer denn der weltverachtende Gewaltmensch sei, der [...] allem bloß Hübschen und Gefälligen so aus dem Wege gehen mochte?« N. hat sich dieses Wort notiert (N, KSA 9, 520); es wird ihm zu einem Wort über den »Willen zur Macht als Kunst« (N, KSA 13, 247). Burckhardts Wort nachgebildet ist auch die Bemerkung in der *Götzen-Dämmerung* (Streifzüge Nr. 11, KSA 6, 118f.), wo es heißt: »Der Architekt stellt weder einen dionysischen, noch einen apollinischen Zustand dar: hier ist es der grosse Willensakt [...] der Rausch des grossen Willens, der zur Kunst verlangt. Die mächtigsten Menschen haben immer die Architekten inspirirt; der Architekt war stets unter der Suggestion der Macht. Im Bauwerk soll sich der Stolz, der Sieg über die Schwere, der Wille zur Macht versichtbaren; Architektur ist eine Art Machtberedtsamkeit in Formen [...] Das höchste Gefühl von Macht und Sinnlichkeit kommt in dem zum Ausdruck, was grossen Stil hat. Die Macht, die keinen Beweis mehr nöthig hat; die es verschmäht, zu gefallen [...]«.

Neben dem Palazzo Pitti ist es eigentlich nur noch ein Bauwerk, das N. offensichtlich begeistert hat. Es ist die Mole Antonelliana in Turin, keineswegs – wie es der Name andeutet – eine Hafenmole, sondern ein Gebäude mit riesigem Turm (165 Meter), das ursprünglich als Synagoge geplant war und erst nach N.s Umnachtung 1896 vollendet worden ist. N. hat offensichtlich die Architektur der Höhe beeindruckt (an Peter Gast, 30. 12. 1888). Auch wollte er durch das Bauwerk an Zarathustra erinnert ein (ebd.). Ob man daraus folgern darf, daß N. sich für die Hochhaus-Architektur des 20. Jh.s begeistert hätte, muß Spekulation bleiben.

Literatur: Buddensieg, T.: Architecture as Empty Form: N. and the Art of Building, in: Kotska, A./Wohlfahrt, J. (Hgg.): N. and ›An Architecture of Our Minds‹, Los Angeles 1999, 259–284; ders.: Wir aber machen die Musik dazu. N. und die italienische Baukunst, in: FAZ 5. 2. 2000.

*Henning Ottmann*

## Ariadne

In der antiken Mythologie König Minos' Tochter, die, dem Gott Dionysos versprochen, sich in Theseus verliebt, mit dem sie (nach dessen Rückkehr aus dem Labyrinth) auf die Insel Naxos flieht und dort, von ihm verlassen, Dionysos heiratet, der sie unsterblich macht, ist Ariadne für N. Bild und Metapher seiner imaginierten Beziehung zu (↗ Frauen) Cosima Wagner (»Prinzeß Ariadne, meine Geliebte«, C. Wagner, Anfang Januar 1889) und Gleichnis seiner späten Selbstdarstellung als Dionysos. Er nimmt für sich ein einmaliges Wissen über ihr Rätsel in Anspruch: »Wer weiss ausser mir, was Ariadne ist!« (EH, KSA 6, 348). Nicht das Wer, das Was bestimmt N.s philosophischen Horizont.

Seit den Empedokles-Studien (1871/72) experimentiert er mit dem Bild; im geplanten Satyrspiel (1887) ist sie Dionysos' Gattin, wird selbst zum Labyrinth, aus dem es kein Entrinnen gibt: an ihr gehen alle Helden zu Grunde: »man kommt nicht aus dir wieder heraus« (N, KSA 12, 510). Ihre Sehnsuchtsklage nach dem Gott erhält in den *Dionysos-Dithyramben* poetischen Selbstwert und philosophische Bedeutung. Unter der Optik des Dionysos, an seinem Leitfaden des ↗Leibes, sieht sich Ariadne in der Vereinigung mit ihm bestätigt und aufgehoben, gehen Wahrheit, Schmerz, Wollust, Leiberfahrung und Liebe in einer ambivalenten Symbiose auf. In der Einheit von Ariadne und Labyrinth setzt sich N. in Personalunion mit dem begehrten Gott: »Ein labyrinthischer Mensch sucht niemals die Wahrheit, sondern immer nur seine Ariadne – was er uns auch sagen möge« (N, KSA 10, 125), um am Ziel allen Wollens, mit Ariadne »das goldene Gleichgewicht aller Dinge zu sein« und mit dem Namen des Gottes unterzeichnen zu können (Jacob Burckhardt, 4. 1. 1889). Die in der Nähe des Wahnsinns explizit formulierte Gottähnlichkeit fundiert seine ganze Philosophie. Ariadne und ihr Umfeld stehen für den dionysischen Abgrund der ↗Seele (Frey-Rohn 1984, 40); das dionysische Erfülltsein von Macht und Kreativität realisiert eine vis activa, in der die große ↗Vernunft des Leibes sich dem Rätsel eines erotischen Grundverständnisses der Welt anverwandelt, so, daß Dionysos am Ende zu Ariadne sagt: »Ich bin dein Labyrinth...« (DD, Klage der Ariadne, KSA 6, 401).

Die symbolträchtigen Sätze haben die Rezeptionsgeschichte provoziert. Philologische, biographische, psychoanalytische, kulturkritisch-philosophische Interpretationen dechiffrieren sie als verzweifelt-raffinierte Verschlüsselungen für die Beziehung zu Cosima, als ihr Phantom (Janz 1978, Bd. 2, 434); ihre Klage fällt unter die »Wollust-Marter-Texte« (Ross 1980, 779); die Beziehung des Gottes zu ihr gilt als Projektion von N.s Innerem (Frey-Rohn 1984, 188); sie ist das Bild selbstbefreiter Weiblichkeit und zweiter Bejahung des Seins, ihr Labyrinth das unbewußte Selbst und die ewige Wiederkehr im Wechselspiel von Werden und Sein (Deleuze 1976, 202f.), in dem sich das Grauen des endlos Wiederholten abspielt, weil sie, da ihr Faden gerissen und sie selbst identitätslos geworden ist, keinerlei Rettung mehr verspricht (Foucault 1991, 406f.).

Literatur: Reinhardt, K.: N.s Klage der Ariadne, Frankfurt a.M. 1936; Frey-Rohn, J.: Jenseits der Werte der Zeit. F.N. im Spiegel seiner Werke, Zürich 1984; Foucault, M.: Der Ariadnefaden ist gerissen, in: Barck, K. u.a (Hgg.): Aisthesis. Wahrnehmung heute oder Perspektiven einer anderen Ästhetik, Leipzig 1991; Cancik, H.: N.s Antike, Stuttgart/Weimar 1995.

*Renate Reschke*

# Aristokratie

N.s besondere Hochschätzung des Aristokratischen, sein »aristokratischer Radikalismus« (Brandes 1890), ist ein Aspekt seiner Philosophie, der bereits bei den ersten Interpreten (z.B. bei d'Annunzio 1900; de Gaultier 1901; Fouillée 1901; Lasserre 1901; Bourdeau 1904) breites Echo gefunden hat und in der Folge zu groben Verallgemeinerungen und schrecklichen Simplifizierungen politischer (ideologischer) Art geführt hat. Besonders der Begriff »neuer Adel« (Za III, KSA 4, 254f.) wurde in Richtung einer rassisch-biologischen Auslese und Überlegenheit interpretiert, bzw. als Ausdruck eines reaktionären und restaurativen Willens zur Wiederherstellung alter Klassenverhältnisse und Werte. Die aristokratische Haltung (das ↗»Pathos der Distanz«) ist eine Konstante in N.s Philosophie, die mit den jeweiligen Figuren seines Denkens in Verbindung tritt: mit dem ↗Genie, der ↗Artistenmetaphysik, dem ↗Freigeist der Philosophie der *Morgenröthe*, dem »höheren Menschen« und dem ↗Übermenschen der späten Schriften. Sie hat streng antidemokratische Züge: von der Bewertung der Sklaverei als einer notwendigen Voraussetzung jeder höheren Kultur bis hin zur ausdrücklichen Verurteilung einer breiten Volksbildung. Vor allem in seinen frühen Schriften betont N. die Notwendigkeit der Sklaverei: Sie sei eine der erschreckenden »menschlichen« Voraussetzungen der griechischen Kultur und stehe ganz im Gegensatz zu den »gebildeten« und humanistischen Interpretationen der Philologen. »Damit es einen breiten tiefen und ergiebigen Erdboden für eine Kunstentwicklung gebe, muß die ungeheure Mehrzahl im Dienste einer Minderzahl, über das

Maaß ihrer individuellen Bedürftigkeit hinaus, der Lebensnoth sklavisch unterworfen sein. Auf ihre Unkosten, durch ihre Mehrarbeit soll jene bevorzugte Klasse dem Existenzkampfe entrückt werden, um nun eine neue Welt des Bedürfnisses zu erzeugen und zu befriedigen« (FV 3, KSA 1, 767). Mit einer Haltung, die für viele damalige europäische Intellektuelle charakteristisch ist (Renan, Flaubert, Taine, Burckhardt), kritisiert N. nach den Erfahrungen der Pariser Commune im Namen einer »Aristokratie des Geistes« radikal jeglichen Versuch einer Ausweitung der Kultur auf breite Volksschichten (»Die allerallgemeinste Bildung ist eben die Barbarei«; KSA 1, 668). Eine Ausweitung und Verbreitung der Bildung führe außerdem, so N., zu einer Abtrennung von den unbewußten Wurzeln, die das Volk mit dem Mythos verbinden: Der »Maulwurf« wird sehend gemacht. Jeder Versuch einer Ausweitung der Kultur auf breite Volksschichten führe tendenziell zu einer Umstürzung: »im Grunde streben sie [die Befürworter der Volksbildung, d.Verf.] darnach, die heiligste Ordnung im Reiche des Intellektes umzustürzen, die Dienstbarkeit der Masse, ihren unterwürfigen Gehorsam, ihren Instinkt der Treue unter dem Scepter des Genius« (KSA 1, 698). Diese rigorose Auffassung, die sich am Vorbild der Griechen orientiert – dem »aristokratische[n] Genie unter den Völkern« (N, 5 [91] KSA 8, 64) – basiert beim frühen N. auf der Metaphysik des »Ureinen«, einer »vollständigen Kosmodicee« (HL, KSA 1, 197) durch die Kunst.

Mit Beginn der achtziger Jahre erhalten N.s aristokratische Gesellschaftsvorstellungen eine neue Basis: Ein energetisches Konzept der Wirklichkeit und die Philosophie des ↗Willens zur Macht. Die Verbreitung einzelner gleichförmig verteilter Herrschaftssysteme tendiert dazu, die ↗Kraft, die in Einzelnen konzentriert ist, zu ersetzen: Dies führt, da der Gesamtvorrat an Energie begrenzt ist, zu einer allgemeinen Verarmung, einer Erschöpfung, zu einem Prozeß der »Verkleinerung«. Alle absoluten Moralen sowie ihre positivistischen Surrogate liefern den »Sand der Menschheit« (N, 3[98] KSA 9, 73), d.h. sie tendieren zum »Gleichmachen Aller«. Nur eine extreme Technisierung (das »Chinesenthum«), in dem die einzelnen untergeordneten Glieder nur Räder im Getriebe sind, kann die Energie zur Verwirklichung des großen Menschen, des »Überflüssigen« produzieren und akkumulieren.

In N.s Philosophie begegnen wir mehrfach der Hochschätzung betont aristokratischer Kulturen: Von der Kastengesellschaft, wie sie im *Gesetzbuch des Manu* beschrieben ist (»vornehme Werthe überall, ein Vollkommenheits-Gefühl, ein Jasagen zum Leben, ein triumphirendes Wohlgefühl an sich und am Leben, – die Sonne liegt auf dem ganzen Buch«; AC, Nr. 56, KSA 6, 240), gegen die N. dennoch starke Vorbehalte hat, da auch sie letztendlich auf einer »heiligen Lüge« beruht, mit deren Hilfe die Gemeinschaft beherrscht und allmählich von der Erfahrung entfremdet wird – hin zur italienischen Renaissance und zum französischen 17. Jh., das in N.s Augen der griechischen Kultur am nächsten kommt (vgl. z.B. N, 25[178] KSA 11, 61): »Aristokratism: Descartes [...] Das 17. Jahrhundert ist aristokratisch, ordnend, hochmüthig gegen das Animalische, streng gegen das Herz, ›ungemüthlich‹, sogar ohne Gemüth, ›undeutsch‹, dem Burlesken und dem Natürlichen abhold, generalisirend und souverain gegen Vergangenheit: denn es glaubt an sich. Viel Raubthier au fond, viel asketische Gewöhnung, um Herr zu bleiben. Das **willens**starke Jahrhundert; auch das der starken Leidenschaft« (N, 9[178], KSA 12, 440f.).

N. widersetzt sich den sozialen Werten und festgefügten Hierarchien seiner Zeit (»Ich habe gegen Alles, was heute noblesse heisst, ein souveraines Gefühl von Distinktion«; EH, KSA 6, 268). Der »neue Adel«, so Zarathustra, soll nicht zurück-, sondern »hinaus-«schauen, und seinen Sinn in dem Ziel finden, nicht im Ursprung, auch wenn zu seinen notwendigen Voraussetzungen die Akkumulation von Energie für neue kreative Aufgaben gehört. Nicht nur unser früheres Leben und unsere Bildung entscheiden über unser gegenwärtiges Sein (unseren Grad an Stärke oder Schwäche), vielmehr ist es in erster Linie die lange Geduld unserer Vorfahren, die über unseren »Adel« entscheidet. Die »Herren« haben folglich das Vorrecht der Totalität und der Form. Dies wurde durch das »Fatum« ermöglicht, d.h. durch die Anhäufung von Energie auf Kosten unserer Vorfahren, und wird in Zukunft, durch die maximale Ausnutzung der sozialen Maschinerie erreicht werden. Jede Unmittelbarkeit und jedes Leugnen der langen Arbeit, die dahin führt (die Askese der Starken), bedeutet Rückschritt und Dekadenz. Auf der anderen Seite ist »Rückbildung [...] nicht möglich« (N, 5[97], KSA 13, 463), »es steht Niemandem frei, Krebs zu sein« (GD, KSA 6, 144). Die Gefahr des Edlen, so Zarathustra, ist nicht, »dass er ein Guter werde, sondern ein Frecher, ein Höhnender, ein Vernichter« (Za, KSA 4, 53). Die stärksten Individuen sind nach N. jene, die nicht untergehen, obwohl sie sich den Gesetzen der Spezies (einer verbindlichen Moral) widersetzen. Sie zeichnen sich aus durch die Fähigkeit zu einer virtuellen Vielfalt in vielerlei Hinsicht (»›dies eben soll Grösse heissen: ebenso vielfach als ganz, ebenso weit als voll sein können‹«; JGB, Nr. 212, KSA 5,147): Sie lieben Gegensätze und Rätsel, sind fern von festen Überzeugungen und einem Glauben, fern von der Einförmigkeit der Sklavenmoral und fähig, die zahlreichen Formen der décadence zu durchleben und zu durchforschen: »Denn das ist die Probe ihrer Kraft: erst aus der ganzen Krankheit der Zeit heraus müssen sie zu ihrer Gesundheit kommen. Der späte Frühling ist ihr Abzeichen; fügen wir hinzu: auch die späte Thorheit, die späte Narrheit, die späte Übermüthigkeit!« (N, 6[24], KSA 12, 241f.) Die Ausnahmemenschen und vereinzelten Glücksfälle sind es, aus denen sich der »neue Adel« formieren wird, der sich, ausgehend von den gegebenen Bedingungen, selbst bestimmt und befiehlt. Dies erfordert zwangsläufig das Opfer vieler Einzelner, deren Stärke nicht ausreicht, den Verlust der Regelmäßigkeit und der gewohnten Atmosphäre zu ertragen. Der Versuch, neue Werte zu schaffen und zu leben, wird für den Einzelnen zum Gradmesser seiner Stärke und seines Adels. N. kritisiert die Haltung Renans, wie sie in seinen *Dialogues philosophiques* zum Ausdruck kommt: »Absoluter Instinkt-Mangel des Ms. Renan, der die Wissenschaft und die noblesse zusammen in Eins rechnet. Die Wissenschaft ist grund-demokratisch und anti-oligarchisch« (N, 9[29], KSA 12, 349). »Er möchte zum Beispiel la science und la noblesse in Eins verknüpfen: aber la science gehört zur Demokratie, das greift sich doch mit Händen« (GD, KSA 6, 111f.). Ungeachtet seiner offenkundigen Nähe zum Übermenschen, verkörpert der deva Renans, der an eine Theodizee und die Religion der Wissenschaft gebunden ist, keine auf die Zukunft gerichteten offenen und experimentellen aristokratischen Werte, sondern bestätigt und potenziert im Gegenteil diejenigen Werte, die der Übermensch überwinden will, da sie dem »Schatten Gottes« verhaftet sind.

Literatur: Brandes, G.: En Afhandling em aristokratisk radikalisme, Kopenhagen 1890; Baeumler 1931; Raschel, H.: Das N.-Bild im George-Kreis, New York/Berlin 1984; Moroney, P.: N.s dionysian aristocratic culture, Maynooth 1986; Detwiler, B.: N. and the Politics of Aristocratic Radicalism, Chicago 1990; Ansell-Pearson, K.: N. contra Rousseau. A Study of N.s moral and political thought, Cambridge 1991; Marti, U.: ›Der große Pöbel- und Sklavenaufstand‹. N.s Auseinandersetzung mit Revolution und Demokratie, Stuttgart 1993.

*Guiliano Campioni*
*(Aus dem Italienischen von Renate Müller-Buck)*

## Artistenmetaphysik

Für N. selbst war die von ihm so genannte »Artistenmetaphysik« der Hauptgedanke seines Frühwerks *Die Geburt der Tragödie*, – ein Gedanke, der in dem »anzügliche[n] Satz« zum Ausdruck kommt, »dass nur als ein aesthetisches Phänomen das Dasein und die Welt gerechtfertigt erscheint [...]« (GT, KSA 1, 152). N. schreibt im 1886 verfaßten zweiten Vorwort zur *Geburt der Tragödie*: »In der That, das ganze Buch kennt nur einen Künstler-Sinn und -Hintersinn hinter allem Geschehen,– einen ›Gott‹, wenn man will, aber gewiss nur einen gänzlich unbedenklichen und unmoralischen Künstler-Gott [...]« (KSA 1, 17). Die Welt selbst war für N. eine Art künstlerisches Spiel, und die Artistenmetaphysik faßt die Welt als ein herakliteisches Spiel der Kräfte auf.

Mit dem originären Gedanken der Artistenmetaphysik überbietet N. den Primat der praktischen Vernunft durch den Primat einer ästhetischen Einstellung. Damit stößt er jedoch an die Grenze metaphysischer Begründung überhaupt (Gerhardt 1984, 375). Letztlich fungiert die Apologie der Kunst als ein metaphysischer Trost. V. a. Benn, der das Wort der Artistenmetaphysik immer wieder leitmotivisch aufgriff, zeigte sich fasziniert von jenem Gesetz aus dem »Evangelium der Kunst«, das im *Willen zur Macht* verkündet war, »[...] dem Artistenevangelium von der Kunst als der letzten europäischen Metaphysik« (zit. Hillebrand Bd. 1, 1978, 52).

Als N.s frühes Denken paradigmatisch charakterisierender Gedanke ist die Artistenmetaphysik in der *Geburt der Tragödie* schon voll ausgeprägt. Ihr Grundgedanke entfaltet sich dann – nach einem skeptischen Intermezzo, was die Rolle der Kunst betrifft – ab Mitte der 1880er Jahre aufs neue mit ganzer Kraft: »[...] die Kunst als die eigentliche Aufgabe des Lebens, die Kunst als dessen metaphysische Thätigkeit...« (N, KSA 13, 522). Dem jungen N. erschien die Kunst als die letzte metaphysische Tätigkeit: Nicht Religion oder religiös gefärbte Metaphysik, sondern das »Evangelium der Kunst« ist die Rechtfertigung der Welt, wobei diese Kunst ihre Quellen in Traum und Rausch, im »Bruderbund« von ↗Apollinischem und Dionysischem besitzt (Ottmann ²1999, 58; vgl. GT, KSA 1, 31f.). Der Kunst, und nur ihr, kommt in der Artistenmetaphysik eine Sonderrolle zu, denn nur der Künstler als Genius vermag es, die Welt als eine des Leids und Schreckens mit einem »neuen Illusionsnetze zu umhängen« (N, KSA 7, 130).

N.s ästhetische Metaphysik ist eine metaphysische Ästhetik. Daß die Kunst das Dasein rechtfertigt, indem sie die Tragik des Daseins vollkommen zum Ausdruck brachte, war Trost für den, der die Illusionen der Moral und Religion durchschaut hatte. Die Artistenmetaphysik als »Hypostasis der Ästhetik zur alleinigen Metaphysik« war als ästhetisches Normensystem am Anfang der literarischen Moderne um 1900 durchaus en vogue (vgl. G. Lukács, *Theorie des Romans*, Neuwied 1963, 32). Allerdings wirft die Artistenmetaphysik auch manches Problem auf, jenes etwa der Relation von Leben und Geist. Nicht zu unrecht ist N. diesbezüglich immer wieder der Ästhetizismus-Vorwurf gemacht worden (so etwa vom späten Th. Mann, in: Hillebrand Bd. 2, 1978, 94). Nicht von der Hand zu weisen ist auch der Eindruck, die Artistenmetaphysik trage mit ihrem Rechtfertigungs- und Erlösungsgestus einen überhöhten Anspruch in sich (Grau 1984, 344). Statt von der Artistenmetaphysik spricht N. später dann nur noch von »artistischen Leidenschaften«.

Literatur: Schmid, H.: Über die Tragweite der Artisten-Metaphysik, in: NSt 13 (1984), 129–155; Gerhardt, V.: Von der ästhetischen Metaphysik zur Physiologie der Kunst, in: NSt 13 (1984), 374–393; Böning, Th.: Metaphysik, Kunst und Sprache beim frühen N., Berlin/New York 1988, 208–321.

*Christian Schüle*

## Asketismus

Asketismus betrachtet N. zunächst abstrakt-negativ nicht nur als Entsagung und Verdrängung der Instinkte, ↗Triebe und Begehren, sondern sogar als »Selbstverstümmelung«, »Entsinnlichung«, »Entfleischung«, »Gewissens-Vivisektion«, hinter denen sich auf subtile Art und Weise Grausamkeit verbirgt (vgl. JGB, Nr. 229, KSA 5, 166). Demzufolge ist für N. ein Asket jemand, der »seine Sinnlichkeit aushungert und dabei freilich auch seine Rüstigkeit und nicht selten seinen Verstand mit aushungert und zu Schanden macht« (M, Nr. 109, KSA 3, 98). Hinter dieser Art Asketismus verbirgt sich für N. nur der Trieb nach Auszeichnung, indem man sich unmenschliche Leiden auferlegt. Es handelt sich aber de facto um ein Schwelgen in der äußersten Macht, dadurch daß der Asket in der Marter seinen Triumph über sich vor anderen demonstriert. Der Asket erscheint in diesem Kontext notwendig als Märtyrer; diese Art von Asketismus ist vom Märtyrertum nicht zu trennen (vgl. M, Nr. 113, KSA 3, 102–104).

Aber N. räumt auch ein, daß sich sogar die Herrschenden vor dieser Art Asketismus als Verkörperung des ↗Heiligen verehrend gebeugt haben, weil sie in den Heiligen eine »überlegene Kraft«, »eine Stärke des Willens«, »in der sie die eigne Stärke und herrschaftliche Lust wieder erkannten und zu ehren wussten: sie ehrten Etwas an sich, wenn sie den Heiligen ehrten« (JGB, Nr. 51, KSA 5, 71). Zum anderen argwöhnten sie nach N., welche Macht hinter einer solchen ungeheuren Verneinung, hinter solcher »Wider-Natur« wohl stehen könne. Verkörpert der asketische Heilige vielleicht eine Macht, über die er besser unterrichtet ist als die Herrschenden und die für sie eine Gefahr darstellen könnte? Nach N. lernten die »Mächtigen der Welt« von dem asketischen Heiligen »eine neue Furcht«, und sie ahnten durch ihn »eine neue Macht«: den Willen zur Macht (JGB, Nr. 51, KSA 5, 71). Selbst der christliche, märtyrerhafte, heiligende Asketismus ist N. also Ausdruck des Willens zur Macht, der allerdings aufgehoben wird in N.s positiven Asketismus, der wiederum grundlegend ist für N. positive Lehre vom Willen zur Macht. Aber ein asketisches Leben im christlichen Sinne ist N. »ein Selbstwiderspruch: hier herrscht ein Ressentiment sonder Gleichen, das eines ungesättigten Instinktes und Machtwillens, der Herr werden möchte, nicht über Etwas am Leben, sondern über das Leben selbst, über dessen tiefste, stärkste, unterste Bedingungen; hier wird ein Versuch gemacht, die Kraft zu gebrauchen, um die Quellen der Kraft zu verstopfen; hier richtet sich der Blick grün und hämisch gegen das physiologische Gedeihen selbst, in Sonderheit gegen dessen Ausdruck, die Schönheit, die Freude; während am Missrathen, Verkümmern, am Schmerz, am Unfall, am Hässlichen, an der willkürlichen Einbusse, an der Entselbstung, Selbstgeisselung, Selbstopferung ein Wohlgefallen empfunden und **gesucht wird**« (GM, 3. Abh., Nr. 11, KSA 5, 363). Aber das asketische Ideal, das mit dem asketischen Leben des ↗Priesters und den »drei grossen Prunkworten« »Armuth, Demuth, Keuschheit« (GM, 3. Abh., Nr. 8, KSA 5, 352) verknüpft ist, entspringt für N. »**dem Schutz- und Heil-Instinkte eines degenerirenden Lebens**, welches sich mit allen Mitteln zu halten sucht und um sein Dasein kämpft; [...]« (GM, 3. Abh., Nr. 13, KSA 5, 366). Was ihm fehle, sei ein Maß, da es selbst ein »non plus ultra« ist (GM, 3. Abh., Nr. 22, KSA 5, 395). Dieser negative Asketismus und der mit ihm verknüpfte Puritanismus sind N. »fast unentbehrliche Erziehungs- und Veredelungsmittel, wenn eine Rasse über ihre Herkunft aus dem Pöbel Herr werden will und sich zur einstmaligen Herrschaft emporarbeitet« (JGB, Nr. 61, KSA 5, 80).

Dem negativen Asketismus mit der »ungeheuren Macht des asketischen Ideals, des Priester-Ideals«, diesem »**schädlichen Ideal par excellence**«, diesem »Willen zum Ende«, diesem »décadence-Ideal« (EH, KSA 6, 353) setzt N. sein »Gegen-Ideal« in Gestalt seines positiven Asketismus entgegen. Denn der negative Asketismus, der nur moralisch richtet und verurteilt, »ist für Solche die rechte Denkweise, welche ihre sinnlichen Triebe ausrotten müssen, weil dieselben wüthende Raubthiere sind. Aber auch nur für Solche!« (M, Nr. 331, KSA 3, 234).

Für die anderen wird demzufolge bei N. der Asketismus positiv bestimmt als Asketismus im antiken Sinne: Nicht Verdrängung des Selbst, der Sinnlichkeit, Triebe, Begehren, Lüste, sondern Einübung in sie; nicht einfach Verzicht, sondern gemäßigter Umgang, nicht Verleugnung, sondern Anerkennung und Beherrschung des Verleugneten, nicht Weltflucht, sondern sich den Verführungen des weltlichen Daseins stellen und lernen, sich maßvoll zu ihnen zu verhalten. Entgegen der christlichen Überformung des Begriffs der Askese, gegen die N. immer wieder polemisiert, versucht er also, die antike Fülle dieses Begriffes wieder aufzunehmen. Demzufolge geht es ihm darum, »Etwas von der praktischen Asketik aller griechischen Philosophen« wieder zu lernen (M, Nr. 195, KSA 3, 169). N. will die »**Asketik wieder vernatürlichen**« (N, KSA 12, 387), d.h. er will an die Stelle der Verneinung der Sinnlichkeit deren Verstärkung und an die Stelle der Entsagung die selbstbestimmte Einübung in den Umgang mit unseren Lüsten setzen. Diese »Gymnastik des Willens« geht auf den griechischen Wortsinn von *askesis* zurück, der zunächst nichts anderes als Übung und Einübung in das, was uns treibt, sorgfältiger Umgang und Pflege dessen, was man betreibt, bedeutet. Positiv umfaßt Askese bei N. Geistes- wie auch Leibesübungen. Sie bedeutet allerdings keine bloße abstrakte Negation der (christlichen) Entsagung, keine abstrakte Ent-Entsagung, sondern auch die reflektierte Rehabilitierung der Entsagung, allerdings nicht unter Verdrängung der Lüste und des Begehrens, sondern durch selbstbewußten und selbstbestimmten Umgang mit ihnen: Es gilt nicht die Instinkte, Triebe, Sinnlichkeit zu opfern, sondern aufgeklärt mit ihnen umzugehen. Demzufolge ist N.s Asketismus als Lehre von einem freien Umgang mit dem Begehren, mit den Lüsten nicht zu trennen von selbstgewählten Entbehrungen und freiwillig »eingelegte[n] Fastenzeiten jeder Art, auch im Geistigsten«. N. geht es um »eine Kasuistik der Tat in bezug auf unsre Meinung, die wir von unseren Kräften haben«. Dies schließt ein, mit sich einen Versuch in »Abenteuern und willkürlichen Gefahren« zu machen und auch Prüfungen zu erfinden »für die Stärke im Worthalten-können« (N, KSA 12, 387f.). So finden für N. die »geistigsten Menschen, als die **Stärksten**, [...] ihr Glück, worin Andre ihren Untergang finden würden: im Labyrinth, in der Härte gegen sich und Andre, im Versuch; ihre Lust ist die Selbstbezwingung: der Asketismus wird bei ihnen Natur, Bedürfnis, Instinkt. Die schwere Aufgabe gilt ihnen als Vorrecht, mit Lasten zu spielen, die Andre erdrücken, eine **Erholung**... Erkenntniss – eine Form des Asketismus. – Sie sind die ehrwürdigste Art Mensch: das schliesst nicht aus, dass sie die heiterste, die liebenswürdigste sind. Sie herrschen, nicht, weil sie wollen, sondern weil sie sind, es steht ihnen nicht frei, die Zweiten zu sein« (AC, Nr. 57, KSA 6, 243; vgl. GM, 3. Abh., Nr. 9, KSA 5, 356).

Literatur: Kaufmann (1950) 1982, 281–286; Rohrmoser, G.: N. und das Ende der Emanzipation, Freiburg i. Br. 1970, 75–100; Schipperges, H.: Am Leitfaden des Leibes. Zur Anthropologik und Therapeutik F.N.s, Stuttgart 1975, 157–180; Deleuze 1976, 156–159; Abel ²1998, 70–72; Nehamas, A.: N. Leben als Literatur (1985), Göttingen 1991, 143–182; Venturelli, A.: Asketismus und Wille zur Macht. N.s Auseinandersetzung mit Eugen Dühring, in: NSt 15 (1986), 107–139; Stegmaier 1994, 169–208.

*Volker Caysa*

# Ästhetik

Von einer einheitlichen, gar systematischen Ästhetik kann bei N. keine Rede sein. Wenn hier dennoch von »Ästhetik« gesprochen wird, so bezieht sich dies auf N.s Lehre vom sinnlichen Verhalten des Menschen sowie auf seine philosophische Inanspruchnahme von Kunst und deren Einbettung in den Gesamtzusammenhang des Lebens. Im Falle N.s läßt sich ein grundsätzlicher Bogen von einer ästhetischen Metaphysik zu einer nachmetaphysischen »Physiologie der Kunst« schlagen (Gerhardt 1984, 374–393). N.s Entwicklung verläuft von frühen ästhetik-metaphysisch begründeten Hoffnungen des Künstlerideals über eine ästhetik-kritische Periode der Mittelzeit (*Menschliches, Allzumenschliches, Der Wanderer und sein Schatten, Morgenröthe*) schließlich zur stets von ihm selbst als schicksalhaftes Zentralproblem verstandenen Überwindung des Nihilismus durch das Schaffen und die künstlerische Produktivität.

»Ästhetik« bei N. ist eine nicht einfache Bestimmung aus zwei Gründen: Erstens lassen N.s Durchmischung des Ästhetischen mit dem Lebendig-Organischen, die gestaltverleihende Organisation des Lebensstromes aus Werden und Vergehen, seine Ästhetisierung des Daseins, die kunstphilosophischen Prinzipien des Gesunden und des »großen Stils« sowie die Widersprüche und Brüche ihrer Anwendungen allenfalls begriffliche Annäherungen zu. Zweitens muß auf den Grund jener Widersprüche zurückgegangen werden, wenn N. in einer zur ästhetischen Metaphysik radikalisierten Zuspitzung meint, die Welt und das Dasein könne nur als »ästhetisches Phänomen« gerechtfertigt sein (↗Artistenmetaphysik), er aber auch die Kunst als »bloßes Blendwerk« abtut; wenn er einerseits Kunst und Dichtung hochschätzt, andererseits die Künstler als »Schauspieler und Affen« bezeichnet (Pütz, zit. nach Hillebrand Bd. 2, 1978, 145). Unstritig ist, daß die Kunst als das »Organ des Lebens« bei N., dem Philosophen des vitalistisch begriffenen sinnlich-schöpferischen »Lebens«, die Stellung einer zentralen Leitmotivik einnimmt: Jede Frage der Ästhetik zielt für N. auf den Ursprung aller Erscheinungen, das »Leben« (Pütz 1967, 37).

N. steht, wenn er dem besonderen Dasein des Künstlers den Vorrang einräumt, in der Tradition der Frühromantik und deren Aufwertung der Gefühlssphäre. Und wie es die romantische Wandlung der »Kunstphilosophie« in den Begriff der »Ästhetik« nahelegt, hat auch N. das Dasein und die Welt ästhetisch verklärt, was ihm, wie Pütz meint, »zu recht« das Etikett des Ästhetizisten eingetragen hat, da er auch moralische und religiöse Lebensdeutungen auf Fragen des Geschmacks reduzierte. Dabei sollte die Reduktion der Moral auf Ästhetik im Sinne N.s nicht ihre Reduktion auf ein ästhetisches Genießen oder Spielen bedeuten. Gemeint war nicht das Schaffen in Bildern, sondern eine Art Weiterdichten in Fleisch und Blut: Der Mensch sollte aus sich selbst ein Kunstwerk machen.

Wie für Schopenhauer ist auch für N. die Kunst Krönung der eigenen philosophischen Überlegungen. In der Frühzeit ist das Ziel noch eine systematische Ästhetik – als Täuschung, als schöner Schein, als »Lüge« überragt da die Erlöserin Kunst alle anderen Erscheinungen des Geistes. Die Musik als zeitlebens von N. bevorzugte Kunstform vermag hier sogar die erstrebte Aufhebung der Individuation leisten, was N. später mit dem dionysischen Prinzip der Seinsbejahung bezeichnen wird. N. versteht die Kunst als ästhetischen Gegenentwurf zur empirischen Welt (Schulz 1985). Leben und Welt werden selbst zum Werk der Kunst (Meyer 1993, 4). N.s Forderungen an die Kunst sind aber zu unbedingt, die angestrebte Universalisierung des Ästhetischen zerstört jeden systematischen Ansatzpunkt (vgl. Pütz 1967, 29ff.). Da N.s Gedanken um das »Wesen des Ästhetischen« kreisen, fragt er nicht nach der Funktion der Kunst, sondern nach ihrem Woher, ihrem Ursprung; er will die Kunst begründen. An die Stelle der verabschiedeten

Ideale der Religion und Moral treten zwei Mächte, die in enger Beziehung zur Kunst stehen: das Apollinische und das Dionysische (↗apollinisch-dionysisch). Beide stehen als Naturgewalten und Kunstgottheiten in einem spannungsgeladenen Antagonismus, an den die Fortentwicklung der Kunst ebenso notwendig geknüpft sein soll wie die Fortentwicklung der Menschheit an den Antagonismus der Geschlechter. N. propagiert die Aufgabe, eine Fülle ästhetisch gleichberechtigter Wertschätzungen zu kreieren: jede für ein Individuum das letzte Maß der Dinge. Nicht wenig deutet hier auf N. als den Vater der Postmoderne voraus. Das Grundprinzip, das seine Stellung zur Kunst vor allem in der sogenannten aufklärerischen Phase der Mittelzeit bestimmen wird, faßt N. in den Satz: »Als ästhetisches Phänomen ist uns das Dasein immer noch erträglich, und durch die Kunst ist uns Auge und Hand und vor Allem das gute Gewissen dazu gegeben, aus uns selber ein solches Phänomen machen zu können« (FW, Nr.107, KSA 3, 464). Das heißt: Die in der Menschennatur gegenwärtigen Affekte in ihrem »furchtbaren Charakter des Daseins« suchen nach einer Sprache und nach symbolischen Bildvorstellungen. Einzig die Kunst ist es, die ihnen dieselben liefert. Das nennt Pfotenhauer (1984, 400) mit Recht den N.s ganzes Werk durchspinnenden Ariadne-Faden.

N.s Verständnis von Kunst muß vor dem Hintergrund dessen betrachtet werden, was er später unter dem alles gestaltenden und wertsetzenden ↗Willen zur Macht faßt, der im Auftrag des »Lebens« steht: jener ständige Akt des schöpferischen Überwältigens, der Selbstüberwindung und Selbsterschaffung (Za, KSA 4, 146ff.). Die Kunst ist ein Steigerungsphänomen mit dem Ziel der absoluten Lebensfülle (Hillebrand Bd. 1, 1978, 33). Diesem grundlegend ästhetischen Zustand des Daseins ist etwas Rauschhaftes eigentümlich. N. will eine andere, neue Form von Vernunft begründen, eine »ästhetische Vernunft« im Sinne einer Rehabilitierung der Vernunft durch ihre ästhetische Gestalt (vgl. Kaulbach 1980, 289ff.), welche gegen die rein theoretische zur Geltung gebracht wird – eine Vernunft, die, in der ästhetischen Wiederholung, das Ganze grundsätzlich bejahend immer in sich trägt. So generiert sich durch die Kunst das Ja zum Leib als die unmittelbare, sinnschaffende »Vernunft des ↗Leibes«.

Die »Quasireligion« Kunst (Kaempfert 1971) gewinnt als Organon der Welterkenntnis deshalb eine überragende Bedeutung und erlangt eine herausragende Stellung, weil sie die höchste Ausdrucksform des unaufhörlich über-sich-hinauswollenden Lebens ist (Meyer 1993, 1). Sie ist die durchsichtigste und bekannteste Gestalt des Willens zur Macht (Heidegger Bd. 1, 1960, 90). N.s programmatische Jugendschrift *Die Geburt der Tragödie aus dem Geist der Musik* zeichnet eine Metaphysik der Kunst, welche die Kunst zur Metaphysik macht. Ihrzufolge gibt es nur ein ästhetisches Verhalten zur Welt. Kunst als Lebenswille, dieser wiederum als das vielfältige Leben begriffen, ist der Gegensatz zu dem, was gemeinhin unter Wahrheit verstanden wird. »[D]aß die Kunst«, schreibt N. im Entwurf einer Vorrede zur *Geburt der Tragödie*, »mehr werth ist als die ›Wahrheit‹« (N, KSA 13, 227). Die Kunst hebt den Menschen über sich und seine Schmerzen hinaus, macht ihn frei von sich selbst. Ihre Aufgabe ist, eine »Welt zu setzen«. Über die Kunst als »Organon der Welterkenntnis« und zugleich als »Organ des Lebens« setzt N. also Welterkenntnis mit Leben gleich; der Kunstbegriff ist mit dem Schöpferischen schlechthin identisch und wird ins Universelle einer Neuschaffung der Welt ausgeweitet.

Die Umgestaltung der Welt und des Wirklichen vollzieht sich durch schöpferische Taten und schöpferisches Tun: ↗Schaffen ist für N. der höchste ästhetische Wert. So verkündet er die Kunst als höchste Form des Schaffens, verabsolutiert sie dabei jedoch nicht zu einer autonomen Größe, sondern bezieht sie immer wieder auf das Leben zurück. Kunst als Phänomen zeigt nur im Abglanz den schöpferischen Ur-Impuls, ohne den das Leben nicht wäre (Hillebrand Bd. 1, 1978, 26). N.s Vorstellung von »Kunst« läuft weniger auf das vom Geist hervorgebrachte statische Eigengebilde des fertigen Kunstwerks als auf den ästhetischen Prozeß, das lebensphilosophische Kunstschaffen, hinaus. In diesem dynamischen Schaffensprozeß erhält die *energeia*, die Schaffensenergie, eindeutig den Vorrang vor dem *ergon*, dem Werk. Die Kunst ist das organisierende Prinzip aller produktiven Tätigkeiten (vgl. Meyer 1993, 4f.).

In N.s ästhetischem Verständnis treten, im Vergleich zu der im »Geist« verhafteten idealistischen Ästhetik, deren Auflösung er vehement betreibt, die werk- und rezeptionsästhetischen zugunsten der produktionsästhetischen und wirkungsästhetischen Aspekte zurück. Das Geschmacksurteil als das Schöne, als interesseloses Wohlgefallen im Sinne Kants kommt für ihn nicht in Frage (Lypp 1984, 358). Letztlich sind N.s ästhetische Vorstellungen nichts weniger denn der leidenschaftlich vorgebrachte Einwand gegen alle und der Bruch mit allen damaligen Ästhetiken, auch mit der spiritualistischen Wagners und der dualistischen Schopenhauers. Die entscheidende Abgrenzung gegen die traditionelle Ästhetik besteht in N.s Verquickung von Kunst und Willen zu einem »Glücksversprechen« (Stendhal). N. sieht die »Welt« als »ein sich selbst gebärendes Kunstwerk« (N, KSA 12, 119), einen sich selbst hervorbringenden, kreativen Prozeß, dessen Grundimpuls eine Gegenkraft zur Selbstvernichtung und positiv gesprochen: die Selbstbehauptung und Selbststeigerung durch Kreativität ist (N, KSA 10, 501). Ziel dieser Kreativität ist in der Spätphilosophie die Schaffung des ↗Übermenschen, der in erster Linie ein ästhetisches Ideal (Riehl ⁸1923, 136), für Robert Musil gar ein »ethisch-ästhetisches Selbst« ist (zit. nach Hillebrand Bd. 1, 1978, 45). Ästhetisches Schaffen bedeutet für N. die Entfaltung von Steigerungsmöglichkeiten. Wenn N. von Kunst spricht, hat er insgesamt die Möglichkeit des Menschen zu perspektivischer Neusetzung von Wirklichkeit im Auge. Der Sinn des »Lebens« als des unbestimmten Ganzen, des Ursprungs aller Dinge, umfaßt dabei auch noch das Böse, Kranke und Häßliche. Kunst flieht nicht in die Idylle, sondern greift das Tragische und Entsetzliche auf. Löwith (1956, 123) führt gegen N. und dessen Rekurs auf Heraklit ins Feld, daß N.s dionysische Ästhetik auf Kosten der Ethik gehe; auch Heraklits Philosophie kenne keinen »ethischen Imperativ«.

Da N. nach der *Geburt der Tragödie* eine entschiedene Abkehr von der Metaphysik und also auch von jeder ästhetisch zu rechtfertigenden vornimmt (N, KSA 7, 428ff.), ist es in seinem Fall weit sinnvoller, von *dem Ästhetischen* zu reden. Das wiederum ist eng verknüpft mit dem leiblichen Wahrnehmen (aisthesis), so daß das Ästhetische in Abgrenzung zum Terminus der kunstwerklichen »Kunst« als Leib-Vernunft-Einheit verstanden werden kann. N. faßt das Ästhetische als das Organische und damit wieder als eine Funktion der Sinnstiftung. Deswegen werden N.s ästhetische Auffassungen in seiner Spätphilosophie zu einer »Physiologie der Kunst«, die seinen Entwurf zu dem bis 1888 geplanten Projekt mit dem Titel *Der Wille zur Macht* wesentlich stützen (siehe dazu: Montinari 1982, 92–119). Der Wille zur Macht ist primär vom ästhetischen Zustand und vom künstlerischen Schaffen her zu interpretieren: er hat eine ästhetische Verfassung (Kaulbach 1980, 272). Was bis N. »Kunstphilosophie« oder »Ästhetik« genannt wurde, wird bei N. selbst zu einer das Wohlgeraten-Starke vom Dekadent-Schwachen des Leibes trennenden »Physiologie der Kunst«, welche letztlich allein zum Ziel hat, den Menschen über sich hinaus zu steigern. N.s Programm jener emphatisch-positiven Physiologie der Kunst begreift Physiologie keineswegs als naturwissenschaftlich-verobjektivierende Betrachtung der menschlichen Physis. Sie ist die analysierende Physiologie des als Wille-zur-Macht-Komplex betrachteten Leibes und steht als neuer Wert im Zusammenhang mit dem »Kriterium der Wahrheit«. Den Begriff der ↗décadence als physiologische Ermüdung etwa verwendet N. primär in ästhetischem Zusammenhang, aber er entstammt der Physiologie und so spricht N. später an seiner statt auch von »Degenereszenz«. Man kann hinsichtlich der Physiologie der Kunst auch von einer biologistischen »Ästhetik« reden: »Wir finden hier die Kunst als organische Funktion: [...] wir finden sie als größtes Stimulans des Lebens...« (N, KSA 13, 299).

N.s Grundfigur der nach der Analogie der Kunst gedachten Lebenssteigerung des Stärkend-Beschwingenden, Steigernd-Berauschenden ist ein aktives, Sinn, Leib und Geist einschließendes Verhalten zur Welt. Ästhetik ist für ihn angewandte Physiologie; ästhetische werden physiologische Kriterien, ein aisthetisches Ausdruckssystem also (vgl. FW, Nr. 368, KSA 3, 616f.). Physiologie ist Form gewordener Inhalt: Eindruck ist Ausdruck. Der angestrebte Rauschzustand als Zustand psychophysischer Enthemmung ist ein »Ausnahmezustand« des Organismus (N, KSA 13, 356). Die entscheidende Bestimmung der Physiologie ist der Experimentalcharakter des Rausches als Bedingung der Symbolik, durch die Dasein und Welt verklärt werden (Lypp 1984, 364ff.). Grundlage ist bei allem der ganzheitlich gefaßte Mensch, nicht sein isolierter »Geist«; seit *Also sprach Zarathustra* läßt N. den Geist nur noch als einen Teil des Leibes gelten. Der Leib des Menschen wird von N. im Gefüge seines anthropologischen Realismus vor dem Hintergrund der »großen«, einzig die Erfahrung von Schönheit verstehenden souveränen Vernunft als Sinneinheit begriffen. Die Physiologie der Kunst will die Aneignung und Einverleibung der dem Menschen fremden, auch der furchtbaren Natur am Leitfaden des dieselbe bejahenden Lebens: Das primäre Kunstwerk ist demnach der Leib selber. In dieser einseitigen Ausrichtung eines psychomotorischen Denkens aber bedarf es, wie anfangs noch, keiner apollinischen Blendung mehr, selbst der Gott des schönen Scheins erhält nun ekstatische Züge (Pfotenhauer 1984, 405). Das Ästhetische, gedacht als physiologische Radikalisierung des Mythos, kennt bei N. jetzt nurmehr noch das monologisch sprechende dionysische Prinzip. Ariadne hat den mythologischen Faden der symbolischen Bedeutung an Dionysos verloren. Die Physiologie der Kunst ist am Ende selbst zur Kunst geworden.

Literatur: Zeitler, J.: Ästhetik, Leipzig 1900; Fink 1960; Pütz 1967; Djuric, M.: N. und die Metaphysik, Berlin/New York 1985; Gerhardt, V.: Von der ästhetischen Metaphysik zur Physiologie der Kunst, in: NSt 13 (1984), 374–393; Lypp, B.: ›Dionysisch-apollinisch‹: ein unhaltbarer Gegensatz. N.s ›Physiologie‹ der Kunst als Version ›dionysischen‹ Philosophierens, in: NSt 13 (1984), 356–373; Pfotenhauer, H.: Physiologie der Kunst als Kunst der Physiologie? Überlegungen zur literarischen und mythologischen Faktur des Textes, in: NSt 13 (1984), 399–411; Meyer, Th.: N. und die Kunst, Tübingen/Basel 1993; Pfotenhauer, H.: Die Kunst als Physiologie. N.s ästhetische Theorie und literarische Produktion, Stuttgart 1985; Schulz, W.: Metaphysik des Schwebens. Untersuchungen zur Geschichte der Ästhetik, Pfullingen 1985; Böning, Th.: Metaphysik, Kunst und Sprache beim frühen N., Berlin/New York 1988.

*Christian Schüle*

## Aufklärung

N.s Aufklärung wurde oft nur als Episode betrachtet, als Ausdruck eines vorübergehenden Willens zur Polemik (eine Parenthese oder »Maske«), oder aber als konstanter Gegenpol zum dunklen und tellurischen Element seiner Philosophie. Cosima Wagner urteilte bereits 1877 sehr negativ über das »Solarische« in N.: Alles Bedeutende bei ihm stamme aus einem dunklen, unbewußten Grund, »während alles, was er denkt und spricht, was lichterhellt ist, wirklich nicht viel wert ist« (Brief an Malwida v. Meysenbug, vgl. Montinari 1982, 43). N. hingegen hat mehrfach betont, daß *Menschliches, Allzumenschliches* für ihn die mühsame Rückkehr zu einem sehr persönlichen Weg bedeutete, der von Anfang an durch eine radikale Aufklärung gekennzeichnet sei. Die Figur des ↗Freigeists, der den neuen und definitiven Weg prägt, hat als entfernten Vorläufer Demokrit, den N. in den Leipziger Jahren als »Vater aller aufklärenden, rationalistischen Tendenzen« bezeichnet hat (BAW 3, 347), »kalt, doch voll verborgener Wärme« (ebd. 349). Die Aufklärung Demokrits ist allein schon durch den Kampf gegen jegliche Teleologie als ein radikaler Versuch gekennzeichnet, die Realität der Welt – auch »das Schaudererregende«– durch »strenge Wissenschaftlichkeit und Methodik«(BAW 3, 332) zu erklären, ohne Rückgriff auf mythische Erklärungen und moralische Rechtfertigungen. Daher rührt seine eudämonistische Ethik, welche die Menschen von allen Besorgnissen und Ängsten, die von Unwissenheit und religiösem Aberglauben herrühren, befreien will. Daher auch das Unzeitgemäße und das Unverständnis der Masse. Von Anfang an hat N.s aufklärerische Befreiung individuelle und aristokratische Züge. Die Züge des Schopenhauerschen ↗Genies sind Demokrit nicht fremd. Auch in anderen griechischen Persönlichkeiten (stoischen wie epikureischen) sieht N. aufklärerische Züge (vgl. Ottmann ²1999, 150 ff.). Vor allem in den nachgelassenen Fragmenten von 1875 sind die Vorsokratiker gekennzeichnet durch den aufklärerischen »Kampf gegen den Mythus«, die Leidenschaft der Erkenntnis um jeden Preis, sowie die ethisch-politischen Konsequenzen aus dieser Haltung (vgl. z. B. N, 6[50] Sommer 1875, KSA 8, 118f.). Die Polis ist aufgeklärt, aber auch durch den Mythos begrenzt, durch seine »isolierende Macht«. Wir wissen, »daß Thales die Gründung einer Eidgenossenschaft von Städten vorschlug, aber nicht durchsetzte« (ebd.). Anaximander kämpfte »gegen den Mythus, insofern er verweichlicht und verflacht« (ebd. 119), Heraklit dachte in der Tat daran, die Grenze zwischen Griechen und Barbaren aufzuheben, er dachte »über eine Weltordnung nach, die überhellenisch ist« (ebd.). Parmenides wollte Gesetze formulieren, »er will dem Menschen Ruhe geben gegen die politische Leidenschaft« (ebd.). Empedokles gab sich ganz konsequent als »Panhellenischer Reformator« (ebd.), ein Impuls, der allen Vorsokratikern gemeinsam ist. Sokrates bleibt der Wendepunkt der Weltgeschichte, durch ihn vollzieht sich laut N. die Selbstzerstörung der Griechen, er »vernichtete die Wissenschaft« (N, 6[26], KSA 8, 108). Diese Behauptung steht ganz im Gegensatz zu früheren Behauptungen in der *Geburt der Tragödie*. »Die ganze ältere Philosophie als curioser Irrgarten-Gang der Vernunft« (N, 6[7], KSA 8, 100). Heutzutage, so N., habe es sich erübrigt, eine Renaissance des alten Griechentums zu erträumen, denn: »Wir haben in der Aufhellung der Welt die Griechen überholt, durch Natur- und Menschengeschichte, und unsere Kenntnisse sind viel grösser, unsere Urtheile mässiger und gerechter. Auch eine mildere Menschlichkeit ist verbreitet, dank der Aufklärungszeit [...]« (N, 3[76] März 1875, KSA 8, 37). Zu diesem Zeitpunkt beginnt N.s selbstkritischer, antiromantischer Weg der »Befreiung des Geistes« (N, KSA 8, 308). Entmystifizierende Züge waren bereits dem Schopenhauerschen Menschen zu eigen. Sie wurden sichtbar in Schopenhauers großer »Aufklärung« über die menschliche Existenz, in seiner heroischen Unzeitgemäßheit (SE 5) und dem Wahrheitspathos des Philosophen, der den Schlafenden aus seinem tiefen metaphysischen Schlaf erweckt und ihn seiner tröstenden Illusionen beraubt.

Die entmystifizierende Haltung, die Demaskierung und Rückführung der »ersten und letzten Dinge« (MA I, Erstes Hauptstück), auf ihr »Menschliches, Allzumenschliches«, finden in der Wissenschaft und der mit ihr verbundenen Historie ihr wichtigstes kritisches Instrument. Mit der Aufklärung einer geht die Behauptung jedes Einzelnen gegen die Tyrannei der Gemeinschaft und der Sitten. N. stellt sich immer entschiedener auf die Seite der »Civilisation« und brandmarkt Wagners (romantischen) Hang zum Mythos der unbewußten uranfänglichen Gemeinschaft als reaktionär und rückschrittlich. Die von der Wissenschaft und der kritischen Vernunft garantierten »Wahrheiten« stützen N.s befreienden und definitiven Kampf gegen die frühere lebensfeindliche Entscheidung für die ↗Artistenmetaphysik und den gefährlichen Aberglauben des ↗Genies. Die Wahrheit erscheint auf Dauer nützlicher, auch wenn sie einen schmerzlichen Bruch mit den Illusionen bedeutet, sowie den Verlust der Energiequellen, die der Glaube an garantierte transzendentale Werte bereitgestellt hat. »Wir müssen wieder gute Nachbarn der nächsten Dinge werden« (WS, Nr. 16, KSA 2, 551) und lernen, ohne ideale Dogmen und Religionen auszukommen, welche mit Hilfe lebensfeindlicher Lügen die soziale und menschliche Entwicklung blockiert und verhindert haben. Es ist Zeit, mit den Narkotika und Tröstungen, mit der metaphysischen Unreinheit aufzuräumen. Auf Dauer bedeutet die Umkehrung der Welt und die Privilegierung des Jenseits (sei es Gott, das Wesen, der Wille etc.) eine vollständige und radikale Entwertung der einzigen real existierenden Welt, des Kräfteflusses im Werden, der in seiner historischen Entwicklung zu verfolgen ist. Das Ende der Tröstungen setzt neue (auch gefährliche) Energien frei. Die Aufgabe besteht darin, diese Energien für eine geordnete (antirevolutionäre) Entwicklung zu bündeln. Die Vernunft und die Wissenschaft sind in dieser Hinsicht die höchsten menschlichen Kräfte, die keinerlei Kompromiß mit religiösen Mythen eingehen, »sie leben auf verschiedenen Sternen« (MA I, Nr. 110, KSA 2, 111).

Durch die »Aufhellung« (N, KSA 8, 37) der positiven Kräfte, die dem Menschen zur Verfügung stehen, geht die ästhetische Faszination des vitalen Lebensgrunds verloren. Die Entmenschlichung der Natur (die vollständige Übertragung der artistischen Kräfte, die ehemals dem vitalen Lebensgrund zugeschrieben wurden, auf den Menschen), scheint zunächst zu einer desolaten Verarmung zu führen. Es scheint, als habe die Wissenschaft die Dinge ausgedörrt, indem sie sie der magischen Kräfte, die der Mensch ihnen einst zugeschrieben, beraubte.

N. schlägt ein realistisches Fortschreiten vor: Ein Licht, das dem Schatten Rechnung trägt, jenem Schatten, »welchen alle Dinge zeigen, wenn der Sonnenschein der Erkenntniss auf sie fällt« (WS, Vorrede, KSA 2, 538). Frei von jeglicher anthropozentrischer Sichtweise der Natur (↗Artistenmetaphysik), ist nur noch der bescheidene Wunsch übrig geblieben, aus der menschlichen Komödie eine unbedeutende Episode vor dem Hintergrund des kosmischen Geschehens zu machen.

N.s Aufklärung ist in dieser Phase einerseits gekennzeichnet durch eine enorme diagnostische Distanz und andererseits durch den Wunsch, mit

Hilfe der Vernunft gegen die unkontrollierten, wilden Kräfte der Revolution anzugehen, die den Geist der Aufklärung und des Fortschritts töten. Von daher erklärt sich auch der entschiedene Kampf gegen Rousseau und gewisse Aspekte der ↗französischen Aufklärung.

Nachdem N. mehrfach auf die Grenzen der historischen Aufklärung hingewiesen hat und eine größere Radikalität für notwendig erachtete, die den Humanismus auch noch von den letzten Resten des »Schatten Gottes« befreite, sah er sich in den Jahren 1884/85 mit der Notwendigkeit einer »neue[n] Aufklärung [zur] Aufdeckung der Grundirrthümer« konfrontiert: »die alte war im Sinne der demokratischen Heerde« (N, KSA 11, 295). Dazu plante er ein Werk mit dem Titel »Die neue Aufklärung« zu dem lediglich Entwürfe erhalten sind (vgl. N, 25 [296]; 26[293] und [298]; 27[79] und [80]; 29[40] KSA 11, 86, 228f., 294f., 346). Der Realismus (»in summa gegen die Tartüfferie. gleich Macchiavell«; N, 25[296], KSA 11, 87) verbindet sich nun mit dem Gedanken der ewigen Wiederkunft (»Ein Vor- und Für-Wort zur Philosophie der ewigen Wiederkunft«; N, KSA 11, 229) als einer extremen wissenschaftlichen Hypothese, die jeglichen humanitären Rest (das Gebiet der traditionellen Moral) und jeglichen Schatten von Teleologie zerschlägt. Die neue Aufklärung geht in Richtung »Selbst-Überwindung als Stufe der Überwindung des Menschen« (N, KSA 11, 295).

Literatur: Heller, P.: »Von den ersten und letzten Dingen«, Berlin/New York 1972; ders.: N. in his relation to Voltaire and Rousseau, in: ders.: Studies on N., Bonn 1980, 51–89; Ottmann, H.: N.s Stellung zur antiken und modernen Aufklärung, in: Djuric, M./Simon, J.: N. und die philosophische Tradition Bd. I, Würzburg 1985, 9–35; Marti, U.: ›Der große Pöbel- und Sklavenaufstand‹. N.s Auseinandersetzung mit Revolution und Demokratie, Stuttgart 1993; Ottmann ²1999, 150–156.
*Guiliano Campioni*
*(Aus dem Italienischen von Renate Müller-Buck)*

## Barbaren

Für N. gibt es zwei Arten von Barbaren, jene, die aus der Tiefe kommen und zerstören, und jene, die aus der Höhe kommen: »eine Art von eroberenden und herrschenden Naturen, welche nach einem Stoffe suchen, den sie gestalten können. Prometheus war ein solcher Barbar« (N, KSA 11, 458). Auf sie setzt N. alle Hoffnung zur Erneuerung der ↗Kultur. Sie sind Projektionsfiguren gegen die zahme und schleichende Barbarei der impotenten Philister- und der mediokren Pöbel-Kultur (DS, KSA 1, 166; Za IV, KSA 4, 360). N. sieht sie in Korrespondenz zum ↗Übermenschen, zur ↗Herrenmoral, den freien Geistern und Hyperboreern, zur höheren Kultur; ihre Naturnähe prädestiniert sie zur Utopie vom gefährlichen Leben und behauptet eine ambivalente Liaison zwischen Leben, Kultur, Grausamkeit und Gewalt. Sie sind keine Legitimation für Inhumanitätsphantasien, wie eine offenbare Affinität zum Bild der ↗blonden Bestie nahelegen könnte. Es geht um ihre kulturstiftenden Fähigkeiten, die die Barbaren aus der Höhe kraft ihrer Souveränität und Herrschaftspotenz, ihres ↗Willens zur Macht, ihrer Lust am Kriegerischen der Tat und des Geistes, ihrer dionysischen Natur besitzen. N. sieht sie in der Nähe aller Erneuerungswilligen und Schaffenden, die sich der Übermacht der Geschichte und Tradition nicht ergeben. Als Entdecker, Eroberer, Kolonisatoren durch ihren Willen bestimmt zu formen, zu organisieren, zu schaffen, sind sie den Künstlern ähnlich: sie sind rücksichtslos, maßlos-maßvoll, vereinfachend und stilbildend. Die ästhetische Besetzung des Bildes öffnet dem kulturgeschichtlichen Kontext eine kulturkritische Dimension, fragt nach dem Woher der »Barbaren des 20. Jahrhunderts« (N, KSA 13, 18). Die Frage zielt auf die Überwindung von ↗Nihilismus und ↗décadence, auf die Konturen einer neuen Kultur.

Sie ist von der Künstler-Avantgarde (u.a. Shaw, Ibsen, Whitman) aufgenommen und für die europäische Kulturkritik (Bahr, Nordau, Friedell) zum Movens ihrer Modernekritik, zum Indikator der Fortschrittsdiskurse zwischen Naturbezogenheit und Techniknüchterung geworden. Benjamin nutzt ihren subversiven Gestus, der kulturellen Armut der Moderne große Konstrukteure, Denker, Künstler (Descartes, Newton, Einstein, Klee, Scheerbart, Brecht) als positive Barbaren entgegenzustellen, um sich, mit direktem Bezug auf N., den angebotenen Fluchtmustern aus den Ermüdungserscheinungen der Moderne zu widersetzen. Ihre antike Dimension entdeckt Braun im neuesten Werk aus kritischer Optik auf die Gegenwart wieder und schließt mit: »Salute Barbaren« (Braun 1999, 41).

Literatur: Bahr, H.: Barbaren, in: Essays, Leipzig 1912; Benjamin, W.: Erfahrung und Armut, in: Gesammelte Schriften II/1, hrsg. v. R. Tiedemann/H. Schweppenhäuser, Frankfurt a.M. 1972ff.; Guth, A.: N.s ›Neue Barbaren‹, in: Steffen, H. (Hrsg.): N. Werk und Wirkungen, Göttingen 1974; Lindner, B.: Positives Barbarentum – aktualisierte Vergangenheit. Über einige Widersprüche Benjamins, in: Faszination Benjamin, Berlin 1980; Reschke, R.: Barbaren, Kult und Katastrophen. N. bei Benjamin. Unzusammenhängendes im Zusammenhang gelesen, in: Opitz, M./Wizisla, E. (Hgg.): Aber ein Sturm weht vom Paradiese her. Texte zu Walter Benjamin, Leipzig 1992; Braun, V.: Tumulus. Gedichte, Frankfurt a.M. 1999.

*Renate Reschke*

## Begriff

Begriffe sind symbolische Schemata, die – auf der Basis einer abstrahierenden Ähnlichkeitsregistratur (↗Metapher) – durch Synthese von Bildern, repräsentiert durch das Wort, gewonnen werden. »Worte sind Tonzeichen für Begriffe; Begriffe [...] sind mehr oder weniger bestimmte Bildzeichen für oft wiederkehrende und zusammen kommende Empfindungen, für Empfindungs-Gruppen« (JGB, Nr. 268, KSA 5, 221).

Ausgangsbasis der Begriffsgenese ist die schöpferische – zunächst rein individuelle subjektive – Setzung einer Metapher, eines Sprachzeichens (↗Zeichen), das über die Akzeptanz anderer Sprachteilnehmer zum usuellen Wort und schließlich durch Reduktion der affektiven Konnotationen und des bildlichen (intensionalen) Gehalts zum Begriff wird, der dann »für zahllose, mehr oder weniger ähnliche [...], also auf lauter ungleiche Fälle passen muss« (WL 1, KSA 1, 879 f.). Man hat hierbei die realitätsfälschende »Voraussetzung« zu machen, daß es überhaupt »Identitäten« (N, KSA 7, 542) gibt.

Die Begriffe bilden innerhalb der Wissenschaften eine »pyramidale Ordnung« (WL, KSA 1, 881) von Gattungsbegriffen und Artbegriffen, ein Begriffssystem, das von N. nur noch als reines Konstrukt aufgefaßt wird. Die »allgemeinsten« Begriffe sind dabei »die leersten«, die, wie N. kritisch anmerkt, in der Philosophie als »Ursache« und »ens realissimum« (GD, Nr. 4, KSA 6, 76) mißverstanden worden sind.

N. hebt den Fälschungscharakter, der im begrifflichen Weltzugang besteht, besonders hervor. Schon die Metapher als (inhaltliche) Begriffsbasis hat keine Abbildfunktion, keine auf eine Realität gerichtete Referenz, diese wird erst im intersubjektiven Begriffsgebrauch hergestellt. Der durch die hohe Extensionalität erreichte Abbreviaturcharakter der Begriffe bewirkt jedoch, daß der Mensch sich »ungeheurer Mengen von Thatsachen« (N, KSA 11, 464) über die Begriffszeichen »bemächtigen« (ebd.) kann. Der »Zeichen-Apparat« (ebd.) hat auch eine soziale Funktion; er erlaubt eine für die Leitung sozialer Gebilde zweckmäßige »Gesamt-Überschau« (ebd.) und ermöglicht darüber hinaus die gemeinsame, über die »Zeichen-Welt« (ebd.) vermittelte, konstruktive Weltkonzeption, die eine technisch-mechanistische Beherrschbarkeit impliziert.

Literatur: Danto ²1971, 38–47; Simon, J.: Grammatik und Wahrheit. Über das Verhältnis N.s zur spekulativen Satzgrammatik der metaphysischen Tradition, in: NSt 1 (1972), 1–26; Albrecht, J.: F. N. und das ›Sprachliche Relativitätsprinzip‹, in: NSt 8 (1979), 225–244; Figl 1982, 151–154; Abel, G.: Nominalismus und Interpretation, in: Simon, J. (Hrsg.): N. und die philosophische Tradition II, Würzburg 1985, 35–89; Zunjic, S.: Begrifflichkeit und Metapher, in: NSt 16 (1987), 149–163; Schlimgen, E.: N.s Theorie des Bewußtseins, Berlin/New York 1999, § 16.2.

*Erwin Schlimgen*

## Bewußtsein

N.s Bewußtseinstheorie, wie sie in *Fröhliche Wissenschaft* V, Nr. 354 *in nuce* vorliegt, verdankt sich im wesentlichen einem biologistischen Modell, wonach sich Bewußtsein evolutionär entwickelt hat, um größere und leistungsstärkere ›Makroorganismen‹, wie Gesellschaften oder Staaten, bilden zu können, die durch arbeitsteilige Strategien für die Einzelsubjekte einen entlastenden, existenzsichernden Zweck erfüllen und im Ganzen eine machtsteigernde Funktion ausüben. Die Genese sozialer Verbände ist wesentlich über die Kommunikation vermittelt, und damit prinzipiell an Sprache gebunden: alles, was überhaupt bewußt werden kann, ist zeichen-/sprachvermittelt. N. denkt Soziabilität, Kommunikabilität, ↗Zeichen-/Sprachgebrauch, Bewußtwerdung und Selbstbewußtwerdung als korrelierende Momente einer evolutionären Entwicklung (s. Schlimgen 1999, § 19). Für den solitär lebenden Menschen wäre Bewußtsein überflüssig; er könnte »denken, fühlen, wollen«, sich »erinnern«

und »›handeln‹« (FW, Nr. 354, KSA 3, Nr. 354, 590), ohne daß es ihm ins Bewußtsein treten müßte. N. geht (entgegen Descartes) mit Leibniz konform, daß Vorstellungen nicht notwendig mit Bewußtsein verbunden sein müssen. »Bewusstsein« hat sich »überhaupt« nur »unter dem Druck des Mittheilungs-Bedürfnisses entwickelt« (ebd., 591). Um sozial interagieren zu können, soll der einzelne durchschaubar sein, ein Postulat, das über die gemeinsame Sprache, die dann das Bewußtsein des einzelnen auch »majorisirt« (ebd., 592), erreicht werden soll. Das Bewußtsein trägt – im Gegensatz zur individuellen Seele – gerade nicht den Index der Privatheit; es ist, um seine gesellschaftsbildende Funktion ausüben zu können, prinzipiell Allgemeinbewußtsein.

N.s Bewußtseinstheorie ist eng mit seiner ↗Sprachphilosophie und Erkenntnistheorie (↗Erkenntnis) verknüpft, speziell mit seiner Metaphern-/Begriffstheorie (↗Metapher, ↗Begriff) und seiner Syntax-/Urteilstheorie (s. Schlimgen, 1999, §16.2, 3). Eine Metapher ist eine inhaltliche Übertragung von biologisch-physiologischen Vorgängen in psychomentale, fixe Zustände, die mit ↗Zeichen indiziert werden können. Die Metaphorisierungsstufen – *Nervenreiz* → *Bild* (= 1. M.), *Bild* → *Laut/(Wort/Begriff)* (= 2. M.) (WL, KSA 1, 879) – verlaufen in (subrationalen) Sprüngen, die sich vom bewußten Subjekt unabhängig (↗Das Unbewußte) vollziehen. Nur die Endprodukte (Reiz, Bild, Laut/Wort/Begriff) der (reicheren, komplexeren) vorbewußten biologisch-physiologischen Prozesse, die eine »Vorstufe zum Bewußtsein« (Simon 1984, 21) darstellen, können mentaler Gehalt werden. Die Metapher gibt die Bewußtseinsinhalte, das syntaktische Schema der (indoeuropäischen) Satzgrammatik dagegen leitet den Bewußtwerdungsprozeß formal: Bewußtsein »hebt an mit der Kausalitätsempfindung« (N, KSA 7, 469), wenn zu einer Veränderung an uns deren Urheber fingiert worden ist. Dies entspricht einem Kausalschluß auf einen Täter, der als Reizquelle interpretiert wird. Die indoeuropäische Satzgrammatik folgt genau diesem bewußtseinskonstitutiven Kausalitätsschema; sie regelt, daß einem *Vorgang* (ausgedrückt durch ein *Verbum*: Tun → *Prädikat*) eine *Ursache* (ausgedrückt durch ein *Substantiv*: Täter → *Subjekt*) zugeordnet werden kann: etwas wird *bewußt*, wenn das Satzschema (x ε P) erfüllt ist: wenn wir aufgrund einer Veränderung an uns die Subjektstelle (x) durch ein *Sprachzeichen* besetzen können (s. Schlimgen 1999, Kap. VI). Der Bewußtwerdungsprozeß folgt somit dem reduktionistischen, begrifflich-mechanistischen Erkenntnisprozeß; die Ursachen-Setzung, die inhaltliche Bezeichnung und die Bewußtwerdung sind Momente einer Operation.

Bewußtsein hat Emergenzcharakter, weist aber gegenüber dem Organischen, das durch wechselwirkende Werden-Prozesse gekennzeichnet ist, keinen höheren Komplexitätsgrad auf, sondern stellt eine auf begrifflich-mechanistischer (kausalistischer) Basis funktionierende Reduktion dar. Das Bewußtgewordene ist gegenüber den vorbewußten Prozessen statisiert, verallgemeinert, generalisiert, entindividualisiert – und nur dieser restringierte zeichenvermittelte Inhalt kann bewußt werden und im Gedächtnis sedimentieren. Die simplifizierende Funktion des Bewußtseins bewirkt nach N. gerade die gesellschaftsbildende und machtsteigernde Effizienz; es ist nur Mittel, nicht Zweck höherer evolutionärer Entwicklung.

Wie alle philosophischen Grundbegriffe (↗Subjekt, Ich, Substanz usw.) ist auch die Rede vom Bewußtsein eine reine Hypostasierung: es gibt nach N.s Ansicht kein Bewußtsein. Mit dem Bewußtseinsbegriff referieren wir nicht auf eine wie auch immer geartete ontische Entität.

Unsere hypnagogische Existenzweise ist die eigentliche Quelle der (apollinischen) ↗Kunst und der Ursprung der Sprachen, an die sich unsere rationale Bewußtseinskultur anschließt. Die dionysischen, amorphen, chaotischen Energien werden mittels unserer Träume für uns in eine ↗apollinische Bildersprache übersetzt, in distinkte, konfigurierte Einheiten transformiert. In diese unbewußte (↗Das Unbewußte) Bildproduktion kann sich das ekstatische Subjekt im ↗Rausch (durch die Annullierung seines Normalbewußtseins/Allgemeinbewußtseins) involvieren und sie schöpferisch nutzbar machen.

N. kennt neben dem Wachbewußtsein (in ihm folgen wir der Starrheit der grammatischen Strukturen) und dem Traumbewußtsein (in dem diese Starrheit aufgehoben ist) noch das kosmische Bewußtsein, das eine Steigerung des Normalbewußtseins bedeutet, ein über die enge Ich-Sphäre hinausgehendes Überbewußtsein, das schon auf den ↗Übermenschen verweist. Auf dieses starke Selbstbewußtsein (»Kraft-Bewußtsein;« N, KSA 11, 225) hin, wie es von N. als Grenzvorstellung gedacht ist, soll das Allgemeinbewußtsein überwunden werden.

Literatur: Danto ²1971, 116–122; Kaulbach 1980; Figl 1982, 142–146; Ungeheuer, G.: N. über Sprache und Sprechen, über Wahrheit und Traum, in: NSt 12 (1983), 134–213; Simon, J.: Das Problem des Bewußtseins bei N. und der traditionelle Bewußtseinsbegriff, in: Djuric, M./Simon, J. (Hgg.): Zur Aktualität N.s, Würzburg 1984, 17–33; Schlimgen, E.: N.s Theorie des Bewußtseins, Berlin/New York 1999.

*Erwin Schlimgen*

## Die blonde Bestie

Eines der bekanntesten Schlagworte N.s, das für Karriere und Mißverständnis der Lehre des Philosophen von größter Bedeutung war. Eigentlich nicht abtrennbar von Begriffen wie ↗»Herren- und Sklavenmoral«, »Immoralismus«, »Zähmung« und »Züchtung« des Menschen, wurde N.s Wort meist auf eine Parole des Rassismus verkürzt. Wo man unter der »blonden Bestie« nicht die »blonden« Germanen oder Arier verstand, diente N.s Wort bei Marxisten und bei bürgerlichen Denkern als Chiffre für Kapitalismus und Imperialismus. Nach Lukács gehört die »blonde Bestie« in eine »Ethik für die klassenkämpferische Bourgeoisie« der imperialistischen Epoche (1962, 311). Für Thomas Mann wiederum war die »blonde Bestie« eine »Verlegenheit« (Hillebrand Bd. 1, 1978, 233), die er in seiner frühen Dichtung wie etwa im *Tonio Kröger* (1903) parodierte. Schon Paul Heyse hatte das Schlagwort unter die »absurden Übertreibungen« der Lehre N.s gerechnet (*Über den Gipfeln*, 1895). Gleichwohl hat das Schlagwort Karriere gemacht, und bei Brennecke (1976) läßt sich diese Karriere verfolgen bis in die Malerei und die Trivialliteratur hinein.

Bei N. begegnet das Schlagwort von der »blonden Bestie« nur zweimal. In der *Götzen-Dämmerung* attackiert N. unter der Überschrift »Die ›Verbesserer‹ der Menschheit« die christliche »Zähmung« der Bestie Mensch; man habe »allerwärts auf die schönsten Exemplare der ›blonden Bestie‹ Jagd« gemacht (GD, KSA 6, 99). Die berühmtere Stelle findet sich in der *Genealogie der Moral* (GM, 1. Abh., Nr. 11, KSA 5, 275f.), wo es heißt: »Auf dem Grunde aller dieser vornehmen Rassen ist das Raubthier, die prachtvolle nach Beute und Sieg lüstern schweifende blonde Bestie nicht zu verkennen [...]«. N. setzt sie gleich mit den »Barbaren«, und er verweist auf den Epitaphios des Perikles, in dem dieser die ῥαθυμία der Athener gepriesen und behauptet hatte, sie hätten sich »überall« Denkmale »im Guten und Schlimmen« errichtet.

N.s Schlagwort scheint zunächst gar nicht anders als im Sinne eines Rassismus und Germanismus zu deuten zu sein. »Germanen« und »blonde Haare« wurden im alten Rom wie in der Trivialliteratur von N.s eigener Zeit (etwa in Felix Dahns *Kampf um Rom* [1876]) miteinander verbunden. In der Rassismusliteratur wie in dem in N.s Bibliothek befindlichen Buch *Die Arier* (Jena 1876) von Th. Poesche ist stereotyp von den blonden und blauäugigen Ariern die Rede.

N. hatte die »blonde Bestie« allerdings gar nicht exklusiv auf die Germanen bezogen. Seine Liste der »vornehmen« Rassen schloß »arabischen« und »japanischen« Adel ein. Germanophil im Sinne seiner Zeit war N. gerade nicht. Die Germanen hatte er als »Schwerfüssler« (AC, Nr. 59, KSA 6, 248) und »Alkohol-Vergiftung Europa's« (GM, 3. Abh., Nr. 21, KSA 5, 392) verspottet. Im Gegensatz zu Gobineau, der die Kreuzung der Rassen angeprangert hatte, trat N. gerade für die Mischung der Rassen und Völker ein (N, KSA 12, 45). N. war Anti-Antisemit (↗Antisemitismus), und er war Anti-Darwinist (↗Darwinismus). Das Wort ↗»Barbar« hatte bei ihm keinen abwertenden Beigeschmack. Als exempla der »blonden Bestie« galten ihm homerische Helden und Menschen der Renaissance. Diese Exemplifizierungen machen deutlich, daß die »blonde Bestie« ein Schlagwort jenes Immoralismus war, den N. in Griechen und Renaissancemenschen (↗Renaissance) hineingedeutet hat. (Ob dieser allerdings in Thukydides hineingelesen werden kann, ist strittig. »Denkmäler im Guten und Schlimmen«– diese Übersetzung N.s beruht vermutlich auf einer Verwechslung von κακῶν und καλῶν) (Müller 1958, 171ff.).

Wie Brennecke gezeigt hat, ist die »blonde Bestie« eine Übersetzung von »flava bestia« (»Löwe«) (1976, 136ff.). Zwar mag auch dies noch auf den Löwenmut und die Angriffslust der Germanen verweisen. Jedoch ist von größerer Bedeutung, wofür der »Löwe« in N.s Philosophie selber steht. »Löwe« und »Adler« sind die Tiere Zarathustras. Im Zarathustra-Kapitel »Von den drei Verwandlungen« steht der Löwe zwischen »Kamel« und »Kind« (Za I, KSA 4, 29–31); er ist dort ein Symbol des freien Geistes, der die alten Werte zerreißt und in der Wüste des Nihilismus umherschweift. Wie bei Platon so ist auch bei N. der »Löwe« ein Symbol für den mutartigen Seelenteil. Die Klage des platonischen Kallikles über die Zähmung der jungen Löwen durch Gesetz und Moral der Vielen (*Gorgias* 484 a) oder das platonische Seelenbild von der vielköpfigen »Bestie« der Begierden, die durch die Vernunft mit Hilfe des Löwen (des Mutes) »gezähmt« werden soll (*Politeia* 518bff.), bilden den Hintergrund für N.s provokantes Symbol. Es kehrt Platons »Zähmung« der Seele um, so wie N.s Lehre allgemein eine »Umkehrung« des Platonismus sein soll. »Die blonde Bestie« erweist sich damit als ein moralphilosophisches Schlagwort, das von N.s gesamter Moralphilosophie nicht zu lösen ist.

Literatur: Mann, Th.: Lebensabriß (1930), in: Hillebrand I, 1978, 232–234; Lukács, G.: Die Zerstörung der Vernunft, Neuwied/Berlin 1962; Müller, F.: Die blonde Bestie und Thukydides, in: Harvard Studies in Classical Philology 63 (1958), 171–178; Brennecke, D.: Die blonde Bestie. Vom Mißverständnis eines Schlagwortes, in: NSt 5 (1976), 113–145; Ottmann ²1999, 253–262.

*Henning Ottmann*

## Buddhismus

Äußerungen über den Buddhismus finden sich zahlreich im Werk N.s. Seine Explikationen machen aber deutlich, daß hier kein Buddhist oder Indologe erörtert, sondern diesem Begriff eine polemische und kontrastive Bedeutung zukommt. Thematisch beeinflußt oder angeregt ist N. u. a. durch Schaarschmidt (↗ Jugendschriften), A. Schopenhauer, J. Wackernagel, P. Deussen (↗ Freunde) und seinen Verleger E. Schmeitzner. Bereits in frühen Arbeiten setzt N. dem ↗ Christentum den Buddhismus entgegen und verbindet letzteren mit den Idealen des Griechentums. Hier zeige sich Leid als Trost. Er spricht von einer »Seligkeit im Erkennen des höchsten Wehes« (N, KSA 7, 121). N. sieht ähnlich wie der Buddhismus das Dasein als einen Prozeß des ↗ Leidens. So zielt der Buddhismus wie die Philosophie N.s auf eine Erlösung hin; bei N. ist es freilich eine »Lehre von der Erlösung des Menschen von sich selber« (N, KSA 10, 501). N.s Theorie von der ↗ ewigen Wiederkunft hat formal eine Nähe zur buddhistischen Auffassung der Wiedergeburt. Der Buddhismus sieht allem Irdischen Schmerz anhaften und wendet sich konsequent vom Vergänglichen ab. Lust und Leid versucht er auf ein gleichmäßiges Gefühl zu temperieren. Auch für N. ist das Weltliche der Garant für Lust und Leid; eben diese sollen aber gekostet werden, am besten ohne eine Neige. Ihm ist das Irdische zu viel wert, um flüchtig zu sein; er sucht eine Ewigkeit für Jegliches und konstituiert ein lebenserhaltendes Prinzip. »Lust will sich selber, will Ewigkeit, will Wiederkunft, will Alles-sich-ewig-gleich« (Za IV, Das Nachtwandler-Lied 9, KSA 4, 402).

N.s Buddhismus-Bild entspricht traditionellen Erwartungen von Ressentiment-, Begierde- und Fanatismus-Freiheit; kein Militarismus oder kategorischer Imperativ, sondern »eine grosse Sanftmuth und Liberalität in den Sitten« (AC, Nr. 21, KSA 6, 187) sind seine Voraussetzungen. Er fordert, daß ↗ Europa nachhole, »was in Indien, unter dem Volke der Denker, schon vor einigen Jahrtausenden als Gebot des Denkens gethan wurde« (M, Nr. 96, KSA 3, 87).

Insbesondere bei den späteren Buddhismus-Bezügen kommt aber das Goutieren desselben in den Verdacht, nur gegen das ↗ Christentum Front machen zu wollen. »Buddha sagt: ›schmeichle deinem Wohlthäter nicht!‹ Man spreche diesen Spruch nach in einer christlichen Kirche: – er reinigt sofort die Luft von allem Christlichen« (FW, Nr. 142, KSA 3, 489).

Wird der Buddhismus nicht gerade dem Christentum entgegengestellt, verwendet N. ihn durchaus auch pejorativ: »Wie der Buddhismus **unproduktiv und gut macht**, so wird auch Europa unter seinem Einfluß: **müde!**« (N, KSA 10, 44) Er spricht geradezu von einem »Hedonism der Müden« (N, KSA 12, 570). Weiterhin sei der Buddhismus eine nihilistische Religion, weil er mit seiner Idealisierung von Abstinenz und Bedürfnislosigkeit einen Gegenbegriff zum Leben darstelle und das Nichts als höchstes Gut verherrliche. Er trete für eine Entsinnlichung ein und richte sich explicit gegen die Affekte. Das ist für N. einerseits kritikwürdig und andererseits interessant, weil »diese Affekte [...] vollkommen ungesund in Hinsicht auf die diätetische Hauptabsicht« (AC, Nr. 20, KSA 6, 187) des Buddhismus sind. Diät spielt in N.s ↗ Lebensphilosophie eine entscheidende Rolle. So machen Affekte nur Blut und Galle, und Güte ist demzufolge der ↗Gesundheit förderlich. Seine Verbreitung habe der Buddhismus ohnehin dem Entgegenwirken eines großen Diätfehlers zu verdanken, der sich mit einer allgemeinen Erschlaffung durch Reis artikulierte. Eine ausgesuchte Wahl in der Kost und eine Vorsicht bei Spirituosen bringe seitdem eine heilsame Wirkung hervor. »Der Buddhismus war keine Moral, – es wäre ein tiefes Mißverständniß, ihn nach solchen Vulgär-Cruditäten, wie das Christenthum ist, abzuwürdigen: er war eine Hygiene. – « (N, KSA 13, 618).

Literatur: Ladner, M.: N. und der Buddhismus. Kritische Betrachtungen eines Buddhisten, Zürich 1933; Okochi, R.: N.s Amor fati im Lichte von Karma des Buddhismus, in: NSt 1 (1972), 36–94; Mistry, F.: N. and Buddhism. Prolegomenon to a comparative study, Berlin/New York 1981; Parkes, G. (Hrsg.): N. and Asian thought, Chicago/London 1991; Okochi, R.: Wie man wird, was man ist. Gedanken zu N. aus östlicher Sicht, Darmstadt 1995; Morrison, R. G.: N. and Buddhism. A Study in Nihilism and ironic affinities, Oxford/New York 1997.

*Sven Brömsel*

# Christentum

I. N. wuchs in einem protestantischen Pfarrhaus auf und war eine Zeit lang selbst praktizierender Christ (↗Christentum, Kap. IV). Seine Christentumskritik speiste sich zu einem guten Teil aus persönlicher Erfahrung. Von früh an, vermutlich ausgelöst durch das langsame, qualvolle Sterben des Vaters, bewegte ihn das Theodizeeproblem (Schmidt 1990, Teil III, 858ff.). Sein Verständnis des Christentums war stark von Schopenhauer geprägt (↗Christentum [Lektüren, Quellen, Einflüsse]), was auch in seiner Kritik zum Tragen kam. N. war sich bewußt, daß seine Christentumskritik christliche Wurzeln hatte. Vor allem wies er in diesem Zusammenhang auf die christliche Forderung nach Wahrhaftigkeit hin, die sich in Gestalt der »intellektuellen ↗Redlichkeit« der »freien Geister« schließlich gegen die mythischen Voraussetzungen des Christentums (wie jeder Religion) wenden mußte (FW, Nr. 344, KSA 3, 574–577). Von früh an wurde N. in der Forschung eine religiöse Einstellung zur Wirklichkeit im ganzen unterstellt (Andreas-Salomé 1924, 38f.). Daran ist richtig, daß es ihm in seinem Denken primär um Möglichkeiten des Lebens zu tun war. Bei der Ausarbeitung von Strategien eines Lebens im Einklang mit Leib und Erde ließ N. sich in Zustimmung und Widerspruch auch von religiösen Lebensentwürfen anregen, etwa vom ↗Buddhismus oder von christlichen Autoren wie Pascal. Aber eine positive Anknüpfung an das Christentum kam für ihn nicht in Frage, auch nicht an das »buddhistische Christentum« Jesu, dessen psychologische Möglichkeit er in *Der Antichrist* (Nr. 27ff., KSA 6, 197ff.) zu rekonstruieren suchte (Willers 1988, 277–279). Daß die christliche Tradition Ansätze und Tendenzen enthalten könnte, die von der Kritik N.s nicht betroffen sind, ist deswegen aber nicht von vornherein auszuschließen (Salaquarda 1996, 107–109).

II. *Die historische Kritik* (vgl. Figl 1984, bes. 254ff.). – N.s erstes und grundlegendes Argument gegen das Christentum lautet: Durch die historische Kritik ist dieser (wie jeder) Religion das Fundament ihrer Wirksamkeit entzogen worden, nämlich die unbestrittene Geltung des Mythos. Zu dieser Einsicht drang er bereits als Schüler vor und hielt bis zu seinem Zusammenbruch daran fest. Als siebzehnjähriger alumnus Portensis formulierte N. in dem Aufsatz *Fatum und Geschichte* die Grundthese: Die zentralen Lehren des Christentums seien durch die historische Forschung als bloße »Annahmen« erwiesen und damit relativiert worden. Dasselbe gelte auch für die Argumente, durch die das Christentum seinen Anspruch stützt, etwa »Bibelautorität«, »Inspiration« und dergleichen (BAW II, 54–59). Damit begründete N. auch seinen Entschluß, das Studium der Theologie aufzugeben: »Jeder wahre Glaube ist auch untrüglich, er leistet das, was die betreffende gläubige Person darin zu finden hofft, er bietet aber nicht den geringsten Anhalt zur Begründung einer objektiven Wahrheit. [...] Hier scheiden sich die Wege der Menschen; willst Du Seelenruhe und Glück erstreben, nun so glaube, willst Du ein Jünger der Wahrheit sein, so forsche« (Elisabeth N., 11. 6. 1865).

Bis Anfang der achtziger Jahre hielt N. im wesentlichen an diesem unpolemischen Ton fest. Er erhob nicht den Anspruch, die Unwahrheit der von ihm verworfenen christlichen Position beweisen zu können, führte vielmehr aus: »Es ist wahr, es könnte eine metaphysische Welt geben; die absolute Möglichkeit davon ist kaum zu bekämpfen«. Aber wer einmal die Möglichkeiten und Grenzen wissenschaftlicher Methodik erfaßt habe, könne sein Heil nicht von so schwachen und schlecht bewiesenen Möglichkeiten abhängig machen (MA I, Nr. 9, KSA 2, 29f.). Analog dazu berief sich N. von seinem ersten Aphorismenbuch an bis zu den Schriften des Jahres 1888 auf ein mit den Wissenschaften verbündetes »historisches Philosophieren« und verwarf das »metaphysische Philosophieren« als einen bloßen Religionsersatz.

In gewisser Spannung zu dieser generellen Linie kritisierte er in seinen *Unzeitgemäßen Betrachtungen* die »Lebensfeindlichkeit« der historischen Betrachtungsweise. Im Anschluß an Schopenhauer forderte er eine Begrenzung des »historischen Fiebers« durch die »überhistorischen Mächte« der Philosophie, Kunst und Religion, wobei er gelegentlich auch das Christentum positiv erwähnte (HL 7, KSA 1, 296–298). Er begründete diese Forderung mit einer These, die Einsichten der Philosophischen Anthropologie des 20. Jh.s vorwegnahm: Im Unterschied zum Tier verfügt der Mensch über kein die Reize filterndes intaktes Instinktsystem. Er würde daher an Reizüberflutung zugrunde gehen, wenn ihm nicht eine überhistorisch gestiftete kulturelle Höhle, eine »zweite Natur« sozusagen, viele Entscheidungen abnähme. In der *Geburt der Tragödie* und den *Unzeitgemäßen Betrachtungen* unterstützte N. daher auf seine Weise Wagners Programm einer kulturellen Erneuerung und nahm dabei einige Grundmuster der ihm vertrauten Philosophie Schopenhauers zu Hilfe, obwohl er diese im Grundsätzlichen bereits historisch-kritisch analysiert und hinter sich gelassen hatte. Eine neukantianische Fassung der Kantischen Ideenlehre, nämlich F.A. Langes »Standpunkt des Ideals«, erlaubte es ihm, Teile der Schopenhauerschen Metaphysik, etwa die Lehre von den »großen Menschen« oder die Auffassung der Religion als allegorisch wahrer Volksmetaphysik, im Sinne von fiktiven, einheitsstiften Grundkonzeptionen aufrechtzuerhalten (Stack 1983, 302ff.). Seine positive Kennzeichnung der überhistorischen Mächte und seine Kritik an dem »historischen Fieber« sind von daher zu relativieren. Er wechselte eine Zeit lang die Perspektive und unterstrich den Verlust, den wir Menschen durch den Siegeszug der historischen Kritik erleiden. Doch selbst dabei spielte er die Bedeutung der Religion überhaupt und des Christentums im besonderen eher herunter. Später rühmte er an der *Geburt der Tragödie* das »behutsame und feindselige Schweigen« gegenüber dem Christentum, während er in den *Unzeitgemäßen Betrachtungen* wieder hinter den schon erreichten Standpunkt zurück gefallen sei (GT, Vorrede 5, KSA 1, 18). Schon damals räumte er von den überhistorischen Mächten der Kunst einen Vorzugsplatz ein, weil sie im Unterschied zu Religion und Philosophie zur fortwährenden Selbstkorrektur bereit und fähig sei. Der Nachlaß spricht eine noch deutlichere Sprache. Während N. in den veröffentlichten Werken seine Einsichten über Religion und Christentum zwar nicht unterdrückte, sie aber in eine durch Lange korrigierte Schopenhauerisch-Wagnersche Perspektive rückte, sprach er sie in seinen Aufzeichnungen ungeschminkt aus: »Das Christenthum ist ganz der kritischen Historie preiszugeben« (N, Sommer-Herbst 1873, 29[203], KSA 7, 711). Er hatte sich damals aber noch nicht entschieden, ob er es schweigend übergehen (wie in GT; vgl. Za III, »Vom Vorübergehen«, KSA 4, 222–225) oder aktiv bekämpfen sollte, um Raum für Neues zu schaffen, wie er es schon früh in einer Aufzeichnung erwog: »Jetzt ist es gerathen, die Reste des religiösen Lebens zu beseitigen, weil sie matt und unfruchtbar sind und die Hingebung an ein eigentliches Ziel abschwächen. Tod dem Schwachen!« (N, 1871, 9[94], KSA 7, 309).

N. behielt diese Doppelstrategie noch eine Zeitlang bei und dehnte sie auch auf die Metaphysik im Sinne Schopenhauers aus (vgl. MA I, Nr. 9, 10, 27, KSA 2, 29f., 48). Aber er ließ keinen Zweifel daran, daß er das Christentum nicht mehr als eine lebendige Option ansah. Erneuern könnte es sich nur aus einem Wiederaufleben des Mythos, was N. weder für wünschenswert noch für möglich hielt. Die »historische Betrachtungsweise« lasse sich ohnehin nicht mehr zurücknehmen. Außerdem habe das Christentum sie als kritische Exegese bereits in sich aufgenommen und betreibe dadurch selbst seine Auflösung. Es werde, wie alles Große, an Selbstmord zugrunde gehen (GM, 3. Abh., Nr. 27, KSA 5, 408–411). »Die historische Widerlegung« galt N. daher »als die endgültige«. Unter diesem Titel führte er unter anderem aus: »Ehemals suchte man zu beweisen, dass es keinen Gott gebe, – heute zeigt man, wie der Glaube, dass es einen Gott gebe, entstehen konnte und wodurch dieser Glaube seine Schwere und Wichtigkeit erhalten hat: dadurch wird ein Gegenbeweis, dass es keinen Gott gebe, überflüssig. – Wenn man ehemals die vorgebrachten ›Beweise vom Dasein Gottes‹ widerlegt hatte, blieb immer noch der Zweifel, ob nicht noch bessere Beweise aufzufinden seien, als die eben widerlegten: damals verstanden die Atheisten sich nicht darauf, reinen Tisch zu machen« (M, Nr. 95, KSA 3, 86 f.).

III. *Die genealogische Kritik.* – Und doch hat N. sich mit der historischen Kritik nicht zufrieden gegeben, sondern ist später dazu übergegangen, das Christentum vehement zu bekämpfen. Er stilisierte sich zum »Antichrist«, der das Christentum verflucht und sich die vollständige Überwindung dieser Religion zum Ziel setzt. Wie ist diese Wendung zu erklären? Im Rückblick machte N. seine »Entdeckung« der moralischen Fundierung der überhistorischen Mächte (vgl. EH, Schicksal 7 u. 8, KSA 6, 371–374) dafür verantwortlich. Religionen und Philosophien seien in der abendländischen Tradition zumeist Systematisierungen moralischer Grundeinstellungen gewesen, die mit dem Kraftloswerden einer bestimmten Religion oder Philosophie nicht auch vergingen, sondern sich neue Ausdrucksformen suchten, etwa das verbürgerlichte »Christentum« des 19. Jh.s oder den Liberalismus und Sozialismus oder verschiedene Emanzipationsbestrebungen und den Kult des Staates. Auf die Anhänger dieser »modernen Ideen« zielt N.s berühmte Fabel vom »tollen Menschen«, der den »Tod Gottes« verkündet. Die Zuhörer reagieren auf die dringenden Fragen des »tollen Menschen« nach dem Verbleib Gottes mit Befremden oder Spott, weil sie im Gefolge der historischen Widerlegung des Christentums ohnehin nicht mehr an Gott glauben. Nach N.s Meinung orientieren sie sich aber weiterhin an der platonistisch-christlichen Moral. Die Aufgabe, alle Dinge und Verhältnisse neu abzuschätzen, ein »neues Schwergewicht« zu finden und über die Moralität der jeweiligen Moralen selbst nachzudenken, ist ihnen noch nicht zu Bewußtsein gekommen. Der »tolle Mensch« folgert, daß die Menschen die Folgen des Todes Gottes noch nicht begriffen haben: »Diese That ist ihnen immer noch ferner, als die fernsten Gestirne, – **und doch haben sie dieselbe gethan!**« (FW, Nr. 125, KSA 3, 481 f.).

Mit seinen zum Teil polemischen Angriffen auf das Christentum in den achtziger Jahren wollte N. die Menschen überzeugen, daß mit dem »Tod Gottes« auch die tragenden Grundlagen der bisherigen Moral und Kultur brüchig geworden sind. Seine Strategien lassen sich nicht auf einen einheitlichen Nenner bringen. Unter anderem versuchte er, Psychogramme von Religionsstiftern oder sonstigen maßgeblichen religiösen Menschen zu erstellen, um den Widerspruch zwischen ihren Antrieben und ihren Lehren herauszustellen. Oder er ging den sozialen Entwicklungen nach, die die Ausbreitung des Christentums begünstigt oder allererst ermöglicht haben. Breiten Raum widmete er der Analyse psychischer und physischer Dispositionen, die zur Annahme des Christentums geneigt machen. Wiederholt wies er darauf hin, daß etablierte Moralsysteme eine starke Beharrungstendenz aufweisen. Die Ergebnisse dieser Analysen sind nicht immer einheitlich, stehen mitunter sogar in Spannung zu einander. Aber zumindest die drei folgenden Tendenzen halten sich durch:

1. Die entscheidende Wurzel des Christentums ist das ↗Ressentiment, d.h. ein aus Schwäche und Ohnmacht erwachsener Drang nach Rache. Aus dieser Diagnose ist die zunehmende Radikalität von N.s Kampf gegen alles Christliche zu verstehen, die schließlich in den schrillen Parolen des »Gesetzes wider das Christenthum« kulminiert: »**Todkrieg gegen das Laster: Das Laster ist das Christenthum**« (AC, Anhang, KSA 6, 254).

2. Daß das Christentum als Religion durch die »historische Betrachtungsweise« längst kraftlos geworden ist, blieb auch in den achtziger Jahren N.s Überzeugung. Er hielt es für unmöglich, als gebildeter Mensch in der zweiten Hälfte des 19. Jh.s zu leben und zugleich an die aus mythischen Ursprüngen stammenden Lehren irgendeiner Religion, so auch des Christentums, ernsthaft zu glauben. Der großen Masse derer, die nicht in der Lage sind, selbständig zu denken, ließ N., darin Schopenhauer verpflichtet, eine solche Inkonsequenz durchgehen. Er überlegte sogar, ob man für sie nicht eine andere, nicht aus dem Ressentiment stammende Religion propagieren könne und solle, z.B. einen »europäischen Buddhismus« (N, Mai-Juli 1885, 35[9], KSA 11, 512). Die Gebildeten aber müßten darüber erhaben sein. In seinen Augen war es daher »un-

anständig«, mit einem religiösen Funktionär auch nur Umgang zu haben, denn »der Priester lügt ...« (AC, Nr. 55, KSA 6, 239).

3. Bei seinem Kampf gegen das Christentum bediente sich N. in den achtziger Jahren vorwiegend der Methode der Genealogie. Darunter verstand er die Rekonstruktion der Herkunft von heute »Geltendem« aus bestimmten historischen Situationen und psychischen Dispositionen. Da es nach der N.schen Ontologie kein »An sich« gibt, wollte er in seinen Genealogien nicht darstellen, »wie es wirklich gewesen ist«, sondern deutlich machen, daß sich ein jeder Machtwille, bewußt oder unbewußt, darum bemüht, eine Herkunft zu erringen und ihr Geltung zu verschaffen, die ihm nützt und fördert. Auch die Psychologie darf sich nicht auf ein bestimmtes Schema verlassen, mit dessen Hilfe sie alle Situationen und Konflikte interpretieren könnte. Vielmehr hat sie immer wieder neu nach den Kräften und ihren jeweiligen Interessen Ausschau zu halten, die in bestimmten Machtkonstellationen ihre vorläufige Feststellung gefunden haben. Hauptzweck der Genealogien ist es daher, den Machtkampf ans Licht zu bringen, der hinter dem Vertrauten und Selbstverständlichen, hinter dem hoch Verehrten und selbst hinter scheinbar »rein geistigen« Phänomenen am Werk war und ist. N. war der Meinung, daß angesichts dieses Grundgeschehens seine Genealogien der Geschichte mehr Gerechtigkeit widerfahren lassen als die traditionellen Genealogien der Religionen und der metaphysischen Philosophien – weil sie es nicht nötig hatten, die Interessiertheit und das »Menschlich, Allzumenschliche« im Geltenden zu verbergen.

In seiner bekanntesten Genealogie – der Ableitung der jüdisch-christlichen Tradition aus dem »Ressentiment« der Schwachen in *Zur Genealogie der Moral* – knüpfte N., ähnlich wie später Freud, an Ergebnisse der zeitgenössischen ethnologischen und humanbiologischen Forschung an. Als äußerer Rahmen dieses Versuchs diente N. der Krieg zwischen zwei Gruppen von Vormenschen, der in eine »Herr-Knecht-Dialektik« mündete. Den Sieg habe die Gruppe errungen, deren Angehörige noch in der Unmittelbarkeit des sofortigen Ausagierens aller Triebregungen lebten. Als sich die Unterlegenen ihnen auf Gedeih und Verderb unterwarfen, verzichteten die Sieger darauf, sie zu töten, allerdings um den Preis ihrer Versklavung. N.s Interesse galt den Veränderungen, die diese Entwicklung in den Unterworfenen herbeiführten. Sie zwang sie zur »Verinnerlichung« der vorher nach außen drängenden Triebe, also zu einer Triebverschiebung. Als Sklaven bildeten sie durch die Internalisierung der Befehle ihrer Herren Gedächtnis und (schlechtes) Gewissen aus. Zur Kompensation der realen Versagungen entwickelten sie eine reichhaltige Vorstellungs- und Phantasietätigkeit. »Fast Alles, was wir ›höhere Cultur‹ nennen, beruht auf der Vergeistigung und Vertiefung der ↗Grausamkeit – dies ist mein Satz: jenes ›wilde Thier‹ ist gar nicht abgetödtet worden, es lebt, es blüht, es hat sich nur – vergöttlicht« (JGB, Nr. 229, KSA 5, 166; vgl. Freuds These vom »Unbehagen in der Kultur«). Das »Ressentiment«, das die zur Entwicklung der Kultur gezwungenen Sklaven entwickelten, war nach N.s These eine notwendige, wenn auch noch nicht hinreichende Voraussetzung für die Entstehung und den schließlichen Sieg des Judentums und Christentums. Der Mensch des schlechten Gewissens braucht jemanden oder etwas, dem er die Schuld an seinem Unbehagen zuweisen kann. Die Antworten, die die Menschen im Verlauf ihrer Geschichte auf die Frage nach dem Schuldigen gefunden haben – z.B. eine feindliche Gottheit, ein mächtiger böser Dämon, die äußeren Feinde, die Gesetzesbrecher in der eigenen Gruppe, die die Gottheit erzürnt haben – verschafften nur denen Erleichterung, die in der Lage waren, die jeweils für schuldig Erklärten zu bekämpfen oder zu bestrafen. Das setzt eine gewisses Maß an Stärke und Selbstvertrauen voraus. Den »Sklaven« standen diese Möglichkeiten nicht offen, daher konnten sie auf diesem Wege auch keine Befriedigung des Machtgefühls erzielen. Ihnen wiesen die »Ressentiment-Religionen« einen Ausweg, wobei die Schlüsselrolle einem Typus zufiel, den N. als den »asketischen Priester« bezeichnete (s. bes. GM, 3. Abh., Nr. 10ff., KSA 5, 359ff.; Trillhaas 1983). Dessen Leistung bestand darin, den »Sklaven« eine ihrer Situation gerecht werdende Interpretation anzubieten: Das schlechte Gewissen sei Folge der »Sünde«, d.h. die Schuld dafür liege bei ihnen selbst. Es handelt sich gleichsam um die Potenzierung der für die Entstehung der Kultur notwendigen Umorientierung der aggressiven Tendenzen nach innen. Zwar sind die Probleme dieser Lösung offenkundig: sie setzt voraus, daß die Betroffenen sich mit den Symptomen arrangieren und gar nicht von ihnen befreit werden wollen. Tiefenpsychologisch formuliert: Der Gläubige einer Ressentiment-Religion ist ein Neurotiker, der sich mit seinen Symptomen einrichtet und die Analyse scheut (vgl. Freuds Kennzeichnung der Religion als Kollektivneurose in *Die Zukunft einer Illusion*). Die Lösung bietet aber auch beträchtliche Vorteile, vor allem den Zuwachs an Machtgefühl beim »reuigen Sünder«, der sich in seiner Phantasie über alle erheben kann, die »verstockt« bleiben und die Schuld nicht bei sich selbst suchen. N. machte an verschiedenen Beispielen deutlich, wie dieser Zuwachs an Machtgefühl die Ohnmächtigen schließlich sogar dazu befähigte, über die ursprünglich Starken Herr zu werden. Etwa durch den »Begriffskäfig«, in den die »vornehmen Germanen« durch ihre Bekehrung zum Christentum gezwängt wurden (GD, Die Verbesserer der Menschheit 2, KSA 6, 99). Mit dieser ↗»Umwertung aller Werte« habe der Siegeszug der Ressentiment-Religionen begonnen (JGB, Nr. 46, KSA 5, 67). Ihr galt N.s Kampf, er wollte ihr eine erneute Umwertung entgegen setzen. Die Menschheitsneurose (Ressentiment-)Religion sollte geheilt, nicht nur durch Opiate erträglich gemacht werden.

IV. *Zur Auseinandersetzung mit N.s Kritik an der »jüdisch-christlichen Tradition«*. – Was die »historische Widerlegung« betrifft, ist es der christlichen Theologie prinzipiell gelungen, die (ja nicht allein von N. vorgebrachte) Kritik zu integrieren. Zumindest in den großen christlichen Kirchen mit geregelten Ausbildungsgängen kann niemand das für den Pfarrer- oder Priester-Beruf notwendige Examen ablegen, der die historisch-kritische Methode nicht wenigstens in den Grundzügen beherrscht. Die christliche Religion hat das ihr durch die Heraufkunft des historischen Bewußtseins erwachsende Problem dadurch allein nicht gelöst. Aber sie braucht nun nicht mehr von außen darauf gestoßen zu werden, weil sie es als Spannung in sich trägt. Die Theologie und Religionsphilosophie des 20. Jh.s hat Modelle entwickelt, die die Spannung zwischen der historischen Kritik und dem Anspruch des Glaubens plausibel austragen: Glaube sei eine Weise der Interpretation, die zwar keine neuen Ereignisse schafft, die gegebenen aber in ein Licht rückt, das dem Bestreben säkularer Historiker entgeht, die lediglich wissen wollen, »wie es wirklich gewesen ist«.

Da es nach N.s Ontologie, wie erwähnt, keine Tatsachen, sondern nur Interpretationen gibt (N, Ende 1886-Frühjahr 1887, 7[60], KSA 12, 315), kann er dieses Modell nicht von vornherein verwerfen. Er muß auch dem religiösen »Glauben« die Möglichkeit zubilligen, die »Fakten« aus einer ihm spezifischen Perspektive heraus zu verstehen. Dieses Argument hielt N. allerdings nicht davon ab, das Christentum zu bekämpfen, weil er die christliche Perspektive für lebensfeindlich hielt. Aber es ist festzuhalten, daß die Modelle der neueren kritischen Theologie der N.schen These von der prinzipiellen Überholtheit jeder Religion, so auch des Christentums, durch das historische Bewußtsein, die selbstverständliche Plausibilität entzogen haben.

N.s genealogische Kritik an der »jüdisch-christlichen Tradition« setzt voraus, daß es keinen selbständigen religiösen Wirklichkeitsbereich gibt. Gegen einen solchen Reduktionismus, der die mögliche Eigenständigkeit von Religion von vornherein bestreitet, haben »phänomenologische« Ansätze von Schleiermacher über R. Otto und W. James bis hin zu M. Eliade geltend gemacht, daß Religion zwar alle anderen Bereiche der Kultur durchdringt und ihrerseits von ihnen durchdrungen wird, daß sie aber auf eine Wirklichkeit weist, die von uns Menschen auf spezifische Weise erfahren wird.

Über den generellen Ansatz hinaus wirft N. dem Christentum vor, daß es bloß eine phantasievolle Ausgestaltung einer Moral der Schwäche sei. Dabei ist jedoch zu unterscheiden zwischen seiner Beschreibung des Ressentiment als einer seelischen Grundhaltung und seiner These, daß das Christentum ganz und gar von dieser Grundhaltung bestimmt sei. Das erste ist eine wichtige Einsicht, die das psychologische Verständnis des Menschen und seiner Kulturleistungen, auch der Religionen, erweitert und vertieft hat. Daß das Ressentiment als »menschlich, allzumenschlicher« Zugriff in allen Bereichen des Menschlichen, auch in den Religionen und nicht zuletzt im Christentum, am Werk ist und sie zu vergiften droht, läßt sich nicht bestreiten. Aber daß das Christentum von vornherein und ausschließlich Produkt und Ausgestaltung des Ressentiment sei, läßt sich mit guten Gründen bestreiten, wie schon Scheler zu Recht festgestellt hat. Die christliche Botschaft zielt, ganz im Gegenteil, auf eine Überwindung des Ressentiment. Das verfaßte, in Kirchen, Kongregationen, Sekten etc. organisierte, in sich zerstrittene, anderen Religionen die Existenzberechtigung bestreitende, eine leibfeindliche Moral propagierende Christentum müßte sich in seinem Erscheinungsbild freilich beträchtlich wandeln, um diesen inneren Grundzug auch nach außen hin sichtbar werden zu lassen.

Literatur: Andreas-Salomé, 1894, Nachdruck Dresden 1924; Scheler, M.: Das Ressentiment im Aufbau der Moralen, in: ders.: Vom Umsturz der Werte. Abhandlungen und Aufsätze, Bern [14]1955, 33–147; Stack, G. J.: Lange and N., Berlin/New York 1983; Trillhaas, W.: N.s Priester, in: NSt 12 (1983), 32–50; Figl, J: Dialektik der Gewalt. N.s hermeneutische Religionsphilosophie, Düsseldorf 1984; Willers, U.: F.N.s antichristliche Christologie. Eine theologische Rekonstruktion (Innsbrucker theologische Studien 23), Innsbruck/Wien 1988; Schmidt, H.-J.: N. absconditus oder Spurenlesen bei N., 4 Bde., Berlin/Aschaffenburg 1991–1994; Salaquarda, J.: N. and the Judaeo-Christian Tradition, in: Magnus, B./Higgins, K. (Hgg.): The Cambridge Companion to N., Cambridge 1996.

*Jörg Salaquarda*

# Darwinismus

Der Darwinismus war einer der wichtigsten und einflußreichesten Ideenkomplexe in der zweiten Hälfte des 19. Jh.s. Er hatte einen gewaltigen Einfluß auf die allgemeine Weltanschauung und auf fast jedes wissenschaftliche Gebiet. Der Darwinismus ist eigentlich aus mehreren Ideen zusammengesetzt. Einige von diesen, wie z.B. der Evolutionismus, waren schon vor der Publikation von Darwins *On the Origin of Species* (1859) diskutiert und zum Teil akzeptiert worden. Nach der Publikation breitete sich der Darwinismus auch in Deutschland sehr schnell aus. Der Darwinismus bildete nicht nur einen wichtigen Hintergrund von N.s Gedanken, sondern war auch ein Theorienkomplex, mit welchem er sich kritisch auseinandersetzte.

N. gilt bei manchen als Anti-Darwinist, weil er oft Darwin, Haeckel und Spencer kritisiert. Andere wiederum sehen viel Darwinismus und Sozialdarwinismus in seiner Philosophie, z.B. in seinem Begriff ↗›Übermensch‹, den er mit den Worten präsentiert: »Ihr habt den Weg vom Wurme zum Menschen gemacht, und Vieles ist in euch noch Wurm. Einst wart ihr Affen [...] Der Mensch ist ein Seil, geknüpft zwischen Thier und Übermensch [...] von Art hinüber zur Über-Art« (Za, Vorrede, 3–4 und Za, I, 22; KSA 4, 14, 16 und 98). Es gibt starke Argumente für beide Deutungen, aber weil der Darwinismus aus mehreren Theorien besteht, gibt es keine einfache Antwort auf die Frage, wie N. zum Darwinismus stand. Er bejahte u.a. den Evolutionismus, d.h. daß das Werden fundamentaler als das Sein sei. Er ging aus von »der Flüssigkeit aller Begriffe, Typen und Arten« (HL 9, KSA 1, 319), vom Naturalismus und von der anti-metaphysischen und anti-teleologischen Tendenz des Darwinismus, daß der Mensch ein Tier sei. Auch betonte er Kampf und *agon*. Er lehnte die Behauptung ab, daß die Evolution nur eine Frage der Anpassung an *äußere* Umstände sei. Auch verwarf er den im Darwinismus angedeuteten Glauben an den Fortschritt und er vertauschte den »Kampf ums Dasein« mit dem ↗»Willen zur Macht«. Und während der Darwinismus Gattung und Mehrzahl favorisierte, sympathisierte N. eher mit den hervorragenden Glücksfällen und den Ausnahmen.

N. scheint wenig von Darwin selbst gelesen zu haben, jedoch relativ viel über Darwin und den Darwinismus. Seine ersten näheren Kenntnisse des Darwinismus erlangte er durch Langes *Geschichte des Materialismus* (1866), welche er schon im Erscheinungsjahr und mehrmals danach las. Seine Sympathie mit Schopenhauer, den vorplatonischen ›evolutionären‹ Philosophen Heraklit, Demokrit und Empedokles und die Tatsache, daß er geschichtlich dachte, machte es für ihn einfach, die allgemeine Idee der Evolution zu akzeptieren. Gleichzeitig konnte er aufgrund seines Pessimismus nicht den Glauben an den Fortschritt bejahen. Laut seiner Schwester nahm N. als junger Professor in Basel den »lebhaftesten Antheil« am Kampf um Darwins Theorie und las in den frühen siebziger Jahren die Werke der Kritiker Darwins wie Rütimeyer, Baer und anderer. Man sieht jedoch wenig davon in N.s Nachlaß und seine Zweifel am Darwinismus als einer wissenschaftlichen Theorie trifft nur in Details zu. Zu dieser Zeit erklärte er, daß er den Darwinismus »für wahr, aber für tödtlich halte« (HL 9, KSA 1, 319). Er schrieb: »Die entsetzliche Consequenz des Darwinismus, den ich übrigens für wahr halte« (N, KSA 7, 461). In der Mitte der

70er Jahre beginnt die enge Freundschaft mit Rée, der von Darwin tief beeinflußt war. Zur dieser Zeit traf N. auch Robertson, den Herausgeber der Zeitschrift *Mind*, und diskutierte u. a. Darwin mit ihm. N. scheint auch Darwins »reizend guten Aufsatz«, den *Biographical Sketch of an Infant* gelesen zu haben (Rée, Anfang Aug. 1877). In den 80er Jahre studierte N. fast jedes Jahr mehrere Bücher über Darwin und den Darwinismus, so z. B. Espinas, Semper, Hellwald, die Zeitschrift *Kosmos*, Schneider, Caspari, Liebmann, Roux, Dreher, Rolph, Nägeli, Höffding und Jacoby. Besonders inspiriert von Roux, Rolph und Nägeli begann N. damit, mehr spezifische Kritik zu äußern. Seine Hauptkritik jedoch war gegen die Werte gerichtet, die der Darwinismus impliziert: gegen den falschen Optimismus im Glauben an einen natürlichen Fortschritt und gegen den Glauben, daß die evolutionäre Kraft nur eine passive Anpassung an äußere Umstände sei. Weiter kritisierte N. den Glauben, daß das Überleben und nicht ein höheres Leben (Macht) Maß und Motor der Entwicklung sein soll. Aber auch inmitten dieser Kritik erachtet er noch den Darwinismus im allgemeinen als »wahr« und als eine »wissenschaftliche Entdeckung«: »Es giebt Wahrheiten, die am besten von mittelmässigen Köpfen erkannt werden, weil sie ihnen am gemässesten sind [...] ich nenne Darwin [...] während andererseits zu wissenschaftlichen Entdeckungen nach der Art Darwin's eine gewisse Enge, Dürre und fleissige Sorglichkeit, kurz, etwas Englisches nicht übel disponiren mag« (JGB, Nr. 253, KSA 5, 196 f.).

Im allgemeinen war N. nicht interessiert am Darwinismus als einer wissenschaftlichen biologischen Theorie, sondern nur an dessen Bezug auf den Menschen: »Zum Darwinismus [...] Übrigens will ich mit meiner Betrachtung bei den Menschen verbleiben« (N, KSA 8, 257 ff.). Wichtig zu bemerken ist auch, daß es, anders als im 20. Jh., im 19. Jh. keine grundsätzlichen Konflikte zwischen Darwinismus und Lamarckismus gab, was die Möglichkeit der Vererbung erworbener Eigenschaften betrifft. N.s Evolutionismus war also stark durch den Glauben an die Möglichkeit der Vererbung erworbener Eigenschaften beeinflußt. Das bedeutet, daß seine evolutionären und Darwinismus-ähnlichen Aussagen nicht nur einen biologischen Aspekt beinhalteten, sondern vor allem einen kulturellen.

Literatur: Haas, L.: Der Darwinismus bei N., Diss. Gießen 1932; Henke, D.: N.s Darwinismuskritik aus der Sicht gegenwärtiger Evolutionsforschung, in: NSt 13 (1984), 189–210; Stegmaier, W.: Darwin, Darwinismus, N.: Zum Problem der Evolution, in: NSt 16 (1987), 264–287.

*Thomas H. Brobjer*

## décadence

N. verwendet den Begriff der décadence zunächst als Parallelbegriff zum Begriff des ↗Nihilismus, bevor der Nihilismus als Logik der décadence zu deren Unterbegriff wird.

Der décadence-Begriff tritt erstmals im Nachlaß von Ende 1876 bis Sommer 1877 auf. Dort bezeichnet N. *Don Quixote* von Miguel des Cervantes als der »Decadence der spanischen Cultur« (N, 23[140], KSA 8, 454) zugehörig und nimmt damit die begriffsgeschichtliche Tradition der »decadencia española« auf. Im weiteren wird N. den begriffsgeschichtlichen Traditionsstrang vor allem der französischen literarischen Décadence einbeziehen. Ferner wird N. den begriffsgeschichtlichen Traditionsstrang besonders der zeitgenössischen medizinischen Literatur über die Dekadenz einbegreifen. Von herausragender Bedeutung ist dabei N.s Bestimmung des » Stils« der »litterarischen décadence« und »Gleichniss für jeden Stil der décadence«, die er in *Der Fall Wagner* vorlegt (Nr. 7, KSA 6, 27). N. variiert Paul Bourgets »hypothèse« zum »style de décadence«, die dieser im Essay über Baudelaire im Rahmen seiner »Théorie de la décadence« aufstellt, auf bedeutsame Weise (P. Bourget: *Essais de psychologie contemporaine*, Paris 1883, 23–32). Bourget kennzeichnet den Stil der décadence als Stil, in dem sich die je größeren Einheiten des Buches, der Seite und des Satzes auflösen, wobei sie den je kleineren Einheiten der Seite, des Satzes und des Wortes Platz machen. N. charakterisiert den Stil der décadence als Stil, in dem sich die je kleineren Einheiten des Wortes, des Satzes und der Seite verselbständigen, wobei sie die je größeren Einheiten des Satzes, der Seite und des Ganzen zu Verschwinden bringen. Geht die Bewegung in Bourgets »Théorie de la décadence« vom Ganzen und Großen zum Einzelnen und Kleinen, so geht sie in N.s *Der Fall Wagner* vom Einzelnen und Kleinen zum Ganzen und Großen. Diese Umkehrung der Bewegung hat einen Grund, den N. 1886 und 1888 in zwei mit Bourgets Hypothese zum Stil der décadence arbeitenden Briefen an Carl Fuchs darlegt. Im ersten Brief entfaltet N. das Phänomen der décadence in den Künsten am Beispiel von Richard Wagners »›unendlicher Melodie‹« besonders in *Tristan und Isolde* und stellt den »Decadenz-Geschmack« in Opposition zum »großen Stil« in der Architektur: »Der Theil wird Herr über das Ganze, die Phrase über die Melodie, der Augenblick über die Zeit (auch das tempo), das Pathos über das Ethos (Charakter, Stil, oder wie es heißen soll –), schließlich auch der esprit über den ›Sinn‹. Verzeihung! was ich wahrzunehmen glaube, ist eine Veränderung der Perspektive: man sieht das Einzelne viel zu scharf, man sieht das Ganze viel zu stumpf, – und man hat den Willen zu dieser Optik in der Musik, vor Allem man hat das Talent dazu! Das aber ist décadence, ein Wort, das, wie sich unter uns von selbst versteht, nicht verwerfen, sondern nur bezeichnen soll. [...] Verzeihung, wenn ich noch hinzufüge: wovon ein Decadenz-Geschmack am entferntesten ist, das ist der große Stil: zu dem zum Beispiel der Palazzo Pitti gehört, aber nicht die neunte Symphonie. Der große Stil als die höchste Steigerung der Kunst der Melodie. –« (Carl Fuchs, [vermutlich Mitte April 1886]) Im zweiten Brief entwickelt N. die Erscheinung der décadence in den Künsten am Beispiel von Hugo Riemanns »Phrasirungslehre« und setzt die »rhythmische décadence« in Analogie zum Stil der décadence in der Architektur: »Dieses Beseelen, Beleben der kleinsten Redetheile der Musik [...] – also: wir betrachteten diese Beseelung und Belebung der kleinsten Theile, wie sie in der Musik zur Praxis Wagner's gehört und von da aus zu einem fast herrschenden Vortrags-System (selbst für Schauspieler und Sänger) geworden, mit verwandten Erscheinungen in anderen Künsten: es ist ein typisches Verfalls-Symptom, ein Beweis dafür, daß sich das Leben aus dem Ganzen zurückgezogen hat und im Kleinsten luxuriirt. Die ›Phrasierung‹ wäre demnach die Symptomatik eines Niedergangs der organisirenden Kraft: anders ausgedrückt: der Unfähigkeit, große Verhältnisse noch rhythmisch zu überspannen – eine Entartungsform des Rhythmischen ... Dies klingt beinahe paradox. Die ersten und leidenschaftlichsten Förderer der rhythmischen Präzision und Eindeutigkeit wären nicht nur Folgeerscheinungen der rhythmischen décadence, sondern auch deren stärkste und erfolgreichste Werkzeuge! In dem Maße, in dem sich das Auge für die rhythmische Einzelform (›Phrase‹) einstellt, wird es myops für die weiten, langen, großen Formen: genau wie in der Architektur des Berninismus. Eine Veränderung der Optik des Musikers – die ist überall am Werke: nicht nur in der rhythmischen Überlebendigkeit des Kleinsten, unsere Genußfähigkeit begrenzt sich immer mehr auf die delikaten kleinen sublimen Dinge ... folglich macht man nur auch noch solche – –« (Carl Fuchs, 26. 8. 1888). Zwischen dem großen Stil, zu dem in der ↗Architektur der Palazzo Pitti zu zählen ist und der in der Musik aussteht, und dem Stil der décadence, zu dem in der Architektur der Berninismus zu rechnen ist und der sich in der Musik Wagners verwirklicht, findet ein Wechsel der Perspektive statt. Gegenüber Bourgets Hypothese zum Stil der décadence kommt N.s Beschreibung des Stils der décadence mit der Umkehrung des Ausgangspunkts der Bewegung vom Allgemeinen ins Besondere und des Fluchtpunkts der Bewegung vom Besonderen ins Allgemeine der von ihm festgestellten Optik der décadence nach. Zuletzt scheint der décadence-Begriff in einem Brief N.s nach der Jahreswende 1888/89 auf (Heinrich Wiener, um den 4. 1. 1889).

Die Metamorphosen des ↗Nihilismus erscheinen letztlich nicht als »Ursache«, sondern als die »Logik der décadence« (N, 14[86], KSA 13, 265). N. betrachtet die vorgefundene »Gesammt-Abirrung der Menschheit von ihren Grundinstinkten«, die »Gesammt-Décadence des Werthurtheils« als »das Fragezeichen par excellence, das eigentliche Räthsel, das das Thier ›Mensch‹ dem Philosophen aufgiebt« (N, 11[227], KSA 13, 89). Es steht für ihn fest, daß der Menschheit »nur décadence-Werthe als oberste Werthe gelehrt worden sind«, so die »Entselbstung-Moral« als die »typische Niedergangs-Moral par excellence«, daß »nicht die Menschheit selber in décadence« ist, »sondern jene ihre Lehrer«, daß »daher die Umwerthung aller Werthe in's Nihilistische (›Jenseitige‹ ...)« stammt. Er dagegen als »Immoralist« verlangt von sich, »die Menschheit« auch »zu ›verbessern‹, nur anders, nur umgekehrt: nämlich sie von der Moral zu erlösen, von den Moralisten zumal, – ihre gefährlichste

Art von Unwissenheit ihr in's Bewußtsein, ihr in's Gewissen zu schieben ... Wiederherstellung des Menschheits-Egoismus« (N, 23[3], KSA 13, 604). N. versteht sich als derjenige, der, »nach ganzen Jahrtausenden der Verirrung und Verwirrung, den Weg wiedergefunden« hat, »der zu einem Ja und einem Nein führt«. Gegen das Auswahlkriterium der décadence lehrt er »das Nein ⟨zu⟩ Allem, was schwach macht – was erschöpft«, und »das Ja zu Allem, was stärkt, was Kraft aufspeichert« (N, 15[13], KSA 13, 412). Insofern N. auf eine »lange, allzulange Reihe von Jahren« zurückblicken kann, die bei ihm »Genesung«, aber »leider auch zugleich Rückfall, Verfall, Periodik einer Art décadence« bedeutet, kann er von sich sagen, daß er »in Fragen der décadence erfahren« sei; insofern die Ausschau von »der Kranken-Optik aus nach gesünderen Begriffen und Werthen, und wiederum umgekehrt« das Hinuntersehen »aus der Fülle und Selbstgewissheit des reichen Lebens [...] in die heimliche Arbeit des Décadence-Instinkts« seine »längste Übung«, seine »eigentliche Erfahrung« gewesen ist, kann er sich in Fragen der décadence als »Meister« (EH, Nr. 1, KSA 6, 265f.), ja, als »die höchste Instanz« bezeichnen, »die es auf Erden giebt« (Malwida von Meysenbug, 18. 10. 1888). »Abgerechnet nämlich, dass« er »ein décadent« ist, ist er »auch dessen Gegensatz«; indem er »unter Anderem« im Unterschied zum »décadent an sich«, der »immer die ihm nachtheiligen Mittel wählt«, »instinktiv gegen die schlimmen Zustände immer die rechten Mittel wählte«, erweist er sich als dessen »Gegenstück« (EH, KSA 6, 266f.). Als Logik der décadence gliedert sich der Nihilismus (wie der ↗Pessimismus als Vorform des Nihilismus) in vier Stufen von sechs Erscheinungsformen resp. Gruppen von Erscheinungsformen auf, die aufeinander, sich intensivierend, folgen und von denen der passive und der aktive Nihilismus eine Opposition bilden. Der Nihilismus als Logik der décadence ist insofern zweideutig, als er sich als Symptom des Niedergangs oder des Aufstiegs zeigen kann.

Literatur: Koppen, E.: Dekadenter Wagnerismus. Studien zur europäischen Literatur des Fin de siècle, Berlin/New York 1973; Müller-Lauter, W.: Artistische décadence als physiologische décadence. Zu F.N.s später Kritik am späten Richard Wagner, in: Communicatio fidei. Festschrift für Eugen Biser zum 65. Geburtstag, Regensburg 1983, 285–294; Lampl, H. E.: Ex oblivione: Das Féré-Palimpsest. Noten zur Beziehung F.N. – Charles Féré (1857–1907), in: NSt 15 (1986), 225–264; Montinari, M.: N. in Cosmopolis. Französisch-deutsche Wechselbeziehungen in der europäischen Décadence, in: Frankfurter Allgemeine Zeitung, Nr. 164 vom 19. 7. 1986; Wahrig-Schmidt, B.: »Irgendwie, jedenfalls physiologisch«. F.N., Alexandre Herzen (fils) und Charles Féré 1888, in: NSt 17 (1988), 434–464; Lampl, H. E.: Flair du livre. F.N. und Théodule Ribot. Eine Trouvaille, Zürich 1988, auszugsweise auch in: NSt 18 (1989) 573–586; Kuhn, E.: F.N.s Philosophie des europäischen Nihilismus, Berlin/New York 1992, 181–184, 239f., 250–254, 266.

*Elisabeth Kuhn*

## Demokratie

N. ist als unversöhnlicher Gegner der Demokratie in die Ideengeschichte eingegangen. Der Demokratie-Begriff, der seinen polemischen Äußerungen zugrundeliegt, ist allerdings verwirrend vieldeutig. Der frühe N. thematisiert im Kontext der tragischen Weltauffassung Demokratie und Rationalismus vornehmlich als Symptome kultureller Dekadenz. Im Namen der Kultur verteidigt er eine hierarchische Staatskonzeption (↗Staat), ohne sich mit der Demokratie als Staatsform auseinanderzusetzen. Ein Umdenken beginnt Mitte der 70er Jahre. Als Folge der Neubewertung der ↗Aufklärung revidiert N. sein Urteil über bestimmte Aspekte der Demokratisierung wie die Auflösung der Stände-Ordnung und die Emanzipation der Politik von der Religion, die die Menschen dazu zwingt, Macht und Verantwortung zu übernehmen. Ihre Vernunft muß darüber entscheiden, wie die gesellschaftliche Ordnung einzurichten sei (MA I, Nr. 245, KSA 2, 204f.). Trotz Vorbehalten akzeptiert N. das Prinzip demokratischer Selbstbestimmung. Wenn die Aufgabe der Politik darin besteht, »möglichst Vielen das Leben erträglich zu machen, so mögen immerhin diese Möglichst-Vielen auch bestimmen, was sie unter einem erträglichen Leben verstehen« (MA I, Nr. 438, KSA 2, 285f.).

Der demokratische Staat weiß sich als Ausführungsorgan des souveränen Volkes legitimiert, bedarf deshalb nicht mehr der Religion zu Regierungszwecken und erklärt sie zur Privatsache. Damit provoziert er den Konflikt zwischen religiösen und laizistischen Parteien. Sobald die laizistische Seite den Streit zu ihren Gunsten entschieden und ihre Position gefestigt hat, weicht ihr Engagement für den Staat einer nüchtern-berechnenden Einstellung. Der Staat wird von den Menschen bloß noch als Mittel zum Zweck der Realisierung ihrer privaten Interessen akzeptiert. Regierungen können sich angesichts der permanenten Interessen-Konkurrenz nur über kurze Zeit behaupten und vermögen deshalb keine langfristigen Projekte mehr zu realisieren. Aus dieser Entwicklung resultieren der Verfall der staatlichen Autorität und die »Entfesselung der Privatperson«; darin erblickt N. die Konsequenz, ja die Mission des demokratischen Staatsbegriffes. Er kennzeichnet die moderne Demokratie – und zwar zunächst völlig unpolemisch – als »die historische Form vom Verfall des Staates« (MA I, Nr. 472, KSA 2, 302–307).

Ein weiteres Merkmal der Demokratisierung ergibt sich aus der Erfahrung, daß mit dem Glauben an die unbedingte Autorität auch die Bereitschaft zur Subordination schwindet. »In freieren Verhältnissen ordnet man sich nur auf Bedingungen unter, in Folge gegenseitigen Vertrages, also mit allen Vorbehalten des Eigennutzes« (MA I, Nr. 441, KSA 2, 288). Auch die Idee republikanischer Selbstregierung versucht N. konsequent durchzudenken. Wurde bisher unter Regierung eine vormundschaftliche Instanz verstanden, der eine unmündige Bevölkerung anvertraut ist, wurden also Regierung und Volk als zwei verschieden mächtige Sphären einander gegenübergestellt, so erweist sich angesichts einer sich anbahnenden Revolution eine neue Begriffsbestimmung als nötig, auf deren weitreichende Implikationen N. hinweisen möchte. Die Lehre von der Volkssouveränität ist, obwohl willkürlich und unhistorisch, zwar rationaler als die alte Auffassung, aber sie taugt im Gegensatz zu dieser nicht als Vorbild für die Gesamtheit der nicht-politischen Hierarchie-Verhältnisse in der Gesellschaft, die daher künftig neu definiert und legitimiert werden müssen (MA I, Nr. 450, KSA 2, 292f.).

N. bejaht die Demokratie allerdings wie den Staat nur als Mittel zum Zweck. Er hält die Demokratisierung für eine unaufhaltsame und zugleich nützliche Bewegung, sie gehört zu den »prophylaktischen Maassregeln«, die künftig »leibliche und geistige Verknechtung« verunmöglichen werden (WS, Nr. 275, KSA 2, 672). Die demokratischen Einrichtungen wirken als Quarantäne gegen tyrannenhafte Gelüste (WS, Nr. 289, KSA 2, 683). Es ist das Ziel der Demokratie, »möglichst Vielen Unabhängigkeit« zu garantieren, »Unabhängigkeit der Meinungen, der Lebensart und des Erwerbs«. Hier spricht N. indes von seiner eigenen demokratischen Utopie; diese Ordnung wird erst verwirklicht sein, wenn sie »die drei grossen Feinde der Unabhängigkeit [...] die Habenichtse, die Reichen und die Parteien« entmachtet hat (WS, Nr. 293, KSA 2, 685). Die Demokratie-Theorie, die N. in Ansätzen in *Menschliches, Allzumenschliches* entwickelt, wird er später nicht explizit widerrufen; Zielscheibe seiner Kritik ist in der Regel nicht die Demokratie als politisches System, als Resultat der Aufklärung und als Aufhebung ständischer wie auch nationaler Trennungen, sondern die demokratische Ideologie als Wertsystem. Die Emanzipation der Politik von Religion und Tradition, d.h. von jedem rational nicht begründbaren Herrschaftsanspruch, ist unauflöslich verknüpft mit dem Untergang dynastischer, aristokratischer und korporativer Strukturen. Zu den antidemokratischen Kräften und Institutionen zählt N. die nationalistischen Bewegungen, den Wehrdienst als Mittel, die Bevölkerung zu disziplinieren und in nationale Ziele zu integrieren, das gesamte Militärwesen als »Hemmschuh der Cultur«, die Monarchie, insofern sie sich nicht mit der Repräsentationsfunktion begnügt, sondern als kriegführende Macht zu profilieren sucht, schließlich die sozialistischen und anarchistischen »Umsturzgeister« (WS, Nr. 275, 279, 281, 292, KSA 2, 671f., 674f., 676, 683f.).

Mit dem Begriff der Demokratie verbindet N. in den 80er Jahren unterschiedliche und zum Teil widersprüchliche Vorstellungen: die Entfaltung der »neuerungssüchtigen und versuchslüsternen« Kräfte (WS, Nr. 292, KSA 2, 684), die Ausbildung individueller Differenzen, aber auch den Zwang zur Konformität, die Nivellierung, die Schwächung und Verkleinerung des Menschen. Mit dem Begriff der demokratischen Bewegung Europas bezeichnet er »ohne zu loben und zu tadeln« zivilisatorische Prozesse, insbesondere die Heraufkunft eines übernationalen, nomadischen, anpassungsfähigen Menschentyps (JGB, Nr. 242, KSA 5, 182). Der Glaube der Menschen, sie seien frei, ihre soziale Position selbst zu bestimmen, ist das Merkmal der »eigentlich demokratischen« Zeitalter; sie stellen für N. die »interessantesten und tollsten Zeitalter der Geschichte« dar (FW, Nr. 356, KSA 3, 595f.). Die demokratische Bewegung, die sich in ihrer Vollendung als neue und sublime Ausgestaltung der Sklaverei erweisen wird, braucht jedoch eine Rechtfertigung und kann sie nur in einer höheren Art finden, die sich ihrer als Mittel zum Zweck der Erfüllung neuer Aufgaben bedienen wird (N, KSA 12, 73f.).

»Suffrage universel« wird für N. 1884 zum Inbegriff der verhaßten Aspekte der Demokratie. Darunter versteht er das System, »vermöge dessen die niedrigsten Naturen sich als Gesetz den höheren vorschreiben«. Die »schreckliche Consequenz der ›Gleichheit‹« liegt darin, daß jeder das Recht zu haben glaubt zu jedem Problem. »Suffrage universel« wird mit der »Herrschaft der niederen Menschen« gleichgesetzt (N, KSA 11, 60, 69, 87). Der Begriff ist indes nicht im Sinne der Ausübung politischer Rechte, sondern der Anmaßung moralischer Urteile zu verstehen. N. klagt das demokratische Zeitalter der »Verlogenheit in moralischen Dingen« an: »Ein solches Zeitalter nämlich, welches die grosse Lüge ›Gleichheit der Menschen‹ zum Wahlspruch genommen hat, ist flach, eilig, und auf den Anschein bedacht, daß es mit dem Menschen gut stehe, und daß ›gut‹ und ›böse‹ kein Problem mehr sei« (N, KSA 11, 246). Damit ist das Grundmotiv von N.s Demokratie-Kritik angesprochen. Die »Absicht auf gleiche Rechte und endlich auf gleiche Bedürfnisse« ist ihm zufolge die »beinahe unvermeidliche Consequenz unserer Art Civilisation des Handels und der politischen Stimmen-Gleichwerthigkeit« (N, KSA 13, 75). Implizit folgt daraus, daß es sich bei den von N. angesprochenen »gleichen Rechten« nicht um politische Rechte handelt, bei der verhaßten Demokratie mithin nicht um eine politische Ordnung.

Literatur: Pangle, Th. L.: Nihilism and Modern Democracy in the Thought of N., in: Deutsch, K. L./Soffer W. (Hgg.): The Crisis of Liberal Democracy, Albany 1987; Marti, U.: »Der grosse Pöbel- und Sklavenaufstand«. N.s Auseinandersetzung mit Revolution und Demokratie, Stuttgart 1993, 189–235; Hatab, L. J.: A Nietzschean Defense of Democracy, Chicago/La Salle (Ill.) 1995; Owen, N.: Politics and Modernity, London u. a. 1995.

*Urs Marti*

## deutsch, der Deutsche

N.s Kommentare zu Deutschlands kultureller und politischer Bedeutung sind seit der Streitschrift gegen Strauss von ironischer Zweideutigkeit, zunehmend auch von heftiger Abneigung geprägt. Ein Motiv der Distanzierung ist die Ernüchterung, die die Reichsgründung bewirkt hat. 1866 und 1870/71 ist aus Briefen noch Begeisterung für die deutsche Einigung sowie für die von »französisch-jüdischer Verflachung« bedrohte deutsche »Mission« (Carl von Gersdorff, 21. 6. 1871) herauszulesen. Auch N. will die echte deutsche Kultur gegen die »ungermanische Civilisation« romanischer Länder verteidigen (N, KSA 1, 690f.). Doch der militärische Sieg über Frankreich und die Reichsgründung haben nicht zum Sieg dieser deutschen Kultur geführt, vielmehr droht die »Exstirpation des deutschen Geistes zu Gunsten des ›deutschen Reiches‹« (DS, Nr. 1, KSA 1, 160). Während die Verachtung für nationalistische und patriotische Gesinnungen künftig N.s Verhältnis zum Deutschen Reich bestimmt, verraten seine Versuche, die Leistung der deutschen Philosophie zu ermessen und die »deutsche Seele« zu ergründen, häufig eine gewisse Verlegenheit; die Frage: »was ist deutsch?« läßt sich nie definitiv beantworten (FW, Nr. 357, KSA 3, 597ff.; JGB, Nr. 244, KSA 5, 184ff.). Das »Argumentieren aus dem National-Charakter« hält er freilich ohnehin für fragwürdig, weil der kulturelle Fortschritt die Überwindung spezifisch nationaler Eigenschaften voraussetzt; in diesem Sinne ist sein Diktum zu verstehen »Gut deutsch sein heisst sich entdeutschen« (MA II, Nr. 323, KSA 2, 511f.). Die Chancen deutscher Kultur liegen mithin in ihrer Fähigkeit, sich zu öffnen. N. bleibt diesbezüglich jedoch skeptisch: diese Kultur kann sich nicht entwickeln, solange die Menschen sich von machtpolitischen und wirtschaftlichen Interessen absorbieren lassen (GD, KSA 6, 103–107). Aufschlußreich für N.s Demokratie-Verständnis ist in diesem Zusammenhang, daß er in der Entstehung des Deutschen Reiches »einen Schritt weiter in der Demokratisirung Europas – nichts mehr, nichts Neues« sieht (N, KSA 11, 469).

Literatur: Schieder, Th.: N. und Bismarck. Krefeld 1963; Bergmann, P.: »the last Antipolitical German«, Bloomington and Indianapolis 1987; Aschheim, St. E.:

N. und die Deutschen. Karriere eines Kultes, Stuttgart/ Weimar 1996; Ottmann ²1999, 14–21; 76–108.

*Urs Marti*

## Einsamkeit

Einsamkeit ist ein Leitmotiv von N.s Leben und seiner Philosophie. Während sich die Einsamkeit in N.s Biographie äußerlich in den ständigen Ortswechseln, den Rückzügen ins Engadin und den oft schroffen Distanzierungen von Freunden manifestiert, so ist sie im Werk zwar entsprechender Bestandteil seiner Selbstdarstellung, darf aber nicht auf ihre biographisch-psychologische Dimension reduziert werden. Die Einsamkeit kennzeichnet bei N. eine aus seiner Erkenntnis- und Kulturkritik zwingend folgende Existenzform.

Bereits nach dem frühen N. führt die Wahrheitssuche zum Verlust der kulturellen, mythischen bzw. religiösen Bindungen und somit zu einer heimatlosen Wandererexistenz. In dieser Verknüpfung mit der Wanderer-Metaphorik wird das radikale Einzelgängertum zum primären Kennzeichen des Philosophen (Zittel 1995): »Einsam die Straße zu ziehn«, gehört zum Wesen des Philosophen (PhtZ 8, KSA 1, 833; vgl. a. KSA 14, 141, KSA 1, 406 u. KSA 1, 808f.). Das Wirken der einsamen Denker zielt folglich nicht auf ein Publikum (KSA 1, 757); des weiteren sind die Philosophen den Tyrannen verhaßt, weil sie sich im »Asyl« ihrer Einsamkeit deren Macht entziehen könnten (SE 3, KSA 1, 353ff.). Zugleich ist jedoch der Philosoph durch seine Vereinsamung gefährdet und anfällig für die »Melancholie« (ebd.). Charakteristisch ist daher für das Einsamkeitsmotiv die Ambivalenz von heroischem Einzelgängertum einerseits und kritischer Nähe zur Verzweiflung andererseits.

Dies gilt auch für das spätere Werk. Die Losgelöstheit von traditionellen Werten, das einsame Wandern und die Unzeitgemäßheit kennzeichnen N.s ↗Freigeist (JGB, Nr. 44, KSA 5, 63). Zugleich ist mit dem Einzelgängertum die Notwendigkeit zur schützenden Verstellung, zur Maske verbunden (JGB, Nr. 289, KSA 5, 233f.). Insbesondere in bezug auf *Also sprach Zarathustra*, das Buch, welches er gänzlich als »Dithyrambus auf die Einsamkeit« (EH, KSA 6, 276) bezeichnet, betont N. die gefährliche Höhe (ebd., 258) einer »azurnen Einsamkeit« (ebd., 343).

Um das zentrale Motiv der Einsamkeit kreisen auch viele Gedichte N.s, so z.B. *Der Wanderer* (N, KSA 11, 322), *Der Freigeist* (N, KSA 11, 329) und die *Dionysos-Dithyramben*. Als ästhetische Konsequenz ergibt sich für N. aus seinem Einsamkeitsverständis die Konzeption einer »monologischen Kunst« (FW, Nr. 367, KSA 3, 616), die er in der Lyrik häufig durch die Form der Selbstanrede realisiert und in *Also sprach Zarathustra* durch die Selbstgespräche Zarathustras thematisiert. Ob, wie vielfach angenommen, die Zarathustra-Figur ihre monologische Einsamkeit durch Kommunikation (Bennholdt-Thomsen) oder im Zeichen eines »Erneuerungsutopismus« durch Schaffen des Übermenschen (Meyer 1991, 703) überwindet, ist indes zweifelhaft. Vor allem im vierten Teil des *Zarathustra* wird das Scheitern aller Versuche, der Einsamkeit zu entrinnen, und damit ihre Ausweglosigkeit vorgeführt (Zittel 2000). In den *Dionysos-Dithyramben* ist entsprechend das Motiv der »siebente[n] letzte[n] Einsamkeit« (KSA 6, 394) dicht mit der Todesmetaphorik von *Die Sonne sinkt* (ebd. 396f.) verwoben.

Wie die Studie Schlaffers (1966) belegt, steht N., insbesondere wenn er das Einsamkeitsmotiv mit Metaphern der Höhe verbindet, im Kontext seiner Zeit. Auch hat die Einsamkeit in der Geschichte der Philosophie eine lange Tradition, z.B. als Modus der Selbstbesinnung in der Stoa. Singulär jedoch ist die Forderung einer konsequenten, nicht kontemplativen, sondern tragischen Einsamkeit, wie sie sich aus N.s philosophisch begründetem Einzelgängertum ergibt, und die Kompromißlosigkeit, mit der N. ihr in Lyrik und Prosa Ausdruck verleiht.

Literatur: Rauh, M.: Die Einsamkeit Zarathustras, in: Zeitschrift für Religions- und Geistesgeschichte 21 (1961), 55–72; Schlaffer, H.: Das Dichtergedicht im 19. Jh. Topos und Ideologie, in: Jahrbuch der Deutschen Schillergesellschaft 10 (1966), 297–335; Bennholdt-Thomsen, A.: N.s »Also sprach Zarathustra« als literarisches Phänomen, Frankfurt a.M. 1974; del Caro, A.: Anti-Romantic Irony in the Poetry of N., in: NSt 12 (1983), 372–378; Lämmert, E.: N.s Apotheose der Einsamkeit, in: NSt 16 (1987), 47–69; Meyer, Th.: Das Problem der Einsamkeit bei N., in: JTLA-Aesthetics 15 (1990), 41–84; ders.: N. Kunstauffassung und Lebensbegriff, Tübingen 1991, 557–592 u. 694–709; Zittel, C.: Abschied von der Romantik im Gedicht. F.N.s »Es geht ein Wandrer durch die Nacht«, in: Nietzscheforschung 3 (1995), 193–206; ders.: Das ästhetische Kalkül von F.N.s »Also sprach Zarathustra«, Würzburg 2000.

*Claus Zittel*

## Erde: *Treue zur Erde*

Für N. ist »Erde« mehr als nur Chiffre eines phänomenalen Auffangbeckens im Sinne von »Welt«, von der es zuletzt nach Schopenhauer beliebige Versionen qua Vorstellungskraft geben kann. Einer solchen Auffassung steht N. schon früh ambivalent und distanziert gegenüber (GT 9, KSA 1, 70f.). »Erde« ist für N. vielmehr ein globales Prinzip mit immanentem Charakter einerseits, andererseits Indikation des Metaphernbereichs, dessen er sich bedient, um Begriffe mit philosophischem Gehalt zu schaffen bzw. traditionelle kritisch anzugehen. Seit Platon die diesseitige Wirklichkeit als Derivat des Himmel-Reichs der Ideen in eine sich aus diesem transzendenten Bereich ableitende, sekundäre gewandelt hat (N, KSA 12, 251ff.), sei die Philosophie in einen nur schwer zu überwindenden kognitiven wie moralischen Dualismus verfallen, dessen Konsequenz in einer Abwendung von der »Erde« gleichwie vom ↗»Leib« besteht (N, KSA 13, 462), wodurch die »wahre Welt« philosophisch abgeschafft wurde (GD, KSA 6, 80f.).

N.s Vollendung der von Kant eingeleiteten Kopernikanischen Wende in der Philosophie bestand in einer Dezentrierung des heimatlichen Planeten, welcher infolge der dualistischen Struktur des Denkens zur eigentlich ›erdfernen‹ Instanz geworden war. Das symbolische Stürzen der Erde – verursacht durch den Tod Gottes (↗Gott), dessen Platz sie zugleich einnimmt (Za I, KSA 4, 15) – Ikarus gleich, weg von der Platonischen »Idee der Ideen«, der »Sonne« (FW, Nr. 125, KSA 3, 481), wirft den Menschen paradoxerweise gerade auf jene in ihrer faktischen Mannigfaltigkeit zurück. Den Sturz der Erde und die Hinwendung zu ihr gleichermaßen bedenkend macht N. seinen Leser durch Schreiben einer philosophischen Geographie mit maritimen (M, Nr. 423, KSA 3, 259f.), montanen (Za III, KSA 4, 193–196), tropischen (MA I, Nr. 236, KSA 2, 197f.) und wüstenhaften (GM, 3. Abh., Nr. 8, KSA 5, 352f.) Landschaften des Denkens und durch Wanderschaft in ihnen auf die radikale und alternativlose Diesseitigkeit aufmerksam (Günzel 1999). N.s Landschaften sind dabei nicht die der ebenfalls erdflüchtigen ↗Romantik, sondern symbolische Utopien einer nahenden Zeitenwende (Jünger 1959).

Die Erde ist nach N. Kampfplatz der Wertsetzungen (↗Werte) (GM, 1. Abh., Nr. 16, KSA 5, 285). Vor allem in ↗Europa werde weiter um die »Erdregierung« (N, KSA 11, 90) gekämpft (EH, KSA 6, 365) (Cacciari 1995). Über die zukünftigen »Herren der Erde« (↗Herrenmoral–Sklavenmoral) plante N. zeitweise gar eine eigene Publikation (N, KSA 11, 489). Seine ausbleibenden Jünger ruft N. in der Gestalt Zarathustras dazu auf, der Erde »treu zu bleiben«. Darin bestünde ihr »Sinn« – eine wörtliche »Geo-logik«, die sich bei N. in der Vorstellung vom ↗»Übermenschen« verdichtet (Za I, KSA 4, 14). Es gelte, die Schwerkraft (↗Geist der Schwere) zu überwinden, wodurch der »freie Geist« (↗Freigeist) zukünftig mit gedanklicher (↗Denken) und physischer Leichtigkeit auf Erden wandeln, gar über sie hinwegtanzen (↗Tanz) könne.

Literatur: Jünger, E.: An der Zeitmauer, Stuttgart 1959; Cacciari, M.: Gewalt und Harmonie. Geo-Philosophie Europas, München/Wien 1995 [1994]; Günzel, S.: N.s Schreiben als kritische Geographie, in: Nietzscheforschung 5/6 (2000), 227–244.

*Stephan Günzel*

## Erkenntnis

N.s Einschätzung des Wertes und der Möglichkeiten der Erkenntnis ist von Anbeginn von radikaler Skepsis geprägt. Bereits in *Wahrheit und Lüge im aussermoralischen Sinne* erzählt er einleitend die Fabel von den »klugen Thieren«, die in der »hochmüthigsten und verlogensten Minute der ›Weltgeschichte‹« das »Erkennen erfanden«, um das Wahrheitspathos mit der Flüchtigkeit, Schattenhaftigkeit und Beliebigkeit des menschlichen Intellekts zu konfrontieren (KSA 1, 875; vgl. Hödl 1997, 70f.). Auch in der *Geburt der Tragödie* ist der eigentliche Urgrund der Welt, das ›Ur-Eine‹ als der menschlichen Erkenntnis entzogen gedacht. Das optimistische Erkenntnisstreben der Wissenschaft, als dessen Urbild N. Sokrates betrachtet (GT, Nr. 15, KSA 1, 100), verbleibt deshalb völlig in der Sphäre des Scheins befangen. Erst wenn der sokratische Mensch getrieben von seinem Streben nach Wahrheit an die Grenzen seiner Erkenntnismöglichkeiten stößt, bricht als eine andere Form die tragische Erkenntnis durch (ebd., 101), welche den ebenso sinnlosen wie schrecklichen dionysischen Untergrund erahnt und zum Schutz vor dieser furchtbaren Einsicht die Kunst benötigt. Entscheidend ist dabei, daß das sokratische Erkennen nicht von einem mythologisch-dionysischen Standpunkt außerhalb destruiert wird, sondern sich aus innerer Logik selbst aufhebt (Zittel 1995, 32–38).

Die Unmöglichkeit der Erkenntnis betont N. auch im späteren Werk. Die primäre Definition N.s lautet: »Erkenntniß ist wesentlich Schein« (N, 6 [441], KSA 9, 311f.). Jede Erkenntnis basiert N. zufolge auf ebenso irrtümlichen wie unaufhebbaren Beschränkungen seitens der Empfindungen und der ↗Sprache (ebd.; ↗Perspektivismus). Da die Welt »für uns die Summe der Relationen zu einer beschränkten Sphäre irriger Grundannahmen« sei, kann es kein »eigentliches Wissen« (ebd.) geben. Wir erkennen daher nicht, sondern »schematisiren, dem Chaos soviel Regularität und Formen auferlegen, als es unserem praktischen Bedürfniß genug tut« (N, 14 [152], KSA 13, 333).

Entsprechend sei auch bereits »der ganze Erkenntniß-Apparat [...] ein Abstraktions- und Simplifikations-Apparat – nicht auf Erkenntniß gerichtet, sondern auf Bemächtigung der Dinge« (N, 26 [61], KSA 11, 164). N. radikalisiert die Erkenntniskritik Kants, indem er das Erkenntnisvermögen historisiert und in physiologischer und genealogischer Analyse (z.B.: MA I, Nr. 2, KSA 2, 24) auf vorrationale Bedürfnisse zurückführt. Eine Selbstkritik des Erkenntnisvermögens mit dem Ziel, einen sicheren transzendentalen Standpunkt zu begründen, hält N. daher für unsinnig: »Ein Werkzeug kann nicht seine eigene Tauglichkeit kritisiren: der Intellekt kann nicht selber seine Grenze, auch nicht sein Wohlgerathensein oder sein Mißrathensein bestimmen« (N, KSA 12, 133; M, Vorr. 3, KSA 3, 12; N, KSA 12, 105; N, KSA 11, 37; FW, Nr. 374, KSA 3, 626f.).

Somit kann das Erkennen lediglich seine Irrtümlichkeit und Untauglichkeit erkennen, womit es sich wiederum selbst aufhebt. Die Erkenntnis wird jedoch dennoch weiterhin betrieben, da sie sich inzwischen in eine Leidenschaft verwandelt hat, »die vor keinem Opfer erschrickt und im Grunde nichts fürchtet als ihr eigenes Erlöschen« (M, Nr. 429, KSA 3, 264f.). Wie insbesondere Montinari (1982) hervorhob, widerstreitet N.s Konzept einer Leidenschaft der Erkenntnis jeder Deutung, die ihm eine antiaufklärerische Ursprungssehnsucht unterstellt. N. erklärt, der »Trieb zur Erkenntniss« sei »zu stark geworden, als dass wir noch das Glück ohne Erkenntniss oder das Glück eines starken festen Wahns zu schätzen vermöchten« (M, Nr. 48, KSA 3, 264). Daher sei ihm die »mögliche Rückkehr zur Barbarei« nicht nur verbaut, sondern auch verhaßt (ebd.). Die aus Leidenschaft betriebene Erkenntnis kann so weit gehen, daß sie sich gegen die Selbsterhaltungsbedingungen des ↗Lebens, gegen die ›lebensnotwendigen Irrtümer‹ wendet (FW, Nr. 110, KSA 3, 469ff.; N, KSA 9, 503f.; M, Nr. 45, KSA 3, 52f.; vgl. Zittel 1995, 57ff.). Dann wird es eine Frage des Mutes und der Kraft, wie weit man im Erkennen fortschreitet: »Wieviel Wahrheit erträgt, wieviel Wahrheit wagt ein Geist?« (EH, Vorr. 3, KSA 6, 259; vgl. JGB, Nr. 39, KSA 5, 56f.) Die neue Haupttugend des Erkennenden sei daher die ↗Redlichkeit (M, Nr. 456, KSA 3, 275; vgl. Montinari 1982, 67). Richtet das Erkenntnissubjekt sein Erkennen konsequent gegen sich selbst, kommt es zu seiner Selbstzerstörung, wofür N. die Formel: »Selbstkenner! Selbsthenker!« (DD, KSA 6, 390) fand. N.s Erkenntniskonzeption hat daher zumeist einen tragischen Akzent.

Vielfach wird N.s ›Erkenntnistheorie‹ des radikalen Subjektivismus geziehen. N. betont jedoch, daß gerade der Philosoph von einem »Grundwillen der Erkenntnis« getrieben sei, welcher alle Erkenntnisse in ihrem Gesamtzusammenhang sehe und bewerte: »Wir haben kein Recht darauf, irgend worin einzeln zu sein: wir dürfen weder einzeln irren, noch einzeln die Wahrheit treffen« (GM, Vorr. 2, KSA 5, 248f.).

Literatur: Vaihinger 1902; Grimm 1977; Habermas, J.: Nachwort zu: Erkenntnistheoretische Schriften N.s, Frankfurt a.M. 1968; Schmidt, A.: Über N.s Erkenntnistheorie, in: Salaquarda, J. (Hrsg.): N., Darmstadt 1980, 124–152; Montinari 1982, 64–78; Borsche, T.: Der erkenntnistheoretische Perspektivenwechsel von Descartes zu N., in: Djuric, M./Simon, J. (Hgg.): Kunst und Wissenschaft bei N., Würzburg 1986, 26–44; Zittel, C.: Selbstaufhebungsfiguren bei N., Würzburg 1995, 32–38, 57–73; Brusotti 1997; Hödl, H.-G.: N.s frühe Sprachkritik, Wien 1997.

*Claus Zittel*

# Europa, Europäer

N. versteht sich seit Mitte der 70er Jahre als Europäer; knapp legt er 1886 in einem Brief dar, weshalb er auf Europa angewiesen ist: Er hält Europa für den »Sitz der Wissenschaft auf Erden« und glaubt, es gehe in den kommenden Jahrzehnten großen Bewegungen und Umstürzen entgegen (Elisabeth Förster, 3. 11. 1886). Sein Bekenntnis zu Europa hat unterschiedliche, letztlich aber zusammenhängende Motive: Europa ist der Ort der Aufklärung und der höheren Kultur, es ist zugleich der Ort der Demokratisierung, der Revolutionen und zivilisatorischen Experimente, und es ist schließlich, was für N. aus beidem folgt, der Ort, der eine zur Weltherrschaft berufene Elite hervorbringen muß.

Die Entdeckung dieser europäischen Dimensionen wird freilich erst möglich im Zuge der Überwindung des aufklärungs- und modernitätsfeindlich motivierten Glaubens an die Höherwertigkeit deutscher Kultur (↗ deutsch, der Deutsche). Sie geht zunächst einher mit der Propagierung eines Ideals des Freigeistes, das Weltoffenheit und die Überwindung nationaler Beschränktheiten beinhaltet. In N.s Sicht zeichnet sich die Aufhebung der europäischen Nationalstaaten und die Erzeugung des europäischen Menschen ab. Nationale Abgrenzungen und Feindseligkeiten sind auf partikulare Interessen zurückzuführen und vermögen den Prozeß nur zu verzögern. Der gute Europäer hingegen wird »an der Verschmelzung der Nationen arbeiten«; sein Ziel ist ein Europa der Aufklärung, das an die antike Aufklärung anknüpft – und eben deshalb die großen Verdienste jüdischer Intellektueller um die Verteidigung der Aufklärung zu würdigen weiß (MA I, Nr. 475, KSA 2, 309–311) (↗ Aufklärung, ↗ Judentum)

Was die »guten Europäer« auszeichnet, ist ihre Entschlossenheit, als Psychologen der Moderne vor nichts zurückzuschrecken und zugleich das Gewissen der Moderne zu sein, ihre Fähigkeit, eine Zukunft vorzubereiten, in der ihnen »die Leitung und Ueberwachung der gesammten Erdcultur« obliegen wird (MA II, Vorrede, KSA 2, 376; WS, Nr. 87, KSA 2, 592 f.). Es sind Atheisten und Immoralisten, die die »Heerden-Moral« für ihre Pläne zu nutzen wissen (N, KSA 11, 511 f.), freie Geister, »Erben von Europa's längster und tapferster Selbstüberwindung« (FW, Nr. 357, KSA 3, 600), nämlich der Emanzipation vom Christentum. Als »Kinder der Zukunft« sind sie in ihrer demokratischen Gegenwart nicht zu Hause; sie wissen, daß zur Erhöhung des Typus Mensch eine »neue Art Versklavung« gehört. Als Heimatlose, als »moderne Menschen« vielfacher Abkunft erliegen sie aber auch nicht der Versuchung von Nationalismus und Rassenhaß (FW, Nr. 377, KSA 3, 628 ff.). Wer gegen solche krankhaften Regungen nicht gefeit ist, sieht nicht, »daß Europa Eins werden will«. Nur die »tieferen und umfänglicheren Menschen« weisen den Weg zu einer neuen »Synthesis«; N. zählt Napoleon, Goethe, Beethoven, Stendhal, Heine und Schopenhauer zu ihnen (JGB, Nr. 256, KSA 5, 201 f.).

Der Prozeß der europäischen Einigung setzt sich aus mehreren Entwicklungen zusammen. Dazu gehören ökonomische, technische und kulturelle Veränderungen, dazu gehört die wachsende geographische und soziale Mobilität der Menschen. Verkehr und Handel drängen nach einer letzten Grenze, sie werden global, damit aber werden Europas Staaten »wirthschaftlich unhaltbar« (N, KSA 11, 583 f.). Trotz solcher Einsichten hat sich N. kaum mit dem Thema der politischen Einigung befaßt. Zwar prophezeit er 1880, aus der Demokratisierung werde zunächst ein europäischer Völkerbund hervorgehen (WS, Nr. 292, KSA 2, 684). Über die politische Konstitution des seiner Vision entsprechenden künftigen Europas äußert er sich später aber nicht mehr. Der »Prozess des werdenden Europäers« führt zu gegensätzlichen Resultaten. N. beschreibt mit dem Begriff den Prozeß der »Civilisation«, der Demokratisierung und Nivellierung, der Emanzipation der Individuen von ihrer ständischen Herkunft, er beschreibt die Heraufkunft eines nomadischen und übernationalen Menschentypus, der sich, »physiologisch geredet«, durch ein »Maximum von Anpassungskunst und -kraft« auszeichnet. Dieser Prozeß läuft auf die »Erzeugung eines zur Sklaverei im feinsten Sinne vorbereiteten Typus« hinaus, doch zugleich stellt die Demokratisierung Europas »eine unfreiwillige Veranstaltung zur Züchtung von Tyrannen« dar (JGB, Nr. 242, KSA 5, 182 f.). Zu unterscheiden ist mithin zwischen dem zukünftigen Europäer, der als »kosmopolitisches Affekt- und Intelligenzen-Chaos« charakterisiert wird (N, KSA 13, 17), und dem Europäer der Zukunft.

Unter den Menschen, die diesen Europäer der Zukunft vorwegnehmen, nimmt überraschenderweise kein Denker, kein Dichter, kein Künstler den prominentesten Platz ein; vielmehr Napoleon, der Feind der modernen Zivilisation, der Fortsetzer der Renaissance und damit der Antike, »der das Eine Europa wollte [...], und dies als Herrin der Erde« (FW, Nr. 362, KSA 3, 610). Europa soll sich, so verlangt N., dem »Kampf um die Erd-Herrschaft« stellen; um sich dafür zu rüsten, muß es zu einer Willens-Einheit werden, und diese vermag nur eine herrschende Kaste zu garantieren (JGB, Nr. 208, KSA 5, 140). Unklar bleibt, gegen wen Europa in diesem Kampf antreten und wie er ausgefochten werden soll. N. begreift Europa als »Cultur-Centrum«, das zur geistigen Vorherrschaft berufen ist, nicht primär als politisch-militärische Macht (N, KSA 11, 41f.). Dessen bedrohlichste Konkurrenten im Kampf um die Erdherrschaft sind Mächte und Kräfte, die es selbst hervorgebracht hat und die seine Geschichte bestimmt haben: das Christentum, die Monarchie, der Liberalismus, der Nationalismus, die Demokratie. N.s Faszination für Europa gilt denn auch primär dem Zivilisationsexperiment, also jener demokratischen »Vermengung« (JGB, Nr. 224, KSA 5, 158), die die ständischen und nationalen Grenzen zwischen den Menschen aufhebt. Die künftigen »Herren der Erde« werden sich des demokratischen Europas bedienen »als ihres gefügigsten und beweglichsten Werkzeugs [...], um am ›Menschen‹ selbst als Künstler zu gestalten« (N, KSA 12, 87f.).

Literatur: Krökel, F.: Europas Selbstbesinnung durch N. Ihre Vorbereitung bei den französischen Moralisten, München 1929; Ottmann ²1999, 124–129.

*Urs Marti*

## Ewige Wiederkunft

»1000 Formeln für die Wiederkunft (ist die Drohung)« (N, KSA 10, 115). – Gedanken über den »Gedanken der Gedanken« (N, KSA 9, 496), über die ewige Wiederkunft des Gleichen, zu denken, über das »grösste Schwergewicht« (FW, Nr. 341, KSA 3, 570), ist schwer – auch wenn es nur Gedanken sind. Da diese aber eh wiederkehren, liegt eigentlich nichts daran, außer vielleicht, daß diese schweren Gedanken ewig wiederzukehren drohen. Die Lehre von der ewigen Wiederkunft behauptet, daß alles schon einmal da gewesen ist, aber in jedem Moment trotzdem Neues entsteht, daß jeder Moment neu und unverbraucht ist, unschuldig ist. Damit will N. eine Synthese aus antiken (kreisenden) herakliteisch-pythagoreischen Lehren und dem neuzeitlichen Zeitpfeil der modernen Physik »auf der Spitze der Modernität« (Löwith 1987, 238ff.) erreichen – auf daß diese Versöhnung von Antike und Neuzeit in die Welt- und Wertvorstellung der Menschen gelange. Zugleich sollen die egalitären Erlösungsversprechen (die Ausfluß der teleologischen, auf das Ende hin fixierten neuzeitlichen Vorstellung der ›Zukünftigkeit‹ der für alle gleichen Zeit sind) obsolet werden. Die ewige Wiederkunft ist also direkt gegen ↗Sozialismus, Liberalismus, Gleichberechtigung, Demokratie etc. gerichtet, gegen alles, was N. die ›modernen Ideen‹ nennt und nach N. nicht Gleichheit, sondern Gleichgültigkeit, mithin ↗Nihilismus zur Folge hat – N.s Intention ist die einer neuen Rangordnung durch die Lehre von der Wiederkunft.

Die reine Wiederkehr der Dinge wird schon früh variiert, etwa als Rezidiv aus dem Urgrund einer schopenhauerisch-wagnerischen unendlichen Melodie (vgl. GT, Nr. 6, KSA 1, 48f.), in Darstellungen vorsokratischer Kosmologien (Übereinstimmung Anaximanders mit Heraklit: »er glaubt wie jener an einen periodisch sich wiederholenden Weltuntergang und an ein immer erneutes Hervorsteigen einer anderen Welt aus dem alles vernichtenden Weltbrande« [PhtZ, Nr. 6, KSA 1, 829]), oder in anderen geschichtsphilosophischen Überlegungen. Hier ist das Wiederkehrende immer Teil der *historiae rerum gestarum* gewesen, in dem ein gewisses Wiederkäuen der *res gestae* zum Berufe des Historikers (und Philologen) gehört, insbesondere zum Historiker einer monumentalen Geschichtsschreibung, die ansinnt, daß »das Grosse, das einmal da war, jedenfalls einmal möglich war und deshalb auch wohl wieder einmal möglich sein wird« (HL, Nr. 2, KSA 1, 260; vgl. N, KSA 7, 636). In der frühen Historienschrift wird die »ewige Wiederkunft« von N. allerdings noch explizit verworfen. Sie wäre aber denkbar, heißt es mit kritischem Unterton, »wenn die Pythagoreer Recht hätten zu glauben, dass bei gleicher Constellation der himmlischen Körper auch auf Erden das Gleiche, und zwar bis auf's Einzelne und Kleine sich wiederholen müsse: so dass immer wieder, wenn die Sterne eine gewisse Stellung zu einander haben, ein Stoiker sich mit einem Epikureer verbinden und Cäsar ermorden und immer wieder bei einem anderen Stande Columbus Amerika entdecken wird. Nur wenn die Erde ihr Theaterstück jedesmal nach dem fünften Akt von Neuem anfienge, wenn es feststünde, dass dieselbe Verknotung von Motiven, derselbe deus ex machina, dieselbe Katastrophe in bestimmten Zwischenräumen wiederkehrten, dürfte der Mächtige die monumentale Historie in voller ikonischer Wahrhaftigkeit, das heisst jedes Factum in seiner genau gebildeten Eigenthümlichkeit und Einzigkeit begehren: wahrscheinlich also nicht eher, als bis die Astronomen wieder zu Astrologen geworden sind« (ebd. 261). Die ewige Wiederkehr bleibt hier noch hypothetisch, »nun wiederholt sich nichts« (N, KSA 7, 681). Wie N. allerdings bereits 1873 immer wieder Amerika entdecken läßt, läßt eher vermuten, daß N. die ewige Wiederkunft anno 1881 nicht entdeckt, sondern wiederentdeckt, wiedergeboren hat. Kosmologische Spekulationen vor der ›Niederkunft der Wiederkunft‹ (Groddeck) sind aber rar (in PhtZ ist Pythagoras ausgespart, trotz anfänglicher Disposition N, KSA 7, 462), auch wenn N. *ex post* eine Verklammerung seiner frühen Begeisterung für Heraklit mit der ewigen Wiederkunft vornimmt (vgl. EH, KSA 6, 313). Die Lehre von der ewigen Wiederkunft (die, weil ewig, nicht endlos, der christlichen ›Fülle der Zeit‹ recht ähnlich sehe [Jaspers 1981, 362]) ist eine antichristliche Parodie auf die zweite Parousie. Sie macht radikal Schluß mit dem Problem des Sankt Nimmerleintags, weil sie allezeit zugleich einen neuen Advent *hic et nunc* bedeutet. Der Begriff ›Wiederkunft‹ ist eschatologischer Herkunft (die Bibel sprach lediglich vom Kommen oder der Zukunft des Herrn als Übersetzung von Parousie/Advent (die [von N. verwandte] Luther-Bibel spricht an den unten erwähnten Stellen zum Großteil [Zürcher Bibel 1861 durchgängig] von der ›Zukunft‹ des Herrn); dennoch gehört der Begriff der Wiederkunft zum festen Inventar evangelischen Vokabulars, als Substantiv zum jesuanischen Wiederkommen, etwa bei Lavater oder Fichte nachweisbar (Grimm, DWB, Art. Wiederkunft); in neueren Übersetzungen (etwa Luther-Bibel 1975: 2Ti 4,1; 8; 2Pt 1,16;3, 4; 1Jh 2,28), Zürcher Bibel 1955 (Neuübersetzung 1907–1931): Mt 24,3; 27;

29; 1Kor 15,23; 1Th 2,19; 3,13; 4,15; 5,1; 23; 2Th 2,1; 8; Jak 5,7; 8; 2Pe 1,16; 3,1; 4; 3,11; 1Jo 2,28) – ist er vermehrt anzutreffen. Ist die christliche Wiederkunft eschatologisch und theologisch auf ein Finale ausgerichtet, so droht das ewig Wiederkehrende dagegen eine Drehorgel zu werden, ein »Leier-Lied« (Za III, Nr. 13, KSA 4, 273), aus dem nichts folgte, wäre da nicht die Wiederkunft, die Zarathustra eben zustößt. Das Moment der Ewigkeit entbirgt sich in der Wiederkehr, das instantane Moment in der Wiederkunft, wobei das Schwergewicht auf der Wiederkunft liegt (demgemäß taucht der Begriff Wiederkunft erst an jenem 6. 8. 1881 auf, an dem es zur Niederkunft kommt, während das Wiederkehrende im Sinne des ›immer wieder‹ bereits im Frühwerk präsent ist [s.o.]); radikal formuliert: »Unsterblich ist der Augenblick, wo ich die Wiederkunft zeugte. Um dieses Augenblicks willen ertrage ich die Wiederkunft« (N, KSA 10, 210). Der Begriff »Wiederkehr« ist im ganzen Œuvre verstreut 33mal (in der Wortkombination ›ewige Wiederkehr‹ nur 8mal) vertreten (in bezug auf die Wiederkehr der Dinge und des Lebens sind ab 1881 lediglich 23 Einträge nachzuweisen, die sich allesamt unter die Rubrik [physikalisches] ›Redundanzproblem‹: *was* kommt da wieder, einordnen lassen), »Wiederkunft« dagegen 109mal; als »Lehre«, bis auf zwei unbedeutende Ausnahmen (N, KSA 10, 378 und 514), taucht nur die Wiederkunft 22mal auf, nicht die Wiederkehr. Ähnliches gilt für den ›Gedanken der Wiederkunft‹, welcher in dieser Wortkombination 23mal auftritt, ausnahmsweise nur einmal als Gedanke der Wiederkehr (N, KSA 10, 588). Über die erwähnten Ausnahmen ist jedoch zu sagen, daß es sich hier um eine Abirrung der Wiederkunftslehre und des -gedankens handeln kann (etwa als nihilistische Schwester der Wiederkunft), da der »furchtbarste Gedanke einer ewigen Wiederkehr der Vergeudung« (ebd.) eine Differenz zur Wiederkunftslehre ausdrücken könnte, ebenso beim unausgeführten Plan: »er prophezeit ihnen: die Lehre der Wiederkehr ist das Zeichen. [...] Bei der Rückkehr aus der Vision stirbt er [Zarathustra] daran« (N, KSA 10, 378). Wenn N. tatsächlich einen terminologischen Unterschied zwischen Wiederkehr und Wiederkunft machen würde, könnte die späte Eintragung »Denken wir diesen Gedanken in seiner furchtbarsten Form: das Dasein, so wie es ist, ohne Sinn und Ziel, aber unvermeidlich wiederkehrend, ohne ein Finale ins Nichts: ›die ewige Wiederkehr‹. Das ist die extremste Form des Nihilismus: das Nichts (das ›Sinnlose‹) ewig!« (Lenzer Heide Fragment, N, KSA 12, 213) die Vermutung naheliegen, daß Wiederkehr Nihilismus, Wiederkunft Überwindung des Nihilismus bedeuten könnte – wobei stillschweigend vorausgesetzt ist, daß zu dieser Zeit die Wiederkunftslehre nicht auch schon unter Nihilismusverdacht stünde. Eine andere, spiegelverkehrte Erklärung könnte »die ewige Wiederkehr des Lebens« (GD, 10. Abh., Nr. 4, KSA 6, 159) als den antiken (Mysterien-)Glaube der Hellenen zwar konstatieren, aber als nachchristlich undenkbar erweisen – es ergäbe sich der Dualismus Wiederkehr: vorchristlich-antik; Wiederkunft: nachchristlich-modern. Zudem kommen nur die Wiederkunfts-Komposita vor: »Wiederkunftslehre« (N, KSA 12, 343) und »Ewige-Wiederkunfts-Gedanke« (EH, KSA 6, 335) sind da, keine Wiederkehr-Lehre, keine Wiederkehr-Gedanken, keine Wiederkehr-Lehrer. Die Wiederkehr kann – im günstigsten Fall – eine (sprachliche) Konsequenz der Wiederkunft sein, – einen Begriff ›ewige Wiederkehr‹ gibt es weder im Sinne des Gedankens noch der Lehre (falsch also bei Simmel, Jaspers, Löwith, Heidegger, Abel, Gerhardt, Müller-Lauter, Ottmann, et. al.; ebenso unrichtig die englische Übersetzung ›recurrence‹ statt ›return‹, undifferenziert im französischen Sprachraum, wo kein Unterschied zwischen ›retour‹ und ›retour‹ besteht). Das Register der Großoktavausgabe rubrifiziert ungeschieden, Schlechta macht den Unterschied, nennt aber nur einige Stellen. N.s Lieblingsbeschäftigung, Titel und Kapitel für ungeschriebene und unzuschreibende Bücher zu erfinden und abzuwägen, macht auch vor der ewigen Wiederkunft nicht halt (am prominentesten in der Ankündigung auf der vierten Seite des Buchdeckels der ersten Auflage von Zur Genealogie der Moral, die die ewige Wiederkunft als Buch »in Vorbereitung« schmackhaft macht), an Häufigkeit den verworfenen Titeln ›Mittag und Ewigkeit‹ und dem ↗›Willen zur Macht‹ durchaus vergleichbar: Ein Titel der ›ewigen Wiederkehr‹ findet sich nicht. Das Neue der Wiederkunftslehre besteht darin, daß N. sich in einer physikalistischen ↗Metaphysik versucht und Betrachtungen darüber anstellt, ob schon in dieser Welt etwa die Kraftkonstellationen zu exakt gleichen Zuständen führen können oder ob immer wieder neue Welten vonnöten wären, um die ewige Wiederkehr des Selben zu erreichen. Das (mit Lou und Rée) auf 10 Jahre verabredete Studium in Paris oder Wien (Salomé 1983, 257) sollte den naturwissenschaftlichen Teil der Wiederkunftslehre untermauern.

Die berühmte Skizze, von der N. erzählt, er habe sie »eben noch« (an Gast v. 3. Sept. 83, als Beweis bei Janz 1978, Bd. 2, 79; bei Klossowski [1986, 93f.] der Brief vom 14. 8. 81 zentral) in den Händen gehalten, hält das Ereignis der Einsicht in die Wiederkunftslehre fest: »[...] Das neue Schwergewicht: die ewige Wiederkunft des Gleichen. Unendliche Wichtigkeit unseres Wissen's, Irren's, unsrer Gewohnheiten, Lebensweisen für alles Kommende. Was machen wir mit dem Reste unseres Lebens – wir, die wir den grössten Theil desselben in der wesentlichsten Unwissenheit verbracht haben? Wir lehren die Lehre – es ist das stärkste Mittel, sie uns selber einzuverleiben. Unsre Art Seligkeit, als Lehrer der grössten Lehre. Anfang August 1881 in Sils-Maria, 6000 Fuss über dem Meere und viel höher über allen menschlichen Dingen! –« (N, KSA 9, 494). Die Schilderung in *Ecce homo* verzeichnet bewußt lapidar: »Da kam mir dieser Gedanke«: »Ich erzähle nunmehr die Geschichte des Zarathustra. Die Grundconception des Werks, der Ewige-Wiederkunfts-Gedanke, diese höchste Formel der Bejahung, die überhaupt erreicht werden kann –, gehört in den August des Jahres 1881: er ist auf ein Blatt hingeworfen, mit der Unterschrift: ›6000 Fuss jenseits von Mensch und Zeit‹. Ich gieng an jenem Tage am See von Silvaplana durch die Wälder; bei einem mächtigen pyramidal aufgethürmten Block unweit Surlei machte ich Halt. Da kam mir dieser Gedanke« (EH, KSA 6, 335). Die unmittelbar an die Niederkunft anschließenden Einträge im *Nachlaß* (N, KSA 9, 494ff.) eröffnen schon den Spannungsbogen, der das weitere Denken N.s und der Interpreten um die ewige Wiederkunft bestimmen sollen. 11[141] entwirft die Lehre im Wogen von unschuldig leichtmütiger Existenz und neuem Schwergewicht; [142] kritisiert bereits das Offenbartsein der Lehre (und die Kritik am Offenbartsein); [143] stellt ein ethisches Ansinnen in den Raum: »ist es so, dass ich es unzählige Male thun will?«, [144] will das »Spiel des Lebens« mit Hilfe der ewige

Wiederkunft inthronisieren, [145] reflektiert Erziehungspinzipien für »eine [durch die Wiederkunftslehre zum Spiel des Lebens hingezogene] neue [...] Kaste«; [147] betrachtet die Durchsetzbarkeit der Lehre – »die ersten Anhänger beweisen nichts gegen eine Lehre«; [148] variiert erstmals die Endlichkeit der Welt und die Rastlosigkeit der Kräfte als physikalischen Grund der Wiederkunftsannahme – und des Lebens in der Wiederkunft, des Lebens, das peu à peu alle teilen werden; [149], [150], [151], [152], [154], [155] und [157] forcieren noch einmal die Vielfältigkeit des physikalisch Gegebenen, um die menschlichen Anschauungsformen als Gegenargument gegen die Wiederkunftslehre auszuschließen; [158] kommt wieder auf das Einsikkern der Lehre zu sprechen, Jahrtausende seien vonnöten; [159], [160], [161] begutachten die Lehre in Hinblick auf das (schon nicht mehr ganz so spielerisch zu bewältigende) Leben – »in Ewigkeit so leben wollen!«: von einer »Aufgabe« ist da die Rede; [163] markiert schließlich die antiegalitäre Funktion der Wiederkunftslehre: wer Lust hat zu streben, der strebe, wer zu ruhen, der ruhe, wer zu gehorchen, der gehorche.

Nach dieser Aphorismenhäufung kehrten Lehre und Gedanken immer wieder – allerdings nun unterbrochen von wiederkunftsfremden Einschüben. Wir dürfen N. glauben, daß N, KSA 9, 494 die Wiederkunft geboren wurde (bzw. an dieser Stelle textualisiert wird), nur hüten wir uns zu glauben, daß damit die Wiederkunftslehre da ist. N. ist vielmehr auf der Suche nach der passenden Lehre für den Wiederkunftsgedanken, für das Wiederkunftserlebnis; unsicher, was der Gedanke eigentlich zu bedeuten habe, welche Implikationen er bürge und ob die ewige Wiederkunft die Probleme, die er seit dem Wissen um das Ungenügen der Freigeisterei vor sich sah, bewältigen könne. Die erste Veröffentlichung der ewigen Wiederkunftslehre im Werk, in *Fröhliche Wissenschaft*, Nr. 285 (KSA 3, 527): »es giebt keine Vernunft in dem mehr, was geschieht, keine Liebe in dem, was dir geschehen wird – deinem Herzen steht keine Ruhestatt mehr offen, wo es nur zu finden und nicht mehr zu suchen hat, du wehrst dich gegen irgend einen letzten Frieden, du willst die ewige Wiederkunft von Krieg und Frieden: – Mensch der Entsagung, in Alledem willst du entsagen? Wer wird dir die Kraft dazu geben? Noch hatte Niemand diese Kraft!«, läßt noch den medusenhaften Anblick der ewige Wiederkunft in der Rohfassung sichtbar werden, passend zur Auskunft der Salomé, »nur mit leiser Stimme und mit allen Zeichen des tiefen Entsetzens sprach er davon« (Salomé 1983, 255). In *Ecce homo* heißt es, der eigentlich abgründliche Gedanke sei die ewige Wiederkunft von Mutter und Schwester gewesen (EH, KSA 6, 268).

Das Werk, das die Wiederkunftslehre propagiert, ist *Also sprach Zarathustra*. Zarathustra ist der ↗Held der permanenten Selbstüberwindung mit den Mitteln der Wiederkunftslehre; angesichts der Wiederkunftslehre beginnt Zarathustras Untergang (FW, Nr. 342, KSA 3, 571; vgl. Za I, Vorrede, 4, 11 ff.) und mit der Überwindung des Wiederkunftsgedankens endet Zarathustras Untergang (Za III, KSA 4, 277). Dieser Untergang bedeutet ein gleichzeitiges Vorbei und Verwinden der Lehre als auch eine präsumptive Aussicht auf die Wiederkunft der Lehre selbst – als Rechtfertigung, daß die Lehre nicht im Moment der Überwindung ausgelebt ist, sondern auch bei N. immer wiederkommen kann. *Also sprach Zarathustra* ist das Werk, das auf der Suche nach dem Widerlichen der Wiederkunft ist; es ist das Drama der katastrophischen und kathartischen ewige Wiederkunft, wobei das Pathos entscheidender ist als das Drama. Ethische Implikationen der Lehre liegen am Weg, aber davon handelt nicht das Drama des Untergangs. Logischerweise wird in der Dichtung die in den Nachlässen zeitgleich stattfindende Diskussion kosmologischer Untermauerungen unterschlagen. So hat die ältere N.-Forschung in N. einen Dichter, keinen Denker, geschweige einen Philosophen sehen wollen. Es bleibt die Dissonanz in der ewigen Wiederkunft bestehen: hier die harmlose Bildungsgeschichte der drei Verwandlungen des Geistes mit unschuldiger Kindstufe zum Schluß (Za I, 1), dort der exklamatorische Akt angesichts der ekelerregenden Wiederkehr des Kleinsten: »Allzuklein der Grösste! – Das war mein Überdruss am Menschen! Und ewige Wiederkunft auch des Kleinsten! – Das war mein Überdruss an allem Dasein! Ach, Ekel! Ekel! Ekel! – – Also sprach Zarathustra und seufzte und schauderte« (Za III, KSA 4, 274f.). Ähnlich das Leierlied der Tiere Zarathustras: »[...] Siehe, wir wissen, was du lehrst: dass alle Dinge ewig wiederkehren und wir selber mit, und dass wir schon ewige Male dagewesen sind, und alle Dinge mit uns. Du lehrst, dass es ein grosses Jahr des Werdens giebt, ein Ungeheuer von grossem Jahre: das muss sich, einer Sanduhr gleich, immer wieder von Neuem umdrehn, damit es von Neuem ablaufe und auslaufe: – – so dass alle diese Jahre sich selber gleich sind, im Grössten und auch im Kleinsten, – so dass wir selber in jedem grossen Jahre uns selber gleich sind, im Grössten und auch im Kleinsten« (Za III, KSA 4, 276). Bei Zarathustra macht sich daraufhin eine »Seligkeit wider Willen« breit, weil Zarathustras »Untergang« kein *happy end* sein kann und die Lehre in ihrer Reinform nichts Tröstliches besitzt. Die Lehre ist nicht erträglich und soll es auch nicht sein, Hoffnung besteht einzig in der (durch Zarathustras Untergang) möglichen Existenz des ↗Übermenschen, der die Wiederkunftslehre leben kann. »Nach der Aussicht auf den Übermenschen auf schauerliche Weise die Lehre der Wiederkunft: jetzt erträglich!« (N, KSA 10, 482, vgl. 593)

Der Gedanke soll den ganzen Menschen fordern, die ewige Wiederkunft den Menschen sogar überfordern, so zwar, daß er entweder verwandelt wird oder daran zerbricht. Die Applizierung der Wiederkunftslehre auf die eigene Existenz (»ego – Fatum« [N, KSA 11, 291]) ist Trauerarbeit und potentielle psychische Genesung in einem: Das Begreifen der ewigen Wiederkunft ist die vollendete Psychoanalyse. Die je eigene im Nu mystisch geschaute Existenz (Salomé redet von der ewigen Wiederkunft als »Sprungbrett« [1983, 261] in die Mystik) kann den Menschen verändern, nur ist festzuhalten, daß N. kein Einlesen solcher Wiederkünftigkeiten in die Freudsche Theorie des Wiederholungszwangs gestatten würde (wie geschehen bei Chapelle, der sehr richtig Strukturverwandschaft feststellt [1993]). Auch das Nichtrepetitive und das Zufällige ist Teil der Transformationskapazität des ›Supergedankens‹, mithin das neurotisch Zwanghafte für N. nur ein Sonderfall. »Nicht *Befreiung* von dem Wiederkunftszwange, sondern freudige *Bekehrung zu ihm* ist das Ziel des höchsten sittlichen Strebens« (Salomé 1983, 261).

*Die ethische Bedeutung der Wiederkunftslehre.* Die visionäre und psychologische Gestalt der ewigen Wiederkunft diffundiert in ethische Implikationen, weil der Gedanke eine Lehre werden kann und auch geworden ist. Hierher gehört sowohl die Rede von der Wiederkunftslehre als einem antiplatonischen ↗Mythos (Ottmann ²1999, 373ff.), einem Mythologem (Blumenberg 1979, 271, 275) oder einem »countermyth« (Magnus 1978, 155ff.), ebenso wie die lebenspraktischen Fragen der Wiederkunftslehre. »Die Frage bei allem, was du thun willst: ›ist es so, daß ich es unzählige Male thun will?‹ ist das größte Schwergewicht« (N, KSA 9, 496), ebenso im berühmten § 341 der *Fröhlichen Wissenschaft*: »Das grösste Schwergewicht. – Wie, wenn dir eines Tages oder Nachts, ein Dämon in deine einsamste Einsamkeit nachschliche und dir sagte: ›Dieses Leben, wie du es jetzt lebst und gelebt hast, wirst du noch einmal und noch unzählige Male leben müssen; und es wird nichts Neues daran sein [...]‹« (KSA 3, 570). Es ist eine Frage, die schon bald durch einen kategorischen Imperativ oder auch einen »existential imperative« (Magnus) reformuliert werden kann. Das Problem des Lebens aus einer Erschütterung heraus besteht darin, daß diese ein Fall für den Willen werden kann: »Man muß vergehen wollen, um wieder entstehen zu können – von einem Tage zum anderen. Verwandlung durch hundert Seelen – das sei dein Leben, dein Schicksal: Und dann zuletzt: diese ganze Reihe noch einmal wollen!« (N, KSA 10, 213). Die Erzüchtung des Übermenschen durch den Gedanken kann, als *paideia* und Selbstverwirklichung (»Werde, der du bist«, Za IV, KSA 4, 297) verstanden werden. Zuletzt ist die Rede von einer kosmischen Gestimmtheit, dem berühmten *amor fati*, das alle meine Handlungen muss begleiten können: »›Liebe das, was nothwendig ist‹ – amor fati dies wäre meine Moral, thue ihm alles Gute an und hebe es über seine schreckliche Herkunft hinauf zu dir« (N, KSA 9, 643). Alle auf den *Zarathustra* folgenden Schriften konzentrieren sich folgerichtig auf moralisch-außermoralische Fragen jenseits von Gut und Böse. Insofern hat es nahegelegen, die religionsphilosophisch - naturwissenschaftlichen Fundierungen der Wiederkunftslehre zunächst zu übersehen; Wiederkunftsmoral konnte in den (Neu-)Kantianismus eingebaut werden. Simmel steht 1907 mitten in einer Entwicklung, die den

Gedanken der ewige Wiederkunft vorwiegend ethisch las, als ethischen »Appell«, als »Postulat in Permanenz« (Ewald 1903, 17f.), bei dem ein Primat der mehr »poetischen« als »theoretischen« Darlegung (Horneffer) unverkennbar sei, ebenso »in mehr oder minder verwässerter Weise« »bei A. Riehl, A. Drews, R. Richter« (Löwith 1987, 353), sodann bei E. Förster-N., die den Gedanken moralisch-instrumentell faßte, »zur Erhöhung des Typus Mensch« (1913, 148). Die kosmologische Seite der Wiederkunft bedeutet für Simmel nur ein »Vergrößerungsglas« des Wiederkunfts-»Prüfsteins«, gewissermaßen die Verschwerung des größten Schwergewichts; die Erschütterung demgemäß nur aus einer »gewissen Ungenauigkeit in ihrer logischen Auffassung« erklärbar. »Nur für einen Zuschauenden [...], der die Vielheit der Wiederholungen in seinem Bewußtsein zusammenfaßt, bedeutet die Wiederkehr etwas; in ihrer Realität an und für sich, für den Erlebenden, ist sie nichts. Nur ihr *Gedanke* hat eine ethisch-psychologische Bedeutung« (Simmel 1995, 398f.). Die Umwertung der Wiederkunft hin auf ihre »moralische Grundabsicht«, ihr Dasein als »Regulativ« ist vollzogen und bald einmal gehört es zum kantianischen Frühsport, die Wiederkunftslehre als Grundlegung zur Metaphysik der Sitten zu gebrauchen, durch den kategorischen Imperativ plafonierbar und domestiziert; so, in jedem Augenblick, zu leben, »als ob wir ewig lebten, d.h. als ob es eine ewige Wiederkunft gäbe« (ebd. 400). So kann Vaihinger im Beschluß seiner ›Philosophie des Als-ob‹ den Wiederkunftsgedanken als »heuristisch-pädagogisch-utopische Fiktion« (⁴1920, 789, Anm.1) benützen, zu der auch N. »unfehlbar auf den Weg gelangt [wäre], welchen der von ihm so sehr mißverstandene Kant eingeschlagen hat, und auf welchem auch F.A. Lange wandelte« (790), i.e.: »die Nützlichkeit und Notwendigkeit der religiösen Fiktion« (ebd.) zu rechtfertigen. Diese Entwicklung sei aber durch die »Erkrankung« leider abgeschnitten worden. Noch heute gebietet Danto: »Handle (oder sei) so, daß du bereit wärst, unendlich oft hintereinander auf exakt dieselbe Weise zu handeln (oder exakt dasselbe zu sein)« (Danto 1998, 257). Der Originalton indes verknüpft meisterhaft Präskription und Deskription als untrennbare Einheit: »Meine Lehre sagt: so leben, daß du wünschen mußt, wieder zu leben ist die Aufgabe – du wirst es jedenfalls!« (N, KSA 9, 505), von Klossowski noch am besten, aber ungenau durch den Begriff einer ›Wiedergeburt‹ paraphrasiert: »handle so, als ob Du unzählige Male wiedergeboren werden wolltest – denn so oder so, Du mußt wiedergeboren werden und von neuem beginnen« (1986, 96).

*Die kosmologische Bedeutung der Wiederkunftslehre.* Eine andere Perspektive ergibt sich aus der kosmologischen Interpretierbarkeit der Wiederkunftslehre: »Die Welt der Kräfte erleidet keine Verminderung: denn sonst wäre sie in der endlichen Zeit schwach geworden und zu Grunde gegangen. Die Welt der Kräfte erleidet keinen Stillstand: denn sonst wäre er erreicht worden, und die Uhr des Daseins stünde still. Die Welt der Kräfte kommt also nie in ein Gleichgewicht, sie hat nie einen Augenblick der Ruhe, ihre Kraft und ihre Bewegung sind gleich groß für jede Zeit. Welchen Zustand diese Welt auch nur erreichen kann, sie muß ihn erreicht haben und nicht einmal, sondern unzählige Male« (N, KSA 9, 498). Es ist das Verdienst Karl Löwiths, auf diesen halb vergessenen Aspekt der Wiederkunftslehre aufmerksam gemacht zu haben; N. gehe es gar nicht um eine moralisch ausbeutbare Fiktion, sondern um die Wiedergewinnung einer Welt – dieser Welt, für die die »tatsächliche« (Löwith 1987, 355) Wiederkehr eine Voraussetzung bilde. Es ist in der Tat völlig schleierhaft, wie das – N. so sehr am Herzen liegende – ↗Jasagen zu *dieser* Welt gelingen können soll, wenn der Wiederkunftsgedanke nur eine (moralische) Absicht bekunden würde, wenn die ewige Wiederkunft nur unser ethisches Verhältnis zur Welt beträfe, ohne diese selbst zu verändern. Moral und Physik der ewigen Wiederkunft werden von Löwith dichotomisiert und als Widerspruch aufgefaßt: »Die Einheit im metaphysischen Gleichnis der ewigen Wiederkehr spaltet sich auf in eine zweifache Gleichung, nach Seite des Menschen und nach Seite der Welt. Das *Problem* der Wiederkunftslehre ist aber die *Einheit* dieses *Zwiespalts* zwischen dem menschlichen Willen zu einem Ziel und dem ziellosen Kreisen der Welt« (ebd. 178). Der Weltcharakter der Lehre wird auch von Heidegger betont, allerdings zeigt er durch die Interpretation der Wiederkunftskapitel des Zarathustra (»Vom Gesicht und Rätsel«, »Der Genesende«; Heidegger I, 1961, 256ff.), daß eine antike Welt nicht wiedergewonnen wird, weil der

»Pfad der Ewigkeit«, wie sich die Tiere ausdrücken, eben nicht krumm ist; nicht antik-kreisförmig-redundant, sondern punktuell im Augenblick aufgeht und damit nur nachteleologisch zu verstehen ist. Die »zusammenfassende Darstellung des Gedankens« bezieht sich bei Heidegger auf Fragmente der kosmologischen Wiederkunftslehre, gipfelnd in Punkt 10: »Das Weltchaos ist in sich Notwendigkeit« (ebd. 317). War für Löwith N. »als Naturwissenschaftler ein philosophierender Dilettant« (Löwith 1987, 206), so muß er doch als Kenner der naturwissenschaftlichen Diskussionen seiner Zeit (Vogt, Caspari, Mayer, Thomson) (↗Naturwissenschaft) gelten (Becker 1963, S. 51 ff.). D'Iorios Analyse des der Wiederkunftslehre vorgängigen Thermodynamikdiskurses kommt zu dem Ergebnis: »Le livre de Caspari, *Der Zusammenhang der Dinge*, [...], est la source principal de ce cours de reflexions« (1995, 78). N.s Welt gipfelt im Bild des »Thorwegs« (»Diese lange Gasse zurück: die währt eine Ewigkeit. Und jene lange Gasse hinaus – das ist eine andre Ewigkeit« [Za III, KSA 4, 199]): ein antigoethischer, antiaugustinischer Augenblick, der nicht verlängert werden soll, sondern Ewigkeit punktförmig inkludiert. Von diesem ›Thorweg‹ aus darf man Rückwärts- und Vorwärtsrechnen, nicht aber aus der Vergangenheit auf den jetzigen Augenblick schielen (aus kontrateleologischen Gründen), noch sich eine Zukunft aus der Gegenwart (aus epistemologischen Gründen) zurechtmachen. Paralysierendes Gewordensein zu konstatieren oder verfügende Planung in die Zukunft zu betreiben, soll durch den der Wiederkunft, nicht Wiederkehr entsprechenden Thorwegsgedanken unmöglich gemacht werden – Unschuld des Werdens heißt das Ziel: seine Modalitäten sind ausschliesslich *prospectus ex nunc* und *retrospectus ex nunc*.

Die moderne Diskussion hat sich in die Spezialprobleme der ewigen Wiederkunft ausdifferenziert. So wird auf »Argumentationen bei Henri Poincaré« verwiesen, »in denen die Hamilton-Gleichungen der Bewegung auf abgeschlossene mechanische Systeme mit endlicher Anzahl bewegter, d.h. nicht in starrer Kombination befindlicher Elemente angewandt werden« (Abel $^2$1998, 199). Dem schon von Simmel publizierten und von Danto modifizierten (Gegen-)Beweis (eine harmonische Reihe $1 + \frac{1}{2} + \frac{1}{4} + \ldots$ [2 ist divergent, der Grenzwert 2 wird nie erreicht] wird die Unendlichkeit der Lagen bei Endlichkeit der Elemente entgegengehalten, daß in der Endlichkeit sich durchaus widerspruchsfreie Unendlichkeit (der Teilbarkeit) verbergen könne; die physikalischen Theoreme zur Gastheorie bzw. zum Dreikörperproblem zeigten, daß die endliche Verteilung der Korpuskel jenseits der unwirklichen Zahl $\pi$ lägen (Abel $^2$1998, 197 ff., 416 ff.). Prinzipielle Reversibilität sei nicht auszuschliessen, auch nicht in einem relativitätstheoretischen Universum (ebd. 428). Tatsächlich begründet die spezielle Wiederkunftslehre eine physikalische Meta-Physik, die überall die intramundanen Macht-Kraft-Quanten sieht, aber trotzdem die Grenze der ersten (und letzten) Singularität (oder Pluralität) transzendiert. Daß thermodynamische Hauptsätze die Wiederkunftslehre stützen (»Der Satz vom Bestehen der Energie fordert die ewige Wiederkehr« [N, KSA 12, 205]), und widerlegen (vgl. die Diskussion über den Wärmetod bei Becker 1963, Müller-Lauter 1971, 178 f. und Ottmann $^2$1999, 364 f.) oder daß moderne astrophysische Spekulationen über die Hitze bei vermuteten Kontraktionen des Universums – neue Quarks generierten neue Welten in möglicherweise unendlich vielen Zyklen – geführt werden, darf die Wiederkunftslehre, wie Abel einwendet, nicht szientisch verkürzen, da ihre Natur ein »geschehens-logischer« Gedanke (Abel $^2$1998, 430 f.) sei: In der Welt der Kräfte herrsche nicht Blindheit, sondern Interpretation: »Kräfte interpretieren andere Kräfte nicht nach Maßgabe von Zwecken, sondern unter dem Gesichtspunkt der Macht-Bezeugungen und Kräfte-Taxierungen« (ebd. 139; gegen diese aus den Willen zur Macht-Prozessen retrospektiv gelesene Interpretation: Gerhardt 1987, 444–466). Die Beweispflicht der Wiederkunftslehre sei dadurch zu entlasten, daß nur das Gleiche, nicht das Selbe wiederkomme; zur Anwendung komme nicht das Leibnizsche *principium identitatis indiscernibilium*, welches auf das Selbe, das idem, abhebt.

Eine zweite weltbetrachtende Komponente ist das von N. immer wieder aufgeführte Argument einer unfertigen Welt trotz ungeheurer Vorlaufzeit – damit sei eine Teleologie in der Welt erledigt: zusammengenommen: »Das Maaß der All-Kraft ist bestimmt, nichts ›Unendliches‹: hüten wir uns vor solchen Ausschweifungen des Begriffs! Folglich ist die Zahl der Lagen Veränderungen Combinationen und Entwicklungen dieser Kraft, zwar ungeheuer groß und praktisch ›unermeßlich‹, aber jedenfalls auch bestimmt und nicht unendlich. Wohl aber die Zeit, in der das All seine Kraft übt, unendlich d.h. die Kraft ist ewig gleich und ewig thätig: – bis diesen Augenblick ist schon eine Unendlichkeit abgelaufen, d.h. alle möglichen Entwicklungen müssen schon dagewesen sein. Folglich muß die augenblickliche Entwicklung eine Wiederholung sein und so die, welche sie gebar und die, welche aus ihr entsteht und so vorwärts und rückwärts weiter!« (N, KSA 9, 523). An dieser Stelle wird das ganze Dilemma der Wiederkunftsphysik deutlich, die ihrer Natur nach als paränetische Homilie konzipiert war, aber in ihrer wahrheitsskeptizistischen Konzeption ideologiekritisch wirkt – wie kann das, was die anthropologische Verwandlungskapazität der Wiederkunftslehre ausbauen helfen soll, als »ganz unerweislich« aufgewiesen werden? Der Konnex zur moralischen Begründung des Wiederkunftsgedankens scheint dahin zu schwinden; Konzentration und Schwere des Gedankens nehmen ab. Die kosmologischen Spekulationen zur naturwissenschaftlichen Fundierung der Wiederkunftslehre verglimmen. Es stellt sich die Frage, ob nicht der Wille zur Macht die Wiederkunftslehre beerbt (somit käme es zur *Reihenfolge* Wiederkunftserlebnis – Wiederkunftsphysik – Kräftephysik – Kräftephilosophie).

*Die politische Bedeutung der Wiederkunftslehre.* Neben den beiden dargestellten Interpretationssträngen existiert ein dritter, meist übersehener Strang: die Wiederkunftspolitik. Dies verdankt sich nicht zuletzt der N.-Interpretation A. Baeumlers, die aus dem »System« N.s die »einzige Deutungsebene« entnimmt, daß er nur mit dem »Grundgedanken des ›Willens zur Macht‹« denke – der Wiederkunftsgedanke sei »ohne Belang« (Baeumler 1931, 80), weil er nur »Ausdruck eines höchst persönlichen Erlebnisses« sei und der politischen Essenz, die sich ausschließlich im ›Willen zur Macht‹ entberge, ohnmächtig gegenüberstehe. Wiewohl es nicht an Versuchen gefehlt hat, die Wiederkunft, besonders ihren visionär-gnostischen Part, politisch zu nutzen (»Die Fahne des Dritten Reiches symbolisiert im Hakenkreuz die Lehre von der ewigen Wiederkunft des Gleichen« [Giese 1934, 127]), hält die (gegen Baeumler gerichtete) Frontstellung ›Wille zu Macht‹ = politisch, Wiederkunftslehre = unpolitisch-metaphysisch seit Löwiths Zeiten (1987, 363 ff.) unvermindert an. Daran hat auch das zutreffende Diktum Ottmanns: »Er [N.] kannte nur Politik mit Philosophie, keine ohne« (²1999, 7), nichts geändert. Die Wiederkunftslehre ist für Eliten bestimmt. Noch eine der letzten Notizen zur Wiederkunftslehre spricht von einer eigenen Kaste: den »Wiederkünftigen« (N, KSA 13, 355). Was aber, wenn die Menschenbildung durch die Wiederkunftslehre mißlingt? »Furcht vor den Folgen der Lehre: die besten Naturen gehen vielleicht daran zu Grunde? Die schlechtesten nehmen sie an?« (N, KSA 10, 521). Die Wiederkunftslehre wird ein Fall für die ↗große Politik: ein neuer Stand über den Ständen (N, KSA 11, 195), eine durch den züchtigenden Gedanken siegreiche Rasse (N, KSA 11, 250) und eine »neue Aufklärung« für »herrschende[ ] Naturen« (N, KSA 11, 295) wird qua Wiederkunftslehre generiert. Am Ende solcher Überlegungen steht das berühmte »Lenzer Heide Fragment« über den europäischen Nihilismus: Die Schlechtweggekommenen, so N., werden »den Glauben an die ewige Wiederkunft als einen Fluch empfinden, von dem getroffen man vor keiner Handlung mehr zurückscheut: nicht passiv auslöschen, sondern Alles auslöschen machen, was in diesem Grade sinn- und ziellos ist: obwohl es nur ein Krampf, ein blindes Wüthen ist bei der Einsicht, daß Alles seit Ewigkeiten da war – auch dieser Moment von Nihilismus und Zerstörungslust. – Der **Werth** einer solchen Crisis ist, daß sie reinigt, daß sie die verwandten Elemente zusammendrängt und sich an einander verderben macht, daß sie den Menschen entgegengesetzter Denkweisen gemeinsame Aufgaben zuweist – auch unter ihnen die schwächeren, unsichereren ans Licht bringend und so zu einer Rangordnung der Kräfte, vom Gesichtspunkte der Gesundheit, den Anstoß giebt: Befehlende als Befehlende erkennend, Gehorchende als Gehorchende. Natürlich abseits von allen bestehenden Gesellschaftsordnungen« (N, KSA 12, 216f.). Die Stärksten dagegen – »Menschen die ihrer Macht sicher sind«, die keine »extremen Glaubenssätze« benötigen – »Wie dächte ein solcher Mensch an die ewige Wiederkunft? –« (ebd. 217). Die Wiederkunftslehre wird in die Geschichte des (europäischen) Nihilismus eingelesen und ihr Wert im Rahmen einer ewigen Aufklärung neu vermessen – »ohne Finale ins Nichts: ›die ewige Wiederkehr‹. Das ist die extremste Form des Nihilismus: das Nichts (das ›Sinnlose‹) ewig!« (ebd. 213).

Die Frage der Periodisierung stellt sich nach dieser Zusammenschau erneut. Es ist nach der Durchschau der Nachlässe evident, daß die intensivste Auseinandersetzung mit dem ›grössten Schwergewicht‹ in das Jahr 1881 zu datieren ist, in der Numerierung der KSA ab KSA 9, 494. Diese erste Phase der Reflexion ist durchdrungen von dem Wiederkunftserlebnis, wo alle Folgen der neuen Lehre hektisch durchdekliniert werden. Der Entschluß zum Studium ist getragen von Enthusiasmus und dem Durchstehen der Vision. Man kann hier nicht von einer Dominanz des einen Teils über den anderen sprechen. In die Öffentlichkeit gelangen aber die kosmologischen Spekulationen nicht. Der *Zarathustra* ist ein Werk der Verwandlungen und vollendeten Psychoanalysen, nicht ein Werk von Theoremen der Energieerhaltung u.ä. Mit dem *Zarathustra* wird eine Häutung durchlebt, an deren Ende eine Genesung und Gesundung steht oder stehen soll. Es bleibt der Gedanke der ewigen Wiederkunft in der Gestalt der Lehre übrig, weil er jetzt durchlebt wurde. Die physikalischen Spekulationen sind noch da, aber sie lassen sich nun genauso in den ›Wirkungskreis‹ der Machtwillen einordnen. Die Verwandlungsmacht der Wiederkunft taugte zur Lehre, aber nicht richtig zur Ethik. Die Lehre taugt aber um so besser für Politik, am besten große Politik. N. verschwendet ab 1887 keinen Gedanken mehr an den Gedanken der Gedanken (nachdem er 1885 ›erledigt‹ wird). Er wird eine halb vergessene Erinnerung, die der entfesselten Aufklärung und der großen Politik geopfert wird. In der Zusammenschau von N.s strategischen Begriffen kann die Wiederkunftslehre unter die Rubrik ↗Unschuld des Werdens subsumiert werden, für die die ewige Wiederkunft ein Mittel ist. Das ateleologische Denken, das bei N. immer präsent gewesen ist, verschärft sich. N.s Denken endet – wie billig – im Ende aller Teleologie.

Literatur: Salomé 1983 (1894); Riehl 1897, ⁴1901; Horneffer, E.: N.s Lehre von der ewigen Wiederkehr und deren bisherige Veröffentlichungen, Leipzig 1900; Ewald, O.: N.s Lehre in ihren Grundbegriffen. Die ewige Wiederkunft und der Sinn des Übermenschen, Berlin 1903; Simmel, G.: Schopenhauer und N., in: Gesamtausgabe, Bd. 10, 167–408, Frankfurt a.M. 1995 (1907); Vaihinger, H.: Die »Philosophie des Als-ob«: mit einem Anhang über Kant und N., Hamburg ⁴1920 (1911); Förster-N., E.: Der einsame N., Leipzig 1913; Baeumler 1931; Giese, F.: N. – Die Erfüllung. Tübingen 1934; Löwith 1935; Jaspers ⁴1981 (1936); Heidegger 1950; Löwith, K.: Anhang zu N.s Philosophie der ewigen Wiederkehr des Gleichen. Zur Geschichte der N.-Deutungen, in: Sämtliche Schriften, Bd. 6, Stuttgart 1987 (1955); Heidegger 1961; Becker, O.: N.s Beweise für seine Lehre von der ewigen Wiederkunft, in: ders: Dasein und Dawesen, Pfullingen 1963; Danto 1965, dt. 1998; Janz 1978; Blumenberg, H.: Arbeit am Mythos, Frankfurt a.M. 1979; Klossowski 1986; Gerhardt, V.: Gipfel der Innerlichkeit. Zu Günter Abels Rekonstruktion der Wiederkehr, in: NSt 16 (1987), 444–466; Chapelle, D.: N. and psychoanalysis, Albany 1993; D'Iorio, P.: Cosmologie de l'éternel retour, in: NSt 24 (1995), 62–123; Abel ²1998; Ottmann ²1999.

*Miguel Skirl*

## Experiment, Experimentalphilosophie

Ein Schlüsselbegriff zum Verständnis von N.s methodischem und auch stilistischem (↗Aphorismus) Vorgehen, den N. selbst als Motto sowohl seiner Philosophie als auch seines Lebens verwendet (vgl. z.B. N, 16[32], KSA 13, 492 u. FW, Nr. 324, KSA 3, 552; zur womöglich von Emerson beeinflußten Begriffswahl u. zur Begriffsgeschichte der »Experimental-Philosophie« vgl. Gerhardt 1986, 47). Für N., der intensiv die naturwissenschaftlichen Werke seiner Zeit studierte, ist die Übernahme der experimentellen Methode für eine neu zu konzipierende Philosophie nicht zufällig. Dabei ist zu beachten, daß N. »naturwissenschaftliche Befunde eher als Spekulationspotential denn als objektiv gesicherte Erkenntnisse« (Schlimgen 1999, 49) betrachtet und auch die Physik lediglich als *eine* Art der »Welt-Auslegung und -Zurechtlegung« begreift. Ein experimenteller Entwurf richtet sich aber immerhin nach den tatsächlichen Lebensbedingungen und hat immer nur hypothetischen Charakter, da er nur solange gilt, bis er durch einen weiteren Versuch widerlegt wird. In diesem Sinne hofft N. durch beständiges »furchloses Fragen [...] den Dingen auf den Grund zu kommen« (Kaufmann 1982, 102). In dem »Wille[n] zum System« der idealistischen Philosophie von Platon bis Hegel erkennt N. dagegen einen »Mangel an Rechtschaffenheit« (GD, Nr. 26, KSA 6, 63, vgl. dazu kritisch: Kaufmann 1982, 109f.). N. kritisiert an dieser »dogmatischen« Philosophie ihre Starrheit und Voreingenommenheit sowie Blindheit für die Perspektiven (↗Perspektivismus) und Bedürfnisse des Lebens. Ihre Überzeugungen, die nicht mehr in Frage gestellt oder überprüft werden, betrachtet N. als »Gefängnisse« (AC, Nr. 54, KSA 6, 236).

Den »Platonismus« – für N. der Inbegriff der dogmatischen Philosophie – betrachtet N. bereits als »überwunden« (JGB, Vorrede, KSA 5, 12), wodurch das »Experiment« eine folgenreiche Bedeutung bekommt: Der moderne Mensch befindet sich nach N. in einer Situation, in welcher die metaphysischen und religiösen Bindungen und Verankerungen, die über Jahrhunderte hinweg Sicherheit geboten haben, weggebrochen sind, da ihre ↗»Wahrheit« als Interpretation bzw. »Falschmünzerei« im Dienste des ↗»Willens zur Macht« entlarvt wurde. Das dadurch entstandene Sinnvakuum (↗Nihilismus) muß nach dem von N. diagnostizierten ↗»Tod Gottes« vom Menschen selbst experimentell gefüllt werden (vgl. Maurer 1984, 15 u. Himmelmann 1996, 297). Dieser Aufbruch, in dem sowohl der Sinn als auch das Ziel des individuellen wie kollektiven Lebens erst noch bestimmt werden muß, kann als Chance verstanden werden, in der sich der Mensch in einer »grosse[n] Loslösung« (MA I, Vorrede, Nr. 3, KSA 2, 16) von den Fesseln religiöser und metaphysischer Bevormundung emanzipiert und frei zur Selbstbestimmung wird. Dieses »Abenteuer« nennt N. »das Meisterschafts-Vorrecht des freien Geistes« (MA I, Vorrede, Nr. 4, KSA 2, 18). Als Vorhut betrachtet N. die heraufkommenden »Philosophen der Zukunft«, die N. ausdrücklich als »Versucher« (JGB, Nr. 42, KSA 5, 59) und »Menschen der Experimente« (JGB, Nr. 210, KSA 5, 142) bezeichnet. Sie sind außerdem »Befehlende und Gesetzgeber«, die nicht überkommene Lehrmeinungen übernehmen, sondern selbst neue ↗»Werte« schaffen und »sagen: ›so soll es sein!‹« (JGB, Nr. 211, KSA 5, 145). In diesem Sinne kann N.s »Experimentalphilosophie« als Radikalisierung der *kopernikanischen Wende* Kants verstanden werden (vgl. dazu Himmelmann 1996, 182f. sowie Kaulbach 1980, 62ff. u. 140ff.). Die menschliche Selbstbestimmung muß sich orientieren am Grundcharakter des Lebens (↗»Werden« und »Wille zur Macht«) und erfordert »Ehrlichkeit im Sichtbar-werden-lassen sogenannter böser Eigenschaften« (N, 3[6], KSA 9, 49). Als das »›nicht festgestellte Thier‹« (N, 2[13], KSA 12, 72, vgl. auch GM, 3. Abh., Nr. 13, KSA 5, 367) kann sich der Mensch allerdings in seinem Lebensvollzug nicht auf seinen »Instinkt« verlassen, so daß es für ihn weder ein natürliches noch ein metaphysisches *telos* gibt (vgl. FW, Nr. 143, KSA 3, 491). Daher bleibt aus dieser existentiellen Sinn- und Identitätskrise kein anderer Ausweg, als künstlerisch mit verschiedenen Perspektiven und Weltinterpretationen vorurteilsfrei zu experimentieren, wobei jene als die »richtige« bzw. »gerechte« bezeichnet werden kann, die für einen speziellen Lebensentwurf die geeignete »Sinnmotivation für die Verwirklichung seiner Zwecke« (Kaulbach 1980, 134 u. 229) bietet.

Zweifelhaft ist freilich, ob der Mensch die Fähigkeit und Stärke zu dem von N. geforderten »dionysischen Jasagen« (N, 16[32], KSA 13, 492) zu einer Welt der ↗»ewigen Wiederkunft« ohne Sinn und Ziel hat. Denn »die existentiell-experimentelle Selbsterzeugung [...] ist ein endloser Prozeß« (Maurer 1984, 23). Sie ist außerdem als »riskant bis lebensgefährlich« (Maurer 1983, 503) einzustufen, weil als »Experiment« grundsätzlich keine Möglichkeit, auch nicht die der menschlichen »Selbstvernichtung« (Maurer 1984, 19), ausgeschlossen werden kann. Dabei muß allerdings darauf hingewiesen werden, daß N.s »Experimentalphilosophie« und die darin enthaltenen Sinnangebote des ↗»Übermensch[en]« oder der ↗»Umwertung aller Werthe«, nicht als Patentlösung mißverstanden werden dürfen. Vielmehr – und das erklärt z. T. die oft konstatierte Radikalität und Widersprüchlichkeit in N.s Werk – stellen sie selbst methodische Versuche dar. Denn einen Gedanken bis an »seine äusserste Grenze [...] bis zum Unsinn« zu treiben, versteht N. als *seine* »Moral der Methode« (JGB, Nr. 36, KSA 5, 55), deren hypothetischer Charakter nie ausgeblendet werden sollte.

Literatur: Kaulbach 1980; Maurer, R.: N. harmonisch [Rezension zu Kaulbach 1980], in: NSt 12 (1983), 497–506; Halder, A.: Die metaphysisch-religiöse Transzendenz im Experiment des Willens zur Macht, in: Djuric, M./Simon, J. (Hgg.): Zur Aktualität N.s, Band I, Würzburg 1984, 45–62; Maurer, R.: Das Experimentelle, ebd., 7–28; Gerhardt, V.: »Experimental-Philosophie« – Versuch einer Rekonstruktion, in: Djuric, M./Simon, J. (Hgg.): Kunst und Wissenschaft bei N., Würzburg 1986, 45–61; Himmelmann, B.: Freiheit und Selbstbestimmung. Zu N.s Philosophie der Subjektivität, Freiburg/München 1996; Schlimgen, E.: N.s Theorie des Bewußtseins, Berlin/New York 1999.

*Djavid Salehi*

## Die Frau

Das Frauenbild N.s ist umstritten. Sein Begriff der Frau ist schwer faßbar, da oftmals biographische Ambitionen in die abstrakten Erörterungen getragen werden. Vielfach wird in bezug auf N. das Diktum *mulierem numquam attigit* kolportiert, psycho-sexueller Infantilismus unterstellt und für vermeintlich unbefriedigte libidinöse Regungen eine widernatürlich bevölkerte Phantasie angenommen, die zu exaltierten Sentenzen über die Frau geführt haben soll. In Wahrheit sind Äußerungen des Philosophen über das weibliche Geschlecht erstaunlich differenziert.

Die Frau erscheint in seinen Schriften als Mutter, Konkubine, Wahrsagerin, Wüstentochter, Wagnerianerin, Prophetin, Schauspielerin, Gattin, Gouvernante, Mädchen, Mänade, Priesterin, Tänzerin, Hure, Herrin, Hexe, Heilige, Hetäre, höhere Tochter und Gebärerin. Mannigfache Kolorite und Affekte flimmern auf: »wer hasste dich nicht, dich grosse Binderin, Umwinderin, Versucherin, Sucherin, Finderin! Wer liebte dich nicht, dich unschuldige, ungeduldige, windseilige, kindsäugige Sünderin!« (Za III, Das andere Tanzlied 1, KSA 4, 283). Die verhüllende Sphinx reizt den Fragenden zur Entschleierung, zwingt ihn zur Lust und zum Unheil. Der Abgrund soll Gemeinsamkeit werden: »es wäre möglich, daß wir mit Einem Munde redeten?« (N, KSA 9, 622). ↗Wahrheit bedeutet Verstrickung, Verschmelzung, Untergang. Wer ist wer? Ödipale Sehnsucht und Angst geraten bei N. zum großen Wagnis.

Frauengestalten wie Diotima, ↗Ariadne, Pythia, Antigone, Sibylla, Penelope oder Elektra figurieren aus dem griechischen Mythos als Idealgestalten. Sie besitzen eine sensible Naturverbundenheit und vielfach die Anlagen, göttliche Botschaften zu vermitteln. Die unverzichtbare Wahrheit dieser Prophetinnen hat die Kraft, den politischen Trieb des Staates zu kompensieren, »um sich nicht in Selbstzerfleischung zu erschöpfen« (N, KSA 7, 175). Die Frau als Trägerin der Zukunft entwickelt bei N. eine instinktive Schutzwehr zur Erhaltung des Geschlechts. Hier setzt seine Kulturkritik an: »Aber wer möchte aus der jetzigen Welt solche Ideale erschaffen können?« (N, KSA 7, 171). Es ist aber kein historischer Blick und keine soziologische Analyse der Zeit des späten 19. Jh.s, sondern eine Oszillation von psychologischen Distanzen, metaphorischen Näherungen, kulturkritischen Sehnsüchten und moralisch-süffisanten Pointen.

Die Frau ist bei N. trotz biographisch-emotionaler Spannung ein facettenreiches Simulakrum. »Wer weiss? vielleicht bin ich der erste Psycholog des Ewig-Weiblichen.« (EH, Warum ich so gute Bücher schreibe 5, KSA 6, 305) N. greift über eine Verallgemeinerung hinaus zum Eros und zur Muse als der absoluten Lebensbejahung. Die Existenz wird mit der Zeugung künstlerischen Schaffens und der Fähigkeit gebärenden Schmerzes den Mysterien der Geschlechtlichkeit unterworfen. Der Wille zum Leben gipfelt im Ausruf: »Vita femina. [...] Ja, das Leben ist ein Weib!« (FW, Nr. 339, KSA 3, 568f., vgl. auch Za III, Das andere Tanzlied, KSA 4, 282ff.).

N. definiert über das »›Weib an sich‹« (JGB, Nr. 231f., KSA 5, 170f.) und über die Frau seine eigenen Wahrheiten. Es ist der maskuline Impetus dogmatischer ↗Metaphysik, der den verschleiernden ↗Tanz des Weibes verachtet und gleichzeitig begehrt, der am Tag die Lüge verurteilt, um sie nachts zu suchen. Die Insignien der Männlichkeit namens ↗Moral und Phallos sind herausgefordert.

»›Du gehst zu Frauen? vergiss die Peitsche nicht!‹« (Za I, Von alten und jungen Weiblein, KSA 4, 86). Dem Urheber dieser berühmten und meist falsch zitierten Peitschen-Sentenz wird vielfach grobe Frauenfeindlichkeit vorgeworfen. N. drängte etwa ein dreiviertel Jahr vor der Niederschrift dieser Zeilen seinen Freund Paul Rée (↗Freunde) und die junge Lou von Salomé (↗Frauen) zu einer Photographie. Das Bild, das im Frühjahr 1882 zustande kam, zeigt Rée und N. an der Deichsel eines Wagens, in welchem die begehrte Frau die Peitsche schwingt. In diesem Zusammenhang sei auf ↗Wagners *Walküre* verwiesen, die N. ausgezeichnet kannte: »Dir rat ich, Vater, rüste dich selbst; harten Sturm sollst du bestehn. Fricka naht, deine Frau, im Wagen mit dem Widdergespann. Hei, wie die gold'ne Geißel sie schwingt! Die armen Tiere ächzen vor Angst; wild rasseln die Räder; zornig fährt sie zum Zank«.

Hintergründiges erfährt man auch in der Monographie der ↗Elisabeth Förster-N., in der es heißt, daß die Autorin im selben Frühjahr dem augenkranken Philosophen die Turgenjew-Novelle *Erste Liebe* vorlas. Es ist die Geschichte der umschwärmten Sinaida, die mit ihren Verehrern grausame Spiele treibt, bis sie schließlich von einem herrischen Mann, den sie zu Grunde richtet, mit einer Reitgerte gezüchtigt wird, was ihr offenkundig nicht mißfällt. Nach Auskunft von Förster-N. äußerte sich der Denker empört über die Tat des Liebhabers, während sie sich selbst bei gewissen Frauen für eine symbolische Peitsche aussprach. Ein Jahr später habe sie ihren Bruder in Rom getroffen, wo er ihr den ersten Teil des *Zarathustra* zum Lesen gab. Als sie an das bewußte Kapitel gelangt sei, in dem ein altes Weib das Peitschendiktum verkündet, soll sie erschrocken ausgerufen haben: »O Fritz, [...] das alte Weibchen bin ich!« (Förster-N. 1913, 411).

Als N. den *Zarathustra* verfaßte, verschmolzen in seinen Gedanken vermutlich die Figuren der Sinaida und Fricka mit den realen Personen Lou und »Lisbeth«. In einer Studie zum Thema N. und die Peitsche denkt H. J. Schmidt auch an Herodots *Historien*, in denen sich die Gebrüder Kleobis und Biton aus Argos am Herafest anstelle von abwesenden Stieren vor den Wagen spannten, um ihre Mutter noch rechtzeitig zum Heiligtum der Göttin zu ziehen. Nachdem das versammelte Volk dieser Tat teilhaftig wurde, ist ihnen der schönste Tod zuteil geworden. Gott soll hier offenbart haben, daß der Tod für den Menschen besser als das Leben sei. N. war mit der Peitsche geschlagen worden (vgl. N., Franziska: GSA Weimar, 100/846, 23 und Bohley 1987, 169). N. ist in einem reinen Frauenhaushalt, den er oftmals als seelische Geißel empfand, aufgewachsen: »Der Freigeist wird immer aufathmen, wenn er sich endlich entschlossen hat, jenes mutterhafte Sorgen und Bewachen, mit welchem die Frauen um ihn walten, von sich abzuschütteln. [...] Desshalb kann sich die Milch, welche die mütterliche Gesinnung der ihn umgebenden Frauen reicht, so leicht in Galle verwandeln« (MA I, Nr. 429, KSA 2, 281).

Auch Zarathustra versucht, die *vita femina* nach dem Takt seiner Peitsche tanzend und schreiend auf Distanz zu halten, doch sie hat den Weisen mit ironischer Selbstsicherheit in der Hand: »Oh Zarathustra! Klatsche doch nicht so fürchterlich mit deiner Peitsche! Du weisst ja: Lärm mordet Gedanken, – und eben kommen mir so zärtliche Gedanken« (Za III, Das andere Tanzlied 2, KSA 4, 284).

Die Peitschensentenz steht in einem Verweisungszusammenhang zwischen Lektüre und persönlichen Erlebnissen. Selbstironie und Heterogenität tragen eine gewisse »Schalkhaftigkeit« (Förster-N. 1913, 409) in den Sachverhalt. »Parodie setzt immer irgendwo eine Naivität voraus, die an ein Unbewußtes angelehnt ist, und das Schwindelgefühl der Nicht-Meisterschaft, eine Bewußtlosigkeit. Die vollständig berechnete Parodie wäre eine Erkenntnis oder eine Gesetzestafel« (Derrida 1986, 151).

Nicht aber sollte N. auf reine Persiflage reduziert werden. Es bleibt eine Verunsicherung durch die Geste herrischer Brutalität. So hatte der Philosoph, um seine Ansicht über die Verschiedenheit der Geschlechter zu untermalen, mit Ritualsprüchen wie: »Das Glück des Mannes heisst: ich will. Das Glück des Weibes heisst: er will« (Za I, Von alten und jungen Weiblein, KSA 4, 85) auch seine Verachtung für die aufgekommene Emanzipationsbewegung kundgetan. Gegen diese fand N. harte Worte (vgl. EH, Warum ich so gute Bücher schreibe 5, KSA 6, 305ff. und N, KSA 11, 513). Seine Argumentation richtet sich nicht gegen die Frau, sondern gegen die männlichen Tendenzen in ihr; sein Widerwille wird nicht durch den Gedanken der Befreiung, sondern durch den der Entzauberung des weiblichen Geschlechtes erregt. Für N. ist es pathologisch, den maskulinen Dummheiten nachzueifern, die seiner Meinung nach zur Entweiblichung und »zu den schlimmsten Fortschritten der allgemeinen Verhässlichung Europa's« (JGB, Nr. 232, KSA 5, 170) führen. Im Zusammenhang mit der Kritik an einer geschmacklichen und logischen Orientierung am Mann sind so brüskierende Aphorismen wie: »Wenn ein Weib gelehrte Neigungen hat, so ist gewöhnlich Etwas an ihrer Geschlechtlichkeit nicht in Ordnung« (JGB, Nr. 144, KSA 5, 98) zu verstehen. Die Frauen sollen sich nach N.s Ansicht nicht in den Gymnasien und Akademien verbilden und sich wie häufig die jungen Männer zu Schatten oder Mustern der Lehrer entwickeln, sondern »gerade ihrer Willenskraft – und nicht den Schulmeistern! – ihre Macht und ihr Übergewicht über die Männer« (JGB, Nr. 239, KSA 5, 178) verdanken.

Der Philosoph gibt seiner Freundin Lou den Rat, diejenige zu werden, die sie sei. »Erst hat man Noth, sich von seinen Ketten zu emancipiren, und schließlich muß man sich noch von dieser Emancipation emancipiren!« (Lou von Salomé, Ende August 1882). Ein jeder laboriere an seinen Ketten, auch wenn er sie längst verloren glaube.

N. spricht sich gegen bigotte Moralvorstellungen aus. Beispielsweise soll nicht die Prostitution, sondern nur die Verachtung der Huren abgeschafft werden (vgl. N, KSA 13, 402).

Somit sollten die Frauen, die sich als Ableiter für die Launen und den Unmut des Mannes aufopfern, wieder ihre Selbstachtung finden. Dabei empfindet N. die geschlechtlichen Regungen als Vergnügen und Wohltat der Gemeinsamkeit (vgl. M, Nr. 76, KSA 3, 73). Keuschheitspredigt und Erosfeindlichkeit seien widernatürlich. So sieht er seinem »Erzieher« ↗Schopenhauer nicht die Verteufelung der Sinne nach.

In N.s Frauenbild sind Keuschheit und Lust pikant verwoben. Seine *vita femina* ist zauberhaft verheißend, spöttisch, verführerisch und voll wilder Weisheit. Sie ist dem Manne in allem Triebhaften, Naiven und Natürlichen überlegen und hat mit ihrer größeren Zartheit ein entwickelteres Gefühlsleben. Sie kann mit leichtem göttlichen ↗Tanz gegen den ↗Geist der Schwere antreten oder wie ein melancholisches Totenschiff (vgl. FW, Nr. 60, KSA 3, 424) still und geisterhaft entgleiten. »Lieben und Untergehn: das reimt sich seit Ewigkeiten. Wille zur Liebe: das ist, willig auch sein zum Tode« (Za II, Von der unbefleckten Erkenntniss, KSA 4, 157). Sie ist auch Mänade und Raubtier, und ihr weiblicher Zyklus entspricht dem dionysischen Rhythmus als einem Kreis der ↗Wiederkehr. Den Künsten gegenüber zeigt sie eine organische Verspieltheit. Mit ihrer verführerischen Kraft ist sie hochartistisch und in Verbindung mit Verstellung, Putz und ↗Lüge die geborene Schauspielerin.

N. versteht das, was im allgemeinen unter dem Mantel der ↗Liebe praktiziert wird, als einen »Drang nach neuem Eigenthum« (FW, Nr. 14, KSA 3, 386f.). Im Spiegel der Gesellschaft sieht er einen Zusammenhang von Lust und Habsucht, Begehren und Besitzen. Ein Ideal, das darüber stehe, sei die ↗Freundschaft, die Ehe dagegen nur »eine Form des Concubinats, zu der die bürgerliche Gesellschaft ihre Erlaubniß giebt« (N, KSA 12, 507). Als moderne Institution sei sie auf Geschlechts-, Eigentums- und Herrschaftstrieb gegründet und daher sinnverloren und wertlos. Die Ehe mit Zukunft habe ihre Basis in der »Seelenfreundschaft zweier Menschen verschiedenen Geschlechts [...] zum Zweck der Erzeugung und Erziehung einer neuen Generation« (MA I, Nr. 424, KSA 2, 278). Gegenseitige Ehrfurcht befruchte »den Willen zu Zweien, das Eine zu schaffen, das mehr ist, als die es schufen« (Za I, Von Kind und Ehe, KSA 4, 90). In der Fähigkeit, über sich hinauszulieben, artikuliert N. den Willen zum Leben als züchtende Vision.

Der Philosoph zeichnet keine Haus- und Herdidylle und gibt wenig Anlaß für Blut- und Bodenromantik. Er hat die Utopie eines Menschen der Zukunft, für den Mann und Frau ineinander aufgehen sollen. In dieser Metaphorik neuer Werte scheint die Differenz der Geschlechter aufgehoben zu sein.

Außerhalb dieses Ideals haßte der ↗Freigeist N. die Gewöhnungen und Regeln einer ehelichen Gemeinschaft: »Für Menschen, wie ich es bin, giebt es keine Ehe: es sei denn im Stile unseres Goethe. Ich denke nicht daran, je geliebt zu werden« (Elisabeth N., Mitte März 1885). Aber in bezug auf seine ungelebten Bedürfnisse nannte er sein Leben eine »Hundestall-Existenz« (N, KSA 12, 198). Deutlich begriff er den Zwiespalt seines Daseins, da er nicht nur abstrahierender Philosoph, sondern auch entbehrender Mensch war. Der nach den Wolken griff, um den Blitz zu gebären, verzehrte sich nach Irdischem: »Ich bin überheiß und zwinge mit Mühe meine Flammen, daß sie mir nicht aus dem Leibe brechen« (N, KSA 11, 351).

N.s Explikationen über die Frau suggerieren die Gratwanderung einer Persönlichkeit zwischen weltmännischer Lebenskunst und feinnerviger Unruhe. Sentenzenhafte Weisheiten schlagen in misogyne Bemerkungen um, spöttische Verachtung gleitet über zärtliche Skepsis in mythische Verwunderung. Hinter der souveränen Maske des Philosophen scheint sich die tragische Verschlagenheit des Zweifels zu verbergen. Flucht und Begegnung stellen eine gravitierende Konstellation dar: »Der Zauber und die mächtigste Wirkung der Frauen ist [...] eine Wirkung in der Ferne, eine actio in distans: dazu gehört aber, zuerst und vor Allem – Distanz!« (FW, Nr. 60, KSA 3, 425). Diese Magie des Abstandes kennzeichnet die Höhe des Begehrens. Die Distanz fungiert als hinterhältiger Sinn der Macht. Darum muß man sich vor dem Sirenengesang fernhalten. Mit Distanz vor Distanz? Bedeutete dies Nähe? N. spürt einem Dilemma nach.

Auch in der Philosophie und Kunst versteckt sich bei N. die listige Larve weiblicher Verführung. Ist eine Flucht denkbar? Der Kampf um die Selbstbehauptung gestaltet sich als ein Feldzug gegen sich selbst, während das Ringen um Lust die Bejahung des Werdens formuliert. Das Leben stellt sich für N. in allen Schattierungen als schmerzliche Elektrizität dar. »Hat man Ohren für meine Definition der Liebe gehabt? es ist die Einzige, die eines Philosophen würdig ist. Liebe – in ihren Mitteln der Krieg, in ihrem Grunde der Todhass der Geschlechter.« (EH, Warum ich so gute Bücher schreibe 5, KSA 6, 306)

Literatur: Förster-N., E.: Der einsame N., Leipzig 1913, 402–429; Podach, E. F.: N.s Zusammenbruch, Heidelberg 1930; Brann, H.W.: N. und die Frauen, Leipzig 1931; Pfeiffer, E. (Hrsg.): F.N., Paul Rée, Lou von Salomé. Die Dokumente ihrer Begegnung, Frankfurt a.M. 1970; Turgenjew I.: Erste Liebe. Erzählungen, Berlin/Weimar 1979, 57–127; Wagner, R.: Die Musikdramen, München 1981; Derrida, J.: Sporen. Die Stile N.s, in: Hamacher, W. (Hrsg.): N. in Frankreich, Frankfurt a.M./Berlin 1986, 129–168; Bohley, R.: N.s christliche Erziehung, in: NSt 16 (1987), 164–196; Graybeal, J.: Language and »the Feminine« in N. and Heidegger, Bloomington/Indianapolis 1990; Shapiro, G.: Alcyone. N. on gifts, noise and Women, New York 1991; Behler, D.: N. and Postfeminism, in: NSt 22 (1993), 355–370; Mortensen, E.: The Feminine and Nihilism: Luce Irigaray with N. and Heidegger, Oslo 1994; Schmidt, H. J.: »Du gehst zu Frauen?« – Zarathustras Peitsche – ein Schlüssel zu N. oder einhundert Jahre lang Lärm um nichts?, in: Nietzscheforschung 1 (1994), 111–134; Diethe, C.: N.s women: beyond the whip, Berlin/New York 1996; dt. Vergiß die Peitsche – N. und die Frauen, Hamburg/Wien 2000; Smitmans-Vajda, B.: Melancholie, Eros, Muße. Das Frauenbild in N.s Philosophie, Würzburg 1999.

*Sven Brömsel*

# Freigeist

*Menschliches, Allzumenschliches* ist »ein Buch für freie Geister«. Der Freigeist als philosophische Gestalt tritt in dieser Zeit als Repräsentant von N.s spezifischer ↗Aufklärung in den Vordergrund. Zu seinen wesentlichen Merkmalen gehört die zunehmende Loslösung und Entfremdung von den Fesseln der Tradition. Sein erster Kampf richtet sich gegen die Macht des Staates, die auf der Tradition (Mythos) basiert (vgl. die »aufklärerische« Haltung der Vorsokratiker gegenüber der Polis). Daher plante N. auch parallel zur ↗*Geburt der Tragödie* eine Schrift über *Die Tragödie und die Freigeister*, welche »Betrachtungen über die ethisch-politische Bedeutung des musikalischen Drama's« enthalten sollte (N, 5[22] u. [42], KSA 7, 97 u. 103). Dieses Projekt wird in den *Unzeitgemäßen Betrachtungen* ausgeführt, in denen die ↗Artistenmetaphysik stark in den Hintergrund tritt. Freiheit gibt es zu diesem Zeitpunkt, ganz im Sinne Schopenhauers, nur für das ↗Genie, bzw. den Künstler, der vom religiösen Glauben befreit auch im Umgang mit dem Mythos Freiheit beweist und wie Aeschylus sogar »wesentlich unreligiös« ist (»er steht vor der Religion [...] unbefangen«, N, 14[6] 1875, KSA 8, 275 u. 5[47] 1870, KSA 7, 105). N. hat den *Ring des Nibelungen* vor Augen, wie Feuerbach ihn sah: Der Dichter als der Verkünder des Endes der Religion, »Götterdämmerung«, mit Siegfried als dem freien Helden der »schuldlos die Schuld der Götter« übernimmt und der Welt eine neue, befriedete Ordnung gibt. Die Freiheit bedeutet das Ende der Entfremdung. Der Mensch erlangt, indem er sich verwandelt, eine »neue Unschuld«. Die Lehre, die N. von Wagner übernimmt, unter Berufung auf die Worte Wotans, mit denen dieser seine Hoffnung auf das »Andere«, auf den Helden, der nur erlösen kann, zum Ausdruck bringt (*Walküre*, V. 1062–1063), lautet: »Jeder, der frei werden will, [muss] es durch sich selber werden [...], und dass Niemandem die Freiheit als ein Wundergeschenk in den Schooss fällt« (WB, 11, KSA 1, 507).

Der Freigeist ist zu Beginn mit der Vorstellung einer neuen antistaatlichen und antipolitischen Gesellschaftsordnung verbunden, die aus der kulturellen Kraft von Wagners Musikdrama hervorgehen und in der Lage sein soll, die menschliche Gemeinschaft frei vom Mechanismus der Zivilisation, neu zu gestalten. Die kritisch-befreiende Kraft der »Wiedergeburt« des tragischen Geistes in Deutschland richtet sich ganz gegen die Konventionalität und Gleichförmigkeit der Philister und der ↗Masse, welche mechanisch dem Egoismus, dem Geschäftssinn und dem Staat dienen. Die erste Gestalt des Freigeists reibt sich schon bald an der Metaphysik des ↗Genies und der romantisch-metaphysischen Trunkenheit Wagners. N. bemerkt, daß der Weg der Befreiung gerade in der metaphysischen Überzeugung, auf der die radikale Kritik der Gegenwart basiert, sein größtes Hindernis habe. Die Charakterisierung Schopenhauers (»Er ist der befreiende Zerstörer. Der Freigeist«; N, 34[43] 1874, KSA 7, 807) führte N. 1878 zu einer Konzeption des Freigeists, der skeptisch ist »gegen alles Verehrte Hochgehaltene, bisher Vertheidigte (auch gegen Griechen Schopenhauer Wagner) Genie Heilige – Pessimismus der Erkenntniss« (N, 27[80], KSA 8, 500). Freiheit ist nicht mehr Ausdruck der Unmittelbarkeit des Genies, sie bedarf vielmehr eines Prozesses und einer neuen Erziehung, die den wissenschaftlichen und historischen Erkenntnissen Rechnung trägt, gegen Improvisation und Zufall und gegen das »unreine« Denken der Antike und des Christentums. N. hat lange Zeit mit dem Gedanken an die Bildung »eines grossen Centrums von Menschen zur Erzeugung von besseren Menschen« gespielt (N, 3[75], KSA 8, 36), eine Art Kloster zur Erziehung freier Geister (»Moderne Klöster – Stiftungen für solche Freigeister – etwas Leichtes bei unsern grossen Vermögen«; N, 16[45], KSA 8, 294). Andererseits hat der Freigeist im Vergleich zum Gelehrten »die ganz andere und höhere Aufgabe [...], von einem einsam gelegenen Standorte aus den ganzen Heerbann der wissenschaftlichen und gelehrten Menschen zu befehligen und ihnen die Wege und Ziele der Cultur zu zeigen« (MA I, Nr. 282, KSA 2, 231). Die Figur des Freigeists entsteht aus dem Bedürfnis N.s nach einer Vernunft und Nüchternheit, die Schluß macht mit dem »schlechte[n] wissenschaftliche[n] Gewissen« (N, 4[111], 1882, KSA 10, 147) und zu der früheren »aufklärerischen« Haltung zurückkehrt (zu Demokrit und den Vorsokratikern). Der Terminus Freigeist verweist auch auf »esprit libre«, »libre penseur«, also »Freidenker«, »Free-thinker«, Begriffe, die mit der Geschichte des englischen Deismus in Verbindung stehen (Ottmann ²1999, 121f.) und im Falle N.s vor allem mit der französischen Tradition von Montaigne zu Voltaire, auf die er sich mehrfach beruft. N. unterscheidet zwischen der gegenwärtigen »Freiheit des Geistes« und derjenigen der *esprits forts* des 18. Jh.s. »Das Bild des Freigeistes ist unvollendet im vorigen Jahrhundert geblieben: sie negirten zu wenig und behielten sich übrig.« (N, 16[55], KSA 8, 295) Die Radikalität des Freigeists beinhaltet die notwendige Überwindung des »Schattens Gottes«, den Verzicht auf jegliche metaphysische Voraussetzung, wie etwa noch in der Kritik der humanistischen Aufklärer. Darüber hinaus ist »der moderne Freigeist [...] nicht wie seine Vorfahren aus dem Kampfe geboren, vielmehr aus dem Frieden der Auflösung, in welche er alle geistigen Mächte der alten gebundenen Welt eingegangen sieht« (N, 25[2], KSA 8, 484). Zur Charakteristik des Freigeists gehört folglich auch die Kritik nationaler und rassischer Verengungen und Vorurteile sowie des Reichtums und Privateigentums, eine Kritik, die in die Vorstellung des »guten Europäers« einmündet.

Der Freigeist ist verwandt mit dem Wanderer, der auf seinen Reisen durch Raum und Zeit unterschiedliche Sitten kennenlernt und so die eigenen relativiert, indem er mehrere Seelen in seiner Brust hegt. In Aph. 211 (MA II) bezeichnet N. diese Haltung, der ein »Zug zur Freiheit« eignet, »im Gegensatz zu den gebundenen und festgewurzelten Intellecten«, als »geistige[s] Nomadenthum«. Der Seelenzustand des Wanderers wird unter Bezugnahme auf Emerson definiert, auf den auch die Bezeichnung geistiges Nomadenthum zurückgeht (Campioni 1987). Der Freigeist vermehrt seine Erfahrungen durch Reisen ohne festes Ziel, voll Unsicherheit und Bedenklichkeit, denn er haßt »alle Gewöhnungen und Regeln, alles Dauernde und Definitive« (MA I, Nr. 427, KSA 2, 280). Dieser Aspekt verstärkt sich noch in den achtziger Jahren, in denen das Wissenschaftspathos definitiv an die zweite Stelle rückt: »Das Ungewisse vielmehr, das Wechselnde Verwandlungsfähige Vieldeutige ist unsere Welt, eine gefährliche Welt –: mehr noch sicherlich als das Einfache, Sich-selbst-Gleich-Bleibende, Berechenbare, Feste, dem bisher die Philosophen, als Erben der Heerden-Instinkte und Heerden-Werthschätzungen, die höchste Ehre gegeben haben« (N, 40[59] 1885, KSA 11, 658). Diese Überlegungen finden ihr Äquivalent in Montaigne und in der »Zweideutigkeit« Sternes (MA II, Nr. 113, KSA 2, 424). Der Freigeist verteidigt die Notwendigkeit der *vita contemplativa*, die gegenwärtig in Mißkredit geraten ist, gegen die Arbeit, die rasend macht, wie eine Krankheit. Wenn auch die lebensbejahende Erneuerung und die Integration rationaler Elemente in die soziale Struktur dem Einzelnen überlassen bleiben (seine Freiheit wird behindert durch die Stärke des Vorurteils der »unfreien« Masse), so ist diese Aktivität dennoch auf einen realen und vernünftigen Nutzen für das Ganze ausgerichtet. Wenn auch der Wanderer auf dem Weg der Reflexion und der Kritik alleine fortschreitet, so trägt er dennoch seinen sozialen Schatten hinter sich. Die ↗Einsamkeit muß als Rückkehr zur Kritik am Stumpfsinn einer mechanischen Tätigkeit verstanden werden, die dominiert, wenn der Einzelne sich nur noch als Gattungswesen bzw. Repräsentant eines Berufes empfindet: »Die Thätigen rollen, wie der Stein rollt, gemäss der Dummheit der Mechanik« (MA I, Nr. 283, KSA 2, 231). Eine Gesamtvision, und mehr noch, ein historisches Bewußtsein, können von einer solchen unreflektierten Haltung nicht ausgehen. Gegen den erstarrten Gemeinsinn (das Reich der »gebundenen Geister«) muß der Freigeist neue Werte schaffen, d. h. den Weg für neue Möglichkeiten öffnen: »Für die Zukunft des Menschen lebt der Freigeist so daß er neue Möglichkeiten des Lebens erfindet und die alten abwägt« (N, 17[44], KSA 8, 304).

Die aufklärerische Kraft des Freigeists ist im Wesentlichen auch bei der Herausbildung des »Gesamtwesens« Mensch wirksam: »Ungebundene, viel unsicherere und **schwächere** Individuen, die neues versuchen und vielerlei versuchen, sind es, an denen der Fortschritt hängt [...] Die **degenerirenden Naturen,** die leichten Entartungen sind von höchster Bedeutung. Überall wo ein Fortschritt erfolgen soll, muß eine Schwächung vorhergehen«. Aufgabe dieser »entarteten Naturen« ist die »Schwächung der stabilen Kraft« einer Gemeinschaft, denn, so N., nur auf Wunden kann »etwas Neues und Edles inokulirt werden« (N, 12[22], KSA 8, 257 f.).

Literatur: Campioni, G.: Von der Auflösung der Gemeinschaft zur Bejahung des »Freigeistes«, in: NSt 5 (1976), 83–112; ders.: »Wohin man reisen muss.« Über N.s Aphorismus 223 aus »Vermischte Meinungen und Sprüche«, in: NSt 16 (1987), 209–226; Vivarelli, V.: N. und die Masken des freien Geistes: Montaigne, Pascal und Sterne, Würzburg 1998; Ottmann ²1999, 121 ff.

*Giuliano Campioni*
*(Aus dem Italienischen von Renate Müller-Buck)*

# Freundschaft

Freundschaft ist ein wenig beachtetes, aber zentrales Thema in N.s Philosophie und Leben. Vor dem Hintergrund seiner Kritik an der Idealisierung der ↗Liebe und des Ehelebens, lehrt Zarathustra »den Freund« als das »Fest der Erde und [als] ein Vorgefühl des Übermenschen« (Za I, KSA 4, 78). N.s Wertschätzung der Freundschaft richtet sich darüber hinaus auch gegen bloße Zweckbeziehungen. »Es giebt Kameradschaft: möge es Freundschaft geben!« (Za I, KSA 4, 73). Für N. liegt der hohe Wert der Freundschaft darin, daß sie auf Freiheit und Gleichberechtigung basiert (MA II, Nr. 231, KSA 2, 484). Sie ermöglicht ein neues Gemeinschaftsleben (M, Nr. 164, KSA 3, 147), das die Individualität des Einzelnen gewährt und fördert (an Rohde, 7. 10. 1874). Einzig im Umgang mit »guten Freunden« läßt sich ein eigenes Selbst verwirklichen, das ansonsten unter dem Druck ehelicher Verpflichtungen und der Fremdbestimmung sozialer Rollen verneint werden muß (N, KSA 10, 170). Freundsein ist sogesehen sowohl Beweis als auch höchster Wert der Individualethik eines selbstbestimmten Lebens. Als notwendiger Bestandteil eines bejahenswerten Daseins weist N. damit eine inhaltliche Bestimmung seines »Entwurfes einer neuen Art zu leben« aus. Dabei ist das Gelingen von guter Freundschaft eine Frage der Praxis und Gewöhnung (MA II, Nr. 241, KSA 2, 487).

N. ist einer der wenigen Denker der Moderne, der die antike Tradition des philosophischen Diskurses der Freundschaft zu erneuern versucht (N, KSA 7, 25; MA I, Nr. 354, KSA 2, 253; KSB 5, 405). Im Rückgriff auf literarische Vorlagen der ausgeprägten Freundschaftslyrik des 18. Jh.s stilisiert N. in dem Lobgedicht *An die Freundschaft* dieselbe zur »liebste[n] Göttin« (N, KSA 10, 35 f.).

Betrachtet man die über alle seine Schriften verstreuten Gedanken zur Freundschaft, wird deutlich, wie stark sich seine eigenen Freundschaftserfahrungen und Lebensverhältnisse in seinem Denken widerspiegeln und umgekehrt seine Freundschaftsphilosophie sein Verhalten gegenüber den Freunden beeinflußt. Folgender Entwicklungsverlauf läßt sich skizzieren: Schon früh und bedingt durch die familiäre Situation erfährt der Heranwachsende die unersetzbare

Bedeutung von Freunden für seine persönliche Entwicklung und künstlerischen Interessen. Besonders in der Zeit seiner Studienjahre, in der er Rohde (↗Freunde) kennenlernt, bis hin in die Anfangszeit seiner Basler Professorenexistenz genießt N. ein alles in allem solides und bewußt kultiviertes Freundesleben (an Deussen, 25.8. 1869). Wie ernst es ihm mit der »Ethik der Freundschaft« (N, KSA 8, 333) als Lebensweise ist, erfahren wir vor allem aus seinen Briefen, in denen er zu dieser Zeit wiederholt von der Notwendigkeit, über Freundschaft auch theoretisch zu arbeiten, spricht (KSB 5, 405; N, KSA 7, 25). Nachdrücklich äußert er den Wunsch eines Zusammenlebens mit Freunden. Er will den »Garten Epikurs ... erneuern« (an Köselitz, 26. 3. 1879) und schmiedet auch ernsthaft Pläne dazu. Das nachhaltigste Erlebnis für N. ist die langjährige Freundschaft mit Wagner (↗Freunde). Der 30 Jahre ältere Freund stellt für ihn nicht nur, wie oft behauptet wird, ein Ersatz für den früh verstorbenen und verehrten Vater dar. N. sieht in Wagner vor allem einen Gleichgesinnten und Bündnispartner, der für die gleiche Sache einer kulturellen Erneuerung kämpft. Er schätzt Wagner als »Meister« und »Genie«, dessen künstlerische Leistungen für N. Quelle der Bewunderung und geistigen Auseinandersetzung sind. Die schmerzhafte Erfahrung, daß diese auf geteilte Ideale und höhere Bestimmung ausgerichtete »Sternen-Freundschaft« (FW, Nr. 279, KSA 3, 523f.) auf klägliche Weise scheitert (M, Nr. 287, KSA 3, 218), wird N. zeit seines Lebens quälen. Der Verlust von Wagners Freundschaft und die gegenläufige Fortentwicklung ihrer Weltanschauungen wird zunächst durch die Freundschaft zu Rée kompensiert. Insbesondere diese Freundschaft, aber auch die zu Köselitz alias Peter Gast (↗Freunde), hilft N. zur radikalen Selbstveränderung und macht seine Abkehr vom schopenhauerischen Pessimismus und die Hinwendung zu einer eigenen freigeistigen und lebensbejahenden Lebenshaltung möglich. Eine Zeitlang sieht es so aus, als ob sich durch die Freundschaft zu Rée und schließlich die Bekanntschaft mit Salomé (↗Frauen) N.s Traum von einem freundschaftlichen Zusammenleben erfüllen würde. Als jedoch auch diese Beziehungen kläglich zerbrechen, tritt zutage, daß N. sich durch seine Philosophie und seine unstete, einzelgängerische Lebensweise in eine zunehmende soziale Isolation manövriert hat. N. gerät in eine tragische Situation. Er bedarf angesichts einer intellektuellen und existentiellen Vereinzelung immer dringender der Zuneigung und Bestätigung der Freunde. In dem Maße aber, wie er dies ihnen gegenüber einfordert und ihnen ihre Unfreundschaftlichkeit vorwirft (Za I, »Vom Freunde«), distanzieren diese sich von ihm, und N. vereinsamt ungewollterweise noch mehr (an Rohde, 22. 2. 1884). Vor dem Hintergrund dieser negativen Freundschaftserfahrungen fallen auch seine Reflexionen negativ aus. Immer stärker betont er die nötige Distanz gegenüber Freunden, immer mehr verlagert sich die Wertschätzung der Freundschaft mit seinesgleichen zugunsten der heroischen ↗Einsamkeit des genialen Einzeldenkers. Gleichzeitig leidet N. unter der Enttäuschung seines Freundschaftswunsches und der ausgebliebenen Anerkennung: »Ich sage es jedem meiner Freunde ins Gesicht, dass er es nie der Mühe für werth genug hielt, irgend eine meiner Schriften zu studiren; ich errathe aus den kleinsten Zeichen, dass sie nicht einmal wissen, was drin steht« (EH, KSA 6, 362ff.). N. bricht nicht zuletzt auch am Schmerz der fehlgeschlagenen Freundschaften und dem leidvollen Mangel an Freunden zusammen.

Literatur: Lemke, H.: Philosophie der Freundschaft, Darmstadt 2000.

*Harald Lemke*

## Geist der Schwere

Lemmatisieren lässt sich der »Geist der Schwere« zuerst in *Also sprach Zarathustra*, vor allem im gleichlautend übertitelten Kapitel Za III, 11 (KSA 4, 241), erste Erwähnung in Za I, Nr. 7 (KSA 4, 49, des weiteren: Tanzlied 4, 139, Gesicht und Räthsel 4, 197, Von alten und neuen Tafeln 4, 246, Die Erweckung 4, 386; in den Nachlässen: 10, 382; 596; 598; 634; 639; 641: insgesamt 21 Okkurrenzen); nach *Also sprach Zarathustra* wird nur noch die Sache, nicht mehr der Begriff bekämpft; der Begriff selber entschwindet aus dem Werk (einzige Ausnahme: N, KSA 13, 217). Der *Zarathustra* handelt von der Überwindung des Geistes der Schwere, dem personifizierten Teufel, dem Zarathustra »todfeind, erzfeind, urfeind« (KSA 4, 241) ist; als da wären: die »Mitgift« von »gut« und »böse«; die »Nächstenliebe«, das Antiquarische als Selbstzweck und Metaphysik als Glaubenshilfe: »In Mumien verliebt die Einen, die Andern in Gespenster; und Beide gleich feind allem Fleisch und Blute – oh wie gehen Beide mir wider den Geschmack!« (ebd. 244). Der Mensch »schleppt zu vieles Fremde auf seinen Schultern«, »dem Kameele gleich« (ebd. 243), womit N. an die große Bildungsrede des ersten Kapitels (Von den drei Verwandlungen) anknüpft. Die Dialektik der Erschwernis des Geistes in *Also sprach Zarathustra* liegt aber darin, daß die ↗ewige Wiederkunft selbst erschwerend wirkt, ja als »grösstes Schwergewicht« permanente Überforderung und schließlich Überwindung bewirken soll. Es geht N. also um das richtige Beschweren, nicht um eine Larifarisierung des Geistes: es geht um ein Fliegen des Geistes und ein ↗Tanzen des ↗Leibes nach und mit dem »Gedanken der Gedanken«. Die größte Gefahr liegt in der potentiellen Schwermütigkeit der vom *amor fati* Angefallenen. Ewige Wiederkunft und Geist der Schwere sind Janusgedanken falschen und richtigen Denkens. Hier ist auch der Gedanke angelegt, daß im Geist selber etwas nicht stimmen könnte und dementsprechend auch größere Bewußtheit die Vergiftung des Geistes nicht beheben könne, ja jedes Denken des Denkens die Korruption des Denkens nur vergrößere. Wie N. in *Ecce homo* ausführt, sind die Schriften nach *Also sprach Zarathustra* die »neinsagende, neinthuende Hälfte« seiner »Aufgabe« (EH, KSA 6, 350), sie sagen somit wenig bis gar nichts über die ewige Wiederkunft, dafür um so mehr über den Geist der Schwere. Die Metapher des Schweren bleibt erhalten, wenn auch der Begriff ausgetrieben zu sein scheint. *Jenseits von Gut und Böse* ergeht sich in Schilderungen des nicht freien Geistes (Zweites Hauptstück), des »Ernstesten« (JGB, Nr. 25, KSA 5, 42), des Deutschen (»Alles Gravitätische, Schwerflüssige, Feierlich-Plumpe, alle langwierigen und langweiligen Gattungen des Stils sind bei den Deutschen in überreicher Mannichfaltigkeit entwickelt«; JGB, Nr. 28, KSA 5, 46), des Gelehrten (»›Denken‹ und eine Sache ›ernst nehmen‹, ›schwer nehmen‹ – das gehört bei ihnen zu einander: so allein haben sie es ›erlebt‹«; JGB, Nr. 213, KSA 5, 148), des Romantikers (»Was aber Robert Schumann angeht, der es schwer nahm und von Anfang an auch schwer genommen worden ist – es ist der Letzte, der eine Schule gegründet hat –: gilt es heute unter uns nicht als ein Glück, als ein Aufathmen, als eine Befreiung, dass gerade diese Schumann'sche Romantik überwunden ist?«; JGB, Nr. 245, KSA 5, 188) und der Masse der verhinderten, weil verspäteten Genies (»wie Mancher fand, eben als er ›aufsprang‹, mit Schrecken seine Glieder eingeschlafen und seinen Geist schon zu schwer!«; JGB, Nr. 274, KSA 5, 228), wobei der Geist der Schwere in die Problematik des ↗Ressentiments hineingezogen wird (z.B. »Schwere, schwermüthige Menschen werden gerade durch das, was Andre schwer macht, durch Hass und Liebe, leichter und kommen zeitweilig an ihre Oberfläche«; JGB, Nr. 90, KSA 5, 89). In *Zur Genealogie der Moral* ist der Befund schon vorausgesetzt. Hier redet der interesselose, grausame Arzt, der genealogisch seziert und sich von einer Verbegrifflichung absetzt (vgl. GM, 1. Abh., Nr. 6, KSA 5, 264f.). Nichtschwer heißt demnach genealogisch denken. Die ↗Willen zur Macht sind in ihrer vektoriellen Dispersheit das späte Gegenstück zum Geist der Schwere, welcher kulturmorphologisch noch einmal in der Analyse des ›Fall Wagner‹ bemüht (»Ist es, dass Wagner's Musik zu schwer verständlich ist? Oder fürchtete er das Umgekehrte, dass man sie zu leicht versteht, – dass man sie **nicht schwer genug versteht**?«; WA, Nr. 10, KSA 6, 35) und dessen Verleichtigung angemahnt wird. Die Analyse des »Geistes der Schwere« reiht sich nahtlos ein in die Psychologie N.s, die Seele und Geist als terra incognita faßt (»Es giebt unzählige dunkle Körper neben der Sonne zu **erschliessen**, – solche die wir nie sehen werden«; JGB, Nr. 196, KSA 5, 117) und den Weg frei macht für alle Arten von Psychoanalyse.

*Miguel Skirl*

# Genie

Die erste Phase von N.s Denken ist sehr stark von der Metaphysik des Genies geprägt. Der entschieden aristokratische Charakter des Genies, im Gegensatz zum ›Talent‹ und zur ›Masse‹, seine schöpferische und prometheische Isolation sowie seine Unzeitgemäßheit, gehen unmittelbar auf Schopenhauer zurück (vgl. Hübscher 1973). Bei Schopenhauer erscheint das qualitative Anderssein des Genies, das im Vergleich zum gewöhnlichen Menschen von unterschiedlichen Erkenntniszielen und -weisen herrührt, in seiner höchsten Form: »das Übermenschliche und Göttliche des *Genies*« (A. Schopenhauer, *Nachlaß* I, 407). Der Geniekult tritt in den Leipziger Aufzeichnungen zur Philologie und zur Bedeutung der Größe in der Geschichte *in nuce* hervor (BAW 3, 317ff.). Die philologische Arbeit kann einen höheren und von der gängigen Praxis verschiedenen Sinn nur dann finden, wenn der Philologe sich als »i d e a l e r L e h r e r« versteht, als »Mittler zwischen den großen Genien u. den neuen werdenden Genien, zwischen der großen Vergangenheit u. der Zukunft« (KGW II/3, 368), oder wenn er seine untergeordnete Rolle als »Fabrikarbeiter« akzeptiert gegenüber dem großen Genie, das einzig in der Lage ist, das Große zu verstehen und eine allgemeine Perspektive aufzuzeigen. N. verneint die Möglichkeit einer »Volksdichtung«, und in bezug auf Homer, den er als individuelles Genie sieht, schreibt er: »Niemals ist der so unschönen und unphilosophischen Masse etwas Schmeichelhafteres angethan worden als hier, wo man ihr den Kranz des Genie's aufs kahle Haupt setzte«. Auch die »Volksdichtung« braucht »ein vermittelndes Einzelindividuum« (KGW II/1, 261).

Die Metaphysik des »Genies« entwickelt sich bei N. in unmittelbarer Nachbarschaft Wagners, »der wie kein anderer das Bild dessen, was Schopenhauer ›das Genie‹ nennt«, ihm offenbare (an Gersdorff, 4. 8. 1869); »es ist dies mein praktischer Kursus in Schopenhauerscher Philosophie« (an Rohde, 16. 6. 1869). Die *Geburt der Tragödie* sieht in der Kunst den notwendigen metaphysischen Trost nicht nur für das Individuum, sondern auch für das schaffende Subjekt: Der Künstler (das Genie) ist für die Natur selber »Kunstwerk«, ihre höchste Realisation und Rechtfertigung. Die künstlerische Schöpfung entsteht aus der unbewußten Einheit mit dem »Ureinen«, das als Schöpfer und Zuschauer des Kunstwerks zugleich zu ewigem Genuß fähig ist. Die kulturelle Perspektive, die von den Griechen instinktiv erlebt wurde, besteht in der Arbeit zur Hervorbringung von Genies. Das Genie geht aus dem Kollektiv hervor, ist sein höchster Repräsentant, der dem ansonsten sinnlosen Lauf der Geschichte einen höheren Sinn verleiht. In der gegenwärtigen Zeit, die durch Naturwidrigkeit und Abstraktion gekennzeichnet ist, löst sich das Genie aus dem zur Masse gewordenen Kollektiv heraus, ist es zu einer solitären Produktion (und Rezeption) der Werte gezwungen. Die ↗Masse verhindert die Entwicklung kultureller Kräfte, indem sie jede höhere Anstrengung ins Egoistische und Materialistische verzerrt. Daher das Unzeitgemäße des Genies, sein Kampf gegen den »Philister«, seine Einsamkeit: »Es hat keinen glücklichen Lebenslauf, es steht im Widerspruch und Kampf mit seiner Zeit« (N, 5[82], KSA 8, 62). Gegen die allgemeine Sklaverei ohne Sinn und höheren Zweck und gegen die optimistische Verklärung der Würde und der Arbeit des Menschen setzt N. eine strengere und heroischere Auffassung von Würde: »jeder Mensch, mit seiner gesammten Thätigkeit, hat nur soviel Würde, als er, bewußt oder unbewußt, Werkzeug des Genius ist [...] nur als völlig determinirtes, unbewußten Zwecken dienendes Wesen kann der Mensch seine Existenz entschuldigen« (FV 3, KSA 1, 776). Die Klage über die dem Genie feindliche Gegenwart ist das generelle Thema aller vier *Unzeitgemäßen Betrachtungen*: Die Lage der Kultur wird vor dem Hintergrund einzelner großer Helden der Vergangenheit und ihrer Stellung zum Volk beurteilt. N.s Anliegen ist das Opfer und die Selbstaufgabe zum Zwecke der Verwirklichung des Genies. Er kämpft gegen die verschiedenen Erscheinungsformen des Philistertums und eine Haltung, die sich aus Scheu vor der Größe der Vergangenheit dem Bau einer neuen Kultur und dem Entstehen neuer Genies widersetzt. Die Philister, die sich mit starren Masken hinter sozialen Rollen und einem behaglichen »Wir-Gefühl« verstecken, haben, so N., die Losung ausgegeben: »es darf nicht mehr gesucht werden« (DS 2, KSA 1, 168).

Beginnend mit *Menschliches, Allzumenschliches* übt N. heftige Selbstkritik an seiner früheren (romantischen und idealistischen) Artistenmetaphysik und dem gefährlichen »Aberglaube[n] vom Genie« (MA I, Nr. 164, KSA 2, 154). Dieser, so bekennt er, sei ein Hemmnis für seine Entwicklung gewesen. Sie bedeutete ein »Augenschließen« vor der Realität (N, 30[9], KSA 8, 524), einen Glauben und eine Unterwerfung, die ein Hindernis für den ↗Freigeist darstellten. Bereits das von Descartes abgeleitete Motto zur Erstausgabe von *Menschliches, Allzumenschliches* läßt N.s neue Haltung erkennen: den angeblich unmittelbaren Intuitionen des metaphysischen Genies stellt sich die Notwendigkeit eines langen Weges der Erkenntnis gegenüber. Die Früchte verdanken sich einer »Methode«, der kontinuierlichen Arbeit, dem Sammeln, während das Genie will, daß sie ihm ganz plötzlich, durch »Inspiration« in den Schoß fallen. Der Prozeß existiert, aber in der notwendigen Selbstdarstellung des Genies, das verehrt sein will, darf er nicht auftauchen: »**Das Vollkommene soll nicht geworden sein.**-« (MA I, Nr. 145). N.s Kampf gegen das Genie richtet sich ausdrücklich gegen die romantische und metaphysische Haltung Wagners. N. verurteilt die Verschleierung des Arbeitsprozesses und die Illusion eines plötzlichen Hervorspringens des Vollkommenen als schlechte Mythologie und Mystifikation (MA I, Nr. 145). »Das Genie thut auch Nichts, als dass es erst Steine setzen, dann bauen lernt, dass es immer nach Stoff sucht und immer an ihm herumformt. Jede Thätigkeit des Menschen ist zum Verwundern complicirt, nicht nur die des Genie's: aber keine ist ein ›Wunder.‹ –« (MA I, Nr. 162, KSA 2, 152). Der Geist, der sich von den Fesseln der Überzeugungen und des Glaubens befreit hat, wird sich endgültig auf die Seite des Philologen und Erziehers stellen, nicht auf die des Genies, um so »die Kunst des richtigen Lesens« (MA I, Nr. 270) um so höher zu schätzen.

Das Genie wird zunehmend genealogischen Analysen unterworfen und physiologisch interpretiert (unter Einbeziehung von N.s Lektüre, darunter z.B. Joly 1883, 85). Immer weniger erscheint es als Wunder, sondern vielmehr als Ergebnis eines langen Anhäufens und Ordnens von Energien: »›Le génie n'est qu'une longue patience.‹ Buffon.« (N, 9[69], KSA 12, 372). Das Genie als »›höherer Typus‹« »stellt eine unvergleichlich größere Complexität, – eine größere Summe coordinirter Elemente dar: damit wird auch die Disgregation unvergleichlich wahrscheinlicher. Das ›Genie‹ ist die sublimste Maschine, die es giebt, – folglich die zerbrechlichste« (N, 14[133], KSA 13, 317).

Literatur: Joly, H.: Psychologie des grands hommes, Paris 1883, NB; Barbera, S./Campioni, G.: Il genio tiranno. Ragione e dominio nell'ideologia dell'Ottocento: Wagner, N., Renan (mit einem Vorwort von M. Montinari), Mailand 1983.

*Giuliano Campioni*
*(Aus dem Italienischen von Renate Müller-Buck)*

# Gerechtigkeit

N. setzt sich auf vielfältige Weise mit dem Begriff Gerechtigkeit auseinander. Er untersucht Gerechtigkeit genealogisch als politisches, soziales und juristisches Phänomen, er kritisiert sozialistische und christliche Vorstellungen sozialer Gerechtigkeit, und schließlich hat Gerechtigkeit für N. eine metaphysische Bedeutung jenseits gesellschaftlicher Erscheinungen und Ideologien als Name für das Wesen der Wahrheit. Obwohl N. an zahlreichen Stellen seines Werkes den Begriff verwendet, ist er eine genauere Fassung seiner Vorstellung von Gerechtigkeit schuldig geblieben.

Genealogisch entsteht ↗Recht, so N., da, wo vergleichbar Mächtige aufeinandertreffen; in einer Situation des Gleichgewichts: »wo es keine deutlich erkennbare Uebergewalt giebt und ein Kampf zum erfolglosen, gegenseitigen Schädigen würde, da entsteht der Gedanke sich zu verständigen und über die beiderseitigen Ansprüche zu verhandeln: der Charakter des Tausches ist der anfängliche Charakter der Gerechtigkeit« (MA I, Nr. 92, KSA 2, 89). Recht als soziales Phänomen beruht für N. auf dem Interessenausgleich vergleichbar Mächtiger (Gerhardt 1983, 117). N. versteht Recht rein funktional, als Funktion des ↗Willens zur Macht. Es dient der Selbsterhaltung; eine moralische Dimension von Gerechtigkeit liegt ihm nicht zugrunde. Gemäß N.s Lehre von der völligen Unverantwortlichkeit hat auch die Vorstellung einer belohnenden und strafenden Gerechtigkeit keinen Sinn (vgl. MA, Nr. 105, KSA 2, 102). Belohnung und Strafe dienen der Abschreckung vor, bzw. Ermunterung zu künftigen Handlungen, entsprechen aber nicht irgendeiner Verantwortlichkeit des Subjekts.

Zunächst erklärt N. den Ursprung des Rechts, dem Philosophen Eugen Dühring folgend, aus dem Bedürfnis der Schwachen nach Rache und Ausgleich. »Die öffentliche Gerechtigkeit ist nur organisierte Selbsthülfe zur Rächung des Unrechts« (N, KSA 8, 151). In *Zur Genealogie der Moral* verwirft N. allerdings diesen Gedanken. Rache sei ein Gefühl des Ressentiments. Aus der Reaktion heraus könne niemals Recht entstehen; Recht und Gesetz setze immer nur der Mächtige (vgl. GM, KSA 5, 310 f.).

N. lehnt alle Vorstellungen von Naturrecht ab. Gerechtigkeit entstehe nur aufgrund von Verträgen, »Menschenrechte giebt es nicht« (N, KSA 8, 482). Entsprechend scharf weist N. christliche und sozialistische Forderungen nach Gerechtigkeit für die Schwachen und Unterdrückten zurück. Diese Forderungen seien nur der verschleierte Ausdruck des ↗Ressentiments der Schwachen und Ausfluß ihrer Begehrlichkeit. Die Lehre von der natürlichen Gleichheit aller Menschen sei falsch. Gleiche Rechte seien allenfalls innerhalb der herrschenden Klasse möglich. Auch der Ruf nach materieller Verteilungsgerechtigkeit findet bei N. keine Gnade. Nichts zu besitzen sei keine moralische Auszeichnung. Ungerechte Gesinnung finde sich bei Besitzenden wie Nichtbesitzenden in gleichem Maße. Eine gewaltsame Umverteilung, wie sie Sozialisten forderten oder die Französische Revolution vornahm, löse das Problem mangelnder Gerechtigkeit nicht im geringsten (vgl. MA, Nr. 451f., KSA 2, 293f.).

In seiner frühen Schrift *Der griechische Staat* fordert N. stattdessen radikal das Gegenteil: »Das Elend der mühsam lebenden Menschen muß noch gesteigert werden, um einer geringen Anzahl olympischer Menschen die Produktion der Kunstwelt zu ermöglichen« (FV, KSA 1, 767). Das Individuum gewinnt dann an Wert, wenn es sich in den Dienst der Erschaffung von Kultur stellt. Das sei, so Ansell-Pearson, die Essenz von N.s Aristokratismus und zugleich das Prinzip, auf dem sein unorthodoxer illiberaler und antichristlicher Begriff von Gerechtigkeit beruhe (vgl. Ansell-Pearson 1994, 55).

»Denn so redet mir die Gerechtigkeit: ›die Menschen sind nicht gleich.‹«, sagt Zarathustra an mehreren Stellen (hier: Za II, KSA 4, 130). N.s. Gerechtigkeit fordert: »So ihr aber einen Feind habt, so vergeltet ihm nicht Böses mit Gutem: denn das würde beschämen. Sondern beweist, dass er euch etwas Gutes angethan hat« (Za I, KSA 4, 87). Es ist ein Begriff von »Gerechtigkeit«, den N. schon in *Menschliches, Allzumenschliches*, wie er im Nachlaß 1885 einräumt, »nicht mehr [anders, enger; d. Verf.] zu fassen weiß als ›liebevolles Begreifen‹, im Grunde ›Gutheißen‹« (KSA 12, 13).

Es ist eine Gerechtigkeit, die zunächst in der gerechten, d.h. unvoreingenommenen ↗Erkenntnis besteht. Die Genialität der Gerechtigkeit bestehe darin, allen Überzeugungen zu mißtrauen, ihnen aus dem Weg zu gehen. »[...] sie ist folglich eine Gegnerin der Ueberzeugungen, denn sie will Jedem, sei es ein Belebtes oder Todtes, Wirkliches oder Gedachtes, das Seine geben – und dazu muss sie es rein erkennen; sie stellt daher jedes Ding in das beste Licht und geht um dasselbe mit sorgsamem Auge herum« (MA I, Nr. 636, KSA 2, 361). Gerechtigkeit in diesem Sinne ist nicht ohne N.s Begriff von ↗Wahrheit zu denken. Heidegger interpretiert es so: »Gerechtigkeit ist das Wesen der Wahrheit, wobei ›Wesen‹ metaphysisch genannt wird als Grund der Möglichkeit« (Heidegger 1961, I, 575). Der Welt gerecht werden, heißt in letzter Consequenz, in dem *amor fati* die ↗ewige Wiederkunft des Gleichen anzunehmen. Zusammenfassend bestimmt N. im Nachlaß: »Gerechtigkeit, als Funktion einer weit umherschauenden Macht, welche über die kleinen Perspektiven von gut und böse hinaus sieht, also einen weiteren Horizont des Vortheils hat – die Absicht, etwas zu erhalten, was mehr ist als diese und jene Person« (KSA 11, 188).

Literatur: Heidegger I 1961, 570–575; Gerhardt, V.: Das »Princip des Gleichgewichts«, in: NSt 12 (1983), 111–134; Ansell-Pearson, K.: An Introduction to N. as a Political Thinker, Cambridge 1994.

*Wolfgang Schiller*

## Gesetz

Die zentrale Aussage N.s zum Wesen und zur Funktion des Gesetzes im juridischen wie im naturwissenschaftlichen Sinne lautet: »Es giebt kein Gesetz: jede Macht zieht in jedem Augenblick ihre letzte Consequenz. Gerade, daß es kein mezzo termine giebt, darauf beruht die Berechenbarkeit« (N, KSA 13, 258). Gesetze sind Verhaltensregeln für den Menschen, nicht für die Natur: die juridischen Normen sind gewissermaßen das »Naturgesetz« des menschlichen Willens. Erst die Fiktion eines ↗Subjektes, auf das als Träger eines »freien Willens« durch ein Gesetz Zwang ausgeübt wird, läßt die Interpretation entstehen, »als ob ein Wesen in Folge eines Gehorsams gegen ein Gesetz oder einen Gesetzgeber immer so und so handelte: während es, abgesehen vom ›Gesetz‹, Freiheit hätte, anders zu handeln« (N, KSA 12, 137). Die notwendige Wiederkehr bestimmter Folgen ist nicht aus einem Gesetz als einer Kraft, »Ursache zur Wiederkehr« eines Verhaltens ableitbar. N. verwirft mit

Nachdruck jedwede Vorstellung eines Determinismus anhand der »Begriffe ›Nothwendigkeit‹ und ›Gesetz‹: das erste legt einen falschen Zwang, das zweite eine falsche Freiheit in die Welt« (N, KSA 13, 257). Die Berechenbarkeit des Geschehens beruht vielmehr auf einer absoluten Feststellung der Machtverhältnisse, woraus sich das »So-und-nicht-anders« eines bestimmten Verhaltens ergibt.

N. wendet sich insbesondere gegen »jene Gesetzmäßigkeit der Natur«, welche eine »Gleichheit vor dem Gesetz« im juristischen wie im naturwissenschaftlichen Sinne als Ausfluß eines von einem Gesetzgeber auf ein anderes Subjekt ausgeübten Zwanges fingiert. Die Berechenbarkeit des Verhaltens beruht nicht auf der Positivität eines Gesetzes, sondern darauf, daß »absolut die Gesetze fehlen, und jede Macht in jedem Augenblicke ihre letzte Consequenz zieht« (JGB, Nr. 22, KSA 5, 37).

Literatur: Müller-Lauter, W.: N.s Lehre vom Willen zur Macht, in: NSt 3 (1974), 1f. 36, 41–47; Kerger, H.: Autorität und Recht im Denken N.s, Berlin 1988, 128, 148–155, 165, 166; ders.: Normativität und Selektivität der »Willens-Kausalität« bei N., in: NSt 19 (1990), 81–111.

*Henry Kerger*

## Gesundheit/Krankheit

Für N. handelt es sich bei allem Philosophieren »bisher gar nicht um ›Wahrheit‹, sondern um etwas Anderes, sagen wir um Gesundheit, Zukunft, Wachsthum, Macht, Leben ...« (FW, Vorrede, Nr. 2, KSA 3, 349). Wie N.s Philosophie in ihrer Grundlegung nur im Verhältnis zum Leib verstanden werden kann, wie es uns nach N. nicht freisteht, zwischen Leib und Seele zu trennen, so ist für N. in diesem Kontext das Verhältnis von Philosophie und Gesundheit, die wiederum nicht von der Krankheit getrennt werden darf, zentral.

Für N. gibt es keine Gesundheit an sich. Was für den einzelnen Gesundheit des ↗Leibes ist, ist abhängig von seinem Ziel, seinem Horizont, seinen Kräften, seinen Antrieben, seinen Irrtümern, seinen Idealen und Phantasmen. Demzufolge gibt es für N. »unzählige Gesundheiten des Leibes«, die die allgemeine Bedeutung des Begriffs einer »Normal-Gesundheit« relativieren (FW, Nr. 120, KSA 3, 477). Die Gesundheit der Seele ist für N. abhängig von der Gesundheit des Leibes, und die Gesundheit des Leibes ist daher als Vorbedingung der Gesundheit der Seele zu verstehen (vgl. N, Herbst 1887-März 1888, 9[121], KSA 12, 406). Grundlegend zu beachten ist allerdings: »Die Krankheit selbst kann ein Stimulans des Lebens sein: nur muß man gesund genug für dies Stimulans sein!« (WA, Nr. 5, KSA 6, 22). »Ein typisch morbides Wesen kann nicht gesund werden, noch weniger sich selbst gesund machen; für einen typisch Gesunden kann umgekehrt Kranksein sogar ein energisches Stimulans zum Leben, zum Mehr-leben sein« (EH, KSA 6, 266). Daß es keine Gesundheit an sich gibt, heißt für N. also auch, daß Gesundheit und Krankheit »nichts wesentlich Verschiedenes« sind. Sie sind vielmehr als verschiedene »Arten des Daseins« zu verstehen, zwischen denen »nur Gradunterschiede« bestehen (N, Anfang 1888 – Anfang Jan. 1889, 14[65], KSA 13, 250).

Die »grosse Frage« im Verhältnis von Gesundheit und Krankheit ist für N., »ob wir der Erkrankung entbehren könnten, selbst zur Entwickelung unserer Tugend, und ob nicht namentlich unser Durst nach Erkenntniss und Selbsterkenntniss der kranken Seele so gut bedürfe als der gesunden: kurz, ob nicht der alleinige Wille zur Gesundheit ein Vorurteil, eine Feigheit und vielleicht ein Stück feinster Barbarei und Rückständigkeit sei« (FW, Nr. 120, KSA 3, 477).

Auf diese »grosse Frage« antwortet N. mit seinem Konzept der »grossen Gesundheit«. Entgegen der Auffassung, daß Gesundheit Freisein von dem ist, was medizinisch als Krankheit definiert wird, geht N. davon aus, daß die Gesundheit »der Krankheit selbst nicht entrathen mag, als eines Mittels und Angelhakens der Erkenntniss, bis zu jener reifen Freiheit des Geistes, welche ebensosehr Selbstbeherrschung und Zucht des Herzens ist und die Wege zu vielen und entgegengesetzten Denkweisen erlaubt [...] bis zu jenem Ueberschuss an plastischen, ausheilenden, nachbildenden und wiederherstellenden Kräften, welcher eben das Zeichen der grossen Gesundheit ist, jener Ueberschuss, der dem freien Geiste das gefährliche Vorrecht giebt, auf den Versuch hin leben und sich dem Abenteuer anbieten zu dürfen: das Meisterschafts-Vorrecht des freien Geistes« (MA I, Vorrede, Nr. 4, KSA 2, 17–18). Der Maßstab bleibt auch dabei »die Efflorescenz des Leibes, die Sprungkraft, Muth und Lustigkeit des

Geistes – aber, natürlich, auch, wie viel von Krankhaftem er auf sich nehmen und überwinden kann – gesund machen kann. Das, woran die zarteren Menschen zu Grunde gehen würden, gehört zu den Stimulanz-Mitteln der großen Gesundheit« (N, Herbst 1885 – Herbst 1887, 2[97], KSA 12, 108).

Die große Gesundheit ist die »physiologische Voraussetzung« des Zarathustra-Typus (EH, KSA 6, 337). Zur »grossen Gesundheit« gehört die »Gewöhnung an scharfe hohe Luft, an winterliche Wanderungen, an Eis und Gebirge in jedem Sinne, [...] einer Art sublimer Bosheit selbst, eines letzten selbstgewissensten Muthwillens der Erkenntniss«; durch sie wird eine andere Art Geister hervorgebracht, Geister, die »durch Kriege und Siege gekräftigt, denen die Eroberung, das Abenteuer, die Gefahr, der Schmerz sogar zum Bedürfniss geworden ist« (GM, 2. Abh., Nr. 24, KSA 5, 336). Dieser neue Geist dient einem neuen Zwecke; er ist der Übergang zum ↗Übermenschen als dem Sinn der Erde. Die »grosse Gesundheit« erweist sich bei genauerem Hinsehen als »gefährlich-gesund«, als gefährliche Gesundheit, die alle bisher geltenden Werte und das gegenwärtige Menschsein in Frage stellt und durch die ein »andres Ideal«, »ein wunderliches, versucherisches, gefahrenreiches Ideal« sich formiert: »das Ideal eines menschlich-übermenschlichen Wohlseins und Wohlwollens, das oft genug unmenschlich erscheinen wird« und mit dem »vielleicht der grosse Ernst erst anhebt« (FW, Nr. 382, KSA 3, 637).

Die »grosse Gesundheit« ist N. ein Gegenmittel für den »grossen Ekel am Menschen«, für »das grosse Mitleid mit dem Menschen«. Denn dies führt dazu, daß die Kranken, »Schwächsten«, »Untersten«, »Rachsüchtigen« die Gesunden, Wohlgeratenen, Starken, Stolzen, Selbstmächtigen mit ihrem ↗Ressentiment tyrannisieren, sich unterwerfen und die Gesunden krank machen. Im Kontext dieser großen, nihilistischen Krankheit sind N. die Kranken »die grösste Gefahr für die Gesunden«. Dagegen hilft für N. nur »der oberste Gesichtspunkt auf Erden«: »Dass die Kranken nicht die Gesunden krank machen«. Dazu »aber gehört vor allen Dingen, dass die Gesunden von den Kranken abgetrennt bleiben, behütet selbst vor dem Anblick der Kranken, dass sie sich nicht mit den Kranken verwechseln«. Aufgabe dieser Gesunden ist es nicht, Krankenwärter oder Ärzte dieser Kranken zu sein, wie entsprechend dem ↗Pathos der Distanz gelten soll: »das Höhere soll sich nicht zum Werkzeug des Niedrigeren herabwürdigen« (GM, 3. Abh., Nr. 14 und 15, KSA 5, 371–372)

N. postuliert eine fragwürdige »Moral für Ärzte«, die sich zu einer Bestreitung des Lebensretters der »Kranken« versteigt (GD, Nr. 36, KSA 6, 134) – eine Lehre, die angesichts der eigenen Krankheiten des Denkers seltsam erscheint.

Literatur: Jaspers (1936) 1981, 91–118; Kaufmann (1950) 1982, 151–156; Götz, K.A.: N. als Ausnahme, Freiburg i.Br. o.J., 95–185; Schipperges, H.: Am Leitfaden des Leibes. Zur Anthropologik und Therapeutik F.N.s, Stuttgart 1975; Long, Th. A.: N.s Philosophy of Medicine, in: NSt 19 (1990), 112–128.

*Volker Caysa*

## Gewissen

Das Gewissen sieht N. als Ergebnis der Entwicklung des Menschen, in sich »ein Thier heranzuzüchten, das versprechen darf«, um dem vergeßlichen Tier ein »Gedächtnis« zu machen, mit dessen Hilfe die Vergeßlichkeit für bestimmte sittliche Anforderungen ausgehängt wird (GM, 2. Abh., Nr. 1, KSA 5, 291). Zur Erlangung dieses »eigentlichen Gedächtnisses des Willens« muß der »Mensch selbst vorerst berechenbar, regelmässig, nothwendig geworden sein, auch sich selbst für seine eigne Vorstellung«. Am Ende der langen, ungeheuren »Arbeit des Menschen an sich selber«, in dessen Verlauf der Mensch »mit Hülfe der Sittlichkeit der Sitte und der socialen Zwangsjacke wirklich berechenbar gemacht [wurde]«, steht der »Freigewordne, der wirklich versprechen darf, dieser Herr des freien Willens«, der endlich »mit dieser Macht über sich und das Geschick« sowie das Wissen darum das »Privilegium der Verantwortlichkeit« errungen hat, welches ihm nun »zum Instinkt« wird und was er »sein Gewissen« nennt (GM, 2. Abh., Nr. 1, 2, KSA 5, 293 ff.).

Indem N. die Entstehung des Gewissens aufgrund der Fähigkeit, »versprechen« zu dürfen, als Voraussetzung für ein dauerhaftes, berechenbares Wollen hervorhebt, knüpft er an die Rezeption des römischen Rechts anhand der Schriften Iherings an (Ihering, *Der Zweck im Recht*, Erster Band, Leipzig 1877, 262–267). Das Versprechen des Schuldners dient der »Vergegenwärtigung«

der eingegangenen persönlichen Verpflichtungen aufgrund des vertraglichen Machtverhältnisses der römischen Obligation. Der Entstehungsgrund des Gewissens ist jedoch vor allem daran abzulesen, wogegen sich das Gewissen wandte, um »ein paar primitive Erfordernisse des sozialen Zusammenlebens diesen Augenblicks-Sklaven des Affekts und der Begierde gegenwärtig zu erhalten« (GM, 2. Abh., Nr. 3, KSA 5, 296). Da nur das im Gedächtnis bleibt, »was nicht aufhört, weh zu thun«, erkennt N. in der »Asketik« das entscheidende Mittel, wie insbesondere an religiösen Prozeduren sichtbar wird, um ein paar Ideen unvergeßbar zu machen, »zum Zweck der Hypnotisirung des ganzen nervösen und intellektuellen Systems durch diese ›fixen Ideen‹«. Geht man von der Begriffsbestimmung bei Freud (↗Psychologie) aus, wonach »Gewissen die innere Wahrnehmung von der Verwerfung bestimmter in uns bestehender Wunschregungen ist«, was er anhand der Tabu-Verbote und des Totem-Kults darstellt, so wird deutlich, daß N. gerade diesen Prozeß der »Verinnerlichung des Menschen«, als er sich »endgültig in den Bann der Gesellschaft und des Friedens eingeschlossen fand«, bereits eingehend analysiert. In dem Maße, in dem »die Entladung des Menschen nach Aussen gehemmt« worden ist, wandten »alle jene Instinkte des wilden, freien, schweifenden Menschen sich rückwärts, sich gegen den Menschen selbst« (GM, 2. Abh., Nr. 16, KSA 5, 322). In der Umkehrung der nach außen gewandten Triebe und Begierden gegen den Menschen liegt der Ursprung des schlechten Gewissens: »Der Mensch, der sich [...] eingezwängt in eine drückende Enge und Regelmässigkeit der Sitte, ungeduldig selbst zerriss, verfolgte, annagte, aufstörte, misshandelte, dies an den Gitterstangen seines Käfigs sich wund stossende Thier, [...] der aus sich selbst ein Abenteuer, eine Folterstätte, eine unsichere und gefährliche Wildniss schaffen musste, [...] wurde der Erfinder des ›schlechten Gewissens‹«. Mit dem schlechten Gewissen aber war »die größte und unheimlichste Erkrankung eingeleitet, von welcher die Menschheit bis heute nicht genesen ist, das Leiden des Menschen am Menschen, an sich: als die Folge einer gewaltsamen Abtrennung von der thierischen Vergangenheit« (GM, 2. Abh., Nr. 16, KSA 5, 323) (↗Ressentiment, ↗Moral.)

Literatur: Kerger, H.: Autorität und Recht im Denken N.s, Berlin 1988, 15–19, 24, 64, 68, 72, 175; Gasser, R.: N. und Freud, Berlin 1997, 299–312, 366–370.

*Henry Kerger*

## Gott

Der Atheismus im Sinne der Negation des jüdisch-christlichen Gottes bildet eine Prämisse, die sich in allen Phasen von N.s Denkweg mit seiner kompromißlosen Radikalität der Christentumskritik unbedingt durchhält. Manche Bemühungen, die in N. so etwas wie einen verzweifelten »Gottsucher« erkennen wollen, haben ein Klischee geformt, das sich an N.s Schrifttum nicht verifizieren läßt. Nach N.s Meinung hat der unbedingte Atheismus in einem langwierigen geschichtlichen Prozeß »über den christlichen Gott gesiegt« (GM, 3. Abh., Nr. 27, KSA 5, 409). Diesen Sieg sieht er im Grunde nicht als die Einwirkung einer von außen angreifenden Macht, vielmehr soll sein Ursprung im Christentum selbst liegen. An ihm vollzieht sich für N. ein Gesetz des Lebens: »Alle grossen Dinge gehen durch sich selbst zu Grunde, durch einen Akt der Selbstaufhebung« (ebd., 410). So auch die christliche Moralität, basierend auf dem Glauben an einen Gott, der die »Wahrheit« sein soll. Diese Moralität wendet sich zuletzt – um der »Wahrheit« willen – gegen sich selbst. Die Katastrophe des Christentums erschöpft sich somit nicht in der atheistischen Negation; der populäre Begriff »Atheismus« bezeichnet für N. vielmehr die negative, aber unverzichtbare Voraussetzung seiner Vision der neuen Moralität eines höheren gottlosen Daseins.

I. Als artikelloses Hauptwort meint »Gott« in N.s Schriften regelmäßig den Gehalt und die durch ihn interpretierte Glaubenswirklichkeit des jüdisch-christlichen Monotheismus – somit »Gott« als den in personaler Relation erfahrenen, in absoluter Transzendenz geglaubten Schöpfer und Offenbarer. Dieser Monotheismus hat mehr als 3000 Jahre orientalisch-okzidentaler Geschichte (mit)geprägt, nicht zuletzt auch durch vielfache Verbindungen mit unterschiedlichen Formen des (in der griechischen Antike wurzelnden) philosophischen Denkens. N. steht forcierend auf der Bahn eines neuzeitlichen Prozesses der Auflösung, kritischen Abstoßung und Immunisierung, der diese philosophisch-theologischen Synthese-Versuche zerbrechen läßt. Ein Chor von Stimmen kündigt der christlich geprägten Epoche schon im 19. Jh. ihr Ende an, in der Regel verstanden als kraftloser Niedergang, als »Selbstzersetzung« (E. v. Hartmann). Im Verlauf seines Denkweges wird für N. dagegen die Frage bedeutungsvoll, welcher energetische Gewinn aus diesem Ende für eine ↗Umwertung aller Werte und für ein höheres Dasein (↗Übermensch) gezogen werden kann. Nicht selten ist N. im Laufe eines Jahrhunderts vorgehalten worden, mit dieser Fragestellung das Christentum zu »ernst« genommen und damit aufgewertet zu haben.

II. Bis zum 20. Lebensjahr kommt der in christlichem Sinn öffentlich apostrophierte Gott in N.s Tagesablauf unablässig zur Sprache, nämlich in den lutherisch geprägten Bibelworten des Pfarrhauses, des Gottesdienstes und der Schule, sodann noch ausgiebig in den quasi-monastischen Ritualen der Schulpforte (Montinari 1982, 35ff.). Zwar wetterleuchten in den religiösen Dichtungsversuchen des Heranwachsenden fromme Sprachgewohnheiten, verborgen bereits relativiert durch die Neigung zum Exzessiven. Aber dem pietistisch gestimmten, den Grundpositionen des Luthertums fraglos ergebenen Herzens-Christentum seiner Herkunft entzieht der junge N. sich innerlich früh, noch ehe aus der Tradition auch nur entfernt ein eigener »Glaube« hat werden können. Hierher gehören die vielfach angerufenen Jugendnotizen von 1862: *Fatum und Geschichte* und *Willensfreiheit und Fatum* (BAW 2, 54–63). Die Kollisionen traditioneller Christlichkeit mit der historischen Kritik bleiben in Schulpforte durch eine doppelte Lehrart, durch die postulierte Vereinbarkeit von evangelischer Frömmigkeit mit der klassischen Philologie verdeckt. Der »unbekannte Gott«, den N. 1864 in einem (nachmals berühmten) Gedichtfragment des Übergangs mit biblischer Anspielung auf Apg. 17,23 apostrophiert (BAW 2, 428), ist daher schon längst nicht mehr der christliche Gott. Vielmehr erscheint am Horizont des jungen N. experimentell das Bild eines schicksalhaft »Göttlichen«, dem ein Name erst noch zu geben sein würde (vgl. Za IV, »Ausser Dienst«, KSA 4, 325). Die forcierte Wissenschaftlichkeit der Schulpforte hat wohl den Prozeß jener Loslösung verborgen antizipiert, der sich sonst in vielen akademischen Laufbahnen (insbesondere bei Theologen) des 19. Jh.s abspielt. Der Gott seiner Herkunft ist für N. als Studenten und Professor von vornherein abgetan.

III. Von hier aus kommt die latente Disposition zur radikalen Christentumskritik – eine im 19. Jh. verbreitete Erscheinung – erst in N.s späteren Werken fulminant zum Ausbruch. In der Erstlingsschrift *Die Geburt der Tragödie* (1872) herrscht noch ein »feindseliges Schweigen« (Versuch einer Selbstkritik, Nr. 5, KSA 1,18), das aber bei eindringlicher Kommentierung beredt genug erscheint (vgl. Reibnitz 1992, 126f.). Hier bereits gibt N. der Kunstgewalt, die dem christlichen Gott definitiv absagt, den mythischen Götternamen Dionysos, der für die »religiös« gefeierte Aufhebung der Individuation im narkotischen Rausch und ekstatischen Wahn steht. Das Dionysische, in dem Ja und Nein, Schaffen und Vernichten sich zur widerspruchsvollen Einheit verbinden, ist N.s Formel für ein Daseinsprinzip, das eine selbstgeschaffene, ihrer selbst total mächtige Existenzform inauguriert. Auch wenn »Gott« hier explizit nicht vorkommt, so ist doch darin – wie sich noch im letzten Wort von *Ecce homo* zeigt (EH, KSA 6,374) – die äußerste Gegenposition bereits formuliert. Vor diesem Hintergrund finden sich in den Schriften des Jahrzehnts nach 1872 nur gelegentliche Anmerkungen: etwa wenn N. dem unbeugsamen Atheisten Schopenhauer das Lob erteilt: »Die Dummheit des Willens ist der grösste Gedanke Schopenhauer's, wenn man Gedanken nach der Macht beurtheilt [...]. Etwas Dummes wird niemand Gott nennen« (N, KSA 8, 46). Zwar meldet sich vielleicht noch »des Kindes N. Gotteserfahrung« (Montinari 1982, 35) in der Notiz: »Als Kind Gott im Glanze gesehn« (N, KSA 8, 505); merkwürdig wirkt auch der Tadel gegenüber D. F. ↗Strauss ob seines jovialen Umgangs mit dem »alten Juden- und Christengott« (DS, Nr. 12, KSA 1, 233), denn N. schlägt wenig später ähnliche Töne an (M, Nr. 205, KSA 3,183). Aber auf den Wegen aufklärerischer Kritik erscheint »Gott« als Gefängniswärter (WS, Nr. 84, KSA 2, 590f.) und später im Gleichnis vom auslaufenden See (FW, Nr. 285, KSA 3, 528) als permanente Verhinderung genuin menschlicher Größe und Selbstbemächtigung. Um diese Selbstübersteigung ist es N. bei seiner Kritik der jüdisch-christlichen Tradition vor allem zu tun. Dabei dürfte es der im Dionysischen liegende quasi-religiöse Sprengstoff sein, der

1882 ff. im Buch *Die fröhliche Wissenschaft* und sodann in den vier Teilen von *Also sprach Zarathustra* zur Durchbrechung der üblichen Kritik-Schemata führt: die eingängige und zugleich deutungsbedürftige Proklamation »Gott ist tot« dürfte daher eine der bekanntesten Parolen in N.s Schriften darstellen.

IV. Diese Parole wird nicht als philosophischer Lehrsatz vorgetragen, sondern vom Autor narrativ einem »tollen Menschen« bei seinem Auftritt auf der Agora der Epoche in den Mund gelegt (FW, Nr. 125, KSA 3, 480 ff.) – in Anknüpfung an eine Anekdote des ↗Diogenes Laertius (VI, 41). In einer Fülle von Fragen, die den marktbeherrschenden Atheisten gestellt werden, entlädt sich in diesem bekannten Text eine Gottes-Metaphorik, die (theologisch freilich unstimmige) Tätigkeiten benennt, durch die das Menschsein selbst in die Probe äußerster Gefährdung gestellt wird: das Austrinken des Meeres, das Wegwischen des Horizonts, das Losketten der Erde von ihrer Sonne. Speziell das dritte Bild verdeutlicht den Sinn der Parole: der als ereignete Tat ausgerufene Tod Gottes stellt den Menschen in die unausweichliche Nötigung der Größe (oder des Versagens im »letzten Menschen«). Er ist somit heuristisches Prinzip (»um zu sehn, wie weit man damit kommt«; N, KSA 11, 89) für ein umfassendes Selbst-Experiment des Menschen (vgl. GM, 3. Abh., Nr. 9, KSA 5, 357 ff.), der so, wie er faktisch ist, nicht bleiben will, sondern sich herausgefordert glaubt, über sich hinaus zu wollen – »und wär es mit Gefahr, ins Nichts dahinzufliessen« (Goethe, *Faust* I, V. 719). Im Bild des ↗Übermenschen, das zum Thema des *Zarathustra* wird, zieht N. aus der Katastrophe des jüdisch-christlichen Gottesglaubens eine Schlußfolgerung, die zum Ende des 19. Jh.s auf eine Resonanz trifft, die genährt ist aus den Elementen des ↗Darwinismus und Materialismus, des bürgerlichen Fortschrittsglaubens und des deutschen Kulturtriumphalismus. Am Tod des »alten Gottes« (Za IV, »Ausser Dienst«, KSA 4, 321–26 u. ö.) und seinen immoralistischen Konsequenzen entzündet sich das »Zarathustra-Erlebnis« der Epoche vor dem Ersten Weltkrieg und darüber hinaus. Aus der Prämisse der Gottlosigkeit resultiert ein rauschhaftes Hoch- und Freiheitsgefühl: wenn »Gott« entstand aus dem Nein zu sich selbst (vgl GM, 2. Abh., Nr. 22, KSA 5, 332), dann entfesselt das Ja zu sich selbst das Pathos eines gesuchten gefahrvollen Lebens, einer Ausfahrt auf offene Meere ohne Wiederkehr, einer Schicksalsgläubigkeit (*amor fati*) um ihrer selbst willen (vgl. FW, Nr. 283 ff., KSA 3, 526 ff. u. ö.).

V. Die verbliebene Funktion des christlichen Gottes bestand in der europäischen Moderne weithin in der Garantie des Wertesystems. Der »Maximal-Gott« (GM, 2. Abh., Nr. 20, KSA 5, 330; N, KSA 12, 535), den N. bekämpft, ist philosophisch auf der Linie Kants und in wohltemperierter christlicher Akzeptanz ein Postulat der moralischen Weltordnung. Fällt dieser Moral-Gott als nihilistische Fiktion und Fixpunkt einer »religiösen Neurose« (JGB, Nr. 47, KSA 5, 67) dahin, dann bleibt gleichwohl die Aufgabe einer radikalen Moralkritik, des Siegs über die »Schatten Gottes« (FW, Nr. 108 f., KSA 3, 467 ff.), zu erfüllen. Mit wachsender Schärfe hat N. nach dem *Zarathustra* mit dem Begriff des »moralischen Gottes« (N, KSA 12, 213) eine Zeitenwende im Zeichen des ↗Nihilismus gedacht. Alle Reflexionen in diesem Zusammenhang eröffnen keine Hintertüre zur Rechristianisierung; eher noch sucht ein Gedanke wie derjenige der ↗ewigen Wiederkunft des Gleichen sich eine eigene »religiöse« (und bedingungslos antichristliche) Ausdrucksform. N.s Gottes- und Moralkritik, wie sie speziell im Nachlaß und den letzten Schriften greifbar ist, stößt vielmehr neu – und gegen die Denkgewohnheiten seiner Epoche – auf das zentrale christliche Skandalon: »Die modernen Menschen, mit ihrer Abstumpfung gegen alle christliche Nomenklatur, fühlen das Schauerlich-Superlativische nicht mehr nach, das für einen antiken Geschmack in der Paradoxie der Formel ›Gott am Kreuze‹ lag« (JGB, Nr. 46, KSA 5, 67). Diese Formel wird ergänzt durch die inkarnatorische Polemik: »Gott selbst – ward Jude!« (Za IV, »Gespräch mit den Königen«, KSA 4, 307). Judentum und (paulinisches) Christentum rücken für N. in eine Linie tiefster Dekadenz, als machtsüchtige Perversionen, die es abzutun gilt. Insbesondere soll das ↗Judentum, das verantwortlich ist für den Monotheismus, als Urheber des Sklavenaufstands in der Moral und des um-wertenden Ressentiment dingfest gemacht werden. N. war fest überzeugt, mit der grundstürzenden Zeitenwende des Gottestodes ziehe ein tragisches Säkulum herauf, mit großen Kriegen und Vernichtungsprozessen, mit einer »ungeheuren Logik von Schrecken« (FW, Nr. 343, KSA

3, 573f.), die er dennoch und gerade so als große Befreiung begrüßt. »Der Begriff ›Gott‹ war bisher der größte Einwand gegen das Dasein ... Wir leugnen Gott, wir leugnen die Verantwortlichkeit in Gott: damit erst erlösen wir die Welt« (GD, KSA 6, 97). Das religiöse Pathos der Welterlösung führt in N.s letzten Schriften sowohl zum Fluch auf das Christentum als auch zur Übernahme der Zeitenwende in eigener Person: *Ecce homo* (EH, »Warum ich ein Schicksal bin«, KSA 6, 365ff.).

Literatur: Heidegger 1950, 193–247; Biser, E.: »Gott ist tot«. N.s Destruktion des christlichen Bewußtseins, München 1962; Köster, P.: Das Fest des Denkens. Ein polemisches Motto Heideggers und seine ursprüngliche Bedeutung in N.s Philosophie, in: NSt 4 (1975), 227–262; Jüngel, E.: Gott als Geheimnis der Welt. Zur Begründung der Theologie des Gekreuzigten im Streit zwischen Theismus und Atheismus, Tübingen ³1978; Kaufmann 1982, 114–138; Schellong, D.: Einige Interpretationsfragen zu N.s Verurteilung des Christentums, in: NSt 18 (1989), 338–358; Türcke, Ch.: Der tolle Mensch. N. und der Wahnsinn der Vernunft, Frankfurt a.M. 1989; Kuhn, E.: Friedrich N.s Philosophie des europäischen Nihilismus, Berlin/New York 1992; Salaquarda, J.: Dionysos gegen den Gekreuzigten, in: ders. (Hrsg.): N., Darmstadt ²1996, 288–322.

*Peter Köster*

## Grausamkeit

N. ist einer der wenigen Philosophen der Neuzeit, die einen positiven Begriff der Grausamkeit entwickelten. N. beging den innovativen *faux-pas* des Philosophen, die Grausamkeit nicht als Barbarei, sondern durchaus als Teil der Kultur zu betrachten. Die Grausamkeit ist für N. eine Fähigkeit und kein Laster, eine kulturschaffende, erfinderische und sogar verfeinernde Eigenschaft. Er spricht von der »Lust« an einer »verfeinerte[n] Grausamkeit als Tugend« (M, Nr. 30, KSA 3, 39), von der Grausamkeit als einem festlichen Ritus: »Die Grausamkeit gehört zur ältesten Festfreude der Menschheit. Folglich denkt man sich auch die Götter erquickt und festlich gestimmt, wenn man ihnen den Anblick der Grausamkeit anbietet« (M, Nr. 18, KSA 3, 30). Neben der ästhetischen Qualität, die die Grausamkeit für N. darstellt, steht sie vor allem für die Höhe und Stärke einer Kultur oder eines Individuums (FW, Nr. 48, KSA 3, 413). N. beschreibt die Grausamkeit als eine Hochzeit der Kultur, der nur ein schlaffer Niedergang gegenüberstehe (FW, Nr. 23, KSA 3, 396).

Über ihre ästhetische Qualität hinaus ist die Grausamkeit bei N. als Befreiungsakt und Heilmittel von einer übermächtigen Moral zu verstehen. In der heidnischen Grausamkeit, die für N. den Gegensatz zur christlichen Idee des ↗Mitleids darstellt, kann sich die Befreiung von den christlichen Tugenden vollziehen. Dabei sind es diese Tugenden, deren Grausamkeit N. in umgekehrter Bewegung entlarvt; die christliche Geißelung von Trieben und Bedürfnissen sei ebenfalls grausam (M, Nr. 339, KSA 3, 236). Es sind nicht zuletzt die ehrwürdigsten Konzeptionen der Philosophiegeschichte, denen N. Grausamkeit unterstellt: »[D]er kategorische Imperativ riecht nach Grausamkeit ...« (GM, 2. Abh., Nr. 6, KSA 5, 300). Doch auch als Emblem einer entlarvten Tradition ist der Begriff der Grausamkeit bei N. noch der Moral verpflichtet, die er negiert. Aufgenommen haben die Idee der Grausamkeit Antonin Artaud in *Le théâtre de la cruauté* (1929) und Georges Bataille in *Le Supplice* (1939).

Literatur: Artaud, A.: Le théâtre de la cruauté, Paris 1933, dt. Das Theater der Grausamkeit, in: Letzte Schriften zum Theater, München 1993; Bataille, G.: L'Expérience Intérieure, in: Œuvres complètes V, Paris 1973; Deleuze, G./Guattari, F.: Anti-Ödipus, Frankfurt a.M. 1974.

*Knut Ebeling*

## Große Politik

Der Begriff »Große Politik« ist bei N. meist negativ konnotiert. Erst im Zuge einer späten Umdeutung erhält er jenen spezifischen Inhalt, dank dessen er zu einem Leitmotiv seiner Philosophie avanciert ist. Der Begriff bezeichnet in der Regel die Gesamtheit jener Praktiken, mit denen eine Nation versucht, ihre Macht auf Kosten ihrer Konkurrenten auszudehnen, einschließlich der Bemühungen ihrer Regierung, das Volk für entsprechende Ziele zu mobilisieren. Gegen die große Politik werden die gleichen Einwände erhoben wie gegen die Politik schlechthin. Ein »Volk, welches sich anschickt, grosse Politik zu treiben und unter den mächtigsten Staaten sich eine entscheidende Stimme zu sichern«, erleidet dabei Einbußen, weil die Menschen aufgrund ihres politischen Engagements von ihren eigenen Angelegenheiten abgelenkt werden; das »politische Aufblühen eines Volkes« bewirkt deshalb eine »geistige Verarmung und Ermattung« (MA I, Nr. 481, KSA 2, 314ff.). N. rechnet es sich selbst als Verdienst an, daß er sich durch die »grosse politische Bewegung Deutschlands« nicht von seiner »Hauptsache« hat ablenken lassen (N, KSA 11, 270). Es ist hauptsächlich das »Bedürfniss des Machtgefühls«, das die große Politik antreibt, wobei sich dieses Machtgefühl bei den unteren Volksschichten in der Bereitschaft zur materiellen und moralischen Aufopferung, in der Identifikation mit der gegen andere Nationen feindseligen nationalen Politik manifestiert. Der Fürst kann derart »das gute Gewissen des Volkes seinem Unrecht unterschieben« (M, Nr. 189, KSA 3, 161f.). Der Staatsmann, der sein Volk zur großen Politik verurteilt, bewirkt damit die Verengung von Geist und Geschmack (JGB, Nr. 241, KSA 5, 181). Deutschlands große Politik von »Blut und Eisen« hat sich als Heilmittel gegen die deutsche »Krankheit des Geschmacks« nicht bewährt (JGB, Nr. 254, KSA 5, 200). Noch 1888 schreibt N. in bezug auf Deutschland, die große Politik verschlinge »den Ernst für alle wirklich grossen Dinge« (N, KSA 13, 540). Deutschlands große Politik kann nicht darüber hinwegtäuschen, daß dieses Land »immer mehr als Europa's Flachland« gilt (GD, KSA 6, 105).

Ein Gegenentwurf zur nationalistischen großen Politik zeichnet sich bei N. seit den späten 70er Jahren ab; dabei handelt es sich um eine planetare Erziehungs- oder Züchtungspolitik. Der Mensch muß künftig die »Erdregierung des Menschen im Grossen [...] selber in die Hand« nehmen (MA I, Nr. 245, KSA 2, 205). Eine Zeit steht bevor, »wo der Kampf um die Erdherrschaft geführt werden wird«, und zwar »im Namen philosophischer Grundlehren« (N, KSA 9, 546). Eine »Oligarchie über den Völkern und ihren Interessen« soll gegründet werden; ihre Aufgabe müßte in der »Erziehung zu einer allmenschlichen Politik« bestehen (N, KSA 10, 645). Die Herrschaft über die Erde ist nur »Mittel zur Erzeugung eines höheren Typus« (N, KSA 11, 69). Die Erdregierung hat die Frage zu beantworten, »**wie** wir die Zukunft der Menschheit wollen!« (N, KSA 11, 90). Mitte der 80er Jahre werden dann die Begriffe des neuen Philosophen, der herrschenden Kaste und der Erdregierung mit jenem der großen Politik verknüpft (N, KSA 11, 533). N.s Wunsch, Europa möge zur Willens-

einheit werden, beruht auf der Überzeugung, die Zeit für »kleine Politik«, für »dynastische wie demokratische Vielwollerei« sei vorbei, das nächste Jahrhundert werde »den Kampf um die Erd-Herrschaft« bringen, »den Zwang zur grossen Politik« (JGB, Nr. 208, KSA 5, 140). Die nationalistische und rassistische Politik erweist sich nun als »kleine Politik« (FW, Nr. 377, KSA 3, 630). Deutschland trifft der Vorwurf, es habe auf Napoleons Versuch, Europa zu einen, mit den Freiheitskriegen reagiert und trage deshalb die Verantwortung für die »culturwidrigste Krankheit und Unvernunft, die es giebt, den Nationalismus«, für die Verewigung der kleinen Politik (EH, KSA 6, 360).

Für N. drängt sich eine Neubestimmung des Begriffs der Politik auf; er sieht eine Zeit kommen, »wo man über Politik umlernen wird« (N, KSA 12, 88). Vor dem Hintergrund seiner späten Ausführungen zu diesem Thema läßt sich sein Grundgedanke in der Forderung zusammenfassen, die Politik habe sich künftig ernsthafteren und lebenswichtigeren Angelegenheiten zu widmen als nationalen Interessen. Im Zusammenhang mit dem Sklavenaufstand in der Moral spricht er von einer »wahrhaft grossen Politik der Rache« (GM, Nr. 8, KSA 5, 269). Aufschlußreich ist im Hinblick auf die Umdeutung des Politik-Begriffs der Entwurf zu einem *tractatus politicus* (N, KSA 13, 24ff.). Die Ausgangsfrage lautet, wie man der Tugend zur Herrschaft verhilft. N. stellt sich in die Nachfolge sowohl Platos wie auch Machiavellis, sein Ehrgeiz besteht indes darin, den »Typus der Vollkommenheit in der Politik«, das nie erreichte Ideal des konsequenten Machiavellismus zu beschreiben. Er versteht darunter die seit der Antike immer wieder vertretene Überzeugung, die Politik der Tugend dürfe im Interesse der Sache nur von Menschen ausgeführt werden, die selbst nicht tugendhaft sind, die Moralisten als »Politiker der Moral« dürften sich der von ihnen gelehrten Moral nicht unterwerfen.

Die Aufgabe der neuen Philosophen besteht darin, dem »Menschen die Zukunft des Menschen als seinen **Willen**, als abhängig von einem Menschen-Willen zu lehren und grosse Wagnisse und Gesammt-Versuche von Zucht und Züchtung vorzubereiten« (JGB, Nr. 203, KSA 5, 126); damit ist wohl auch das Ziel der großen Politik im neuen Wortsinn benannt. Das Bedürfnis danach basiert auf der Einsicht, daß bislang alle »Fragen der Politik, der Gesellschafts-Ordnung, der Erziehung« falsch gestellt worden sind, weil man die »Grundangelegenheiten des Lebens selber verachten lehrte« (EH, KSA 6, 296). Wenn N. in *Ecce homo* erklärt: »[e]rst von mir an giebt es auf Erden **grosse Politik**«, will er damit ausdrükken, daß sich an seinen Namen dereinst die Erinnerung an die größte Krisis auf Erden, an die »tiefste Gewissens-Collision« knüpfen wird, daß sein Werk »für einen Akt höchster Selbstbesinnung der Menschheit« steht. Im Namen der von ihm entdeckten Wahrheit erklärt N. der »Lüge von Jahrtausenden« den Krieg. Er sieht die gewaltigsten Erschütterungen der menschlichen Geschichte und den Untergang aller »Machtgebilde der alten Gesellschaft« voraus; der »Begriff Politik ist dann gänzlich in einen Geisterkrieg aufgegangen«. Das katastrophale Ereignis, das »die Geschichte der Menschheit in zwei Stücke« bricht, ist die Aufklärung über die christliche Moral, über ihre »Todfeindschaft gegen das Leben«, ihre Verachtung der leiblichen Dinge (EH, KSA 6, 365f, 373f.).

Der Begriff »grosse Politik«, mit dem N. in den letzten Äußerungen (N, KSA 13, 637–647; Georg Brandes, Anfang Dezember 1888) sein philosophisches Anliegen umschreibt, impliziert zunächst eine tagespolitische Stellungnahme, wie die Invektiven gegen Bismarck und die Hohenzollern-Dynastie belegen. Sie sind verantwortlich für jene »fluchwürdige Aufreizung zur Völker-, zur Rassen-Selbstsucht«, die sich zu Unrecht als große Politik präsentiert. N. scheint mit seinem Anspruch, große Politik vorzubereiten, also durchaus in der Tradition der Aufklärung zu stehen. Die dynastische und die priesterliche Institution werden als die »eigentlichen Todfeindschafts-Institutionen gegen das Leben« gebrandmarkt. Sämtliche bestehenden Hierarchien und Abgrenzungen werden für illegitim erklärt. Die große Politik bringt »den Krieg quer durch alle absurden Zufälle von Volk, Stand, Rasse, Beruf, Erziehung, Bildung«. Sie erweist sich jedoch zugleich als Zuchtveranstaltung, sie »will die Physiologie zur Herrin über alle anderen Fragen machen«. Der in diesem Vorhaben sich artikulierende Biologismus lädt zu ideologischen Deutungen ein, die der Aufklärung gerade widersprechen. Trotz Anleihen bei modernen wissenschaftlichen und pseudowissenschaftlichen Anschauungen beinhaltet der Begriff der großen Politik schließlich eine Absage an die moderne Konzeption von Politik und den Versuch einer Aktualisierung des platonischen Politikideals. Die Kompetenz, zu regieren und Gesetze zu geben, kommt den neuen Philosophen kraft besonderer Tugenden zu, kraft der Fähigkeit und Bereitschaft, das Leben zu bejahen.

Literatur: Ansell-Pearson, K.: N. contra Rousseau. A study of N.'s moral and political thought, Cambridge 1991, 38–49, 200–224; Marti, U.: »Der grosse Pöbel- und Sklavenaufstand«. N.s Auseinandersetzung mit Revolution und Demokratie, Stuttgart 1993, 269–295; Ansell-Pearson, K.: An introduction to N. as political thinker, Cambridge 1994, 147–162; Ottmann ²1999, 239–312.

*Urs Marti*

## Heilig, der Heilige

Über den Heiligen oder das Heilige spricht N. in den Kapiteln »Das religiöse Leben« (MA I, Nr. 108–144) und »Das religiöse Wesen« (JGB, Nr. 45–62), ferner an vielen verstreuten Stellen des Werks (*Der Antichrist*, *Ecce homo*, Nachlaß). Dabei dominiert in *Menschliches, Allzumenschliches* I und *Jenseits von Gut und Böse* die psychopathologische Erklärung, nach welcher alle »Visionen, Schrecken, Ermattungen, Entzückungen des Heiligen [...] bekannte Krankheits-Zustände« seien (MA I, Nr. 126, KSA 2, 122). Verketzerung und Brandmarkung der Sinnlichkeit, Verdächtigung und Kreuzigung alles Menschlichen, »Leiden am Natürlichen«, »Krieg führen« gegen die Triebe und ein steter »Wechsel von Sieg und Niederlage« im Kampf mit sich selbst – das sind nach N. die Mittel der »Asketen und Heiligen«, sich das Leben »erträglich« zu machen (MA I, Nr. 141, KSA 2, 134ff.). Die psychologisch-moralische Genealogie des Heiligen erweist sich bei N. in dieser Hinsicht als ein Sonderfall der Analyse des ↗Asketismus, des ↗Ressentiments und der Gestalt des ↗Priesters. Die breit ausgemalte Psychopathologie kann allerdings darüber hinwegtäuschen, daß N. einen – wenn man so sagen darf – Heidenrespekt vor dem Heiligen besaß. Dieser läßt sich einmal dadurch erklären, daß N. seinen Begriff des Heiligen der Philosophie ↗Schopenhauers entlehnt hat. Dadurch erklärt sich sowohl N.s Bild des die Natur verneinenden, düster asketischen Heiligen als auch die Prominenz, die dem Phänomen in N.s Denken zweifelsohne zugestanden wird. Die Frage nach dem Heiligen ist »die« Frage Schopenhauers, wie die Verneinung des Willens zum Leben, »wie [...] der Heilige« möglich ist (JGB, Nr. 47, KSA 5, 68). Zum anderen bewundert N. den sich im Asketismus des Heiligen dokumentierenden ↗»Willen zur Macht«. »Der **Heilige als die mächtigste Species** Mensch – diese Idee hat den Werth der moralischen Vollkommenheit so hoch gehoben.« (N, KSA 12, 561) Der Philosoph im Sinne N.s ist wie der Heilige ein Bewohner der »Wüste« (GM, KSA 5, 352). Auch er lebt »Armuth, Demuth, Keuschheit«, wenn auch in einem »heiteren Ascetismus« (ebd.). In die Idee des ↗Übermenschen wird neben dem Künstler und dem Philosophen auch der Heilige integriert (N, KSA 10, 501, 514).

N.s Darstellung einzelner Heiliger oder Asketen ist – angesichts des Schopenhauerischen Blickwinkels – denkbar einseitig: Paulus, ein »Epileptiker« mit der »fixen Idee« des Gesetzes (M, Nr. 68, KSA 3, 65); Franz von Assisi »(neurotisch, epileptisch, Visionär, wie Jesus)« (N, KSA 13, 160; vgl. KSA 12, 480f.); der »Wüsten-Heilige« (»Gab es Schmutzigeres bisher auf Erden als Wüsten-Heilige?«, Za IV, Vom höheren Menschen 13, KSA 4, 363). Dieser Blickverengung steht eine gewisse Verehrung für Jansenisten und Quietisten wie Pascal, Fénelon oder Frau von Guyon gegenüber (M, Nr. 192, »**sich vollkommene Gegner wünschen**«). Man findet selbst noch im *Antichrist* den Versuch, aus Christus selbst eine Art Freigeist zu machen (AC, Nr. 33, 35, 41). Mit Blick auf sich selbst schreibt N. in *Ecce homo*: »Ich habe eine erschreckliche Angst davor, daß man mich eines Tages **heilig** spricht [...] Ich will kein Heiliger sein, lieber noch ein Hanswurst« (EH, Warum ich ein Schicksal bin 1, KSA 6, 365). In diesem Wort spiegelt sich N.s Distanzierung, aber auch seine seltsame Nähe zu beiden Gestalten. »Der Narr und der Heilige – die zwei interessantesten Arten Mensch ...« (N, KSA 13, 366). Das waren sie für ihn zweifelsohne, auch wenn er sich selbst eher als einen Narren und keinesfalls als ein »Narr in Christo« verstanden hat.

*Henning Ottmann*

# Held, Heros

Eine ganze Reihe von Themen (der Kampf um die Unzeitgemäßheit, der Übermensch, das aristokratische Element etc.) veranlaßten die Interpreten immer wieder, N.s Philosophie als eine heroische zu bezeichnen. Die klare Aussage in *Ecce homo*: »ich bin der Gegensatz einer heroischen Natur« (KSA 6, 294) zeugt jedoch von einer Denkrichtung, die mit *Menschliches, Allzumenschliches* beginnt und neben dem ↗Genie und dem ↗Heiligen auch den Helden erfrieren läßt. Dies widerspricht dem festgefügten Bild eines heroischen N.-Mythos, der die Rezeption bis hin zur Herausbildung eines ↗N.-Kults stark beeinflußt hat. Es sei hier nur an die Anhänger aus dem George-Kreis erinnert (Gundolf-Hildebrandt 1923) sowie vor allem an Bertram: »Seine ganze Geschichtsbetrachtung und Geschichtsphilosophie wird durch diesen Willen zur Heroisierung bestimmt. [...] Er ist, mehr noch als Carlyle, der typische Repräsentant einer Historik aus dem Enthusiasmus« (Bertram 1918, 202).

In der *Geburt der Tragödie* steht Prometheus für den »heroischen Drang[e] des Einzelnen ins Allgemeine« und seinen Versuch, »über den Bann der Individuation hinauszuschreiten«. Sein Wille, »das **eine** Weltwesen selbst sein zu wollen« führt dazu, daß er »den in den Dingen verborgenen Urwiderspruch« an sich selbst erleidet. Der Titan »frevelt und leidet« (GT, KSA 1, 70). Diese Sichtweise ist an die Struktur der ↗Artistenmetaphysik und an Schopenhauers Thema der »ewigen Gerechtigkeit« geknüpft: Der Urwille, der den Frevel der Individuation begangen hat, leidet. In der Tragödie wird aus dem Tod des Helden der metaphysische Trost geschöpft, der, auch in der Philosophie Schopenhauers, eine heroische Bejahung des Lebens ermöglicht. Trotz des Todes und der Vergänglichkeit alles Individuellen, ist jedem Einzelnen eine ununterbrochene ewige Existenz gewiß. N. interpretiert das starke Band zwischen Heldentum, Liebe und Tod in Wagners Musikdramen im Licht der frühen Theorien Wagners, indem er den lebensbejahenden Aspekt betont: »Der Tod ist das Siegel auf jede große Leidenschaft und Heldenschaft, ohne ihn ist das Dasein nichts werth. [...] Jeder solche Tod ist ein Evangelium der Liebe« (N, 11[18], KSA 8, 204). Gegen die Erlösungsbedürftigkeit, die für die Wagnerschen Helden charakteristisch ist, kämpft der späte N. voll Sarkasmus. Wagner wurde durch Schopenhauer als décadent entlarvt: seine Helden sind Kinder der Großstadt. In alten Gewändern, die lediglich eine Art exotischer Verkleidung darstellen, verbergen sie modernste pathologische Gefühle: »diese prachtvollen Ungethüme, mit Leibern aus Vorzeiten und Nerven von Übermorgen« (N, 14 [63], KSA 13, 249). Wagners Helden verkörpern die Auflösung und die décadence der Moderne. Vor allem durch den »französischen« und europäischen Wagner und seinen »Bruder« Baudelaire gelangt N. zum Verständnis des Heroischen in der Moderne und seinem Verhältnis zur décadence. »Über das Chaos Herr werden das man ist; sein Chaos zwingen, Form zu werden« (N, 14[61], KSA 13, 247), das, was den modernen Menschen ausmacht, setzt eine Disziplin des Körpers und des Geistes voraus, eine Entscheidung für die »Kunst«, gegen die Natur. Die Einheit und Gestaltung der Form, die angestrebt wird, aber durch die »Krankheit des Willens« unmöglich geworden ist, wird auf die Bühne transponiert: Die moderne Welt ist die Bühne für den ↗Schauspieler und Histrionen der décadence. Der Heroismus des *dandy* liegt in der tagtäglichen Anstrengung, die ihn die Selbstdarstellung kostet. N. hat zweifellos etwas für die Faszination dieser potentiellen Helden der Moderne übrig. In seiner Auseinandersetzung mit Stein (Anfang Dezember 1882) über *Helden und Welt* legt N. seine Auffassung des Helden auseinander: »Was ›den Helden‹ betrifft, so denke ich nicht so gut von ihm wie Sie. Immerhin: er ist die annehmbarste Form des menschlichen Daseins, namentlich wenn man keine andre Wahl hat«. Die ↗Askese sei ein wesentliches Merkmal des Helden, insofern er gerade dem »Tyrann[en] in uns (den wir gar zu gerne ›unser höheres Selbst‹ nennen möchten)«, sein Liebstes zum Opfer bringen muß. N. gibt zu bedenken: »Es sind fast lauter Probleme der Grausamkeit, die Sie behandeln« (an Stein, Anfang Dezember 1882). N. wehrt sich an verschiedenen zentralen Stellen seiner späteren Schriften gegen diese Moral der »Thierquälerei« (ebd.) und die enthusiastische Opferbereitschaft, die dem Gefühl des Einsseins mit dem mächtigen Wesen entspringt, dem das Opfer geweiht ist.

Das Ende der Überzeugungen markiert die Krise des Helden, da dieser immer eines Glaubens bzw. einer metaphysischen oder theologischen Garantie bedarf. Vor dem Hintergrund der metaphysischen Überzeugungen, wie sie die *Unzeitgemäßen Betrachtungen* charakterisieren, war eine heroische Haltung noch möglich. In der dritten *Unzeitgemäßen Betrachtung* (*Schopenhauer als Erzieher*) wird Schopenhauer unter ausdrücklicher Bezugnahme auf die *Parerga* und unter Berufung auf Emerson zum Lehrer des Heroismus: »›Ein glückliches Leben ist unmöglich: das Höchste, was der Mensch erlangen kann, ist ein heroischer Lebenslauf‹« (SE 4, KSA 1, 373). Heroismus ist Mut zur Wahrhaftigkeit angesichts der tröstenden Illusionen. Er öffnet den Weg zur Philosophie des ↗Freigeists. Mit seinem kritischen Blick gelangt N. zunehmend zu der subjektiven Gewißheit, daß der Heroismus ein Abkömmling der Religion und ein Feind der Wahrheitssuche ist. Im Gefolge Taines kritisiert er den Heroen-Kult Carlyles radikal und wirft ihm vor, sein »Fanatismus« gleiche dem der Puritaner. »Der Glaube ist immer dort am meisten begehrt, am dringlichsten nöthig, wo es an Willen fehlt« (FW, Nr. 347, KSA 3, 582).

Dem Heroismus als Bereitschaft, sich für fremde Zwecke zu opfern, stellt N. die Stärke der großen Geister gegenüber: die Offenheit des Horizonts als Voraussetzung für die »Souveränität des Individuums«, das nur auf sich gestellt ist. Der extremen agonistischen Spannung, wie sie den heroischen Willen der sublimierten Menschen kennzeichnet, stellt N. im *Zarathustra* die pazifizierte Form gegenüber, die Schönheit, die das Lächeln gelernt hat: »Höher als ›du sollst‹ steht ›ich will‹ (die Heroen); höher als ›ich will‹ steht ›ich bin‹ (die Götter der Griechen)« (N, 25[351], KSA 11, 105). Der Erhabene, d.h. der sublime Held, »bezwang Unthiere, er löste Räthsel: aber erlösen sollte er auch noch seine Unthiere und Räthsel, [...] zu himmlischen Kindern sollte er sie noch verwandeln« (Za II, KSA 4, 151).

Literatur: Stein, H. von: Helden und Welt. Dramatische Bilder. Eingeführt durch Richard Wagner, Chemnitz 1883; Bertram 1918; Gundolf, E./Hildebrandt, K.: N. als Richter unsrer Zeit, Breslau 1923; Raschel, H.: Das N.-Bild im George-Kreis, New York/Berlin 1984; Tönnies, F.: Der N.-Kultus. Eine Kritik, Berlin 1990; Campioni, G.: Leggere N. Dall'agonismo inattuale alla critica della ›morale eroica‹ in: »La filosofia e le sue storie«, hrsg. von M. C. Fornari und F. Sulpizio, Lecce 1998, 87–133.

*Giuliano Campioni*
*(Aus dem Italienischen von Renate Müller-Buck)*

# Herrenmoral – Sklavenmoral

Bei dieser Dichotomie handelt es sich um eine der populärsten Konzeptionen N.s. Genauer sind es Typologisierungen, die sich hinter den idealisierten Vertretern – »Herr« und »Sklave« – der beiden Weisen von Moralität (↗Moral) verbergen. Wie bereits im Falle der Typenbildung in *Die Geburt der Tragödie* (↗Apollinisch-dionysisch) sind damit weder reale noch historische Vertreter gemeint – weswegen N. hier wie dort bei seinen Zeitgenossen weitestgehend auf Unverständnis stieß –, sondern eben Verdichtungen von Eigenschaften zu einer Figur. Davon wurde nachhaltig die soziologische Forschung Webers (↗Soziologie) beeinflußt, der mit seiner Methode der »Idealtypenbildung« N.s Vorgehen erkannte und diesem darin gefolgt ist. Auch in die philosophisch geprägte Psychologie gingen N.s begriffliche Personifikationen in Spuren ein: als Unterscheidung von Triebkräften (↗Trieb) nach Freud einerseits und als metapsychologische Reflexion der Form von Grundsatzurteilen bei Scheler (1912) andererseits. N.s ehemalige Freundin Andreas-Salomé (1894, 93–135) sah, um N.s Rückbezug auf Rées psychologische Überlegungen wissend, als erste die eigentliche Funktion dieses Denkens und hob die – faktisch innerhalb eines Menschen oder einer Kultur jeweils nur in Mischungsverhältnissen vorkommenden – antagonistischen Reiche der ethischen Gründung hervor.

Eigentlich sind es keine zwei Arten von Moral, die sich durch N. ausgedrückt finden, sondern nur eine Art, zu der zwei relationale Bestimmungen bestehen. N. spricht von den »zwei Grundtypen« und »ein[em] Grundunterschied« (JGB, 9. Abh., Nr. 260, KSA 5, 208). Moral als Handlungsorientierung im Sinne der Autonomie besteht auch für N. noch klassisch in der Idee der Selbstgesetzgebung (↗Gesetz). Der Typus des »Herrn« ist der Selbstgesetzgebende par excellence, der »Sklave« Sinnbild der Heteronomie. Während sich der »Sklave« aus Gewohnheit an kulturell verbreitete und vorgegebene Handlungsanweisungen hält, bedenkt der Herr den notwendigen Schaffensaspekt des »Gesetzten«. Jenem erscheinen Wertesysteme folglich als präexistent, diesem als historische Konstrukte. Gleichwohl sind sie aber für letzteren dennoch notwendig. N.s genealogische Untersuchungsmethode zielt auf die wissenschaftliche Aufweisung dieser Differenz ab. Es soll gezeigt werden, daß die aktuelle »Geltung« auf der einen Seite vom Grund und der Bedeutung des »Entstehens« auf der anderen wohl unterschieden ist bzw. zu unterscheiden sei. Erste Gedanken zu diesem Thema hat N. in *Menschliches, Allzumenschliches* (MA I, Nr. 44, KSA 2, 66 f. u. MA II, Nr. 45, KSA 2, 67 f.) und *Morgenröthe* (M, Nr. 113, KSA 3, 102–104 u. M, Nr. 548, KSA 3, 318 f.) vorgelegt. Bislang nahezu einzigartig folgt Foucaults (1971) archäologische Analyse – bspw. der Bestrafungssysteme (↗Strafe) – dieser Form der genealogischen Untersuchung.

In der Namensgebung der Typen kann eine Verbindung der Auseinandersetzung mit Hegels dialektischem Verständnis des »Herr-Knecht«-Verhältnisses sowie mit biblischen Zuschreibungen gesehen werden. Die alttestamentarisch-jüdische (↗Altes Testament) Auffassung von Moral ist für N. wie für andere die der Gesetzestreue und Hörigkeit, die neutestamentarisch-christliche (↗Neues Testament) ein Schritt hin zur Autonomie. Parallel dazu modernisiert sich für N. die Auffassung der Vorstellung von ↗Gerechtigkeit als »Rächen« und »Richten« aus den Anfängen der Moralgeschichte (Za II, KSA 4, 122). Bereits in der Antike existiere eine ausgezeichnete Gruppe der »Vornehmen« oder »Adligen« (↗Aristokratie), deren »Definitionsgewalt« den Bereich des Ethischen ins Außermoralische übersteige, die gar durch die Namensgebung der Dinge in der Welt »wahr« und »falsch« (↗Wahrheit) Bedeutung gaben. Ihr wichtigster Akt war nach N. dabei ihre Eigenattribuisierung als »gut« (GM, 1. Abh., Nr. 2, KSA 5, 260).

Erst die »Sklaven« machen aus dieser soziologischen und quasi-ontologischen Unterscheidung eine »moralische« in ihrem, dem oben bezeichneten Sinne, d.h. eine »moralisierende«: Sie negieren die Kreativität des Werteschätzens, -schaffens, und -setzens. Kurz: Sie verneinen deren reale Genese im Gefühl ihrer Impotenz zur Normgebung, ihrer »Ohnmacht zur Macht« (↗Wille zur Macht) und folgen dem Verhalten der ↗Masse. Damit trennt sich das kreative Vermögen vom Akt der Ausführung und wird gleichsam unkreativ. Hier entspringt nach N. das »Gegenfühlen«, das ↗Ressentiment, welches die Kreativen, die »Herrn« bzw. ihre Einheit von Wertschöpfung und Wertbefolgung als wiederum unmoralisch, d.h. als »böse« stigmatisiert, den

»Brecher« ihrer Heteronomie zum »Verbrecher« macht (Za III, KSA 4, 266 u. GM, 2. Abh., Nr. 9., KSA 5, 307). Die Parallele zum Konzept des ↗Übermenschen ist zweifelsfrei gegeben (EH, KSA 6, 300).

↗Utilitarismus und Moralität sind N. somit gleichursprünglich und Kants apodiktisches Gefühl »Achtung« im Zentrum des ethischen Vermögens wird bei N. zur »Verachtung«: »Die Sklaven-Moral ist wesentlich Nützlichkeits-Moral. Hier ist der Herd für die Entstehung jenes berühmten Gegensatzes ›gut‹ und ›böse‹: – in's Böse wird die Macht und Gefährlichkeit hinein empfunden, eine gewisse Furchtbarkeit, Feinheit und Stärke, welche die Verachtung nicht aufkommen lässt. Nach der Sklaven-Moral erregt also der ›Böse‹ Furcht; nach der Herren-Moral ist es gerade der ›Gute‹, der Furcht erregt und erregen will, während der ›schlechte‹ Mensch als der verächtliche empfunden wird« (JGB, 9. Abh., Nr. 260, KSA 5, 211 f.). Von hier aus erhellt sich die Bedeutung des »Jenseits« von »Gut« und »Böse«: Es ist das Diesseits, welches sich metaphysischen (↗Metaphysik) Konstruktionen machiavellistisch durch die Konkretion von »gut« und »schlecht« entgegenstellt. Durch N.s resolute Haltung wird jedoch – entgegen seiner sonstigen Auffassung – antisemitisches (↗Antisemitismus) Denken auf der historisch-theoretischen Ebene befördert: Im Gegensatz zu den Griechen habe die vom Christentum ›überwundene‹ Lehre der Juden (↗Judentum), dem nach N. »schlechteste[n] Volk der Erde« (N, KSA 8, 299), an jenes die sklavische Verdopplung der Welt in zwei – einem realen und einem idealen Bereich – sowie ihre Gesetzeshörigkeit und das Schuldbewußtsein weitergegeben (FW, Nr. 135, KSA 3, 486f.).

In der dritten Abhandlung von *Zur Genealogie der Moral*, welche die Auslegung eines einzelnen Satzes aus *Also sprach Zarathustra* zu sein vorgibt, wird exemplarisch am »Philosophen« und anderen vorgeführt, wie sich das Denken in Bahnen der Sklavenmoral – ihrer »Psychologie« – abspielt und letztendlich zu einer »Selbstaufhebung« der Moral führe: Die zum Denken rein praktisch notwendige ↗Askese (GM, 3. Abh., Nr. 8, KSA 5, 351–356) wird zum Ideal erhoben (GM, 3. Abh., Nr. 10, KSA 5, 359–361). Wichtigster Vertreter dieses Ideals ist der asketische ↗Priester, der die am Leben unausweichlich Leidenden (↗Leiden) anführt (GM, 3. Abh., Nr. 11, KSA 5, 361–363) und Erlösung in einem u-topischen, un-verortbaren »Jenseits« verspricht (GM, 3. Abh., Nr. 13, KSA 5, 365–367). Die Verneinung des Diesseits zugunsten eines Ideals macht aber jenes als Absetzungsfolie für den Mechanismus »Führer-Herde« gerade unentbehrlich. Schließlich verlegt die Gefolgschaft des Priesters nach dessen Zureden den Grund für das Leiden in sich selbst (GM, 3. Abh., Nr. 15, KSA 5, 372–375). Hier erst erfolgt die eigentliche »Heerdenbildung« durch Zusammenschluß der am Leiden »Schuldigen« gegen die »Unschuldigen«, die selbstgesetzgebenden »Herrn« in N.s Sinn. Von nun an definiert sich die »Heerde« immer sekundär über und durch die Absetzung von denen, die nicht zu ihnen zählen. Der »Sklave« schließt in der Folge durch Negation der Setzung des »Herrn« auf sich, während der »Herr« seine eigene Setzung als solche bejaht (↗Jasagen, Bejahung). Von eben jenem sklavischen Syllogismus (Deleuze 1976, 130–134) sei auch besonders die Philosophie in ihrem »Willen zur Wahrheit« geprägt, der wie die »Sklavenmoral« zur »Selbstaufhebung« verdammt sei (GM, 3. Abh., Nr. 27, KSA 5, 408–411). N.s Psychologie des sklavischen »Heerdentriebs« fußt teilweise auf der Lektüre von Texten des Anti-Darwinisten (↗Darwinismus) und Begründers der »Eugenik«, dem Briten Galton (Haase 1989, 643–651).

Die traditionelle Übermächtigkeit des re-aktiven Denkens belegt die im abendländischen Philosophieren vorherrschende und in verschiedenen Versionen wiederkehrende, dualistische Auffassung von normengeleitetem Handeln und Normbegründung, Empirischem und Transzendentalem, Legalität und Legitimität. In jedem Fall ist die den Ausführungen scheinbar zugrundeliegende Rechtfertigung nur eine Hypostase jener Begebenheiten, die begründende »Herrenmoral« ein Abbild der im anderen gründenden »Sklavenmoral«. Im Sinne N.s sind (Be-)Gründung und Ausführung jedoch ein einziger Vorgang, die wie ebenfalls »Blitz« und »Donner« nur im Nachhinein voneinander durch die Sprache (↗Begriff) als getrennte Entitäten repräsentiert werden (GM, 1. Abh., Nr. 13, KSA 5, 279). Die Differenz zwischen beiden setzt sich bis in die konkrete, politische Be*herr*schung der ↗Erde fort: N. selbst spricht im Kontext seiner Wende zum »Irdischen« mehrfach von dem »Boden«, den die »Herren der Erde« definierten (GM, 2. Abh., Nr. 18, KSA 5, 326 u. N, KSA 12, 215).

Der Grund für die aktuelle »demokratische (↗Demokratie) Ordnung der Dinge« (JGB, 9. Abh., Nr. 261., KSA 5, 213) – d. h. ethische und ontologische Moral, moralischer und ökonomischer Wert (↗Kapitalismus) – ist nach N. in einer Mischung von »Herrenmoral« und »Sklavenmoral« zu suchen. Hier verflechten sich erstmals die beiden Typen derart, daß sie eine neue Form ergeben könnten, die sich mit N. gegen N.s Demokratiefeindlichkeit lesen läßt. Ohne beide hegelianisch miteinander aufzuheben, eröffnet die Verbindung zwischen bloß passivischem Utilitarismus und rein selbstgenügsamer Kreativität (↗Experiment, Experimentalphilosophie) die Möglichkeit eines emanzipierten, pragmatisch-praktischen Moralverständnisses, das N. bereits in *Vom Nutzen und Nachtheil der Historie für das Leben* als ein kritisches und gegenwärtiges ausgewiesen hatte (↗Historie).

Literatur: Andreas-Salomé 1894; Scheler, M.: Das Ressentiment im Aufbau der Moralen, Leipzig 1912; Haase, M.-L.: F.N. liest Francis Galton, in: NSt 18 (1989), 633–658; Foucault, M.: N., die Genealogie, die Historie (1971), in: Guzzoni 1991, 108–125.

*Stephan Günzel*

# Historie

N. hat 1886 sein Verhältnis zur Historie nach einer frühen und späten Phase unterschieden (MA II, Vorrede, KSA 2, 370), und die Forschung ist ihm darin gefolgt (Schlechta 1958, 52; Müller-Lauter 1971, 36). Der frühe N. (*Geburt der Tragödie, Unzeitgemäße Betrachtungen*) gilt als historienkritisch, der mittlere und späte (*Menschliches, Allzumenschliches, Jenseits von Gut und Böse, Zur Genealogie der Moral*) als historienfreundlich. Tatsächlich erklärt sich dieser vermeintliche Wandel aber auch aus der terminologischen Unschärfe des Begriffs der Historie bei N.

I. Unter »Historie« versteht N. in der zweiten Unzeitgemäßen Betrachtung (HL) die wissenschaftlich-methodische Rationalität im Sinne des Historismus, wie sie sich im 19. Jh. u. a. mit Ranke in der Geschichtswissenschaft und mit der historisch-kritischen Methode in der Klassischen Philologie und Theologie etabliert hat. Er macht diese verantwortlich für die Auflösung des Mythos (GT 23) und der kreativen »Instinkte« des Lebens (HL 6–7). Dagegen setzt er das Ideal einer »Historie im Dienste des Lebens«, welche den Bedürfnissen des Menschen nach dem Unhistorischen und Überhistorischen in dreifacher Form gerecht werden kann: Die »monumentalische Historie« fördert das Streben nach Ruhm und Größe, die »antiquarische Historie« gibt den Menschen durch die Verehrung des Überlieferten »Wurzeln« und »Heimat«, und die »kritische Historie« befreit die an der Tradition Leidenden von der Last der Vergangenheit (HL 2–3). N.s Historientypologie ist funktional mit der existenziell-ästhetischen Kategorie des ↗Apollinisch-Dionysischen (*Geburt der Tragödie* 1–4) vergleichbar (Meyer 1998, 157–159). Auch der spätere N. verteidigt eine solche »unzeitgemässe«, d. h. nicht objektiv-historische, sondern selektiv und ästhetisch betriebene Historie (MA I, Nr. 274; JGB, Nr. 224) als ein notwendiges »Heilmittel« (WS, Nr. 188) für das moderne Subjekt, das sich in der subjektiven Aneignung der Tradition selbst bestimmt (MA II, Nr. 223) und ermächtigt.

II. N. verknüpft mit dem Begriff der Historie auch alle Formen hegelianischer Geschichtsphilosophie und politisch wirksamer Fortschrittsideologie, die Geschichte als eine zielgerichtete »Entwicklung« deuten; er kritisiert diese – wie Schopenhauer und Burckhardt – als metaphysische Konstruktion (HL 8–9; MA I, Nr. 238; N, KSA 12, 9 [43] 355). N. deutet Geschichte dagegen pessimistisch als Verfallsgeschichte (GT; JGB, Nr. 203) oder als Geschehen ohne Sinn und Zweck, das nur durch die Bewegungen menschlicher »Einzel-Egoismen« angetrieben wird; so schon in den frühesten Texten von 1872 (FV 1, WL). Dieses nihilistische Geschichtsbild fokussiert er später zur These vom ↗»Willen zur Macht« als »Ur-Faktum aller Geschichte« (JGB, Nr. 259).

III. Historisches Denken kann für N. schließlich auch eine Form der Metaphysik-Kritik sein (MA I, Nr. 1; MA II, Nr. 10). Schon 1872 wendet N. Heraklits »Philosophie des Werdens« in kritischer Absicht gegen die »leeren« und »ewigen« Prinzipien der (antiken) Ontologie (PhtZ 5) und nimmt damit die Bestimmung der »Historie als Glaube an die Sinne« (GD, KSA 6, 74f.) vorweg. Entsprechend kann die »Naturgeschichte der Moral« (JGB, 5) die ideelle Geltung der (christlichen) Moral destruieren. In der *Genealogie der Moral* spitzt N. die Methode der Historie als Kritik weiter zu (Stegmaier 1994, 65). Da sie die (entwicklungsorientierte) Geschichtsschreibung parodiert und Geschichte perspektivisch neu interpretiert (Foucault 1971), überwindet die »Genealogie« die negativen Aspekte der Historie als Historismus und als metaphysische Geschichtsphilosophie und führt N.s frühe Ansätze einer nicht-objektivistischen Historie weiter.

Literatur: Schlechta, K.: N.s Verhältnis zur Historie, in: ders.: Der Fall N., München 1958; Foucault, M.: N., die Genealogie, die Historie (1971), in: ders.: Von der Subversion des Wissens, Frankfurt a.M. 1987, 69–90; Stegmaier 1994; Meyer, K.: Ästhetik der Historie. F.N.s »Vom Nutzen und Nachteil der Historie für das Leben«, Würzburg 1998.

*Katrin Meyer*

## Idiot

N. verwendet das Wort Idiot oder Wortverbindungen mit »idiot« in den wenigen frühen Erwähnungen stets im negativen Sinn für geisteskrank, stumpfsinnig, dumm. Im Spätwerk Ende der 1880er Jahre kommt das Wort oft vor, bisweilen immer noch in diesem polemischen Sinn, namentlich auch gegen Wagner, Bismarck und Wilhelm II., meist setzt N. nun aber die schillernde Konnotation zum Fürsten Myschkin ein, dem Helden von Dostojewskis Roman *Der Idiot* (1868/69). Myschkin ist als Typus des russischen Christus das Pendant zum tumben Tor Parzival, hochsensibel, ohne Fähigkeit zum Bösen oder auch nur zu irgendwelcher Unehrlichkeit. Die zentrale Stelle dazu findet sich in *Der Antichrist*, Nr. 29, wo N. gegen Renans Verzeichnung von Jesus zum Genie und Helden polemisiert. In seiner Erforschung des »psychologischen Typus des Erlösers« scheint N. hier ein anderes Wort viel eher noch am Platz zu sein: »das Wort Idiot« (KSA 6, 200). Diese drei Wörter fehlten seit der Erstausgabe (GA VIII, 1895) in allen Ausgaben, wohl zur Vermeidung von Schwierigkeiten mit dem preußischen Gesetz gegen Blasphemie. Erst seit W. Kaufmanns *The portable N.* (1954) und Schlechtas *Werke in drei Bänden* (2. Bd., 1955) ist der Text wiederhergestellt. Inzwischen hat die Forschung festgestellt, daß es N. hier nicht – oder, so R. Roos, nicht nur – um eine blasphemische Beurteilung ging, sondern um eine differenziertere psychologisch-physiologische Würdigung des Typus des Erlösers im Sinne Dostojewskis. Als Gegenstück zu diesem idiotischen Jesus galten N. Raffiniertheit, Verschlagenheit und Hinterhältigkeit, die er etwa bei Kant und v. a. bei Paulus sah: »Paulus war ganz und gar kein Idiot! – daran hängt die Geschichte des Christenthums« (N, KSA 13, 237). Vgl. KSA 6, 42, 70; 177, 196, 216, 235, 418, 423, 426; N, KSA 11, 130; N, KSA 13, 237, 267f., 273, 295, 300, 409, 599, 643f.; KSA 15, 194, 209.

Literatur: Dibelius, M.: Der »psychologische Typ des Erlösers« bei F.N., in: DVLG (1944), 61–91; Benz, E.: N.s Ideen zur Geschichte des Christentums und der Kirche, Leiden 1956, 100–103; Kaufmann 1982, 396–398; Roos, R.: Règles pour une lecture philologique de N., in: N. aujourd'hui, Paris 1973, II, 306; KSA 14, 435f.; Cancik, H./Cancik-Lindemaier, H.: Der »psychologische Typus des Erlösers« und die Möglichkeit seiner Darstellung bei Franz Overbeck und F.N., in: Brändle, R./Stegemann, E. W. (Hgg.): Franz Overbecks unerledigte Anfragen an das Christentum, München 1988, 108–135; Hoffmann 1991, 164f., 289, 493–495; Hoffmann, D. M.: Das Basler N.-Archiv, Universitätsbibl. Basel 1993, 88f.; Sommer, A.U.: F.N.s Antichrist. Ein philologisch-historischer Kommentar, Basel 2000, 287–290.

*David Marc Hoffmann*

## Instinkt

Entsprechend der Auffassung N.s, daß der »Wille zur Macht« der »Instinkt zur Freiheit« (GM, 2. Abh., Nr. 18, KSA 5, 326) ist, gilt für N.: »Alles Gute ist Instinkt – und, folglich, leicht, nothwendig, frei« (GD, KSA 6, 90). Damit ist für N. auch das »Schlechte« definiert, das durch mangelnde »Instinkt-Sicherheit« in »Folge von Instinkt-Entartung« in Fehlern aller Art erscheint. Die Instinkt-Entartung besteht für N. wesentlich darin, daß man sich an den »erste[n] Imperativ des Instinktes« nicht hält, der da lautet: »Über gewisse Dinge fragt man nicht« (GD, KSA 6, 142).

Entgegen der geläufigen Meinung, daß alles moralische Handeln vernünftiges Handeln ist und daß sich Moralität im Denken gründet, ist N. der Auffassung, daß nicht nur das ↗Genie, sondern auch die Güte im Instinkt »sitzt«. Moralische Urteile sind für N. im Irrationalen, in den Instinkten begründet. Demzufolge stellt für N. »alles Denken, das bewußt verläuft, auch einen viel niedrigeren Grad von Moralität« dar, »als das Denken desselben, so fern es von seinen Instinkten geführt wird« (N, Anfang 1888 – Anfang Jan. 1889, 15[25], KSA 13, 421). »Man handelt nur vollkommen, sofern man instinktiv handelt« (N, Anfang 1888 – Anfang Januar 1889, 15[25], KSA 13, 421). Die Frage nach dem Verhältnis von Instinkt und Vernunft, die sich für N. bisher hinter dem theologischen Problem von Glauben und Wissen verbarg, »die Frage, ob in Hinsicht auf Werthschätzung der Dinge der Instinkt mehr Autorität verdiene, als die Vernünftigkeit, welche nach Gründen, nach einem ›Warum?‹« fragt (JGB, Nr. 191, KSA 5, 112), beantwortet N. klar zugunsten des Instinktes: »Ein Instinkt ist geschwächt, wenn er sich rationalisirt: denn damit, dass er sich rationalisirt, schwächt er sich« (WA, Nachschrift, KSA 6, 40f.).

Demzufolge war für N. die »große Vernunft in aller Erziehung zur Moral [...] immer, daß man hier die Sicherheit eines Instinkts zu erreichen suchte« (N, Frühjahr 1888, 14 [111], KSA 13, 288). Die Rationalisierung der brutalen, aber gesunden Instinkte kann daher für N. selbst ein Mittel sein, um aus gesunden Instinkten krankhafte und aus einer gesunden Kultur eine kranke zu machen, was wiederum Ausdruck von ↗Décadence ist: »der Kampf gegen die brutalen Instinkte ist ein anderer, als der Kampf gegen die krankhaften Instinkte: es kann selbst ein Mittel sein, um über die Brutalität Herr zu werden, krank zu machen: die psychologische Behandlung im Christenthums läuft oft darauf hinaus, aus einem Vieh ein krankes und folglich zahmes Thier zu machen« (N, Anfang 1888 – Anfang Jan. 1889, 15[56], KSA 13, 445).

Für N. ist aber der Instinkt nicht einfach irrational, sondern als Grund der Vernunft und des bewußten Denkens ist er selbst eine Art von Intelligenz, und zwar diejenige »unter allen Arten der Intelligenz, welche bisher entdeckt wurden«, die »die intelligenteste ist« (JGB, Nr. 218, KSA 5, 153). Aus dem ↗Bewußtsein stammen für N. »unzählige Fehlgriffe«, »an ihrer Bewusstheit müsste die Menschheit zu Grunde gehen«, gäbe es da nicht die regulative Kraft der Instinkte, durch die der Mensch sich selbst erhält (FW, Nr. 11, KSA 3, 382). N. geht es allerdings nicht darum, die Bewußtheit des Menschen überhaupt zu verwerfen, sondern er problematisiert, ob sie bisher überhaupt richtig verstanden wurde, wenn man sie vom Instinkt trennt. Indem man annahm,

die Bewußtheit »sei der Kern des Menschen; sein Bleibendes, Ewiges, Letztes, Ursprünglichstes«, hielt man sie für »eine feste gegebene Grösse«. Dies aber hatte nicht nur eine »lächerliche Ueberschätzung und Verkennung« derselben zur Folge, sondern auch deren Ausbildung sei verhindert worden: »Weil die Menschen die Bewusstheit schon zu haben glaubten, haben sie sich wenig Mühe darum gegeben, sie zu erwerben«. Daher ist es N. eine Aufgabe, das Bewußtsein in seiner Leib- und Instinktgebundenheit grundlegend zu begreifen. Es gilt demzufolge »das Wissen sich einzuverleiben und instinctiv zu machen« (FW, Nr. 11, KSA 3, 382f.). Demzufolge geht es für N. darum, die durch die Vorherrschaft moralischer Vorurteile »verleumdeten Instinkte« sowohl für die Begründung des Bewußtsein wie auch der Moral jenseits unserer verlogenen Vorstellungen über die Funktionsweise des Bewußtseins wie auch der Moralität zu verstehen (vgl. N, Herbst 1887 – März 1888, 10[57], KSA 12, 485). Wobei sich N.s Rehabilitation der Instinkte gegen den »Instinkt der Heerde« wendet, der an eine »Äquivalenz der Handlungen« glaubt, wie sie für N. in realen Verhältnissen nicht vorkommt, indem man davon ausgeht: »man ist gleich, man nimmt sich gleich: wie ich dir, so du mir« (N, Anfang 1888 – Anfang Jan. 1889, 22[1], KSA 13, 583f.).

Literatur: Kaufman (1950), 1982, 271–273; Bueb, B.: N.s Kritik der praktischen Vernunft, Stuttgart 1970, 71–75; Schipperges, H.: Am Leitfaden des Leibes. Zur Anthropologik und Therapeutik F.N.s, Stuttgart 1975, 45–52; Vincenz, A.: F.N.s Instinktverwandlung, Basel 1999.

*Volker Caysa*

## Irrtum und Schein

Irrtum und Schein sind Grundbegriffe von N.s Erkenntnistheorie. Sie sind verknüpft mit dem Begriff der ↗Lüge, aber auch dem der ↗Wahrheit, welcher für N. nur eine spezielle Konstellation von Irrtümern (N, KSA 11, 598) bzw. eine lebensdienliche Sonderform des Irrtums bezeichnet: »Wahrheit ist die Art von Irrthum, ohne welche eine bestimmte Art von lebendigen Wesen nicht leben könnte« (N, 34 [253], KSA 11, 506).

N. verwendet den Begriff des Irrtums zum einen zur Bezeichnung bestimmter Irrtümer, die in der Tradition als Wahrheiten galten (vgl. z.B.

»Die vier grossen Irrthümer«, GD, KSA 6, 88–97), zum anderen allgemein zur Charakterisierung der notwendigen Irrtümlichkeit jeder Erkenntnis: »Erkenntniß ist wesentlich Schein« (N, 6 [441], KSA 9, 312). Die letztgenannte Bestimmung dient N. jedoch nicht zur Diskreditierung der Erkenntnis als Sinnentrug, sondern durch N.s erkenntniskritischen Skeptizismus erfährt das verpönte Begriffspaar Irrtum und Schein eine in der Geschichte der Philosophie bislang ungekannte Aufwertung, in deren Zuge die gesamte platonische Wahrheitsmetaphysik verabschiedet und der Irrtum als Fundamentalkategorie etabliert wird: »Auf welchen Standpunkt der Philosophie man sich heute auch stellen mag: von jeder Stelle aus gesehn ist die Irrthümlichkeit der Welt, in der wir zu leben glauben, das Sicherste und Festeste, dessen unser Auge noch habhaft werden kann [...]« (JGB, Nr. 34, KSA 5, 52). Es sei deshalb »nicht mehr als ein moralisches Vorurtheil, dass Wahrheit mehr werth ist als Schein; es ist sogar die schlechtest bewiesene Annahme, die es in der Welt giebt. Man gestehe sich doch so viel ein: es bestünde gar kein Leben, wenn nicht auf dem Grunde perspektivischer Schätzungen und Scheinbarkeiten« (ebd., 53).

Bereits in der *Geburt der Tragödie* machte sich N. zum Fürsprecher des Irrtums und des apollinischen Scheins. Beim Erleben der Träume oder beim Erfahren von Kunst empfinde der Mensch durchgängig deren Scheincharakter. Der »philosophische Mensch« würde dazu analog die Unwirklichkeit der empirischen Welt erfahren und erahnen, »dass auch unter dieser Wirklichkeit, in der wir leben und sind, eine zweite ganz andre verborgen liege, dass also auch sie ein Schein sei« (GT 5, KSA 1, 26). N. bezieht den Schein in der *Geburt der Tragödie* noch auf ein metaphysisch vorgeordnetes Sein. Dieses bestimmt er als das »Wahrhaft-Seiende und Ur-Eine, als das ewig Leidende und Widerspruchsvolle«, welches »die entzückende Vision, den lustvollen Schein, zu seiner steten Erlösung braucht« (GT 4, KSA 1, 38). Entscheidend ist jedoch, daß bereits in der Tragödienschrift N. zufolge das Wesen für den Menschen im Schein nicht *erscheint* (vgl. GT, Vorr., KSA 1, 17f.), wie z.B. Hegel annahm, sondern unter diesem verborgen liegt. Den Schein sind »wir, völlig in ihm befangen und aus ihm bestehend, als das Wahrhaft-Nichtseiende d.h. als ein fortwährendes Werden in Zeit, Raum und Causalität, mit anderen Worten, als empirische Realität zu empfinden genöthigt« (GT, KSA 1, 38f.). Das »Wahrhaft-Seiende« ist auf diese Weise »ganz aus dem Wahrnehmungswinkel unseres Horizonts gerückt« (Bohrer 1981, 123), alle unsere Erfahrungen, Erkenntnisse und Wertungen vollziehen sich nach den Gesetzen des Scheins und bleiben von der Wahrheit immer kategorial getrennt.

Im späteren Werk denkt N. den Scheinbegriff ohne die metaphysischen Annahmen der *Geburt der Tragödie*. Damit entfällt die Möglichkeit einer Gegenüberstellung von Wesen und Schein: »Was ist mir jetzt ›Schein‹! Wahrlich nicht der Gegensatz irgend eines Wesens, – was weiss ich von irgend welchem Wesen auszusagen, als eben nur die Prädicate seines Scheines! Wahrlich nicht eine todte Maske, die man einem unbekannten X aufsetzen und auch wohl abnehmen könnte! Schein ist für mich das Wirkende und Lebende selber« (FW, Nr. 54, KSA 3, 417). Bisher hätte man fälscherlicherweise den Schein substantialisiert und damit ein ›Wesen‹ fingiert, das allerdings trotz seines fiktiven Status reale Wirkungen entfalten konnte: »der Schein von Anbeginn wird zuletzt fast immer zum Wesen und wirkt als Wesen!« (FW, Nr. 58, KSA 3, 422).

Dem Einwand, er verstricke sich mit diesem Scheinbegriff in einen performativen Widerspruch, da jede Rede von Schein notwendig ein Erscheinendes als Ursache voraussetze, begegnet N. mit dem Argument, daß diese Logik ihrerseits mit zur Fiktion gehöre und die Widersprüche daher aus einem Denkzwang entstehen, der sich einer zu großen Gläubigkeit an die Grammatik verdankt (JGB, Nr. 34, KSA 5, 53f.). N. bezweifelt, »dass es einen wesenhaften Gegensatz von ›wahr‹ und ›falsch‹ giebt«, und fragt, ob es nicht genüge, »Stufen der Scheinbarkeit anzunehmen und gleichsam hellere und dunklere Schatten und Gesammttöne des Scheins, – verschiedene valeurs, um die Sprache der Maler zu reden? Warum dürfte die Welt, die uns etwas angeht –, nicht eine Fiktion sein?« (ebd.). Daher ist die verbreitete Darstellung, N. hätte den Platonismus ›umgekehrt‹, indem er sowohl das zum Schein erklärt, was zuvor als wahre Welt galt als auch vice versa die sinnliche Realität, die in Platons Sicht bloßer Schein war, zum Sein erhebt (z.B. Meyer 1991, 472), für die von N. nach der

Geburt der Tragödie bezogenen philosophischen Positionen falsch. Das dualistische Schein-Sein-Schema wird nunmehr gänzlich unterlaufen (vgl.: N, 40 [53], KSA 11, 654). ›Welt‹ ist nach N.s zutiefst skeptischer Erkenntnislehre stets Produkt fiktiver Synthesen unseres Erkenntnisapparates (N, 11 [145], KSA 13, 68). In: ›Wie die ›wahre Welt‹ endlich zur Fabel wurde. Geschichte eines Irrthums‹ erklärt N.: »Die wahre Welt haben wir abgeschafft: welche Welt blieb übrig? die scheinbare vielleicht? ... Aber nein! mit der wahren Welt haben wir auch die scheinbare abgeschafft!« (GD, KSA 6, 81).

Literatur: Bohrer, K.-H.: Ästhetik und Historismus: N.s Begriff des »Scheins«, in: ders.: Plötzlichkeit. Zum Augenblick des ästhetischen Scheins, Frankfurt a.M. 1981, 111–138; Simon, J.: Der gewollte Schein. Zu N.s Begriff der Interpretation, in: Djuric, M./Simon, J. (Hgg.): Kunst und Wissenschaft bei N., Würzburg 1986, 62–74; Schmidt, A.: Über Wahrheit, Schein und Mythos im frühen und mittleren Werk N.s, in: Bauschinger, S./Cocalis, S. L./Lennox, S. (Hgg.): N. heute, Bern/Stuttgart 1988, 11–22; Rethy, R.: »Schein« in N.s Philosophy, in: Ansell-Pearson, K. (Hrsg.): N. and Modern German Thought, London 1991, 59–87; Meyer, Th.: N. Kunstauffassung und Lebensbegriff, Tübingen 1991, 466–509.

*Claus Zittel*

## Jasagen, Bejahung: *Jasagen, Neinsagen*

N.s Begriff des »Jasagens« steht in engem Zusammenhang mit seiner »Lehre« der ↗ewigen Wiederkunft, der »höchste[n] Formel der Bejahung, die überhaupt erreicht werden kann« (EH, KSA 6, 335). Durch ihn wird mit N. aus der auf der Konnotationsebene der Metapher zunächst physikalisch zu verstehenden Wiederholung von identischen Raum-Zeit-Konstellationen ein starkes, ethisches Konzept mit handlungsleitenden Zügen (Simmel 1906).

Die Rangordnung der Wertigkeit einer Handlung differenziert sich nach zwei Richtungen, nach »gut« und nach »schlecht«. »Schlecht« ist alles, was beispielsweise dem Geschmack der ↗Masse folgend nicht auf einem einzelnen Willensakt beruht, sondern im Sinne der mechanischen Version eine bloße Wiederholung des Gleichen, ein Abziehbild der bestehenden Ordnung bedeutet. Dazu ist nach N. »Nein« zu sagen. Doch da bereits dieses »Nein« eine individuelle, willentliche Entscheidung wäre, sagen die Vertreter, die nach dem Schema der »Sklavenmoral« (↗Herrenmoral – Sklavenmoral) ressentimentgeleitet (↗Ressentiment) urteilen, »Ja« zu allem und jeglichem. Auch das Neinsagen bedürfte nach N. der »Lust« (FW, Nr. 32, KSA 3, 403 u. JGB, Nr. 210, KSA 5, 143).

N. parodiert jene Menschen in der Figur des »Esels«, der – nur homophon zu einem bewußten »Ja« – ständig »I-A« sagt (Za IV, KSA 4, 388f.). Der Esel ist ein falscher Ja-Sager. Er singt gleich den Tieren (↗Tier), die Zarathustra den Gedanken der ewigen Wiederkunft entlocken wollen, ein »Leier-Lied« (Za III, KSA 4, 273) derselben. Echtes Jasagen – wie nur ein ↗Kind es könne (Za I, KSA 4, 31) – bedeutet nach N. einen zweifachen Akt: »Ja« sagen zu dem, was ist, genauer: zu dem, was wird, und dazu noch »Ja« sagen zu dieser ersten Bejahung selbst – wollen, daß es sein soll, so wie es wird. Der Untertitel – *Wie man wird, was man ist* – von N.s Autobiographie *Ecce homo* faßt dies ebenso prägnant wie programmatisch zusammen.

Deleuze (1968, 79ff.) sieht den Effekt dieser affirmativen Ethik in einer Wiederholung, die entgegen ihrer präsupponierten Idealisierung als identische faktisch Differenzen produziert. Wiederum ist dieser Begriff bei N. durch eine Figur – hier durch eine Konstellation von zwei Figuren – in der *Klage der Ariadne* (DD, KSA 6, 398–401) repräsentiert: Dionysos (↗apollinisch-dionysisch) sagt »Ja« zur Welt, aber ↗Ariadne sagt »Ja« zu Dionysos bzw. dessen Tun. Dieser tragische (↗Tragödie) »Begriff des Dionysos« (EH, KSA 6, 345) ist ihre Liebe zu ihm und somit zur Welt. Die heidnische Bejahung, d.h. ein zweifaches Ja- oder ein Ja zum Neinsagen, stellt N. weiterhin gegen die christliche (↗Christentum) Verneinung als eine bloß einfache (N, KSA 12, 571). Nur durch diese Form des Jasagens, welches Heidegger (1950) zufolge auch die Bejahung von Vernichtung (EH, KSA 6, 313) im Sinne des gerechten (↗Gerechtigkeit) »Vergehens« nach Anaximander (↗Vorsokratiker) bedeutet, sei Denken und Handeln nach dem »Tode Gottes« (↗Gott) unter modernen Bedingungen möglich.

Die gesamte klassische Gelehrtenkultur zeichnet sich nach N. anachronistisch durch einfaches, bloß rezitatives entweder nur Ja- oder Neinsagen aus (EH, KSA 6, 293), anstatt die Bedeutung beider zugleich aus dem Licht der gedachten

Wiederkehr »leibhaftig« (↗Leib, Körper) und »erdnah« (↗Erde) mit all ihren auch politischen (↗Große Politik) Konsequenzen zu beurteilen (EH, KSA 6, 366). In diesem Sinne taucht das Thema der »Bejahung« erstmals explizit 1874 im Zusammenhang mit der Kritik N.s an Hartmanns (↗Philosophie und Theologie des 19. Jh.s) Konzeption des »Willens zum Leben« (↗Leben) nach Schopenhauer auf. Hartmann setzt gegen Schopenhauers Verneinung des Willens dessen Bejahung, aber nur als einfaches Jasagen. Daher verurteilt N. Hartmanns simples Gefüge (HL 9, KSA 1, 316).

Sein Schreiben der frühen achtziger Jahre, namentlich aber *Die fröhliche Wissenschaft*, versteht N. als ein heiliges (↗heilig, das Heilige) »Jasagen« (EH, KSA 6, 333), sein späteres, besonders *Jenseits von Gut und Böse*, dezidiert als Neinsagen (EH, KSA 6, 350). Beide Phasen sind ihm notwendige in der Überwindung des europäischen (↗Europa) ↗Nihilismus. Letztlich ist die logisch-analytisch nur schwer zu fassende Form des »Also«, die N. nach jeder Rede Zarathustras setzt, die Klausel der Schlußform der doppelten Bejahung auf der Ebene des Textes, wie der Inhalt des ↗Aphorismus das Ergebnis des entsprechenden Denkvollzuges darstellt.

Literatur: Heidegger, M.: Der Spruch des Anaximander, in: ders.: Holzwege, Frankfurt a. M. 1950, 296–343; Simmel, G.: N. und Kant (1906), in: ders.: Das Individuum und die Freiheit, Frankfurt a. M. 1993, 41–47; Deleuze, G.: Differenz und Wiederholung (1968), München ²1997.

*Stephan Günzel*

## Judentum

N. bezeichnet die Juden unumwunden als »die stärkste, zäheste und reinste Rasse, die jetzt in Europa lebt« (JGB, Nr. 251, KSA 5, 193). Er macht eine schlichte Gleichung auf: Die Länge der Daseinszeit einer ↗Rasse entspreche dem Wert ihres Entwicklungsgrades. Zwangsläufig rechnete er den ›rassisch höchsten Vollkommenheitsgrad‹ in ↗Europa für die Juden aus. Das Judentum repräsentiert für N. die konservierendste Macht im kulturbedrohten Europa. So legt er den ↗Deutschen bei einer neuen Rassezüchtung (↗Züchtung) die unentbehrlichen Fähigkeiten der Juden ans Herz und verkündet gleichzeitig, mit keinem Menschen umzugehen, »der an dem verlognen Rassen-Schwindel Antheil« (N, KSA 12, 205) habe.

Diese eigenwillige Art von Rassismus bedeutet keine bloße Provokation *in contrariam partem*, sondern eine typologische Weise des Sehens (vgl. Deleuze 1976, 139). Im Hervorheben der Type, Art oder *race* versucht er, Urbilder, Gesetze und Maße in Verhaltensmuster zu kleiden. Das Individuum wird als Vergrößerungsglas für das Allgemeine genutzt, um »das individuelle Muster« (N, KSA 9, 273) zu erzielen. N., der von »Menschheits-Sorten« (Elisabeth N., 20. 5. 1885) und von einem »höhere[n] Typus« (N, KSA 13, 317) als einer Art Idealmensch spricht, argumentiert keineswegs biologistisch für die »Hochzucht des uralten Blutes« (Rosenberg 1938, 79), sondern tritt für Rang und Distanz bei schöpferischen Menschen ein. Die Verbindung von Schaffenskraft und Schwangerschaft wird zum Symbol des züchtenden Gedankens für den »höherwertigen, lebenswürdigeren, zukunftsgewisseren« (N, KSA 13, 192) Menschen. Dieser Rassismus ohne Rassenhaß (vgl. FW, Nr. 377, KSA 3, 628 ff.) eröffnet einen exklusiven Sinn für Geistiges. Er verwahrt sich genauso gegen einen Heroenkult wie gegen eine Idealisierung höherer Menschenart als ↗heilig oder ↗genial, und sieht den Menschen mit seinem Hang zum Niederen als etwas an, das überwunden werden sollte (vgl. Za, Vorrede, Nr. 3f., KSA 4, 14–18). Das ist keinesfalls mit ↗Darwinismus zu verwechseln; dieser galt ihm als »eine Philosophie für Fleischerburschen« (N, KSA 8, 259), weil das Prinzip der Anpassung und Unterordnung eine Domestikation bedeutet, die zwar stabilisiert, aber auch als Herdeninstinkt verdummt. Der von Darwinisten propagierte Überlebenskampf steht einer erlesenen Vornehmheit dionysischer Verschwendung oder einem Dasein artistischer Feingeister, die von robusten Naturen tyrannisiert werden, diametral entgegen. Gerade diese ungebundenen, edlen und leicht entarteten Naturen sind für N. der Garant für Fortschritt.

Dem Judentum verdanke die europäische Kultur »den anziehendsten, verfänglichsten und ausgesuchtesten Theil [der] Farbenspiele und Verführungen zum Leben« (JGB, Nr. 250, KSA 5, 192). Dankbar seien die Artisten für das Beste und Schlimmste aus diesem Volk, das von ihm für »den grossen Stil in der Moral« (ebd.) wie für die »Erhabenheit der moralischen Fragwürdigkeiten« (ebd.) in ↗Europa verantwortlich gemacht wird.

N.s Bild des Judentums flackert beständig zwischen Vitalität und ↗décadence, zwischen ↗Genialität und Putreszenz. Einerseits sind für ihn diese Gegensätze durchaus vereinbar, andererseits forcierte er sie zu einem Spannungsfeld. Er ist weder Philosemit noch Judenverächter, changiert aber mit einer gewissen Geladenheit unbestimmbar zwischen den Antipoden.

Der Philosoph stellte der antiken Kultur die jüdische Welt gegenüber, welche er als »Zeitalter des Häßlichen« (N, KSA 7, 80) bezeichnet. Während er das Altertum als kräftig, kriegerisch (↗Krieg) und vollkommen darstellt, malt er *clair-obscur* das Judentum als »Religion des Schreckens, der Verachtung und gelegentlich der Gnade« (N, KSA 9, 353). Seine Kritik ist trotz mißverständlicher Vokabeln nicht anthropologisch, sondern gilt der ↗Moral.

Von einem Denker jedoch, der sich als ostentativen Gegner des ↗Antisemitismus verstand, erscheinen gelegentliche Entgleisungen gegen die Ostjuden (vgl. Franziska und Elisabeth N., 22. 4. 1866, 18. 10. 1868; AC, Nr. 46, KSA 6, 223) problematisch. M. Ferrari Zumbini wies in *Untergänge und Morgenröten* (1976) auf eine besonders befremdliche Stelle aus dem Nachlaß von 1885 hin, in der N. von »schauerliche[r] und verächtliche[r] Häßlichkeit neu einwandernder polnischer und russischer, ungarischer und galizischer Juden« (N, KSA 11, 688) spricht. Sicherlich steht der Philosoph auch hier noch entfernt von Treitschkeschen Attacken auf slawische Einwanderer, aber er scheint unbewußt dem Zeitgeist Tribut zu zollen, indem er seine alte Abneigung gegen die jüdische ↗Religion mit einem unreflektierten Groll gegen ostjüdische Menschen vermischt.

N.s Gedanken zur jüdischen ↗Moral werden am prägnantesten in der *Genealogie der Moral* (1. Abh. Nr. 6–12, 16; 3. Abh., Nr. 15–19) und im *Antichristen* (Nr. 24–26) ausgebreitet. Die Vehemenz N.scher Kritik richtet sich nicht ausschließlich gegen das Judentum selbst, sondern umgreift die Geschichte des ↗Christentums, das »einzig aus dem Boden zu verstehen [sei], aus dem es gewachsen ist« (AC, Nr. 24, KSA 6, 191). Eben die christliche Entartung fand ihren Humus im »Judain« (N, KSA 13, 182). (N. übernahm das Schlagwort von Lagarde, Anm. des Hrsg.) Sie begann bereits in der *urbs imperii*, als »›Rom gegen Judäa, Judäa gegen Rom‹« (GM, 1. Abh., Nr. 16, KSA 5, 286f.) kämpfte. Auf der einen Seite stand für N. die Vornehmheit römischer ↗Aristokratie und auf der anderen das priesterliche Volk der Juden. Letzteres machte er für die Umwertung aller ↗Werte verantwortlich. Da es nur armen, kranken und elenden Menschen ein Heilsversprechen gegeben, habe es damit den »Sklaven-Aufstand in der Moral« (JGB, Nr. 195, KSA 5, 117) begonnen. Ohne das feinsinnig gesponnene ↗Ressentiment jüdischer ↗Priester hätte der versklavte Geist es nie vermocht, sich zu erheben. Eine genialische Rache ward zur Massensuggestion, die von den Priestern als bislang inkognitives Machtmittel erkannt und gelenkt wurde. Menschliche ↗Instinkte, welche sich einst nach außen entluden, sollten sich nunmehr nach innen kehren, was nach N. den Ursprung des schlechten ↗Gewissens zur Folge hatte. Das schlechte Gewissen sollte sich schließlich gegen sich selbst wenden und ↗Leiden erzeugen, die wiederum als Folge einer Sünde oder ↗Schuld gedacht wurden. Das ↗Ressentiment, das bis dato auf andere gerichtet war, geriet somit in eine Richtungsänderung von 180 Grad. Das eigene Elend mußte den glücklichen Menschen ins Gewissen geschoben werden, damit diese ihres Glückes, im nagenden Gefühl von Schuld, nicht froh mehr wurden.

Mit dem gleichen Impuls, mit welchem N. die neue Moral als den Niedergang der alten Werte kritisiert, bewundert er die stilistische Größe und Kunstfertigkeit der Juden, die nachgerade als das Gegenteil von »gemein« expliziert wird. Erst im jüdischen Priester habe die »menschliche Seele in einem höheren Sinne Tiefe bekommen und [sei] böse geworden« (GM, 1. Abh., Nr. 6, KSA 5, 266); erst hier habe sich der geistvollste Hasser der Weltgeschichte gezeigt, gegen den sonstiger Geist marginal erschien. Für N. ist das »jüdische Volk ein Volk der zähesten Lebenskraft, welches, unter unmögliche Bedingungen versetzt, freiwillig, aus der tiefsten Klugheit der Selbst-Erhaltung, die Partei aller décadence-Instinkte nimmt, – nicht als von ihnen beherrscht, sondern weil es in ihnen eine Macht erriet, mit der man sich gegen ›die Welt‹ durchsetzen kann« (AC, Nr. 24, KSA 6, 192). Das Judentum, welches seit Unzeiten Objekt des Ressentiments war, wandte seine sublime Geistigkeit nach innen und gestaltete die große Subversion durch die eigene Befindlichkeits-Kehre vom Objekt zum Subjekt des Ressentiments. N. geht davon aus, daß die Juden die leidvollste Geschichte aller Völker tragen und man diesem Volke »den edelsten Menschen (Christus), den reinsten Weisen (Spinoza), das mächtigste Buch und das wirkungsvollste Sittengesetz der Welt« (MA I, Nr. 475, KSA 2, 310) verdanke. Er plädiert gar für Rassenmischung und Heimatlosigkeit, weil der moderne Mensch oder ↗Europäer von promisker Art sein müsse, um große Kultur zu schaffen. N., der sich gern als Heimatloser zeichnet, verrät durch seine ambivalente Haltung zum Judentum eine eigentümliche Faszination. Der Schatten Zarathustras, getrieben ohne Heim und Ziel spricht: »also dass mir wahrlich wenig zum ewigen Juden fehlt, es sei denn, dass ich nicht ewig, und auch nicht Jude bin« (Za IV, Der Schatten, KSA 4, 339).

Literatur: Chamberlain, H.S.: Rasse und Persönlichkeit. Aufsätze, München 1925; Rosenberg, A.: Der Mythos des 20. Jahrhunderts, München 1938; Ferrari Zumbini, M.: Untergänge und Morgenröten. Über Spengler und N., in: NSt 5 (1976), 194–254; Cogen, H. R.: Das Judentum als Metapher des Widerspruchs bei N., in: Goetschel, W./Cartwright, J. G./Wicki, M. (Hgg.): Wege des Widerspruchs. Festschrift für H. L. Goldschmidt, Bern/Stuttgart 1984, 149–164; Grau, G.-G. 1984; Lonsbach, R.M.: F.N. und die Juden. Ein Versuch, Bonn 1985; Politycki, M.: Umwertung aller Werte? Deutsche Literatur im Urteil N.s, Berlin/New York 1989; Cancik, H.: N.s Antike, Stuttgart/Weimar 1995, 122–149; Scholem, G.: Über einige Grundbegriffe des Judentums, Frankfurt a.M. 1996; Stegmaier, W./Krochmalnik, D. (Hgg.): Jüdischer Nietzscheanismus, Berlin/New York 1997; Golomb, J. (Hrsg.): N. and Jewish culture, London 1997; Yovel, Y.: Dark riddle: Hegel, N. and the Jews, Cambridge 1998; Sommer, A.: Zwischen Agitation, Religionsstiftung und »Hoher Politik«: F.N. und Paul de Lagarde, in: Nietzscheforschung 4 (1998), 169–194.

*Sven Brömsel*

## Kapitalismus

N. ist von Sozialisten und Kommunisten wie Mehring (1897) oder Lukács (1962) der Apologie des Kapitalismus verdächtigt worden. In der DDR standen seine Werke im Giftschrank, bis die große N.-Debatte in *Sinn und Form* 1989 die Fronten gelockert hat (Pepperle 1986; Riedel 1997; Ottmann ²1999, 429ff.). Richtig an der sozialistischen und kommunistischen N.-Deutung war, daß N. den ↗Sozialismus – so weit er ihn kannte (er kannte weder Marx noch Engels, sondern Dühring und Lassalle) – des Egalitarismus, der »Staatsomnipotenz« und des Terrorismus verdächtigt hat (MA I, Nr. 473, KSA 2, 307f.). Falsch dagegen war der Umkehrschluß, daß die Verwerfung des Sozialismus automatisch eine Rechtfertigung des Kapitalismus nach sich gezogen hätte. N. hatte die liberalen Denker der bürgerlichen Gesellschaft wie Bentham, Mill oder Spencer (↗Engl. Utilitarismus) nicht weniger scharf verurteilt als die Sozialisten. Insgeheim sah er beide hinter ihrem Rücken im Eudaimonismus, im Materialismus und im Gleichheitsdenken geeint. Beides waren Denkweisen des »letzten Menschen«, gegen die N. die Bildung des Menschen zur Größe in gleicher Weise geltend gemacht hat. Schon die Vorrede *Der griechische Staat* polemisierte gegen die Politik, die zum »Mittel der Börse« degradiert worden sei (FV 3, KSA 1, 774). N. verstieg sich schon damals zu einem Angriff auf die »Würde der Arbeit« und die »Grundrechte des Menschen« zugleich (FV 3, KSA 1, 765f.). Der einzelne sollte den Sinn seines Daseins darin finden, zum »Mittel des Genius« gewürdigt zu sein (FV 3, KSA 1, 776). War der junge N. somit bereit, den einzelnen im Namen seines Ideals der Kulturschöpfung und der ↗Genies zu instrumentalisieren, so hat N. nach seiner Lösung von Schopenhauer und Wagner den Geniekult verabschiedet und in den Jahren seiner Freigeisterei scharfe Worte der Kritik an der »Ausbeutung des Arbeiters« (WS, Nr. 286, KSA 2, 682) und an der Herrschaft des Produkts über den Menschen gefunden: »Pfui! einen Preis zu haben, für den man nicht mehr Person, sondern Schraube wird!« (M, Nr. 206, KSA 3, 183). Statt diese Kapitalismuskritik als einen bloß »romantischen Antikapitalismus« abzutun (wie dies bei Lukács geschieht, 1934), wäre es besser, sie als eine Reflexion auf den ökonomischen Reduktionismus zu würdigen, der sowohl im bürgerlichen als auch im sozialistischen Denken vorherrschen kann. Der Verweis auf die Ökonomie und auf den Besitz von Produktionsmitteln erweist sich insofern als reduktionistisch, als die ökonomisch veränderte Gesellschaft doch wieder nur aus besitzgierigen und materialistisch gesinnten Menschen bestehen kann. »Die ungerechte Gesinnung steckt in den Seelen der Nicht-Besitzenden auch [...]. Nicht gewaltsame neue

Vertheilungen, sondern allmähliche Umschaffungen des Sinnes thun noth [...]« (MA I, Nr. 452, KSA 2, 293f.). Die ↗Freigeisterei stand nach N. jedermann offen, gleichgültig, aus welcher Klasse oder Nation er stammt. Der ↗Wille zur Macht wiederum war etwas anderes als der bloße Wille zum Geld. »Reichthümer erwerben sie und werden ärmer damit. Macht wollen sie und zuerst das Brecheisen der Macht, viel Geld, – diese Unvermögenden!« (Za I, KSA 4, 63). N.s Philosophie der 80er Jahre bleibt allerdings – anders als die Freigeisterei – mit einer Apologie des Kapitalismus (vordergründig) verwechselbar, da N. in jenen Jahren die »Ausbeutung« wieder im Namen jener zu rechtfertigen beginnt, die als Schöpfer der Werte und der Kultur eine »Gegenbewegung« gegen die Nivellierung und Vermittelmäßigung des Menschen sind. »Moralisch geredet, stellt jene Gesammtmaschinerie, die Solidarität aller Räder, ein Maximum in der Ausbeutung des Menschen dar: aber sie setzt solche voraus, derentwegen diese Ausbeutung Sinn hat« (N, KSA 12, 463).

Literatur: Mehring, F.: N. gegen den Sozialismus (1897), in: Höhle, Th. u. a. (Hgg.): Gesammelte Schriften Bd. 13, Berlin 1961, 167–172; Lukács, G.: N. als Vorläufer der faschistischen Ästhetik (1934), in: Werke Bd. 10, Neuwied/Berlin 1969, 307–339; ders.: Die Zerstörung der Vernunft (= Werke Bd. 9), Neuwied/Berlin 1962; Pepperle, H.: Zur Revision des marxistischen N.-Bildes?, in: Sinn und Form 38 (1986), 934–969; Riedel, M.: N. in Weimar. Ein deutsches Drama, Leipzig 1997; Ottmann ²1999, 25ff., 130ff., 141ff., 294ff., 429ff.

*Henning Ottmann*

# Kind

Das Kind bei N. ist in antiromantischer und antichristlicher Wendung nicht das an allen Möglichkeiten noch überreiche unbeschriebene Blatt, auf dem die Hoffnungen einer vergilschen Ekloge oder eines lukanischen Evangeliums ruhen, sondern zunächst die Symbolisierung der Vergänglichkeit und ihrer etwaigen Überwindung. Im Hintergrund dieser Vorstellung steht der antike Mythos des zeitverschlingenden Chronos, der seine Kinder verschlingt, oder umgekehrt, daß der Augenblick seinen Erzeuger, den vorhergehenden Augenblick, vertilgen muß (PhtZ, Nr. 5, KSA 1, 822). Zeit nichtet Zeit, Zeit frißt sich selbst: Wenn diese Vergänglichkeit anerkannt wird, gelangt man zur Vorstellung der ↗Unschuld des Werdens, die in die heraklitische Lehre vom Äon Kind eingeflossen ist, etwa im *locus classicus*: »Ein Werden und Vergehen, ein Bauen und Zerstören, ohne jede moralische Zurechnung, in ewig gleicher Unschuld, hat in dieser Welt allein das Spiel [...] des Kindes. Und so, wie das Kind [...] spielt, spielt das ewig lebendige Feuer, baut auf und zerstört, in Unschuld – und dieses Spiel spielt der Aeon mit sich. Sich verwandelnd in Wasser und Erde thürmt er, wie ein Kind Sandhaufen am Meere, thürmt auf und zertrümmert; von Zeit zu Zeit fängt er das Spiel von Neuem an. [...] Sobald es aber baut, knüpft und fügt und formt es gesetzmäßig und nach inneren Ordnungen« (PhtZ, Nr. 7, KSA, 1, 830f.). Im *Zarathustra* begegnet eine ›Schar‹ an Kindern, am prominentesten das Kind, das nach den drei Verwandlungen des Geistes, vom unbefleckten Geist, zum Kamel, zum Löwen, endlich zum Kinde wird: »Unschuld ist das Kind und Vergessen, ein Neubeginnen, ein Spiel, ein aus sich rollendes Rad, eine erste Bewegung, ein heiliges Ja-sagen« (Za I, KSA 4, 31). Dies wird die Daseinsweise des an der ↗ewigen Wiederkunft gezüchteten Menschen sein; »zum Kind ward Zarathustra« (Za I, Vorrede 2, KSA 4, 12) heißt es vorgängig, wobei die Einschätzung des Kindes (als des Symbols des ↗Jasagens) von emphatischem Ja-(und Amen-) Sagen (N.s eigene Beurteilung) bis zu nicht weniger emphatischem Nein-Sagen, (weil im Neuen Ja alles Alte abgetan und somit nur Nichts, ergo Nihilismus, übrigbleibe) (Heidegger 1950, 219f.) reicht.

Der vielfachen Verwendung des Symbols »Kind« in *Also sprach Zarathustra* folgt eine auffallende Abstinenz im Spätwerk, als ob das Kind nun geboren, das Kinderkriegen nun getan sei. Die Vorstufe des berühmten Elephanten-Weibchen-Vergleichs (EH, KSA 6, 336) über die 18monatige Entstehungszeit des *Zarathustra* will vom ›Kind‹ nichts mehr wissen. »Ich, wie ein Elephanten-Weibchen, mit einer langen Schwangerschaft behaftet, so daß mich wenige Dinge noch angehn, sogar nicht einmal – pro pudor – das ›Kind‹« (N, KSA 11, 226). N. bemächtigt sich erlkönighaft der Kinder, um das Züchtungsideal gegen die ›schützenden‹ sprich besitzergreifenden (und moralisierenden) Gewalten (Mutter, Vater, Lehrer, Priester, Fürst; JGB, Nr. 194, KSA 5, 116) durchzusetzen. Der Konkurrenzkampf um die platonische Paideia der Kinder und gegen ihre Vereinnahmung durch die »Weiber« (antithetisch sei das griechische Ideal: »Die Weiber hatten weiter keine Aufgabe, als schöne, machtvolle Leiber hervorzubringen, in denen der Charakter des Vaters möglichst ungebrochen weiter lebte«; MA I, Nr. 259, KSA 2, 214), war zwar ein schon in die menschlich-allzumenschliche Phase zurückreichendes Anliegen N.s gewesen (ein Erzieher und Züchter muß um des Zuchterfolgs willen die ›kommunistische‹ Gemeinschaft der Frauen und Kinder aufsprengen [»daß im vollkommnen Staate die Familie aufhören müsse«; über Platons Ideal, N, KSA 7, 170, dort noch belächelt]), wird hier aber insofern radikalisiert, als nun alle (Moral) ›prägenden‹ Gewalten in den Kampf miteinbezogen werden. Die christliche Vorstellung vom »Kind« gerät in den Strudel vernichtender Moral- und Religionskritik (AC, Nr. 29, KSA 6, 199; EH, USA 6, 278); N. empört sich über die christliche Revolution, die mit der Maxime operiere: »Jeder ist das Kind Gottes« (AC, Nr. 29, KSA 6, 200) und solchen Egalitarismus auch durch das Versprechen, daß den Kindern das Himmelreich sei, produziere, zu guter letzt das Naive (die Torheit Paulus) und inoffensiv »Idiotische« (die Haltung Jesu) derart feiere, daß hier Pathologisches vorliege (etwa innerhalb der Psychologie des Erlösers, AC, Nr. 28 ff.).

N.s späte Gedanken zur Erziehung und »Züchtung« stellen das Kind als solches zur Disposition. Eine Gesellschaft solle das Recht besitzen, gegen das Kinderkriegen einschreiten zu können: »Ein Kind in die Welt setzen, in der man selbst kein Recht zu sein hat, ist schlimmer als ein Leben nehmen. Der Syphilitiker, der ein Kind macht, giebt die Ursache zu einer ganzen Kette verfehlter Leben ab« (N, KSA 13, 402). Gegen das Leben in der Dekadenz könne auch die Maxime gelten: »›ihr sollt nicht zeugen!‹...« (N, KSA 13, 600). Insgesamt gesehen, schägt der Pendelschlag N.s zwischen Kindheit und Jugend sogar eher zugunsten der letzteren aus: der Sturm und Drang des Unzeitgemäßen, die betrauerten »Gräber meiner Jugend« (Za II, KSA 4, 142) und die späte Präferenz für einen pubertären Ton sprechen eine deutliche Sprache. N. hat mit Kindern nichts gemein. Glaubt man N., so ist das Kind etwas, was man werden kann, was wohl nicht für Kinder gilt.

Literatur: Heidegger 1950; Niemeyer, C. et. al. (Hgg.): N. in der Pädagogik? Beiträge zur Rezeption und Interpretation, Weinheim 1998.

*Miguel Skirl*

# Kraft

Der Begriff der »Kraft« gehört zu den wenigen Begriffen in N.s Philosophie, deren Intensität und Reichweite er geradezu experimentiell ausmißt, ohne sie nach getanem Werk zu verwerfen. Sein Sprachgebrauch reicht von einer alltagssprachlichen, unspezifischen Verwendung im Sinne von »man hat Kraft, etwas zu tun« oder »man hat die Fähigkeit zu etwas« bis zu einer bewußt eingesetzten Terminologie wie etwa »plastische Kraft«, »Triebkraft«, »ein Quantum an Kraft«, »eine Perspektiven-setzende Kraft«. Das Substantiv kann er dabei durch ein Adjektiv näher spezifizieren (z.B. nachahmende, gestaltende, dichterische, moralische, physikalische, organische, assimilierende, schöpferische, schaffende, aktive, spontane, erhaltende, latente, überschüssige Kraft) oder es mit weiteren Substantiven verbinden (wie etwa Triebkraft, Willenskraft, Kraft der Mitteilung, Kraftfülle).

Mit seiner Konzeption der Kraft verbindet N. – durchaus in gewissem Einklang mit seiner Zeit – Bereiche, die man heute eher strikt voneinander trennt (Natur, Psyche, Moral, Kunst, Kultur, Politik, Geschichte), wobei er naturwissenschaftliche Theorien mitaufnimmt (↗ 4. Lektüren, Quellen, Einflüsse: Naturwissenschaft). Weder läßt sich N.s Begriff der Kraft von anderen Begriffen (z.B. Trieb, Instinkt, Wille, Macht, Leidenschaft, Pathos) genau trennen, noch gibt er auf die Frage, was Kraft eigentlich sei, eine festumrissene Antwort. Vielmehr verfolgt er unter dem Stichwort »Kraft« eine doppelte Tendenz: scheinbar selbstverständliche Grundüberzeugungen und -haltungen einerseits abzulehnen und andererseits die dynamische Grundverfassung von Welt und Mensch darzustellen und zu befürworten. In kritischer Absicht richtet er sich gegen die Aufspaltung von Natur und Geist, von Unbewußtem und Bewußtem, Leib und Seele; Kraft als leiblichseelische Gesamtgröße, als virtù, umspannt beide Pole. Zudem tritt N. vehement der Auffassung entgegen, daß die Subjekte von Tätigkeiten als »Individuen-Atome« zu verstehen sind, daß zwischen dem, der etwas tut, und dem, was er tut, stets unterschieden werden muß. Im prononcierten Sinne meint N. daher mit »Kraft« nicht ein bloßes Vermögen, eine reine Fähigkeit zu etwas (vgl. GD, KSA 6, 77f. u. N, KSA 11, 445). Statt das Wesen der Kraft begrifflich zu bestimmen und dadurch seiner Auffassung nach im übertragenen und wörtlichen Sinn *festzustellen*, geht er den für ihn zentralen Fragen nach, wie Kraft wirkt, wie sie sich verwandeln läßt (durch Auslassung, Entladung, Aufstauung, Stärkung, Schwächung, Sublimierung) und in welchen Formen sie auftreten kann. Bei seinen vielfältigen Versuchen einer Antwortfindung nimmt er grundlegende Aspekte der traditionellen Bestimmung von Kraft mit auf: Die Unterscheidung von Kraftgröße und Wirkrichtung überführt er in das vor allem kulturphilosophisch relevante Problem, wie einzelne Menschen ihre Kraft vermehren und wie sie diese verwenden können (vgl. etwa N, KSA 12, 462f.); der enge Zusammenhang zu N.s Konzeption von Sublimierung ist dabei zu beachten (vgl. N, KSA 12, 426). Ferner entwickelt N. das Prinzip, daß Kraft sich nur im Wechselspiel von Kräften zeigt, weiter zur Annahme, daß eine Kraft sich nur am Widerstand, den ihr andere Kräfte entgegenbringen, äußern und steigern kann.

N. orientiert sich bei seinen Aussagen zur Wirkweise von Kräften vor allem an zwei Paradigmen, die er gegenseitig sich beleuchten läßt, und zwar an dem in der Rhetorik entwickelten Prinzip der Nachahmung und an der organischen Assimilation (vgl. JGB, Nr. 230, KSA 5, 167–170). Wie ein Organismus sich nur aufbauen kann, indem er anderes sich einverleibt, so kann jemand geistig nur produktiv sein, wenn er von anderen angeregt wird. Hierbei gilt der Grundsatz: Je stärker eine Kraft ist, desto mehr vermag sie den von einer anderen Kraft auf sie ausgeübten Reiz in ihr Eigentum zu verwandeln. Jene zwei Paradigmen entfaltet N. bereits im Frühwerk, womit er die beiden wichtigsten Konzeptionen der 80er Jahre, »Wille zur Macht« und »Ewige Wiederkehr des Gleichen«, vorbereitet. Zwei Überlegungen ragen dabei aus dem Frühwerk heraus: zum einen der Begriff der »plastischen Kraft«, entwickelt im Rahmen der in der zweiten *Unzeitgemäßen Betrachtung* erörterten Problematik, ob, und wenn ja wie, der Mensch sich kulturförderlich zur Geschichte verhalten kann (↗Historie), zum anderen seine Darlegungen zur Kraft als einer Polarität von Kräften. Mit »plastischer Kraft« meint N. jene Stärke im Menschen, womit er das von der Vergangenheit Überkommene, welches, lediglich gesammelt und museal aufbewahrt, für die menschliche Kultur zerstörerisch wirkt, sich so einverleiben und produktiv umgestalten kann, daß er daraus ein Ideal für sein Handeln gewinnt (vgl. HL, Nr. 2, KSA 1, 251–254). Daß eine Kraft stets nur als eine Polarität von Kräften auftritt, entfaltet N. bei seiner Darstellung der Philosophie Heraklits (vgl. PhtZ, Nr. 5, KSA 1, 824f.); Kräftepolarität hat hier einen zweifachen Sinn: zum einen als spannungsvolles Wechselspiel der Kräfte (jede Kraft wirkt stets auf eine andere Kraft, die ihrerseits auf die erste Kraft zurückwirkt), zum anderen als zweifache Qualität einer Kraftwirkung, als Attraktions- und Repulsionskraft (jede Kraft zieht andere Kräfte an und stößt sie gleichzeitig ab).

Wenngleich N. seine Überlegungen zur Kraft-Thematik in die beiden oben genannten Haupt-Konzeptionen der 80er Jahre integriert, verwendet er neben der Redeweise »Wille[n] zur Macht« weiterhin positiv den Ausdruck »Kraft« (in welcher sprachlichen Form auch immer). Eine Reduktion von Kraft auf eine bloß physikalische Größe ist auch im Spätwerk nicht zu beobachten (vgl. etwa N, KSA 11, 563 mit N, KSA 12, 154 u. N, KSA 13, 373). Obgleich dem Ausdruck »Kraft« jene rhetorische Sprengkraft fehlt, die etwa der Wendung »Wille zur Macht« zu eigen ist (für N. etwas Wesentliches), konzipiert er den Begriff der Kraft in der Weise, wie Kräfte selbst wirken und werden. Begriffsinhalt und Begriffsform spannt N. nicht aus theoretisch-systematischem Interesse derart zusammen, sondern aus einer künstlerisch-philosophischen Grundhaltung, daß über Kraft nur angemessen gesprochen werden kann, wenn man sie selbst ausübt und wenn man sie im Leser anregen will – Kraft also auch im wörtlichen Sinne mitteilt. Dabei kreist N. um die Frage: »Wie weit reicht die Kunst hinab in das Wesen der Kraft?« (N, KSA 12, 128).

Literatur: Deleuze 1976, 45–80; Moles, A.: N.s Philosophy of Nature and Cosmology, New York 1990; Robling, F.-H.: Plastische Kraft. Versuch über rhetorische Subjektivität bei N., in: NSt 25 (1996), 87–98; Vinzenz, A.: F.N.s Instinktverwandlung, Basel 1999; Christians, I.: Der Reiz und Sporn des Gegensatzes. Zu F.N.s Konzeption der Kraft (Diss. München 1999).

*Ingo Christians*

## Krieg, Kampf

Die Begriffe von Kampf und Krieg spielen in N.s Kritik der Moderne und ihrer politischen Ideale eine wichtige Rolle. Ihre häufige Verwendung gibt indes einen Hinweis darauf, in welchem Maße auch er vom auf Hobbes zurückgehenden modernen politischen Denken beeinflußt ist. In der Schrift über den griechischen Staat, deren Ziel es ist, das antike Staatsverständnis in Erinnerung zu rufen, stellt er die Staatenbildung als Überwindung oder eher Kanalisierung des »natürlichen bellum omnium contra omnes« dar. Allerdings weist er die modern-liberale Staatskonzeption (↗Staat) sogleich zurück, wenn er – mit deutlich antisemitischem Unterton – vor dem verderblichen Treiben der »eigensüchtigen staatlosen Geldaristokratie« warnt und als Gegenmittel den Krieg empfiehlt. N. stimmt seinen »Päan auf den Krieg« an, um auszusprechen, daß der Krieg für den Staat so notwendig ist wie der Sklave für die Gesellschaft. Der »Friedensschluss«, der den kriegerischen Naturzustand überwindet, beendet weder den Krieg zwischen den Staaten noch den Existenzkampf der Individuen (FV 3, KSA 1, 772ff.; WL, KSA 1, 876f.).

Von der Unentbehrlichkeit des Krieges ist N. überzeugt, wobei er den Krieg in erster Linie als Mittel zum Zweck der Kultur begreift. Als ein solches Mittel ist er freilich ersetzbar. Von den römischen Gladiatorenkämpfen bis zu den wissenschaftlich motivierten Entdeckungsreisen handelt es sich um »Surrogate des Krieges« (MA I, Nr. 477, KSA 2, 311f.). Man darf überdies nicht vergessen, daß sich bei N. auch pazifistische Überlegungen finden. Der »sogenannte bewaffnete Friede« ist nichts anderes als ein »Unfriede der Gesinnung«, des Mißtrauens, des Hasses und der Furcht zwischen den Staaten. Dagegen läge das »Mittel zum wirklichen Frieden« in der Bereitschaft des militärisch stärksten Staates, sein Heer abzuschaffen (WS, Nr. 284, KSA 2, 678f.).

Militärische Begriffe werden in den späteren Schriften in der Regel als Metaphern gebraucht. N. erkennt in seiner Zeit »Anzeichen dafür, dass ein männlicheres, ein kriegerisches Zeitalter anhebt«. Dessen Wert liegt darin, daß es ein Zeitalter ermöglicht, »das den Heroismus in die Erkenntniss trägt und Kriege führt um der Gedanken und ihrer Folgen willen« (FW, Nr. 283, KSA 3, 526). Erkennen und Philosophieren sollen, dies scheint N.s Leitmotiv zu sein, zu einer kämpferischen, kriegerischen Tätigkeit werden (N, KSA 9, 540f.; Za I, KSA 4, 58f.). Der martialische Stil, den N. mit Vorliebe wählt, um sein Anliegen auszudrücken, läßt diesen Zusammenhang allerdings häufig vergessen. Napoleon ist es zu verdanken, »dass wir in's klassische Zeitalter des Kriegs getreten sind, des gelehrten und zugleich volksthümlichen Kriegs im grössten Maassstabe (der Mittel, der Begabungen, der Disciplin)«. Das kriegerische Zeitalter bewirkt, »dass der Mann in Europa wieder Herr über den Kaufmann und Philister geworden ist« (FW, Nr. 362, KSA 3, 609f.).

Das Lob kriegerischer Tugenden wie Gehorsam, Tapferkeit und Bereitschaft, »seiner Sache Menschen zu opfern, sich selber nicht abgerechnet«, ist in N.s späten Werken vor allem deshalb nicht leicht zu deuten, weil meist nur andeutungsweise zu erfahren ist, welcher Sache der Kampf gilt. Die Gegner, denen der Krieg erklärt wird, haben viele Namen. Bekämpft wird »die verächtliche Art von Wohlbefinden, von dem Krämer, Christen, Kühe, Weiber, Engländer und andre Demokraten träumen«. Der Feind ist die Gesamtheit liberaler, utilitaristischer, demokratischer, humanistischer, egalitärer Werte. Diesen setzt N. als positiven Wert einen ganz bestimmten Begriff von Freiheit entgegen. Der Sinn des Krieges liegt letztlich darin, daß er zur Freiheit erzieht, daß er den Willen zur Selbstverantwortlichkeit stärkt. Freiheit wiederum bedeutet, daß die kriegerischen Instinkte stärker sind als die Glücksinstinkte (GD, KSA 6, 139f.).

Literatur: Pangle, Th. L.: The »Warrior Spirit« as an Inlet to the Political Philosophy of N.'s »Zarathustra«, in: NSt 15 (1986), 140–179.

*Urs Marti*

## Kultur

Den Sieg des Deutschen Reiches 1871/72 über Frankreich als Sieg deutscher Kultur zu sehen, ist für N. ein Irrtum. Zeiten erfolgreicher Politik sind selten Zeiten großer Kultur. Sein Kulturverständnis, Kultur an die Kraft des Geistes, an Kreativität, Originalität und Stil zu binden, daß »die wahre Kultur [...] Einheit des Stils voraussetzt« (DS, KSA 1, 165), steht dem entgegen. Die herrschende Philisterei ist systemgewordene

»Nicht-Kultur« (ebd. 166). Für die Erneuerung der Kultur, der Wiederherstellung »einer neuen und verbesserten Physis«, der »Einhelligkeit zwischen Leben, Denken, Schein und Wollen« (HL, KSA 1, 334) sieht N. die Alternative in antiker Kultur, in der Renaissance des Mythischen (GT, KSA 1, 145), zeitweise im unzeitgemäßen Wirken Wagners und seiner Musik. Der künstlerische Genius kann dem Niedergang der Moderne entgegenwirken mit der schöpferischen Gewalt des tragischen Individuums und seiner ästhetischen Welt als Ganzheitlichkeit (WB, KSA 1, 447; WL, KSA 1, 889) und innerer Wertegeschlossenheit.

Kultur und Leben bilden für N. eine zwiespältige Einheit, in der beide durch den ↗Willen zur Macht und die Freiheit zum formgebenden Schaffen verbunden sind. Dem anfänglich kulturschaffenden Potential des ↗Christentums, dem aber eine Schwächung des Lebendigen durch Propagierung asketischer Lebensweise und Entnatürlichung aller Werte eignet, sagt N. darum mit dem Hinweis, es sei notwendig, *in physiologicis* zu philosophieren, den Kampf an (*Der Antichrist*).

Mit Schopenhauer glaubt er an den großen Einzelnen, eine Vorstellung, die Kultur zuerst als Kult des Genius verstehen lehrt und später als Existenzraum großer Persönlichkeiten (↗Renaissance) und des ↗Übermenschen zu definieren sucht. Die Selbstbezüglichkeit des Individuums ist die Grundlage seines Selbstverständnisses und Kulturtat in einem; Kultur ist Sinngebung des Menschen durch sich selbst (Gerhardt 1992, 80f.). Sie bestimmt sich an der Individualität großer Einzelner (N, KSA 9, 99), nicht am Glück der ↗Masse.

In griechischer Kultur findet N. die Einheit von Tragischem und Mythischem, ist Kultur »ein dünnes Apfelhäutchen über einem glühenden Chaos« (N, KSA 10, 362) und Schutzschicht gegen das Grauen des Daseins, die ↗Mythos und Kunst als Illusion (GT, KSA 1, 36) braucht, um lebenserhaltend zu sein. In den antiken Tragödien und im Dionysischen und Apollinischen realisiert sich, was die Kultur insgesamt bestimmt, ein System ästhetischer Symbole und Zeichen zu sein, mit denen sich der Mensch die Sinnhaftigkeit seines Daseins produziert und deutet. Der griechische Mensch als der starke und tragische konnte das Moment des Illusorischen wissend aushalten.

Der Sublimierungsgedanke konturiert generell den der Kultur; als Vergeistigung und Vertiefung von ↗Grausamkeit bestimmt N., »was wir die ›höhere Cultur‹ nennen« (JGB, Nr. 229, KSA 5, 166). Insofern ist Kultur die Selbstvergöttlichung des Menschen. ↗Freuds Psychoanalyse wird dies bestätigen.

Dem Kulturkritiker N. ist das Kulturverständnis die Sonde, der Moderne ihre Verfallsformen (Urbanisierung, Fortschritts- und Technikwahn, Konsumdenken, Medienentwicklung) vorzuhalten. Sie potenzieren die Geistlosigkeit der Kultur. Vor allem den Sieg der »Maschinen-Cultur« (WS, Nr. 220, KSA 2, 653) reflektiert er skeptisch, descriptiert Entfremdungsfolgen stärker als mögliche Potenzen werteerneuernder Kultur der Zukunft. Der Zusammenhang von Maschinenkultur, Wertverfall und Humanitätsverlust zeichnet einen unaufhaltbaren Weg in die Mediokrität und Massenkultur. N.s subtiles Wissen um die kulturelle Mentalität macht die Kritik ambivalent; er weiß um die Irreversibilität des Prozesses und sieht sich als kritischer Psychologe und eindringlicher Warner.

Die rezeptionsgeschichtliche Aufnahme ist gespalten. Das elitäre Moment der ↗Herrenmoral, des geistigen Aristokratismus und des Vornehmen hat die einschlägigen Ideologien (Hillebrand, Bd. 1, I, 1978, 8ff.; Aschheim 1996, 292f.) beeinflußt. Der inhärente Aristokratismus hat als Intellektuellenutopie künstlerisch und ideologisch Karriere gemacht (George, D'Annunzio, Brandes), um die Jahrhundertwende die Geister geschieden zwischen Aristokratismus und Sozialismus. Die aufklärerischen Momente sind kritisch in Adornos und Horkheimers *Dialektik der Aufklärung* präsent; Bloch sah in ihm einen, der eine andere Kultur als die bürgerliche wollte. Und Benjamin wußte sich in Nachfolge des Gedankens, daß alle Kultur bluttriefend sei, weil durch das Signum von Herrschaft definiert.

Literatur: Schmidt, R.: »Ein Text ohne Ende für den Denkenden«. Zum Verhältnis von Philosophie und Kulturkritik im frühen Werk F.N.s, Königstein/Ts. 1982; Fleiter, M.: Wider den Kult des Realen, Königstein/Ts. 1984; Rippel, P. (Hrsg.): Der Sturz der Idole. N.s Umwertung von Kultur und Subjekt, Tübingen 1985; Reschke, R.: Einspruch gegen ›abgeirrte Cultur‹. Zu einigen Konturen N.scher Kulturkritik, in: Weimarer Beiträge 2 (1991); Gerhardt, V.: F.N., München 1992; Aschheim, S. E.: N. und die Deutschen. Karriere eines

Kults, Stuttgart/Weimar 1996; Gasser, R.: N. und Freud, Berlin/New York 1997.

*Renate Reschke*

# Lachen

Leider war es N.s Bestreben, auch noch zuletzt zu lachen, als Triumph über alle Teleologie und Gesetzlichkeit, als Triumph über alle Einsamkeit und Krankheit, als letzte Reserve gegen Vernünftigkeit und Normalität. N. hat zuletzt gelacht – ob er damit auch am besten gelacht hat, ist fraglich. Im Lachen manifestiert sich N.s außer-gewöhnliche Moralität. Im Hintergrund steht N.s Gewetter gegen Platons Verbot der Lachlust, der diese aus der griechischen Haupttugend, der *sophrosyne* (Politeia 388e), verbannt haben wollte. N. endete aber nicht nur im Lachen – er begann auch mit ihm, mit dem bitteren, grimmigen schopenhauerischen Lachen. Es ist das agonale Lachen, das Auslachen, das homerische Gelächter, das dem Mißgeschick des Hephaistos erscholl: »Der Fluch und das Gelächter. Das Entsetzliche und das Lächerliche. Schauder Ekel Lachen. Pessimismus der Gegenwart gegenüber. Das Verkehrte in grotesken Formen« (N, KSA 7, 69). notiert sich N. als Exposition eines ungeschriebenen Buches. Eine andere Beurteilung des Lachens verraten Äußerungen des Freigeistes N.: »Wenn der Mensch vor Lachen wiehert, übertrifft er alle Thiere durch seine Gemeinheit« (MA I, Nr. 553, KSA 2, 330), oder auch: »Lachen und Lächeln. – Je freudiger und sicherer der Geist wird, umsomehr verlernt der Mensch das laute Gelächter; dagegen quillt ihm ein geistiges Lächeln fortwährend auf [...]« (MA II, Nr. 173, KSA 2, 626). Hier handelt es sich um ein skeptisch-vornehmes Lachen, das auf die Seite des Lächelns, nicht des Gelächters ausschlägt; es soll das »doppelte Gelächter« Epiktets sein, welches den anderen im Gespräch veranlaßt, die erhabenere Position einzunehmen, aber auch hilft, diese wieder zu verlassen. Das Lächeln des Weisen ist allerdings nur ein Versuch zur Emanzipation vom griechisch-schopenhauerischem Humor. Ziel muß es für N. werden, sein eigenes Lachen zu lachen. Die »Wellen unzähligen Gelächters« (FW, Nr. 1, KSA 3, 372) der Komödie reinigen die »Zeit der Tragödie«: i.e. die »Zeit der Moralen und Religionen« (ebd., 370) – bis einst Komödie und Tragödie durch sich gegenseitig durchgehen und ›fröhliche Wissenschaft‹ entsteht – eine Synthese aus »fröhliche[r] Weisheit« (ebd., 372) und der von Zeit zu Zeit dekretierten ›unfröhlichen Weisheit‹: »Es giebt Etwas, über das absolut nicht mehr gelacht werden darf!« (ebd.). Applikation dieser wechselbalgigen Tragikomödie ist die Erzählung vom tollen Menschen, in dem den »Zuhörern« (FW, Nr. 125, KSA 3, 481) das Gelächter und das Lachen – nach der Predigt vom Tod Gottes – im Halse stecken bleibt, das Ganze aber komisch, und doch ernst, endet. In dieser differenzierten Auseinandersetzung wirkt das Tragische komisch. Ein weiteres (tolles) Stück aus der ›fröhlichen Wissenschaft‹ lädt wieder zum mitleidig-schrecklichen Lachen ein: »Ich fürchte, die Thiere betrachten den Menschen als ein Wesen Ihresgleichen, [...], als das lachende Thier« (FW, Nr. 224, KSA 3, 510). Auch Zarathustra lebt im Spannungsfeld der Tragikomödie, wenngleich das Lachen überstrapaziert wird. »Zehn Mal musst du lachen am Tage und heiter sein« (Von den Lehrstühlen der Tugend, Za I, KSA 4, 32), ist der Imperativ einer auf Überwindung aus seiender, durch ↗ ewige Wiederkunft durchtrainierten Moral. So ist es kein Wunder, daß es später zur Figur des »lachenden Löwen« (Za III, KSA 4, 246; Za IV, Nr. 11, KSA 4, 351) kommt, der für die befreiende Wirkung des Lachens steht. Das Lachen wird nicht mehr von den Göttern gelacht, wie bei Homer, es geht nun über an den Übermenschen (JGB, Nr. 294, KSA 5, 236), der allein über die Götter, die höheren Menschen, die letzten Menschen und über sich selbst lachen kann (EH, KSA, 6, 340). Jeder muß sich allerdings seines Lachens so bedienen können, daß er von selbst und durch sich durch beim Übermenschen ankommt. »[...] und lernten sie von mir lachen, so ist es doch nicht mein Lachen, das sie lernten« (Za IV, KSA 4, 386). Wer das Lachen seiner inhärenten Reserve beraubt, um es inthronisieren zu können, um es »heiligen« (»ich selber sprach heilig mein Gelächter«; Za IV, Nr. 13, KSA 4, 366) zu wollen, der muß es, gleich dem evangelischen Vorbehalt (»Fluch auf die, welche lachen«; Lk 6,25, ebd.; »Jesus: [...] Haß gegen die Lachenden«; N, KSA 11, 54), dem Spott entziehen: über das Lachen wird nicht gelacht, dekretiert der lachende Zarathustra. Über das Leiden, über den ↗ Geist der Schwere, seine Krankheit, über sich selbst lachen zu können, zuletzt über das Zugrundegehen von Hölderlin und Leopardi (N, KSA 11, 257), sogar über R. Wagner (N, KSA 11, 669) lachen zu können, setzt voraus, daß es dort erst einmal nichts zu lachen gibt – die Einsegnung des Lachens ist nur bei den leidenden höheren geistigsten Menschen sinnvoll – das Gekicher der letzten Menschen hat dagegen zu unterbleiben – unerträglich, wenn dies ewig wiederkäme ... Der berühmte Paragraph 223 von *Jenseits von Gut und Böse* (KSA 5, 157) über den europäischen, leidlich, häßlich plebejischen Mischmenschen schließt zwar mit der Aussicht auf die Zukunft des Lachens im Sinne der Hanswurstiade, doch das ist die real drohende Zukunft des Lachens der letzten Menschen.

Im Spätwerk kommt es nicht mehr zu einer philosopischen Reflexion über das Lachen. N. scheint sich ausgelacht zu haben, getreu der Selbstapplizierung des möglichen Auslachens: »Es sind solche unter euch, die verstehen es, ein Ding zu nichte zu lachen – auszulachen!« (N, KSA 10, 584). Es ist, als ob die Affektanalyse, die die späte Philosophie durchzieht, auch vor dem Lachen nicht halt machte, wobei es nicht zur Abtötung des Lachaffekts (»Nicht-mehr-Lachen und Nicht-mehr-Weinen des Spinoza, seine so naiv befürwortete Zerstörung der Affekte durch Analysis und Vivisektion derselben [...]«; JGB, Nr. 198, KSA 5, 118) kommen soll; sondern ein ›hundert Mal kälteres Auge‹ sich beim eigenen Lachen zuschaut. In den moralkritischen Schriften (*Zur Genealogie der Moral, Jenseits von Gut und Böse*) ist N. das Lachen vergangen (vgl. JGB, Nr. 296, KSA 5, 239). Das dialektische Moment des sich selbst Auslachens (»Und – lachte noch jeden Meister aus, Der nicht sich selber ausgelacht«; KSA 3, 343, Motto der zweiten Auflage der *Fröhlichen Wissenschaft*, 1887) kann auch schlechte Laune machen. Nachdem man in den Bauch des Lachens geblickt hat, wird das Lachen politisch, es wird instrumentalisiert, N. lacht nur noch über andere, ein Lachen, das Recht behalten will. »Was liegt daran, dass ich Recht behalte! Ich habe zu viel Recht. – Und wer heute am besten lacht, lacht auch zuletzt« (GD, KSA 6, 66, in Vorstufen N, KSA 13, 561; 13, 477). In *Der Antichrist* wird kein einziges Mal gelacht. Großinquisitortum macht sich breit: Um wieder ins Lachen zu kommen, wird der Ernst, der durch Teleologie, sprich Christentum, zur Macht gelangt ist, durch radikale Antinomie zu Ende geführt. N. will das Lachen für kommende Generationen wieder möglich machen und darf deswegen nicht mehr lachen – dies ist das Selbstopfer für die Nachgeborenen. Modell des letzten Lachens ist das sardonische Lachen (N, KSA 12, 53), das boshaft, hämisch und fratzenhaft verzerrt; nur ein scheinbares Lachen ist, ein dämonisches Lachen, das Wort und Schrift ward (»Diese Schrift [...], ein Dämon, welcher lacht«; über *Götzen-Dämmerung* in EH, KSA 6, 354) – es ist das letzte Lachen, das verbleibt, wenn das Lachen vergangen, aber für Zukünftige offen bleiben soll.

N.s Wirkung auf den Schwulst der Jahrhundertwende war befreiend. Die großen Bewegungen des Verlachens – Surrealismus und Dada (Huelsenbeck etwa stellt JGB, Nr. 223 als Motto voran) – können ohne sein Lachen nicht gedacht werden. Bataille hat für ein lachendes Denken geworben, »dessen Leben ein ›unmotiviertes‹ Fest ist, ein Fest in allen Wortbedeutungen, Lachen, Tanz, Orgie, die sich niemals unterordnen, ein Opfer, das der Zwecke spottet, materieller wie moralischer« (1944/1973, 22), einen Menschen, der Dada huldigt (»das Lachen, das befreit – eine Offenbarung, die das menschliche Sein verwandelt«, 1937/1973, zit. n. Le Rider 1997, 106) und sich nie einfangen läßt. Eingefangen hat dann eine Anthropologie Plessnerschen Zuschnitts das Phänomen des Lachens.

Literatur: Bataille, G.: Chronique Nietzschéenne (1937), in: Oeuvres complètes, vol. I, Sur N. (1944). Vol. VI, Paris 1973; Plessner, H.: Lachen und Weinen (1941); Das Lächeln (1950), in: Gesammelte Schriften, Frankfurt a.M. 1980–85; Bergius, H.: Das Lachen Dadas: die Berliner Dadaisten und ihre Aktionen, Giessen 1989; Le Rider, J.: N. in Frankreich, München 1997.

*Miguel Skirl*

# Leben

Einer der wichtigen, vieldeutigen Grundbegriffe von N.s Philosophie, der in der Rezeptionsgeschichte eine prominente und nicht immer glückliche Rolle spielte. Seit den neunziger Jahren des 19. Jh.s war die Auseinandersetzung mit N. durch den Lebensbegriff bestimmt, wobei Leben meist enthusiastisch entweder in metaphysischer, mythischer oder biologistischer Ausprägung als vitaleres und umfassenderes Prinzip der bisherigen ›Verstandesphilosophie‹ entgegengesetzt wurde (Klages). Trotz kritischer Stimmen, die N. als Urheber dieser Lebensphilosophie verantwortlich machten (Rickert 1920), blieb der Antagonismus zwischen Geist und Leben lange Zeit ein Topos der N.-Deutung (Benn; vgl. Meyer 1991, 121–135). Auch heute noch ist umstritten, ob N. »eine Apotheose des Lebens« (Meyer 1991, 120) betrieb oder ob der Lebensbegriff als bloß hypothetischer Gegenbegriff zum bisherigen Begriff des Seins (Borsche 1996, 260) auszulegen ist, mit welchem nun das Werden aufgewertet wird. Die letztgenannte Deutung hat den Vorzug, daß der Begriff des Lebens ihr zufolge nicht einfach die gleiche Stellung einnimmt, die zuvor das Sein innehatte, sondern, daß der andere Status, der den Begriffen nach N.s ↗Metaphysik und ↗Erkenntniskritik zuerkannt werden muß, reflektiert wird. So wie die alte metaphysische Auslegung als Interpretation entlarvt wurde, so muß auch für N.s eigenen Lebensbegriff gelten, daß er Resultat einer Interpretation ist.

Mit der Einführung des Lebensbegriffs verändern sich die traditionellen Orientierungspunkte der philosophischen Wertungen. N. fordert dazu auf, die »Wissenschaft unter der Optik des Künstlers zu sehn, die Kunst aber unter der des Lebens…« (GT, Vorr. 14, KSA 1, 14). Die Pünktchen am Satzende jedoch lassen, das wird zumeist übersehen, der Möglichkeit Raum, weitere Standpunkte durchzuspielen, womit eine eindeutige Festlegung der Betrachtung auf die vermeintlich letzte ↗Perspektive des Lebens vermieden ist.

Aus der Perspektive des Lebens betrachtet, werden Wissenschaft, Kunst, Historie, Metaphysik, Religion und Moral jeweils daran gemessen, inwiefern sie dem Leben dienen oder ihm feindlich sind. N. kommt dabei keineswegs zu pauschalen Antworten mit einfachen Antithesen. Das ↗asketische Ideal, welches N. als geheime lebensverneinende Triebfeder hinter den wissenschaftlichen und religiösen Weltinterpretationen wirksam sieht, wird seinerseits als »Kunstgriff in der Erhaltung des Lebens« (GM, 3. Abh., Nr. 13, KSA 5, 366) begriffen. Es kämpfen somit verschiedene Lebenskonzeptionen miteinander – »Leben gegen Leben« (ebd., 365) –, wobei das asketische Ideal auf die »Schutz- und Heil-Instinkte eines degenerirenden Lebens« (ebd., 366) zurückgeführt wird (vgl. GD, KSA 6, 86).

Dieser Konflikt spiegelt den grundsätzlichen Charakter des Lebens, das man, wenn man es nicht mehr mit moralischen Augen betrachtet, »essentiell, nämlich in seinen Grundfunktionen verletzend, vergewaltigend, ausbeutend, vernichtend« (GM, 2. Abh., Nr. 11, KSA 5, 312) bestimmen müßte. Letztlich sei alles »Geschehen in der organischen Welt ein Überwältigen, Herrwerden«, ein »Neu-Interpretieren, ein Zurechtmachen« (GM, 2. Abh., Nr. 12, KSA 5, 313f.), und »Leben eben ein ↗Wille zur Macht« (JGB, Nr. 259, KSA 5, 208; vgl. ebd., Nr. 13, 27f.). Insofern hat jede Weltinterpretation ihr partielles Recht, da mit ihr eine bestimmte Form des Lebens nach seinen Bedürfnissen sich die Welt zurechtfälscht. N. erklärt entsprechend »das Perspektivische« zur »Grundbedingung alles Lebens« (JGB, Vorr., KSA 5, 12; vgl. ebd., Nr. 11, KSA 5, 26) und konstatiert: »[…] es bestünde gar kein Leben, wenn nicht auf dem Grunde perspektivischer Schätzungen und Scheinbarkeiten« (JGB, Nr. 34, KSA 5, 53). Damit gerät das Leben in Widerspruch mit dem ebenfalls aus Selbsterhaltung betriebenen ↗Erkennen, welches die lebensnotwendigen ↗Irrtümer zu destruieren droht (N, 11 [162], KSA 9, 503f.; MA I, Vorr. 1, KSA 2, 13f.). Dabei kann das Leben, wenn das Wahrheitsstreben dominiert, zum bloßen Mittel für die Erkenntnis depotenziert werden (MA, I Nr. 292, KSA 2, 236).

Zu den lebensnotwendigen Irrtümern zählt für N. daher auch, an den Wert des Lebens zu glauben. Nüchtern besehen, beruhe der »Glaube an den Werth des Lebens […] auf unreinem Denken« (N, 9 [1], KSA 8, 178ff. u. MA I, Nr. 33, KSA 2, 52f.). Nimmt man eine umfassendere Perspektive ein, erscheint das organische Leben nur als kontingenter Spezialfall der unorganischen Welt. Den Lebensbegriff dergestalt relativierend warnt N.: »Hüten wir uns, zu sagen, dass Tod dem Leben entgegengesetzt sei. Das Lebende ist nur eine Art des Todten und eine sehr seltene Art« (FW, Nr. 109, KSA 3, 468).

Literatur: Simmel, G.: Schopenhauer und N., Leipzig 1907 (Ndr. Hamburg 1990); Rickert, H.: Die Philosophie des Lebens. Darstellung und Kritik der philosophischen Modeströmungen unserer Zeit, Tübingen 1920; Volkmann-Schluck, K.-H.: Leben und Denken. Interpretationen zur Philosophie N.s, Frankfurt a.M. 1968; Reuber, R.: Ästhetische Lebensformen bei N., München 1988; Meyer, Th.: N. Kunstauffassung und

Lebensbegriff, Tübingen 1991; Borsche, T.: Leben des Begriffs nach Hegel und N.s Begriff des Lebens, in: Simon, J. (Hrsg.): Orientierung in Zeichen, Frankfurt a.M. 1997, 245–266.

*Claus Zittel*

## Leib/Körper

Wesentlich für N. Philosophie ist, »vom Leib ausgehen und ihn als Leitfaden benutzen« (N, Herbst 1884 – Herbst 1885, 40[15], KSA 11, 634). Gegenüber dem Bewußtsein und dem Geist ist N. der Leib das »reichere, deutlichere, faßbarere Phänomen«, das »methodisch voranzustellen« ist, »ohne etwas über seine letzte Bedeutung« ausmachen zu können (N, Herbst 1885-Herbst 1887, 5[56], KSA 12, 205f.).

Leibverachtung ist N. Ausdruck einer kranken, absterbenden und untergehenden Kultur, die nicht mehr über sich hinaus schaffen will (Za I, KSA 4, 37, 40) Mit der Verachtung des Leibes wird für N. »die ganze Geistigkeit« verurteilt, »krankhaft zu werden, zu den vapeurs des ›Idealismus‹« (N, Frühjahr 1888, 14[37], KSA 13, 236). Das Objektive, Idelle, Rein-Geistige ist N. aber nur Bemäntelung und »unbewußte Verkleidung physiologischer Bedürfnisse«. »Hinter den höchsten Werthurtheilen, von denen bisher die Geschichte des Gedankens geleitet wurde, liegen Missverständnisse der leiblichen Beschaffenheit verborgen, sei es von Einzelnen, sei es von Ständen oder ganzen Rassen. Man darf alle jenen kühnen Tollheiten der Metaphysik, sonderlich deren Antworten auf die Frage nach dem Werth des Daseins, zunächst immer als Symptome bestimmter Leiber ansehen«. In diesem Kontext ist eine zentrale Frage in N. Philosophieren, »ob nicht, im Grossen gerechnet, Philosophie bisher überhaupt nur eine Auslegung des Leibes und ein Missverständniss des Leibes gewesen ist« (FW, Vorrede, Nr. 2, KSA 3, 348). N.s Leibphilosophie richtet sich aber nicht nur gegen eine idealistische Metaphysik, sondern auch gegen ein leibverachtendes Christentum und einen sinnlichkeitsverachtenden Moralismus (M, Nr. 86, KSA 3, 80f.; GD, KSA 6, 74f.). Wie N. »unser Leib [...] nur ein Gesellschaftsbau vieler Seelen« ist (JGB, Nr. 19, KSA 5, 33), so ist ihm die Seele »nur ein Wort für Etwas am Leibe«. Der Leib ist N. »eine grosse Vernunft«; »Werkzeug des Leibes« ist die »kleine Vernunft«. Geist und Sinn sind N. nur Spiel- und Werkzeuge der großen Vernunft, des Leibes. Auch das »Ich« der kleinen, wissenschaftlichen Vernunft hat etwas anderes zum Grund als sich selbst, nämlich das Selbst, das der Leib ist und das »des Ich's Beherrscher« ist. Gegen die gesamte rationalistische Tradition seit Descartes und den mit ihr verbundenen Körper-Geist-Dualismus schreibt N. demzufolge: »Hinter deinen Gedanken und Gefühlen, mein Bruder, steht ein mächtiger Gebieter, ein unbekannter Weiser – der heisst Selbst. In deinem Leibe wohnt er, dein Leib ist er«. Der »schaffende Leib« schuf sich für N. nur »den Geist als eine Hand seines Willens« (Za I, KSA 4, 40).

Im Anschluß an N. wird bei Heidegger der Leibbegriff in zwei Bedeutungen verwendet: als leibender Leib bzw. als große Vernunft oder als nichtinstrumentalisierter Körper und als Körperleib bzw. als kleine Vernunft oder als instrumentalisierter Körper. Der Leib als leibender Leib erscheint als ursprüngliche, natürliche Natur; der Leib als Körperleib erscheint dagegen als zivilisatorisch-überformte, künstliche Natur. Der Körper als leibender Leib ist Seinsereignis und daher z.B. für Heidegger Medium, durch das sich das »Seyn« uns mitteilt. Der Körper als Körperleib ist ein physikalisch-chemisch funktionierender Organismus und könnte daher als hochorganisierte Materie, als hochkomplexe Materie, die aus Geweben, Organen, Zellen besteht, bestimmt werden, die Gegenstand einer vom Subjekt abstrahierenden (Natur-)Wissenschaft sein kann, die sich durch ein leibvergessenes Körperkonzept auszeichnet. Der leibende Leib ist dagegen nicht objektivierbar im wissenschaftlichen Sinne und daher auch nicht instrumentell verfügbar und brauchbar, während der Körperleib als materielles Ding erscheint, als eine hochkomplexe Materiestruktur mit und an der operiert werden kann.

Im leibenden Leib als großer Vernunft sind Leib und Seele nicht unterscheidbar (FW, Vorrede, Nr. 3, KSA 3, 349). Dieses Leibsein ist noch nicht durch ein wissenschaftlich-objektivierbares Leibhaben als Körperleib gekennzeichnet, durch das es uns möglich wird, die verschiedenen physischen und psychischen Vermögen des Menschen analytisch zu unterscheiden. Der »Leib« als »große Vernunft« meint bei N. also nicht den cartesianischen Körper und geht nicht nur von Untrennbarkeit von Seele und Körper, sondern auch von der Untrennbarkeit von *res cogitans* und *res extensa* aus.

Anknüpfend an Heideggers ontologische Differenz kann man also bei N. eine leibontologische Differenz ausmachen, die auf dem Unterschied von leibendem Leib und Körperleib, von Leib und Körper, von Selbst und Ich basiert, woraus sich dann Unterscheidungen wie Leibsein und Körperhaben, Körperbefindlichkeitskult und Leibvergessenheit, Selbstvergessenheit und Selbstbesessenheit, Selbstsuche und Selbstsucht, Körperaufwertung und Körperverwertung, Körperentwertung und Körperbesessenheit, Eigenleib und Fremdkörper, selbsterfahrener und fremdbestimmter, gefühlter und instrumentalisierter, präpersonaler und personifizierter, organischer und mechanisierter, erlebter und verwissenschaftlichter, subjektiv und objektiv wahrgenommener Körper ergeben, die im Anschluß an N. in der Leibphilosophie des 20. Jh.s weiterentwickelt wurden. Der Leib als leibender Leib ist aber nach dieser körper-leiblichen Differenz, die die Grundunterscheidungen einer jeden Körperphilosophie betrifft, Grund unseres Lebendigseins; er ist Grund des »Ichs«, der das Ich in Frage stellt und begründet – das Nichtich als Selbst, von dem das Ich grundlegend abhängig ist. Durch dieses Selbst wird das Ich sich im Anderssein als Nichtich gegeben, während dagegen das selbstbewußte Körperich meint, sich nur durch sich sich zu geben. Indem das Selbst als leibender Leib erfahren wird, wird es dem Ich erst möglich, sich als Körper und Geist, sich in seiner Entgrenzung und Begrenztheit wahrzunehmen. Das Ich wird also durch das Leiben des Selbst, und dieses »Ich leibe« ist nach N. Bedingung der Möglichkeit selbstbewußten Seins.

Der leibende Leib meint den lebendigen Körper, der unser Leben bestimmt, aber (noch) nicht in unserer Verfügungsgewalt ist. Der Körperleib ist dagegen die immer schon verfügliche Leiblichkeit, die wir als verdinglichte, objektivierte Körperlichkeit wahrnehmen. Das hat zur Folge, daß der leibende Leib selbst als bewußtloses, vorbegriffliches Sein erscheint, das die bewußten und begrifflich vermittelten Körper-Geist-Verhältnisse des Körperleibes begründet, ohne selbst von diesen vollständig erfaßt werden zu können, und sich daher dem, was es begründet, zugleich entzieht.

Der leibende Leib ist das vorkognitive, vorsprachliche Vorgängige, und zwar nicht nur im Sinne des Vorherigen, des zeitlich Früheren, sondern im Sinne des immer anwesenden Ursprungs, der unser Selbstsein begründet, aber nicht von unserem kognitiven Ich absolut begründet werden kann. Das Leibsein in dieser Bedeutung ist das leiblich-seelische Sein, das dem Seienden der in wissenschaftlichen Subjekt-Objekt-Verhältnissen verfügbaren Körper und dem Geist vorgängig ist, es ist das konkrete Sein, das die körperlich-geistigen Subjekt-Objekt-Verhältnisse begründet, selbst aber von deren Rationalitätsstrukturen nicht vollständig rationalisiert werden kann und daher als irrationaler, nicht verfügbarer, aber grundlegender »Rand« oder »Rest« wahrgenommen wird. Insofern ist der Leib immer auch das unverfügbare Geistig-Körperliche, das Körper und Geist Be-, aber auch Entgrenzende, das nicht als Bedrohung, sondern positiv als Möglichkeit für das eigene Dasein verstanden werden muß.

Wenn N. die »kleine Vernunft« kritisiert, dann ist das keine rousseausche Natursentimentalität, dann ist das keine Leibromantik, dann ruft die »große Vernunft« nicht im rousseauschen Sinn »Zurück zur Natur«. N. flüchtet sich nicht in eine Leibromantik, wie es Heideggers Rede vom »leibenden Leib« nahelegt, sondern er will die bisherigen mit der universellen Vernunft verbundenen Formen der Leibbeherrschung problematisieren.

Bei N. ist der Leib aber auch kein Ersatzbegriff einer vom Menschen unabhängigen, romantisierten, unmittelbaren, unberührten, ersten Natur des Körpers, sondern Grenz- und Korrekturbegriff, durch den die »erste Natur« der »kleinen Vernunft« in der »zweiten Natur« der »großen Vernunft« als Über-Natur überwunden werden soll. N. war klar, daß wir über einen Leib getrennt vom Körper, über ein Selbst getrennt vom Ich, über eine große Vernunft getrennt von der kleinen Vernunft nichts sagen können, und deshalb vermied er auch abstrakte Entgegensetzungen, wie sie Heideggers N. Interpretation wieder einführte. Vielmehr ging es ihm um die Umkehrung der Begründungsverhältnisse, um eine andere Vernunft (auch der Körperlichkeit) zur Sprache zu bringen. Denn nur so wird man das ganz Andere der Vernunft thematisieren können. N. ging es um die Befreiung der Vernunft und des Leibes von der Vorherrschaft der kleinen, bloß scientistisch-technischen Vernunft, nicht aber um die Befreiung des Körpers von der Vernunft überhaupt. Über den Leib können wir ohne Vernunft nichts sagen und die »große Vernunft« des Leibes bleibt sprachlos, wenn sie nicht auf die »kleine Vernunft« als Mittel seines Selbst zurückgreifen kann. Dieser Rückgriff kann tatsächlich zu einer Entfremdung des Leiblichen führen, aber ohne das Werkzeug der »kleinen Vernunft« können wir auch nicht die »große Vernunft« entdecken und zur Sprache bringen. Die Selbstbegründung der leiblichen Vernunft ist für uns nicht ohne Geist möglich, und die Entdeckung des Selbst als affektives, triebhaftes, gestimmtes, gefühltes Sein ist in absoluter Trennung vom Ich nicht möglich. Insofern ist auch die Selbigkeit der »großen Vernunft« nicht in Trennung von den bisherigen Identitätsbegriffen der »kleinen Vernunft« zu begreifen. Entsprechend seiner Konzeption des Übermenschen fordert N. im Gegensatz zu Rousseau (und auch zu Heidegger) auf ganz andere Art und Weise ein »Zurück zum Leib« und dadurch zum Leben: »Führt, gleich mir, die verflogene Tugend zur Erde zurück – ja, zurück zu Leib und Leben: dass sie der Erde ihren Sinn gebe, einen Menschen-Sinn!« (Za I, KSA 4, 100). N.s »Zurück zum Leib« ist also de facto ein »Hinauf« zu einem »höheren Leib«. Nur indem die Kranken lernen, sich einen höheren Leib zu schaffen, werden sie Genesende und Überwindende, was aber voraussetzt, den Leib nicht mehr als »Ding an sich« zu betrachten, sondern als etwas, das wir, wie unser Selbst, über uns hinaus zu schaffen haben (vgl. Za I, KSA 4, 37–41). Wie der bisherige Mensch überwunden werden soll, so soll auch der Leib dieses letzten Menschen überwunden werden, indem sich ein »höherer Leib« bildet, weil wir zum Leib durch unser Streben nach Naturerkenntnis, durch die Veränderung unserer Ernährungsweise, unsrer Art zu wohnen, unserer Lebensweise insgesamt und davon abhängig durch die Veränderung unseres Bewußtsein, unserer Wertschätzungen, unserer Art und Weise, mit Lust und Unlust umzugehen, ein experimentelles Verhältnis eingehen.

Wie der Mensch »das Unthier und Überthier« und »der höhere Mensch [...] der Unmensch und Übermensch« ist (N, Herbst 1887 – März 1888, 9[154], KSA 12, 426), so ist der höhere Leib der Unkörper und Überkörper. Der Leib verkörpert das vernünftige Selbst, das sich im Spannungsfeld von Verschwinden des Körpers und der Wiederkehr des Körpers formiert. Das Werden dieses Über-Seins hat aber die Tatsache zur Voraussetzung, daß der Körper in seiner Unmittelbarkeit, Naturgegebenheit, Unantastbarkeit tot ist. Mit Gott ist auch er gestorben. Damit ist aber nach N. auch die Vorstellung vom Leib als an-sich-seiendem Naturkörper tot.

Literatur: Heidegger, M.: N.s Lehre vom Willen zur Macht als Erkenntnis (1939), in: Gesamtausgabe, II. Abt., Bd. 47, Frankfurt a.M. 1989, 151–160; Schipperges, H.: Am Leitfaden des Leibes. Zur Anthropologik und Therapeutik F.N.s, Stuttgart 1975; Küchenhoff, J.: Der Leib als Statthalter des Individuums, in: Frank, M./Haverkamp, A. (Hgg.): Individualität, München 1988; Grätzel, S.: Die philosophische Entdeckung des Leibes, Stuttgart 1989, 115–163; Abel, G.: Interpretatorische Vernunft und menschlicher Leib, in: Djuric, M. (Hrsg.): N.s Begriff der Philosophie, Würzburg 1990, 100–130; Salaquarda, J.: »Leib bin ich ganz und gar ...« – Zum »dritten Weg« bei Schopenhauer und N., in: Nietzscheforschung 1 (1994), 37–50; Koch, H.-J.: Das Chaos und die große Fülle des Lebens oder: Wie groß ist die »Große Vernunft« bei N., in: prima philosophia 9 (1996), 187–216; Gerhardt 1996, 309–312; Caysa, V.: N.s Leibphilosophie und das Problem der Körperpolitik, in: Nietzscheforschung 4 (1998), 283–299.

*Volker Caysa*

# Leiden

N. hat uns das Mitleiden verboten, nicht das Leiden. Aus dem Pathos der Distanz heraus dürfen wir über sein ›Leiden‹ sprechen. Wesen des Leidens ist es, über sich hinaus, über das Leiden hinaus sich zu sehnen; im Bilderwerk der *Geburt der Tragödie* formuliert: das dionysisch verstandene Leiden drängt zur »Transfiguration« (GT, KSA 1, 39) im apollinischen Kunstwerk. Die Feier der Griechen erscheint als eine Feier des Leidens, weil die Griechen, dieses »zum Leiden so einzig befähigte Volk« (GT, KSA 1, 36), aus dem Leiden die Tragödie, die höchste Kunstgattung, erschufen. Verbürgt scheint dies N. in der Überlieferung, daß die älteste Tragödienform allein die Leiden des Gottes Dionysos zum Inhalt hatte: »man kann sogar sagen, daß es auf ihren früheren Entwicklungsstufen gar nicht auf das Handeln das δρᾶμα abgesehn war, sondern auf das Leiden das πάθος« (KSA 1, 527). Die Zerstückelung Dionysos' öffnet zudem die systematische Aktualisierung zu den Schopenhauerisierenden Reflexionen über die Schrecken der Individuation (als Rezeption N, KSA 7, 214f.), wobei N. in seiner Leidensmetaphysik weitgehend ohne das Konstrukt eines Willens auskommt, der sich als Erscheinung in Zeit und Raum spalten müsse und diese schmerzhafte Vereinzelung in der Erlösung durch Liebe, Religion und Musik mit Hilfe des Intellekts wieder aufheben will. N. denkt eher vom goethischen »Ur-Eine[n] als [des] ewig Leidende[n] und Widerspruchsvolle[n]« (GT, KSA 1, 38) her, dessen Entzweiung eine Weltgeschichte der Überwindung des Leidens nach sich zieht, etwa in der griechischen Tragödie. Sophokles sei der Dichter der Leiden des agonalen Individuums (N, KSA 7, 397), Ödipus (die leidvollste Gestalt der griechischen Bühne, GT, KSA 1, 64) und Prometheus (der aeschyleische Leidensmann für die Gerechtigkeit) seine Protagonisten.

N. trennt Leiden und ↗Mitleiden. Im Angriff auf das christliche Mitleiden stellt sich N. die Frage, wie denn die ›mitleidslose‹ Antike mit dieser Gefühlsregung umgegangen sei und beantwortet sie durch den Hinweis, daß hier das Mitfreuen über das Mitleiden gegangen sei (N, KSA 8, 333). N. verficht einen kathartischen Zugang zum Leiden: Zum Abbau des Leidens, das ↗Ressentiment gebiere, wird anempfohlen, sich lieber sofort zu rächen als sich beständig rächen zu wollen (MA I, Nr. 60, KSA 2, 77), überdies besser öffentlich leidend sein, weil dies den Neid der anderen verringere (»Man muss sein Unglück affichiren und von Zeit zu Zeit hörbar seufzen [...]«; MA II, Nr. 334, KSA 2, 516). Im dritten Stadium von N.s Stationenweg, nach der (temporären) Gesundung von seinem ›Schattendasein‹ 1878/79 (»Dies war mein Minimum«; EH, KSA 6, 264]) ist N. bereit, den anderen leiden zu machen, damit diesem Überwindung des Leidens zuteil werde, was bedeutet, Schmerzen zufügen zu können und nicht zugrunde zu gehen (FW, Nr. 325, KSA 3, 553). Gegen Leidende hart wie ein Ritter oder Arzt sein (N, KSA 9, 40; FW, Nr. 13, KSA 3, 385), dem leidenden Freund ein »hartes Feldbett« (Za II, KSA 4, 115) sein – dies sei die wahre Caritas. Erhabenheit über das Leiden (M, Nr. 114, KSA 3, 104) und ein epikureisches Nachmittagsglück des »fortwährend Leidende[n]« (FW, Nr. 45, KSA 3, 411) sind die Tribute des für sein Leiden voll verantwortlichen götterlosen Menschen (N, KSA 9, 651). Vorbildlich: »Herr[ ] von Montaigne, der so angenehm über seine Krankheit zu scherzen weiss, – er leidet am Stein« (FW, Nr. 22, KSA 3, 394); Aufklärung bringt Verfeinerung: mehr Glück, aber auch mehr Leiden (N, KSA 9, 640). Davon redet uns das Kamel im ersten Kapitel des *Zarathustra* (Za I, KSA 4, 29); es nimmt beständig das Schwerste auf sich und wird froh erst in der Wüste der leidenden Wissens- und Kulturaufnahme. Freiheit vom Leiden erreicht die ›schenkende Tugend‹ (Za I, KSA 4, 97). Das Absehen von eigener Befindlichkeit (gegen das Leiden der höheren Menschen, die nur an sich selbst leiden; Za IV, KSA 4, 356) ist hier in einsamte Höhen gesteigert. In der vierten Station wird die Erlösungskraft des Leidens gefeiert; Leiden figuriert als Hoffnung. »Zarathustra, der Fürsprecher des Lebens, der Fürsprecher des Leidens, der Fürsprecher des Kreises« (Za III, KSA 4, 271), will Ewigkeit, und zwar trotz und unter Einschluß des Wehs, das »vergeh« ruft (Za IV, KSA 4, 405). Der an der ↗ewigen Wiederkunft gezüchtete »Übermensch liegt mir am Herzen [...] – [...] nicht der Leidenste« (Za IV, KSA 4, 357). Die Selbstüberwindung des freiheitlichen Leidens findet ihr Wozu: »Ich überwand mich, den Leidenden, ich trug meine eigne Asche zu Berge, eine hellere Flamme erfand ich mir« (Za I, KSA 4, 35f.). Die hellere Flamme ist der Übermensch, der sich gleich Zarathustra nicht nur überwindet, sondern durch das erlebte und einverleibte Schaffen neuer Werte verwandelt. »Schaffen – das ist die grosse Erlösung vom Leiden« (Za II, KSA 4, 110). In der Folgezeit des *Zarathustra* wird N. Arzt und Historiograph des Leidens und seiner Geschichte. Dem Aufweis der noch im Affekt des Schmerzes vorgenommenen »Werthschätzung« und Interpretation (N, KSA 10, 298; 11, 124; 13, 359: »An sich giebt es keinen Schmerz.«) gesellt sich eine Geschichte der Instrumentalisierung und Interpretierbarkeit des Leidens in der Moral bei (GM, KSA 5, 266, 300, 372, 411). Die sechste Station von N.s Leidensweg ist seine letzte. Die anfängliche Enthusiasmie über die prinzipielle Unverfälschtheit des Leidens ist verflogen; eine Diskussion findet nicht mehr statt und kann auch nicht mehr statt finden. Das Leiden wird stumm. Das Wichtignehmen von Leiden sei schon Erkrankung (N, KSA 13, 89). N. macht kein Aufhebens mehr von sich; zurück bleibt nur noch das Aufheben seiner selbst, zurück bleibt eine Inschrift und ein Nachruf – *Ecce homo*, ohne daß der Schmerzensmann noch über das Leiden sich hinaus sehnen konnte. Gegen das Nicht-leiden-Können des Erlösers (AC, Nr. 35, KSA 6, 207) wird auf die (pseudo-)buddhistische Lehre vom unmetaphysischen (angeblich nachnihilistischen) Leiden verwiesen (AC, Nr. 20, KSA 6, 186), jedoch ohne innere Überzeugung. Es bleibt (EH, KSA 6, 348) N. nur noch die im *Nachtlied* kulminierende Erinnerung daran, wie ein Gott, wie Dionysos, aber ohne Ariadne, ohne Ausweg, gelitten zu haben.

Literatur: Andreas-Salomé 1983 (1894); Knodt, R.: F.N. Die ewige Wiederkehr des Leidens, Bonn 1987.

*Miguel Skirl*

## Leidenschaft

Es ist ein hartnäckiges Klischee der Philosophiegeschichte, N. als einen »leidenschaftlichen Philosophen« zu betiteln. Generell dient der Begriff der Leidenschaft N. als Träger einer affektgeladenen Enthemmung gegenüber der wissenschaftlichen Denktradition des Abendlandes: N. versucht eine Überwindung des Rationalismus durch Einführung der Leidenschaft in das Denken. Bereits in der *Geburt der Tragödie* projiziert N. den von Schopenhauer übernommenen Begriff (GT, KSA 1, 46) in den der dionysischen Welt. Als Teil der dionysischen Erfahrung stellt die konvulsive Leidenschaft den extremsten Gegensatz zu der geordneten apollinischen Weltanschauung dar. Von der Romantik übernimmt N. die Bestimmung, daß vor allem der Künstler ein überaus leidenschaftliches Wesen sein solle; wahlweise kürt er Shakespeare (MA I, Nr. 176, KSA 2, 161) zum leidenschaftlichen Künstler, dann Wagner (WB). Zusammengefaßt wurde die Affiziertheit des Philosophen durch die Leidenschaft des Künstlers in der Figur des »Künstler-Philosophen« (Vuarnet 1986).

In der mittleren Werkphase dient der Begriff der Leidenschaft N. zur Unterscheidung zwischen verschiedenen Arten der Erkenntnis. Indem N. die »Leidenschaft der Erkenntniss« (FW, Nr. 123, KSA 3, 479) dem »Künstler-Philosophen« vorbehält, wird diese von der sachdienlichen Erkenntnis des Wissenschaftlers unterschieden (Brusotti 1997). Während der Wissenschaftler nach dem ungetrübten Glück der Erkenntnis strebe, wäre der Philosoph der Leidenschaft des Erkennens verfallen. Diese Leidenschaft ließe ihn so ausweglos suchen, wie der *amor fati* den Liebenden glücklos lieben lasse (M, Nr. 429, KSA 3, 264). Es ist also die Veraugabung der Leidenschaft, und nicht mehr die Suche nach Wahrheit, die den Wissenschaftler antreibt (MA I, Nr. 251, KSA 2, 208f.). In der *Morgenröthe* (Nr. 432, Nr. 450, Nr. 543) wird das Thema der Leidenschaft als Motiv der Wissenschaft weiter ausgearbeitet. Eine Philosophie der leidenschaftlichen, nichtentfremdeten Erkenntnis wurde von Georges Bataille angeregt.

Literatur: Bataille, G.: L'Expérience intérieure, Paris 1943; Deleuze, G./Guattari, F.: Anti-Ödipus, Frankfurt a.M. 1974; Vuarnet, J.-N.: Der Künstler-Philosoph, Berlin 1986; Brusotti 1997.

*Knut Ebeling*

## Liebe

Zum Thema Liebe finden sich in N.s Schriften nur vereinzelte Gedanken. In der Sekundärliteratur ist dazu kaum eine Beschäftigung auszumachen. Im Rahmen der versuchten ↗Umwertung aller Werte kritisiert N. auch die kulturelle Vorrangstellung der »idealisirte[n] Geschlechtsliebe« (M, Nr. 503; MA I, Nr. 405) zugunsten einer Aufwertung der ↗Freundschaft als »eine[r] Art Fortsetzung der Liebe« (FW, Nr. 14). Was N. am Ideal der Liebe hinterfragt, ist ihr moralischer Anschein einer Selbstlosigkeit, die die eigenen Beweggründe leugnet (N, KSA 9, 579; N, KSA 13, 42), ohne die jedoch keine persönliche Beziehung denkbar ist. Für N. liegt das Motiv der Liebe in der »Habsucht« und im »Drang nach Eigentum« (FW, Nr. 14). Dieser zugrunde liegende Egoismus wird von ihm aber nicht als unmoralisch angeprangert, sondern im Gegenteil geht es der »Individualethik« darum, sich über die eigenen Beziehungsmotive gegenüber anderen im klaren zu sein (M, Nr. 335). Wiederholt spricht er davon, daß man »lieben lernen« (MA I, Nr. 601; FW, Nr. 334) muß: Als ein Beziehungsverhalten beruht das Lieben nicht auf tatenlosen Gefühlen und einer reaktiven Haltung (MA I, Nr. 523). Es verlangt ein aktives Verhalten (FW, Nr. 334) und ist eine Sache der gelingenden Wechselseitigkeit im Tun und Lassen (MA I, Nr. 418). Zum Liebenkönnen gehört über die unbedingte Nähe hinaus gerade auch notwendiger Abstand (MA I, Nr. 428). Zu echter Liebe ist nur der fähig, der den Anderen in seiner eigenständigen Andersheit als gleichberechtigtes Individuum akzeptieren und schätzen und auch für sich (allein) sein kann (N, KSA 9, 520). N. zufolge geht es darum, daß unvermeidlich auftretende Widersprüche nicht harmonisiert, sondern ausgehalten und ausgetragen werden müssen (MA I, Nr. 75).

Anstatt sich auf eine Bezugsperson zu fixieren und diese in »unbedingten Alleinbesitz« (FW, Nr. 14) zu nehmen, plädiert N. dafür, die »gute Freundschaft« (MA II, Nr. 241) zu kultivieren. Schließlich beruht auch »eine gute Ehe auf dem Talent zur Freundschaft« (MA I, Nr. 378). So stellt N. dem vorherrschenden Eheleben ein neues Freundesleben und der ideologischen Moral der Liebe eine individuelle »Ethik der Freundschaft« (N, KSA 8, 333) entgegen.

Als Folge der schmerzhaften Enttäuschung seiner Freundschaft zu Salomé, die seinen eigenen Kriterien zufolge (MA II, Nr. 287), eine »große Liebe« war, verdüstert sich ab Mitte 1882 N.s Haltung zum Thema. Während er vorher die kulturelle Konstruktion der Geschlechter hervorhob und an die Möglichkeit von freundschaftlichen Beziehungen zwischen ihnen dachte (MA I, Nr. 390), zeigt er sich nun in chauvinistischen Äußerungen und antifeministischen Polemiken nicht länger als der Kritiker der patriarchalen Werte der bürgerlichen Kultur, sondern wird sogar zum Verfechter einer biologischen Naturalisierung von totaler Hingabe als »weiblicher Liebe« versus der Besitznahme als »männlicher Liebe« (FW, Nr. 363). Neben dieser persönlich geprägten Perspektivenverlagerung entwickelt N. seine theoretische Kritik an der christlichen Moral altruistischer Nächstenliebe weiter und setzt dieser schließlich die eigene moralphilosophische Lehre des *amor fati* (FW, Nr. 276) entgegen.

*Harald Lemke*

## Logik

Logik ist für N. eine »Formal-Wissenschaft« und »Zeichenlehre« (GD, Nr. 3, KSA 6, 76), die eine »ordnende, überwältigende, vereinfachende, abkürzende Macht« (N, KSA 12, 238) darstellt und den Zweck verfolgt, uns »formulirbar, berechenbar« und die »Welt« (ebd., 391) begreifbar zu machen. Wir haben in ihr nur ein »Ausdrucksmittel« (N, KSA 13, 536), kein »Criterium der Wahrheit« (ebd., 336). N. sieht in dem Glauben, am Leitfaden der formalen Vernunft eine gleichsam kausal-verbürgte Wahrheitsgarantie zu haben, einen seit Sokrates bestehenden »verborgenen Optimismus« (GT, Nr. 15, KSA 1, 101). Sie ist aber nur das Mittel zur Optimierung der über ↗Zeichen vermittelten Herstellung einer kollektiven, konstruktiven Weltsicht und Naturbeherrschung.

Die Logik hat nach N. eine prälogische, schöpferische Voraussetzung, die in einem assimilierenden Gleichmachen besteht: Der »formende [=alogische] Sinn« (N, KSA 11, 636), der nicht dem bewußten Denken angehört, fingiert ein »Sich-selbst-identisches A« (N, KSA 12, 389) (A = A), das »wie das Atom eine Nachconstruktion des ›Dings‹« (ebd., 390) ist, d.h. der kontrafaktischen Setzung diskriminierter Einheiten als mit sich identischen Substanzen entspricht. Das eigentliche logische Denken beginnt aber erst mit der Annahme, daß es »zwei gleiche Dinge« (N, KSA 9, 236) gibt, also mit der Setzung »identische[r] Fälle« (N, KSA 11, 633) (A = B). N. sieht in der Logik eine zweckmäßige Fälschung; die »Wirklichkeit« kommt in ihr »nicht einmal [mehr] als Problem« (GD, Nr. 3, KSA 6, 76) vor.

Auch die logischen Grundsätze, wie der *Identitätssatz* oder der *Satz vom Widerspruch*, führen keine Notwendigkeit bei sich; es sind lediglich regulative Postulate, »Imperativ(e), über das, was als wahr gelten soll« (N, KSA 12, 389). Das *Nichtwiderspruchsprinzip* gründet auf dem »sensualistische[n] [...] Vorurtheil« (ebd., 390), daß man nicht zwei »entgegengesetzte Empfindungen zugleich haben« (ebd.) kann. Es ist so Ausdruck eines Unvermögens, das sich in ein logisches Grundaxiom normativ fortgeschrieben hat und nun seit Aristoteles als *conditio sine qua non* allen richtigen Denkens und einer Wahrheitsgarantie mißverstanden wird.

N. vertritt nicht nur einen problematischen subjektiven Konzeptualismus, wonach logische Gegenstände nur *in mente* sind, sondern zieht auch den Vorwurf des Psychologismus auf sich. Seine protologischen Überlegungen gehen indes noch weiter, wenn ein logischer Grundsatz physiologisch und die Bedingung der Möglichkeit

logischen Denkens überhaupt biologisch begründet werden. Hier wird zeichenverknüpfendes Denken genealogisch von faktischen/empirischen Sachverhalten abgeleitet bzw. auf der Grundlage empirischer Wissenschaften erklärt.
Literatur: Grimm 1977, 30–33, 77–81; Figl 1982, 148–156; Djuric, M.: N. und die Metaphysik, Berlin/New York 1985, 14–24, 39–53, 107–115; Abel, G.: Logik und Ästhetik, in: NSt 16 (1987), 112–148; Abel ²1998, 163–172, 260–264; Schlimgen, E.: N.s Theorie des Bewußtseins, Berlin/New York 1999, § 17.

*Erwin Schlimgen*

# Lüge

Zentraler Begriff von N.s ↗Erkenntnistheorie, untrennbar verknüpft mit dem Komplex ↗Irrtum und Schein und Korrepondenzbegriff zum Begriff der ↗Wahrheit. In der nachgelassenen Frühschrift *Über Wahrheit und Lüge im aussermoralischen Sinne* erklärt N., es existiere ursprünglich kein Gegensatz zwischen Wahrheit und Lüge. Die »Verstellung«, die »Täuschung« und das »Lügen und Trügen« (ebd., KSA 1, 876) sind Strategien, die der menschliche Intellekt zur Selbsterhaltung einsetzt. Erst durch den Umgang mit anderen Menschen ergibt sich die Notwendigkeit zu fixieren, »was von nun an ›Wahrheit‹ sein soll d. h. es wird eine gleichmässig gültige und verbindliche Bezeichnung der Dinge erfunden und die Gesetzgebung der Sprache giebt auch die ersten Gesetze der Wahrheit« (ebd., 877). Lügen heißt zuerst, die konventionellen Bedeutungen zu mißbrauchen. Sind die Konventionen einmal kanonisch geworden, erhalten sie den Anschein von Wahrheit: »die Wahrheiten sind Illusionen, von denen man vergessen hat, dass sie welche sind« (ebd., 880f.). An die Stelle der bewußten Lüge tritt nun das unwissentliche, grundsätzliche Lügen, »d. h. die usuellen Metaphern zu brauchen, also moralisch ausgedrückt: von der Verpflichtung nach einer festen Convention zu lügen, schaarenweise in einem für alle verbindlichen Stile zu lügen. Nun vergisst freilich der Mensch, dass es so mit ihm steht; er lügt also in der bezeichneten Weise unbewusst und nach hundertjährigen Gewöhnungen – und kommt eben durch diese Unbewusstheit, eben durch dies Vergessen zum Gefühl der Wahrheit« (ebd., 881). ›Wahrheit‹ beruht somit auf Lüge.

In zeitlich nahestehenden Nachlaßfragmenten führt N. aus, daß in früheren Kulturen die Lüge da noch erlaubt gewesen sei, wo sie als angenehm galt, und spricht von der »Schönheit und Anmuth der Lüge, vorausgesetzt daß sie nicht schadet«; es sei jedoch außerordentlich »schwer, das mythische Gefühl der freien Lüge wieder sich lebendig zu machen. Die großen griechischen Philosophen leben noch ganz in dieser Berechtigung zur Lüge. Wo man nichts Wahres wissen kann, ist die Lüge erlaubt« (N, 19[97], KSA 7, 452). Kommt jedoch ein »Wahrheitspathos in der Lügenwelt« (N, 19 [219], KSA 7, 488) auf, entsteht ein Konflikt, da Zweck der »höchsten Lügen Bändigung des unumschränkten Erkenntnistriebes« sei. Weil nach N.s Ansicht die »Fundamente alles Großen und Lebendigen« auf der Illusion ruhen, führt das die Lüge entlarvende Wahrheitspathos zum Untergang der Kultur (N, 19 [180], KSA 7, 475f.: »Über die Lüge«; vgl. Hödl 1997, 57–60).

Auch für das spätere Werk N.s bleibt die Unterscheidung zwischen bewußter und unbewußter Lüge grundlegend. Eine Sonderrolle ergibt sich dabei für die Kunst. In der platonischen Tradition als Lüge verurteilt, gewinnt sie bei N. gerade dadurch ihre Stärke, daß sie ihre Fiktivität immer schon einbekennt. Der Dichter ist »[e]in Thier, [...] [d]as wissentlich, willentlich lügen muss« (Za IV, KSA 4, 371). Ausdrücklich läßt N. an einer zentralen Stelle des *Zarathustra* seinen Protagonisten sich zur poetischen Lüge bekennen: »Doch was sagte dir einst Zarathustra? Dass die Dichter zuviel lügen? – Aber auch Zarathustra ist ein Dichter« (Za II, KSA 4, 163). Kurz darauf wird konsequenterweise die eigene Übermensch-Vision als »Dichter-Gleichniss, Dichter-Erschleichniss« (ebd., 164; vgl. Zittel 1999) bloßgestellt.

Für schädlich hält N. hingegen jede Form der unbewußten Lüge (vgl. EH, KSA 6, 373). Nach dem Sturz der Metaphysik ist »die Unschuld der Lüge« dahin (N, 25 [101], KSA 11, 37). Es war die christliche Moralität selber, die nach »einer zweitausendjährigen Zucht zur Wahrheit« sich »die Lüge im Glauben an Gott verbietet« (FW, Nr. 357, KSA 3, 600; vgl. ebd. Nr. 344, 574ff.). Daraus leitet N. die Aufgabe ab, »**so weit die Aufklärung ins Volk treiben, daß die Priester alle mit schlechtem Gewissen Priester werden – – – ebenso muß man es mit dem Staate machen. Das ist Aufgabe der Aufklärung**, den Fürsten und Staatsmännern ihr ganzes Gebahren zur absichtlichen Lüge zu machen, sie um das gute Gewissen zu bringen, und **die unbewußte Tartüfferie aus dem Leibe des europäischen Menschen wieder herauszubringen**« (N, 25 [294], KSA 11, 86). In N.s Augen ist es eine Frage der Kraft, »wie sehr wir uns die Scheinbarkeit, die Nothwendigkeit der Lüge eingestehn können, ohne zu Grunde zu gehn« (N, KSA 12, 354). Verfehlt wäre jedoch, N.s radikale Umwertung der traditionellen Auffassung der Lüge so zu deuten, daß er nun die »Lüge in den höchsten metaphysischen Rang« erhebe (Meyer 1991, 467 u. 498f.), da auf diese Weise nur der alte Dualismus von Wahrheit und Lüge mit umgekehrten Vorzeichen fortgeschrieben würde. Es gibt für keine Illusion eine metaphysische Priorität, sondern allenfalls pragmatische Vorzüge. N. anerkennt die lebensnotwendige Funktion der Lüge: »**Wir haben Lüge nöthig**«. Dabei zieht er die »Metaphysik, die Moral, die Religion, die Wissenschaft« jeweils »nur als verschiedene Formen der Lüge in Betracht«; als ästhetische Erfindungen, die dem Leben dienen: »**Die Lüge ist die Macht... Die Kunst und nichts als die Kunst. Sie ist die große Ermöglicherin des Lebens, die große Verführerin zum Leben, das große Stimulans zum Leben...**« (N, 11 [415], KSA 13, 193f.).

Literatur: Gustafsson, L.: Sprache und Lüge. Drei sprachphilosophische Extremisten: F.N., Alexander Bryan Johnson, Fritz Mauthner, Frankfurt a.M. 1981; Meyer, Th.: N. Kunstauffassung und Lebensbegriff, Tübingen 1991, 466–509; Hödl, H. G.: N.s frühe Sprachkritik. Lektüren zu »Ueber Wahrheit und Lüge im aussermoralischen Sinne«, Wien 1997; Zittel, C.: Ästhetik des Nihilismus. Über Wahrheit und Lüge in N.s »Also sprach Zarathustra«, in: Orbis litterarum 54, Nr. 4 (1999), 239–261.

*Claus Zittel*

# Lust

N. wird zumeist das Verdienst zuerkannt, den Begriff der Lust in die moderne Philosophie eingeführt zu haben. Tatsächlich machte N. nach der sokratischen Schule der Kyrenaiker die Begriffe der Lust und der Unlust zu zwei Polen seines Denkens. Lust ist für N. ein lebensbejahendes Prinzip (N, KSA 12, 254), das sein Denken anleitet, angefangen mit dem ersten massiven Auftreten des Begriffs in der *Geburt der Tragödie*, bis hin zu den Verbindungen der Lust mit der Idee des »Willens zur Macht« im *Zarathustra*. Ganz gleich, ob es sich um »Lust am Widerspruch« (GT, KSA 1, 183), um »Lust am Denken« (N, KSA 8, 493), »Lust an der Illusion« (N, KSA 8, 500) oder gar um »Lust an der Bosheit« (FW, Nr. 23, KSA 3, 396) handelt – N. findet philosophische Lust an allem und jedem. Er war der erste Philosoph der Neuzeit, der nicht allein die Wahrheit, sondern auch die Lust zum Gegenstand der Philosophie erhob. Er fragte nicht allein, ob diese oder jene Erkenntnis wahr sei, sondern auch, wie sie wirke – d. h., ob sie lustfördernd oder lustfeindlich sei. Durch das gesamte Werk erscheint die Lust anstelle von Wahrheit und Moral als Grundprinzip des Denkens. Das heißt, die Grundbestimmung des Denkens ist bei N. nicht logisch oder ethisch gefaßt, sondern ästhetisch. »**Lust oder Unlust** – darauf reduzirt sich Alles –« (N, KSA 11, 418). Die Lust ist bei N. das ästhetische Grundgefühl schlechthin. Schönheit wird prinzipiell als Gefühl der Lust thematisiert (GD, KSA 6, 123), z. B. bei der Anschauung einer Rose (N, KSA 1, 573). Wie schon bei Kant, findet man lange Erörterungen über die Gefühle der Lust und Unlust bei N. (N, KSA 7, 213), Reflexionen über den Zusammenhang von Lust und Logik (N, KSA 7, 632), bis hin zu einer Ästhetik der Kunst, die auf dem Begriff der Lust basiert (N, KSA 13, 498): »Mitgetheilte Lust ist Kunst« (N, KSA 7, 65). Doch anders als in der Kantischen *Kritik der Urteilskraft* verbindet das Gefühl der Lust nicht mit den Mitmenschen, sondern trennt von ihnen. N.s physiologischer Begriff der Lust (N, KSA 12, 284, 301) ist nicht »sensus communis«, sondern »principium individuationis«.

Am bekanntesten wurde die Apologie der Lust N.s im Begriff des Dionysischen in der *Geburt der Tragödie*. Dort unterscheidet N. zwischen apollinischer und dionysischer Lust. Während die »Lust am Schein« (GT, KSA 1, 81), die »Lust einer sokratischen Erkenntniss« (GT, KSA 1, 97, 603) zu »griechischer Heiterkeit« führe, verheiße die dionysische Kunst eine düsterere, fatalistischere Lust: »Auch die dionysische Kunst will uns von der ewigen Lust des Daseins überzeugen: nur sollen wir diese Lust nicht in den Erscheinungen, sondern hinter den Erscheinungen suchen. Wir sollen erkennen, wie alles, was entsteht, zum leidvollen Untergange bereit sein muss, wir werden gezwungen, in die Schrecken der Individualexistenz hineinzublicken [...]« (GT, KSA 1, 109). Beide Formen der Lust bringt N. in der Figur des »aesthetischen Zuhörers« zusammen, der die (apollinische) Lust am Schein mit der (dionysischen) Lust an der Vernichtung der Scheinwelt vereint.

Den Höhepunkt der lustvollen Philosophie N.s bildet ihre Verbindung mit dem Begriff der Wissenschaft: »Das eigentliche Material alles Erkennens sind die allerhöchsten Lust- und Unlustempfindungen [...]« (N, KSA 7, 448). Die Lust ist bei N. zumeist Lust des Denkens und Erkennens. Sie wird – wie schon im Begriff der »Leidenschaft« – zum bewegenden Motiv der Wissenschaft: »Wenn die Wissenschaft nicht an die Lust der Erkenntniss, an den Nutzen des Erkannten geknüpft wäre, was läge uns an der Wissenschaft?« (MA II, Nr. 98, KSA 2, 417).

Mit dem Begriff der Lust legt N. eine unter dem Erkenntnistrieb wirksame Kraft frei. Das Wortpaar »unbewusst-höchste Lust« (GT, KSA 1, 141) verweist bereits auf die Psychoanalyse, der die Entdeckung der hinter dem Wissensdrang verborgenen Kraft überlassen blieb (vgl. Gasser 1997). Eine »Philosophie des Begehrens«, in der die Erkenntnis vom Gegenstand der Wahrheit zum Gegenstand eines Begehrens wird, wurde von G. Deleuze ausgearbeitet (Deleuze 1976).

Die Philosophie der Lust mündet bei N. schließlich in hartnäckige Zweifel über Sinn und Wert der Lust (GT, KSA 1, 115; JGB, Nr. 225, KSA 5, 160). In der Spätphilosophie verbindet N. seine Reflexion über die Lust mit Gedanken zum ↗Willen zur Macht (N, KSA 1, 572; N, KSA 11, 221, 623; N, KSA 13, 260, 358) und zur ↗ewigen Wiederkunft. Im *Zarathustra* heißt es: »Lust aber will nicht Erben, nicht Kinder, – Lust will sich selber, will Ewigkeit, will Wiederkunft« (Za IV, KSA 4, 402). Dort findet man auch den berühmtesten Ausspruch N.s zur Lust: »Doch alle Lust will Ewigkeit« (Za III, KSA 4, 286).

Literatur: Deleuze 1976; Deleuze, G./Guattari, F.: Anti-Ödipus, Frankfurt a.M. 1974; Foucault, M.: Sexualität und Wahrheit, 1. Der Wille zum Wissen, Frankfurt a.M. 1983; Bataille, G.: Die Erotik, München 1992; Gasser, R.: N. und Freud, Berlin/New York 1997.

*Knut Ebeling*

# Masse

N. legt sein Urteil über die Masse früh fest. Dreifach negativ bestimmt, »als verschwimmende Copien der grossen Männer, auf schlechtem Papier und mit abgenutzten Platten hergestellt, [...] als Widerstand gegen die Grossen und [...] als Werkzeuge der Grossen«, soll sie der Teufel und die Statistik holen (HL, KSA 1, 320). Das 19. Jh. ist das »Jahrhundert der Masse« (N, KSA 7, 428), mit einer, gleich den Naturgewalten (SE, KSA 1, 367), Tendenz ins nächste. Mit ihm beginnen Impotenz, falsche Wertgebung, nachgemachte Originalität (N, KSA 9, 401). Im Kontext der Maschinenkultur setzt eine »Verwerkzeugung« (N, KSA 12, 298) ein, weil sich alle Tugenden an der Maschine messen (ebd. 459). In deren Folge werden die Masse und ihre Mediokrität zum Maßstab von ↗Kultur. N. zeichnet den Prozeß skeptisch, er weiß um die Notwendigkeit und letztlich kulturerhaltende Kraft der Vielen, Mittelmäßigen, der Masse (N, KSA 10, 507; N, KSA 13, 369). Ihr Bedrohungspotential gegen die Kultur bleibt davon unberührt; die Auflösung hierarchischer Gesellschaftsstruktur, Verwerfungen sozialer Rangordnung ins Chaos, in die Barbarei gehen auf ihr Konto.

Daß die Masse aus sich Werte gebären soll, hält N. für eine Verwechselung von Quantität und Qualität (HL, KSA 1, 320). Ihre Unfähigkeit zum Schöpferischen paralysiert alles Individuelle, d.h. Kreative. Ihre Kultur ist abgeirrt (N, KSA 7, 813), kulinarisch, konfliktberuhigend, vergröbernd (N, KSA 11, 440): »Bildungs-Cretins« und »Glücklich-Verdauende[ ]« (WA, KSA 6, 24) sind ihre Produzenten und Konsumenten in einem. Die Masse hat in der Gesellschaft gesiegt.

Masse ist für N. kein soziologischer Begriff; er handhabt ihn als Kulturkritiker. Mit ihm sondiert er den Wertewandel der Moderne; seine Diagnose ist die eines großdimensionierten Verfalls, der ohne wirkliche Chance auf Umkehr ist. Als Geschichtsfaktor taugt sie nicht; sie nivelliert die »Gegensatzformen in der Optik der Werthe« (WA, KSA 6, 51).

Masse korrespondiert dem ↗Ressentiment, d.h. dem ↗Judentum, ↗Christentum, der Demokratie, dem ↗Sozialismus. Durch sie werden das Ressentiment und der Gleichheitsgedanke historisch kulturfähig: »Der Sklavenaufstand in der Moral beginnt damit, dass das Ressentiment selbst schöpferisch wird und Werthe gebiert« (GM, 1. Abh., Nr. 10, KSA 5, 270), die dem Geist der Rache und Begehrlichkeit der Unteren, Machtlosen, »Niedergetretenen« (N, KSA 12, 334) Sprache geben. Ihre Moral ist »Heerdenthier-Moral« (JGB, Nr. 202, KSA 5, 124). ↗Priester und Politiker sind ihre Fürsprecher; von Paulus bis Luther gehören sie in die Kategorie der Demagogen, von denen sich die Masse verführen läßt (AC, Nr. 54, KSA 6, 237). Reformation und Französische Revolution sind Beispiele siegreicher Verführungen. Christliche Theologie und ↗Marxismus (Mehring, Lukács) haben wiederholt Einspruch und die Notwendigkeit genereller Ablehnung formuliert.

In dem Maße, in dem die Masse ihre Begehrlichkeit realisiert, gehört das fehlende ↗Pathos der Distanz zu ihren Bestimmungen, wird sie Pöbel; das Zeitalter wird zu einem pöbelhaften, »in dem der Pöbel immer mehr zum Herrn wird und pöbelhafte Gebärden des Leibes und des Geistes überall [...] Hausrecht« (N, KSA 11, 230) erlangen. Der Mangel an Vornehmheit und Stil ruiniert die Kultur, zersetzt ihre aristokratische Potenz; eine Tendenz, gegen die selbst die Vornehmen machtlos sind: Die vornehme ↗Seele, die »›Selbst-Überwindung des Menschen‹, um eine moralische Formel in einem übermoralischen Sinne zu nehmen« (N, KSA 12, 73), fällt der »Gesammt-Verschwörung der Heerde [...] gegen alles, was Hirt, Raubthier, Einsiedler und Cäsar ist« (ebd., 72) und der Nivellierung ins Pöbelhafte zum Opfer.

Literatur: Schumacher, J.: Die Angst vor dem Chaos. Über die falsche Apokalypse des Bürgertums, Frankfurt a.M. 1972; Scheuer, H.: Naturalismus. Bürgerliche Dichtung und soziales Engagement (Kap. Zwischen Sozialismus und Individualismus – Zwischen Marx und N.), Stuttgart 1974; Reschke, R.: ›Pöbel-Mischmasch‹ oder vom notwendigen Niedergang aller Kultur. F. N.s Ansätze zu einer Kulturkritik der Masse, in: Krenzlin, N. (Hrsg.): Zwischen Angstmetapher und Terminus. Theorien der Massenkultur seit N., Berlin 1992.

*Renate Reschke*

## Metapher

Der philosophische Metaphernbegriff bei N. bezeichnet keine rhetorische Stilform, sondern einen »Fundamentaltrieb« (WL, KSA 1, 887), ein schöpferisches Prinzip, ein »aesthetische(s) Urphänomen« (GT, Nr. 8, KSA 1, 60), das die Anthropomorphisierung der Welt, die Möglichkeit ihrer (sprachvermittelten) interpretatorischen Aneignung leistet. Der Metaphorisierungsprozeß stellt sich wie folgt dar: »Ein Nervenreiz [...] übertragen in ein Bild! erste Metapher. Das Bild wieder nachgeformt in einem Laut! Zweite Metapher« (WL, KSA 1, 879). Nervenreiz, Bild und Laut markieren völlig andere »Sphäre[n]« (ebd.), die durch Vermittlung der jeweiligen metaphorisch-schöpferischen, alogisch und unbewußt verlaufenden Sprünge erreicht werden. Das Verfahren basiert auf einer Ähnlichkeitsregistratur, auf einem reduktionistischen, unifizierenden, assimilativen Prinzip, das auch bei der Begriffsgenese (↗Begriff) wirksam ist. Es wird »etwas als gleich« (N, KSA 7, 498) gesetzt, was nur »in einem Punkte als ähnlich erkannt« (ebd.) worden ist. Unsere rationale Begriffskultur (↗Begriff) hat so ihre archäologischen Fundamente in unbewußt-schöpferischen Metaphorisierungsprozessen. Die jeweiligen Ergebnisse der Metaphorisierungsstufen (Nervenreiz, Bild, Laut, Wort, Begriff) können dann der Möglichkeit nach ins ↗Bewußtsein treten. Der metaphorische Prozeß beschreibt kein Welt-Abbildungsverfahren, sondern ein (semantisches) Welt-Generierungs-/-Interpretationsverfahren.

Sind die jeweiligen Metaphern zunächst rein individuelle Schöpfungen eines »Sprachbildner[s]« (WL, KSA 1, 879), die noch keinen referentiellen Rahmen haben, so werden sie bei der Akzeptanz anderer Sprachteilnehmer zum referentiell indizierten Wort, das nun auch für andere etwas bedeutet. Die Fähigkeit, die »anschaulichen Metaphern zu einem Schema« (ebd., 881) abstrahieren, »ein Bild in einen ↗Begriff auflösen« (ebd.) zu können, unterscheidet den Menschen vom Tier. Begriffe sind in diesem Sinne usuelle »Metaphern, die abgenutzt und sinnlich kraftlos geworden sind« (ebd.); zwischen Begriff und Metapher besteht demnach »nur ein gradueller« »Unterschied« (Zunjic 1987, 153).

Literatur: Kofman, S.: N. et la métaphore, Paris 1972; Ungeheuer, G.: N. über Sprache und Sprechen, über Wahrheit und Traum, in: NSt 12 (1983), 134–213; Eifler, G.: Zur jüngeren französischen N.-Rezeption, in: Djuric, M./Simon, J. (Hgg.): Zur Aktualität N.s, Würzburg 1984, 34–48; Zunjic, S.: Begrifflichkeit und Metapher, in: NSt 16 (1987), 149–163; Biebuyck, B.: »Eine Gleichniss- und Zeichensprache, mit der sich vieles verschweigen lässt«. Figurations- und Metapherntheorie des späten N., in: Duhamel, R./Oger, E. (Hgg.): Die Kunst der Sprache und die Sprache der Kunst, Würzburg 1994, 121–151; Otto, D.: Die Version der Metapher zwischen Musik und Begriff, in: Borsche, T./Gerratana, F./Venturelli, A. (Hgg.): ›Centauren-Geburten‹. Wissenschaft, Kunst und Philosophie beim jungen N., Berlin 1994, 167–190.

*Erwin Schlimgen*

# Metaphysik

N. gehört zu den großen Kritikern der Metaphysik, der maßgeblichen Einfluß auf das Metaphysikverständnis der Philosophie des 20. Jh.s gehabt hat. Seine Kritik richtet sich im wesentlichen gegen Platons Lehre von den zwei Welten. In der daraus resultierenden Dualität von Sein und Schein sieht N. die Weichen gestellt für die ganze nachfolgende abendländische Metaphysik, die, mit Whitehead gesprochen, darin besteht, »Fußnoten zu Platon« zu sein (1929, 63). Mit der Kritik einer »intelligiblen (metaphysischen) Welt« (MA I, Nr. 37, KSA 2, 61), die den Grund oder das Unbedingte darstellt, von dem alles Bedingte abgeleitet wird, versucht N. jegliche fundamentalistische Ontologie zu unterminieren. Als die Grundwissenschaft oder »Erste Philosophie«, wie Aristoteles sie genannt hat, ist die Metaphysik für N. »unauflöslich gebunden an den alten Irrthum vom Grunde« (N, KSA 13, 459). Metaphysik bezeichnet er folglich als die Wissenschaft, »welche von den Grundirrthümern des Menschen handelt, doch so, als wären es Grundwahrheiten« (MA I, Nr. 18, KSA 2, 40). Da es keine metaphysischen Wahrheiten gebe, könne die Philosophie höchstens »metaphysische Scheinbarkeiten (im Grunde ebenfalls Unwahrheiten)« thematisieren (MA I, Nr. 109, KSA 2, 108).

N. spottet über die »Hinterweltler«, die aus dem Leiden an dieser Welt, »jene entmenschte unmenschliche Welt, die ein himmlisches Nichts ist« schufen (Za I, KSA 4, 36). Infolge dessen trägt die Metaphysik zur Verleumdung der Welt bei, die wiederum mit der Leib- und Sinnenfeindlichkeit philosophischer Erkenntnis zusammenhängt. Dagegen setzt N. eine durch die kognitive Erschließungskraft leiblicher, affektiver und sinnlicher Erfahrungen erweiterte Rationalität, die er vor allem in seiner späten Physiologie dionysischer Philosophie und Kunst darlegt (GD, Streifzüge eines Unzeitgemässen, 8–11, KSA 6, 116–119 u. WA, KSA 6, 9–53). Die weltentfremdeten Metaphysiker sind im Gegensatz dazu mit ihrer verknappten Rationalität »Begriffs-Albinos«, die die Welt aus sich heraus spinnen (AC, Nr. 17, KSA 6, 184).

Zur Disposition des zukünftigen dionysischen Philosophen gehört eine Akzeptanz des ↗Leidens als integralen Bestandteils des Lebens. In der überlieferten Metaphysik und noch extremer in der Religion sieht N. den Versuch, den leidvollen Aspekten des Lebens einen höheren Sinn und eine Rechtfertigung zu geben. Die Religion und die Metaphysik entstammen für N. einem Instinkt der Schwäche. Beiden ist der Anspruch auf absolute Wahrheit der Dogmen gemeinsam, um das Bedürfnis nach Glauben, Halt und Gewißheit zu befriedigen.

Das metaphysische Bedürfnis ist eine abgeleitete Form des religiösen Bedürfnisses. Dennoch betrachtet N. die Metaphysik als eine »Stufe der Befreiung«, die »über abergläubische und religiöse Begriffe und Aengste« hinausführt (MA I, Nr. 20, KSA 2, 141). Indem die Metaphysik die Grundfragen, die die Religionen auf ihre Weise beantworten, wissenschaftlich zu beantworten verspricht, bleibt sie nichtsdestoweniger den ursprünglichen »Grundirrthümern« verhaftet.

Der frühe N. war selbst der Verführung einer auf Dualität bauenden Metaphysik erlegen, als er in seinem Erstlingswerk, der *Geburt der Tragödie*, von dem »Ur-Einen« als dem dionysischen Urgrund des Lebens ausging. Die Tragödienschrift bezeichnet er später selbstkritisch als ↗»Artisten-Metaphysik« (GT, Versuch einer Selbstkritik, Nr. 5, KSA 1, 17). In der Zuwendung zur nüchternen Wissenschaftlichkeit von *Menschliches, Allzumenschliches* mokiert er sich über die romantische Schwärmerei, in die er in der *Geburt der Tragödie* verfallen war. Seine Aufgabe sei es nunmehr, »die Axt« an »die Wurzel« des metaphysischen Bedürfnisses der Menschen zu legen (MA I, Nr. 37, KSA 2, 61).

In *Menschliches, Allzumenschliches* fällt N.s Kritik der Metaphysik am härtesten aus. In den Werken der mittleren und späteren Phase seiner Philosophie nimmt N. die Grundgedanken seines dionysischen Lebensprinzips wieder auf. In den Hauptlehren seiner reifen Philosophie, der Wiederkunfts- und der Willenslehre, findet die Idee des dionysischen Kreislaufs vom Werden und

Vergehen eine neue theoretische Grundlage (N, KSA 11, 610–611). Mit der Theorie der Dynamik der Machtwillen, die sich im Machtkampf gegenseitig interpretieren und Willensorganisationen bilden, entwirft N. eine plurale Ontologie des Lebens (Müller-Lauter 1971; Abel ²1998). Die ewige Wiederkehr des Willensgeschehens »bestimmt und bezeichnet« somit für N. »die Welt auf ihren intelligiblen Charakter hin«. Damit diese Behauptung nicht dazu führt, N. als Metaphysiker im traditionellen Sinn zu verstehen, wird der hypothetische Charakter der Lehre unterstrichen. N. fügt daher zu diesem Satz hinzu, daß die Welt eben ↗Wille zur Macht »wäre [...] und nichts ausserdem« (JGB, Nr. 36, KSA 5, 55). Um dem Anspruch auf allgemeingültige Verbindlichkeit dieses Satzes auszuweichen, betont N., daß *seine* Lehren *seine* Wahrheiten, *seine* Interpretationen sind (JGB, Nr. 22, KSA 5, 37). Gleichwohl bedient er sich der althergebrachten Terminologie der Metaphysik, um seine dionysische Konzeption des Lebens darzulegen: »Dem Werden den Charakter des Seins aufzuprägen – das ist der höchste Wille zur Macht« (N, KSA 12, 312). Darüber hinaus bemüht er sich, die Willens- und die Wiederkunftslehre mit Hilfe naturwissenschaftlicher Theorien (↗Naturwissenschaft) auszulegen und zu begründen (Müller-Lauter 1978; Abel ²1998, 187–246). Das Ergebnis ist s. E., daß die beiden extremsten Denkweisen – die mechanistische und die platonische – übereinkommen in der ↗ewigen Wiederkunft. N.s Lehren können als metaphysische Überlegungen verstanden werden, die sich mit Problemen von Sein, Werden, Kausalität, Denken, Ich, Willensfreiheit, Leib, Seele usw. befassen, die einer gewissen Erfahrung der Realität entstammen, sich aber einer letzten Begründung entziehen (JGB, Nr. 16, KSA 5, 30).

In der zweiten Vorrede zur *Fröhlichen Wissenschaft* entwirft N. ein Bild von Baubo, einer Figur aus der altgriechischen Mythologie, die als Sinnbild für die Unmöglichkeit einer »letzten« Wahrheit metaphysischer Art fungiert (Thorgeirsdottir 1996, 145–198). In diesem Sinne hat Derrida N.s Theorie als »Nicht-Wahrheit der Wahrheit« ausgelegt (1986, 135–136). Derrida stellt sich damit gegen die Heideggersche Interpretation von N.s Hauptlehren als dem letzten Kapitel in der Geschichte der abendländischen Metaphysik. Die platonische Dualität von Sein und Schein wird, laut Heideggers großangelegter Deutung, in N.s Philosophie vollendet. Heidegger meint, daß die ewige Wiederkehr des Willensgeschehens als Grundprinzip des Lebens als »Umkehrung des Platonismus« zu verstehen sei: »Das Sinnliche wird zur Wahren, das Übersinnliche zur Scheinbaren Welt« (1961, Bd. II, 22). Dabei sieht Heidegger davon ab, daß es N. nicht um eine bloße Umkehrung ging, denn die Abschaffung der »wahren Welt« bedeutet für N. gleichzeitig die Abschaffung der »scheinbaren Welt« (GD, Wie die »wahre Welt« endlich zur Fabel wurde, KSA 6, 81).

Heidegger meint, einen Schritt über die N.sche Kritik der Metaphysik hinauszugelangen. Mit seiner »Fundamental-Ontologie« versucht er einer »Metaphysik der Präsenz« entgegenzuwirken, die das Sein in der Tradition der abendländischen Metaphysik als das Eine und Identische denkt (Heidegger 1957). Selbst wenn dies mit dem Anliegen der pluralen Ontologie N.s einhergeht, bleibt Heidegger mit seiner Seinsphilosophie für Derrida enger an die überlieferte Metaphysik gebunden als N. In N.s Philosophie wird keine Wahrheit des Seins (oder »Sinn des Seins«) der Erscheinung der Wahrheit vorausgesetzt, wie es in Heideggers Philosophie der Fall ist.

Nicht nur die Kritik, die im Namen Derridascher Dekonstruktion oder der sogenannten Postmoderne geführt wird, richtet sich gegen solche Bestrebungen der Philosophie, nach dem dunkel bleibenden Sinn von Gesamtheit bzw. Einheit zu fragen. Habermas als Fürsprecher der aufklärerischen Moderne meint, daß Philosophie angesichts der heutigen Ausdifferenzierung der Vernunft keiner abschließenden oder integrierenden Gedanken mehr fähig sei. Von der Warte »Nachmetaphysischen Denkens« wirft Habermas (1988) Heidegger »Seinsmystik« vor (1986, 216–218). N.s dionysische Lebensphilosophie deutet er als einen Rückfall in mythisches Denken und das »Andere der Vernunft« (1986, 107). Eine solchermaßen reduktionistische Sicht auf N.s Philosophie fixiert den Vernunftkritiker N., klammert aber die rationalistische und aufklärerische Seite von N.s Philosophie aus, die gerade nach den Bedingungen und Möglichkeiten metaphysischer Problemstellungen in einer nachmetaphysischen Zeit fragt.

Literatur: Whitehead, A.N.: Process and Reality, New York 1929; Heidegger, M.: Identität und Differenz, Pfullingen 1957; ders. 1961; Müller-Lauter 1971; Magnus 1978; Müller-Lauter, W.: Der Organismus als innerer Kampf – Der Einfluß von Wilhelm Roux auf F.N., in: NSt 7 (1978), 189–235; Derrida, J.: Sporen – Die Stile N.s, in: Hamacher, W. (Hrsg.): N. aus Frankreich, Frankfurt a.M./Berlin 1986, 129–168; Habermas, J.: Der philosophische Diskurs der Moderne, Frankfurt a.M. 1986; ders.: Nachmetaphysisches Denken, Frankfurt a.M. 1988; Thorgeirsdottir, S.: Vis creativa. Kunst und Wahrheit in der Philosophie N.s, Würzburg 1996 Abel ²1998.

*Sigridur Thorgeirsdottir*

# Mitleid

Im Mittelpunkt von N.s Kritik an der ↗Moral steht das Mitleid. Die ausschließliche Ausrichtung der Moral auf die Mitmenschen und die damit verbundenen »Schwächung und Aufhebung des Individuums« ist für N. zum »moralische[n] Grundstrom in unserem Zeitalter« (M, Nr. 132, KSA 3, 124) geworden. Diese Tendenz, wie sie neben der Nächstenliebe vor allem im Mitleiden mit den Schwachen und Notleidenden zum Ausdruck kommt, findet sich nicht nur in der christlichen Religion, sondern auch in den demokratischen und sozialistischen Bewegungen, die N. in diesem Punkt als Erben des ↗Christentums betrachtet (JGB, Nr. 202, KSA 5, 125). Gegen diese moralische Grundströmung, die sich zu einem »allgemeinen Menschen-Mitleid« (N, KSA 10, 277) ausprägt, und deren philosophische Begründung vor allem durch Rousseau und Schopenhauer wendet sich N.s Kritik und Polemik. Diese Polemik führt auch zu der berühmten These N.s, Gott sei »eines Tags an seinem allzugrossen Mitleiden« (Za IV, KSA 4, 324) mit den Menschen gestorben, oder zu deren Umkehrung, die Menschen hätten Gott getötet, weil sie sein Mitleiden nicht mehr hätten ertragen können (Za IV, KSA 4, 331).

Mitleid ist für N. keine Tugend, sondern »eine Schwäche, wie jedes Sich-verlieren an einen schädigenden Affect« (M, Nr. 134, KSA 3, 128). Es handelt sich um die extremste Form des reaktiven Verhaltens, weil dadurch die Lebenskräfte geschwächt werden und das Individuum den Bezug zu sich selbst verliert. Damit das Gefühl des Mitleids nicht zu einem schädigenden Affekt wird, bedarf es einer gewissen Distanznahme: Dies kann durch Härte – N. spricht von einem »gewaltsame[n] Sich-aus-dem-Sinneschlagen« (N, KSA 10, 240) – oder auch durch Hilfe gegenüber dem Leidenden geschehen. Ist aber das Individuum unfähig, Distanz zu nehmen (↗Pathos der Distanz), dann kann das Mitleiden pathologisch werden und zu Depression und Melancholie führen (M, Nr. 134, KSA 3, 128).

Auch wenn N. immer wieder die Gefahren für das Individuum betont, die dem Mitleid innewohnen, richtet sich seine Kritik nicht so sehr gegen diesen Affekt *als* Affekt, sondern vor allem gegen die Kultivierung des Affektes zu *der* zentralen Tugend und gegen die Erhebung des Mitleidens zum moralischen Handlungsprinzip (M, Nr. 137, KSA 3, 130). Das Christentum macht aus dem Mitleiden eine moralische Forderung, universalisiert die Gegenstände des Mitleids und versucht eine Gemeinschaft zu konstituieren, die sich durch das »gemeinsame Mitleiden« auszeichnet (JGB, Nr. 202, KSA 5, 125; N, KSA 10, 277). In seiner Kritik der christlichen »Religion des Mitleidens« (AC, Nr. 7, KSA 6, 172) konfrontiert N. das Ideal des Mitleidens mit der konkreten Verhaltenswirklichkeit und versucht die subtilen Machtmechanismen aufzuzeigen, die in der Forderung, Mitleid zu empfinden, auf die Individuen ausgeübt werden (Fink-Eitel 1993, 872).

Aus den unterschiedlichen Perspektiven seiner Mitleidskritik lassen sich folgende hervorheben: Erstens wird durch das Mitleid das Leiden des Bemitleideten verdoppelt: Es zeigt ihm seine eigene Schwäche und Ohnmacht. Zweitens steckt im Bemitleidetwerden auch immer ein Moment von ↗Grausamkeit und Verachtung (M, Nr. 135, KSA 3, 128). Drittens ist das auf das Mitleid folgende Helfen keine altruistische Handlung, da das Motiv zum Helfen in der Beseitigung des eigenen negativen Gefühls besteht (N, KSA 12, 268) und als Ergebnis den »Genuss der thätigen Dankbarkeit« (M, Nr. 138, KSA 3, 131) aufweist. Viertens handelt es sich beim Mitleiden um ein entpersönlichtes Gefühl, das die Gründe für das Leiden und die mögliche »persönliche Nothwendigkeit des Unglücks« (FW, Nr. 338, KSA 3, 566) unberücksichtigt läßt. Fünftens impliziert eine Moral des Mitleidens auch immer eine allgemeine Abwertung des Leidens und dadurch auch des ↗Lebens, so daß N. in seinem abschließenden Urteil das Mitleid mit dem ↗Nihilismus seiner Zeit verbinden kann: »Mitleiden ist die Praxis des Nihilismus. Nochmals gesagt: dieser depressive und contagiöse Instinkt kreuzt jene Instinkte, welche auf Erhaltung und Werth-Erhöhung des Lebens aus sind: er ist ebenso als Multiplikator des Elends wie als Conservator alles Elenden ein Hauptwerkzeug zur Steigerung der décadence – Mitleiden überredet zum Nichts! ... Man sagt nicht ›Nichts‹: man sagt dafür ›Jenseits‹; oder ›Gott‹; oder ›das wahre Leben‹; oder Nirvana, Erlösung, Seligkeit ...« (AC, Nr. 7, KSA 6, 173).

Literatur: Ottmann, H.: Mitleid und Moral. Berechtigung und Grenzen der Mitleidsmoral Schopenhauers, in: Schirmacher, W. (Hrsg.): Zeit der Ernte. Studien zum Stand der Schopenhauer-Forschung. Festschr. für Arthur Hübscher zum 85. Geburtstag, Stuttgart-Bad Cannstatt 1982, 70–82; Goedert, G.: N. der Überwinder Schopenhauers und des Mitleids, Amsterdam/Würzburg 1988; Nussbaum, M. C.: Mitleid und Gnade: N.s Stoizismus, in: Deutsche Zeitschrift für Philosophie 41 (1993), 831–858; Fink-Eitel, H.: N.s Moralistik, ebd., 865–879.

*Wilhelm Roskamm*

## Moral

N. analysiert den Begriff und die Wertungen der Moral in Abgrenzung zu den Begriffen Sitte, Sittlichkeit und Recht. N. trennt die Moral als Verantwortlichkeit des Einzelnen, wie sie sich in einer »Gewissens«-Entscheidung äußert, von dem Zwangscharakter der sittlichen Normen, wobei die Sitte den »Gehorsam gegen das Herkommen«, die von den Ahnen und von Gott gesetzten Gebräuche, Verfahren und Verhaltensregeln fordert (M, Nr. 9, KSA 3, 22). In der Sittlichkeit, der Einhaltung der sittlichen Normen werden die Existenzbedingungen der entstehenden Gemeinwesen und Staatsgebilde erkennbar, die Furcht vor einer »unbegreiflichen, unbestimmten Macht« der Götter, so daß ein Verstoß gegen die strengen sittlichen Gebote eine Gefahr für den Bestand des Gemeinwesens insgesamt darstellt (M, Nr. 18, KSA 3, 30). Die Trennung der Sitte von der Moral ist bei N. derart, daß die sittlichen Normen nicht auf der Verantwortlichkeit des Einzelnen, sondern auf der »Furcht«, einer Verpflichtung und einem Schuldgefühl gegen das »Herkommen«, gegen einen Gott beruhen, so daß die Sitte eine »höhere Autorität« sozialer Erhaltungsbedingungen darstellt und Gehorsam findet, »nicht weil sie das uns Nützliche befiehlt, sondern weil sie befiehlt« (M, Nr. 9, KSA 3, 22). Demnach schieden sich Moral und Sitte, die in dem Begriff *mores* vereint waren, vom Recht, dem *jus*, dadurch, daß die Sitte als Vorstufe des Rechts, die sich jedoch nicht bis dahin verfestigt hat, in das dem *jus* entgegengesetzte *fas*, das göttliche Recht aufgenommen wurde, so daß dafür eine eigenständige sittliche Gerichtsbarkeit, die Censur, entstand (R. Ihering, *Der Zweck im Recht*, Zweiter Band, Leipzig 1883, 52–63). Zur Genealogie der Moral gehört, daß die lange Herrschaft der »Sittlichkeit der Sitte und der socialen Zwangsjacke« erst spät das »autonome übersittliche Individuum« als Träger subjektiver moralischer Verantwortlichkeit aufgrund eines Gewissens hat entstehen lassen (GM, 2. Abh., Nr. 2, KSA 5, 293). In dem Begriff »Sittlichkeit der Sitte« faßt N. daher sowohl den Zwangscharakter der Sitte als auch den Entstehungsgrund für eine an die Gewissensentscheidung (↗Gewissen) des Einzelnen anknüpfende Moral insoweit zusammen, als auch die moralischen Wertungen einem »gesellschaftlichen Imperativ«, wie es Ihering nennt, nicht nur ihre Entstehung verdanken, sondern ihm weiterhin unterworfen sind: »man hat alle Arten Imperative darauf verwendet, um die moralischen Werthe als fest erscheinen zu lassen: sie sind am längsten commandirt worden: – sie scheinen instinktiv wie innere Commandos ... – es drücken sich Erhaltungsbedingungen der Societät darin aus, daß die moralischen Werthe als undiskutirbar empfunden werden« (N, KSA 13, 286). N. erkennt einen immanenten moralischen Konflikt darin, daß einerseits moralische Werte als gesellschaftlicher Imperativ mit entsprechendem Zwangscharakter postuliert werden, andererseits jedoch moralische Wertsetzungen unabhängig von ihrer sozialen Nützlichkeit Geltung aufgrund einer eigenverantwortlichen Gewissensentscheidung beanspruchen (N, KSA 13, 534). Moralische Wertungen als soziale Imperative sind darauf gerichtet, dieselbe Gesinnung und Handlung, die innerhalb der Gemeinschaft verboten ist, auf die »Gegner des Gemeinwesens«, den Außenstehenden, Fremden anzuwenden. In dem Gebrauch, Nutzen der Moral erweist sich für N. die »Immoralität« der Moral, daß »alles das, was moralisch gelobt wird, wesensgleich mit allem Unmoralischen ist« und daß insbesondere die Entstehung, Schaffung der Moral selbst nur mit unmoralischen Mitteln möglich war (N, KSA 12, 429, 542). Die Entstehung der Moral verrät einen »Immoralismus der That«, die Moralisten haben die »Attitüde der Tugend nötig«, da anderenfalls mit dem Verlust der »Herrschaft über die Tugend« ihre Immoralität sofort ans Licht träte. Die »Politik der Tugend« müßte die Vollkommenheit auf Erden sein, weshalb N. gerade hierin einen »Macchiavellismus« erkennt (N, KSA 13, 25).

N. wendet sich hierbei auch gegen den seinerzeit verbreiteten ↗Utilitarismus, wie er von Bentham, Spencer und anderen vertreten wird. Die Verknüpfung moralisch-sittlicher Wertungen mit gesellschaftlicher Macht läßt einen Utilitarismus der Moral anhand des Effektes einer Handlung nicht zu: »Deshalb kann Utilitarism keine Grundlage sondern nur eine Folgenlehre-Lehre ⟨sein⟩ und ⟨ist⟩ absolut zu keiner Verbindlichkeit für Alle zu bringen« (N, KSA 12, 372). An der Festlegung moralisch-sittlicher Wertungen anhand der »Nützlichkeit« erkennt N. eine grundlegende Gesetzmäßigkeit der Wahrnehmung, wonach von der empfundenen Wirkung auf eine kausale Ursache in der Außenwelt und eine finale Absicht eines anderen geschlossen wird. Ist »der Ursprung aller Moral in den abscheulichen kleinen Schlüssen zu suchen: ›was mir schadet, das ist etwas Böses (an sich Schädigendes); was mir nützt, das ist etwas Gutes (an sich Wohlthuendes und Nutzbringendes)‹«, so ergibt sich die Fragwürdigkeit einer derartigen Ableitung bereits daraus, die »oft zufällige Relation eines Anderen zu uns als sein Wesen und Wesentliches auszudichten« (M, Nr. 102, KSA 3, 90). Gut und böse sind daher Wertungen, die von den Folgen für den eigenen Nutzen her betrachtet nachträglich als selbständige dauerhafte Eigenschaften in Dinge und Handlungen »projiziert« werden. Die Einsicht, daß die »Eigenschaften der Dinge [...] Empfindungen des empfindenden Subjekts« sind, läßt die kausale Fiktion des sprachlich durch Ursache/Wirkung, Absicht/Zweck kausal ausgelegten Geschehens sichtbar werden (N, KSA 10, 649). Die Ableitung von gut und böse aus den Folgen für den eigenen Nutzen, so daß sie als dauerhafte Eigenschaften, Motiv und Wesen des Anderen erscheinen, wofür er verantwortlich ist, beruht auf dem »Irrtum von der ›Freiheit‹ des Willens« (MA I, Nr. 39, KSA 2, 62). Die Annahme einer »Freiheit des Willens« als Grundlage der Moral »ist der Versuch, ein Faktum von Wollen und Gewollt-haben, als nothwendiges Antecedens vor jedes hohe und starke Glücksgefühl zu setzen«, denn nach der »Psychologie« ist die moralische Verantwortlichkeit an die Annahme von Wollen und Wissen als Ursache gebunden, »daß nur der Wille Ursache ist und daß man wissen muß, gewollt zu haben« (N, KSA 13, 308).

Die moralische Wertung anhand der Begriffe gut und böse anstelle der ehemals herrschenden Wertung nach den Begriffen gut und schlecht erkennt N. ebenso als moralische Folgen-Lehre, erwachsen aus dem ↗Ressentiment, der Perspektive des Hasses der Unterdrückten, Schwachen gegen die Herrschenden, in dem »Sklavenaufstand in der Moral« zur Zeit der Christianisierung Roms (GM, 1. Abh., Nr. 10, KSA 5, 270). Die »Sklaven-Moral« (↗Herrenmoral – Sklavenmoral) des Christentums bedeutet demnach eine »Umkehrung« der Wertung, insofern das, was gut ist, nicht mehr vom Herrschenden, Handelnden aus bezeichnet wird, sondern der Beherrschte umgekehrt die ihm feindlich, fremd erscheinenden Eigenschaften der Herrschenden »böse« nennt und ihr Gegenteil gut. Die Herkunft der christlichen Moral als Folgen-Lehre aus dem Haß der Beherrschten gegen das herrschende Rom in Form einer zunächst »imaginären Rache« durch moralische Umwertung ist für N. ein entscheidender Einwand gegen den Entwurf der Liebe des Christentums. Im christlichen Begriff der Liebe sieht N. die moralische Umwertung des Hasses, des »Ressentiments«, welche auch nach dem Sieg des Christentums fortdauert (GM, 1. Abh., Nr. 15, KSA 5, 283f.). Zur wahren Liebe ist dagegen nur der Mensch ohne Ressentiment fähig, der von sich aus wertet, was gut ist, nicht erst als Gegenentwurf zu einem Bild des Feindes.

An der Umwertung der zuvor herrschenden Wertung durch das Christentum zeigt sich N. die Abhängigkeit jedweder Moral von (gesellschaftlichen) Machtverhältnissen. Die Moral und auch deren Folge-Wertungen Lust/Unlust sind daher eine »Zeichensprache des Leibes«, sofern sich in ihnen bestimmte Erhaltungsbedingungen des Körpers wie auch der Gesellschaft äußern (N, KSA 10, 284f.). Moral ist nach N. nur als ästhetisches Phänomen zu rechtfertigen, da die moralischen Werte erst entstanden sind, als ästhetische Wahrnehmungen wie schön, ekelhaft usw. die »absolute Wahrheit« der Empfindung für sich in Anspruch nahmen. Sobald die »absolute Wahrheit« moralischer Wertungen geleugnet wird, werden die ihnen zugrundeliegenden ästhetischen Gestaltwahrnehmungen und Wertschätzungen sichtbar. N.s Forderung lautet daher: »eine Fülle aesthetischer gleichberechtigter Werthschätzungen zu creiren: jede für ein Individuum die letzte Thatsache und das Maaß der Dinge. [...] Reduktion der Moral auf Aesthetik!!!« (N, KSA 9, 471).

Literatur: Kaufmann 1950, 245–264; Wisser, R.: N.s Lehre von der völligen Unverantwortlichkeit und Unschuld jedermanns, in: NSt 1 (1972), 147–172; Rohrmoser, G.: N.s Kritik der Moral, in: NSt 10/11 (1981/82), 328–351; Kerger, H.: Autorität und Recht im Denken N.s, Berlin 1988, 45–74; Müller-Lauter, W.: N.s Auflösung des Problems der Willensfreiheit, in: Bauschinger, S./Cocalis, S. L./Lennox, S. (Hgg.): N. heute, Bern/Stuttgart 1988, 23–73; Heller, E.: Diesseits von Gut und Böse. Zu N.s Moralkritik, in: NSt 21 (1992), 10–27; Stegmaier 1994.

*Henry Kerger*

## Musik

N.s Leben wird durch Erfahrungen mit der Musik bestimmt. Seine philosophischen Gedanken und nachgelassenen Notizen sind mit musikalischen Erörterungen durchtränkt. Er verbindet mit der Musik »eine Freude an der Vernichtung des Individuums« (GT, Nr.16, KSA 1, 108). »Hat man bemerkt, dass die Musik den Geist frei macht? dem Gedanken Flügel gibt? dass man um so mehr Philosoph wird, je mehr man Musiker wird?« (WA, Nr.1, KSA 6, 14).

N. markierte in der Weise, wie er über Musik dachte, insbesondere über die Wagnersche, eine musikwissenschaftliche Zäsur. »Über Wagners Musik in philosophischen, statt in musikalisch-technischen Begriffen zu sprechen, wurde zu einer Gewohnheit, die schließlich so fest eingewurzelt war, daß es kaum auffiel, wie seltsam sie eigentlich ist« (Dahlhaus 1988, 477).

N.s Vater improvisierte am Klavier, um den kleinen »Fritz« zu beruhigen. Dieser entdeckte etwa mit dem neunten Lebensjahre seine Passion für die Musik, lernte zeitig Klavier spielen und entwickelte sich zu einem guten Pianisten mit besonderem Hang zum Improvisieren. Bereits als Jüngling komponierte er eigene Stücke. Das musikalische Genre steht unter stilistischen Einflüssen Beethovens, Schumanns, Chopins und Liszts, offenbart aber gleichzeitig einen »spezifisch Nietzschesche[n] Zug zur Melancholie« (Janz 1972, 184).

Die Musik und Persönlichkeit R. Wagners (↗Freunde) sind für N.s ↗Ästhetik ein Kulminationspunkt geworden. Aus deren Verehrung geriet er in einen fast pathologischen Bann. N. deutete Schopenhauers Metaphysik der Musik in eine Geschichtsphilosophie um, die mit Wagners Musikdrama den hellenischen Kulturgeist heraufbeschwört. Auch für N. ist die Musik Abbild der Welt und Sprache des Allgemeinen, doch verband er sie auch mit der Kunst im alten Griechenland, wo »das natürliche Band der Wort- und Tonsprache [...] noch nicht zerrissen« gewesen ist. »Wir, die wir unter dem Einflusse der modernen Kunstunart, der Vereinzelung der Künste aufgewachsen sind, sind kaum mehr im Stande, Text und Musik zusammen zu genießen« (N, KSA 1, 529). Schopenhauers pessimistische Lebensverneinung wendete N. in eine Bejahung des tragischen Individuums, dessen Vollendung er im heroischen Pathos des Wagnerschen Dramas zu finden glaubte. Hier sollte die Divergenz der Künste behoben werden. Er synthetisierte einen »Traum aus Schopenhauer, Tristanrausch und hellenischer Begeisterung« (Wolff /Petersen 1923, 231) zum Stil. Der Theoretiker des Schmerzes sah in der griechischen Antike den Gott Dionysos als Schirmherrn der Musik. Dieser war ihm personifizierte, aus Schmerzen geborene Wonne im Übermaß. Im Gegenstück zu Apollo paare sich orgiastische Sinnlichkeit mit barbarischer Gewalt (↗apollinisch-dionysisch). So verband N. den Ursprung abendländischer Musik mit dem Prinzip der ↗Lust und des Leides; mit deren Verwobenheit wollte er das Wesen der Welt fassen. Die Musik als Ausdruck des Schopenhauerschen Weltwillens sollte sich in dem von Wagner repräsentierten Geist der griechischen Tragödie spiegeln. N. ignorierte die geschichtliche Differenz zwischen Antike und Moderne und gestaltete die »Rechtfertigungstheorie eines Herrschaftsanspruchs, der über den Bereich der Musik und des Musiktheaters weit hinausreichte« (Dahlhaus 1988, 476).

Der Eklat mit Wagner war weniger abrupt als vielfach dargestellt. N. kritisierte bereits sehr früh an Wagner das Schauspielertum, den Dilettantismus, die Neigung zu Pomp und Maßlosigkeit, die Anhängerschaft und den ↗Antisemitismus, während er zuletzt nicht nur den *Tristan*, sondern auch die Musik des *Parsifal* goutierte: »[H]at Wagner je Etwas besser gemacht?« (Heinrich Köselitz, 21. 1. 1887). Schon in den frühen emphatischen Äußerungen zu Wagner lagert Potential, das etwas zurechtgeschliffen später als Waffe gegen den Musiker taugen sollte. ↗Th. Mann empfand »die unsterbliche Wagnerkritik N.'s, [...] immer als einen Panegyrikus mit umgekehrtem Vorzeichen, als eine andere Form der Verherrlichung [als] Liebeshaß, Selbstkasteiung« (Mann 1986, 72). Vermächtnishaft nennt N. in *Ecce homo* (für eine »›Wollust der Hölle‹ [...]«) »Wagner den grossen Wohlthäter« seines Lebens (EH, Warum ich so klug bin 6, KSA 6, 290).

N. stritt nunmehr für eine absolute Musik. »So gewiß auch die Musik nie Mittel, im Dienste des Textes, werden kann, sondern auf jeden Fall den Text überwindet: so wird sie doch sicherlich schlechte Musik, wenn der Componist jede in ihm aufsteigende dionysische Kraft durch einen ängstlichen Blick auf die Worte und Gesten seiner Marionetten bricht« (N, KSA 7, 187). Er sah durch das Einbrechen der Dialektik in die ↗Tragödie das Ende einer ästhetischen Einheit von Wort und Ton. Als die Figuren ihm nicht mehr am Tragischen, sondern am Logischen zu Grunde gingen, focht er für eine puristische Reinheit in der Tonkunst. »Im Verhältnis zur Musik ist alle Mittheilung durch Worte von schamloser Art; das Wort verdünnt und verdummt; das Wort entpersönlicht: das Wort macht das Ungemeine gemein« (N, KSA 12, 493). Dies war im Grunde eine Absage an die Verheißung des Wagnerschen Gesamtkunstwerkes; er hatte indirekt wieder zu Schopenhauer gefunden.

N. begeisterte sich zunehmend für die Melodie auf Kosten der Harmonie. Er glaubte, das Liedhafte im musikalischen ›Süden‹ zu finden. Diesen sah er frei von ethnologisch-topographischen Etiketten. Der »Südländer, nicht der Abkunft, sondern dem Glauben nach« (JGB, Nr. 255, KSA 5, 200), bedeute ihm das mediterrane Temperament eines Rossini, Mozart, Gast, Chopin und als »ironische Antithese« (Carl Fuchs, 27. 12. 1888) zu Wagner: Bizet. N. markierte einerseits den »musikalischen Limes zwischen Süd und Nord« (Bertram 1918, 118) und andererseits eine Differenz zwischen Klassik und ↗Romantik. »Ich begann damit, dass ich mir gründlich und grundsätzlich alle romantische Musik verbot, diese zweideutige grossthuerische schwüle Kunst, welche den Geist um seine Strenge und Lustigkeit bringt und jede Art unklarer Sehnsucht, schwammichter Begehrlichkeit wuchern macht« (MA II, KSA 2, 373). Sein Ruf »Cave musicam« hallte vor allem in Richtung Bayreuth. Dort fand seine Verachtung gegen die Attitüde, die Betäubung und das Ungewisse ein Zuhause. N. gestaltete dagegen das klassische Ideal zum höchsten Typus: Kunstschaffende Luzidität, konzentriertes Schöpfertum ohne Lärm, Kälte und Stärke zum Kürzen, Klären und Vereinfachen sowie lebensbejahende Kraft stellten für ihn das Pendant des großen Stils dar. »Das von N. entworfene Gegensatzpaar Siegfried-Parsifal ist letztlich Reduktion einer kunsttheoretischen Unterscheidung zwischen Klassik und Romantik: Siegfried ist eine Prometheus-Gestalt im Sinne Goethes, während der an den christlichen Heiland erinnernde Parsifal Religiosität und Moralität der Romantik spiegelt« (Otto 1999, 131).

N. betrachtete »die Sache der Musik wie seine eigene Sache, wie seine eigene Leidensgeschichte« (WA, KSA 6, 357). Er wollte die Musik mit dem ↗Leib wahrnehmen, »wie als ob alle animalischen Funktionen durch leichte, kühne, ausgelassne, selbstgewisse Rhythmen beschleunigt werden sollten« (NW, KSA 6, 419). N. verspürte ein Verlangen nach Substanz in der Musik; sie sollte nicht zur Tafel- oder Tischmusik degenerieren, sondern unmittelbar auf die Sinne wirken und ein Ereignis des Leibes sein; sie sollte Konvulsion statt Erbauung, Enthüllung im Sinne einer dionysischen Körperlichkeit sein. Der Philosoph blickte zum griechischen Satyrchor zurück. In dem als Mauer gegen die Wirklichkeit figurierenden Satyr las er göttliches Leiden und wahrhaftiges, d. h. schmerzverbundenes Abbilden des Daseins. Man sollte »am Schicksal der Musik wie an einer offnen Wunde leiden« (NW, KSA 6, 357). Wie als vitaler Beweis war der musikalische Ausdruck untrennbar mit Schmerz verwoben. »Ohne Musik wäre das Leben ein Irrthum« (GD, KSA 6, 64).

Literatur: Dahms, W.: Die Offenbarung der Musik. Eine Apotheose F. N.s, München 1922; Wolff, E./Petersen, C.: Das Schicksal der Musik, Breslau 1923,

206–237; Mann, Th: Leiden und Größe Richard Wagners (1933), in: Mann, E. (Hrsg.): Wagner und unsere Zeit, Frankfurt a.M. 1986, 63–121; Janz, C.P.: Die Kompositionen F.N.s, in: NSt 1 (1972), 173–184; Ders., C.P. (Hrsg.): N., F.: Der musikalische Nachlaß, Basel 1976; Borchmeyer, D.: Das Theater Richard Wagners, Stuttgart 1982, 102–125, 160 f.; Bohley, R.: N.s christliche Erziehung, in: NSt 16 (1987), 164–196; Dahlhaus, C.: Klassische und romantische Musikästhetik, Laaber 1988, 474–483; Liébert, G.: N. et la musique, Paris 1995; Pöltner, G./Vetter, H. (Hgg.): N. und die Musik, Frankfurt a.M. 1997; Otto, V.: »Glaube an den Süden«. Anmerkungen zur Musikästhetik F.N.s, in: Acta Musicologica 2 (1999), 126–135.

*Sven Brömsel*

## Mythos/Mythologie

Nach wie vor umstritten ist die Frage, ob N.s Einstellung zum Mythos gegenaufklärerisch oder aufklärerisch war, ob er eher als »Mythenschöpfer« oder »Mythenzerstörer« (Biser 1985) anzusehen ist. Insbesondere im Umfeld des George-Kreises etablierte sich früh ein N.-Bild mit vornehmlich anti-rationalistischen Zügen (Bertram 1919). Auch später wird häufig die Auffassung vertreten, daß N. nicht nur in seinem Frühwerk, sondern auch im *Zarathustra* und den späten Entwürfen mit der ↗ewigen Wiederkunft (Magnus 1974), dem ↗Übermenschen (Meyer 1991), seiner Philosophie des ↗Lebens (Pütz 1971, 252) oder des ↗Willens zur Macht neue Mythen propagiere. Daß N. neue Mythen entwarf, hebt auch Blumenberg stark hervor, ohne jedoch darin eine strikte Gegenstellung zur Vernunft zu sehen: »Seit Plato hat wohl nur noch N. theoretisch durchdachte elementare Mythen zu ersinnen gesucht und als philosophisches Instrument eingesetzt« (1985, 194). Dieser affirmativen Rezeptionslinie steht die scharfe Kritik durch Habermas gegenüber, die indes dabei dem irrationalen N.-Bild verpflichtet bleibt. N.s Philosophie wird vorgehalten, die »Gegenaufklärung« zu radikalisieren und »im Mythos, als dem Anderen der Vernunft, Fuß fassen« (1985, 145 ff. u. 107) zu wollen.

Auf der anderen Seite hatten bereits Horkheimer und Adorno (1947) gezeigt, daß N.s Kritik der ↗Aufklärung sich nicht als irrationalistische Gebärde abtun läßt, sondern die Aufklärung selbst durchlaufen hat und als ihre eigene Konsequenz aus ihr hervorging. Wenn überhaupt, könnte man demzufolge allenfalls paradoxal von »aufklärerischen Mythen« (Ottmann 1985, 29 u. 31 ff.) sprechen. Montinari wiederum hat dafür plädiert, den aufklärerischen, dezidiert »antimythischen« (1982, 56) Charakter von N.s Philosophieren herauszustellen.

In N.s Werk findet eine Thematisierung des Mythos als Begriff fast ausschließlich in der *Geburt der Tragödie* sowie den zugehörigen Veröffentlichungen und Aufzeichnungen aus dem Nachlaß statt. Eine präzise Definition des Mythos-Begriffs gibt N. jedoch auch dort nicht. Vielmehr operiert er in der *Geburt der Tragödie* mit einem sehr weiten Begriff des Mythischen (Salaquarda 1979, 179). Das ↗Apollinische und das Dionysische werden als mythische Grundkräfte eingeführt, mit deren Hilfe ein dionysischer Urwille sich die Erscheinungswelt, und so auch die griechische Kultur, erschaffe. Dabei geht es N. nicht primär um die Frage, ob der Mythos wahr sei oder nicht, sondern es wird seine Funktion beschrieben und die integrative Kraft herausgestellt, die er für die Politik und Kultur der Griechen entfaltete. N. fragt, ob seine der historischen Kritik erlegenen Zeitgenossen noch fähig seien, »den Mythus, das zusammengezogene Weltbild, zu verstehen, der, als Abbreviatur der Erscheinungen, das Wunder nicht entbehren kann« (GT, Nr. 23, KSA 1, 145). Die Kultur fuße notwendig auf dem Mythos: »Ohne Mythus aber geht jede Cultur ihrer gesunden schöpferischen Naturkraft verlustig: erst ein mit Mythen umstellter Horizont schliesst eine ganze Culturbewegung zur Einheit ab [...] und selbst der Staat kennt keine mächtigeren ungeschriebnen Gesetze als das mythische Fundament« (ebd.). Die gegenwärtige Lage sei jedoch durch den »Verlust des Mythus« gekennzeichnet, und darin ein Resultat »jenes auf die Vernichtung des Mythus zielenden ↗Sokratismus« (ebd., 146). Die sokratische Wissenschaftsauffassung steht jedoch nicht in einfachem Gegensatz zum Mythos, denn sie ist ihrerseits eine Steigerungsform des apollinischen Prinzips (vgl. GT, Nr. 14, KSA 1, 94; N, KSA 7, 77, 133 f., 154 u. 157 f.). In der *Geburt der Tragödie* steht der Mythos deshalb nicht in »Antithese zur Aufklärung« (Ottmann 1985, 31), sondern es vollzieht sich eine ↗Selbstaufhebung des Mythos durch seine sich verabsolutierende apollinische Teilkraft (Zittel 1995, 25–37).

In *Richard Wagner in Bayreuth* insistiert N. auf

der Rationalität des ästhetischen Mythos: »Dem Mythus liegt nicht ein Gedanke zu Grunde, wie die Kinder einer verkünstelten Cultur vermeinen, sondern er selber ist ein Denken« (WB, KSA 1, 485). So sei Wagners *Ring* »ein ungeheures Gedankensystem ohne die begriffliche Form des Gedankens« (ebd.).

Seit *Menschliches, Allzumenschliches* gilt N.s Bestreben allgemein der Destruktion von Mythen, Götzen, Ideologien oder ewigen Wahrheiten in jedweder Gestalt. Gleichwohl ergibt sich daraus wiederum keine strikte Opposition zum Mythos, denn N. führt auch die ↗Wissenschaft auf vorrationale Setzungen zurück und zeigt auf, daß sie auf unaufgeklärten mythischen Fundamenten ruht. Davon ist grundsätzlich auch die Sprache betroffen. Durch die lebensdienlichen Vereinfachungen der Begriffsbildung komme es beständig zu Hypostasierungen irgendwelcher Wesenheiten und in diesem Sinn sei »eine philosophische Mythologie in der Sprache versteckt« (WS, Nr. 11, KSA 2, 547). Deren Trug könne man zwar durchschauen, doch ist es, weil es N. zufolge nicht mehr die eine Wahrheit als Maßstab gibt, nicht möglich, ihnen eine wahre Weltsicht gegenüberzustellen, sondern ebenfalls nur andere Mythen. Es gibt nun lediglich zum einen Mythen, die wahr zu sein beanspruchen, zum andern Mythen, die um ihre Unwahrheit wissen. Die erstgenannten bekämpft N., letztere werden als unvermeidlich akzeptiert.

Entsprechend ist seit *Menschliches, Allzumenschliches* für das Verhältnis von Mythos und Kunst kennzeichnend, daß der Künstler verschiedenste Mythen zugleich auswählen kann und dabei »über der religiösen Bedeutung dieser Mythen frei steht« (N, KSA 8, 203; vgl. MA I, Nr. 125, KSA 2, 121 f.). Daraus läßt sich folgern, daß auch N.s eigene ›ästhetische Mythen‹ der Spätzeit als Ausdruck post-metaphysischer artistischer Freiheit, als ästhetische Fiktionen und somit nirgends als neue Glaubens-Lehren zu interpretieren sind.

Literatur: Bertram 1918; Horkheimer, M./Adorno, Th. W.: Dialektik der Aufklärung, Amsterdam 1947, Neuaufl. Frankfurt a.M. 1972; Pütz, P.: Der Mythos bei N., in: Koopmann, H. (Hrsg.): Mythos und Mythologie in der Literatur des 19. Jh.s, Frankfurt a.M. 1971, 251–262; Magnus, B.: N.s äternalistischer Gegenmythos, in: Salaquarda, J. (Hrsg.): N., Darmstadt 1974, 219–233; Salaquarda, J.: Mythos bei N., in: Poser, H. (Hrsg.): Philosophie und Mythos, Berlin/New York 1979, 174–198; Blumenberg, H.: Arbeit am Mythos, Frankfurt a.M. 1979; Montinari 1982; Lange, W.: Tod ist bei den Göttern immer nur ein Vorurteil. Zum Komplex des Mythos bei N., in: Bohrer, K.-H. (Hrsg.): Mythos und Moderne, Frankfurt a.M. 1983, 111–137; Ottmann, H.: N.s Stellung zur antiken und modernen Aufklärung, in: Simon, J. (Hrsg.): N. und die philosophische Tradition, Bd. 2, Würzburg 1985, 9–34; Habermas, J.: Der philosophische Diskurs der Moderne, Frankfurt a.M. 1985; Biser, E.: N. als Mythenzerstörer und Mythenschöpfer, in: NSt 14 (1985), 96–109; Schmidt, A.: Über Wahrheit, Schein und Mythos im frühen und mittleren Werk N.s, in: Bauschinger, S./Cocalis, S. L./Lennox, S. (Hgg.): N. heute, Bern/Stuttgart 1988, 11–22; Kuhmann, W.: Die Rückkehr des täuschenden Scheins der Dinge. Anmerkungen zum Verhältnis von Mythos und Philosophie bei F.N., Köln 1986; Meyer, Th.: N. Kunstauffassung und Lebensbegriff, Tübingen 1991, 239–246; Zittel, C.: Selbstaufhebungsfiguren bei N., Würzburg 1995; ders.: Das ästhetische Kalkül von F.N.s »Also sprach Zarathustra«, Würzburg 2000, 115 ff., 184 ff.

*Claus Zittel*

## Natur, das Natürliche

Auch N. redet von einem »Zurück zur Natur«; »obwohl es eigentlich nicht ein Zurückgehn, sondern ein Hinaufkommen ist – hinauf in die hohe, freie, selbst furchtbare Natur und Natürlichkeit, eine solche, die mit grossen Aufgaben spielt, spielen darf ...« (GD, KSA 6, 150). Das »Zurück zur Natur« ist aber von vornherein mit der Idee der Kulturerneuerung bei N. verbunden. In diesem Kontext bestimmt N. den »Begriff der Cultur als einer neuen und verbesserten Physis, ohne Innen und Aussen, ohne Verstellung und Convention, der Cultur als einer Einhelligkeit zwischen Leben, Denken, Scheinen und Wollen« (HL, Nr. 10, KSA 1, 334). Wichtig ist, daß der Begriff der *physis* bei den Griechen sich nicht im abstrakten Gegensatz zu dem der Natur befindet, ja daß er sogar mit »Natur« übersetzt werden kann. Wobei dann die *physis* als ein ganzheitliches Sein verstanden wird, das durch sich selbst wird, das eigenwüchsig ist, das durch sich selbst bestimmt ist, das aus sich heraus aufgeht, heraufkommt, in sich zurückgeht und vergeht.

Dies aber hat nun zur Konsequenz, daß über den Physis-Begriff die Natur nicht, wie in der Moderne, als Gegensatz der Kultur verstanden wird, sondern daß von N. ↗Kultur wesentlich bestimmt wird als Natur, die uns im Spannungsfeld des Dionysischen und Apollinischen unter Dominanz des Dionysischen angeht. Damit wird die Natur auch nicht im rousseauschen-romantischen Sinne als abstrakt-kritische Instanz gegenüber der Kultur bestimmt, sondern die als wahre Natur bestimmte schaffende Kultur ist die Quelle politischer Identität und nicht mehr die vermeintlich authentische, ursprüngliche, aber anerzogene Natürlichkeit, wie sie bei Rousseau zu finden ist. Nicht mehr die angeblich »natürliche Natur« ist bei N. Identitätsgarant, sondern die natürlich gebildete Kultur (N, KSA 1, 646–647, 715–717). Indem aber N. die Physis-Vergessenheit der historistischen Kultur seiner Zeit kritisiert, kritisiert er nicht nur deren falsch verstandene Identität, sondern auch ihre Natur- und Leibvergessenheit.

Um das Verhältnis von Kultur und Natur zu verstehen, muß nach N. grundlegend berücksichtigt werden, »dass auch jene erste Natur irgend wann einmal eine zweite Natur war und dass jede siegende zweite Natur zu einer ersten wird« (HL, Nr. 3, KSA 1, 270).

Um sich auf die erste Natur berufen zu können, muß man sie sich also erst selbst erfinden. Dies aber geschieht durch eine Rückgewinnungsstrategie derart, daß man als erste, »gute« Natur setzt, was auf der Reflexionsebene der zweiten, dritten Natur begrifflich erarbeitet wurde. Wir dichten uns also immer schon in die Natur hinein, um uns aus der Natur hinauszudichten: »Erst haben die Menschen sich in die Natur hineingedichtet: sie sahen überall sich und Ihresgleichen, nämlich ihre böse und launenhafte Gesinnung, gleichsam versteckt unter Wolken, Gewittern, Raubthieren, Bäumen und Kräutern: damals erfanden sie die ›böse Natur‹. Dann kam einmal eine Zeit, da sie sich wieder aus der Natur hinausdichteten, die Zeit Rousseau's: man war einander so satt, dass man durchaus einen Weltwinkel haben wollte, wo der Mensch nicht hinkommt mit seiner Qual: man erfand die ›gute Natur‹« (M, Nr. 17, KSA 3, 29–30).

»Natürlichkeit« als Ethos ist N. der Gegenentwurf zu einem Leben entsprechend dem christlichen Gott, und weil dies so ist, »musste ›natürlich‹ das Wort sein für ›verwerflich‹«. Die »Fiktionswelt« des Christentums hat folglich »ihre Wurzel im Hass gegen das Natürliche«, der sich aber bei genauerem Hinsehen als »Ausdruck eines tiefen Missbehagens am Wirklichen« erweist (AC, Nr. 15, KSA 6, 181–182). Mit der »Verneinung der Natur« verneint man aber für N. nicht nur die Wirklichkeit, sondern auch die »wirklichen Werthe«. Mit dem Glauben an die Realität der höchsten moralischen Qualitäten als Gott werden »alle wirklichen Werthe geleugnet und grundsätzlich als Unwerthe gefaßt«. So aber »stieg das Widernatürliche auf den Thron« (N, Herbst 1887 – März 1888, 10[152], KSA 12, 541).

Dagegen hält N.: »Es giebt keine ewig dauerhaften Substanzen; die Materie ist ein eben solcher Irrthum, wie der Gott der Eleaten« (FW, Nr. 109, KSA 3, 468). N. geht es in diesem Kontext um eine Entgöttlichung und Entwissenschaftlichung der Natur, es geht ihm um eine neue Natur, in der sich die Menschen »mit der reinen, neu gefundenen, neu erlösten Natur [...] vernatürlichen« (FW, Nr. 109, KSA 3, 469). Die Vernatürlichung des Menschen aufzuheben hat zur Voraussetzung, die wissenschaftliche Vermenschlichung der Natur aufzuheben. Die falsche Vermenschlichung der Natur aufzuheben schließt aber ein, unsere spezifische Naturvergessenheit aufzuheben: »Wir sprechen von Natur und vergessen uns dabei: wir selber sind Natur, quand même –. Folglich ist Natur etwas ganz Anderes als Das, was wir beim Nennen ihres Namens empfinden« (WS, Nr. 327, KSA 2, 696).

Für das Verstehen der Natur gilt es nach N. grundlegend zu berücksichtigen, daß man nicht »›Ursache‹ und ›Wirkung‹ fehlerhaft verdinglichen soll«. Das hieße nicht nur unkritisch den »Naturforschern« zu folgen, sondern auch das Denken zu naturalisieren. Begriffe wie »Ursache« und »Wirkung« sind N. auch für das Begreifen der Natur »conventionelle[ ] Fiktionen zum Zwecke der Bezeichnung, der Verständigung, nicht der Erklärung. Im ›An-Sich‹ giebt es nichts von ›Causal-Verbänden‹, von ›Nothwendigkeit‹, von ›psychologischer Unfreiheit‹ [...] das regiert kein ›Gesetz‹. Wir sind es, die allein die Ursachen, das Nacheinander, das Für-einander, die Relativität, den Zwang, die Zahl, das Gesetz, die Freiheit, den Grund, den Zweck erdichtet haben; wenn wir diese Zeichen-Welt als ›an-sich‹ in die Dinge hineindichten, hineinmischen, so treiben wir es noch einmal, wie wir es immer getrieben haben, nämlich mythologisch« (JGB, Nr. 21, KSA 5, 35–36). Die »Gesetzmäßigkeit der Natur«

ist demzufolge für N. »kein Tatbestand, kein ›Text‹, vielmehr nur eine naiv-humanitäre Zurechtmachung und Sinnverdrehung, mit der ihr den demokratischen Instinkten der modernen Seele sattsam entgegenkommt« (JGB, Nr.22, KSA 5, 37).

Ein Naturgesetz (↗Gesetz) ist uns nach N. »nicht an sich bekannt, sondern nur in seinen Wirkungen d.h. in seinen Relationen zu anderen Naturgesetzen, die uns wieder nur als Relationen bekannt sind. Also verweisen alle diese Relationen immer nur wieder auf einander und sind uns ihrem Wesen nach unverständlich durch und durch; nur das, was wir hinzubringen, die Zeit, der Raum, also Successionsverhältnisse und Zahlen sind uns wirklich daran bekannt. Alles Wunderbare aber, das wir gerade an den Naturgesetzen anstaunen, das unsere Erklärung fordert und uns zum Misstrauen gegen den Idealismus verführen könnte, liegt gerade und ganz allein nur in der mathematischen Strenge und Unverbrüchlichkeit der Zeit- und Raum-Vorstellungen. Diese aber produciren wir in uns und aus uns mit jener Nothwendigkeit, mit der die Spinne spinnt« (WL, Nr. 1, KSA 1, 885). N. knüpft hier an Kant an, der davon ausging, daß der Verstand die Gesetze nicht aus der Natur »schöpft«, sondern sie dieser vorschreibt. Die Natur ist für N. identisch mit der »Welt als Vorstellung«, die wiederum nicht von Irrtümern des Verstandes zu trennen ist. Folglich ist mit dem Begriff der Natur »die Aufsummirung einer Menge von Irrthümern des Verstandes« verbunden und demzufolge sind auf »eine Welt, welche nicht unsere Vorstellung ist, [...] die Gesetze der Zahlen gänzlich unanwendbar: diese gelten allein in der Menschen-Welt« (MA I, Nr. 19, KSA 2, 41).

Der »Natur ein Gesetz aufzulegen«, ist für N. der Versuch »magie- und wundergläubiger Menschen«, durch Nachdenken in die Natur Sicherheit, Ordnung, Berechenbarkeit zu ihrer Beruhigung und Selbstvergewisserung hineinzubringen, und »der religiöse Cultus ist das Ergebnis dieses Nachdenkens«. Der »Sinn des religiösen Cultus« ist folglich, »die Natur zu menschlichem Vortheil zu bestimmen und zu bannen, also ihr eine Gesetzlichkeit einzuprägen, die sie von vornherein nicht hat; während in der jetzigen Zeit man die Gesetzlichkeit der Natur erkennen will, um sich in sie zu schicken« (MA I, Nr. 111, KSA 2, 113–115). Für N. ist daher das »›Naturgesetz‹ ein Wort des Aberglaubens«: »Die Nothwendigkeit in der Natur wird durch den Ausdruck ›Gesetzmässigkeit‹ menschlicher und ein letzter Zufluchtswinkel der mythologischen Träumerei« (MA II, Nr. 9, KSA 2, 384).

Ein »Studium der Natur« in dem Sinne, daß man meint zu sehen, »was ist«, gehört für N. nicht nur den antiartistischen Geistern an, »den Thatsächlichen«, sondern es »verräth Unterwerfung, Schwäche, Fatalismus, – dies Im-Staube-Liegen vor petits faits ist eines ganzen Künstlers unwürdig« (GD, KSA 6, 115).

Auch ist mit der Verwissenschaftlichung der Naturbetrachtung die Logifizierung der Natur verbunden. Letztere führt aber dazu, daß die Erkenntnis vergessen wird, »dass das Unlogische für den Menschen nöthig ist, und dass aus dem Unlogischen viel Gutes entsteht«. Auch der »vernünftigste Mensch bedarf von Zeit zu Zeit wieder der Natur, das heisst seiner unlogischen Grundstellung zu allen Dingen«, um in dionysischer Natürlichkeit sich selbst zu erneuern (MA I, Nr. 31, KSA 2, 51).

Aber mit der objektivistischen, wissenschaftlichen, logischen Naturauffassung ist für N. nicht nur eine »angezwungene Betrachtungsart« verbunden, durch die »das instinktive wahre und einzige Verständniß der Natur« verloren gegangen ist, sondern mit der wissenschaftlichen An-Sich-Betrachtung der Natur ist »ein kluges Berechnen und Überlisten der Natur« verknüpft (N, KSA 1, 716). Darin aber liegt »unsere Natur-Vergewaltigung mit Hülfe der Maschinen und der so unbedenklichen Techniker- und Ingenieur-Erfindsamkeit« begründet, was zur Konsequenz hat: »Hybris ist heute unsre ganze Stellung zur Natur«, die wiederum auf uns zurück wirkt: »Hybris ist unsre Stellung zu uns, – denn wir experimentiren mit uns, wie wir es uns mit keinem Thiere erlauben würden, und schlitzen uns vergnügt und neugierig die Seele bei lebendigem Leibe auf« (GM, 3. Abh., Nr. 9, KSA 5, 357). Vor diesem Machbarkeitswahn und der aus ihm resultierenden Zerstörungswut warnt N. immer wieder: »Ueberstolzer Europäer des neunzehnten Jahrhunderts, du rasest! Dein Wissen vollendet nicht die Natur, sondern tödtet nur deine eigene. Miss nur einmal deine Höhe als Wissender an deiner Tiefe als Könnender« (HL, Nr. 9, KSA 1, 313).

Wir müssen uns aber hüten, zu behaupten, daß es Gesetze in der Natur gebe, einen Selbsterhaltungstrieb, Zwecke oder einen Zufall (FW, Nr. 109, KSA 3, 468). Folglich herrscht in der Natur auch nicht die Notlage, deren Ausdruck der Selbsterhaltungstrieb ist, »sondern der Ueberfluss, die Verschwendung, sogar bis in's Unsinnige« (FW, Nr. 349, KSA 3, 585). Wenn man sich also unter Natur ein Wesen denkt, das »verschwenderisch ohne Maass, gleichgültig ohne Maass, ohne Absichten und Rücksichten, ohne Erbarmen und Gerechtigkeit, fruchtbar und öde und ungewiß zugleich« ist, dann erweist sich die Forderung der Stoiker »gemäss der Natur leben« als Betrügerei. Denn die Forderung läuft de facto auf die Forderung hinaus, »gemäss dem Leben« zu leben, wie es sich die Stoiker vorstellen und als Natur behaupten. Indem man also vorgibt, den Kanon der Lebensgesetze aus der Natur zu lesen, will man nur der Natur die eigene Moral, das eigene Ideal vorschreiben und auf diese Art und Weise alles Dasein nach dem »eignen Bilde« schaffen (JGB, Nr. 9, KSA 5, 21f.). Aber die Natur ist wie die Geschichte unmoralisch (FW, Nr. 344, KSA 3, 576f.; M, Vorrede, Nr. 3, KSA 3, 14). Allerdings ist zu berücksichtigen, daß für N. »der Glaube an die absolute Immoralität der Natur, an die Zweck- und Sinnlosigkeit der psychologisch-nothwendige Affekt« ist, »wenn der Glaube an Gott und eine essentiell moralische Ordnung nicht mehr zu halten ist« (N, Herbst 1885 – Herbst 1887, 5[71], KSA 12, 212). N.s Position ist daher die: »Die Wissenschaft aber kennt keine Rücksichten auf letzte Zwecke, ebenso wenig als die Natur sie kennt: sondern wie diese gelegentlich Dinge von der höchsten Zweckmässigkeit zu Stande bringt, ohne sie gewollt zu haben, so wird auch die ächte Wissenschaft, als die Nachahmung der Natur in Begriffen, den Nutzen und die Wohlfahrt der Menschen gelegentlich, ja vielfach, fördern und das Zweckmässige erreichen, – aber ebenfalls ohne es gewollt zu haben« (MA I, Nr. 38, KSA 2, 61). Wie es aber keine letzten Zwecke und keine moralische Letztbegründung von Natur aus gibt, so gibt es für N. auch kein Naturrecht und folglich auch kein »Naturunrecht« (WS, Nr. 31, KSA 2, 563).

Das aber hat zur Konsequenz, daß für N. auch die natürlichen Triebe des Menschen weder gut noch böse sind und es demzufolge auch kein »böses Wesen« in der Natur des Menschen gibt, vor dem man sich zu fürchten hätte. Im Gegenteil ist es Ausdruck der Vornehmheit des Menschen, seine Natur, seine Triebe nicht zu verleugnen und sich nicht vor ihnen zu fürchten, sondern sich ihnen hinzugeben, »von sich nichts Schmähliches zu erwarten, ohne Bedenken zu fliegen, wohin es uns treibt« (FW, Nr. 294, KSA 3, 535). In dieser Vornehmheit des Menschen reflektiert sich für N. die Vornehmheit der Natur »in ihrer ganzen verschwenderischen und gleichgültigen Grossartigkeit, welche empört« (JGB, Nr. 188, KSA 5, 109). Natürlichsein heißt folglich für N., »vornehm« wie die Natur zu sein. Wenn wir es wagen, unmoralisch zu sein, dann wagen wir nicht nur, wie die Natur zu sein, sondern dann sind wir in dieser Verwegenheit vornehm. Die Vornehmheit und Natürlichkeit ist aber zu unterscheiden von der Natürlichkeit als Effekthascherei, die allzuoft den »grossen Menschen« eigen ist und die darin besteht, den mit der Natur verbundenen Mythos des Bösen zur »natürlichen« Selbstinszenierung effektvoll zu nutzen (FW, Nr. 225, KSA 3, 510).

Um dagegen aber Vornehmheit tatsächlich zu realisieren, gilt für N.: »Eins ist Noth. – Seinem Charakter ›Stil geben‹ – eine grosse und seltene Kunst! Sie übt Der, welcher Alles übersieht, was seine Natur an Kräften und Schwächen bietet, und es dann einem künstlerischen Plane einfügt, bis ein Jedes als Kunst und Vernunft erscheint und auch die Schwäche noch das Auge entzückt. Hier ist eine grosse Masse zweiter Natur hinzugetragen worden, dort ein Stück erster Natur abgetragen: – beidemal mit langer Uebung und täglicher Arbeit daran« (FW, Nr. 290, KSA 3, 530). Nur die »starken« und »herrschsüchtigen Naturen« werden es für N. sein, »welche einem solchen Zwange, in einer solchen Gebundenheit und Vollendung unter dem eigenen Gesetz ihre feinste Freude geniessen«. Ihre vornehme Natürlichkeit besteht dann aber nicht mehr einfach darin, der Natur freien Lauf zu lassen, sondern sie zu stilisieren und sie dadurch zu beherrschen und dienend zu machen. Diesen starken herrschsüchtigen Naturen, die den Stil lieben, stehen »die schwachen, ihrer selber nicht mächtigen Charaktere« gegenüber, »welche die Gebundenheit des Stils hassen«. Sie »sind immer darauf aus, sich selber und ihre Umgebungen als freie Natur – wild, willkürlich, phantastisch, unordentlich, überraschend – zu gestalten oder auszudeuten«. Aber auch diese verurteilt N. nicht. Im

Gegenteil, auch dies heißt N. gut: »sie thun wohl daran, weil sie nur so sich selber wohlthun! Denn Eins ist Noth: dass der Mensch seine Zufriedenheit mit sich erreiche« (FW, Nr. 290, KSA 3, 530f.). Übergreifend für die Natürlichkeit des Menschen ist demzufolge für N. ein bejahenswertes Leben entsprechend seiner Wiederkunftslehre zu führen, und dies kann stilvoll wie auch stillos, gebunden oder ungebunden erscheinen.

Literatur: Bueb, B.: N.s Kritik der praktischen Vernunft, Stuttgart 1970, 71–81; Schipperges, H.: Am Leitfaden des Leibes. Zur Anthropologik und Therapeutik F.N.s, Stuttgart 1975, 27–38; Kaulbach, F.: N.s Interpretation der Natur, in: NSt 10/11 (1982), 442–481; Okochi, R.: N.s Naturbegriff aus östlicher Sicht, in: NSt 17 (1988), 108–124; Poellner, P.: Der frühe N. und die Verklärung der Natur, in: Nietzscheforschung 3 (1995), 279–291; Gerhardt 1996, 151–153; Abel ²1998, 255–265; Ottmann ²1999, 160–163, 375–382.

*Volker Caysa*

# Nihilismus

N.s Entwurf des Nihilismus-Komplexes bildet die Mitte im Rahmen seiner wichtigsten Philosopheme des ↗»Willens zur Macht« auf der einen Seite und des ↗»Übermenschen« und der ↗»ewigen Wiederkunft des Gleichen« auf der anderen Seite.

Gemäß N.s Erwägungen über das obsolet gewordene geschlossene und dogmatische System und über das allein noch mögliche offene und hypothetische System, die zwischen Sommer 1872 und Anfang 1873 einsetzen und bis in seine letzte Schaffenszeit hinein auftreten, ist auch N.s Entwurf des Nihilismus-Komplexes Teil seines offenen und hypothetischen Systems (Kuhn 1992, 71–79, 99, 115–117). In N.s Konzeption des Systems liegt es begründet, daß seine Philosophie des europäischen Nihilismus ein Perspektiven, Interpretationen und Hypothesen zusammenfügendes, unvollendetes Deutungsmodell darstellen würde, selbst wenn seine Strategie der Abfolge der beabsichtigten Veröffentlichungen in den letzten Monaten des Jahres 1888 die Ausarbeitung dieser Philosophie zu einem druckfertigen Manuskript nicht verhindert hätte. Innerhalb dieses offenen und hypothetischen Systems ist N.s Entwurf des Nihilismus-Komplexes, wenn man seine einschlägigen Äußerungen in seinen Werken, in seinem Nachlaß und in seinen Briefen beachtet (Kuhn 1992, 270–275), ausgearbeitet genug, daß sich die Gestaltungen seiner Philosophie des europäischen Nihilismus ablesen lassen.

Das Philosophem des »Willens zur Macht« bezeichnet jene Relations-Welt des Werdens, von der sich der ↗Perspektivismus und die Interpretativität herleiten und die eine Revidierung und Neubesetzung der überlieferten Erkenntnistheorie unabdingbar macht. N.s sich von Ende 1872 an abzeichnende Umdeutung der traditionellen Auffassungen der Erkenntnis und der Erkenntnistheorie in die Perspektivenlehre der Affekte stellt insofern seine erste Ursprungsbestimmung der Erscheinung des Nihilismus dar, als diese Umbesetzung vom Illusorischwerden des überkommenen Wahrheitsbegriffs, d.h. von der Selbst-Zerstörung des höchsten Wertes der Wahrheit, ausgeht. Vom Sommer 1886 an zieht N. gegenüber der Erkenntnis und der Erkenntnistheorie die Moral und die Moralphilosophie als erste Ursprungsbestimmung des Phänomens des Nihilismus vor, die das Illusorischwerden der moralischen Welt-Interpretation, d.h. die Selbst-Zersetzung der moralischen Welt-Auslegung, auslösen.

Das Philosophem des »Nihilismus«, der als Thema zum ersten Mal im Nachlaß aus dem Sommer 1880 erscheint, wird von N. im weiteren Sinne seit dem Sommer und Herbst 1882, im engeren Sinne seit dem Sommer 1886 entfaltet. Das Wort ›Nihilismus‹ geht in derjenigen Bedeutung in N.s Philosophie ein, in der es zur Zeit seiner Aufnahme durch N. im Sommer 1880, hervorgerufen durch die politischen Verhältnisse in Rußland, am bekanntesten war. ›Nihilismus‹ bezeichnet in den Nachlaßfragmenten 4[103] (KSA 9, 125) und 4[108] (KSA 9, 127f.) die Haltung der russischen Oppositionellen. P. Mérimées der französischen Ausgabe von Ivan S. Turgenevs *Pères et enfants* vorangestellte »Lettre à l'éditeur« und S. Turgenevs Roman *Pères et enfants* aus dem Jahr 1863 sind die Quellen für N.s Nihilismus-Begriff; Turgenevs Roman *Terres vierges* bzw. *Neuland* aus dem Jahr 1877 ist vielleicht eine zusätzliche Quelle für die Nihilismus-Stelle im Nachlaßfragment 4[108]. Als weitere Quellen des Begriffs werden ferner folgende Werke bedeutungsvoll: Paul Bourgets *Essais de psychologie contemporaine*, Paris 1883, Ferdinand Brunetières *Le Roman naturaliste*, Paris

1882 bzw. 1884 und Bourgets *Nouveaux essais de psychologie contemporaine*, Paris 1885 bzw. 1886 (Kuhn 1992, 10–58).

Der Nihilismus als N.s Philosophie des europäischen Nihilismus gliedert sich in die »Entwerthung der bisherigen Werthe«, in die »Geschichte des europäischen Nihilismus« und in die »neue Werthsetzung«.

Die Entwertung der bisherigen Werte zeigt sich als Auswirkung des Wahrheits- bzw. Gottesverlusts. Die Ergebnisse des Erkennens stellen den archimedischen Punkt in Frage, von dem her die Welt begründbar ist. Sie führen damit zu einer Zerstörung der überkommenen Auffassungen der Welt, die ihrerseits die hergebrachten Konzeptionen des Erkenntnisvermögens und der Erkenntnistheorie außer Kraft setzt. Dieser Vorgang hat das Auftreten des Pessimismus zur Folge, dem N. zunächst in Arthur Schopenhauers Philosophie begegnet ist und den er künftig als Vorstufe in seine Genealogie des Nihilismus aufnehmen wird. Die Kantische Philosophie, vor allem die *Kritik der reinen Vernunft*, stellt den Ausgangspunkt für das Ende der Religionen, der Metaphysik und der sich von diesen herleitenden Konzeptionen der Wissenschaften dar. Die Religionen, die Metaphysik und die Wissenschaften insgesamt werden ihrer Bedeutung als Besitzer der Wahrheit enthoben. Dieses Geschehen bewirkt, daß die Religionen und das Göttliche und die Metaphysik und das Transzendente ihre Daseinsberechtigung einbüßen und daß die Wissenschaften im ganzen und ihre Gegenstände ihren Geltungsbereich begrenzen. Die Kunst soll als Wall gegen die vernichtenden Tendenzen der Erkenntnis, als Ersatz der Religionen und der Metaphysik und als Schutz vor den zerstörerischen Konsequenzen der Wissenschaften und damit als Stelle des Göttlichen und des Transzendenten fungieren. Die auflösenden Folgen der Erkenntnis und der Wissenschaften dehnen sich aber auf die Kunst aus. Die Kunst geht wie die Religionen und die Metaphysik ihrer Daseinsberechtigung verlustig. Der Wahrheits- bzw. Gottesverlust bildet den Grund für die Richtungslosigkeit der Moral und der sich auf diese stützenden Konzeptionen der Politik und der Ökonomie.

Der Nihilismus als N.s Geschichte des europäischen Nihilismus manifestiert sich in seinen Ursprüngen und Bereichen, in seinem Verlauf und in seinen Erscheinungsformen als Niedergang des platonisch-christlichen Wahrheits- resp. Gottesbegriffs und der christlichen Moral und als Heraufkunft der Selbstüberwindung des Menschen und der neuen Lehre.

Den Ursprüngen und den Bereichen des Nihilismus spricht N. zuerst in dieser Anordnung in den zwei Nachlaßfragmenten 2[127] (KSA 12, 125–127) und 2[131] (KSA 12, 129–131) die Religionen, die Moral, die Philosophie, die Naturwissenschaften, die Politik, die Ökonomie, die Geschichtswissenschaft und die Kunst zu. Das Christentum, aber auch der Brahmanismus und der Buddhismus, die christliche, aber auch die buddhistische Moral und die neuzeitliche Philosophie Europas, aber auch die antike Philosophie Griechenlands bilden die Ursprünge und die ersten Bereiche des Nihilismus. Der durch die Religionen, durch die Moral und durch die Philosophie großgezogene Sinn der Wahrhaftigkeit (↗Redlichkeit) dekuvriert das Nihilistische der Religionen, der Moral und der Philosophie selbst. Die obersten bisherigen Werte, die moralische Welt-Interpretation und der höchste Wert der Wahrheit entwerten sich. Die Wahrhaftigkeit veranlaßt die Selbst-Zersetzung der moralischen Welt-Auslegung (N, 5[71], KSA 12, 211f.). Der durch die Philosophie entwickelte Wille zur Wahrheit bewirkt die Selbst-Zerstörung des höchsten Wertes der Wahrheit (N, 11[99], KSA 13, 47f.). Die Moral und die Moralphilosophie haben dabei gegenüber der Erkenntnis und der Erkenntnistheorie den Vorrang als Auslöser der Entstehung des Nihilismus (Kuhn 1992, 132–198).

Den Verlauf des Nihilismus schildert N. in drei Entwürfen in den Nachlaßfragmenten 11[119] (KSA 13, 56f.) und 11[411] (KSA 13, 189f.) und in Abschnitt 27 der dritten Abhandlung von *Zur Genealogie der Moral* (KSA 5, 408–411) unter den Aspekten der Anamnese, der Diagnose und der Prognose. In der zweitausend Jahre einschließenden Anamnese des Verlaufs des Nihilismus lösen sich das Christentum als Dogma, die Kopernikanische Wende, die Aufklärung und die Modernität unter dem Einfluß des Verfalls des Theozentrismus, des Anthropozentrismus und des asketischen Ideals ab. In der tausend Jahre einbeziehenden Prognose über den Verlauf des Nihilismus reihen sich der zweite Buddhismus, die neue Aufklärung, die Selbstüberwindung des

Menschen und die neue Lehre im Zeichen des Aufschwungs des Menschen der Zukunft und des Gedankens der »ewigen Wiederkunft des Gleichen« an. Die zwei- bzw. dreihundert Jahre einbegreifende Diagnose des Verlaufs des Nihilismus beinhaltet bis zur Zeitenwende am 30. September 1888 die Modernität in Gestalt der Phase der Unklarheit und der Epoche der Klarheit in bezug auf den Stellenwert der alten Werte und von der Zeitenwende am 30. September 1888 an den zweiten Buddhismus. Die Anamnese des Verlaufs des Nihilismus kann in »Wie die ›wahre Welt‹ endlich zur Fabel wurde« auch als die Geschichte der Zerstörung der Metaphysik beschrieben werden, die mit der Liquidierung des Dualismus von wahrer und scheinbarer Welt und mit der Erfordernis einer Konzeption der Welt jenseits der Dichotomie von Transzendenz und Immanenz im extremsten Nihilismus aufhört (GD, KSA 6, 80f.). Die Prognose über den Verlauf des Nihilismus kann auch als das »tragische Zeitalter« des Kampfes gegen den Nihilismus geschildert werden. Der Anfang des tragischen Zeitalters und der Abschluß der Geschichte der Metaphysik markieren den Beginn und das Ende der zweihundert Jahre dauernden Entwicklung vom vollkommenen bis zum extremsten Nihilismus. Mit N. vollzieht und thematisiert Zarathustra diesen Vorgriff, wenn er zum einen in den achtziger Jahren des 19. Jh.s das tragisch-dionysische Zeitalter eröffnet, zum anderen am Ende der Phase der Katastrophe die platonisch-christliche Metaphysik abschließt und dementsprechend seinen Hazar, d.h. sein Reich von tausend Jahren, als jenes ferne Menschen-Reich ankündigt, das als Zarathustra-Reich das tragisch-dionysische Zeitalter sein wird (Kuhn 1992, 198–236).

Den Erscheinungsformen des Nihilismus schreibt N. in mehreren Ansätzen im Nachlaß und in den Werken den ↗Pessimismus als »Vorform« (N, 10[58], KSA 12, 491) des Nihilismus, die Metamorphosen des Nihilismus vom »unvollständigen« bis zum »extremsten« Nihilismus und den Nihilismus als »Logik« der ↗décadence (N, 14[86], KSA 13, 265) zu. Die pessimistische Verdüsterung als Folge der Aufklärung resp. der Pessimismus als Vorform des Nihilismus umschließt das erste Stadium der Modernität, das als Epoche der Unklarheit auf die Jahre 1788 bis 1850 anzusetzen ist. Der Pessimismus der Stärke resp. der klassische oder dionysische Pessimismus greift über die Phase der Unklarheit hinaus in die Epoche der Klarheit und des unvollständigen Nihilismus. Die extremste Form des Pessimismus, der eigentliche Nihilismus, geht in den vollkommenen Nihilismus und in die Periode der drei großen Affekte über. Als unvollständiger, vollkommener, passiver, aktiver, radikaler und extremster Nihilismus erscheint die den alten Werten innewohnende Logik ihrer Entwertung, welche die Suche nach neuen Werten evoziert. Der unvollständige Nihilismus besteht in den Versuchen, dem vollkommenen Nihilismus zu entkommen, ohne die hergebrachten Werte aufzugeben und durch neue Werte zu ersetzen (N, 10[42], KSA 12, 476). Diese Versuche, dem vollkommenen Nihilismus auszuweichen, verhindern den Übergang vom unvollständigen zum vollkommenen Nihilismus nicht, da der vollkommene Nihilismus in den traditionellen Werten gründet. »Denn warum ist die Heraufkunft des Nihilismus [sc. des vollkommenen Nihilismus und der weiteren Erscheinungsformen des Nihilismus] nunmehr nothwendig? Weil unsere bisherigen Werthe selbst es sind, die in ihm ihre letzte Folgerung ziehn; weil der Nihilism die zu Ende gedachte Logik unserer großen Werthe und Ideale ist, – weil wir den Nihilismus erst erleben müssen, um dahinter zu kommen, was eigentlich der Werth dieser ›Werthe‹ war [...] Wir haben, irgendwann, neue Werthe nöthig [...]«. Der vollkommene Nihilismus ist, »logisch und psychologisch«, die Voraussetzung für die Genese einer »Gegenbewegung«, nur »auf ihn« und »aus ihm« kann kommen, was ihn als Setzung neuer Werte ablösen wird. Als »der erste vollkommene Nihilist Europas« gilt N. sich selbst, »der aber den Nihilismus selbst schon in sich zu Ende gelebt hat, – der ihn hinter sich, unter sich, außer sich hat«. Als erster Überwinder des Nihilismus kann N. derjenige sein, »der zurückblickt, wenn er erzählt, was kommen wird« (N, 11[411], KSA 13, 190), nämlich daß die Geschichte der nächsten zwei Jahrhunderte die Heraufkunft des vollkommenen Nihilismus und der folgenden Erscheinungsformen des Nihilismus bringen wird. Der vollkommene Nihilismus als »ein **normaler** Zustand«, der bedeutet, »daß die obersten Werthe sich entwerthen«, ist »**zweideutig**« (N, 9[35], KSA 12, 350) und kann als passiver und als aktiver Nihilismus resp. als

Anzeichen »wachsender Schwäche« oder »wachsender Stärke« (N, 9[60], KSA 12, 367) auftreten. Der passive Nihilismus ist Symptom der Abnahme der Macht des Geistes, erwächst aus der Schwäche und äußert sich als Schwäche angesichts der bisherigen Werte (N, 9[35], KSA 12, 351). Der aktive Nihilismus ist Symptom der Zunahme der Macht des Geistes, entstammt der Stärke und offenbart sich als Stärke in Anbetracht der bisherigen Werte (N, 9[35], KSA 12, 350f.). Der radikale Nihilismus hat die Entwertung der moralischen Welt-Auslegung abgeschlossen (N, 10[192], KSA 12, 571). Die »Hypothese«, daß der vollkommene Nihilismus insoweit ein normaler Zustand sei, als er besage, daß die obersten Werte sich entwerteten, setzt die Einsicht in die Entwertung des höchsten Wertes der Wahrheit voraus, die selbst der extremste Nihilismus ist (N, 9[35], KSA 12, 351f.; N, 9[41], KSA 12, 354). In der Durchführung der Selbst-Auflösung des höchsten Wertes der Wahrheit »nimmt« die ↗»Experimental-Philosophie« N.s »versuchsweise selbst die Möglichkeiten des grundsätzlichen Nihilismus vorweg: ohne daß damit gesagt wäre, daß sie bei einem Nein, bei einer Negation, bei einem Willen zum Nein stehen bliebe«. Sie will vielmehr den Willen zum Nein in ein »dionysisches Jasagen zur Welt, wie sie ist, ohne Abzug, Ausnahme und Auswahl« (N, 16[32], KSA 13, 492) umwenden. Den sechs Erscheinungsformen des Nihilismus als unvollständiger, vollkommener, passiver, aktiver, radikaler und extremster Nihilismus lassen sich je spezifische Manifestationen zuordnen. Der unvollständige Nihilismus erscheint im Gebiet der Naturwissenschaften und der Geschichtswissenschaft als kausaler, mechanistischer oder darwinistischer Naturalismus und naturwissenschaftlicher Positivismus sowie als fatalistischer, darwinistischer oder mechanistischer Historismus und geschichtswissenschaftlicher Positivismus, in der Sphäre der Politik und der Ökonomie als Nationalismus (Vaterländerei, chauvinisme), als Demokratie (Demokratismus), als Sozialismus sowie als Anarchismus (z.B. als russischer Nihilismus) und im Feld der Kunst als französischer Ästhetizismus sowie als französischer Naturalismus. Der vollkommene Nihilismus wird von N. als dem ersten vollkommenen Nihilisten Europas vertreten. Der passive Nihilismus kommt in der Umgestaltung des asiatischen Buddhismus in den europäischen Buddhismus als Sehnsucht ins Nichts auf. Der aktive Nihilismus tritt in der Umformung des russischen Nihilismus in den europäischen Buddhismus als Buddhismus der Tat ein. Der radikale Nihilismus zeigt sich in der vorgreifenden Philosophie (N.s) als Beendigung der Selbst-Korrosion der moralischen Welt-Interpretation. Der extremste Nihilismus bekundet sich in der vorwegnehmenden Experimental-Philosophie N.s als Durchführung der Selbst-Auflösung des höchsten Wertes der Wahrheit. Die innere »Logik«, die vom »Pessimismus« bis zum »letzten Nihilismus« (N, 10[192], KSA 12, 571) führt, besteht darin, daß die obersten bisherigen Werte der durch die Moral selbst herausgebildeten Kraft der Wahrhaftigkeit und dem durch die Philosophie selbst hervorgebrachten Willen zur Wahrheit ausgesetzt sind: die Kraft der Wahrhaftigkeit veranlaßt die Selbst-Korrosion der moralischen Welt-Auslegung, deren Auftakt der »erste Nihilismus« (N, 5[71], KSA 12, 212) bildet und deren Beendigung im radikalen Nihilismus geschieht, und der Wille zur Wahrheit bewirkt die Selbst-Auflösung des höchsten Wertes des Wahrheit, deren Anfang die drei Formen des »Nihilismus als psychologische[n] Zustand[es]« (N, 11[99], KSA 13, 46–48) darstellen und deren Durchführung im extremsten Nihilismus stattfindet. Der radikale und der extremste Nihilismus leiten die Selbstüberwindung des Nihilismus ein, indem sie erstens implizieren, daß die Selbst-Zersetzung der moralischen Welt-Interpretation abgeschlossen ist resp. daß die Selbst-Zerstörung des höchsten Wertes der Wahrheit vollzogen ist, und zweitens evozieren, daß die alten Werte in die Gutheißung der Welt des Werdenden und in der Umwendung des Willens zum Nein in ein dionysisches Jasagen in neue Werte umschlagen. Der Nihilismus als Logik der décadence setzt mit dem ersten Nihilismus bzw. mit den drei Formen des Nihilismus als psychologischer Zustand resp. mit dem unvollständigen Nihilismus ein. Als Erscheinung, deren Ausdruck die pessimistische Bewegung darstellt (N, 17[8], KSA 13, 529) und deren Logik der Nihilismus ist (N, 14[86], KSA 13, 265), umfaßt die décadence beide Stadien je der Modernität und des zweiten Buddhismus. Als Logik der décadence gliedert sich der Nihilismus wie der Pessimismus als Vorform des Nihilismus in vier Stufen von sechs Erscheinungsformen bzw. Gruppen von Erscheinungsformen auf, die aufeinander, sich intensivierend, folgen und von denen der passive und der aktive Nihilismus eine Opposition bilden. Der Nihilismus ist insofern zweideutig, als er sich als Anzeichen des Verfalls oder des Aufschwungs manifestieren kann. Im radikalen und extremsten Nihilismus ist die Überwindung des Nihilismus angelegt.

Die Selbstüberwindung des Nihilismus leitet die Setzung neuer Werte ein. Die Setzung neuer Werte bekundet sich in der Selbstüberwindung des Menschen über den Menschen der Zukunft hin zum »Übermenschen« und in der neuen Lehre der »ewigen Wiederkunft des Gleichen«.

Aus der Perspektive der *Selbstüberwindung des Nihilismus* evoziert der Nihilismus in seinen beiden letzten Erscheinungsformen die Überwindung des Dualismus von wahrer und scheinbarer Welt, die Dichotomie von Transzendenz und Immanenz.

Das Philosophem des ↗»Übermenschen« benennt jene Klimax der Selbstüberwindung des Menschen, die aus dem Menschen der Zukunft entspringt, und das Philosophem von der ↗»ewigen Wiederkunft des Gleichen« bezeichnet jenen Gedanken der Gedanken, auf dem die neue Lehre als wissenschaftliche Hypothese und als ethischer Imperativ fußt, wobei sich an der Art der Aufnahme der neuen Lehre das Gelingen der Selbstüberwindung des Menschen entscheidet. Aus der Selbstüberwindung des Menschen hin zum Menschen der Zukunft als Antichrist und Besieger Gottes und als Antinihilist und Besieger des Nichts erwächst der »Übermensch« als Typus höchster Wohlgeratenheit. Als wissenschaftliche Hypothese, welche die extremste Form des Nihilismus darstellt und als ethischer Imperativ, der so leben heißt, daß man nochmals leben will und in Ewigkeit so leben will, basiert die neue Lehre auf dem Gedanken der »ewigen Wiederkunft des Gleichen« als nicht meta-interpretativer Interpretation der Interpretationen. Die »Übermenschen« sind diejenigen Menschen der Zukunft, welche die neue Lehre in ihrer doppelten Funktion als wissenschaftliche Hypothese und als ethischer Imperativ und den sie begründenden Gedanken als Jünger der »Wiederkunft« annehmen.

N.s Bewegung der Auseinandersetzung mit dem Nihilismus-Problem ist diejenige eines perspektivischen Kreisens, in dessen Verlauf sich der Nihilismus-Begriff verschiebt, auffächert, ausdifferenziert und anreichert. So denkt N. beispielsweise in bezug auf die Heraufkunft des Nihilismus im Abschnitt 27 der dritten Abhandlung in *Zur Genealogie der Moral* in dieser Aufeinanderfolge den Willen zur Wahrheit und die Wahrhaftigkeit als Auslöser des Nihilismus zusammen. Im Nachlaß unterscheidet N. in der umgekehrten Anordnung zwischen der Kraft der Wahrhaftigkeit als durch die Moral herausgebildeter Verursachung des Nihilismus und dem Willen zur Wahrheit als durch die Philosophie hervorgebrachter Veranlassung des Nihilismus. So gliedert sich N. zum Beispiel im Hinblick auf die Selbstüberwindung des Nihilismus im Nachlaß der vollkommene Nihilismus in den passiven, aktiven, radikalen und extremsten Nihilismus auf. Danach gilt N. nicht der vollkommene Nihilismus, sondern erweisen sich ihm der radikale und der extremste Nihilismus als die Voraussetzung für die Genese einer Gegenbewegung. Ferner wird der zuerst als Parallelbegriff des Nihilismus-Begriffs verwendete Begriff des Pessimismus als Vorform des Nihilismus letztlich zu dessen Unterbegriff und wird der zunächst als Parallelbegriff des Begriffs der décadence benutzte Nihilismus-Begriff als Logik der décadence schließlich zu deren Unterbegriff. Mit dieser Einbeziehung des Nihilismus-Begriffs in die Dreiheit von Pessimismus, Nihilismus und décadence ist der vollkommene Nihilismus resp. sind der radikale und der extremste Nihilismus nicht nur logisch und psychologisch, sondern auch physiologisch als die Bedingung für die Entstehung einer Gegenbewegung zu erachten.

N.s Philosophie des europäischen Nihilismus nimmt die Selbstüberwindung des Nihilismus vorweg, mehr noch, sie antizipiert den Hazar Zarathustras. »INCIPIT ZARATHUSTRA« als Auftakt eines auf ein Jahrtausend veranschlagten tragisch-dionysischen Zeitalters der Experimente und »INCIPIT PHILOSOPHIA« als Beginn der post-nihilistischen Experimental-Philosophie des »Willens zur Macht«, des Perspektivismus und der Interpretativität sind zwei Weisen, dasselbe zu sagen (GD, KSA 6, 81; N, KSA 14, 415). Begriffsgeschichtlich betrachtet und auch angesichts von N.s Selbstverständnis als Hippolyte Taine und Jacob Burckhardt nahestehender »gründlicher Nihilist« (Erwin Rohde, 23. 5. 1887), ist N.s Philosophie des europäischen Nihilismus als Kristallisation der vorgängigen Geschichte des Nihilismus-Begriffs ein Phänomen des ausgehenden 19. Jh.s, das allerdings auf das 20. Jh. vorausweist.

Literatur: Heidegger 1950, 193–247; Hofer, H.: Barbey d'Aurevilly, N. und Dostojewskij. Zum Problem von Nihilismus und Dekadenz in der Literatur des 19. Jh.s, in: Schweizer Rundschau 68 (1969), 148–163; Jánoska, G.: Zur Geschichte des Nihilismus, in: Studia Philosophica 29 (1969), 1–18; Löwith, K.: N.s Vollendung des Atheismus, in: Steffen, H. (Hrsg.): N. Werk und Wirkungen, Göttingen 1974, 7–18; Riedel, M.: Nihilismus, in: Geschichtliche Grundbegriffe, Bd. 4, Stuttgart 1978, 371–411; Danto, A.C.: N. und der Semantische Nihilismus, in: Guzzoni, A. (Hrsg.): 90 Jahre philosophische N.-Rezeption, Königstein i.Ts. 1979, 140–154; Djuric, M.: Nihilismus als ewige Wiederkehr des Gleichen, in: ders./Simon, J. (Hgg.): Zur Aktualität N.s, Bd. 2, Würzburg 1984, 61–86; Simon, J.: N. und das Problem des europäischen Nihilismus, in: Berlinger, R./Schrader, W. (Hgg.): N. – kontrovers, Bd. 3, Würzburg 1984, 9–37; Masini, F.: Die »zweite Unschuld«, in: NSt 17 (1988), 91–107; Kuhn, E.: F.N.s Philosophie des europäischen Nihilismus, Berlin/New York 1992.

*Elisabeth Kuhn*

## Opfern

Hinter diesem Stichwort verbirgt sich eines der provokantesten und heikelsten Themen in N.s Philosophie: Für die Entwicklung des »großen Menschen« müssen die »niederen Menschen« sich opfern (↗Typus). Diese Vorstellung läßt N. bereits im Frühwerk anklingen (vgl. etwa FV 3) und verwendet sie ab 1880 häufiger, keineswegs ausschließlich im Nachlaß. Vier verschiedene Bedeutungen lassen sich hierbei unterscheiden: 1. In Anklang an die mittelalterliche Vorstellung des »sacrificium intellectus« wird die Freiheit und Entwicklungsmöglichkeit von Menschen eingeschränkt und damit geopfert, um sie zu einem Werkzeug, zu einem Sklaven umwillen der Herren zu machen (vgl. JGB, Nr. 258, KSA 5, 206; GM, 2. Abh., Nr. 12, KSA 5, 315; N, KSA 12, 181 u. 296). 2. Die Mißratenen, Kranken und Verbrecher werden mit einem Zeugungsverbot belegt (vgl. GD, Streifzüge, Nr. 36, KSA 6, 134; N, KSA 9, 627; N, KSA 13, 401, 495, 594). 3. Angesichts der Sinnlosigkeit der Welt, deren Unausweichlichkeit in der Lehre von der ewigen Wiederkehr des Gleichen verkündigt wird (↗Nihilismus), werden die »Schwachen« zum Freitod aufgefordert, oder sie richten sich selbst zu grunde (GD, Streifzüge, Nr. 36; N, KSA 11, 73, 98 u. 620; N, KSA 12, 215). 4. Millionen von Mißratenen werden vernichtet (N, KSA 11, 69, 75, 98; N, KSA 13, 638).

Mit diesen Forderungen sticht N. durchaus nicht von einigen seiner Zeitgenossen ab. Ihm geht es aber dabei nicht um die Reinheit der eigenen Rasse oder vergleichbare politisch-biologistische Vorstellungen (↗Rasse). Die nicht zu übersehenden Äußerungen im Werk N.s sind mit weiteren Konzeptionen eng verzahnt: Die Kraftmenge ist endlich, so daß nach N. gesellschaftliche Fragestellungen immer auch den Aspekt der Verteilung von Kraft haben (vgl. N, KSA 12, 462f.; N, KSA 13, 369f.). Wird der Typus der »Schwachen« und »Leidenden« in den Vordergrund gerückt, besteht zudem die Gefahr, daß die »Starken« ihr Pathos der Distanz verlieren, weil sie durch das Ausmaß an Schwäche und Häßlichkeit hinabgezogen werden, sei es in Form von Mitleid oder sei es als Verlust des eigenen Selbstgefühls. Bei dem von N. eingenommenen immoralischen Standpunkt außerhalb der auf dem Christentum basierenden Moral gibt es ferner keinen moralischen Grundsatz mehr, der eine Praxis solcher Art verbieten würde (»alles ist erlaubt«). Auf dem Hintergrund seiner Konzeption des »Willens zur Macht« ist zuletzt das Leben selbst grausamer Natur, jedes Existieren-Wollen ist per se ungerecht (vgl. z.B. JGB, Nr. 9 u. 13; N, KSA 9, 425). Dieser Grundzug des Lebens ist zu bejahen, wenn man die Größe einzelner Menschen erreichen will.

Der enge Zusammenhang mit N.s gesamter Philosophie konterkariert auf der anderen Seite eine zu oberflächliche, bloß gesellschaftliche Aspekte berücksichtigende Lesart von »Opfern«. Jedes Lebendige als ein von innen her bestimmtes Kraftzentrum geht durch sich selbst und nicht ursächlich durch andere zugrunde, es hebt sich selbst auf (↗Selbst). Auch der »höhere Mensch« opfert sich selbst, indem er sein ganzes Leben einem bestimmten Ziel unterstellt und sich dabei selbst verschwendet (vgl. N, KSA 9, 425; N, KSA 10, 622); statt dem Prinzip der Selbsterhaltung zu folgen wie der »niedere Typus Mensch«, übt er sich stets in neuen Selbstüberwindungen. Neben der Bereitschaft, sich gegenüber anderen durchzusetzen, ist der »höhere Mensch« zugleich durch Großzügigkeit und weisheitsvoller Milde gekennzeichnet (↗Übermensch). Wie auch immer man die wenigen Stellen im Nachlaß beurteilen mag, in denen N. offen die Vernichtung unzähliger Menschen fordert, sicher ist, daß es in seiner Philosophie keine moralischen Barrieren dagegen gibt und daß er die milderen Formen des »Opferns« ernsthaft vertreten hat. Konkrete Vorstellungen, wie seine Forderungen in die Wirklichkeit umgesetzt werden können, hat er freilich an keiner Stelle seines Werkes entwickelt.

*Ingo Christians*

## Pathos der Distanz

Ein in den späteren Schriften N.s aufkommendes Motiv mit starkem Schlagwortcharakter. Das Pathos der Distanz ist meist in der Nachbarschaft von Dikta wie ›Gefühl für Rang und Vornehmheit‹, ›Gehorchen und Befehlen‹, ›Kluftaufreißung‹, ›Spannkraft zwischen den Extremen‹, ›Schaffung von Werthen‹ etc. angesiedelt (vgl. GM, 1. Abh., Nr. 2, KSA 5, 259f.). N. wendet sich hierbei im besonderen gegen die Nützlichkeit der Glücks- und Tugendlehren J. S. Mills und H. Spencers, sowie i. allg. gegen tradierte Vorstellungen von Vernunft- und teleologischem Systemdenken. V. Gerhardt geht davon aus, daß das Motiv schon in N.s frühen Werken in Verbindung mit dem großen Individuum, der Wertschätzung aristokratischer Gesinnung und dem verächtlichen Urteil über Gleichheitsforderungen anklingt (vgl. Gerhardt 1989, 200).

Eines der prägnantesten Zitate des Motivs findet sich in *Jenseits von Gut und Böse*: »jenes Verlangen nach immer neuer Distanz-Erweiterung innerhalb der Seele selbst, [...] kurz eben die Erhöhung des Typus ›Mensch‹, die fortgesetzte ›Selbst-Überwindung des Menschen‹, um eine moralische Formel in einem übermoralischen Sinne zu nehmen« (JGB, Nr. 257, KSA 5, 205). N. setzt Vornehmheit nicht schlechthin mit formaler Macht oder Zugehörigkeit zu höheren Kasten gleich. Er verficht eine geistige Aristokratie, die Härte gegen sich selbst ausübt, die Fähigkeit besitzt, ↗Leid zu ertragen, und das Recht der Distanz als Voraussetzung für Erhöhung nicht aus der Zufälligkeit äußerer Positionen, sondern aus der Gestaltung der eigenen Existenz bemißt. »Dieser Struktur des Vornehmheitsideals entspricht es, daß nicht die Betätigung nach außen hin, sondern das in sich geschlossene Sein des Menschen seinen Rang bestimmt« (Simmel 1995, 383). K. Braatz sieht in der Vornehmheit mehr eine psychische Verfassung als eine soziologische Kategorie. Er spricht von einer »Dreidimensionalität des Pathos der Distanz«, die er vertikal, horizontal und temporal gliedert (Braatz 1988, 255). Jedenfalls geht es N. nicht um Schichten oder Klassen. Vielmehr prüft er einen Menschen, »ob er distinguirt: damit ist man gentilhomme« (EH, KSA 6, 362).

Literatur: Simmel, G.: Schopenhauer und N. (1907), in: Gesamtausgabe Bd. X, Frankfurt a.M. 1995, 381–408; Braatz, K.: F.N. – Eine Studie zur Theorie der öffentlichen Meinung, Berlin/New York 1988, 248–275; Gerhardt, V.: Pathos der Distanz, in: Historisches Wörterbuch der Philosophie 7 (1989), 199–201.

*Sven Brömsel*

## Perspektivismus

Der Perspektivismus ist eine entscheidende Kategorie von N.s Erkenntnistheorie (↗Erkennen), ein zentrales Prinzip der ästhetischen Darstellung seiner Gedanken und die Basis für sein Konzept einer ↗Experimentalphilosophie.

Aufgrund der Annahme N.s, daß »der Gesammtcharakter der Welt [...] in alle Ewigkeit Chaos, nicht im Sinne einer fehlenden Nothwendigkeit, sondern der fehlenden Ordnung, Gliederung, Form, Schönheit, Weisheit« (FW, Nr. 110, KSA 3, 468) ist, ergibt sich, daß diese Regelmäßigkeiten der Welt im Zuge von Aneignungsprozessen beigelegt werden. ›Welt‹ wird *interpretiert*, und Interpretieren bedeutet für N.: »Vergewaltigen, Zurechtschieben, Abkürzen, Weglassen, Ausstopfen, Ausdichten, Umfälschen« (GM, 3. Abh., Nr. 24, KSA 5, 400). N. zufolge haben wir ›Welt‹ immer nur als vielfältig interpretierte: »[D]ie Welt [...] existirt nicht als Welt ›an sich‹ sie ist essentiell Relations-Welt: sie hat, unter Umständen, von jedem Punkt aus ihr verschiedenes Gesicht« (N, 14 [93], KSA 13, 271; vgl. N, 14 [184], KSA 13, 371). Hinter den Interpretationen läßt sich keine ›eigentliche Wirklichkeit‹ ausmachen: »Thatsachen giebt es nicht, nur Interpretationen« (N, 7 [60], KSA 12, 315; vgl. JGB, Nr. 23, KSA 5, 37). Somit gibt es nur viele rivalisierende Interpretationen, die sich jeweils von ihrem Standpunkt aus behaupten wollen.

Diese standpunktabhängige Weltaneignung begreift N. als einen im Somatischen verwurzelten

Prozeß »perspektivischer Schätzung« (N, 5 [14], KSA 12, 190; vgl. JGB, Nr. 36, KSA 5, 54f. u. ebd. Nr. 3, 17f.). Die Welt »hat keinen Sinn hinter sich, sondern unzählige Sinne ›Perspektivismus‹. Unsre Bedürfnisse sind es, die die Welt auslegen« (N, 7 [60], KSA 12, 315). Daher meint N., »es bestünde gar kein ↗Leben, wenn nicht auf dem Grunde perspektivischer Schätzungen und Scheinbarkeiten« (JGB, Nr. 34, KSA 5, 53), nennt »das Perspektivische, die Grundbedingung alles Lebens« (JGB, Vorr., KSA 5, 12) oder spricht von einer »Perspektiven-Optik des Lebens« (JGB, Nr. 11, KSA 5, 26).

In dieser Optik kann es keine intersubjektiv gültige, objektive ↗›Wahrheit‹ mehr geben: »Es giebt vielerlei Augen [...] und folglich giebt es vielerlei ›Wahrheiten‹, und folglich giebt es keine Wahrheit« (N, 34 [230], KSA 11, 498).

Doch läßt sich die Einsicht in die notwendige Perspektivität des Erkennens auch ins Positive wenden, und zwar dann, wenn man es vermag, »sein Für und Wider in der Gewalt zu haben und aus- und einzuhängen: so dass man sich gerade die Verschiedenheit der Perspektiven und der Affekt-Interpretationen für die Erkenntniss nutzbar zu machen weiss. [...] Es giebt nur ein perspektivisches Sehen, nur ein perspektivisches ›Erkennen‹; und je mehr Affekte wir über eine Sache zu Worte kommen lassen, je mehr Augen, verschiedne Augen wir uns für dieselbe Sache einzusetzen wissen, um so vollständiger wird unser ›Begriff‹ dieser Sache, unsre ›Objektivität‹ sein« (GM, 3. Abh., Nr. 12, KSA 5, 364f.). N. macht konkret Gebrauch von dieser Einsicht, wenn er dazu auffordert, die »Wissenschaft unter der Optik des Künstlers zu sehn, die Kunst aber unter der des Lebens ...« (GT, Vorr., KSA 1, 14). Wie die Pünktchen am Satzende klarmachen, kann der Wechsel in der Betrachtung immer weiter fortgesetzt oder auch umgekehrt werden, z.B. die Kunst unter der Optik der Wissenschaft, d. h. physiologisch in Blick genommen werden. Daher ist bei jeder N.-Interpretation jeweils der Standpunkt zu beachten, von dem aus N. die Wissenschaft, die Moral (vgl. Stegmaier 1994), die Kunst oder das Leben perspektiviert.

Es gibt deshalb auch gute Gründe dafür, N.s literarische Strategien als Versuche zu lesen, viele Perspektivenwechsel zu ermöglichen und durchzuspielen und dabei das jeweils zugrundeliegende Affektpotential beispielsweise im Rhythmus oder durch Polemik zur Geltung kommen zu lassen. Insbesondere die ↗aphoristische Schreibweise und das Rollenspiel im *Zarathustra* sowie allgemein der von N. vorgeführte Stilpluralismus lassen sich als ästhetische Umsetzungen des Perspektivismus begreifen (Bräutigam 1977).

Insgesamt ist als Grundtendenz von N.s Perspektivismus die Verhinderung von Absolutsetzungen auszumachen. Jeder Versuch einer Fixierung und Dogmatisierung wird durch die Perspektivierung verunmöglicht. Umstritten ist jedoch dabei die Frage, ob N., wenn er die Perspektivität als Erkenntnisbedingung benennt, nicht selbst wieder einen Metastandpunkt einnimmt, von dem aus er erst die Beschränktheit der Perspektiven beschreiben kann, die: »Perspektive des Perspektivismus«. Eine solche transzendentalphilosophische Deutung von N.s Perspektivismus wird von Kaulbach (1980; 1990) und Gerhardt (1989) verfochten. Kaulbach gründet auf ihr seine Ansicht, daß N.s Perspektivismus auf ein ständiges Überwinden früherer Standpunkte und das Erreichen immer höherer, überlegener weil umfassenderer Perspektiven abziele (1980, 79, 294 u. 1990, 230f.). Gegen eine solche Lesart wurde eingewendet, daß der Perspektivismus N.s gerade impliziere, keine höheren Standpunkte mehr zuzulassen (Nehamas 1996, 78). Außerdem kann anhand der ästhetischen Gestaltung der Perspektivenfülle im *Zarathustra* konkret gezeigt werden, daß dort kein sicherer Standpunkt auszumachen ist, sondern im Gegenteil jeder Fundierungsversuch radikal destruiert wird (Zittel 2000) und daher eine transzendentalphilosophische Auslegung zu harmonisierend verfährt.

Historisch betrachtet, kann N.s Perspektivismuskonzeption, wie Kaulbach darlegt, in die Tradition des Leibnizschen Monadenmodells gestellt werden (1990, 49–58).

Literatur: Bräutigam, B.: Verwegene Kunststücke. N.s ironischer Perspektivismus als schriftstellerisches Verfahren, in: NSt 6 (1977), 45–63; Kaulbach 1980; Nehamas, A.: Immanent and Transcendent Perspectivism in N., in: NSt 12 (1983), 473–490; Heller, P.: Multiperspektivisches Interpretieren. Bemerkungen zum Thema »N. lesen«, in: NSt 13 (1984), 624–642; Gerhardt, V.: Die Perspektive des Perspektivismus, in: NSt 18 (1989), 260–282; Kaulbach, F.: Philosophie des Perspektivismus. 1. Teil: Wahrheit und Perspektive bei Kant, Hegel und N., Tübingen 1990; Stegmaier 1994,

11–25; Nehamas, A.: N. Leben und Literatur, Göttingen 1996, 69–112; Solomon, R. C.: N. ad hominem: Perspectivism, personality and *ressentment*, in: Magnus, B./Higgins, K.: The Cambrigde Companion to N., Cambridge 1996, 180–222; Danto 1998, 88–125; Zittel, C.: Das ästhetische Kalkül von F.N.s »Also sprach Zarathustra«, Würzburg 2000.

*Claus Zittel*

# Pessimismus

N. verwendet den Begriff des Pessimismus zunächst als Parallelbegriff zum Begriff des ↗ Nihilismus, bevor der Pessimismus als Vorform des Nihilismus zu dessen Unterbegriff wird.

Der Pessimismus-Begriff taucht erstmals in einem Brief N.s nach der Jahreswende 1865/66 auf (Franziska und Elisabeth N., 12. 1. 1866). Dem Pessimismus begegnet N. nach einer eigenen Äußerung zuerst in Arthur Schopenhauers Philosophie (N, 34[204], KSA 11, 489). Von N.s Schopenhauer-Rezeption an, die nach einer möglichen Begegnung mit Schopenhauer im Sommer-Semester 1865 im Herbst dieses Jahres einsetzt und die sich im Winter 1867/68 vertieft, wird der Pessimismus zum Thema. Im zwischen Winter 1869/70 und Herbst 1873 aufgezeichneten Nachlaß tritt er vor allem in Verbindung mit der Erkenntnistheorie auf. Die »Erkenntniß vom absolut Unlogischen der Weltordnung« führt zum »Pessimismus« (N, 3[51], KSA 7, 74). Zuletzt begegnet der Pessimismus-Begriff in einem Zitat aus der »Vorrede« zum zweiten Band von *Menschliches, Allzumenschliches* in *N. contra Wagner* (Nr. 2, KSA 6, 432).

Der »Pessimismus als Vorform des Nihilism« (N, 10[58], KSA 12, 491) tritt als Pessimismus der Sensibilität, als Pessimismus des unfreien Willens, als Pessimismus des Zweifels und als Revolter-Pessimismus bzw. als Entrüstungs-Pessimismus auf der einen Seite und als Pessimismus des Intellekts resp. als intellektueller Pessimismus auf der anderen Seite auf. Aus diesen Erscheinungsformen des Pessimismus geht der vollkommene Pessimismus hervor. Als Erscheinungsformen des vollkommenen Pessimismus fügen sich der Pessimismus der Schwäche bzw. der romantische Pessimismus und der Pessimismus der Stärke resp. der klassische Pessimismus bzw. der dionysische Pessimismus an. An den Pessimismus der Schwäche und an den Pessimismus der Stärke gliedert sich die extremste Form des Pessimismus, der eigentliche Nihilismus, an. Die pessimistische Verdüsterung als Folge der ↗ Aufklärung resp. der Pessimismus als Vorform des Nihilismus umschließt das erste Stadium der Modernität bis zur Mitte des 19. Jh.s. N. begreift sich in der Kritik, Vertiefung und Überwindung dessen, was ihm als Pessimismus begegnet, als »ernsthaften Fortsetzer des Schopenhauerschen Pessimismus« (N, 27[78], KSA 11, 294). Dabei sieht er seine Aufgabe darin, den Pessimismus »aus der halb christlichen, halb deutschen Enge und Einfalt zu erlösen, in der er mir, in ⟨der⟩ Metaphysik Schopenhauers, zuerst entgegentrat« (N, 34[204], KSA 11, 489) und »mit der er sich diesem Jahrhundert zuletzt dargestellt hat« (JGB, Nr. 56, KSA 5, 74). Der »Pessimismus Schopenhauers z.B., insgleichen der de Vigny's, Dostojevsky's, Leopardi's, Pascals, der aller großen nihilistischen Religionen (des Brahmanismus, Buddhismus, Christenthums [...])« (N, 14[25], KSA 13, 229f.) und der Pessimismus der »Wagner'schen Musik« (FW, Nr. 370, KSA 3, 622) stellen Varianten des romantischen Pessimismus der Schwäche dar. Zu seinen »Neuerungen« zählt N. die »Weiter-Entwicklung des Pessimismus«, nachdem er »gegen den Verfall und die zunehmende Schwäche der Persönlichkeit« angestrebt hat, »ein neues Centrum« gesucht hat und die »Unmöglichkeit dieses Strebens erkannt« hat. Darauf ist er »weiter in der Bahn der Auflösung« gegangen, hat »für Einzelne **neue** Kraftquellen« gefunden und »die **active Kraft** das Schaffende inmitten des Zufälligen« (N, 24[28], KSA 10, 661) erkannt. N.s »proprium und ipsissimum« (FW, Nr. 370, KSA 3, 622) ist die Konzeption des klassischen Pessimismus der Stärke, des dionysischen Pessimismus. Innerhalb der Spannweite zwischen dem romantischen Pessimismus der (d.h. aus und als) Schwäche und dem klassischen oder dionysischen Pessimismus der (d.h. aus und als) Stärke will N. einlösen, was er sich zum Ziel gesetzt hat: den »Pessimismus zu Ende denken und ebenso den Optimismus« (N, 34[207], KSA 11, 492). Als Vorform des Nihilismus fächert sich der Pessimismus (wie der ↗ Nihilismus als Logik der décadence) in vier Stufen von sechs Erscheinungsformen bzw. Gruppen von Erscheinungsformen auf, die einander, sich intensivierend, ablösen und von denen der Pessimismus der Schwäche und der Pessimismus der Stärke in

Opposition zueinander stehen. Der Pessimismus ist insofern zweideutig, als er sich als Anzeichen des Niedergangs oder des Aufstiegs bekunden kann.

Literatur: Hollinrake, R.: N., Wagner, and the Philosophy of Pessimism, London 1982; Kuhn, E.: F.N.s Philosophie des europäischen Nihilismus, Berlin/New York 1992, 16, 19, 237–243, 266.

*Elisabeth Kuhn*

## Poetik

Die sprachkritische Wendung der ↗Rhetorik in N.s ↗Sprachphilosophie sprengt auch den Gegensatz ↗apollinisch-dionysisch, in dem sich N.s Ästhetik bis zum Höhepunkt in der *Geburt der Tragödie* als geschlossenes Denken abspielt. Als Konsequenz wendet sich N. einer neuen Denkform zu, deren Interpretationsbedürftigkeit sowohl dem sprachkritischen Vorbehalt wie der poetischen Verdichtung experimentelle Spielräume eröffnet: dem ↗Aphorismus. Ihm zur Seite tritt eine über weite Strecken lied- und spruchhafte, parodistisch pointierte und ironisch-reflexive Dichtung, die aus der antiken Tradition der Elegie und des Epigramms als Zeugnis situationsmächtiger Schlagfertigkeit und Überzeugungskraft hervorgeht (vgl. Riedel 1998, 45–64): »Allein dem Aphorismus ist es gegeben, den Sinn zu sagen, der Aphorismus ist Interpretation und Kunst zu interpretieren. Desgleichen ist das Gedicht Wertschätzung und Kunst wertzuschätzen; es sagt *die Werte*. Aber eben Wert und Sinn so komplexer Begriffe, daß das Gedicht selbst wertgeschätzt und der Aphorismus interpretiert werden muß. So unterliegen Gedicht und Aphorismus ihrerseits einer Interpretation und Wertschätzung« (Deleuze 1976, 1985, 37).

Die Sprachkritik und die Poetik N.s begegnen sich fortan in ihrer Selbstbezüglichkeit. So entfalten N.s Metaphern ihre poetisch-philosophische Kraft zwischen der metaphorologischen Selbstreflexion ihres sprachkritischen und der metaphorischen Potenzierung ihres sprachschöpferischen Moments (vgl. Gasser 1992, 15–40 u. 188–202). Dasselbe gilt für N.s Wortspiel (vgl. Stingelin 1988a). Hier wie dort werden mit der Kommunikation die medialen Bedingungen ihrer Möglichkeit akzentuiert, bis hin zur Reflexion über den Zusammenhang zwischen Schreibwerkzeug und Bedeutung, die in N.s Schreibmaschinenexperimenten (vgl. Kittler 1985, 197–210; Stingelin 1988b) zwar besonders deutlich in den Vordergrund tritt, hier aber nur stellvertretend für eine Reihe von weiteren Reflexionen über Metrik, Rhythmik, Melodik, Tempo, Schrift oder Autorschaft stehen soll, an denen sich dies ebensogut zeigen ließe: »SIE HABEN RECHT – UNSER SCHREIBZEUG ARBEITET MIT AN UNSEREN GEDANKEN«, schreibt N. Ende Februar 1882 bestätigend an Köselitz.

Alle diese Reflexionen münden in N.s Bestimmung des »Stils«: »Stil, der mittheilt: und Stil, der nur Zeichen ist, ›in memoriam‹. Der todte Stil eine Maskerade; bei anderen der lebendige Stil. Die Entpersönlichung« (N, 1[202], KSA 12, 56). Dieses hypersensible Formbewußtsein findet seinen Ausdruck nicht zuletzt in N.s Neigung zur ↗*décadence*-Ästhetik des *l'art pour l'art* (vgl. Müller-Lauter 1983 und Stingelin 1995): »diese Leidenschaft in Fragen der Form, diesen Ernst in der mise en scène – es ist der Pariser Ernst par excellence« (EH, KSA 6, 288f.). Er hat seinen Preis, »denn nunmehr wird einem der Inhalt zu etwas bloß Formalem, – unser Leben eingerechnet« (N, 11[3], KSA 13, 10). Ein zunehmend an Gewicht gewinnender Teil dieser Poetik ist N.s Stilisierung seiner Schriften zum abgeschlossenen Gesamtwerk (vgl. Groddeck 1984), bei der die Zehnzahl eine wachsende Rolle spielt (vgl. Scheier 1990, XXXIII). In *Ecce homo* läßt N. es in Korrespondenz zu der *Geburt der Tragödie* (»Geburt«) mit *Der Fall Wagner* (»Fall«) enden. Die eigentliche selbstkritische Antwort auf die *Geburt der Tragödie* bilden aber die *Dionysos-Dithyramben* (vgl. Groddeck 1991). Hier begegnen sich das Apollinische als poetologisch gesteigertes Formbewußtsein und das Dionysische als physiologische Materialität der Kunst wieder.

Der Begriff der »Inspiration« kann als Gradmesser dienen, das jeweilige Entwicklungsstadium von N.s Poetik zu bestimmen (vgl. Meyer 1991, 386–392): Während der Mythos der Inspiration den Künstler in der *Geburt der Tragödie* als Medium des Weltwillens charakterisiert, weicht er in *Menschliches, Allzumenschliches* gänzlich dem Kalkül des Handwerklichen; beides verbindet sich im Spätwerk zum Paradox einer artistisch inszenierten und reflektierten »Inspiration«.

Literatur: Deleuze 1976; Kittler, F.A.: N. (1844–1900), in: Turk, H. (Hrsg.): Klassiker der Literaturtheorie. Von Boileau bis Barthes, München 1979, 191–205 und 338–340; Müller-Lauter, W.: Artistische décadence als physiologische décadence. Zu F.N.s später Kritik am späten Richard Wagner, in: Bürkle, H./Becker, G. (Hgg.): Communicatio fidei. Festschrift für Eugen Biser zum 65. Geburtstag, Regensburg 1983, 285–294; Groddeck, W.: »Die Geburt der Tragödie« in »Ecce homo«. Hinweise zu einer strukturalen Lektüre von N.s »Ecce homo«, in: NSt 13 (1984), 325–331; Kittler, F. A.: Aufschreibesysteme 1800/1900, München 1985; Gauger, H.-M.: N.s Auffassung vom Stil, in: Gumbrecht, H.U./Pfeiffer, K.L. (Hgg.): Stil. Geschichten und Funktionen eines wissenschaftlichen Diskurselements, Frankfurt a.M. 1986, 200–214; Stingelin, M.: N.s Wortspiel als Reflexion auf poet(olog)ische Verfahren, in: NSt 17 (1988a), 336–349; ders.: Kugeläußerungen. N.s Spiel auf der Schreibmaschine, in: Gumbrecht, H.U./Pfeiffer, K.L. (Hgg.): Materialität der Kommunikation, Frankfurt a.M. 1988b, 326–541; Scheier, C.A.: Einleitung, in: N., F: Ecce Autor. Die Vorreden von 1886, hrsg. u. eingel. v. C.A. Scheier, Hamburg 1990, VII–CXXIII; Groddeck, W.: F.N., »Dionysos-Dithyramben«, Berlin/New York 1991 (2 Bde.); Meyer, Th.: N.: Kunstauffassung und Lebensbegriff, Tübingen 1991; Gasser, P.: Rhetorische Philosophie. Leseversuche zum metaphorischen Diskurs in N.s »Also sprach Zarathustra«, Bern u.a. 1992; Stingelin, M.: N., die Rhetorik, die décadence, in: Sprache und Literatur, in: Wissenschaft und Unterricht 26 (1995), 27–44; Riedel, M.: Freilichtgedanken. N.s dichterische Welterfahrung, Stuttgart 1998.

*Martin Stingelin*

# Priester

Die Reflexion über die bedenkliche Macht des »Priesters« ist (bei N. vermittelt über Schopenhauer) ein Topos der aufklärerischen Kirchenkritik, verbunden nicht selten mit einer gewissen Mythisierung dieser Macht. Der Begriff bezeichnet in N.s Schrifttum allgemein religiöse Mittlerfiguren und vornehmlich – mit Seitenblicken in Richtung Hinduismus und Buddhismus (vgl. u.a. GM, 3. Abh., KSA 5, 377ff.) – die Amtsträger der christlichen Kirchen. Letztere gesehen als in langer Zucht entstandener Typus (der »asketische Priester«) und als machtbewußte Kaste. Zum speziellen Thema wird der »Priester« in der viel zitierten Rede Zarathustras »Von den Priestern« (Za II, KSA 4, 117–119) und in anschließenden Texten (vgl. u.a. Za IV, »Ausser Dienst«, KSA 4, 321ff.), sodann in N.s nachfolgenden Schriften *Jenseits von Gut und Böse*, *Genealogie der Moral* und *Antichrist*, sowie im Nachlaß der 80er Jahre. Biographisch steht, wie Trillhaas (1983, 32ff.) nachweist, das Andenken des Vaters im Hintergrund, auch wenn N.s Kritik sich vornehmlich am (asketischen) katholischen Priestertypus (vgl. M, Nr. 60, KSA 3, 69f. sowie FW, Nr. 350f., KSA 3, 586ff. u. ö.) orientiert. Eine theologisch begründete Salvierung des evangelischen Predigers findet bei N. keinen Anhalt.

Bei aller gelegentlichen Würdigung im Kontext von N.s Aristokratismus steht der »Priester« von vornherein unter dem Verdikt, seine Funktion und Macht auszuüben im Dienst eines als Nichts decouvrierten toten Gottes. Von hier aus gewinnt – in entschiedener Radikalisierung der Kirchenkritik der Aufklärung – alles Priestertum sofort den Grundzug der »bösartigste[n] Falschmünzerei«, des Parasitischen und der Lebensvergiftung (AC, Nr. 38, KSA 6, 210f.). Unter der Prämisse des unbedingten Atheismus (vgl. GM, 3. Abh., Nr. 27, KSA 5, 409) muß jede Mittlerschaft in sich hohl und pervertiert erscheinen: der Priester als Typus und Kaste wird für N.s Denken zum Repräsentanten einer lebensverneinenden Machtform. Gerade so jedoch, als konstruierter Gegen-Typus des höheren Daseins und als vorgestellter Virtuose einer psychologisch kundigen Machttechnik, findet der »Priester« N.s andauerndes Interesse, denn manche seiner Züge – im Hintergrund ist immer auch an das zeitgenössische Bild des »Jesuitismus« zu denken – erscheinen wie negativ gewendete Funktionen von N.s eigener Vision einer heraufzuführenden über-menschlichen Kaste. Daher die Reflexionen zu den »asketischen Idealen« (GM, 3. Abh., KSA 5, 339–412), daher aber auch die Einordnung der vergiftenden Widernatur und der Lebensfeindlichkeit des »asketischen Priesters« in das »Interesse des Lebens selbst« (GM, 3. Abh., KSA 5, 363ff.). N. findet hier eine volkspädagogisch-moralische Macht-Technik, deren Psychologie und Physiologie ihm immer neu zu denken gibt (vgl. AC, Nr. 38, KSA 6, 209ff.; N, KSA 12, 271f., 329ff. u. ö.).

Die Frage nach dem Priester rückt somit in größere Zusammenhänge von N.s Philosophie, die den Menschen (das »noch nicht festgestellte Tier;« JGB, Nr. 62, KSA 5, 81) als hybriden Experimentator mit sich selbst (vgl. GM, 3. Abh., KSA 5, 357) dynamisiert auf ein höheres Dasein hin, dessen Begründung sich mit dem paradoxen Sieg der Schwachen auf den Bahnen der Sklavenmoral (↗Herrenmoral) konfrontiert sieht (N, KSA 13, 365ff.). Der »Priester« figuriert als elitärer Agent dieser ressentimentgrundierten Sklavenmoral, der – durch Leiden herrschend – jene lebensfeindliche Erniedrigung des Menschen repräsentiert, die als destruktive Spielart des Willens zur Macht in der schließlichen Selbstaufhebung der Moral gleichwohl eine notwendige Rolle innehat.

Zu bedenken bleibt, daß N.s Genealogie des Sklavenaufstands in der Moral (JGB, Nr. 195, KSA 5, 116f.), mit dem für ihn alles Unheil der Geschichte beginnt, eine Verbindung des Priestertypus zum jüdischen Volk voraussetzt, das geradezu als »priesterliche[s] Volk des Ressentiment par excellence« (GM, 1. Abh., KSA 5, 286) charakterisiert wird. Der katholische Priester, den N. vor allem im Blick hat, übernahm im Laufe der Kirchengeschichte (nach N. bereits bei Paulus beginnend) manche Züge des jüdischen und römischen Kult-Priestertums (sacerdotium), so daß N. mit dem Scharfsinn der (doch wohl problematischen) Aversion die Linien der orientalischen Theokratie, der Rachsucht und lügnerisch-grausamen Moralherrschaft nachzeichnet, christlich inspiriert durch das Bild des »Gottes am Kreuz« (JGB, Nr. 251, KSA 5, 192ff.).

Das Element der Grausamkeit freilich gehört wesentlich gerade zur dionysischen Festfeier, die nach dem Tode Gottes an die Stelle des christlichen Kults tritt. Als »Priester« dieses Kults beschwört N. die Gestalt des Zarathustra, die in Gebärde und Wort eine sazerdotale Verwandtschaft (Za II, KSA 4, 117) durchaus zu erkennen gibt.

Literatur: Müller-Lauter 1971, 66ff; Trillhaas, W.: N.s »Priester«, in: NSt 12 (1983), 32–50.

*Peter Köster*

## Rasse: *Rassenreinheit, Herrenrasse*

Den Begriff der »Rasse« verwendet N. in mehrdeutigem Sinne: Er war im 19. Jh. ein verbreiteter Topos in den biologischen und anthropologischen Wissenschaften wie auch in den Geisteswissenschaften, nicht zuletzt aber im politischen Diskurs der Zeit, bereits mit den in ihm dominierenden nationalistischen Anklängen. Nach Heidegger ist er bei N. jedoch in keiner der erwähnten Bedeutungen gemeint, vor allem nicht biologisch, wie Klages, oder politisch, wie Baeumler (↗Politik), meinten, sondern »metaphysisch« (1961, Bd. 1, 30f.). Hierin entspricht Heidegger zwar im Ansatz der Interpretation des Begriffs bei N. durch den in dieser Hinsicht für den italienischen Faschismus prägenden Künstler und Philosophen Giulio Evola, Heidegger selbst folgt jedoch der Interpretation Ernst Jüngers, welcher in der die drei Stände überwindenden Gestalt des »Arbeiters« (1932) als einer die Welt umspannenden, neuen und einzigen »Rasse« N.s Anliegen seiner Verwirklichung – bis hin zum ↗Übermenschen – nahe sieht.

Tatsächlich wendet sich N. gegen eine Bedeutung von »Rasse« im Sinne einer Darwinschen (↗Darwinismus) Entwicklungslehre (N, KSA 13, 315f.), auch wenn er ihr Analogien entnimmt. N. selbst beruft sich anfänglich auf die »griechische« Vorstellung, es gäbe voneinander distinkte »Rassen« (N, KSA 8, 60) – zumindest zwei: ↗Barbaren und Griechen –, stellt aber sogleich dagegen, daß »Rassegriechen« (N, KSA 8, 96) selber nur aus Mischungen hervorgegangen seien.

Grund einer Fort- und Höherentwicklung von Rasse(n) sieht N. nicht zuerst im Biologischen, sondern im Geistigen: in der Zielgebundenheit und in der Gemeinschaft. Dezidert und konträr zum Üblichen setzt N. »Entartung« als vorgängiges, positives Prinzip an (MA I, Nr. 224, KSA 2, 187–189 und M, Nr. 272, KSA 3, 213f.). N. spricht sich gegen die Vorstellung einer genetisch-homogenen deutschen (↗deutsch, der Deutsche) und für die Formung einer heterogenen europäischen (↗Europa, gute Europäer) »Rasse« aus (FW, Nr. 357, KSA 3, 597–602 und JGB, Nr. 242, KSA 5, 182), die im Spätwerk als Zeichen »dekadenter« (↗décadence) Demokratie wiederum teilweise zurückgenommen wird (JGB, Nr. 208, KSA 5, 138 und JGB, Nr. 224, KSA 5, 158). Hier spielt allerdings bereits die zutiefst biologische Überlegung bzw. Metapher der »Kreuzung« von »Rassen« zur Verbesserung ihrer Eigenschaften im Sinne der ↗»Züchtung« hinein (Sloterdijk 1999, 37–47). So wird von N. auch eine Höherzüchtung des Leibes (↗Leib) propagiert.

Der Begriff der (Kultur-)»Nation« wird in einem frühen Schreiben N.s (N, KSA 1, 896) kurzfristig gegenüber dem der »Rasse« hinsichtlich einer zukünftigen Beherrschung der gesamten ↗Erde aufgewertet (N, Frühjahr-Herbst 1881,

KSA 9, 546). Später spricht N. jedoch wiederum von einer transnationalen, »philosophischen Rasse«, die sich gegen das ↗Christentum konstituiert (JGB, Nr. 252, KSA 5, 195).

Besonders in *Zur Genealogie der Moral* wird von N. schließlich der vermeintlichen historischen »Herren-Rasse« (↗Herrenmoral – Sklavenmoral) – hier der »Arier« (↗Antisemitismus) – ihre aktuelle Unterlegenheit bescheinigt (GM, 1. Abh., Nr. 5, KSA 5, 265f.). Die Definitionsgewalt in bezug auf Begriffe (↗Begriff) und ↗Werte, »gut« und »schlecht« liege jedoch wie schon in der Antike immer – und so auch zukünftig – in den Händen einer höheren »Rasse«. Entsprechend drückt N. seinen Ekel vor den »Missrathenen« aus, die Europas Luft durch das evozierte ↗Mitleid »verpesteten«, und verweist auf die ↗»blonde Bestie«, die sich am Grunde aller »vornehmen Rassen« befinde (GM, 1. Abh., Nr. 11–14, KSA 5, 274–283). An dieser Stelle wird die Grenze zwischen biologischer und metaphysischer Definition von N. verwischt, da er ausdrücklich Themen der Physiologie (↗Leben) in diesen Zusammenhang einbringt (GM, 3. Abh., Nr. 17, KSA 5, 377–382). N. gerät in die Nähe der »Rassen«-Definition Gobineaus (Taureck 1989, 27–36). Sich selbst dezentralisiert der seit der Basler Zeit staatenlose (↗Staat) N. durch den für die rassenideologische Rezeption im Nazi-Deutschland problematischen Hinweis, er stamme von der polnischen »Rasse« ab (EH, KSA 6, 268).

Literatur: Jünger, E.: Der Arbeiter. Herrschaft und Gestalt, Hamburg 1932; Heidegger 1961; Taureck, B. H. F.: N. und der Faschismus, Hamburg 1989; Sloterdijk, P.: Regeln für den Menschenpark. Ein Antwortschreiben zu Heideggers Brief über den Humanismus, Frankfurt a.M. 1999.

*Stephan Günzel*

# Rausch

Gleich zu Beginn von *Die Geburt der Tragödie* stellt N. dem »Rausch[ ]« den »Traum[ ]« (GT, KSA 1, 26) gegenüber. Diese Differenzierung, die nach heutigem Verständnis in eins fallen mag, ist das zentrale Thema des der Frühschrift hierfür zugrundeliegenden Textes *Die dionysische Weltanschauung* (KSA 1, 553–559) und seiner Umarbeitung für Cosima Wagner als *Die Geburt des tragischen Gedankens* (KSA 1, 581–587), welche beide 1870 entstanden.

In dem von N. »in die ↗Aesthetik eingeführten Gegensatz-Begriff« (GD, KSA 6, 117) ↗»Apollinisch-dionysisch«, in dem die zwei ↗»Triebe« gefaßt werden, welche die »attische ↗Tragödie« bestimmen, sind die beiden »Kunstwelten« von N. zunächst – heuristisch – »getrennt[ ]« (GT, KSA 1, 26) gedacht. Da N. »Kunst« hier sowohl im Sinne von »nicht wirklich« als auch im Sinne des »Werkes« versteht, werden »Traum« und »Rausch« miteinander vergleichbar: Ähnlich dem Vorgang des Träumens »lüge« die bildende Kunst dem Betrachter »poetisch« (↗Poetik) eine wohlgeordnete, konsistente und ins Schöne überzeichnete Welt des »Scheins« (GT, KSA 1, 26) (↗Irrtum und Schein) vor. »Scheinen« ist dabei wörtlich zu nehmen: Wie nach dem Aufwachen kann man im Betrachten bspw. eines Bildes die darin (im doppelten Sinne) *ver*zeichnete Realität »durchscheinen« sehen. – Wie im Falle des Rausches ist sich der Künstler aber des Umstandes seines Zu-tun-Habens mit der einen oder der anderen Form bewußt (N, KSA 1, 554f.).

Ist, in Schopenhauers Kantaneignung gedacht, die Traumwelt für N. die des Schönen, des Deutlichen und – wie der »Schleier der Maya« – die des notwendigen Scheins, so ist die Welt des dionysischen Rausches von der natürlichen Erhabenheit (N, KSA 7, 149) des »Grausen[s]« (GT, KSA 1, 28) bestimmt: Die Kategorien und die Kapazität der Erkenntnis scheitern an ihrem im metaphysisch-apollinischen Traum konstituierten Gegenstand, der Welt (↗Natur, das Natürliche). Entsprechend seiner kreationistischen Ästhetik proklamiert N. jedoch nicht einen nihilistischen (↗Nihilismus) Rückzug aus der Welt, sondern einen aktiven Aufgang in ihr (↗Jasagen, Bejahung): Der Mensch soll nun Künstler seiner selbst und eben dieser ihn umgebenden Mannigfaltigkeit sein. Dabei wird »[u]nter dem Zauber des Dionysischen« »der Sclave [ein] freier Mann« (GT, KSA 1, 29; KSA 1, 555). Einem toxische Rauschzustand ähnlich – der realiter entweder durch »den Frühlingstrieb« oder »das narkotische Getränk« (KSA 1, 554) herbeigeführt werden kann – mimt der Mensch das ↗Werden der Welt. Er gleicht sich ihr an und sie ihm an. In eine Kunstform übersetzt ist dies das, was für N. auch den Tanz (↗Tanz, Tänzer) und die ↗Musik (N, KSA 10, 660) im Stil des Dithyrambus, vor allem aber den Tragödienchor auszeichnet: Die repetitive (↗ewige Wiederkehr) Stimmgewalt seines Gesangs metamorphisiert rauschhaft pures Sein und erst die aus ihm heraustretenden Einzelsänger erbauen im Dialog neue, erträumte Scheinwelten. Mit den Einzelstimmen hält die Sokratische Dialektik (↗Sokratismus) Einzug in die Tragödienkunst (N, KSA 7, 67f.). – Während »Träumen« vordringlich ein visuelles Phänomen darstellt, ist »Rauschen« (Za I, KSA 4, 99) zunächst und eigentlich ein audielles.

In einer weitestgehend unberücksichtigten Version von N.s ↗Sprachphilosophie ist der Weg von »Gefühl« und »Schrei« über den artikulierten »Laut« zum »Begriff« der Weg vom irrational-dionysischen Rausch- in den rational-apollinischen Traumzustand (KSA 1, 572–577). Da N. jenes mit Asien, dieses mit Griechenland assoziiert (KSA 1, 556), kommt er in seinem ersten eigentlichen Text über die Sprache, *Ueber Wahrheit und Lüge im aussermoralischen Sinne*, zum Bild des asiatischen Tieres, dem Tiger (KSA 1, 555) – dem rauschaften, wilden Tier –, auf dessen »Rücken« der »vernünftige« Mensch »in Träumen hängend« (WL, KSA 1, 877) dahinreitet.

In *Die Geburt der Tragödie* sind beide aber als gleichberechtigte künstlich-künstlerische Aktivitäten, als »Doppelquell« (KSA 1, 553) der griechischen Kunst gedacht: Die Interaktion zwischen Einzelsänger und Chor repräsentiert das Spiel von Traum- und Rauschzustand (KSA 1, 567f.; GT, KSA 2, 30f.). – Ihnen beiden aber »im Nebeneinander«, und nicht abwechselnd, nacheinander Raum zu geben, darin bestehe »das dionysische Künstlerthum« (KSA 1, 556). So spricht N. rückblickend schließlich irreführend von beiden »als Arten des Rausches« (GD, KSA 6, 117).

In Wagner, der ihm später neben Hegel nur noch ein bloßes »Rausch-mittel« (N, KSA 11, 548) ist, gleichwie das Theaterpublikum als ein bloßer Haufen von Rausch-Abhängigen gilt (FW, Nr. 86, KSA 3, 443f.), glaubte N. zunächst den möglichen Erneuerer des Dionysischen zu erkennen. – Jedoch auch die »Geistigkeit« kann als »Rausch« (N, KSA 9, 167) mißbraucht werden, ebenso wie – entgegen N.s eigener, teils pathetisch verkündeter Maxime – das »Wieder-gesund-werden« (↗Gesundheit und Krankheit) etwas von einem trügerischen »Rausch der Gesundheit« (N, KSA 9, 140) habe.

Ein Balance stellt sich dadurch ein, daß N. den Rausch »ontologisch« als »früher« (N, KSA 13, 226), »logisch« jedoch den Traum als das »Erste« darstellt: Man muß »etwas« denken (Traum), »von dem« man sich befreien kann; aber es muß »etwas« geben, »zu dem« man sich befreien kann (Rausch). Gerade aber diese Beschreibungen sind wiederum jeweils die Eigenschaften des einen oder des anderen. – N. entscheidet sich auf der Metaebene für eine dionysische (rauschhafte) Bestimmung des Verhältnisses beider zueinander (Bataille 1999, 192f.): nämlich die Gleichberechtigung (↗Gerechtigkeit) der zwei im »Zugleich«, wodurch das Gesamtbild einen zutiefst tragischen Zug (↗Leiden) erhält (N, KSA 7, 192).

Die uniforme Benennung von konkretem Vollzug und Situierung läßt N. einen neuen Blickwinkel einnehmen, wo er den »Rausch« wie in *Götzen-Dämmerung* als die grundlegende »physiologische Vorbedingung« (GD, KSA 6, 116) ausweist. Zuletzt ist N. deshalb die (sexuelle) ↗Liebe eine Form des Rausches (N, KSA 13, 299f.), in der Macht (↗Wille zur Macht) sich als Lust äußern kann (N, KSA 13, 293–295 und 296). In der Geschlechtlichkeit äußert sich für N. eine »tempo-Verschiedenheit« (N, KSA 13, 240) des apollinisch-träumerischen oder des dionysisch-rauschaften Typus. Zusammen mit der »Grausamkeit« vereinen sich für ihn »Geschlechtstrieb« und »Rausch« im heidnischen »Fest« (N, KSA 12, 393).

Literatur: Bataille, G: N.-Chronik (1937), in: ders.: Wiedergutmachung an N. Das N.-Memorandum und andere Texte, München 1999, 181–202; Janz, C.P.: Nachträge zur N.-Biographie, in: NSt 18 (1989), 426–431; Treiber, H.: Zur »Logik des Traums« bei N. Anmerkungen zu den Traum-Aphorismen aus »Menschliches, Allzumenschliches«, in: NSt 23 (1994), 1–41; Figal, G.: N. Eine philosophische Einführung, Stuttgart 1999.

*Stephan Günzel*

# Recht

In dem Vertragsverhältnis erkennt N. das maßgebliche Rechtsinstitut, den Ursprung des Rechtsverhältnisses: »Ohne Vertrag kein Recht« (MA I, Nr. 446, KSA 2, 290). Der Abschluß eines Vertrages beendet eine gewaltsame Auseinandersetzung, einen Machtkampf, indem ein bestimmtes Machtquantum als Rechtsposition des Vertragspartners anerkannt wird: »So entstehen Rechte: anerkannte und gewährleistete Machtgrade« (MA I, Nr. 112, KSA 3, 101). Die Anerkennung bezieht sich auf den jeweiligen Machtgrad des anderen, d. h. seine Fähigkeit, Vertragspartner, Rechtssubjekt und vergeltungsfähig zu sein. Darin liegt allerdings keine Gleichstellung von Macht und Recht durch N. Die Anerkennung der Machtverhältnisse durch Abschluß seines Vertrages schafft eine »Art Gleichstellung, auf Grund welcher Rechte festgesetzt werden können« (MA I, Nr. 93, KSA 2, 90). Die Gleichstellung der Machtgrade in Hinsicht auf das Recht setzt die Vorstellung der Vertragspartner voraus, einander »vertrags- und vergeltungsfähig« zu sein. Tausch und Vergeltung bestimmen demnach das »ursprünglichste Personen-Verhältniss, das es giebt, das [...] Verhältniss zwischen Käufer und Verkäufer, Gläubiger und Schuldner: hier trat zuerst Person gegen Person, hier mass sich zuerst Person an Person« (GM, 2. Abh., Nr. 8, KSA 5, 305 f.). An der Feststellung, daß der Vertrag das ursprüngliche Rechtsverhältnis als »Personen-Verhältnis« ist, wird N.s Deutung des römischen Rechts anhand der Werke Rudolph v. Iherings deutlich, insbesondere dessen Hauptwerks *Der Zweck im Recht*, was N. zitiert (GM, 2. Abh., Nr. 12, KSA 5, 313). In dem Vertrag als Schuldverhältnis des römischen Rechts, dem Rechtsinstitut der Obligation, welches einerseits die Anerkennung als »vergeltungsfähiges« Rechtssubjekt – *persona* im Gegensatz zum *homo*, dem Sklaven, mit dem man keinen Vertrag schloß (R. Ihering, *Der Zweck im Recht*, Erster Band, Leipzig 1877, 248) – bedeutete und andererseits den Schuldner, der die Einhaltung einer Verpflichtung versprochen hatte, vollkommen der Macht des Gläubigers unterstellte und auslieferte, erkennt N. den Ursprung des Schuldbegriffs im rechtlichen, religiösen, sittlich-moralischen, sozialen und psychologischen Sinne.

Durch den Vertrag wird eine »Gleichstellung« der Vertragsschließenden geschaffen, indem ihre Position als Rechtssubjekt, ihre Machtgrade in Hinsicht auf das Recht anerkannt werden. Hieraus geht hervor, daß N. das Merkmal der Anerkennung nicht als Korrektiv einer auf den Zwangscharakter der Rechtsnorm abstellenden Vorstellung von deren Geltung versteht. Anerkennung beruht nach N. nicht auf einem Konsens jenseits der Machtverhältnisse, etwa auf einem herr-

schaftsfreien Diskurs. Die Merkmale Vergeltung und Tausch bestimmen auch den »anfänglichen Charakter der ↗Gerechtigkeit« (MA I, Nr. 92, KSA 2, 89). Insofern ist »Gleichgewicht die Basis der Gerechtigkeit« (WS, Nr. 22, KSA 2, 556). N. hat sich zu dieser Theorie des Verhältnisses von Gleichgewicht und Gerechtigkeit durch Thukydides anregen lassen (Gerhardt 1983; Ottmann ²1999). Den Begriff des Gleichgewichts bezieht N. in der Weise auf die Macht, daß die Gerechtigkeit dem Recht zu seinem Schutz einen bestimmten Machtgrad zuordnet, der dem Recht nachzufolgen hat. Die Vergeltung, welche die Gerechtigkeit fordert, ist in ihrer Tendenz der Rache als reaktivem Motiv entgegengesetzt, »indem vermöge des jus talionis ... das Gleichgewicht der gestörten Machtverhältnisse wiederhergestellt« wird (WS, Nr. 22, KSA 2, 556). In Übereinstimmung mit der Auffassung Iherings geht N. davon aus, daß nicht die Gerechtigkeit bestimmt, was als Recht gelten soll, sondern das (geschriebene) Recht, was gerecht ist.

Die Forderungen nach Freiheit, Rechtsgleichheit und Gerechtigkeit erkennt N. als Metamorphosen des Willens zur Macht entsprechend der Stellung des Einzelnen in seiner geschichtlich-gesellschaftlichen Funktion als Individuum. Sie sind auf die Erlangung von Vorrechten gerichtet, woran deutlich wird, daß N. Recht als Handlungsanspruch im sozialen Sinne versteht (N, KSA 12, 499).

Die Rezeption des römischen Rechts läßt N. zu Einsichten über das Wesen des Rechts gelangen, die den Institutionentheorien der Gegenwart und einem rechtsrealistischen Ansatz nahestehen. N. wendet sich dabei gegen die hergebrachten Auffassungen des Natur- und Vernunftrechts sowie des Positivismus. Das Recht besteht in seiner Verwirklichung, Anwendung innerhalb der gesellschaftlichen Machtverhältnisse, dem institutionalisierten Verhältnis zwischen »Befehlenden und Gehorchenden« sowie den dabei entstehenden Interdependenzen (N, KSA 11, 279). Die Rechtsanwendung muß »an die Stelle des Unbestimmten lauter feste Größen setzen« (N, KSA 12, 248). Der Einzelne gehorcht nicht dem Zwang eines Gesetzes, denn es wird nur dort befohlen, wo »der Gehorsam, die Aktion erwartet werden durfte« (JGB, Nr. 19, KSA 5, 33). Der Normbefehl, der »eine vage Abstraktion ist, in welcher unzählige Einzelfälle einbegriffen sind«, setzt somit institutionalisierte Erwartungsstrukturen voraus, innerhalb deren sich Recht verwirklicht (N, KSA 11, 279). Die Verwirklichung des Rechts innerhalb des Prozesses der Rechtsanwendung durch die »Befehlenden und Gehorchenden« sowie die dadurch entstehenden Interdependenzen sieht N. durch eine Art »Selbstregulierung« eines arbeitsteiligen Erzeugungszusammenhangs gesteuert.

Literatur: Gerhardt, V.: Das »Prinzip des Gleichgewichts«. Zum Verhältnis von Recht und Macht bei N., in: NSt 12 (1983), 111–134; Kerger, H.: Autorität und Recht im Denken N.s, Schriften zur Rechtstheorie, Heft 127, Berlin 1988; Ottmann ²1999, 220–239.

*Henry Kerger*

## Redlichkeit, intellektuelle

Die »intellektuelle Redlichkeit« scheint so etwas wie ein Markenzeichen der Philosophie N.s geworden zu sein, was ja auch in der Sache durchaus zutrifft. Allerdings führt eine genaue Überprüfung zu dem Ergebnis, daß N. den – auch in der Literatur verbreiteten – Begriff in dieser Zusammenstellung der Worte gar nicht gebraucht. Er spricht meistens schlicht von »Redlichkeit« (zuerst M, Nr. 456, 536, KSA 3, 275, 306; JGB, Nr. 227, KSA 5, 162, verbreitet in Za) oder von »Wahrhaftigkeit« (bes. SE, Nr. 4, KSA 1, 371; EH, KSA 6, 367); dagegen von »intellektueller Sauberkeit« (FW, Nr. 357, KSA 3, 600; GM 3. Abh., Nr. 27, KSA 5, 409), auch von »intellektualem« bzw. »intellektuellem ↗Gewissen« (FW, Nr. 2, 335, KSA 3, 773, 561; GD, KSA 6, 122). Dabei bedeutet die – wohl doch zuerst von N. explizit eingeführte – Ausrichtung auf das Intellektuelle ja auch eine gewisse Einschränkung der zunächst allgemein auf das Sittliche abzielenden Redlichkeit, die gern ex negativo angeführt wird (Kant: Unredlichkeit als »Ermangelung der Gewissenhaftigkeit«, *Metaphysik der Sitten*, Tugendlehre, AA Bd. 6, 430); später gewinnt der Begriff auch rechtliche und politische Bedeutung, um am Ende, jetzt vollends intellektuell ausgerichtet, für seriöse Gelehrsamkeit und unvoreingenommenes Philosophieren (Jaspers, Popper) zu stehen (v. d. Lühe 1992).

Erst bei N. gewinnt dann die Redlichkeit den vorwiegend kritischen Akzent moralisch-religiöser Skepsis gegenüber einer unlegitimierbaren moralischen oder unlimitierbaren religiösen Forderung. Man kann dabei von einer absoluten gegenüber einer relativen Redlichkeit sprechen, mit der etwa Kierkegaard vom Gläubigen die Anpassung an die religiöse Situation, vom Christen »nur Redlichkeit« verlangt (*Der Augenblick*, 34. Abt., Düsseldorf/Köln 1959, 48). Für N. verweigert jedoch das »intellektuale Gewissen« jegliche doppelte Wahrheit, bei der »das Verlangen nach Gewissheit« nicht »tiefste Noth« ist: »die Allermeisten finden es nicht verächtlich, diess oder jenes zu glauben, ohne sich vorher der letzten und sichersten Gründe für oder wider bewusst worden zu sein [...]« (FW, Nr. 2, KSA 3, 373). Hier ist denn auch die eigentlich intellektuelle Redlichkeit gefragt, welche als »letzte Tugend« der griechisch-christlichen Geistesgeschichte deren Anspruch generell in Frage stellt; eine »werdende Tugend«, insofern sie, geschichtlich entwickelt, die absolute Forderung an eben dem »Willen zur Wahrheit« scheitern läßt, den die moralisch-religiöse Interpretation selbst fordert und historisch gefördert hat (↗Selbstaufhebung): »Man beachte doch, dass weder unter den sokratischen, noch unter den christlichen Tugenden die Redlichkeit vorkommt [...]« (M, Nr. 456, KSA 3, 275).

Diese »intellektuelle Rechtschaffenheit«, der sich gerade die Deutschen (Luther, Kant und die protestantische deutsche Philosophie) immer wieder verweigert haben, verlangt ein »intellektuelles Gewissen«, das, ein »Gewissen hinter deinem ›Gewissen‹« (FW, Nr. 335, KSA 3, 561), keine Wahrheit unbewiesen, kein Gesetz ungeprüft hinnimmt. Notfalls gegen persönliche oder allgemeine »Wünschbarkeiten« gerichtet, gilt es, »hart« und »unerbittlich« zu sein, mag auch »der Gewissenhafte des Geistes« nicht mehr die Wahrheit zu finden, sondern nur die Unwahrheit aufzudecken bemüht sein: »Wo meine Redlichkeit aufhört, bin ich blind und will auch blind sein. Wo ich aber wissen will, will ich auch redlich sein, nämlich hart, streng, eng, grausam, unerbittlich« (Za, KSA 4, 312). Dabei orientiert sich N. zunächst an der Wissenschaft, welcher er die Entdeckung »alles Gesetzlichen und Nothwendigen in der Welt« zutraut, dessen Kenntnis gerade für die »Schöpfung neuer eigener Gütertafeln« unerläßlich sei: »Hoch die Physik! Und höher noch das, was uns zu ihr zwingt, unsre Redlichkeit!« (FW, Nr. 331, KSA 3, 564). Erst und nur, wenn er für die Setzungen des »Willens zur Macht« Gültigkeit beansprucht, muß der Philosoph »auch noch« den »Willen zur Wahrheit« seiner Redlichkeit opfern, um die von der Macht und für sie »geschaffene« Wahrheit zur Geltung zu bringen (GM, 3. Abh., Nr. 24ff., KSA 5, 398ff.).

Schließlich gebietet die Redlichkeit sogar »eine gute Vorsicht«, gegen ihre eigene Über-Forderung, ein »gutes Misstrauen« gegenüber ihren Motiven: »Habt da eine gute Vorsicht, ihr höheren Menschen! Nichts nämlich gilt mir heute kostbarer und seltner als Redlichkeit« (Za, KSA 4, 360). Die »freien Geister« müssen bei ihrer Tugend dafür sorgen, »dass sie nicht unsre Eitelkeit, unser Putz und Prunk, unsre Grenze, unsere Dummheit werde« (JGB, Nr. 227, KSA 5, 163) – zur »Teufelei« für andere, zur »Daumenschraube« für die Philosophen, mit der sie ihren Un-Glauben der ganzen Welt aufdrängen wollen. Vielmehr sollten diese »zu ernst in ihrer Leidenschaft der Erkenntniss und der Redlichkeit [sein], als dass sie noch Zeit und Gefälligkeit für den Ruhm hätten [...]« (M, Nr. 482, KSA 3, 286). Es würde einen »Rückfall für uns« bedeuten, wenn wir »gerade mit unsrer reizbaren Redlichkeit« wiederum »in die Moral [...] gerathen« sollten, um schliesslich noch zu zerstören, was, etwa wie die Kunst, »uns das Dasein immer noch erträglich« machen könnte und sollte: »Nun aber hat unsre Redlichkeit eine Gegenmacht, die uns solchen Consequenzen ausweichen hilft; die Kunst, als den guten Willen zum Scheine« (FW, Nr. 107, KSA 3, 464).

Literatur: Grau, G.-G.: Christlicher Glaube und intellektuelle Redlichkeit. Eine religionsphilosophische Studie über N., Frankfurt a.M. 1958; Jaspers 1981, 202ff.; Wurzer, W. S.: N.s hermeneutic of Redlichkeit, in: J. Brit. soc. Phenomenol. 14 (1983), 258–270; v. der Lühe, A.: Redlichkeit, in: Historisches Wörterbuch der Philosophie Bd. 8, Darmstadt 1992, 363–369.

*Gerd-Günther Grau*

# Religion

N.s Gedanken zum Thema tragen, wo immer sie das Wesen der »Religion« erfassen sollen, in aller Regel einen entschieden negativen und kritischen Charakter. Er geht darin über den bürgerlichen Atheisten Schopenhauer hinaus, der in der Religion eine Form von Volks-Metaphysik erblickte und ihr in allegorischem Sinn (»im Gewande der Lüge«) noch eine lebensförderliche Wahrheit zugestand. N. schreibt im Gegensatz dazu: »noch nie hat eine Religion, weder mittelbar noch unmittelbar, weder als Dogma noch als Gleichniss, eine Wahrheit enthalten« (MA I, Nr. 110, KSA 2, 110). Alle »Religion« gehört somit für N. von vornherein auf die Seite der Un-Wahrheit. Religionsphilosophie in seinem Sinn läuft hinaus auf eine »Psychologie des Irrthums« (GD, KSA 6, 95). Den seit dem 18. Jh. – aus naheliegenden politischen Interessen – gepflegten Gedanken einer Nützlichkeit der religiös gestützten Moral für das (ungebildete) Volk weist N. mehrfach entschieden zurück: »Religionen sind Pöbel-Affairen« (EH, KSA 6, 365). Sein beständiger Ausgangspunkt ist jene radikale, mit Konsequenz in den Atheismus mündende Kritik der Aufklärung, die in jeder Religion den Irrtum, den Aberglauben und zuletzt – realisiert durch die Machttechnik des ↗»Priesters« – den Volksbetrug diagnostizieren will. Daß diese Kritik besonders gnadenlos am Christentum exekutiert wird, verweist auf deren historisch-gesellschaftliche Bedingtheit und darauf, daß nicht selten in unklarer Begrifflichkeit sich Kirchen-, Christentums- und Religionskritik vermischen. Das 19. Jh. hat sich bemüht, auf die Gretchenfrage (»wie hast du's mit der Religion?«; Goethe, *Faust I*, V. 3415) eine weniger nebelhafte Antwort zu finden als der sich windende gelehrte Liebhaber.

I. Zur Einordnung von N.s Religionskritik bieten sich im 19. Jh. mehrere Linien an. Zur Jahrhundertwende versucht der Theologe F. D. E. Schleiermacher in seinen Reden *Über die Religion* (1799), die den (im Sinn der Aufklärung) Gebildeten unter den Religionsverächtern gewidmet sind, philosophisch der Religion einen genuinen Stellenwert im autonomen neuzeitlichen Subjekt zu sichern und mit der Auslegung des christlich frommen Selbstbewußtseins eine kulturelle Zeitgenossenschaft des Protestantismus zu legitimieren. Parallel dazu wird in der Hegelschen Religionsphilosophie noch einmal mit großer spekulativer Kraft eine historisch vermittelte Synthese von Idealismus und Christentum ins Werk gesetzt: Ihr Zerbrechen nach Hegels Tod 1831 führt u. a. zur Feuerbachschen Religionskritik, mit deren Grundschema (der Reduktion des projektiven Gottesbegriffs auf Anthropologie) N.s spätere Reflexion in mancher Hinsicht übereinstimmt. Insgesamt wächst im 19. Jh. die Neigung, »Religion« als anthropologische Konstante und als subjektives Apriori gegen die Christentumskritik zu salvieren. N. seinerseits ist von beiden Richtungen, vom Schleiermacherschen Neuprotestantismus und von Hegels idealistischer Synthese bemerkenswert wenig berührt. Er steht, wenn auch kritisch, unter dem Einfluß Schopenhauers und damit – vermittelt zudem durch F. A. ↗Langes *Geschichte des Materialismus* (1866) – in der weiteren Nachkommenschaft Kants. Für Kant resultiert aus der autonomen Moral die Notwendigkeit, ein »höheres, moralisches, heiligstes und allvermögendes Wesen« (Vorrede zur 1. Aufl. der Schrift *Die Religion innerhalb der Grenzen der bloßen Vernunft*, 1793) anzunehmen und damit die Verbundenheit von Pflicht und Glückseligkeit zu postulieren. Hier liegt ein Ursprung jenes »moralischen Gottes«, dessen Überwindung N. proklamiert (GD, »Wie die ›wahre Welt‹ endlich zur Fabel wurde«, KSA 6, 80f.). Dieser »moralische Gott« tritt als jene Schwundstufe des christlichen Gottes in Erscheinung, die schon bei Schopenhauer keinen Platz mehr findet. Damit ist im Grunde auch das Ende der Religion angesagt. Nicht ohne Zusammenhang damit wächst im 19. Jh. die neue Disziplin der Religionswissenschaft heran, deren (latent oder offen christentumskritisches) Interesse mit Vorliebe sich den asiatischen Religionen zuwendet. Schopenhauer bereits unternimmt eine Sichtung der Religionen aus der Perspektive seiner Philosophie; von ihm her leitet sich N.s wachsende Neigung, in den späteren Schriften (besonders in: AC, Nr. 20ff., KSA 6, 186ff.; vgl. ferner mannigfache Nachlaßnotizen: KSA 13, 267ff. u.ö.) das verhaßte Christentum (N, KSA 13, 304) als plebejischen Nihilismus kritisch den asiatischen Religionen zu kontrastieren.

II. Zum Wesen und Ursprung der Religion gibt es in N.s Schriften eine Fülle von Hinweisen, die nur in Grenzen zu systematisieren sind. Die Mehrzahl ist der »Psychologie des Irrthums« zuzurechnen, die sich besonders verdichtet im Abschnitt »Das religiöse Wesen« des Buches *Jenseits von Gut und Böse* (KSA 5, Nr. 45–62, 65–83), in der *Götzen-Dämmerung* und im *Antichrist*. Die Kriterien dieser Psychologie sind dabei stets im Kontext von N.s Erkenntniskritik zu sehen, die in radikalem Perspektivismus »Wahrheit« und »Irrtum« auf den Willen zur Macht zurückführt. Über weite Strecken erscheint die »Religion« derart in die Destruktion des Christentums verstrickt, daß ihr eigener Untergang unumgänglich wird. Denn als Resultat einer »Gesammt-Abrechnung« ergibt sich für N., daß alle bisherigen Religionen »den Typus ›Mensch‹ auf einer niedrigeren Stufe festhielten«, daß insbesondere das Christentum (trotz mancher von N. hier noch gewürdigten Verdienste) aus dem Menschen eine »sublime Missgeburt« gemacht hat (JGB, Nr. 62, KSA 5, 82f.). Daraus resultiert eine immer kritischer werdende Analyse, die den Aufweis liefern will, daß die Religion insgesamt ein Phänomen der dekadenten Erlösungsbedürftigkeit, der illusionistischen Schwäche und der Zerfallenheit mit der Natur darstellt (AC, Nr. 51, KSA 6, 230ff.; N, KSA 13, 305ff. u.ö.) und folglich zur dunklen Krankheitsgeschichte der Menschheit gehört. In diesem Zusammenhang fällt mehrfach das wirkungsgeschichtlich bedeutende Wort von der »religiösen Neurose« (JGB, Nr. 47, KSA 5, 67 u.ö.), deren Genese N.s Aufmerksamkeit gilt. Besonders in den späteren Aufzeichnungen mischt N. freilich eine doch wohl fatale Rassenlehre ein (zum Einfluß religionskundlicher Literatur vgl. KSA 14, 381, 420 u. ö.), die optimistische und pessimistische, arische und semitische Religionen derart klassifiziert, daß die nihilistische semitische Religion des Christentums als Höhepunkt des menschheitlichen Unheils figurieren muß. Insgesamt verwendet N. also die weitaus meiste Energie auf den Nachweis und die kritische Forcierung des Endes der Religion.

III. Der – speziell aus europäischer Perspektive plausible – Befund des Endes aller Religion ist nicht N.s letztes Wort. Denn auch er konstatiert eine gewisse Gegenläufigkeit: »es scheint mir, dass zwar der religiöse Instinkt mächtig im Wachsen ist, – dass er aber gerade die theistische Befriedigung mit tiefem Misstrauen ablehnt« (JGB, Nr. 53, KSA 5, 73). Damit ist das Ende der Religion nicht relativiert; vielmehr dürfte der religiöse Instinkt erst unter seiner Voraussetzung sich neue Formen suchen, die hier natürlich N.s zentralen Gedanken adäquat sein müssen. Wenn N. in sich geradezu einen »gottbildenden Instinkt« (N, KSA 13, 525) am Werk glaubt, dann nur im Kontext der bedingungslosen Absage an den christlichen Gott (»dieser erbarmungswürdige Gott des europäischen Monotono-theismus« (N, KSA 13, 525; AC, Nr. 18, KSA 6, 185). Der Gott dieses Instinkts heißt zweifellos Dionysos. – N.s Gedanke geht vielmehr dahin, der Religion als »Züchtungs- und Erziehungsmittel in der Hand des Philosophen« (JGB, Nr. 63, KSA 5, 81) eine Zukunft zu geben (vgl. N, KSA 11, 478). N.s Denken war von Anbeginn auf eine Wieder-Geburt des Tragischen gerichtet; auch der Tod Gottes deutet bei seiner Proklamation auf »Sühnfeiern« und »heilige Spiele« (FW, Nr. 125, KSA 3, 481), die sich parodistisch-prophetisch im 4. Teil des *Zarathustra* fortsetzen: als »Abendmahl« und »Eselsfest« (Za IV, KSA 4, 353ff. u. 390ff.). So kritisch N. auch in den bisherigen Religionsstiftern die »schauerlichen Zwitter von Krankheit und Willen zur Macht« (EH, Vorwort 4, KSA 6, 259) sieht, so enthusiastisch fällt die Zeichnung des Philosophen als der neuen Repräsentanz der Selbstapotheose eben desselben Willens zur Macht aus. – Mit dieser Vision leistet N. wirkungsgeschichtlich seinen Beitrag zu jener religionsstifterischen Tendenz, die seit dem 19. Jh. zunehmend zu erkennen und aus dem Ungenügen an der christlichen Fassade erklärbar ist.

Literatur: Löwith, K.: Von Hegel zu N. Der revolutionäre Bruch im Denken des neunzehnten Jh.s, Stuttgart u. a. 1950/64; Kaempfert, M.: Säkularisation und neue Heiligkeit. Religiöse und religionsbezogene Sprache bei F.N., Berlin 1971; Henke, D.: Gott und Grammatik. N.s Kritik der Religion, Pfullingen 1981.

*Peter Köster*

## Renaissance/Renaissancismus

Für N. war die Renaissance »die letzte grosse Zeit« (GD, Streifzüge Nr. 37, KSA 6, 138). Die Hochschätzung der Renaissance verband N. mit Burckhardt, dessen *Kultur der Renaissance in Italien* (1859) viele Spuren im Werk N.s hinterlassen hat. Allerdings erhält die Hochschätzung der Renaissance bei N. auch eine eigene Prägung, da er anders als Burckhardt den Immoralismus der Renaissance nicht verworfen, sondern als Symbiose von Vitalität und Kultur, von Macht und Pracht begrüßt hat. Die Wiedergeburt der Antike in Kunst und Politik der Renaissance erscheint bei N. geradezu als weltgeschichtlicher Moment, an dem der Kampf zwischen Christentum und Antike noch einmal auf des Messers Schneide steht. »Versteht man endlich, will man verstehn, was die Renaissance war? Die Umwerthung der christlichen Werthe, der Versuch [...] die Gegen-werthe, die vornehmen Werthe zum Sieg zu bringen ... Es gab bisher nur diesen grossen Krieg, es gab bisher keine entscheidendere Fragestellung, als die der Renaissance, – meine Frage ist ihre Frage –« (AC, Nr. 61, KSA 6, 250).

Cesare Borgia wird bei N. zum Symbol des Menschen »jenseits von gut und böse«. Er wird als »Raubthier« (JGB, Nr. 197, KSA 5, 117) und Vorbild der »Tugend im Renaissancestile«, der »virtù«, der »moralinfreie[n] Tugend« gefeiert (N, KSA 12, 480). N. macht da gemeinsame Sache mit Machiavelli, den er seinerseits als Politiker des »Realismus« – zusammen mit Thukydides – in höchsten Tönen lobt. »Meine Erholung, meine Vorliebe, meine Kur [...] war zu jeder Zeit Thukydides. Thukydides und, vielleicht, der principe Machiavell's sind mir selber am meisten verwandt durch den unbedingten Willen, sich Nichts vorzumachen und die Vernunft in der Realität zu sehn, – nicht in der ›Vernunft‹, noch weniger in der ›Moral‹ ...« (GD, Was ich den Alten verdanke, Nr. 2, KSA 6, 156).

Die Künstler der Renaissance – etwa Leonardo und Michelangelo – werden N. zu den großen Vorbildern für Schöpfertum und Können des einzelnen. Der Palazzo Pitti wird – wie bei Burckhardt – zum Bauwerk der Bauwerke erklärt (↗ Architektur). Aber die Hoffnung auf eine Wiedergeburt der Antike aus dem Geist der Renaissance war zunichte gemacht worden durch Luther und die Reformation. »Cesare Borgia als Papst ... Versteht man mich? ... Wohlan, das wäre der Sieg gewesen, nach dem ich heute allein verlange –: damit war das Christentum abgeschafft!« (AC, Nr. 61, KSA 6, 251). Das Christentum hatte sich reformatorisch erneuert, und die »Deutschen« hatten die Renaissance um ihren Sieg gebracht.

Ob N. Gobineaus *La renaissance* (1877) kannte, ist bis heute ungewiß. Gobineau hatte in historischen Szenen Savonarola, Cesare Borgia, Julius II., Leo X. und Michelangelo als Typen eines höheren Menschentums dargestellt. In jedem Fall zeigt N.s Feier der Renaissance einen Ästhetizismus, der das Neuheidentum, den Immoralismus und die Vitalität des Renaissancemenschen nicht als Gegensatz, sondern als Bedingung der Schöpfung großer Kultur versteht.

Spuren eines solchen Ästhetizismus finden sich in Widmanns *Jenseits von Gut und Böse* (1893) sowie in frühen Werken von Heinrich (*Die Göttin* [1902]) oder Thomas Mann (*Fiorenza* [1907]). Allerdings hat sich gerade auch Thomas Mann später vom »Ruchlosigkeitsästhetizismus« und der »Blut- und Schönheitsgroßmäuligkeit« distanziert.

*Henning Ottmann*

## Ressentiment

Der Begriff Ressentiment wird erstmals im Exzerpt von Dührings *Werth des Lebens* (N, KSA 8, 131 ff.) erwähnt, im publizierten Opus jedoch erst in der *Genealogie der Moral* (GM, 1. Abh., Nr. 10, KSA 5, 270). Als zentrale Kategorie begleitet er die Ausbildung der späten Lehren von ↗ewiger Wiederkunft und ↗Wille zur Macht (als Feindbegriff, den es durch diese zu überwinden gilt). Der Sache nach ist der semantische Gehalt des Ressentiment früh präsent. N.s Präferenz hinsichtlich des hesiodschen Unterschieds von guter und böser Eris (KSA 1, 533; FV 5, KSA 1, 783) gilt dem agonalen Wettkampfneid – nicht dem nagenden nachtragenden »schlimmen Krieg und Hader«. Als reaktiver Affekt steht das Ressentiment den aktiven Affekten und N.s emphatischer Bejahung etwa der schnellen Rache gegenüber. Als Begriff verklammert es eine ganze Gemengelage an Gefühlen und Reaktionsweisen (zunächst im Gegensatzpaar von Bildung und »›Widerstand der stumpfen Welt‹« (Goethes Epilog zu Schillers ›Glocke‹ [DS, KSA 1, 183]), der »gränzenlos egoistischen ungerechten unbilligen unredlichen neidischen boshaften« (FV 2, KSA 1, 710) Ungebildeten, sodann in der Psychologisierung des Gebildeten und Denkers als Auswirkung des Ressentiment (welches ist: »Zank, Verdruß, Verleumdung Verbitterung Niedertracht«; N, KSA 9, 30); schließlich in »Hass, Neid, Missgunst, Argwohn, Rancune, Rache« (in der Aufzählung von GM, 2. Abh., Nr. 11, KSA 5, 310), Niedriggesinntheit (AC, Nr. 62, KSA 6, 252), Engherzigkeit, Boshaftigkeit (passim). An der Bewertung der Eifersucht läßt sich studieren, wie N. zum Psychologen wird, so daß er für die Einsicht in das Ressentiment erst empfänglich wurde. In der Klassifizierung der griechischen Archaik ist die Eifersucht noch eine gefeierte Tugend, in deren Betrachtung Homer »lustvoll« (FV 3, KSA 1, 766) versunken sei. Nach der Attacke von Wilamowitz analysiert der wissenschaftlich unmöglich gemachte N. den Typus des Gelehrten (N, KSA 7, 627) als u. a. (nebst: gemein, bieder, gefühlsarm, gedankenlos, gewöhnlich, eitel) eifersüchtig, weil an ihrer Wahrheitsliebe »Ehre, Broderwerb, Beamtungen« (ebd., 630) hingen. N. stellt dann Gefühlslagen gegeneinander, die spekulativ-phänomenologische Ergebnisse produzieren können, etwa »Neid und Eifersucht. – Neid und Eifersucht sind die Schamtheile der menschlichen Seele« (MA I, Nr. 503, KSA 2, 321), und »Eifersucht ist der gereizte Zustand des Mächtigen im Verhältniss zum mächtigen Mitbewerber; Neid, der hoffnungslose Zustand, ihm nicht zuvorkommen zu können: also wenn er im Kriege unterliegt« (N, KSA 8, 364). Die Griechen seien zwar von Ressentiment durchtränkt gewesen, aber dennoch von unvergleichlicher Größe: »es erbitterte ihn [zwar], den Glücklichen zu sehen«, aber »jeder hätte sich doch ebenso benommen [...]« (ebd., 362). N. stellt sich nun auch unter sein eigenes Auspicium, so daß er eine ressentiment-freie, fröhliche Wissenschaft leben und lehren will; beim Gedanken der ewigen Wiederkunft ist gleichgültig geworden, ob Pythagoras schon Ähnliches gedacht hat: »Der neue Gedanke entzückt mich, ich verlerne immer mehr zu empfinden, daß er von mir oder einem anderen ist. Wie albern hierin eifersüchtig zu sein!« (N, KSA 9, 302) Die Rede Zarathustras über das Ressentiment deutet an, welche Gefahr dem hohen Menschen droht, wenn er durch das Ressentiment angesteckt wird: eine Art Wahnsinn kann das werden, durch Tarantelstich verursacht (Von den Taranteln, Za II, Nr. 7, KSA 4, 128). In der Spätphilosophie N.s verschärft sich die Ressentimentproblematik insofern, als nunmehr in Metaphysik, Psychologie, Geschichtsvorstellung, vor allem Moral und selbst Gott der »Bacillus« der Rache ausgemacht wird (N, KSA 13, 425). Der Unterschied zwischen dem Vornehmen und dem Ressentimentdurchtränkten ist eine gegensätzliche Vorstellung vom Feind: jener will einen Gegner jenseits von Gut und Böse, dieser ersinnt die Vorstellung des ›Bösen‹, um mit seiner Ressentiment-Klugheit Herr über den Herrn werden zu wollen (GM, 1. Abh., Nr. 10, KSA 5, 272 f.). Höchster Ausdruck einer ressentimentdurchströmten Welt sei die Vorstellung vom rächenden

Endgericht, das sämtliche geistigen Bereiche geprägt habe (GM, 1. Abh., Nr. 14, KSA 5, 281 [in der Manufaktur der Ideale], Nr. 15, KSA 5, 283 [das christliche Zuletztlachen in Tertullians *De spectaculis*] Nr. 16, KSA 5, 286 [die Apokalypse als Rachemittel gegen die vornehme römische Welt]; GD 9, Nr. 34, KSA 6, 132). Der antichristliche Affekt resultiert aus der Analyse, wie die religiösen Genies à la Paulus in die Affekte eingedrungen sind und diese umzuwerten wußten. In der Sklavenmoral werde das Ressentiment schöpferisch. Die drei großen geistig Rächenden, Luther (N, KSA 9, 114), Sokrates (u.a. GD 2, Nr. 7, KSA 6, 70) und Paulus (AC, Nr. 45, KSA 6, 222) (nicht Jesus oder Napoleon) haben nach N. ihr und mittelbar unser Zeitalter mit dem Wahnsinn des Ressentiments geimpft.

Die Ressentimentproblematik hat sich mit den Ausdeutungen Max Webers (Judentum sei ressentimentgeladen, nicht so der Buddhismus, gegenüber dem Christentum schweigend; ⁵1972, 301 ff.) einen Platz in der Religionssoziologie erstritten, in der Anthropologie spätestens seit Max Schelers epochemachendem und alle Facetten ausdeutendem Werk *Das Ressentiment im Aufbau der Moralen*. Der Ressentimentvorwurf wird bei Scheler jedoch zu einem Ressentimentverdacht, weil es nun die ganze bürgerliche – unsere – Welt sein soll, die davon durchdrungen sei; die Überwindung des Ressentiment sei eine der großen Leistungen des Christentum, was insbesondere aus der Praxis Jesu erkennbar sei (vgl. Altmann 1977). Klages hat N.s Analyse des Ressentiments in einer Kritik des »Existentialneides« und des »Lebensneides« fortgeführt (⁴1926, 29 ff.). Deleuze hat die systematischen Verbindungen zwischen N. und Freud aufgedeckt und das Ressentiment als ein bloß »reaktives« Prinzip begriffen (Deleuze 1976, 122 ff.).

Literatur: Klages, L.: Grundlagen der Charakterkunde, Leipzig ⁴1926; Scheler, M.: Das Ressentiment im Aufbau der Moralen, in: Vom Umsturz der Werte, GW 3, Bern ⁵1972 (1912); Weber, M.: Wirtschaft und Gesellschaft, Tübingen ⁵1972 (1921); Deleuze 1976; Altmann, A.: Das Ressentiment und seine Überwindung – verdeutlicht am Beispiel christlicher Moral, Bonn 1977.

*Miguel Skirl*

# Rhetorik

N.s Begriff der Rhetorik und ihre Bedeutung für die sprachkritische Radikalisierung seiner erkenntnistheoretischen Skepsis soll hier im Rahmen des antiken Lehrgebäudes erörtert werden, dessen Architektur N. in seiner Basler Vorlesung ⟨Darstellung der antiken Rhetorik⟩ (KGW II/4, 413–520) skizziert hat. Das seit 1971 vielbeachtete Vorlesungsmanuskript (vgl. Lacoue-Labarthe 1971) hat die Rhetorik nachhaltig in den Brennpunkt der N.-Forschung gerückt, wo der Vorlesung zeitweilig für N.s ↗ Sprachphilosophie dieselbe Bedeutung eingeräumt worden ist wie der gleichzeitig entstandenen Schrift *Wahrheit und Lüge im aussermoralischen Sinne*. Die Datierung des überlieferten Textes auf das Wintersemester 1872/73 oder auf das Sommersemester 1874 ist allerdings umstritten: Der Jurist Louis Kelterborn hat als einer von zwei Teilnehmern die Durchführung der Veranstaltung 1872/73 zwar bezeugt, seine Inhaltsangabe weicht aber von N.s Vorlesungsmanuskript ab und läßt vermuten, daß es sich bei diesem um die erweiterte Abschrift einer verlorenen Erstfassung handeln könnte, die N. sich zur Vorbereitung der 1874 wohl nicht mehr zustande gekommenen Wiederholung angefertigt hat (vgl. Bornmann 1997). Der unmittelbare Entstehungszusammenhang, der die Rhetorik-Vorlesung mit dem im Sommer 1873 diktierten Fragment *Wahrheit und Lüge im aussermoralischen Sinne* verknüpft, ist aber nicht von der Hand zu weisen. Das Echospiel der beiden Texte ist analog zum *linguistic turn* in der Philosophie als N.s »tour rhétorique« (Kremer-Marietti 1992, 9–48), aber auch als »ce passage (ou ce détour) par la rhétorique« (Lacoue-Labarthe 1971, 54) bezeichnet worden. Weitere Vorlesungsmanuskripte zur Rhetorik, die den akademisch vertieften Einblick des Altphilologen in ihre antike Systematik und Geschichte dokumentieren (vgl. Behler 1995), finden sich noch über die *Geschichte der griechischen Beredsamkeit* (KGW II/4, 363–411) und die *Rhetorik* von Aristoteles (KGW II/4, 521–528), die N. mehrfach in einer eigenen Teilübersetzung vorgetragen hat (KGW II/4, 529–611).

Die Architektur des antiken Lehrgebäudes der Rhetorik rekonstruiert auch N. – vor dem Hintergrund der drei Redegattungen Beratungs-, Gerichts- und Lobrede – nach den Aufgaben des

Redners und erhält auf diese Weise »eine einzige in sich geschlossene Begriffspyramide« (Fuhrmann 1987, 77): »In allen diesen Gattungen hat nun der Redner eine fünffache Thätigkeit zu zeigen 1) Erfindung inventio [...] 2) Anordnung dispositio [...] 3) Ausdruck elocutio [...] 4) Gedächtniß memoria [...] 5) Vortrag pronuntiatio oder actio« (KGW II/4, 423). Diese systematische Darstellung ist vorab Richard Volkmann und Leonhard Spengel verpflichtet (vgl. Most/Fries 1994, 30–31 und 252–253), während die daran anschließenden sprachphilosophischen Reflexionen auf Gustav Gerber zurückgehen (↗Sprachphilosophie). Im Zug seiner Gerber-Rezeption instrumentalisiert N. die Rhetorik als analytisches Werkzeug der Sprachkritik, wie sich v. a. bei der *elocutio* zeigt. Wir wollen hier in aller Kürze N.s Gesamtwerk nach den fünf Aufgaben des Redners durchgehen.

*inventio* und *dispositio:* Sowohl bei der »Erfindung« wie bei der durch diese weitgehend vorgegebenen »Anordnung« hält N. sich nicht lange auf. N.s Topik ist denn bislang auch wenig erforscht (Hinweise bei Neumann 1993, 196–201), obwohl gerade seine Benützung der Handbücher von Gerber und Volkmann als »*loci*, wo er seine Argumente und Beispiele finden kann« (Most/Fries 1994, 34), diese Frage besonders nahelegen würde. Herauszustreichen ist aber der enge Zusammenhang mit der *memoria*, finden sich doch nur Argumente, denen im Gedächtnis ein Ort zugewiesen werden kann. Die Fundorte und das Gedächtnis richten sich gegenseitig nacheinander aus (vgl. Thüring 1994, 75–77).

*elocutio:* Als eigentlicher Wörterschatz der Rhetorik umfaßt der dem »Ausdruck« zugeordnete *ornatus* die Figuren und Tropen. Vom bloßen Schmuck der Rede werden sie von N. im Anschluß an Gerber zum Wesen der Sprache erhoben: Ohne figurale und tropische Übertragungen wäre sie nicht denkbar. Damit werden die Figuren und Tropen gleichzeitig zu den wichtigsten analytischen und terminologischen Instrumenten von N.s Sprachkritik, die schon durch die Wahl dieser Begrifflichkeit die logisch gebotene Trennung zwischen Objekt- und Metasprache aufgibt und sich einer Reihe von Aporien aussetzt, die aber gleichzeitig sprachschöpferisch kompensiert werden. Hervorzuheben sind insbesondere die beiden Tropen Metapher und Metonymie. Paul de Man, dessen Lektürearbeit der Dekonstruktion sich weitgehend aus der romantischen Tradition von N.s Rhetorik-Begriff herschreibt, hat im »rhetorical model of the trope« »the key to N.'s critique of metaphysics« gesehen (de Man 1979, 109). Diese Metaphysikkritik ist im Fall der Metapher Begriffskritik, im Fall der Metonymie Kritik der Grammatik.

*Metapher:* Metapher heißt bei N. »etwas als gleich behandeln, was man in einem Punkte als ähnlich erkannt hat« (N, 19[249] KSA 7, 498). Daran knüpft sich seine Kritik der Begriffe, die dem metaphorischen Prozeß der Gleichsetzung von Ungleichem entspringen und als Analogiebildungen Logik bloß vortäuschen: »Daß es gleiche Dinge, gleiche Fälle giebt, ist die Grundfiktion schon beim Urtheil, dann beim Schließen« (N, 35[57] KSA 11, 537).

*Metonymie:* Der Verschiebungstropus der Metonymie wird bei N. als »Vertauschung von Ursache und Wirkung« (KGW II/4, 446) zum Inbegriff der Kritik am kausallogischen Trugschluß, den das grammatikalische Gefüge von Subjekt und Prädikat bedingt: »Die Trennung des ›Thuns‹ vom ›Thuenden‹, des Geschehens von einem ⟨Etwas⟩, das geschehen macht [...] – der Versuch das Geschehen zu begreifen als eine Art Verschiebung und Stellungs-Wechsel von ›Seiendem‹, von Bleibendem: diese alte Mythologie hat den Glauben an ›Ursache und Wirkung‹ festgestellt, nachdem er in den sprachl⟨ichen⟩ grammat⟨ikalischen⟩ Funktionen eine feste Form gefunden hatte« (N, 2[139] KSA 12, 136).

*memoria:* Sie wird zum eigentlichen Schauplatz von N.s Sprachkritik, ist das »Gedächtniß« doch der Ort, wo sich jene schematisierenden Abkürzungsprozesse abspielen (vgl. Stingelin 1994), durch die wir es erst »zu einer Zeichenschrift und Mittheilbarkeit und Merkbarkeit der logischen Vorgänge« bringen (N, 34[249] KSA 11, 505).

*actio:* Historische Fragen zum »Vortrag« und zur Aufführungspraxis haben sich N. vor allem im Umkreis der *Geburt der Tragödie* gestellt. Im Spätwerk steigern sich mit der Wirkungsabsicht auch N.s Reflexionen zum Pathos des großen Stils, die sich zwar noch immer im Rahmen der Rhetorik bewegen. Diese entwickelt sich aber von einem Instrument der Sprachkritik zusehends mehr zu einem Werkzeug im Dienst der anthropologischen Aufgabe der Philosophie, den »Grundtext homo natura« (JGB, Nr. 230, KSA

5, 169) neu zu interpretieren (vgl. Stingelin 1995).

Neben dem sprachkritisch und dem anthropologisch gewendeten Begriff von Rhetorik finden sich auch bei N. gelegentlich pejorative Bestimmungen als Verstellungskunst – »Die Musiker und Schriftsteller, die immer etwas vorstellen, was sie nicht sind, die Rhetoriker und Schauspieler« (N, 6[447] KSA 9, 314) –, die seit Platons Rhetorik-Kritik eine lange abendländische Tradition haben.

Literatur: Lacoue-Labarthe, Ph.: Le détour (N. et la rhétorique), in: Poétique 5 (1971), 53–76; Kofman, S.: N. et la métaphore, Paris 1972; de Man, P.: Rhetoric of Tropes (N.) (1974), in: ders.: Allegories of Reading. Figural Language in Rousseau, N., Rilke, and Proust, New Haven/London 1979, 103–118; Villwock, J.: Die Reflexion der Rhetorik in der Philosophie F.N.s, in: Philosophisches Jahrbuch 89 (1982), 39–55; Fuhrmann, M.: Die antike Rhetorik. Eine Einführung, München/Zürich 1987; Göttert, K.-H.: Einführung in die Rhetorik. Grundbegriffe – Geschichte – Rezeption, München 1991; Kremer-Marietti, A.: N. et la rhétorique, Paris 1992; Neumann, G.: »ut apes geometriam«. Zu Lichtenbergs Schöpfungstheorie und zur Geschichte des Topos-Begriffs, in: Gutjahr, O. u. a. (Hgg.): Gesellige Vernunft. Zur Kultur der literarischen Aufklärung, Würzburg 1993, 187–209; Kopperschmidt, J./Schanze, H. (Hgg.): N. oder »Die Sprache ist Rhetorik«, München 1994; Most, G./Fries, Th.: 〈«〉: Die Quellen von N.s Rhetorik-Vorlesung, in: ebd., 17–38 und 251–258; Stingelin, M.: Geschichte, Historie und Rhetorik. Eine Hinführung zu N.s Begriff der »Abkürzung«, in: ebd., 85–92; Tebartz-van Elst, A.: Ästhetik der Metapher. Zum Streit zwischen Philosophie und Rhetorik bei F.N., Freiburg i. Br./München 1994; Thüring, H.: F.N.s mnemotechnisches Gleichnis. Von der »Rhetorik« zur »Genealogie«, in: Kopperschmidt/Schanze (Hgg.), 1994, 63–84; Behler, E.: N.s Study of Greek Rhetoric, in: Research in Phenomenology 25 (1995), 3–26; Stingelin, M.: Die Rhetorik des Menschen, in: NSt 24 (1995), 336–343; Bornmann, F.: Zur Chronologie und zum Text der Aufzeichnungen von N.s Rhetorikvorlesungen, in: NSt 26 (1997), 491–500.

*Martin Stingelin*

# Romantik

Die Meinungen über N.s Verhältnis zur Romantik gehen in der Forschung weit auseinander. Während z. B. Kaufmann es für ein »Vorurteil« hält, daß N. jemals ein Romantiker war, und der Ansicht ist, dieser sei »tatsächlich [...] schon in seinen ersten drei Büchern ein Gegner der Romantik« (1982, 144) gewesen, tut Behler N.s antiromantische Haltung als bloße »Attitüde« ab (1978, 65). Nach Behler teilt N. mit der Romantik die Versuche einer »Wiederbelebung der Antike im modernen Zeitalter, den Kult des Mythischen und die Suche nach der neuen Mythologie« (ebd., 60). Offensichtlich jedoch verdankt sich Behlers Vergleich starken interpretatorischen Vorgaben insbesondere in bezug auf N.s Einstellung zum ↗Mythos. Seine Deutung, wie auch die ältere von Joël (1905) wurde daher mit Recht scharf als begrenzte und willkürliche Konstruktion möglichst zahlreicher Gemeinsamkeiten kritisiert (Polytick 1981, 201 ff. u. 1986, 242). Sogenannte ›Einflußstudien‹ tendieren häufig dazu, allzu leicht die großen sachlichen Gegensätze zwischen den verglichenen Positionen zu übergehen. Unabhängig von dem je zu differenzierenden Verhältnis N.s zu einzelnen Vertretern der Romantik wie Schlegel, Schelling, Kleist, oder besonders Wagner ergibt sich für N.s Begriff der Romantik der klare Befund einer entschiedenen Gegnerschaft.

Am ehesten ist für die vor schopenhauerisch-wagnerianischen Hintergrund konzipierte *Geburt der Tragödie* mit ihrem Geniekult und ihrer Hoffnung auf eine Wiedergeburt des tragischen Mythos durch das Wagnersche Musikdrama ein romantischer Kunstenthusiasmus dingfest zu machen. Doch sind die internen Brüche der *Geburt der Tragödie* zu stark, als daß angesichts ihrer von einer konsistenten romantischen Position N.s die Rede sein könnte. Die im letzten Teil der Schrift beschworene Wiederbelebung des Mythos war durch den vorangehenden Nachweis des notwendigen Zusammenhangs von Mythos und Kultur bei den Griechen zuvor bereits konzeptionell als unmöglich ausgeschlossen worden (vgl. Zittel 1995).

In seiner späteren Vorrede betont N. entsprechend den Gegensatz zwischen Romantik und Griechentum. Die deutsche Musik sei »Romantik durch und durch [...] und die ungriechischeste aller möglichen Kunstformen: überdies aber eine Nervenverderberin ersten Ranges« (GT, Vorr. 6, KSA 1, 19). Zudem weist er an dieser Stelle noch auf die Differenz zwischen dem Pessimismus seiner ästhetischen Metaphysik und dem antitragischen und christlichen Charakter des romantischen Strebens nach jenseitiger Erlösung hin (GT, Vorr. 7, KSA 1, 21 f.).

Aber auch in den Nachlaßfragmenten des frühen N. findet sich schon das Vorhaben einer »Überwindung der Romantiker« (N, 5 [43], KSA 7, 104). Wenn N. kritisiert: »Die Romantiker ermangeln des Instinktes: die Kunstwahngebilde reizen sie nicht zur That, sie verharren im Reizungszustande« (N, 5 [45], KSA 7, 104), ist die Hauptlinie der späteren Kritik bereits vorgezeichnet.

Der Begriff ›Romantik‹ fungiert als Formel für Krankhaftigkeit und Verlogenheit im Kontext der generellen ↗ décadence-Kritik: »Thatsächlich stellen die Romantiker eine krankhafte décadence-Form vor: sie sind sehr weit voraus, sehr spät und ganz und gar unfruchtbar ... Das Verlangen nach ehedem ist selbst ein Zeugniß für eine tiefe Unlust und Zukunftslosigkeit« (N, 15 [97], KSA 13, 463; vgl. N, KSA 13, 229). Dabei richten sich seine Angriffe vor allem gegen »den letzten Romantiker« Wagner (N, 34 [221], KSA 11, 496, vgl. N, KSA 13, 133), dem er verdeckten Nihilismus (N, 2 [127], KSA 12, 127; N, KSA 13, 416) und seine Hinwendung zum Christentum vorwirft: Wagner, »in Wahrheit ein morsch gewordener, verzweifelnder Romantiker, sank plötzlich, hülflos und zerbrochen, vor dem christlichen Kreuze nieder« (MA II, Vorr., KSA 2, 372; vgl. WA, KSA 6, 16). Insgesamt wird die Romantik als ›christliche Entartung‹ abgelehnt (N, 1 [197], KSA 12, 55; vgl. MA II, Vorr., KSA 2, 371f.).

Die Schwäche der Romantiker manifestiere sich in ihrer ebenso vergeblichen wie künstlichen Sehnsucht, zurück zu irgendwelchen Ursprüngen zu wollen: »Die ganze deutsche Romantik war eine Gelehrtenbewegung, man wollte gern in's Naive zurück und wußte, daß man's so gar nicht war« (N, 11 [25], KSA 8, 213). An seine eigene Position stellt er dagegen die Forderung, »dass wir uns keine Lügenbrücken zu alten Idealen gestatten; dass wir von Grund aus Allem feind sind, was in uns vermitteln und mischen möchte; feind jeder jetzigen Art Glauben und Christlichkeit; feind dem Halb- und Halben aller Romantik« (M, Vorr. 4, KSA 3, 16). Die antiromantische Haltung besteht somit im bewußten Aushalten des unwiederbringlichen Verlorenseins vergangenen Glücks (Zittel 1995; Bohrer 1996).

Kennzeichnend für die Romantiker sei entsprechend ihre »Selbstbetrügerei« und dazu korrespondierend ihr »Haß gegen die ›Aufklärung‹ und ›Vernunft‹« (N, 14 [62], KSA 13, 248; vgl. N, 11 [312], KSA 13, 132). Am »modernen Menschen« kritisiert N. »seine psychologische Verlogenheit – seine romantische Attitüde« (N, 12 [1], KSA 13, 199; vgl. N, KSA 12, 441f.).

Als ästhetischer Begriff wird das Romantische dem Klassischen entgegengesetzt (Meyer 1991, 647ff.). Das Grundschema dieser Romantik-Auffassung gab Goethe mit seinem folgenreichen Ausspruch: »Das Klassische nenne ich das Gesunde und das Romantische das Kranke« (Eckermann, Gespräch vom 2. 4. 1829) vor. N. übernimmt diese Charakterisierung: »Classisch und romantisch. – Sowohl die classisch als auch die romantisch gesinnten Geister – wie es diese beiden Gattungen immer giebt – tragen sich mit einer Vision der Zukunft: aber die ersteren aus einer Stärke ihrer Zeit heraus, die letzteren aus deren Schwäche« (WS, Nr. 217, KSA 2, 652). Die romantische Kunst sei »nur ein Nothbehelf für eine manquirte ›Realität‹ ...« (N, 16 [34], KSA 13, 494). Ihr wirft N. Formlosigkeit, leeres Pathos (N, 10 [25], KSA 12, 469) sowie reines Artistentum (N, 2 [131], KSA 12, 130) vor und stellt sie klassischer Formstrenge gegenüber: »Romantik: die Feindschaft gegen den klassischen Geschmack, den einfachen, den strengen, den großen Stil« (N, 14 [7], KSA 13, 221). Aufgrund dieses deutlich ›apollinisch‹ ausgerichteten Stil-Ideals gerät er jedoch in Konflikt mit der an anderer Stelle postulierten Antithese zwischen dem Romantischen und dem Dionysischen. Im einschlägigen Aphorismus Nr. 370 der *Fröhlichen Wissenschaft* mit dem Titel: »Was ist Romantik?« unterscheidet N. zwischen einer »tragischen«, »dionysischen Kunst«, die aus dem Leid »an der Ueberfülle des Lebens« hervorgeht, und der Romantik, die aus einer »Verarmung des Lebens« resultiere und daher entweder »Erlösung von sich durch die Kunst und Erkenntniss« suche »oder aber den Rausch, den Krampf, die Betäubung, den Wahnsinn« (KSA 3, 620f.; vgl. Meyer 1991, 312ff. u. 647ff.). Nimmt man noch N.s positive Würdigung des Barockstils (MA II, Nr. 144, KSA 2, 437f.) hinzu, fällt es schwer, N.s ästhetische Position anhand seiner fluktuierenden Bewertungen der auflösenden, dynamischen, bändigenden und statischen Stilprinzipien eindeutig auszumachen.

Die meisten von N.s agressiven Romantik-Verdikten entsprechen – wie Politycki (1986) im einzelnen aufzeigt – landläufigen Klischees der Literaturgeschichtsschreibung des 19. Jh.s.

Literatur: Eckermann, J.-P.: Gespräche mit Goethe, München 1976; Joël, K.: N. und die Romantik, Jena/Leipzig 1905; Kunne-Ibsch, E.: Die Stellung N.s in der Entwicklung der deutschen Literaturwissenschaft, Aassen 1972, 166–192; Behler, E.: N. und die Frühromantische Schule, in: NSt 7 (1978), 88–96; Heller, P.: N.s Kampf mit dem romantischen Nihilismus, in: NSt 7 (1978), 27–50; Politycki, M.: Der frühe N. und die deutsche Klassik. Studien zu Problemen literarischer Wertung, Straubing/München 1981; Kaufmann 1982; del Caro, A.: Anti-Romantic Irony in the Poetry of N., in: NSt 12 (1983), 372–378; Politycki, M.: Umwertung aller Werte? Deutsche Literatur im Urteil N.s, Berlin/New York 1989, 230–243; Meyer, Th.: N. Kunstauffassung und Lebensbegriff, Tübingen 1991, 295–315, 642–650; Zittel, C.: Abschied von der Romantik im Gedicht: N.s »Es geht ein Wandrer durch die Nacht«, in: Nietzscheforschung 3 (1995), 193–206; Bohrer, K.-H.: Der Abschied. Eine Theorie der Trauer, Frankfurt a.M. 1996.

*Claus Zittel*

## Schaffen

»Das einzige Glück liegt im Schaffen« (N, KSA 10, 135) – nach dieser Losung richtet N. konsequent die Gestaltung seines Lebens und seiner Philosophie aus. Dabei überliest man leicht, daß N. keineswegs einer reinen Genieästhetik, dem Schaffen eines ungebundenen Subjekts, das Wort redet. So wie er Freiheit und Notwendigkeit (freilich nicht im Sinn einer kausalen Determinierung gemeint) als Aspekte jeder Tätigkeit ansetzt, ohne sie – wie z.B. Kant – auf zwei Bereiche zu verteilen und damit säuberlich zu trennen, so betont er neben der Kreativität zugleich die »Verzahnungen«, die zwischen den menschlichen Aktivitäten herrschen (vgl. WS, Nr. 198). Entwicklung und Originalität interpretiert N. als eine Art Transformation von »Kraft« (vgl. sein »Gesetz der Umsetzung«; N, KSA 8, 41). Produktivität betrachtet er dabei nicht als ein Spezifikum des Menschen, sondern in seiner Sicht verfügt alles Organische über eine schöpferische, gestaltende Kraft (vgl. N, KSA 11, 503; ↗Wille zur Macht).

Bei seinen Darlegungen zur Originalität des Schaffenden orientiert sich N. an dem in der antiken Rhetorik entwickelten Modell der imitatio (»Nachahmung«), womit die eigenständige Rezeption und Verarbeitung – nicht das bloße Kopieren – von Vorbildern gemeint ist. Nachahmung begreift er ähnlich wie Seneca (vgl. den 84. Brief an Lucilius, den N. sicherlich kannte) als ein Einverleiben, das, einem Verdauen gleichkommend, einen zweistufigen Prozeß umfaßt: die Chaotisierung des Aufgenommenen, wodurch ihm seine angestammte Ordnung geraubt wird, und dessen neue Gestaltung (↗Kraft). Wie bei einer neuartigen Metapher führt das von N. favorisierte Schaffen zu einer Ausnahme vom Gewohnten und Regelhaften, allerdings stets der Gefahr ausgesetzt, in das Gewohnte wieder zurückzufallen (↗Typus). Die Ausnahme – etwa ein neuartiger Begriff oder vor allem ein Mensch mit individueller Moral – muß sich als Ausnahme von der Regel abgrenzen und ist doch zugleich stets auf sie bezogen, indem die Ausnahme ihre besondere Stellung der Distanz zum Regelhaften verdankt und indem die Ausnahme zugleich versucht, das Regelhafte ihren Maßstäben unterzuordnen, wodurch sich die Ausnahme von einem pathologischen oder exzentrischen Sonderfall unterscheidet (zu Ausnahme und Regel vgl. etwa N, KSA 7, 490f.; FW, Nr. 354f.; JGB, Nr. 268; thematisiert von N. auch unter den Paaren »Nähe – Ferne«, »Oberfläche – Tiefe«, »zeitgemäß – unzeitgemäß« »edel – gemein«, vgl. N, KSA 7, 159; PhtZ, Nr. 3, KSA 1, 816; MA I, Nr. 616; MA II, Nr. 200; FW, Nr. 3). Ein Ausnahme-Mensch bleibt also nur ein solcher, wenn er sich als Ausnahme ständig erneuert, wenn er über seinen gegenwärtigen Zustand hinausstrebt (↗Selbst). Schaffen versteht N. demnach nicht nur als nachahmendes Umwandeln des Vergangenen, sondern ebensosehr als ein Über-sich-Hinausschaffen in Zukünftiges (↗Zeit).

Ferner untersucht N. die Bedingungen, die für das »Schaffen« förderlich sind: 1. Die Steigerung der menschlichen Kreativität bedarf bestimmter kultureller und politisch-gesellschaftlicher Voraussetzungen, die nach N. nur in einer Aristokratie erfüllt werden können (↗Aristokratie). Gleichzeitig wirkt sich das Schaffen der von ihm geforderten »großen Menschen« auch auf einer politisch-gesellschaftlichen Ebene aus (↗große Politik), worauf bereits N.s Wort vom »Herrenrecht, Werte zu schaffen« (vgl. JGB, Nr. 261, KSA 5, 213) hindeutet. 2. »Alle Schaffenden aber sind hart« (Za II, KSA 4, 116). Für genuine Produktivität und für ihre Steigerung ist äußerste Konsequenz und Radikalität erforderlich; alles andere muß dem untergeordnet werden – und das gilt auch für das eigene Leben und das der anderen Menschen (↗Opfern). 3. Schaffen setzt nach N. das Chaos und das Erlebnis der Krise voraus. In Hinsicht auf den Menschen bringt N. diese doppelte Eigentümlichkeit des Chaos in die prägnante Formel »der schreckliche Grundtext homo natura« (JGB, Nr. 230, KSA 5, 169). Leid und Schmerz sind nach N. unabdingbare Voraussetzungen für das »Schaffen« (vgl. GD, KSA 6, 159), ja aus überströmender Kraft suche man sich die ungünstigsten Umstände für das »Schaffen« aus (vgl. N, KSA 11, 129, 214, 217). 4. Jedes Schaffen hat ein konkretes Ziel, es soll *etwas* erreicht werden. Dieses zu schaffende Werk muß aber nach N. bei aller inhaltlichen Offenheit zwei Anforderungen genügen: Durch dieses muß erstens Macht ausgeübt werden (bei einem literarischen Werk etwa durch seine Sprache, Begriffe und dargelegten Problemen, vgl. N, KSA 11, 507 u. 526), es muß also »züchtend« wirken, was hier heißen soll: provokant für die schöpferischen Menschen und sie aufstachelnd zur eigenen Produktion, für die schwächeren Menschen hingegen bezwingend (vgl. etwa N, KSA 12, 211–216). Zweitens darf das Werk, gerade weil es als Reiz für neues Schaffen wirken soll, den Schaffensprozeß, aus dem es herstammt, nicht verbergen; es muß ihn widerspiegeln, was nach N. nur möglich ist, wenn es seine eigene Auflösung zuläßt. Nur auf diese Weise wird das Dilemma gelöst, das dadurch entsteht, daß zwar das »Schaffen« und dessen Steigerung an sich das Ziel sind, daß sie aber stets nur auftreten, indem etwas geschaffen wird. N.s frühes, sein Philosophieren bereits prägendes Paradigma ist hierbei die Tragödie, bei der das apollinische Drama, die Festlegung in Sprache und Begriffe, sich am Ende zugunsten der Musik, der schöpferischen Bewegung, auflöst (↗Tragödie; vgl. auch N, KSA 12, 114). In dem unablässigen, niemals stillestehenden Spiel von Schaffen (d.h. das Chaos gestalten und etwas hervorbringen), Zerstören (etwas zum Chaos machen), Sich-selber-Schaffen (im Sinne der Selbstüberwindung) und Sich-selber-Zerstören (im Sinne einer Selbstauflösung) erblickt N. das dionysische Phänomen (vgl. N, KSA 11, 610f.).

*Ingo Christians*

# Schauspieler, Maske

N.s spätes Bekenntnis, das Problem des Schauspielers habe ihn am längsten beunruhigt (vgl. FW, Nr. 361), verweist auf eine biographische und auf eine philosophische Dimension. Die Begegnung und Auseinandersetzung mit Wagner gewann u. a. auch deshalb eine solche Intensität für N., weil er bei ihm den Hang zum Schauspielern gespiegelt sah, den er nur allzu gut an sich selbst kannte. Philosophisch nähert er sich der Problematik des Schauspielers nicht nur in phänomenologischer Hinsicht, indem er die von jedem Künstler, aber auch von weiteren Personengruppen (nach N. z.B. Juden, Christen, Frauen), ja selbst von Lebewesen aller Art entwickelte Tendenz zum Darstellen und Verstellen eingehend wie kritisch thematisiert hat (vgl. z.B. MA, Nr. 51 u. 624; WS, Nr. 58; FW, Nr. 78; N, KSA 12, 323f. u. 550); den »Künstler« erprobt N. darüber hinaus als Prototypen für den großen, schöpferischen Menschen, der selber nicht umhin kann, das Schauspielern zu kultivieren. N. rechnet den Künstler zum Kreis seiner Vorbilder, weil in unserer Welt, in der nach dem Dafürhalten N.s letztgültige Wahrheiten fehlen (↗Gott, Gott ist tot) und in der das Streben, solche zu erreichen, als lebensverneinend und unfruchtbar einzuschätzen ist, der Umgang mit dem »Schein« maßgeblich wird (↗Wahrheit, ↗Irrtum und Schein, ↗Lüge). Authentisch kann sich das menschliche Selbst in dieser »Welt des Scheins« nicht mehr äußern (vgl. N, KSA 11, 32; vgl. hierzu auch N.s differenzierte Analysen zur menschlichen Eitelkeit, MA, Nr. 79, 89, 137, 162, 170, 313, 545f., MA II, Nr. 38, 46, 64; WS, Nr. 60, 181). Auf der anderen Seite folgert aber N. aus dem Vermeiden des Gegensatzes von »echt« und »verlogen« nicht die Gleichwertigkeit aller Ausdrucksformen des ↗Selbst.

Zwei Typen von (Lebens-)Schauspielern unterscheidet N. grundsätzlich: zum einen den instinktiven, der nicht um seine Verstellung weiß, und zum anderen den berechnenden Schauspieler, der seine Ausdruckskraft bewußt einsetzt (vgl. GT, KSA 1, 83f.; N, KSA 12, 323f.). Obgleich fasziniert vom ersten Typus, von dieser ungebrochenen Naivität des Verstellens, hebt N. die Andersartigkeit des mit philosophischer und psychologischer Einsicht begabten höheren Menschen in der Moderne hervor, wehrt sich aber gleichzeitig gegen den zweiten Typus, gegen die Gefahr, von ihm vereinnahmt zu werden oder gar selbst ihn zu verkörpern. Diesen zweiten Typus mitsamt der spannungsvollen Distanz und Nähe zu ihm, in die N. und der von ihm entworfene höhere Mensch sich hineingestellt sieht, verkörpert im Leben N.s wie in seinem Werk die Person Wagners (vgl. z.B. N, KSA 11, 554f.; KSA 12, 80). Wagner als Inbegriff jenes künstlerischen Menschen, der ausschließlich sein Publikum durch Effekte in Bann ziehen und dadurch überwältigen wolle; er sei der Schauspieler par excellence.

N.s Intention, durch den Aspekt des Schauspielerhaften zwei Weisen von Künstlern (und, insofern er Kunst und Politik auf einer Ebene angesiedelt hat, auch zwei Weisen von Herrschern) zu unterscheiden, den »schwachen« und den »starken«, steht im engen Zusammenhang mit seinem Begriff der Macht (↗Wille zur Macht). Neben den Hang zum Schauspielern tritt bei dem »starken« Künstler eine doppelte Kraft, die dem Wagnerschen Typus völlig abgehe: nämlich einerseits der »große Stil«, der sich im souveränen Verfügen über die Ausdrucksmittel, also im gestalterischen Willen, zeigt (vgl. GD, Streifzüge, Nr. 8–11; N, KSA 13, 240, 246f., 293f.), und andererseits die als Gegenmacht des Willens zum Schein auftretende Redlichkeit, die mit aufklärerischem Impetus die verborgenen Antriebe allen Handelns aufdeckt (vgl. JGB, Nr. 230; ↗Skepsis).

Neben der schroffen Gegenüberstellung von Redlichkeit und Willen zum Schein läßt N. beide auch ineinander übergehen, und zwar erstens durch die Einsicht, daß trotz ihres äußerlich so verschiedenen Erscheinungsbildes beide nur Ausdrucksformen des Willens zur Macht sind. Nicht nur ein Schauspieler will Herr über sein Publikum werden, sondern auch der Redliche will die durch den Willen zum Schein fehlgelenkten, falschen Erklärungen des menschlichen Verhaltens bezwingen und zum Schluß auch die Triebbasis seines eigenen Bemühens um Redlichkeit ans Licht zerren, so daß er sich mit einem Hang zur Grausamkeit gegen sich selbst wendet und daher sich selbst relativiert (vgl. JGB, Nr. 227–230; N, KSA 10, 20f.). Zweitens will N. den Hang zum Schauspielern auf die Spitze treiben, indem er als Narr und Possenreißer das Schauspiel seiner selbst aufführt und somit ausdrücklich bejaht, um gleichzeitig unter der Schelmenkappe »Tiefes« heiter zu verkünden (vgl. JGB, Nr. 270; EH, KSA 6, 315f.; Vinzens 1999, 214f.).

In Kontrast zur negativen Auflading der Figur des Schauspielers setzt N. den Begriff der Maske (vgl. N, KSA 12, 79f.). Seinen berühmten Ausspruch »Alles, was tief ist, liebt die Maske« (JGB, Nr. 40, KSA 5, 57) entfaltet er dabei in mehreren Dimensionen: 1. Die Maske des von sich aus die Einsamkeit suchenden Einsiedlers bietet dem »freien Geist« *Schutz* vor Mißverständnissen und vor dem – auch von Mitleid getragenen – Streben, ihn wieder auf das Niveau der Mittelmäßigen einzuebnen; sie gibt ihm die Möglichkeit zur *Distanz* (N, KSA 11, 557–559 u. 609f.). 2. Sich in vielerlei Masken dem Spiel des Heiteren hinzugeben (die »Sonne des Südens« zu genießen), gewährt dem »großen Menschen« eine *Erholung* von seiner rücksichtslosen Redlichkeit, welche alle Dinge auf ihre Genese und auf ihren Wert hin abklopft (FW, Nr. 107; N, KSA 11, 508). 3. Zu jedem Menschen gehören nach N. – wobei er an den ursprünglichen Wortsinn von *persona* als Maske erinnert – mehrere Personen, die jeweils einzelne Qualitäten zusammenfassen und betonen (heute könnte man hierfür den Begriff der »sozialen Rolle« ins Spiel bringen); »Maske« ist damit ein Ausdruck für die *Vielgestaltigkeit* und *Komplexität* des Menschen (vgl. N, KSA 11, 108, 168, 248 u. 558). 4. In einer Welt des reinen Scheins, in der authentische Äußerungen nicht vorkommen, ist jegliche Mitteilung nur in indirekter Form möglich. Auch der eigene – wennmöglich sogar vielfältige – Sprachstil bleibt hier gegenüber der Dynamik der Gedanken unzulänglich (vgl. JGB, Nr. 40, 289 u. 296). Die Sprache mit ihren Wörtern als »Masken der Gedanken« bildet daher keine Gegenstände oder Gedanken mehr ab; Masken – verstanden als *Gegenbegriff* zum *Bild* – verweisen zunächst nur auf sich, durch ihre Vielzahl auch auf andere Masken und aufgrund ihres Wechsels auch auf das, was sich nicht darstellen läßt (mit dieser Gedankenfigur nähert sich N. der modernen Kunst mit ihrem Verzicht auf Repräsentation an). 5. Durch diese sich im Spiel der Masken niemals auflösende Spannung von Selbstbezug einerseits und Selbstbeschränkung, Selbstauflösung und Selbstüberwindung andererseits steigert sich für den »großen Menschen« die *schöpferische Kraft*, die N. unter dem Namen des Dionysos auftreten läßt

(N, KSA 11, 485f.; ↗Apollinisch-dionysisch; ↗Kraft), – freilich mit der Gefahr als Kehrseite, daß sich diese Menschen, falls sie sich begegnen, aufgrund ihrer Masken verkennen und so in ihrer Einsamkeit verbleiben müssen (N, KSA 11, 559).

Literatur: Bertram 1965; Jaspers (1918) 1981, 399–409; Kaufmann, W.: N.s Philosophie der Masken, in: NSt 10/11 (1981/82), 109–131; Meyer, T.: N. Kunstauffassung und Lebensbegriff, Tübingen 1991, 193–197, 522–528; Vinzens, A.: F.N.s Instinktverwandlung, Basel 1999.

*Ingo Christians*

## Schuld

In dem »Gefühl der Schuld, der persönlichen Verpflichtung« entsprechend dem »ältesten und ursprünglichsten Personen-Verhältnis« zwischen Gläubiger und Schuldner erkennt N. den Ursprung (Entstehungsgrund) und die Bedeutung des Begriffs der Schuld im religiösen, (privat- und straf-)rechtlichen, moralischen sowie »psychologischen« Sinne (GM, 2. Abh., Nr. 8, KSA 5, 305). Das Personen-Verhältnis als vertragliches Schuldverhältnis, wie es durch das römische Recht als persönliches Machtverhältnis zwischen Gläubiger und Schuldner ausgeformt worden ist und bis in die Gegenwart fortgilt, sieht N. als Ursprung des Rechtsverhältnisses vor »irgendwelchen gesellschaftlichen Organisationsformen« an. Diesen Einsichten N.s liegt Iherings Auffassung des römischen Rechts zugrunde (R. Ihering, *Der Zweck im Recht*, Erster Band, Leipzig 1877, 248f.). Das persönliche Schuldverhältnis zwischen Gläubiger und Schuldner bestimmt das »Selbstgefühl« des Menschen, der sich damit »bezeichnete [...] als das Wesen, welches Werthe misst, werthet und misst als das ›abschätzende Thier an sich‹« und sich »Äquivalente« für den Ausgleich der Schuld ausdenkt (GM, 2. Abh., Nr. 8, KSA 5, 306). Das ursprüngliche Personen-Verhältnis im Sinne der römischen Obligation, »Kauf und Verkauf, sammt ihrem psychologischen Zubehör«, bestimmt das »keimende Gefühl von Tausch, Vertrag, Schuld, Recht, Verpflichtung, Ausgleich«, welches von da aus erst auf die »anfänglichsten Gemeinschafts-Komplexe« übertragen wird »mit der Gewohnheit, Macht an Macht zu vergleichen« und schließlich die allgemeine Wertung entstehen läßt: »›jedes Ding hat seinen Preis; Alles kann abgezahlt werden‹«; darin sieht N. zugleich den »ältesten und naivsten Moral-Kanon der Gerechtigkeit« (GM, 2. Abh., Nr. 8, KSA 5, 306). Hieran wird deutlich, daß N. – ausgehend von der Rezeption des römischen Rechts – das Schuldverhältnis als Voraussetzung und Entstehungsgrund einer Schuld, als »Gefühl« einer Verpflichtung, die durch Tausch, Vergeltung, »Äquivalente« abgezahlt werden kann, zugleich im rechtlichen, moralischen und »psychologischen« Sinne behandelt. In dem römischen »Obligationen-Recht«, welches seinerseits eine Säkularisation des *fas*, des religiösen Schuldverhältnisses zu den Göttern darstellt, erblickt N. das anschauliche Beispiel für die »vielleicht unlösbar gewordne Ideen-Verhäkelung ›Schuld und Leid‹« und stellt die zentrale Frage, wie durch Leiden Schuld abgezahlt werden kann (GM, 2. Abh., Nr. 6, KSA 5, 300).

In den nach römischem Recht (Ihering 1877, 285) juristischen »Schulden gegen die Gottheit« sieht N. die maßgebliche Quelle eines »Schuldbewußtseins« auch im moralischen Sinne, weshalb »die Heraufkunft des christlichen Gottes als des Maximal-Gottes, der bisher erreicht worden ist [...] auch, das Maximum des Schuldgefühls auf Erden« hat entstehen lassen (GM, 2. Abh., Nr. 20, KSA 5, 330). Erst in dem Wegfall der Vorstellung verbindlicher Schulden gegen einen Gott als Gläubiger sieht N. die »eigentliche Moralisierung« der Begriffe Schuld und Pflicht, »die Zurückschiebung derselben in's Gewissen, noch bestimmter, die Verwicklung des schlechten Gewissens mit dem Gottesbegriffe«, so daß sich die Entwicklung »umgekehrt« und sich der Schuldbegriff nun gegen den »Schuldner« wendet, »in dem nunmehr das schlechte Gewissen sich dermaassen festsetzt [...] und polypenhaft in jede Breite und Tiefe wächst, bis endlich mit der Unlösbarkeit der Schuld auch die Unlösbarkeit der Busse, der Gedanke ihrer Unabzahlbarkeit (der ›ewigen Strafe‹) concipirt ist« (GM, 2. Abh., Nr. 21, KSA 5, 331). N. nennt es einen »Geniestreich des Christenthums«, daß ein Gott sich für die Schuld der Menschen opfern sollte (ebd.).

Literatur: Kerger, H.: Autorität und Recht im Denken N.s, Berlin 1988, 12–24, 73, 74; Gasser, R.: N. und Freud, Berlin 1997, 299–302, 441–452.

*Henry Kerger*

# Seele

Der inflationäre Gebrauch des Wortes »Seele« bei N. ist den mannigfaltigen Auseinandersetzungen in der zweiten Hälfte des 19. Jh.s mit einem der mächtigsten Schlagworte des Abendlandes geschuldet. N. lädt die »Seele« mit einem ganzen Heer unterschiedlichster Metaphern auf, die sie mit den gängigen Gegensätzen N.s verbindet: »große und kleine, hohe und tiefe, gesunde und kranke, vornehme und gemeine« (Reuter 1988, 195). Die »Seele« kann aber auch »eng, frohsinnig, knieend, kriegerisch, reich, singend, umfänglich, verschwenderisch, wild und vieles mehr sein« (ebd.).

Die Frage nach dem, was und wie die »Seele« sei, wird durch diese Sprachmanöver mehr unterdrückt als beantwortet, weil die »Seele« für N. »nur ein Wort für ein Etwas am Leibe« (Za I, KSA 4, 39) ist. Seine Auseinandersetzung mit dem Problem des Gegensatzes von ↗Leib und Seele richtet sich gegen die Dominanz der »Seele«. Sie soll für ihr kommendes Heil den Leib unterdrücken und als schuldig hinstellen, um so ihren jenseitigen Frieden zu finden (↗Christentum). N.s Kritik gipfelt darin, der »Seele« die Existenz abzusprechen (NW, KSA 6, 419). Um den Blick auf den ↗Leib und durch ihn auf die Welt zu richten, genügt es für eine Umwertung der ↗Werte jedoch nicht, einfach von der Nichtexistenz der »Seele« auszugehen, sondern es ist eine »Kritik der modernen Seele« (N, KSA 11, 691) notwendig, indem man eine »Geschichte der menschlichen Seele« (N, KSA 11, 469) am »Leitfaden des Leibes« (N, KSA 11, 565) schreibt. Foucault hat sich diesen Topos N.s in *Überwachen und Strafen* zunutze gemacht, um eine »Genealogie der modernen ›Seele‹« (Foucault 1994, 41) auszuarbeiten.

N.s Kritik an der »Seele« ist nicht auf den Dualismus von Leib und Seele beschränkt. Ab Sommer 1885 reiht er den Begriff »Seele« in die Kette der abzulehnenden metaphysischen Begriffe ein. Mit implizitem Rückgriff auf *Ueber Wahrheit und Lüge im aussermoralischen Sinne* (↗Wahrheit) konstatiert N., daß der Glaube der Philosophen an Sprache und Grammatik die Zähigkeit erklärt, »mit der sie sich an ›Subjekt‹ ›Leib‹ ›Seele‹ ›Geist‹ klammern« (N, KSA 11, 631), um in ihrer Geschichte die »›Seele‹ zuletzt als Subjektbegriff« (N, KSA 12, 13) aufzufassen, in dessen Folge sich nach N. der »Substanzbegriff« ergibt. Er schließt daraus: »geben wir die Seele, ›das Subjekt‹ preis, so fehlt die Voraussetzung für eine ›Substanz‹ überhaupt« (N, KSA 12, 465).

Obwohl N. »jede als absolut verstandene Gegensätzlichkeit bestreitet« (Müller-Lauter 1971, 15), also auch die von Leib und Seele und den Begriff »Seele« an einer Stelle (NW, KSA 6, 419) völlig ablehnt, benutzt er dennoch zur Umschreibung des ↗Übermenschen das Bild von der verschwenderischen »Seele«. Besonders im *Zarathustra* verbindet N. den ↗Übermenschen mit einer gebenden »Seele«, »der nicht Dank haben will und nicht zurückgiebt« (Za I, KSA 4, 17). Die »Seele« will geben, ohne zurückzunehmen, um sich so den Kreisläufen des Tausches zu entziehen, was Derrida allerdings ohne direkten Bezug zu N. untersucht hat (vgl. Derrida 1993). Die »Seele« kennt »das Glück des Nehmenden nicht«, weshalb sie von N. als »springender Brunnen« (Za II, KSA 4, 136) vorgestellt wird. Die verschwenderische »Seele« besitzt die schenkende Tugend (Za I, KSA 4, 97ff.), die ungemein, unnütz und keinem Zweck untergeordnet ist, außer dem der ständigen Selbstüberwindung in der Verschwendung. Die schenkende Tugend und mit ihr die verschwenderische »Seele« ist »Kennzeichen einer letztlich grund-losen, grenzenlosen Überfluß offenbarenden Tätigkeit, die nicht produktiv ist, um das Produzierte oder dessen Gegenwert zu behalten; vielmehr verschwendet sie sich im ›Schenken‹ als jenem Können, das Ausdruck der schöpferischen Potenz des Willens zur Macht ist« (Pieper 1990, 343).

Literatur: Müller-Lauter 1971; Reuter, M.: N.s Seele in acht Teilen, in: Kamper, D./Wulf, Chr. (Hgg.): Die erloschene Seele. Disziplin, Geschichte, Kunst, Mythos, Historische Anthropologie Bd. I, Berlin 1988, 195–218; Pieper 1990; Derrida, J.: Falschgeld. Zeit geben I, München 1993; Foucault, M.: Überwachen und Strafen, Frankfurt a.M. 1994.

*Thomas Klauck*

# Selbst

»Selbst« fungiert in N.s Philosophie als ein umfassender Ausdruck für die Gesamtheit des Menschen als *leibliches* Individuum. Damit wendet sich N. zunächst gegen die traditionelle Auffassung, das Wesen des Menschen sei die Seele, der

Geist oder das »Ich«. Nicht das Bewußtsein mache den vornehmsten Teil des Menschen aus, dieses sei vielmehr nur ein oberflächlicher Ausdruck des verborgenen Triebgeschehens (↗Bewußtsein, ↗Seele). Die platonische Verhältnisbestimmung von Seele und Leib kehrt N. bewußt um, wenn er das »Ich« zum Werkzeug des Leibes herabstuft: »Hinter deinen Gedanken und Gefühlen, mein Bruder, steht ein mächtiger Gebieter, ein unbekannter Weiser – der heisst Selbst. In deinem Leibe wohnt er, dein Leib ist er« (ZaI, KSA 4, 40). Die leiblichen Triebe benutzen das bewußte Ich, indem sie etwa dessen Fähigkeit zur sprachlichen Mitteilung oder zur strategischen Planung für das Erreichen ihrer Ziele einsetzen. Jener berühmte Ausspruch Zarathustras aus dem Kapitel »Von den Verächtern des Leibes« zeigt aber zugleich, daß N. über jene Umkehrung hinausgreift und die Aufspaltung zwischen Seele und Leib gerade überwinden will. Bei jedem leiblichen Geschehen sind nach ihm geistige Tätigkeiten – etwa in der Form von Urteilen und Wertschätzungen – mitbeteiligt, freilich treten sie da nicht als solche auf (↗Leib). Durch diese ganzheitliche Qualität kann N. den Leib als »große Vernunft« oder das Selbst als »Weisen« (wie im obigen Zitat) charakterisieren, während der Intellekt aufgrund seines einseitigen Bestrebens, sich von dem Zusammenhang mit dem Leib zu lösen, mit der Folge, den Gesamtorganismus zu schwächen, als »kleine Vernunft« degradiert wird.

Ebenso wie beim Verhältnis von Leib und Intellekt rückt N. an die Stelle des »Ich« das Selbst, das er durch ähnliche Eigenschaften auszeichnet wie in der Metaphysik zuvor das bewußte Ich, nämlich durch Identitäts-Stiftung und Rückbezüglichkeit. Denn das Selbst organisiert die vielfältigen, von Haus aus ungeordneten, regellosen Funktionen des Leibes so, »daß trotz aller gegensätzlichen Elemente und Spannungen daraus der Leib als ein einheitliches Gebilde allererst hervorgeht« (Pieper 1990, 154). Das Selbst ist allerdings keine Instanz außerhalb des Konfliktes der Triebe, sondern *der* Trieb, der die anderen Triebe beherrscht und sich diese für seine Ziele gefügig gemacht hat (vgl. N, KSA 12, 104; ↗Wille zur Macht, ↗Subjekt). In dem bereits erwähnten Zitat drückt das N. durch die zunächst befremdende Formulierung aus, daß das Selbst einerseits im Leib wohnt, andererseits der Leib selbst ist.

Die theoretische Re- und Neuformulierung des klassischen »Ich«-Gedankens, die N. eigentlich erst im Zusammenhang mit der Konzeption des »Willens zur Macht« erreicht, verbindet er auf der einen Seite durchweg mit der Problematik, in welchen konkreten Formen sich das Selbst zeigen und wie der Mensch sich selbst erleben kann. Seine vor allem in *Menschliches, Allzumenschliches*, *Morgenröthe* und *Fröhliche Wissenschaft* durchgeführten psychologischen Analysen zur Eitelkeit, zur Selbstsucht, zur scheinbaren Selbstlosigkeit – etwa beim Mitleid –, zum Selbsthaß und ↗Ressentiment, zum Selbstgenuß und dem Gefühl der eigenen Macht sind hier zu nennen (einen Überblick dazu bietet Gerhardt 1996, 125–161). Auf der anderen Seite spielt die praktisch-existentielle Frage, wie man sich selbst und sein Leben gestalten kann, für N. eine zentrale Rolle. So rezipiert er antike Techniken der Selbstgestaltung, sucht nach geeigneten Vorbildern (↗Typus) und experimentiert mit Lebensformen wie dem epikureischen »Freigeist« oder dem von der »Leidenschaft der Erkenntnis« Ergriffenen (vgl. Brusotti 1997).

Über diese verschiedenartigen Felder, auf denen N. sich bei der Thematik des Selbst bewegt, läßt sich als Motiv die von ihm geschätzte – zuletzt als Untertitel von *Ecce homo* eingesetzte – paradoxe Formel »werde, der du bist« stellen, die er aus der 2. Pythischen Ode von Pindar übernimmt, modifiziert freilich in charakteristischer Weise (Pindars Spruch läßt sich so übersetzen: »werde derjenige, wie du es einst gelernt hast zu sein«; vgl. Collins 1997). Indem N. die Orientierung bei Pindar auf das Einst-Gelernte kappt, spannt er Entwicklung und So-Sein des Selbst auf freischwebende Weise zusammen, wodurch er seinem Spruch stets neue Nuancen abgewinnen kann (vgl. N, KSA 8, 340; MA I, Nr. 263; FW, Nr. 270 u. Nr. 335; N, KSA 9, 555; Za IV, KSA 4, 297; N, KSA 13, 290; EH, KSA 6, 293).

Die Gestaltung der Triebe versteht N. als einen künstlerischen Akt; seinem Charakter, so fordert er, muß man »Stil« geben (vgl. FW, Nr. 290). Zwar ist dafür eine gewisse Erkenntnis der eigenen Stärken und Schwächen erforderlich; weil das Selbst aber sich stets weiterentwickelt, Erkenntnis jedoch in N.s Sicht eine perspektivische, daher auch verfälschende Festlegung bedeutet und zudem durch den Rückbezug auf Vergangenes charakterisiert ist (↗Erkenntnis), hält er eine erkenntnismäßige Durchdringung des Selbst für unmöglich (vgl. etwa MA I, Nr. 491; Nr. 223; GM, Vorrede; N, KSA 11, 154 u. 639; N, KSA 12, 240f.). Die Formel »werde, der du bist« dient N. damit auch als Kontraposition gegen den in der platonischen Tradition als Aufforderung zur philosophischen Selbsterkenntnis gedeuteten delphischen Spruch »Erkenne dich selbst«.

N.s Devise ist die Treue zum eigenem Selbst, aber nicht gemeint als ein Festhalten an einer bestimmten Gestalt des Selbst, sondern als ständige Neuverwirklichung. Selbstgestaltung im Sinne N.s ist jenseits der beiden Extreme von purer Selbstsucht und Selbstlosigkeit angesiedelt. Wie er anscheinenden Altruismus als verkappten Egoismus interpretiert, so opponiert er – mit Ausnahme von *Menschliches, Allzumenschliches* (vgl. Nr. 92, 99 u. 102) – auf der anderen Seite gegen das für den ↗»Darwinismus« wie für moderne Gesellschaftstheorien (etwa derjenigen von Hobbes) und auch für Spinoza und Schopenhauer prägend gewordene Paradigma der Selbsterhaltung (vgl. N, KSA 9, 234; N, KSA 11, 222 u. 233; N, KSA 12, 275; Abel 1981/82 u. ²1998, 28–81). Und es ist gleichsam N.s besondere List (ausgedrückt am pointiertesten in *Zur Genealogie der Moral*), die christliche Moral der Selbstlosigkeit auf Gegenseitigkeit als Ausdruck von Menschen zu interpretieren, die zu schwach sind, um unmittelbar zu herrschen, und, um sich selbst gegenüber den Starken erhalten zu können, die allgemeine Zurückhaltung und Harmlosigkeit aller fordern. Statt Selbstsucht und Selbstlosigkeit zu kontrastieren, favorisiert N. die Polarität von Selbstverschwendung und Selbstbeherrschung. Wer über Kraft und Macht verfügt, geht in seinen Aktivitäten über eine bloße Daseinssicherung hinaus, ohne Rücksicht auf sich und andere läßt er seine Kraft aus (↗Opfern), ja er begeht Handlungen, die vom Standpunkt der Selbsterhaltung aus unklug sind. Sich so zu verausgaben, kann selbst ein so beschaffener Mensch freilich nur zeitweilig durchhalten, ist doch auch seine Kraft endlicher Natur. Deshalb muß er auf der anderen Seite seine Kraft »aufstauen« und darf nicht auf jeden Anreiz sofort reagieren; er muß sich selbst überwinden, indem der mächtigste Trieb die anderen Triebe an ihrer Entladung hindert (vgl. N, KSA 10, 485 u. 529). Auslassung von Kraft und Selbstdisziplinierung fordern sich also gegenseitig.

Selbstbeherrschung als Grundlage aller Tugend versteht N. im Sinne einer Selbstüberwindung (vgl. z.B. MA I, Nr. 55; WS, Nr. 45; N, KSA 10, 282f.; N, KSA 11, 273; JGB, Nr. 200), interpretiert in den 80er Jahren auf der Folie des ↗»Willens zur Macht«. Bei einer Selbstüberwindung im Sinne N.s tauscht daher nicht ein unverändert bleibender Kern des Selbst gewisse ihm anhaftende Eigenschaften aus; vielmehr wird hierbei eine neue Ordnung der Triebe und damit tatsächlich – wenngleich auch zumeist nur in Nuancen – ein neues Selbst geschaffen. Den Sprung vom »alten Selbst«, vom vorhergehenden Herrschaftsgefüge der Triebe, zum »neuen Selbst« überdeckt indes letzteres, indem es das ihm Vorangehende als seine Entwicklung deutet, als das, was seinen jetzigen Zustand notwendigerweise vorbereitet hat und wofür es Verantwortung übernimmt, wodurch es zugleich seine Macht steigert und umfassendere Perspektiven gewinnt (vgl. N, KSA 12, 114). Selbstüberwindung schließt daher auch Selbstauflösung ein. Diese betrifft nicht nur den alten Zustand des Selbst, sondern auch den gegenwärtigen; weil jede Selbstüberwindung nur zur erneuten Ausübung von Kraft dient, diese jedoch wiederum eine neue Aufstauung herausfordert, ist in jeder Überwindung seiner selbst bereits in nuce die eigene Auflösung enthalten. Die Denkfigur der Selbstauflösung (vgl. Zittel 1995) – den Terminus ↗»Selbstaufhebung« sollte man lieber vermeiden, um nicht falsche Assoziationen zur Hegelschen Dialektik herauszufordern – hat N. über die Thematik der Selbstgestaltung hinaus auf unterschiedlichen Gebieten angewandt, beim Untergang der Tragödie (vgl. GT, KSA 1, 74f.), bei der Selbstzerstörung der konsequent-skeptischen Erkenntnis (vgl. N, KSA 7, 61f. u. 428; N, KSA 10, 15–17) und der Wissenschaft (vgl. *Zur Genealogie der Moral*), bei der »Selbstaufhebung der Moral« (vgl. M, Vorrede, Nr. 4; N, KSA 12, 161f. u. 211f.), bei der Selbstzerstörung der »Schwachen«, die instinktiv das tun, was ihnen schadet (vgl. N, KSA 13, 279). Der Übergang von einer Selbstauflösung im Sinne einer Selbstzerstörung zu einer Selbstüberwindung erfolgt keineswegs automatisch, es ist gerade N.s Anliegen, dafür Möglichkeiten aufzuweisen und Anreize zu geben, etwa zu einer neuartigen Form von »Immoralität«, zu einer individuellen Disziplin der Triebe, nach dem »Selbstmord der Moral«. Das

Spiel von Selbstauflösung und Selbstüberwindung beschränkt N. dabei nicht auf den menschlichen Bereich, sondern erklärt es zu einem Prinzip des Lebendigen überhaupt (vgl. GM, 3. Abh., Nr. 27, KSA 5, 410; N, KSA 11, 610f.; ↗Wille zur Macht).

Die zur Selbstüberwindung und zum Schaffen des Selbst hinzugehörende Aneignung des Vergangenen, wodurch erst eine (lebensnotwendige) Identität über den Augenblick hinweg erreicht wird, kann ein Mensch in N.s Sicht über die je individuelle Lebensgeschichte hinaus weitertreiben, insofern er die Vorstellung und Haltung intensiv pflegt, daß alles Geschehen miteinander verknüpft ist (vgl. etwa N, KSA 12, 137 u. 300; N, KSA 13, 234 u. 337; ↗Ewige Wiederkehr des Gleichen). Nicht nur den Begriff der Identität des Selbst weitet N. auf diese Weise aus, auch das zweite Kennzeichen des Selbst, seine Rückbezüglichkeit, formt er um. Denn den ausschließlichen Bezug auf sich selbst hält er für selbstzerstörerisch; produktiv wird dieser erst durch den Übergang zu einer neuen Gestalt. Weil das Selbst stets in Entwicklung begriffen ist, kann es niemals zu einem authentischen Ausdruck seiner kommen, weder für andere noch für sich (↗Schauspieler). »Jeder ist sich selbst der Fernste«(GM, Vorrede 1, KSA 5, 248) – das sei nicht beklagenswert, sondern Bedingung aller schöpferischen Selbst-Entwicklung, ist ihr Ziel doch im Grunde genommen niemals erreichbar.

Literatur: Abel, G.: N. contra »Selbsterhaltung«. Steigerung der Macht und ewige Wiederkehr, in: NSt 10/11 (1981/82), 367–384; Pieper: 1990, 149–162; Zittel, C.: Selbstaufhebungsfiguren bei N., Würzburg 1995; Gerhardt 1996; Nehamas, A.: N. Leben als Literatur, Göttingen 1996; Brusotti 1997; Collins, D.: On the Aesthetics of the Deceiving Self in N., Pindar and Theognis, in: NSt 26 (1997), 276–299; Abel ²1998, 28–81; Christians, I.: Der Reiz und Sporn des Gegensatzes, Diss. München 1999.

*Ingo Christians*

## Selbstaufhebung

In den Registern der N.-Ausgaben wird der Terminus der Selbstaufhebung überhaupt nicht geführt, von den philosophischen Handbüchern ganz zu schweigen; auch in der Sekundärliteratur wird die – religionsgeschichtlich wie philosophisch gleichermaßen bedeutsame – Interpretation kaum behandelt, – außer dem Verfasser geht nur Jaspers kurz darauf ein. Wie wichtig jedoch dem Philosophen seine Entdeckung war, mag man daraus ersehen, daß er sie mehrmals ausführlich darstellt, teilweise wörtlich wiederholt (FW, Nr. 344, 357, KSA 3, 377, 600; GM, 3. Abh., Nr. 24, 27, KSA 5, 450, 409f.); immer wieder streift er, von der Moral auf das Christentum übergreifend, auch bei der Behandlung der Gerechtigkeit (GM, 2. Abh., Nr. 10, KSA 5, 309), den Prozeß, durch den »jedes gute Ding auf Erden, sich selbst aufhebend« enden müsse. Gemeint ist der Sachverhalt, daß, wie es an der Kernstelle (GM, 3. Abh., Nr. 27, KSA 5, 410) heißt, »Alle grossen Dinge« – will sagen: alle endgültigen Interpretationen und die mit ihnen gegebenen Forderungen – »durch sich selbst zu Grunde [...] gehen, durch einen Akt der Selbstaufhebung«; genauer: durch den Wahrheitswillen, der schließlich das eigene Gesetz aufheben muß, wenn sein überhöhter Anspruch die Sinngebung gefährdet, der die »Selbst-Ueberwindung« (Za, KSA 4, 146) dienen soll; – »[...] so will es das Gesetz des Lebens, das Gesetz der nothwendigen ›Selbstüberwindung‹ im Wesen des Lebens, – immer ergeht zuletzt an den Gesetzgeber selbst der Ruf: ›patere legem, quam ipse tulisti‹« (GM, KSA 5, 410).

Von einer Selbstaufhebung kann man insofern sprechen, als die großen (ideologischen) Ansätze nicht dem Angriff des weltanschaulichen Gegners von außen erliegen, vielmehr durch die vom jeweiligen Glauben selbst geforderte ↗»Redlichkeit« innerlich zerstört werden; beim einzelnen Vertreter wie in der geschichtlichen Entwicklung. Charakteristisch ist dabei, daß die Aufhebung, ebenso ungewollt wie unbewußt, oft genug in gegenteiliger Absicht vertiefter Begründung vollzogen wird: »Aber was das Wunderlichste ist: Die, welche sich am meisten darum bemüht haben, das Christenthum zu halten, zu erhalten, sind gerade seine besten Zerstörer geworden, – die Deutschen« (FW, Nr. 358, KSA 3, 602f.). N. denkt vor allem an die deutsche protestantische Philosophie, deren Restauration nur als kritische Destruktion gelingen konnte; damit sei das Christentum »als Moral« zugrunde gegangen, nachdem es zuvor »als [katholisches, d. Verf.] Dogma« durch die Reformation aufgehoben wurde: »Nachdem die christliche Wahrhaftigkeit einen Schluss nach dem andern gezogen hat, zieht sie am Ende ihren stärksten Schluss, ihren Schluss gegen sich selbst« (GM, 3. Abh., Nr. 27, KSA 5, 410).

N. erwähnt zuerst in der Vorrede zur *Morgenröthe*, auf die »Formel« gebracht, »die Selbstaufhebung der Moral«, derzufolge »wir«, als »Menschen des Gewissens« »der Moral das Vertrauen gekündigt« haben – und zwar »aus Moralität« (M, Vorr., Nr. 4, KSA 3, 16). Im letzten, nachgereichten Buch der *Fröhlichen Wissenschaft* wird dann die Selbstaufhebung auf die christliche Entwicklung übertragen, die ihren Anspruch vor der Wissenschaft nicht rechtfertigen kann. Allerdings könne man gerade aus dieser Entwicklung ersehen, »[i]nwiefern auch wir noch fromm sind« (FW, Nr. 344, KSA 3, 574ff.), wo doch »unser Glaube« an die Wissenschaft »immer noch ein metaphysischer Glaube« ist, der sein »Feuer« an Plato und dem christlichen Glauben »entzündet« hat. N. selbst zählt sich mit seinem radikalen Wahrheitswillen zu den »Erben von Europas längster und tapferster Selbstüberwindung«; der »redliche Atheismus« sei nicht sowohl der »Rest« als der »Kern« des absoluten Ideals (GM, 3. Abh., Nr. 24ff., KSA 5, 398ff.).

Der Terminus der Selbstaufhebung mag an Hegel erinnern, bei dem N. die Einbringung des Entwicklungsgedankens durchaus rühmt, sofern damit die Relativierung des Absoluten durch die Geschichte vollzogen sei (FW, Nr. 357, KSA 3, 598); allerdings bestreitet er die darauf gegründete Wahrheit des Absoluten. Man kann daher das Geschichtsverständnis der Selbstaufhebung als negativen Hegelianismus verstehen, an dessen Ende die Vernunft ihre Unfähigkeit entdeckt, das Absolute als Wahrheit zu fassen.

Literatur: Grau, G.-G.: Christlicher Glaube und intellektuelle Redlichkeit. Eine religionsphilosophische Studie über N., Frankfurt a.M. 1958; ders.: Die Selbstauflösung des christlichen Glaubens. Eine religionsphilosophische Studie über Kierkegaard, Frankfurt a.M. 1963; Jaspers 1974, 211ff.

*Gerd-Günther Grau*

# Sklave, Sklaverei

Mit seiner vor allem im Früh- und Spätwerk auftretenden Behauptung von der »Nothwendigkeit der Sklaverei« (N, KSA 11, 74) richtet sich N. unmißverständlich gegen den Fundamentalsatz der Moderne, in dem die Freiheit und Gleichheit aller Menschen postuliert wird. Zugleich drückt er damit seine Opposition aus gegen Sozialismus und bürgerlichen Kapitalismus, gegen die Entfremdung der modernen Welt (vgl. Ottmann ²1999, 27–31, 295–97). Seine Befürwortung einer aristokratischen Gesellschaft wie einer Rangordnung zwischen einem höheren und einem niederen Typus von Menschen inszeniert N. zuweilen so plakativ, daß man andere nuanciertere Wendungen leicht überliest, etwa wenn er für die kulturelle Steigerung von Menschen eine »Sklaverei in irgend einem Sinne« (JGB, Nr. 257, KSA 5, 205) fordert. Die abwertende Bezeichnung von Menschen als »Sklaven« – daneben kann N. den in seinen Augen niederen Typus von Mensch auch mit Ausdrücken wie »Herdentier«, »die Mittelmäßigen«, »die Schwachen« belegen (↗Masse) – dient dabei nicht nur der Unterscheidung zweier Arten von Moral (↗Herrenmoral – Sklavenmoral), sondern steht in dem größeren Zusammenhang seiner Darlegungen zur Problematik der Entstehung von Ordnung überhaupt (↗Wille zur Macht). Vor zwei extremen Beurteilungen sollte man sich daher hüten: Weder geht N. mit seinem Ruf nach neuen Formen der Knechtschaft völlig konform mit dem antidemokratischen deutschen Zeitgeist, noch sind diese Formen allein im übertragenen Sinn ohne politische Auswirkungen gemeint (wie etwa W. Kaufmann glaubt). Mit hoher Sensibilität spürt N. zwei Grundzüge der antiken Sklaverei auf: ihre (im Gegensatz zur Neuzeit) vielfältigen, auf rein soziologische Kriterien nicht reduzierbaren Formen und die Diskriminierung der Sklaven lediglich aufgrund ihrer Unfreiheit. Beides nimmt er in seine Überlegungen mit auf, ohne eine bloße Rückkehr zur griechischen Welt zu intendieren (vgl. FV 3; N, KSA 10, 335–340; GM, 1. Abh.), sind doch seine Anthropologie und seine Bestimmungen zur Machtrelation zwischen Herr und Sklave, welche zusammen seine Konzeption der Sklaverei erst fundieren, neuzeitlicher Herkunft. Im Vergleich zum gewöhnlichen Verständnis weitet er bewußt die diskriminierende Etikettierung »Sklave« aus, so daß z.B. auch der Gelehrte, der Mönch, der Beamte als Prototypen für Abhängige bei ihm erscheinen können (vgl. N, KSA 11, 73). Kultureller Fortschritt ist nach N. nur möglich, wenn einzelne höhere Menschen die Arbeits- und Forschungsergebnisse vieler

»niederer Menschen« abschöpfen können (↗Opfern). In dieser Weise läßt sich durchaus N.s eigener Gebrauch von Handbüchern etc. oder sein Aufruf am Ende der 1. Abhandlung von *Zur Genealogie der Moral* zu weiterreichenden moral-historischen Studien interpretieren. Zugleich bieten die »Sklaven« für die »Herren« immer wieder Reiz und Widerstand dar, wodurch letztere ihre Macht steigern können (vgl. N, KSA 11, 126, 222 u. 284; N, KSA 12, 491 f.). Die Formel »Knechtschaft des Geistes« (N, KSA 9, 34) ist weiterhin gegen die ausschließliche Maxime gerichtet, auf geistigem Gebiet müsse Freiheit herrschen. Zwang und Unterdrückung sind vielmehr für die Entwicklung des höheren Typus selbst unabdingbar, weil bei jeder geistigen Zucht, d. h. bei der Weiterentwicklung eines bestimmten Triebes, die von allen Trieben gebildete Gesamtkraft auf ein konkretes Ziel ausgerichtet wird, dem alle anderen Triebe unterworfen werden müssen (vgl. JGB, Nr. 188; N, KSA 9, 491; N, KSA 12, 157; ↗Züchtung).

Herr und Sklave unterscheiden sich daher nicht einfach durch Freiheit und Unfreiheit, durch die Fähigkeit bzw. Unfähigkeit sich selbst Ziele zu setzen. Der »Sklave will [...] Unbedingtes« (JGB, Nr. 46, KSA 5, 67), er will *eine* Religion, *eine* Wahrheit, *eine* Moral; diese Ziele will er für ewig festhalten, weil er letzlich an seinem veränderlichen, zeitlichen Dasein verzweifelt (↗Zeit, ↗Ressentiment). Der höhere Typus von Mensch hingegen kann zu den Bedingungen des endlichen Lebens Ja sagen und danach leben (für N. eng mit der Annahme der ewigen Wiederkehr des Gleichen verbunden); aus dieser Haltung speist der höhere Mensch sein ↗»Pathos der Distanz« und seinen Überschuß an Kraft, wodurch er sich vom niederen Typus absetzt. Dieses an sich unpolitische Kriterium für die Differenz von Herr und Sklave mag der Grund sein, warum N. die gesellschaftliche Realisierung der Sklaverei unter z. T. sich widersprechenden Vorstellungen behandelt hat, nämlich etwa als Kastenwesen, in dem Herr und Sklave sich nicht gegenseitig berühren dürfen (vgl. AC, Nr. 57), und als eine Form des Machiavellismus, in dem der höhere Typus seine Macht unerkannt unter der Masse ausübt (vgl. N, KSA 13, 25–27; siehe dazu Taureck 1989, 154–176).

Literatur: Taureck, B.: N. und der Faschismus, Hamburg 1989; Brose, K.: Sklavenmoral. N.s Sozialphilosophie, Bonn 1990; Detwiler, B.: N. and the Politics of Aristocratic Radicalism, Chicago/London 1990; Christians, I.: Die Notwendigkeit der Sklaverei. Eine Provokation in N.s Philosophie, in: Nietzscheforschung 4 (1998), 51–83.

*Ingo Christians*

## Sokratismus

»Das Leben hat mit der Philosophie ganz und gar nichts zu thun [...]. Eine Umwandelung des Wesens durch Erkenntniß ist der gemeine Irrthum des Rationalismus, mit Sokrates an der Spitze« (an Deussen, Februar 1870). In seinen Schriften der frühen 70er Jahre betrachtet N. den Sokratismus vom Standpunkte eines »unendlich vertieften germanischen Bewußtseins«, und beurteilt ihn als eine Art oberflächlichen Optimismus, der zwar »alexandrinische Heiterkeit« (GT 19, KSA 1, 125) gewähre, aber als »eine völlig verkehrte Welt« erscheine (Socrates und die Tragoedie, KSA 1, 541). Sokrates, dem »die tragische Erkenntniss« unzugänglich bleibe, sei »der Lehrer einer ganz neuen Form der [...] Daseinsseligkeit« (Sokrates und die griechische Tragoedie, KSA 1, 639): Aus seiner Weltsicht entspringe immer wieder im Laufe der Jahrhunderte »die bequeme Lust an einer idyllischen Wirklichkeit«, in welcher der »Mensch an sich« der »ewig flötende oder singende Schäfer« sei (GT 19, KSA 1, 125).

In N.s Überlegungen dieser Zeit ist unter dem Begriff »Sokratismus« immer die Philosophie der ↗Aufklärung mitgemeint. Die von Wagner und Schopenhauer inspirierte »Kunstmetaphysik« erweise, daß jegliche Kultur »ihrer gesunden schöpferischen Naturkraft verlustig« gehe, sobald der »mythische Mutterschooss« (GT 23, KSA 1, 145 f.) unfruchtbar werde. Der Sokratismus (»Weisheit besteht in Wissen«) verachte »den Instinkt und damit die Kunst«, verursache eine systematische »Vernichtung des ↗Mythus« und wecke den »Glauben an die Ergründbarkeit der Natur der Dinge« (*Sokrates und die griechische Tragoedie*, KSA 1, 638). Sokrates' Lehre bringe den »mythenlosen Menschen« hervor. Die neuen »Fanatiker der Logik« aber seien »unerträglich wie Wespen« (*Socrates und die Tragoedie*, KSA 1, 541 f.). Allerdings sei der Sokratismus »schon vor Sokrates wirksam« gewesen, und zwar bereits in dem Augenblick, da die ursprüngliche Funktion des Chors aufgegeben und der Dialog eingeführt worden sei, wodurch bei Sophokles, stärker noch bei Euripides, im Bühnengeschehen »das Mitleiden zurücktrat, gegenüber der hellen Freude am klirrenden Waffenspiel der Dialektik« (*Socrates und die Tragoedie*, KSA 1, 546).

Doch führt N. seine Reflexionen über den Sokratismus in der *Geburt der Tragödie* noch weiter. Im 14. Kapitel wird die Frage aufgeworfen, »ob denn zwischen dem Sokratismus und der Kunst nothwendig nur ein antipodisches Verhältniss bestehe« (KSA 1, 96), und in Nr. 15, einem Abschnitt, der für Kaufmanns (1950, 458ff.) Interpretation von N.s Sokrates-Auffassung von besonderer Bedeutung ist, behauptet N., daß die Erkenntnisbestrebungen des »theoretischen Menschen« dazu dienen, Triebe und Kräfte zu bezähmen, die anderenfalls in egoistisch-aggressivem Verhalten und allgemeinen »Vernichtungskämpfen« sich Luft machen würden (Sokratismus als »Heilmittel« zur Erhaltung der »Lust zum Leben«; KSA 1, 100). In den Vorlesungen über die ›vorplatonischen Philosophen‹ (1872) stellte N. Sokrates als den »ersten Lebensphilosophen« vor: bei ihm erscheine zum ersten Mal »das richtige Leben als [...] Zweck«, das Denken diene »dem Leben, während bei allen früheren Philosophen das Leben dem Denken und Erkennen diente« (*Die vorplatonischen Philosophen*, KGW II/4, 354).

Die Auseinandersetzung mit der sokratischen Tradition ist also für N. eine ständige Herausforderung: »Socrates [...] steht mir so nahe, dass ich fast immer einen Kampf mit ihm kämpfe« (N, 6[3], KSA 8, 97).

1875–80 beschäftigt sich N. wiederholt mit dem Sokrates-Bild Xenophons, dessen *Memorabilia* »das anziehendste Buch der griechischen Litteratur« seien (N, 41[2], KSA 8, 584). Die Kritik des sokratischen Rationalismus tritt in den Hintergrund. Der Sokrates Xenophons sei sich der alltäglichen Bedürfnisse des Einzelnen bewußt, die von Priestern und Idealisten, welche bloß »auf das Heil der Seele, den Staatsdienst, die Förderung der Wissenschaft« bedacht gewesen, stets vernachlässigt worden seien (WS, Nr. 6, KSA 2, 542f.).

1881/82 führt N. ein neues Thema ein (»Die ›einfachsten‹ Dinge sind sehr complicirt«: M, Nr. 6, KSA 3, 20) und legt dar, daß die allgemeine Überzeugung von »Einfachheit und Unmittelbarkeit des Wollens« auf einem uralten Irrglauben beruhe (FW, Nr. 127, KSA 3, 483), während das menschliche Handeln und seine Motive tatsächlich sehr schwer zu verstehen seien. Im Rahmen dieser Überlegungen, die besonders durch den Philosophen J. Baumann angeregt sind, kommt N. wiederum auf den Sokratismus zurück: Sokrates und Plato seien zwar »große Zweifler« gewesen, aber doch »harmlos gläubig in Betreff [...] jenes tiefsten Irrthums, dass ›der richtigen Erkenntniss die richtige Handlung folgen müsse‹, [...] dass es ein Wissen um das Wesen einer Handlung gebe« (M, Nr. 116, KSA 3, 108f.).

In *Menschliches, Allzumenschliches* und den Fragmenten der Jahre 1875–78 finden sich keine kritischen Betrachtungen zu Sokrates, doch werden diese später in verschärfter Form wieder aufgenommen. Der Sokratismus wird jetzt als eine Form des »Utilitarismus in der Moral« interpretiert, dessen Grundprinzip (»es ist dumm, schlecht zu handeln«) die Lehren Spencers und Darwins vorwegnehme (JGB, Nr. 190, KSA 5, 111). Sokrates sei »als Werkzeug der griechischen Auflösung, als typischer décadent« zu verstehen (EH, KSA 6, 310). Sein Rationalismus sei »Pöbel-Ressentiment«, eine »Form der Rache«, die »alle Instinkte des älteren Hellenen gegen sich« habe; seine »Hässlichkeit« – solche sei ein Kennzeichen des »typischen Verbrechers« – »Ausdruck einer [...] durch Kreuzung gehemmten Entwicklung« (GD, KSA 6, 68–71; vgl. jedoch GD, KSA 6, 71–73, wo N. das Verhältnis von Sokratismus und griechischer Dekadenz differenziert herausarbeitet).

Literatur: Kaufmann 1950, 458–461; Dannhauser, W. J.: N.'s View of Socrates, London 1974; Brobjer, T. H.: N.s Ethics of Character, Uppsala 1995, 92ff; Ottmann ²1999, 38–42.

*Andrea Orsucci*

# Sozialismus

N.s Verhältnis zum Sozialismus entstammt seiner Kritik am ↗»Christentum«. Dieses bildet zusammen mit dem ↗»Platonismus« – »der alte typische Socialist Plato« (MA I, Nr. 473, KSA 2, 307) – die Grundlage der künftigen »socialistischen Systeme« (M, Nr. 132, KSA 3, 124). »Revolutions-Politiker, Socialisten, Busspediger mit und ohne Christenthum« (FW, Nr. 5, KSA 3, 377), sie alle sind ↗»décadents« (GD, KSA 6, 139). N. sieht die »ernste Weltbetrachtung als einzige Rettung vor dem Sozialismus« (N, KSA 7, 259). Statt gewaltsamer Besitzverteilung will er »allmähliche Umschaffungen des Sinnes«, Steigerung der Gerechtigkeit, »Thaten der höheren Cultur« und »alle Arbeitswege zum kleinen Vermögen« (MA I, Nr. 452, KSA 2, 294, 314, 681): »Das einzige Mittel gegen den Sozialismus« und die »socialistische Herzenskrätze« ist es, die Massen nicht herauszufordern, den Luxus nicht zur Schau zu stellen und dessen Besteuerung zu steigern (MA II, Nr. 304, KSA 2, 503). Denn alle Mächte versuchen gegenwärtig, »die Angst vor dem Socialismus auszubeuten, um sich zu stärken«; dabei ist das Volk vom »Socialismus, als einer Lehre von der Veränderung des Eigenthumserwerbes, am entferntesten«, so daß man den »Socialismus wie eine überstandene Krankheit vergessen darf« (WS, Nr. 292, KSA 2, 684). Stattdessen macht die »Pfeife der socialistischen Rattenfänger« den Arbeiter mit »tollen Hoffnungen brünstig« (M, Nr. 206, KSA 3, 184). Hätten die Besitzenden mehr »Vornehmheit des Geburts-Adels im Blick und in der Gebärde, so gäbe es vielleicht keinen Socialismus der Massen« (FW, Nr. 40, KSA 3, 408). Von ↗Schopenhauer und dem Antichristentum aus betrachtet, heißt es im Nachlaß von 1885: »In der Lehre des Socialismus versteckt sich schlecht ein ›Wille zur Verneinung des Lebens‹« (N, KSA 11, 586); und 1888: es ist eine »Schmach für alle socialistischen Systematiker« und deren Fehleinschätzung, daß die »Noth nicht mehr wüchse... Aber das heißt das Leben verurtheilen« (N, KSA 13, 256). Es ist ein »Haupteinwand gegen den Socialismus [...], daß er den gemeinen Naturen den Müssiggang schaffen will« (N, KSA 9, 221). Die »Socialisten und Staats-Götzendiener Europa's« verbreiten mit ihrem »chinesischen ›Glücke‹« (FW, Nr. 24, KSA 3, 399) eine »Gefühls-Romantik [...]: als Socialismus in der Politik« (GD, KSA 6, 152). Für N. wird das Glück gerade vermindert durch das »gallichte Temperament« der Sozialisten (N, KSA 8, 482). Schon früh kritisiert er in seinen Briefen den »Socialismus [...] als ob nämlich mit Beseitigung einer sündhaft-unnatürlichen Erscheinung das Glück und die Harmonie hergestellt sei« (Carl von Gersdorff, 28. 9. 1869).

Sozialismus und Christentum sind für N. zusammengehörige Korruptionsformen. Sie fördern die »Gesammt-Entartung des Menschen« bis hinunter zu den »socialistischen Tölpeln und Flachköpfen« (JGB, Nr. 203, KSA 5, 127). Der Sozialist übernimmt vom christlichen Priester desssen ↗»Willen zur Macht« über ↗»Gläubige« und Schwache: »Der moderne Socialismus will die weltliche Nebenform des Jesuitismus schaffen: Jeder absolutes Werkzeug« (N, KSA 11, 80). Zwar verwirft der Sozialismus moralische Wertschätzungen, »aber er glaubt an sie, ebenso wie der Christ«; somit ist das »socialistische Ideal: nichts als ein tölpelhaftes Mißverständniß jenes christlichen Moral-Ideals« (N, KSA 12, 148 u. 558), oder umgekehrt: ist die »Heraufkunft des Christenthums nichts weiter als die typische Socialisten-Lehre« (N, KSA 13, 178). Aus dem »socialistischen Ideal (d.h. dem Residuum des Christenthums [...] in der entchristlichten Welt)« resultiert die Geschichtsfälschung des »guten Menschen« (N, KSA 12, 456) ohne jede Ungleichheit: »der Socialismus entschließt sich, jene Ungleichheit zu übersehen [...]. In jenem Entschluß, über die Differenzen hinweg zu sehen, liegt seine begeisternde Kraft« (N, KSA 8, 412) – eine der wenigen positiven Ausagen N.s über den Sozialismus. Insgesamt aber gilt für ihn die »socialistisch-communistische Corruption (eine Folge der christlichen)« als die niederste in der Rangordnung der Sozietäten, denn die »Socialisten appelliren an die christlichen Instinkte« (N, KSA 13, 220, 424): »Die christlichen Werturtheile überall in den socialistischen [...] Systemen rückständig« (N, KSA 12, 126). Der Sozialismus ist ein Ersatz des christlichen »toten Gottes«; »Jetzt, wo dieser fehlt, bekommt z.B. der Socialismus viele solche, die ehemals sich an Gott geklammert hätten« (N, KSA 9, 591). Hinter den Aspirationen des Sozialismus – wie des Christentums – steht letztlich der Machtwille der Schlechtweggekommenen: »Insofern die Socialisten den völligen Umsturz der Gesellschaft wollen, appelliren sie an die Macht« (N, KSA 8, 482). Hinter dem Anspruch auf »›gleiche‹ Rechte« verbirgt das »Socialisten-Gesindel« Neid und Rache (AC, Nr. 57, KSA 6, 244). Für N. bedeutet »Gleichheit der Person« und Rechte: »der sociale Mischmasch« (N, KSA 13, 70, 367). Schon früh ruft N. in der *Geburt der Tragödie* (1872) angesichts der »socialistischen Bewegungen der Gegenwart«: »Der ›gute Urmensch‹ will seine Rechte: welche paradiesischen Aussichten!« (GT, KSA 1, 123). Es gibt beim »Socialismus [...] kein Problem des Rechtes«, sondern nur der »Macht«; alles andere ist irrational: »Der deutsche Socialist sei eben desshalb am gefährlichsten, weil ihn keine bestimmte Noth treibe« (MA I, Nr. 446; MA II, Nr. 324, KSA 2, 289f., 513). Deshalb tendiere er zum »Anarchismus«; dessen Anhänger sammeln sich gegenwärtig in den »socialistischen Lagern [...] – das Gefühl der Macht, und dieser Macht, ist zu jung« für sie (M, Nr. 184, KSA 3, 160): »ni dieu ni maître heisst eine socialistische Formel« (JGB, Nr. 202, KSA 5, 125).

Die Gesamtbewegung des Sozialismus stammt für N. aus dem ↗»Ressentiment«, aus Neid, Rache und »Haß gegen den Egoismus« des Einzelnen (N, KSA 13, 233). Es ist die »Richtung des Socialism [...] eine Reaktion, gegen das Individuellwerden«»(N, KSA 9, 515). N. fragt, ob unter den geordneten Verhältnissen des Sozialismus sich ähnliche Leistungen zeigen wie in den ungeordneten Zuständen bisheriger Kultur; denn der große Mensch wächst in der »Freiheit der Wildniss« auf (N, KSA 8, 481). Diese ist nicht die Freiheit von »tölpelhaften Philosophastern und Bruderschafts-Schwärmern, welche sich Socialisten nennen und die ›freie Gesellschaft‹ wollen« (JGB, Nr. 202, KSA 5, 125). Deren »Hang zur ›Commune‹, zur primitivsten Gesellschafts-Form, der allen Socialisten Europa's jetzt gemeinsam ist«, bedeutet, daß die »Eroberer- und Herren-Rasse, die der Arier, auch physiologisch im Unterliegen ist?« (GD, KSA 5, 264), wie N. skeptisch fragend den künftigen »Rassismus« und »National-›Socialismus‹« vorausahnt. Der Sozialismus um 1887 beschleunigt offenbar diesen kommenden Werteverfall: »Der Socialismus [...] ist in der That die Schlußfolgerung der modernen Ideen und ihres latenten Anarchismus [...]. Deshalb ist der Socialismus im Ganzen eine hoffnungslose, säuerliche Sache«; es besteht ein Widerspruch zwischen den verzweifelten Gesichtern der Sozialisten und dem »harmlosen Lämmer-Glück ihrer Hoffnungen und Wünschbarkeiten«; aber N. sieht auch Positives: »Immerhin, schon als unruhiger Maulwurf unter dem Boden einer in die Dummheit rollenden Gesellschaft wird der Socialismus etwas Nützliches und Heilsames sein können: [...] er schützt Europa einstweilen vor dem ihm drohenden marasmus femininus« (N, KSA 11, 586f.). In diesem Nachlaß-Fragment von 1885 rezipiert N. fast gleichlautende Worte des ↗Sozialdemokraten Bebel (Rede vom Mai 1871): es wird dem 20. Jh. »gründlich im Leibe ›rumoren‹, und die Pariser Commune [...] war vielleicht nur eine leichtere Unverdaulichkeit« angesichts des Kommenden. Der Sozialismus des 19. Jh.s liefert für N. »kein Material mehr für eine Gesellschaft«, auch wenn »unsre Herrn Socialisten, ungefähr das Gegentheil« glauben (FW, Nr. 356, KSA 3, 597). Aber selbst die herrschenden Dynastien sind in sich korrupt und bedürfen des Sozialismus zur Selbsterhaltung: die »socialistischen Regungen« bieten ihnen »Recht und Schwert zu Ausnahme-Maassregeln« (MA II, Nr. 316, KSA 2, 506f.). Tatsächlich müssen die Repräsentanten des ↗Bismarck-Reiches ihre Machtinteressen »verschleiern« vor den Machtinteressen der Sozialisten, die zwischen 1878 und 1890 durch das »Sozialistengesetz« in Schach gehalten werden.

Letztlich wünscht sich N. den Cäsaren als Staatsmann, das »aristokratische Individuum« nach dem Vorbild der »Renaissance-Fürsten«. So fragt er 1887/88 prophetisch: »wo sind die Barbaren des 20. Jahrhunderts? Offenbar werden sie erst nach ungeheuren socialistischen Krisen sichtbar werden und sich consolidiren« (N, KSA 13, 18). Das 20. Jh. hat diese Barbaren des nationalen und internationalen »Sozialismus« sowie dessen »Willen zur Macht« hervorgebracht – zwar unkonsolidiert, aber dafür umso despotischer – wie N. voraussieht: »Der Socialismus ist der phantastische jüngere Bruder des fast abgelebten Despotismus, den er beerben will«; er existiert durch »Terrorismus« und erteilt damit ungewollt eine Lehre über gefährliche »Anhäufungen von Staatsgewalt«, ja flößt Mißtrauen vor dem Staat selbst ein; wenn der Sozialismus aber nach »so viel Staat wie möglich« schreit, so ertönt dahinter gleich das Gegenteil: »so wenig Staat wie möglich« (MA I, Nr. 473, KSA 2, 307f.). In Wahrheit fehlen dem Sozialismus wirkliche Führer: »Aus welchen erbärmlichen Elementen der deutsche Socialismus besteht in seinen Führern, ist daraus zu ersehen, daß keiner die volle Enthaltung von geistigen Getränken gefordert hat – und doch ist diese Plage viel verhängnißvoller als irgend ein socialer Druck!« (N, KSA 9, 221). Neben dieser Selbstbetäubung herrschen im Sozialismus anarchische Impulse, die N. im Sinn seiner Macht-Lehre interpretiert: »Der Socialism [...] begreift, daß man sich [...] zu einer Gesammtaktion organisiren muß, zu einer ›Macht‹«; dabei ist der Anarchismus ein »Agitationsmittel des Socialism«, mit dem er Furcht erregt, fasziniert und terrorisiert: »vor allem – er zieht die Muthigen, die Gewagten auf seine Seite, selbst noch im Geiste« (N, KSA 12, 503).

Literatur: Behler, E.: Zur frühen sozialistischen Rezeption N.s in Deutschland, in: NSt 13 (1984), 503–520; Brose, K.: N. Geschichtsphilosoph, Politiker und Soziologe, Essen 1994, 152–217; Ottmann ²1999, 25–31, 138–146, 299–307.

*Karl Brose*

## Sprachphilosophie

Verabsolutierungen von N.s philosophischen Konzepten verbieten sich schon deshalb, weil sie seit der Basler Vorlesung »Darstellung der antiken Rhetorik« und der nachgelassenen Schrift *Ueber Wahrheit und Lüge im aussermoralischen Sinne* nur unter einem grundsätzlichen und weitreichenden sprachkritischen Vorbehalt formuliert werden. Selbst diesen sprachkritischen Vorbehalt bewahrt N. im Augenblick, in dem er ihn zum erstenmal mit aller Entschiedenheit ausspricht, vor seiner Dogmatisierung, indem er ihn ironisch gegen sich selbst wendet: »auch unser Gegensatz von Individuum und Gattung ist anthropomorphisch und entstammt nicht dem Wesen der Dinge, wenn wir auch nicht zu sagen wagen, dass er ihm nicht entspricht: das wäre nämlich eine dogmatische Behauptung und als solche ebenso unerweislich wie ihr Gegentheil« (WL 1, KSA 1, 880).

Bevor N. im Zug seiner Beschäftigung mit der ↗Rhetorik (↗Sprachphilosophie) dazu übergeht, Sprache gänzlich aus ihrer Begrifflichkeit heraus zu kritisieren, stellt er dieser bewußten Mitteilungsart in Anlehnung an Schopenhauers Willensmetaphysik und Wagners Musikphilosophie noch zwei unbewußte, körperlich-»instinktive« zur Seite: »die Geberden- und die Tonsprache« (KSA 1, 572). Die erste symbolisiert im ↗apollinischen Medium des Bildes die begleitende Vorstellung und führt über das Epos zur bildenden Kunst; die zweite symbolisiert im dionysischen Medium des Gefühls die ursprüngliche Willenserregung und führt über die Lyrik zur Musik (vgl. Fietz 1992, 113–129 und Kalb 1997). In *Ueber Wahrheit und Lüge im aussermoralischen Sinne* erhält der zuvor wirkungsästhetisch gewendete Gegensatz zwischen »bewußt« und »unbewußt« auf der Ebene des Begriffs eine kritische Funktion, denn zum Begriff verfestigt sich das – aus einem fundamentalen ästhetischen-kreativen Lebenstrieb des Menschen – ursprünglich metaphorisch gewonnene Wort um den Preis eines Vergessens, das die soziale Übereinkunft trägt, was »Wahrheit« (im Sinne einer *adaequatio intellectus et rei* als verbindliche Bezeichnung der Dinge) sein soll. Denn Wahrheit kann im Grunde genommen nur die Tautologie beanspruchen, d.h. das Wort, das sich selbst bezeichnet. Jeder referentielle Anspruch, der darüber hinausgeht, hat ein Vergessen zur Voraussetzung und entlarvt sich deshalb als Illusion. Es ist das Vergessen des Umstands, daß jedes Wort die Metapher einer Metapher ist. An seinem Ursprung steht ein Nervenreiz, den die Wahrnehmung eines Dings in uns weckt und den wir in ein Vorstellungsbild übertragen; das ist die erste Metapher, die Nachformung dieses Vorstellungsbildes in einem Lautbild ist die zweite Metapher. Doch schon die erste Übertragung gehorcht einer gänzlich subjektiven Reizung und folgt einer tropischen Logik, da die menschliche Wahrnehmung gewisse Eigenschaften der Dinge privilegiert: »Wie dürften wir, wenn die Wahrheit bei der Genesis der Sprache, der Gesichtspunkt der Gewissheit bei den Bezeichnungen allein entscheidend gewesen wäre, wie dürften wir doch sagen: der Stein ist hart: als ob uns ›hart‹ noch sonst bekannt wäre und nicht nur als eine ganz subjektive Reizung! Wir theilen die Dinge nach Geschlechtern ein, wir bezeichnen den Baum als männlich, die Pflanze als weiblich: welche willkürlichen Übertragungen! Wie weit hinausgeflogen über den Canon der Gewissheit! Wir reden von einer Schlange: die Bezeichnung trifft nichts als das Sichwinden, könnte also auch dem Wurme zukommen. Welche willkürlichen Abgrenzungen, welche einseitigen Bevorzugungen bald der bald jener Eigenschaft eines Dinges!« (WL 1, KSA 1, 878f.) Das »Ding an sich«, das N. als »die reine folgenlose Wahrheit« bezeichnet, ist dem Menschen also vollkommen unfaßlich. Die Potentialisierung der metaphorischen Sprunglogik vom Reiz über das Bild zum Laut – N. bezeichnet es als »Uebersprungen der Sphäre, mitten hinein in eine ganz andere und neue« (WL 1, KSA 1, 879) – trennt das Wort unüberbrückbar von dem, was es wesenslogisch zu bezeichnen vorgibt. Da das Wort sich nun dadurch in einen Begriff verwandelt, daß in ihm durch Subsumtion Nicht-Gleiches gleichgesetzt wird – N.s Beispiel ist der abstrakte Begriff »Blatt«, der auf alle konkreten Blätter zutreffen muß –, handelt es sich beim Begriff im Grunde um die Metapher der Metapher einer Metapher. So kann N. auf die Frage: »Was ist also die Wahrheit?« die vielzitierte sprachkritische Antwort geben: »Ein bewegliches Heer von Metaphern, Metonymien, Anthropomorphismen kurz eine Summe von menschlichen Relationen, die, poetisch und rhetorisch gesteigert, übertragen, geschmückt wurden, und die nach langem Gebrauche einem Volke fest, canonisch und verbindlich dünken: die Wahrheiten sind Illusionen, von denen man vergessen hat, dass sie welche sind, Metaphern, die abgenutzt und sinnlich kraftlos geworden sind, Münzen, die ihr Bild verloren haben und nun als Metall, nicht mehr als Münzen in Betracht kommen« (WL 1, KSA 1, 880f.). N. verfeinert in der Folge diese Kritik analytisch und begrifflich, indem er sie auf die »Verführung von Seiten der Grammatik her« (JGB, Vorr., KSA 5, 11f.) ausdehnt, hält an ihren Prinzipien aber bis ins Spätwerk fest. Die sprachkritische Dimension bei der Erklärung der Sprachentstehung wird im Zug von N.s Genealogie der Moral allerdings ergänzt um eine historische Dimension (vgl. Nies 1991): »Das Herrenrecht, Namen zu geben, geht so weit, dass man sich erlauben sollte, den Ursprung der Sprache selbst als Machtäusserung der Herrschenden zu fassen: sie sagen ›das ist das und das‹, sie siegeln jegliches Ding und Geschehen mit einem Laute ab und nehmen es dadurch gleichsam in Besitz« (GM, 1. Abh., Nr. 2, KSA 5, 260).

In beiden Fällen gewinnt N. aus dem Zwang, der sich für das Denken jeweils ergibt, ein erkenntniskritisches Argument: »Das vernünftige Denken ist ein Interpretiren nach einem Schema, welches wir nicht abwerfen können« (N, 5[22] KSA 12, 194). Mit dieser Erkenntniskritik geht eine radikale Skepsis gegenüber der Sprache als Instrument geglückter Selbstreflexion, -erkenntnis und -kritik einher, sind wir mit ihr doch Gefangene einer Struktur, »die noch jeder Reflexion als Bedingung ihrer Möglichkeit vorausliegt, sowohl der Reflexion auf diese Struktur selbst als auf einen Gegenstand des Bewußtseins als auch der Reflexion auf Relationen zwischen Gegenständen des Bewußtseins« (Simon 1972, 15): »Ein Werkzeug kann nicht seine eigene Tauglichkeit kritisiren« (N, 2[132] KSA 12, 133). Dieser Skepsis steht im Spätwerk gleichzeitig ein euphorischer Begriff von Sprache als Werkzeug im Dienst der philosophischen Aufgabe gegenüber, »über die vielen eitlen und schwärmerischen Deutungen und Nebensinne Herr [zu] werden, welche bisher über jenen ewigen Grundtext homo natura gekritzelt und gemalt wurden« (JGB, Nr. 230, KSA 5, 169), will der Mensch als interpretierende Gattung doch selbst interpretiert sein.

Literatur: Simon, J.: Grammatik und Wahrheit, in: NSt 1 (1972), 1–26; ders.: Sprache und Sprachkritik bei N., in: Lutz-Bachmann, M. (Hrsg.): Über F.N. Eine Einführung in seine Philosophie, Frankfurt a.M. 1985, 63–97; Nies, K.-D.: Sprache und Moral. Untersuchungen zu N.s Theorie von Genese und Entwicklung der Sprache, insbesondere im Zusammenhang seiner späten Moralphilosophie, Bern u.a. 1991; Fietz, R.: Medienphilosophie. Musik, Sprache und Schrift bei F.N., Würzburg 1992; Behler, E.: Die Sprachtheorie des frühen N., in: Borsche, T. u.a. (Hgg.): ›Centauren-Geburten‹. Wissenschaft, Kunst und Philosophie beim jungen N., Berlin/New York 1994, 99–111; Behler, E.: N.s Sprachtheorie und der Aussagecharakter seiner Schriften, in: NSt 25 (1996), 64–86; Hödl, H. G.: N.s frühe Sprachkritik. Lektüren zu »Ueber Wahrheit und Lüge im aussermoralischen Sinne«, Wien 1997; Kalb, C.: Symbolik des Leibes. N.s frühe leib- und sprachphilosophische Überlegungen, in: Kodikas/Code 20 (1997), 275–299.

*Martin Stingelin*

## Staat

Den besten Einblick in N.s frühes Staatsverständnis gibt der Essay über den griechischen Staat (FV 3, KSA 1, 764–777). Der liberalen, »gänzlich ungermanischen [...] und unmetaphysischen« politischen Philosophie, deren Propagierung N. einer »eigensüchtigen staatlosen Geldaristokratie« zuschreibt, setzt er seine eigene Auffassung entgegen, die er als Rekonstruktion des griechischen und als Rehabilitation des platonischen Staatsideals präsentiert. Der Staat ist das Mittel, das »grausame Werkzeug«, dessen sich die Natur bedient, um jene hierarchische Ordnung zu schaffen, die durch die Versklavung der Mehrheit und die Privilegierung einer Minderheit Kultur ermöglicht. Höchster Zweck des Staates ist mithin die Vorbereitung und Zeugung des Genius. Zwar begreift auch N. den Staat als zumindest partielle Überwindung des kriegerischen Naturzustands (↗Krieg, Kampf), freilich nicht als »Schutzanstalt egoistischer Einzelner«. Ursprünglich ist er eine »Scheidung und Zertheilung der chaotischen Masse in militärische Kasten«, ein Instrument der Eroberung und Unterwerfung. Diesen »entsetzlichen Ursprung« haben die Menschen verdrängt; sie achten und lieben den Staat, sind dabei freilich nur Mittel des ihnen nicht bewußten »Staatszwecks«.

Die Aufgabe des Staates besteht nicht darin, möglichst vielen Menschen ein gutes Leben zu garantieren, sondern ein gutes Leben überhaupt zu ermöglichen, auch wenn nur die Wenigsten in dessen Genuß kommen; der Staat soll die »Basis einer Kultur« abgeben (N, KSA 7, 733f.). Auch für N. ist indes klar, daß dem Staat zunächst eine elementarere Aufgabe obliegt: die Herstellung von Ruhe und Ordnung in einer Gesellschaft von Menschen, die in ihrer Mehrzahl von boshaftegoistischen Motiven geleitet sind (KSA 1, 710f.). Die Geringschätzung des »furor politicus«, die Ansicht, alle Staaten seien »schlecht eingerichtet, bei denen noch andere als die Staatsmänner sich um Politik bekümmern müssen«, zeugt von einer antirepublikanischen Einstellung; mit Schopenhauer versteht N. den Staat mithin als Schutzanstalt (SE, Nr. 7, KSA 1, 409). Wichtiger als der Einfluß Schopenhauers ist derjenige Burckhardts; er hat auf das Allmachtsstreben und die nivellierenden Tendenzen des demokratischen Staates hingewiesen.

Die Überzeugung, politische Institutionen fänden ihre Berechtigung ausschließlich in der geistig-kulturellen Höherentwicklung beziehungsweise in der Erzeugung höherer Typen, prägt auch N.s späteren »Blick auf den Staat«. Sie hindert ihn jedoch nicht daran, eine differenziertere Bewertung bestimmter Aspekte der Demokratisierung vorzunehmen (↗Demokratie). Er räumt sogar ein, gegen das Prinzip der politischen Mitbestimmung sei »wenig einzuwenden« (MA, Nr. 438, KSA 2, 285f.). Zugleich weist er jedoch auf die Umwälzung der Macht- und Autoritätsverhältnisse hin, die eine konsequente Demokratisierung bewirken wird und die in seiner Gegenwart erst zu erahnen ist. Insbesondere das traditionelle, auf dem Prinzip der »absolute[n], vormundschaftliche[n] Regierung« beruhende Staatsverständnis erweist sich angesichts der Demokratisierung als nicht mehr adäquat. Der säkularisierte Staat verliert langfristig seine Autorität in dem Maße, wie er nur noch als Instrument der Interessenpolitik Anerkennung findet und sich in der Konkurrenz der Interessen behaupten muß. Die Folge ist ein »Misstrauen gegen alles Regierende«; der Prozeß führt schließlich zur »Abschaffung des Staatsbegriffs, zur Aufhebung des Gegensatzes ›privat und öffentlich‹«. Sämtliche Staatstätigkeiten einschließlich derjenigen, »welche die Privaten gegen die Privaten sicher stellen soll«, werden mit der Zeit privatisiert. Die Grundlage des Staates wird bereits erschüttert, sobald der »Glaube an eine göttliche Ordnung der politischen Dinge« abstirbt. Die der Aufklärung verpflichtete Idee der Volkssouveränität vermag keine neue »Ehrfurcht« vor dem Staat zu begründen. N. läßt sich indes auch durch diese Aussicht nicht erschrecken; er setzt auf die Klugheit und den Eigennutz der Menschen und erhofft sich »eine noch zweckmässigere Erfindung, als der Staat es war« (MA I, Nr. 472, KSA 2, 302–307).

N.s Utopie einer kommenden Demokratie als einer Ordnung der Freiheit, seine Vision einer »libertären« Einrichtung der Gesellschaft hat allerdings keinen Einfluß auf sein Staatsverständnis. Er glaubt auch weiterhin, daß die Staatengründung nur als Akt der Unterwerfung der Schwächeren durch die Stärkeren denkbar ist (MA I, Nr. 99, KSA 2, 96), daß alle »Staats- und Gesellschaftsformen [...] ewig nur Formen der Sklaverei sein« werden (N, KSA 9, 665), daß der Staat schließlich auch in seinen modernen, liberalen und sozialistischen Formen eine entmündigende Zwangsinstitution darstellt, auf die jene Menschen nicht angewiesen sind, die gemäß einem heroisch-asketischen Ideal zu leben vermögen (N, KSA 9, 294; MA I, Nr. 473, KSA 2, 307f.; M, Nr. 184, KSA 3, 159f.). Besonders heftig artikuliert sich die Abneigung gegen die moderne Staatskonzeption in den Anklagen gegen das »kälteste aller kalten Ungeheuer« (Za I, KSA 4, 61–64), gegen die lügnerische und verführerische Macht, gegen den »Heuchelhund« Staat (Za II, KSA 4, 170). Worauf N.s Polemik in *Also sprach Zarathustra* zielt, bleibt allerdings unklar; einerseits klingen in seiner metaphernreichen Rhetorik konservative Motive wie die Opposition zwischen »natürlicher« Volksgemeinschaft und

»künstlichem« Staat an, andererseits glaubt er an die Möglichkeit eines freien Lebens jenseits des Staates. Naheliegend ist die Vermutung, N. habe dabei nicht die Institution Staat im Blick, sondern die – in seinen Augen unangemessen hohe – Wertschätzung, die die Menschen dem Staat und den politischen Angelegenheiten insgesamt entgegenbringen.

In den späten Schriften gilt die Aufmerksamkeit vermehrt der Funktion der Staatsgründung im frühen Prozeß der Zivilisation. In diesem Kontext erscheint der »Staat« – das Wort von N. selbst in Anführungszeichen gesetzt – »als eine furchtbare Tyrannei, als eine zerdrückende und rücksichtslose Maschinerie«, die den »Rohstoff von Volk und Halbthier« gefügig macht. Der Begriff »Staat« steht hier für eine kriegerisch organisierte »Eroberer- und Herren-Rasse«, die eine »noch gestaltlose, noch schweifende Bevölkerung« unterwirft. Die Entstehung des Staates läßt sich, wie N. unterstreicht, nur auf diese Weise erklären; als realitätsfremd weist er damit jene Theorien zurück, die die Staatsgründung auf einen Gesellschaftsvertrag zurückführen (GM, Nr. 17, KSA 5, 324). Diese »realistische« Staatstheorie scheint dennoch keine ausreichende Grundlage für die Kritik der modernen, liberalen Staatskonzeption abzugeben. N. bedauert zwar, daß in einem demokratischen Zeitalter der »Muth, auf lange Fernen hin Pläne zu machen« (FW, Nr. 356, KSA 3, 596), fehlt, daß die moderne Demokratie als die »Verfallsform des Staats« jene »Instinkte nicht mehr [hat], aus denen Institutionen wachsen, aus denen Zukunft wächst« (GD, KSA 6, 141). Er erblickt im Staat jedoch auch die »organisirte Gewaltthätigkeit« und »Unmoralität«, den »ungeheure[n] Wahnsinn«; der Staat versteht es, mittels einer raffinierten Arbeits- und Verantwortlichkeitsteilung die Menschen zu Handlungen zu veranlassen, die sie spontan nicht ausführen würden (N, KSA 13, 97; 187). Aus diesem Dilemma findet N. keinen Ausweg. Die moralisch fragwürdige Gewaltsamkeit staatlicher Eingriffe in die menschliche Existenz hält er nicht nur im Hinblick auf die ursprüngliche Zivilisierung der Menschheit, sondern auch im Hinblick auf jede künftige Erhöhung des Typus für unverzichtbar, zugleich aber weiß er, daß der traditionelle staatliche Machtanspruch in einem aufgeklärten Zeitalter nicht mehr zu legitimieren ist.

Literatur: Polin, R.: N. und der Staat oder Die Politik eines Einsamen, in: Steffen, H. (Hrsg.): N. Werk und Wirkungen, Göttingen 1974; Baier, H.: Die Gesellschaft – ein langer Schatten des toten Gottes. F.N. und die Entstehung der Soziologie aus dem Geist der décadence, in: NSt 10/11 (1981/82), 6–22; Marti, U.: Ist das Tier, das versprechen darf, ein Zoon politikon?, in: Deutsche Zeitschrift für Philosophie 5 (1993), 881–894.

*Urs Marti*

## Strafe

Das Strafrecht und die gewandelten Vorstellungen über den Sinn und Zweck des Strafens erkennt N. als soziale Ausprägung des Machtverhältnisses zwischen dem Gemeinwesen und dem Einzelnen. Anhand von »Ursprung und Zweck der Strafe« zeigt sich, daß die jeweils gegenwärtige »Nützlichkeit« einer Rechts-Institution nichts über ihre Entstehung aussagt: »So hat man sich auch die Strafe vorgestellt als erfunden zum Strafen. Aber alle Zwecke, alle Nützlichkeiten sind nur Anzeichen davon, dass ein Wille zur Macht über etwas weniger Mächtiges Herr geworden ist und ihm von sich aus den Sinn einer Funktion aufgeprägt hat« (GM, 2. Abh., Nr. 12, KSA 5, 314). Die Strafe ist ursprünglich »das Abbild, der Mimus des normalen Verhaltens gegen den gehassten, wehrlos gemachten, niedergeworfnen Feind«, der »friedlos« gestellt wird, denn der Verbrecher ist vor allem ein »Vertrags- und Wortbrüchiger gegen das Ganze«, in bezug auf alle Vorteile der Gemeinschaft, an denen er bis dahin Anteil hatte (GM, 2. Abh., Nr. 9, KSA 5, 307f.). Ein durch Vertrag begründetes, zunächst unbeschränktes Schuld- und Machtverhältnis zwischen der Gemeinschaft und dem Einzelnen ist nach N. auch die Grundlage für die Strafe »des geschädigten Gläubigers«, der den Delinquenten »dem wilden und vogelfreien Zustande« vor dem eingegangenen Schuldverhältnis zurückgibt, so daß sich nun jede Art Feindschaft an ihm auslassen darf und Strafen praktisch die Anwendung des Kriegsrechts bedeutet. Die jeweils erreichte Macht des Gemeinwesens bestimmt die Strafmaßnahmen: »Wächst die Macht und das Selbstbewusstsein eines Gemeinwesens, so mildert sich immer auch das Strafrecht; jede Schwächung und tiefere Gefährdung von jenem bringt dessen härtere Formen wieder an's Licht«

(GM, 2. Abh., Nr. 10, KSA 5, 308f.). In der Entwicklung des Strafrechts ist daher nach N. »ein **Machtbewusstsein der Gesellschaft**« denkbar, welche es sich schließlich leisten kann, »ihren Schädiger **straflos**« zu lassen; darin, daß die Strafe nicht mehr gegenüber einem Gläubiger »abgezahlt« werden muß, sieht N. die »Selbstaufhebung der Gerechtigkeit«.

An der Strafe ist »das relativ **Dauerhafte** [...], das ›Drama‹, eine gewisse strenge Abfolge von Prozeduren« zu unterscheiden von dem »**Flüssige[n]** an ihr, de[m] Sinn, de[m] Zweck, [der] Erwartung, welche sich an die Ausführung solcher Prozeduren knüpft« (GM, 2. Abh., Nr. 13, KSA 5, 316). Einen ersten entscheidenden Schritt innerhalb der Entwicklung des Strafrechts sieht N. darin, »den Verbrecher und seine That von einander zu **isoliren**« und jedes Vergehen »als in irgendeinem Sinne abzahlbar zu nehmen« (GM, 2. Abh., Nr. 10, KSA 5, 308). Damit wird die Strafe von dem ursprünglichen Schuldverhältnis, das mit der öffentlich-rechtlichen Stellung als Mitglied des Gemeinwesens verbunden ist, als Rechtsinstitut verselbständigt, bleibt jedoch den gesellschaftlichen Wertungen entsprechend dem Machtverhältnis zum Täter unterworfen. Das Wesen der Strafe sieht N. nicht durch das Verhältnis der Tat zur »Schuld« im Sinne einer individuellen Vorwerfbarkeit begründet. Die Begründung der strafrechtlichen Schuld durch die Verantwortlichkeit des Täters, »›weil er hätte anders handeln können‹, ist thatsächlich eine überaus spät erreichte, ja raffinirte Form« (GM, 2. Abh., Nr. 4, KSA 5, 298) und kommt erst in Betracht, nachdem die Macht der Gesellschaft einen Ausschluß des Verbrechers nicht mehr erforderlich macht.

Die Annahme eines »freien Willens« kommt nach N. nicht als Zurechnungsgrund für das Strafen in Betracht, denn der Wille ist nicht finaleffektuiert, der bewußte Zweck lediglich ein »›innerer‹ ›Reiz‹« zur Auslösung des Handelns (N, KSA 10, 663). Deshalb fallen Wille und die nachträglich nach gesellschaftlichen Wertungen konstruierte Tatvorstellung beim »bleichen Verbrecher« auseinander: »Aber ein Anderes ist der Gedanke, ein Anderes die That, ein Anderes das Bild der That. Das Rad des Grundes rollt nicht zwischen ihnen« (Za I, KSA 4, 45f.).

Literatur: Engelhardt, K.: Die Transformation des Willens zur Macht, in: Archiv für Rechts- und Sozialphilosophie 71 (1985), 499–523; Kerger, H.: Autorität und Recht im Denken N.s, Berlin 1988, 69, 167–176; Schild, W.: Der Strafbegriff F.N.s. Eine philosophische Annäherung, in: Schulz, J./Damnitz, M. (Hgg.): Festschrift für Günter Bemmann, Baden-Baden 1997, 101–124.

*Henry Kerger*

# Subjekt

I. Entgegen der rationalistischen und idealistischen Tradition, die das seiner selbst bewußte Ich vom Körper trennt und zur eigenständig existierenden geistigen Substanz hypostasiert, seine Bewußtseinszustände zum Ausgangspunkt sicherer und wahrer Welterkenntnis macht und die *ratio* bzw. den »Geist« zum Wesen der Wirklichkeit erklärt, vertritt N. ein »*organologische[s] Bewußtseins-Modell*« (Schlimgen 1999, 51), welches den ↗»Leib« in den Vordergrund stellt. »Ich« oder »Geist« – für N. »nur ein Wort für ein Etwas am Leibe« – sei lediglich ein evolutiv entstandenes (unvollkommenes) »Werkzeug« der ↗»Erkenntniss« zum Zwecke der Lebenssteigerung und Machterweiterung (vgl. Za I, KSA 4, 39 u. JGB, Nr. 6, KSA 5, 20).

Das »Ich« ist für N. genauso wie sein Wollen nur »als Wort eine Einheit« (JGB, Nr. 19, KSA 5, 32). Statt dessen sei »das Subjekt als Vielheit« bzw. als eine »Art Aristokratie von ›Zellen‹« (N, 40[42], KSA 11, 650) und die »sterbliche Seele« als hierarchisch strukturierter »Gesellschaftsbau [befehlender und gehorchender] Triebe und Affekte« (JGB, Nr. 12, KSA 5, 27) aufzufassen, so daß »bei allem Denken eine Vielheit von Personen betheiligt scheint« (N, 38[1], KSA 11, 595) und der Mensch selbst »als eine **Vielheit von ›Willen zur Macht‹**« (N, 1[58], KSA 12, 25) in Erscheinung tritt. Als Einheit kommt für N. höchstens der ganze Organismus, »als **Organisation und Zusammenspiel**«, in Analogie zu einem sich selbst organisierenden »menschliche[n] Gemeinwesen« (N, 2[87], KSA 12, 104) in Betracht. Fraglich ist allerdings, wie ein plurales »Subjekt« noch Gefühle, Gedanken und Vorstellungen als die *eigenen* identifizieren kann (vgl. Himmelmann 1996, 199).

II. Die Auslegung des »Subjekts« als denkende Substanz v. a. durch ↗Descartes bezeichnet N. als »Subjekt- und Ich-Aberglaube« (JGB, Vorrede,

KSA 5, 11), der aus einer »Verführung der Sprache« (GM, 1. Abh., Nr. 13, KSA 5, 279) resultiere, deren Subjekt-Objekt-Struktur uns nötige, bei jedem Ereignis nach einem »Thäter«-Subjekt zu suchen (vgl. N, 14[79], KSA 13, 258 u. JGB, Nr. 17, KSA 5, 31). Diese dem Substanz-Akzidens-Schema der traditionellen ↗»Metaphysik« verhaftete dualistische Denkstruktur lehnt N. vehement ab. Sie habe ihren Ursprung in der Beschaffenheit der menschlichen ↗»Vernunft«, die »uns zwingt, Einheit, Identität, Dauer, Substanz, Ursache, Dinglichkeit, Sein anzusetzen« (GD, »Die ›Vernunft‹ in der Philosophie«, Nr. 5, KSA 6, 77), da der menschlichen »Erkenntniss« die dynamischen Veränderungsprozesse in der Welt nicht als solche zugänglich sind. Für N. ein »Vernunft-Vorurtheil« (ebd.), das keineswegs den tatsächlichen Aufbau der inneren noch der äußeren Wirklichkeit widerspiegelt, sondern lediglich dabei hilft, sich diese verständlich und berechenbar zu machen.

III. Nach N. kann der Mensch mit seinem zur Verfügung stehenden »Erkenntnisapparat« die Welt immer nur »subjektiv« und »perspektivisch« (↗Perspektivismus) wahrnehmen bzw. auslegen, weshalb er die Möglichkeit eines subjektunabhängigen, »objektiven« Erkennens als unsinnig verwirft; denn das würde bedeuten, sich die Welt »ohne Vorstellung vor[zu]stellen« (N, 10[D82], KSA 9, 431). »Objektivität« könne nur insofern angestrebt werden, als möglichst viele verschiedene Perspektiven bei der Bewertung eines Sachverhalts Berücksichtigung finden (vgl. GM, 3. Abh., Nr. 12, KSA 5, 365). Im Sinne von Wertneutralität hält N. »Objektivität« aber weder für erreichbar noch für wünschenswert, da menschliches Erkennen immer interessegeleitet und schöpferisch sei und N. in der Ablehnung, den Dingen einen eigenen Sinn bzw. ↗»Wert« zu geben, ein Symptom des »schwachen Willen[s]« und der »innerlichen Selbst-Verachtung« (JGB, Nr. 21, KSA 5, 36) sieht. Die subjektivistische Wendung der neuzeitlichen Philosophie erfährt so durch N. eine extreme Ausgestaltung, welche Heidegger als »Metaphysik der Subiectität« (Heidegger 1961, Bd. 2, 382) bezeichnet. Auch in moralischer Hinsicht ist das »Subjekt« zur Selbstgesetzgebung und zum Schaffen neuer Werte aufgerufen (vgl. JGB, Nr. 211, KSA, 5, 144f.), wobei N. allerdings den Autonomiegedanken ↗Kants überspannt, indem er die Autonomie von der »Moralität« löst (vgl. Himmelmann 1996, 114) und das »Subjekt« auf diese Weise von der sittlichen Verantwortung entbindet.

Mit seiner eigenwilligen Kritik des traditionellen »Subjekt«-Begriffes nimmt N. grundlegende Annahmen der evolutionären Erkenntnistheorie, der Psychoanalyse (↗Psychologie) sowie der Systemtheorie vorweg und beeinflußt außerdem nachhaltig die »postmoderne« Philosophie, welche die »Subjekt-Entmündigungsstrategie« (Schlimgen 1999, 48) N.s durch die gänzliche Auflösung des »Subjekts« zu ihrem Höhepunkt führt.

Literatur: Heidegger 1961; Himmelmann, B.: Freiheit und Selbstbestimmung. Zu N.s Philosophie der Subjektivität, Freiburg/München 1996; Robling, F.-H.: Plastische Kraft: Versuch über rhetorische Subjektivität bei N., in: NSt 25 (1996), 87–98; Striet, M.: Das Ich im Sturz der Realität, Regensburg 1998; Schlimgen, E.: N.s Theorie des Bewußtseins, Berlin/New York 1999; Gerhardt, V.: Selbstbestimmung. Das Prinzip der Individualität, Stuttgart 1999.

*Djavid Salehi*

# Tanz, Tänzer

Der Tanz nimmt in N.s Philosophie eine symbolisch bedeutende Rolle ein. Ausgehend von N.s Ziel, der voll entfalteten Einheit des ↗Leibes als »großer Vernunft«, ist der Tanz der Begriff von Leichtigkeit, Freiheit, Überlegensein und Selbstverständlichkeit des Lebens. Alles muß den sonst so schwer dahinschreitenden Menschen zum Tanzen animieren, so, wie Zarathustra das »Kriterium des Werthes« vorgibt: »Ihr höheren Menschen, euer Schlimmstes ist: ihr lerntet alle nicht tanzen, wie man tanzen muss – über euch hinweg tanzen! Was liegt daran, dass ihr missriethet!« (Za IV, KSA 4, 367). Im von N. angestrebten ästhetischen Zustand der Selbstschöpfung verbinden sich die Charaktere der Festlichkeit, des Erhobenseins im Gefühl, der Macht über den Reichtum des Daseins sowie der Vereinigung von Gestaltungskraft und Ausweitung mit denjenigen der Leichtigkeit und Schwerelosigkeit, wie sie im Tanz zum Ausdruck kommen (Kaulbach 1980, 277). Der Tanz steht als Symbol für die Überwindung seiner selbst als gelungene Bewegung. Tanz ist Ausdruck jener Tätigkeit, die einer höheren Art, als der Mensch selbst ist, zum Dasein verhelfen soll. Jaspers N.-Auslegung sieht den

Tanz als Ermöglichung des ↗Übermenschen. Menschsein, meint Jaspers im Bezug auf N., habe nur den Wert, Übergang und Untergang zu sein; es sei gefordert, über sich selbst »hinwegzutanzen«. Die Heiligung des Lachens, die Leichtigkeit des Tanzes und der Sieg über den ↗Geist der Schwere gehören zusammen (Jaspers 1936, 196).

N. drängt stets zu den Wahrheiten, nach denen sich tanzen läßt – jene Art Wahrheiten also, die ein Einwand gegen die sich absolut gebenden sind. Er akzeptiert nur Wahrheiten, nach denen die Füße tanzen können. Was N. also mit dem Tanz ausdrücken will, ist die Unmittelbarkeit der Wahrheit. Um von sich selber auszuruhen, verlangt er vom Menschen das possenreißerische Narrsein. Der Tanz ist Symbol für den Übermut, für das Überschwengliche als Antrieb zum Weiter, zum Höher und Ferner, zur Bewegung des Überwindens. Das Tanzlied an den Mistral im *Zarathustra* versteht N. als Gleichnis eines »herzhafte[n] Zustand[es] der Seele«. Der Tanz ist ein Testfall für N.s ästhetisches Konzept der »Physiologie der Kunst« (↗Ästhetik), jene den ganzen Menschen umfassende dionysische Auffassung vom gelingenden, emphatischen Leben: Der Mensch kann und soll über sich »hinweg tanzen«, er soll sich überspringen, über sich hinaus geraten, er soll die unmittelbaren Wahrheiten des Übermenschlichen tanzen.

Das ist auch mit N.s Aufruf an die Philosophen zu einer Leichtfüßigkeit des Denkens gemeint. So spricht Zarathustra über sich: »Jetzt bin ich leicht, jetzt fliege ich, jetzt sehe ich mich unter mir, jetzt tanzt ein Gott durch mich« (Za I, KSA 4, 50). N. hat ↗Lachen, Leichtigkeit und den Tanz gepriesen und damit viele Literaten beeinflußt. Heinrich Mann etwa zeigte sich früh schon angesteckt von der »Stärke als Herrschaftsgefühl in den Muskeln, als ... Lust an der Bewegung, als Tanz, als Leichtigkeit und Presto (...)«; desgleichen die Franziska Gräfin zu Reventlow: »nur das wahre, das heilige, große Leben leuchtete und lachte und tanzte« (Hillebrand I, 1978, 133 bzw. 142).

*Christian Schüle*

## Tragödie

N.s Konzeption der griechischen Tragödie geht nicht völlig in der *Geburt der Tragödie* auf. Die Auseinandersetzung mit diesem Thema geht bis in die Zeit von Schulpforta zurück, sie begleitet die Studentenzeit in Bonn und Leipzig, sowie die Jahre, in denen N. in Basel klassische Philologie lehrte (↗Altphilologie), und sie dauerte auch nach der Aufgabe seiner Basler Professur noch fort. Um zu einem vollständigen Bild von N.s Konzeption der griechischen Tragödie zu gelangen, müssen wir folglich über die *Geburt der Tragödie* hinaus eine ganze Reihe weiterer Schriften, auch in ihrem jeweiligen Zusammenhang untereinander, berücksichtigen. Dazu gehören Schulaufsätze, öffentliche Vorträge (*Das griechische Musikdrama, Socrates und die Tragoedie*), nachgelassene Abhandlungen (*Die dionysische Weltanschauung*), Vorlesungsaufzeichnungen, insbesondere diejenigen aus dem SS 1870 über Sophocles (*Einleitung in die Tragödien des Sophocles*), bis hin zu den Werken und nachgelassenen Fragmenten der späten 80er Jahre. Ein weiterer wichtiger Gesichtspunkt ist die Tatsache, daß N. seine Thesen zur griechischen Tragödie immer auch als wissenschaftlichen Beitrag zur klassischen Philologie betrachtet. Dieser Aspekt wird allzu oft von denjenigen unterschätzt, die in der *Geburt der Tragödie* eine Art Übergang von der Philologie zur Philosophie erblicken. Wenngleich N. immer ein problematisches Verhältnis zu seiner eigenen Disziplin hatte (»Von der Philologie lebe ich in einer übermüthigen Entfremdung, die sich schlimmer gar nicht denken läßt«, an Rohde, März 1871), betrachtet er sich in der Zeit, in der die *Geburt der Tragödie* entsteht, als Philologen durch und durch. N. polemisiert lediglich gegen eine bestimmte Auffassung der klassischen Philologie, wie sie sich im 19. Jh., orientiert am Leitbild der Naturwissenschaften (Mythos der Objektivität von Methode und Resultat), ausgebreitet hat. Diese schien ihm zu einem umfassenderen Verständnis der Antike, vor allem als ästhetisches und philologisches Phänomen, ungeeignet. Hierin trifft er sich mit den Vorstellungen von Creuzer, Welcker, K. O. Müller, Bachofen und Burckhardt. Mit seiner Interpretation der Tragödie hoffte N. zum Repräsentanten einer neuen Philologengeneration zu werden (»Mir liegt vor allem daran, mich der jüngeren Generation der Philologen zu bemächtigen«, an Ritschl, 30. 1. 1872). Die *Geburt der Tragödie* sollte das Manifest dieser neuen Richtung sein. Nach Erscheinen von Wilamowitz-Moellendorffs Pamphlet *Zukunftsphilologie!*, das den wissenschaftlichen Wert der *Geburt der Tragödie* in Frage stellte, bekannte N.: »ich, als Philologe, wehre mich meiner Haut: mich will man nicht als Philologen gelten lassen; und deshalb vertritt Rohde mich, den Philologen« (an Ritschl, 12. 8. 1872). Wie in jüngster Zeit hinreichend dokumentiert worden ist (Latacz 1994), war N.s Interpretation der Tragödie keineswegs phantastisch oder unbegründet, sondern entsprach dem damaligen Kenntnisstand der Altertumswissenschaft. Das Ungewöhnliche daran war lediglich die äußere Gestalt des Buches: Auf dem Titelblatt eine Vignette in polemischer Absicht (der entfesselte Prometheus), keine Fußnoten, keinerlei Hinweis auf Sekundärliteratur, eine oft unvollständige Zitierweise, nur ungefähre oder gar keine Hinweise auf die antiken Quellen, keine griechischen Zitate, ein sehr subjektiver Stil, reich an Bildern und Metaphern, teilweise unverständlich, polemisch und enthusiastisch im Ton, weit entfernt von den Regeln wissenschaftlichen Argumentierens. Der Verzicht auf akademische Gelehrsamkeit geschah im Hinblick auf ein größeres nicht akademisches Publikum. In Wirklichkeit gehen fast alle Bemerkungen N.s zur Tragödie auf antike Quellen zurück, wie die Vorlesungen zur Tragödie belegen (wo die Quellen im Gegensatz zur *Geburt der Tragödie* immer angegeben sind), sowie Rohdes (↗Freunde) leidenschaftliche Verteidigungsschrift unter dem Titel *Afterphilologie*. Der entscheidende Punkt in N.s Konzeption der Tragödie liegt in der Konstruktion eines Interpretationsmodells, das, gleichgültig ob philologischer, ästhetischer oder philosophischer Natur, völlig absieht von der *Poetik* des Aristoteles, dem Text, der über Jahrhunderte hinweg das Interpretationsparadigma schlechthin vorgegeben hat und immer noch als unverzichtbarer Bestandteil einer Interpretation der Tragödie galt. Der Verzicht auf Aristoteles geht schon allein aus der Tatsache hervor, daß N. den Moment der »Geburt« der Tragödie in den Vordergrund rückt. Die Frage nach dem Ursprung spielte aber in der *Poetik* des Aristoteles überhaupt keine Rolle, es findet sich darin lediglich ein einziger Hinweis und zwar dort, wo Aristoteles ganz allgemein auf das Verhältnis der Tragödie zum Dithyrambus eingeht, einem relativ unklaren Abschnitt, über den viel geschrieben worden ist (4, 1449a 9ff.). Vermutlich hatte sich schon zu Aristoteles' Zeit der Ursprung der Tragödie in einer fernen und unerforschlichen Vergangenheit verloren. Aristoteles interessierte sich weit mehr für die »Entwicklung« der Tragödie von den improvisierten dithyrambischen Gesängen hin zur kanonischen Form, wobei es ihm vor allem darauf ankam, den »natürlichen« Gang dieser Entwicklung zu betonen. Mehr sagte er nicht, und vermutlich wußte er auch nicht mehr. Weitere Zeugnisse zum Ursprung der Tragödie sind sehr sporadisch und spät und ihre Interpretation bis heute stark umstritten. Ganz im Gegensatz dazu ist für N. die Frage nach dem Ursprung die entscheidende Frage, die er auf der ästhetischen und ontologischen Ebene diskutiert unter Einführung der Kategorien dionysisch und ↗apollinisch, für die es in der *Poetik* keine Entsprechung gibt. Der Augenblick des Entstehens ist für N. der entscheidende, weil nur in ihm sich das wahre Wesen des Phänomens nachvollziehen läßt.

Selbst die herausragende Rolle des *König Ödipus*, über die N. mit Aristoteles übereinstimmt, ist bei ihm vollkommen anders motiviert. Und die Kategorien, die bei Aristoteles eine Rolle spielen, wie das »Wiedererkennen« (*anagnorisis*), die »Umkehr« (*peripeteia*), die auf den Zuschauer wirkenden Affekte »Mitleid« und »Schrecken« (*eleos kai phobos*), spielen in der Auseinandersetzung N.s keine oder nur eine nebensächliche Rolle. Er setzt sich nicht mit diesen Kategorien auseinander und verwendet sie weder in normativem noch deskriptivem Sinn. Im Gegenteil, N. rückt unter dem Einfluß Schopenhauers die Musik als metaphysische Größe ins Zentrum seiner Betrachtungen, ein Element, das umgekehrt in der *Poetik* des Aristoteles im Vergleich zur Handlung (*praxis*), zum Wort (*logos*) und der Erzählung (*mythos*) nur eine untergeordnete Rolle spielt. Ein weiterer entscheidender Punkt in N.s Konzeption der Tragödie ist die sogenannte tragische »Katharsis«. In einem der bekanntesten Abschnitte der *Poetik* (6, 1449b 24–28) definiert Aristoteles die Tragödie durch das Erregen von Furcht und Mitleid und die damit verbundene Katharsis dieser Leidenschaften. Das vorherrschende hermeneutische Modell des 19. Jh.s war dasjenige Lessings, der in der *Hamburgischen Dramaturgie* die aristotelische Katharsis als moralischen Reinigungsprozeß interpretierte, durch den sich die Leidenschaften in Tugenden verwandelten und so eine ethische und geistige Verbesserung des Zuschauers bewirkten. N.s Beschreibung der Wirkung der Tragödie ist eine völlig verschiedene, er beruft sich auf ganz andere Zeugnisse und läßt Aristoteles bewußt außer acht. N. zufolge nahm der Zuschauer teil an einem dionysischen Erleben, das eine hauptsächlich durch die Musik hervorgebrachte Verwandlung bewirkte, so daß er sich selbst als Teil eines Satyrchors sah und der tiefen Analogie zwischen den Leiden des tragischen Helden auf der Bühne und denjenigen des Gottes Dionysos gewahr wurde. D.h., die Tragödie reproduzierte in künstlerischer Form das ursprüngliche ekstatisch-religiöse Erlebnis der orgiastischen dionysischen Rituale. Damit distanziert sich N. zwar eindeutig von dem aristotelisch-lessingschen Modell, knüpft aber gleichzeitig an eine Reihe jüngerer Untersuchungen an. 1857, also fünfzehn Jahre vor der *Geburt der Tragödie*, hatte der klassische Philologe Jacob Bernays den Weg zu einer Neuinterpretation des Katharsis-Begriffs geöffnet, indem er den Begriff aus der Sprache der Medizin ableitete und im metaphorischen Sinn von »Entladung« verwendete, ohne jeglichen moralischen Hintersinn (*Grundzüge der verlorenen Abhandlung des Aristoteles über die Wirkung der Tragödie*, Breslau). Darüber hinaus behauptete Bernays die Notwendigkeit, die Wirkungen der Tragödie wieder mit den Praktiken des Dionysos-Kults in Verbindung zu bringen, aus dem sie ursprünglich entstanden seien. Diese Thesen riefen eine lebhafte Polemik hervor, hinterließen jedoch neben dem klassischen aristotelischen Modell, wie es durch Lessing vermittelt worden war, kaum Spuren. Die akademische Welt ignorierte diese Thesen lange Zeit fast völlig. Der Umstand, daß N. die Schriften von Bernays aus der Basler Universitätsbibliothek ausgeliehen hat, hilft uns, die augenfälligen Analogien zu erklären. Es gibt aber noch eine Reihe weiterer Gelehrter, deren Thesen bei N. einen Nachklang finden, wie z.B. Karl Otfried Müller, der in Kapitel 21 des zweiten Bandes seiner *Geschichte der griechischen Literatur* (Breslau ²1857) mit dem Titel *Ursprünge der dramatischen Poesie* den anfänglichen Zusammenhang zwischen der Tragödie und dem orgiastischen Dionysoskult betont und die Wirkung des »Aus-sich-Herausgehens« als etwas untrennbar mit der tragischen Urform Verbundenes beschreibt. Julius Klein, der Verfasser einer *Geschichte des Dramas* (Leipzig 1865), faßt die tragische Katharsis als Übergang von einem Zustand orgiastischer Trunkenheit in einen Zustand apollinischer Ruhe. Und schließlich sah Paul Yorck von Wartenburg in einer wichtigen Schrift von 1866 (*Die Katharsis des Aristoteles und der Oedipus Coloneus des Sophokles*, Berlin) im Dionysoskult den Boden, auf dem die Tragödie gewachsen ist. N. kannte diese Schriften, und es ist klar, daß er die darin enthaltenen Thesen unter ganz bestimmten Vorzeichen gelesen hat. Allerdings hat bisher niemand den wissenschaftlichen Wert dieser Arbeiten angezweifelt, was genügen sollte zu beweisen, wie plausibel und legitim – abgesehen von der antiakademischen Form der *Geburt der Tragödie* und der Begeisterung für das Wagnersche Musikdrama – N.s Ansatz einer Konzeption des Tragischen ohne Rückgriff auf die aristotelischen Kategorien gewesen ist. Nicht einmal das Gegensatzpaar ↗apollinisch-dionysisch ist eine besondere Neuerung N.s, sondern hatte bereits damals eine lange Tradition innerhalb der Altertumsforschung. Die Neuerung N.s besteht, wenn überhaupt, in der Verabsolutierung der beiden Begriffe, die für ihn nicht nur ein Modell zur Erklärung der griechischen Tragödie, sondern der Kunst allgemein bildeten. Auch die Vorstellung, Verfall und Tod der Tragödie seien das Werk des Euripides und des ↗»Sokratismus«, ist keineswegs neu. Es gibt Zeugnisse aus der Antike, die in dieselbe Richtung gehen und auch bei den Brüdern Schlegel gab es ein exaktes Vorbild, auf das sich N. indirekt bezieht (vgl. Most 1993).

Der bewußte Verzicht auf Aristoteles geht unter anderem aus einer wichtigen Anmerkung hervor, die N. nicht in die endgültige Fassung der *Geburt der Tragödie* übernommen hat, die jedoch wert ist, zitiert zu werden: »Insbesondere durfte ich mir jetzt [erlauben] vergönnen, einige Schritte zu thun, ohne daß der übrige Fackelträger [für die] in der Höhle der griechischen Poetik, Aristoteles, mich begleitet hätte. Man wird doch endlich einmal aufhören, ihn auch für die tieferen Probleme der griechischen Poetik immer und immer wieder zu Rathe zu ziehn: während es doch nur darauf ankommen kann, aus der Erfahrung, aus der Natur die ewigen und einfachen, auch für die Griechen gültigen Gesetze des künstlerischen Schaffens zu sammeln: als welche an jedem leibhaften und ganzen Künstler besser und fruchtbarer zu studiren sind, als an jener Nachteule der Minerva, Aristoteles, der selbst bereits dem großen künstlerischen Instinkte entfremdet ist [...]« (KSA 14, 54). Nicht umsonst hat Wilamowitz N. unter anderem vorgeworfen, sich vom kategorialen Rahmen der *Poetik* distanziert zu haben. Noch in den achtziger Jahren kommt N. an verschiedenen Stellen, in denen von der Tragödie die Rede ist, auf die Polemik gegen Aristoteles und sein grundlegendes »Mißverständniß« der reinigenden Wirkung des Tragischen zurück: eine Wirkung, die N. durchaus nicht als moralisch, sondern als dionysisch und lebensbejahend ansieht (vgl. GD, Was ich den Alten verdanke Nr. 5, KSA 6, 160; AC, Nr. 7, KSA 6, 174; N, 15[10], Was ist tragisch, KSA 13, 409–11).

Literatur: Gründer, K.: Der Streit um N.s Geburt der Tragödie, Hildesheim 1969; Baeumer, M. L.: N. and the Tradition of the Dionysian; in: O'Flaherty, J. C./Sellner, T. F./Helm, R. M. (Hgg.): Studies in N. and the Classical Tradition, Chapel Hill 1976, 165–189; Kaufmann, W.: N. and the Death of Tragedy. A Critique, ebd., 234–254; Silk, M. S./Stern, J. P.: N. on Tragedy, Cambridge 1981; Arnott, W. G.: N.s view of Greek Tragedy, in: Arethusa 17 (1984), 135–149; Henrichs, A.: The Last of the Detractors. F.N.s Condemnation of Euripides, in: Greek, Roman and Byzantine Studies 27 (1986), 369–397; Barbera, S.: Apollineo e dionisiaco. Alcune fonti non antiche di N., in: Campioni, G./Venturelli, A.: La ›biblioteca ideale‹ di N., Neapel 1992, 45–70; v. Reibnitz 1992; Most, W. G.: Schlegel, Schlegel und die Geburt eines Tragödienparadigmas, in: Poetica 25 (1993), 155–175; Latacz, J.: Fruchtbares Ärgernis: N.s »Geburt der Tragödie« und die gräzistische Tragödienforschung, in: Erschließung der Antike. Kleine Schriften zur Literatur der Griechen und Römer, Stuttgart/Leipzig 1994, 469–498.

*Gherardo Ugolini*
*Aus dem Italienischen von Renate Müller-Buck*

# Trieb

Für N. haben Triebe an sich keinen moralischen Charakter, wie sie auch an sich nicht von der Empfindung der Lust und Unlust begleitet werden. Sowohl die Wahrnehmung von Trieben unter den Aspekten von Lust und Unlust wie auch unter denen der Moral sind nach N. schon Ausdruck einer »zweiten Natur« der Triebe. Sie entsteht dadurch, daß Triebe auf moralische Urteile von dem, was man für »gut und böse« hält, bezogen, danach abgeschätzt und umgestaltet werden (vgl. M, Nr. 38, KSA 3, 45).

Wie Triebe für N. jenseits von gut und böse sind, so sind sie auch an sich jenseits von Nützlichkeit und Egoismus. Das heißt aber nicht, daß Triebe nicht selbstisch sind. Vielmehr handeln Triebe unegoistisch, sich aufopfernd, unklug, nicht nur »nicht an den Nutzen des ganzen ego« denkend, sondern sogar »›wider unseren Nutzen‹, gegen das Ego«, oft allerdings auch unbewußt für das ego, weil sie selbstisch funktionieren (N, Sommer 1883, 8[23], KSA 10, 342). Die Unterscheidung von guten-unselbstischen Trieben und bösen-selbstischen Trieben setzt nach N. schon die Existenz moralischer Urteile voraus, durch die allerdings im Nachhinein verkannt wird, daß die einzig realen Triebe die selbstischen sind. Die Folge dieser im Nachhinein eingeführten moralischen Unterscheidung war, daß man nun dem Glauben erlag, daß es unselbstische Triebe geben könne und demzufolge unselbstische Triebe verlangte. Das aber führt zu grundlegenden Mißverständnissen in der Bewertung von Handlungen. Denn man mußte nun annehmen, daß eine Handlung nur als gut und lobenswert gelten kann, wenn man die Anwesenheit selbstischer Triebe leugnet (vgl. N, Herbst 1887 – März 1888, 10[57], KSA 12, 485). Daraus aber ergab sich, daß das anscheinend nur altruistische ↗Mitleiden, die Milde gegen andere ohne Eigeninteresse, die gegenseitige Hilfe in Trennung von der Sorge um sich als »Tugenden« bezeichnet wurden, die eine reine Moralität ohne Eigeninteresse beinhalten sollten. Die Folge ist nicht nur, daß ursprünglich außermoralische Wertschätzungen moralisiert werden, sondern daß starke, der Selbsterhaltung der Gemeinschaft dienende, aber auch gefährliche Triebe wie Unternehmungslust, Rachsucht, Verschlagenheit, Raubgier, Herrschsucht moralisch gebrandmarkt und verleugnet werden, was für N. den Sieg der »Heerden-Furchtsamkeit« über die starken, aber auch gefährlichen, bösen, nicht nur lebenserhaltenden, sondern Leben steigernden, negativen Triebe bedeutet (vgl. JGB, Nr. 201, KSA 5, 121–123). Wobei hier deutlich wird, daß N. »der Trieb der Arterhaltung« (FW, Nr. 1, KSA 3, 371) nicht der letzte und höchste ist, sondern N. davon ausgeht, daß alle unsere Triebe auf den ↗Willen zur Macht reduzierbar sind (vgl. N, Aug.-Sept. 1885, 40[61], KSA 11, 661). Der Gewalt der moralischen Vorurteile gegenüber den Trieben insgesamt setzt N. nun eine »Physio-Psychologie« entgegen, die nicht nur »von der gegenseitigen Bedingtheit der ›guten‹ und der ›schlimmen‹ Triebe« ausgeht, sondern grundlegend »von der Ableitbarkeit aller guten Triebe aus den schlimmen« (JGB, Nr. 23, KSA 5, 38). Für N. sind entsprechend seiner Lehre vom Willen zur Macht daher nicht nur positive Affekte wie Liebe, Mitleid, Selbstlosigkeit, sondern auch die negativen Affekte wie Haß, Neid, Habsucht, Herrschsucht »lebenbedingende Affekte«, »die im Gesammt-Haushalte des Lebens grundsätzlich und grundwesentlich vorhanden sein« müssen und die »noch gesteigert« werden müssen, »falls das Leben noch gesteigert werden soll [...]« (JGB, Nr. 23, KSA 5, 38).

Geht man wie N. davon aus, daß »nichts Anderes als real ›gegeben‹ ist als unsre Welt der Begierden und Leidenschaften, dass wir zu keiner anderen Realität hinab oder hinauf können als gerade zur Realität unsrer Triebe«, dann erweist sich auch das Denken nur als »ein Verhalten dieser Triebe zueinander« (JGB, Nr. 36, KSA 5, 54; ähnlich FW, Nr. 333, KSA 3, 559). Demzufolge glaubt N. auch nicht, daß »ein ›Trieb zur Erkenntniss‹ der Vater der Philosophie ist, sondern dass sich ein andrer Trieb, hier wie sonst, der Erkenntniss (und der Verkenntniss) nur wie eines Werkzeugs bedient« (JGB, Nr. 6, KSA 5, 20). N. schließt nicht völlig aus, daß es etwa bei den Gelehrten, »den eigentlich wissenschaftlichen Menschen«, so etwas wie einen Erkenntnistrieb gibt, der es ermöglicht, von den übrigen Trieben raum-zeitlich begrenzt zu abstrahieren, aber die »eigentlichen ›Interessen‹ des Gelehrten liegen deshalb gewöhnlich ganz wo anders, etwa in der Familie, oder im Gelderwerb oder in der Politik« (JGB, Nr. 6, KSA 5, 20). Entgegen der Auffassung, Triebe behinderten die philosophische Erkenntnis, ist N. der Auffassung, daß Triebe »inspirirende Genien« sind, die grundlegend für das Philosophieren sind.

Wie aber für N. das gesamte Triebleben nur »Ausgestaltung und Verzweigung Einer Grundform des Willens [...] – nämlich des Willens zur Macht« ist (JGB, Nr. 36, KSA 5, 55), so ist jedem Trieb selbst eine Herrschsucht eigen und dadurch auch das Philosophieren bestimmt (vgl. JGB, Nr. 6, KSA 5, 20). D.h., jede Philosophie ist als Ausdruck eines Triebes zu deuten, der das jeweilige Philosophieren dominiert und dadurch begründet. Eine Philosophie zeichnet demzufolge nicht einfach aus, welcher »eine Gedanke« sie begründet, sondern welcher Trieb ihr zu Grunde liegt, der wiederum nur den »einen Gedanken«, der sie begründen soll, hervorgebracht hat. Die ursprüngliche Einsicht eines Denkens offenbart sich demzufolge als ursprünglicher Trieb, dem das jeweilige Denken zu Grunde liegt. Denkformen sind daher für N. Ausdruck von Grundtrieben und mit ihnen verbundenen Affekten, woraus dann Heidegger den Schluß zog, daß man die den Kategorien zu Grunde liegenden Affekte in Form von Existenzialien analysieren müsse, um die Denkformen des Seins in allem Sein in ihrem Dasein für uns zu verstehen.

Für N. sind es also unsere Bedürfnisse, »die die Welt auslegen; unsere Triebe und deren Für und Wider«. Mit jedem Trieb ist nicht nur »eine Art Herrschsucht« verbunden, sondern jeder Trieb hat auch »seine Perspektive, welche er als Norm allen übrigen Trieben aufzwingen möchte« (N, Herbst 1885 – Herbst 1887, 7[60], KSA 12, 315). Die Folge ist nicht nur, daß sich unserem »stärksten Triebe, dem Tyrannen in uns, [...] nicht nur unsre Vernunft, sondern auch unser Gewissen« unterwirft (JGB, Nr. 158, KSA 5, 100), sondern daß sich die herrschenden Triebe, die sich gegenseitig bekämpfen und deren Dominanz immer auch wechselt, als »höchste[ ] Werth-Instanzen überhaupt, ja als schöpferische und regierende Gewalten« gegenüber dem Menschen, seinem Denken und Erkennen behaupten (N, Ende 1886-Frühjahr 1887, 7[3], KSA 12, 257). Für N. kann es demzufolge nicht darum gehen, wie etwa die Eleaten »die Gewalt der Triebe im Erkennen zu leugnen und überhaupt die Vernunft als völlig freie, sich selbst entsprungene Activität« zu verstehen (FW, Nr. 110, KSA 3, 470), sondern es geht vielmehr darum, wie ein »Gärtner« seine Triebe zu pflegen, um per Askese den bewußten Umgang mit dem uns unbewußt Treibenden zu erlernen (vgl. M, Nr. 560, KSA 3, 560). Denn nur so könne man sich von der Herrschsucht der Triebe, die sich in Gestalt des Verbrechers auch als krankhafte Tyrannei offenbaren kann, befreien (vgl. M, Nr. 202, KSA 3, 176).

N. unterscheidet des weiteren sechs Methoden, die »Heftigkeit eines Triebes« zu bekämpfen: »den Anlässen ausweichen, Regel in den Trieb hineinpflanzen, Übersättigung und Ekel an ihm erzeugen, und die Association eines quälenden Gedankens (wie den der Schande, der bösen Folgen oder des beleidigten Stolzes) zu Stande bringen, sodann die Dislocation der Kräfte und endlich die allgemeine Schwächung und Erschöpfung« (M, Nr. 109, KSA 3, 98). Entgegen aber einem rein instrumentellen Verständnis der Beherrschung der Triebe ist N. der Auffassung, daß es nicht in unserer Macht steht, daß man »überhaupt die Heftigkeit eines Triebes bekämpfen will, [...], ebenso wenig, auf welche Methode man verfällt, ebenso wenig, ob man mit dieser Methode Erfolg hat. Vielmehr ist unser Intellect bei diesem Vorgange ersichtlich nur das blinde Werkzeug eines anderen Triebes, welcher ein Rival dessen ist, der uns durch seine Heftigkeit quält: sei es der Trieb nach Ruhe oder die Furcht vor Schande und anderen bösen Folgen oder die Liebe« (ebd.).

Literatur: Jaspers (1936) 1981, 130–136; Kaufmann (1950) 1982, 245–264; Schipperges, H.: Am Leitfaden des Leibes. Zur Anthropologik und Therapeutik F.N.s, Stuttgart 1975, 45–52; Abel ²1998, 49–59.

*Volker Caysa*

## Typus

Einer der Ausdrücke N.s, die sofort verständlich sind, den Sprachgebrauch seiner Zeit aufnehmen (vgl. H.-U. Lessing) und dennoch tief in seine Philosophie hineinführen. Die Bedeutung von »Typus« als eine im Anschaulichen repräsentierte und davon nicht ablösbare Grundgestalt kommt seiner Kritik an der Verwendung von abstrakten Begriffen (↗Begriff, ↗Denken, ↗Erkenntnis) entgegen, weist er doch mit »Typus« auf ein Phänomen hin, das, ähnlich wie in der Kunst, *zwischen* den Ebenen des Individuellen und des Allgemeinen angesiedelt ist und sich im Gegensatz zum unveränderlichen Begriff auch wandeln kann. Den naturphilosophischen Gebrauch (etwa in Hinblick auf Blütenpflanzen oder Säugetiere) überträgt N. durchgehend auf den menschlichen Bereich: Typus als ein individuelles Lebensmuster (N, KSA 9, 277), als eine kulturelle Lebensform (vgl. N, KSA 12, 299 u. 417) oder als eine soziale Rolle (N, KSA 11, 107 u. 203 f.). Während er an Individuen als solchen – wohl aber an individueller Selbstgestaltung – philosophisch nicht interessiert ist (vgl. N, KSA 10, 349 u. KSA 11, 642), kann er einzelne hervorragende Menschen, die paradigmatisch bestimmte Triebe ausgelebt haben, zu Typen im positiven Sinne als Vorbild oder im negativen Sinne als Gegenbild stilisieren. Zudem faßt er Personengruppen mit gemeinsamer Grundhaltung zusammen (z.B. Stoiker, Gelehrte, Buddhisten, Juden, Christen, Priester). Diese Typen werden durch eine bestimmte Moral herausgebildet und erhalten, welche das Handeln der einzelnen Individuen in seinen Zielen und dem Grad an schaffender Kraft vereinheitlicht (vgl. JGB, Nr. 262; N, KSA 10, 644; N, KSA 11, 219; N, KSA 12, 63; ↗Züchtung).

Insbesondere führt die durch das Christentum geprägte Moral der Selbstlosigkeit auf Gegenseitigkeit zum Typus des Herdenmenschen (↗Herrenmoral – Sklavenmoral), dem N. den »großen Menschen« entgegensetzt. Das Grundmuster einer asymmetrischen Polarität zweier Typen variiert und konkretisiert N. in vielfältiger Weise und unter verschiedenen Ausdrücken wie Übermensch und letzter Mensch, solitärer und herdenhafter Typus, Dionysos und der »Gekreuzigte«. Gegenüber dem »niederen Menschen« stellt der »höhere Mensch« eine immer gefährdete Ausnahme dar, welche eigentlich nicht mehr unter den Begriff des »Typus« als *einheitliche* Lebensform gebracht werden kann (vgl. N, KSA 13, 316f.). Der höhere Typus selbst ist charakterisiert durch die Polarität von *Stärke*, d.h. der Festlegung auf eine bestimmte Perspektive, für die man sein eigenes Leben wie das der andern verschwendet (↗Opfern), und *Weisheit*, d.h. dem Reichtum und der Komplexität an Lebensäußerungen (vgl. Müller-Lauter 1971, 116–134, 157–161, 186–188), wobei N. weitere inhaltliche Konkretionen bewußt vermeidet, weil jeder »höhere Mensch« sich seine eigene Moral schafft (vgl. Nehamas 1996, 304–320).

Literatur: Lessing, H.-U.: Art. Typos, Typologie, in: Historisches Wörterbuch der Philosophie 10, 1594–1607; Nehamas, A.: N. Leben als Literatur, Göttingen 1996; Ritter, J./Gründer, K. (Hgg.): Historisches Wörterbuch der Philosophie, Band 10: St-T, Basel 1998. Christians, I.: Der Reiz und Sporn des Gegensatzes. Zu F.N.s Konzeption der Kraft (Diss. München 1999).

*Ingo Christians*

# Übermensch

*I. Der »Übermensch« bei N.* N. ist ein Philosoph, der im Bereich des Grundes die Affinität zwischen der philosophischen Problematik und der Wirklichkeit des authentisch Sakralen ins Licht rücken will. Sie findet ihren tiefsten Ausdruck in dem Gedanken des Übermenschen wie auch in den verwandten Gedanken der ↗ewigen Wiederkehr, des ↗Willens zur Macht, des Todes ↗Gottes und des ↗Nihilismus. Der Begriff Übermensch ist, wie man in *Ecce homo* lesen kann, die höchste Realität (EH, KSA 6, 344), die größte Erhöhung des Kraftbewußtseins. Der Mensch wird zum Übermenschen, wenn er als dionysische Realität, d. h. als eine zum Göttlichen hin offene Wirklichkeit, in Erscheinung tritt. In *Jenseits von Gut und Böse* spricht N. von Dionysos als einem Gott und gleichzeitig als eine Art von Philosophen (JGB, Nr. 295, KSA 5, 237). Er habe vieles über die »Philosophie dieses Gottes« gelernt und sei sein letzter Jünger (ebd.). Das Göttliche tritt als Dimension des Philosophierens selbst in Erscheinung, das als ständiges Offensein verstanden wird. Es handelt sich um eine Wahrheit, die nicht allgemeingültig sein kann, da es nicht möglich ist, sie vollständig zu bestimmen. Die dem Übermenschen eigene Wahrheit wird eins im Akt des unablässigen Überwindens. In diesem ständigen Überwinden gibt es nie einen bestimmten Endzweck. Es ist ein Überwinden im Sinne eines Schaffens ohne Zweck. Man kann hier nie vom Menschen in einem bestimmten Sinne sprechen. Der Mensch ist nur Anlaß zu etwas, das nicht mehr Mensch ist. In der Vorrede von *Also sprach Zarathustra* steht, daß Zarathustra vor das Volk tritt, um den Übermenschen zu verkünden. Er sagt ausdrücklich, er wolle die Menschen über den »Sinn« der Erde belehren und dieser Sinn sei der Übermensch (Za, KSA 4, 14). Zarathustra unterstreicht, daß der Mensch seinem Wesen nach nicht nur ein höheres (rationales) Tier sei, sondern etwas, das überwunden werden muß. Und sich an die Zuhörerschaft wendend, fragt er: »Was habt ihr gethan, ihn zu überwinden?« (Za, KSA 4, 14). Falls sie bisher den Übermenschen als einen Schaffenden verstanden haben, müssen sie auf diesem Wege weitergehen. Andernfalls sind sie nur Tiere und verlieren dadurch die Dimension der Eigentlichkeit, die in dem unablässigen Überwinden des Menschen besteht. Ohne dieses ständige Überwinden, das mit einem Schaffen gleichzusetzen ist, wird der Mensch zum Affen. Wie der Affe für den Menschen eine schmerzliche Scham ist, so auch der Mensch für den Übermenschen. Der Übermensch kann als die Chiffre für die authentische Dimension des Menschen angesehen werden. Aber diese Authentizität ist an die Realität des Werdens gebunden (MA I, Nr. 2, KSA 2, 25; FW, Nr. 270, KSA 3, 519). Es steht nicht auf der einen Seite der Mensch und auf der anderen der Übermensch. Der Mensch ist eigentlich Mensch nur in dem Augenblick, in dem er sich überwindet. Daher besteht eine innere Beziehung zwischen dem Akt des Überwindens und der Realität der Zeit. Der als Akt des Überwindens verstandene Übermensch läßt den Horizont frei, in dem sich die Freiheit des Menschen in ihrem tiefsten Grunde zeigt. Dieses Überwinden kann als eine neue Transzendenz angesehen werden. Sie tritt nicht als eine objektive Wahrheit in Erscheinung wie die metaphysische Transzendenz. Die existentielle Transzendenz des Übermenschen kann nie objektiviert werden, da sie allein an den Schaffensakt des Menschen gebunden ist. Die Wahrheit des Menschen als Übermenschen ist daher ständiges Offensein. Vom Übermenschen im Sinne von Offensein oder im Sinne von Überwinden zu sprechen, ist demnach dasselbe. In der Rede »Von alten und neuen Tafeln« sagt Zarathustra, daß nur ein Possenreißer glaubt, der Mensch könne übersprungen werden (Za III, KSA 4, 249). Wenn Zarathustra von Überwindung spricht, gebraucht er den gleichen Ausdruck: daß der Mensch überwunden werden muß oder soll. Häufiger kommt das Wort »muss« vor. N. meint nicht die ethische Dimension des Übermenschen, sondern die schöpferische. »Eure Hoffnung heisse: ›möge ich den Übermenschen gebären‹!« (Za I, KSA 4, 85).

In der Rede »Vom Krieg und Kriegsvolke« wendet sich Zarathustra an seine Brüder mit den Worten: »Eure Liebe zum Leben sei Liebe zu eurer höchsten Hoffnung:/und eure höchste Hoffnung sei der höchste Gedanke des Lebens!/ Euren höchsten Gedanken aber sollt ihr euch von mir befehlen lassen – und er lautet: der Mensch ist Etwas, das überwunden werden soll« (Za I, KSA 4, 59f.).

In den Reden »Der hässlichste Mensch« (Za IV, KSA 4, 332) und »Von den Freuden- und Leidenschaften« wird dagegen das Wort »muss« gebraucht (Za, KSA 4, 44). Diese Überwindung im Sinne von Offen-Sein impliziert, daß der Horizont des Nichts zum Horizont der existentiellen Wirklichkeit wird, die an den Entschluß des Einzelnen gebunden ist. Es geht hier um eine Wirklichkeit, die im Verhältnis zwischen Mensch und Übermensch in Erscheinung tritt und nie definiert werden kann. Sie ist eine Möglichkeit, welche nicht auf logischer, sondern auf existentieller Ebene besteht. Diese existentielle Möglichkeit wird vom Übermenschen nie erschöpft. Daher spricht N. in bezug auf den zum Übermenschen hinstrebenden Menschen nie vom Zweck, sondern von »Brücke« oder »Seil, geknüpft zwischen Thier und Übermensch, ein Seil über einem Abgrunde« (Za, KSA 4, 16f.). Das Wort »Abgrund« deutet auf das Nichts hin. Der Mensch als Übermensch ist also stets offen zum Nichts. Dieses ist für N. das Sein. Daher definiert er sein Philosophieren als Nihilismus (N, KSA 13, 190). Der Gedanke des Übermenschen ist seinem Wesen nach mit dem Gedanken des Nihilismus verknüpft. Wenn N. sagt, er sei der Überwinder des Nihilismus und der erste große Nihilist, will er damit auf seinen Gedanken des Übermenschen und des ↗Willens zur Macht hinweisen (N, KSA 13, 191). Charakteristisch für den Übermenschen ist u.a. die Treue zur Erde, ja zum »Sinn« der Erde (ebd.). In der Vorrede zu *Also sprach Zarathustra* sagt Zarathustra zum Volk: »[...] bleibt der Erde treu und glaubt Denen nicht, welche euch von überirdischen Hoffnungen reden! Einst war der Frevel an Gott der grösste Frevel [...] An der Erde zu freveln ist jetzt das Furchtbarste« (Za, KSA 4, 15). Eine weitere Charakteristik des Übermenschen ist die, daß er als Blitz auftritt. Zarathustra sagt von sich, er sei ein Verkündiger des Blitzes und dieser Blitz heiße Übermensch (Za, KSA 4, 18). Aber am meisten liebt Zarathustra am Menschen als Übermenschen, daß er Übergang und Untergang ist: er liebe die Menschen als Untergehende und Hinübergehende (Za, KSA 4, 17); Übergang und Untergang bezeichnet er als den »grossen Mittag« und dieser sei sein letzter Wille (Za I, KSA 4, 102). Der »grosse Mittag« sei es, wo der Mensch auf der Mitte seiner Bahn »zwischen« Tier und Übermensch stehe. Diese Dimension des »Zwischen« kann als das Nichts gedeutet werden. Da der Mensch im Hinübergehen vom Abend zu einem neuen Morgen in den Bereich des »Zwischen« kommt, wo er sich bewußt wird, Übermensch zu sein, kann m.E. dieses Hinübergehen als N.s existentielle Transzendenz angesehen werden. Der Untergang aber ist zur gleichen Zeit ein Sich-Öffnen zum Licht hin. Mit den Begriffen »grosser Mittag« und »Untergang« will Zarathustra das Sakrale des Übermenschen ins Licht rücken. Dieses ist eine Dimension des Göttlichen, die sich unterscheidet von der heidnischen wie auch von der christlichen, wie sie im Laufe des abendländisch-christlichen Denkens meist dargestellt worden ist: »Einst sagte man Gott, wenn man auf ferne Meere blickte; nun aber lehrte ich euch sagen: Übermensch« (Za II, KSA 4, 109). In der Rede »Von der schenkenden Tugend« behauptet Zarathustra, der Tod aller Götter sei Voraussetzung dafür, daß der Übermensch lebe (Za I, KSA 4, 102). Nicht die Götter oder Gott liegen Zarathustra am Herzen, sondern der Übermensch: »der ist mein Erstes und Einziges« (Za IV, KSA 4, 357). Wo N. in *Ecce homo* über sein Werk *Also sprach Zarathustra* spricht, schreibt er, Zarathustra sei über den großen Ekel am Menschen Herr geworden; dieser sei »kein Gegenstand der Liebe oder gar des Mitleidens [...]«, sondern »eine Unform, ein Stoff, ein hässlicher Stein, der des Bildners bedarf [...]« (EH, KSA 6, 348). Der Ausdruck Bildner ist Zeichen dafür, daß der Übermensch im Sinne eines ständigen ↗Schaffens verstanden wird. Daher will Zarathustra, daß die große Müdigkeit stets ferne bleibe. Diese besteht im »Nicht-mehr-wollen und Nicht-mehr-schätzen und Nicht-mehr-schaffen [...]« (ebd.). Gerade der Schaffensakt birgt aber nach Zarathustra eine große Frage in sich: »[...] was wäre denn zu schaffen, wenn Götter – da wären?« (ebd., 349). Die Authentizität des Menschen als Schaffenden würde in Frage gestellt, d.h. die Wirklichkeit des Übermenschen selbst. Diese Wirklichkeit übersteigt aber die Wirklichkeit des Menschen. Sie ist nicht allein Schöpfung des Menschen, denn sie geht stets über ihn hinaus. Zarathustra spricht von der Schönheit des Übermenschen, die als Schatten zu ihm kam, als »Stillstes und Leichtestes [...]« (ebd., 349). In der Rede »Vom höheren Menschen« spricht N. nicht vom Tod der Götter, sondern vom Tod Gottes. Und wenn Gott tot ist, soll der Übermensch leben (Za IV, KSA 4, 357). Zarathustra sagt in der Rede »Von den berühmten Weisen«, der, welcher sein verehrendes Herz zerbrochen habe, werde wahrhaftig sein (Za II, KSA 4, 133). Dies geschieht, wenn er sich bewußt wird, Übermensch zu sein. Aber weil die Realität des Übermenschen das höchste Moment der Wahrhaftigkeit des Menschen darstellt, wird deutlich, daß die Wirklichkeit des Göttlichen zur höchsten Authentizität des Menschen wird. Es ist dasselbe, ob man von der Wirklichkeit des Göttlichen oder von dem schaffenden Wollen spricht. Zarathustra sagt in der Rede »Von tausend und Einem Ziele«, daß erst der Mensch den Dingen einen Sinn schuf, einen Menschen-Sinn. »Mensch« bedeutet: »der Schätzende«. Und »Schätzen« ist »Schaffen [...]« (Za I, KSA 4, 75). Das Verhältnis zwischen Schaffen und Willen zur Macht wird in der Rede »Von der unbefleckten Erkenntniss« herausgestellt. Zarathustra sagt, Unschuld sei da, wo der Wille zur Zeugung sei. Der reinste Wille bestehe im Über-sich-hinaus-Schaffen-Wollen (Za II, KSA 4, 157). Über sich hinausgehen aber heißt, sich überwinden. Es hat keinen Sinn mehr zu fragen, wie der Mensch erhalten bleibe. Es ist dagegen die Frage zu stellen: »[...] ›wie wird der Mensch überwunden?‹« (Za IV, KSA 4, 357). In dieser Frage wird der tiefste Sinn der Existenz verborgen, wo auch der Übergang von dem an das Zeitliche Gebundenen zu dem die Grenzen des Zeitlichen Überwindenden oder m.a.W. der Ewigkeit ins Licht gerückt wird. Daher sagt Zarathustra: »Der Übermensch liegt mir am Herzen [...] und nicht der Mensch: nicht der Nächste, nicht der Ärmste, nicht der Leidendste [...]« (ebd.). In der Rede »Ausser Dienst« sagt Zarathustra, mit dem alten Papst sprechend, »[...] lieber Narr sein, lieber selber Gott sein [...]« (Za IV, KSA 4, 325). Mit der Verkündigung des Übermenschen will Zarathustra keine neue Lehre aufstellen, sondern einen neuen, existentiellen Horizont des Denkens ins Licht rücken, in dem der Grund des Menschen hervortreten kann. Der Mensch kann nicht allein auf seinen Aspekt als erkennendes Subjekt begrenzt sein. Der Übermensch ist der Horizont der Freiheit des Menschen im Bereich seines Grundes und der Horizont der existentiellen Wahrheit im Sein. Der Übermensch ist es, der das Dasein des Einzelnen verklärt. Er kann sich nie in der Realität des Begriffs erschöpfen, denn er ist kein Ergebnis des erkennenden Verstandes. Aber wenn der Übermensch auch kein abstrakter Begriff ist, wie der des *animal rationale*, so ist er doch keine Utopie.

Daher entzieht er sich seinem Wesen nach jeder ideologischen Interpretation, die den Anspruch erhebt, den Übermenschen als Weltanschauung zu deuten.

*II. Wirkungsgeschichte.* Das Wort Übermensch hat nicht nur eine hermeneutische, sondern auch eine kulturelle Bedeutung. N. bestimmt weitgehend nicht nur die Philosophie, sondern auch die Literatur des 20. Jh.s. Seit Beginn der geistigen Umnachtung N.s wurde sein Werk immer bekannter, bis N. innerhalb kurzer Zeit zum Mythos, sein eigentliches Anliegen aber oft völlig verkannt wurde. Man stößt auf zwei Arten von Auslegung, eine positive und eine negative. N.s Denken wurde in den ersten Jahrzehnten meist negativ ausgelegt. Das meistgelesene Werk ist *Also sprach Zarathustra*. Der Übermensch erscheint hier unter dem egoistischen Aspekt eines außerordentlichen und heroischen Menschen. Bergs Untersuchung (1897) ist in diesem Zusammenhang wichtig. Auch sieht man die Affinität mit Stirner und dessen Anarchismus. Wie man liest, will N. nicht nur die bürgerlichen Werte abschaffen, sondern auch neue Werte verkünden. Nur wenige N.-Interpreten distanzieren sich von einer solchen Auslegung, die gerade in der deutschen Jugend einen fruchtbaren Nährboden findet. Im ersten Jahrzehnt (1890–1900) wird vor allem N.s Ethik kritisch beurteilt. N. stellt für Autoren wie z.B. v. Hartmann (1898), Stein (1893) und Weigand (1893) eine Gefahr dar. Weniger streng ist das Urteil vom ethischen Gesichtspunkt im zweiten Jahrzehnt (1900–1910). Man sieht N. als den Schöpfer neuer Werte (z.B. bei Vaihinger 1902; Simmel 1907). Der Übermensch wird als Symbol für den freien Geist und Schöpfer verstanden, *Also sprach Zarathustra* erinnere an Goethes *Faust*. Man betrachtet den Übermenschen als Verkünder einer neuen Kultur, die an die Stelle der Kultur des christlichen Abendlandes treten soll. In vielen Interpretationen erkennt man den Einfluß Darwins, wie bei Vaihinger und Simmel. Von den zwanziger Jahren an trägt der Übermensch auch die Züge des Germanismus. Das biologische Moment wird im metaphysischen Sinne als Blut und Rasse gedeutet. Es wird von der ↗blonden Bestie gesprochen und der Übermensch wird als Überart dargestellt, die in der Zukunft hergestellt werden soll. Eine solche N.-Mode schlägt sich auch in den zahlreichen Romanen der Zeit nieder, z.B. bei Autoren wie

Conradi (1898) und P. Heyse (1895). Der Übermensch als im biologischen Sinn verstandene Überart wird dann immer mehr zum ideologischen Modell des Nationalsozialismus (↗Politik). Im rein historisch-politischen Bereich wird dieser »Mythos« vom Übermenschen auch von den Vertretern der konservativen Revolution, die sich auf die Traditionen der deutschen Nation berufen, mehr oder weniger kritisch wachgehalten. Was den positiven Sinn vom Übermenschen betrifft, kann man Hesse (1919) zitieren, denn s. E. nach lehrt der Übermensch den Menschen, er selbst zu sein. Wichtig sind in diesem Zusammenhang die N.-Interpretationen E. Bertrams (1918) und A. Baeumlers (1931). Diese beiden Auslegungen können als die tiefgründigsten betrachtet werden, die vor Heideggers und Jaspers' N.-Interpretationen geschrieben wurden. Bertram übt Kritik an der positivistischen Auslegung und unterstreicht den romantischen Aspekt. Er macht deutlich, daß zwischen Deutschtum und Griechentum ein innerer Zusammenhang besteht. Diese Überzeugung bestimmt auch die Schriften einiger Ideologen des Nationalsozialismus, wie z. B. H. Heyse (1935). Baeumler sieht N. als echten Philosophen, aber auch als politischen Denker. Er ist ebenso der Ansicht, das wichtigste Werk N.s sei nicht *Also sprach Zarathustra*, sondern der Teil der nachgelassenen Fragmente, den er unter dem Titel ↗*Der Wille zur Macht* in seiner N.-Ausgabe als ein »Werk« N.s ediert. Sowohl bei Bertram als auch bei Baeumler wird der Kampf N.s gegen die abendländisch-christliche Metaphysik als Kampf um die Behauptung des deutschen Geistes vor dem römischen Geiste angesehen. Mit Heidegger (seinen Vorlesungen von 1935) und Jaspers tritt eine Wende ein; denn durch ihre existentiell-ontologische Auslegung N.s tragen sie dazu bei, N. unter die großen Denker des Abendlandes einzureihen und dies schon in den Jahren, in denen der Nationalsozialismus N. für seine Ideologie in Anspruch nimmt (Jaspers 1936; Heidegger 1961). Heidegger schreibt N. das Verdienst zu, daß er den Nihilismus als grundlegendes Moment des abendländischen Denkens herausgestellt hat, wenn er auch das Wesen des Nichts nicht als Entzug des Seins zu denken vermag (1961, Bd. 2, 54). Heidegger meint auch, N. habe das Verdienst, das Dogmatische der Wahrheit nicht anzuerkennen und diese als ständiges Fragen auszulegen (*Die Frage nach dem Ding*, 1962, 32). Andererseits übt Heidegger auch Kritik an N., denn dieser bleibe in einem vorstellenden Denken befangen, ohne aber das wesenhafte Denken zu klären, das den Entzug des Seins (oder die m. E. authentische Überwindung) ins Licht rückt (ebd., 60). Eine ähnliche Interpretation gibt Jaspers in seinem Hauptwerk *Was heißt Denken?* (1947), wo seine Grundgedanken von Kommunikation und Aneignung m.E. ihr Fundament im Übermenschen als ständiger Überwindung haben. Übermensch, ↗Wille zur Macht und ↗ewige Wiederkehr des Gleichen werden zu Chiffren der Transzendenz.

Literatur: Stein, L.: F.N.s Weltanschauung und ihre Gefahren, Berlin 1893; Weigand, W.: F.N. Ein psychologischer Versuch, München 1893; Berg, L.: Der Übermensch in der modernen Literatur, München 1897; Conradi, H.: Adam Mensch, Leipzig 1898; v. Hartmann, E.: Ethische Studien, Leipzig 1898; Vaihinger 1902; Simmel, G.: Schopenhauer und N., Leipzig 1907; Bertram 1918; Hesse, H.: Zarathustras Wiederkehr, Bern 1919; Weichelt, H.: N., der Philosoph des Heroismus, Leipzig 1924; Klages, L.: Der Geist als Widersacher der Seele, Leipzig 1929–1933; Baeumler 1931; Heyse, H.: Idee und Existenz, Hamburg 1935; Becker, F. A.: Gedanken F.N.s über Rangordnung und Züchtung, Bonn 1942; Heidegger 1954; ders. 1961; Lukács, G.: Die Zerstörung der Vernunft, Berlin 1962; Müller-Lauter 1971; Jaspers 1974; Pütz, P.: N. im Lichte der Kritischen Theorie, in: NSt 3 (1974), 175–191; ders. 1975; Löwith 1978; Hillebrandt 1978; Grau 1984; Pieper 1990.

*Giorgio Penzo*

## Umwerthung der Werthe

Das Stichwort taucht erstmals als Untertitel eines nie geschriebenen Werkes »Philosophie der ewigen Wiederkunft« im Nachlaß 1884 auf (N, KSA 11, 218). Im Sommer 1886 entsteht der mehrfach wiederholte Titelentwurf »Der Wille zur Macht. ↗Versuch einer Umwerthung aller Werthe« (N, KSA 12, 109; letztmals August 1888, N, KSA 13, 537). Nachdem N. den Plan eines Buches »Der Wille zur Macht« aufgegeben hatte, avanciert Anfang September 1888 der Untertitel zum Haupttitel. Diese »Umwerthung aller Werthe« sollte vier Bücher umfassen, mit dem »Antichrist« am Anfang, gefolgt von »Der freie Geist« und »Der Immoralist« und schließlich einer »Philosophie der ewigen Wiederkunft« (N, KSA 13, 545). Am 30. 9. 1888 wird das erste Buch, *Der Antichrist*, druckfertig; aus den Briefen an Brandes vom 20.11. und vom 26. 11. 1888 an Deussen geht hervor, daß N. schließlich in *Der Antichrist* die ganze »Umwerthung aller Werthe« für vollendet hält.

»Umwerthung der Werthe« als radikale Umwälzung des moralisch bislang Gültigen ist bei N. keineswegs reserviert für die eigene Tätigkeit. Schon die erste Stelle, an der die Umwertungs-Formel in N.s Werken erscheint, bezieht sie sich auf die paulinische Losung vom »Gott am Kreuze«: Diese »verhiess eine Umwerthung aller antiken Werthe. – Es ist der Orient, der tiefe Orient, es ist der orientalische Sklave, der auf diese Weise an Rom und seiner vornehmen und frivolen Toleranz [...] Rache nahm« (JGB, Nr. 46, KSA 5, 67). Genau diese Entwertung der archaischen ↗Herrenmoral durch die jüdisch-christliche »Priester«- und »Sklaven«-Moral will N. rückgängig machen; seine »Umwerthung« als »Akt höchster Selbstbesinnung der Menschheit« (EH, KSA 6, 365) soll eine erneute Umkehrung der platonischen Verjenseitigung sowie der christlich-demokratischen Vermittelmäßigung und Verkleinerung des Menschen sein (vgl. JGB, Nr. 203, KSA 5, 126 und GD, KSA 6, 89). Die Ohnmacht der Schwachen habe den Aufstand gegen die von »Natur« Starken angezettelt und schließlich im Juden- und Christentum gesiegt (vgl. GM, KSA 5, 267f.). Man hat darauf hingewiesen, daß N.s Umwertungsmetaphorik wohl auf die berühmte Anekdote von dem das Nomisma – die Münze, aber auch die geltende, politisch-soziale Ordnung – umprägenden Diogenes aus Sinope (nach Diogenes Laertius, *De vitis* VI 20) zurückverweist (Niehues-Pröbsting 1988, 333–336; Salaquarda 1978, 156 schlägt als andere mögliche Quelle Thukydides, *Geschichte des Peloponnesischen Krieges* III 82 vor; ausführliche Diskussion bei Sommer 2000, Kommentar zu AC 12 [III]). Für die Diogenes-Allusion spricht der Umstand, daß die übel beleumundete »Umwerthung der Werthe« durch die Zu-kurz-Gekommenen in N.s Spätwerk häufig als »Falschmünzerei« bezeichnet wird; es wird eine »Frage der Perspektive [...], ob etwas als Falschmünzerei in negativem oder als Umwertung in positivem Sinn« gilt (Sommer 1998, 138; vgl. EH, KSA 6, 266 und N.s Brief an Brandes vom 23. 5. 1888). Die Umwertung bleibt strukturell auf das Gefälschte bezogen und mit ihm fest liiert. Der Philosoph, der »mit dem Hammer philosophirt« (GD, KSA 6, 55) – dem *Prägehammer* –, will der Welt einen neuen, seinen Stempel aufdrücken. Aus *Der Antichrist* spricht scheinbar ein ungebrochener Glaube an die Macht des Wortes, Umwertungen vollziehen zu können. Ein Grundproblem bleibt, daß N.s Umwertung trotz aller ›priesterlichen‹ Verkündigungsgebärde im *Antichrist* inhaltlich unterbestimmt ist. Zwar sollen gemäß einigen Textstellen die ›natürlichen‹, ursprünglichen Wertordnungen wiederhergestellt werden (vgl. die vier Interpretationsvorschläge bei Brobjer 1996, 342f.), jedoch kann N. seinen starken Individuen keine Vorschriften mehr machen, wie sie ihr Leben und das Leben anderer zu gestalten hätten, ohne in einen Selbstwiderspruch zu geraten. Damit fiele er in eine moralische Bevormundungsmanier, eine heteronome Ethik zurück, die sein Immoralismus gerade überwinden will. Überdies vertragen sich die Oktroyierung einer neuen, präskriptiven Moral und eine »Naturordnung« der Dinge nicht mit jener perspektivistischen Skepsis, deren Hohelied beispielsweise *Der Antichrist*, Nr. 54 anstimmt. Die neuen Werte sind eigentlich nicht verallgemeinerbar. Die »Umwerthung« droht so als bloßes Abbruchunternehmen (der jüdisch-platonisch-christlichen Tradition) zu versanden, das allenfalls von Ferne zeigt, worin neue Moralen bestehen mögen. *Der Antichrist* als vollendete »Umwerthung aller Werthe« kann jedenfalls keine kohärente neue Moral verordnen (weder für die »Wenigsten« noch für die »Menschheit«), so sehr er sich gegen den christlichen ↗Nihilismus wehrt und zum Beispiel die ↗Renaissance als »Versuch« betrachtet »die Gegen-Werthe, die vornehmen Werthe zum Sieg zu bringen« (AC, Nr. 61, KSA 6, 250).

Literatur: Salaquarda, J.: Umwertung aller Werte, in: Archiv für Begriffsgeschichte 12 (1978), 154–174; Niehues-Pröbsting, H.: Der Kynismus des Diogenes und der Begriff des Zynismus, Frankfurt a.M. 1988, 306–340; Brobjer, T.H.: N.'s Ethics of Character. A Study of N.'s Ethics and its Place in the History of Moral Thinking, Uppsala 1995, 292–317; ders.: On the Revaluation of Values, in: NSt 25 (1996), 342–348; Sommer, A. U.: Non olet?, in: Weimarer Beiträge 44 (1998), 133–141; ders.: F.N., »Der Antichrist«. Ein philosophisch-historischer Kommentar, Basel 2000.

*Andreas Urs Sommer*

# Das Unbewußte

Der Begriff des Unbewußten in seiner epistemischen Relevanz geht bei N. auf Leibniz zurück, der davon ausging, daß wir bewußtseinsunabhänige Perzeptionen haben können, daß »Bewusstheit nur ein Accidens der Vorstellung ist, nicht deren nothwendiges [...] Attribut« (FW, Nr. 357, KSA 3, 598). Das Adjektiv *unbewußt* findet sich bei N. attributiv zu den Begriffen des Kognitiven, Volitiven und Affektiven: Wir können demnach unbewußt wahrnehmen, vorstellen, denken (↗Denken), schließen, wollen, fühlen und handeln. N. verwendet den Begriff »unbewußt« in zweierlei Bedeutung, einmal im Sinne von »noch nicht bewußt« (vorbewußt) und in der Bedeutung von »nicht mehr voll bewußt (= automatisiert)« (Schlimgen 1999, 187). Diesen Bewußtseinsbegriffen gemeinsam ist, daß sie sich hauptsächlich auf biologisch-physiologische Prozesse beziehen, die im Prinzip bewußt werden können bzw. schon einmal bewußt gewesen sind, im Gegensatz zu N.s früher metaphysischen Konzeption des Unbewußten als des Unergründlichen (s. u.). Unbewußte kognitive, volitive und affektive Prozesse sind allen mit ↗Bewußtsein vollzogenen Akten »an Schnelligkeit und Sicherheit der Ausführung [...] *überlegen*« (ebd., 188), wie auch die zunächst bewußten, später aber automatisierten Operationen bewußtseinsentlastenden und damit indirekt existenzsichernden Charakter haben. Das »Unbewußtsein« gehört nach N. »zu jeder Art Vollkommenheit« (N, KSA 13, 288) und erreicht damit die »Sicherheit eines Instinkts« (ebd.). »Alle organisch-biologischen Prozesse, die meisten seelischen [↗Seele] Vorgänge und der größte Teil der kognitiven Vollzüge verlaufen *unbewußt*« (Schlimgen 1999, 184).

Der frühe N. entwirft in der kritischen Abwertung des ↗Bewußtseins, die er schon bei Wagner und Schopenhauer gefunden hatte, einen Begriff des Unbewußten als einer metaphysischen Qualität, die er mit dem Dionysosmythos und seiner Kunstmetaphysik in Verbindung bringt. Das Unbewußte ist das Prinzip des Produktiven (vgl. N, KSA 7, 21), der Urgrund aller schöpferischen Potenzen. Der entbewußte, entsubjektivierte Mensch erlebt in der Entgrenzung seiner Individualität im dionysischen Rausch die Rückbindung an das »Ur-Eine« (GT, KSA 1, 38), das als kosmisch-metaphysischer Wirklichkeitsgrund gedacht ist, und bringt in der ekstatisch-dionysischen Schöpferkraft seine wiedergewonnene Einheit mit der ↗Natur zum Ausdruck. Es ist dann das »apollinische Bewusstsein«, das »wie ein Schleier diese dionysische Welt [...] verdeckt« (GT, KSA 1, 34). »Das Unbewußte ist größer als das Nichtwissen des Sokrates« (N, KSA 7, 21) – d. h.: Das Unbewußte ist in rationalepistemischer Weise prinzipiell nicht ergründbar; es ist transepistemisch, nichts, was in (endgültige) Wissensformen überführt werden könnte. Nur der ↗»Leib« kann als natürliches Sensorium Medium der dionysischen Energien werden, die dann in der künstlerisch-apollinischen Produktion – über die metaphorischen (↗Metapher) Prozesse vermittelt – ästhetisch (↗Ästhetik) transformierbar sind. In dieser Position muß auch eine wesentliche Differenz zur Tiefenpsychologie (↗Psychologie) Freudscher Prägung gesehen werden, die von einer potentiellen Dechiffrierbarkeit von Inhalten des Unbewußten ausgeht. Zwischen N. und Freud lassen sich jedoch »analoge Einsichten« in bezug auf die trieb- (↗Trieb) und »lustgesteuerten destruktiven, letztlich unbewußten Quellen des menschlichen Denkens und Handelns« (Gasser 1997, 705) finden. Der mittlere und späte N. verankert seine Theorie des Unbewußten leibphysiologisch, wobei der Leib als »unbewußtes *Erkenntnis*organ« (ebd., 708) aufgefaßt werden kann. Eine »›Selbsterkenntnis‹« (ebd., 710) im Sinne der Psychoanalyse (↗Psychologie) ist so – wie in dieser supponiert – weder möglich noch auch »ein erstrebenswertes therapeutisches Ziel« (ebd.).

N.s hohe Einschätzung des Unbewußten ist teilweise von frühromantischen (↗Romantik) Einflüssen inspiriert (Schelling, F. Schlegel, Novalis), die durch Schopenhauer und Hartmann, der neben Schopenhauer auch Carus beerbt hat, übermittelt worden sind. N. beurteilt später seine anfängliche metaphysische Interpretation des Unbewußten selbst kritisch, so spricht er z.B. vom »Wahn jenseits des Menschen« (Za I, KSA 4, 35; vgl. EH, GT 1, KSA 6, 309f.).

Literatur: Schopenhauer, A.: Die Welt als Wille und Vorstellung, Leipzig (1819, Bd. I, 1844, Bd. II) ⁵1879; v. Hartmann, E.: Philosophie des Unbewußten. Versuch einer Weltanschauung, Berlin 1869; Joël, K.: N. und die Romantik, Jena/Leipzig 1905; Klages, L.: Die psychologischen Errungenschaften F.N.s (1926), Bonn ⁴1979;

Behler, E.: N. und die frühromantische Schule, in: NSt 7 (1978), 59–87; Gerratana, F.: Der Wahn jenseits des Menschen. Zur frühen E. v. Hartmann-Rezeption N.s (1869–1874), in: NSt 17 (1988), 391–433; Haslinger, R.: N. und die Anfänge der Tiefenpsychologie, Regensburg 1993; Gasser, R.: N. und Freud, Berlin/New York 1997; Schlimgen, E.: N.s Theorie des Bewußtseins, Berlin/New York 1999.

*Erwin Schlimgen*

## Unschuld des Werdens

Der Begriff erscheint im Spätwerk, erstmals N, KSA 10, 237 (im publizierten Werk erst GD, Nr. 7, KSA 6, 95), in einer Zeit, in der physikalische und meta-physikalische Reflexionen die philosophische Lehre von der ↗ewigen Wiederkunft unterfüttern helfen sollen und im Gefolge vorsokratische Dichotomien von Sein und Werden in den Blick geraten. Die (antiplatonisch, antichristlich, antiaufklärerisch, antiromantisch gedachte) Unschuld des Werdens begleitet den späten N., weil sowohl die Gedanken der ewigen Wiederkunft und des ↗Willens zur Macht, als auch die radikalisierte Christentumskritik antiteleologische Stoßrichtung haben. Die retrospektive Selbstinterpretation N.s behauptet, daß er schon immer auf die »Unschuld des Werdens« erpicht gewesen sei. »Ich habe mich immer darum bemüht, die Unschuld des Werdens mir zu beweisen: [...] um Ziele zu verfolgen, die sich auf die Zukunft der Menschheit beziehen. Die erste Lösung war mir die aesthetische Rechtfertigung des Daseins. [...] Die zweite Lösung war mir die objektive Werthlosigkeit aller Schuld-Begriffe und die Einsicht in den subjektiven, nothwendig ungerechten und unlogischen Charakter alles Lebens. Die dritte Lösung war mir die Leugnung aller Zwecke und die Einsicht in die Unerkennbarkeit der Causalitäten« (N, KSA 10, 237f.; vgl. 11, 553). Diese Selbstdeutung ist legitim, da die gemeinte Sache, wenn auch nicht der Begriff schon im Frühwerk in der Moralphilosophie des freien Geistes begegnet; etwa in der Feier Heraklits (prominent in PhtZ: »Ein Werden und Vergehen, ein Bauen und Zerstören, ohne jede moralische Zurechnung, in ewig gleicher Unschuld, hat in dieser Welt allein das Spiel des Künstlers und des Kindes«; KSA 1, 830), als Argument gegen den werdensvergessenen Historisten (Tiere dagegen »kurz angebunden mit ihrer Lust und Unlust, nämlich an den Pflock des Augenblickes und deshalb weder schwermüthig noch überdrüssig«; HL, KSA 1, 248), im Angriff auf den Schuldbegriff (»Alles ist Unschuld: und die Erkenntniss ist der Weg zur Einsicht in diese Unschuld«; MA I, Nr. 107, KSA 2, 105). Auch der Freigeist führt gegen seinen Feind, den Gläubigen, die permanente »Unschuld aller Meinungen so sicher wie die Lehre von der Unschuld aller Handlungen« (M, Nr. 56, KSA 3, 58) ins Feld. Weil der Freigeist an N.s Projekt einer Verunschuldung der Welt jedoch unbeteiligt sein könnte, wird eine Art zweite Unschuld (»eine der schönsten Erfindungen des Christenthums!«; M, Nr. 321, KSA 3, 229) inauguriert – der Gedanke der ewigen Wiederkunft, dessen Urgestalt (»Es wäre entsetzlich, wenn wir noch an die Sünde glaubten: sondern was wir auch thun werden, in unzähliger Wiederholung, es ist unschuldig«; N, KSA 9, 496) auf den ›Unschuldigen‹ hinzielt, oder, wie uns Zarathustra kündet: auf das Gebären des ↗›Kindes‹: »Unschuld ist das Kind und Vergessen, ein Neubeginnen, ein Spiel, [...]« (Za I, KSA 4, 31). Der Wille zur Unschuld, den man bei N. allerorten findet, verschärft sich in der Folge. »Wo ist Unschuld? Wo der Wille zur Zeugung ist« (Za II, KSA 4, 156), wo also, kurz gesagt, ↗Wille zur Macht ist. Jetzt werden Buchtitel und Kapitelüberschriften ersonnen: »Die Unschuld des Werdens. Ein Wegweiser zur Erlösung von der Moral.« (N, KSA 10, 343, vgl. 323, 475, 514, 527, 598), und von Erlösung oder ›grosser Befreiung‹ geredet: »Dass Niemand mehr verantwortlich gemacht wird, dass die Art des Seins nicht auf eine causa prima zurückgeführt werden darf, dass die Welt weder als Sensorium, noch als ›Geist‹ eine Einheit ist, dies erst ist die grosse Befreiung, – damit erst ist die Unschuld des Werdens wieder hergestellt ...« (GD, KSA 6, 96f.). N. sieht mit Recht, daß Immoralismus und Antiteleologie in der Vorstellung von der »Unschuld des Werdens« beschlossen liegen, und noch seine letzte Verve gegen teleologisierte Moral gilt deren unheilvoller Verquikkung (»Man hat das Werden seiner Unschuld entkleidet, wenn irgend ein So-und-so-Sein auf Wille, auf Absichten, auf Akte der Verantwortlichkeit zurückgeführt wird: die Lehre vom Willen ist wesentlich erfunden zum Zweck der Strafe, das heisst des Schuldig-finden-wollens«; GD, KSA 6, 95). Der Begriff verbleibt jedoch im Kritischen; es kommt nicht zu einer ausgefeilten Theorie der »Unschuld des Werdens«, statt dessen beerbt der Wille zur Macht die Theorielücke. Der Begriff wird ab 1884 überaus rar verwendet, wohl im Bewußtsein, hiermit noch im Schulddiskurs befangen zu bleiben. Die Anweisung, »**die Unschuld des Werdens zu gewinnen, dadurch daß man die Zwecke** ausschließt« (N, KSA 10, 245), führt am Schluß zu einer Pauschalverurteilung der mächtigsten Repräsentation der Tradition und größten Sachwalters aller Teleologie, des Christentums. Gerade weil im Wiederkunftsgedanken wie im Willen zur Macht die Unschuld des Werdens weiterhin west, bleibt es bei der Übertribunalisierung, die im »Gesetz wider das Christentum« (AC, KSA 6, 254), N.s letztem Wort, kulminiert.

Baeumler vermeinte in der Einführung zu seiner Aphorismuskompilation *Die Unschuld des Werdens* ein durchgängiges Motiv in N.s Schriften ausmachen zu können. In Heideggers N.-Kontemplationen von 1936–46 wird die »Unschuld des Werdens« als Begriff absichtlich gemieden, umso heftiger aber gegen eine Werdensphilosophie polemisiert, die in die »Botmäßigkeit« (Heidegger II, 1961, 12) komme und in ihrer gewollten Seinsvergessenheit vollendeten Nihilismus bedeute. Löwith streicht statt der »Unschuld des Werdens« den Experimentalcharakter von N.s Denken heraus; bei Löwith (1987, Bd. 6, 363–68) wird dem von Baeumler konstatierten durchgängigen Heraklitismus Dionysos zugesellt und eine »herakliteisch-dionysische« (516) Weltanschauung N.s gegenübergestellt.

Literatur: Baeumler 1931; Baeumler, A. (Hrsg.): Die Unschuld des Werdens. Der Nachlaß, Bd. 1 & 2, Leipzig 1931; Heidegger 1950; Löwith, K.: Anhang zu N.s Philosophie der ewigen Wiederkehr des Gleichen. Zur Geschichte der N.-Deutungen, in: Sämtliche Schriften, Bd. 6, Stuttgart 1987 (1955); Heidegger 1961.
*Miguel Skirl*

# Vergessen

N. ist einer der ersten Denker, die das Vergessen als ein positives Vermögen betrachten. Er wendet sich gegen eine Tradition, für die das Vergessen ein Fehlen oder einen Verlust von Erinnerung darstellt und somit das negativ bestimmte Gegenstück zur Erinnerung bildet. In bezug auf das Verhältnis von Erinnern und Vergessen nimmt N. eine Umkehrung und Umwertung vor. So definiert N. das Vergessen als »ein aktives, im strengsten Sinne positives Hemmungsvermögen« und stellt es gegen eine Erinnerung, die den Charakter des »passivischen Nicht-wieder-loswerden-könnens des einmal eingeritzten Eindrucks« (GM, KSA 5, 291f.) hat. Aus dieser Umkehrung ergibt sich für das ↗Leben bzw. den ↗Willen zur Macht die positive Bewertung des Vergessens: das Vergessen verhindert, daß die erlebte Vergangenheit durch Erinnerungen die Gegenwart beherrscht, und ermöglicht dadurch, daß Neues wahrgenommen (Gadamer 1960, 13) und aktiv in der Gegenwart gehandelt werden kann. »Zu allem Handeln gehört Vergessen« (HL, KSA 1, 250). Vergessen ist die Bedingung für die Empfindung von Glück.

N.s Lob des Vergessens – »Göttlich ist des Vergessens Kunst!« (N, KSA 13, 557) – darf allerdings nicht einseitig verstanden werden. Erstens richtet sich N. nur gegen eine bestimmte Form der *Erinnerung*: von der passiven, nicht willentlichen Form der Erinnerung, die konstitutiv für das ↗Ressentiment ist, unterscheidet er das »**Gedächtniss des Willens**« (GM, KSA 5, 292), durch das es möglich wird, etwas für die Zukunft zu versprechen. Zweitens ergibt sich die Notwendigkeit des Vergessens aus dem Übermaß an Erinnerungen und schließt somit nicht jede Erinnerung aus: Erinnerung und Vergessen bilden die beiden Vermögen im Verhältnis zur Vergangenheit, durch die das Individuum bzw. die Kultur sich *einen* Horizont schafft (HL, KSA 1, 251), in dem es leben und handeln kann. In diesem Sinne handelt es sich beim Vergessen um ein »regulatives Prinzip« (Deleuze 1976, 160). Da drittens das Vergessen nicht in der Macht des Einzelnen liegt – »man vergisst nicht, wenn man vergessen will« (M, Nr. 167, KSA 3, 150) –, bedarf es eines Vorgangs, bei dem das Vergessen gerade durch Erinnerung ermöglicht wird. Das »Durcharbeiten« der Vergangenheit wird durch die plastische Kraft gewährleistet. Es handelt sich um jene Kraft, »aus sich heraus eigenartig zu wachsen, Vergangenes und Fremdes umzubilden und einzuverleiben, Wunden auszuheilen, Verlorenes zu ersetzen, zerbrochene Formen aus sich nachzuformen« (HL, KSA 1, 251).

Literatur: Gadamer, H.G.: Wahrheit und Methode, Tübingen 1960; Kittsteiner, H.D.: Vom Nutzen und Nachteil des Vergessens für die Geschichte, in: Smith, G./

Emrich, H.M. (Hgg.): Vom Nutzen des Vergessens, Berlin 1996, 133–174; Gasser, R.: N. und Freud, Berlin/New York 1997.

*Wilhelm Roskamm*

# Wahrheit

N.s Begriff der Wahrheit entzieht sich einer eindeutigen Bestimmung. Einmal handelt es sich um eine (bewußt) selbstbezügliche erkenntnistheoretische Position, ein andermal ist Wahrheit perspektivisch eine Funktion des ↗Willens zur Macht. Schließlich ist sie im Wesen der metaphysische Name für ↗Gerechtigkeit, wenn man Heidegger Glauben schenken und N. als letzten Metaphysiker betrachten möchte.

N. sieht in der Welt ein chaotisches Werden, Leiden und Vergehen. Die Welt ist stets im Fluß, niemals faßbar, begreifbar, auf den Begriff zu bringen; ohne feststellbare Tatsachen. Es gibt keine wahre Welt »an sich« und deren Erscheinungen. Den Platonismus, die Lehre vom reinen Geiste und vom Guten an sich, nennt N. den bisher langwierigsten, schlimmsten und gefährlichsten »Dogmatiker-Irrthum« (JGB, Vorrede, KSA 5, 12).

Für N. gibt es keine absolute, objektive Ordnung in der Welt, schon gar keine logische. Die Welt erscheint uns logisch, weil wir sie logisiert haben. Jede Weltbetrachtung ist Interpretation (Grimm 1977). Die ↗Logik aber entstammt der grammatischen Struktur der Sprache ebenso wie die Trennung in Subjekt und Objekt und das Kausalitätsprinzip. Auch Kants Entdeckung des menschlichen Vermögens, synthetische Urteile a priori bilden zu können, hat nichts mit einer »Welt an sich« zu tun, sondern ihre Wurzel in der Struktur der Sprache. Sätze folgen ihren Bildungsgesetzen, nicht der Wirklichkeit (Joseg 1972). Jede Korrespondenztheorie der Wahrheit ist sinnlos, weil diese eine feststellbare Ordnung der Welt voraussetzen würde (Grimm 1977).

Problematisch ist in diesem Zusammenhang, daß der Gebrauch einer jeden Sprache immer schon die metaphysische Vorstellung einer stabilen Welt impliziert. N.s Wahrheitsbegriff ist demnach gekennzeichnet von der tragischen Ironie, daß er das, was er sagen wolle, eigentlich nicht ausdrücken kann (Joseg 1972).

Für N. ist ›die wahre Welt zur Fabel‹ geworden. Übrig bleibt nicht die Welt der Erscheinungen, sondern die Welt als Schein (GD, KSA 6, 80).

N.s Philosophie gerät dabei allerdings nicht in einen fehlerhaften Zirkel, wenn sie von der Richtigkeit ihrer Aussagen überzeugt ist und gleichzeitig behauptet, daß es keine letztlich gültige Wahrheit geben kann. Wahrheit bekommt durch N. eine neue Funktion als Werkzeug des ↗Willens zur Macht. Alle Wahrheiten, auch die überkommener Erkenntnistheorien, sind lebensdienliche, ja lebensnotwendige Fiktionen. Wahrheit ist das, was einer bestimmten Lebensform aus ihrer Perspektive am dienlichsten scheint (JGB, Nr. 4, KSA 5, 18). Folgerichtig fragt N. nicht mehr, ob es Wahrheit gebe, sondern welchen Wert der Willen zu dieser habe; warum Philosophen aller Zeiten einer bestimmten Wahrheitsvorstellung anhingen (JGB, Nr. 1, KSA 5, 16). Die überkommene Vorstellung einer stabilen, absoluten Weltordnung entspreche den Bedürfnissen des schwachen Menschen, der die Welt als chaotisch und ordnungslos nicht ertrage.

N. nennt seine Philosophie »umgedrehten Platonismus« (N, 7 [156], KSA 7, 199). Der Platonismus gewinnt die Erkenntnis des Wahren aus dem Reich der übersinnlichen Ideen. Die Gegenposition, der Positivismus, sucht die Wahrheit in der Erkenntnis des sinnlich Vorliegenden. So kann man in N.s Denken eine starke positivistische Phase in den Jahren 1879–81 ausmachen. In Heideggers Interpretation meint »Umdrehung des Platonismus« aber etwas anderes angesichts des »toten« Gottes, der Entwertung aller Werte und des heraufziehenden Nihilismus. »Umdrehung des Platonismus« ist nun nicht einfach die Wahl zwischen zwei konkurrierenden erkenntnistheoretischen Positionen, sondern soll der Überwindung des ↗Nihilismus dienen. Erkenntnis bleibt theoretisch, orientiert sich aber nicht mehr an einer übersinnlichen Ideenwelt, sondern steht nun, im Wechselbezug mit der aus dem Sinnlichen schaffenden Kunst, im Dienst der Lebenserhaltung. »Kunst und Erkenntnis leisten in ihrem Wechselbezug erst die volle Bestandssicherung des Lebenden als solchen« (Heidegger 1961, Bd. 1, 573).

Wahrheit ist als Funktion des Willens zur Macht, als ein befehlendes Für-Wahr-Halten notwendig Nichtentsprechung, Unwahrheit, Irrtum,

Illusion. Aber auch dabei lege N., so Heidegger, das allgemeinste Wesen von Wahrheit im Sinn der »Eingleichung« (ὁμοίωσις) zugrunde. Wahrheit sei ihm ein befehlend-dichtendes Eingleichen in das Chaos, d.h. in das Seiende. »Das Seiende im Ganzen denken, und zwar in seiner Wahrheit und *die Wahrheit* in ihm – das ist Metaphysik. ›Gerechtigkeit‹ ist hier der *metaphysische* Name für das *Wesen* der Wahrheit, für die Art, wie im Ende der abendländischen Metaphysik das Wesen der Wahrheit begriffen werden muß« (Heidegger 1961, Bd. 1, 574).

Literatur: Heidegger 1961, Bd. 1, 151–164, 570–575; Joseg, S.: Grammatik und Wahrheit – Über das Verhältnis N.s zur spekulativen Satzgrammatik der metaphysischen Tradition, in: NSt 1 (1972), 1–26; Grimm 1977, 16–91; Rethy, R.: Schein in N.s philosophy, in: Ansell-Pearson, K. (Hrsg.): N. and modern German Thought, London/New York 1991; Ansell-Pearson, K.: An introduction to N. as a political thinker – The perfect nihilist, Cambridge 1994; Abel ²1998, 324–336.

*Wolfgang Schiller*

## Wille zur Macht

N.s Formel vom »Willen zur Macht« verdankt ihre Popularität einer naheliegenden psychologischen Deutung, nach der sie das Grundmotiv allen menschlichen Handelns bezeichnet: Es gibt in Wahrheit keine genuin moralischen, sozialen, ästhetischen oder religiösen Beweggründe, sondern alles menschliche Wollen folgt aus einem einzigen Impuls, und dieser Impuls ist das Streben nach Macht.

Daß diese pauschale Diagnose philosophisch überhaupt ernst genommen werden konnte, hat seinen Grund in dem weitreichenden ästhetisch-kulturellen Anspruch, mit dem N. auch noch die Erkenntnisse der modernen Naturwissenschaften ergänzen und in Übereinstimmung mit dem künstlerischen Selbstverständnis des produktiven Individuums bringen will: »Wille zur Macht« soll nicht nur die Triebkraft jener Wesen sein, die einen Willen haben, sondern soll als energetischer Impuls allen Geschehens verstanden werden. Nur so kann begriffen werden, daß alles nicht nur einfach da ist und sich in Ruhe oder Bewegung befindet, sondern daß alles mit allem in einem sich bildenden Zusammenhang steht. Wenn die Physiker, so N., jedes Vorkommnis als Wirkung einer ↗»Kraft« begreifen, so sind sie nur auf den »äusseren« Zusammenhang der Dinge bezogen; das in jedem Geschehen wirksame »innere« Moment aber werde übersehen.

Der Begriff des »Willens zur Macht« soll diese Einseitigkeit beheben; er umfaßt »äussere« *und* »innere« Momente der Kraft und zielt letztlich auf die »Vernunft« in aller physischen Bewegung. In jedem einzelnen Akt soll eine Einheit zum Ausdruck kommen, die von der auf bloße Faktizität bezogenen wissenschaftlichen Erkenntnis bereits in ihrem Ansatz preisgegeben ist. N. stellt seinen Begriff des »Willens« zur Macht« somit in eine große metaphysische Tradition, für die er Spinoza und Leibniz als Zeugen nennt (↗Philosophie).

N.s Zugang erfolgt nicht in einer begrifflichen Spekulation über erste Beweggründe des Seins oder der Natur. Die umfängliche Einheit der elementaren Wirksamkeit entdeckt er in der Entfaltung der schöpferischen Kräfte des Menschen. Daher ist sein Ausgangspunkt die Produktivität des »grossen Menschen«, die sich ihm, nach eigenem Verständnis, nur auf dem Weg der Selbsterfahrung erschließt. Dieser Selbsterfahrung liegt wiederum keine bloß theoretische Selbstreflexion zugrunde, sondern sie kommt aus dem praktischen Vollzug der Selbstbildung, in der ein »grosser Mensch« sich immer auch selbst zum Gegenstand seiner schöpferischen Energien macht. Der »Wille zur Macht« hat also einen werkästhetischen Ursprung; seine Konzeption stammt aus dem Erfahrungszusammenhang der kulturellen Selbstproduktion schöpferischer Individuen.

Das wird in der *Morgenröthe* deutlich, in deren Licht N. erstmals die Umrisse der später von Zarathustra vorgetragenen »Lehre« vom »Willen zur Macht« skizziert. Im Aphorismus 548 unter dem Titel: »Der Sieg über die Kraft« heißt es: »Immer noch liegt man vor der Kraft auf den Knieen – nach alter Sclaven-Gewohnheit – doch ist, wenn der Grad von Verehrungswürdigkeit festgestellt werden soll, nur der Grad der Vernunft in der Kraft entscheidend: man muss messen, inwieweit gerade die Kraft durch etwas Höheres überwunden worden ist und ihr als Werkzeug und Mittel nunmehr in Diensten steht!« (M, Nr. 548, KSA 3, 318). Die Überwindung der Kraft zeigt sich in der Wahrnehmung einer den Unterschied zwischen Innen und Außen überspielenden Leistung, für deren Maß N.

sich nicht scheut den Begriff der Vernunft zu verwenden. Es ist die Vernunft, die in jeder leiblichen Organisation als »grosse Vernunft« des Leibes wirksam und die sich in den graduellen Abstufungen der »Verehrungswürdigkeit« erkennen läßt (Za I, Von den Verächtern des Leibes, KSA 4, 40; M, Nr. 548, KSA 3, 318).

N.s erstes Problem auf dem Weg zur Lehre vom »Willen zur Macht« ist daher, wie diese Inneres und Äußeres umfassende Wirksamkeit *gemessen* werden kann. Für »ein solches Messen«, so sagt er noch in der *Morgenröthe*, gebe es »noch gar zu wenig Augen«. Doch er weiß, wer solche Augen hat: Es ist das »Genie«. Zwar gesteht er ein: »zumeist wird noch das Messen des Genie's für einen Frevel gehalten« (M, Nr. 548, KSA 3, 319). Aber die angemessene Bewertung der inneren Momente einer Kraft kann nur jenen möglich sein, deren *eigene* Leistung »nicht auf Werke, sondern auf sich als Werk« gerichtet ist.

Diese praktische Selbstbezüglichkeit findet sich nur bei einem sich produktiv entfaltenden »grossen Menschen«: »Noch immer ist der grosse Mensch gerade in dem Grössten, was Verehrung erheischt, unsichtbar wie ein zu fernes Gestirn: sein Sieg über die Kraft bleibt ohne Augen und folglich auch ohne Lied und Sänger« (ebd.). Zarathustra soll dieser Sänger sein. Er soll die neue »Rangordnung«, die bis dahin noch nicht festgesetzt ist, aus den mit der Entfaltung der schöpferischen Kräften selbst hervortretenden Bewertung vorbereiten.

Nach hergebrachtem Verständnis kann man nur jenen Wesen einen Willen zuschreiben, die von ihrem eigenen Willen *wissen*. Also kommen als Kandidaten nur *Menschen* in Frage. N. aber läßt sich von Schopenhauer anregen, im Wollen die Lebenskraft eines jeden endlichen Wesens anzunehmen. Ja, mehr noch: Da Schopenhauer den Willen auch unabhängig vom *principium individuationis* des einzelnen Wollens in die Stellung eines »Dinges an sich« zu bringen versucht, kann der Wille als dynamisches Prinzip nicht nur allen lebendigen Daseins, sondern des Seins überhaupt gelten. Hinter der Vielzahl einzelner Willen, die jeweils ihr Leben wollen, steht die metaphysisch singuläre Triebkraft des Willens als »Ding an sich«. Dieser Grundwille tritt in jedem Einzelwillen als »Wille zum Leben« hervor.

Davon geht N. aus, wenn er in den Schriften der späten siebziger Jahre nach einer alle menschliche Selbstbewegungen antreibenden Grundkraft sucht. Er tut dies zunächst als Psychologe, der sich vorrangig mit den Fragen des menschlichen Verhaltens befaßt, dazu aber immer auch den Seitenblick auf andere Lebensformen übt. Dabei operiert er mit dem Begriff der »Selbsterhaltung«, den er zuweilen auch als »Wille zum Leben« oder als »Wille zum Glück« beschreibt. Er bleibt also in der Wortwahl Schopenhauer nahe, hat sich aber längst von der Konzeption einer alles gleichermaßen bewegenden metaphysischen Grundkraft verabschiedet.

In den Aphorismen der *Morgenröthe* dringt dann das Motiv der Steigerung der lebendigen Kräfte so stark in den Vordergrund, daß N. sowohl die Selbsterhaltung wie auch den Willen zum Leben als konservativ beargwöhnt: In beiden Fällen werde etwas angestrebt, was längst gegeben sei. Das Charakteristikum des Lebenstriebes aber bestehe darin, daß er über den jeweils gegebenen Zustand hinausdrängt: Alles suche den *status quo* zu überwinden und sich auf neuem Niveau zu etablieren. Dazu gehört selbst noch der Vorgang der Einverleibung, der auf Wachstum und Entwicklung gerichtet ist und auch im Alter mindestens auf Abwehr zielt, die ohne Steigerung der Kräfte nicht zu denken ist.

Die Steigerung der eigenen Kräfte wird von Stimmungen begleitet, die sich auch im äußeren Verhalten zeigen. Es sind Affekte der »Überlegenheit«, die stimulierend wirken. Dies nicht zuletzt auch deshalb, weil sie andere entweder herausfordern oder auf Distanz halten. In den Aphorismen der *Morgenröthe* werden diese Stimmungen im Bewußtsein der Macht mit zunehmender terminologischer Sicherheit »Machtgefühl« genannt. Das »Machtgefühl« ist die Bedingung dafür, daß etwas als »Freiheit des Willens« erfahren werden kann. Es zeigt sich vornehmlich in Verbindung mit dem »Stolz« (M, Nr. 128), im Zusammenhang mit »Treue«, »Grossmuth« oder der »Scham des guten Rufs« (M, Nr. 199) und ist der Begleiter einer »Cultur der Macht«, wie sie bereits in den »Gebärden der vornehmen Welt« zum Ausdruck kommt (M, Nr. 201). Der »Mensch von adeliger Sitte« weiß »den Anschein einer beständig gegenwärtigen hohen physischen Kraft zu wahren«, überdies wünscht er, »durch beständige Heiterkeit und Verbindlichkeit, selbst in peinlichen Lagen, den Eindruck aufrecht zu erhalten, dass seine Seele und sein Geist den Gefahren und den Überraschungen gewachsen ist« (M, Nr. 201, KSA 3, 175). Selbst dort, wo sich nur der »Schein des Machtgefühls« ausbreitet, kann es wirksam sein. Seine höchste Steigerung kann nur gelingen, wo »freie Geister« sich dem »Ideal der siegreichen Weisheit« der Erkenntnis verpflichten (M, Nr. 201, KSA 3, 176). Damit ist auch dem »Sieg über die Kraft« das Ziel vorgegeben.

Es ist der Nachdruck auf der *Steigerung* der Kräfte, der N. mit der Konzeption seines *Zarathustra*, also in einer Werkphase, in der er nach prägnanten Formeln für eine epochale Botschaft sucht, auf die Verknüpfung von »Wille« und »Macht« verfallen läßt. Dabei ist die erste Schwierigkeit, daß er auch noch im Umfeld des Gebrauchs dieser Formel nicht müde wird, die Existenz des Willens zu bestreiten. Als Psychologe sieht er sich immer wieder zu der Feststellung genötigt, daß es den Willen »nicht giebt« (JGB, Nr. 19; N, November 1887 – März 1888, 11 [73], KSA 13, 36).

Die Negation des Willens bezieht sich auf die Annahme eines separaten »Vermögens«, das seinen Impuls aus einem originären, von anderen Trieben unabhängigen Akt bezieht, der dann in dieser Unabhängigkeit als »frei« behauptet wird. Über diese Annahme hat sich N. aber bereits durch den Anspruch auf die ursprüngliche Einheit von innerer und äußerer Bewegung hinweggesetzt. Der »Wille zur Macht« ist kein für sich bestehender Impuls in einem für sich bestehenden Subjekt, sondern er ist ein reales Geschehen, das in der Koinzidenz seiner inneren und äußeren Momente erkannt wird. Insofern ist der Wille im »Willen zur Macht« immer schon Element in einer sich *real* entfaltenden Macht. N. hat ein sich wirklich vollziehendes Wollen im Blick, das immer schon mit Macht ausgestattet sein muß, um überhaupt als Wollen kenntlich zu werden. Andererseits versteht er die Macht als ein auf ein Ziel ausgerichtetes Geschehen, dessen notwendig zugehöriger Richtungssinn als Ausdruck eines Willens verstanden wird.

Jedes wirkliche Wollen ist somit immer schon als Machtgeschehen anzusehen, und jedes Machtgeschehen ist selbst schon als Verkörperung eines Willens zu begreifen. Der Wille verweist implizit auf die Macht und die Macht von sich aus auf den Willen. So besagt jeder Teil der Formel für sich schon das, was die ganze Formel zum Ausdruck bringen soll; jeder Teil legt für sich schon das Ganze aus. »Wille zur Macht« ist damit eine sich selbst interpretierende Einheit. Die nur scheinbar redundante Verknüpfung von Wille und Macht ist selbst ein Indiz der durch die Formel bezeichneten Steigerung. In ihr wird auch die durch den Gesamtbegriff bezeichnete Einheit von Innen und Außen anschaulich. Der von N. immer auch mitgewollte provozierend-gewaltsame Charakter der Formel, der nicht unwesentlich zu ihrer zweifelhaften Popularität beigetragen hat, verrät bei genauerer Betrachtung eine bestrickende Subtilität, die nicht nur ihren Ursprung im Selbstverständnis des Genies, sondern auch ihren raffinierten formalen Aufbau betrifft.

Die von N. geschaffene Figur des Zarathustra ist vor allem als Lehrer des »Übermenschen« angelegt. Der ↗»Übermensch« findet seine innere und äußere Grenze in der »ewigen Wiederkehr des Gleichen«, von der Zarathustra, nach schrecklichen Erlebnissen, erstmals durch seine Tiere erfährt (Za III, Der Genesende 2, KSA 4, 275). Den »Willen zur Macht« muß man sich als die gleichermaßen innere wie äußere Bedingung der Möglichkeit des »Übermenschen« denken. Dabei kann man sich die Umfänglichkeit des Phänomens der von N. gemeinten »Macht« nicht groß genug vorstellen: »Keine grössere Macht fand Zarathustra auf Erden, als gut und böse« (Za I, Von tausend und Einem Ziele, KSA 4, 74). Wo immer Wertung stattfindet, da ist Macht.

Da die Macht als dynamische Größe gedacht wird, die niemals bloß durch äußere Relationen bestimmt ist, sondern stets auch ein drängendes, treibendes, sich entladendes Innen hat, scheint sie selbst *lebendig* zu sein, und der sie bewegende »Wille« erscheint als Ursprungsimpuls des Lebens: »›Nur, wo Leben ist, da ist auch Wille: aber nicht Wille zum Leben, sondern – so lehre ich's dich – Wille zur Macht!‹« (Za II, Von der Selbst-Ueberwindung, KSA 4, 149). Dieser Wille wirkt aber nicht einfach nur *im* Leben, sondern er liegt dem Leben *voraus*. Er bringt das Lebendige hervor und geht wertend zu höheren Zielen über: »›Vieles ist dem Lebenden höher geschätzt, als Leben selber; doch aus dem Schätzen selber heraus redet – der Wille zur Macht! –«‹ (ebd.).

Beispiele dafür sind die Urteile über »gut« und »böse«, in deren Zeichen über das Leben geurteilt und entschieden wird – unter Umständen eben auch *gegen* das Leben. Beispiel aber kann auch die ästhetische Erfahrung sein. So stellt sich das Erleben des Schönen nur in der Entspannung des Machtwillens ein: »Wenn die Macht gnädig wird und herabkommt in's Sichtbare: Schönheit heisse ich solches Herabkommen« (Za II, Von den Erhabenen, KSA 4, 152).

In den auf *Also sprach Zarathustra* folgenden Notizen und Schriften experimentiert N. mit dem »Willen zur Macht« als Grundkraft allen Geschehens. »Diese Welt«, so notiert er 1885, »ist der Wille zur Macht – und nichts außerdem!« (N, 1885, 38 [12], KSA 11, 611). Von daher ist es konsequent, wenn N. nach Parallelen zum aristotelischen Begriff der *dynamis* sucht (N, 1887, 9 [92], KSA 12, 387), zeitgenössischen Hypothesen über die Wirkungsformen der physikalischen Kraft nachgeht oder die Materie aus »Empfindungspunkten« rekonstruiert, in denen sie in der Wahrnehmung gegeben ist. Hinter allen diesen Bemühungen steht die Überzeugung, daß die Wirkungskräfte der Natur nur über ihre erlebten Effekte erschlossen werden können. Letztlich sind »Kraft«, »Energie« oder *dynamis* allein aus der Perspektive menschlicher Erfahrung zu denken.

So kommt es zum wohl wichtigsten Wort über den »Willen zur Macht«, demzufolge er auch in seiner größten Reichweite nichts anderes als eine Selbstauslegung des Menschen ist. Zunächst nimmt N. noch einmal die Wendung aus der *Morgenröthe* auf und benennt den »Willen zur Macht« als die gesuchte »Ergänzung« der »Kraft«: »Der siegreiche Begriff ›Kraft‹, mit dem unsere Physiker Gott und die Welt geschaffen haben, bedarf noch einer Ergänzung: es muß ihm eine innere Welt zugesprochen werden, welche ich bezeichne als ›Willen zur Macht‹, d. h. als unersättliches Verlangen nach Bezeigung der Macht; oder Verwendung, Ausübung der Macht, als schöpferischen Trieb usw.« Zwei Sätze weiter heißt es dann: »Es hilft nichts: man muß alle Bewegungen, alle ›Erscheinungen‹, alle ›Gesetze‹ nur als Symptome eines innerlichen Geschehens fassen und sich der Analogie des Menschen zu Ende bedienen« (N, 1885, 36 [31], KSA 11, 563). Damit ist kenntlich gemacht, daß der Mensch die Welt nach seinem eigenen Bild auslegt, wenn er sie als »Wille zur Macht – und nichts außerdem« versteht.

In der Wirkungsgeschichte von N.s Denken hat der Begriff des »Willens zur Macht« von Anfang an größte Aufmerksamkeit gefunden. Dabei ist die metaphysische Erblast des Begriffs, mit ihren Verbindungen zu Physik und Physiologie früh bemerkt und auf Vorläufer in der philosophischen Tradition (Protagoras, Platon, Aristoteles, Spinoza, Leibniz, Schelling, Schopenhauer) bezogen worden. Das hat ein primär politisch ausgerichtetes Verständnis der Formel nicht verhindern können (Baeumler 1931). N. selbst hatte offenbar keine Scheu, dem Begriff eine aktivistisch-propagandistische Färbung zu geben. Er sah auch kein Problem darin, so zu sprechen, als gebe es »den« Willen zur Macht. Deshalb fällt es mitunter schwer, die komplexe Herkunft des Begriffs aus der ästhetischen Selbsterfahrung des sich in der Selbstproduktion selbst überwindenden Genies zu erkennen. Diese Herkunft stellt jedoch sicher, daß der »Wille zur Macht« – wie auch der Mensch – nur als individuelle Konfiguration unter seinesgleichen wirksam werden kann. Er ist also an eine plurale Verfassung gebunden.

N. wurde Opfer seines forcierten Wortgebrauchs, dessen Einseitigkeit bis heute nachwirkt. Gleichwohl kann kein Zweifel sein, daß N. in der tiefen ästhetisch-praktischen Anlage des Begriffs ein Beispiel für seinen produktiven Umgang mit einer bis auf Platon zurückreichenden Tradition gegeben hat. Die aus der Selbsterfahrung des aktiven Individuums gewonnene Deutung der Welt zeigt einen Weg, auf dem sich Anthropologie, Kulturtheorie und Naturphilosophie zu einer praktisch angelegten Weltdeutung verbinden können. So gesehen, steht eine philosophische Ausführung des mit dem »Willen zur Macht« nur skizzierten Vorhabens noch aus.

Literatur: Eisler, R.: N.s Erkenntnistheorie und Metaphysik, Leipzig 1902; Richter, R.: F.N., Leipzig 1903; Baeumler 1931; Jaspers 1936; Heidegger, M.: N.s Lehre vom Willen zur Macht als Erkenntnis, in: GA Bd. 48, Frankfurt a.M. 1986; ders.: N.s Metaphysik (1941/42), in: GA Bd. 50, Frankfurt a.M. 1990; Engelke, K.: Die metaphysischen Grundlagen in N.s Werk, Würzburg 1942; Nekusil, G.: Das Problem des »Willens zur Macht« in Hellas und sein Wiederaufleben im Hauptwerk F.N.s, Diss. Wien 1947; Kaufmann (1950) 1982; Mittasch, A.: F.N. als Naturphilosoph, Stuttgart 1952; Aitken, F.M.: The Concept of Power in N.s Ethics, Diss. Missouri 1970; Müller-Lauter 1971; Deleuze 1976; Kaulbach 1980; Mittelman, W.: The Relation between N.s Theory of the Will to Power and his Earlier Conception of Power, in: NSt 9 (1980), 122–141; Gerhardt, V.: Macht und Metaphysik. N.s Machtbegriff im Wandel der Interpretationen, in: NSt 10/11

(1981/82), 193–221; ders.: Das »Princip des Gleichgewichts«. Zum Verhältnis von Recht und Macht bei N., in: NSt 12 (1983), 111–133; Grau 1984; Magnus, B.: N.'s Philosophy in 1888: »The Will to Power« and the »Übermensch«, in: Journal of the History of Philosophy 24 (1986), 79–99; Venturelli, A.: Asketismus und Wille zur Macht. N.s Auseinandersetzung mit Eugen Dühring, in: NSt 15 (1986), 18–131; Stegmaier, W.: Philosophie der Fluktuanz. Dilthey und N., Göttingen 1992; Stegmaier 1994; Gerhardt 1996; Abel ²1998; Ottmann ²1999; Müller-Lauter, W.: Über Werden und Wille zur Macht, N.-Interpretationen I, Berlin/New York 1999.

*Volker Gerhardt*

## Wissenschaft

Die verbreitete Einschätzung, N.s Philosophieren ließe sich in drei Phasen – in eine erste wissenschaftskritische, eine zweite ›positivistische‹ und eine dritte neomythische – gliedern, wird der Komplexität seiner Stellung zur Wissenschaft nicht gerecht. Zu keiner Zeit steht bei N. die Wissenschaft weder kritisch noch affirmativ in schlichter Antithese zur ↗Metaphysik, zum ↗Mythos, zur Kunst oder zum ↗Leben. In der *Geburt der Tragödie* wird die Entstehung der Wissenschaft mit dem Aufkommen des ↗Sokratismus erklärt. Die Wissenschaft wird charakterisiert als »eine tiefsinnige Wahnvorstellung, welche zuerst in der Person des Sokrates zur Welt kam, jener unerschütterliche Glaube, dass das Denken, an dem Leitfaden der Causalität, bis in die tiefsten Abgründe des Seins reiche, und dass das Denken das Sein nicht nur zu erkennen, sondern sogar zu corrigiren im Stande sei. Dieser erhabene metaphysische Wahn ist als Instinct der Wissenschaft beigegeben und führt sie immer und immer wieder zu ihren Grenzen, an denen sie in Kunst umschlagen muss: auf welche es eigentlich, bei diesem Mechanismus, abgesehn ist« (GT, Nr. 15, KSA 1, 99). Die sokratische Wissenschaft opponiert somit nur vermeintlich gegen den Mythos. Sie ist eine exzessive Steigerungsform des apollinischen Prinzips (↗Apollinisch-dionysisch), welche sich ihren mythischen Ursprung nicht einzugestehen in der Lage ist (GT, Nr. 13 u. Nr. 14).

Auch im späteren Werk richtet sich N.s Kritik gegen diese Form der Selbsttäuschung der Wissenschaft, wenn er konstatiert: »Man sieht, auch die Wissenschaft ruht auf einem Glauben, es giebt gar keine ›voraussetzungslose Wissenschaft‹« (FW, Nr. 344, KSA 3, 575). N. erklärt, wobei er seinen eigenen Standpunkt explizit mit einbezieht, daß es »immer noch ein **metaphysischer Glaube** ist, auf dem unser Glaube an die Wissenschaft ruht, – dass auch wir Erkennenden von heute, wir Gottlosen und Antimetaphysiker, auch **unser** Feuer noch von dem Brande nehmen, den ein Jahrtausende alter Glaube entzündet hat, jener Christenglaube, der auch der Glaube Plato's war, dass Gott die Wahrheit ist, dass die Wahrheit göttlich ist« (ebd., 577). Die Wissenschaft stünde daher im Bündnis mit dem ›asketischen Ideal‹ des Christentums (GM, 3. Abh., Nr. 24, KSA 5, 398ff.), das sich, wenn sich die Tugend der Wahrhaftigkeit gegen sich selbst wendet, in Gestalt des wissenschaftlichen Gewissens selbst aufhebe (GM, 3. Abh., Nr. 27, KSA 5, 408ff.; vgl. Stegmaier 1994; Zittel 1995).

Keineswegs kritisiert daher N. die Wissenschaft pauschal von einem äußeren Standpunkt aus. Kritisch betrachtet er ihren Objektivitäts*anspruch* (HL, Nr. 6, KSA 1, 289f.), durch den sie den notwendigen ↗Irrtum- und Scheincharakter einer jeden ↗Erkenntnis verkennt, ihre hybride technokratische Selbstüberschätzung gegenüber der Natur, die sie unbedenklich zu beherrschen können glaubt (GM, 3. Abh., Nr. 9, KSA 5, 357) sowie ihre vermeintliche Freiheit und Unabhängigkeit im Forschen (HL, Nr. 7, KSA 1, 300f.). Genauer betrachtet sei diese Freiheit »schon gar keine Freiheit, sondern ein Amt, das seinen Mann nährt« (SE, Nr. 8, KSA 1, 413).

Des weiteren wirft N. der Wissenschaft ihre ›fatalistische‹ Faktengläubigkeit vor, »jenes Stehenbleiben-Wollen vor dem Thatsächlichen«, das er mit einem Wortspiel »faitalisme« (GM, 3. Abh., Nr. 24, KSA 5, 399f.) nennt (vgl. HL, Nr. 8, KSA 1, 310f.). Die Wissenschaft wertet daher nicht, sie produziert viele ›reine‹ und ›folgenlose Erkenntnisse‹ (vgl. HL, Nr. 6, KSA 1, 287f.) und ist nicht in der Lage, Sinn- und Praxisorientierungen zu geben (vgl. N, 8 [98], KSA 9, 403 u. FW, Nr. 12, KSA 3, 383f.).

»Gegen den Positivismus« wendet N. ein, daß er »bei dem Phänomen stehen bleibt ›es giebt nur Thatsachen‹«, er hingegen würde sagen: »nein, gerade Thatsachen giebt es nicht, nur Interpretationen« (N, 7 [60], KSA 12, 315). Die Wissenschaft ist daher ebenso wie z.B. die Kunst zunächst eine Welt*deutung* (vgl. JGB, Nr. 14 u.

Nr. 22) und hat als solche ihr Recht (vgl. Abel 1986). Die wissenschaftliche Weltinterpretation tendiere jedoch dazu, ihren Interpretationsstatus zu verkennen und sich absolut zu setzen. Hingegen solle man nach N. gerade darauf aus sein, das »Dasein [...] vor Allem nicht seines vieldeutigen Charakters entkleiden zu wollen« (FW, Nr. 373, KSA 3, 625). In Konkurrenz mit anderen Weltdeutungen betrachtet, könnte insbesondere eine »wissenschaftliche« Welt-Interpretation, wie sie durch die mechanistische Richtung in der Naturwissenschaft vertreten wird, »immer noch eine der dümmsten, das heisst sinnärmsten aller möglichen Welt-Interpretationen sein« (ebd., 626).

Richtig eingesetzt und eingeschätzt aber würde die Wissenschaft eine wichtige Rolle bei der Entlarvung traditioneller Irrtümer spielen und dazu verhelfen, die Gesetzmäßigkeiten in der Welt aufspüren und nutzen zu können: »wir müssen Physiker sein, um in jenem Sinne Schöpfer sein zu können [...] Und darum: Hoch die Physik!« (FW, Nr. 334, KSA 3, 563f.).

Auf der Grundannahme der Vieldeutigkeit der Welt errichtet N. sein eigenes Ideal einer ↗ *Fröhlichen Wissenschaft*, welche »Lachen mit der Weisheit« (FW, Nr. 1, KSA 3, 370) verbindet, sich der ästhetischen Form bedient und die die somatischen Grundlagen allen Erkennens nicht mehr verleugnet (vgl. FW, Vorr. 2, KSA 3, 347f.).

N.s Wissenschaftskritik wird häufig ihre Berechtigung mit dem Hinweis auf ihre Zeitgebundenheit bestritten bzw. relativiert. N. bleibe in der Kritik abhängig von der am Positivismus orientierten Wissenschaftsauffassung des 19. Jh.s. Moderne Wissenschaftskonzeptionen seien dagegen häufig pragmatistisch oder funktionalistisch begründet, deshalb laufe N.s Kritik heute ins Leere. In der Wissenschaftstheorie ist daher N.s Denken fast nirgends präsent. N.s Wissenschaftsverständnis erschöpft sich jedoch keineswegs in der Kritik am Positivismus. Ebenfalls läßt es sich nicht, wie es häufig in der N.-Forschung geschieht, auf den Kontext der naturwissenschaftlichen Begründungsversuche des Gedankens der ↗ ewigen Wiederkunft begrenzt diskutieren. Wissenschaft wird bei N. stets hinsichtlich ihrer Stellung und ihres Selbstverständnisses innerhalb der Kultur und im Begründungszusammenhang von Kunst und Leben untersucht und kritisch bewertet. Aus N.s Einsicht in den Interpretationscharakter aller Weltdeutungen ergibt sich weder, daß alle Interpretationen gleichwertig sind, noch daß sie in friedlicher Koexistenz nebeneinander existieren. Auch ohne Objektivitätsanspruch im klassischen Sinne unterscheiden sich wissenschaftliche Interpretationen von ästhetischen durch ihre reduktiven Verfahren, mit welchen sie in N.s Augen den vielgestaltigen Weltverhältnissen nicht gerecht werden können und uneingestandenermaßen anderen, staatlichen oder kryptomoralischen Zwecken dienen. Eine moderne pragmatistische Position würde N. als das leidenschaftslose Glück der »letzten Menschen« ablehnen, die sich mit dem ›Tod Gottes‹ abzufinden und behaglich einzurichten gelernt haben (vgl. Za, Vorr. 5, KSA 4, 18ff.), indem sie sich über die fatalen Konsequenzen des Zusammenbruchs der traditionellen Metaphysik hinwegtäuschen. Eine aus N.s Perspektive geführte Diskussion über den Status und die Folgen gegenwärtiger Wissenschaftskonzeptionen steht noch weitgehend aus. Anfänge dazu finden sich bei Abel (1986). Mit der möglichen Relevanz N.s für eine philosophische Selbstreflexion der Wissenschaftstheorie beschäftigt sich insbesondere die Arbeit Babichs (1994).

Literatur: Mittasch, A.: F.N. als Naturphilosoph, Stuttgart 1952; Heller, P.: »Von den ersten und letzten Dingen«. Studien und Kommentar zu einer Aphorismenreihe von F.N., Berlin/New York 1972; Funke, M.: Ideologiekritik und ihre Ideologie bei N., Stuttgart 1974, 52–75; Schmidt, A.: Über N.s Erkenntnistheorie, in: Salaquarda, J. (Hrsg.): N., Darmstadt 1980, 124–152; Abel, G.: Wissenschaft und Kunst, in: Djuric, M./Simon, J. (Hgg.): Kunst und Wissenschaft bei N., Würzburg 1986, 9–25; Scheer, B.: Die Bedeutung der Sprache im Verhältnis von Kunst und Wissenschaft, ebd., 101–111; Moles, H. A.: N.s Philosophy of Nature and Cosmology, New York/Berlin 1990; Babich, B. E.: N.s Philosophy of Science. Reflecting Science on the Ground of Art and Life, New York 1994; Stegmaier 1994, 192–208; Zittel, C.: Selbstaufhebungsfiguren bei N., Würzburg 1995, 32–37, 57–73.

*Claus Zittel*

## Zeichen

N. ist besser zu verstehen, wenn man voraussetzt, daß er der Tradition der »cognitio symbolica« (von Leibniz über Kant bis Hegel) folgt, nach der »Denken« ein Operieren in Zeichen und Philosophie, insofern sie auf reinem Denken beruhen soll, Zeichenschrift ist. Das gilt zunächst für sein Verständnis der formalen Vernunftwissenschaften ↗Logik und Mathematik, die für ihn »angewandte Logik« (GD, KSA 6, 76) ist: »Das Muster einer vollständigen Fiction ist die Logik. Hier wird ein Denken erdichtet, wo ein Gedanke«, gemäß einer Regel der Zeichentransformation, »als Ursache eines anderen Gedankens gesetzt wird; alle Affekte, alles Fühlen und Wollen wird hinweg gedacht« (N, KSA 11, 505). Für N. ist allerdings bezeichnend, daß er dennoch an dem »Begriff« einer Wirklichkeit festhält, die »unsäglich anders complicirt« (ebd.) sei als die Systeme ihrer Bezeichnung. »Dadurch daß wir jene Fiction als Schema anlegen, also das thatsächliche Geschehen beim Denken gleichsam durch einen Simplifications-Apparat filtriren: bringen wir es« erst »zu einer Zeichenschrift« und damit zu einer »Mittheilbarkeit« und »Merkbarkeit der logischen Vorgänge«. Dies setzt voraus, »das geistige Geschehen« so »zu betrachten«, »als ob es dem Schema jener regulativen Fiktion entspräche«. Solch eine Fiktion nennt N. »Grundwille« (ebd.). – Er stellt diese Zusammenhänge jedoch so dar, als hätte er sie selbst aufgedeckt, und wendet sich damit polemisch gegen eine realistisch an der Wissenschaft orientierte Philosophie seiner Zeit. »Nicht, daß etwas unerkannt bleibt, ist mein Kummer; ich freue mich, daß es vielmehr eine Art von Erkenntniß geben kann und bewundere die Complicirtheit dieser Ermöglichung«. »Das Mittel ist: die Einführung vollständiger Fictionen als Schemata, nach denen wir uns das geistige Geschehen einfacher denken als es ist. Erfahrung ist nur möglich mit Hilfe von Gedächtniß«, und Gedächtnis nur »vermöge einer Abkürzung eines geistigen Vorgangs zum Zeichen« (ebd.). – Die Zeichenschrift ist produktiv. Sie ermöglicht den »Ausdruck eines neuen Dinges vermittelst der Zeichen von schon bekannten Dingen« (ebd.). Damit wird die Zeichenproblematik über das Formale hinaus auf den Begriff des »Dinges« übertragen. »So wie Mathematik und Mechanik lange Zeiten als Wissenschaften mit absoluter Gültigkeit betrachtet wurden und erst jetzt sich der Verdacht zu entschleiern wagt, daß sie nichts mehr und nichts weniger sind als angewandte Logik«, »so galt ehemals auch das Wort schon als Erkenntniß eines Dings, und noch jetzt sind die grammatischen Funktionen die bestgeglaubten Dinge«. Alles vermeintliche »Erkennen« ist ein »Interpretieren«, ein Verdeutlichen gegebener Zeichen durch andere Zeichen: »[W]elches ›das ist‹ bisher auch aufgestellt wurde, eine spätere und feinere Zeit hat immer wieder daran aufgedeckt, daß es nicht mehr ist als ›das bedeutet‹« (N, KSA 11, 643). – Diese Überlegungen verbindet N. mit seiner Polemik gegen alle bisherige Philosophie: Die Grammatik der Sprache lagert sich als Zeichengrammatik über alles »vernünftige« Denken, das theologische eingeschlossen: »Ich fürchte, wir werden Gott nicht los, weil wir noch an die Grammatik glauben« (GD, KSA 6, 78). Wir lesen »Disharmonien und Probleme in die Dinge hinein, weil wir nur in der sprachlichen Form denken – somit die ›ewige Wahrheit‹ der ›Vernunft‹ glauben (z.B. Subjekt Prädikat usw.« (N, KSA 12, 193). »Subjekt, Objekt, ein Thäter zum Thun, das Thun und das, was es thut, gesondert« ist »eine bloße Semiotik«, die »nichts Reales bezeichnet« (N, KSA 13, 258). – Aber »wir hören auf zu denken, wenn wir es nicht in dem sprachlichen Zwange thun wollen«. »Das vernünftige Denken ist ein Interpretiren nach einem Schema, welches wir nicht abwerfen können« (N, KSA 12, 193f.). »Der Gegensatz« ist aus dieser Sicht nicht mehr »›falsch‹ und ›wahr‹, sondern ›Abkürzungen der Zeichen‹ im Gegensatz zu den Zeichen selber«, »die Erfindung von Zeichen für ganze Arten von Zeichen« (ebd., 17), entweder als komplikative Bezeichnung vieler Zeichen durch ein »abkürzendes« Zeichen oder als explikative Analyse eines Zeichens durch mehrere andere Zeichen, die einem Autor im selben Kontext und gegenüber bestimmten Rezipienten (affektiv) als deutlich genug erscheinen. Wenn es auch »nicht in unserem Belieben« steht, »unser Ausdrucksmittel zu verändern«, ist es doch »möglich, zu begreifen, in wiefern es bloße Semiotik ist« (N, KSA 13, 302). »Alle Bewegungen sind Zeichen eines inneren Geschehens; und jedes innere Geschehen drückt sich aus in solchen Veränderungen der Formen. Das Denken ist noch nicht das innere Geschehen selber, sondern ebenfalls nur eine Zeichensprache für den Machtausgleich von Affekten« (N, KSA 12, 17). – Es gibt keine religiösen oder »moralischen Thatsachen«, weil es überhaupt keine Tatsachen, sondern nur Zeichen »für« Tatsachen gibt. »Das moralische Urtheil ist insofern nie wörtlich zu nehmen«, »aber es bleibt als Semiotik unschätzbar«. »Moral ist bloss Zeichenrede«, »man muss bereits wissen, worum es sich handelt, um von ihr Nutzen zu ziehen« (GD, KSA 6, 98). Auch eine bestimmte Philosophie ist demnach nicht wahr oder falsch, sondern die eine ist für die andere eine »Semiotik«. »Dergestalt hat sich Plato des Sokrates bedient, als einer Semiotik für Plato« (EH, KSA 6, 320), und so betrachtet N. auch sein eigenes Verhältnis zur Philosophiegeschichte. Sie bietet ihm Ausdrucksmittel für sein eigenes Denken, das sich auch selbst als »bloße Semiotik« versteht.

Literatur: Simon, J.: Grammatik und Wahrheit, in: NSt 1 (1972), 1–26; Künzli, R. E.: N. und die Semiologie, in: NSt 5 (1976), 263–288; Simon, J.: Philosophie des Zeichens, Berlin/New York 1989.

*Josef Simon*

## Zeit

Die schon von Augustinus (vgl. *Confessiones* 11, 20) angesprochenen Hauptmomente unseres Erlebens von Zeit – ihre Selbstverständlichkeit einerseits und ihre Rätselhaftigkeit andererseits, sobald wir sie zu ergründen suchen – entfaltet N. zu einer umfassenden Konzeption, die für sein gesamtes Philosophieren grundlegend ist. Indem N. die unhintergehbare Endlichkeit und Zeitlichkeit allen Daseins auf theoretischer und praktischer Ebene radikal betont, baut er eine Gegenposition auf zu dem von wissenschaftlichen, technischen und wirtschaftlichen Erfolgen getragenen modernen Optimismus, aber auch zur christlichen Heilshoffnung wie zu dem Pessimismus schopenhauerscher Prägung. N. bezieht sich vor allem auf Schopenhauers platonisch-kantische Interpretation der Zeit. Kantischer Provenienz ist diese, weil Schopenhauer – wie Kant – die Zeit als eine Anschauungsform des Verstandes begreift; an platonischen Vorstellungen orientiert sich Schopenhauer hingegen, insofern er die fließende Gegenwart der Zeit als Abbild der stehenden Gegenwart der Ewigkeit begreift. Als ihm eigentümliche Auffassung setzt Schopenhauer die Zeit ausschließlich in der flüchtigen Gegenwart, im Wechsel der Augenblicke, an, während Vergangenheit und Zukunft für ihn keinen Bestand haben. Die Zeit und mit ihr alles Dasein erklärt Schopenhauer dann für nichtig, weil jeder Augenblick nur in Bezug auf einen anderen Augenblick steht, ohne in sich selbst ruhen zu können.

Diese existentielle Charakterisierung der Zeit als fortwährendes Werden und Vergehen der Augenblicke greift N. auf, ohne jedoch wie Schopenhauer ihre fehlende Substanzhaftigkeit zu beklagen und deshalb zu einer asketischen Abkehr vom Leben aufzufordern. N. stilisiert Heraklit zu dem Philosophen, der zum einen die Kraft besitzt, das erschreckende, alles Vertrauen auf Solidität des Lebens erschütternde Erlebnis der Zeit auszulösen und auszuhalten und der zum anderen dennoch die Zeithaftigkeit des Lebens bejahen kann, weil er über die Kraft verfügt, dieses lebensbedrohliche Erlebnis, ohne es zu verdrängen, in die philosophisch-künstlerische Anschauung der Kraft als Polarität von Kräften zu transformieren (vgl. PhtZ, Nr. 5; ↗Kraft). Die Augenblicke, deren Wechsel die Zeit ausmacht, faßt Heraklit nach Meinung N.s wie etwas Wirkendes auf, das immer nur als gedoppelte Kraft sich äußert: Ein Augenblick wird, indem er einen anderen sich aneignet, d.h. das ihm Vorangehende zur Gegenwart umwandelt, und er vergeht in Zukünftiges, indem ihm das gleiche Schicksal trifft wie die vorangehenden Augenblicke zuvor (was N. nicht als einen bloß passiven Vorgang versteht, sondern im Sinne einer Selbstauflösung; ↗Selbst). Das dramatische Bewußt-Werden der eigenen Vergänglichkeit und dessen Bewältigung durch das Ja-Sagen zum Kräftespiel von Aneignung des Vergangenen und Auflösung in Zukünftiges, wodurch Gegenwart sich erst ereignet, erörtert N. auch in der zweiten *Unzeitgemäßen Betrachtung* – hier allerdings auf praktisch-kultureller Ebene, die jeden Menschen betrifft. Der für eine Sache, einen Gedanken oder eine Person völlig entbrannte, leidenschaftliche Mensch dient ihm als Paradigma für ein gelungenes Verhältnis zur eigenen Zeitlichkeit. Ein solcher Mensch verwandelt sein gesamtes auf Vergangenes bezogenes Wissen um in das Streben nach Zukünftigem; zwischen diesen beiden Polen besteht allein seine Gegenwart. Er schafft sich gewissermaßen seine eigene Zeit (zu N.s Rezeption der Überlegungen des Biologen K. v. Baer zum subjektiven Zeitempfinden ↗Naturwissenschaft). Diese Existenz kann eine tragische genannt werden, weil jene Spannung aufrechterhalten werden muß, weil es dabei letztlich nicht auf das Erreichen des Ziels ankommt, sondern auf die Steigerung der gegenwärtigen Tätigkeit, wozu das gesetzte Ziel anregt (↗Tragödie). Für jedes Handeln gibt es zudem eine »rechte Zeit«, in der der Handelnde seine Kraft im Gesamtfeld einer momentanen Krafteverteilung voll entfalten kann, womit N. die antike Vorstellung des Kairos aufnimmt (vgl. z.B. SE, Nr. 2, KSA 1, 342; Za I, KSA 4, 33; JGB, Nr. 274, KSA 5, 227; vgl. Stegmaier 1992).

Die bereits im Frühwerk erkennbaren Kerngebiete von N.s Darlegungen zur Zeit, die existentielle Interpretation und das enge Verhältnis von Zeit und Kraft – Zeit läßt sich durch Kraft interpretieren, und Kraft ist selbst ein zeitliches Phänomen (vgl. auch N.s sogenannte »Zeitatomenlehre«, N, KSA 7, 575–579; siehe dazu Schlechta 1954, 140–153; Whitlock 1997) – sind auch für seine weiteren, nun aber komplexeren Reflexionen maßgebend. Sein Widerpart ist nun die gängige Vorstellung der Zeit als einer linearen Sukzession von Jetzt-Punkten, wodurch sie als eine eindimensionale Linie statisch verräumlicht wird und somit als Werden, als Übergang, nicht mehr erscheint (vgl. N, KSA 9, 500, 503f. u. 554). Diese Vorstellung spaltet N. auf, indem er auf der einen Seite mit dem an Heraklit erinnernden Ausdruck »Fluß des Werdens« das Ganze der Zeit anspricht und dadurch zur statischen Zeitvorstellung ein allerdings nicht weiter konturierbares Gegenbild zeichnet (womit N. sich zugleich gegen die kantische Vorstellung der ausschließlichen Subjektivität der Zeit richtet, vgl. z.B. N, KSA 11, 118 u. 292). Auf der anderen Seite stellt er den scheinbaren »Zeitpunkt«, den Augenblick, als Paradigma von Zeit überhaupt heraus – und zwar durchaus in gegenläufiger Weise: einerseits als der schöpferische Augenblick voller Intensität (vgl. N, KSA 9, 500–502), andererseits als das kontemplative Erlebnis des reinen Dahinströmens von Zeit ohne Ziel, bei dem die Welt für einen Augenblick vollkommen wird (N. gebraucht hierfür im Umkreis von *Also sprach Zarathustra* die Metapher des südländischen Mittags, vgl. etwa N, KSA 10, 150; Za IV, Mittags; siehe Schlechta 1954).

Entgegen dem ersten Anschein ist N.s Paradigma von Zeit aber nicht der Augenblick schlechthin, sondern der vergehende Augenblick (vgl. Brusotti 1997, 618–628). Nicht allein die Intensität des Augenblicks, das ekstatische oder meditative Heraustreten aus dem alltäglichen Treiben ist entscheidend (die Konsequenz dieser Einseitigkeit wäre es, dem Alltag mit Abscheu zu begegnen und sich nach Erfüllung zurücksehnen, was einer Abwertung des übrigen Lebens gleichkäme), vielmehr ebensosehr die gestalterische Kraft, mit der der Augenblick auf die ganze Lebenszeit wirkt und die Bejahung des Lebens ermöglichen kann (vgl. N, KSA 12, 307f.). Erst als vergehender wird der Augenblick zu einem Abglanz der »ewigen Zeit«. N. überwindet damit die Dualität von Zeit und Ewigkeit (so wie sie etwa auch Schopenhauer konzipiert hatte); zugleich kehrt er die übliche Vorrangstellung der Ruhe vor der Bewegung um: Nunmehr ist das Vorhandensein von Ruhe und Identität auf der Voraussetzung eines umfassenden Bewegt-Seins erklärungsbedürftig.

Im späteren Werk bindet N. seinen Überlegungen zur Zeit ganz in seinen Konzeptionen des »Willen zur Macht« und der »ewigen Wiederkehr des Gleichen« ein, nun vor allem unter dem Begriff »Geschehen« (vgl. z.B. N, KSA 11, 537; N, KSA 12, 33 u. 136). Erst mit diesen beiden Konzeptionen bringt N. seine Gegenposition zur gewöhnlichen Zeitvorstellung in Stellung. Obgleich auch nach ihm die Zeit irreversibel fortschreitet, sind Vergangenheit und Zukunft insofern symmetrisch, als die Zukunft wieder zur Vergangenheit werden kann und sich in der Gegenwart nichts absolut Neues ereignet (vgl. N, KSA 11, 557; Abel ²1998, 357–361 u. 386). Der Glaube an die Zukunft als Garbe unendlicher Handlungsmöglichkeiten, aus denen die Gegenwart einen Halm herauszieht, beruht nach N. auf einem falschen Verständnis von Willensfreiheit als Wahlfreiheit (vgl. Müller-Lauter 1988; ↗amor fati), das seinerseits ein Anzeichen von Schwäche sei, da die Kraft fehle, in der endlichen Welt, zu der es seiner Ansicht nach keine Alternative gibt, sein Leben zu gestalten.

Literatur: Schlechta, K.: N.s großer Mittag, Frankfurt a.M. 1954; Stambaugh, J.: Untersuchungen zum Problem der Zeit bei N., Den Haag 1959; Fleischer, M.: Die Zeitlichkeit des Menschen. N.s Analyse in seiner zweiten Unzeitgemäßen Betrachtung, in: Beierwaltes, W. u.a. (Hgg.): Weltaspekte der Philosophie, Festschrift für R. Berlinger, Amsterdam 1974, 67–81; Stegmaier, W.: Zeit der Vorstellung. N.s Vorstellung der Zeit, in: Zeitschrift für philosophische Forschung 41 (1987), 202–228; Müller-Lauter, W.: N.s Auflösung des Problems der Willensfreiheit, in: Bauschinger, S. u.a. (Hgg.): N. heute. Die Rezeption seines Werks nach

1968, Bern/Stuttgart 1988, 23–74; Moles, A.: N.s Philosophy of Nature and Cosmology, New York 1990, 223f.; Stegmaier, W.: Philosophie der Fluktuanz. Dilthey und N., Göttingen 1992, 330–338; Brusotti 1997; Whitlock, G.: Examing N.s »Time Atom Theory« Fragment from 1873, in: NSt 26 (1997), 350–360; Abel ²1998; Christians, I.: Der Reiz und Sporn des Gegensatzes. Zu F.N.s Konzeption der Kraft, Kap. IV (Diss. München 1999).

*Ingo Christians*

## Züchtung

N. spricht ziemlich oft, besonders in den achtziger Jahren, von Zucht, Züchten und Züchtung. Dies ist häufig in Verbindung mit ↗Darwinismus und Rassismus gebracht worden. Es gibt wenigstens drei Gründe, warum dies weniger wahr ist, als es meistens angenommen wird. Erstens benutzt N. oft das Wort ›Züchtung‹, wenn er eindeutig Erziehung, geistige Disziplin oder Bildung meint. Fast alle frühen Erwähnungen N.s zu den Begriffen Zucht und Züchtung sind in Beziehung zu Erziehung und Bildung gemacht worden. Zweitens gibt es für den modernen Leser N.s zwei klare Alternativen; entweder ist Züchtung ein kultureller und geistiger oder ein biologischer und rassebedingter Begriff. Für N., als Anhänger Lamarcks, der glaubte, daß erworbene Eigenschaften erblich seien, besteht eine solche Alternative nicht. Dies bedeutet, daß N. die platonische und christliche Zweiteilung von Geist und Körper aufhebt, daß er von Physiologie, Psychologie und von Werten in ein und demselben Satz sprechen kann. Für ihn (und dies war die allgemeine Auffassung im 19. Jh., als man an die Vererbung erworbener Eigenschaften glaubte) ging der Einfluß nicht nur von der Physiologie über die Psychologie zu den Werten, wie wir heute denken können, sondern auch in die entgegengesetzte Richtung. Der Begriff ›Züchtung‹ hat eine wichtige Bedeutungsverschiebung erhalten, seitdem wir im 20. Jh. nicht länger an die Vererbung erworbener Eigenschaften glauben. Drittens spricht gegen ein modernes biologisches Verständnis von N.s Gebrauch des Wortes Züchtung auch die Tatsache, daß er fast immer von Individuen, Einzelnen, Ausnahmen und »Glücksfällen«, statt von Gruppen, Arten und Gattung spricht, was für eine biologische Bedeutung notwendig wäre.

Die Hauptbedeutung von Züchtung ist für N. eine eindeutig kulturelle und moralische, wenn er von der »Züchtung der Griechen« (N, KSA 9, 607), »Erziehung als Züchtung« (N, KSA 12, 339) und von seiner Idee der ewigen Wiederkunft als Züchtung (KSA 12, 342f.) spricht. Manchmal scheint der Schwerpunkt jedoch auch biologisch zu sein. Dies trifft vor allem zu auf einige Sektionen von *Jenseits von Gut und Böse*, auf das Kapitel »Die ›Verbesserer‹ der Menschheit« in *Götzen-Dämmerung* und einige Stellen im Nachlaß. Auch N.s Begriff »Übermensch« (welcher fast nur in *Also sprach Zarathustra* vorkommt) wird oft darwinistisch verstanden und mit biologischer Züchtung assoziiert. Letzteres wird explizit von N. verneint, wenn er sagt: »Andres gelehrtes Hornvieh hat mich seinethalben des Darwinismus verdächtigt« (EH, 1, KSA 6, 300). In *Der Antichrist* und im Nachlaß stellt N. klar, daß das, was ihn interessiert, der höchst individuelle Mensch sei, und nicht das, was *nach* der Gattung Mensch kommt: »Was für ein Typus die Menschheit einmal ablösen wird? Aber das ist bloße Darwinisten-Ideologie. Als ob je Gattung abgelöst wurde! Was mich angeht, das ist das Problem der Rangordnung innerhalb der Gattung Mensch, an deren Vorwärtskommen im Ganzen und Großen ich nicht glaube, das Problem der Rangordnung zwischen menschlichen Typen, die immer dagewesen ⟨sind⟩ und immer dasein werden« (N, KSA 13, 481 u. AC, Nr. 3, KSA 6, 170). Wie dem auch sei, man kann nicht ausschließen, daß N., während er *Also sprach Zarathustra* schrieb, mehr vom Darwinismus beeinflußt war, als er später zugestanden hat.

Im Kapitel »Die ›Verbesserer‹ der Menschheit« in *Götzen-Dämmerung* diskutiert N. die zwei Hauptformen der Moral, Zähmung (Christentum) und Züchtung (Manu). Dabei scheint er viel positiver gegenüber der Züchtung als gegenüber der Zähmung eingestellt zu sein, lehnt aber beides ab. Seine anscheinend kritische Haltung gegenüber der Zähmung sollte nicht überraschen, da die Zähmung in Form von Christentum und Modernität das Hauptobjekt seiner Kritik ist. Im Nachlaß wird jedoch auch seine Kritik gegenüber dem Gesetz des Manu deutlich. Aber es ist auch wahr, daß N. nach der Lektüre mehrerer Werke über den Darwinismus, Spencer und Galton eingeschlossen, in den frühen 1880er Jahren beginnt, schlagwortartig zu sprechen, so als ob er hauptsächlich die biologische Züchtung meine, z.B. spricht er von der »Züchtung einer neuen über Europa regierenden Kaste« (JGB, Nr. 251, KSA 5, 195, s. a. N, KSA 9, 547f. u. 577, N, KSA 10, 275 u. JGB, Nr. 203, KSA 5, 126f.). Häufig, aber nicht immer, zeigt auch hier eine nähere Analyse, daß der wirkliche Schwerpunkt des Begriffes Züchtung (wegen des Glaubens an die Vererbung erworbener Eigenschaften) auf der Erziehung liegt.

Literatur: Brobjer, T. H.: The Absence of Political Ideals in N.s Writings: The Case of the Laws of Manu, in: NSt 27 (1998); Ottmann ²1999.

*Thomas H. Brobjer*

# IV. Lektüren, Quellen, Einflüsse

Altes Testament
Antike, griechische
Antike, römische
Christentum
Deutsche Klassik und Romantik
Deutscher Idealismus
Englischer Utilitarismus
Französische Aufklärung
Französische Moralistik
Malerei/Bildende Kunst
Naturwissenschaft
Philosophie der Neuzeit (17.–19. Jahrhundert)
Philosophie und Theologie des 19. Jahrhunderts
Politik
Psychologie
Sprachphilosophie

## Altes Testament

Im Elternhaus früh mit biblizistischem Christentum vertraut, machte N. in Schulpforta mit historisch-kritischer Exegese Bekanntschaft. Paul Deussen berichtet, wie dort die Frömmigkeit der Zöglinge durch Übertragung der philologischen Methode aus dem Bereich der Klassiker-Lektüre aufs biblische Feld »unmerklich untergraben« wurde: So habe beispielsweise Karl Steinhart (1801–1872) den 45. Psalm »durchaus als ein weltliches Hochzeitslied« erklärt (Deussen 1922, 70). Der Religionslehrer Robert Buddensieg (1817–1861) vermittelte N. am Beispiel des 8. Psalmes ein formales Verständnis der hebräischen Poesie (vgl. Pernet 1989, 78). Aus N.s theologischer Studienzeit ist kaum etwas über eine Beschäftigung mit dem AT bekannt – allenfalls, daß er 1864/65 als Mitglied des Bonner Gesangsvereins in Händels *Judas Maccabaeus* mitgesungen hat (Pernet 1989, 102). Ein Reflex hiervon findet sich noch in *Nietzsche contra Wagner*: »Erst in Händel's Musik erklang das Beste aus Luther's und seiner Verwandten Seele, der jüdisch-heroische Zug, welcher der Reformation einen Zug der Grösse gab – das alte Testament Musik geworden, nicht das neue« (KSA 6, 423). Lesefrüchte aus den 70er Jahren betreffen die später herausgearbeiteten Differenzen zwischen AT und NT, etwa die in ersterem fehlende Vorstellung der Unsterblichkeit (N, KSA 7, 140f.) oder die dort virulente, an die Tragödie erinnernde »Kraft des elementaren Erschütterns« (N, KSA 8, 545f.). Anfang 1880 notiert N., das Christentum sei »in dem Grade bei dem alten Testament in die Schule [gegangen], als es sich bemühte eine Weltreligion zu werden. Das weltflüchtige Christenthum brauchte das alte Testament nicht« (N, KSA 9, 21). Diese Ansicht teilte Schopenhauer, dessen asketische Interpretation des Christentums ihm eine Würdigung des AT nur gerade beim Sündenfallmythos gestattete (vgl. N, KSA 12, 513). Mitunter nimmt N. das AT gegen »das unerhörte philologische Possenspiel« der »Philologie des Christenthums« in Schutz: »ich meine den Versuch, das alte Testament den Juden unter dem Leibe wegzuziehen, mit der Behauptung, es enthalte Nichts als christliche Lehren und gehöre den Christen als dem wahren Volke Israel [...]; überall sollte im alten Testament von Christus und nur von Christus die Rede sein, überall namentlich von seinem Kreuze« (M, Nr. 84, KSA 3, 79f.). N. klärt seine Leser sodann darüber auf, daß man zu diesem Zweck nicht einmal die Fälschung des Bibeltextes gescheut habe, wie etwa die Septuaginta-Interpolation bei Psalm 96, 10 beweise. Trotzdem schreibt N. gelegentlich selber dem AT einen »christlichen Zug« zu, so bei der »Entstehung des Gottes der Liebe« (N, KSA 9, 363). Im Zusammenhang der Beschäftigung mit Justinus Martyr rekapituliert N. im Nachlaß 1880/81 die »alexandrinische Auslegungsmethode«, der sich auch die »Heidenchristen« im »Kampf um die Deutung des alten Testaments« bedient hätten (N, KSA 9, 431), so wenig man bei diesen »Verständniß für Vorrecht des Israels [sic] und für alttestamentliche Institutionen« finden könne (N, KSA 9, 433). In *Also sprach Zarathustra* nehmen travestierte Anspielungen auf das AT überhand; nicht nur die Proklamation der »neuen« und die Zerschlagung der »alten Tafeln« ist der mosaischen Gesetzgebung nachempfunden (Za III, »Von alten und neuen Tafeln«), sondern prophetisches und verkündigendes Reden wird überhaupt zur literarischen Form dieses Werkes (vgl. Overbecks Brief an Rohde, 11. 11. 1883). Dennoch sollte man weniger über die »dionysische« Deutung spekulieren, die N. dem AT habe angedeihen lassen (vgl. Eldad 1985, 47–49), sondern die satirische Brechung solcher Bibeladaptionen (noch in *Der Antichrist*) nicht außer acht lassen. *Jenseits von Gut und Böse* spricht einmal mehr vom AT, als ob es sich um ein einheitliches, in sich geschlossenes Werk handelte: Es gebe darin »Menschen, Dinge und Reden in einem so grossen Stile, dass das griechische und indische Schriftenthum ihm nichts zur Seite zu stellen hat. Man steht mit Schrecken und Ehrfurcht vor diesen ungeheuren Überbleibseln dessen, was der Mensch einstmals war [...] – der Geschmack am alten Testament ist ein Prüfstein in Hinsicht auf ›Gross‹ und ›Klein‹. Das NT mit dem AT »zu Einem Buche zusammengeleimt zu haben, als ›Bibel‹, als ›das Buch an sich‹: das ist vielleicht die grösste Verwegenheit und ›Sünde wider den Geist‹, welche das litterarische Europa auf dem Gewissen hat« (JGB, Nr. 52, KSA 5, 72; vgl. GM, 3. Abh., Nr. 22 und N, KSA 11, 569). Man kann hier die argumentationsstrategische Dimension nicht verkennen: N.s Lob ist kein Selbstzweck, sondern die Umkehrung der christlichen Überordnung des

NT über das AT. Gegen die christliche, schon im NT verbriefte Verkleinerungsmoral richtet sich die Spitze dieser Auslassung.

Mit der wohl durch Overbeck vermittelten (Ahlsdorf 1990, 58) Lektüre von Julius Wellhausens *Prolegomena zur Geschichte Israels* und seiner *Skizzen und Vorarbeiten* 1887/88 löst bei N. ein in die Schriften des AT selbst hineingelesener Verfallsprozess die plakative, aber ebenfalls als Entartung verstandene Entgegensetzung von AT und NT ab. Wellhausen hatte das bisherige Schema der israelitisch-jüdischen Geschichte auf den Kopf gestellt, indem er nicht mehr davon ausging, daß zu Beginn die detaillierte Gesetzgebung (durch Mose) stand. Vielmehr entdeckte er mit Hilfe der Quellenscheidung im schriftlich überlieferten »mosaischen Gesetz« des Priestercodexes eine späte Zurechtmachung. »Israel kannte kein geschriebenes Gesetz, seine ›Thora‹ war die mündlich ergehende Weisung der Priester und der Propheten; ein eigentliches Gesetz, wie es dann die Grundlage des biblischen Kanons geworden ist, gibt es erst mit dem Deuteronomium« (Smend 1989, 106). Wellhausens grundstürzendes Geschichtsbild fand rasch die Zustimmung seiner Fachkollegen (u.a. des mit N. bekannten Basler Hebraisten Emil Kautzsch; vgl. Smend 1997, 118f.). *Der Antichrist* verarbeitet die umfangreichen Wellhausen-Exzerpte (N, KSA 13, 169–174) – angefangen bei der Entwicklung des urtümlich-mächtigen Volksgottes zu einem bloß noch guten »Gott für Jedermann« (AC, Nr. 16, KSA 6, 183) über die priesterliche »Fälschung aller Natur« (AC, Nr. 24, KSA 6, 191) (Wellhausen spricht von »Denaturalisation«) bis hin zur Genese des Christentums aus dem priesterlichen Judentum –, um damit die antichristliche Geschichtskonstruktion zu stützen. Allerdings vereinfacht N. Wellhausens Schema entscheidend, läßt beispielsweise die Propheten als eigentliche Schöpfer der neuen, universalistischen Moral der Schwachen ganz im Gros der »Priester« verschwinden (Sommer 2000). Aus dieser Niedergangstypologie ist nicht zu folgern, »daß hinter der ›Verurtheilung des Christenthums‹ die Bejahung der damals von Wellhausen dargelegten kanaanitisch-hebräischen Tradition, d.h. des ›heidnischen‹ Erbes Israels stehe« (Orsucci 1996, 323). Parallelen in Wellhausens Konzept zum Degenerationsmodell der *Geburt der Tragödie* (Hartwich 1997, 162) können nicht darüber hinwegtäuschen, daß es N. weniger um die Rehabilitation des vorpriesterlichen Israel als um die Diskreditierung des Christentums zu tun ist. Das Christentum, namentlich das paulinische, stellt für N. keineswegs wie für Wellhausen eine Bewegung dar, die der Versteinerung des hierokratischen Judentums ein Ende bereitete, sondern vielmehr die Wiederholung der jüdischen Umwertung in der Moral auf welthistorischem Parkett.

Literatur: Deussen, P.: Mein Leben, hrsg. v. E. Rosenthal-Deussen, Leipzig 1922; Eldad, I.: N. and the Old Testament, in: O'Flaherty, J. C./Sellner, T. F./Helm, R.M. (Hgg.): Studies in N. and the Judaeo-Christian Tradition, Chapel Hill/London 1985, 47–68; Pernet, M.: Das Christentum im Leben des jungen F.N., Opladen 1989; Smend, R.: Deutsche Alttestamentler in drei Jahrhunderten, Göttingen 1989; Ahlsdorf, M.: N.s Juden. Die philosophische Vereinnahmung des alttestamentlichen Judentums und der Einfluß von Julius Wellhausen in N.s Spätwerk, Diss. phil. Berlin 1990; Orsucci 1996; Hartwich, W.-D.: Die Sendung Moses. Von der Aufklärung bis Thomas Mann, München 1997; Smend, R.: Traditionsbewußte Erneuerung der alttestamentlichen Wissenschaft: Emil Kautzsch (1841–1910), in: Sommer, A.U. (Hrsg.): Im Spannungsfeld von Gott und Welt. Beiträge zu Geschichte und Gegenwart des Frey-Grynaeischen Instituts, Basel 1997, 111–122; Sommer, A.U.: F.N., »Der Antichrist«. Ein philosophisch-historischer Kommentar, Basel 2000.

*Andreas Urs Sommer*

## Antike, griechische

### Epos

*Homer – Hesiod*

### Homer

I. »Das Menschliche, das uns das Alterthum zeigt, ist nicht zu verwechseln mit dem Humanen. Dieser Gegensatz ist sehr stark hervorzuheben« (N, 3[12], KSA 8, 17). In seinem Kampf gegen »das Humane« und die verklärende Auffassung des klassischen Altertums als einer »Harmonie, ja Einheit des Menschen mit der Natur« nimmt N. wiederholt auf Homer Bezug, mit dessen Person und Werk er sich besonders ab 1867 auseinandersetzt. In *Die Geburt der Tragödie* 3 (KSA 1, 37) heißt es, in Polemik gegen die geistige Zeitgenossenschaft Rousseaus, die »in Homer einen solchen am Herzen der Natur erzogenen Künstler

Emil gefunden zu haben wähnte«, daß Homer alles andere als »naiv« im Schillerschen Sinne sei: »Die homerische ›Naivetät‹ ist nur als der vollkommene Sieg der apollinischen Illusion zu begreifen«, sie entspringe der »Sehnsucht zum Schein« eines Volkes, das »die Schrecken und Entsetzlichkeiten des Daseins« kenne. Die »olympische Götterordnung der Freude« sei das Ergebnis eines langwierigen Prozesses der Umgestaltung und apollinischen Verklärung der »ursprünglichen titanischen Götterordnung des Schreckens« (GT, KSA 1, 35–38). Dieser Auffassung widerspricht Wilamowitz (1872, 12–13), der Hesiods Mythos der Titanomachie nicht als Zeugnis einer ›vorolympischen‹ Religion auffaßt und vielmehr die »Jugend« der homerischen Welt, ihre Urwüchsigkeit behauptet. Dagegen schreibt N. (an Rohde, 16. 7. 1872): »Daß ich nur nicht immer wieder die weichliche Behauptung von der homerischen Welt als der jugendlichen, dem Frühling des Volkes usw. hörte! [...] Daß ein ungeheures, wildes Ringen, aus finsterer Rohheit und Grausamkeit heraus, vorhergeht, daß Homer als Sieger am Schluß dieser langen trostlosen Periode steht, ist mir eine meiner sichersten Überzeugungen. Die Griechen sind viel älter als man denkt«. Eine ähnliche Betrachtung enthält *Menschliches, Allzumenschliches* II, Nr. 219 (KSA 2, 471f.), daß nämlich »die berühmte griechische Helle, Durchsichtigkeit, Einfachheit und Ordnung« keineswegs eine natürliche Anlage, sondern das Ergebnis eines außerordentlich langen Ringens sei. Auf seine Auffassung, daß Homer alles andere als »naiv« sei, kommt N. in *Menschliches, Allzumenschliches* I, Nr. 125 (KSA 2, 121) zurück, wo er ihn als »jedenfalls tief unreligiös« bezeichnet: Mit dem »dürftigen, rohen [...] Aberglauben« seiner Umgebung habe er »so frei wie der Bildhauer mit seinem Thon« gearbeitet.

II. In seiner Polemik gegen das Christentum nimmt N. ebenfalls auf Homer Bezug. Schon 1870 sieht er in dessen Götterbild »eine Religion des Lebens, nicht der Pflicht oder der Askese oder der Geistigkeit« sich aussprechen. »Die griechischen Götter [...], wie sie in Homer bereits uns entgegentreten, [...] fordern nicht: in ihnen ist das Vorhandene vergöttlicht, gleichviel ob es gut oder böse ist« (Die dionysische Weltanschauung, KSA 1, 559). Dasselbe Thema der »Lust am Wirklichen, Wirkenden jeder Art« wird auch später wieder aufgegriffen (vgl. MA II, Nr. 173 u. 220, KSA 2, 453 u. 474; FW, Nr. 302, KSA 3, 541). »Plato gegen Homer: das ist der ganze, der ächte Antagonismus – dort der ›Jenseitige‹ besten Willens, der grosse Verleumder des Lebens, hier dessen unfreiwilliger Vergöttlicher« (GM, 3. Abt., Nr. 25, KSA 5, 402). In dieser Sicht erscheint die Wiederentdeckung Homers, der dem 17. und 18. Jh. wenig gegolten hatte, als »der größte Sieg über das Christenthum und christliche Culturen« (N, 25[293], KSA 11, 86; vgl. JGB, Nr. 224, KSA 5, 258). In *Zur Genealogie der Moral*, 2. Abt. (Nr. 23, KSA 5, 333) führt N. Worte des Zeus an (*Odyssee* I, 32–34), um vorzuführen, wie die Griechen, denen das christliche ›schlechte Gewissen‹ unbekannt gewesen sei, menschliches Fehlverhalten den Einwirkungen ihrer Götter zuschrieben (»Es muss ihn wohl ein Gott bethört haben«). Hierin folgt N. der Darstellung des klassischen Philologen Schmidt, einer für etliche Stellen von *Jenseits von Gut und Böse* und *Zur Genealogie der Moral* überaus wichtigen Quelle (Brusotti 1992; Orsucci 1996, 272–274): in Griechenland war »im Allgemeinen [...] die Vorstellung vorhanden, dass die Götter die Urheber des von den Menschen begangenen Unrechts sein können« (Schmidt 1882, Bd. 1, 232).

Literatur: v. Wilamowitz-Moellendorff, U.: Zukunftsphilologie!, Berlin 1872; Schmidt, L.: Die Ethik der alten Griechen, Berlin 1882; Vogt, E.: N. und der Wettkampf Homers, in: Antike und Abendland 11 (1962), 103–113; Schröter, H.: Historische Theorie und geschichtliches Handeln, Mittenwald 1982, 34ff.; Lachterman, D. R.: Die ewige Wiederkehr des Griechen: N. and the Homeric Question, in: Conway, D. W./Rehn, R.: N. und die antike Philosophie, Trier 1992, 13–33; Brusotti, M.: Die ›Selbstverkleinerung des Menschen‹ in der Moderne, in: NSt 21 (1992), 81–136; Orsucci 1996, 272–274.

## Hesiod

Immer wieder bringt N. in seinen Schriften die Überzeugung zum Ausdruck, daß »alles griechische [...] Wesen, so schlicht und weltbekannt es vor uns zu liegen scheint, sehr schwer verständlich, ja, kaum zugänglich ist« (M, Nr. 195, KSA 3, 166f.). Die klassizistische Auffassung des Griechentums (»etwas rein Chimärisches«, eine »Wunderwelt [...], die nie existirt hat«; N, 7[1], KSA 8, 121) ist sowohl zur Zeit der *Geburt der*

*Tragödie* als auch späterhin Gegenstand seiner Polemik. Um sich davon freizumachen, die Antike »mit dem weichlichen Begriff der modernen Humanität« (FV 5, KSA 1, 783) zu betrachten, solle man in »die schwer zu athmende Luft des hesiodischen Gedichtes« (FV 5, KSA 1, 785) eintauchen. Auf diese Weise lerne man, unsere moderne Welt in Frage zu stellen und moralische Werturteile wiederzuentdecken, die das Christentum verdrängt habe. So haben die Griechen »anders über den Neid empfunden als wir; Hesiod zählt ihn unter den Wirkungen der guten, wohlthätigen Eris auf« (M, Nr. 38, KSA 3, 45). Dieses Motiv aus *Erga* 11–26 macht in N.s Augen den Unterschied zwischen antiker und christlicher Moral besonders deutlich, und er greift es 1872 (FV 5, KSA 1, 787) und 1880 (WS, Nr. 29, KSA 2, 562) wieder auf. Hesiods *Werke und Tage* (Erga 349–51) sind 1880 auch die Quelle eines weiteren Motivs, das die vornehme Haltung illustriert: Um die eigene Unabhängigkeit zu wahren, solle man »dem Nachbarn, der uns ausgeholfen hat, [...] womöglich reichlicher zurückgeben« (WS, Nr. 256, KSA 2, 664). Auf das Thema des Schenkens als einer Demütigung und Bedrohung der »Selbstherrlichkeit« des anderen kommt N. in späteren Schriften zurück (M, Nr. 112, KSA 3, 100; FW, Nr. 142, KSA 3, 489), wobei er auch Emersons diesbezügliche Gedanken aufnimmt (1858, 387–389).

Der Gegensatz von antiker Kultur und »modernem Geist«, den die ›humanistische‹ Philologie gern übersehe, zeige sich auch in der Beurteilung der Hoffnung, die für die Christen eine göttliche Tugend sei, während die Griechen sie »als blind und tückisch empfanden«: Auch in diesem Falle (M, Nr. 38, KSA 3, 46) ist Hesiod (*Erga*, 94–99) die Quelle, ebenso wie bei der Behandlung des »perspektivischen« Unterschieds von »gut« und »böse«, des Hauptmotivs in der ersten Abhandlung von *Zur Genealogie der Moral* (siehe den gemeinsamen Bezug von M, Nr. 189, KSA 3, 162 und GM, 1. Abh., Nr. 11, KSA 5, 276 auf *Erga*, 143–173).

Literatur: Emerson, R.W.: Versuche, Hannover 1858, 387ff.; Bornmann, F.: Anedokta Nietzscheana aus dem philologischen Nachlaß der Basler Jahre (1869–1878), in: Borsche, T./Gerratana, F./Venturelli, A. (Hgg.): ›Centauren-Geburten‹: Wissenschaft, Kunst und Philosophie beim jungen N., Berlin/New York 1994, 67–80.

## Tragödie

*Aeschylus – Sophokles – Euripides*

*Aeschylus*

Die aeschyleische Tragödie, »die über Göttern und Menschen die Moira als ewige Gerechtigkeit thronen sieht«, gilt N. Anfang der 70er Jahre als Höhepunkt der tragischen Kunst. In der *Geburt der Tragödie*, deren Erstdruck mit einer Titelvignette des entfesselten Prometheus versehen war, hebt N. Aeschylus' »erstaunliche Kühnheit« hervor, die im Prometheus des jungen Goethe wiederkehre (GT, KSA 1, 67–68). Aeschylus sei von einer Knappheit der Darstellung, die sich bei Sophokles und Euripides schon verloren habe und der in der Neuzeit Shakespeare nahekomme, in dessen Stücken sich »eine ethische Weisheit« finde, der gegenüber »der Sokratismus etwas vorlaut und altklug erscheint« (*Socrates und die Tragoedie*, KSA 1, 548; vgl. dagegen das Verhältnis Aeschylus/Shakespeare in JGB, Nr. 224, KSA 5, 159). Wenige Jahre später sieht N. eine »Verwandtschaft« zwischen Aeschylus und R. Wagner (WB, KSA 1, 446). Schon im September 1869 hatte er Rohde über Tribschen geschrieben, dort lebten nicht nur Schopenhauer und Goethe, sondern auch Pindar und Aeschylus weiter (3.9.1869).

Für N. ist der aeschyleische *Prometheus* Deutung eines uralten Mythos, der »ein ursprüngliches Eigenthum der gesammten arischen Völkergemeinde« sei. Als »ein Frevel, als ein Raub an der göttlichen Natur« erscheine hier die Aneignung des Feuers, der erste Schritt »jeder aufsteigenden Kultur«, und diesem »arischen Mythus«, der »den heroischen Drang« darstelle, »über den Bann der Individuation hinauszuschreiten«, stellt er den »semitischen Sündenfallmythus [entgegen], in welchem die Neugierde, die lügnerische Vorspiegelung, die Verführbarkeit, die Lüsternheit [...] als der Ursprung des Uebels angesehen wurde« (GT 9, KSA 1, 69f.). In Aeschylus' *Prometheus* komme die »erhabene« Ansicht von der »activen Sünde« (ein Thema, das schon den vierzehnjährigen N. angezogen hatte: vgl. BAW 1, 62–73) zur Darstellung: »Das Beste [...], dessen die Menschheit theilhaftig werden kann, erringt sie durch einen Frevel und muss nun wieder seine Folgen dahinnehmen, nämlich die ganze Fluth von Leiden und von Kümmernissen mit denen die beleidigten Himmlischen das edel emporstrebende Menschengeschlecht heimsuchen« (GT 9, KSA 1, 69).

N. arbeitet in der *Geburt der Tragödie* »das Doppelwesen des aeschyleischen Prometheus« heraus, der in Wirklichkeit »eine dionysische Maske« sei, aber zugleich von Apollo, »dem Gotte der Individuation und der Gerechtigkeit«, abstamme (GT 9, KSA 1, 71). Ursprünglich sei die griechische Tragödie »nichts als ein großer Chorgesang« gewesen (*Das griechische Musikdrama*, KSA 1, 524f.). Doch die Funktion des Chores, des historisch und sachlich primären Elements, sei schon bei Aeschylus nicht mehr die ursprüngliche. »Jene Stufe, in der sich das Drama ungefähr von Aeschylus bis Euripides hielt, ist die, in der der Chor soweit zurückgedrängt war, um eben gerade noch die Gesamtfärbung anzugeben«: Doch der »chorisch-musikalische Gesamteindruck« sei schließlich zugunsten der »Dialektik der Bühnenpersonen und ihrer Einzelgesänge« aufgegeben worden.

Erst nach Aeschylus nehme das griechische Theater eine Entwicklung, die im Triumph »des ästhetischen Sokratismus'« ihren Höhepunkt finden sollte, indem »das Mitleiden zurücktrat, gegenüber der hellen Freude am klirrenden Waffenspiel der Dialektik« (*Socrates und die Tragoedie*, KSA 1, 546).

Literatur: Arnott, W. G.: N.'s View of Greek Tragedy, in: Arethusa 17 (1984), 135–149; v. Reibnitz 1992, 32 ff., 238 ff. u. 294 ff.; Bornmann, F.: Anedokta Nietzscheana aus dem philologischen Nachlaß der Basler Jahre (1869–1878), in: Borsche, T./Gerratana, F./Venturelli, A. (Hgg.): ›Centauren-Geburten‹: Wissenschaft, Kunst und Philosophie beim jungen N., Berlin/New York 1994, 67–80.

*Sophokles*

Nach N. geht die sophokleische Auffassung des Oedipus-Mythos (in GT 9, KSA 1, 64–66, wird betont, daß beide Oedipus-Tragödien der nämlichen Grundidee entspringen) aus einem Blick »in's Innere und Schreckliche der Natur« hervor (GT 9, KSA 1, 65). Oedipus sei Träger »dionysischer Weisheit«, die ihn »das starre Gesetz der Individuation« und die »heiligsten Naturordnungen zerbrechen« lasse.

Oedipus präfiguriere somit die Sonderstellung des Übermenschen, der »durch sein Handeln [...] jedes Gesetz [...], ja die sittliche Welt« in Frage stelle und einen »höheren magischen Kreis von Wirkungen« erzeuge, durch die »eine neue Welt« heraufgeführt werde. Sophokles verkörpere die Duplizität des griechischen Wesens, indem die Sprache des Oedipus, ungeachtet »dionysische[r] Weisheit«, durch »apollinische Bestimmtheit und Helligkeit« gekennzeichnet sei (GT 9, KSA 1, 64–67).

N. sieht in den Tragödien des Sophokles »eine Superfötation des Logischen«, die den »Sokratismus« vorbereite: Alle Personen »sprechen [...] mit einem solchen Aufwand von Scharfsinn, Klarheit und Durchsichtigkeit, so daß für uns [...] ein verwirrender Gesammteindruck entsteht« (*Socrates und die Tragoedie*, KSA 1, 546). So beginne »der ganz allmähliche Verfall« der Tragödie, die kein Mitleiden und keine »Selbstvergessenheit« mehr hervorrufe: »Man muß [...] bekennen [...], daß auch die schönsten Gestalten der sophokleischen Tragödie, eine Antigone, eine Elektra, ein Oedipus, mitunter auf ganz unerträglich triviale Gedankengänge gerathen« (*Socrates und die Tragoedie*, KSA 1, 548). Außerdem verliere bei Sophokles der Chor seine vormals fundamentale Rolle: »Er wagt es nicht mehr, dem Chor den Hauptantheil der Wirkung anzuvertrauen, sondern schränkt sein Bereich dermaassen ein, dass er jetzt fast den Schauspielern coordinirt erscheint, gleich als ob er aus der Orchestra in die Scene hineingehoben würde«. Diese neue Auffassung sei »der erste Schritt zur Vernichtung des Chors, deren Phasen in Euripides, Agathon und der neueren Komödie mit erschreckender Schnelligkeit auf einander folgen«. Die Werke des Sophokles bewahren also, nach N., nichts mehr von dem ursprünglichen Wesen der Tragödie, »welches sich einzig als [...] sichtbare Symbolisirung der Musik, als die Traumwelt eines dionysischen Rausches interpretiren lässt« (GT 14, KSA 1, 95).

Während bei Aeschylus Menschen und Götter der Moira unterworfen seien, eröffne Sophokles eine neue Sichtweise und stimmt »in seinem Oedipus das Siegeslied des Heiligen präludirend« an (GT 9, KSA 1, 68). Die Innerlichkeit trete in den Vordergrund, »das Leiden gewinnt bei ihm seine Verklärung; es wird aufgefaßt als etwas Heiligendes«. Bei Sophokles (nicht bei Aeschylus) sei »der Abstand zwischen dem Menschlichen und Göttlichen [...] unermeßlich«; der Einzelne erfahre nur »die Nothwendigkeit zum

Frevel«, da ihm »die Weisheit der Weltordnung« ganz unergründlich sei (*Die dionysische Weltanschauung*, KSA 1, 568f.).

Auch nach 1875, als er sich von Schopenhauer und dessen »Kunstmetaphysik« entfernt hatte, kommt N. gelegentlich auf Sophokles zurück, dessen Werk er nun anerkennend in eine von Homer auf Goethe reichende Tradition stellt, in der der »Ueberschuss einer weisen und harmonischen Lebensführung« Ausdruck gefunden habe gegen »eine Kunst der Ueberspannung, der Erregung, des Widerwillens gegen das Geregelte [...], Einfache, Logische« (MA II, Nr. 173, KSA 2, 453; WS, Nr. 336, KSA 2, 698). Sophokles, so *Morgenröthe*, Nr. 168 (KSA 3, 150f.), sei mit Perikles und Thukydides in eine Reihe zu stellen, als Vertreter einer »Cultur der unbefangensten Weltkenntniss«. Auch die Ausführungen von der *Geburt der Tragödie* über den ›apollinischen‹ Charakter des Dialogs bei Sophokles werden später abgewandelt. In der *Fröhlichen Wissenschaft*, Nr. 80 (KSA 3, 435f.) wird seine Beredsamkeit (»Und um schöne Reden war es dem Sophokles zu thun!«) als eine Art vornehmer »Abweichung von der Natur« betrachtet: Der dramatische Held, der die Leidenschaft »in Vernunft und Wort verwandelt«, zeige, daß es, anders als Aristoteles behauptet habe, möglich sei, Instinkte und heftige Erregungen zu beherrschen und zu überwinden.

Literatur: Ugolini, G.: F.N., il mito di Edipo e la polemica con Wilamowitz, in: Quaderni di storia 34 (1991), 41–61; v. Reibnitz 1992, 226–238.

*Euripides*

Nach einem in der *Geburt der Tragödie* ausgesprochenen Urteil (das schon in dem Vortrag *Socrates und die Tragoedie* aus dem Jahr 1870 vorformuliert erscheint) ist Euripides ein »sokratischer Denker«: Die Gottheit, die sich in seinen Trägodien manifestiere, sei »nicht Dionysus, auch nicht Apollo, sondern ein ganz neugeborner Dämon, genannt Sokrates« (GT 12, KSA 1, 83). Euripides' Werk drücke »die optimistische Dialektik« aus, die »mit der Geissel ihrer Syllogismen die Musik aus der Tragödie« treibe (GT 14, KSA 1, 95). Euripides als Vertreter einer »rationalistischen Aesthetik« und als »Dichter des aesthetischen Sokratismus« – mit dieser Bewertung steht N. in der klassischen Philologie des 19. Jh.s ziemlich allein da; doch war die Nähe zu Sokrates schon von antiken Autoren (Henrichs 1986, 386f.) und auch von Heine (Montinari 1986, 339) bemerkt worden.

Die Auseinandersetzung mit Euripides, der in GT 11 mit Lessing verglichen wird, ist ein Hauptmotiv in N.s Aufklärungskritik des Jahres 1872. Euripides' Grundidee »Alles muss bewusst sein, um schön zu sein« sei ein zerstörendes Prinzip, das im Athen des 5. Jh.s »die Auflösung der Tragödie« bewirkt habe. Über N.s Euripides bemerkt Wilamowitz (1872, 10) ironisch: »da kommt aber der böse Euripides, angestachelt vom bösen Sokrates, der bringt die tragoedie um«. Der Chor, mithin »der ganze musikalisch-dionysische Untergrund der Tragödie«, sei bei Euripides »etwas Zufälliges, [...] eine auch wohl zu missende Reminiscenz« (GT 14, KSA 1, 95). Schon 1870 hatte N. behauptet, daß bei Euripides »das Gesungene fast in keinem nähern Bezug zu dem Gange der Handlung« steht (*Einleitung in die Tragödie des Sophocles*, KGW II/3, 43). Besonders seine Prologtechnik sei Ausdruck »jener verwegenen Verständigkeit« und »rationalistischen Methode« (GT 12, KSA 1, 85f.; *Socrates und die Tragödie*, KSA 1, 538). Sein »sokratisches Kunstwerk«, das »das Drama allein auf das Undionysische [...] gründen« wolle, trage entscheidend zur Auflösung der »herrlichen ›Naivetät‹ der älteren Griechen« bei (GT 17, KSA 1, 115).

Euripides, eine »durchaus unmusikalische Natur« (GT 17, KSA 1, 113), verbanne Halbgötter und »heroisch stilisirte Menschen« aus seinen Stücken, um statt deren eine »treue Maske der Wirklichkeit auf die Bühne zu bringen«, »Menschen des alltäglichen Lebens«, Vertreter der »bürgerlichen Mittelmässigkeit« (GT 11, KSA 1, 76f.). In seinen Werken erscheine ein neuer Menschentyp, der »durch Grund und Gegengrund seine Handlung vertheidigen muss« (GT 14, KSA 1, 94) und somit Bewunderung, nicht Mitleiden errege. In diesem Sinn sei die Tragödie des Euripides eine »Aesthetik vom Zuschauerstandpunkte aus« (*Einleitung in die Tragödie des Sophocles*, KGW II/3, 43).

Seine Gestalten, aus denen der »bürgerliche Mittelstand« spreche, seien mit allen Feinheiten der rhetorischen Kunst vertraut, »während die aeschyleisch-sophokleischen Charaktere viel tiefer und voller sind als ihre Worte: sie stammeln eigentlich nur über sich« (*Socrates und die Tragoedie*, KSA 1, 534f. u. 539).

Im 11. Kapitel der *Geburt der Tragödie* fußt N.s Euripideskritik wesentlich auf dem Porträt, das Aristophanes in den *Fröschen* von dem Tragiker entworfen hat. N. sieht in Euripides den Wegbereiter der »neuen Komödie« (Menander, Philemon) »mit ihrem fortwährenden Triumphe der Schlauheit und Verschlagenheit«, mit der Verklärung einer »greisenhaften und sclavenmässigen Daseinslust« (GT, KSA 1, 76–78). Diese Darlegungen N.s sollten Jahrzehnte später den Beifall von Nestle finden (1942, 496 u. 502).

Der Vortrag *Socrates und die Tragoedie* (1870), der die Abschnitte 11–14 der *Geburt der Tragödie* vorwegnimmt, enthält N.s erste Kritik an Euripides, die zu einem guten Teil durch A.W. Schlegels Betrachtungen angeregt ist (Henrichs 1986, 371 u. 382ff.). Während Euripides in GT den Bruch in der Entwicklung der griechischen Tragödie repräsentiert, steht er in den Vorlesungen von 1870 in einer Entwicklungslinie mit Aeschylus, wogegen Sophokles eine Sonderstellung einnimmt.

Wenn N. das Werk des Euripides als »Frucht des Sokratismus« bezeichnet, so darf doch nicht außer acht gelassen werden, daß es die Lektüre der *Bakchen* (677–711) war, durch die N. 1870 zu seinen Gedanken über die griechische Dionysos-Feier und den »musikalischen Verklärungsrausch« angeregt worden war (Henrichs 1986, 378f.): Ohne diese Euripideische Tragödie (vgl. KSA 1, 558 u. 587) ist das Dionysische in GT nicht verständlich (v. Reibnitz 1992, 319).

Literatur: v. Wilamowitz-Möllendorff, U.: Zukunftsphilologie!, Berlin 1872; Nestle, W.: Vom Mythos zum Logos, Stuttgart 1940 (²1942); Montinari, M.: L'onorevole arte di leggere N., in: Belfagor 41 (1986), 335–340; Henrichs, A.: The Last of the Detractors: F.N.s Condemnation of Euripides, in: Greek, Roman and Byzantine Studies 27 (1986), 369–397; v. Reibnitz 1992, 32ff., 238–52.

### Komödie: Aristophanes

Über Aristophanes behauptet N. in dem Vortrag *Socrates und die Tragoedie* (1870), daß er »wie kein andrer Genius dem Aeschylus wahlverwandt ist« (KSA 1, 549). Auch in *Menschliches, Allzumenschliches* I, Nr. 125 (KSA 2, 121) werden Aristophanes und Aeschylus nebeneinander gestellt. In der *Geburt der Tragödie* wird Aristophanes als Gegner des »neuen undionysischen Geistes« angesprochen: Sein »sicher zugreifender Instinct« beargwöhne zu Recht in Sokrates, in Euripides und in der »Musik der neueren Dithyrambiker« unverkennbare »Merkmale einer degenerirten Cultur« (GT 17, KSA 1, 112). N. habe Sokrates gehaßt, so Bertram (1918, 310), »mit dem ganzen Hasse des Aristophanes – und beinahe mit dem Mittel dieses Hasses«. Auch später hebt N. Aristophanes' »Unmoralität« hervor (N, 9 [157], KSA 12, 428), die ein Mittel sei gegen »den deutschen Geschmack«, gegen das »Gravitätische, Schwerflüssige, Feierlich-Plumpe« des deutschen Wesens (JGB, Nr. 28, KSA 5, 46).

Literatur: Bertram 1918; Friedrich, R.: Euripidaristophanizein and Nietzschesokratizein: Aristophanes, N., and the Death of Tragedy, in: Dionysus 4 (1980), 5–36.

### Geschichtsschreibung: Thukydides

Während er sich von Wagner und Schopenhauer entfernt, befaßt sich N. 1875 intensiv mit Thukydides, aus dessen Werk er bedeutende Anregungen empfängt: Der Mensch, so exzerpiert N. (aus dem 3. Buch, 82–84) »ist neidisch, ein Feind des Hervorragenden, sein Neid will schaden«, er zeige sich immer »blind in [seiner] Leidenschaft« und wolle »lieber Rache als Recht« (N, KSA 8, 256f.). Der griechische Historiker wird als eine Art Anti-Rousseau (vgl. MA I, Nr. 463) gedeutet: Der ›Naturzustand‹ sei »Anarchie, [...], unbekümmerte, rücksichtslose Ungleichheit [...], wie diess auf Korkyra geschah, nach dem Berichte des Thukydides« (WS, Nr. 31, KSA 2, 563). Aus der Erzählung des Geschichtsschreibers könne eine »Theorie vom Staate« gewonnen werden, die zeige, »was geschehen muß, sobald der Staat aufhört – gegenseitige Zerfleischung und Auslassung aller Affekte« (N, KSA 8, 257). In anderen Aufzeichnungen dieser Zeit wertet N. Thukydides als »Ideal des Freigeist-Sophisten«, als »vollkommenen Ausfluss der sophistischen Bildung« (N, KSA 8, 347 u. 558).

Das wachsende Interesse, das N. in der zweiten Hälfte der 70er Jahre an Thukydides zeigt (vgl. KSB 5, 216 u. 361), schlägt sich auch in anderen Aphorismen von *Menschliches, Allzumenschliches* nieder. Unter Rückgriff auf Thukydides (V, 85–111, insb. 89) wird in *Menschliches, Allzumenschliches* I, Nr. 92 (einem Aphorismus, in dem auch N.s Auseinandersetzung mit Dühring nachklingt) dargelegt, daß »die ↗Gerechtigkeit [...] ihren Ursprung unter ungefähr gleich Mächtigen« habe. Dieser Gedanke (»der Charakter des Tausches ist der anfängliche Charakter der Gerechtigkeit«) sollte später in *Zur Genealogie der Moral*, 2. Abt. einfließen.

In *Morgenröthe* preist N. an Thukydides die »Cultur der unbefangensten Weltkenntniss«, die »umfänglichste [...] Freude an allem Typischen des Menschen und der Ereignisse« (M, Nr. 168, KSA 3, 150 f.). Thukydides' Wirklichkeitssinn manifestiere sich in seiner Verherrlichung des Perikles (II, 35–46), die allerdings »ein grosses optimistisches Trugbild« sei, abgefaßt, »unmittelbar bevor die Nacht über Athen kommt« (MA I, Nr. 474, KSA 2, 308).

In einer Notiz aus dem Sommer 1883 heißt es: »Beschreibung des erwachenden ›Thatsachen-Sinnes‹ als Consequenz selbst des Agons. Lob des Thukydides« (KSA 10, 339). An dieser Stelle folgt N. einer Stelle, in der der Altphilologe L. Schmidt (1882, 1. Bd., 195) den Schlußteil der Leichenrede für die Gefallenen anführt (II, 46), die Thukydides den Perikles halten läßt (»denn bei denen, bei welchen die grössten Preise für die Tugend ausgesetzt sind, sind auch die besten Männer im Staate thätig«). Dieses Thema des »agonalen Instinkts« (eines Motivs, dem N. auch bei Burckhardt begegnet) wird *Zur Genealogie der Moral*, 2. Abh., KSA 5, 305) wiederaufgenommen, wo es über die Griechen heißt: »die Tugend ohne Zeugen war für dieses Schauspieler-Volk etwas ganz Undenkbares«. Perikles' Leichenrede wird auch in (GM, 2. Abh. 11, KSA 5, 275) zitiert, wo N. »die blonde Bestie« gegen das »Giftauge des Ressentiment« ins Feld führt.

In *Götzen-Dämmerung* (Was ich den Alten verdanke, 2, KSA 6, 156) bezeichnet N. Thukydides als »meine Erholung, meine Vorliebe, meine Kur von allem Platonismus«. Thukydides widerstehe der »décadence« und sei »die letzte Offenbarung jener starken, strengen, harten Thatsächlichkeit, die dem älteren Hellenen im Instinkte lag«. Der Altertumswissenschaftler W. Nestle bezieht sich 1940 ausdrücklich auf *Menschliches, Allzumenschliches* I, Nr. 92 und *Morgenröthe*, Nr. 168 (1940, 515 f., 522, 528).

Literatur: Schmidt, L.: Die Ethik der alten Griechen, Berlin 1882; Nestle, W.: Vom Mythos zum Logos, Stuttgart 1940; Gerhardt 1996, 144 ff.; Ottmann ²1999, 220–226.

## Philosophie

*Vorsokratiker – Heraklit – Sokrates – Plato – Aristoteles – Diogenes – Epikur – Plutarch – Diogenes Laertius*

### Vorsokratiker

I. Im Winter 1872/73 schreibt N. in einer Aufzeichnung: »Die Philosophen des tragischen Zeitalters. Dem Andenken Schopenhauers« (N, 23[25], KSA 7, 548). In der Tat ist N.s Interesse für die Vorsokratiker, wie schon Oehler (1904, 63) bemerkt hat, eng verbunden mit seiner Hinneigung zur Philosophie Schopenhauers. Er folgt diesem sowohl in der Beurteilung (bei den Vorsokratikern »läßt sich viel Wahres nachweisen«; *Fragmente zur Geschichte der Philosophie* § 2) als auch in der Methode, Berührungspunkte zwischen der ältesten griechischen Philosophie und der modernen Naturwissenschaft herauszustellen. Schopenhauer hatte u. a. darauf hingewiesen, daß die kosmologische Theorie von Kant-Laplace schon bei Anaximenes, Empedokles und Demokrit angelegt sei (*Fragmente zur Geschichte der Philosophie* § 2). N. verfolgt diesen Ansatz weiter, indem er die ›modernen‹ Aspekte der ältesten griechischen Philosophie darstellt. In *Philosophie im tragischen Zeitalter der Griechen* (1873), der schriftlichen Ausarbeitung seines Kurses über »vorplatonische Philosophen« (angekündigt für das Wintersemester 1869/70, doch tatsächlich erst in den Sommersemestern 1872, 1873 und 1876 gehalten), nähert sich N. dem griechischen Denken auf dem Wege über »die sonderbarsten Studien« (»Mathematik [...], dann Mechanik, chemische Atomenlehre usw.«: Gersdorff, 5. 4. 1873; vgl. Schlechta/Anders 1962, 88 ff.). Das Grandiose und Unwiederholbare der ältesten griechischen Spekulation (»Die Originalanschauungen dieser Philosophen sind die höchsten und reinsten, die je erreicht wurden: Die Männer selbst sind förmliche Incarnationen der Philosophie [...]. Sie erfassen die ewigen Probleme und auch die ewigen Lösungen«; N, 14[28], KSA 7, 387) fasziniert N. in diesen Jahren ebenso wie die tiefe Bedeutung dieses Denkens für Philosophie und Naturwissenschaft des 19. Jh.s. Parmenides nehme (PhtZ 15, KSA 1, 856 ff.; vgl. D'Iorio 1994, 393) die Philosophie Kants vorweg (N. beschäftigte sich damals mit Spirs Neokantianismus). Bei Anaximander, Heraklit und Empedokles seien Motive zu finden, die Schopenhauer antizipieren. (Dieser hatte bezüglich des Empedokles gesagt: »Er hat das Elend unseres Daseins vollkommen erkannt«; *Fragmente zur Geschichte der Philosophie* § 2). Empedokles, die »buntgefärbteste Gestalt der älteren Philosophie« (*Die vorplatonischen Philosophen*, KGW II/4, 328), bahne den »materialistischen Systemen« und dem Darwinismus den Weg (D'Iorio 1994, 397). Die Physik von Thales, Anaxagoras und Demokrit erinnere an »die Kant-Laplace-Hypothese (›Mechanik des Himmels‹, ›Weltsystem‹) über einen gasförmigen Zustand der Welt« (*Die vorplatonischen Philosophen*, KGW II/4, 237; vgl. D'Iorio 1994, 400).

II. Mit Anaximander, einem »wahren Pessimisten«, beginne gewissermaßen der abendländische Nihilismus: »Alles Werden ist eine Emancipation von dem ewigen Sein: daher ein Unrecht, daher mit der Strafe des Unterganges belegt« (*Die vorplatonischen Philosophen*, KGW II/4, 241). In Anaxagoras' Philosophie drückt sich nach N. eine »teleologische Ansicht« aus, die alles andere als »urhellenisch« sei: »Jener νοῦς ist vielmehr [...] das Wollen nach Zwecken [...]: eine Kraft, die erkennt, Zweck setzt, aber auch will, bewegt usw.« (*Die vorplatonischen Philosophen*, KGW II/4, 280; siehe dagegen die ganz andere Auffassung in PhtZ 17, KSA 1, 866f.). Auch hierin folgt N. Schopenhauer (Barbera 1992, 61), der Anaxagoras als seinen »direkten Antipoden« ansieht, da dieser »zum Ersten und Ursprünglichen, wovon Alles ausgeht, einen νοῦς, eine Intelligenz, ein Vorstellendes, beliebig annahm« (*Die Welt als Wille und Vorstellung*, Ergänzungen zum 2. Buch, Kap. 21).

Eine besondere Stellung nimmt Demokrit ein, mit dem sich N., unter dem Einfluß Schopenhauers und Langes, 1866–68 intensiv beschäftigt und an dem er die »Hingabe an die Wissenschaft« und das »unbedingte Vertrauen zu der Schlußkraft der ratio« (BAW 3, 348f.) bewundert. Demokrit habe »die gesamte anthropomorphische Weltbetrachtung des Mythus« überwunden: »es wird die allerstrengste Nothwendigkeit in allen Dingen vorausgesetzt: es gibt keine plötzlichen [...] Unterbrechungen des Naturlaufs« (*Die vorplatonischen Philosophen*, KGW II/4, 334). Auch in diesem Falle werden die Betrachtungen über die griechische Philosophie von einem starken Interesse an den Naturwissenschaften getragen.

III. Zugleich aber sind für N. die frühen griechischen Denker Prototypen des »tragischen« Menschen. Über die engen Grenzen des theoretischen Verstandes hinaus haben sie »durch Rücksicht auf das Leben, durch ein ideales Lebensbedürfniß ihren an sich unersättlichen Wissenstrieb gebändigt [...] – weil sie das, was sie lernten, sogleich leben wollten«. Dem vorsokratischen Weisen gehe es nicht um die logische Durchdringung der Welt, sondern um die Einheit von Leben und Denken: Sie »sind ganz und aus einem Stein gehauen. Zwischen ihrem Denken und ihrem Charakter herrscht strenge Nothwendigkeit« (PhtZ 1, KSA 1, 807). Ihre Philosophie sei durch Intuition und Imagination charakterisiert. So läßt N. in *Philosophie im tragischen Zeitalter der Griechen* die griechische Spekulation mit der »mystischen Intuition« des Thales beginnen, »alles sei eins«. »Gewaltherrisch« verfahre Thales mit der Empirie, überspringe die »Hecken der Erfahrung«, während der »rechnende Verstand« schwerfällig hinter ihm herkeuche. Thales, so N., schaue die Einheit des Seienden; Dialektik und wissenschaftliches Reflektieren seien ihm nur das »kümmerliche Mittel«, jene »tiefe philosophische Intuition« mitzuteilen (PhtZ 3, KSA 1, 813–817).

Literatur: Oehler, R.: F.N. und die Vorsokratiker, Leipzig 1904; Schlechta/Anders 1962; Borsche, T.: N.s Erfindung der Vorsokratiker, in: Simon, J. (Hrsg.): N. und die philosophische Tradition I, 1985, 62–87; Vivarelli, V.: Empedokles und Zarathustra, in: NSt 18 (1989), 509–536; Söring, J.: N.s Empedokles-Plan, in: NSt 19 (1990), 176–211; Barbera, S.: Apollineo e dionisiaco. Alcune fonti non antiche di N., in: Campioni G./Venturelli, A. (Hgg.): La ›biblioteca ideale‹ di N., Neapel 1992, 45–70; Rehn, R.: N.s Modell der Vorsokratiker, in: Conway, D. W./Rehn, R. (Hgg.): N. und die antike Philosophie, Trier 1992, 37–45; D'Iorio, P.: L'image des philosophes préplatoniciens chez le jeune N., in: Borsche, T./Gerratana, F./Venturelli, A. (Hgg.): ›Centauren-Geburten‹. Wissenschaft, Kunst und Philosophie beim jungen N., Berlin/New York 1994, 383–417.

## Heraklit

Heraklit und Demokrit sind die vorsokratischen Philosophen, die auf N. am stärksten eingewirkt haben. Der »tragische Mythus«, so N. in der *Geburt der Tragödie*, bezeuge »die volle Lust am Schein und am Schauen«, besonders aber »eine noch höhere Befriedigung an der Vernichtung der sichtbaren Scheinwelt«. Die Erfahrung des Dionysischen (»das spielende Aufbauen und Zertrümmern der Individualwelt als [...] Ausfluss einer Urlust«) finde Ausdruck in dem Gleichnis des Heraklit, der »die weltbildende Kraft einem Kinde [vergleicht], das spielend Steine hin und her setzt und Sandhaufen aufbaut und wieder einwirft« (GT 24, KSA 1, 151 u. 153; vgl. GM, 2. Abh., Nr. 16, KSA 5, 323).

Heraklit, der das Sein leugnete und »nirgends ein Verharren, eine Unzerstörbarkeit« wahrzunehmen vermochte, wird von N. in die *Philosophie im tragischen Zeitalter der Griechen* mit Schopenhauer zusammengebracht (»Ursache und Wirkung ist [...] das ganze Wesen der Materie: ihr Sein ist ihr Wirken«; *Welt als Wille und Vorstellung*, 1. Buch, § 4). Heraklits Hauptthese (»Aus dem Krieg des Entgegengesetzten entsteht alles Werden«) sei die Verallgemeinerung des (besonders von Burckhardt herausgestellten) Hauptzuges des griechischen Wesens, und zwar der hervorragenden Bedeutung des Agons: »es ist die gute Eris Hesiods, zum Weltprincip verklärt, es ist der Wettkampfgedanke [...], in's Allgemeinste übertragen« (PhtZ 5, KSA 1, 822–825).

N. schätzt an Heraklit »die höchste Kraft der intuitiven Vorstellung« und verteidigt ihn gegen Aristoteles, der ihn »vor dem Tribunale der Vernunft« anklage, »gegen den Satz vom Widerspruch gesündigt zu haben« (PhtZ 5, KSA 1, 823).

In N.s damaliger Auseinandersetzung mit Heraklit ist der Einfluß von J. Bernays' *Heraklitische Studien* (1850), F. Lassalles *Die Philosophie Herakleitos des Dunklen von Ephesos* (1858), und besonders von Schopenhauers Werk (Borsche 1985, 71–76; Barbera 1992, 59ff.) deutlich erkennbar. Wenn N. behauptet, daß Heraklit eine Ethik »mit Imperativen« nicht kenne (»Der Mensch ist bis in seine letzte Faser hinein Nothwendigkeit«; *Die vorplatonischen Philosophen*, KGW II/4, 280; PhtZ 7, KSA 1, 831), so folgt er damit Schopenhauers Polemik gegen Kants ethischen Formalismus, und auch die Betonung von Heraklits »Gefühl der Einsamkeit« (*Die vorplatonischen Philosophen*, KGW II/4, 261; PhtZ 8, KSA 1, 833f.), verweist indirekt auf Schopenhauer: »Charakteristik Schopenhauers: das Einsame, in der höchsten Gesellschaft« (N, 19[8], KSA 7, 422; vgl. Barbera 1992, 62).

Die in *Philosophie im tragischen Zeitalter der Griechen* über Heraklit entwickelten Gedanken werden in *Götzen-Dämmerung* wieder aufgenommen. Heraklit, heißt es dort (KSA 6, 75), werde »ewig Recht behalten«: das Sein sei »eine leere Fiktion [...]. Die ›scheinbare‹ Welt ist die einzige: die ›wahre Welt‹ ist nur hinzugelogen«. Neu ist an dieser Stelle die Sprache: Heraklits Denken wird in die philosophische Terminologie Teichmüllers (*Die wirkliche und die scheinbare Welt*, 1882) übersetzt.

In PhtZ 6 (KSA 1, 829) stellt N. fest, daß Heraklit eine zyklische Auffassung der Zeit vertreten und »an einen periodisch sich wiederholenden Weltuntergang« geglaubt habe. Jahre später greift er das Thema wieder auf und schreibt: »Die Lehre von der ›ewigen Wiederkunft‹ [...] könnte zuletzt auch schon von Heraklit gelehrt worden sein« (EH, GT 3, KSA 6, 313). Löwith vertrat die (von Kaufmann 1950, 373, zurückgewiesene) Ansicht, die Lehre des Zarathustra gehe unzweifelhaft auf die zehn Jahre zuvor unternommenen philologischen Studien zu Heraklit zurück. Dagegen ist in der jüngeren Literatur verschiedentlich die Auffassung vertreten worden (Magnus 1976, 3ff.; Hershbell u. Nimis 1979, 36), daß es irrig wäre, den griechischen Philosophen als direkten Anreger der Lehre der ewigen Wiederkunft zu betrachten.

Schon in den Vorlesungen über die »vorplatonischen Philosophen« bemerkt N., daß Heraklits Philosophie (»die Negation jedes Dauerns und Verharrens«) die Ergebnisse der jüngsten Naturwissenschaft vorwegnehme (zum Beleg dieser Behauptung zitiert N. von Baer und Helmholtz; *Die vorplatonischen Philosophen*, KGW II/4, 267–270). 1885 notiert er, daß durch Lamarck, Hegel und Darwin im 19. Jh. die »Denkweise Heraklit's und Empedokles' [...] wieder erstanden« sei (N, 34 [73], KSA 11, 442).

Literatur: Bernays, J.: Heraklitische Studien (1850), in: Gesammelte Abhandlungen, Bd. 1, Berlin 1885; Lassalle, F.: Die Philosophie Herakleitos des Dunklen von Ephesos, Berlin 1858; Nestle, W.: F.N. und die griechische Philosophie, in: Neue Jahrbücher für das klassische Altertum 30 (1912), 554–584; Löwith 1935 (1978), 120ff.; Magnus, B.: The Connection between N.'s Doctrine of Eternal Recurrence, Heraclitus and the Stoics, in: Helios 3 (1976), 3–21; Hershbell, J. P./Nimis, S. A.: N. and Heraclitus, in: NSt 8 (1979), 17–38; Borsche, T.: N.s Erfindung der Vorsokratiker, in: Simon, J. (Hrsg.): N. und die philosophische Tradition I, Würzburg 1985,

62–87; Moroney, P.: N.'s Dionysian Aristocratic Culture, Maynooth 1986, 22–47; Tejera, V.: N. and Greek Thought, Dordrecht 1987; Barbera, S.: Apollineo e dionisiaco. Alcune fonti non antiche di N., in: Campioni G./Venturelli, A. (Hgg.): La ›biblioteca ideale‹ di N., Neapel 1992, 45–70.

*Sokrates*

In der *Geburt der Tragödie* wird Sokrates als »der erste große Hellene [...], welcher häßlich war«, als »despotischer Logiker«, als »Mystagog der Wissenschaft« bezeichnet. Mit ihm, dem reinen »Typus des theoretischen Menschen«, dem Produkt einer »degenerirten Cultur«, komme der »unerschütterliche« Glaube zur Herrschaft, »dass das Denken, an dem Leitfaden der Causalität, bis in die tiefsten Abgründe des Seins reiche« (GT 15, KSA 1, 99).

Sokrates, in dessen Augen »nie der holde Wahnsinn künstlerischer Begeisterung geglüht hat«, gilt N. als »Gegner der tragischen Kunst«, die ihm als »Etwas recht Unvernünftiges« erscheine, »mit Ursachen, die ohne Wirkungen, und mit Wirkungen, die ohne Ursachen zu sein schienen« (GT 14, KSA 1, 92).

Unter einem anderen Gesichtspunkt betrachtet N. das Problem Sokrates, wenn das Verhältnis von Kunst und Wissenschaft nicht mehr antagonistisch, sondern dialektisch begriffen wird. Sokrates erscheint hier nicht mehr ausschließlich negativ: Die Möglichkeit eines Umschlags von Wissenschaft in Kunst wird durch die Frage angedeutet, »ob die Geburt eines ›künstlerischen Sokrates‹ überhaupt etwas in sich Widerspruchvolles sei« (GT 14, KSA 1, 96; vgl. das Bild des »musiktreibenden Sokrates« am Ende von GT 15, KSA 1, 102).

Um 1875 entfernt sich N. von Wagner und Schopenhauer, zugleich wird er gegen die klassische Philologie strenger, in der ihm immer mehr »der grässliche Hang zur Apologie der Griechen« zuwider ist (Erwin Rohde, 5. 2. 1875). Damals kehrt N. zur Beschäftigung mit Sokrates zurück und sucht abseits von der platonischen Darstellung (»Platon's Sokrates ist im eigentlichen Sinne eine Carricatura, eine Überladung«: N, 5[193], KSA 8, 95) nach anderen Zeugnissen: »Ich lese die Memorabilien des Xenophon mit tiefstem persönlichen Interesse: – Die Philologen finden sie tödtlich langweilig, Du siehst, wie wenig ich Philologe bin« (von Gersdorff, 26.5. 1876).

Sein neues Sokrates-Verständnis, das einen Grundpfeiler seiner vorherigen ›Kunstmetaphysik‹ umstürzt, schlägt sich auch in der Wahl seiner damaligen Lektüren nieder. Im April 1876 leiht er zwei Bücher von A. Krohn aus (*Sokrates und Xenophon*, Halle 1875, und die *Studien zur sokratisch-platonischen Literatur*, Bd. 1, Halle 1876; vgl. Crescenzi 1994, 438 f.). Beide Arbeiten wollen zeigen, »wie völlig wir über die Sokratik in die Irre gehen«, wenn wir nach der traditionellen, noch von E. Zeller vertretenen Interpretation Sokrates als »Theoretiker des reinen Wissens« betrachten. Nach Krohn, der sich auf das von Xenophon in den *Memorabilia* niedergelegte Bild des Philosophen stützt, ist Sokrates kein ›Rationalist‹, sondern vielmehr ein »Reformer des praktischen Lebens«, der durchaus erkenne, »daß das Logische keine durchgreifende Macht auf den Menschen ausübt«. Leitfaden von Krohns Untersuchung ist ein Ausspruch Goethes: »Man denke sich das Grosse [...] der sokratischen Schule, dass sie Quelle und Richtschnur alles Lebens vor Augen stellt, nicht zu leerer Speculation, sondern zu Leben und That auffordert« (*Sprüche in Prosa* 2.37.6).

Krohns Ansicht, daß »unsere Vorstellungen über Sokrates [...] einer gründlichen Revision zu unterziehen« seien, teilt N., der in *Menschliches, Allzumenschliches* wiederholt seine Wertschätzung des von Xenophon überlieferten Sokrates-Bildes bekundet.

In *Menschliches, Allzumenschliches* tritt der »ewige Kampf zwischen der theoretischen und der tragischen Weltbetrachtung« in den Hintergrund. Sokrates erscheint jetzt als »Freigeist« (MA, Nr. 433 u. 437, KSA 2, 282 u. 284) von »kühner und freimüthiger Gebärde«, der mit einem »Anflug von attischer Ironie und Lust am Spaassen« den Gott »auf die Probe« stelle (WS, Nr. 72, KSA 2, 584). Sokrates, der sich der Bedeutung der alltäglichen Bedürfnisse und der »allernächsten Dinge« bewußt gewesen sei, habe schonungslos »Priester und Lehrer« und ihre pathetischen Phrasen sowie »die sublime Herrschsucht der Idealisten jeder Art« bekämpft (WS, Nr. 6, KSA 2, 542).

Der Sokrates, wie er in Xenophons *Memorabilien* erscheint, immer auf der Suche »nach der Freude am Leben und am eignen Selbst« (WS 86, KSA 2, 592), wird zum Inbegriff des philosophischen Programms von *Menschliches, Allzu-*

*menschliches*, wo N. die in den Vorlesungen über die »vorplatonischen Philosophen« behandelten Motive wiederaufnimmt und vertieft: Sokrates als »Lebensphilosoph« (»Ungeheure Willenskraft auf eine ethische Reform gerichtet«), als strikter Gegner jeglichen Kultes der Genialität und der Inspiration: »So ist die sokrat. Philosophie absolut **praktisch**: sie ist feindselig gegen alles nicht mit ethischen Folgen verknüpfte Erkennen. Sie ist [...] populär: denn sie hält die Tugend für lehrbar. Sie appellirt nicht an den Genius u. die höchsten Erkenntnißkräfte« (*Die vorplatonischen Philosophen*, KGW II/4, 354).

Ab 1881 greift N. wiederum den Rationalismus des Sokrates an (M, Nr. 116 u. 544, KSA 3, 108 u. 315), doch äußert er sich auch anerkennend über dessen Aufbegehren gegen Brauch und Gepflogenheiten (FW, Nr. 328, KSA 3, 555). In *Jenseits von Gut und Böse*, Nr. 190 (KSA 5, 111) sieht N. in Sokrates einen Vorläufer der Ethik Spencers, einen Vertreter des »Utilitarismus in der Moral«. In der gleichen Schrift findet sich eine entgegengesetzte Beurteilung, derzufolge Sokrates, der »grosse geheimnißreiche Ironiker«, über seine gedankenlosen und »vornehmen« Athener lache und über deren Bestreben, sich von den Instinkten zu lösen, denn »im Grunde hatte er das Irrationale im moralischen Urtheile durchschaut«. Sein Appell an die Vernunft diene lediglich der Bestärkung in den Instinkten: »man muss den Instinkten folgen, aber die Vernunft überreden, ihnen dabei mit guten Gründen nachzuhelfen« (JGB, Nr. 191, KSA 5, 112). Seine Ironie und sein spöttischer Blick (»jene sokratische boshafte Sicherheit des alten [...] Pöbelmannes«) solle in einer Zeit des Niedergangs den Athener Adel, »lauter Menschen des ermüdeten Instinktes«, wieder aufrichten (JGB, Nr. 212, KSA 5, 146). Diesem Aphorismus mißt Kaufmann (1950, 462) große Bedeutung bei, wo es ihm darum geht, die »vorherrschende Ansicht, daß N. Sokrates abgelehnt habe«, zu widerlegen.

Auch späterhin bleibt Sokrates für N. der »grosse Ironiker«, »der boshafte Sokrates« (GM, 3. Abh., Nr. 7, KSA 5, 351), ein »Verfalls-Symptom« (GD, KSA 6, 68): Zugleich aber sieht er in ihm den bewußten und hartnäckigen Widerstand gegen die décadence der antiken Gesellschaft verkörpert. Sokrates' Versuch, »aus der Vernunft einen Tyrannen zu machen«, sei eine Reaktion auf einen Zustand der Auflösung und der »Anarchie«, der ein Bedürfnis nach Klarheit und Ordnung (»Das grellste Tageslicht, die Vernünftigkeit um jeden Preis«) hervorrufe (GD, KSA 6, 67–73).

Literatur: Kaufmann 1950, 126, 129, 455–478; Sandvoss, E.: Sokrates und N., Leiden 1966; Schmidt, H. J.: N. und Sokrates, Meisenheim a. d. Glan 1969; Behler, E.: Sokrates und die griechische Tragödie, NSt 18 (1989), 141–157; Crescenzi, L.: Verzeichnis der von N. aus der Universitatsbibliothek in Basel entliehenen Bücher (1869–1879), in: NSt 23 (1994), 388–442.

*Plato*

I. Als N. seine Abschlußprüfung in Schulpforta machte, bezeichnete er das *Symposium* als seine Lieblingsdichtung (BAW 3, 68). Während seiner Lehrtätigkeit in Basel von 1869 ab befaßt sich N. intensiv mit den platonischen Dialogen. (Als er sich, vermutlich im Januar 1871, brieflich bei W. Vischer-Bilfinger um den freigewordenen Lehrstuhl der Philosophie bewirbt, verweist er darauf, daß er beim Studium der Philologie stets philosophische Interessen verfolgt habe, und nennt in diesem Zusammenhang ausdrücklich Plato.) Das in der *Geburt der Tragödie* entworfene Bild des Sokrates beruht weitgehend auf dem *Symposium* und der *Apologie* (vgl. GT 13, KSA 1, 88ff.).

Plato bleibt für N. immer eine »Sphinx-Natur« (JGB, Nr. 28, KSA 5, 47), »ein Mensch mit vielen Hinterhöhlen und Vordergründen« (N, 34[46], KSA 11, 440). Anfang der 70er Jahre stellt N. den ›göttlichen Plato‹, der so mißtrauisch gegen »das wahre schöpferische Vermögen des Dichters« gewesen sei, in die Tradition des ↗Sokratismus (*Socrates und die Tragoedie*, KSA 1, 542). In den Vorlesungen des WS 1871/72 bekundet N. seine Überzeugung, daß »die Ideenlehre [...] keinen ästhetischen Ursprung« habe. »Die ächte Lust am Wirklichen, das Vollwerden des Herzens beim Anschauen der Welt« sei Plato fremd gewesen (*Einführung in das Studium der platonischen Dialoge*, KGW II/4, 159f.); deshalb »floh [er] vor der Wirklichkeit und wollte die Dinge nur in den blassen Gedankenbildern anschauen« (M, Nr. 448, KSA 3, 271).

Platos »utopistische Grundmelodie«, die nicht zufällig von den Sozialisten aufgenommen worden sei, beruhe auf »einer mangelhaften Kenntniss des Menschen« und einem Glauben »an gut und böse wie an weiss und schwarz« (WS, Nr. 285, KSA 2, 680). Plato, hierin ein Schüler des Sokrates, meine zudem, »dass die Brücke von der

Erkenntniss zur That« notwendig begangen werden müsse (M, Nr. 22 u. 116, KSA 3, 34 u. 109). In den hier zitierten Aphorismen wirkt die Lektüre von Baumanns *Handbuch der Moral* (1879) nach, in dem N. den Gedanken fand, daß im moralischen Handeln nicht so sehr bewußte Absichten ausschlaggebend seien als vielmehr Gewohnheit und Übung (vgl. Brusotti 1997, 33 ff.).

II. Dennoch ist Platos Lehre für N. auch Ausdruck eines starken Realismus. Die »Gesammtconception eines platonischen Staates«, so N. 1872, sei »die wunderbar große Hieroglyphe einer tiefsinnigen [...] Geheimlehre vom Zusammenhang zwischen Staat und Genius« (FV 3, KSA 1, 777). Auch in der Folgezeit betont N. Platos gewaltiges Streben, »der höchste philosophische Gesetzgeber und Staatengründer zu werden« (MA, Nr. 261, KSA 2, 215). Mit Platos »Sphinx-Natur« befaßt sich N. auch im Oktober 1883, als er dem Freund Overbeck (22. 10. 1883) schreibt: »beim Lesen Teichmüllers bin ich immer mehr starr vor Verwunderung, wie wenig ich Plato kenne und **wie sehr** Zarathustra πλατονίζει«. An dieser Stelle bezieht sich N. auf die Interpretation von Teichmüller, die den Abstand zwischen Plato und dem Christentum herausstellt. Plato sei »ein eifriger Darwinist«, für den die Individuen »noch gar keine Bedeutung« haben, der sich lediglich über die Erzeugung der »besten Race von Bürgern« Gedanken mache und »von Staatswegen Landgestüte nicht für die Pferde, sondern für die Menschen einrichten« wolle (Teichmüller 1879, 383 f.; vgl. Orsucci 1997, 51–53).

III. Gegen den Platonismus (»je mehr ›Idee‹, desto mehr Sein«; N, 7[2], KSA 12, 253) verschärft sich 1886 N.s Polemik. Platos »metaphysischer Glaube [...], dass Gott die Wahrheit ist, dass die Wahrheit göttlich ist«, antizipiere das Christentum (FW, Nr. 344, KSA 3, 577; vgl. GM, 3. Abt., Nr. 24, KSA 5, 401). In *Jenseits von Gut und Böse* wird »der Kampf gegen Plato« weitergeführt: Seine Philosophie, ein »Alpdruck« für die europäische Kultur, führe über »die Erfindung vom reinen Geiste und vom Guten an sich« zur Verleugnung »[des] Perspektivische[n], [der] Grundbedingung alles Lebens« (JGB, Vorrede, KSA 5, 12). Gegen die platonische Philosophie macht sich N. also in *Jenseits von Gut und Böse* die Grundidee der Erkenntnistheorie G. Teichmüllers (1882) zu eigen, daß Bewußtsein immer ›perspektivisch‹ sei: »In dem Selbstbewußtsein haben wir [...] die einzige und letzte Quelle unseres Begriffs vom Sein« (Teichmüller 1882, 73; vgl. Nohl 1913).

Plato sei, so N. 1888, von einem mächtigen »Décadence-Instinkt« getrieben und bediene sich auf das geschickteste der »heiligen Lüge« (AC, Nr. 55, KSA 6, 239); er stehe »allen Grundinstinkten der Hellenen« entgegen (GD, KSA 6, 155) und trage die Zeichen eines »Antihellenen und Semiten von Instinkt« (N, 11[294], KSA 13, 114): Plato »löste die Instinkte ab von der Polis, vom Wettkampfe, von der militärischen Tüchtigkeit« (N, 14[94], KSA 13, 272). Sein Werk bleibt für N. ein Wendepunkt in der Weltgeschichte: »Die Fälschung alles Thatsächlichen durch Moral [...]. Und an alledem ist Plato schuld! Er bleibt das größte Malheur Europas!« (KSB 8, 9). Nach Ottmann (1985, 27; ²1999) ist N.s späte Lehre »noch in ihrer Abwendung von Platon, entscheidend durch diesen bestimmt«: Auch N. wolle eine

Paideia; »die Wiederkunftslehre ist Gegenstück zur Ideenlehre« (Ottmann 1985, 27; Ottmann ²1999).

Literatur: Teichmüller, G.: Die praktische Vernunft bei Aristoteles, Gotha 1879; Ders.: Die wirkliche und die scheinbare Welt, Breslau 1882; Baumann, J. J.: Handbuch der Moral, Leipzig, 1879; Nohl, H.: Eine historische Quelle zu N.s Perspektivismus: G. Teichmüller, Die wirkliche und die scheinbare Welt, in: Zeitschrift für Philosophie und philosophische Kritik 149 (1913), 106–115; Bremer, D.: Platonisches, Antiplatonisches, in: NSt 8 (1979), 39–103; Hager, F.P.: Das Platon-Verständnis N.s, in: Berlinger, R./Schrader, W. (Hrsg.): N. Kontroverse 4, Würzburg 1984, 34–70; Ottmann, H.: N.s Stellung zur antiken und modernen Aufklärung, in: M. Djurić/J. Simon (Hgg.), N. und die philosophische Tradition, Würzburg 1985, 9–33; Brusotti 1997; Orsucci, A.: Teichmüller, N. e la critica delle ›mitologie scientifiche‹, in: Giornale critico della filosofia italiana (1997), 47–63; Ghedini, F.: Il Platone di N., Napoli 1999; Ottmann ²1999, 147–150, 260–266, 276–281.

*Aristoteles*

Eine Konstante in N.s Reflexionen ist die Polemik gegen Aristoteles' *Poetik*, gegen »das große Mißverständniß«, in »zwei deprimirenden Affekten, im Schrecken und im Mitleiden, die tragischen Affekte zu erkennen« (N, 15[10], KSA 13, 409). »Für die Erklärung des tragischen Mythus« sei es nicht zulässig, »in das Gebiet des Mitleids, der Furcht, des Sittlich-Erhabenen überzugreifen« (GT 24, KSA 1, 152). Die antike Tragödie wolle den Zuschauer in einen Zustand des dionysischen Rausches und der »Selbstvergessenheit« versetzen und ihn »die ewige Lust des Werdens [...] – jene Lust, die auch noch die Lust am Vernichten in sich schliesst«, erleben lassen (GD, KSA 6, 160; vgl. MA I, Nr. 212, KSA 2, 173). Das außerordentlich hohe Ansehen, in dem die Aristotelische Ästhetik über die Jahrhunderte gestanden habe, erkläre sich aus der Leugnung dieser urspünglichen Bestimmung der tragischen Kunst: »Der Wunsch, irgend etwas Sicheres in der Aesthetik zu haben, verführte zur Anbetung des Aristoteles« (N, 5[13], KSA 8, 43).

Schon die Grundthese der *Geburt der Tragödie*, »daß der Chor als Ursache der Tragödie überhaupt« zu verstehen sei, ist eine Umkehrung der Definition des Aristoteles, der in der Handlung das bestimmende Element der Tragödie gesehen und sich daher wesentlich auf die tragischen Protagonisten und nicht auf den Chor konzentriert hatte. Aristoteles' Analyse der Chorfunktion (Poet.1456a 25–27) ist nach N. Ausdruck einer kulturgeschichtlichen Situation, in welcher der »bisher gültige chorisch-musikalische Gesamteindruck« schon abhanden gekommen sei, nachdem der von Aristoteles hochgeschätzte Sophokles »den erste[n] Schritt zur Vernichtung des Chors« getan habe, der jetzt »fast den Schauspielern coordinirt erscheint [...], womit freilich sein Wesen völlig zerstört ist, mag auch Aristoteles gerade dieser Auffassung des Chors seine Beistimmung geben« (*Das griechische Musikdrama*, KSA 1, 525; GT 14, KSA 1, 95). Die Ablehnung des Aristoteles war, wie bemerkt worden ist, »die Ursünde von GT, der Makel, dessentwegen diese Schrift von Seiten der akademischen Welt die Aufnahme und Diskussion verweigert wurde« (Ugolini 1999, 101).

In einer Aufzeichnung von 1876 beschreibt N. den »Freigeist« durch die Gegenüberstellung der Philosophie des Aristoteles, nach dessen Auffassung (Eth. Nic. 1141a 16-b 3) sich »der Weise [...] nur mit dem Wichtigen Wunderbaren Göttlichen« beschäftige. Dadurch aber werde »das Kleine Schwache Menschliche Unlogische Fehlerhafte [...] übersehn und doch kann man nur durch sorgfältigstes Studium desselben weise werden« (N, 23[5], KSA 8, 404). Um 1880/81, als die »Leidenschaft der Erkenntniss« das Hauptmotiv in N.s Denken wird, betrachtet er Aristoteles unter einem anderen Gesichtspunkt und erkennt (N, 3[1], KSA 9, 49f.; M, Nr. 550, KSA 3, 320) an, daß »Plato und Aristoteles Recht [haben], in den Freuden der Erkenntniß das Erstrebenswertheste zu sehen« (N. schöpft hier, wie Brusotti 1997, 66, nachweist, aus Spencer). In einem 1883 niedergeschriebenen Fragment stützt N. seine Kritik an der utilitarischen Moral auf eine Definition des Aristoteles (Rhet. IV, 13), auf die er bei Schmidt (1882, Bd. 1, 274) gestoßen war: »Greisenhafte Denkungsart: nach Aristoteles Mißtrauen [...], Furchtsamkeit, bei allem nach dem Nutzen und nicht nach der moralischen Würdigkeit zu fragen« (N, 7[168], KSA 10, 296f.).

N. scheint für die Philosophie des Aristoteles kein besonderes Interesse gehabt noch dessen Werke selbst studiert zu haben. Kaufmann hat, ohne sich damit durchsetzen zu können, die Ansicht vertreten, N. sei »der aristotelischen Ethik [...] in hohem Maße verpflichtet« (1950, 447). Ebensowenig hatten Silk und Stern (1981) mit ihrer Behauptung Erfolg, der Abstand von N.s in der *Geburt der Tragödie* vorgebrachter Interpretation zur Ästhetik des Aristoteles sei weniger weit als gemeinhin angenommen.

## Diogenes von Sinope

N. zitiert Diogenes 1874 in *Schopenhauer als Erzieher*, wo er gegen die »gelehrtenhafte Katheder-Weisheit und Katheder-Vorsicht« polemisiert, gegen die Universitätsphilosophie, die für Schopenhauer »bei Zeiten eine lächerliche Sache« geworden sei (SE 8, KSA 1, 426). Der »Laterne des Cynikers« gedenkt N. auch in den Jahren 1878–1880 (MA I, Nr. 457, KSA 2, 296; WS, Nr. 18, KSA 2, 553), als er die alltäglichen »Sublimierungen« und die »Chemie der moralischen Vorstellungen« untersucht. Auch die »beste Diogenes-Laterne«, heißt es in einem Fragment von 1885, nütze nichts in einem Zeitalter, das »vor allem und zuerst Bequemlichkeit« wolle und »jenen großen Schauspieler-Lärm, jenes große Bumbum, welches seinem Jahrmarkts-Geschmacke entspricht« (N, 37 [14], KSA 11, 589).

## Epikur

Äußerungen über Epikur, den »sorglosen Unbekannten« (FW, Nr. 277, KSA 3, 522) fehlen in N.s Schriften der frühen 70er Jahre. Erst Ende des Jahrzehnts setzt sich N. mit diesem von Hegel mißachteten, von Schopenhauer dagegen geschätzten Philosophen auseinander, und zu Recht spricht Reinhardt 1928 (1966, 306) von einem »Epikur-Erlebnis, das für seine mittlere Epoche bestimmend ist«. In *Menschliches, Allzumenschliches* II, Nr. 408 (Die Hadesfahrt, KSA 2, 533f.) sind Epikur und Montaigne neben Goethe und Spinoza, Platon und Rousseau, Pascal und Schopenhauer, eines der vier Paare, die sich dem »neuen Odysseus« in der Unterwelt nicht verweigern. Was diesen »alten Schulmeister von Samos, der in seinem Gärtchen zu Athen versteckt sass« (JGB, Nr. 7, KSA 5, 21), für N. interessant macht, sind sein Widerstand gegen den Platonismus und gegen Glauben und Aberglauben über das jenseitige Leben (M, Nr. 72, KSA 3, 70f.) sowie seine Unbekümmertheit hinsichtlich der »letzten Fragen« (WS, Nr. 7, KSA 2, 543f.). N.s Deutung gipfelt in *Der Antichrist*, Nr. 58 (KSA 6, 246), wo Epikur dafür gepriesen wird, daß er die »unterirdischen Culte, das ganze latente Christenthum« seiner Zeit und somit »die Verderbniss der Seelen durch den Schuld-, durch den Straf- und Unsterblichkeits-Begriff« bekämpft habe.

N.s Bild des Philosophen von Samos hat z.T. einen autobiographischen Hintergrund: auch Epikur, der die Tradition ablehne und verspotte, habe sich seine Wahrheiten im Schmerz erkämpft (FW, Nr. 45, KSA 3, 411; Vorrede 1886 zu GT, KSA 1, 17). Bornmann (1984, 180 u. 183–185) hat gezeigt, daß N. hier in vielem aus Schopenhauer und anderen literarischen Quellen schöpft (in FW, Nr. 45, KSA 3, 411, findet sich eine Reminiszenz an die Anfangsverse des zweiten Buches von Lukrez: »Suave mari magno turbantibus aequora ventis / e terra magnum alterius spectare laborem«).

Um die Mitte der 80er Jahre sieht N. die epikureische Philosophie in einem anderen Lichte. Epikur wird nun als eine schlechthin pathologische Erscheinung, als ein Symptom der Dekadenz angesehen. Seine Ethik sei eine subtile Berechnung, eine »Klugheits-Moral«, bei der alles »auf das richtige Abwägen von Lust gegen Unlust« ankomme (N, 7[209], KSA 10, 307). Der epikureische Genuß sei das »Glück eines Leidenden und auch wohl Kranken« (N, 25[17], KSA 11, 16). In *Jenseits von Gut und Böse*, Nr. 200 (KSA 5, 121) werden die epikureische und die christliche »beruhigende Medizin« geradezu in einem Zug (»das Glück des Ausruhens, der Ungestörtheit, der Sattheit«) genannt. In *Antichrist*, Nr. 30 (KSA 6, 201) wird dann der epikureische Hedonismus (seine »Erlösungs-Lehre«) als Vorstufe des Christentums ausgelegt: »Epicur ein typischer décadent [...]. Die Furcht vor Schmerz, selbst vor dem Unendlich-Kleinen im Schmerz – sie kann gar nicht anders enden als in einer Religion der Liebe...« (vgl. GM, 3. Abh., Nr. 17, KSA 5, 382).

Literatur: Knight, A. H. J.: N. and Epicurean Philosophy, in: Philosophy 8 (1933), 431–445; Reinhardt, K.: Vermächtnis der Antike, Göttingen ²1966; Bornmann, F.: N.s Epikur, in: NSt 13 (1984), 177–188; Moroney, P.: N.'s Dionysian Aristocratic Culture, Maynooth 1986, 91–105; Ottmann, H.: N.s Stellung zur antiken und modernen Aufklärung, in: Simon, J. (Hrsg.): N. und die philosophische Tradition II, Würzburg 1985, 9–34; Ottmann ²1999, 150ff.

## Plutarch

1871 ist Plutarch für N. »jener abgeblaßte Epigone« (N, 10[1], KSA 7, 338), der gleichwohl noch »mit altgriechischem Instinkt« zu urteilen verstehe (FV 3, KSA 1, 766). Der Wagnerianer N. der frühen 70er Jahre faßt die kulturelle Misere seiner Zeit u.a. in die Worte: »Selbst Plutarch wird nicht mehr gelesen!« (N, 19[33], KSA 7, 426). In *Menschliches, Allzumenschliches* wird Plutarch mit Epiktet, Seneca und Pascal unter die »grossen Moralisten« gestellt (MA I, Nr. 282, KSA 2, 230; WS, Nr. 20, KSA 2, 554).

## Diogenes Laertius

Diogenes Laertius ist für N. zunächst Gegenstand seiner philologischen Studien (↗Philologica), dem er 1869–1870 drei längere Artikel widmete, die er späterhin als Buch erscheinen lassen wollte (vgl. Ritschl, 16. 10. 1869 u. 28. 3. 1870). Diese Artikel, über die sich Diels und Wilamowitz ungünstig äußerten (Barnes 1986, 36f.), gipfeln in der These, daß Diogenes Laertius' Schrift eine Epitome aus dem Werke des Diokles von Magnesia sei. N. spart nicht mit Kritik an dem »armen kleinen« (misellus) Laertius (KGW II/1,

131), erklärt sich aber von der Bedeutung seines Werkes überzeugt: Diogenes sei »der tölpelhafte Wächter«, der »Schätze hütet, ohne ihren Werth zu kennen« (BAW 5, 126). Noch 1874 greift N. auf Diogenes Laertius zurück, um die zeitgenössische philosophische Historiographie scharf zu kritisieren: Wenn man »die gelehrten, doch nicht allzuwissenschaftlichen und leider gar zu langweiligen Arbeiten Ritter's, Brandis und Zeller's« lese, so werde einem der Diogenes Laertius teuer, in dem »wenigstens der Geist der alten Philosophen lebt« (SE, KSA 1, 417).

L. Andreas-Salomé (1894, 55) zufolge ist N.s Bild der griechischen Philosophie stark von Diogenes Laertius beeinflußt (wie MA I, Nr. 261 KSA 2, 214–218 zeige). Nach Barnes (1986), der sich Diels' ablehnendem Urteil nicht anschließt, ist Diogenes Laertius der Inspirator N.s, wenn dieser (am Anfang von PhtZ, KSA 1, 801–803) seine Auffassung von Philosophiegeschichte in die Worte faßt: »Ich will nur den Punkt aus jedem [philosophischen] System herausheben, der ein Stück Persönlichkeit ist [...]. Aus drei Anecdoten ist es möglich, das Bild eines Menschen zu geben; ich versuche es, aus jedem Systeme drei Anecdoten herauszuheben, und gebe das Uebrige preis« (vgl. an Andreas-Salomé, 16. 9. 1882). Figl hat die Bedeutung der Diogenes Laertius-Studien hervorgehoben, durch die N., wie noch seine späten Äußerungen zur Hermeneutik belegen, gelernt habe, »Verborgenes, aus dem Text als solchem nicht Ablesbares, aufzudecken«: Auch bei der Beschäftigung mit Diogenes Laertius sei N. »in seiner philologischen ›Praxis‹ [...] von sehr dezidierten theoretischen Vorentscheidungen geleitet« (Figl 1984, 119 u. 122).

Literatur: Andreas-Salomé 1894; Niehues-Pröbsting, H.: Anedokte als philosophiegeschichtliches Medium, in: NSt 12 (1983), 273–78; Cataldi Madonna, L.: Il razionalismo di N., Neapel 1983, 73–79; Figl, J.: Hermeneutische Voraussetzungen der philologischen Kritik, in: NSt 13 (1984), 111–128; Barnes, J.: N. and Diogenes Laertius, in: NSt 15 (1986), 16–40; Gigante, M.: F.N. nella storia della filologia classica, in: Classico e mediazione, Roma 1989, 21–33.

Literatur zum gesamten Abschnitt: Schmidt, L.: Die Ethik der alten Griechen, Berlin 1882; Kaufmann 1950, 446f. u. 468f.; Wingler, H.: Aristotle in the Thought of N. and Thomas Aquinas, in: O'Flaherty, J. C./Sellner, T. F./Helm, R.M. (Hgg.): Studies in N. and the Classical Tradition, Chapel Hill, 1976, 33–54; Silk, M. S./Stern, J.P.: N. on Tragedy, Cambridge 1981; Brusotti 1997; Ugolini, G.: Filologia, in: Ferraris, M. (Hrsg.): Guida a N., Bari 1999, 79–107.

*Andrea Orsucci*

## Antike, römische

*Caesar – Cicero – Horaz – Seneca – Tacitus – Marc Aurel*

### Caesar

Mit der Gestalt Julius Caesars, der, ebenso wie Alkibiades und der Hohenstaufer Friedrich I. einer der »zum Sieg und zur Verführung vorherbestimmten Räthselmenschen« sei (JGB, Nr. 200, KSA 5, 121), beschäftigt sich N. besonders ab 1886. In seinen Augen ist Caesar die Verkörperung des leidenschaftlichen Menschen. Auch im »Kriegführen mit sich, also Selbst-Beherrschung, Selbst-Überlistung« habe er außerordentliche Fähigkeiten gezeigt: »Den höchsten Typus freier Menschen hätte man dort zu suchen, wo beständig der höchste Widerstand überwunden wird [...] – schönster Typus Julius Caesar« (GD, KSA 6, 140). In N.s Bewunderung für Caesar schwingt Persönliches mit, besonders da dessen Lebensführung ihm die Mittel anzuzeigen schien, deren ein »Genie« bedürfe, um »Kränklichkeiten und Kopfschmerz« zu bekämpfen: »ungeheure Märsche, einfachste Lebensweise, ununterbrochner Aufenthalt im Freien« (GD, KSA 6, 130).

Zu N.s Selbstidentifikation mit Caesar siehe auch die Stelle in *Ecce homo*: »aber Julius Caesar könnte mein Vater sein« (KSA 6, 269), den an Strindberg gerichteten Brief vom 31. 12. 1888 mit der Unterschrift »N. Caesar« sowie den Brief an Cosima Wagner vom 3. 1. 1889: »Alexander und Caesar sind meine Inkarnationen«.

Literatur: Kaufmann 1950, 343 u. 369f.; Ottmann [2]1999, 273–275.

### Cicero

Im christlichen Zeitalter habe der ›neue Mensch‹ eine Vorliebe für die Enge, für »Schlupfwinkel, Schleichwege und Hinterthüren« (GM, 1. Abh., Nr. 10, KSA 5, 272). Dagegen habe die »antike Menschheit« nur »eine wesentlich öffentliche, [...] augenfällige Welt« gekannt (GM, 2. Abh., Nr. 7, KSA 5, 305). Dieser für die europäische

Geistesgeschichte so bedeutsame Unterschied wird in *Jenseits von Gut und Böse* auch am Beispiele des Cicero erläutert. »Wir Modernen, wir Kurzathmigen in jedem Sinne« haben kein Verständnis für »die antike öffentliche Welt«, seien unfähig zu deklamieren, und die »grossen Perioden«, wie sie bei Demosthenes und bei Cicero zu finden seien, bereiten uns keine Freude mehr (JGB, Nr. 247, KSA 5, 190).

N.s Interesse für Cicero und sein Zeitalter ist durch eine um die Mitte der 70er Jahre ins Auge gefaßte Studie »Cicero und der romanische Begriff der Cultur« erwiesen, die N. in einem Brief (an Gersdorff) vom 11. 2. 1874 erwähnt. In späteren Jahren wird für N. die Erkenntnis bedeutsam, daß »die Römer [...] im Glauben lässig und skeptisch« gewesen seien (N, 3[104], KSA 9, 75), und auch diese Auffassung verbindet sich mit dem Namen Ciceros. W. E. H. Lecky nämlich, aus dessen *Sittengeschichte Europas* N. bei dieser Betrachtung schöpft (Orsucci 1996, 284f.), hatte sich ausdrücklich auf den römischen Philosophen bezogen: Cicero »verabschiedete die Volksgötter, widerlegte und verspottete die Orakel [...] und führte den Ursprung der Wunder auf gewisse Krankheiten der Urteilskraft zurück« (Lecky 1879, 1. Bd., 146ff.). Auf jene »südländische Freiheit des Gefühls«, die die römische Kultur auszeichne und von der auch im Katholizismus etwas sich erhalten habe (M, Nr. 207, KSA 3, 188; FW, Nr. 350, KSA 3, 586) kommt N. wiederholt zurück. Dagegen hatte er von der römischen Philosophie keine hohe Meinung: »Nichts ist mir widerlicher als die lehrhafte Anpreisung der Philosophie, wie bei Seneca oder gar Cicero« (N, 26[452], KSA 11, 271).

Literatur: Lecky, W.: Sittengeschichte Europas von Augustus bis auf Karl den Großen, Leipzig/Heidelberg ²1879; Orsucci, A.: Orient-Okzident. N.s Versuch einer Loslösung vom europäischen Weltbild, Berlin/New York 1996.

## Horaz

»Bis heute habe ich an keinem Dichter dasselbe artistische Entzücken gehabt, das mir von Anfang an eine Horazische Ode gab« (GD, KSA 6, 154). In Horaz, den er sowohl in einem Fragment von 1875 (N, 11[38], KSA 8, 229) wie in WS Nr. 86 (KSA 2, 591) zusammen mit Montaigne erwähnt, sieht N. eine Lebenserfahrung verkörpert, von welcher der ›Freigeist‹ einiges zu lernen habe. Der »feierliche Leichtsinn« des Horaz mache immun gegen Gottesfurcht und sei ein Heilmittel gegen die »Sonnenfinsternisse der Seele« (MA, Nr. 109, KSA 2, 108f.). Schon in der Antike sei er ein »Trostmittel« gegen »die Melancholie der ewigen Bauten«, gegen eine »an Verzweiflung grenzende Müdigkeit« gewesen, die die erstickende Atmosphäre des römischen Reichs erzeugt. Der »Leichtsinn« des Horaz verrate sich auch in dessen Übersetzung aus dem Griechischen, die »gewaltsam und naiv zugleich« seien: »In der That, man eroberte damals, wenn man übersetzte« (FW, Nr. 83, KSA 3, 438f.).

Literatur: Brusotti 1997, 137 u. 176f.

## Seneca

1869 stellt N. sein Anliegen, philologische Forschung und philosophische Weltanschauung miteinander zu verbinden, unter Umkehrung eines Satzes von Seneca vor: *philosophia facta est quae philologia fuit* (*Homer und die klassische Philologie*, KGW II/1, 268; vgl. *Ad Lucilium epistolarum moralium libri* XX, 108, 23).

Dem jungen N. war Seneca natürlich bekannt. 1867 empfiehlt er Gersdorff dessen *epistulae morales*, »eine Lektüre [...], die Dich zugleich an das Alterthum fesselt und an Schopenhauer erinnert« (20. 1. 1867). Gegenüber M. v. Meysenbug lobt er Seneca als stilistisches Vorbild für Schopenhauer (Ende Februar 1873). In *Menschliches, Allzumenschliches* I, Nr. 282 bezeichnet er den römischen Stoiker als großen Moralisten (KSA 2, 230f.) In »Scherz, List und Rache« schüttet N. jedoch über Seneca seinen Spott aus (KSA 3, 360f.). Seneca ist jetzt einer von denen, »die im Glauben an ihre Vollendung mit der Würde eines Stiergefechtshelden umherzogen« (FW, Nr. 122, KSA 3, 478). In *Götzen-Dämmerung* ist N.s Urteil nicht weniger hart: »Meine Unmöglichen. – Seneca: oder der Toreador der Tugend« (KSA 6, 111).

## Tacitus

In *Morgenröthe*, Nr. 63, einem Aphorismus, der Fragmente aus dem Herbst 1880 vereint, führt N. Tacitus (Ann. XV, 144) an, nach dessen Zeugnis das Urchristentum des *odium generis humani* überführt worden sei (KSA 3, 63). Auch in den

Aufzeichnungen aus dem Herbst 1880, als N. an *Morgenröthe* arbeitete, finden sich Hinweise auf eine Tacitus-Lektüre: »Tacitus spricht höhnisch davon, wie sehr die Juden (und Christen) dem Aberglauben ergeben seien« (N, 6[285], KSA 9, 271). Schließlich kommt N. (JGB Nr. 195) auf den römischen Autor zurück: »Die Juden – ein Volk ›geboren zur Sklaverei‹, wie Tacitus und die ganze antike Welt sagt« (KSA 5, 116). Rethy (1997, 116 ff. u. 127 ff.) hat gezeigt, daß diese und ähnliche, oft ungenaue Anführungen (das Zitat in JGB, Nr. 195 z. B. ist aus Cicero) in den Schriften von Dühring und anderen antisemitischen Agitatoren der damaligen Zeit häufig zu finden waren.

Literatur: Rethy, R.A.: »From Tacitus to N.: Thoughts and Opinions from two Millennia«, in: NSt 26 (1997), 107–138.

*Marc Aurel*

Mit Marc Aurel befaßt sich N. besonders, als er an *Morgenröthe* arbeitet. In *Morgenröthe*, Nr. 450 (KSA 3, 273) greift er auf eine Sentenz aus den *Selbstbetrachtungen* zurück, um den Zauber zu beschreiben, den die Wissenschaft auf leidenschaftliche Geister ausübt. In *Morgenröthe*, Nr. 82 stellt N. Marc Aurel, ohne ihn namentlich zu erwähnen, Luther gegenüber, indem er wiederum eine Sentenz aus den *Selbstbetrachtungen* anführt, die eine die Seelenruhe bewahrende Skepsis zum Ausdruck bringt: »›Es steht bei uns, über Diess und Das keine Meinung zu bilden [...]‹« (KSA 3, 78). Dagegen spricht er sich in einem Fragment aus derselben Zeit (N, 12[145], KSA 9, 601) gegen die stoische Geringschätzung des Vergänglichen aus: »mir scheint alles viel mehr werth zu sein als daß es so flüchtig sein dürfte«.

Literatur: Brusotti 1997, 266 f. u. 349 f.

*Andrea Orsucci*

# Christentum

*I. Familientradition – II. Bibel – III. Theologie – IV. Schopenhauer*

I. *Familientradition.* – N. entstammte einer protestantischen Pfarrerfamilie (↗N.s Leben). Auch seine beiden Großväter waren Pfarrer. In der väterlichen Linie reicht diese Tradition mehrere Generationen zurück. Als Kind und als Halbwüchsiger war N. selbst praktizierender Christ. Er nahm an den häuslichen Gebeten teil, besuchte regelmäßig den Gottesdienst und feierte im Familienkreis die christlichen Feste. Von früh an stand es für seine Verwandten und für ihn selbst fest, daß er ebenfalls den Pfarrerberuf ergreifen würde. Seiner ersten Autobiographie von 1858 (BAW 1, 1 ff.) ist zu entnehmen, daß bis zu seinem Eintritt in das Internat Schulpforta seine Ausbildung und sein Verhalten ganz auf dieses Ziel hin ausgerichtet waren. Auch den Mitschülern galt er als »der kleine Pastor« (Janz 1978, Bd. 1, 50 f.). Obwohl N. sich in Schulpforta rasch dem Christentum entfremdete und es als persönliche Lebensgrundlage spätestens nach seiner Konfirmation (1861) verwarf, hielt er noch mehrere Jahre an dem Berufsziel »Pfarrer« fest. Als er im WS 1964/65 in Bonn das Studium aufnahm, immatrikulierte er sich für Klassische Philologie und für Theologie. Erst ein Jahr später, im Zuge seines Wechsels nach Leipzig, gab er die Theologie völlig auf.

N. kannte das Christentum daher aus eigener Erfahrung, als Sproß einer Pfarrersfamilie und als aktives Gemeindeglied. Er wußte, was Kultus, Gebet, Predigt, christliches Leben und christliche Moral für die Glaubenden – im Positiven wie im Negativen – bedeuten. Seinen späteren psychologischen Analysen christlicher Frömmigkeit und Lehre ist dieser Erfahrungshintergrund deutlich anzumerken. »›Du wirst niemals mehr beten, niemals mehr anbeten, niemals mehr im endlosen Vertrauen ausruhen – du versagst es dir, vor einer letzten Weisheit, letzten Güte, letzten Macht stehen zu bleiben und deine Gedanken abzuschirren«, heißt es z.B. in einem Aphorismus, in dem N. einräumt, daß dies für die Menschen auf Grund ihrer Tradition eine schwere Einbuße und Versagung darstellt, für die sie ein positives Äquivalent finden müssen, um sie ertragen zu können (FW, Nr. 285, KSA 3, 527 f.). N. blieb sich auch der Tatsache bewußt, daß seine Kritik an der christlichen Tradition von dieser mit bestimmt wurde (FW, Nr. 344, KSA 3, 577). Er war außerdem überzeugt, daß auch die säkularen Großideologien des 19. Jh.s, etwa der Liberalismus und der ↗Sozialismus, sowie die Emanzipationsbestrebungen unterschiedlicher gesellschaftlicher Gruppen (Arbeiter, Frauen, nationale und religiöse Minderheiten) ihre Energie aus der christlichen Moral bezogen.

II. *Kenntnis der Bibel.* – Mit der Bibel war N. gründlich vertraut. Die Sprache, in die er im Familienkreis hineinwuchs, war biblisch geprägt. Lesen und Schreiben lernte er zuerst anhand der Lutherbibel. Der Unterricht zur Vorbereitung aufs Gymnasium beim »Herrn Cand. Weber« schloß auch Bibelkunde ein (BAW 1, 8). In der Landesschule zur Pforte stand zwar die griechische und römische Literatur im Mittelpunkt, aber im Religionsunterricht wurde auch die Bibel behandelt. Aus späterer Zeit finden sich mehrfach Hinweise auf erneute Lektüre, so etwa, daß während N.s Erholungsurlaub 1876/77 in Sorrent von dem dortigen Kreis auch das Neue Testament gelesen wurde (Montinari, *Chronik*, in: KSA 15, 71). Bei aller Kritik an dem Reformator schätzte N. den Sprachschöpfer Luther sehr hoch ein (an Rohde, 22. 2. 1884) und hielt seine Bibelübersetzung für das »beste deutsche Buch« (JGB, Nr. 247, KSA 5, 191). In N.s Werken, keineswegs nur im *Zarathustra*, wo es unübersehbar ist, finden sich viele biblische Motive, Wendungen, Zitate und Anspielungen (Kaempfert 1971). Viele davon hat N. bewußt verfremdet, in andere Zusammenhänge gestellt und gegen ihre ursprüngliche Bedeutung ausgelegt. Doch selbst wenn keine erkennbare Bearbeitung vorliegt, gibt er Zitate oft nicht ganz wörtlich wieder. Vermutlich zitierte er in der Regel aus dem Gedächtnis.

III. *Theologische Kenntnisse.* – Schon während der Schulzeit und verstärkt in den beiden Bonner Semestern zu Beginn seines Studiums erwarb N. auch theologische Kenntnisse. In Schulpforta wurde den Zöglingen im Sinne der humanistischen, stark am Klassischen Altertum orientierten Grundausrichtung dieser Eliteschule, die Anwendung des (historisch-)kritischen Instrumentariums (Erörterung von Einleitungsfragen, Literarkritik, Textkritik bis hin zu Konjekturen) auch auf die »Heilige Schrift« beigebracht (Figl 1984, 47ff.). Noch in der Schule wurden N. ferner die Argumentationsstrategien der sog. *»Gottesbeweise«* vermittelt und zugleich auch Kants Kritik an ihnen. Durch Vorlesungen an der Universität Bonn gewann N. Einblick in die Grundströmungen der protestantischen Theologie des 19. Jh.s – in die supranaturalistisch ansetzende Apologetik, die historisch argumentierende und kirchenkritisch ausgerichtete Schule Baurs, und die Vermittlungstheologie v. Hases. Er las die beiden über die Fachgrenzen hinaus bekannt und wirksam gewordenen Werke der Hegelschen Linken, nämlich *Das Leben Jesu* von Strauss, und *Das Wesen des Christentums* von Feuerbach. In Basel schloß N. Freundschaft mit Overbeck, der aus der historisch-kritischen Schule hervorgegangen war, sich bald aber auch von dieser distanzierte (Sommer 1997, 83ff.). Durch Gespräche mit dem Freund und zeitweiligen Hausgenossen vertiefte und verbreitete N. seine theologischen Kenntnisse. Natürlich las er Overbecks eigene Arbeiten, vor allem dessen fast gleichzeitig mit seiner ersten *Unzeitgemäßen Betrachtung* veröffentlichte scharfe Abrechnung mit dem zeitgenössischen Christentum (*Über die Christlichkeit unserer heutigen Theologie*, 1873). Dieses Buch bestärkte ihn in seinen Auffassungen, daß das Christentum für einen (historisch) Gebildeten als lebendige Option nicht mehr in Frage kam und daß die Theologie von Anfang an eine ideologische Verfälschung des Christentums gelehrt habe. Von Overbeck erhielt N. auch später Literaturhinweise, wenn er sich für spezielle Themen interessierte. Er zog vor allem kritisch-exegetische und kirchenhistorische Arbeiten heran. Ich nenne als Beispiele die Studie von Lüdemann über die Theologie des Paulus, die N. bei seiner Analyse der Bekehrung des Saulus zum Paulus in *Morgenröthe* heranzog (Salaquarda 1974) und die Reformationsgeschichte von Janssen, die sein späteres Lutherbild mitbestimmte (Bluhm 1953). Durch die Veröffentlichung des gesamten Nachlasses in der KGW und durch die schrittweise Erschließung dieses Materials ist deutlich geworden, daß N. viele wissenschaftliche Werke seiner Zeit aus verschiedensten Disziplinen zur Kenntnis nahm und aus ihnen Anregungen für seine eigenen Überlegungen zog. Nachweise findet man in den Nachberichtsbänden zur KGW, im Kommentarband (14) zur KSA und in den »Beiträgen zur Quellenforschung« der N.-Studien. Daß N. sich z.B. in *Der Antichrist* implizit oder explizit, in Zustimmung und Widerspruch, auf verschiedene Autoren bezog, ist seit langem bekannt. Renans These, daß sich Jesus vom sanften Prediger zum kämpferischen religiösen Heros entwickelt habe, wies er ausdrücklich zurück. Daß seine »Psychologie des Erlösers« in wichtigen Zügen von Tolstois in seiner religiösen Autobiographie *Mein Glaube* dargelegten Jesusbild angeregt worden ist, wird erst aus den einschlägigen Exzerpten im Nachlaß deutlich. Dasselbe gilt für die Einflüsse von Motiven und Gedanken Dostojewskis, Wellhausens und anderer (vor allen in Heft W II 3, das N. von November 1887 bis März 1888 benutzte = Fragmentgruppe VIII 11, abgedruckt in KSA 13, 9–194). Wichtige Einsichten in die ihn vor allem interessierende Bedeutung des Christentums als Lebensorientierung verdankte N. der Lektüre von Pascals *Pensées* (Vivarelli 1998, 55–94). Alle Einflüsse zu nennen ist in einer kurzen Übersicht nicht möglich.

IV. *Der Einfluß Schopenhauers* (vgl. Schmidt 1986 und Salaquarda 1988). – Nachhaltig wurde N.s Verständnis der jüdisch-christlichen Tradition von Schopenhauer beeinflußt. 1864 las er Schopenhauers Hauptwerk *Die Welt als Wille und Vorstellung* (= W I, II), danach in rascher Folge auch die anderen einschlägigen Arbeiten, bes. die Ausführungen zu Religion und Christentum im 2. Band der *Parerga und Paralipomena* (Salaquarda 1973, 95 ff.). Schopenhauer schloß aus dem starken Einfluß der Religionen auf das Leben und Denken der Menschen, daß diesen ein »metaphysisches Bedürfnis« innewohnt, das genauso nach Befriedigung verlangt wie die physischen Bedürfnisse nach Nahrung, Schutz u. dgl. (W II, Kap. 17). Schopenhauer hielt der Religion zu Gute, daß sie der überwiegenden Mehrzahl der Menschen, die s. E. zu eigenständiger philosophischer Reflexion unfähig ist, eine Ahnung von der die empirische Welt transzendierenden wahren Realität vermittelt. Er kritisierte aber, daß sie die »metaphysische Welt« nach dem Muster der empirischen Welt und der in ihr geltenden Gesetzmäßigkeiten darstellt. N. nahm diese Kritik in seiner Rede von der metaphysisch-religiösen »Hinterwelt« auf (vgl. z. B. Za I, »Von den Hinterweltlern«, KSA 4, 35–38). In den *Unzeitgemäßen Betrachtungen* hielt er noch an Schopenhauers These von der grundlegenden »metaphysische[n] – Anlage« des Menschen fest (z. B. SE 5, KSA 1, 378). Später verwarf er sie mit dem Argument, daß das »metaphysische Bedürfnis« lediglich eine historische Folge der Religionen sei. Durch die lange, in die Vorgeschichte zurückreichende Herrschaft der Religionen sei es uns Menschen so sehr einverleibt, daß wir es nach dem Kraftloswerden der Religionen anders, nämlich durch metaphysische Philosophie befriedigen zu müssen glauben (FW, Nr. 151, KSA 3, 494). Schopenhauer unterschied in Aufnahme eines Grundgedankens der Kantischen Transzendentalphilosophie zwischen empirischer und intelligibler Welt. Religionen schätze er um so höher ein, je eindeutiger sie lehren, daß die Welt unserer alltäglichen wie unserer wissenschaftlichen Erfahrung scheinhaft und vergänglich ist. Knüpfte er mit diesen Gedanken an eine breite Tradition von Plato bis Kant an, so behauptete er gegen diese Tradition, daß die »metaphysische Welt« weder intelligent noch gut ist (W I, 4. Buch). Kants »Ding an sich« sei in Wahrheit der allen Erscheinungen zu Grunde liegende »Wille«, d. h. blinder Drang zum Dasein bzw. zum Verharren im Dasein. Das unablässige, durch kein erreichtes Ziel je zufriedenzustellende Streben dieses unvernünftigen Weltwillens sei die Quelle aller Übel in der Welt. In der sein philosophisches System abschließenden Ethik stellte Schopenhauer daher das ↗Mitleid als Grundphänomen der Moral dar. Wer mit-leidet, durchbreche die Scheinhaftigkeit individueller Existenz und ihres Egoismus und bemühe sich, anderen Erscheinungen des Willens zumindest kein Leid zuzufügen, oder sie sogar aktiv zu fördern. Noch höher als diese moralischen Haltungen der »Gerechtigkeit« und der »Menschenliebe« schätze Schopenhauer die Askese, weil sie den Willen überhaupt verneine. Aus diesem sogenannten »Pessimismus«, der besser als Einsicht in die Nichtswürdigkeit nicht nur der empirischen, sondern auch der metaphysischen Welt zu bezeichnen ist, gewann Schopenhauer ein weiteres Kriterium für seine Beurteilung der positiven Religionen. Eine Religion sei umso besser, je »pessimistischer«, und um so schlechter, je »optimistischer« sie das menschliche Dasein einschätze. Den indischen Religionen gestand Schopenhauer den obersten Rang zu, weil sie das Dasein als Schuld und Leid fassen und Erlösung als Eingehen in das Nichtsein. Der griechisch-römischen Staatsreligion wies er wegen ihrer Ausrichtung auf diesseitige, politische Zwecke dagegen den niedrigsten Rang zu. Die jüdische Religion und den Islam beurteilte er ebenfalls ziemlich negativ, weil sie die Welt als gute Schöpfung eines guten Gottes auffassen und den Gläubigen ein (diesseitiges oder jenseitiges) »gutes Leben« verheißen. Seine Beurteilung des Christentums blieb ambivalent. Die »optimistischen« Züge, die es mit dem Judentum und dem Islam teilt, verwarf er. Die Lehren von der allgemeinen Sündhaftigkeit, von der Erlösungsbedürftigkeit aller Menschen und vom stellvertretenden Leiden und Sterben des Gottmenschen bejahte er dagegen. Positiv beurteilte er auch die christliche Liebesethik, die er als eine Variante der Mitleidsethik auffaßte, und die asketische Grundtendenz. N. übernahm von Schopenhauer die Thesen, daß das Christentum eine primär asketische Religion ist (worin ihn Overbeck später noch bestärkte) und daß die spezifisch christliche Liebe im Kern Mitleid ist. N.s Kampf gegen das Mitleid, das s. E. sowohl für die Mitleid Empfindenden wie für die Bemitleideten überaus schädlich ist (vgl. z.B. Za IV), war für ihn daher immer zugleich ein Kampf gegen das Christentum. Was das Verhältnis des Christentums zum Judentum betrifft, widersprach N. im Verlauf seiner Entwicklung der Schopenhauerschen (auch von Wagner geteilten) Auffassung immer entschiedener. Im Zuge seiner Auseinandersetzung mit dem christlichen Antisemitismus, der von einem »arischen Christentum« sprach, legte N. in seinen späteren Schriften großen Wert auf den inneren Zusammenhang von Christentum und Judentum. Damit wandte er sich implizit gegen Schopenhauers Versuch, das Christentum sachlich wie historisch möglichst weitgehend vom Judentum abzulösen. Eine Sonderrolle wies Schopenhauer in seiner Religionstheorie der Mystik zu. Aus den Nachlaß gebliebenen Vorarbeiten zum Hauptwerk läßt sich die Entwicklung dieser Gedanken rekonstruieren. Schopenhauer ging von der Unterscheidung zweier einander entgegengesetzter Bewußtseinsformen aus, die er in platonisch-kantischer Tradition »empirisches« und »besseres« Bewußtsein nannte. Das »empirische Bewußtsein« entspricht grosso modo dem kantischen Verstandesdenken, also der alltäglichen und wissenschaftlichen Erfahrung der Erscheinungen. Das »bessere Bewußtsein« schließt zwar Momente des kantischen Vernunftdenkens ein, wurde von Schopenhauer aber auf den Spuren Platons dem »empirischen Bewußtsein« schroff entgegengesetzt. Eine Vermittlung lehnte er schroff ab: Sie würde dem empirischen Bewußtsein die Sicherheit und Unverbrüchlichkeit der innerweltlichen Erkenntnis nehmen und das »bessere« den Gesetzen der Erscheinungswelt unterwerfen. Aufgabe des Philosophen sei es, das von den Mystikern erahnte ganz andere vor falschen Vergegenständlichungen zu schützen. Dieser Bereich sei nämlich nicht nur von der empirischen »Welt als Vorstellung«, sondern auch von der ihr zu Grunde liegenden metaphysischen »Welt als Wille« völlig verschieden, ein »Nichts«. Könnte man die Perspektive umkehren, würde sich das »Nichts« jedoch als die eigentliche Wirklichkeit erweisen und »diese Welt mit allen ihren Sonnen und Milchstraßen« dagegen als das tatsächliche »Nichts« im Sinne des Nicht-sein-Sollenden (W I, Kap. 71). Aber auf diese Erfahrung der Mystiker, die die Grundlage für die Praxis der Asketen und Heiligen ausmacht, läßt sich nach Schopenhauers These nur hinweisen. Einer wissenschaftlich-philosophischen Darstellung entziehe sie sich, weil die Sprache ganz von der doppelten Erfahrung der Welt als Wille und Vorstellung bestimmt ist. Die Religionskritik vor allem des späten Schopenhauer ist in Konsequenz dieser Einsicht weniger von den in ihr auch virulenten aufklärerischen Motiven bestimmt, sondern von der Verteidigung der eigentlichen, aber unaussagbaren Wirklichkeit gegenüber falschen Inanspruchnahmen und Vergegenständlichungen. In seinen frühen Schriften übernahm N. weitgehend auch diese Thesen Schopenhauers. Daß Religion wesentlich mit mythischem Denken verbunden ist und vor dem wissenschaftlichen, bes. historischen Denken nicht bestehen kann, hielt er zeitlebens fest. Dagegen wandte er sich seit Mitte der siebziger Jahre gegen Schopenhauers Hochschätzung der Mystik: Sog. mystische Einsichten seien nicht tiefer als andere und aus ihnen lasse sich keinerlei Erkenntnis ableiten (FW, Nr. 126, KSA 3, 482). Das Christentum behandelte N. in seiner generellen Religionskritik als eine Religion unter anderen, d.h. als eine Gestalt mythisch-vorwissenschaftlicher Welt- und Daseinsauslegung, die durch die Heraufkunft der wissenschaftlichen Methoden prinzipiell überholt sei. Seine spezielle Christentumskritik setzt voraus, daß diese Religion durch ihre Herkunft aus dem Judentum bestimmt ist und bleibt und daß sie eine asketische Grundhaltung, d.h. eine negative Einstellung zum Leben repräsentiert (↗Christentum: Begriffe, Theorien, Metaphern; S. 207ff.).

Literatur: Bluhm, H.: N.'s View of Luther and the Reformation in »Morgenröte« und »Fröhliche Wissenschaft«, in: PMLA 68 (1953), 111–127; Kaempfert, M.: Säkularisation und neue Heiligkeit. Religiöse und religionsbezogene Sprache bei F.N. (Phil. Studien und Quellen 61), Berlin 1971; Salaquarda, J.: Der Antichrist, in: NSt 2 (1973), 91–136; ders.: Dionysos gegen den Gekreuzigten. N.s Verständnis des Apostels Paulus, in: ZRG 26 (1974), 97–124; Figl. J.: Dialektik der Gewalt. N.s hermeneutische Religionsphilosophie, Düsseldorf 1984; Schmidt, A.: Die Wahrheit im Gewande der Lüge. Schopenhauers Religionsphilosophie, Frankfurt a.M. 1986; Salaquarda, J.: Schopenhauer und die Religion, in: 69. Schopenhauer-Jahrbuch (1988), 321–332; Sommer, A.U.: Der Geist der Historie und das Ende des Christentums. Zur »Waffengenossenschaft von F.N. und F. Overbeck«, Berlin 1997; Vivarelli, V.: N. und die Masken des freien Geistes: Montaigne, Pascal und Sterne, Würzburg 1998.

*Jörg Salaquarda*

# Deutsche Klassik und Romantik

*Goethe – Herder – Hölderlin – Kleist – Lessing – Schiller*

## Goethe

Goethe ist derjenige Dichter, auf den sich N. während der gesamten Zeit seines Schaffens am weitaus häufigsten sowohl offen als auch verdeckt bezieht. Wie sehr N.s Denken und ästhetische Formgebung von der permanenten Auseinandersetzung mit Goethe geprägt ist, läßt sich in seinem Ausmaß kaum eingrenzen. Die Ausnahmestellung, die Goethe bei N. zukommt, resultiert jedoch keineswegs aus einer eindeutigen Bewunderung. Das Verhältnis N.s zum Werk wie auch zur Person Goethes ist kompliziert und ambivalent.

Beim jungen N. figuriert Goethe als nur vorbereitender Mitstreiter im »edelsten Bildungskampf« (GT 20, KSA 1, 129; vgl. GT 9, KSA 1, 67) für eine zukünftige Kultur, welcher durch eine von Schopenhauer und Wagner herbeigeführte Renaissance des Tragischen siegreich beendet werden sollte: »Wagner vollendet, was Schiller und Goethe begonnen« (N, 9[23], KSA 7, 280). Mit der zunehmenden Distanzierung N.s von Wagner wird Goethe immer mehr zu dessen Gegenfigur aufgebaut (Heftrich 1987, 18) und wie einst Schopenhauer zum Erzieher erklärt (Politycki 1989, 309). Der späte N. bekennt, Goethe sei »der letzte Deutsche, vor dem ich Ehrfurcht habe« (GD, KSA 6, 153).

Vor anderen sind es die folgenden Charakteristika, aus denen sich N.s positives Goethebild zusammensetzt: 1. N. schätzt die »freudigere wohlwollendere Goethesche Stellung zur Sinnlichkeit« (N, 7[7], KSA 12, 285) und die »immer größer werdende Vergeistigung und Vervielfältigung der Sinne« (N, 37[12], KSA 12, 587), für welche Goethe das Beispiel gebe (Politycki 1989, 281). Die Sinnlichkeit unterscheide Goethe von den anderen ›Klassikern‹, Herder, Klopstock und Schiller, die ihn daher als moralisch anstößig angefeindet hätten (WA, KSA 6, 18). 2. N. hebt die antichristliche Haltung, »Goethe's Heidenthum«, hervor (FW, Nr. 352, KSA 3, 597; GT 9, KSA 1, 68). 3. Das anti- bzw. undeutsche Europäertum Goethes wird betont, seine undeutsche »Vornehmheit und Neidlosigkeit« (MA I, Nr. 298, KSA 2, 501). Die Frage, ob es »›deutsche Classiker‹« gebe, verneint N. Goethe gehöre »in eine höhere Gattung von Litteraturen, als ›National-Litteraturen‹ sind: desshalb steht er auch zu seiner Nation weder im Verhältniss des Lebens, noch des Neuseins, noch des Veraltens. [...] Goethe, nicht nur ein guter und grosser Mensch, sondern eine Cultur, Goethe ist in der Geschichte der Deutschen ein Zwischenfall ohne Folgen« (WS, Nr. 125, KSA 2, 607). 4. Auch als Künstler habe er »noch gar nicht gewirkt« (MA I, Nr. 221, KSA 2, 184). N. wertet Goethe dabei keineswegs klassizistisch, sondern würdigt ihn aufgrund seiner retrospektiv-allegorischen Dichtungsweise (ebd.; vgl. MA II, Nr. 227, KSA 2, 482f.). 5. Wie N.s provokantes Lob für Goethes *Gespräche mit Eckermann*, welches er zum »besten deutschen Buche, das es giebt« (WS, Nr. 109, KSA 2, 599), erklärt, erkennen läßt, erscheint N. im starkem Maße die Selbstgestaltung Goethes als musterhaft: »Goethe sodann ist vorbildlich: der ungestüme Naturalismus: der allmählich zur strengen Würde wird. Er ist, als stilisirter Mensch, höher als je irgend ein Deutscher gekommen« (N, 29[119], KSA 7, 686). Für den späten N. ist Goethe deshalb »kein deutsches Ereigniss, sondern ein europäisches«, weil es ihm gelungen sei, seine widerstrebenden Kräfte zu einer Einheit zusammenzuzwingen: »Was er wollte, das war Totalität; er bekämpfte das Auseinander von Vernunft, Sinnlichkeit, Gefühl, Wille [...], er disciplinirte sich zur Ganzheit, er schuf sich« (GD, KSA 6, 151).

Diesen zumeist außerästhetischen Würdigungen stehen N.s kritische Einwände gegenüber: 1. Die entscheidende Differenz sieht N. in der Auffassung des Tragischen. Bei Goethe sei »gemäß seiner epischen Natur die Dichtung das Heilmittel, das ihn gegen die volle Erkenntniß schützt – bei den tragischen Naturen ist die Kunst das Heilmittel, das von der Erkenntniß befreit« (N, 5[47], KSA 7, 105). Im Gegensatz zu Kleist empfinde Goethe nicht »die unheilbare Seite der Natur. Er selbst war conciliant und heilbar« (N, 29[1], KSA 8, 513). Untragisch gilt N. an erster Stelle der *Faust* (WS, Nr. 124, KSA 2, 606), dessen tragischen Gehalt er ›zum Lachen‹ findet (N, 3[1], KSA 10, 102). 2. Insbesondere wird der Erlösungsgedanke Goethes, wie er im *Faust* zum Ausdruck komme, abgelehnt (Gerber 1953, 7ff.). Immer wieder verspottet N. die Schlußverse des *Faust 2* (FW, KSA 3, 639) und verweist ihre Erlösungsidee ins Reich der poetischen ↗Lüge (Za II, KSA 4, 163ff.). 3. Analoge Differenzen zeigen sich auch im Naturverständnis. Einerseits wird zwar Goethe zum Lehrmeister erklärt für eine Erfahrung des »Gleichmaas[es] der Natur; wir Alle erkennen mit Goethe in der Natur das grosse Mittel der Beschwichtigung für die moderne Seele, wir hören den Pendelschlag der grössten Uhr mit einer Sehnsucht nach Ruhe, nach Heimisch- und Stillewerden an« (MA I, Nr. 111, KSA 2, 113). Andererseits konfligiert diese Auffassung der Wirkung der Natur als Quietiv mit N.s Vorstellung einer grausamen Natur, etwa wenn er »das Entsetzliche und Raubthierartige der Sphinx Natur« (FV 3, KSA 1, 767) betont und fordert, daß »der schreckliche Grundtext homo natura wieder heraus erkannt werden muss« (JGB, Nr. 230, KSA 5, 169). 4. Goethes wissenschaftliche Naturbetrachtung beurteilt N. als anti-aufklärerisch und »vorwissenschaftlich« (M, Nr. 197, KSA 3, 171) sowie als Verirrung (MA II, Nr. 227, KSA 2, 482). 5. Des weiteren spricht N. Goethe auch ein adäquates Verständnis des orgiastischen Elementes der dionysischen Kunst ab: »**Folglich verstand Goethe die Griechen nicht**« (GD, KSA 6, 159). 6. Gegen Goethes Charakter wird häufig der Vorwurf der Schwäche erhoben, er sei zu konziliant (WS, Nr. 124, KSA 2, 606), seine »Lust zu fabuliren, frauenhaft« (N, 27[68], KSA 7, 607), und typologisch als Künstler betrachtet, gehöre er zu den kraftlosen Nicht-Handelnden: »ein Homer hätte keinen Achill, ein Goethe keinen Faust gedichtet, wenn Homer ein Achill und Goethe ein Faust gewesen wäre [...] Es ist das die typische Velleität des Künstlers« (GM, 3. Abh., Nr. 4, KSA 5, 344).

Insgesamt überwiegen bei weitem die positiven Stellungnahmen. Gelegentlich versucht N. die verschiedenen ambivalenten Züge seines Goethebildes zu synthetisieren, am deutlichsten, wenn Goethes Wirken anti-rousseauistisch gedeutet wird als »ein grossartiger Versuch, das achtzehnte Jahrhundert zu überwinden durch eine Rückkehr zur Natur, durch ein Hinaufkommen zur Natürlichkeit der Renaissance, eine Art Selbstüberwindung von Seiten dieses Jahrhunderts« (GD, KSA 6, 151).

Literatur: Gerber, H.E.: N. und Goethe. Studien zu einem Vergleich, Bern 1953; Heller, E.: N. und Goethe, in: N. Drei Essays, Frankfurt a.M. 1964, 35–68; Bertram, E.: N.s Goethebild, in: Dichtung als Zeugnis. Frühe Bonner Studien zur Literatur, Bonn 1967, 251–286; Montinari 1982, 56–63; Heftrich, E.: N.s Goethe. Eine Annäherung, in: NSt 16 (1987), 1–20; Polyticki, M.: Umwertung aller Werte? Deutsche Literatur im Urteil N.s, Berlin/New York 1989; Ziemann, R.: Ein Zwischenfall ohne Folgen. Was N. bei Goethe fand, in: Jahresschrift der Förder- und Forschungsgemeinschaft F.N. e. V., Bd. II (1992), 47–61; ders.: Der Halb-Unsinn und das Ewig-Närrische. Goethes Gegenwart in N.s Gedichten, in: Kjaer, J. (Hrsg.): N. im Netze. N.s Lyrik im deutsch-dänischen Dialog, Aarhus 1997, 39–59.

## Herder

Herder ist für N. stets Gegenstand heftiger Polemik. Er sei »pastoral« (N, 27[68], KSA 7, 607), »**der ideale Dilettant**« (N, 2[12], KSA 7, 49) und »Alles das nicht, was er von sich wähnen machte (und selber zu wähnen wünschte): kein grosser Denker und Erfinder, kein neuer treibender Fruchtboden mit einer urwaldfrischen unausgenutzten Kraft« (WS, Nr. 118, KSA 2, 602f.). Sein einziger Vorzug sei gewesen, »in höchstem Maasse den Sinn der Witterung« zu besitzen: »er sah und pflückte die Erstlinge der Jahreszeit früher, als alle Anderen, welche dann glauben konnten, er habe sie wachsen lassen: sein Geist war zwischen Hellem und Dunklem, Altem und Jungem und überall dort wie ein Jäger auf der Lauer, wo es Uebergänge, Senkungen, Erschütterungen, die Anzeichen inneren Quellens und Werdens gab: die Unruhe des Frühlings trieb ihn umher, aber er selber war der Frühling nicht! [...] Er sass nicht an der Tafel der eigentlich Schaffenden:[...] und mehr als irgend einem unserer sogenannten Classiker geht ihm die einfältige wackere Mannhaftigkeit ab« (ebd.).

Auch Herder wird N. zum beispielhaften Beweis dafür, daß es keine ihre Kultur repräsentierenden ›deutschen Klassiker‹ gibt, weil er »das Unglück« hatte, »dass seine Schriften immer entweder neu oder veraltet waren; für die feineren und stärkeren Köpfe (wie für Lichtenberg) war zum Beispiel selbst Herder's Hauptwerk, seine Ideen zur Geschichte der Menschheit, sofort beim Erscheinen etwas Veraltetes« (WS, Nr. 125, KSA 2, 607). Ebenso wird ihm wie seiner ganzen Zeit der Anspruch abgestritten, das »klassische Ideal wieder entdeckt zu haben« (N, 11[312], KSA 13, 132).

Die Feindschaft N.s speist sich primär aus der Verachtung der sittlichen Empörung, mit welcher Herder Goethe bekämpft hatte: »Man kennt das Schicksal Goethe's im moralsauren altjungfernhaften Deutschland. Er war den Deutschen immer anstössig, er hat ehrliche Bewunderer nur unter Jüdinnen gehabt. Schiller, der ›edle‹ Schiller, der ihnen mit grossen Worten um die Ohren schlug, – der war nach ihrem Herzen. Was warfen sie Goethen vor? Den ›Berg der Venus‹; und dass er venetianische Epigramme gedichtet habe. Schon Klopstock hielt ihm eine Sittenpredigt; es gab eine Zeit, wo Herder, wenn er von Goethe sprach, mit Vorliebe das Wort ›Priap‹ gebrauchte« (WA, KSA 6, 18). N. sieht in dieser Kritik an Goethe die »unanständigste Art der Gegnerschaft, die von Hinten und Unten« geführt werde, und »Hunde-Art« sei: »sie beweisen damit ihr Christenthum, daß sie bei der ›Welt‹ nach Schmutz suchen. Voran bei den Ersten der Welt, bei den ›Genies‹« (N, 15[71], KSA 13, 452f.). Sieht man von der Heftigkeit der Vorwürfe ab, bleibt als sachlicher Gehalt der Kritik an Herder die Forderung N.s bestehen, Ästhetik und Moral zu trennen.

## Hölderlin

Daß Hölderlin eine herausragend positive Bedeutung für N. besitzt, ist ein bekannter Topos der Forschung. Dieser Einschätzung entspricht die Quellenlage jedoch nicht. Die expliziten Stellungnahmen N.s zu Hölderlin sind äußerst spärlich und bestehen meist lediglich aus der bloßen Nennung des Namens oder isolierten Exzerpten (N, 27[69], KSA 7, 608; N, 29[107], KSA 7, 681; N, 29[202], KSA 7, 711). Ob darüber hinaus eine »geistige und stilistische Verwandtschaft« (Vitens 1951, 44 ff.) oder »tiefreichende Analogien« (Vivarelli 1989, 509 f.) zwischen einzelnen Werken Hölderlins und insbesondere *Also sprach Zarathustra* sich verifizieren lassen, kann mit Hinweis auf offenkundige stilistische und inhaltliche Differenzen bezweifelt werden (Polyticki 1989, 418 f.). Nachweisbar sind hingegen v. a. für *Also sprach Zarathustra* eine Fülle indirekter Bezugnahmen auf Hölderlin in Form von Anspielungen und Reminiszenzen (*Nachbericht*, KGW VI/4; Vivarelli 1989), deren interpretatorischer Status allerdings zu unklar ist, als daß auf ihrer Grundlage ein eindeutiger ›Einfluß‹ konstatiert werden könnte (Zittel 2000), zumal da keine anderen flankierenden Zeugnisse N.s aus der gleichen Zeit vorliegen.

Eine direkte affirmative Rezeption Hölderlin findet ausschließlich im Frühwerk statt. Wichtigstes Dokument ist der in einem Schulaufsatz fingierte *Brief an meinen Freund, in dem ich ihm meinen Lieblingsdichter empfehle* (BAW II, 1–5) von 1861. Hierzu ist zunächst festzustellen, daß dieser Brief nicht die ihm meist zugeschriebene maßgebliche Rolle für die Wiederentdeckung Hölderlins in Deutschland spielen konnte, da er erst, nachdem der George-Kreis sich für Hölderlin bereits eingesetzt hatte, veröffentlicht wurde (Polyticki 1989, 419). Zu bedenken ist auch, daß Passagen des ›Briefes‹ aus einer Hölderlinbiographie abgeschrieben wurden (Vivarelli 1989, 513 f.). In diesem ›Brief‹ verteidigt N. Hölderlin gegen das »abgeschmackte Vorurtheil« der Unklarheit und Verworrenheit und stellt die »Natürlichkeit und Ursprünglichkeit« seiner Verse über die »Kunst-und Formgewandtheit Platens« (BAW II, 2). Ausdrücklich gelobt wird die »sophokleische Sprache« und die »Fülle von tiefsinnigen Gedanken« im *Empedokles*, die musikalische Prosa des *Hyperion*, die Melancholie der *Abendphantasie*, die Kritik am »deutschen ›Barbarenthum‹« sowie seine »Idealität« und Griechenlandsehnsucht, die seine »Seelenverwandschaft« mit Schiller und Hegel bezeuge (ebd., 2 ff.).

Im Nachlaß der Zeit um 1870/71 finden sich Pläne N.s für ein durch Hölderlins gleichnamiges Stück inspiriertes Empedokles-Drama (N, KSA 7, 125 f.; 223–237; 269 ff.), die nicht zur Ausführung gelangten, als Material z.T. jedoch bei der Konzeption von *Also sprach Zarathustra* berücksichtigt wurden (Roos 1940; Vivarelli 1989; Söring 1990).

In seinen frühen Schriften spricht N. ironisch vom »Andenken des herrlichen Hölderlin« und dem »armen Hölderlin«, der am Bildungsphilistertum zugrunde gehen mußte (DS, Nr. 2, KSA 1, 172) und macht wie bei Kleist die »Ungewöhnlichkeit« und mangelnde Widerstandsfähigkeit seiner Natur dafür verantwortlich (SE, Nr. 3, KSA 1, 352).

Danach setzt eine deutliche Zäsur im Umgang mit Hölderlin ein, der weniger erwähnt und dabei zunehmend kritisiert wird. Eine erste Distanzierung nimmt N. vor, indem er die Form Hölderlins als zwar ›wohltuend‹, aber »viel zu streng für uns« erklärt (N, 25[172], KSA 11, 59f.) und ihr sein eigenes Ideal, das »Spiel mit den verschiedensten Metren und zeitweilig das Unmetrische« als »das Rechte« (ebd.) entgegenhält. Wenig später schließlich gewinnt die Kritik an Hölderlin eine auch für N. exzeptionelle Schärfe. Hölderlin wird als pathologischer Typus eines Hyper-Idealisten ›physiologisch‹ analysiert und seine gefährdete Konstitution auf sexuelles Fehlverhalten zurückgeführt: »Die Art **Hölderlin und Leopardi**: ich bin hart genug, um über deren Zugrundegehen zu lachen. Man hat eine falsche Vorstellung davon. Solche Ultra-Platoniker, denen immer die Naivetät abgeht, enden schlecht. Irgend Etwas muß derb und grob sein am Menschen: sonst geht er auf eine lächerliche Weise zu Grunde vor lauter Widersprüchen mit den einfachsten Thatsachen: z.B. mit der Thatsache, daß ein Mann von Zeit zu Zeit ein Weib nöthig hat, wie er von Zeit zu Zeit eine rechtschaffene Mahlzeit nöthig hat« (N, 26[405], KSA 11, 257). Kurz darauf wird Hölderlin ein »**falsche[r] Idealismus**« vorgehalten, bei dem »durch übertriebene Feinheit sich die besten Naturen der Welt entfremden«. Daß solche »Hölderlins, Leopardis zu Grunde gehn, ist billig, ich halte nicht gar viel von solchen Menschen. Es ergötzt mich, an die Revanchen zu denken, welche die derbe Natürlichkeit der Natur bei solcher Art Menschen nimmt z.B. wenn ich höre, daß L⟨eopardi⟩ früher Onanie trieb, später impotent war« (N, 34[95], KSA 11, 451).

Literatur: Beihtan, I.: F.N. als Umwerter der deutschen Literatur, Heidelberg 1933; Bertallot, H.-W.: Hölderlin-N. Untersuchungen zum hymnischen Stil in Prosa und Vers, Berlin 1933; Roos, C.: N. und das Labyrinth, Kopenhagen 1940; Vitens, S.: Die Sprachkunst F.N.s in »Also sprach Zarathustra«, Bremen 1951, 43–56; Biser, E.: Die Reise und die Ruhe. N.s Verhältnis zu Kleist und Hölderlin, in: NSt 7 (1978), 97–114; Polyticki, M.: Umwertung aller Werte? Deutsche Literatur im Urteil N.s, Berlin/New York 1989, 410–427; Vivarelli, V.: Empedokles und Zarathustra: verschwendeter Reichtum und Wollust am Untergang, in: NSt 18 (1989), 509–536; Söring, J.: N.s Empedokles-Plan, in: NSt 19 (1990), 176–211; Haase, M.-L.: Zarathustra auf den Spuren des Empedokles und eines gewissen Herrn Bootty. Ein Beitrag zur Quellenforschung, in: Borsche, T./Gerratana, F./Venturelli, A. (Hgg.): ›Centauren-Geburten‹, Berlin 1994, 503–524; Zittel, C.: Das ästhetische Kalkül von F.N.s »Also sprach Zarathustra«, Würzburg 2000.

### Kleist

Kleist wird in den frühen Schriften von N. durchweg in einer Weise charakterisiert, die seine große Nähe zu ihm offenbart. N. stellt die Ungewöhnlichkeit Kleists heraus, die ihm im »Clima der sogenannten deutschen Bildung« (SE, Nr. 3, KSA 1, 352) zum Verhängnis werden mußte, da er nicht zu den »Naturen von Erz wie Beethoven, Goethe, Schopenhauer und Wagner« zählte, sondern zu sehr unter seiner Vereinsamung litt (ebd.). Kleists Leben kennzeichne ↗Einsamkeit und Melancholie, zwei Attribute, denen N. höchsten Stellenwert zuerkennt und sich auch immer wieder selbst zuschreibt.

In die Analyse von Kleists Unglück spielen Gedanken aus N.s Schrift *Ueber Wahrheit und Lüge* und N.s Lektüre der Briefe Kleists hinein. Ursächlich wird ein Konflikt konstatiert zwischen Individualität und ihren Ausdrucksbedürfnissen einerseits und der zwangsläufigen Verfälschung andererseits, die entsteht, wenn der Einzelne sich durch die verallgemeinernde Sprache oder Konventionen des Umgangs mit der Welt ins Verhältnis setzen muß: »während sie [die Einsamen und Freien] nichts als Wahrheit und Ehrlichkeit wollen, ist rings um sie ein Netz von Missverständnissen; und ihr heftiges Begehren kann es nicht verhindern, dass doch auf ihrem Thun ein Dunst von falschen Meinungen, von Anpassung, von halben Zugeständnissen, von schonendem Verschweigen, von irrthümlicher Ausdeutung liegen bleibt« (ebd., 354). Diesen Zwang zur Verstellung brachte N. zufolge Kleist nicht auf und sei an der daraus resultierenden

»Ungeliebtheit zu Grunde« (ebd., 354) gegangen.

Neben der Vereinsamung sieht N. als zweite Ursache für Kleists Untergang die Wirkung der Kantischen Philosophie »in der Form eines zernagenden und zerbröckelnden Skepticismus und Relativismus«, welche Kleist an der Wahrheit verzweifeln ließ (ebd., 355f.). N. bezieht sich hierbei auf den Brief an Wilhelmine von Zenge vom 22. 3. 1801, in welchem Kleist sein Kant-Erlebnis schildert, und belegt seine Deutung mit ausführlichen Zitaten.

Durch seine Disposition zum Unglück gehört nach den Kategorien des frühen N. Kleist auf die Seite der tragisch-dionysischen Weltsicht, und diese zeichnet ihn nicht zuletzt gegenüber Goethe aus: »Was Goethe bei H. Kleist empfand, war sein Gefühl des Tragischen, von dem er sich abwandte: es war die unheilbare Seite der Natur. Er selbst war conciliant und heilbar« (N, 29[1], KSA 8, 513). Goethe habe sich deshalb vor Kleist gefürchtet (N, 19[280], KSA 7, 507).

Doch heißt es auch, der »Excess des Denkens« bei Kleist sei »wirkungslos« (N, 29[230], KSA 7, 723), und je mehr sich N. von seinen eigenen frühen Positionen entfernt, um so schärfer wird von ihm die bereits früher konstatierte Einseitigkeit Kleists als problematisch erkannt. Kleist wird eine »grosse Kraft« bescheinigt, aber es fehle ihm die nötige »Balance, [...] ein Balanciren mit Gegengewichten« (N, 29[204], KSA 7, 712). Zunehmend wird Kleist daher Gegenstand von N.s pathologischem Interesse, er wird unter die »cas pathologiques« gezählt und dies auch bezogen auf die »Nachtheile der Vereinsamung«, die nun in der Unmöglichkeit der Selbstbestätigung durch »anderer Zustimmung« trotz eines vererbten sozialen Instinktes gesehen werden (N, 25[193], KSA 11, 65). Kleists Charakter wird nun mit Kategorien aus der Psychologie des ↗Ressentiments beschrieben: Das »Wehe thunwollen, die Lust an der Grausamkeit [...] wie bei Heinrich von Kleist, welcher mit seiner Phantasie dem Leser Gewalt anthun will« (N, 11[89], KSA 9, 474).

Kleists Untergang wird jetzt als Selbstzerstörung aus Ressentiment gedeutet. Große Dichter wie er müßten »Menschen der Augenblicke« sein, »begeistert, sinnlich, kindsköpfisch, im Misstrauen und Vertrauen leichtfertig und plötzlich; mit Seelen, an denen gewöhnlich irgend ein Bruch verhehlt werden soll; oft mit ihren Werken Rache nehmend für eine innere Besudelung« (JGB, Nr. 269, KSA 5, 224).

Gleichwohl bleibt die Faszination N.s an Kleist bis in die letzten Aufzeichnungen konstant, in denen er noch als »Genie« bezeichnet und unter Anspielung auf seine *Penthesilea* über Wagner gestellt wird (N, 16[48], KSA 13, 502; vgl. 14[63], KSA 13, 249).

Gerade angesichts der Haltung zur *Penthesilea* drückt sich N.s eigenständiges Urteil über die Werke Kleists aus, die er entgegen dem Zeitgeschmack schätzt und aus denen er provokante Stellen zitiert, wie z.B.: »Die Muse als Penthesilea. ›Lieber verwesen als ein Weib sein, das nicht reizt.‹« (MA II, Nr. 100, KSA 2, 420). Auch der *Prinz von Homburg* wird gelobt und zum »Musterdrama« (N, 29[117], KSA 7, 684) erklärt, jedoch mit der Einschränkung, daß über dem ›Rededrama‹ noch die höhere Gattung des Musikdramas rangiere: »Kleist war auf dem schönsten Wege. Doch hat er die Lyrik noch nicht überwunden« (N, 9[146], KSA 7, 328).

Literatur: Biser, E.: Die Reise und die Ruhe. N.s Verhältnis zu Kleist und Hölderlin, in: NSt 7 (1978), 97–114; Polyticki, M.: Umwertung aller Werte? Deutsche Literatur im Urteil N.s, Berlin/New York 1989, 400–410.

## *Lessing*

N. nimmt Lessing gegenüber eine wohlwollenddistanzierte Haltung ein, die im Spätwerk sich gelegentlich zu starkem Lob steigert. Vor allem schätzt N. Lessing als außergewöhnlich talentierten Kritiker (GT 11, KSA 1, 80) und idealen Gelehrten (N, 2[12], KSA 7, 49). Der Philosoph (N, 11 [32], KSA 7, 222) und Schriftsteller Lessing wird skeptischer beurteilt, da seine »intellectuelle Bedeutsamkeit sich hoch über jede seiner Schriften, jeden seiner dichterischen Versuche« erhebe (N, 18 [27], KSA 8, 321; vgl. WS, Nr. 103, KSA 2, 597f.). Wenn jedoch N. ihm eine »spitzfindige, übermässig bewegliche« und »ziemlich undeutsche Manier« attestiert, mischt sich in die Kritik zugleich das Lob, daß »Lessing in Bezug auf prosaische Darstellung unter Deutschen der verführerischeste Autor ist« (SE, KSA 1, 347f.).

Das Gelehrtenideal, das N. mit Lessings Namen verbindet, besteht daher nicht aus trockener

Büchergelehrsamkeit. Lessing habe »die gewaltige, unruhige, ewig spielende, in schwellenden Muskeln überall sichtbare Kraft eines jugendlichen Tigers« (N, 27 [35], KSA 7, 597) und sei einzuordnen in die »Geschichte der erwachenden Männlichkeit« (N, 35[44], KSA 11, 531).

Als wichtigsten Charakterzug Lessings hebt N. die Ehrlichkeit hervor, mit der er die Grenzen des Wissens eingestanden hat. Lessing fungiert für N. auf diese Weise als Bündnispartner beim Kampf gegen die Allmachtsansprüche sokratischer Wissenschaft, dem »Glaube[n] an die Weltcorrectur des Wissens: Wahnvorstellung der Wissenschaft. Gegensatz Lessing: die Wahrheitstendenz« (N, 8[13], KSA 7, 224). Lessing sei deshalb der »ehrlichste theoretische Mensch«, weil er »es auszusprechen gewagt, dass ihm mehr am Suchen der Wahrheit als an ihr selbst gelegen sei: womit das Grundgeheimniss der Wissenschaft, zum Erstaunen, ja Aerger der Wissenschaftlichen, aufgedeckt worden ist« (GT 15, KSA 1, 99).

Kritisch begegnet N. der Glorifizierung Lessings seitens der ›Bildungsphilister‹, weil diese zum einen seine Universalität rühmten, obgleich diese »keine Auszeichnung«, sondern »nur eine Noth war« (DS, KSA 1, 182f.), und zum andern verantwortlich dafür waren, »daß dieses herrliche Wesen unter euch stumpfen Gesellen zu Grunde gieng« (N, 27[9], KSA 7, 590).

Gleichwohl wird Lessing bescheinigt, nicht wie die anderen ›Klassiker‹ veraltet zu sein, er lebe »vielleicht heute noch, – aber unter jungen und immer jüngeren Gelehrten« (WS, Nr. 125, KSA 2, 608). Im Laufe der Jahre nähert N. Lessing immer stärker an sein eigenes ↗Freigeist-Ideal an. Lessing mache dank »seiner Schauspieler-Natur, die Vieles verstand und sich auf Vieles verstand«, die Ausnahme beim sonst schwerfälligen deutschen Stil und sei »nicht umsonst der Übersetzer Bayle's« gewesen. Er liebe »auch im tempo die Freigeisterei, die Flucht aus Deutschland« (JGB, Nr. 28, KSA 5, 46f.).

Dies mag N. letztes Urteil über Lessing erhellen, daß »die Deutschen Lessing und Heine mehr verdanken dürfen als sie z. B. Goethe verdanken« (Ferdinand Avenarius, 20. 7. 1888).

Literatur: Meyer, Th.: N. Kunstauffassung und Lebensbegriff, Tübingen 1991, 663–664; Creszenzi, L.: N., August Wilhelm Schlegel und die Spuren Lessings. Die Exzerpte aus den »Vorlesungen über dramatische Kunst und Literatur«, in: NSt 20 (1991), 385–392.

*Schiller*

Das böse Wort N.s über Schiller vom »Moral-Trompeter von Säckingen« (GD, KSA 6, 111) verstellt leicht den Blick für die komplexe Beziehung zwischen beiden. Dieser Beziehung wird man auch nicht gerecht, wenn man zwischen einer frühen Phase der leidenschaftlichen Schiller-Verehrung und einer ab 1876 einsetzenden Abkehr N.s unterscheidet (Martin 1996). Wie Polyticki (1989, 364ff.) detailliert belegt, ist N. in seiner Haltung bereits zu Beginn zwiespältig und später trotz des unbezweifelbaren Bruchs von einer »Distanz der Nähe« (ebd.) charakterisiert.

Die frühen enthusiastischen Ruhmreden N.s auf Schiller bedienen sich klischeehafter Wendungen: »Ihr dürftet gar Schillers Namen nennen, ohne zu erröthen? Seht sein Bild euch an! Das funkelnde Auge, das verächtlich über euch hinwegfliegt, diese tödtlich geröthete Wange, das sagt euch nichts? Da hattet ihr so ein herrliches, göttliches Spielzeug, das durch euch zerbrochen wurde« (DS, KSA 1, 183). Schiller wird wie Goethe zu dieser Zeit von N. als Streiter für eine neue Kultur der Zukunft gedeutet. N. vergleicht ihn mit Wagner, mit dessen »idealistischer Art« er »am stärksten verwandt« sei: »dies glühende hochherzige Kämpfen, auf das der ›Tag der Edlen‹ endlich komme« (Carl von Gersdorff, 11. 3. 1870). Auch im Vergleich mit Goethe konnte Schiller bei N. zu dieser Zeit bestehen: »Schiller war mehr als ein kleiner Goethe« (N, 44[13], KSA 8, 613); von allen »Kämpfenden« stünde »als deren edelster und erhabener Ausdruck unser großer Schiller« (KSA 1, 646) vor unseren Augen.

Daneben lobt der junge N. Schiller auch aufgrund von Eigenschaften, die er in seinen späteren Phasen eindeutig positiv besetzt läßt: seine »kosmopolitische Tendenz« (N, 19[284], KSA 7, 508), das »Experimentiren« (N, 27[52], KSA 7, 602), die Einsicht in die Wirkmacht der Rhetorik und die Wertschätzung der »Kraft der Beredsamkeit« im Drama (N, 29[117], KSA 7, 684).

Von einer intensiven theoretischen Auseinandersetzung mit Schiller ist auch die Tragödienschrift Ns. geprägt. N. bescheinigt Schiller, in der Vorrede zur *Braut von Messina* »eine unendlich werthvollere Einsicht über die Bedeutung des Chors« als Schlegel zu haben, indem er »den Chor als eine lebendige Mauer betrachtete, die

die Tragödie um sich herum zieht, um sich von der wirklichen Welt rein abzuschliessen und sich ihren idealen Boden und ihre poetische Freiheit zu bewahren« (GT 7, KSA 1, 54). Schiller wird ausdrücklich deswegen gelobt, weil er gegen »den gemeinen Begriff des Natürlichen« kämpfe und zeige, daß es in der Kunst nicht auf naturalistische Darstellung ankomme, sondern daß das Wesen der poetischen Dichtung in ihrem symbolischen und idealen Charakter zu sehen sei.

Abgelehnt wird jedoch bereits vom frühen N. »die Tendenz, das Theater als Veranstaltung zur moralischen Volksbildung zu verwenden«. Dies wird zu den »unglaubwürdigen Antiquitäten einer überwundenen Bildung gerechnet« (GT 22, KSA 1, 144). Weitere kritische Äußerungen des jungen N. richten sich allgemein gegen die Verschleierungstendenzen des Dichters Schiller (N, 16[21], KSA 8, 291) und gegen seine Verkennung der Griechen (N, 3[15], KSA 8, 19). Im besonderen macht er vor dem Hintergrund seiner eigenen – von Wagner und Schopenhauer abhängigen – Vorstellung eines musikalischen Gesamtkunstwerks Einwände gegen den Lyriker Schiller, dessen *Ode an die Freude* dem »dithyrambischen Welterlösungsjubel« von Beethovens Musik »gänzlich incongruent« sei und »jener edle Schwung, ja die Erhabenheit der Schillerschen Verse [...] schon neben der wahrhaft naiv-unschuldigen Volksmelodie der Freude störend, beunruhigend, selbst roh und beleidigend« wirke (N, 12[1], KSA 7, 367). Über den Dramatiker urteilt er: »Schiller kommt nicht einmal völlig zur Lyrik, geschweige denn darüber hinaus: zum Drama. –« (N, 9[146], KSA 7, 328).

Ab der Zeit von *Menschliches, Allzumenschliches* wird der Idealismus Schillers attackiert als »Verlangen nach glänzenden knochenlosen Allgemeinheiten, nebst der Absicht auf ein Schönersehen-wollen in Bezug auf Alles (Charaktere, Leidenschaften, Zeiten, Sitten)«. Dies sei ein »weicher, gutartiger, silbern glitzernder Idealismus, welcher vor Allem edel verstellte Gebärden und edel verstellte Stimmen haben will« (M, Nr. 190, KSA 3, 163). In diesem Idealismus erblickt N. einen »Widerwillen gegen die [...] Wirklichkeit, [...] gegen die vollständigen Leidenschaften, gegen jede Art philosophischer Enthaltsamkeit und Skepsis, zumal aber gegen die Naturerkenntniss, sofern sie sich nicht zu einer religiösen Symbolik gebrauchen liess« (ebd.).

Entsprechend wird der Klassizismus Schillers verächtlich gemacht als »eine falsche Antike wie die Canova's, etwas zu glasirt, weich, durchaus der harten und häßlichen Wahrheit nicht in's Angesicht zu sehen wagend, tugendstolz, vornehmen Tones, affektvoller Gebärde, aber kein Leben, kein ächtes Blut« (N, 41[67], KSA 8, 593). Ein weiterer Kritikpunkt ist der Moralismus Schillers, »die Sucht, um jeden Preis moralisch erregt zu erscheinen« (M, Nr. 190, KSA 3, 163) und alle anderen Lebensbereiche moralisch zu bewerten. Insbesondere verübelt N. ihm wie auch Herder die moralisierende Kritik an der Sinnlichkeit Goethes (WA, KSA 6, 18). Als Künstler wird er abgewertet, er sei zwar »ein Theater-Maestro: aber was geht uns das Theater an!« (N, 10[41], KSA 12, 475). Sodann wird Schiller »Affectation der Wissenschaftlichkeit« vorgehalten, weil er nicht in seinen Grenzen verblieben sei, sondern dilettantische philosophische Aufsätze geschrieben habe, »– in jeder Beziehung ein Muster, wie man wissenschaftliche Fragen der Aesthetik und Moral nicht angreifen dürfe, – und eine Gefahr für junge Leser, welche, in ihrer Bewunderung des Dichters Schiller, nicht den Muth haben, vom Denker und Schriftsteller Schiller gering zu denken« (WS, Nr. 123, KSA 2, 605f.). Auch er könne kein Beispiel für einen ›deutschen Klassiker‹ abgeben, denn wirkungsgeschichtlich sei er »jetzt aus den Händen der Jünglinge in die der Knaben, aller deutschen Knaben gerathen! Es ist ja eine bekannte Art des Veraltens, dass ein Buch zu immer unreiferen Lebensaltern hinabsteigt« (WS, Nr. 125, KSA 2, 608).

Literatur: Geyer, P.: N. und Schiller, in: Preußische Jahrbücher 102 (1900), 400–411; Gaede, U.: Schiller und N. als Verkünder der tragischen Kultur, Berlin 1908; Horneffer, A.: Schiller und N., in: Die Tat 1 (1909/10), 527–35; Cysarz, H.: Schiller und N., in: JFDH 26 (1927), 121–147; Rehder, H.: The Relucent Disciple: N. and Schiller, in: O'Flaherty, J. C./Sellner, T. F./Helm, R.M. (Hgg.): Studies in N. and the Classical Tradition, North Carolina 1976, 156–164; Del Caro, A.: Ethical Aesthetic: Schiller and N. as Critics of the Eighteenth Century, in: GR 55 (1980), 55–63; Polyticki, M.: Umwertung aller Werte? Die deutsche Literatur im Urteil N.s, Berlin/New York 1989, 364–377; Martin, N.: N. and Schiller. Untimely Aesthetics, Oxford 1996.

*Claus Zittel*

## Deutscher Idealismus

Philosophischer Idealismus ist für N. änigmatisch, unheimlich, vampyristisch; er ist ein Blässerwerden, das entsinnlicht, eine Krankheit, die blutleere Sinne und Knochen, d.h. »Kategorien, Formeln, Worte« zurückläßt, aus denen alles Leben gesogen ist. 2000 Jahre Widernatur in Sachen Sinne und Sinnlichkeit haben tiefe Spuren hinterlassen: »Furcht vor den Sinnen« (FW, Nr. 372, KSA 3, 624), Sinnenfeindlichkeit und Vernunftglaube sind im Rationalismus eine unglückliche Liaison eingegangen. N. will dazu »Controverse« (N, KSA 13, 205) sein, er weiß, »dass die Ideen schlimmere Verführerinnen sind als die Sinne« (FW, Nr. 372, KSA 3, 624), versteht sein Denken als Einspruch gegen die großen Falschmünzer Kant, Fichte, Hegel, Schelling und ihre »Instinkt gewordene Unsauberkeit in psychologicis« (EH, KSA 6, 361). Ihr deutscher Geist ist seine »schlechte Luft« (ebd.), die ihn schwer atmen läßt: »Unzugehörig ist mir der Idealismus«, er ist frei und wie Voltaire »ein grandseigneur des Geistes« (ebd., 322).

Deutscher Idealismus ist durch »Theologen-Blut im Leibe« (AC, Nr. 8, KSA 6, 174) verdorben. Er ist »hinterlistige Theologie« (ebd., 176), muß sich N.s Metaphysikvorwurf gefallenlassen. Wie die ↗Religion den Begriff Gottes als Gegensatz-Begriff zum Leben erfunden habe (EH, KSA 6, 373), so stinken noch Fichte, Schelling, Hegel »nach Kirchenvätern« (N, KSA 11, 262), entlädt sich in ihrer Philosophie eine »aufgestaute Frömmigkeit« (ebd., 605), die von Gott als letzter Instanz nicht lassen kann; pantheistische Dämpfe verdecken die Schleichwege zum alten Ideal (ebd.).

In seinen Hauptvertretern attackiert N. den deutschen Idealismus aus unterschiedlicher Optik; die eigenen Denkfiguren sind in die Kritikstrategien eingelagert. Kants ›Ding an sich‹ verdient nur ein homerisches Gelächter (MA I, Nr. 16, KSA 2, 38), Hegels »gothische Himmelstürmerei« (N, KSA 11, 253) ist inkonsequent, in Fichtes Streben nach Wahrheit entdeckt er die nicht erkannte Illusion, man hätte sie (M, Nr. 353, KSA 3, 240), über Schellings ›intellektuale Anschauung‹ macht er sich lustig, sie sei das Ergebnis falscher Kant-Euphorie (JGB, Nr. 11, KSA 5, 25). Die auf-den-Punkt-bringende Kritik, subtil, weitsichtig, borniert, erhält ihre Implikationen aus zweifacher Sicht, auf die philosophischen Systeme des 18. Jh.s (die allesamt das 17. Jh. nicht verstanden haben) und auf deren Nachfolge im 19. Jh. Die historische Stufenfolge ist die einer doppelten Verflachung des Geistes; die zeitgenössische Philosophie ist das vorläufige Resultat, »die furchtbare Dilapidation der Hegelei« (N, KSA 7, 105; JGB, Nr. 254, KSA 5, 198): Darwin, Taine, Wagner als Nachwirkungen Hegels; Kant führt zurück ins 18. Jh. (N, KSA 12, 443). Die Kritik gebiert den unversöhnlichen Ton gegen den klassischen Idealismus. N. macht ihn verantwortlich für Metaphysikverfallenheit, Subjektbesessenheit, historischen Optimismus und Fatalismus, Erkenntnis-, Vernunfts- und Moralitätswahn. Was ihn nicht hindert, Kant, Fichte, Hegel, mit und ohne Ironie, das Prädikat denkerischer Größe zu verleihen. Gegen ihre zwergenhaften Nachfolger sind sie Giganten des Geistes. In der schwankenden Amplitude der Wertschätzung spiegelt sich die gebrochene Kontinuität (Löwith 1965, 8) zwischen dem Idealismus und seinem Kritiker. Der harte Ton nimmt mit der Konsolidierung des eigenen Standortes zu: Kants Idiotenwerdung, Hegels »kuhmäßige[r] Optimismus« (N, KSA 13, 536) prägen das späte Kritikvokabular; von der Sache her sieht er sie nur noch als philosophische Arbeiter, nicht mehr als Philosophen (JGB, Nr. 211, KSA 5, 144).

N.s Beschäftigung mit Kant ist durchgängig. Dessen Zweifel an der Erkenntnis, die Lust am Neinsagen, am Zergliedern, sieht er als das Beste, was es in Deutschland gegeben hat (N, KSA 11, 496), potenziert es aber mit dem Hinweis, das Werkzeug könne sich nicht selbst kritisieren (M, Nr. 3, KSA 3, 13), mit der generellen Infragestellung von Erkenntnis; Deleuze (1976, 98f.) spricht vom Kantischen Kompromiß, den N. durchschaut und mit dem Gedanken des Ineinssetzens von Erkenntnis und Illusion desavouiert. – In Auseinandersetzung mit Lange und Spir, im Kontext von Materialismus und Neukantianismus, ist der Kritizismus Kants ihm Anlaß, die Zweiteilung der Welt aufzugeben und Schein/Erscheinung als Produkte des menschlichen Subjekts (N, KSA 11, 125, 614f.; N, KSA 12, 140ff.) zu qualifizieren (Knopf 1980, 380). Daß die ›Welt‹ eine Fiktion ist, steht für N. außer Zweifel (GD, KSA 6, 91). Das Problem der Kausalität steht zur Disposition. Intelligible Welt und ›Ding an sich‹ werden gegenstandslos, und jede Metaphysik verliert ihre Grundlage (MA I, Nr. 16, KSA 2, 36ff). Wie die Prädikatierung in den Urteilen eine Fehlhandlung ist, so sieht N. auch das Postulat der Allgemeinverbindlichkeit von Kants ›Moralität‹ als Trugschluß und Naivität; es ist die Wirkung des Bisses der »Moral-Tarantel« (M, Nr. 3, KSA 3, 14) Rousseau, seines Gleichheitsgedankens, den N. ebenso verwirft wie den kategorischen Imperativ (WS, KSA 2, 650ff.), der ihm lebensgefährlich, weil unpersönlich (AC, Nr. 11, KSA 6, 177), ist. Unpersönlichkeit ruiniert das Leben (MA I, Nr. 25, KSA 2, 46). Man muß die Bedingungen der Kultur kennen, um solche Imperative formulieren zu können. Als Rückschleichweg zu Gott formuliert der kategorische Imperativ bloße Selbstsucht und Anspruchslosigkeit (FW, Nr. 335, KSA 3, 560). Der Ursprung von Gut und Böse, der Wert von Werturteilen, das Wesen der ↗Moral, Probleme, die N. umtreiben, bleiben bei Kant außerhalb philosophischer Kritik. Kants desinteressierter Blick auf das Leben ist auch verantwortlich, daß er in den ästhetischen Urteilen Interesselosigkeit sieht; für N. eine absonderliche Konsequenz. Sein Denken *in physiologicis* ist die Replik (N, KSA 10, 293; GM, 3. Abh., Nr. 6, KSA 5, 347). In Hegel sieht N. den »Genius der Historie« (N, KSA 7, 647), der, gegen vorsokratisches Denken, ein Zur-Ruhe-Kommen von Geschichte apostrophiert, das eigene Denken als Schlußpunkt des Selbsterkenntnisprozesses des absoluten Geistes versteht. Hegels teleologische Geste widerstrebt seinem Denken; was Hegel ›Weltgeschichte‹ nennt, ist ihm eine Absurdität, eine Zwecksetzung mit unlauteren philosophischen Mitteln (ebd., 661). Metaphysik und Optimismus vereinigen sich unglückselig wirksam unter dem Schirm des absoluten Geistes. N. goutiert dies nicht; seine Historismus-Kritik trifft Hegel als wesentlichen Verursacher. Die Gegenwart verharrt alternativlos in Stagnation. Hegels Staatsvorstellung im Bilde Preußens ist ihm ein Greuel, Denkresultat des Untertanengeistes und eine in Theologie umgekippte Teleologie. Er setzt der Übermacht der Geschichte in bezug auf ›Leben‹ (Brose 1978, 13) die Dominanz des Lebendigen, das sich seine Werte schafft, sein Telos, entgegen. Mit Hegel sprengt N. die Verlaufsformen von Geschichte, deren statische Figuration. Ihr Gemeinsames liegt in der Anerkennung der Negativität als Bewegungsprinzip, ihre Differenz zeigt sich in unterschiedlicher Akzeptanz von Vernunft, Macht, Moral in der Geschichte: »Wir wollen uns weder auf die Kantische noch Hegelsche Manier betrügen lassen: – wir **glauben nicht mehr**, wie sie, an die **Moral** und haben folglich auch keine Philosophien zu gründen, damit die Moral Recht behalte« (N, KSA 12, 163). – Mit dem Satz vom Widerspruch, daß alle Dinge sich selbst widersprechend sind, hat Hegel nach N. den Sieg des deutschen Geistes über Europa gesichert, jedenfalls am Beginn des 19. Jh.s (M, Vorr. Nr. 3, KSA 3, 15). N. würdigt ambivalent. Zu sehr gehen ihm Dialektik und Pessimismus zusammen, sind Fatalismus und Nihilismus unwägbare Folgen. Sokrates' Spuren sind in Hegel zu offensichtlich. Dennoch sei es ein außerordentlicher Gedanke, »dass die Artbegriffe sich **auseinander** entwickeln«, eine Vorstellung, die für N. ungemein ›deutsch‹ ist. Die Deutschen sind Hegelianer, »auch wenn es nie einen Hegel gegeben hätte« (FW, Nr. 357, KSA 3, 598). In Hegel kulminieren zwei Tendenzen, romantische Weltsicht und dialektischer Fatalismus, beide zu Ehren des Geistes, aber um den Preis der »Unterwerfung des Philosophen unter die Wirklichkeit« (N, KSA 11, 531); in ihm, wie im deutschen Idealismus überhaupt, akkumuliert das wirksamste »Gegengift gegen den noch übermächtigen Sensualismus« aus dem vorhergehenden Jahrhundert (JGB, Nr. 11, KSA 5, 26).

Romantik und deutscher Idealismus schließen (fast) nahtlos ineinander: »Die deutsche Philosophie als Ganzes [...] ist die gründlichste Art **Romantik und Heimweh**, die es bisher gab: das Verlangen nach dem Besten, was jemals war« (N, KSA 11, 678). Ihr Klassizismus ist geistgewordener Widerstand gegen den Jahrmarktslärm moderner Ideen, Wille zur Geistigkeit, ein Stück Gegenreformation, Wille zur Renaissance; ihre Würde sieht N. in ihrem Insistieren auf das Wiedergewinnen »des antiken Bodens«, »von Tag zu Tag **griechischer**« zu werden; die Hoffnung, dies nicht nur in Begriffen und im Geiste, sondern »auch mit unserem Leibe« (ebd., 679) zu werden, distanziert anachronistisch und sehr nietzscheanisch.

Literatur: Löwith, K.: Von Hegel zu N. Der revolutionäre Bruch im Denken des 19. Jh.s, Stuttgart 1964; Brose, K.: Kritische Geschichte. Studien zur Geschichtsphilosophie N.s und Hegels, Frankfurt a.M./Bern/Las Vegas 1978; Knopf, J.: Kritik der Erkenntniskritik, in: Manthey, J. (Hrsg.): Literaturmagazin 12

(N.), Reinbek 1980; Volkmann-Schluck, K. H.: Die Philosophie N.s. Der Untergang der abendländischen Metaphysik, Würzburg 1991; White, H.: Metahistory. Die historische Einbildungskraft im 19. Jh. in Europa, Frankfurt a.M. 1991; Lipperheide, Ch.: N.s Geschichtsstrategien. Die rhetorische Neuorganisation der Geschichte, Würzburg 1999.

*Renate Reschke*

## Englischer Utilitarismus

*John Stuart Mill – Jeremy Bentham – Herbert Spencer*

Das Nützlichkeitsprinzip des »Utilitarismus« (lat. utilis = »nützlich«) verurteilt N. in seinem gesamten Werk, d.h. Nutzen, Glück und Wohlfahrt als Grundlage von Denken und Handeln des Einzelnen und der Gesellschaft. Die Gründergestalten des englischen Utilitarismus verfolgt er mit polemischer Kritik: Jeremy Bentham, John Stuart Mill, Herbert Spencer. Seine Kritik ist umso gravierender, als die angelsächsische Philosophie sowie Teile des amerikanischen Pragmatismus bis heute durch das Utilitätsprinzip geprägt sind.

Erste Definitionen finden sich bei N. ab 1882: Mit »Nützlichkeit« wird keine Existenznotwendigkeit erhellt; »Utilitarisch« gesehen, kann man einem Menschen die Moral durch Nützlichkeit beweisen, dem anderen sie gerade dadurch widerlegen: »Keine Utilitarier« will N. angesichts der aristokratischen Griechen, denen der Machtwille mehr gilt als »irgend ein Nutzen« (M, Nr. 37, 230, 360, KSA 3, 44, 197, 241). Utilitarismus wird allein schon durch den Überschwang von Kunst und Poesie widerlegt, die vom Nutzen loskommen wollen und die »abergläubische Nützlichkeit« der »Utilitarier« verachten (FW, Nr. 84, KSA 3, 440). Deren »utile« ist Ausdruck hedonistischer und eudämonistischer Moral: es wollen die »unermüdlichen unvermeidlichen englischen Utilitarier«, daß die »englische Moralität« Recht bekommt; es wird dem »›allgemeinen Nutzen‹ oder ›dem Glück der Meisten‹, nein! dem Glücke Englands« gedient, einem »Streben nach englischem Glück, [...] nach comfort und fashion (und, an höchster Stelle, einem Sitz im Parlament)«; es ist eine »bescheidene und gründlich mittelmässige Art Mensch, diese utilitarischen Engländer« (JGB, Nr. 228, KSA 5, 164f.): »Der Mensch strebt nicht nach Glück; nur der Engländer thut das« (GD, KSA 6, 61).

In seinem rückblickenden »Versuch einer Selbstkritik« (1886) bezüglich der *Geburt der Tragödie* (1872) fragt N. skeptisch, ob nicht der »praktische und theoretische Utilitarismus [...] ein Symptom der absinkenden Kraft, des nahenden Alters, der physiologischen Ermüdung« ist (GT, KSA 1, 16f.). Die Antwort weist bereits in den Nachlaß des sogenannten *Willens zur Macht* und den künftigen *Antichrist*: der »Utilitarismus [...] kritisirt die Herkunft der moralischen Werthschätzungen, aber er glaubt an sie, ebenso wie der Christ« (N, KSA 12, 148). Die »Utilitarier« wollen den Werth einer Handlung aus deren Folgen berechnen; aber sie sind »naiv«; denn »zuletzt müßten wir erst wissen, was nützlich ist«; die Utilitarier haben keinen Begriff von der »großen Ökonomie, die des Übels nicht zu entrathen weiß« (N, KSA 13, 372). So ruft N. »Spott« und »Hohn über den Utilitarismus [...]: immer noch unter der Herrschaft des Eudämonismus« (N, KSA 11, 531). In uns selbst steckt der »Instinkt der Nützlichkeit«, er ist »keine Wahrheit an sich« (N, KSA 13, 334); »nützlich« ist abhängig von der »Absicht«, die wiederum abhängt vom »Grade der Macht: deshalb kann Utilitarism keine Grundlage sondern nur eine Folgen-Lehre« sein, sie ist »absolut zu keiner Verbindlichkeit für Alle zu bringen« (N, KSA 12, 372). Für N. ist der Mensch oft »wenig ›eigennützig‹«: »Man will nicht sein ›Glück‹; man muß Engländer sein, um glauben zu können, daß der Mensch immer seinen Vortheil sucht« (N, KSA 13, 42). Auch Zarathustra nennt es nicht Tugend, »wenn wir Vielen nutzen«: »Saht ihr wirklich je einen Menschen, der that, was ihm nützlich ist?« (N, KSA 10, 186, 420). Zum »Eigennutz« sind die meisten Menschen zu dumm: »Das utile ist nur ein Mittel, sein Zweck ist jedenfalls das dulce. Die Utilitarier sind dumm« – »seid doch ehrlich meine Herren Dulciarier!« (N, KSA 10, 128, 394). Nutzen und Glück sind für N. keine Rechtfertigung des Daseins, sondern eine Sache der Verachtung: »Nicht das Nützliche, sondern das Schwere bestimmt den Werth«. »Nur dem allein soll eure Tugend nützlich werden, um dessentwillen ihr euch und euren Nutzen verachtet. Sonst sei Verachtung der Nützlichkeit im Blick eurer Tugend« (N, KSA 10, 362, 431).

Im Kontext des sogenannten *Willens zur Macht*, 1888, fällt N. wieder ernüchtert-kritische Urteile über den englischen Utilitarismus: »Bei allem Utilitarism ist im Hintergrunde das wozu nützlich? (nämlich Glück: will sagen englisches Glück mit comfort und fashion Wohlbehagen, ἡδονή) [...]; also ist er ein verkappter verheuchelter Hedonismus« (N, KSA 11, 276). Selbst die Sätze des Spinoza rechnet N. zur »Grundlage des englischen Utilitarismus«: »Lust als Maaßstab thatsächlich gefunden bei den Utilitariern (Comfort-Engländer)« (N, KSA 11, 224, 236). N. sieht letztlich mehr »Hang zur Größe in den Gefühlen der russischen Nihilisten als in denen der englischen Utilitarier«: »Wie viel viehische Gemeinheit im Engländer, daß er jetzt noch nöthig hat, mit aller Gewalt das utile zu predigen! Es ist sein höchster Gesichtspunkt: sein dulce ist gar zu gering« (N, KSA 11, 238, 251).

### Jeremy Bentham (1748–1832)

Englischer Philosoph und Jurist. Diesen Hauptbegründer des Utilitarismus nennt N. nur an *einer* Stelle von *Jenseits von Gut und Böse*: Man sehe sich die »englischen Utilitarier an, wie sie plump und ehrenwerth in den Fusstapfen Bentham's daher wandeln« (JGB, Nr. 228, KSA 5, 164). Zwar wird Benthams Herkunft von Helvetius aufgezeigt, nicht aber die von Hutchesons »größtem Glück der größten Zahl«. N.s Nachlaß-Notizen ab 1883 gegen Bentham und den englischen Utilitarismus fallen wesentlich schärfer aus: »Nichts Kläglicheres als die moralistische Litteratur im jetzigen Europa. Die utilitarischen Engländer voran, plump wie Hornvieh in den Fußtapfen Bentham's wandelnd, wie er selber schon in den Fußtapfen des Helvetius wandelte« (N, KSA 11, 523). N. fragt, ob die Moralisten als »Gesetzgeber sich fühlen oder als Lehrer von gegebenen Gesetzen. Bei dem Utilitarier-Kampf sind beide Parteien einmüthig –? Bentham fühlt sich als Gesetzgeber« (N, KSA 10, 289). Von 1883 stammt auch der Quellenhinweis: »Bentham-Benecke« (N, KSA 10, 494). N. hat den deutschen Philosophen F.E. Beneke (1798–1854) sowohl in seiner frühen *Philosophie im tragischen Zeitalter der Griechen* (1873) kritisch rezipiert (PhtZ, KSA 1, 847) wie auch dessen Übersetzung (1830) von Benthams Hauptwerk *Introduction to the Principles of Moral and Legislation* (1780) wahrgenommen. Im Nachlaß von 1885 zeigt N. nochmals die Abhängigkeit Benthams von Helvétius: »Bentham und der Utilitarismus ist abhängig von Helvetius – der ist das letzte große Ereigniß der Moral«; »Daß es moralisch ist, zu thun, was unser Interesse erheischt, das suchen die Engländer sich zu beweisen, von Bentham an, der es von Helvetius übernommen hat« (N, KSA 11, 432, 500). N.s letztes Fragment von 1887 aus dem Kontext der *Umwerthung aller Werthe* lautet dann skeptisch: »Zu befragen auf ihre Werthe hin: [...] Bentham Comte« (N, KSA 12, 526).

### John Stuart Mill (1806–1873)

Englischer Philosoph, Psychologe und Soziologe. N. kritisiert dessen Assoziationspsychologie, Politische Ökonomie und *Utilitarianism* (1864). Mills *Auguste Comte und der Positivismus* und die *Gesammelten Werke* (dt. 1869–80) besitzt N. in seiner eigenen Bibliothek, kommentiert und exzerpiert sie intensiv. Er überträgt seine Rezeption Mills oft pauschalisierend auf die sozialen, wirtschaftspolitischen und vor allem ethischen Zeitprobleme. Ab 1881 kritisiert er Mills Moral-, Utilitäts- und Assoziationsdenken: In England hat »John Stuart Mill der Lehre von den sympathischen Affectionen und vom Mitleiden oder vom Nutzen Anderer als dem Princip des Handelns die meiste Berühmtheit gegeben«; der Einzelne ist den allgemeinen Bedürfnissen »anzupassen«, so daß das »Glück und zugleich das Opfer des Einzelnen darin liege, sich als ein nützliches Glied und Werkzeug des Ganzen zu fühlen«, als »gut« werde dann alles empfunden, was diesem Ganzheitstrieb entspricht: »diess ist der moralische Grundstrom in unserem Zeitalter« (M, Nr.132, KSA 3, 123f.). Mit politischem Akzent umkreist N. 1886 dieses Utilitätsdenken »achtbarer, aber mittelmässiger Engländer – ich nenne Darwin, John Stuart Mill und Herbert Spencer«: an solcher »verdammlichen Anglomanie« ist die europäische Noblesse zugrunde gegangen; gesiegt hat die »europäische Gemeinheit, der Plebejismus der modernen Ideen – Englands« (JGB, Nr.253, KSA 5, 196ff.). N. rechnet Mill unter »Meine Unmöglichen. [...] John Stuart Mill: oder die beleidigende Klarheit« (GD, KSA 6, 111). Ab 1880 präzisiert N.

im Nachlaß diese Kritik an den moralistischen, utilitaristischen und eudämonistischen Aspekten Mills: »›Mitleid‹ gehört z.B. für St. Mill nicht unter die moralischen Phänomene, sondern unter die der ›Liebenswürdigkeit‹, es ist Sache der ›Sympathie‹«; aber Mill vermag nur »moralische Empfindungen zu formuliren«, statt »neue innere Erlebnisse« zu schaffen: »Die ›Liebe zum Menschengeschlecht‹ mit Hülfe einer vernünftigen Erziehung – Stuart Mill, zum todtlachen!« (N, KSA 9, 116, 369, 392).

Mills *Auguste Comte und der Positivismus* befragt N. 1887: »In wie fern der Wille zur Macht als das Allein- und Absolut-Unmoralische übrig bleibt«. N. erkennt dann den »typischen Stumpfsinn [...] bei jenem typischen Flachkopf, dem Engländer J. St. Mill«; denn es ist der »weichliche und feige Begriff ›Mensch‹ à la Comte und nach Stuart Mill womöglich gar Cultus-Gegenstand [...] der christlichen Moral unter einem neuen Namen« (N, KSA 12, 360, 362, 558). »Flach« meint bei N. »flach im Instinkte!« (JGB, Nr. 238, KSA 5, 175). Besonders das Äquivalenzdenken Mills geißelt N. als flach und gemein: »Gegen J. Stuart Mill: Ich perhorreszire seine Gemeinheit, welche sagt, ›was dem Einen recht ist, ist dem Andern billig; was du nicht willst usw., das füge auch keinem Andern zu‹«: hier wird menschlicher Verkehr auf »Gegenseitigkeit der Leistung« reduziert, erscheint jede Handlung als »Äquivalenz der Werthe von Handlungen«, deren Einmaligkeit somit annulliert wird (N, KSA 13, 60f.). N. verstärkt diese Kritik 1888 mit einer abschließenden »Randbemerkung zu einer nia[i]serie anglaise«: Mills »Äquivalenz der Handlungen« kommt solcherart in der Realität nicht vor; zwischen »wirklichen ›Individuen‹ giebt es keine gleiche Handlung, folglich auch keine ›Vergeltung‹ [...], man würde immer eine ›andere‹ Handlung gegen mich begehen« (N, KSA 13, 583f.). In solcher »anderen« oder »altruistischen« Handlung wird die Spontaneität und Originalität jeder neuen bedeutenden Handlung nivelliert und letztlich getilgt.

## Herbert Spencer (1820–1903)

Englischer Philosoph, Soziologe und Pädagoge, Hauptvertreter eines philosophisch-erkenntnistheoretischen Evolutionismus bereits vor Darwin. Für Spencer vollzieht sich die Entwicklung der natürlichen und sozialen Welt in einem Fortschrittsprozeß steigender »Anpassung« an die Umwelt sowie durch »Auslese«. N. nimmt Spencers »Erziehungslehre« (*Education*, 1861) nicht direkt zur Kenntnis, rezipiert und kritisiert primär dessen ethische und soziologische Vorstellungen. So heißt es 1882: den »pedantischen Engländer Herbert Spencer« macht die »Versöhnung von ›Egoismus und Altruismus‹« schwärmen; diese »Spencer'schen Perspektiven« (FW, Nr. 373, KSA 3, 625) gehören ebenfalls zu jenen »mittelmässigen Köpfen« wie Darwin oder J. St. Mill und deren »Plebejismus der modernen Ideen – Englands« (JGB, Nr. 253, KSA 5, 196ff.). Nicht immer nur polemisch sind N.s Analysen von Spencers *Tatsachen der Ethik* (dt. 1879), die er selbst in seiner Bibliothek besitzt: die Theorie, die von »Herbert Spencer vertreten wird: der den Begriff ›gut‹ als wesensgleich mit dem Begriff ›nützlich‹, ›zweckmässig‹ ansetzt«, ist zwar »in sich vernünftig und psychologisch haltbar«, aber insgesamt ›falsch‹ (GM, 1. Abh., Nr. 3, KSA 5, 261). Denn N. rechnet auch das »theilweise Unnützlichwerden« und den Verlust der »Zweckmässigkeit« zum Fortschritt des »Macht-Willens«, während die englischen Utilitarier die »Anpassung« in den Vordergrund stellen; ja sie haben das Leben als eine »immer zweckmässigere innere Anpassung an äussere Umstände definirt (Herbert Spencer)«; damit ist das »Wesen des Lebens verkannt, sein Wille zur Macht« sowie der Vorrang der spontanen und neu gestaltenden Kräfte, auf deren Wirkung erst die »Anpassung« folgt; Spencer aber leugnet diese primären Funktionen aktiven und formenden Lebens- und Machtwillens, was bereits »Huxley Spencern zum Vorwurf gemacht hat, – seinen ›administrativen Nihilismus‹« (GM, 2. Abh., Nr. 12, KSA 5, 315f.). Noch in seinen letzten Äußerungen von 1888 wendet sich N. gegen Spencers Utilitarismus und Sozialeudämonismus als Formen der ›décadence‹: »auch Herr Herbert Spencer ist ein décadent, – er sieht im Sieg des Altruismus etwas Wünschenswerthes!«; nach N. aber sollen die »männlichen« Instinkte siegen über die des »Glücks« und die »verächtliche Art von Wohlbefinden, von dem Krämer, Christen, Kühe, Weiber, Engländer und andre Demokraten träumen« (GD, KSA 6, 139f.). Für N. ist die Welt nicht für »bloss gutmüthiges Heerdengethier«

und dessen »enges Glück« gebaut: »dass Alles ›guter Mensch‹ [...] oder, wie Herr Herbert Spencer es wünscht, altruistisch werden solle, hiesse dem Dasein seinen grossen Charakter nehmen« (EH, KSA 6, 369).

Ein Großteil der Kritik N.s an Spencer findet sich im Nachlaß ab 1880. Diese Fragmente konzentrieren sich primär auf die Moralfrage, wie sie aus Spencers *Tatsachen der Ethik* hervorgeht. N. bezieht seine Beurteilungskriterien auch aus dem Buch des Biologen W. H. Rolph, das er in seiner Bibliothek besitzt: kritisch genug sei diese polemische Schrift eines »deutschen Halb-Engländers [...], um jene Vereinigung von bêtise und Darwinismus, welche Herbert Spencer unter dem Titel: ›Data of Ethics‹ in die Welt gesetzt hat, gründlich zu ›zersetzen‹: Rolph, Biologische Probleme 1881«; freilich zeige dieses Buch, wie das bekämpfte, das »Mitreden-wollen unbedeutender Menschen«, wo nur eine »ausgesuchte Art von Erkennenden und ›Erlebten‹« zu Wort kommen darf (N, KSA 11, 525 f.). N. bezeichnet wörtliche Auszüge aus Spencers *Tatsachen der Ethik* als »Unsinn« und »Überschriften über einem modernen Narrenhaus« (N, KSA 12, 538; KSA 13, 242). Er unterstreicht 1888 seinen Standpunkt aus *Jenseits von Gut und Böse* (JGB, KSA 5, 205–240): »Was ist vornehm? [...] Daß man das Glück der großen Zahl überläßt: Glück als Frieden der Seele, Tugend, comfort (englisch-engelhaftes Krämerthum à la Spencer) [...]. Daß man der großen Zahl nicht durch Worte, sondern durch Handlungen beständig widerspricht« (N, KSA 13, 474 f.). Bis in seine letzten Aufzeichnungen reicht also N.s Kritik an Spencer und anderen Gründergestalten des englischen Utilitarismus.

Literatur: Baier, H.: Die Gesellschaft – ein langer Schatten des toten Gottes. F. N. und die Entstehung der Soziologie aus dem Geist der décadence, in: NSt 10/11 (1981/82), 6–33; Gerhardt 1988, 98–132; Brose, K.: Sklavenmoral. N.s Sozialphilosophie, Bonn 1990, 132–162; Ottmann ²1999, 130–137.

*Karl Brose*

# Französische Aufklärung

*Voltaire – Rousseau – Diderot – Montesquieu*

N.s Auseinandersetzung mit der modernen Aufklärung, die für ihn gleichbedeutend mit der französischen Aufklärung zu sein scheint, geschieht über deren zentrale Figuren, allen voran Voltaire und Rousseau. Sein Urteil, das sich im Lauf der Zeit ändert, enthält dennoch einige Konstanten: Zur Zeit der *Geburt der Tragödie* vollzieht sich die Wiedergeburt der tragischen Kultur in Deutschland aus einem Wagner sehr nahe stehenden ideologisch-politischen Blickwinkel, zwangsläufig als »Überwindung der ›Aufklärung‹« (N, KSA 7, 97 und 104), insbesondere der französischen Aufklärung, die die Grenzen der Zivilisation vollkommen zum Ausdruck bringe. Die auflösende »allgemeinste Verbreitung der liberal-optimistischen Weltbetrachtung« habe ihre Wurzeln »in den Lehren der französischen Aufklärung und Revolution d. h. in einer gänzlich ungermanischen, ächt romanisch flachen und unmetaphysischen Philosophie« (FV 3, KSA 1, 773). Hauptvertreter der französischen Aufklärung ist für N. zu diesem Zeitpunkt Rousseau: Sein Optimismus bezüglich der Natur des Menschen habe katastrophale Auswirkungen. Seine Position sei die Fortsetzung der Renaissance, in der N. wiederum den Ursprung des Mythos von der Güte der Natur sieht. Der beunruhigende Satyr der antiken Tragödie wird in der italienischen Oper durch den guten Hirten Arkadiens ersetzt. An die Stelle der aus ewiger Trennung und Verlust der ursprünglichen Einheit resultierenden Sehnsucht tritt die »Heiterkeit des ewigen Wiederfindens« (GT 19, KSA 1, 125). Der »ruchlose Optimismus« einer guten Natur jenseits der Zivilisation, münde durch Rousseau in die bedrohliche und schreckliche Forderung des Sozialismus: Rechte für einen selbstverständlich guten Menschen. »Die französische Revolution ist aus dem Glauben an die Güte der Natur entstanden: sie ist die Consequenz der Renaissance. Wir müssen uns belehren lassen. Eine mißleitete und optimistische Weltbetrachtung entfesselt endlich alle Greuel« (N, 9[26], 1871, KSA 7, 280). Dieselben Besorgnisse angesichts der Rousseauschen Utopie äußerte mehrfach auch J. Burckhardt (vgl. u. a. Burckhardts unter dem Eindruck der französischen Commune geschriebenen Brief, in: *Briefe*

KA., V, Basel/Stuttgart 1963, 130 und *Historische Fragmente aus dem Nachlass*, 1929). Die Matrix für diese gemeinsame Kritik am gefährlichen Optimismus Rousseaus finden wir bei Schopenhauer (vgl. *Die Welt als Wille und Vorstellung* I, Kap. 16 und *Parerga und Paralipomena*, Kap. 15, § 181). Die Aufklärung stellt zu diesem Zeitpunkt noch den Gipfel des ↗Sokratismus dar: »Die Aufklärung verachtet den Instinkt: sie glaubt nur an Gründe« (N, 5[45] 1870–1871, KSA 7, 104).

Das Entstehen der neuen Philosophie des ↗Freigeistes geht in dem Sorrentiner Winter 1876/77 mit einer intensiven Lektüre einher. N. liest vor allem Voltaire, den er teilweise bereits aus der Studentenzeit kannte, und Diderot. In letzterem schätzt N. vor allem den großen Schriftsteller (»ein so grosser Schriftsteller wie Diderot«; MA II, Nr. 113, KSA 2, 425), den Verfasser von *Neveu de Rameau* und von *Jacques le fataliste*, sowie den Literaten und Kritiker. Dieses Urteil über Diderot war damals weit verbreitet und ging auf Kosten seines philosophischen Werts. Von daher läßt sich übrigens auch B. Bauers Urteil verstehen, der N. in seinem Werk *Zur Orientirung über die Bismarck'sche Aera* (1880) als den »deutschen Diderot« bezeichnet hat. N. beklagte sich darüber in einem Brief an Gast vom 20. März 1881. Wenn N. auch bereits in seinen frühen Schriften Diderot zitierte (in Sommer/ Herbst 1873 zitiert er *Neveu de Rameau*; N, KSA 7, 622), taucht dieser doch in der »aufklärerischen« Periode häufiger auf. N. geht mehrfach auf das Schicksal des ›philosophe‹ in Deutschland ein (bei Lessing und Goethe). Im Aph. 113 von *Menschliches, Allzumenschliches* II vergleicht er Diderot mit Sterne, dem »Meister der Zweideutigkeit« und freiesten Geist. Diderot seinerseits spielt auf höchst zweideutige Weise mit Sternes *Tristram Shandy*: »Hat er jenen, in seinem Jacques le fataliste, nachgeahmt, bewundert, verspottet, parodirt? – man kann es nicht völlig herausbekommen, – und vielleicht hat gerade diess sein Autor gewollt« (MA II, Nr. 113, KSA 2, 425). Noch in den letzten Jahren interessiert sich N. für den Schriftsteller Diderot, wenn er das Urteil der Goncourt abschreibt: »Voltaire der letzte Geist des alten Frankreich, Diderot der erste des neuen. Voltaire hat das Epos, die Fabel, die kleinen vers, die Tragödie zu Grabe getragen. Diderot hat den modernen Roman, das Drama und die Kunstkritik inaugurirt« (N, 11[296] 1887/88, KSA 13, 122).

Gerade weil er mit dem aristokratischen Geist des 17. Jh.s in Verbindung steht und der Vertreter der ›klassizistischen‹ Aufklärung ist, wird Voltaire zur Symbolfigur der neuen Richtung. Die Erstausgabe von *Menschliches, Allzumenschliches* ist ihm gewidmet. N. bleibt seiner Bewunderung für Voltaire bis zuletzt treu, wie *Ecce homo* beweist: »Denn Voltaire ist, im Gegensatz zu allem, was nach ihm schrieb, vor allem ein grandseigneur des Geistes: genau das, was ich auch bin. – Der Name Voltaire auf einer Schrift von mir – das war wirklich ein Fortschritt – zu mir . . .« (EH, KSA 6, 322).

Bestimmte positive Züge Voltaires, wie z. B. seine aristokratische Natur, sein bedeutender wissenschaftlicher Geist, die Befreiung von den Fesseln des Christentums, kennzeichnen für N. den »besseren« Schopenhauer, einen kritischen, antidogmatischen »Aufklärer« Schopenhauer, dem das vierte Buch von *Die Welt als Wille und Vorstellung* fremd ist (»Schopenhauer, [...] war im Grunde Voltairianer«; N, 4[117], KSA 11, 459). Die Aufklärung Voltaires steht in der Traditionslinie des Humanismus, der mit Petrarca und Erasmus beginnt (MA I, Nr. 26). Als Dichter ist er ein leichter Geist, der ordnend gegen die Barbarei der romantischen Entfesselung der Gefühle und Leidenschaften wirkt. Darin ist er den Griechen und ihrem Geschmack verwandt (MA I, Nr. 221). Nicht zufällig geht die Wendung »Tanz in Ketten« (WS, Nr. 140 und 159), die für N. Ausdruck höchster Kunst und Kultur ist, unmittelbar auf Voltaire zurück (Brief an Deodati de Tovazzi, 24. Januar 1761, vgl. Heller 1972, 282), ebenso die strenge Disziplin, die das klassische französische Theater zur Vollendung geführt hat.

Dieser durch Voltaire charakterisierten Aufklärung, stellt N. Rousseau gegenüber, der in einem nunmehr gleichbleibenden Urteil die Korruption des Geistes der Aufklärung in eine fanatische und moralische Richtung verkörpert: Voltaire sei ebenso aristokratisch und frei, ein Vertreter der Toleranz, wie der Rousseau plebejisch sei, durch Gefühlskult, Intoleranz und den Ausdruck romantischer Schwäche verdorben (»Romantik à la Rousseau«, N, KSA 12, 449). Rousseau erscheint als Antithese zur humanistischen Tradition der Aufklärung, während »Voltaire noch die humanità im Sinne der Renaissance [begriff] insgleichen die virtù (als ›hohe Cultur‹)«(N, 9[184], KSA 12, 447). Rousseaus Moralfanatismus (die »Moral-Tarantel«) rückt ihn in die Nähe Luthers. Robespierre sei sein Jünger (M, Vorrede 3, KSA 3, 14). Der Wahnsinn der Revolution rühre von Rousseau her, oder zumindest, so behauptet N., vom »mythischen Rousseau« (WS, Nr. 216, KSA 2, 651).

Der »Mensch Rousseau's« war bereits in *Schopenhauer als Erzieher* in Gefahr, zum »Catilinarier« zu entarten (KSA 1, 371). Eine derartige Einschätzung, sowie die Tatsache, daß Rousseau einer der wenigen Gesprächspartner auf N.s Hadesfahrt war (MA II, Nr. 408, KSA 2, 533), scheint die Annäherung N.s an Rousseau nicht zu rechtfertigen, die einige Kritiker zu Beginn des Jahrhunderts behauptet haben (Bernoulli II, 1908, 17 ff.; Tönnies 1990) sowie jüngere Untersuchungen, denen zufolge N. in seiner harten Verurteilung der décadence eine Rousseausche Seele in sich bekämpft habe. Kaufmann zufolge (1950), der Rousseau mit dem dionysischen Geist gleichsetzt, hat N. in der dionysischen Rückkehr zur Natur Rousseaus die Gefahren seines eigenen Temperaments und seiner eigenen Philosophie bekämpft. Dabei habe N. seine spezifische Kritik an der allgemeinen Bedeutung von Rousseaus Rückkehr zur Natur vergessen. In Wirklichkeit muß N.s Rousseau-Kritik im Licht der antijakobinischen Atmosphäre gelesen werden, die sich nach dem Aufstand der *Commune* unter den französischen Intellektuellen breit machte. Besonders Taines Lektion gegen die gefährlichen Verallgemeinerungen der Prinzipien von 1789 ist spürbar sowie seine entschiedene Aversion gegen den »Wahnsinn« Rousseaus und den »klassischen Geist«. Dies ist die Quelle für die heftige Rousseau-Kritik der letzten Jahre (vgl. Marti 1993).

Die Lektüre Brunetières (die Exzerpte wurden als »Aphorismen« in den *Willen zur Macht* aufgenommen) führt in den letzten Jahren zu einer Verdeutlichung von N.s Haltung gegenüber der französischen Aufklärung anhand der Gegenüberstellung Voltaire–Rousseau (N, 9[184] und [185], KSA 12, 447–449).

N. wurde sich zuletzt auch der Grenzen der Aufklärung, die mit dem Namen Voltaire verbunden ist, bewußt. Die alte Aufklärung, der N. mit Beginn der achtziger Jahre eine neue Aufklärung gegenüberstellt, hält an dem metaphysischen Gegensatz ›gut-falsch‹, der typisch ist für die sokratische Beurteilung, fest. Der »Fortschritt der Freigeisterei« führt auch zu einer Befreiung von dem Fetisch des »Wahren« und »Nützlichen« und begreift die lebensbejahende Kraft des Irrtums (MA II, Nr. 4, KSA 2, 382). Voltaire (»›il ne cherche le vrai que pour faire le bien‹«, JGB Nr. 35, KSA 5, 54) bleibt dem humanistischen und positivistischen Blickwinkel verhaftet, der die »Seele der grossen Franzosen (wie Voltaire)« kennzeichnet und auf dem Vorurteil basiert, daß es »einen innersten Verband von Moral, Wissen und Glück« gebe (FW, Nr. 37, KSA 3, 406), ein Blickwinkel, in dem die Menschheit (als »Schatten Gottes«) und die Beförderung ihres Wohlergehens das höchste Motiv jeder Handlung und das Zentrum jeglichen Interesses darstellen (M, Nr. 132). Auch das Montesquieu-Zitat, das wir in den nachgelassenen Fragmenten von 1886–1887 finden, geht in diese Richtung: »Pour qu'un homme soit au-dessus de l'humanité, il en coûte trop cher à tous les autres« (N, 5[87], KSA 12, 222).

Literatur: Brunetière, F.: Études critiques sur l'histoire de la littérature française. Troisième série. Descartes – Pascal – Le Sage – Marivaux – Prévost – Voltaire et Rousseau – Classiques et Romantiques, Paris 1887 [NB]; Bernoulli 1908; Kramer, H. G.: N. und Rousseau, Leipzig 1928; Kaufmann 1950; Williams, W. D.: N. and the French, Oxford 1952; Heller, P.: N. in his relation to Voltaire and Rousseau, in: ders.: Studies on N., Bonn 1980, 51–89; Tönnies, F.: Der N.-Kultus. Eine Kritik, Berlin 1990; Marti, U.: ›Der große Pöbel- und Sklavenaufstand‹. N.s Auseinandersetzung mit Revolution und Demokratie, Stuttgart 1993.

*Giuliano Campioni*
*(aus dem Italienischen von Renate Müller-Buck)*

# Französische Moralistik

*Montaigne – Rochefoucauld – Pascal u.a.*

Zeitlebens hat sich N. in besonderem Maße für die französische Kultur interessiert. Eine beachtliche Affinität von N.s Denken zu den moralpsychologischen Analysen und zur Formgebung der französischen Moralisten läßt sich vielfach belegen. Dennoch wäre es vorschnell, wie Bludau (1979) kritisch gegen Andler (1920–31), Williams (1952) und andere aufzeigt, das Verhältnis N.s zu den französischen Moralisten auf bloße Einflußnahme zu reduzieren, zu stark verstand sich N. auf die Kunst der Anverwandlung. Bekannt wurde N. mit den französischen Moralisten vermutlich bereits 1866 durch seine Lektüre von

Langes *Geschichte des Materialismus* (Gersdorff, August 1866). Wie die Studie von Donnellan (1982) nachweist, ist vor allem in den Werken der sogenannten mittleren Periode (MA I u. II, M, FW) die Nähe zu den Moralisten spürbar, wobei N.s Beschäftigung mit ihnen unverkennbar mehr und mehr zunimmt. Ausdrücklich erwähnt N. Montaigne, Chamfort, Vauvenargues, La Rochefoucauld, La Bruyère, Fontenelle, Pascal, Guyau und Stendhal. Hinzuzuzählen ist in diesem Kontext auch die spanische Moralistik, namentlich Balthasar Gracian, welcher schon früh von N. bescheinigt bekommt, er zeige »eine Weisheit und Klugheit in der Lebenserfahrung damit sich jetzt nichts vergleichen lässt« (N, 30[34], KSA 7, 744), und den er auch später noch rühmt (vgl. den Brief an Köselitz, 20. 9. 1884).

N. zieht häufig eine Linie von der Antike über die Renaissance und die französische Moralistik bis zu sich selbst, um so unter der Fahne eines progagierten europäischen Denkens eine imaginierte oppositionelle Bündniskonstellation gegen die deutsche Philosophie polemisch auszuspielen. Ein besonders markantes Zeugnis dafür liefert der Aphorismus: »Europäische Bücher. – Man ist beim Lesen von Montaigne, Larochefoucauld, Labruyère, Fontenelle (namentlich der dialogues des morts) Vauvenargues, Champfort dem Alterthum näher, als bei irgend welcher Gruppe von sechs Autoren anderer Völker. Durch jene Sechs ist der Geist der letzten Jahrhunderte der alten Zeitrechnung wieder erstanden, – sie zusammen bilden ein wichtiges Glied in der grossen noch fortlaufenden Kette der Renaissance. Ihre Bücher erheben sich über den Wechsel des nationalen Geschmacks und der philosophischen Färbungen, in denen für gewöhnlich jetzt jedes Buch schillert und schillern muss, um berühmt zu werden: sie enthalten mehr wirkliche Gedanken, als alle Bücher deutscher Philosophen zusammengenommen« (WS, Nr. 214, KSA 2, 646 f.).

Beim Einzelvergleich der Moralisten mit N.s Anschauungen zeigen sich verschiedene Akzentuierungen. Wie Donnellan (1982, 18–37) belegt, gilt *Montaigne* für N. als Vermittler zur Antike. Bemerkenswerterweise finden sich nur ganz selten gegen ihn kritische Einwände N.s. Geschätzt wird er vordringlich aufgrund seiner Ablehnung jedweden Dogmatismus' und der Einsicht in den perspektivischen Charakter aller Wertungen. Ebenso wirkten Montaignes Freimut, Ehrlichkeit und Heiterkeit auf N. anziehend (SE 2, KSA 2, 348). Montaignes Denken zeichnet sich durch einen offenen, anti-systematischen Stil aus, welcher durch die essayistische Schreibweise N.s aufgenommen und durch die Aphorismen weiterentwickelt wird (Donnellan 1982, 134–136). Viele Züge des Montaignebildes N.s prägen auch in auffälliger Übereinstimmung die Physiognomie von N.s ↗Freigeist.

Komplexer und ambivalenter ist N.s Verhältnis zu *Pascal*. N. bewundert zwar die logische Schärfe und beißende Ironie Pascals (z. B. N, 10[128], KSA 12, 531), zeigt sich aber zunehmend entsetzt wie fasziniert von dessen »masochistischem« Versuch, Vernunft und Religion zu versöhnen. Pascal wird für N. zum demonstrativen Musterfall (EH, KSA 6, 285) der psychischen (Selbst-)Vernichtung eines Philosophen durch das Christentum (JGB, Nr. 45, 46, 62, 229, KSA 5, 65–67, 83, 166). An *La Rochefoucauld* kritisiert N., dieser ginge einerseits zu weit in der Zuschreibung von psychologischen Motiven und sei andererseits nicht konsequent genug bei der Zersetzung moralischer Werte. N. teilt mit La Rochefoucauld grundsätzlich das Bestreben, menschliche Eigenschaften wie Eitelkeit, Stolz und Ruhmsucht analytisch zu hinterfragen, doch darf N. zufolge z. B. der dahinter zum Vorschein kommende Egoismus nicht wieder moralisch als Laster bewertet werden, sondern ist neutral in seiner Funktion für den Organismus zu beschreiben (Donnellan 1982, 65–93). Stilistisch läßt sich eine Affinität zu den geschliffenen Maximen La Rochefoucaulds erkennen (MA I, Nr. 483, 501, 514, 575), jedoch auch die Tendenz, den jeweiligen Gedanken detaillierter zu analysieren und entsprechend ausführlich zu entfalten (z. B. MA I, Nr. 1–34). Gemäß den Befunden Donnellans unterscheidet sich die extensive und parabolische Metaphorik N.s von der ausbalancierten und konzisen Prosa La Rochefaucaulds deutlich, doch seien beide darin einig, die formgebende Wirkung des Aphorismus erkannt und in eine zusammenhängende Interpretation des Menschen integriert zu haben (Donnellan 1982, 141–153). An dieser Schnittstelle zwischen Ästhetik und Ethik sind daher gleichermaßen die Stilexperimente N.s und der französischen Moralisten angesiedelt und hierin kann auch der fruchtbarste Vergleichspunkt erkannt werden.

Literatur: Braun, O.: La Rochefoucauld und N., in: Philosophische Wochenschrift und Literaturzeitung, Bd. 4, Nr. 8/9 (1906), 186–188; Bauer, H.: Pascal et N., in: Revue Germanique, Paris 1914, 1–51; Andler (1920–31), Bd. I, Buch 2; Krökel, F.: Europas Selbstbesinnung durch N. Ihre Vorbereitung durch die französischen Moralisten, München 1929; Williams, D.: N. and the French. A Study of the influence of N.s French reading on his thought and writing, Oxford 1952; Bludau, B.: Frankreich im Werk N.s. Geschichte und Kritik der Einflußthese, Bonn 1979; Donnellan, B.: N. and the French Moralists, Bonn 1982; Taureck, B. H. F.: Exkurs über N. und Montaigne, in: N.s Alternativen zum Nihilismus, Hamburg 1991, 169–178; Meyer, Th.: N. Kunstauffassung und Lebensbegriff, Tübingen 1991, 665–669; Molner, D.: The Influence of Montaigne on N.: A Raison D' Etre in the Sun, in: NSt 22 (1993), 80–93; Reschke, R.: »Weltklugheit« – N.s Konzept vom Wert des Mediokren und der Mitte. Kulturkritische Überlegungen des Philosophen im Umkreis seiner »Fröhlichen Wissenschaft«, in: NSt 26 (1998), 239–259; Vivarelli, V.: N. und die Masken des freien Geistes: Montaigne, Pascal und Sterne, Würzburg 1998.

*Claus Zittel*

## Malerei/Bildende Kunst

*Böcklin – Delacroix – Dürer – Leonardo – Claude Lorrain – Michelangelo – Raffael – Phidias*

### Böcklin

Immer wieder hat man N.s künstlerisches Schaffen, und insbesondere *Also sprach Zarathustra*, mit der Malerei Böcklins verglichen, zumeist mit der Absicht, die vermeintliche Antiquiertheit und Abgeschmacktheit der *Zarathustra*-Dichtung zu illustrieren (Schlechta 1972, 354). Ebenso verfuhr man von anderer Seite mit Böcklin: In einem Standardwerk zur Gründerzeit wird die Auffassung kanonisiert, Böcklin sei gemeinsam mit N. und ↗Wagner ein typischer Vertreter einer »Parvenue-Kultur«. Sein Abenteurer wird als »Übermensch« gedeutet, »der wie die schweifende blonde Bestie N.s über Leichen reitet« (Hamann/Hermand 1965, 104).

Die inzwischen erfolgte Neubewertung der Kunst Böcklins seitens der Kunstwissenschaft ermöglicht einen sachlichen Vergleich, bei dem beide Künstler sich verwandt zeigen in ihrem kompromißlosen Einzelgängertum, ihrer technischen Meisterschaft, der Farbbehandlung, ihrem Bekenntnis zur Artifizialität der Kunst, dem je eigenwilligen allegorischen Umgang mit der Mythologie, dem Schwanken zwischen Pathos und Ironie und in ihrer bewußten Spätzeitlichkeit. Trotz dieser großen Nähe sind die Zeugnisse für einen direkten Bezug N.s auf Böcklin sehr spärlich. In einem Nachlaßfragment rühmt N.: »Hat es einen ähnlich wegesuchenden Maler wie Böcklin?« (N, 11[249], KSA 9, 536). Andernorts warnt N. jedoch vor einer »Entsinnlichung der höheren Kunst« durch die zunehmende Intellectualisierung sowie dem Übermaß an Symbolik in der modernen Kunst (MA I, Nr. 217, KSA 2, 177) und hatte dabei vermutlich Böcklin vor Augen (KSA 14, 137). Außerdem erwähnt N. in einem Brief, man wolle ihn Böcklin vorstellen (Franziska und Elisabeth N., 4./5. 11. 1884), berichtet jedoch später niemals über eine solche Begegnung.

### Delacroix

Es ist nicht auszumachen, ob N. jemals Bilder Delacroix' im Original gesehen hat. Gesichert ist hingegen, daß er aus Werken Baudelaires (*Salontexte*) und den Brüdern Goncourt (*Manette Salomon*) sein Wissen über Delacroix bezog (Pfotenhauer 1985; Schubert 1998). Delacroix gilt für N. vor allem als typischer Repräsentant der ↗décadence, als »Fanatiker des Ausdrucks ›um jeden Preis‹« (JGB, Nr. 202, KSA 5, 202 u. EH, KSA 6, 289), als »eine Art Wagner« (N, 25[141], KSA 11, 51), »peintre-poète« (N, 34[166], KSA 11, 476) und »Spät-Romantiker« (an Ferdinand Avenarius, 10. 12. 1888). Dabei wird jedoch Delacroix keineswegs einseitig als morbider décadent verurteilt. In die kritische Betrachtung Delacroix' in *Ecce homo* (KSA 6, 289) und mehr noch in *Jenseits von Gut und Böse* (Nr. 256, KSA 5, 202 f.) mischt sich unverhohlene Bewunderung, etwa bei der Analyse des effekthascherischen Virtuosentums: »allesammt grosse Entdecker im Reiche des Erhabenen, auch des Hässlichen und Grässlichen, noch grössere Entdecker im Effekte, in der Schaustellung, in der Kunst der Schauläden, allesammt Talente weit über ihr Genie hinaus –, Virtuosen durch und durch, mit unheimlichen Zugängen zu Allem, was verführt, lockt, zwingt, umwirft, geborene Feinde der Logik und der geraden Linien, begehrlich nach dem Fremden, dem Exotischen, dem Ungeheuren, dem Krummen, dem Sich-Widersprechenden«. Die Gesamtbewertung N.s fällt daher positiv aus: »im Ganzen eine verwegen-wagende, prachtvoll-gewaltsame, hochfliegende und hoch emporreissende Art höherer Menschen, welche ihrem Jahrhundert – und es ist das Jahrhundert der Menge! – den Begriff ›höherer Mensch‹ erst zu lehren hatte« (ebd. 203). Wie Schubert (1998, 235) darlegt, stimmen die einzelnen Charakteristika, die N. an Delacroix hervorhob, weitgehend mit dem heutigen Verständnis Delacroix' als Koloristen überein.

*Dürer*

Für N. hatten vornehmlich zwei Kupferstiche Dürers Bedeutung: *Melancholie* und *Ritter, Tod und Teufel*. Beide hatte er auch zeitweilig besessen, was den starken persönlichen Bezug, den N. zu diesen Blättern hatte, zum Ausdruck bringt. In einem Brief an Malwida v. Meysenbug erklärt er: »Selten habe ich Vergnügen an einer bildnerischen Darstellung, aber dies Bild ›Ritter, Tod und Teufel‹ steht mir nahe, ich kann kaum sagen, wie« (20. 3. 1875). N. deutet die Stiche primär über ihren emblematischen Gehalt, als Sinnbilder einer heroisch-pessimistischen Lebenshaltung. *Ritter, Tod und Teufel* begreift er als »Symbol unseres Daseins« (N, 9[85], KSA 7, 305). In der *Geburt der Tragödie* findet sich die charakteristischste Dürer-Stelle, in welcher N. ein düsteres Bild der nach dem Verlust des antiken Mythos verödeteten Kultur zeichnet: »Da möchte sich ein trostlos Vereinsamter kein besseres Symbol wählen können, als den Ritter mit Tod und Teufel, wie ihn uns Dürer gezeichnet hat, den geharnischten Ritter mit dem erzenen, harten Blicke, der seinen Schreckensweg, unbeirrt durch seine grausen Gefährten, und doch hoffnungslos, allein mit Ross und Hund zu nehmen weiss« (Nr. 20, KSA 1, 131). Mit diesem einsamen Helden identifiziert N. Schopenhauer: »Ein solcher Dürerscher Ritter war unser Schopenhauer: ihm fehlte jede Hoffnung, aber er wollte die Wahrheit. Es giebt nicht Seinesgleichen. –« (ebd.).

*Leonardo*

Von allen Renaissance-Künstlern wird Leonardo aufgrund seiner undogmatischen Beweglichkeit und Kraft von N. am meisten bewundert: »Leonardo da Vinci steht höher als Michelangelo, Michelangelo höher als Rafael« (N, 34[25], KSA 11, 429). Leonardo kenne »›das Morgenland‹, das innewendige so gut als das äußere«, und gehöre deshalb zu jenen Künstlern, die »einen wirklich überchristlichen Blick gehabt« haben. Es sei »etwas Über-Europäisches und Verschwiegenes an ihm, wie es Jeden auszeichnet, der einen zu großen Umkreis von guten und schlimmen Dingen gesehn hat« (N, 34[149], KSA 11, 471). N. zählt Leonardo zu den »zauberhaften Unfassbaren und Unausdenklichen«, den »Räthselmenschen« (JGB, Nr. 200), wie Friedrich der Zweite gehöre er zu den »ersten Europäer[n]« (ebd.).

Trotz dieser großen Wertschätzung gibt es für eine Beschäftigung N.s mit Werken Leonardos nur einen einzigen bedeutsamen Anhaltspunkt. Peter Gast berichtet, daß N. bei ihm die Reproduktion einer Rötelzeichnung mit dem Selbstbildnis Leonardos gesehen hat und dabei ausrief: »Aah, das ist ja *Zarathustra*! so ungefähr habe ich ihn gedacht« (Montinari 1982, 140).

*Claude Lorrain*

Für die atmosphärische Malerei Lorrains hegte N. eine besondere Vorliebe. Häufig bezieht er sich auf ihn, wenn er eigene Landschaftseindrücke und Herbststimmungen vermitteln wollte; er spricht z. B. davon, in »einem unendlichen Claude Lorrain von Farben« (Emily Finn, 6. 12. 1888) zu leben oder daß der Herbst »ein wahres Wunder von Schönheit und Lichtfülle, ein Claude Lorrain in Permanenz« sei (Overbeck, 13. 11. 1888). Lorrain gehört zu den wenigen Malern, die N. in Museen aufgesucht hat (Schulze 1998). N. faszinierte besonders das Phänomen der stillgestellten Zeit in Lorrains Idyllen, das sie auf diese Weise mit dem Tod konnotierte und wodurch sie zur Gattung der ›heroischen Idyllen‹ zählen: »Vorgestern gegen Abend war ich ganz in Claude Lorrain'sche Entzückungen untergetaucht und brach endlich in langes heftiges Weinen aus. Daß ich dies noch erleben durfte! Ich hatte nicht gewußt, daß die Erde dies zeige und meinte, die guten Maler hatten es erfunden. Das

Heroisch-Idyllische ist jetzt die Entdeckung meiner Seele: und alles Bukolische der Alten ist mit einem Schlage jetzt vor mir entschleiert und offenbar geworden – bis jetzt begriff ich nichts davon« (N, 43[3], KSA 8, 610). Später verknüpft N. das Motiv einer Spätzeit mit Lorrains Kunst (Bertram 1918, 254f.; Bohrer 1998): »– Ich habe nie einen solchen Herbst erlebt, auch nie Etwas der Art auf Erden für möglich gehalten, – ein Claude Lorrain ins Unendliche gedacht, jeder Tag von gleicher unbändiger Vollkommenheit. –« (EH, KSA 6, 356).

## Michelangelo

Wie bei N.s Auseinandersetzung mit ↗Leonardo steht auch im Falle Michelangelos die hohe Wertschätzung in krassem Mißverhältnis zu den nachweisbaren Zeugnissen einer konkreten Beschäftigung mit dessen Kunst. Er erwähnt ihn als Vertreter jener unwiederbringlich verlorengegangenen Blütezeit der Kunst, die »nicht nur eine kosmische, sondern auch eine metaphysische Bedeutung der Kunstobjecte« (MA I, Nr. 220) vorausgesetzt hatte. Wenig später interpretiert er Michelangelo jedoch als einen Künstler, in dessen Werk der Untergang der klassischen Kunstepoche durch den Barockstil vorbereitet worden sei. Dies ereigne sich durch die »Wahl von Stoffen und Vorwürfen höchster dramatischer Spannung, bei denen auch ohne Kunst das Herz zittert, weil Himmel und Hölle der Empfindung allzunah sind: dann die Beredtsamkeit der starken Affecte und Gebärden, des Hässlich-Erhabenen, der grossen Massen, überhaupt der Quantität an sich – wie diess sich schon bei Michelangelo, dem Vater oder Grossvater der italiänischen Barockkünstler, ankündigt –« (MA II, Nr. 144, KSA 2, 438).

N. stellt Michelangelo über ↗Raffael, weil er im Unterschied zu diesem »durch alle christlichen Schleier und Befangenheiten seiner Zeit hindurch, die Ideale einer vornehmeren Cultur gesehn« (N, 34[148], KSA 11, 470) habe. Dabei stilisiert N. Michelangelo erkennbar nach eigenen Maßstäben: »M⟨ichel⟩ Angelo aber sah und empfand das Problem des Gesetzgebers von neuen Werthen: ebenso das Problem des Siegreich-Vollendeten, der erst nöthig hatte, auch ›den Helden in sich‹ zu überwinden«, er war »in Augenblicken so hoch und so außerhalb seiner Zeit und des christlichen Europas [...], ein Ideal, dem nur der Mensch der stärksten und höchsten Lebens-Fülle gewachsen sein kann« (ebd.). Entsprechend hebt N. Michelangelos Kraft und seine Individualität als Ursachen seines Schöpfertums hervor (N, 7[17], KSA 9, 320; N, 7[1], KSA 10, 236).

## Phidias

Vordringlich beschäftigt sich N. mit der griechischen Architektur und Plastik im Umkreis seiner Tragödienschrift. Seine Wertungen erfolgen daher vor dem Hintergrund der ästhetischen Metaphysik der *Geburt der Tragödie*. Die einzelnen Künste werden im Lichte der Idee eines Universalkunstwerks, als Einheit von Musik, Architektur und Dichtung begriffen (Meyer 1991, 368f.), und die Plastik daher als abhängig von der Tragödie erklärt (N, 25[1], KSA 7, 568; N, 5[94], KSA 7, 118).

Neben gelegentlichen Erwähnungen von Skopas, Praxiteles (KSA 1, 559) und Polyklet (FV 3, KSA 1, 766), setzt sich N. überwiegend mit Phidias auseinander, dessen Statuenkunst ihm als Inbegriff eines über die »Menschheit hinausgehende[n]« höheren Zweckes erscheint (N, 7[199], KSA 7, 214). Angesichts der Kunst des Phidias wird N. geradezu zum Platoniker: »Glaubt man wirklich, daß eine Statue des Phidias vernichtet werden könne, wenn nicht einmal die Idee des Steins, aus der sie gefertigt war, zu Grunde geht?« (ebd.; vgl. N, 21[2], KSA 7, 523). Phidias und mit ihm die griechische Kunst überhaupt, stellen für den frühen N. zeitlose Muster dar.

Später wird von N. der Vergangenheitscharakter der griechischen Kunst betont. Nun ist uns nur »beinahe noch so zu Muthe (zum Beispiel in einem griechischen Tempel wie dem von Pästum), als ob eines Morgens ein Gott spielend aus solchen ungeheuren Lasten sein Wohnhaus gebaut habe« (MA I, Nr. 145, KSA 2, 141). Damit verändert sich auch die Wertungsperspektive auf die Kunst des Phidias, der nun nicht mehr eine kulturübersteigende höhere Idee ästhetisch repräsentieren kann, denn N. ist inzwischen zur Überzeugung gelangt, daß die dazu notwendigen metaphysischen Voraussetzungen abhanden gekommen sind. Das Vorbildliche der griechischen Kunst wird nurmehr im klassischen Stil erblickt.

Phidias wird jetzt als Künstler der strengen Gesetze den Ausdruckskünstlern Skopas und Praxiteles konstrastiert (N, 30[102], KSA 8, 540) und seine Werke mit dem *Palazzo Pitti* verglichen (N, 25[117], KSA 11, 44), welcher N.s einziges konkretes Beispiel für sein Ideal des »grossen Stils« darstellt (N, 14[61], KSA 13, 247; ↗Architektur).

*Raffael*

Am weitaus häufigsten von allen bildenden Künstlern erwähnt N. Raffael. Der KSA-Index weist über siebzig Einträge auf. Raffael wird geschätzt als ›harmonischer‹ (N, 30[9], KSA 7, 734) und ›naiver‹ Künstler, der dem »Höchste[n] in der Kunst« (N, 7[173], KSA 9, 352), dem Stilideal des Klassizismus entspräche (Meyer 1991, 369f.).

Explizit bezieht sich N. auf drei Gemälde, die *Transfiguration* (GT 4, KSA 1, 39; M, Nr. 8, KSA 3, 21), *Die Heilige Cäcilie* (WB, Nr. 9, KSA 1, 490 u. ö.) und die *Sixtinische Madonna* (WS, Nr. 73, KSA 2, 585). Im Unterschied zu seiner Beschäftigung mit anderen Werken der Malerei, läßt sich N. hierbei auf ausführlichere Bildbeschreibungen ein. Am bedeutsamsten ist seine Auseinandersetzung mit der *Transfiguration* (van Tongeren 1994), die er als gleichnisartige Darstellung eines »Depotenziren des Scheins zum Schein« (GT 4, KSA 1, 39) deutet und an zentraler Stelle in die Argumentation der *Geburt der Tragödie* einbaut. In Raffaels Bild werde die Getrenntheit und wechselseitige Abhängigkeit der apollinischen Scheinwelt und des furchtbaren dionysischen Untergrundes sichtbar. Auf diese Weise eröffne sich die Einsicht in die Scheinhaftigkeit der Tageswirklichkeit. In der dargestellten Vision der Apostel sei die abermalige Potenzierung des Scheins als Schein im Schein veranschaulicht.

N. klammert die christlichen Gehalte der Bildwerke Raffaels aus, indem er den Akzent seiner Deutung auf die Gestaltung des Visionären in dessen Malerei legt. Er bescheinigt Raffael angesichts der *Sixtinischen Madonna* ein »ehrliches Malerthum«, weil er eine Vision »ohne Glauben« zu malen versucht und so seine »gläubigen Betrachter auf artige Weise überlistet« habe (WS, Nr. 73, KSA 2, 585f.).

Literatur: Bertram 1918; Stein, T.: N. und die bildende Kunst, Berlin 1925; Hamann, R./Hermand, J.: Gründerzeit, Berlin 1965; Pfotenhauer, H.: Die Kunst als Physiologie. N.s ästhetische Theorie und literarische Produktion, Stuttgart 1985, 141–145; Linnebach, A.: Arnold Böcklin und die Antike. Mythos, Geschichte, Gegenwart, München 1991; Meyer, Th.: N. Kunstauffassung und Lebensbegriff, Tübingen 1991, 363–378; ders.: N. und die Kunst, Tübingen 1993, 105–112; van Tongeren, P.: Die Kunst der Transfiguration, in: Duhamel, R./Oger, E. (Hgg.): Die Kunst der Sprache und die Sprache der Kunst, Würzburg 1994, 84–104; Bohrer, K.-H.: Der Abschied. Eine Theorie der Trauer: Baudelaire, Goethe, N., Benjamin, Frankfurt a.M. 1996, 422ff.; Schubert, D.: N.s Blick auf Delacroix als Künstlertypus, in: Nietzscheforschung 4 (1998), 227–242; Schulze, I.: N. und Claude Lorrain, ebd., 217–225.

*Claus Zittel*

## Naturwissenschaft

*Boscovich – Darwin – Mayer – Roux – Vogt – Zöllner*

Über die Bedeutung von N.s Aufnahme naturwissenschaftlichen Gedankenguts ist sich die Forschung uneins. Unklar ist vor allem das Verhältnis von N.s aufrichtigem oder rhetorischem Bekenntnis zur ↗Wissenschaft in seiner sogenannten ›positivistischen Phase‹ einerseits und seiner grundsätzlichen Erkenntnisskepsis andererseits (Schlechta/Anders 1962, 57) sowie der Stellenwert von N.s naturwissenschaftlichem Begründungsversuch des Gedankens der ↗ewigen Wiederkehr. Ein weiteres Manko ist, daß immer noch Mittaschs Buch von 1952 als einschlägige Darstellung von N.s Verhältnis zur Naturwissenschaft gelten muß. Bislang gibt es keine neuere Arbeit, welche die vielen seither erschienenen Einzelstudien zu N.s naturwissenschaftlichen Lektüren in einer großangelegten Interpretation zusammenführt. Erst eine solche Studie könnte die Resultate der jeweils punktuell ansetzenden und ihren Gegenstand damit tendenziell aufwertenden Einflußstudien hinsichtlich ihrer Relevanz bewerten. Ebenso mißlich ist, daß der interpretatorische Status der häufig als Exzerpte im Nachlaß überlieferten Lektürezeugnisse von naturwissenschaftlichen Werken beim isolierten Aufspüren von Quellentatbeständen zumeist unbefragt bleibt.

N. hat eine große Anzahl an naturwissenschaftlichen Texten konsultiert oder zumindest besessen (Auflistung bei Mittasch 1952, 365ff.), unter ihnen Schriften von Baer, Büchner, Caspari (Treiber 1996, 403 ff.), Fechner, Helmholtz (vgl. Abel 1984, 32 ff. u. Treiber 1994), Mach (vgl. Abel ²1998, 401–407), Moleschott, Nägeli und Rütimeyer (Janz 1978, Bd. 1, 317–321). Die nachfolgenden Artikel behandeln die gesichertsten und am besten dokumentierten Bezugnahmen N.s.

Literatur: Mittasch 1952; Schlechta/Anders 1962; Orsucci, A.: Beiträge zur Quellenforschung, in: NSt 22 (1993), 371 ff.; Treiber, H.: »Logik des Traumes«, in: NSt 23 (1994), 1–41; D'Iorio, P.: Cosmologie de l' Éternel Retour, in: NSt 24 (1995), 62–123; Treiber, H.: »Das Ausland« – Die »reichste und gediegente Registratur« naturwissenschaftlich-philosophischer Titel in N.s »idealer Bibliothek«, in: NSt 25 (1996), 394–412; Abel ²1998.

## Ruggero Giuseppe Boscovich

Der jesuitische Mathematiker und Naturphilosoph Boscovich (1711–1787) genießt N.s höchste Wertschätzung. Vor allem ihm sei es zu danken, daß die materialistische Atomistik zu »den bestwiderlegten Dingen, die es giebt« (JGB, Nr. 12, KSA 5, 26) gehört. Gemeinsam mit »dem Polen Kopernicus« sei der »Pole« Boscovich »bisher der grösste und siegreichste Gegner des Augenscheins« (ebd.) gewesen. Er lehre »dem Glauben an das Letzte, was von der Erde ›feststand‹, abschwören, dem Glauben an den ›Stoff‹, an die ›Materie‹, an das Erdenrest- und Klümpchen-Atom«. Dies sei der »grösste Triumph über die Sinne, der bisher auf Erden errungen worden ist« (ebd.).

Boscovich, der keineswegs Pole war, sondern in Dalmatien geboren wurde, war ein entschiedener Gegner der mechanistischen Atomtheorie gewesen. Er selbst verfocht einen Kraft-Dynamismus und ging davon aus, daß die Materie als Konstellation wechselseitig aufeinander wirkender, ausdehnungsloser Kraftzentren begriffen werden müsse. In einem aufschlußreichen Brief benutzt N. diese Auffassung für eine Kritik am mechanistischen Stoffbegriff Mayers und stellt sich damit zugleich bei dem im 19. Jh. lange geführten Streit über das Verhältnis von Kraft und Stoff auf die Seite der Kraftlehre: Seit Boscovich »giebt es keinen Stoff mehr, es sei denn als populäre Erleichterung. Er hat die atomistische Theorie zu Ende gedacht. Schwere ist ganz gewiß keine ›Eigenschaft der Materie‹, einfach weil es keine Materie giebt. Schwerkraft ist, ebenso wie die vis inertiae, gewiß keine Erscheinungsform der Kraft (einfach weil es nichts Anderes giebt als Kraft!)« (Köselitz, 20. 3. 1882; vgl. N, 26[410], KSA 11, 260 f.).

Weiterhin ergibt sich aus Boscovichs Position, daß wenn es keine Atome, sondern nur »als relationale Kraftwirkungen auszulegendes Geschehen« (Abel ²1998, 88) gibt, auch »Selbsterhaltung und Beharrung nicht das Wesensmerkmal des Wirklichen sein können« (ebd.). Die Einstellung gegenüber den von den Wissenschaften aufgestellten Naturgesetzen verändert sich damit grundsätzlich, denn jedes Gesetz kann jetzt nur noch als transitorisches Resultat perspektivischer Täuschung und somit als regulative Fiktion begriffen werden. Boscovichs Kritik des Atomismus wird von N. konsequent nihilistisch interpretiert. Ihr komme zudem eine exemplarische Bedeutung zu, da sie auf alle anderen Bereiche, in denen man gleichermaßen an feste Größen und Gesetze glaubt, ausdehnbar sei, etwa der »Seelen-Atomistik« (JGB, Nr. 12, KSA 5, 27) des Christentums. In direkter Analogie zu Boscovichs Gedanken formuliert N. in diesem Zusammenhang seine »Seelen-Hypothese«, daß die Seele pluralistisch-dynamisch als »Subjekts-Vielheit« und »Gesellschaftsbau der Triebe und Affekte« (ebd.) aufzufassen sei.

N. hält Boscovich, den er zuerst auszugsweise durch Fechner kennengelernt hatte (Schlechta/Anders 1962, 128), »für einen der großen Wendepunkte« (N, 26[432], KSA 11, 266) in der Geschichte der Wissenschaft. Ausdrücklich beruft er sich auf ihn, wenn er als Losung für seine eigene Methode ausgibt: »Nicht eine Philosophie als Dogma, sondern als vorläufige Regulative der Forschung« (ebd.).

Literatur: Boscovich, R. J.: Theoria Philosophiae Naturalis Redacta ad Unicam Legem Virium in Natura Existentum, Viennae 1759, 3. Aufl. Venetiae 1763, (Nachdruck und Übersetzung Chicago/London 1922); Mittasch 1952, 103 ff.; Schlechta/Anders 1962, 127–140; Stack, G. J.: N. and Boscovich's Natural Philosophy, in: Pacific Philosophical Quarterly 62 (1981), 69–87; Whitlock, G.: Roger Boscovich, Benedict De Spinoza and F.N.: The Untold Story, in: NSt 25 (1996), 200–220; ders.: Examining N.s »Time Atom Theory« Fragment from 1873; in: NSt 26 (1997), 350–360; Abel ²1998, 85–90.

## Charles Darwin

Bereits zur Zeit seiner Basler Professur schloß sich N. beim heftig geführten Streit um den Darwinismus dem Lager der Gegner Darwins an, dem auch Rütimeyer und Baer angehörten (Mittasch 1952, 34). Dennoch hat ihn bis heute immer wieder, worüber er sich schon selbst beklagte, »gelehrtes Hornvieh« wegen seiner ↗Übermensch-Konzeption »des Darwinismus verdächtigt« (EH, KSA 6, 300). Anderseits gibt es eine einzelne Nachlaß-Stelle, wo es heißt: »Die entsetzliche Konsequenz des Darwinismus, den ich übrigens für wahr halte« (N, 19[132], KSA 7, 461; vgl. DS, KSA 1, 194–196).

Der wichtigste strittige Punkt in der Auseinandersetzung mit Darwin bestand für N. in der Frage, ob mit dem Gedanken Darwins, daß beim »Kampf ums Dasein« die Selbsterhaltung des Lebens durch Anpassung erfolgt, der Grundcharakter des Lebendigen adäquat bestimmt ist oder nicht (Abel ²1998). In zahlreichen Fragmenten bezieht N. den Standpunkt, daß das, was dem Überleben des Individuums nützlich ist, seiner »Stärke und Pracht« gerade abträglich sein könnte (N, 7[25], KSA 12, 304). Wie gegen die mechanistische Position Roux' wendet N. auch gegen die externe Erklärungsperspektive Darwins ein, »das Wesentliche am Lebensprozeß« sei »gerade die ungeheure gestaltende, von Innen her formschaffende Gewalt, welche die ›äußeren Umstände‹ ausnützt, ausbeutet« (ebd.). ↗Leben ziele nicht primär auf Erhaltung, sondern auf Steigerung, d.h. wachsen, mehr-werden-wollen, über-sich-hinaus-wollen (N, 14[121], KSA 13, 301; vgl. auch GD, KSA 6, 120f.). Nur so könne auch erklärt werden, wie es überhaupt zu Bewegung, Veränderung und Wechsel kommt. Der »Kampf ums Dasein« stelle nur eine »Ausnahme, eine zeitweilige Restriktion des Lebenswillens« dar und sei daher eine »unbegreiflich einseitige Lehre« (FW, Nr. 349, KSA 3, 585).

Ein weiterer Einwand N.s richtet sich gegen Darwins Theorie, daß »die Selektion zu Gunsten der Stärkeren, Besser-Weggekommenen, den Fortschritt der Gattung« befördere, denn offenkundig sei das Gegenteil mit Händen zu greifen: »das Durchstreichen der Glücksfälle, die Unnützlichkeit der höher gerathenen Typen, das unvermeidliche Herr-werden der mittleren, selbst der unter-mittleren Typen« (N, 14[123], KSA 13, 303). Ebensowenig gebe es eine geschlechtliche Zuchtwahl, derzufolge die Weibchen immer das schönste und kräftigste Männchen wählen, denn die Weibchen zeigten sich »ganz und gar nicht wählerisch« (N, 14[133], KSA 13, 316). Entsprechend ablehnend verhält sich N. zum Evolutionsgedanken, da der Mensch keinen Fortschritt zu irgendeinem Tier darstelle. Es gebe keine Entwicklung vom Niederen zum Höheren, sondern »Alles zugleich, und übereinander und durcheinander und gegeneinander« (ebd., 316f.). Die Annahme, es gebe beständiges Wachstum und Vervollkommnung, verweist N. ins Reich der Imagination. Kritik übt er überdies an der Vorstellung einer Domestikation des Menschen, der er nur »oberflächliche Wirkung« zugesteht, da man letztlich die Natur nicht ›denaturieren‹ könne (ebd. 315).

Ob N. mit seiner Anti-Darwin-Polemik dem Darwinismus sowie seiner eigenen Position gerecht wird, bezweifelt eine neuere Studie Stegmaiers (1987), die lediglich die moralische Formulierung darwinistischer Gedanken von N.s Kritik getroffen sieht, sonst jedoch vielfache Gemeinsamkeiten ausmacht.

Literatur: Ewald, O.: Darwin und N., in: Zeitschrift für Philosophie und philosophische Kritik 136 (1909), Ergänzungsheft 2, 159–179; Haas, L.: Der Darwinismus bei N., Gießen 1932; Mittasch 1952, 166–180; Abel, G.: N. contra ›Selbsterhaltung‹. Steigerung der Macht und ewige Wiederkehr, in: NSt 10/11 (1981/82), 367–407; Henke, D.: N.s Darwinismuskritik aus der Sicht gegenwärtiger Evolutionsforschung, in: NSt 13 (1984), 189–210; Stegmaier, W.: Darwin, Darwinismus, N. Zum Problem der Evolution, in: NSt 16 (1987), 264–287; Taureck, B.H.F.: N.s Alternativen zum Nihilismus, Hamburg 1991, 181–191; Abel ²1998, 39–43.

## Julius Robert Mayer

Durch Peter Gast wurde N. auf Mayers *Mechanik der Wärme* aufmerksam gemacht, dem er zwar bescheinigt, »zu ungemeinen Resultaten« gekommen zu sein (N, 11[136], KSA 9, 492), zugleich jedoch dessen Eigenleistung geringschätzt, da seine Entdeckungen durch andere vorbereitet gewesen seien. Wie N. in diesem Zusammenhang betont, und dies gibt Aufschluß über die grundsätzliche Bewertung des Einflusses anderer auf sein Denken, kommt es auf die Kraft der Vereinfachung und Uminterpretation des bislang Bekannten an. Wer nur Resultate übernimmt oder aus der Vorarbeit anderer gewinnt, leiste nichts Großartiges (ebd.). Daher müssen auch N.s eigene Anleihen hinsichtlich ihrer produktiven Aneignung gedeutet werden, und das hier zu leistende bloße Nennen von Quellentatbeständen sollte stets als vorläufige Ausgangsbasis späterer Bewertungen und nicht als Reduktion auf Einflußverhältnisse verstanden werden.

Der Naturforscher Mayer hatte 1842 das in der Physik auf die mechanische ↗Kraft bezogene Erhaltungsgesetz der Energie auf das ganze Gebiet der Naturkräfte ausgedehnt und durch Berechnungen des mechanischen Wärmeäquivalents abgestützt. Mayers Prinzip von der ewig konstanten Erhaltung des Kraftquantums wird von N. in eine »mengentheoretische Begründung der ↗ewigen Wiederkehr« (Bauer 1976, 218) überführt. Da die Menge möglicher Kraftlagen begrenzt sei, müsse es zu einer unablässigen kosmischen Repetition kommen: »Alles ist unzählige Male dagewesen, insofern die Gesammtlage aller Kräfte immer wiederkehrt« (N, 11[202], KSA 9, 523). Mayers Konstanzprinzip wird N. zum Beleg für die notwendige Geschlossenheit des Universums und somit der Begrenztheit möglicher Kombinationen: »es bewegt sich alles Werden in der Wiederholung einer bestimmten Zahl vollkommen gleicher Zustände« (N, 11 [245], KSA 9, 534). Mayers quantitative Kraft-Bestimmung wird von N. hin zu einer qualitativen Limitierung bestimmter Kräfte überschritten (N, 11 [269], KSA 9, 544; N, 11 [232], KSA 9, 530; N, 11 [213], KSA 9, 525 u. N, 11 [292], KSA 9, 553f.), indem er aus der Begrenztheit des Kraftquantums die Endlichkeit der Krafttätigkeit ableitet (Bauer 1976, 221).

Mittasch (1952) sieht Mayers Gedanken der Auslösung von Kraft Pate stehen für N.s ab 1881 häufig auftretenden Begriffe wie ›Kraft-Auslösung‹ oder Kraft-Explosion, etwa in der Formulierung, daß alles »Lebendige seine Kraft auslassen« wolle (N, 26[277], KSA 11, 222). Diese Einschätzung bestätigend schrieb N. am 16. 4. 1881 an Köselitz über Mayer: »›Über Auslösung‹ ist für mich das Wesentlichste und Nützlichste im Buche«. Mayer führt alle Bewegungserscheinungen auf mathematisch nicht faßbare Auslösungen zurück. Wie Mittasch (1952, 119) belegt, nimmt N. diesen Gedanken Mayers in nahezu gleicher Formulierung und mitsamt den zugehörigen Beispielen in der Fröhlichen Wissenschaft (Nr. 360, KSA 3, 607f.) auf. Mittasch führt im Anschluß (ebd., 120–126) noch eine Fülle weiterer Belege für die Inanspruchnahme von Mayers Auslösungsgedanken von Seiten N.s an. Entsprechend konstatiert er resümierend eine »starke Nachwirkung und ausgedehnte Weiterführung« der Auslösunglehre Mayers in N.s »Kraftlehre und Trieblehre« (ebd., 127). Demgegenüber stehen allgemein abwertende Äußerungen N.s über Mayer, die vor einer Überschätzung von dessen Einfluß warnen: »das ist ein grosser Spezialist – und nicht mehr. Ich bin erstaunt wie roh und naïv er in allen allgemeineren Aufstellungen ist: er meint immer Wunder wie logisch zu sein wenn er bloss eigensinnig ist« (an Köselitz, 20. 3. 1882). Insbesondere Mayers mechanistischen Stoffbegriff hält N. von ↗Boscovich längst und endgültig widerlegt (ebd.).

Literatur: Mayer, J.R.: Die Mechanik der Wärme, 2. Aufl. Stuttgart 1874; Mittasch 1952, 102–149; Müller-Lauter, W.: Der Organismus als innerer Kampf. Der Einfluß von Wilhelm Roux auf F.N., in: NSt 7 (1978), Anm. 109; Bauer, M.: Zur Genealogie von N.s Kraftbegriff. N.s Auseinandersetzung mit J. G. Vogt, in: NSt 13 (1984), 211–227.

## Wilhelm Roux

Im 1881 unter dem Titel *Der Kampf der Theile im Organismus* erschienenen Buch des Anatomen und Begründers der ›Entwicklungsmechanik‹ Wilhelm Roux fand N. eine naturwissenschaftliche Begründung dafür, daß das ganzheitliche Funktionieren des ↗Leibes auf dem Kampf von kleinsten Einzelwesen (bei Roux: Zellen) gegeneinander beruht (Müller-Lauter 1978). Mit Hilfe des neu gewonnenen Verständnisses des Organismus als »innerem Kampf«, mithin der Vorstellung einer immanenten ursprünglich produktiven Kraft, welche dann als Organismus auftritt, setzte sich N. von den zu seiner Zeit aufgekommenen biologischen Erklärungsmodellen wie z.B dem ↗Darwins ab, die auf der Vorstellung äußerer Verursachung basierten und entsprechend davon ausgingen, daß zunächst ein Organismus entsteht, welcher erst danach in einen Kampf mit Anderen tritt (N, 7 [25], KSA 12, 304). N. zufolge baut sich ein Organismus über die agonale Konstellation der Einzelkräfte auf, wobei die relative Einheitlichkeit einer gewonnenen organischen Gestalt auf die zeitweilige Herrschaft einer bestimmten Kraft über die jeweilige Vielheit der

Teile zurückgeht. Damit wird eine Umkehrung des traditionellen Verhältnisses von Ganzem und seinen Teilen vorgenommen, da nun nicht mehr eine Vorstellung von Ganzheit als vorgängig gedacht ist, in welche die Einzelelemente zu integrieren sind, sondern Ganzheit sich über die Einzelkräfte erst herstellt. In diesem Übergang vom alten Organismusgedanken zum immanent prozessual-dynamischen Verständnis der Kräfteorganisation vollzieht sich auch eine grundlegende Änderung in der Auffassung des ↗Lebens (Abel ²1998, 113), welches nun insgesamt als »eine dauernde Form von Prozeß der Kraftfestellungen, wo die verschiedenen Kämpfenden ihrerseits ungleich wachsen«, zu »definiren« wäre (N, 36 [22], KSA 11, 560). Da ›Leben‹ jetzt primär darüber begriffen wird, daß »etwas Lebendiges seine Kraft auslassen« will (JGB, Nr. 13, KSA 5, 27), verwirft N. das teleologische Erklärungsprinzip der Selbsterhaltung als inadäquat. Ebenso weist er kausale Erklärungsmodelle für das Kräftegeschehen zurück, da die Begriffe ›Ursache‹ und ›Wirkung‹ stets nur »die falsche Auslegung eines Kriegs und relativen Siegs« (N, 9[106], KSA 12, 396) geben können, weil sie das heterogene Zusammenspiel und Gegeneinander pluraler Kräfte vereinfachen und damit verfälschen.

Wie Müller-Lauter (1978) detailliert belegt, eignet sich N. die Gedanken Roux' zunächst vor dem Hintergrund einer erkenntnis- und sprachkritisch begründeteten Skepsis gegenüber den Naturwissenschaften an (1978, 195). Daher nimmt er nur unter dem Vorbehalt, daß auch die naturwissenschaftliche Darstellung immer »Bilderrede« bleibt (N, 11[128], KSA 9, 487), Roux' physiologische und anatomische Analysen des Kampfes »der Zellen, Gewebe, Organe, Organismen« (ebd.) in sein Denken auf. Der Ansicht Müller-Lauters, ab dem Herbst 1881 fänden sich bemerkenswerte Zeugnisse einer weit positiveren Einstellung N.s gegenüber den Naturwissenschaften (ebd., 197f.), kann nicht beigepflichtet werden, denn dazu sind die von Müller-Lauter – primär aus dem Nachlaß zitierten – Gedanken N.s entweder in sich zu gebrochen (vgl. N, 14[2], KSA 9, 623) oder sie bestehen aus Zusammenfassungen von Beschreibungen Roux' (N, KSA 9, 272–75; N, 7[174], KSA 9, 298f.; N, 7[190], KSA 9, 302f.), deren interpretatorischer Status erst zu klären wäre. Weitere Anknüpfungspunkte sind, wie wiederum Müller-Lauter im einzelnen zeigt, bei Roux' Gedanken zur organischen Selbstregulation und zur Bedeutung von Reizeinwirkungen (202–204) zu erkennen.

Literatur: Müller-Lauter, W.: Der Organismus als innerer Kampf. Der Einfluß von Wilhelm Roux auf F.N., in: NSt 7 (1978), 189–223; Abel ²1998, 110–120.

## J.G. Vogt

Die Randglossen in N.s Handexemplar sowie eine größere Anzahl an Nachlaß-Aufzeichnungen belegen eine rege Beschäftigung mit den Gedanken Vogts. Der erste Hinweis auf Vogt findet sich im Nachlaß vom Frühjahr – Herbst 1881 im Kontext zu Vorüberlegungen zu *Fröhliche Wissenschaft* Nr. 109, vermutlich vermittelt durch eine kritische Rezension Casparis (N, 11[308], KSA 9, 559).

Insbesondere fand Vogts Versuch, auf kausal-mechanistischer Basis den kosmischen Kreisprozeß zu beweisen, das Interesse N.s (Bauer 1974, 212), der nach Ansicht Andlers und Beckers dadurch von der Möglichkeit einer naturwissenschaftlichen Rechtfertigung des Gedankens der ↗ewigen Wiederkehr überzeugt wurde. Vogts Argumentation, daß man ohne die Annahme eines Kreisprozesses Zuflucht bei der Vorstellung eines Schöpfergottes suchen müsse (Vogt 1878, 90), wird von N. radikalisiert zur Alternative, entweder müsse man an den Kreisprozeß oder an Gott glauben (N, 11[313], KSA 9, 561). Nicht in der eröffneten Beweisbarkeit, sondern in dieser Konkurrenz sieht hingegen Bauer (1976, 216) die Gründe für die Attraktivität der Gedanken Vogts für N. Dadurch gewinne der Gedanke der ewigen Wiederkehr agonales Potential gegenüber allen Theismen.

Als fundamental wird von Bauer Vogts Beitrag für die Entwicklung von N.s Kraftbegriff angesehen. Die Auseinandersetzung N.s mit dem Kraftprinzip Mayers werde durch die Beschäftigung mit Vogt weitergeführt und um den Gedanken der Unmöglichkeit eines absoluten Kräftegleichgewichts ergänzt. Kraft könne immer nur als wirkende gedacht werden, folglich kann es nie einen Zustand geben, in welchem Kraft aufhöre zu wirken (Vogt 1878, 21). N. greife diesen Gedanken auf, wenn er konstatiert, Kraft sei nur als »Thätigsein« zu denken, weshalb sie auch keinen Anfang haben könne und daher ewig wirke (Bauer 1976, 222ff.). Kraft bedeute daher im Anschluß an Vogt und Mayer für N. ein »für alle Zeiten konstantes Kraftquantum, dem eine gleichermaßen konstante Zahl von Kraftqualitäten«, das sind »Kraftlagen« oder »Eigenschaften«, zukomme (ebd.).

Literatur: Vogt, J.G.: Die Kraft. Eine real-monistische Weltanschauung, Leipzig 1878; Andler 1920-31, ²1958, 421-424; Becker, O.: N.s Beweise für seine Lehre von der Ewigen Wiederkehr, in: Blätter für Deutsche Philosophie IX (1936), 368-387; Bauer, M.: Zur Genealogie von N.s Kraftbegriff, in: NSt 13 (1984), 211-227.

*Johann Friedrich Zöllner*

Mit dem Buch des Astrophysikers Zöllner *Über die Natur der Cometen. Beiträge zur Geschichte und Theorie der Erkenntnisse* wurde N. 1872 bald nach dessen einen Skandal in Leipzig entfachenden Erscheinen bekannt. Da es N. mit der *Geburt der Tragödie* ähnlich erging, solidarisierte er sich mit Zöllner gegen die Ablehnung seitens der Fachkollegen (Erwin Rohde, November 1872). In seinem *Neujahrswort* ging N. sogar so weit, Zöllner öffentlich zu verteidigen (KSA 1, 795f.). Zöllners Buch übte scharfe Kritik an der damaligen Wissenschaftspraxis, der er Oberflächlichkeit, Ignoranz von Neuerscheinungen, mangelnde logische Durchdringung der Forschungsgegenstände zugunsten eines übermäßigen Experimentierens, Popularisierung sowie fehlende Verantwortung gegenüber ihrem Wissen vorwarf. N. greift diese Vorwürfe auf und wendet sie auf den Bereich der Geisteswissenschaften an (HL 6, KSA 1, 292; N, 29 [34], KSA 7, 635; vgl. ebd. 635 u. 710). Später distanziert sich N. jedoch wieder (N, 25[307], KSA 11, 89).

Abel zufolge liegt auch ein »deutlicher Einfluß« Zöllners auf N.s Raumbegriff vor, da über ihn Riemanns Konzept eines in sich selbst zurücklaufenden sphärischen Raumes vermittelt worden sei (²1998, 397). Den Raum als unbegrenzt, aber nicht unendlich aufzufassen, verhindere die sonst drohende Konsequenz, ein Totlaufen der Kräfte annehmen zu müssen, und ermögliche die Vorstellung, daß es sich bei der »Weltbewegung um Prozesse der Umwandlung von Spannkraft in lebendige Kraft und vice versa handelt« (ebd., 398). Dadurch könne der Wiederkunftsgedanke N.s an diesem Punkt naturwissenschaftlich abgestützt werden.

Inwieweit Zöllners psychistische Theorie der Natur und insbesondere die Annahme »unbewußter Schlüsse« auf N. Einfluß hatte, ist strittig. Schlechta und Anders verwerfen dies (1962, 125), und in einem bekannten Nachlaßfragment aus der Zeit seiner Zöllner-Lektüre widerspricht N. Zöllner direkt: »Tropen sind's nicht unbewußte Schlüsse, auf denen unsre Sinneswahrnehmungen beruhn« (N, 19 [217], KSA 7, 487). Auf der anderen Seite konnte im Kontext von N.s Ausführungen zur »Logik des Traums« (MA I, Nr. 13, KSA 2, 32f.) eine verwandte Argumentation nachgewiesen werden (Ungeheuer 1983, 147).

Literatur: Mittasch 1952; Schlechta/Anders 1962, 122-127; Ungeheuer, G.: N. über Sprache und Sprechen, über Wahrheit und Traum, in: NSt 12 (1983), 134-213; Orsucci, A.: Beiträge zur Quellenforschung, in: NSt 22 (1993), 371-375; Abel ²1998, 397ff.

*Claus Zittel*

# Philosophie der Neuzeit (17.-19. Jahrhundert)

*Descartes - Spinoza - Pascal - Leibniz - Hume - Kant - Hegel - ↗Französische Moralisten - ↗Französische Aufklärung - ↗Englischer Utilitarismus*

Bei seiner Aufnahme und Kritik der neuzeitlichen Philosophie läßt sich N. meist leiten von seinem eigenen Interesse an Metaphysikkritik. Meist sind ihm die Philosophen umso willkommener, je mehr bei ihnen bereits die traditionelle Metaphysik, die Moral oder die Philosophie des Geistes zu wanken beginnen und N. nur noch ›stoßen muß, was schon fällt‹. N. folgt der Geschichte »wie die ›wahre Welt‹ endlich zur Fabel wurde«. Ihm zersetzen sich die Gewißheiten der neuzeitlichen Philosophie wie die vom *fundamentum inconcussum* im Subjekt, die Unterscheidung von »Ding an sich« und »Erscheinung«, das Vertrauen in den Gang der Geschichte oder die Sinnstiftung durch die Moral.

### René Descartes

Bezeichnend ist schon N.s Aufnahme und Kritik der Philosophie des René Descartes (1596-1650), dessen Begründung der Erkenntnis in der Selbstgewißheit des *cogito* als Anfang der neuzeitlichen

Philosophie gelten kann. N. feiert Descartes als den Vater des neuzeitlichen Rationalismus, und er stellt der Erstausgabe von *Menschliches, Allzumenschliches* (1878) ein Zitat aus Descartes voran (KSA 2, 11). Aber für N. läßt sich Descartes' Vertrauen in den nicht täuschenden Gott so wenig halten wie das angebliche *fundamentum inconcussum* in der Selbstgewißheit. »Es giebt keine unmittelbaren Gewißheiten: cogito, ergo sum setzt voraus, daß man weiß, was ›denken‹ ist und zweitens was ›sein‹ ist« (N, KSA 11, 641). N.s Kritik an Descartes ist oft sprachphilosophisch fundiert, gerichtet gegen den »Glauben an die Grammatik«. »Der Philosoph in den Netzen der Sprache eingefangen« (N, KSA 7, 463) – das gilt nach N. für alle Denker, die sich wie Descartes ihre Erkenntnis durch die Subjekt-Prädikat-Struktur der Sprache oder durch den Schluß von der Tätigkeit auf den Täter vorgeben lassen (JGB, Nr. 17, KSA 5, 31). Das angebliche Fundament des Wissens in der Selbstgewißheit des Subjekts erweist sich als »ein Glaube mehr, und keine Gewißheit« (N, KSA 11, 641). N. löst das ↗ Subjekt und das Ich in eine Vielheit von Affekten, Machtquanten und Interpretationen auf, und seine Descartes-Kritik weist bereits voraus auf den *linguistic turn* und auf Wittgensteins Kritik an der Verhexung durch die Grammatik.

*Baruch de Spinoza*

Für »tiefer« als Descartes hielt N. Baruch de Spinoza (1632–1677) (N, KSA 11, 564), den er als den »reinsten Weisen« gepriesen hat (MA I, Nr. 475, KSA 2, 310). Für die Hochschätzung Spinozas spielt es sicher eine Rolle, daß Spinoza der »Heilige« des von N. verehrten Goethe gewesen war (N, KSA 12, 439). Darüber hinaus wollte N. in Spinoza aber auch einen Vorläufer seines eigenen Immoralismus und seiner eigenen Machtphilosophie erkennen. Spinoza hatte Macht und Recht, Macht und Tugend gleichgesetzt. Er hatte den »natürlich – egoistische[n] Gesichtspunkt« begründet, »Tugend und Macht identisch« (N, KSA 12, 261). Gut und Böse lagen »nicht in den Dingen«, wie Spinoza im Vorwort zum vierten Buch seiner *Ethik* geschrieben hatte. Sie waren eben nur »Interpretationen, und durchaus kein Thatbestand« (N, KSA 12, 131). Allerdings wird Spinoza bei aller Anerkennung auch scharf kritisiert, einmal wegen des »Hocuspocus von mathematischer Form« (JGB, Nr. 5, KSA 5, 19), zum anderen wegen des Intellektualismus seiner Moralphilosophie und Theologie. Der »amor dei intellectualis« wird des Quietismus, ja sogar des Ressentiments verdächtigt (»An Spinoza«; N, KSA 11, 319; N, KSA 12, 131; GD, Streifzüge, Nr. 23, KSA 6, 126). Spinozas berühmtes »non ridere, non lugere, neque detestari, sed intelligere« wird von N. zu Gunsten der Affekte unterlaufen. Auch das »intelligere« sei nur ein »gewisses Verhalten der Triebe zu einander« (FW, Nr. 333, KSA 3, 559). Ganz und gar nicht einverstanden ist N. mit der bei Spinoza zu findenden, von Hobbes ererbten Philosophie der Selbsterhaltung. Sie wird im Namen des dynamischen, sich steigernden und sich selbst überwindenden Machtwillens des öfteren verworfen (z.B. FW, Nr. 349, KSA 3, 585).

*Blaise Pascal*

Aus anderen Gründen hochgeschätzt hat N. Blaise Pascal (1623–1662). Zusammen mit Fénelon und Frau von Guyon respektierte er ihn als »vollkommenen Gegner« und als Exempel christlicher ↗ Redlichkeit: »in der Vereinigung von Gluth, Geist und Redlichkeit der erste aller Christen, – und man erwäge, was sich hier zu vereinigen hatte« (M, Nr. 192, KSA 3, 165). Die Anerkennung, ja »Liebe«, die N. Pascal bezeugt (»dass ich Pascal nicht lese, sondern liebe«; EH, Warum ich so klug bin 3, KSA 6, 285), ist allerdings vergiftet. N. »liebt« Pascal als »das lehrreichste Opfer des Christenthums« (ebd.). Pascal wird ihm zum großen Exempel dafür, wie das Christentum die Besten zerbricht und durch die Redlichkeit zum »Selbstmorde der Vernunft« (JGB, Nr. 46, KSA 5, 66), zum »sacrificium intellectus« verführt (Voegelin 1996).

*Gottfried Wilhelm Leibniz*

Weniger bedeutsam ist N.s Auseinandersetzung mit der rationalistischen Schulmetaphysik und dem englischen Empirismus. Zwar wird Gottfried Wilhelm Leibniz (1646–1716) gegen Descartes ausgespielt, habe er doch erkannt, »dass die Bewusstheit nur ein Accidens der Vorstellung« sei (FW, Nr. 357, KSA 3, 598). Auch hat es Versuche gegeben, Ähnlichkeiten zwischen N.s Machtlehre und der Monadologie des Leibniz aufweisen zu wollen (Kaulbach 1979). Aber N. kennt weder geschaffene noch sonstige »Substanzen«; seine Machtquanten sind nicht »fensterlos« und sie folgen auch keiner Entelechie mehr. Die Theodizee des Leibniz wird von N. als Mischung von »Christenthum Platonismus und Mechanik« verworfen (N, KSA 11, 539). Letztlich wird Leibniz unter jene »Deutschen« gerechnet, die wie Luther die Zerstörung des Christentums noch einmal aufgehalten haben (AC, Nr. 61, KSA 6, 251; N, KSA 12, 264, 539).

*David Hume*

Der englische Empirismus, wie ihn David Hume (1711–1776) vertrat, wird bei N. ein Opfer seiner Attacken auf die Engländer überhaupt (»keine philosophische Rasse«; JGB, Nr. 252, KSA 5, 195). Allenfalls würdigt N. die Kritik Humes am Vernunftbegriff der Kausalität. Hume habe bewiesen, »daß es der Vernunft ganz unmöglich sei, a priori und aus Begriffen eine solche Verbindung zu denken usw« (N, KSA 11, 442; KSA 12, 102).

*Immanuel Kant*

Von wieder größerer Bedeutung für N.s Selbstvergewisserung war seine Rezeption des deutschen Idealismus, und da insbesondere seine Auseinandersetzung mit Immanuel Kant (1724–1804). Die Philosophien Fichtes und Schellings werden von N. nur beiläufig gestreift; auch der öfters erwähnte Hegel wird fast nur auf dem Niveau der üblichen Hegel-Legenden rezipiert. Ein Grund für die manchmal oberflächliche Kritik ist vermutlich N.s Pauschalverdächtigung des Idealismus als einer verkappten Theologie. »Fichte, Schelling, Hegel Feuerbach Strauß – das Alles stinkt nach Theologen und Kirchenvätern« (N, KSA 11, 262). Unverkennbar ist aber auch, daß vor allem der kritische Idealismus Kants für N. ein Durchgangsstadium zum eigenen Skeptizismus wird und daß N. seine eigene Philosophie als eine Radikalisierung des Kantianismus begreift.

N.s ↗Perspektivismus läßt sich als eine Radikalisierung der Kantischen Vernunftkritik verstehen, wenn N. die bei Kant dreigeteilte Vernunft zur unendlichen Vielfalt der Perspektiven pluralisiert. Aus dem Kantischen Versuch einer Kritik der Vernunft durch sich selbst wird bei N. eine existenziell gewendete Philosophie des Versuchs und der Versuchung, eine neue Art von Experimentalphilosophie, die auch das Ich selbst in seine Experimente mit einbezieht (Kaulbach 1980). Die Scheinlehre N.s wiederum läßt sich als Resultat eines konsequenten Kantianismus deuten, insofern sie aus einer Auflösung der Unterscheidung von »Ding an sich« und »Erscheinung« resultiert. Die Unterscheidung der beiden Welten läßt sich, wie N. Argumente von African Spir aufgreifend ausführt, insofern nicht halten, als das »Ding an sich« auch nicht als Ursache der Erscheinungen begriffen werden kann, es sei denn, man beginge den Fehler, das, was nur auf Erscheinungen angewendet werden kann, die Kategorie der Kausalität, auf das Ding an sich selbst anzuwenden. Das »Ding an sich« war »bedeutungsleer« (MA I, Nr. 16, KSA 2, 38).

Auch N.s Aufnahme der Kantischen Moralphilosophie läßt sich nicht nur als Kritik, sondern auch als Weiterführung und Radikalisierung des Kantischen Denkens verstehen. Zwar wird die Kantische Moralität manchmal nur psychologisierend abgefertigt und als ein »Recept zur décadence« denunziert (AC, Nr. 11, KSA 6, 177). Sie wird ähnlich wie der von N. kritisierte ↗Sokratismus einer grundlegenden Verwechselung von Instinkt und Intellekt bezichtigt. Wesentlicher als diese Linie des Angriffs ist jedoch, daß N. den Anspruch der Kantischen Moralität auf Autonomie durchaus beibehält, ihn aber in kritischer Wendung gegen den Nomismus Kants zu einer Lehre von der individuellen Setzung von Werten weitertreibt. »Wir aber wollen **Die werden, die wir sind, – die Neuen, die Einmaligen, die Unvergleichbaren, die Sich-selber-Gesetzgebenden, die Sich-selber-Schaffenden**!« (FW, Nr. 335, KSA 3, 563). An die Stelle der bestehenden Gütertafeln treten die von den einzelnen selbst geschaffenen Werte, und aus »der« Moral werden »die« Moralen – ein Plural, den N. erfunden hat.

Mit der Radikalisierung der kritischen Philosophie zu einem Skeptizismus, einem Perspektivenpluralismus und einer Individualisierung der Wertsetzung geht eine Kritik an der Zwei-Welten-Lehre Hand in Hand, in der für N. noch einmal die platonische »wahre« Welt und deren Diesseitsfeindlichkeit auferstanden ist. Kant wird ähnlich wie Platon »umgekehrt«, von der Vernunft zur »großen Vernunft des Leibes«, von Verstand und Vernunft zu den Affekten, von einer a priorischen Konstitution der Erkenntnis zu einer tendenziell biologisierten, Erkenntnis und Lebensmächtigkeit, Erkenntnis und Wille zur Macht miteinander verbindenden Erkenntnistheorie. In diesem Sinne wird auch das »interesselose Wohlgefallen« der Kantischen Ästhetik verworfen. Kant habe Ästhetik allein aus der Perspektive des Zuschauers, nicht der des Künstlers begriffen (GM, 3. Abh., Nr. 6, KSA 5, 346). Selbstredend sei man mit dem Schönen »durch ein Interesse verbunden« (N, KSA 10, 293). Oft spielt N. Stendhals »promesse de bonheur« gegen die Interesselosigkeit des ästhetischen Urteils bei Kant aus. Ob N. dabei Kant richtig verstanden oder ob er Kant Schopenhauers Ästhetik untergeschoben hat, ist umstritten (Hefterich 1991).

*Georg Wilhelm Friedrich Hegel*

Über Georg Wilhelm Friedrich Hegel (1770–1831) begegnen bei N. fast nur die üblichen Vorurteile und Legenden, immer wieder der Verherrlicher des Bestehenden oder des preußischen Staates (DS 7, KSA 1, 197; N, KSA 11, 531). Schon der junge N. hatte Hegel als einen Historizisten eingeschätzt und in seiner Kritik an David Friedrich Strauß, an Eduard von Hartmann oder am Verhältnis von Politik und Bildung immer auch Hegel im Visier. Später findet sich eine gewisse Anerkennung der Dialektik als eines Werden und Entwicklung begreifenden Denkens – »ohne Hegel kein Darwin [...] Wir Deutsche sind Hegelianer« (FW, Nr. 357, KSA 3, 598f.). Der »Pantheismus« und Spinozismus Hegels wird gelegentlich in eine entfernte Verwandtschaft zu Goethes »fast freudigem und vertrauendem Fatalismus« (N, KSA 12, 443) und zur eigenen ästhetischen Rechtfertigung des Daseins gebracht (N, KSA 12, 113). Während Interpreten wie Kaufmann (1950) dazu neigen, N. und Hegel einander anzunähern (ähnlich Kremer-Marietti 1962/63 oder Zimmerman 1968), hat vor allem Deleuze (1976, 170ff.) darauf beharrt, daß ein *rapprochement* der Denkweisen beider undenkbar sei. N.s Denkstil sei anti-dialektisch und affirmativ, während Hegels Dialektik negativistisch und nihilistisch sei. Schwer zu bestreiten ist, daß N.s Wiederkunftslehre und Hegels säkularisiert christliche Geschichtstheologie genauso unvereinbar sind wie die Systemphilosophie und das Denken in Aphorismen. Den ↗Tod Gottes hat Hegel als ›spekulativen Karfreitag‹, N. als Geburtsstunde des Übermenschen interpretiert – auch dies ein fundamentaler Unterschied. Eine Ähnlichkeit der Denkweisen läßt sich nur behaupten, wenn man die Dialektik aus ihrem Zusammenhang mit dem System und der Geschichtsauffassung löst und sie als das betrachtet, was sie nicht ist, eine bloße Methode. Besser wäre es, wie Löwith den Abstand zu ermessen, der auf dem Weg von Hegel und Goethe, von der letzten großen Synthese von heidnischer und moderner, christlicher und moderner Welt, bis zu N. zurückzulegen war.

Literatur: Deleuze 1962 (dt. 1976); Kremer-Marietti, A.: Hegel et N., in: La revue des lettres modernes 76/77 (1962/63), 17–24; Dickopp, K.-H.: N.s Kritik des Ich-Denke, Diss. Bonn 1965; Zimmerman, R.L.: N., in: Philosophy and Phenomenological Research 29 (1968), 274–281; Bueb, B.: N.s Kritik der praktischen Vernunft, Stuttgart 1970; Dickopp, K.-H.: Aspekte zum Verhältnis N. – Kant, in: Kant-Studien 61 (1970), 97–111; Breazeale, D.: The Hegel-N.-Problem, in: NSt 4 (1975), 146–164; Wurzer, W.S.: N. und Spinoza, Meisenheim a. Glan 1975; Kaulbach, F.: N. und der monadologische Gedanke, in: NSt 8 (1979), 127–157; Kaulbach 1980; Simon, J.: Die Krise des Wahrheitsbegriffs als Krise der Metaphysik. N.s Aletiologie auf dem Hintergrund der kantischen Kritik, in: NSt 18 (1989), 242–259; Grau, G.-G.: Wille zur Macht oder Wille zur Wahrheit? N. und Kant, in: Abel, G./Salaquarda, J. (Hgg.): Krisis der Metaphysik, Berlin/New York 1989, 215–257; Hefterich, U.: N. und die ›Kritik der ästhetischen Urteilskraft‹, in: NSt 20 (1991), 238–266; Voegelin, E.: N. and Pascal, in: NSt 25 (1996), 128–171.

*Henning Ottmann*

# Philosophie und Theologie des 19. Jahrhunderts

Neben den in den Artikeln ↗Deutscher Idealismus, ↗Englischer Utilitarismus und ↗Sprachphilosophie behandelten Autoren steht hier N.s umgestaltende Aneignung der Werke folgender Philosophen und Theologen des 19. Jh.s zur Diskussion: *Bruno Bauer – Eugen Dühring – Ludwig Feuerbach – Jean Marie Guyau – Eduard von Hartmann – Paul de Lagarde – Friedrich Albert Lange – Philipp Mainländer – Franz Overbeck – Ernest Renan – Friedrich Schlegel – Friedrich Daniel Ernst Schleiermacher – Arthur Schopenhauer – Afrikan Spir – David Friedrich Strauss – Julius Wellhausen.*

## Bruno Bauer (1809–1882)

Bauer zählt zu den wenigen frühen Lesern N.s. In seiner *Orientierung über die Bismarcksche Aera* von 1880 empfiehlt er Heinrich von Treitschke für eine »neue Auflage seiner Schriften [...] das Studium der Werke F.N.s«: »Dieser deutsche Montaigne, Pascal und Diderot wird ihm [sc. Treitschke] in das Geschichtsleben, in die Charaktere der Völker und in die Seele der alten und neuen Literaturen Blicke eröffnen, die ihn über die Beengtheit seiner partikularistischen Ekstasen erheben können« (zit. nach Benz 1956, 105). In seinem Brief an Köselitz vom 20. 3. 1881 glossiert N. zwar: »Wie wenig Feinheit in solchem Lobe, also: wie wenig Lob!« Dennoch gedenkt N. in *Ecce homo* (KSA 6, 317f.) und späten Briefen (an Taine, 4. 7. 1887; an Brandes, 2. 12. 1887; an Spitteler, 10. 2. 1888) dieses Urteils dankbar: »Der alte Hegelianer Bruno Bauer war seitdem Nietzschianer« (an Spitteler, 25. 7. 1888). In Bauers Plädoyer für ein nationenübergreifendes Europäertum erblickt N. 1882 eine »unerwartete[ ] Gedankenharmonie« mit sich selbst (an Schmeitzner, 8. 5. 1882; vgl. an Köselitz, 5. 2. 1882). Benz (1956) hat zahlreiche Parallelen zwischen N.s und Bauers Christentumskritik herausgearbeitet, wobei sich bei N. nirgends direkte Bezugnahmen auf Bauers einschlägige Bücher – *Das entdeckte Christenthum* (1840) und die von Overbeck rezensierte Schrift über *Christus und die Cäsaren* (1878) – nachweisen lassen. Wie N. in *Der Antichrist* trennt Bauer (Johann Christian Edelmann folgend) Jesus radikal von seiner kirchlichen Inanspruchnahme und ›Verfälschung‹ (Benz 1956, 106f.), sieht das institutionalisierte Christentum als welthistorisches Unglück an (Benz 1956, 113) und leitet es aus dem Aufbegehren der Zu-kurz-Gekommenen ab (Benz 1956, 118). Überdies stellt Bauer die christliche Diesseitsflucht in die Traditionslinie der Stoa und Platons (Benz 1956, 116), ferner verwirft er das paulinische Opferdenken (Benz 1956, 114). Orsucci wendet gegen Benz ein, N. habe die »These vom präexistenten Christentum, von der Zugehörigkeit der christlichen Kirche zu der spätantiken Geistes- und Sozialgeschichte« nicht von Bauer, sondern von *William Edward Hartpole Lecky* (1838–1903) übernommen (Orsucci 1996, 314; zum Problem der Bauer-Rezeption Sommer 2000).

## Eugen Dühring (1833–1921)

Dühring taucht bei N. schon im Brief an Carl von Gersdorff vom 16. 2. 1868 auf; erst für 1875 läßt sich jedoch eingehendere Lektüre nachweisen. Dühring war eine der wichtigsten Quellen, aus denen N. seine Kenntnisse über den Sozialismus schöpfte (Montinari 1982, 201f.; Ottmann ²1999). Die Beschäftigung mit Dührings *Werth des Lebens* und *Cursus der Philosophie als streng wissenschaftlicher Weltanschauung und Lebensgestaltung* hängt im Vorfeld von *Menschliches, Allzumenschliches* mit N.s Ablösung von ↗Schopenhauers Denken zusammen, zu der ihn u.a. Dührings optimistisch-immanentistische und materialistische »Wirklichkeitsphilosophie« motivierte (N, KSA 8, 129). Mit Dühring optiert N. für eine wissenschaftliche Grundlegung der Philosophie, aber gerade ohne dessen wissenschaftsgläubige Zuversicht zu teilen (N, KSA 8, 137 und 514). »N. ist weit von Dührings Naivität entfernt, der vermeinte, die Verfassung der Welt und des Lebens auf einige Grundelemente zurückführen [...] zu können« (Venturelli 1986, 114). Namentlich die asketische Lebensform verteidigt N. gegen Dühring (N, KSA 8, 140); sie verwandelt sich in *Menschliches, Allzumenschliches* in das Ideal des »freien Geistes« (Venturelli 1986, 120). N.s spätere und polemisch zugespitzte Auseinandersetzung mit Dühring wird »über das Gedächtnis abgewickelt« (ebd. 1986, 124); sie sieht im Berliner Philosophen einen Fürsprecher der »Nivellirung« (N, KSA 10, 244), gegen die N. seinen »Übermenschen« aufbietet. ↗Gerechtigkeit ist für N. nicht wie für Dühring sublimierte Rache, sondern ›naturadäquate‹ Ungleichheit (vgl. N, KSA 10, 410ff.). Dühring gilt das Rechtsgefühl »wesentlich« als »ein ↗Ressentiment, eine reactive Empfindung« (zit. nach Venturelli 1986, 132), während für N. gerade »der letzte Boden, der vom Geiste der Gerechtigkeit erobert wird, [...] der Boden des reaktiven Gefühls« (GM, KSA 5, 310) ist. Der »Berliner Rache-Apostel Eugen Dühring«, »das erste Moral-Grossmaul« (GM, KSA 5, 370), zieht mit seiner Apologie des Ressentiment und mit seinem Antisemitismus nur noch N.s Verachtung auf sich (Theodor Fritsch, 29. 3. 1887; vgl. KSA 11, 251f.). Schon im Nachlaß von 1883 erscheint Dühring »als ewig kläffender und beißlustiger Kettenhund« (N, KSA 10, 581).

## Ludwig Feuerbach (1804–1872)

Aus den wenigen Stellen, die in N.s Werk und Nachlaß Feuerbach ausdrücklich nennen, ist schwerlich abzuleiten, daß sich N. mit dem linkshegelianischen Analytiker des *Wesens des Christenthums* (1841) intensiv auseinandergesetzt hätte. Seine Werke fehlen in N.s Bibliothek; in den Briefen wird nur sein Neffe Anselm einmal erwähnt. Die Bekanntschaft mit Feuerbach wurde N. durch Dühring (vgl. N, KSA 8, 131), möglicherweise durch Schopenhauer und vor allem durch Wagner vermittelt (vgl. KSA 14, 85 u. 577). »Feuerbach's Wort von der ›gesunden Sinnlichkeit‹ – das klang in den dreissiger und vierziger Jahren Wagner'n gleich vielen Deutschen [...] wie das Wort der Erlösung« (GM, KSA 5, 342, wiederholt in NW 11, KSA 6, 431; vgl. N, KSA 11, 250). Auf diese »Erlösung« durch »gesunde Sinnlichkeit« gibt N. nicht viel, wie er überhaupt auf »Erlösung« nicht gut zu sprechen ist. Folgerichtig stellt er Feuerbach mit Fichte, Schelling, Hegel, Schleiermacher und Strauss zu einer »Theologen«-Garnitur zusammen (N, KSA 11, 152), während man bei Schopenhauer »bessere Luft« atme (N, KSA 11, 262). Auch aus einer Aufzeichnung von 1886/87, die die *Grundsätze der Philosophie der Zukunft* (1843) und Feuerbachs Verve »gegen ›die abstrakte Philosophie‹« nennt (N, KSA 12, 261), wird man nicht auf eine Affinität N.s zu Feuerbach schließen. Dennoch lassen sich systematische Parallelen zwischen N.s und Feuerbachs anthropologisch orientierter Christentumskritik ziehen (vgl. Sommer 2000).

## Jean Marie Guyau (1854–1888)

Der Name des dichtenden Philosophen Guyau, der als Wegbereiter der Lebensphilosophie und als »französischer N.« gilt, erscheint bei N. zum ersten Mal in einer Literaturliste von Anfang 1885 (N, KSA 11, 352). N. schafft sich die dort genannte *Esquisse d'une morale sans obligation ni sanction* (1885) bald an und versieht den Band mit zahlreichen Anstreichungen und meist zustimmenden Marginalien (im einzelnen dokumentiert bei Lampl 1990, 9–38). Ein Notat vom Frühsommer 1885, das sich unter anderem auch mit Rées *Ursprung der moralischen Empfindungen* auseinandersetzt, zeichnet kein ungünstiges Bild von Guyaus »schwermüthig-herzhafte[m] Buch« und stellt es in den Kontext eines in Frankreich grassierenden Pessimismus: »die Besten und Tapfersten, wie jener brave Guyau, zittern und schaudern [...], auch wenn sie eine noch so gute Miene zu ihrem ›positivisme‹ machen: wer glaubt es ihnen, wozu sie uns mit Ironie überreden möchten, dass jenes Zittern und Schaudern noch zu den Reizen und Verführungskünsten des Lebens gehöre?« (N, KSA 11, 525). N.s Interesse für Guyau steht im Zusammenhang mit seinen moralgenealogischen Studien; auf das Titelblatt der *Esquisse* schreibt er: »Dies Buch hat einen *komischen* Fehler: in dem Bemühen, zu beweisen, dass die moralischen Instinkte ihren Sitz im Leben selbst haben, hat Guyau übersehn, dass er das Gegenteil bewiesen hat – nämlich, dass *alle* Grundinstinkte des Lebens *unmoralisch* sind, eingerechnet die sogenannten moralischen« (Lampl 1990, 9). Noch 1887 werden die »Freidenker z. B. Guyau« dem »Cultus der christlichen Moral unter einem neuen Namen« zugeordnet (N, KSA 12, 558) – als »Triumph der Liebe« (N, KSA 12, 559). N. hat auch die 2. Auflage von Guyaus *L'irréligion de l'avenir* (1887) mit dem Bleistift gelesen und sich wohl in der These vom Absterben der Religion ein Stück weit wiedererkannt. Noch in *Der Antichrist* fließen Guyausche Themen und Aperçus ein (Sommer 2000).

## Eduard von Hartmann (1842–1906)

Erste Bekanntschaft mit Hartmanns *Philosophie des Unbewußten* machte N. 1869. In den Freundesbriefen ist von diesem Werk und seinem erstaunlichen Erfolg gelegentlich die Rede. So wiegelt N. Rohdes Vorwurf ab, Hartmann habe Schopenhauer geplündert, und räumt ein, Hartmann »viel« zu lesen, »weil er die schönsten Kenntnisse hat und mitunter in das uralte Nornenlied vom fluchwürdigen Dasein einzustimmen weiss« (an Rohde, 11. 11. 1869). Bis zur Polemik am Ende der *Unzeitgemäßen Betrachtung Vom Nutzen und Nachtheil der Historie*, N.s erster öffentlicher Äußerung über Hartmann, belegt der Nachlaß eine recht intensive Auseinandersetzung mit dem »ekelhafte[n] Buch« (N, KSA 7, 650). Sie steht im Horizont der ↗Pessimismus-Diskussion, also im Rahmen von N.s intensivierter Schopenhauer-Rezeption. N. glaubt nicht an die kontinuierlich voranschreitende »Zerstörung der Illusionen«: »N.s Festhalten an der Unzerstörbarkeit der Illusionen läßt ihn eine Erlösungsteleologie ablehnen, die dem menschlichen Intellekt gerade eine ›weitere Mission‹ zumutet, die ›über das Menschenleben‹ hinausführt« (Gerratana 1988, 407). Ebensowenig kann N. dem »Weltprocess«-Denken abgewinnen – ein Prozeß, der nach Hartmann in den kollektiven Selbstmord der Gattung Mensch mündet. Freilich trägt die Lektüre Hartmanns zur Klärung von N.s eigenem Willensbegriff bei; für das »Unbewußte« hat er indes kaum mehr als Spott übrig: »daß die Lektüre der *Philosophie des Unbewußten* N.s eigene ›Philosophie des Unbewußten‹ beinflußt habe, läßt sich m. E. nicht behaupten« (Gerratana 1988, 421). N. gibt vor, Hartmann und Heine seien »unbewusste Ironiker« (N, KSA 7, 659): »Selten haben wir eine lustigere Erfindung und eine mehr philosophische Schelmerei gelesen als die Hartmanns« (HL 9, KSA 1, 314; vgl. noch FW, Nr. 357). Später, im Nachlaß von 1885, tut N. so, als merke er erst jetzt, daß es Hartmann wirklich ernst gewesen sei (N, KSA 11, 532 f.). Mit seiner Weltprozeßteleologie dient dieser in *Vom Nutzen und Nachtheil der Historie* als Repräsentant eines falschen Zeitgeistes und als Stellvertreter Hegels (vgl. N, KSA 7, 650). Auch wenn man zweifeln kann, daß er sich hierfür eignet, wird man doch feststellen, »daß die Hartmann-Lektüre das Hegel-Bild N.s entscheidend mitbestimmt« hat (Gerratana 1988, 426). Im Nachlaß von 1883 bis 1885 befaßt sich N. erneut mit Hartmann, v. a. auch mit der 1879 erschienenen *Phänomenologie des sittlichen Bewußtseins* (vgl. v. Rahden 1984, 483). Als »Amalgamist« wird er mit dem »Anarchisten« Dühring zu den »beiden Löwen von Berlin« gruppiert (JGB, Nr. 204, KSA 5, 131); in *Götzen-Dämmerung* verwahrt sich N. gegen die Zusammenstellung »›Schopenhauer und Hartmann‹« (KSA 6, 122; vgl. N, KSA 11, 81). »Ich verachte diesen Pessimismus der Sensibilität: er ist selbst ein Zeichen tiefer Verarmung an Leben. Ich werde nie zulassen, daß solch ein magerer Affe wie Hartmann von seinem ›philosophischen Pessimismus‹ redet« (N, KSA 13, 30). 1889 setzt Hartmann selber zur polemischen Replik auf N. (namentlich sein Übermensch-Konzept) an und wertet ihn als anarchistischen Epigonen *Max Stirners* ab. Trotzdem: »Die Partie um die Gunst des Publikums hat Hartmann verloren, aber mit seinem letzten Zug erwies er sich als ein schlechter Verlierer« (v. Rahden 1984, 502).

## Paul de Lagarde (1827–1891)

»Eine kleine höchst auffallende Schrift, die 50 Dinge falsch, aber 50 Dinge wahr und richtig sagt, also eine sehr gute Schrift – versäume nicht zu lesen« (an Rohde, 31. 1. 1873). Gemeint ist Lagardes Traktat *Über das verhältnis des deutschen staats zu theologie, kirche und religion*, mit dem Overbeck in seiner *Christlichkeit der heutigen Theologie* in wesentlichen Punkten übereinstimmte (vgl. Peter 1992, 218–222). N.s Bekanntschaft mit Lagardes Werken verdankt sich mutmaßlich Overbeck, der mit dem Göttinger Orientalisten seit 1864 in Briefverkehr stand. N. hat Lagardes frühe Schriften gemeinsam mit Overbeck gelesen, »da wir«, wie Overbeck Lagarde berichtet, »kein Fest der Art, das uns bereitet wird, unter uns zu feiern pflegen, ohne den andern daran Theil nehmen zu lassen« (Overbeck 1996, 143). Während dieser Phase sind sich Lagarde und N. bei ihrer Kritik an den Zuständen im Bildungswesen und in der Politik Deutschlands vielfach einig, auch wenn N. Lagardes imperialistische Ambitionen nicht teilt. Bemerkenswert ist hier, daß sowohl N. als auch Lagarde von ihrer ursprünglichen philologischen Profession aus zu ihren zeitdiagnostischen Einsichten kamen, die sie jeweils an einer normativen Frühzeit maßen – ein archaisches Griechentum dort, ein ›geläutertes‹ Evangelium Jesu hier. In der Freigeistphase wird N.s Blick auf Lagarde als einem ebenfalls unzeitgemäßen Betrachter ablehnender (vgl. KSA 2, 588 und 14, 190; 2, 594 und 14, 191). Lagardes Bestrebungen, eine nationaldeutsche Religion auf Grundlage eines von Judentum und Paulinismus ›gereinigten‹ Evangeliums zu gründen, durchschaut N. als Chimäre (N, KSA 8, 408). Dennoch liest er Lagarde auch noch in den achtziger Jahren (vgl. z.B. N, KSA 11, 151 f.), wobei auffällt, daß er die Intention seiner Quelle enttheologisiert und ihre Erkenntnisse für die eigene Religionskritik nutzbar macht (Sommer 1998). So prägt N. Lagardes Wendung »judainfrei«, die er selber benutzt (AC, Nr. 56, KSA 6, 240 und 13, 182), in »moralinfrei« um (AC, Nr. 2, KSA 6, 170). In N.s Spätwerk kehrt Lagardes schroffe Trennung von Judentum und Paulus auf der einen, Jesus auf der andern Seite wieder, wobei Paulus (gleich wie Augustin und Luther) bei beiden Denkern geächtet wird (Sommer 1998). N. will jedoch im Unterschied zu Lagarde kein (pseudo-)jesuanisches Urchristentum revitalisieren (Sommer 2000). Auch verwahrt sich N. dagegen, mit Lagardes ↗Antisemitismus in Verbindung gebracht zu werden (an Theodor Fritsch, 29. 3. 1887).

*Friedrich Albert Lange (1828–1875)*

1866 erwarb N. Langes *Geschichte des Materialismus* und stellte ihren Verfasser in einem begeisterten Brief an Hermann Mushacke vom November dieses Jahres Kant und Schopenhauer zur Seite – »mehr brauche ich nicht«. Dieses Buch sollte N. künftig nicht nur als Nachschlagewerk und »philosophisches Leibbuch« (Bernoulli 1908, Bd. 1, 221) dienen, sondern er freundete sich mit Langes radikalem Kritizismus an, demzufolge wir keinerlei Zugang zu den »Dingen an sich« haben (eine Radikalisierung Kants; vgl. Stack 1983, 16 und Stack 1991), sowie mit der These, »daß es trotzdem sinnvoll, ja sogar unvermeidlich ist, eine philosophische Gesamtdeutung der Wirklichkeit zu unternehmen« (Salaquarda 1978, 236). Diese Deutung trägt Kunstcharakter, ist »Begriffsdichtung« (Salaquarda 1989, 264). Obwohl N. Lange in späterer Zeit nur noch sporadisch nennt, vertreten Stack und Salaquarda die Auffassung, »daß Lange auch für N.s in den achtziger Jahren ausgebildeten Gedanken und Konzeptionen von Bedeutung geblieben ist« (Salaquarda 1978, 239; kritisch dazu Ansell-Pearson 1988, 541). Jedenfalls belegen drei Stellen aus dem Nachlaß (KSA 11, 94; 11, 123; 11, 453) eine kontinuierliche Auseinandersetzung mit Lange 1884/85; sicher hat Lange N. auch zur Lektüre verschiedener, vor allem naturwissenschaftlicher Autoren angeregt (namentlich von Boscovich). Auf Distanz geht N., wo sich Lange für sozialistische Ideen (Salaquarda 1978, 245) und »Ideale« begeistert (Ansell-Pearson 1988, 540); er überbietet dessen Kritizismus mit dem Aufgeben einer »wahren Welt« und mit der Hypothese, alles sei Interpretation. Die Idee eines substratlosen »Willens zur Macht« hat ebenfalls eine seiner Wurzeln im Denken Langes, der sich gegen einen atomistischen und überhaupt einen dogmatischen Materialismus verwahrt hatte (Salaquarda 1978, 252f.).

*Philipp Mainländer (Pseudonym für Philipp Batz, 1841–1876)*

N.s direkte Verweise auf Mainländer und seine *Philosophie der Erlösung* (1876) sind spärlich (Overbeck, 6. 12. 1876; FW, Nr. 357; N, KSA 8, 354 und 406f.; N, KSA 10, 287; N, KSA 11, 252; N, KSA 13, 295). Gleichwohl scheint N. die Lektüre dieses Werkes zur Kritik an Schopenhauers Metaphysik, namentlich zur Absage an die Unterscheidung von »Ding an sich« und Erscheinung sowie an die numerische Einheit des Willens mitangeregt zu haben (Decher 1996, 223). Die Vielheit der individuellen Machtwillen hat ihre Entsprechung in Mainländers Weiterentwicklung von Schopenhauers Ansatz. Bei Mainländer wird mit der Deutung der Welt als Verfallsprozeß Gottes die Möglichkeit jedes aktuellen Transzendenzbezuges geleugnet und das Erkenntnisinteresse gänzlich immanentisiert. Obwohl N.s Mainländer-Rezeption bis zu Decher (1996) von der Forschung meist ausgeblendet wurde, tauchte schon kurz nach N.s Umnachtung vereinzelt der Vorwurf auf, N. habe Mainländer plagiiert (Overbeck an Köselitz, 13. 3. 1889).

*Franz Overbeck (1837–1905)*

N. »verkehrte«, schreibt Hermann Siebeck in seinen unveröffentlichten Memoiren, um 1875 »fast nur noch mit Franz Overbeck, der, ohne in den entscheidenden Punkten sein Anhänger zu sein, ihm in warmer Freundschaft zugetan war« (Sommer 1997, 149). Obwohl N. die Werke Overbecks in seinen Büchern nie, im Nachlaß kaum zitiert, ist Overbecks Einfluß auf N.s Denken insbesondere in der frühen und mittleren Schaffensphase nicht zu unterschätzen. Die Haus- und Gesprächsgemeinschaft in der gemeinsamen Basler Zeit brachte nicht nur das 1873 erschienene »Zwillingspaar« *Über die Christlichkeit unserer heutigen Theologie* und die *Unzeitgemäße Betrachtung David Strauss* hervor, sondern wirkte katalytisch sowohl für Overbecks endgültige Abkehr von Theologie (und Christentum) als auch für N.s Entwicklung zur Freigeisterei. In N.s Konzept einer »kritischen Historie« (*Vom Nutzen und Nachtheil der Historie*) spiegelt sich Overbecks Verabschiedung aller positiven (theologischen) Sinnansprüche an die Geschichte; Historie wird N. und Overbeck zu einem Mittel der Entlarvung illegitimer Kontinuitätskonstrukte und der Demonstration irreduzibler Kontingenz (Sommer 1997, 109–120). N. entwickelt dieses Konzept als »genealogische Methode« im Spätwerk weiter. Andererseits verfehlte N.s Mythoskonzept seine Wirkung auf Overbeck nicht (Peter 1992). Overbeck tat sich, wie aus seinen Briefen an Köselitz, Rohde und Fuchs hervorgeht, mit den enthusiastisch-parareligiösen Seiten von N.s späteren Werken (namentlich Za) schwer, gerade weil er, an den Texten des Christentums geschult, größte Distanz zu religiösen Redeweisen hielt. Bei N.s elaborierten Versuchen, die Geschichte des Christentums als Teil einer Moralgeschichte zu rekonstruieren, spielten Overbecks Anregungen eine nicht ganz unwesentliche Rolle (Sommer 2000; Cancik/Cancik-Lindemaier 1988); Overbeck (↗Freunde) selbst gibt rückblickend umständlich über seine Freundschaft mit N. Rechenschaft (Overbeck 1999).

*Ernest Renan (1823–1892)*

Mit Renans *Vie de Jésus* (1863) dürfte N. schon 1864 bei der Lektüre von Daniel Schenkels *Charakterbild Jesu* in Berührung gekommen sein (Pernet 1989, 95). Nachlaßfragmente der 70er Jahre spielen gegen David Friedrich Straussens »für das deutsche Volk« bearbeitetes *Leben Jesu* »den viel größeren« Renan (N, KSA 7, 587) und dessen »Eleganz« (N, KSA 7, 804) aus. N. studierte nicht nur Renans *Vie de Jésus* und die nachfolgenden Bände der *Origines du christianisme* »mit viel Bosheit und – wenig Nutzen« (an Overbeck, 23.2.1887), sondern auch die *Dialogues philosophiques*, zu denen sich systematische Parallelen in N.s Denken aufzeigen lassen (Barbera/Campioni 1984). In der Auseinandersetzung mit der jüdisch-christlichen Religions- und Moralgeschichte avanciert Renan in den späten achtziger Jahren zu einer Kardinalreferenz, wiewohl N.s Bewertungen häufig konträr ausfallen. Angefangen bei der Entwicklung des Gottesbegriffes (AC, Nr. 17), den alttestamentlichen Propheten und ihrer Aufwertung der Schwachen (JGB, Nr. 195, KSA 13, 186), über die Jesusfigur bis hin zur Soziopsycho(patho)logie des frühen Christentums als Bewegung Zu-kurz-Gekommener (Orsucci 1996, 298–303) findet N. bei Renan vielfache, von zahlreichen Exzerpten dokumentierte Anregungen. Die »Psychologie des Erlösers« in *Der Antichrist* führt vor, wie N. seine Quelle umgestaltet: War Jesus bei Renan noch ein »Charmeur«, ein »Held«, ein »Genie«, ein eschatologisch orientierter Agitator mit widersprüchlichen Charakterzügen, stellt N. in pointierter Abgrenzung Jesus als zum Heroismus unfähigen ↗»Idioten« hin (N, KSA 13, 237), der aus übergroßer Leidensfähigkeiten alle Distanz aufgibt und ganz in der Liebe aufgeht. Die polemische Absetzung von Renan entbindet N. in *Der Antichrist* davon, seinen eigenen Ansatz methodisch zu begründen (Sommer 2000); er stempelt Jesus zum Fall für den Nervenarzt und ent-eschatologisiert seinen »Typus« konsequent. Shapiro interpretiert N.s genealogisches Projekt als radikalen Gegenentwurf zu Renans *Origines* mit ihrem narrativen Realismus und ihrem allwissenden Erzähler. »N.'s nonnarrative ›life of Jesus‹ is really an attack on the narrative principle itself« (Shapiro 1982, 219). Daneben wird Renan zum Inbegriff eines religiösen Romantizismus (JGB, Nr. 48); bei ihm – einer »Art katholischer Schleiermacher« (N, KSA 11, 599) – hülfen »alle Freigeisterei, Modernität, Spötterei und Wendehals-Geschmeidigkeit« nicht, »wenn man mit seinen Eingeweiden Christ, Katholik und sogar Priester geblieben ist!« (*Götzen-Dämmerung*, Streifzüge Nr. 2, KSA 6, 112) »Renan ist Priester...« (N, KSA 13, 295).

*Friedrich Schlegel (1772–1829)*

Mit dem Denken der Frühromantik, namentlich demjenigen F. Schlegels kam N. in Schulpforta und später bei seinem akademischen Lehrer Ritschl in Berührung (Behler 1978, 71). Es liegt nahe, N.s ethisches Konzept der unbedingten Selbstwahl und Selbsterschaffung mit diesen frühen Eindrücken zu assoziieren (Wischke 1994, 383). In den Werken N.s taucht F. Schlegels Name im Unterschied zu seinem in Tragödienfragen gelegentlich konsultierten Bruder August Wilhelm nirgends auf; mindestens zweimal muß er jedoch aus dem Druckmanuskript oder der Vorstufe verschwinden. In diesen beiden Fällen (M, Nr. 159, Reinschrift KSA 14, 213 und MA II, Nr. 171, Vorstufe KSA 14, 173) gilt F. Schlegel als Prototyp einer negativ konnotierten Romantik. Gegen Wagner zitiert N. in *Der Fall Wagner* 3 den Brief Goethes an Zelter vom 20. 10. 1831, wonach die Romantiker »›am Wiederkäuen sittlicher und religiöser Absurditäten zu ersticken‹« drohten.

Daß Goethe damit F. Schlegel kritisierte, hat N., dem entsprechenden Exzerpt im Nachlaß zufolge (N, KSA 13, 495), gewußt. N.s Kritik an der Romantik richtet sich keineswegs nur gegen die Spätromantik, wie Behler mutmaßte (1978, 59 und 65–67), sondern durchaus auch gegen F. Schlegel und seine Jenenser Weggefährten. Dennoch gibt es zwischen N. und F. Schlegel starke Ähnlichkeiten bei ihren Versuchen, die Antike wiederzubeleben, eine Neue Mythologie zu schöpfen und ein künstlerisch-messianistisches Denken in aphoristischer Form zu entwickeln. »Die vielleicht grundlegendste Differenz besteht in der Tatsache, daß bei den Frühromantikern immer noch ein Schimmer von Hoffnung auf eine Wiedervereinigung mit dem Absoluten vorhanden ist« (Behler 1978, 85).

*Friedrich Daniel Ernst Schleiermacher (1768–1834)*

Schleiermacher scheint kaum zu den nachhaltigen Lektüreerlebnissen des frühen N. gehört zu haben, hat er ihn auch als Theologen, Platon-Übersetzer und -Interpreten (vgl. Paul Deussen, April/Mai 1868; N, KSA 7, 29) sowie als Philosophiehistoriker bereits in Schul- und Studienzeiten kennengelernt. Seine Urteile sind wenig schmeichelhaft (Erwin Rohde, 9. 12. 1868). Die Berufung von Strauss auf Schleiermacher veranlaßt N. in der diesbezüglichen *Unzeitgemäßen Betrachtung* zu höhnischen Bemerkungen: »Wer einmal an der Hegelei und Schleiermacherei erkrankte, wird nie wieder ganz curirt« (KSA 1, 191). Die berühmte Formel von der »schlechthinnigen Abhängigkeit« kehrt als »Schleiermacherische Zerblasenheit« (DS, KSA 1, 224) wieder. Auch eine Evokation in *Vom Nutzen und Nachtheil der Historie* geht über das Topische nicht hinaus: Sie stellt Hartmann als »ersten philosophischen Parodisten« hin, auf dessen »Altar« »wir [...] eine Locke« opferten, »um einen Schleiermacherischen Bewunderungs-Ausdruck zu stehlen« (KSA 1, 314). N. spielt auf die Locke an, die Schleiermacher in seinen Reden *Über die Religion* (1799) bekanntlich Spinoza opferte. Schleiermachers Psychologisierung der Religion findet N.s Zustimmung gerade deswegen nicht, weil sie es auf »Erhaltung der christlichen Religion und das Fortbestehen der christlichen Theologen abgesehen« habe (MA, I, Nr. 132, KSA 2, 125), während die freigeistige Analyse Religion soziopsychologisch ganz auf kontingent anthropologische Bedingungen zurückbuchstabiert und Transzendenzbindungen unerbittlich kappt (vgl. N, KSA 8, 444). In einer Auslassung über das deutsche Bildungsgut heißt es, Schiller, Wilhelm von Humboldt, Hegel, Schelling und Schleiermacher sei »die Sucht« gemeinsam, »um jeden Preis moralisch erregt zu erscheinen; sodann das Verlangen nach glänzenden knochenlosen Allgemeinheiten, nebst der Absicht auf ein Schöner-sehen-wollen in Bezug auf Alles« (M, Nr. 190, KSA 3, 163). In *Ecce homo* firmieren »Fichte, Schelling, Schopenhauer, Hegel, Schleiermacher [...] so gut wie Kant und Leibniz« als »›unbewusste‹ Falschmünzer« – »es sind Alles blosse Schleiermacher« (KSA 6, 361), oder, in etwas veränderter Zusammenstellung, »alles Theologen« (N, KSA 11, 152). Wenn schließlich noch Renan zu einer »Art katholischer Schleiermacher, süßlich, bonbon« (N, KSA 11, 599) aufsteigt, ist auch dies kein Indiz für ein vertieftes Interesse N.s an Schleiermachers Denken.

*Arthur Schopenhauer (1788–1860)*

N.s ›Bekehrung‹ zu und spätere Abwendung von Schopenhauer gehört zu den meistdiskutierten Themen der N.-Forschung. Nach der rückblickend als schicksalshaft gedeuteten Entdeckung von *Die Welt als Wille und Vorstellung* in einem Leipziger Antiquariat und der gleich anschließenden Lektüre Ende Oktober, Anfang November 1865 (Janz, Bd. 1 1978, 179 f.) gewann Schopenhauers Denken einen prägenden Einfluß auf N.s Frühwerk. *Die Geburt der Tragödie* ist ein Versuch, Schopenhauer mit Wagner zusammenzudenken, wobei im einzelnen zu untersuchen wäre, wie weit N.s Bild von Schopenhauers Philosophie wiederum bestimmt wird von Wagner, Hartmann, Dühring, Lange, aber auch Rudolf Haym (Barbera 1995) und später Mainländer (Decher 1996). Der heroische Pessimismus der Artistenmetaphysik steht ganz im Banne Schopenhauers, wiewohl sich N. in seinen philosophischen Schriften nie wirklich zu einer Weltverneinungsmoral durchringt. Von Schopenhauer rühren z.B. wesentliche Momente von N.s Kunstverständnis (vgl. Schirmacher 1991) und auch die Vorstellung vom weltflüchtigen und asketischen Charakter des frühen Christentums her (wobei

Overbecks Einwirkung hier nicht zu unterschätzen ist). Dennoch zeigen sich schon bald Anzeichen der Ablösung vom philosophischen Übervater, beginnend bei einem Schopenhauers Leugnung der Wissenschaftsfähigkeit von Geschichte transzendierenden Historienbegriff in *Vom Nutzen und Nachtheil der Historie* (Sommer 1997, 48–50) über die dort eingeforderte »Lebensdienlichkeit« bis hin zu dem in der Freigeistphase artikulierten Metaphysikverdacht gegen Schopenhauer. Rückblickend – im Frühsommer 1878 – interpretiert N. seine Schrift über Schopenhauer (*Schopenhauer als Erzieher*) als »Umweg« zum Ideal des freien Geistes: »Der Schopenhauersche Mensch trieb mich zur Skepsis gegen alles Verehrte Hochgehaltene, bisher Vertheidigte (auch gegen Griechen, Schopenhauer Wagner)« (N, KSA 8, 500). N. beginnt nun pointiert, seine Doktrin der Lebensbejahung gegen Schopenhauers Mitleidsethik auszuspielen (Goedert 1988, 11–24); Schopenhauers moralische Weltordnung wird ihm zur Chimäre. Obwohl sich N.s Metaphysikkritik als Kritik an der gesamten Denktradition explizit auch gegen Schopenhauer richtet, N. Kunst, Religion und Metaphysik auf physiologische und evolutionäre Bedingungen zurückzuführen hofft (MA I, Nr. 10) und schließlich die vermeintlich vorgegebene Realität selber als Interpretationsprodukt versteht, ist er doch noch in dieser Kritik am Herkommen von Schopenhauer beeinflußt. Zwar ist N.s Invektive gegen metaphysischen Dualismus und Hinterweltlertum (vgl. Za I, »Von den Hinterweltlern«) durchaus auch gegen Schopenhauer gemünzt (Salaquarda 1989, 270). Dabei übersieht N. aber geflissentlich, daß Schopenhauer wie er selber eine monistische Position vertritt (Salaquarda 1989, 278), daß »Wille« und »Vorstellung« nur zwei Seiten derselben Medaille sind. Ebenso vertuscht N., daß Schopenhauer wie er selber »am Leitfaden des Leibes« (N, KSA 11, 249) denkt; jedenfalls den eigenen Leib zum Ausgangspunkt seines Nachdenkens über die Welt nimmt (vgl. Salaquarda 1989, 281 f.). Namentlich in der Umgestaltung des einen Weltwillens zur Vielfalt der miteinander im Kampf liegenden ↗Willen zur Macht wird die transformierende Weiterentwicklung von schopenhauerischen Ansätzen deutlich (Mainländer). Ethisch heißt die Losung nun nicht mehr Willensverneinung, sondern Steigerung des individuellen Machtwillens. Die in der Ontologie begründeten Divergenzen von Schopenhauers und N.s Konzept eskalieren in der Frage nach der richtigen Lebenspraxis. »Schopenhauer, der letzte Deutsche, der in Betracht kommt ([...]), ist für einen Psychologen ein Fall ersten Ranges: nämlich als bösartig genialer Versuch, zu Gunsten einer nihilistischen Gesammt-Abwerthung des Lebens gerade die Gegen-Instanzen, die grossen Selbstbejahungen des ›Willens zum Leben‹, die Exuberanz-Formen des Lebens in's Feld zu führen« (GD, Streifzüge, Nr. 21, KSA 6, 125). Entsprechend ist auch N.s späte Moral- und Christentumskritik in weiten Teilen eine Schopenhauer-Kritik (Salaquarda 1973).

*African Spir (1837–1890)*

In den von N. publizierten Werken fehlt jeder explizite Hinweis auf Spir, dessen Schriften – namentlich das Hauptwerk *Denken und Wirklichkeit. Versuch einer Erneuerung der kritischen Philosophie* (1873) – er jedoch schon kurz nach Erscheinen zur Kenntnis nahm. Die erste Auflage dieses Buches entlieh N. mehrfach der Basler Universitätsbibliothek; 1877 ließ er sich die zweite Auflage von seinem Verleger besorgen (Ernst Schmeitzner, 2. 2. 1877). Das reich glossierte Handexemplar hat sich in N.s Nachlaß erhalten. Eine erste Phase der Befassung mit Spir fällt in die Entstehungszeit von *Philosophie im tragischen Zeitalter der Griechen* und *Wahrheit und Lüge im aussermoralischen Sinne*. Früh wird ein Einwand Spirs gegen Kant ausgebeutet, um die Leugnung der Zeitlichkeit durch Parmenides bloßzustellen (PhtZ, KSA 1, 857), obwohl sich Parmenides' und Spirs Identitätsprinzip ähneln (vgl. d'Iorio 1993, 263); der Nachlaß vom Frühjahr 1873 liiert Spir mit Anaximander. *Wahrheit und Lüge im aussermoralischen Sinne* behauptet nicht mit Hilfe Spirs die Illusorität der Erscheinungswelt, sondern führt mit Hilfe Gustav Gerbers (↗Sprachphilosophie) eine kritische Untersuchung der Struktur von Sprache und der Grenzen der Begriffe (d'Iorio 1993, 261). Gleichwohl will N. im Nachlaß 1873 ein »Lob des Spir« anstimmen (N, KSA 7, 710) – ein Lob, das jedoch keine Zustimmung zu Spirs Metaphysik vom »Unbedingten« einschließt (vgl. Dickopp 1970, 55). Dieses Konzept des »Unbedingten« wird im Umfeld von *Menschliches, Allzumenschliches* I wichtig; Spir leugnet nämlich eine kausale Beziehung von Unbedingtem und Bedingtem, wie sie die herkömmliche Metaphysik annahm (d'Iorio 1993, 271). N. propagiert seinerseits die Überwindung der Vorstellung eines unbedingten ›Dinges an sich‹ zugunsten einer »Entstehungsgeschichte des Denkens« (MA I, Nr. 16, KSA 2, 37). Der »ausgezeichnete Logiker«, den MA I, Nr. 18 zitiert und gleichzeitig »von einem neuen Lichte« erhellen will, ist wiederum Spir (vgl. Ernst Schmeitzner, 22. 11. 1879); er ermöglicht N., sich über metaphysische und ontologische Grundbegriffe klarer zu werden. Bei der Konzeption der Wiederkunftslehre leistet Spir Patendienste; er zeigt die Antinomie von Welttotalerklärungsansprüchen auf (vgl. d'Iorio 1993, 277f.). Der Nachlaß von 1885 gesteht Spirs »Unbedingtem« nur noch zu, »eine regulative Fiction« zu sein, »der keine Existenz zugeschrieben werden darf« (N, KSA 11, 633). »Das unbedingte Sein hat für N. nur als Funktion des bedingten Seins Bedeutung« (Dickopp 1970, 58). Damit hat er Spirs Konzeption auf den Kopf gestellt. Bei der Kritik des *cogito*-Argumentes von Descartes spielt N. Mitte der achtziger Jahre *Gustav Teichmüller* und Spir gegeneinander aus (N, KSA 11, 640). »Der Glaube an die unmittelbare Gewißheit des Denkens ist ein Glaube mehr, und keine Gewißheit!« (N, KSA 11, 641) Im Spätwerk treten diese ontologischen Prinzipienfragen in den Hintergrund, gleichwohl taucht noch in einer Literaturliste vom Herbst 1888 Spirs Name auf, wiederum gemeinsam mit demjenigen Teichmüllers (N, KSA 13, 579).

*David Friedrich Strauss (1808–1874)*

Erste Bekanntschaft mit Straussens bahnbrechendem *Leben Jesu* (1835/36) dürfte N. entweder in der elterlichen Bibliothek (N.s Vater hat sich nachweislich mit dem Werk beschäftigt), während der Bonner Studienzeit bei der Lektüre des *Charakterbildes Jesu* von Daniel Schenkel oder schließlich beim Besuch der dortigen kirchenhistorischen Vorlesungen geschlossen haben (Pernet 1989, 95f.). Strauss stellt in diesem Werk heraus, daß die neutestamentlichen Erzählungen über das Leben Jesu als Mythen und nicht als historische Berichte zu verstehen seien. Die neugestaltete Volksausgabe des Strauss'schen Werkes (1864) las N. bald nach ihrem Erscheinen; einige Notate dazu zeigen einen durchaus noch in herkömmlichen Vorstellungen verhafteten Theologiestudenten (BAW 3, 100). Die Strauss-Lektüre kann jedoch kaum für die definitive Abwendung N.s vom Christentum allein verantwortlich gemacht werden (so Janz, Bd. 1, 1978, 146; dagegen Pernet 1989, 99f.), so wenig man ihre klärende Wirkung bestreiten wird. Mit *David Strauss* lanciert N. 1873 einen scharfen Angriff auf Strauss als »Bekenner« und »Schriftsteller« – ein Angriff, der Overbecks Abrechnung mit der Theologie in seiner *Christlichkeit unserer heutigen Theologie* sekundierte (Pestalozzi 1988, 96). Overbeck sah in Straussens frühen Werken zwar jenen kritischen Ansatz verwirklicht, den er selber vertrat; umso mehr mußte ihn aber die in Straussens *Altem und Neuem Glauben* (1872) popularisierte, spießbürgerlich-optimistische Ersatzreligion verdrießen, in der man »sein Genügen hat an einem vergöttlichten Universum, am Mysterium der Monarchie, am kontemplativen Genuß klassischer Musik und Literatur« (Sommer 1997, 105). Overbeck spielt den weltflüchtigen Pessimismus des ursprünglichen Christentums gegen Strauss aus (Peter 1992, 215–217). Auch N.s Breitseite gründet auf pessimistischen Prämissen, die helfen, Strauss auzubooten (Sommer 1996, 205). Dieser »Bildungsphilister« wolle eine Zukunftsreligion stiften: »das ist das unerhörte Phänomen, das unsere deutsche Gegenwart auszeichnet« (DS 4, KSA 1, 177). Die Schrift – »das schwächste Werk, das N. je veröffentlicht hat« (Colli, KSA 1, 905) – erschöpft sich in repetitiver Polemik und langatmiger Stilkritik. »Auf diese Weise mußte ein Konkurrent erledigt werden, der N.s eigener Konzeption einer neuen Religion gefährlich nahe kam« (Pestalozzi 1988, 102). N.s an Wagner orientierter, antikisierender Kunstreligion (vgl. Cancik 1995) ist Straussens neoklassizistischer Geschmack ein Dorn im Auge. Er deutet Straussens »Bekenntniss« (so lautet der Untertitel von *Der Alte und der Neue Glaube*) als Verrat an dessen früheren Erkenntnissen, so etwa im Nachlaß 1872/73 (N, KSA 7, 422, 480). Es ist, wie es in *Götzen-Dämmerung* heißen sollte, die »Entartung unsres ersten deutschen Freigeistes, des klugen David Strauss, zum Verfasser eines Bierbank-Evangeliums« (KSA 6, 104f.), die N. zu seinen Ausfällen veranlaßt hat (vgl. EH, KSA 6, 274 und 317). Überhaupt fällt das Urteil über Strauss im Spätwerk milder aus (vgl. AC, Nr. 28), auch wenn in dieser Zeit keine direkten Lektüren mehr nachweisbar sind. Rückblickend schrieb N. über *David Strauss*: »Ich hatte, ohne sie zu kennen, eine Maxime Stendhals in praxis übersetzt: seinen Eintritt in die Gesellschaft mit einem Duell zu machen. Und ich hatte mir einen Gegner gewählt, der mich als den errathen konnte, der ich bin, – ich hatte den ersten Freigeist der Deutschen herausgefordert und ihn ausgelacht – Eine neue Freigeisterei kam damit zum Ausdruck, nicht mehr bloß eine antitheologische« (Vorstufe zu EH, UB3, KSA 14, 488; vgl. Vivarelli 1998, 58).

*Julius Wellhausen (1844–1918)*

Die Interpretation, die Wellhausen in seinen *Prolegomena zur Geschichte Israels* (N. besaß und glossierte die 2. Auflage von 1883) der israelischen Geschichte angedeihen ließ, stellt die landläufige Chronologie der alttestamentlichen Schriften auf den Kopf. Wellhausen zufolge geriet das späte Judentum in Widerspruch zu seinen ursprünglichen kriegerischen Werten und schrieb so seine eigene Frühgeschichte nach »priesterlichen« Kriterien neu, um dadurch seine Selbsterhaltung zu sichern. N., der sich 1887/88 intensiv mit Wellhausen beschäftigte und umfangreiche Exzerpte anlegte (N, KSA 13, 169–174), baut diese »Denaturalisations«-These in seine eigene, antichristliche Geschichtsschreibung ein und konstruiert daraus eine bruchlose Kontinuität zwischen Judentum und Christentum, die sich dergestalt bei Wellhausen nicht findet (Sommer 2000). Vielmehr sieht dieser Paulus als den »großen Pathologen« und Überwinder des Judentums an (↗Altes Testament).

Literatur: Benz, E.: N.s Ideen zur Geschichte des Christentums und der Kirche = Beihefte der Zeitschrift für Religions- und Geistesgeschichte 3, Leiden 1956; Dikkopp, K.-H.: Zum Wandel von N.s Seinsverständnis. African Spir und Gustav Teichmüller, in: Zeitschrift für philosophische Forschung 24 (1970), 50–71; Salaquarda, J.: Der Antichrist, in: NSt 2 (1973), 91–136; Behler, E.: N. und die frühromantische Schule, in: NSt 7 (1978), 59–87; Salaquarda, J.: N. und Lange, in: NSt 7 (1978), 236–253; Shapiro, G.: N. contra Renan, in: History and Theory. Studies in the Philosophy of History 21 (1982), 193–222; Stack, G. J.: Lange and N., Berlin/New York 1983; Barbera, S./Campioni, G.: Wissenschaft und Philosophie der Macht bei N. und Renan, in: NSt 13 (1984), 279–315; v. Rahden, W.: Eduard von Hartmann »und« N. Zur Strategie der verzögerten Konterkritik Hartmanns an N., in: NSt 13 (1984), 481–502; Venturelli, A.: Asketismus und Wille zur Macht. N.s Auseinandersetzung mit Eugen Dühring, in: NSt 15 (1986), 107–139; Ansell-Pearson, K. J.: The Question of F. A. Lange's Influence on N. A Critique of Recent Research from the Standpoint of the Dionysian, in: NSt 17 (1988), 539–554; Cancik, H./Cancik-Lindemaier, H.: Der »psychologische Typus des Erlösers« und die Möglichkeit seiner Darstellung bei Franz Overbeck und F. N., in: Brändle, R./Stegemann, E. W. (Hgg.): Franz Overbecks unerledigte Anfragen an das Christentum, München 1988, 108–135; Gerratana, F.: Der Wahn jenseits des Menschen. Zur frühen E. v. Hartmann-Rezeption N.s (1869–1874), in: NSt 17 (1988), 391–433; Goedert, G.: N. der Überwinder Schopenhauers und des Mitleids, Amsterdam/Würzburg 1988; Pestalozzi, K.: Overbecks »Schriftchen« »Über die Christlichkeit unserer heutigen Theologie« und N.s »Erste unzeitgemässe Betrachtung: David Strauss. Der Bekenner und Schriftsteller«, in: Brändle, R./Stegemann, E. W. (Hgg.): Franz Overbecks unerledigte Anfragen an das Christentum, München 1988, 91–107; Pernet, M.: Das Christentum im Leben des jungen F. N., Opladen 1989; Salaquarda, J.: N.s Metaphysikkritik und ihre Vorbereitung durch Schopenhauer, in: Abel, G./Salaquarda, J. (Hgg.): Krisis der Metaphysik, Berlin/New York 1989, 258–282; Lampl, H. E. (Hrsg.): Zweistimmigkeit – Einstimmigkeit? F. N. und Jean-Marie Guyau (»Esquisse d'une morale sans obligation, ni sanction«), Cuxhaven 1990; Schirmacher, W. (Hrsg.): Schopenhauer, N. und die Kunst = Schopenhauer-Studien 4, Wien 1991; Stack, G. J.: Kant, Lange, and N.: Critique of Knowledge, in: Ansell-Pearson, K. (Hrsg.): N. and Modern German Thought, London/New York 1991, 30–58; Peter, N.: Im Schatten der Modernität. Franz Overbecks Weg zur »Christlichkeit unserer heutigen Theologie«, Stuttgart 1992; d'Iorio, P.: La superstition des philosophes critiques. N. et Afrikan Spir, in: NSt 22 (1993), 257–294; Möller-Seyfarth, W. H. (Hrsg.): ›Die modernen Pessimisten als décadents‹. Von N. zu Horstmann. Texte zur Rezeptionsgeschichte von Philipp Mainländers Philosophie der Erlösung, Würzburg 1993; Wischke, M.: F. N.s Bekanntschaft mit der Romantik in Pforta und ihr widersprüchlicher Einfluß auf sein ethisches Denken, in: Nietzscheforschung. Eine Jahresschrift 1 (1994), 383–393; Barbera, S.: Eine Quelle der frühen Schopenhauer-Kritik N. s. Rudolf Hayms Aufsatz »Arthur Schopenhauer«, in: NSt 24 (1995), 124–136; Cancik, H.: N.s Antike. Vorlesung, Stuttgart/Weimar 1995; Decher, F.: Der eine Wille und die vielen Willen. Schopenhauer – Mainländer – N., in: NSt 25 (1996), 221–238; Orsucci 1996; Overbeck, F.: Briefwechsel mit Paul de Lagarde, hrsg. v. N. Peter/A. U. Sommer, in: Zeitschrift für Neuere Theologiegeschichte 3 (1996), 127–171; Sommer, A. U.: »Wenn die Welt ein Ding ist, das besser nicht wäre, ei so ist ja auch das Denken des Philosophen, das ein Stück dieser Welt bildet, ein Denken, das besser nicht dächte«. Zur Karriere eines polemischen Argumentes gegen Schopenhauer, in: Schopenhauer-Jahrbuch 77 (1996), 199–210; ders.: Der Geist der Historie und das Ende des Christentums. Zur »Waffengenossenschaft« von F.N. und Franz Overbeck, Berlin 1997; ders.: Zwischen Agitation, Religionsstiftung und »Hoher Politik«. F.N. und Paul de Lagarde, in: Nietzscheforschung 4 (1997/98), 169–194; Overbeck, F.: Werke und Nachlaß, Bd. 7/2: Autobiographisches. »Meine Freunde Treitschke, N. und Rohde«, hrsg. v. B. v. Reibnitz/M. Stauffacher-Schaub, Stuttgart 1998; Vivarelli, V.: N. und die Masken des freien Geistes. Montaigne, Pascal und Sterne, Würzburg 1998; Sommer, A.U.: F.N., »Der Antichrist«. Ein philosophisch-historischer Kommentar, Basel 2000.

*Andreas Urs Sommer*

## Politik

*Lange – Joerg – Burckhardt – Bagehot – Spencer – Mill – Tocqueville – Prévost-Paradol – Hillebrand – Stendahl – Taine*

In einer späten Äußerung stellt sich N. als der »letzte antipolitische Deutsche« vor (KSA 14, 472). Die Distanzierung vom Deutschen Reich führt zur Absage an den Nationalismus, aber auch zu einem allzu engen Politik-Begriff. N. hält die nationalistische Politik für ein bloßes Oberflächenphänomen, dennoch nimmt er fundamentale politische Veränderungen ernst: die widersprüchlichen Tendenzen der Modernisierung wie Demokratisierung und Cäsarismus, Individualisierung und Nivellierung. Obgleich er in seiner Kritik moderner politischer Ideale häufig auf vormoderne Konzeptionen zurückgreift, verrät sich darin auch der Einfluß neuzeitlicher Auffassungen. Antike und Renaissance, Plato und Machiavelli, Aufklärung und moderner Cäsarismus sind für N. Quellen, die es ihm erlauben, seine Opposition gegen die christliche Moral zu begründen.

Das einzige politische Ereignis, das N. unmittelbar miterlebt und mit dem er sich identifiziert, ist die »Deutsche Revolution« von 1866. Er ist zunächst fasziniert von Bismarcks Machtpolitik, gewinnt aber schon 1870 die Überzeugung, diese verkenne die Gefahren, die der europäischen Kultur drohen. Als beunruhigend erachtet er wie viele seiner Zeitgenossen die Tendenz zur sozialen Atomisierung. Beschrieben wird das Phänomen etwa in Friedrich Albert Langes *Geschichte des Materialismus* (1866) und in Joseph Edmund Joergs *Geschichte der social-politischen Parteien in Deutschland* (1867); beide Bücher hat N. gelesen. Einen nachhaltigen Einfluß übt Jacob Burckhardt aus, in dessen Ausführungen zur Revolutionierung von Wirtschaft und Gesellschaft, zur Perpetuierung des politischen Veränderungswillens, zum Machtanspruch des demokratischen Staates, zur sozialen Nivellierung, zu Cäsarismus und Militarismus sich jenes pessimistische Bild der europäischen Situation abzeichnet, das N. trotz seiner Sympathien für den Cäsarismus weitgehend übernimmt.

Das Deutsche Reich wird für N. zum Inbegriff jenes kulturellen Niedergangs, den er als Folge der Demokratisierung versteht. Was die Quellen seines Demokratieverständnisses betrifft, so erhält er die entscheidenden Impulse freilich von englischen und französischen Autoren. Der Einfluß des englischen Liberalismus, den er dank der Lektüre von Werken Walter Bagehots, Herbert Spencers und vor allem John Stuart Mills kennenlernt, ist stärker, als einige abschätzige Bemerkungen vermuten lassen. Mill, der von Alexis de Tocqueville inspiriert ist, nimmt mit der Kritik des Konformismus und der These von der Verkleinerung und Schwächung des modernen Individuums Motive von N.s Demokratiekritik vorweg. Seine Besprechung von Tocquevilles *Demokratie in Amerika* ist wahrscheinlich die wichtigste Quelle von N.s Tocqueville-Kenntnis.

Wenn N. sich als Schüler Tocquevilles vorstellt (Franz Overbeck, 23. 2. 1887), dann ist die Behauptung trotz fehlender Hinweise auf eine direkte Tocqueville-Lektüre glaubhaft. Zu den von Tocqueville geprägten Autoren gehören neben Mill Lucien-Anatole Prévost-Paradol, dessen Buch *La France nouvelle* (1868) N. gekannt hat, Karl Hillebrand, dessen Essay-Sammlung *Zeiten, Völker und Menschen* (1874–1878) er geschätzt hat und der dem deutschen Publikum die Demokratiekritiker Tocqueville, Taine und Renan vorgestellt hat, vor allem aber Burckhardt und Taine. Ernest Renan, dessen *Dialogues philosophiques* (1876) N. gelesen hat, fordert die Züchtung neuer Eliten und die Etablierung einer Gelehrten-Aristokratie. Eine demokratiefeindliche Einstellung prägt auch Hippolyte Taines monumentales Werk *Les origines de la France contemporaine* (1876–1894), von dem N. Teile gekannt hat. N. hat Taine, der die Französische Revolution als monströses Experiment schildert, zwar geschätzt, dessen Einfluß darf jedoch nicht überschätzt werden. Taines Haß auf die Revolution erstreckt sich auf Napoleon, den er als verspätetes Produkt der italienischen Renaissance versteht, als unmoralischen Tyrannen und Künstler, der Menschen bearbeitet. Der Vergleich Napoleons mit den Renaissance-Fürsten, der N. angesprochen hat, findet sich freilich schon in früheren Studien, etwa in Stendhals *Vie de Napoléon*. Der von N. bewunderte Stendhal war als Anhänger der Französischen Revolution kein unkritischer Bewunderer Napoleons; er hat den Blick auf die Psychologie des »parvenu« gelenkt, ähnlich wie Mme de Rémusat, deren *Mémoires* N. ebenfalls aufmerksam gelesen hat.

Napoleon, der in N.s Weltbild eine zentrale Rolle einnimmt, beschäftigt ihn als psychologischer Typus; er ist von niederer Herkunft und scheint einer anderen Kultur zu entstammen; beides befähigt ihn, sich als cäsarischer Tyrann über moralische Konventionen hinwegzusetzen und unbedingt zu befehlen. Auch Rousseau, dem in N.s Philosophie die Rolle des Antipoden zukommt, ist als psychologischer Fall von Interesse. N. hat einige Werke von Rousseau gelesen und auch die Sekundärliteratur konsultiert; er erblickt in ihm, ähnlich wie Taine, den erbitterten Plebejer. N.s »politisches« Interesse erweist sich somit als ein Interesse für die Psychologie der Akteure und der geistigen Wegbereiter.

Literatur: Marti, U.: »Der grosse Pöbel- und Sklavenaufstand«. N.s Auseinandersetzung mit Revolution und Demokratie, Stuttgart 1993; Ansell-Pearson, K.: An Introduction to N. as a Political Thinker, Cambridge 1994; Owen, D.: N. Politics and Modernity, London u.a. 1995; Conway, D.: N. & the Political, London/New York 1997; Ottmann ²1999.

*Urs Marti*

# Psychologie

*Rée – Maudsley – Ribot – Bourget – Féré – Stricker – Krauss – Galton*

Einflüsse aus der Psychologie sind in N.s Werk früh belegt, sie stammen aber vorwiegend aus dem humanistischen Bildungsschatz und seinem anthropologischen Wissen, nicht aus dem Studium von Veröffentlichungen aus der Fachdisziplin, die sich in der zweiten Hälfte des 19. Jh.s in einem weitreichenden Umbruch befindet (vgl. Sachs-Hombach 1993). So bleibt die antike ↗Rhetorik eine nie versiegende Quelle psychologischer Erkenntnisse – »Das Studium der Psychologie gehörte zur antiken Rhetorik« (N, 19[101], KSA 8, 355) –, ebenso wie die *Psychologischen Bemerkungen* im ersten Band von *Georg Christoph Lichtenberg's Vermischten Schriften* (Göttingen 1867) (vgl. Stingelin 1996, 181–183) und die moralpsychologischen Aphorismen der ↗französischen Moralisten, allen voran La Rochefoucauld (vgl. MA I, Nr. 35, KSA 2, 57–58). Nicht bezeugt ist dagegen eine Lektüre der Schriften von Johann Friedrich Herbart – allenfalls vermittelt über Romundt (vgl. Treiber 1993, 206) – oder Carl Gustav Carus, von dem sich N. Mitte 1882 immerhin den Titel »Carus, vergl⟨eichende⟩ Psychologie« (N, 2[2], KSA 10, 43) notierte; beide haben eine wichtige Vorreiterrolle für jene strikt physiologisch konzipierte Psychologie gespielt, die ganz der Wiederholbarkeit und der Überprüfbarkeit empirischer Untersuchungsergebnisse vertraute und in den 80er Jahren im Brennpunkt von N.s Interesse steht.

Bis dahin überwiegen moralpsychologische Erwägungen, die N. anfangs mit Paul Rée, *Psychologische Beobachtungen* (Berlin 1875), teilt (vgl. Treiber 1993). Später wird Rée aber gemeinsam mit Jean-Marie Guyau, *Esquisse d'une morale sans obligation ni sanction* (Paris 1885), der auf die Überwindung einer vereinzelten Existenz in einer höheren Solidarität der Lebewesen abhebt, zur Kontrastfolie für N.s eigene Genealogie der Moral (vgl. Guyau 1909; Lampl 1990 und Pécaud 1996).

Der vertiefte Zugang zur psychologischen Forschung seiner Zeit erschließt sich N. über die Psychiatrie: Auf Henry Maudsley, *Die Zurechnungsfähigkeit der Geisteskranken* (Leipzig 1875), von N. 1881 studiert, gehen die verschiedenen Ausführungen über die psychologische Charakteristik der epileptischen Neurose in *Morgenröthe* zurück (vgl. Brusotti 1997, 224–237). Festzustellen ist, daß N.s Rezeption der Psychologie im Verlaufe seines Werks immer aktueller wird, bis sie sich zuletzt gänzlich auf der Höhe seiner Zeit bewegt. Eine besondere Vermittlungsfunktion kommt dabei der vom Psychologen Théodule Ribot herausgegebenen *Revue philosophique de la France et de l'étranger* zu, auf die N. im August 1877 Rée und Malwida v. Meysenbug hinweist. Hier kann N. Aufsätze oder Rezensionen der Werke etwa von Bergson, Bernheim, Binet, Bourru und Burot, Delbœuf, Epinas, Fechner, Ferri, Helmholtz, Herzen, James, Janet, Lombroso, Richet, Tarde oder Wundt über Themen wie vergleichende Psychologie, Wahrnehmungs-, Bewußtseins-, Assoziations- und Traumpsychologie, Hypnotismus, multiple Persönlichkeitsstörung oder Psychophysiologie gelesen haben. Ob N. auch die Schlüsseltexte *Das Gedächtnis und seine Störungen* (Hamburg/Leipzig 1882) und *Les maladies de la volonté* (Paris 1883) von Ribot gelesen hat, ist zweifelhaft. Im Zusammenhang mit N.s ambivalentem Selbstverständnis als ↗ *décadent* steht die wiederholte Lektüre von Paul Bourgets *Essais de psychologie contemporaine* (Paris 1883) und der *Nouveaux essais de psychologie contemporaine* (Paris 1886), die Charakterphysiognomien von Baudelaire, Flaubert u. a. entwerfen.

Zwei Bücher und die Tragweite ihres Einflusses auf N.s Spätphilosophie seien hier exemplarisch hervorgehoben.

*Charles Féré:* Das neben Maudsley durch das Studium des Kapitels über »Moral insanity und Verbrechernaturen« aus Salomon Strickers *Physiologie des Rechts* (Wien 1884) und die Lektüre von A. Krauss vorgeprägte Interesse für *Die Psychologie des Verbrechens* (Tübingen 1884) findet den am intensivsten studierten Gegenstand schließlich in Charles Férés *Dégénérescence et criminalité. Essai physiologique* (Paris 1888), woraus N. sich verschiedene Beobachtungen über die *induction psycho-motrice* notiert (vgl. Lampl 1986; Wahrig-Schmidt 1988). Es ist bei N.s intensivem Interesse für die Forschungsergebnisse der Salpêtrière nicht auszuschließen, daß er auch die *Neuen Vorlesungen über die Krankheiten des Nervensystems, insbesondere über Hysterie* von Jean-Martin Charcot in der kommentierten deutschen Übersetzung von Sigmund Freud (Leipzig/Wien 1886) zur Kenntnis genommen hat. Die nosologische Terminologie der Hysterie-Forschungen von Féré u. a. prägt vor allem das Vokabular von *Der Fall Wagner:* »Wagner est une névrose« (WA, Nr. 5, KSA 6, 22); »Wagnerische Heldinnen« bezeichnet N. als »ein Präparat zu allerlei neurotisch-hypnotisch-erotischen Experimenten Pariser Psychologen« (N, 15[6], Nr. 7, KSA 13, 407).

Auch die *Inquiries into Human Faculty and its Development* (London 1883) des britischen Eugenikers Francis Galton liest N. im Frühjahr und Sommer 1884 auf Anregung von Josef Paneth mit betont kriminalanthropologischem Interesse (vgl. Haase 1989). Exzerpte aus dem Kapitel »Criminals and the Insane« finden Eingang in den *Zarathustra* IV (KSA 4, 341) und bilden das Skelett von N.s Typologie des Verbrechers in *Götzen-Dämmerung* (KSA 6, 146–148). Das Kapitel »Antechamber of Consciousness« ist eine Quelle, die N. mit dem Paneth-Freund Sigmund Freud teilt.

Literatur: Guyau, J.-M.: Sittlichkeit ohne »Pflicht« (1885), ins Deutsche übersetzt von E. Schwarz, mit bisher unveröffentlichten Randbemerkungen F.N.s, Leipzig 1909; Lampl, H.-E.: Ex oblivione: Das Féré-Palimpsest. Notizen zur Beziehung F.N. – Charles Féré (1857–1907), in: NSt 15 (1986), 225–264; ders.: Flair du livre. F.N. und Théodule Ribot, Zürich 1988; Wahrig-Schmidt, B.: »Irgendwie, jedenfalls physiologisch«. F.N., Alexandre Herzen (fils) und Charles Féré 1888, in: NSt 17 (1988), 434–464; Haase, M.-L.: F.N. liest Francis Galton, in: NSt 18 (1989), 633–658; Lampl, H. E. (Hrsg.): Zweistimmigkeit – Einstimmigkeit? F.N. und Jean-Marie Guyau, Cuxhaven 1990; Sachs-Hombach, K.: Philosophische Psychologie im 19. Jh., Freiburg i. Br./München 1993; Treiber, H.: Zur Genealogie einer »science positive de la morale en Allemagne«. Die Geburt der »r(é)ealistischen Moralwissenschaft« aus der Idee einer monistischen Naturkonzeption, in: NSt 22 (1993), 165–221; Pécaud, D.: »Ce brave Guyau«, in: NSt 25 (1996), 239–254; Stingelin, M.: »Unsere ganze Philosophie ist *Berichtigung des Sprachgebrauchs*«. N.s Lichtenberg-Rezeption im Spannungsfeld zwischen Sprachkritik (Rhetorik) und historischer Kritik (Genealogie), München 1996; Brusotti 1997.

*Martin Stingelin*

# Sprachphilosophie

## Gustav Gerber – Georg Christoph Lichtenberg

Den weitreichendsten und bis ins Spätwerk für N.s ↗ Sprachphilosophie (S. 330 f.) konstitutiven Einfluß üben Gustav Gerber und Georg Christoph Lichtenberg aus: An Gerber ist die sprachkritische Wendung der ↗ Rhetorik geschult, die N. zu Beginn der 70er Jahre in der Basler Rhetorik-Vorlesung und in *Ueber Wahrheit und Lüge im aussermoralischen Sinne* vollzieht; Lichtenberg verstärkt im Zug der Gerber-Rezeption unmittelbar die sprachkritischen Impulse, die N.s Vertrauen in die Erkenntniskraft der Sprache nachhaltig erschüttern, und wird zum stillen Begleiter, von dessen Seite N. bis zur Kritik des cartesianischen *cogito* als grammatikalisch bedingten Trugschlusses in *Jenseits von Gut und Böse* und *Zur Genealogie der Moral* nicht mehr weicht. Vor diesem erkenntniskritischen Bruch entwickelt sich N.s »Sprachtheorie« v. a. in der Auseinandersetzung mit Hartmann, Kant, Lange und Schopenhauer, wie Crawford nachgewiesen hat. In der Frage des Sprachursprungs und ihrer Geschichte von der Antike über Hobbes, Maupertius, Rousseau, De Brosses, Monboddo, Herder und Schelling ist N. darüber hinaus weitgehend Theodor Benfey, *Geschichte der Sprachwissenschaft und orientalischen Philologie in Deutschland seit dem Anfange des 19. Jahrhunderts mit einem Rückblick auf die früheren Zeiten* (München 1869), verpflichtet (vgl. Thüring 1994).

## Gustav Gerber

Am 28. September 1872 entleiht sich N. den ersten Band von Gustav Gerber, *Die Sprache als Kunst* (Bromberg 1871), aus der Universitätsbibliothek in Basel; er dient als Vorbereitungsgrundlage für die im Wintersemester 1872/73 gehaltene Vorlesung ⟨»Darstellung der antiken Rhetorik«⟩ (KGW II/4, 413–520). Diese folgt Gerber über weite Strecken des dritten und siebten Paragraphen, »Verhältniß des Rhetorischen zur Sprache« und »Der tropische Ausdruck«, die zum Prägestock von N.s Sprachphilosophie werden, wie sie am wirkungsmächtigsten in *Ueber Wahrheit und Lüge im aussermoralischen Sinne* zum Ausdruck kommt. Auf diese Abhängigkeit haben an verschiedenen Beispielen erstmals Lacoue-Labarthe und Nancy hingewiesen (vgl. N. 1971, v.a. 126–130); sie ist mittlerweile im einzelnen erschlossen (vgl. Meijers/Stingelin 1988; Most/Fries 1994). N. teilt mit Gerber vorab die These, daß die Sprache in ihrem Wesen und in ihrer Genese rhetorischen und nicht logischen Gesetzen folge: »Alle Wörter aber sind an sich u. von Anfang ⟨an⟩, in Bezug auf ihre Bedeutung Tropen. Statt des wahren Vorgangs stellen sie ein in der Zeit verklingendes Tonbild hin: die Sprache drückt niemals etwas vollständig aus, sondern hebt nur ein ihr hervorstechend scheinendes Merkmal hervor« (KGW II/4, 426, wörtlich bei Gerber 1871, 333, 362 und 363, größtenteils im Sperrdruck). Zur Illustration übernimmt N. zahlreiche Beispiele aus *Die Sprache als Kunst*, auf die sich auch *Ueber Wahrheit und Lüge im aussermoralischen Sinne* stützt, etwa: »Wir sagen ›der Trank ist bitter‹ statt ›er erregt in uns eine Empfindung der Art‹; ›der Stein ist hart‹ als ob hart etwas anderes wäre als ein Urtheil von uns. ›die Blätter sind grün‹« (KGW II/4, 427, wörtlich bei Gerber 1871, 384; vgl. WL 1, KSA 1, 878 und MA I, Nr. 39, KSA 2, 62). N. radikalisiert dabei Gerber aber in zweifacher Weise: 1. Im Gegensatz zu Gerber ist für N. bereits die Empfindung, nicht erst das ihr entspringende Lautbild, eine ↗Metapher (im Sinn der Übertragung eines Nervenreizes), dieses folgerichtig eine Metapher der Metapher, »jedesmal vollständiges Ueberspringen der Sphäre, mitten hinein in eine ganz andere und neue« (WL 1, KSA 1, 879), von der kein Weg zurück zum »Ding an sich« bei Gerber führt; 2. damit gibt N. gleichzeitig Gerbers Trennung von »Sprachkunst« und Sprachlehre, Objekt- und Metasprache auf, in der dessen Wissenschaftsanspruch gründet, den N. von der Sprachkritik nicht ausnimmt. Umstritten ist, ob auch etwaige Einflüsse von Hamann, Herder und Wilhelm von Humboldt auf Gerber zurückzuführen sind, wie Meijers glaubt, oder selbständig betrachtet werden müssen, wofür Borsche plädiert.

## Georg Christoph Lichtenberg

Nahezu fugenlos greifen N.s Gerber- und Lichtenberg-Rezeption ineinander, die Wirkung der sprachkritischen Impulse, die sich N. bei der Lektüre von *Georg Christoph Lichtenberg's Vermischten Schriften* (Göttingen 1867, 8 Bde.) seit dem Frühjahr 1873 mitteilen und durch zahlreiche Lesespuren in seinem Handexemplar bezeugt sind (vgl. Stingelin 1996, 167–199), halten im Gegensatz zu Gerber aber bis ins Spätwerk an. Tatsächlich findet sich das oben angeführte Beispiel auch in einem Aphorismus von Lichtenberg: »Wenn ich sage: dieser Stein ist hart – also erst den Begriff Stein, der mehreren Dingen zukommt, diesem Individuo beilege; alsdann von Härte rede, und nun gar das Hartsein mit dem Stein verbinde – so ist dieses ein solches Wunder von Operation, daß es eine Frage ist, ob bei der Verfertigung manches Buches so viel angewandt wird« (Lichtenberg 1867, Bd. 1, 87). N.s eigene Genealogie der Sprache schließt sich Schritt für Schritt dem von Lichtenberg beschriebenen »Wunder von Operation« an, das beide durch die

Struktur des menschlichen Gedächtnisses bedingt sehen (vgl. Stingelin 1996, 75–136). Beide verstehen dabei Philosophie als »*Berichtigung des Sprachgebrauchs*« (Lichtenberg 1867, Bd. 1, 79; Unterstreichung von N.s Hand), insbesondere als Begriffskritik und als Kritik an der grammatikalisch durch die Subjekt-Prädikat-Struktur bedingten Illusion, für jedes Ereignis einen Urheber zu finden, die sich insbesondere auf den Denkprozeß erstreckt. In Lichtenbergs Aphorismus: »[...] Es denkt, sollte man sagen, so wie man sagt: es blitzt. Zu sagen *cogito*, ist schon zu viel, so bald man es durch Ich denke übersetzt. Das Ich anzunehmen, zu postuliren, ist praktisches Bedürfniß« (Lichtenberg 1867, Bd. 1, 99), streicht sich N. den letzten Satz am rechten Rand rot an und übernimmt das Beispiel des Blitzes in *Zur Genealogie der Moral* (1. Abh., Nr. 13, KSA 5, 279), während er die *cogito*-Kritik mit Lichtenbergs Formeln in *Jenseits von Gut und Böse* (Nr. 16, 17 und 54, KSA 5, 29–31 und 73) ausführt. Sowohl bei N. wie bei Lichtenberg ist das bevorzugte Medium der sprachkritischen Selbstreflexion die Metapher, in der sich das destruktive und das schöpferische Moment dieser Kritik verbinden. Daß auch die anthropologischen Konsequenzen für Lichtenbergs und N.s Menschenbild, die sich daraus ergeben, verwandt sind, kann hier nur angedeutet werden. Nicht zu N.s intellektuellem Haushalt gehört dagegen Lichtenbergs »Messer ohne Klinge, an welchem der Stil fehlt«, das in Form von vermeintlichem Nonsens Sprach- als Ontologiekritik übt und im 20. Jh. von Sigmund Freud über André Breton und Ludwig Wittgenstein bis hin zu Jürg Laederach Philosophie-, Psychologie- und Literaturgeschichte geschrieben hat (vgl. Achenbach 1993).

Literatur: N., F.: Rhétorique et langage. Textes traduits, présentés et annotés par Ph. Lacoue-Labarthe et J.-L. Nancy, in: *Poétique* 5 (1971), 98–143; Crawford, C.: The Beginnings of N.s Theory of Language, Berlin/New York 1988; Meijers, A.: Gustav Gerber und F.N. Zum historischen Hintergrund der sprachphilosophischen Auffassung des frühen N., in: NSt 17 (1988), 369–390; Meijers, A./Stingelin, M.: Konkordanz zu den wörtlichen Abschriften und Übernahmen von Beispielen und Zitaten aus Gustav Gerber: Die Sprache als Kunst (Bromberg 1871) in N.s Rhetorik-Vorlesung und in »Ueber Wahrheit und Lüge in aussermoralischen Sinne«, in: NSt 17 (1988), 350–368; Achenbach, B.: Im Anfang war das Wort. Etwas Stoff zu Lichtenbergs Auktionskatalog, seiner Nummer eins und den Folgen, in: Lichtenberg-Jahrbuch 1993, 24–55; Borsche, T.: Natur-Sprache. Herder – Humboldt – N., in: ders. u.a. (Hgg.): ›Centauren-Geburten‹. Wissenschaft, Kunst und Philosophie beim jungen N., Berlin/New York 1994, 112–130; Most, G./Fries, Th.: ⟨«⟩: Die Quellen von N.s Rhetorik-Vorlesung, in: Kopperschmidt, J./Schanze, H. (Hgg.): N. oder »Die Sprache ist Rhetorik«, München 1994, 17–38 und 251–258, und Borsche u.a. (Hgg.) 1994, 17–46; Thüring, H.: Beiträge zur Quellenforschung, in: NSt 23 (1994), 480–489; Stingelin, M.: »Unsere ganze Philosophie ist *Berichtigung des Sprachgebrauchs*«. N.s Lichtenberg-Rezeption im Spannungsfeld zwischen Sprachkritik (Rhetorik) und historischer Kritik (Genealogie), München 1996.

*Martin Stingelin*

# V. Aspekte der Rezeption und Wirkung

Altphilologie
Architektur
Englischsprachige Welt
Film
Frankreich
Geschichte der Nietzsche-Editionen
Geschichte des Nietzsche-Archivs
Italien
Literatur und Dichtung (deutschsprachig)
Literatur und Dichtung (fremdsprachig)
Musik
Nietzsche-Darstellungen in Malerei und bildender Kunst
Nietzsche-Kult
Pädagogik
Philosophie
Politik (Faschismus, Nationalsozialismus, Sozialdemokratie, Marxismus)
Psychologie
Rußland
Schweiz
Skandinavien
Soziologie
Spanischsprachige Welt
Theologie

# Altphilologie

*Wilamowitz – Rohde – Diels – Bursian – Cornford – Harrison – Dodds – Reinhardt – W.F. Otto – Usener – Dieterich – Warburg*

I. Durch die Veröffentlichung der *Geburt der Tragödie* hat sich N. in der deutschen Altphilologie sein junges Renommé verspielt. Die Mehrheit der Fachkollegenschaft akzeptierte die barschen Urteile von Wilamowitz (*Zukunftsphilologie!*, Berlin 1872; vgl. seine *Erinnerungen*, Leipzig, 1928, 129: »Überhaupt schien mir alles herabgewürdigt, was ich von Pforte als etwas unantastbar Heiliges mitgenommen hatte«) und Usener (dieser hatte 1872 vor seinen Studenten erklärt, N. sei »wissenschaftlich todt«: vgl. Rohde 25. 10. 1872).

Selbst Rohde verzichtete in seinem Hauptwerk *Psyche* (1894) auf die Nennung seines Freundes, obwohl er – wie A. Baeumler 1926 nachgewiesen hat (*Bachofen, der Mythologe der Romantik*, in: M. Schroeter [Hrsg.], *Der Mythos von Orient und Occident*, München 1926, LXXI) – bei der Analyse der dionysischen Ekstasis auf dessen Intuitionen zurückgegriffen hatte. Auch Diels sprach sich streng über das philologische Werk N.s aus (Sitzungsberichte der Kgl. Preuss. Akademie der Wissenschaften zu Berlin 4, 1902, 31f.), so daß dieser gänzlich »aus dem öffentlichen Bewußtsein und den Zitatenregistern verdrängt« war (Schlesier 1994, 212). Eine der wenigen Ausnahmen von dieser fast einhellig ablehnenden Stellung der Philologenschaft war Bursian, der sich in seiner *Geschichte der klassischen Philologie in Deutschland* (München u. Leipzig 1883, 929) günstig über N.s. philologische Studien, insbesondere über die Diogenes Laertius betreffenden aussprach.

Mehr Glück hatte N. in England, wo Cornford (*From Religion to Philosophy*, London 1912, 111), Harrison (*Prolegomena to the Study of Greek Religion*, Cambridge 1908, 2. Aufl., 445; *Themis*, Cambridge 1927, 2. Aufl., 470) und Dodds (*Missing Persons: An Autobiography*, Oxford 1977, 19f. u. 180f.) sich ausdrücklich auf die *Geburt der Tragödie* beziehen (Kaufmann 1950, 178f.; Henrichs 1984, 227ff.).

Während N. in den zwanziger und dreißiger Jahren von deutschen Altertumswissenschaftlern weitgehend ignoriert wurde, erkannte Reinhardt doch die Ernsthaftigkeit von dessen Auseinandersetzung mit der Geschichte an: »Unter den deutschen Philosophen ist außer Hegel N. der am engsten mit der geschichtlichen Welt Verknüpfte [...]. So ist N.s Denken mit der Historie verflochten wie das keines zweiten Denkers« (1928, 296f.). In *Jenseits von Gut und Böse*, Nr. 55, dem Aphorismus über »religiöse Grausamkeit«, gelinge es N., eine »Weltgeschichte in drei Sätzen« zu umreißen, »eine Weltgeschichte von einer Gewalt, die wahrlich mehr wiegt als zwei Bände ›Untergang des Abendlandes‹« (1928, 302).

Einer der seltenen Fälle altertumswissenschaftlicher N.-Rezeption ist W.F. Ottos *Dionysos* von 1933 (McGinty 1978; Cancik 1986), wo Rohdes ›psychologischer‹ Deutung des Mythos N.s Auffassung entgegengehalten wird (3. unver. Aufl., Frankfurt a.M. 1960, 112–114). Die in der *Geburt der Tragödie* dargelegte Interpretation der griechischen Götter als einer Projektion des Menschen macht »den Kern der Auffassung der *Götter Griechenlands* von W.F. Otto [aus]: Das Göttliche ist das Natürliche, und das Natürliche ist göttlich. Die griechischen Götter symbolisieren Bereiche des Seins, [...] der Natur und des Lebens« (Pöschl 1979, 149).

II. Obgleich Autor und Werk nicht namentlich zitiert werden, beeinflussen die Themen der *Geburt der Tragödie* und N.s historische Betrachtungen über das antike Griechenland doch die fachwissenschaftliche Debatte der Zeit. 1920 konstatiert Howald, daß N.s ›antiklassisches‹ Bild der Antike »in wissenschaftlichen Werken wie z.B. Rohdes *Psyche* und dessen Epigonen produktiv geworden ist, die alle das unterirdisch Dionysische und Schreckhafte unter der homerischen Welt, unter der griechischen Götterheiterkeit [...] suchten und fanden« (Howald 1920, 21). Bedeutend ist auch die Feststellung von Troeltsch: N.s Wirkung »ist [...] vor allem die Erschütterung [...] der historischen Konventionen, damit zugleich ein steigendes Mißtrauen gegen die fachmäßig gelehrte Historie, Kritik und Philologie«; die »jüngere Philologengeneration [zeigt] in steigendem Maße die Züge des Nietzscheschen Einflusses« (Troeltsch 1922, 506f.).

Ab den 90er Jahren zeigen die Arbeiten der Usener-Schule, indem sie »das Gebiet der hohen Literatur verlassen« (Howald 1920, 28), wachsende Aufmerksamkeit für den »Volksglauben«, für gottesdienstliche Zeremonien, für Magie und

Mysterien der Spätantike. Usener und Dieterich führen neue Forschungsgegenstände und -methoden in die Altertumswissenschaft ein: Die Philologen ziehen nun zum Verständnis der antiken Religionen ethnographisches Material heran und lenken ihr Augenmerk auf den Synkretismus der Spätantike, auf das »hellenistische Chaos« (Dieterich), in dem der »rohe Conservatismus der Superstition« (Usener) uralte Ritualien wieder aufleben lasse. Die klassische Philologie gewinnt ein Bewußtsein davon, wie wichtig es ist, »den allgemein ›ethnischen Untergrund‹ [zu verstehen], aus dem alle historischen Religionen wachsen«. Eine solche »Erkenntnis der ›Unterwelt‹ der Kultur« ist nach Dieterich aber nicht zu gewinnen, »ohne die Analogien zu verwerten, die eben die Völkerkunde liefert«. Eben dieser Ansatz, die Erkenntnisse der Ethnologie für die Altertumsforschung fruchtbar zu machen, war von N. um 1875 in den Vorlesungen über den »Gottesdienst der Griechen« unternommen worden, die einen besonders originellen Moment in N.s Lebensbahn der Jahre 1872 bis 1878, zwischen der »Kunstmetaphysik« und dem neuen »historischen Philosophieren« darstellen.

III. Der ab 1890 zu beobachtende Paradigmenwechsel in der klassischen Philologie verdankt sich Autoren aus anderen Disziplinen, deren Forschungen schon N. das größte Interesse entgegengebracht hatte. Einige Beispiele mögen diese neue Situation interdisziplinärer Affinitäten und Entsprechungen illustrieren.

Die Forschungen des Ethnologen E. B. Tylor, der den Begriff ›survival‹ geprägt hatte, und die Arbeiten des Mythenforschers W. Mannhardt über die Agrarriten im modernen Europa gewinnen um die Jahrhundertwende für Usener, Dieterich und die ihnen nahestehenden Altertumswissenschaftler eine hervorragende Bedeutung. Auf Tylors Werk etwa greift Rohde in *Psyche* immer wieder zurück. Auch die Studien des Altertumsforschers H. Nissen, der sich mit dem Sternkult der Antike beschäftigt hatte, hinterlassen in den Beiträgen der Usener-Schule ihre Spuren. N. hatte sich die Forschungsergebnisse dieser Autoren (Tylor, Mannhardt, Nissen) schon viele Jahre zuvor, als er an *Menschliches, Allzumenschliches* arbeitete (1875–78), zu eigen gemacht (Orsucci 1996, 20 ff. u. 217 ff.). Sowohl in Useners *Götternamen* (1899) als auch in der zweiten Auflage von Dieterichs *Mutter Erde* (1906) finden sich Bezugnahmen auf das Werk des Religionshistorikers J. Lippert, der die Methoden der Ethnologie auf das Studium des Urchristentums und der griechisch-römischen Kultur überträgt. Auch in diesem Falle wird ein Autor für die Altertumswissenschaft bedeutsam, auf den N. schon lange zuvor aufmerksam gemacht hatte: siehe N.s Brief an Overbeck vom 10. 4. 1886 (vgl. Orsucci 1996, 217 ff. u. 294 ff.).

In den Arbeiten sowohl der Schüler von Usener (A. Dieterich, W. F. Otto) wie auch der von ihm stark beeinflußten Gelehrten (z.B. E. Cassirer, der in seiner *Philosophie der symbolischen Formen* N. nicht anführt, doch wiederholt Mannhardt und Nissen zitiert) begegnen sich also wieder Autoren und Werke, die Jahre zuvor N.s »historischen Instinkt«, sein »zweites Gesicht« (GM, 2. Abh., Nr. 4, KSA 5, 297) wachgerufen hatten.

Auch A. Warburg, dessen Arbeiten Berührungspunkte mit Useners Studien haben, wurde stark von N. beeinflußt. Wie F. Saxl konstatierte, ist es der Begriff des Dionysischen, »der das Denken des jungen Warburg erfüllt und ihm seine Richtung gibt« (1921–22, 1).

Literatur: Howald, E.: F.N. und die klassische Philologie, Gotha 1920; Saxl, F.: Die Bibliothek Warburg und ihr Ziel, in: Vorträge der Bibliothek Warburg, Leipzig/Berlin 1921–22; Troeltsch, E.: Der Historismus und seine Probleme, Tübingen 1922; Kaufmann 1950, 178f.; McGinty, P.: Interpretation and Dionysos: Method in the Study of a God, The Hague 1978, 141–180; Pöschl, V.: N. und die klassische Philologie, in: Flashar, H./Gründer, K./Horstmann, A. (Hgg.): Philologie und Hermeneutik im 19. Jh., Göttingen 1979, 141–155; Cataldi Madonna, L.: Il razionalismo di N., Neapel 1983, 43–46; Henrichs, A.: Loss of Self, Suffering, Violence: The Modern View of Dionysus from N. to Girard, in: Harvard Studies in Classical Philology 88 (1984), 205–240; Otto, W. F.: Dionysos (1933), Frankfurt a.M. ⁵1960; Cancik, H.: Ein Religionswissenschaftler und Theologe am Ende der Weimarer Republik, in: Faber, R./Schlesier, R.(Hgg.): Antike Religion und Neo-Paganismus, Würzburg 1986, 105–123; Henrichs, A.: The Last of the Detractors: F.N.s Condemnation of Euripides, in: Greek, Roman and Byzantine Studies 27 (1986), 369–397 (insb. 370 u. 390); Gigante, M.: Classico e mediazione, Rom 1989, 26–29; Schlesier, R.: Kulte, Mythen und Gelehrte, Frankfurt a.M. 1994; Cancik, H.: Der Einfluß N.s auf klassische Philologen in Deutschland bis 1945. Philologen am N.-Archiv (I), in: Flashar, H. (Hrsg.): Altertumswissenschaft in den 20er Jahren, Stuttgart 1995, 381–402; Orsucci 1996.

*Andrea Orsucci*

# Architektur

*Schuhmacher – van de Velde –
Schultze-Naumburg – Behrens – Taut – Le
Corbusier – Mies van der Rohe – Mendelsohn*

Trotz der nur spärlichen Äußerungen N.s über ↗Architektur (S. 190f.) hat sein Denken erstaunlich viele Architekten beeinflußt. Dies gilt einmal für die zahlreichen Entwürfe von N.-Denkmälern und Gedenkbauten. Es gilt aber auch für die sonstige Architektur des 20. Jh.s.

Entwürfe für N.-Gedenkbauten stammen von Fritz Schuhmacher, Henry van de Velde und Paul Schultze-Naumburg. *Fritz Schuhmacher* (1869–1947) entwarf 1900 ein N.-Denkmal, das die Form eines Rundtempels haben sollte; die Treppe zum Tempel sollte gesäumt werden von zwei gefesselten Sklaven (vielleicht eine Anspielung auf das Grabmal Julius' II.); der Tempel selbst sollte bekrönt werden durch die Figur eines die Hände zum Himmel erhebenden »Menschheitsgenius«. Der Stil war ägyptisierend, und er erinnerte durch die vor dem Tempel stehenden Zypressen an Böcklins Toteninsel. Bekannter als dieser Entwurf wurden die Pläne, die *Henry van de Velde* (1863–1957) zusammen mit Harry Graf Kessler vor dem Ersten Weltkrieg geschmiedet hat. Im großen Kunst- und Kulturprojekt des »Neuen Weimar« war auch ein N.-Denkmal vorgesehen, für das sich Harry Graf Kessler die Kombination mit einem Festspielhügel und einem die Massen anziehenden Stadion ausgedacht hatte. Van de Velde, der bereits 1902/03 die »Villa Silberblick« in schönstem Jugendstil dekoriert und die Bucheinbände für die Luxusausgaben von *Also sprach Zarathustra* und *Ecce homo* gestaltet hatte (1908), hat zwischen 1911 und 1912 nicht weniger als vier Projekte entworfen. Es handelte sich um verschiedene N.-Tempel in griechischem oder assyrisch-babylonischem Stil, in einer Variante kombiniert mit Maillols Statue des »Neuen Menschen«, in einer anderen Variante in der Kombination des Tempels mit dem von Graf Kessler gewünschten Stadion (zur komplizierten Entstehungsgeschichte dieser Entwürfe Hüter 1967, Stamm 1969, Krause 1984, Abb. 27-29; die besten Abbildungen nun bei Ploegaerts 1999). Obwohl Harry Graf Kessler zahlreiche Prominente für die Unterstützung des Projekts mobilisierte – u.a. Gide, Hofmannsthal, Mahler, Rathenau, Strauss –, kam es wegen Unstimmigkeiten mit Rathenau und wegen des Weggangs von van de Velde aus Weimar (1914) nie zur Realisierung der Pläne. Gebaut wurde erst in den dreißiger Jahren die N.-Gedenkhalle von *Paul Schultze-Naumburg* (1869-1949), zu der Hitler 1934 den Anstoß gegeben und für deren Bau er 50000 RM gestiftet hatte. Die im Rohbau fertiggestellte Halle (1938) blieb unvollendet, sei es, weil Hitlers Interesse nachließ, sei es wegen des Streits um die Ausschmückung der Halle (↗N.-Darstellungen in Malerei und bildender Kunst).

Die Architekten der Gedenkbauten standen vor der schwierigen, wenn nicht unlösbaren Aufgabe, N.s Aristokratismus und Elitismus mit der Massenattraktivität von Gedenkstätten zu vereinen. Überhaupt ist die Frage nicht leicht zu beantworten, was denn in der Architektur N.s Kunstauffassung und seiner Lehre vom »großen Stil« überhaupt entsprechen kann. N. war – das hat die neuere Forschung gezeigt – vielen bedeutenden Architekten des 20. Jh.s gut bis bestens bekannt. Wir wissen von einem Einfluß auf Behrens, Taut, Endell, Le Corbusier, Mies van der Rohe und Mendelsohn. Aber was an den Plänen und Bauten dieser Architekten entspricht dem Denken N.s? Ist es die kristalline Architektur von Metall und Glas? Ist es der florale oder der geometrische Jugendstil? Ist es die neue Sachlichkeit? Oder war N. nur der große Ermutiger zum Neubeginn, der als geistesverwandt empfundene Künstler, der den Architekten Mut gemacht hat, mit dem Historismus zu brechen und neue Wege zu gehen?

Die Geschichte der Verbindung von neuerer Architektur und N.-Rezeption beginnt mit *Peter Behrens* (1868-1940) und seinem für die Darmstädter Künstlerkolonie gebauten Haus (1902). Der Boden des Hauses ist – wie schon Behrens' schönes Titelblatt zum *Zarathustra* – in streng geometrischem Jugendstil gehalten, ein Mosaik mit vier hochstilisierten Adlern. In der Anlage des Hauses darf man vielleicht in der Auflösung der Geschoßeinteilung, der Zimmeraufteilung und der Symmetrie eine Ähnlichkeit mit N.s Zertrümmerung traditionaler Formen erkennen (Buddensieg 1980, 44). Kristalline Architektur, die u.a. im Namen N.s entworfen wurde, findet sich bei *Bruno Taut* (1880-1938). Taut zeichnet 1919 ein *Monument des neuen Gesetzes* (Abb. bei

Schubert 1981/82, 308f.), eine »Glaskristallpyramide« von 18 Metern Höhe, an der oben Glastafeln angebracht werden sollten, versehen mit Inschriften von Scheerbart, Luther, Liebknecht, Haggai, Johannes und eben auch N. (»Vom Neuen Götzen«). Eine geistesverwandte Idee wollte übrigens van de Velde im Landschaftspark »De Hoge Veluwe« (Holland) verwirklichen, ein Gedenkstein mit Sätzen aus dem *Zarathustra*-Kapitel »Vom Weg des Schaffenden«. Von Behrens beeinflußt waren die großen Architekten *Le Corbusier* (1887-1966) und Ludwig Mies van der Rohe. Le Corbusier hatte 1910 in Behrens' Atelier gearbeitet. 1908 hatte er den *Zarathustra* gelesen, und noch 1961 hatte er sich darin Sätze unterstrichen, als er das Werk wieder zur Hand nahm (Turner 1977, 56ff.; Cohen 1999). Der radikale Bruch mit dem Alten, die Einsamkeit des Schaffenden, vor allem aber N.s Lob der »schenkenden Tugend« und des sich opfernden Zarathustra haben ihn tief beeindruckt. Zwei seiner Bauwerke scheinen dabei N. besonders nahe zu sein: einmal das Monument der »offenen Hand«, das er in die Mitte der Hauptstadt des Panjab setzt (Cohen 1999, Abb. 9 und 10, 326f.), zum anderen die Kapelle von Ronchamp (1955), in der man den Versuch sehen kann, N.s »Architektur der Erkenntnis«, der Verwandlung sakraler Räume in solche der Selbsterkenntnis und Kontemplation Gestalt zu verleihen (Cohen 1999, 322). *Ludwig Mies van der Rohe* (1886-1969) ist, wie wir seit kurzem wissen (Neumeyer 1986), vor allem durch Alois Riehl (*F.N., der Künstler und Denker*, Halle 1897ff.) mit N. bekannt geworden (seinen ersten Auftrag hatte er von Frau Riehl erhalten). Eine Neuentdeckung ist desgleichen die Begeisterung, die *Erich Mendelsohn* (1887-1953) bei der Lektüre der *Geburt der Tragödie* ergriff (Neumeyer 1999). Mendelsohn formte sie für sich zu einer Art Geburt der Architektur aus dem Geist der Musik, suchend nach dem Rhythmus der Proportionen, der Auflösung der Schwere, der neuen, durch den Baustoff Beton möglich gewordenen Verteilung von Tragen und Lasten. Wie Riehl für Mies van der Rohe so war Wilhelm Worringer für Mendelsohn der große Vermittler der Kunstauffassung N.s. Worringer hatte in *Abstraktion und Einfühlung* (München 1908) eine Psychologie des Stils entwickelt, die sich N.s Begriffspaares des ↗Apollinischen und Dionysischen bedient hat.

Die Diskussion um N.s Einfluß auf die Architektur des 20. Jh.s hat gerade erst begonnen. Sie wird noch für einige Überraschungen gut sein. Darüber hinaus ist in der Architektur der *Postmoderne* eine Baukunst wiedergekehrt, die rhetorisch, narrativ, metaphernreich, pluralistisch, ironisch, zitierend, maskiert, verspielt und kulissenhaft ist – in manchem ihrer Züge N. vermutlich verwandter als vieles in der neueren Architektur zuvor.

Literatur: Hüter, K.-H.: Henry van de Velde, Berlin 1967 (DDR); Stamm, G.: Studien zu Architektur und Architekturtheorie Henry van de Veldes, Diss. Göttingen 1969; Turner, P.V.: The Education of Le Corbusier, New York/London 1977; Buddensieg, T.: Das Wohnhaus als Kultbau. Zum Darmstädter Haus von Behrens, in: Schuster, P.-K./Buddensieg, T. (Hgg.): Peter Behrens und Nürnberg. Geschmackswandel in Deutschland: Historismus, Jugendstil und die Anfänge der Industriereform, München 1980, 37–47; Schubert, D.: N.-Konkretionsformen in der bildenden Kunst, in: NSt 10/11 (1981/82), 278–317; Krause, J.: »Märtyrer« und »Prophet«. Studien zum N.-Kult in der bildenden Kunst der Jahrhundertwende, Berlin/New York 1984; Neumeyer, F.: Mies van der Rohe: Das kunstlose Wort: Gedanken zur Baukunst, Berlin 1986; Kostka, A.: Der Dilettant und der Künstler. Die Beziehung Harry Graf Kessler – Henry van de Velde, in: Sienbach, K.J./Schulte, B. (Hgg.): Henry van de Velde, Köln 1992, 253–257; ders.: Architecture of the ›New Man‹. N., Kessler, Beuys, in: Kostka, A./Wohlfahrt, I. (Hgg.): N. and »An Architecture of Our Minds«, Los Angeles 1999, 199–232; Ploegaerts, L.: Van de Velde and N. or The Search for a New Architectural Style for the Man of the Future, ebd., 233–258; Buddensieg, T.: Architecture as Empty Form: N. and the Art of Building, ebd., 259–284; Neumeyer, F.: N. and Modern Architecture, ebd., 285–310; Cohen, J.-L.: Le Corbusier's Nietzschean Metaphors, a.a.O. 311–332.

*Henning Ottmann*

# Englischsprachige Welt

*Common – Tille – Levy –Ellis – Orage – Davidson – Yeats – Joyce – Dreiser – Shaw – Nordau – Giddings – Goldman – Huneker – Mencken – London – Durant – Salter – Foster – O'Neill – Kaufmann – Rorty – MacIntyre*

Nach einer weit verbreiteten Meinung hat N. in England und Amerika weniger Spuren hinterlassen als in Deutschland, Italien oder Frankreich. N.s Neigung zur »Magie des Extrems« und englischer *common sense* scheinen sich genauso zu widersprechen wie N.s Aristokratismus und der demokratische Geist Amerikas. Richtig an dieser Meinung ist, daß N. viele bekannte amerikanische Philosophen wie etwa William James, Josiah Royce oder George Santayana so gut wie gar nicht beeindruckt hat (obwohl gewisse Verbindungen der Philosophie N.s mit dem Pragmatismus gar nicht so ferne liegen). Wie es die Untersuchungen von Thatcher (1970), Bridgewater (1972) und Steilberg (1996) jedoch demonstrieren, war die Wirkung N.s in England und Amerika größer, als es allgemein bekannt ist. Im letzten Jahrzehnt hat N.s Wirkung sogar fast das Ausmaß und die Intensität der französischen oder italienischen N.-Rezeption erreicht.

Ein Handicap für die Verbreitung der Philosophie N.s war es allerdings, daß die ersten Anhänger N.s in England fast ausnahmslos Sozialdarwinisten und Befürworter der Eugenik gewesen sind. Das gilt von *Thomas Common* (1850–1919), einem Glasgower Privatgelehrten, ebenso wie von *Alexander Tille* (1866–1912), einem ebenfalls in Glasgow lebenden deutschen Philologen, der die erste englischsprachige N.-Ausgabe herausgegeben hat (11 Bde, London 1896–1909, New York bei Macmillan). Auch der aus Deutschland stammende *Oscar Levy* (1867–1946), der aus privaten Mitteln die Edition der »complete works« (18 Bde., 1909–1911) großzügig gefördert hat – es handelt sich um die bis heute umfangreichste englischsprachige N.-Ausgabe – war ein Anhänger der Eugenik so wie übrigens auch der die Psychoanalyse, die »soziale Hygiene« und eine eugenische Deutung des Übermenschen propagierende *Havelock Ellis* (1859–1939). Gleichwohl kam es aber doch sowohl in England als auch in Amerika schon vor dem Ersten Weltkrieg zu einer breiten, von Künstlern und Intellektuellen geförderten Aneignung der Philosophie und Dichtung N.s.

In England waren es vor allem dem Sozialismus nahestehende Dichter und Denker, die sich durch den Individualismus und den Aristokratismus N.s herausgefordert sahen. *A.R. Orage* (1875–1934), der Herausgeber der Zeitschrift *New Age* (1907–1913), die zahlreiche Beiträge über N. veröffentlichte und zu deren Umkreis J.M. Kennedy, A.M. Ludovici und als führender Kopf Oscar Levy gehörten, hatte sein Buch über N. mit dem Satz begonnen: »F.N. is the greatest european event since Goethe« (1906, 11).

»Apollo-Dionysos«, »Beyond Good and Evil«, »The Superman« – dies waren die Themen, die Orage behandelte und die vor allem in der Konzentration auf N.s »Übermenschen« kennzeichnend waren für die frühe englische Rezeption. Insbesondere die Dichter waren von dieser Vision N.s angezogen worden: *John Davidson* (1875–1934), der in *The Triumph of Mammon* (1907) und in *Mammon and his Message* (1908) den Immoralismus und Individualismus feierte; *William Butler Yeats* (1865–1939), dessen frühe Stücke wie *Where There is Nothing* (1903) und *The Unicorn from the Stars* (1907) verraten, daß er den Übermenschen als den sich selbst überwindenden Menschen verstand und daß er ihn keineswegs auf ein Produkt der Menschenzüchtung oder auf den Typus des sozialen und politischen Revolutionärs reduzieren wollte. Umstritten ist, inwieweit N. im Werk von *James Joyce* (1882–1941) (etwa in *A Portrait of the Artist as a Young Man*, 1907–1914) oder bei *Theodore Dreiser* (1871–1945) präsent ist (↗Literatur und Dichtung, fremdsprachige). Ganz unstritig jedoch ist N.s großer Einfluß auf *George Bernhard Shaw* (1856–1950) (↗Literatur und Dichtung, fremdsprachige). Shaw gehörte zusammen mit H.G. Wells und A.R. Orage zur Fabian Art Group, in der man über die Zukunft der Künste im Sozialismus debattierte. Shaw sah in N. den mit Ibsen und Wagner geistesverwandten modernen Künstler. Er nannte N.s Lehre »diabolonianism«. In *Man and Superman* (1903) sowie noch in *Back to Methuselah* (1921) feierte Shaw die »life force«, die er aus Bergsons »élan vitale« und N.s Philosophie des Lebens amalgamierte. *Man and Superman* popularisierte nicht nur den »Superman«, es gab auch eine komödiantische Version des vor dem weiblichen Willen zur Heirat und zur Zeugung des Übermenschen kapitulierenden Don Juan, der als gejagter Jäger auf der Strecke bleibt. (Mit Shaw durchgesetzt hatte sich übrigens die Übersetzung von »Übermensch« mit »superman«. Sie wurde mit dem Erscheinen des gleichnamigen Comics obsolet, und es war sowieso eine Frage, ob wegen der Nähe von »Übermensch« und »Selbstüberwindung« nicht die Übersetzung »overman« als die bessere anzusehen war.)

In das Amerika der Jahre vor dem Ersten Weltkrieg ist N. in verschiedenen Verkleidungen eingewandert. Als schlichtweg Verrückten und als décadent hatte ihn *Max Nordau* (1849–1923) in seinem vielgelesenen Buch *Degeneration* (1895) zusammen mit Wagner, Ibsen, Zola, Wilde u.a.m. denunziert. Als Darwinist mißverstanden wird er bei *Franklin Henry Giddings* (1855–1931), einem Schüler von Spencer. Als Anarchist – vergleichbar mit Stirner oder Thoreau – begegnet er bei *Emma Goldman* (1869–1942). Populär gemacht wird N. durch die Journalisten Huneker und Mencken. *James Huneker* (1860–1921) schreibt Bücher mit Titeln wie *Egoists. A Book of Supermen* (New York 1909) oder *Pathos of Distance. A book of A thousand and one Moments* (New York 1913). Der in den 20er Jahren berühmt werdende *Henry Louis Mencken* (1880–1956) verfaßt das erste nicht bloß populäre, sondern durchaus anspruchsvolle N.-Buch: *The Philosophy of F.N.* (Boston 1908). Begeistert von N.s Individualismus kritisiert Mencken die amerikanische »Herdenmentalität«. Der ↗Übermensch soll gerade nicht in den Rokkefellers und den bei den Sozialdarwinisten so beliebten Milliardären, sondern vielmehr in den »sham-smashers and truth-tellers and mob-fighters« zu finden sein (1908, 198). Der Dichter *Jack London* wiederum (1876–1916) zeigt sich beeindruckt von N.s Immoralismus und der ↗»blonden Bestie«. Zwar verwirft er letztere schon in *How I became a Socialist* (1903). Aber die Figur des von animalischer Kraft strotzenden Kapitäns Larsen im *Sea Wolf* (1904) verrät genau so eine ambivalente Faszination durch einen vitalistischen Immoralismus wie die Figur des aus dem Proletariat aufsteigenden »natürlichen Aristokraten« Everhard in *The Iron Heel* (1907) oder die autobiographisch geprägte Geschichte des *Martin Eden* (1909).

N. gehörte in England und Amerika zu den Verlierern der beiden Weltkriege. Zwar finden sich auch in der Weltkriegszeit sowie zwischen den beiden großen Kriegen alle möglichen Spuren der Beschäftigungen mit N., etwa bei *Will Durant* (1885–1981), der als Verfasser der großen *Story of Civilisation* berühmt werden sollte, oder im Umkreis der »New Humanists« wie Irving Babbitt oder Paul Elmar More (Steilberg 1996, 159ff.). N. wird sogar während des Ersten Weltkrieges und in der Zwischenkriegszeit gelegentlich noch verteidigt, so von *William Mackintire Salter* (1853–1931) oder *George Burman Foster* (1858–1918). Beeindruckend ist zwischen den Weltkriegen der Versuch von *Eugene O'Neill* (1888–1953), N.s Tragödientheorie auf die moderne Bühne zu bringen. In *The Great God Brown* (1926) treten die Protagonisten in wechselnden Masken als Apollo und Dionysos auf. Anspielungen auf die Wiederkunftslehre begegnen in diesem Drama ebenso wie in *Marco Millions* (1928) oder in *Lazarus Laughed* (1928), einem Spiel mit Hunderten von Masken. Mit dem Beginn des Zweiten Weltkrieges setzt aber auch die Zeit der großen N.-Verteufelung ein. N. wird verantwortlich gemacht für den Krieg, für den Aufstieg Hitlers und für alle Verbrechen jener Epoche (Brinton 1941, McGovern 1942). Im Grunde war es erst das Buch von *Walter Kaufmann* (1921–1980), *N. Philosopher, Psychologist, Antichrist* (Princeton 1950), das durch seine Gelehrsamkeit und durch die umfassende Darstellung der Philosophie N.s eine Rehabilitierung des Philosophen eingeleitet hat. Zwar hatte Kaufmann im Gegenzug gegen die N.-Verteufelung N.s Philosophie harmonisiert und entpolitisiert, bis der Übermensch nichts mehr war als ein moralisches Ideal der Selbstüberwindung einzelner. Aber ohne Kaufmanns bahnbrechendes Buch und seine glänzenden Übersetzungen wäre die Wiederentdeckung N.s in der englischsprachigen Welt nicht möglich gewesen. Das gilt für Dantos brillanten Versuch einer »Entwaffnung« N.s (1965) ebenso wie für die Studien von Hollingdale (1966), Stambough (1972), Strong (1975), Magnus (1978) oder Nehamas (1985). Zwar hatte Allan Bloom in seinem Pamphlet *The Closing of the American Mind* (1987) noch einmal einen Versuch unternommen, N. als illegitimen Einwanderer und Unterwanderer der amerikanischen Kultur zu denunzieren. Jedoch zeigt die Entwicklung des letzten Jahrzehnts, daß man in den englischsprachigen Ländern damit begonnen hat, N. in die Diskussionen um die Postmoderne sowie um die Liberalismus-Kommunitarismus-Kontroverse einzubeziehen. Durch *Richard Rorty* (*1931) wurde eine Brücke zwischen dem Pragmatismus und der Philosophie N.s geschlagen (1989). Bei *Alasdair MacIntyre* (*1929) wurde N.s Moralphilosophie als eine für MacIntyre zwar verfehlte, aber exemplarisch moderne Position gewürdigt (1981). Inzwischen ist eine ganze Reihe jüngerer Forscher dabei, N.s politische Philosophie – angeregt durch Heidegger sowie die französische Postmodernismus- und

Feminismus-Debatte – mit dem Pluralismus moderner Gesellschaften und sogar mit der Demokratie zu verschwistern, Zeichen einer wahrhaft international gewordenen Diskussion, in der die alten Ländergrenzen übersprungen sind (Ansell-Pearson, Conway, Detwiler, Hatab, Oliver, Owen, Thiele, Warren u. a.) (Ottmann ²1999, 462 f.).

Literatur: Nordau, M.: Entartung, Berlin 1893, Degeneration, London 1895 ff.; Tille, A.: Von Darwin bis N., Leipzig 1895; Commons, Th.: Human Evolution according to N., in: Natural Science 10 (1899), 393–394; Orage, A. R.: F.N. The Dionysian Spirit of the Age, London 1906; Mencken, A. L.: The Philosophy of F.N., Boston 1908; Huneker, J.: Egoists. A Book of Supermen, New York 1909; ders.: The Pathos of Distance. A Book of A thousand and one Moments, New York 1913; Salter, W.: F.N., New York 1917; Foster, G. B.: F.N., New York 1931; Brinton, C.: N., Cambridge 1941; McGovern, W. M.: From Luther to Hitler, London 1942; Kaufmann, W.: N. Philosopher, Psychologist, Antichrist, Princeton 1950 (dt. 1982); Sniders, N.: An Annotated Bibliography of English Works on F.N., Michigan 1962; Danto 1965, ²1967 (dt. 1998); Hollingdale, N.: The Man and his Philosophy, Baton Rouge 1966; Heller, E.: Als der Dichter Yeats zum ersten Mal N. las, in: Sprache und Politik. Festgabe für Dolf Sternberger zum 60. Geburtstag, Heidelberg 1969, 116–131; Thatcher, D. S.: N. in England 1890–1914, Toronto 1970; Bridgewater, P.: N. in Anglosaxony, Leicester 1972; Stambough, J.: N.s Thought of Eternal Recurrence, Baltimore/London 1972; Strong, T. D.: N. and the Politics of Transfiguration, Berkeley 1975; Magnus 1978; MacIntyre, A.: After Virtue, Notre Dame 1981 (dt. 1987); Nehamas, A.: N. Life as Literature, Cambridge/London 1985; Bloom, A.: The Closing of the American Mind, New York 1987; Rorty, R.: Contingency, Irony, and Solidarity, Cambridge 1989 (dt. 1992); Steilberg, H. A.: Die amerikanische N.-Rezeption 1896–1950, Berlin/New York 1996; Ottmann ²1999, 462–466.

*Henning Ottmann*

# Film

I. Im *Dokumentarfilm* wurde N.s Leben und Werk in verschiedenen Fernsehproduktionen behandelt, vor allem als Folge der Belebung der N.-Forschung in den 1980er Jahren durch Colli und Montinaris Kritische Werkausgabe.

Eine zweiteilige, aufwendige Dokumentation über das Leben und Wirken Elisabeth Förster-N.s produzierte Candida Pryce-Jones 1992 für das englische Fernsehen BBC: *Forgotten Fatherland* und *Mother of the Fatherland*. Grundlage war das Buch von Ben Macintyre (*Forgotten Fatherland*, London 1992; deutsch Leipzig 1994). Überall prägt N. aus dem Hintergrund diese Darstellung, wie überhaupt Dokumentarfilme über Personen oder Orte aus dem Umfeld N.s (Wagner, Köselitz; Naumburg) nur im Lichte N.s von Interesse sind. Die BBC-Produktion legt in ihrer Publikumsausrichtung das Gewicht auf Sensationen und Skandale im Leben der Schwester N.s, d. h. auf ihr bigottes und eifersüchtiges Wesen, auf ihre Ehe mit dem Antisemiten und Kolonialisten Bernhard Förster und auf ihre spätere freundschaftliche Hinwendung zu Hitler.

Für den deutschen Südwestfunk hat Otto A. Böhmer den Dokumentarfilm *Nietzsche in Steinabad* (1991) konzipiert. Innerhalb einer Trilogie zu N., Heidegger und Sartre haben Simon Chu und Celia Bargh für das Fernsehen BBC einen biographischen Dokumentarspielfilm mit dem Titel *Beyond Good and Evil* (1999) gedreht. Zum Umfeld N.s wurde vom Mitteldeutschen Rundfunk ein informativer Dokumentarfilm über *Heinrich und Rudolf Köselitz* (1994) produziert.

II. *Spielfilme:* Ein auch wegen seines Titels vielbeachteter Kinofilm ist die unter Liliana Cavanis Regie entstandene italienisch-deutsch-französische Coproduktion *Al di là del bene e del male* (Jenseits von Gut und Böse, 1977). Der Film beginnt mit der sog. Lou-Episode (1882) und reicht bis nach N.s Zusammenbruch. Leider bleibt die Inszenierung aller vermeintlichen Authentizität zum Trotz eine unglaubwürdige Konstruktion: Das Niveau bewegt sich weitgehend unter der Gürtellinie, viele historische Zusammenhänge sind falsch oder ganz erfunden; das Drehbuch ist »freely inspired by actual events«.

N.s Verhältnis und Bruch mit Wagner werden dargestellt im fünfstündigen Fernsehfilm *Wagner* von Tony Palmer (GB, A, H 1983, Richard Burton als R. Wagner, Vanessa Redgrave als C. Wagner, Ronald Pickup als N., ferner Laurence Olivier und Marthe Keller) und in *Wahnfried* von Peter Patzak (D, F, 1987).

In den Spielfilmen, in denen der Name N.s oder seine Philosophie als Thema auftreten, dienen meist Schlagworte zur plakativen Kennzeichnung von Situationen oder Haltungen der Rücksichtslosigkeit, Unmenschlichkeit oder gar Grausamkeit. N. und sein Werk werden also ähnlich reduktionistisch verstanden und umgesetzt wie im Nationalsozialismus oder im orthodoxen Marxismus: Pier Paolo Pasolinis letzter, schrecklichster Film *Salò o le 120 giornate di Sodoma* (I, 1975) zeigt eine Gruppe dekadenter italienischer Aristokraten, die sich am Ende des Zweiten Weltkriegs zurückgezogen auf einem Schloß in sexueller und sadistischer Perversion ergötzen. Während des lustvoll voyeuristisch ausgekosteten Hinschlachtens der Knaben- und Mädchensklaven hören die Libertins Barockmusik und zitieren pathetisch Baudelaire, Proust, Klossowski und N.

Derselbe Typus des skrupellosen Peinigers tritt in Roman Polanskis *Death and the Maiden* (GB/F 1994) auf. Der gebildete Arzt Dr. Roberto Miranda (Ben Kingsley) hat 1977 in einer südamerikanischen Militärdiktatur eine Studentin (Sigourney Weaver) mehrfach gefoltert und vergewaltigt. Dabei hat er jeweils eine Aufnahme von Schuberts *Der Tod und das Mädchen* abgespielt und mit Nietzschezitaten um sich geworfen. Der Film zeigt, wie Miranda nach Jahren von seinem Opfer erkannt und zu einem Geständnis gezwungen wird.

In Alfred Hitchcocks *Rope* (dt. *Cocktail für eine Leiche*, USA 1948) erwürgen zwei junge Collegeabgänger »nur so« ihren Freund David kurz vor dem Beginn ihrer Cocktailparty. Die zwei Mörder prahlen während der Party, zunächst unterstützt von ihrem ahnungslosen Philosophieprofessor, mit der provokativen Idee von den minderwertigen Sklavenmenschen, die es im Namen der überlegenen Herrenmenschen zu überwinden, nötigenfalls zu töten gelte. Der ebenfalls anwesende Vater von David erkennt darin entsetzt »Nietzsches Theorie vom Übermenschen, genau wie bei Hitler«. Der Philosophieprofessor (James Stewart) kommt im Laufe des Abends dem Grund des Nichterscheinens von David auf die Schliche und überführt endlich die zwei Mörder. Betroffen sieht er die realisierte Frucht seines theoretischen Unterrichts und revoziert seine Thesen. Damit ist Hitchcocks Film auch eine Parabel für die Gefährlichkeit und das mögliche Scheitern von philosophischen Theorien, die nicht auf die Realitäten des Menschseins hin orientiert sind.

Die Philosophie der Stärke auf ein N.-Zitat reduziert findet sich in verschiedensten Filmen: Beliebt ist der Ausspruch »Was mich (uns) nicht umbringt, macht mich (uns) stärker« (nach *Götzen-Dämmerung*, Sprüche 8, KSA 6, 60). Er ist das Motto von John Milius' Film *Conan the Barbarian* (Conan der Barbar, USA 1981), wird dem Schauspieler Sean Connery in einem Action-Film in den Mund gelegt, kommt im Film *Steel Magnolias* (USA 1989) vor und ist eine Replik des Bösewichts Jean Baptiste Emanuel Zorg in Jean Luc Bessons *The Fifth Element* (1997).

Ein lächerlich gemachtes N.-Verständnis findet sich in *A Fish Called Wanda* (USA 1988), wo der eingebildete Gauner Otto West (Kevin Kline) *Jenseits von Gut und Böse* und den *Zarathustra* liest und zitiert.

Eine positive Konnotation erfährt N.s Philosophie im historisierenden Spielfilm *The Doors* von Oliver Stone (USA 1991). Der dargestellte Popstar Jim Morrison setzt sich als junger College-Student intensiv mit N. auseinander, der eine wichtige Quelle für Morrisons späteres exstatisches, orgiastisches, dionysisches Leben, Dichten und Singen wurde.

Literatur: Hoffmann, D.M.: N. in der Siebten Kunst, in: NSt 29 (2000) in Vorb.

*David Marc Hoffmann*

# Frankreich

*Andler – Bataille – Sartre – Camus – Merleau-Ponty – Klossowski – Deleuze – Derrida – Foucault u.a.*

N. hat in Frankreich eine unvergleichliche Karriere absolviert. Das leidenschaftliche Interesse, die polemische Auseinandersetzung und die ehrliche Anerkennung, die der deutsche Philosoph jenseits des Rheins erfuhr, stellt innerhalb der internationalen N.-Rezeption eine Ausnahmesituation dar. Mit Charles Andlers sechsbändigem *N. Sa vie et sa pensée* von 1920 errang die französische N.-Forschung schon früh einen Vorsprung vor der internationalen Konkurrenz. Ausgehend von diesem Werk sind in fast hundert Jahren französischer N.-Rezeption superbe Texte und Interpretationen N.s in einer solchen Fülle entstanden, daß man in der Tat den Eindruck haben kann, daß N. auf dem Weg nach Frankreich *gewinnt*, wie Werner Hamacher in seinem einschlägigen Buch schrieb (Hamacher 1986, 9). Tatsächlich diente und dient das Denken N.s französischen Philosophen als Projektionsfläche und Polarisationspunkt zugleich, mit dessen Hilfe wesentliche Demarkationslinien der französischen

Philosophie des 20. Jh.s gezogen werden konnten (Boyer u. a. 1991).

Eine Besonderheit der französischen N.-Rezeption ist ihr Einfluß auf die gesamte französische Kultur der Moderne. N., der als ein Philosoph und Essayist vom Rang eines Pascal oder Montaigne betrachtet wird, wurde in Frankreich nicht nur von Philosophen gelesen, sondern auch und vor allem von Dichtern und Schriftstellern, Politikern und Künstlern (Boudot 1970). Weil N. zu einem integralen Bestandteil der französischen Kultur der Moderne geworden ist, kommt es vor, daß er nicht nur als Symptom der Moderne betrachtet wird, als Figur, an der man die Tiefe des deutschen Denkens gepaart mit romanischer Sensibilität studieren kann, sondern auch gern als Teil der frankophonen Geistesgemeinschaft betrachtet wird. Der auf diese Weise konstruierte »Künstler-Philosoph« (Vuarnet 1986) steht als hybrider Vermittler zwischen französischem und deutschem Geist, wie er zwischen den Bereichen Philosophie und Literatur, Dichtung und Wahrheit, Kunst und Wissenschaft angesiedelt ist.

Für den geschilderten Reichtum der französischen N.-Rezeption gibt es verschiedene Gründe, auf Seiten N.s wie auf Seiten seiner französischen Leser: N.s Polemik gegenüber rationalistischen und theologischen Konzepten, die im Land des katholischen Cartesianismus breite Aufnahme und heftige Polemik hervorrufen; der häufige Bezug auf Frankreich (WB, KSA 1, 447; JGB, Nr. 254, Nr. 256, KSA 5, 198, 201; EH, KSA 6, 288; N, KSA 11, 61, 428, 434, 476, 601; N, KSA 13, 11, 75–84, 91, 118, 404, 600) als Gegenpol zu Deutschland, als Modellnation einer subtileren und sublimierteren Kultur; N.s Ästhetizismus; seine Inkarnation des Künstler-Philosophen, eines tragischen Helden, der – wie Rimbaud, Kafka oder Van Gogh – an seinem eigenen Genie zu Grunde geht; und möglicherweise eine gewisse Empfänglichkeit der französischen Leserschaft für N.s artistischen Denkstil. Die Frage ist jedoch nie geklärt worden, ob der Erfolg N.s in Frankreich auf dessen frühe Frankophilie (Montinari 1988) oder auf einen »latenten Pränietzscheanismus« (Bianquis 1929) seitens der Franzosen zurückzuführen ist.

Entscheidend für die große Verbreitung und ungeheure Einflußnahme N.s in Frankreich dürfte weiterhin die Tatsache sein, daß mit dem französischen Surrealismus eine ganze ästhetische Avantgarde auf nietzscheanischen Einfluß zurückzuführen ist. Nahezu alle Surrealisten waren begeisterte Leser N.s; so vor allem *Georges Bataille*, der als theoretischer Kopf des Surrealismus gelten kann (1973). Für die späteren poststrukturalistischen Lektüren N.s kann Bataille als wegweisend angesehen werden, weil er erstens N. gegen den Faschismus verteidigt hat (1973, VI, 447–465); zweitens, weil er die Schreibweise in das Problem der Rezeption einbezog (1973, VI, 11–208); und drittens, weil er ein Modell zur Wiederholung N.s entwickelte (1973, VIII, 476). Die Abwesenheit einer mit dem Surrealismus vergleichbaren Bewegung im deutschen Sprachraum mag die Tatsache erklären, daß N. anders als in Frankreich keine philosophische Fortsetzung erfuhr.

Während zu der Fülle der französischen Interpretationen und Adaptionen N.s zahlreiche Einzelbeiträge vorliegen – z. B. N. und Valéry, N. und Gide, N. und Baudelaire, N. und Bataille, N. und Foucault, N. und Derrida – fehlt es an historisch abwägenden Überblicksdarstellungen der französischen N.-Rezeption. Die einzige einschlägige Darstellung ist die summarisch vorgehende Überblicksdarstellung von Jacques Le Rider (1997).

Gewöhnlich wird die Geschichte der französischen N.-Rezeption in drei Phasen unterteilt: Zunächst die Phase der ersten zeitgenössischen Kenntnisnahme des deutschen Philosophen in Frankreich gegen Ende des 19. Jh.s; dann die in den zwanziger Jahren beginnende Phase der Neuorientierung durch die Lektüren von Gide und Valéry, die Reparationsbemühungen von Bataille und Klossowski, sowie die Kritik, die N. durch Sartre und Merleau-Ponty erfuhr; und schließlich die Phase des Erbes N.s, das Strukturalismus und Poststrukturalismus in den sechziger Jahren anzutreten begannen. Während die letzten, »postmodernen« Umsetzungen N.s einem breiteren akademischen Publikum bekannt geworden sind (Hamacher 1986), kann man dies von den ersten beiden Phasen der französischen N.-Rezeption nicht behaupten. Die historischen Anfänge der französischen N.-Rezeption, durchsetzt von Übersetzungsproblemen und politisch motivierten Kulturkämpfen, sind ebenso unaufgearbeitet wie die Vermittlerposition des Denkens der zwanziger und dreißiger Jahre. Diese verdienten schon deshalb Aufmerksamkeit, weil sie einen wichtigen Ansatzpunkt poststrukturalistischer Theoriebildung darstellen, an dem die später entwickelten Moden und Methoden ungleich schärfer abzulesen sind. Gleichwohl kann man sagen, daß die streng philosophische N.-Rezeption in Frankreich erst mit dieser zweiten Phase eingesetzt hat.

Inhaltlich lassen sich zwischen der zweiten und dritten Phase des französischen Nietzscheanismus einige übergreifende Themen ablesen. Bernhard Taureck (1988, 198) erkennt vier dieser Themen in der französischen Philosophie dieses Jahrhunderts: Erstens den Willen zur Macht (Gilles Deleuze, *N.-Lesebuch*, Berlin 1979; Michel Foucault, *Mikrophysik der Macht*, Berlin 1976; ders. *Dispositive der Macht*, Berlin 1978); zweitens den Gedanken der ewigen Wiederkehr (Jean-Paul Sartre, in: A. Guzzoni, *90 Jahre philosophische N.-Rezeption*, Meisenheim 1979, 103–108; Albert Camus, *L'Etranger*, Paris 1957; Gilles Deleuze, *N. und die Philosophie*, Hamburg 1976; Pierre Klossowski, *N. und der Circulus vitiosus deus*, München 1986); drittens die Idee des Übermenschen (Michel Foucault, *Die Ordnung der Dinge*, Frankfurt a.M. 1971; Gilles Deleuze, *Foucault*, Frankfurt a.M. 1992, 184–186); und viertens die Schreibweise N.s (Maurice Blanchot, Jacques Derrida, beide in: Hamacher 1986). Weitere prominente Themen wären Überschreitungen zwischen Philosophie und Literatur (Jacques Derrida, *Die Schrift und die Differenz*, Frankfurt a.M.1972; Maurice Blanchot, *L'entretien infini*, Paris 1969), der Gedanke vom Tod Gottes (Pierre Klossowski, in: Hamacher 1986; Georges Bataille, *L'Expérience Intérieure*, Oeuvres Complètes V, Paris 1973) und N.s Dionysismus (Georges Bataille, *Die Erotik*, München 1992; Gilles Deleuze/Félix Guattari, *Anti-Ödipus*, Frankfurt a.M. 1974; Michel Foucault, *Sexualität und Wahrheit Bd. 1. Der Wille zum Wissen*, Frankfurt a.M. 1983).

Literatur: Andler, Ch.: N. Sa vie et sa pensée, Paris 1920–31; Bianquis, G.: N. en France. L'influence de N. sur la pensée française, Paris 1929; Boudot, P.: N. et l'au-delà de la liberté. N. et les écrivains français de 1930 à 1960, Paris 1970; Bataille, G.: Sur N., Oeuvres Complètes VI, Paris 1973; Bludau, B.: Frankreich im Werk N.s. Geschichte und Kritik der Einflußthese, Bonn 1979; Hamacher, W. (Hrsg.): N. aus Frankreich, Frankfurt a.M./Berlin 1986; Vuarnet, J.N.: Der Künstler-Philosoph, Berlin 1986; Taureck, B.: Französische Philosophie im 20. Jh., Reinbek b. Hamburg 1988; Montinari, M.: N. heute. Die Rezeption seines Werks nach 1968, Bern/Stuttgart 1988; Boyer, A. u.a.: Pourquoi nous ne sommes pas Nietzschéens, Paris 1991; Pinto, L.: Les neveux de Zarathoustra. La réception de N. en France, Paris 1995; Le Rider, J.: N. in Frankreich, München 1997.

*Knut Ebeling*

# Geschichte der Nietzsche-Editionen

Die Geschichte der N.-Editionen ist über weite Strecken bestimmt durch Manipulationen und Textfälschungen, wie sie nur wenigen philosophischen Autoren widerfahren sind. Sie läßt sich grob in drei Phasen unterteilen: die Zeit bis zu N.s geistigem Zusammenbruch (I), die Herausgebertätigkeit unter der Leitung von E. Förster-N. und des von ihr gegründeten N.-Archivs (II) sowie den Durchbruch der kritischen Editionstätigkeit nach dem Zweiten Weltkrieg (III).

I. N.s Werke wurden während der Zeit seiner eigenen publizistischen Tätigkeit von 1871 bis 1888 wenig gekauft und gelesen. Der fehlende Erfolg der Bücher war zum Teil für N.s »Verlags- und Verlegerelend« (Heftrich 1987, 118) mit drei Verlagswechseln in zwanzig Jahren verantwortlich (1871–74 E.W. Fritzsch; 1874–86 E. Schmeitzner; 1886–88/92 Fritzsch; 1888/92–1910 C. G. Naumann).

Ein besonderes »Verlegerproblem« hatte N. mit Schmeitzner, der sich ab 1880 aktiv als Antisemit betätigte. N. hatte 1874 das Verlagsangebot des ihm unbekannten Schmeitzner angenommen, nachdem der Wagner-Verleger Fritzsch zahlungsunfähig geworden war (N. an Gersdorff, 26. Juli 1874). Doch die Radikalisierung von Schmeitzners *Monatsschrift* zu einem antisemitischen Hetzblatt ab Juni 1882 kompromittierte N., dessen Gedichte *Die Idyllen aus Messina* im Mai 1882 dort erschienen waren (Brown 1987, 255–262). Obwohl N. Schmeitzners öffentliche Hinwendung zum Antisemitismus mit Unbehagen beobachtete (N. an Overbeck, 22. Juni 1880), gab er ihm 1880/81 mehrere Darlehen, um deren Rückzahlung es schließlich zum Prozeß und zum endgültigen Bruch mit Schmeitzner kam (Brown 1987, 267–270).

N. versuchte ab 1886 erfolglos, das Interesse an seinen Werken neu anzufachen, indem er sie mit Einleitungen und Vorworten versah und als »Neuausgaben« bezeichnete (N. an Fritzsch, 7. 8. 1886 und 16.8. 1886). Das Desinteresse an seinen Büchern schwand erst 1889, nach N.s geistigem Zusammenbruch und dem Erscheinen von *Götzen-Dämmerung* (Krummel 1974, 77ff.). 1891 erschienen die ersten »echten« Neuauflagen von *Jenseits von Gut und Böse, Zur Genealogie der Moral* und *Der Fall Wagner* (Krummel 1974, 101f.).

II. N.s Erkrankung und seine Entmündigung 1889 führten zu rechtlichen und sachlichen Interessenkonflikten um seine Werke und insbesondere um seinen Nachlaß, zu dem nicht nur die bis in die Jugendzeit reichenden nachgelassenen Aufzeichnungen N.s gehörten, sondern auch die Ende 1888 noch nicht publizierten, aber in Form von Druckmanuskripten vorliegenden Schriften *Nietzsche contra Wagner, Der Antichrist, Ecce homo* und *Dionysos-Dithyramben* (KSA 14). Anfang 1889 war zudem die Drucklegung von *Götzen-Dämmerung* abgeschlossen, die Schrift aber noch nicht ausgeliefert worden (KSA 14, 410). Mit der Zustimmung von N.s Mutter teilten sich 1889 Overbeck, N.s langjähriger Freund, und Köselitz alias Peter Gast (↗Freunde), N.s geistiger »Jünger« und Sekretär, – damals noch einvernehmlich – in die sachliche Verantwortung für N.s Nachlaßverwaltung, bis N.s Schwester E. Förster-N. 1893 alle sachlichen und rechtlichen Entscheidungsbefugnisse über die Herausgeberschaft für sich beanspruchte. Ihre Gründung des N.-Archivs (↗Geschichte des N.-Archivs) 1894 und der von ihr geschäftsmäßig betriebene ↗N.-Kult führten in der Folge zu einem langwierigen Konflikt unter den beteiligten Personen, der die N.-Forschung über Jahrzehnte polarisierte (Hoffmann 1991). Overbecks Materialsammlungen zu und über N. (Overbeck 1999), die in Distanz zum N.-Archiv in Weimar entstanden, dienten später der Formierung einer kritischen »Basler« N.-Forschung (C.A. Bernoulli, E.F. Podach). Doch da bis 1931 alle Rechte an N.s Werk und Nachlaß bei E. Förster-N. lagen, blieb die Geschichte der N.-Edition über Jahrzehnte eng mit der Geschichte des N.-Archivs verknüpft.

Das N.-Archiv veröffentlichte N.s Schriften in Form von Gesamtausgaben, Einzelausgaben sowie Teilveröffentlichungen. Besonders die Veröffentlichungen in Zeitschriften, mit denen E. Förster-N. das Interesse an N.s Nachlaß sukzessive wach zu halten verstand, bestimmten die frühe N.-Rezeption nachhaltig. Ebenso wirkmächtig erwiesen sich die »Luxusausgaben« einzelner N.-Werke sowie die berüchtigte »Kriegsausgabe« des *Zarathustra* von 1914, die in ungefähr 150000 Exemplaren an die deutsche Truppe verteilt wurde (Aschheim 1996, 138).

Bereits 1892 fiel der Entschluß der Schwester, N.s Werke in einer Gesamtausgabe zu edieren. 1893/94 (eigentlich 1892–94) erschienen die ersten fünf Bände, herausgegeben von Peter Gast, der die Texte (*Unzeitgemäße Betrachtungen, Menschliches, Allzumenschliches, Zarathustra, Jenseits von Gut und Böse, Zur Genealogie der Moral*) teilweise »korrigierend bearbeitete« (BAW 1, CVIIff.) und mit Vorworten versah. Die Veröffentlichung von *Zarathustra* IV führte dabei zu einem Rechtsstreit mit N.s Schwester. Nach ihrer Rückkehr aus Paraguay ließ Förster-N. die Ausgabe Gasts wieder einstampfen – möglicherweise wegen dessen Offenlegung der problematischen Beziehung N.s zu Wagner (Hoffmann 1991, 12f.) – und ersetzte sie 1895–97 durch die zwölfbändige Gesamtausgabe unter der Leitung von F. Koegel (GAK). In GAK wurden erstmals Texte aus N.s Nachlaß (u.a. *Der Antichrist*) veröffentlicht. Koegel ging hinter Gasts Texteingriffe zurück und versuchte die ursprünglichen Druckmanuskripte als Textbasis zu verwenden. Der zwölfte Band von GAK mit dem Nachlaß der Jahre 1881–85 wurde von N.s Schwester 1898 aufgrund sachlicher Meinungsverschiedenheiten ebenfalls wieder zurückgezogen. 1899–1913 erschien im dritten Anlauf unter wechselnder Herausgeberschaft (u.a. A. Seidl, später wieder P. Gast) die 19bändige, sogenannte Großoktavausgabe (GA) (Synopse der verschiedenen Ausgaben bei Hoffmann 1991, 716f.). Seidl stützte seine Edition auf die Ausgaben letzter Hand und distanzierte sich seinerseits von Koegels Rekonstruktionsversuchen der Druckmanuskripte, da diese seit dem Ausbruch von N.s Augenleiden um 1873 ihrerseits durch fremde Hand (Gersdorff, Gast u.a.) verfertigt worden waren, wobei Gast jeweils auch stilistisch in die Druckvorlagen eingegriffen hatte (EH, KSA 6, 327). GA publizierte nicht nur erstmals N.s ↗Philologica, sondern auch die berüchtigte Textkompilation aus N.s spätem Nachlaß, den sogenannten *Der Wille zur Macht*, der 1901 in einer kürzeren, zweibändigen Fassung und 1906 resp. 1911 in der »epochemachenden« vierbändigen Form erschienen war (KSA 14, 8–12).

An dieser Veröffentlichung des späten Nachlasses, die auf philologisch völlig unhaltbaren Eingriffen beruhte, für die Gast und Förster-N. verantwortlich waren, entzündete sich in der Folge die kritische Auseinandersetzung um die Editionspraxis des N.-Archivs unter der Leitung der Schwester. Zur Debatte stand primär die Entscheidung zwischen einer chronologischen oder einer (pseudo-)systematischen Wiedergabe von N.s Aufzeichnungen sowie die Rechtfertigung für editorische Texteingriffe (Kürzungen, Neuzusammenstellungen, Zwischentitel etc.). Aus heutiger Sicht gelten die vollständige und manuskriptgetreue Wiedergabe der nachgelassenen Aufzeichnungen und der Verzicht auf nachträgliche Systematisierungsversuche als Bedingungen einer wissenschaftlich korrekten Werkausgabe. Diese Kriterien wurden von den N.-Ausgaben, die unter der Herausgeberschaft des N.-Archivs bis 1933 vorgelegt wurden, durchwegs nicht erfüllt. Weder von GA, noch von der hinsichtlich des Textbestandes (ohne Philologica) mit GA identischen »Kleinoktav-Ausgabe« (16 Bde., 1898ff.), noch von der Taschenausgabe (10 Bde., 1906) oder der Klassiker-Ausgabe (8 Bde., 1921). Die 1920–29 erschienene Musarion-Ausgabe (MusA) bot gegenüber früheren Werkausgaben zwar teilweise neues Material (u.a. noch nicht bekannte ↗Jugendschriften N.s), orientierte sich gerade beim Nachlaß aber an der unhaltbaren Edition von GA.

1933–42 präsentierte das N.-Archiv unter der Leitung von Mette resp. Schlechta die erste sogenannte »historisch-kritische« Ausgabe von N.s Werken (BAW, ND 1994). Der »sachliche Vorbericht« von Mette in BAW 1 bot erstmals einen vollständigen Überblick über den Handschriften-Bestand des N.-Archivs sowie über die bisherige Editionsgeschichte des N.-Nachlasses und formulierte eine (vorsichtige) Kritik an der Editionspraxis von E. Förster-N. Da die Ausgabe 1942 unvollendet abgebrochen wurde und lediglich N.s Jugendschriften und frühen Schriften bis 1869 erfaßte, blieb die anspruchsvolle Edition des Nachlasses jedoch ausgespart. Damit konnten die unzähligen neuen Nachlaß-Kompilationen, die seit den frühen dreißiger Jahren unter verschiedenen Titeln (*Die Unschuld des Werdens*, 1931; *Das Vermächtnis F.N.s*, 1940; *Umwertung aller Werte*, 1940) auf den Markt kamen, die philosophische Interpretation N.s maßgeblich bestimmen.

In der philosophischen Rezeption wurde N.s (später) Nachlaß, besonders der *Wille zur Macht*, zu N.s »eigentlichem Hauptwerk« stilisiert, das vor editorischer Kritik zu bewahren sei. Dieser besonders vom nationalsozialistischen Philosophen Baeumler in Verbindung mit seiner eigenen Herausgebertätigkeit vertretenen These folgten andere Philosophen wie u.a. Heidegger (Müller-Lauter 1995, 226ff.). So äußerte sich Heidegger skeptisch gegenüber einer primär historisch-kritisch ausgerichteten N.-Edition. Er kritisierte 1936/37 den Grundsatz der Vollständigkeit in BAW als Ausdruck der »Unternehmungen des 19. Jahrhunderts« und unterstellte ihr damit, in der Tradition des Historismus zu stehen (I 1961, 18) und N.s eigene Historismus- und Philologiekritik (↗Historie) zu unterlaufen. Auch Löwith forderte 1938, eine historisch-kritische N.-Ausgabe müsse sich an N.s »eigenem Begriff von kritischer Historie orientieren« (1987, 497), und verteidigte 1958 das Erscheinen des *Willen zur Macht* (1987, 515) in seiner bisherigen Buchform.

Was als verfälschende, manipulierende Editionspraxis des N.-Archivs in Bezug auf N.s Nachlaß festgehalten wurde, gilt auch für die Edition von N.s ↗Briefen.

III. Eine unabhängige Kritik an der philologisch unhaltbaren Editionspraxis des N.-Archivs formierte sich bereits in den dreißiger Jahren. Neben Jaspers' Nachweis »editorischer Wünschbarkeiten« (1981, 464ff.) kritisierte vor allem Podach während Jahrzehnten die verschiedenen Ausgaben und die nationalsozialistische Ideologie der Herausgeber des N.-Archivs. Diese Kritik richtete sich mit den Publikationen aus N.s Nachlaß (1961 und 1963) explizit auch gegen Schlechta und dessen dreibändige N.-Ausgabe von 1954–56 (SA). In SA ordnete Schlechta zwar N.s späten Nachlaß der achtziger Jahre erstmals chronologisch und löste die bisherige Systematik des *Willen zur Macht* auf, aber das Textmaterial selber blieb mit früheren Ausgaben identisch und wurde nicht erweitert (s. dazu Schlechtas Rechtfertigung in SA Indexband [1964] 515–517). Neben Podach äußerten sich kritische Stimmen zur bisherigen N.-Edition auch aus Frankreich (Roos) und den USA (Kaufmann 1950, 1982).

Das bis heute gültige und in Gang befindliche Projekt einer kritischen N.-Ausgabe wurde schließlich nicht in Deutschland begründet, wo die N.-Forschung nach dem Zweiten Weltkrieg als ideologisch belastet galt, sondern in Italien, durch G. Colli und M. Montinari. Die ursprünglich nur in italienischen und französischen Verlagen geplante Ausgabe wurde bald auf Deutschland ausgedehnt. 1967 erschien der erste deutsche Werkband (KGW), 1975 der erste Briefband (KGB), 1980 die Studienausgabe der Werke (KSA) und 1986 die Studienausgabe der Briefe (KSB). KSA ist – ohne Nachberichtsbände – mit KGW textidentisch (Seitenkonkordanz in KSA 15, 213–259), ebenso KSB mit KGB. In KGB finden sich alle Briefe von und an N., in KSB nur die Briefe von N.

Colli und Montinari begründeten ihre Edition auf dem Prinzip der vollständigen Wiedergabe von N.s Werken und Briefen und setzten sich zum Ziel, den philosophischen Nachlaß erstmals vollständig und wissenschaftlich zu erschließen (KSA 14, 15f.). Abgeschlossen wird KGW durch die vollständige Veröffentlichung des späten Nachlasses N.s in Form einer neuen Manuskript-Edition (KGW, Abteilung IX). Um den Prinzipien der Vollständigkeit und des Verzichts auf jegliche Systematisierung zu genügen, wie sie schon in der typologischen Unterscheidung von »Fragmenten« und »Vorstufen« impliziert ist, werden in KGW IX nicht mehr »Texte rekonstruiert«, sondern »Schreibprozesse dokumentiert« (Kohlenbach/Groddeck 1995, 26–37). Die dokumentarische und philologische Sorgfalt der Nachlaß-Edition in KGW soll, nach Montinaris Hoffnung, den Streit um den *Willen zur Macht* als das angebliche Hauptwerk N.s »gegenstandslos« machen (Montinari 1982, 119). Noch 1980 jedoch erschien die berüchtigte Kompilation (mit dem Nachwort des Nationalsozialisten Baeumler) in der zwölften Auflage. Ungewiß bleibt im übrigen, wie sich die Aufbereitung der N.-Texte im Internet (http://gutenberg.aol.de/autoren/nietzsch. htm) auf die mühsam errungenen editorischen Standards auswirken wird.

Literatur: Löwith, K.: Rezensionen »Zur neuesten N.-Forschung« (1938) und »›Wille zur Macht‹ – ja oder nein? – Zu einer neuen N.-Ausgabe« (1958), in: ders.: Sämtliche Schriften Bd. 6, Stuttgart 1987; Podach, E. F.: F.N.s Werke des Zusammenbruchs, Heidelberg 1961; ders.: Ein Blick in Notizbücher N.s, Heidelberg 1963; Montinari 1982; Heftrich, E.: Zu den Ausgaben der Werke und Briefe von F.N., in: Jaeschke, W. (Hrsg.): Buchstabe und Geist, Hamburg 1987, 117–135; Brown, M. B.: F.N. und sein Verleger Ernst Schmeitzner, Frankfurt a.M. 1987; Hoffmann 1991; Kohlenbach, M./Groddeck, W.: Zwischenüberlegungen zur Edition von N.s Nachlaß, in: Text. Kritische Beiträge Heft 1, Basel/Frankfurt a.M. 1995, 21–39; Müller-Lauter, W.: »Der Wille zur Macht« als Buch der ›Krisis‹ philosophischer N.-Interpretation, in: NSt 24 (1995), 223–260; Aschheim, S.E.: N. und die Deutschen, Stuttgart 1996; Overbeck, F.: Werke und Nachlaß, Bd. 7/2, Stuttgart 1999.

*Katrin Meyer*

## Geschichte des Nietzsche-Archivs

I. *Nach N.s Zusammenbruch:* Mit N.s Zusammenbruch in Turin in den ersten Januartagen des Jahres 1889 begann die heillose Geschichte seines Nachlasses. Zunächst übernahmen F. Overbeck und H. Köselitz (Peter Gast) auf Bitten von N.s Mutter die Nachlaßverwaltung, verhandelten mit dem Verleger C. G. Naumann (Leipzig) und beschlossen die Auslieferung der noch nicht veröffentlichten, aber abgeschloßen vorliegenden Werke *Götzen-Dämmerung* und *Der Fall Wagner*, kümmerten sich um die in Turin, Sils und Leipzig liegenden Originalmanuskripte und fertigten von *Der Antichrist* und *Ecce homo* zur Sicherheit eigenhändige Kopien an. Diese späten Werke ließen sie vorerst ungedruckt, weil sie darüber und v. a. über den Zusammenhang von *Der Antichrist* mit dem von N. immer wieder erwähnten *Willen zur Macht* im unklaren waren. Köselitz besorgte in der Folge Neuauflagen der wichtigsten Titel (*Unzeitgemäße Betrachtungen, Menschliches, Allzumenschliches, Zarathustra, Jenseits von Gut und Böse, Zur Genealogie der Moral*), die der Verleger Naumann innerhalb einer geplanten Gesamtausgabe vorlegte. In diesem Zusammenhang erschien auch die erste vollständige Ausgabe von *Also sprach Zarathustra* I-IV (Herbst 1892).

II. *Der Aufbau des Archivs:* Im September 1893 war Elisabeth Förster-N. endgültig aus Paraguay nach Europa zurückgekehrt und entriß unverzüglich Overbeck und Köselitz die Nachlaßverwaltung, brach die begonnene Gesamtausgabe ab, entmachtete mittels eines Abtretungsvertrags darauf ihre Mutter von deren vormundschaftlicher Verfügungsgewalt und richtete im mütterlichen Haus in Naumburg ein N.-Archiv ein, in dem sie fortan selbstherrlich regierte. Als Herausgeber gewann sie Fritz Koegel, der 1895–97 acht Bände Werke und vier Bände Nachlaß (zweite Gesamtausgabe) edierte, innerhalb welcher *Der Antichrist* erstmals publiziert wurde. Gleichzeitig begann die Archivherrin eine dreibändige N.-Biographie zu veröffentlichen, die freilich in den wesentlichen Punkten hagiographisch ausgerichtet war (1895–1904).

In freier Mitarbeit ordnete damals der Weimarer Goetheforscher und spätere Begründer der Anthroposophie Rudolf Steiner N.s Bibliothek. Nach Streitigkeiten mit Frau Förster-N. trennte sich Koegel vom Archiv, und Steiner lehnte die angebotene Herausgeberschaft ab. Nachdem sich F. Overbeck, H. Köselitz und E. Rohde schon gleich zu Beginn vom Archiv distanziert hatten, stand nun E. Förster-N. ganz ohne Hilfe da. Dabei war die Hauptarbeit, die Herausgabe des angeblichen Hauptwerks *Der Wille zur Macht* noch nicht gemacht.

III. *Großoktavausgabe und Briefausgabe:* ↗ Geschichte der N.-Editionen. – Für die Arbeit am *Willen zur Macht* und für die Entzifferung der späten N.-Manuskripte war E. Förster-N. auf Köselitz' Mithilfe angewiesen. Mit einer List verstand sie es, ihren früheren Gegner ans Archiv zu locken und für die Mitarbeit zu gewinnen. So konnte die dritte und erstmals abgeschlossene Gesamtausgabe (sog. Großoktavausgabe) erscheinen, besorgt v. a. von Arthur Seidl, Ernst und August Horneffer und Heinrich Köselitz (Werk, Nachlaß, Philologica, Register; 20 Bde., 1899–1926). Diese Ausgabe enthielt 1901 eine erste Zusammenstellung des *Willens zur Macht*, die 1906/1911 durch eine zweite, kanonisch gewordene Version ersetzt wurde. Diese Ausgaben wurden zwar von kompetenter Seite als Zusammenkleisterung von Nachlaßfragmenten kritisiert, u. a. auch von den einst an der Herausgabe beteiligten Brüdern Horneffer selbst, konnte sich aber als angebliches systematisches Hauptwerk über Jahrzehnte behaupten. Auch in der Briefausgabe (5 in 7 Bänden, 1900–09) wurden die Tatsachen nach dem Geschmack und zugunsten von N.s Schwester arrangiert: Mit Kürzungen, Umstellungen, Umadressierungen und Unterschlagungen sollte E. Förster-N. als geliebte Schwester und legitime Nachlaßverwalterin ausgewiesen werden. Dieselbe Funktion hatten die Vor- und Nachworte in der »Taschen-Ausgabe« (11 Bde., 1906/11) und die zweibändige kleinere Biographie (*Der junge N.*, 1912; *Der einsame N.*, 1914). Die biographischen Entstellungen konnten erst viel später, u. a. mit Hilfe der sog. Koegel-Exzerpte dingfest gemacht werden, die der Herausgeber F. Koegel während seiner Editionstätigkeit insgeheim angefertigt hatte (Hoffmann 1991, 407–423, 579–713).

1896 war E. Förster-N. mit ihrem Bruder und dem Archiv nach Weimar umgezogen und erhielt dort 1897 von der Schweizer N.-Verehrerin Meta von Salis das eigens erworbene Haus »Silberblick« zur Verfügung gestellt. In diesem Haus, das 1902 von Henry van de Velde zu einer repräsentativen Jugendstilvilla umgebaut wurde, entwickelte sich nun der hauseigene N.-Kult mit Geburtstagsfeiern, Vortragsabenden und Kaffeekränzchen (↗ N.-Kult). N.s Schwester verstand es, namhafte Repräsentanten des Geistes- und Wirtschaftslebens an ihr Archiv zu binden und daraus maßgeblichen wissenschaftlichen und finanziellen Profit zu schlagen. So gehörten etwa Harry Graf Kessler, der schwedische Millionär Ernst Thiel, der Schriftsteller Oswald Spengler und der Hamburger Kaufmann Konsul Christian Lassen sowie der Zigarettenfabrikant Philipp Reemtsma zum unterstützenden Freundeskreis um das N.-Archiv.

IV. *Kämpfe:* Von N.s engsten Freunden wurde das Archiv skeptisch betrachtet, Rohde bezeichnete es als »alberne Erfindung«, Overbeck verweigerte aufgrund negativer Erfahrung mit E. Förster-N. jegliche Zusammenarbeit und hielt dem Archiv seine Nietzscheana (vor allem seine Korrespondenz mit N.) vor und vermachte sie testamentarisch der Basler Universitätsbibliothek. Das führte nach Overbecks Tod zu heftigen Auseinandersetzungen zwischen E. Förster-N. und Overbecks Schüler und Nachlaßverwalter Carl Albrecht Bernoulli. In verschiedenen, z.T. Jahre dauernden Prozessen fochten die Parteien ihre literarischen und persönlichen Streitigkeiten aus (1905–08). In diesem Zusammenhang spielte Bernoulli auch erfolgreich die ihm bekanntgewordenen »Koegel-Exzerpte« aus. Nach diesen Streitigkeiten verließ der aufgeriebene Köselitz das Archiv (1909). Zur Stärkung ihrer Institution hatte E. Förster-N. aus dem Archiv eine Stiftung gemacht (1908), die aber unter ihrer Kontrolle sowie der ihres Vettern und Neffen Oehler blieb. Eine weitere institutionelle Abstützung erfuhr das Archiv durch die Gründung der »Gesellschaft der Freunde des N.-Archivs« (1926).

V. *Erster Weltkrieg, Zwischenkriegszeit, Nationalsozialismus:* Während des Ersten Weltkrieges hatte N. als Tornisterlektüre Hochkonjunktur. Die Kriegsausgabe des *Zarathustra* wurde in über 150 000 Exemplaren verkauft. – Zu ihrem 75. Geburtstag (1921) wurde E. Förster-N. mit der Ehrendoktorwürde der Philosophischen Fakultät der Universität Jena ausgezeichnet, zu einem Literaturnobelpreis reichte es trotz vier Vorstößen (1908, 1911, 1914, 1922) befreundeter Kreise allerdings nicht. In den Zwanziger Jahren kamen Intellektuelle wie Oswald Spengler, Max Scheler, Thomas Mann, Heinrich Wölfflin, Martin Heidegger und Romain Rolland in näheren Kontakt mit dem Archiv. 1930 begann das Archiv unter Leitung eines wissenschaftlichen Ausschusses mit der Edition einer Historisch-kritischen Ausgabe (C. H. Beck-Verlag; 5 Werk- und 4 Briefbände, 1933–42), die durch die Kriegsereignisse abgebrochen wurde. Am 31. Januar 1932 machte Adolf Hitler im Archiv seinen Antrittsbesuch und wurde in der Folge von N.s Schwester mehrere Male herzlich empfangen. Auf Hitlers Initiative und Unterstützung geht das ehrgeizige Projekt einer N.-Gedenkhalle neben dem Archiv zurück, deren Richtfest 1938 gefeiert wurde, die aber infolge des Krieges nie ihrer Bestimmung übergeben wurde (↗N.-Kult).

Die Archivleiterin und ihre Mitarbeiter drückten in den 30er und 40er Jahren ihre Sympathie und Unterstützung für Hitler und Mussolini ganz unverhohlen aus, was Romain Rolland (1933) und Oswald Spengler (1935) veranlaßte, aus der Stiftung N.-Archiv und der Vereinigung der Freunde des N.-Archivs auszutreten. Die nationalsozialistische N.-Rezeption beschränkte sich weitgehend auf oberflächliche Schlagworte, wurde aber dennoch bei Gelegenheit zelebriert, zuletzt an der Trauerfeier und Bestattung E. Förster-N.s in Anwesenheit Hitlers (11./12. November 1935) und an der »N.-Reichsfeier« im Weimarer Nationaltheater 1944 zu N.s 100. Geburtstag mit Alfred Rosenberg als Festredner.

VI. *Schließung des Archivs und Nachgeschichte:* Nach dem Einmarsch amerikanischer und sowjetischer Truppen in Weimar wurde das N.-Archiv am 9. Dezember 1945 geschlossen. Die Archivalien wurden ins Goethe- und Schiller-Archiv überführt und standen seit den 1950er-Jahren Forschern aus dem Westen zur Einsicht zur Verfügung. Der Zugang war aber bis 1989 mit zahlreichen administrativen und ideologischen Hindernissen verbunden, und Wissenschaftler aus der einstigen Sowjetischen Besatzungszone, bzw. der späteren DDR hatten keine Möglichkeit der freien, unabhängigen Forschung auf diesem Gebiet. Noch 1986–88 wurde in der Zeitschrift »Sinn und Form« eifrig um die Revision des marxistischen N.-Bildes gestritten. Seit dem Zusammenbruch der DDR sind die N.-Archivalien im Goethe- und Schiller-Archiv wie alle anderen Archivalien gemäß der Benutzungsordnung zugänglich. Das Gebäude des ehemaligen N.-Archivs ist nach der »Wende« zu einer Gedenkstätte umgebaut worden.

VII. *Das »Basler Archiv« und weitere Aufbewahrungsorte:* Ein eigentliches Gegen-Archiv zu Weimar war aufgrund von Overbecks Depositum in der Basler Universitätsbibliothek (1905) entstanden. Overbecks Schüler und Nachlaßverwalter C. A. Bernoulli wurde der eifrige Verfechter einer unabhängigen, kritischen »Basler Tradition« der N.-Forschung, auf der später E. F. Podach, K. Schlechta und M. Montinari aufbauen konnten. Zu Overbecks Nachlaß kamen in Basel die Nachlässe von Jacob Burckhardt, Meta von Salis, Josef Hofmiller, Gustav Naumann, Karl Joël u. a. dazu. Weitere Aufbewahrungsorte wichtiger Nietzscheana sind das Staatsarchiv Basel-Stadt, das Richard Wagner-Archiv in Bayreuth, der Lou Andreas-Salomé-Nachlaß in Göttingen, ferner die Bibliotheca Bodmeriana in Genf und das N.-Haus in Sils-Maria.

Literatur: Bernoulli, C. A.: Franz Overbeck und F.N., 2 Bde., Jena 1908; Podach, E. F. (Hrsg.): Der kranke N. Briefe seiner Mutter an Franz Overbeck, Wien 1937; Janz, C. P.: Die Briefe F.N.s, Textprobleme und ihre Bedeutung für Biographie und Doxographie, Zürich 1972; Peters, H. F.: Zarathustras Schwester (New York 1977), München 1983; Hahn, K.-H.: Das N.-Archiv, in: NSt 18 (1989), 1–19; Overbeck, F./Rohde, E.: Briefwechsel, hrsg. u. komm. v. A. Patzer, Berlin/New York 1990; Wollkopf, R.: Das N.-Archiv im Spiegel der Beziehungen Elisabeth Förster-N.s zu Harry Graf Kessler, in: Jahrbuch der Deutschen Schillergesellschaft 34 (1990), 125–167; Hoffmann, D. M.: Zur Geschichte des N.-Archivs, Berlin 1991; Wollkopf, R.: Die Gremien des N.-Archivs und ihre Beziehungen zum Faschismus bis 1933, in: Hahn, K.-H. (Hrsg.): Im Vorfeld der Literatur, Weimar 1991, 227–241; Aschheim, S. E.: N. und die Deutschen, Karriere eines Kults, (1992) Stuttgart 1996; Hoffmann, D. M.: Das »Basler N.-Archiv«, Basel 1993; Hoffmann, D. M.: Rudolf Steiner und das N.-Archiv. Briefe und Dokumente, Dornach 1993; Wolter, O.: N.-

Rezeption in der DDR? Die Geschichte des Weimarer N.-Archivs 1945–1990, in: Weimarer Beiträge 40 (1994) 442–449; Naake, E.: N. in Weimar, in: John, J./Wahl, V. (Hgg.): Zwischen Konvention und Avantgarde, Weimar 1995, 21–31; Riedel, M.: N. in Weimar, Leipzig 1997; Overbeck, F./Köselitz, H. (Peter Gast), Briefwechsel, hrsg. u. komm. v. D. M. Hoffmann/N. Peter/Th. Salfinger, Berlin 1998.

*David Marc Hoffmann*

## Italien

*D'Annunzio – Zoccoli – Orestano – Papini – Prezzolini – Tissi – Giusso – Banfi – Paci – Cantoni – Morretti Costanzi – Bispuri – Vattimo – Cacciari – Masini – Venturelli – Ferrari-Zumbini – Severino – Colli – Montinari*

Wie in Deutschland so erscheinen auch in Italien die ersten Interpretationen bereits im letzten Jahrzehnt des 19. Jh.s. Der ↗Übermensch und der ↗Wille zur Macht sind die Hauptmotive, auf die sich diese Auslegungen konzentrieren. Meist wird der Übermensch im biologischen und heroischen Sinn verstanden. Aber im Unterschied zu den deutschen Interpretationen wird das biologische Moment nicht metaphysisch, d.h. im Sinne von Rasse und Blut, gedeutet. Ein weiterer Unterschied zur deutschen Rezeption besteht darin, daß in der italienischen – mehr als in der deutschen – die Ähnlichkeit von N.s Übermenschen mit dem Einzigen Stirners hervorgehoben und im Sinne des Anarchismus interpretiert wird. Sobald sich auch in Italien der Einfluß von Heideggers und Jaspers' N.-Interpretation bemerkbar macht, erscheinen zahlreiche Werke, in denen N. als authentischer Philosoph betrachtet wird. Der Ruhm N.s in Italien ist vor allem D'Annunzio zu verdanken, der in seinen Romanen den Übermenschen N.s im Sinne einer aristokratischen Ästhetik deutet (↗Literatur und Dichtung). Auf diese positive Auslegung folgt eine eher kritische. Zoccoli (1898) und Orestano (1903) stellen den rätselhaften und vieldeutigen Sinn des Genies in den Vordergrund, der mit der Geisteskrankheit N.s in Zusammenhang gebracht wird. Eine ganz anders ausgerichtete Interpretation geben Schriftsteller wie Papini (1906) und Prezzolini, die den Spuren des Göttlichen nachgehen. Für diese ist N. das Symbol einer inneren Revolte. Eines der Spätwerke Prezzolinis (1979) spiegelt seine noch immer empfundene Nähe zu N. wider. Andere N.-Interpretationen sind von der positivistischen Kultur geprägt und lassen den Einfluß Darwins erkennen, z.B. eine kurze Schrift von Bersano (1909) und ein Werk von Castiglioni (1924). Dem gleichen Problemkreis gehört auch eine viel später erschienene Arbeit von Scardaoni an (1945). N.s Übermensch wird hier im nationalsozialistischen Sinne als brutaler Aspekt des Menschen gedeutet. Aber schon mit den N.-Interpretationen von Tissi (1926) und Giusso (1936) tritt eine Wende in der italienischen N.-Rezeption ein, die zur existentiellen Auslegung führt. Diese beginnt mit den marxistisch orientierten Denkern Banfi (1934), Paci (1940) und Cantoni (1948). Banfi stellt fest, daß die Existenz bei N. einen absolut positiven Sinn erhalten habe. Nach Paci ist es notwendig, sich von der Dogmatik der Vernunft zu befreien. Cantoni unterstreicht, der Immoralismus N.s sei ein Streben nach neuen ethischen Werten. Eine wahrhaft philosophische Würdigung von N.s Denken ist den Philosophen zu verdanken, die den Spuren Heideggers und Jaspers' folgen. Dieser hermeneutischen Richtung entspringen zahlreiche Interpretationen. Moretti Costanzi (1953) und Mirri sehen N.s Denken im Licht einer augustinisch-franziskanischen Mystik; N. wird zu den Großen des christlichen Denkens gezählt. Bispuri (1980) stellt den Zusammenhang zwischen N. und dem östlichen Denken in den Vordergrund. Besonderes Gewicht haben die Werke von Vattimo zu N. (1965, 1974, 1981). Hier wird das Denken N.s nicht nur im Lichte von Heideggers und Gadamers Philosophie, sondern auch vom Gesichtspunkt des französischen Strukturalismus aus gedeutet. Cacciari (1976) versucht, N.s Denken politisch im Sinn einer konkreten Befreiung des Einzelnen zu interpretieren. Einige Germanisten wie Masini (1978) und Venturelli (1983, 1994) legen N. im literarischen und ästhetischen Sinne aus, während Ferrari Zumbini eine kulturgeschichtliche Auslegung liefert (1999). Ein Interpret des Nihilismus N.s, der nicht nur unter dem Einfluß Heideggers, sondern auch Parmenides' steht, ist Severino (1972, 1999); er gibt N.s Denken eine originelle Deutung vom Gesichtspunkt seiner eigenen Theorie. Besonders muß die große Bedeutung der Arbeit von Colli und Montinari hervorgehoben werden, deren Kritische Gesamtausgabe der Werke N.s für eine objektive Würdigung seines Denkens ausschlaggebend ist.

Literatur: Zoccoli, E. G.: F.N., La filosofia religiosa, la morale, l'estetica, Turin 1898; Orestano, F.: Le idee fondamentali di N. nel loro progressivo svolgimento, Palermo 1903; Papini, G.: Il crepuscolo dei filosofi, Mailand 1906; Bersano, A.: Di alcune derivazioni elleniche del pensiero di N., in: Classici e neolatini, 2–3 (1909), 291–300; Castiglioni, M.: Il poema eroico di N., Turin 1924; Tissi, S.: N., Mailand 1926; Giusso, L.: Leopardi, Stendhal, N., Neapel 1933; Banfi, A.: F.N., Mailand 1934; vgl. auch: Introduzione a N., Mailand 1974, mit reichem bibliographischem Material zu N.; Paci, E.: Introduzione a F.N., Scelta dalle opere, Mailand 1940, 1–108; Scardaoni, F.: N. e lo spirito dell' avvenire, Mailand 1945; Cantoni, R.: Crisi dell'uomo, Verona 1948; ders.: La coscienza inquieta, Verona 1949; Moretti Costanzi, T.: Meditazioni inattuali sull'essere e il senso della vita, Rom 1953; Vattimo, G.: Ipotesi su N., Turin 1965; ders.: Il soggetto e la maschera, Mailand 1974; ders.: Al di là del soggetto. N., Heidegger e l'ermeneutica, Mailand 1981; Prezzolini, G.: Dio è un rischio, Mailand 1969; Severino, E.: Essenza del nihilismo, Brescia 1972; Colli, G.: Dopo N., Mailand 1974; Montinari, M.: Che cosa ha veramente detto N.?, Rom 1975; Penzo, G.: Il divino come polarità, Bologna 1975; Cacciari, M.: Krisis. Saggio sulla crisi del pensiero negativo da N. a Wittgenstein, Mailand 1976; Masini, F.: Lo scriba del caos. Interpretazione di N., Bologna 1978; Bispuri, E.: N. Il volto nascosto dell'Oriente, Rom 1980; Venturelli, A.: N. in Berggasse 19, Urbino 1983; Negri, A.: N. e/o l'innocenza del divenire, Neapel 1984; Fazio, D. M.: Il caso N. La cultura italiana di fronte a N. 1872–1940, Mailand 1988 (aufschlußreich für die N.-Rezeption in Italien); Penzo, G.: N. allo specchio, Rom/Bari 1993; ders.: Il superamento di Zarathustra. N. e il nazionalsocialismo, Rom 1987; 2. Auflage: N. e il Nazismo, Mailand 1997 (dt.: Der Mythos vom Übermenschen. N. und der Nationalsozialismus, Frankfurt a.M./Bern/New York 1992); Venturelli, A.: F.N., Rom 1994; Gentili, C.: A partire da N., Genua 1998; Severino, E.: L'anello del ritorno, Mailand 1999; Ferrari Zumbini, M.: Untergänge und Morgenröten, N. – Spengler – Antisemitismus, Würzburg 1999; Ferraris, M.: Guida a N., Rom 1999.

*Giorgio Penzo*

# Literatur und Dichtung (deutschsprachig)

*Michael Georg Conrad – Adolf Wilbrandt – Paul Heyse – Arno Holz – Leo Berg – Menschen-Club – Genie-Club – Detlev von Liliencron – Richard Dehmel – Johannes Schlaf – Christian Morgenstern – Hugo von Hofmannsthal – Stefan George – Rainer Maria Rilke – Heinrich und Thomas Mann – Alfred Döblin – Robert Musil – Gottfried Benn*

## Die neunziger Jahre

Ab 1890 beginnt die literarische N.-Begeisterung in Europa – zunächst mit einem eklatanten Mißverständnis seiner Philosophie. Der ↗ *Übermensch* spukte europaweit in den Köpfen der Literaten des Fin de siècle als Macho-Typ, als *l'homme supérieur*, als *superuomo*, als *overman* und *superman* – natürlich als Mann, wie anders in dieser Zeit virilen Größenwahns. Auf trivialer Ebene wird N.s Denken gleichsam eingestampft. Daneben kommt in den oberen Etagen der Literatur, ab 1900 etwa, ein angemessenes Verständnis auf: George, Hofmannsthal, Rilke, Thomas und Heinrich Mann, André Gide, André Malraux, James Joyce, Alfred Döblin, Robert Musil, Gottfried Benn, Albert Camus. Als Randerscheinungen ohne näheren Werkbezug sind zu verzeichnen: Hermann Hesse, Stefan Zweig, Carl Sternheim, Karl Kraus. Man kann sagen, jeder von den zuerst Genannten hat einen wichtigen Baustein geliefert, um N. besser zu verstehen – insgesamt ist es ein großes Gebäude aus Deutungen, das bis 1950 von den Poeten errichtet wurde. Es unterscheidet sich fundamental von der philosophischen Exegese, insofern die Literaten meist recht hemmungslos ihrer subjektiven Perspektivik Ausdruck geben. Dazu gehört gerade auch ein oft leidenschaftliches Engagement im Umgang mit N.s Philosophie und Person. Ein faszinierendes Spektrum metaphysischer, ästhetischer und ganz allgemein anthropologischer Weite eröffnet diese ebenso spannende wie einmalige Wirkungsgeschichte. Ohne Übertreibung kann man sagen, die Dichter haben uns den großen Denker in *ihrer* Art näher gebracht.

Kein Philosoph hat je die Dichter so exzessiv inspiriert und bewegt wie N. Noch zu Lebzeiten, im letzten, geistig umnachteten Jahrzehnt, also ab 1890, beginnt vehement die literarische Rezeption in Europa, zur Hauptsache in Deutschland und Frankreich, von dort greift die Begeisterung über nach Italien, in England zeigt sich die Wirkung deutlich zurückhaltender. Weitgehend ist die frühe N.-Begeisterung geprägt vom völligen Unverständnis seines Ideen-Kosmos, das hing hauptsächlich zusammen mit fehlender Kenntnis des Werkes, auch in Deutschland wurde neben dem Bestseller *Zarathustra* selten ein weiteres Werk N.s gelesen, am ehesten noch die *Geburt der Tragödie*. Vor allem war es der ↗ *Übermensch*, der den Literaten des Fin de siècle zur Demonstration ihrer pubertären Phantasien diente; strategisch wird er eingesetzt, um der allgemeinen Kultur-Decadence mit Stärke zu begegnen. Anfang des Jh.s erobert der *superman* auch Amerika, dort verkörpert er im Roman ein hemdsärmeliges Heldentum, ob vitalistisch naturhaft oder kapitalistisch korrupt, ein wenig Wilder Westen ist immer dabei. Geistige Aspekte im Sinne eigener Verantwortung und Wertsetzung nach dem Tod Gottes kamen ganz allgemein im dröhnenden Raritätenkabinett der Über-Männer nicht in Betracht. N.s Philosophie wurde zunächst in Richtung eines kruden Biologismus gedeutet und im Zusammenhang mit Darwins Evolutionsgedanken privatistisch und nationalistisch ideologisiert. Der *Übermensch*, das ist die literarische Konsequenz der auftrumpfenden Haltung eines ganzen Zeitalters, zeigt sich europaweit als arroganter Typ, in Deutschland sehr früh als Aufschneider und Maulheld – in Frankreich als Ausbund von Narzißmus und ästhetischer Eitelkeit, so André Gide – in Italien als präfaschistischer Typ, repräsentiert durch Gabriele d'Annunzio – in England als wissenschaftlicher Dandy im Banne einer Femme fatale, so in Shaws Komödie *Man and Superman* (1903). Shaw hatte damit die adäquate Übersetzung des falsch verstandenen *Übermenschen* aus der Taufe gehoben.

N.s Umwertungsphilosophie wurde zunächst radikal mißverstanden. Die neue Art, perspektivistisch zu sehen, zu deuten, zu werten, wurde rein materialistisch gedeutet, man war begeistert von den Sprengsätzen, die N. unter den Fundamenten des Bürgertums hochgehen ließ. Der Kampf der Literaten galt der Immobilität und Verhärtung öffentlichen Denkens, dem satten Selbstgenügen einer positivistisch orientierten Gesellschaft, dem Pomp und der Anmaßung der Gründerzeit ganz allgemein. Was die Literaten nicht sahen, war der Anti-Idealismus, dieser metaphysische Kampf N.s gegen ein Entartungsphänomen, das er zutiefst als lebensfeindlich empfand und das er im Platonismus und Christentum zu treffen versuchte. Sie sahen nicht den fundamentalen Vorwurf, daß dort die obersten Werte nicht immanent, also irdisch und lebensbezogen gedacht waren, sondern transzendent, in geistig-abgehobener Autonomie. Sie begriffen nicht die verlorene Dimension von Lebensverständnis mit Blick auf die griechische Antike, deren Verlust eingeklagt wurde. N.s zentraler Ansatz also wurde nicht verstanden: die Umwertung aller Werte ohne Dimensionsverlust. Die Transferierung von Transzendenz in Immanenz unter demselben Energiegesetz, die Erhaltung der Spannung, der Hochspannung – im Durchlauf durch den Nihilismus – die Übertragung aller Verbindlichkeit vom Jenseits auf das Diesseits. So konnten sie Zarathustras Botschaft nicht verstehen: »bleibt der Erde treu«. Die Reichweite dieses Denkens konnten die Literaten um 1900 nicht ermessen, weil es ihnen an Textkenntnis und philosophischer Schulung fehlte. Daß N.s Ästhetik vom Kern her metaphysisch strukturiert ist, das haben die Literaten erst später begriffen, beispielhaft wären hier Musil, Benn und Camus zu nennen. Am Anfang faszinierten die Dichter andere Momente: N.s Vitalismus-Ideologie, insgesamt die Betonung eines dynamisierten Lebensaspekts, die Aufbruchstimmung, der Züchtungsgedanke, von Darwin herrührend und im Phantom des *Übermenschen* kulminierend – es faszinierte die mitreißende Sprache, das Pathos, der exorbitante Lebenswille, der sich als Rhythmus des Denkens und Sprechens niederschlug.

Die Aphorismen der *Götzendämmerung*, so berichtet rückblickend der Schriftsteller Wilhelm Weigand, habe er 1889, im Jahr des Erscheinens, gelesen: sie »schlugen wie der Blitz in meine Seele, und aus der knappen Sprache klang mir der Rhythmus entgegen, den ich noch vor keinem deutschen Buch empfunden hatte« (*Welt und Weg. Aus meinem Leben*). So ging es vielen. Es war ein Überwältigtwerden durch Sprache, ein Berauschtsein ohne rechtes Begreifen. Nicht George gebühre der Ruhm, der entscheidende Sprachschöpfer und Stilbildner seiner Zeit gewesen zu sein, so Weigand, »sondern F.N. war es, der, als Meister eines zauberhaften Stils, der deutschen Sprache einen ungeahnt neuen Rhythmus verlieh und ganz Europa aufhorchen ließ.«

Im Jahr 1889 erscheint Leo Bergs Studie über N. in der Zeitschrift *Deutschland* – eines der frühesten Dokumente dieser Wirkungsgeschichte, emphatisch und affirmativ auf der ganzen Linie. Auch hier ist N.s Sprache der Hauptanknüpfungspunkt: die *Geburt der Tragödie* fasziniere durch die »Schönheit ihrer Diktion«, man werde unwillkürlich an Platons Sprache erinnert. »Eine so durchgeistigte, eine so bilderreiche und anschauliche und zugleich so abgerundete und klare Sprache findet man nicht bald wieder in irgend einem deutschen Buche«. Der *Zarathustra* atme »eine Glut der Empfindungen, wie nur wenige Dichtwerke von heute«. *Jenseits von Gut und Böse* und *Zur Genealogie der Moral* seien die reifsten von N.s Schriften, virtuos der Stil, virtuoser als bei Heine: »schärfer, durchgeistigter und schneidender«. Insgesamt seien N.s Schriften vergleichbar mit der Flamme in einer Eisschale. »Man mag einst über N. denken, wie man will, über den Schriftsteller in ihm wird es bald keinen Zweifel mehr geben. Er ist der größte Virtuos der deutschen Sprache«. Diese Prognose hat sich bewahrheitet; über den Stilisten, den Spracharchitekten N. haben sich die Literaten bald verständigt – das hielt an, bis 1950 Gottfried Benn noch einmal sagte: »seit Luther das größte deutsche Sprachgenie« (*N. – nach fünfzig Jahren*). Über den Denker N. war Einigung nicht so schnell zu finden; verstanden haben ihn nur wenige Literaten der Zeit um 1900. Auch das hat der heute fast vergessene Naturalist Leo Berg, der die Epochenbezeichnung *Die Moderne* mitprägte, 1889 vorausgesagt: daß die Zeit für N. noch nicht gekommen sei. N. hat den vehementen Beginn seines Ruhms nicht mehr mit klarem Bewußtsein wahrgenommen – in den Januartagen dieses Jahres erfolgte der geistige Zusammenbruch in Turin. Für die interne Kulturszene nur ein Anlaß mehr, den Mythos N. zu kultivieren. Das einerseits – andererseits blieb N. erspart, den Mißbrauch seiner Gedanken länger mitansehen zu müssen. Die Verfälschung etwa ins Antisemitische wie in Hermann Conradis Roman *Adam Mensch* (1889) oder den bald einsetzenden trivialen Übermenschenkult, der vielfach einem infantilen Verhalten zur Rechtfertigung diente.

Die Generation der von N. beeinflußten deutschen Literaten war um diese Zeit soeben erst geboren, etwa Sorge (1892), Heym (1887), Benn (1886), Stadler (1883), Stefan Zweig (1881), Musil (1880), oder steckte noch in den Kinderschuhen wie Sternheim, Kaiser, Döblin (alle geboren 1878), Hesse (1877), Rilke und Thomas Mann (1875), Hofmannsthal (1874), Heinrich Mann (1871), George (1868). Sie alle wuchsen als Kinder heran in den Jahren, als N. seine Werke schrieb – die Atmosphäre ihrer Elternhäuser war die Welt, gegen die sich N. behaupten mußte, die er floh, mit der ihn nichts verband als traumatische Fesseln. Sie wurden ausgebildet an Schulen und Universitäten, die vom Gründergeist ebenso optimistisch wie nationalistisch geprägt waren. Sie alle glaubten zu ersticken in dieser Luft. *N. der Europäer* verkörperte für sie die Befreiung von solcher Enge; die zunehmende Ungebundenheit seines Lebens, die Bedingungslosigkeit seines Denkens sahen sie wie ein Leuchtfeuer. N. gab ihnen Selbstbewußtsein, Mut zur Eigeninitiative in einer patriarchalisch regierten Welt, er setzte Energien frei, auch wenn sich diese zunächst nur rhetorisch anwenden ließen. N. proklamierte die Zweckfreiheit des Lebens, verherrlichte dessen rauschhaft-immanente Steigerungsfähigkeit. Er führte ein Leben außerhalb der Gesellschaft – um so eindrucksvoller, als er die glänzende, früh ihn verwöhnende Karriere als Universitätsprofessor ebenso aufgab wie die beneidete Freundschaft mit dem prominenten Richard Wagner. Das alles machte Eindruck auf die jungen Literaten um 1900, bestätigte ihren Individualtrieb, ihren Drang zum antibürgerlichen Abseits, zur exzentrischen Profilierung. N. hatte seismographisch die Bewegung seiner Zeit erfaßt, er registrierte den Erdrutsch, der dem Bürgertum den Boden entzog – zu einer Zeit, als sich dieses Bürgertum sicher fühlte wie nie zuvor. Er dekuvrierte die bürgerliche Moral, klopfte an die hohlen Statusformen, deckte brutal das wertlose Fundament dieser Gesellschaft auf. Sein Kampf galt den aufgeblasenen Pseudo-Idealen einer ideenlosen Gesellschaftsschicht. Darum hingen an ihm von Anfang an die rebellierenden Söhne des Bürgertums, die Renegaten, vielfach von jenem Milieu geprägt, gegen das sie vorgingen. Gemeint ist nicht die Generation der Brüder Mann und der späteren Expressionisten, angesprochen sind (seinerzeit bekannte) Literaten wie Heinrich und Julius Hart, Hermann Conradi, Michael Georg Conrad, Otto Erich Hartleben, Franz Evers (der Erfinder des *Überweibs*), Adolf Wilbrandt und viele andere. Falsche Romantik spukte in den Köpfen dieser Weltverbesserer. »Unter den jungen Dichtern grassierte die Kraftmeierei. Ihr überspanntes Selbstgefühl, das für den echten Egoismus noch nicht reif war, ließ sie sich fühlen als Übermenschen und Halbgötter. Jeder junge Gott und Tor glaubte sich berufen, der ganzen Welt seinen Trotz ins Gesicht zu speien. Jede Liebesnacht wurde den jungen Stürmern, die nach Leben lechzten, zu einer mystischen Offenbarung, die Dirne wurde aus purstem Idealismus zur Göttin erhöht. Es war für alle ausgemacht [...] daß jeder eine Persönlichkeit war. Wozu den Übermenschen in eine ferne Zukunft versetzen, wie N. das tat [...] N. selbst wurde zu einem Mythos, zum Heros und Weltenschöpfer. Man drängt zu ihm, man betet ihn an, läßt Weihgesänge zu ihm aufsteigen. Er selbst aber führte bereits ein freudlos stumpfes Dasein in der Nacht des Wahnsinns« (Landsberg 1902, 89f.).

Die Auflehnung der frühen N.-Adepten zeigt mit perspektivischer Verzerrung das Spiegelbild der bürgerlichen Szenerie vor und nach 1890. N. war im Munde der falschen Propheten. »Sein Publikum ist das Bürgerthum der Decadence«, so beginnt 1890 Paul Ernst, damals noch Marxist, seinen Angriff gegen N. in der *Freien Bühne*. Aus sozialengagierter Sicht gibt es, ganz folgerichtig, kein Pardon für N.: alles ist Phrase bei ihm: »dicke, geschwollene Phrase«. – »N. ist ja jetzt auf dem besten Wege, Modephilosoph zu werden«. Er ist »ein Weltverbesserer von der Sorte, wie wir sie jetzt auf allen Straßen finden«. Die Propagierung der Herrenmoral kann für den praktizierenden Sozialdemokraten Paul Ernst nur die gewollte Stabilisation des Kapitalismus bedeuten. Ganz anders urteilt Joseph Diner: N. – »ein originaler Denker«, dessen Schriften gekennzeichnet sind von einer »rücksichtslosen Wahrheit« – »ein Seher« – »ein wahrhaft begnadeter Dichter«. Schöpfer einer lebendigen, musikalischen Sprache. Mit Diners Aufsatz *F.N. Ein Dichterphilosoph* eröffnete die *Freie Bühne* im 1. Jg. 1890 eine Reihe von Publikationen über N. In Diners Ausführungen steckt aber auch schon das Mißverständnis der frühen N.-Rezeption: der Optimismus, als ob jetzt alles besser würde, der Fortschrittswahn des naturwissenschaftlichen Positivismus: daß nämlich N. »vollkommen übereinstimmt mit den neueren naturwissenschaftlichen Entdeckungen«. Dieser verhängnisvolle Glaube einer materialistischen Ideologie hängt wesensmäßig zusammen mit prosperitivem Gründerdenken, mit Nationalismus, Rassenwahn, insgesamt mit dem Hochmut einer Zeit, die Quantität statt Qualität setzt. »Die Lehren Darwins und Haeckels führen in letzter Consequenz ebenfalls zum Übermenschen«. So Samuel Lublinski, der 1904 als erster die realpolitischen Hintergründe aufgezeigt (*Die Bilanz der Moderne.* Kap. I,1: *Geistige Struktur um 1890*). Darwin, sagt er, wurde nicht wissenschaftlich, sondern mythologisch aufgegriffen – und zwar ausschließlich aus Gründen der Herrschaftsstabilisation; nicht nur von der Bourgeoisie, dem Großkapital, das sich auf Höherentwicklung durch Tüchtigkeit berief, sondern auch von den Konservativen, die im Schatten Bismarcks mittels Rassen- und Züchtigungsideologie ihre Junkerprivilegien verteidigten. N.s Terminologie legte infolge einer fatalen biologistischen Nomenklatur derartige Mißverständnisse nahe. Daß sein Denken qualitativ *gegen* die Zeit gerichtet war, hat damals – von den Literaten zumindest – kaum jemand gesehen. Man las nicht sehr aufmerksam, man war schnell begeistert, *berauscht* von der psychologischen Scharfsicht, mitgerissen von der Dynamik der Formulierungen und forschen Begriffe, und – man fühlte sich durch einen mißverstandenen Immoralismus animiert zur Promiskuität. Die Dimension von N.s Philosophie blieb im Dunkeln, man bewegte sich auf der platten Bühne egoistischer Luststeigerung. Man sah nicht die Widersprüchlichkeit in N.s Denken, den Widerspruch als Denk-Prinzip, das Nicht-Festgelegte, den Widerstand gegen jede verkürzte Definition des Menschen, sei sie idealistisch oder materialistisch. Man nahm N. wörtlich. Man zitierte ihn nach Belieben. Man sah nicht einmal die biographischen Tatsachen, man projizierte auch dahinein noch die eigenen Wunschdeutungen. »In rhythmischem Schritte kommt er daher, mit heiterem Lächeln auf den Lippen und aus den Augen strahlt ihm reine Lebenslust« (Diner).

An diesem Gegenbild seiner selbst trägt N. zum Teil selber die Schuld. Der *Zarathustra* ist eine Fundgrube manierierter Bilder, ist auch Signum des Ungeschmacks der Zeit. Arno Holz nannte ihn schon früh einen *Salontiroler*, Thomas

Mann sehr spät noch einen *gesicht- und gestaltlosen Unhold*: »er ist, Rhetorik, erregter Wortwitz, gequälte Stimme und zweifelhafte Prophetie, ein Schemen von hilfloser Grandezza, oft rührend und allermeist peinlich – eine an der Grenze schwankende *Unfigur*« (1947). Den Denkansatz, der hinter diesem skurrilen Machwerk steht, sah man um 1890 noch nicht: die Bewußtwerdung des Menschen im Sinne äußerster, ebenso ästhetischer wie ethischer Selbstverantwortung. »An der Erde zu freveln ist jetzt das Furchtbarste« – »Es ist an der Zeit, dass der Mensch sich sein Ziel stecke« – »Noch hat die Menschheit kein Ziel« – : Zarathustras Beschwörungen blieben den Literaten dunkel wie sein Aufruf: »Werde, der du bist!« Die ersten zehn Jahre der N.-Rezeption sind voller Mißverständnis, und sicher ist eine so fundamentale Kritik wie die von Paul Ernst am Anfang des Jahrzehnts förderlicher und klärender gewesen als das gemütvolle Umranken der Figur N.s mit »Heilands Glorie«, mit »Übermenschen Schöne«, mit »Sphären-Harmonien«, wie es 1899 symptomatisch in Michael Georg Conrads Zarathustra-Gedicht geschieht. Die Verkitschung des Leids mittels *Golgatha*-Schwärmereien richtete sich perfider als alle Angriffe gegen N. – Das Mißverständnis hatte Tradition. Hermann Conradi hatte in seinem schaurig verunglückten Gedicht *Triumph des Übermenschen* 1887 schon entsprechende Stilblüten geliefert: »Golgathas blutrotes Schmerzenskleid« – Sentimentalität war die rosa Kehrseite des martialpatriarchalischen 19. Jh.s.

*Michael Georg Conrad – Adolf Wilbrandt – Paul Heyse – Arno Holz – Leo Berg – Menschen-Club – Genie-Club – Detlev von Liliencron – Richard Dehmel – Johannes Schlaf – Christian Morgenstern*

Aus Conrads Feder stammt der Roman *In purpurner Finsterniß* (1895). – Nach furchtbaren Kriegs-Verheerungen lebt im *dreißigsten Jh.* das Volk des Landes Teuta unterirdisch, ist über alle Natur hinaus in einem Zustand perfekter Mechanik und Mystik. Man verehrt den Märtyrer »Zarathustra-Nietzischki« als Nationalheiligen, feiert periodisch das »Zarathustra-Fest«. Zu Lebzeiten mußte er sich im Wahnsinn verbergen, erst 500 Jahre nach seinem Tode wurde er anerkannt. Als er gestorben war, hörte man noch 50 Jahre seine Stimme aus dem Grabe murmeln, darüber am Tage seine Gestalt als dunkler Schatten, in der Nacht als Lichtschein zu sehen war. Der Name Nietzischki darf in Teuta nur einmal im Jahr öffentlich ausgesprochen werden. – Im selben Jahr erschien von Adolf Wilbrandt der Roman *Die Osterinsel*. Ein Dr. Adler (!) sieht sich im Wachtraum als Phönix aus der Asche steigen, und nun betreibt er besessen »die Heranzüchtung des Vollmenschen«, will diese auf den Osterinseln bewerkstelligen, wird aber an die Sozialisten verraten. Mit den »Gleichmachern, den Kleinmachern« will Adler allerdings nichts zu schaffen haben. Nicht Kommunismus sei sein Ziel, sondern »eine neue Aristokratie der Menschheit«. Er stirbt, die Hinterbliebenen trösten sich: »Uns bleibt am Ende nichts als die *innere* Osterinsel; – *wenig*, Fräulein Malwine. Aber was will der Mensch!« Der Roman erreichte fünf Auflagen (bis 1908); erschienen war er in dem renommierten Verlag Cotta. – Bekannter als Wilbrandt und Conrad ist heute wohl Paul Heyse, Nobelpreisträger von 1910. Er veröffentlichte im selben Jahr 1895 den Roman *Über allen Gipfeln*. In einem Duodezfürstentum entfacht ein heimgekehrter Legationsrat die Moraldiskussion und vertritt die in aller Welt verbreitete Auffassung, der wahre Mensch stehe jenseits von Gut und Böse. Neu sei das eben nicht, meint ironisch der Minister des Landes, jener unglückliche Mensch (es fällt auch der Name *N.* im Buch), der dies verkündet habe und jetzt *in geistiger Umnachtung* ausruhe, habe die Gesellschaft nur wieder daran erinnert. Aber man möge die Untertanen mit der Moral der *blonden Bestie* nicht erschrecken, es sei genug, wenn man politisch danach handele. Dem sonst erfolgreichen Legationsrat jedoch fehlt das Talent zum Übermenschen *des Herrn N.* – er verschmäht die Neigung der ebenso heißblütigen wie schönen Landesfürstin und heiratet die *tugendstolze* Freundin Lena. Das deutsche Butzenscheibengemüt hat wieder einmal gesiegt. Das »intime Tête-à-tête« mit Ihrer Durchlaucht ist harmlos und gibt der Bürgerphantasie pikante Würze – daß ein Mensch »nur für eine kurze Frist der wahnwitzigen Verblendung anheimfallen konnte, jenseits von Gut und Böse zu stehen«, in solch seichter Moralauffassung versickerte das Denken N.s bei Paul Heyse. Auch dieser Roman ging bis 1899 in die 10. Auflage.

Der Weg N.s ins Bewußtsein breiter Leserschichten ist hier zu suchen, nicht führte er durch die anstrengende Lektüre von N.s Schriften. Überhaupt waren Schlagworte die Vehikel jener allgemeinen Rezeption, die sich öffentlich als Bohème oder Rabaukentum darstellte. Alberne Künstlerallüren und dummer Hochmut bestimmten die Szene des Literarjahrmarktes. Michael Georg Conrad dünkt sich davon weit entfernt, er spricht verächtlich von »gigerlhaftem Zarathustra-Affentum« von jenem hybriden »Übermenschentum«, das sich in nichts anderem darstellt, als in »Kleidung und Haltung, Mienen und Gebärden« (*Der Übermensch in der Politik. Betrachtungen über die Reichszustände am Ende des Jh.s*, 1895). Conrad sagt das im selben Jahr, als sein Nietzischki-Roman erscheint. Ein Jahr später persifliert Arno Holz in seiner Komödie *Sozialaristokraten* die geistlose Anmaßung der Zeit. Ein Dr. Gehrke, Schriftsteller, »urgermanischer Typus zwischen Waldmensch und Oberlehrer«, selbstbewußt, herablassend, setzt sich betont ab von »den verworrenen Jüngern eines N.« – »Leutchen, die ihre zufällige Individualität in Gänsefüßchen mit einer gewissen Naivität heute in den Vordergrund zu stellen belieben.« Sein Ideal sei nicht »der bloße sogenannte Übermensch, sondern, wohlgemerkt, die Übermenschheit! Ein Ideal, dessen erstmalige Schöpfung mein geistiges Eigentum ist.« Die Banalisierung N.s geht durch alle Zonen, von der literarischen Trivialisierung bis zur Gassen-Rüpelei, wie Leo Berg 1897 in seinem Buch *Der Übermensch in der modernen Literatur* berichtet: »Nachdem N. aber sein Zauberwort ausgesprochen hatte, war in Deutschland plötzlich alles Übermensch [...] Man machte Schulden, verführte Mädchen und besoff sich, alles zum Ruhme Zarathustras.« Neben der Fehldeutung des Übermenschen rangiert gleichrangig die Fehleinschätzung von Ästhetik als Genuß: »daß N. immer nur in erster Linie ästhetisch aufgefaßt, genossen – eben genossen! – werden wolle und müsse«. Das ist nicht nur die private Auffassung des neuromantischen Dichters Otto Erich Hartleben, er versucht dieses Mißverständnis auch seinen literarischen Kollegen Arno Holz und Johannes Schlaf in geselliger Runde zu soufflieren. Der *Menschenclub*, in dem dies vorgetragen wurde, war nach Hartleben: »eine freie Gruppierung der isolierten *Menschen* beim Biere«. Auch im *Genie-Klub*, federführend waren die literarischen Brüder Heinrich und Julius Hart, wurde im Namen N.s palavert. Teilnehmer u.a. Gerhart Hauptmann, Arno Holz, Johannes Schlaf, Bruno Wille. N. rangierte gleichwertig neben Spiritismus und Theosophie. Der Kreis um Dehmel, bestehend aus den Brüdern Hart, v. Liliencron, Otto Julius Bierbaum, Holz, Schlaf, Wilhelm Bölsche u.a., drängte im Zeichen N.s über den engen Rahmen des Naturalismus, des Pessimismus und thematischen Sozialismus hinaus. »Man hatte sie satt, übersatt, die graue Nüchternheit und Elendsliteratur, die engbrüstige Moral der Massenprediger, den herrschenden Rationalismus und die herrschende Politisiererei« (Heinrich Hart, *Wir Westfalen*). Schlagworte wie Lebensfreude, Ausleben, Sinnlichkeit, Freiheit wurden im Namen N.s beschworen. Ein Leben in Schönheit, die neue Renaissance eines »kunstfreudigen Heidentums« – so wurde N. banalisiert. Ästhetik als Genuß, als geistige Delikatesse, als Beschäftigung der Unbeschäftigten hat auf lange Zeit den philosophischen Zugang zum Kern von N.s Denken versperrt.

Detlev von Liliencrons N.-Begeisterung von 1889 (Brief 15.4.): »er war der geistig höchst stehende Deutsche«, ist freundlich gemeint, steht aber auf schwachen Füßen, denn viel von N. hatte v. Liliencron nicht gelesen. Er holt das ein Jahr später offensichtlich nach und ist »hingerissen«. Die Diktion aber bleibt oberflächlich, das Erkenntnisfazit dünn – mit forscher Pennälermentalität wird über N. geurteilt: »Es ist selbstverständlich, daß die guten Bier- und Skatdeutschen ihn nicht kennen. Zu empörend« (Brief 27.5. 1890). Weniger forsch reagierte Richard Dehmel, der in jungen Jahren den sentimentalen *Nachruf an N.* schrieb: »Der Du Deinen Opferwillen lehrtest, / fahr denn wohl! gern hätte ich dir / dein letztes Wort vom Mund geküßt, du lächelnder Priester des furchtbaren Todes.« Der *Nachruf* ist ein zwei Seiten langes Zarathustra-Gedicht, in dem Dehmel als Jünger auftritt: »Und der Jünger trat zu ihm und sprach: / Meister, was soll ich tun, / daß ich seelig werde?« Zarathustra wendet sich ab und sagt: »Folge mir nach!« Da wußte der Jünger, daß er ihn verlassen mußte. Später nannte Dehmel den verehrten N. einen »Rattenfänger von Sehnsuchtshausen«. – »Merkt man denn immer noch nicht im Seelenland, daß diese zarathustralische Übermenschheitsverhimmelung auch nur wieder Erlöserei und blaue Blume gewesen ist?!« Ähnlich hochmütig und mit einer eigenen Lehre aufwartend, trat 1907 Johannes Schlaf auf mit seinem umfangreichen Buch *Der Fall N. Eine Überwindung*. Er gesteht N. bestimmte Verdienste zu, besonders auf sprachlichem Sektor; aber letztlich fehle es ihm an Glaubenskraft, an poetischer Innigkeit. Der Schluß des Buches ist befrachtet mit jener steilen Weltanschauung, die damals so manchen Propheten erfüllte. Für den Kreis der Naturalisten fällte Gerhart Hauptmann rückblickend das Urteil: »F.N. war nicht unser Mann.« Das bezieht sich zum Teil auf den Freundschaftsbruch mit Wagner, zum größeren Teil aber auf die unverstandene Philosophie N.s. »Es fehlte uns auch damals die Zeit, subtile und komplizierte Gespinste des Gehirns, die wesentlich Selbstzweck schienen, zu verfolgen.«

Zum Kreis der frühen Adoranten gehörte auch Christian Morgenstern, zunächst ahnungsvoll und schwärmerisch: »Der schönste Mensch, den die Erde je trug, einen noch schöneren Menschen lehren wollend [...] Nun erst dürften wir wissen, was Leben heisst; was Leben sein kann, wenn man es sinnvoll macht; was allein das Dasein heiligt –: ein grosser Zweck, ein ›höchster Gedanke‹« (*N., der Erzieher*, in: *Neue deutsche Rundschau* 7). Ein Jahr zuvor hatte Morgenstern seinen ersten Lyrikband (*In Phanta's Schloß*) mit Widmung (»dem Geiste F.N.s«) an N.s Mutter geschickt (6. 5. 1895), nebst Brief mit folgendem Inhalt: »Ich, ein junger Mensch von vierundzwanzig Jahren, wage es, meine erste Dichtung in die Hände *der* Mutter zu legen, der ehrwürdigen Mutter, die der Welt einen so großen Sohn geschenkt hat und mir im besonderen einen Befreier, ein Vorbild, einen Auferwecker zu den höchsten Kämpfen des Lebens. Jener Geist sieghafter, stolzer Lebensverklärung, jenes Königsgefühl über allen Dingen, von denen der geliebte Einsame so oft gesprochen hat, weht, glaube ich, auch durch die vor Ihnen liegenden Gedichte.« Erwähnenswert ist noch, daß Morgenstern 1902 die Nachlaßschriften N.s in der getürkten Fassung des *Willen zur Macht* las – vor allem, wie er sie kommentierte: »Sie bedeuten für mich die gewaltigste Offenbarung menschlichen Geistes, die ich kenne.« Bald darauf wandte sich Morgenstern ab von N. und wechselte ins Lager der frisch gegründeten Anthroposophie des Rudolf Steiner. »Im Jahre 1908 kam ›die große Wende‹ seines Schicksalsweges.« So berichtet Margarete Morgenstern mit Genugtuung im Nachwort einer Auswahl seiner Gedichte 1961. Die Adoration N.s muß in der Zeit der *Galgenlieder* ein Ende gefunden haben. 1914 war Morgenstern gestorben. Letzte Statements aus den Notaten der Witwe deuten auf eine Art Bekehrung hin: »Christian Morgenstern hat in seinem Werk und seinem Wesen die Zarathustra-Frage N.s beantwortet: ›Wer von euch kann zugleich lachen und erhoben sein?‹ – Von dem Einfluß N.s hat er sich wieder völlig befreit. Später schrieb er über ihn: ›ich weiß auch, worin er lange Zeit mein Höchstes war: in seiner Größe als Mensch; nicht in der, ach nur allzu zeitgemäßen Art seiner Philosophie. Die war Abendröte, nicht Morgenröte, und wer von ihr aus weiterschreitet, der wandelt in die – Nacht‹.«

1897 konnte Leo Berg schon den breitgefächerten literarische Einfluß N.s nachweisen (*Der Übermensch in der modernen Literatur*) u.a. auf Wilbrandt (*Osterinsel*), Heyse (*Über allen Gipfeln*), Bleibtreu (*Der Übermensch*), Conradi (*Phrasen*), Sudermann (*Heimat*), Wedekind (*Der Erdgeist*), Dehmel (*Der Mitmensch*), weiterhin auf Holz, Hartleben, Strindberg, Langbehn, Julius Hart, Evers, Morgenstern. 1899 weist Arthur Moeller-Bruck in einer breitangelegten Studie (*Die moderne Literatur*) literarische Parallelismen auf zwischen N. und Conradi, Liliencron, Holz, Schlaf, Hauptmann, Dehmel, Halbe, Stehr, Bierbaum, George, Hofmannsthal, Wedekind, Dauthendey, Mombert. Die ersten zehn Jahre der N.-Rezeption sind in der Urteilslage zwiespältig, das Mißverständnis ist groß – aber hervortretend ist insgesamt die phänomenale Wirkungskraft, die von N.s Schriften ausging. Bedenkt man, daß noch 1891 Max Dauthendey in einer deutschen Universitätsbuchhandlung mit dem Namen N.s vor ungläubigen Gesichtern steht – man bestritt, daß es einen Philosophen dieses Namens gibt – daß man aber schon am Ende des Jahrhunderts eine kleine Bibliothek mit Werken über N. zusammenstellen konnte, dann läßt sich das Dynamische der Rezeptionsgeschichte ermessen. »Die letzten Jahre der Entwicklung gehören fast ausschließlich ihm.« – »Ein ganz neuer Wortschatz arbeitete sich heraus und mit ihm, in befruchtendster Wechselwirkung, ein ganz neuer Geist wunderbarer Jugendkraft, alles neu prägend und umwertend.« Das schreibt 1895 Caesar Flaischlen (*Zur modernen Dichtung. Ein Rückblick*, in:

*Pan* I) mit dem Hinweis, daß dieser qualitative Einfluß mehr ein innerlich wirkender war und nicht so sehr äußerlich laut hervortrat. Was Leo Berg 1889 prognostizierte, daß nämlich die Zeit N.s noch nicht gekommen sei, war eine Hellsichtigkeit, die manchen Geist erleuchtete; Flaischlen geht sogar so weit – und trifft damit die Realität – daß es noch Jahrzehnte dauern werde, bis die Höhen und Tiefen dieses außerordentlichen Denkens begriffen seien. Wer symptomatisch in diesem Rezeptionsfeld einen Entwicklungsprozeß repräsentiert, ist Paul Ernst, der zunächst N. kritisierte, zehn Jahre später aber hervorhebt, daß N. überhaupt es gewagt habe »wieder ein höheres Ziel zu zeigen, das genügt, um ihn für immer unter die größten Wohlthäter der Menschheit zu reihen« (*F.N.*, 1900). Samuel Lublinski, dem Kreis um Paul Ernst zugehörend, nennt N. den »Freund und Führer unserer entscheidenden Jugendjahre«. Überhaupt ist Lublinskis Perspektive, zehn Jahre nach N.s Tod, von erstaunlicher Umsicht und Gerechtigkeit. »Die Fragen, die N. aufwarf und in unser Bewußtsein hob, bestehen nach wie vor und erheischen eine Antwort [...] Er hat zuerst unter den Menschen des neunzehnten Jh.s erkannt, daß eine neue Stunde geschlagen habe, und daß ein neues Moralsystem, eine Kultursynthese größten Stiles, zur Notwendigkeit geworden war [...] Er brachte zu der Aufgabe, die er sich selbst stellte, jene Hochspannung der Seele mit, die zu allen Zeiten das Wesen des großen Religiösen ausgemacht hat, und jene heldenhafte Herrscher- und Willenskraft, wie sie die großen Aufbauer moralischer Systeme auszuzeichnen pflegte« (*Zehn Jahre nach N.*).

Rückblickend auf die Zeit Anfang der 90er Jahre notierte Max Halbe: »Das große Säkularereignis jener Epoche war N.«; und der N.-Schwärmer Michael Georg Conrad resümiert 1899 vergleichsweise sachlich: N. war »in der zweiten Hälfte des neunzehnten Jh.s der genialste und stärkste Gährungserreger, der kühnste Frager und Muthmacher im Moralischen, Intellectuellen und Künstlerischen«. – »Der Zauber seiner genialen Persönlichkeit ist durch nichts zu brechen« (*Der Kampf um N.*, in: *Die Wage* 2). Graf Kessler, Mäzen und literarisch ambitionierter Diplomat, der zu jener Generation zählte, die als erste sich von N. »tief beeinflußt« fühlte, faßte die Wirkung 1935 mit erstaunlicher Ausschließlichkeit zusammen: »Die Art, wie N. uns beeinflußte, oder richtiger gesagt, in Besitz nahm, ließ sich mit der Wirkung keines anderen zeitgenössischen Denkers oder Dichters vergleichen« (*Erlebnis mit N.*, in: *Neue Rundschau* 46). Am Ende des expressionistischen Jahrzehnts schreibt der exaltierte N.-Verehrer Rudolf Pannwitz: »Der name nietzsche ist der höchste begriff des deutschen namens das heiligtum des deutschen geistes« (*Einführung in N.*, 1920). N.s Einfluß hatte inzwischen die zweite Generation geprägt. Das starke Echo kennzeichnet bis 1950 die literarische Situation. Zu diesem Zeitpunkt resümiert Gottfried Benn noch einmal apodiktisch in seinem Vortrag *N. – nach fünfzig Jahren*: »Eigentlich hat alles, was meine Generation diskutierte, innerlich sich auseinanderdachte, man kann sagen: erlitt, man kann auch sagen: breittrat – alles das hatte sich bereits bei N. ausgesprochen und erschöpft, definitiv Formulierung gefunden, alles Weitere war Exegese.« – »Er ist, wie sich immer deutlicher zeigt, der weitreichende Gigant der nachgoetheschen Epoche.« Thomas Mann – noch der älteren Generation zugehörend – apostrophierte N. im Jahre 1941 als »Urheber wohl der faszinierendsten und farbenvollsten philosophischen oder lyrisch-kritischen Produktion unseres Zeitalters« (*Ansprache zu Heinrichs Manns siebzigstem Geburtstag*). Am Ende seiner lebenslangen N.-Auseinandersetzung erweitert er den Bedeutungsrahmen: »wahrlich, nach einer Gestalt, faszinierender als die des Einsiedlers von Sils Maria, sieht man sich in aller Weltliteratur und Geistesgeschichte vergebens um« (*N.'s Philosophie im Lichte unserer Erfahrung*, 1947).

## Hugo von Hofmannsthal

Die poetische Wirkung N.s gelangt mit den großen Lyrikern des Jahrundertanfangs, mit Hofmannsthal, George und Rilke in eine neue Dimension. Mit ihnen verbindet sich zu Recht die Vorstellung von innovativer ästhetischer Qualität. Ästhetik im Sinne N.s gedacht vom produktiven Moment des Schaffens her, artistisch im Sinne neuer Wertsetzung. Die kontroverse Einschätzung Stefan Georges muß diese Feststellung nicht unbedingt beeinträchtigen. Im Übrigen gibt es hier wie überall die Behauptung differenter Standorte. Von den Wiener Neuromantikern hat sich nur Hugo von Hofmannsthal näher mit N.s

Werk befaßt. Nachweislich hat er das Gesamtwerk N.s gekannt, einige Bücher hat er mehrfach gelesen. Das geht aus den handschriftlichen Anmerkungen seiner N.-Ausgaben hervor. 1891 wollte er *Jenseits von Gut und Böse* ins Französische übersetzen, im selben Jahr liest er *Menschliches, Allzumenschliches*. Handschriftliche Notizen von 1892 finden sich als Lektürebegleitung in Hofmannsthals Ausgaben der *Fröhlichen Wissenschaft* und *Zur Genealogie der Moral*, Hofmannsthal notiert hier als Randbemerkung: »ein reiner Begriff vom schaffenden Künstler und seinem geheimen Verhältnis zum Leben«. Aufschlußreiche Tagebuchnotizen gibt es auch zum Nachlaß (1893) und zum *Zarathustra* (1898). Zur *Geburt der Tragödie* machte sich Hofmannsthal zwei Jahre zuvor Notizen, hauptsächlich Anmerkungen zu N.s Ideen des Musikalischen und Lyrischen und er notiert sich den Kernsatz des Buches, daß nur als ästhetisches Phänomen das Dasein und die Welt ewig gerechtfertigt seien. So wenig sich Hofmannsthal auch explizit zu N. äußert, so ist er doch diejenige hervortretende Gestalt der jüngeren Generation, die sich am kongenialsten, vielleicht in der offensten Weise, vor der Jahrhundertwende mit N. auseinandergesetzt hat. Als Beispiele möchte ich nennen die Entwurfsblätter zu *Der Tod des Tizian* von 1891, aus ihnen spricht ein tiefes Verständnis für die inneren philosophischen Vorgänge des *Zarathustra*, gerade auch die Künstler-Problematik betreffend. N.s geistiger Griff nach der physiologischen Totalität des Lebens muß Hofmannsthal bewegt haben. Direkte Äußerungen sind nicht auszumachen. N. kommt im poetischen und essayistischen Werk Hofmannsthals in einer auffallenden Weise nicht vor. Zu vielen geistigen Figuren seiner Zeit hat Hofmannsthal Essays geschrieben, über N. gibt es keinen in sich geschlossenen Passus der Betrachtung oder der Reflexion. Liegt das daran, wie er am 7. Juli 1903 an Raoul Richter schreibt (als dieser ihm sein gerade veröffentlichtes N.-Buch zuschickte), daß all die aufregenden Eindrücke seiner N.-Lektüre keine rechte Kontinuität gefunden hätten? War er zu redlich, hatte er den Widerspruch von N.s Denken vielleicht so tief begriffen, daß er ihn mit schönen Worten nicht glätten wollte? Hofmannsthal kannte die Gefahr der historischen Überformung: das Gelesene mehr zu erleben als das Leben selbst. Die Schrift *Vom Nutzen und Nachtheil der Historie für das Leben* mit ihrer radikalen Ablehnung des Historismus hat Hofmannsthal ganz offensichtlich in seiner eigenen Auffassung bestärkt. Insgesamt sind die *Unzeitgemäßen Betrachtungen* mit Ideenmaterial gefüllt, das sich modifiziert bei Hofmannsthal wiederfindet. Aber Hofmannsthal, der das Spätgeborensein, das Epigonenhafte als Gefühl in dubioser Weise als belastend und bereichernd zugleich empfand, mag sich gescheut haben, N.s radikale Postulate nach seinem Geschmack umzudeuten.

Dem Briefpartner Richter versichert Hofmannsthal, daß er sein Buch vom Anfang bis zum Ende mit größter Aufmerksamkeit lesen werde: »denn ich wüßte nichts, was mir nützlicher sein könnte als im Zusammenhang über eine geistige Erscheinung belehrt zu werden, die mehrmals, besonders im frühen Entwicklungsalter, imponierend und aufregend in mein Leben getreten ist, ohne daß diese Eindrücke in mir eine rechte Kontinuität gefunden hätten«. 1927 kommt Hofmannsthal in seinem großen Essay *Das Schrifttum als geistiger Raum der Nation* noch einmal ausführlich auf N. zu sprechen und er feiert ihn als Vorbild aller geistig *Suchenden*: »Der Schweifende, aus dem Chaos hervortretende Geistige, mit dem Anspruch auf Lehrerschaft und Führerschaft – mit noch verwegeneren Ansprüchen – mit dem Anhauch des Genius auf der hohen Stirn [...] denn so sehr alles in seinem titanischen Beginnen auf Alleinsein gestellt ist, die völlige, starrende Einsamkeit erträgt er doch auf die Dauer nicht [...] vielleicht ist er mehr Prophet als Dichter [...]«.

## Stefan George

Ganz anderes als Hofmannsthal begegnete Stefan George dem Philosophen, streng wie dieser selbst, herrisch, befehlend mit dem Gestus des Gesetzgebers. Allerdings ohne die luzide Heiterkeit des großen Philosophen und ohne die Melancholie des zutiefst sensiblen Poeten, vor allem ohne den schwebenden Relativismus des geistigen Weltbürgers. Spätestens seit dem *Siebenten Ring* präsentiert sich George starr in der Rolle des strengen Gesetzgebers in seinem künstlichen Reich. Aus wissendem Munde, das heißt aus dem *Kreis* der Jünger, vernehmen wir, er habe sich »zum willentlichen Gründer eines künstlerischen Staats« erklärt (Herbert Cysarz). George sieht sich als Prophet, als *vates*, sein Sprechen hat das Pathos äußerster Verantwortung. Sein Form-Imperativ durchdringt alle Bereiche des Lebens und der Kunst. 1900 schreibt George ein Gedicht mit der Überschrift *N.*, es erscheint zunächst in Georges ästhetischer Hauszeitschrift *Blätter für die Kunst*, später in dem Gedichtband *Der siebente Ring*. Das Gedicht beginnt mit der schwülen Gewitterstimmung vor N.s Todesstunde – natürlich symbolistisch gemeint, denn wer hat ihn schon verstanden? Von flachem Mittelland ist die Rede, vom *Getier*, das ihn *mit Lob befleckt* hat, das im *Moderdunst* sich *weiter mästet*, von einer *blöd* trabenden Menge, die umherläuft und nichts begreift; nur der Dichter – also George – hat visionär den Überblick: »Wie andre führer mit der blutigen krone«, so prophezeit er, wird N. »strahlend vor den zeiten stehen«. Aber der Dichter weiß auch, warum es mit N. so elend zu Ende ging, es war die Selbstumkreisung, die eigenmächtig verhängte Isolation, es fehlte der Freundeskreis. So kann er den Toten nur noch posthum belehren hinsichtlich seiner Einsamkeit und wie man ihr entkommt: »Sich bannen in den kreis den liebe schließt« – George meinte den *Kreis* der Jünger, die er um sich scharte. Der Meister gab bekanntlich den Ton an und der *Kreis* folgte und erfand auf des Meisters Geheiß einen Mythos: George sei der einzig adäquate N.-Nachfolger! Georges Jünger haben in der Tat die Behauptung aufgestellt, George sei die Einlösung von N.s Visionen. N. stelle *ein neues Ziel in die höchste Höhe*, aber er selbst habe es nicht erreicht, George dagegen stelle *ein gesteigertes Leben dar, das er selbst schon verwirklicht* – so Gundolf in seinem George-Buch 1920. Oder ein anderer aus dem *Kreis*, Kurt Hildebrandt: »Erst George ist, was zu sein N. krampfhaft begehrt.« Wie Wolters 1930 berichtet, tritt an Georges *Lebenswende*, um 1900, diese Auserwähltheit ins Bewußtsein. Der George-Mythos wuchs steil empor, und N. hatte eine dienende Funktion in diesem kultischen Zeremoniell. Daß N.s Forderungen in unvergleichlich anderen Dimensionen zu sehen sind, bedarf an dieser Stelle keiner Erläuterung. N.s Ästhetik als Welterklärungsmodell hat niemand aus dem Kreis der Auserwählten verstanden. Das wertschaffende Prinzip der Kunst ist bei N. zu universal und kosmisch weit gedacht, als daß es personalisierbar, also an eine einzelne, wie George von sich glaubte, einzigartige Person, zu binden wäre.

Von N.s *Artisten-Evangelium* jedenfalls hat George nichts begriffen. Zu gegensätzlich ist der poetische Ansatz: N.s bis zur Selbstvernichtung gehendem existentiell sich aussetzendem Fragen steht die byzantinische Aussage, die starre Setzung Georges entgegen, die Antwort, die immer schon da ist. Man nehme die Setzungen im *Stern des Bundes*, diese apodiktischen Selbstsetzungen – dagegen in den *Dionysos-Dithyramben* das bitter erlebte Verbanntsein von aller Wahrheit: »Nur Narr! Nur Dichter!« N. ist nicht der Künder, der Seher, er propagiert nicht Selbstbewußtsein in Form verhärteten Geistes. George dagegen diktiert – auch sich selbst: »Schon ward ich was ich will.« Damit folgt er – peinlich sich rechtfertigend – Zarathustras Aufruf: *Werde, der du bist!* George hat den Imperativ Zarathustras fanatisch ernst genommen. Das Ergreifen der Existenz in äußerster Strenge läuft allerdings dort Zarathustra zuwider, wo das Verfügen ausgreift auf andere, wo diese unter das Georgische Joch gezwungen werden, wo ihnen eigene Selbstwerdung verweigert wird. Zarathustra wollte keine Jünger. Georges kritische Bemerkungen über N., wie er sie etwa der Vertrauten Edith Landmann gegenüber äußerte (*Gespräche mit Stefan George*, 1963) sprechen eine klare Sprache: George empfand N. als Konkurrenten. In ähnliche Richtung gehen die Äußerungen des Jüngers Edgar Salin, George habe sich am *Übermenschen* gestoßen, der *Zarathustra* sei ihm peinlich gewesen, ebenso N.s Kampf gegen das Christentum, im Übrigen eine Aussage Georges, die besonders pikant ist: »N. hat Wagner verraten. Wollen Sie diesen Treubruch rechtfertigen?« (*Um Stefan George*, 1948). Es geht um die metaphysische Dimension, die George verschlossen blieb, weil er ästhetisch seinen Horizont geschlossen hielt. Dagegen: Der Wanderer zwischen zwei Welten war nirgends mehr zu Hause, hatte sich von allen Ufern gelöst und das neue noch nicht erreicht – poetisch gesehen die horizontlose Situation. Die Erkenntnis vom Tod Gottes war poetisch nicht aufzufangen. Die Horizontsuche, letztlich die Horizontsetzung in mythenloser Zeit – dieser Ansatzpunkt von N.s fundamentalphilosophischer Wertfrage – ist im Alleingang nicht zu leisten. Hier vor allem liegt die problematische Seite der Auseinandersetzung Georges mit N.: Der durch menschliche Geschichte weggewischte Wert-Horizont ist nicht durch eine menschliche Einzeltat neu zu setzen. George sah das Problem nicht. Der neue Gott, den er verkündete, reicht an N.s Dimension nicht im entferntesten heran; auch dann nicht, wenn man die Vergottung des Schwabinger Jünglings Maximilian, von George Maximin genannt, als privaten Lapsus ausklammert. Max Kommerell, selbst dem *Kreis* angehörend, hat auf das Unvergleichbare von N. und George gerade in diesem Punkte hingewiesen. Er hebt Georges religiösen Optimismus, die Stilisierung der eigenen Person zur religiösen persona kritisch hervor (*Notizen zu George und N.*, aus dem Nachlaß veröffentlicht von Inge Jens, 1969, in: Hillebrand 1978, II). N.s Thematik des metaphysischen Kampfes einer Umwertung der Philosophie, seine Einsamkeitsklage, die aufgerissene Sehnsucht, das Verwundete in der Lyrik stehen konträr zum stilisierenden Prinzip Georges, zum Pochenden, Fordernden, sich Abhebenden in zeitlos gültige Zonen symbolistischer Schönheit – kurz zu Georges *sterilem Idealismus*, wie Musil einmal notierte.

*Rainer Maria Rilke*

Noch schwerer bestimmbar als bei Hofmannsthal – und ganz sicher schwerer greifbar als bei George – ist das Verhältnis Rainer Maria Rilkes zu N. Kaum etwas Konkretes ist auszumachen. Lokalisierbar sind jene *Marginalien zu F.N.*, die vermutlich im März 1900 geschrieben wurden und nicht zur Veröffentlichung bestimmt waren (R.M.R., Werke, Bd. 4, *Schriften*, Hg. H. Nalewski, Frankfurt a.M. 1996, 161–172). Rilke geht hier mit philologischer Akribie auf ausgesuchte Stellen der *Geburt der Tragödie* ein, geleitet vom Interesse an künstlerischen Formen, vor allem Rhythmus und Musik betreffend. Die philosophische Ausrichtung des Werks kommt nicht zur Sprache. Drei Jahre zuvor hatte Rilke Lou Andreas-Salomé kennengelernt. Ohne Frage ist er durch sie inspiriert worden, sich näher mit N. zu befassen. Wie weit der Einfluß der N.-Freundin und -Autorin geht, ist schwer feststellbar. Rilkes *Florenzer Tagebuch* von 1898 befaßt sich mit typischer N.-Thematik, Kunst und Künstler, die Notwendigkeit künstlerischen Schaffens, der Tod Gottes, das Gespräch der Einsamen von Gipfel zu Gipfel – der Name N.s wird aber nicht erwähnt (Vgl. Heller 1945). Wie auch immer, Rilke hat sich nachweislich in den 90er Jahren mit N. beschäftigt, aber gerade im Frühwerk ist N.s Denken kaum aufspürbar. Es fehlt die Radikalität von N.s umwertender Philosophie. Rilkes früher, schwankender, ja schlapper religiöser Ansatz ist unvereinbar mit N.s Absage an den substanzlosen Gottesbegriff seiner Zeit. Das bemühte Ringen um Gott im *Stundenbuch* (gerade im *Buch vom mönchischen Leben*, 1899) ist eine recht fragwürdige Verflechtung von künstlerischem Anspruch einerseits und religiöser Einholgebärde andererseits. Als sei artifiziell, gleichsam mit künstlerischer Gebetshaltung, der neue Gott zu schaffen. Erst im Spätwerk, in den *Duineser Elegien* und in den *Sonetten an Orpheus* zeigt sich die Profilierung einer Denklinie, die N. vorgezogen hatte. Nimmt man hier die Suche auf, verdichtet sich die Fährte, drängt sich immer dringlicher eine Antwort auf. N.s Thema der immanenten Metaphysik zeigt sich bis ins Wörtliche hinein, mehr aber noch von der Substanz her, in Rilkes Spätwerk. Die Bejahung des irdischen Erfahrungshorizontes in seiner vollen Tragweite wurde zunehmend Rilkes Generalthema. Der Raum solcher Erfahrung wird von der geistigen Struktur her von N. und Rilke in vergleichbarer Dimension gedacht.

Solcher Vergleich springt aber aus dem Rahmen purer Einflußnahme heraus, hier geht es nicht um thematische Parallelen, sondern um Steigerung von Daseinsfülle, von innerer Erkenntnismöglichkeit, Einsicht in den metaphysischen Charakter von Affirmation. Das Rühmen, das Preisen, das Ja-sagen über alle Abgründe hinweg ist der Weg Rilkes von der auf Faktizität ausgerichteten, konstatierenden Perspektive im *Malte Laurids Brigge* (1904–1919) hin zu den *Duineser Elegien* (1912–1922) und den *Sonetten an Orpheus* (1922). Das Elend der menschlichen Welt wird im *Malte* seismographisch, mit der von Rodin gelernten Präzision registriert. Als pure Darstellung wird es zur *Klage*. Das ist der Ausgangspunkt eines Weltbezugs, der um 1910 aus der Masse kulturpessimistischer Erlebnisformen hervorragt durch Objektivität. Im selben Zeitraum gehört die Objektivierung des Perspektivischen gerade auch zum Programm von Rilkes Lyrik. Die *Neuen Gedichte*, insbesondere die darin enthaltenen *Ding-Gedichte*, sind eine phänomenale Steigerung poetischer Ausdruckskraft verglichen mit dem Frühwerk. In den *Elegien* gelangt dann das Preisen des *Hierseins* und *Da-*

seins – nicht nur des menschlichen Daseins, gerade auch des gegenständlichen, dinghaften in eine erhöhte Form: »Hiersein ist herrlich.« – »Die Adern voll Dasein« – so erhebt sich der Gesang der *Verwandlung* in der siebenten *Elegie*, um dann in der neunten einer nicht mehr zu löschenden Steigerung entgegengeführt zu werden. Ein neues Weltgefühl wird verkündet, eine neue poetische Weltsicht, die nicht mehr ausweicht. So in der neunten Elegie: »Aber weil Hiersein viel ist, und weil uns scheinbar / alles das Hiesige braucht [...]« – »*Hier* ist des *Säglichen* Zeit, *hier* seine Heimat.« Was sollen alle kosmischen Spekulationen, so der poetische Aufruf – *hier* sind die Dinge, und die Aufgabe des Dichters ist es, sie zu rühmen. »Und diese von Hingang / lebenden Dinge verstehn, daß du sie rühmst; vergänglich, / traun sie ein Rettendes uns, den Vergänglichsten zu.« Das große Lebens-Lied des Zarathustra wird in den *Elegien* gesteigert noch und hymnisch in neuer, eben kühner poetischer Form intoniert. Es geht um Verwandlung der puren Materialität in einen geistig erhöhten Aggregatzustand. Nicht als Diktat menschlichen Willens, sondern als Forderung des Lebens in seiner rein irdischen Bedingtheit erweitert sich der Erfahrungsraum ins Unermeßliche. »Siehe, ich lebe. Woraus? Weder Kindheit noch Zukunft / werden weniger.... Überzähliges Dasein / entspringt mir im Herzen.« (Die fünf Punkte sind von Rilke gesetzt.)

»Erde, ist es nicht dies, was du willst: *unsichtbar* / in uns erstehn? – Ist es dein Traum nicht, / einmal unsichtbar zu sein? – Erde! unsichtbar! / Was, wenn Verwandlung nicht, ist dein drängender Auftrag? / Erde, du liebe, ich will. O glaub, es bedürfte / nicht deiner Frühlinge mehr, mich dir zu gewinnen –, *einer*, / ach, ein einziger ist schon dem Blute zu viel.« Hier sind N.s Ideen des Schaffens und Umschaffens von Welt kongenial umgesetzt in die poetische Schrift. »Ich beschwöre euch, meine Brüder, **bleibt der Erde treu** und glaubt Denen nicht, welche euch von überirdischen Hoffnungen reden! Giftmischer sind es, ob sie es wissen oder nicht« (Za, Vorrede 3, KSA 4, 15). Die etwas ruppigen Worte Zarathustras haben jenen spezifisch Rilkeschen Schmelz dazu gewonnen, der sie gefällig macht im Sinne der schillerschen *Anmut*, möglicherweise haben sie darüber hinaus sogar eine Welt deutende Ausrichtung, die N.s terrestrischen Ansatz noch differenziert, in jedem Falle aber sind Zarathustras Worte in eine neue ästhetische Dimension überführt worden. Im Brief an seinen Übersetzer Witold Hulewicz vom 13. November 1925 spricht Rilke verschiedentlich von der *Schwingungszahl* des poetischen Textes, diese Schwingungszahl verbinde den Text mit dem Leben. Von der »Schwingungszahl der Lebensintensität« sei das Überleben der poetischen Aussage abhängig. Rilke schreibt dies mit Blick auf *Die Aufzeichnungen Malte Laurids Brigge* und die *Elegien* – mir scheint, daß der poetologische Begriff mehr noch als in der Prosa im Bereich der Lyrik Gültigkeit hat. Im Brief geht es gerade auch um das ganz und gar diesseitige Bewußtsein, und mit Entschiedenheit verbittet sich Rilke eine Deutung der *Elegien* im Sinne des Christentums: »von dem ich mich immer leidenschaftlicher entferne« – die Engel hatten zu oft zu solcher Interpretation verführt: »in einem rein irdischen, tief irdischen, selig irdischen Bewußtsein gilt es, das *hier* Geschaute und Berührte in den weiteren, den weitesten Umkreis einzuführen. Nicht in ein Jenseits, dessen Schatten die Erde verfinstert, sondern in ein Ganzes, *in das Ganze*.« Das offenbar war sein tiefster Wunsch. So spricht ein Renegat, jemand, der das Muttermal loswerden will, das ihn zeichnet. Hier sieht man noch einmal das metaphysische Dilemma dieser Zeit, einerseits will man ihn endlich loswerden, den toten Gott, andererseits beklagt man seinen Verlust. Weder die Philosophie noch die Kunst konnten ihn ersetzen. Spätestens seit N. hatten die Literaten zu tun mit dem verlorenen Gott. Darum das Rühmen der Erde und der Natur. Rilke versucht fast beschwörend seinem Übersetzer den Sinn des Unternehmens nahezubringen. »Ja, denn unsere Aufgabe ist es, diese vorläufige, hinfällige Erde uns so tief, so leidend und leidenschaftlich einzuprägen, daß ihr Wesen in uns ›unsichtbar‹ wieder aufersteht [...] Die ›Elegien‹ zeigen uns an diesem Werke, am Werke dieser fortwährenden Umsetzungen des Geliebten, Sichtbaren und Greifbaren in die unsichtbare Schwingung und Erregtheit unserer Natur, die neue Schwingungszahlen einführt in die Schwingungs-Sphären des Universums.«

Die *Sonette an Orpheus* setzen das Programm der *Elegien* fort, hier geht es um die Totenklage, um den Tod ganz allgemein. In die Ganzheit des Universums gehört er wie das Leben – im Sinne der *Verwandlung* sind beide nicht zu trennen. »Es gibt weder ein Diesseits noch Jenseits, sondern die große Einheit« heißt es im Hulewicz-Brief. Es geht um die Verwandlung der Klage, nicht um ihre Überwindung. »Jubel *weiß*, und Sehnsucht ist geständig, – / nur die Klage lernt noch«, so klingt es an im achten Sonett. *Überhöhung* der *Klage* im Sinne antiker Tragik wird Rilke immer dringlicher zur innersten Zielsetzung. Das achte *Sonett* beginnt mit der Intonation: »Nur im Raum der Rühmung darf die Klage / gehen.« Schon in der *Geburt der Tragödie* hatte N. solches Rühmen und Preisen Apollon zugeschrieben, dem Gott der Kunst, des Gesangs. Der Apollon verwandte Orpheus, der göttliche Sänger, ist nicht fern. Das dritte Sonett greift das Thema auf: »Ein Gott vermags [...] Gesang ist Dasein.« Oder: »Rühmen, das ists!« – so beginnt das siebte Sonett. »Nur, wer die Leier schon hob / auch unter Schatten, / darf das unendliche Lob / ahnend erstatten.« – so wird das Thema Gesang im neunten Sonett. Der Zyklus ist unerschöpflich, und in ihrer Kürze sind solche Andeutungen nicht mehr, als dem Generalthema N.s – der ästhetischen Rechtfertigung der Welt – die Variationen Rilkes zur Seite zu stellen. Kunst und Musik und die Problematik des Schaffenden, des Künstlers, diese Generalthematik verbindet Rilke ganz offenkundig mit N. – die Erde braucht den Dichter, den Sänger, im Gesang erst kommen die Dinge zu sich selbst. Die erste *Elegie* verdichtet dieses Wissen: Dasein als *Auftrag*. Wörtlich wie sinngemäß scheint die Zarathustra-Weisheit wiederzukehren: »wie der Pfeil die Sehne besteht, um gesammelt im Absprung / mehr zu sein als er selbst« (Rilke). – »Pfeile der Sehnsucht nach dem anderen Ufer« sendet Zarathustra. Das zu Schaffende, das zu Leistende ist Kunst im Sinne von Steigerung in die je eigene Möglichkeit.

### Heinrich und Thomas Mann

Die ebenso extensive wie intensive poetische Thematisierung von N.s Ideen, die politische wie psychologische Auseinandersetzung mit seinem Werk, die ethische und moralische wie ästhetische Diskussion – alles das beginnt erst mit Autoren wie Heinrich und Thomas Mann, Alfred Döblin, Gottfried Benn und Robert Musil im deutschen Sprachraum; im Ausland muß man James Joyce und Albert Camus hinzunehmen.

Die fortschreitende historische Distanz ermöglichte die breitere und zugleich präzisere Wahrnehmung, die verschärfte Reflexion. Die N.-Wirkung war inzwischen zu einem Stück Geistesgeschichte geworden und drang als Erlebnis in die Überlegungen mit ein. Die erste Generation der Beeinflußten war dem Phänomen N. noch zu nahe, um die historische Tragweite seiner Philosophie begreifen zu können. Man war beeindruckt und versuchte, diesen aktuellen Eindruck zu thematisieren. Die Aktualität mit ihren Anregungen und Aufregungen stand einer weitreichenden Reflexion zunächst im Wege. Man verglich sich mit N., man betete ihn an, man verachtete ihn, man stand noch zu sehr im Bann von Affekten, unter dem Zwang emotional geleiteter Polemik oder Affirmation. Das impulsive Engagement zeichnete zunächst die *poetae minores* aus, die heute vielfach vergessen sind. Sie hatten N. zu einem *Modephilosophen* gemacht, wie Heinrich Mann 1896 schon konstatierte (*Zum Verständnisse N.s*) – eine gerechte Beurteilung war unter diesen Umständen nicht möglich. »Der Beifall derer, die ihn zu lieben vorgeben, die mit ihm prunken, sich auf ihn berufen, flößt uns leicht Mißtrauen ein.« Thomas Mann, der jüngere der beiden Brüder, äußert sich ebenfalls frühzeitig und kritisch zum Rezeptionsproblem. 1909 schreibt er: »Wir um 70 geboren stehen N. zu nahe, wir nehmen zu unmittelbar an seiner Tragödie, seinem persönlichen Schicksal teil – vielleicht dem furchtbarsten, am meisten Ehrfurcht gebietenden Schicksal der Geistesgeschichte« (*Notizen zu »Geist und Kunst«*). Die später Geborenen, die jetzt Zwanzigjährigen, meint Thomas Mann 1909, hätten es leichter, ihnen spricht er die Chance zu, eine *gereinigte Nachwirkung* zu repräsentieren. Daß aber der zeitliche Abstand allein noch nicht klüger machte, zeigt recht bald das Jahrzehnt des so genannten Expressionismus. Die exaltierten Bekenntnisse dieser Zeit zu N. basieren durchweg auf einem falsch verstandenen Lebensbegriff, der zu konkreten Zielvorstellungen nicht durchdringt. Es geht um erhöhte Vitalität, um ein gesteigertes Selbsterlebnis im Rausch. Der *Zarathustra* ist das große Rezeptionsereignis der Expressionisten – wie schon in den beiden Jahrzehnten zuvor bei den Fin-de-siècle-Schwärmern. Man beruft sich auf N. mit einem fehlverstandenen Irrationalismus, mit einem ins Leere zielenden Aktivismus. Man stürmt mit ungezielten Aktionen über *die* Wirklichkeit hinaus, die N. mit aller Schärfe kritisch fixiert hatte. N.s Denk- und Sprachintensität, die Philosophieren als äußerste Möglichkeit geistiger Selbststeigerung vermittelte, wurde annektiert als forciertes Pathos, das sich oft an der Grenze der Hohlform bewegt (vgl. Martens 1978).

N.s eminent wichtige kulturkritische Bedeutung hatte Heinrich Mann 1896 schon erkannt, 1918 folgt ihm in dieser Feststellung sein Bruder Thomas. Heinrich sieht in N. das *soziale Moment*, das in der *Vervollkommnung* der Gesellschaft besteht, Thomas sieht die *zivilisatorische Wirkung*, die Ermutigung zu *Kritizismus und Radikalismus* als dominant (*Betrachtungen eines Unpolitischen*) – beide betonen die erzieherische Funktion der Kunst, die den deutschen Geist anschließen soll an das europäische Niveau. Deutlich distanzieren sich beide, wie Thomas es ausdrückt, von jenem *Ästhetizismus*, der falsch verstandene Lebens-Romantik, damit falsch verstandener N. war. Daß der jüngere Bruder damit den älteren treffen wollte, ist sein Mißverständnis und als solches in einem anderen Zusammenhang abzuhandeln. Thomas nennt in den *Betrachtungen* den Grund der zurückliegenden, romantizistischen N.-Fehldeutung: Man hatte N. wörtlich genommen und verherrlichte den *Immoralisten*, statt in der Moralkritik die äußerste Strenge ethischer Forderung zu sehen. Daß Heinrich zu diesem Zeitpunkt, am Ende des Krieges, der politisch Klügere war, steht außer Zweifel, und daß auch Thomas nicht in dem Maße, wie er es vorgibt, die ästhetische Forderung N.s ins Pragmatische umbiegen will, zeigt sein *Vorspruch zu einer musikalischen N.-Feier* von 1925. N., so Thomas Mann, »sei ein Seher höheren Menschentums, ein Führer in die Zukunft«. Auch diese Seite N.s hatte Heinrich früher begriffen – in seiner Romantrilogie *Die Göttinnen* (1903) hatte er das Rauschgefühl verherrlicht, das die Kunst vermittelt, das gesteigerte Machtgefühl einer *intelligenten Sinnlichkeit*, die Affinität des Künstlers zum Eros. Insgesamt ist Heinrichs Verhältnis zu N. von Anfang an spontaner, aufgeschlossener für die ästhetische Information, bei Thomas geht die Verständigung formalere Wege, hauptsächlich vermittelt durch die stilistische Brillanz von N.s Prosa, gefiltert zunehmend durch Ironie – die so weit geht, die eigene Rezeption als *Verbürgerlichung* N.s zu persiflieren – aber lieber diese Verbürgerlichung, sagt er, als den verwerflichen, *heroisch-ästhetischen Rausch*, den N. vielfach entfacht hatte. N. habe ihn zu konservativem Denken erzogen, habe ihn widerstandsfähig gemacht gegen alle *übel-romantischen Reize* – eine Entwicklung in Schüben sei das gewesen (Th. Mann, *Lebensabriß*). Dem Bruder bestätigt er dann zweimal, zu dessen 60. und 70. Geburtstag, die tiefe Verwandtschaft zu N.: in beiden sei der südliche Wille zu Form und Klarheit tätig; beiden verleiht er das Prädikat: »der gute Europäer« (1931). In der Hitlerzeit feiert er in seinem Bruder die humane Grundkomponente N.s: »Freiheit, Wahrheit, Recht, Menschlichkeit«. – »Du, lieber Heinrich, hast diese neue Situation des Geistes früher geschaut und erfaßt, als wohl wir alle« (*Ansprache zu Heinrich Manns siebzigstem Geburtstag*, 1941). Damit war die Versöhnung erreicht, die jenen Zwiespalt überbrückte, mit dem der Name N.s sich verbunden hatte. Thomas Manns Verhältnis zu N. war Schüben und Wandlungen unterworfen – im N.-Roman *Doktor Faustus* wurde kurz darauf das gesamte Thema noch einmal aufgegriffen. Ebenso weit wie fragwürdig mit Blick auf N.s Biographie wie auch auf die satanische Dämonisierung des Nationalsozialismus, zudem auf Schönbergs Rolle und Adornos Mißbrauch. Alles in allem: Dieser Roman ist eine Entgleisung. Als Finale einer lebenslangen Auseinandersetzung mit N. folgt dann noch der Essay *N.'s Philosophie im Lichte unserer Erfahrung* (1947). Die Geschichtsereignisse bewegen Thomas jetzt zu einer fundamentalen Kritik N.s, damit zugleich des deutschen Wesens, wie es aus dem Geiste der Musik lange Zeit abgeleitet worden war.

Auch Heinrichs Verhältnis zu N. hatte sich gewandelt angesichts der Ungeheuerlichkeit der deutschen Geschichte. N.s Forderungen sind plötzlich der Verbindlichkeit des Faktischen anheimgefallen. Die nationalsozialistische Ideologie hatte die wörtliche Ausbeutung des Werkes skrupellos in die Hand genommen. Heinrich zweifelt auch jetzt nicht an jenem N., der an die Spitze seiner postulierten Gesellschaft den geistig sich verantwortenden Menschen gestellt hatte, den Schaffenden, den Künstler im weitesten Sinne. Der N.-Essay von 1939 ist gerade in diesem Punkte von bemerkenswerter Gerechtigkeit. Ebenso deutlich betont Heinrich, daß es N.

um nichts anderes ging als um die Ergründung einer neuen Ethik, das sei der Kern seiner Umwertungsphilosophie. Er sieht auch jetzt noch den metaphysischen Anspruch, der hinter dieser Philosophie steht. N. habe seine Sache mit derselben Leidenschaft betrieben wie einst der heraufziehende Gott und Eroberer Christus. Er habe versucht, die Erkenntnis als leidenschaftlichen Zustand zum obersten Maßstab der Welt zu erheben. Gerechter ließ sich nicht urteilen in der Situation von 1939. So schreibt er auch an Thomas, der den Essay in die Exilzeitschrift *Maß und Wert* aufgenommen hatte: »ich bin froh, daß Du mit dem ›N.‹ einverstanden bist. Bei allem Widerspruch war ich doch nie versucht, respektlos zu werden, und hoffe, daß mein Verständnis, so weit es reicht, nicht nur ›gütig‹ ist, sondern ehrenvoll« (Brief an Thomas, 22. 11. 1938). Heinrich spricht aus dem Geiste jener ↗ *Redlichkeit*, die er N. in diesem Zusammenhang als höchste Tugend zuspricht. Aber wie Thomas macht er N. auch verantwortlich für bestimmte Exzesse der historischen Entwicklung. Gleichzeitig verteidigt er ihn, wie sein Bruder, vor der Gleichsetzung mit dem Willen der barbarischen Machthaber. N. habe das weder vorhergesehen noch gewollt, was jetzt geschehe. Ganz im Gegenteil würde er mit *Haß und Abscheu* der nationalsozialistischen Verfälschung seiner Lehre begegnen. Eine seiner Strafen wäre es, zu hören, »welche Intelligenzen heute mit der seinen im selben Atemzug genannt werden«. Die Kritik allerdings ist ebenso deutlich wie die noble Verteidigung: »Sein Werk ist furchtbar, es ist bedrohlich geworden, anstatt daß es uns hinrisse wie vor Zeiten.« Es sind die Jahre nach 1890, an die sich Heinrich erinnert, an die Begeisterung für die rauschhafte Kunsttheorie N.s, die bald ihren Niederschlag fand in seiner frühen Prosa. Zurück liegen fast 50 Jahre N.-Auseinandersetzung: Damals war diese Philosophie nichts als Selbstrechtfertigung junger Gemüter, sagt Heinrich, bedeutete sie Steigerung des Selbstbewußtseins, Bestätigung eines hypertrophen Individualismus. Damals lag über dieser Rezeption noch die Unschuld des Anfangs, war noch kein Weltkrieg in Sicht, war alles noch geistig gemeint, waren die Folgen und Konsequenzen noch nicht abzusehen. 1945, am Ende der Geschichtskatastrophen, sagt Heinrich dann, N. habe den Deutschen die Wahl freigestellt, aus seinem Werk zu nehmen, was ihnen beliebe. »Die Deutschen haben gewählt« (*Ein Zeitalter wird besichtigt*). Sie haben sich entschieden für die wörtliche Seite des Janusgesichtes, für die faktische Einlösung ohne Ironie. Immer erneut hatte gerade sein Bruder Thomas auch vor dieser Gefahr gewarnt. Wer N. wörtlich nimmt, ist verloren – zu dieser Einsicht waren viele N.-Verehrer inzwischen gekommen.

### Alfred Döblin

Alfred Döblin verfaßte unmittelbar nach der Jahrhundertwende zwei Schriften über N., die alles in den Schatten stellen, was damals von Literaten geschrieben wurde. Hätte er sie ausgearbeitet und veröffentlicht, wäre die Deutung von N.s Philosophie vermutlich in andere Bahnen geraten. Auf den ersten Blick ist klar, hier arbeitet jemand mit überlegener Perspektivik philosophisch kompetent und mit sicherem Griff. Keineswegs berauscht, eher kritisch, aber immer zustoßend ins Zentrum der metaphysischen Dimension. Man fragt sich, warum hat Döblin zeitlebens keinen N.-Essay geschrieben, warum nicht wenigstens eine N.-Rede gehalten? Offenbar sah er es nicht als seine Aufgabe an, sich philosophisch darzustellen, öffentlich zu belehren. Der spätere Neurologe und Romancier Döblin betrachtete seine philosophischen Studien als Privatsache. Und diese Studien waren für einen jungen Medizinstudenten ohnehin sehr ungewöhnlich, überdies von erstaunlichem Umfang, offenbar eine geistige Leidenschaft, eine existentielle Notwendigkeit. Nicht, daß Döblin in einer hervortretenden Weise denkerisch und schöpferisch von N. beeinflußt war – er ist aber derjenige von allen Literaten, der sich philosophisch auf präziseste Weise mit N. auseinandergesetzt hat. Die ernstzunehmenden Dichter leisteten ihre Auseinandersetzung ja durchweg aphoristisch, essayistisch oder intuitiv. Döblin dagegen geht analytisch an N. heran, er nimmt dessen Denken als Denken, nicht als Anfeuerung oder Stoff zu eigener Produktivität. Döblin sieht sowohl den philosophiegeschichtlichen Ort von N.s Denken als auch den internen Zusammenhang der Denkakte innerhalb von dessen Philosophie. N. wird also von Döblin philosophisch behandelt und nicht künstlerisch amalgamiert. Darum auch geht N. nicht nennenswert in das künstlerische Werk Döblins ein, wie das symptomatisch ist bei

Heinrich und Thomas Mann, Musil und Benn. Döblin ist ein außergewöhnlich kritischer N.-Leser gewesen – das zeigen die zwei Schriften aus dem Nachlaß, geschrieben in den Jahren 1902 und 1903: *Der Wille zur Macht als Erkenntnis bei F.N.* (↗Wille zur Macht) Und: *Zu N.s Morallehre*. Döblin hatte in der damaligen Szene aus Schwärmern und Propheten eine ungewöhnlich gefestigte Position mit seinen profunden philosophischen Kenntnissen und der ebenso gründlichen naturwissenschaftlichen Schulung. Er war damit in geeigneter Weise ausgerüstet, den biologischen Denkansatz N.s zu reflektieren. Hinzu kommt bei dem späteren Nervenarzt Döblin noch die psychologische Schulung.

Psychologische und erkenntnistheoretische Betrachtungen stehen im Mittelpunkt der Schrift *Der Wille zur Macht als Erkenntnis bei F.N.* Döblin zeigt sich in keiner Weise fasziniert von N.s Denken, wie das bei anderen Dichtern zu beobachten ist. Im Gegenteil kritisiert er die *künstlerische Verliebtheit* des Philosophen in ein Wort, ein Bild, ein Gleichnis, insgesamt dessen *Übertreibungs- und Verallgemeinerungssucht*, auch das Systemlose seines Denkansatzes, wiewohl er sich im Klaren ist über die Vorzüge solcher Systemlosigkeit für eine *ungezwungene Gedankenentwicklung*. Er trifft damit genuine Momente von N.s denkerischem Stil, etwa auch das Prinzip des Widerspruchs, *die kampffrohe Lust an Paradoxen*, wie Döblin es nennt. Oder: N.s »Neigung, mit dem Schlaglicht eines Aperçus, das er bei seiner explosiven Denkgewohnheit im nächsten Augenblick fallen läßt« – das fördere nicht gerade ein klares Verstehen der philosophischen Zusammenhänge. Für die Zeit der Jahrhundertwende zeugt das von einem klaren Blick, ungetrübt von der Begeisterungswelle der Schmalspuradoranten geht Döblin im Gegenteil auf beobachtende Distanz. Er seziert geradezu die Grundfragen dieser Philosophie, etwa die der Erhaltungs- und Steigerungsbedingungen als *die* bedingenden Werte des Lebens, und er prüft sie im Hinblick auf die Rückführung in ein *biologisches Grundprincip*. »Diese Einheitlichkeit ist N.s psychologische Grundeinsicht, die in Metaphysik und Erkenntnistheorie ausstrahlt.« Döblin sieht das Problematische an N.s Ideal der Einheitlichkeit, die ihr Fundament im lebenden Organismus hat. Dieser Lebensontologie seien schließlich so diverse Bereiche wie Moral, Ästhetik, Logik, Erkenntnistheorie und Metaphysik subsumiert. Döblin prüft diesen Ansatz von biologischer Warte her, etwa Logik als wichtigste menschliche Erfahrungsbedingung hinsichtlich Umweltorientierung durch Wiedererkennen und Einordnen, Ästhetik als Summe der Erhaltungsbedingungen in anschaulicher Form, Metaphysik als Leben bedingenden *Willen zur Macht*, als »essentielles Streben nach Akkumulation«.

Wie stark N. in der naturwissenschaftlichen Tradition seines Jh.s verhaftet war, wurde von Döblin zum ersten Mal mit aller Deutlichkeit herausgestellt. Allerdings, so Döblin, müsse man zugleich N.s Anstrengung sehen, die rein biologische Sphäre metaphysisch zu überhöhen. »Aber es wird von N. doch der Versuch gemacht, über das empirisch gefundene biologische Grundprincip selbst noch hinauszugehen [...] in einer Metaphysik.« Konsequent geht Döblin zur Kritik dieser Metaphysik über, indem er logisch-deduktiv dem N.-Axiom zu Leibe rückt, daß unser metaphysisches Weltbild falsch sei, eben weil es nicht den organischen Erhaltungs- und Wachstumsbedingungen entspricht. Er verweist auf die innere Widersprüchlichkeit der logisch-metaphysischen Denkprozesse von N. Döblin bemüht sich darüber hinaus aber auch um die Quelle des vermeintlichen Irrtums. »Daß die Naturwissenschaft, in der Person N.s, den Geist aus der Natur konstruiert.« Damit folge er der Vereinseitigung der naturwissenschaftlichen Philosophie: »Ja, das stupide Klammern an die Empirie in diesem Zeitalter verdirbt die Philosophie, die Königin, welche zur Dienerin herabgewürdigt wird.«

In der Abhandlung *Zu N.s Morallehre* stellt Döblin zunächst klar, daß es bei N. nicht um ein metaphysisches Denken geht, gleichsam im traditionellen Zusammenhang der Philosophie, vielmehr um ein existentielles Grundbedürfnis. »Von der Stärke des metaphysischen Bedürfnisses N.s kann man sich nicht leicht eine ausreichende Vorstellung machen: es hat bei ihm schließlich alle anderen Bedürfnisse unterworfen... Ja, man kann seine innersten Absichten damit treffen, wenn man sagt, er wollte die Metaphysik zu eingreifender Herrschaft über das Menschenleben bringen.« Gerade das wurde zu diesem Zeitpunkt übersehen, und in diesem Sinne kritisiert Döblin die künstlerische Annexion des Philosophen, zugleich setzt er klare Maßstäbe, wie man N. zu lesen hat. »Wir lassen hier möglichst die lyrischen Phantasien über unseren Philosophen, denn wir wollen mit dem Verständnisse seiner *Lehren* wachsen und uns in die Seele seiner *Philosophie* einwühlen und *sie* nicht lassen, es sei denn, sie gäbe sich uns ganz. Es ist ein unvergleichlich großes Ding um die Philosophie, und die sündigen gegen sie, die über sie hinwegträumen, statt mit Leidenschaft und möglichster Schärfe, mit heißer Kälte ihr abringen, was sie verhüllt.« Eine Flut von Worten wälze sich über N., seine philosophischen Lyrismen würden breitgetreten, statt daß man sein Werk überdenke – »damit es nicht vergeblich bleibe und wir nun wissen, wie es mit uns stehe«. Neben dieser Verantwortung steht die profunde Erkenntnis, daß nämlich N.s Denkansatz »ein subjektiver Idealismus auf biologisch sensualistischer Grundlage« sei. Das ermöglicht es Döblin, den Umwertungsgedanken, den Übermenschen-Begriff, und den Züchtungsgedanken in angemessener Dimension kritisch zu reflektieren. Diese kritische Reflexion diagnostiziert sowohl die Widersprüchlichkeit von Empirismus und Metaphysik in N.s Denken als auch die Wurzel dieses Widerspruchs: das Postulat der *Lebenssteigerung*. Durch die Differenzierung des Denkansatzes tritt der Begriff aus der eindimensionalen Zone von Biologismus im Sinne eines animalischen Vitalismus heraus und gewinnt seine spezifische Qualität. Auch dem Übermenschen – für Döblin ein *Monstrum von Begriff* – wird mit kritischer Analyse operativ zu Leibe gerückt. Die Lehre vom Übermenschen sei nichts anderes als ein Kompromiß zwischen Empirismus und Metaphysik. Das *Zwielicht*, das auf N. liegt, erscheine *nirgends schöner als in diesem merkwürdigen Begriff*. In denkerischer Kleinarbeit über viele Seiten werden die Zentralbegriffe N.s von Döblin auseinandergenommen. Etwa die *Ewige Wiederkehr*, gedeutet im physikalischen Satz von der *Erhaltung der Energie*, dieser Fundamentalsatz von Robert Mayer und Hermann Helmholtz zielt auf die Gesamtenergie des Universums. »Auf diesen Satz fußt unmittelbar der Satz N.s von der quantitativen Bestimmtheit der Energie und damit von der ewigen Wiederkunft des Gleichen.« Bei aller Kritik Döblins spricht immer die Akzeptation von N.s utopischem Ansatz mit. Es zeugt von Döblins intellektueller Stärke und Integrität, daß er N. nicht emotionell einbindet in seine eigene Weltdeutung, daß er mit Souveränität das Erlebnis N. trennt von der kritischen Verarbeitung. Döblins biographische Rückschau von 1949 (*Schicksalsreise. Bericht und Bekenntnis*) bestätigt, wie stark ihn N. beschäftigt hatte in seiner Jugend und wie dieses Erlebnis untergründig in ihm lebendig blieb: »und dann die ›Genealogie der Moral‹, – Donner, ein ganzes Gewitter, Blitz nach Blitz [...] Warum hatte ich denn begonnen, Medizin zu studieren? Weil ich Wahrheit wollte, die aber nicht durch Begriffe gelaufen und hierbei verdünnt und zerfasert war. Ich wollte keine bloße Philosophie und noch weniger den lieben Augenschein der Kunst [...] das Künstlertum, wenigstens das was ich sah, widerte mich an [...] Und da kam N., er hatte nicht Medizin studiert und wußte auch nicht viel von Naturwissenschaften, aber mit dem, was er wußte und hatte, verstand er umzugehen. Er war ehrlich, verlangte Wahrheit und nur die Wahrheit [...] Atemlos verfolgte ich, was er trieb und hörte auf seine Äußerungen. Ich nahm seine Gedanken weder an, noch lehnte ich sie ab. Sie bedeuteten eine Aufhellung und Erschütterung.«

### Robert Musil

Robert Musil hat N. schon mit 18 Jahren gelesen – das war 1898 –, seit dieser Zeit finden sich kontinuierlich Äußerungen zu N. in den Tagebüchern. Lange also bevor N. zur geistigen Hintergrundfigur des großen Romans wird, bekundet Musil, wie stark er sich angesprochen fühlt von der Freiheit des Denkens, was zur Hauptsache Freisein von einem System bedeutet. Was ihn anzieht ist der ambivalente Denkstil, das spielerische Einerseits – Andererseits, die Kraft der zupackenden Sprache, nicht die Pathetik, nicht die literarisch sonst so geschätzten Lyrismen – gerade in diesem Punkte ging Musil frühzeitig auf Distanz. Er schätzt an N. die *Willkür des Weisen*, das Aphoristische, Unsystematische seines Denkens – im Gegensatz etwa zu Kant, den er nicht goutieren kann. »Ich habe Kant nicht zu Ende gelesen, aber ich lebe beruhigt weiter und fürchte nicht, vor Scham sterben zu müssen, daß ein anderer bereits die Welt restlos erfaßte. Es gibt Wahrheiten, aber keine Wahrheit [...] Man darf Einfälle nicht gegeneinander abwägen – jeder ist ein Leben für sich. Siehe N. Welches Fiasko, sobald man in ihm ein System finden will, außer dem der geistigen Willkür des Weisen« (*Tagebücher*, 20. 2. 1902). N.s ↗Perspektivismus also ist es, der Musil fasziniert und später episch anregt, das Riesenwerk auf diese ebenso perspektivische wie pluralistische Weltsicht zu gründen. Musil empfindet früh schon die N.-Lektüre als *Sammlung* und *Selbstprüfung*, notiert aber rund 20 Jahre später als Randbemerkung, wie leichtfertig diese Rezeption war. Dennoch kristallieren in diesen frühen Jahren schon die für ihn zentralen Gedanken N.s. Später im *Mann ohne Eigenschaften* bringt er sie auf die bekannte Formel vom *Möglichkeitssinn* als utopische Überwindung einer empirisch begrenzten Wirklichkeitsapperzeption. Ein Hauptwesenszug der Ulrich-Gestalt ist damit schon gegeben. *Etwas über N.*, so die Überschrift eines Notats im frühesten der Tagebücher. »Seine Werke lesen sich wie geistreiche Spielereien. Mir kommt er vor, wie jemand, der hundert neue Möglichkeiten erschlossen hat und keine ausgeführt« (1898). 1905 wird N. im Zusammenhang mit Goethe genannt, für den *Lebenskunst* soviel bedeutet habe wie *Steigerung*; die höchste Aufgabe, so Musil, besteht darin, daß *der Geist zielbewußt eine Steigerung* erfährt. Solche Steigerung als *Selbstvervollkommnung* finde sich schon bei Leibniz, Goethe nenne es *Selbstkultur*, Schleiermacher *Selbstdarstellung*, N. *Übermensch* – das alles seien nur verschiedene Worte für *das ethisch-ästhetische Selbst* (6. 7. 1905). Damit hat Musil sehr früh den Schwerpunkt von N.s Denken getroffen, jene metaphysische Kraft, die menschliches Leben erst hinlänglich definiert. Im übrigen hat sich Musil für die Metaphysik in N.s Werk nicht sonderlich interessiert, der zentrale Gedanke der *Ewigen Wiederkehr* wird nicht einmal erwähnt, sein Hauptinteresse galt der psychologischen Komponente und vor allem der Morallehre, also der Ethik und damit der Wertphilosophie. Daß der Naturwissenschaftler Musil die religionsphilosophische Thematik umgeht, erklärt sich aus der personalen wie historischen Differenz.

Musil ist von Anfang an ein sehr kritischer Leser N.s. Er sieht die Forderungen des Geistes durchaus in ihrer problematischen Konfrontation zum Phänomen des Sozialismus; es sei eine »Bosheit des Schicksals, N. und den Sozialismus einem Zeitalter zu schenken«, notiert er um 1920. Die Tagebuchnotizen umkreisen immer erneut diesen Zwiespalt von Kultur und Politik, die Entmündigung des individuellen Geistes durch die Politik. Musil interessiert das Phänomenale der geistigen Einzelleistung. N., Marx oder auch Christus sieht er nicht so sehr als historische Tatsachen, sondern vielmehr als *individuelle Ausprägungen* der Möglichkeit Mensch. Was Musil interessiert, ist die Möglichkeit ethischer Setzung – in diesem Zusammenhang nennt er dann auch Kung-fu-tse, Lao-tse und die abendländischen Mystiker. 1938/39 notiert er unter dem Stichwort *Moralisches Genie*, die Deutschen hätten *den größten Moralisten* der zweiten Hälfte des abgelaufenen Jahrhunderts hervorgebracht, und sie brächten zu dieser Zeit mit dem Hitler-Faschismus *die größte Aberration der Moral* hervor. Einen schuldhaften Zusammenhang zwischen N. und den Ereignissen nach 1933 stellt Musil nicht her. Sein Verhältnis zu N. ist unemotional, kühl, von betonter Distanz, weder exzessiv im Engagement noch ausgreifend in der Thematik, obwohl die Beschäftigung mit N., ablesbar an der Vielzahl der Erwähnungen, zunimmt im Laufe der Jahre. Insgesamt zeichnet sich dieses Verhältnis aus durch intellektuelle Intensität und sachliche Kritik.

Musil selbst spricht rückblickend von einem entscheidenden Einfluß in jüngeren Jahren. Die zunehmende Beschäftigung mit N. hat sich dann niedergeschlagen in den langwierigen Operationen des Romans. Musil hatte inzwischen die Hauptschriften N.s nicht nur gelesen, sondern wohl auch im einzelnen gründlich studiert. Genauere Angaben dazu sind nicht auszumachen. Aber der ständige Hinweis auf den Moralisten und Ethiker N. läßt Rückschlüsse zu. N. wird in diesem Punkte eine außerordentliche Kompetenz und Zeitrepräsentanz zugebilligt. In dieser Funktion wird er im *Mann ohne Eigenschaften* zur geistigen Leitfigur. Weniger durch die auffallend vielen Zitate und namentlichen Erwähnungen – kein Autor wird öfter genannt in diesem Mammutroman der Zitate – N. wird mehr noch durch die geistige Strukturierung des Buches zu seinem geheimen Mentor. Ausdrücklich wird er als *Lehrer* Ulrichs hervorgehoben (*Der Mann ohne Eigenschaften*, 1344). Dieser lebt in sehr diskreter Form die Philosophie seines Meisters, indem er versucht, sie unaufdringlich in die Tat umzusetzen. Mit angemessenem Verständnis: »Wille zur Macht! Er hatte es aber ins Geistige sublimiert.« Ulrich beschäftigt sich quasi hauptberuflich mit der Moralfrage, wie er einmal zu seiner Schwester Agathe sagt: »es gibt einen Kreis von Fragen, der einen großen Umfang und keinen Mittelpunkt hat: und diese Fragen heißen alle ›*wie soll ich leben?*‹« (ebd., 895) Im Gegensatz zu N. beschäftigt sich Ulrich mit dieser Generalfrage mehr pragmatisch als metaphysisch im Sinne des *Willens zur Macht* oder der *Ewigen Wiederkehr.* Zu fragen wäre allerdings auch hier nach übereinstimmenden Grundstrukturen, etwa Musils Zentralbegriff des *Anderen Lebens* oder des *Anderen Zustandes* betreffend. Ulrich bewegt sich wie N. im immanenten Kreis der Steigerungsfähigkeit geistigen Erlebens. Ob etwas gut oder schön sei, sagt Ulrich, richte sich nach der Empfindung: »ob mich seine Nähe steigen oder sinken macht. Ob ich davon zum Leben geweckt werde oder nicht.« (ebd. 770) Ulrichs Absicht in Zusammenarbeit mit Agathe ist es, die *Natur des Gesteigerten* zu ergründen, das *Geheimnis der taghellen Mystik* zu berühren (ebd., 1084ff.). Er nimmt sich die Freiheit, alles zu denken, was möglich ist. Damit schärft er den *Sinn für die mögliche Wirklichkeit,* tritt er den Versuch an, neue Wirklichkeit zu schaffen. Musil stellt die Explikation des Generalthemas in kompakter Form dem Roman voran: *Wenn es Wirklichkeitssinn gibt, muß es auch Möglichkeitssinn geben.* Damit zugleich einen »Bauwillen und bewußten Utopismus, der die Wirklichkeit nicht scheut, wohl aber als Aufgabe und Erfindung behandelt« (ebd., 16). Das ist Ulrichs Lebenskonzept und zugleich die Konzeption für die Bauform des Romans. Ulrich, der Mann ohne Eigenschaften, ist der Entwurf eines menschlichen Konstrukts, dessen innerste Züge Musil von N. übernommen hat.

Der *Möglichkeitssinn* wird der *schöpferischen Anlage* gleichgesetzt; dem perspektivischen Vermögen, Wirklichkeit in einem ordnenden Sinne erst zu gestalten. Sieht man den Roman unter solchen Gesichtspunkten, ist es berechtigt, ihn einen gelungenen N.-Roman zu nennen, um so mehr als N. nicht figural in Erscheinung tritt, weder dämonisiert wie bald im *Doktor Faustus,* noch dramatisiert wie in den zurückliegenden Darstellungen. Ulrich ist nicht als Umwerter aller Werte konzipiert, er ist kein Zarathustra-Nachfolger, er ist weder Moralist noch Immoralist im strengen Sinne N.s, neue Tugendkataloge sind nicht das Produkt seiner Anstrengung. Ulrich kann und will das alles nicht leisten. Seine Tugend manifestiert sich als Wagnis des Kalkulierens und Reflektierens. Damit stellt er sich gegen die institutionalisierten Verfestigungsformen von Leben. N.s Perspektivismus, der *Hang zur Oberfläche* (ebd., 1089) steht hinter diesem Verhalten, nicht jedoch das Postulat der Neubesetzung des entleerten Werthorizontes. Bei Ulrich bleibt alles Projektieren und Tun an das persönliche Erlebnis gebunden; der allgemeinverbindliche Anspruch fehlt. Ulrich geht es nicht um Prophetie, sondern um Essayismus, er will *hypothetisch leben* (ebd., 249). Ein innerer Lebensimpuls gibt die Hinweiszeichen solcher Lebensführung, die rationalen wie irrationalen Signale. Ulrich versucht diesen individuellen Lebensmaßstab zu kontrollieren und zu präzisieren. Das ist sein wissenschaftliches Engagement, der Versuch nämlich, Mathematik und Mystik einer ständigen Konvergenz zuzuführen. Das ist die Utopie vom *exakten Leben.* Für Ulrich hat sie immer etwas Spielerisches. Der Unterschied zu N.s Denken liegt auf der Hand, es ist die Entzauberung der von N. geforderten *Leidenschaft der Erkenntnis.* Nicht, daß sie Ulrich abginge, aber sie hat den metaphysischen Habitus des absoluten Anspruchs verloren, hat sich privatisiert und damit entscheidend relativiert. Darum auch die parodistische Grundierung des Romans, wenn es wörtlich um N. geht. Wohlweislich hat der Autor seine Hauptfigur aus dem fatalen Zirkel des Zitierens herausgehalten. Ulrich hat sich N. in einer organischen Form anverwandelt, die jede Wörtlichkeit zerstören würde. Wie es zu Anfang des Romans schon heißt, kann Ulrich sich gegenüber festen Ansprüchen nie anders verhalten als: »Nun, es könnte wahrscheinlich auch anders sein.« Aus solcher Haltung resultiert der Titel, ein Mann ohne Eigenschaften zu sein. Das war damals schon der Abschied vom Prinzipiellen.

Gemessen an Ulrich ist Clarisse im Hinblick auf N. – ganz nach dem Willen des Autors – eine Karikatur. »Wie sie als Karikatur wörtlich nach den persönlichen Erkenntnissen und Rezepten N.s lebt« (*Tagebuch,* 145). Clarisse kommt in komödiantischer Form die Rolle eines zitierwütigen Monsters zu. Es scheint so, als habe sich Ulrich einer bestimmten Seite des N.-Umgangs entledigt, als er Clarisse die Werke des Philosophen zur Hochzeit schenkte. Die lauten Bekenntnisse und Exaltationen, die Musil aus der jahrzehntelang beobachteten literarischen N.-Szenerie kannte, die Identifikationssucht, das Schwärmerische, kurz die Entstellung von N.s Gedanken, das konnte er von seinem Helden fernhalten, indem er solches Getöse einer hysterischen Frauengestalt übertrug. Von höchster Ironie des Erzählens zeugt die Formulierung: »Ulrich, der mit N. dadurch zusammenhing, daß er ihr seine Werke zur Hochzeit geschenkt hatte« (*Der Mann ohne Eigenschaften*, 609). Diese Ironie bestätigt sich gerade dadurch, daß Clarissens N.-Wahn nicht ironisiert wird. Ganz konsequent fiebert sie ihrem Wahnsinn entgegen. Wie mancher N.-Schwärmer vor ihr bezieht sie ihre Kenntnis aus der *Geburt der Tragödie* und aus dem *Zarathustra*. In einem geradezu burlesken Sinne verwandeln sich die Reden und Lieder Zarathustras in Kontrafaktur, die utopische Komponente zerstäubt in amüsanten Anfällen von Hysterie. »Clarisse, im langen, die Füße bedeckenden Nachthemd wie ein kleiner Engel anzusehen, stand aufgesprungen im Bett und deklamierte mit blitzenden Zähnen frei nach N.« (ebd., 368).

Ganz sicher ist der *Mann ohne Eigenschaften* der bedeutendste Versuch, N.s Ideenkosmos episch einzubringen. Musil starb 1942, der Roman blieb unvollendet. Fünf Jahre später hält Thomas Mann seine kritische N.-Rede in Zürich. Benn hatte inzwischen seine späte Prosa – die ohne N. nicht denkbar ist – vollendet. 1950 hält er, gleichsam als primus inter pares, die poetische Abschiedsrede, die größte Hommage, die N. je zuteil wurde (*N. – nach fünfzig Jahren*). Beide Reden sind abschließende Dokumente einer lebenslangen Auseinandersetzung mit dem Menschen, dem Künstler und Philosophen. Man kann sagen, dies war das letzte Jahrzehnt des engagierten poetischen Umgangs mit N., und man bedenke, daß alle diese Dichter, die ihn ebenso produktiv wie intensiv in ihr Werk hineinnahmen, noch in seinem Jahrhundert das Licht der Welt und der Kultur erblickten. Was danach kam an literarischen Äußerungen, sagen wir ab 1955, sind Marginalien, Zitate, Randnotizen – kaum der Rede wert.

## Gottfried Benn

Von allen Dichtern, die N. verehrten, deren Vorbild er war in ästhetischen, metaphysischen oder moralkritischen Fragen war Gottfried Benn der betroffenste Apologet in Sachen Ästhetik und metaphysischem Anspruch, speziell die sprachlich formale Artistik betreffend. Viele seiner Essays fundierte er mit N.s ästhetischer Theorie, ohne das große Vorbild ist Benns geistige Entwicklung nur schwer denkbar, keinen Namen hat er so oft beschworen wie den N.s. Aber auch ohne direkte Nennung lassen die immer wiederkehrenden Andeutungen und Zitate *das* Vorbild seiner Kunstlehre erkennen. Die Verehrung N.s als eines unerreichten Ästheten der deutschen Geistesgeschichte steht deutlich im Vordergrund der poetischen Theorien Benns, und auffallend ist, daß der Einfluß N.s am stärksten in Verbindung mit einer oft provokanten, kämpferischen Betonung der formalen Beschaffenheit der Kunst in Erscheinung tritt. Auf den ersten Blick ist deutlich, daß Benn sich nur wenig für die Philosophie N.s interessiert hat. Die für N. zentrale Lehre, die *Umwertung aller Werte*, hat Benn kaum beachtet, er sah in N. fast ausschließlich den Verkünder einer neuen Kunstlehre, den Theoretiker und Praktiker eines für Deutschland neuen, artistischen Stils. Mit N. beginnt, der Ansicht Benns zufolge, eine gänzlich neue Stilrichtung der deutschen Literatur. So schreibt Benn über die Kunst der Brüder Mann: »Ahnen hatten sie hierzulande nur einen, der aber geistig geschlagen war und nichts galt: *N.*« Für Benn ist N. nicht nur der Urheber und Anreger, sondern immer auch der unerreichte Meister dieses neuen Kunststils. Schaut man sich beispielsweise den Essay über Heinrich Mann oder die Rede zu seinem sechzigstem Geburtstag an, so wird deutlich, wie neben dem gefeierten Dichter immer auch die Gestalt N.s mit hervortritt. Heinrich Mann wird hier ganz in einem *Flaubert-N.schen Licht* gesehen: »Fanatismus des Ausdrucks, Virtuosentum großen Stils« – diese Auszeichnungen, einer späten Schrift N.s entnommen (*Nietzsche contra Wagner*) – werden als Eigenschaften Heinrich Manns hervorgehoben. In der Geburtstagsrede werden gemeinsam N., die Kunst als Artistik und der angesprochene Dichter gefeiert.

Mit expressionistischem Pathos wird das neue Reich der Kunst verkündet. Wie Benn immer erneut seine artistisch formalen Forderungen auf N. stützt, wie er sich in diesem Punkte geradezu bedingungslos zu N. bekennt, wie er seine artistischen Vorstellungen aus dem *Artistenevangelium* (↗Artistenmetaphysik) N.s herleitet, ist an Apodiktik kaum zu übertreffen: »vom Westen über Sils-Maria die Ahnung von Latinität, Raumgefühl, Proportion, Fanatismus des Ausdrucks, das Artistenevangelium [...] ›die Kunst als die eigentliche Aufgabe des Lebens, die Kunst als ihre metaphysische Tätigkeit‹ [...] vom Westen die Sinngebung alles Inhaltlichen allein durch die Form, der Blick nur auf die Form, Herkunft Flaubert [...] Die Verdrängung des Inhalts, die Übersteigerung jedes noch effektiven Erlebens ins Formale, das wurde dann der Grundzug der ganzen Epoche, ihr apokalyptischer und Untergangszug: Aufgabe der Realität überhaupt, Transferierung aller Substanz in die Form, in die Formel« (*Züchtung I*). Entscheidend für diese, im 19. Jh. zunehmend zu beobachtende kompromißlose Wandlung ins Formale, so Benn, waren die Naturwissenschaften, insbesondere die Physik und Chemie mit ihrem begrifflichen Vokabular. Das ist die eine Seite, die andere die metaphysische Aufwertung der Kunst. In Anlehnung an N. spricht Benn nicht nur von einer *Metaphysik der Form*, sondern auch einer *Moral der Form*. Es gibt nur *ein* künstlerisches Ethos, das er ebenso ausschließlich auf N. zurückführt, ein Ethos, so Benn, »das sich in der Betonung von Klarheit, artistischer Delikatesse, Helligkeit, Wurf und Glanz – ›Olymp des Scheins‹ – erstmalig äußert«. N.s Resümee von 1886, das rückblickend die *Geburt der Tragödie* als »schlecht geschrieben« beurteilt, das die Klage erhebt: »Sie hätte singen sollen, diese ›neue Seele‹ – und nicht reden!« – dieses Resümee deutet Benn in der einen fixierten Richtung, in der er N. immer sieht: »Singen – das heißt Sätze bilden, Ausdruck finden, Artist sein [...] Dies war ein entscheidendes Finale [...] hier wurde im Artistischen die Überführung der Dinge in eine neue Wirklichkeit versucht [...] erwiesen durch die Gesetze der Proportion, erlebbar als Ausdruck ansetzender geistiger Daseinsbewältigung« (*Kunst und Drittes Reich*). Diese außerordentliche Einschätzung der ästhetischen Seite von N.s Denken gipfelt in dem Satz des Kunst und Form verherrlichenden Essays *Dorische Welt*: »N. als Ganzes in einem einzigen Satz, das könnte nur sein tiefster und zukünftigster sein: ›Nur als ästhetisches Phänomen ist das Dasein und die Welt ewig gerechtfertigt‹.«. Diesem Satz hatte N. selbst große Bedeutung beigemessen. Im Vorwort von 1886 schreibt er rückblickend auf die *Geburt der Tragödie*: »[I]m Buche selbst kehrt der anzügliche Satz mehrfach wieder, dass nur als ästhetisches Phänomen das Dasein der Welt gerechtfertigt ist« (GT, Versuch einer Selbstkritik 5, KSA 1, 17). Die Welt ästhetisch zu erfahren, so Benn, bedeutet, die verlorene Einheit von Ich und Wirklichkeit zu erneuern. Was mythischen und religiösen Zeitaltern auf anderen Wegen möglich war, nämlich ganzheitlich zu erleben, leistet Kunst als metaphysische Tätigkeit. Wobei Kunst im Sinne N.s nicht nur die Kunst der Kunstwerke bedeutet. Kunst ist immer schon jeder Fixation voraus, sie ist ständiges Bereitstellen neuer Konstellationen, Eröffnen der je eigenen Möglichkeit von Ich und Welt, perspektivisches Öffnen neuer Horizonte. Die Künste seien in der Neuzeit an die Stelle der Religion getreten, so Benn, das Phänomen des Artistischen habe metaphysisch den obersten Stellenwert eingenommen (*Fanatismus zur Transzendenz*). Oberster Wert, so beruft sich Benn auf N., sei die Kunst. Sie sei die einzige, oder wie Benn verschiedentlich variiert, *letzte* metaphysische Tätigkeit innerhalb des abendländischen Wertzerfalls. Der Akzent der neuen Kunstästhetik liegt auf dem Wort Tätigkeit. Nur das Tun des Künstlers, der notwendige Vorgang des ↗Schaffens, der schicksalhaft auferlegte Zwang zur Produktion können noch die metaphysische Erfahrung von Steigerung ins Vollkommene vermitteln. Benn wie N. vertreten mit gleicher Ausschließlichkeit eine Produktionsästhetik von höchstem Rang. Darum die ständig wiederkehrende Einforderung des Metaphysischen. Der Künstler sprengt mit seinem Tun die Grenzen immanenter Erfahrung, seine Dynamik ist gekennzeichnet von Schubkräften, die Benn als transzendent apostrophiert. Immer erneut spricht er von der »Transzendenz der schöpferischen Lust«. In das Bewußtsein eingedrungen sei diese Vorstellung durch N.: »die Kunst als die eigentliche Aufgabe des Lebens, die Kunst als dessen metaphysische Tätigkeit. Das alles nannte er Artistik« (*Probleme der Lyrik*). Das Wort Artistik, so Benn, habe in Deutschland erst N. mit Spannung aufgeladen, er sei der größte Artist deutscher Sprache gewesen, seit Luther *das größte deutsche Sprachgenie*. Artistik sei die *Wortkunst des Absoluten*, die letzte Vermittlungsmöglichkeit metaphysischer Substanz (*Franzosen*). Benn konnte sich gerade in diesem Punkte auf N. berufen; dieser hatte in der *Geburt der*

*Tragödie* schon den griffigen Ausdruck geprägt: *Artisten-Metaphysik*. Später dann in *Jenseits von Gut und Böse* und in *Ecce homo* spricht er von *artistischen Leidenschaften* und preist das *artistische Entzücken* künstlerischen Sprachschaffens. Benn beklagt in seinem Vortrag *Probleme der Lyrik*, daß in Deutschland dem Begriff *Artistik* Oberflächlichkeit unterstellt werde, Unverbindlichkeit, *Spielerei und Fehlen jeder Transzendenz*. Er kritisierte damit die deutsche Hybris angesichts formaler Werte, den deutschen Hang zum Konturlosen, den volksspezifischen Drang zur Tiefe. Auch in diesem Punkte konnte er sich auf N. berufen, der die Klarheit lateinisch-romanischer Kultur der deutschen Vorliebe für *Gefühl*, für das *Schweifende, Ahnende* entgegenhielt, der sich immer wieder ausgesprochen hatte gegen *die deutsche Tiefe*, gegen das *berühmte deutsche Gemüt*. N. habe den essentiellen Erfahrungsbereich des Menschen herausgehoben aus der Zone des *nur Gefühlten, Dumpfen, Amorphen*, in dem er der Artistik zum Sieg verhalf gegen *Innenleben* und *guten Willen*. Das Phänomen der artistischen Kunst, so Benn in seiner Lyrik-Poetologie, sei von zentraler Bedeutung in einer Zeit der verlorenen Kulturinhalte und der relativierten Werte, es sei der Versuch, *sich selber als Inhalt zu erleben*, die je eigene Möglichkeit von Welterfahrung zu ergreifen und dieser Erfahrung dann adäquat Ausdruck zu geben. Erst unter dem Vorzeichen ästhetisch-metaphysischer Welterfahrung tritt die artistische Tatsache von Ausdruck und Form in die ihr angemessene Dimension. Letztlich geht es Benn wie N. um den Prozeß des Schaffens neuer perspektivischer Möglichkeiten. Vom *Fanatismus des Ausdrucks* sprechen beide, daß Kunst Ausdruck ist von innerer Erfahrung, gehört zum Grundgesetz ihrer Ästhetik: »der Mensch ist der Schrei nach Ausdruck«, so Benn in seiner Rede auf Stefan George. Das innere Erlebnispotential wird einer *formalen Unerbittlichkeit* unterstellt, dem Ordnungsprinzip des Geistes: »sein Gesetz heißt Ausdruck, Prägung, Stil« (*Probleme der Lyrik*). Bei N. ist zu lesen: »*Gut* ist jeder Stil, der einen inneren Zustand wirklich mitteilt« (*Ecce homo*). Bei Benn: »Das Bewußtsein wächst in die Worte hinein.« N. betont verschiedentlich, daß die gelungene Form des Kunstwerks nur dann zutage tritt, »wenn der Künstler die große Form in seinem Wesen hat«, und daß man nur Künstler sei, wenn man Form und Inhalt als unzertrennliche Ganzheit erlebt. Benn geht so weit, daß er in einem religiösen Sinne von der »anthropologischen Erlösung im Formalen« spricht. Erlösung gedacht im erweiterten Rahmen mythisch-kultischen Rituals, in dem das Wesen einer Sache freigestellt wird in die je eigene Möglichkeit. Hier zeige sich das anthropologische Prinzip des Formalen als Urzustand, aus dem es dann aufsteigt in der Geschichte des Geistes als schöpferisches Prinzip, eben als metaphysische Tätigkeit des Künstlers. »Es ist der fast religiöse Versuch, die Kunst aus dem Ästhetischen zum Anthropologischen zu überführen, ihre Ausrufung zum anthropologischen Prinzip« (*Lebensweg eines Intellektualisten*).

»Das Wesen aber, das wirkliche Sein, die Substanz des Gegenstandes ist seine Form.« (*Bezugssysteme*) In diesem Formbegriff kristallisiert der Einfluß N.s, manchmal mit einem Überhang zum Statischen, wie er von N. nicht gedacht war. Immer ist Form für N. das Sichtbarwerden eines perspektivischen Zugriffs auf Welt hin. Form ist die Erscheinungsweise neuer Möglichkeiten von Weltsicht. N.s Lehre vom ↗Perspektivismus ist philosophisch konzipiert, eröffnet im weitesten Rahmen einen Deutungshorizont. Benn geht poetologisch vor, wenn er theoretisiert, er geht aus vom eigenen Produktionserlebnis, das notwendig im abgeschlossenen Kunstwerk kulminiert: »Die Sucht zur Form, die innere Ruhelosigkeit, bis die Gestalt zu den Proportionen durchgearbeitet ist, die ihr zukommen« (*Kunst und Drittes Reich*). Diese Transferierung von Substanz in Form, wie Benn den ästhetischen Vorgang nennt, wird ohne Einschränkung auf der Folie des *Artistenevangeliums* gesehen, in enger Parallelität mit N.s Vorstellung ästhetisch-metaphysischer Tätigkeit. Benn geht wie N. vom Prozeßcharakter des Kunstschaffens aus, überzeichnet jedoch die Bedeutung des fertigen, wie er sagt, statischen Kunstwerks. Damit wird N.s Grundidee aus dem allgemeinen Horizont philosophischer Bedeutung herausgenommen und in den Rahmen einer Poetologie gestellt.

Nach dem Krieg war bei den jüngeren Literaten N. eigentlich kein Thema mehr. Wie schon gesagt, nur Splitter eines vorzeigbaren Wissens oder kleinliche Abrechnungen sind vorweisbar. Alles also marginal. N. ist zu einem Stück Historie geworden wie anderes auch. Bei Alfred Andersch noch vergleichsweise engagiert, bei Thomas Bernhard beiläufig in den Texten, wie alles bei ihm beiläufig ist, in genialer Form. Bei Arno Schmidt sprachlich und inhaltlich skurril, vor allem nörgelnd und lamentierend, insgesamt Abrechnung mit dem *Machtverhimmler*, dem *maulfertigen Schuft*, dem *gewetzten Wortformer* N. Paul Celan arbeitet mit vornehmen Andeutungen. Friedrich Dürrenmatt las N. im *Wiener Café*, während er die Schule schwänzte. Max Frisch erwähnt seine N.-Lektüre in den Tagebüchern und in *Montauk* sehr kurz und respektvoll. Heiner Müller verhält sich ebenso bündig und selbstverständlich in seiner Akzeptanz. Aber, wie gesagt, es sind wenige Stellen nur, die das Thema anklingen lassen. Nicht anders bei Ernst Meister, dem strengen Lyriker, bei Ingeborg Bachmann, der promovierten Philosophin, im *Malina*-Roman, ein Splitter nur, also jeweils große Distanz. Peter Handke dagegen kann es nicht lassen, er muß Bekenner sein, er beschimpft N. als *einen der größten Kindsköpfe*, allerdings unter der Zufügung, er sei einer der *liebenswertesten Menschen*, eigentlich sei er kein Philosoph, sondern ein Schriftsteller, der gar Schönes über die Kunst gesagt habe. O-Ton Handke: »auch das Kindliche, und auch das fröhliche Lügen, das gehört ja auch zum Kunstwerk dazu.«

Literatur: ↗Ende des folgenden Artikels zur fremdsprachigen Literatur

*Bruno Hillebrand*

## Literatur und Dichtung (fremdsprachig)

*André Gide – André Malraux – Albert Camus – Gabriele d'Annunzio – George Bernhard Shaw – James Joyce – Jack London – Theodore Dreiser – Eugene O'Neill – William Gaddis – Milan Kundera – Harry Mulisch*

*Frankreich*

*André Gide*

Frankreich war das Land, das N. aufnahm, übersetzte und adorierte, als sei dieser Denker einer der ihren – und vermutlich war er es auch. Wann immer N. einer Kultur in Europa den Vorrang gab, dann war es die latinische Tradition Frankreichs. Fest steht, daß Frankreich Ende des Jahrhunderts von einem intellektuellen Non-Konformismus geprägt war, der gerade die literarische Szene bestimmte, und dazu gehörte in erster Linie die Abwendung vom schopenhauerschen Pessimismus und die Hinwendung zu N.s bejahender Lebens-Philosophie. Die Generalideen N.s waren in Frankreich schon im Gespräch, noch bevor eine Übersetzung seiner Bücher vorlag. Die Zeitschriften der Avantgarde, in denen auch André Gide veröffentlichte, machten N. im letzten Jahrzehnt seines Lebens bekannt. Zeitschriften wie *Ermitage*, *Revue*, *Mercure de France* oder *Banquet* veröffentlichten Aphorismen aus seinen Schriften und informative Aufsätze zum Werk. Alles das konnte einem Viel-Leser und Homme de lettres wie Gide nicht entgangen sein. 1900 schon erschien in der *Revue Bleue* (XIV) von Edmond Schuré der erste Überblick: *N. en France*.

Gide hatte 1891 sein erstes Buch mit starkem N.-Einfluß herausgebracht, damit hatte er für sein literarisches Schaffen den Weg vorgegeben, N. war für ihn zu Anfang seiner Karriere der Wegweiser par excellence, er kopierte ihn geradezu, und die Pikanterie liegt nun darin, daß Gide beharrlich leugnete, zur Zeit seiner ersten Bücher irgendetwas von N. gelesen zu haben. Bis er 1899 mit einem Essai über N. hervortrat (*Brief an Angèle*), gleichsam zur Rechtfertigung – seht, ich habe soeben den großen N. entdeckt. André Gide war ein äquilibristischer N.-Adorant, er verwertete ihn – sozusagen als Lieferanten für seine künstlerischen Entwürfe – und verleugnete ihn zugleich. Nicht nur am Anfang seiner literarischen Karriere, sein Leben lang distanzierte er sich als Autor von dem erdrückenden Vorbild. Sehr früh schon, kurz nach N.s geistiger Umnachtung, muß er ihn gelesen haben – offenbar mit größtem Engagement, wie die frühen Dichtungen Anfang der 90er Jahre zeigen. Das Nietzscheanische, so schreibt er später, habe in der Luft gelegen, auch vor N. habe es das schon gegeben, dieser habe die latenten Spannungen, den Zündstoff nur zur Explosion gebracht – kein Wunder also, so Gide, daß auch in seinen eigenen Büchern dieser Zeitgeist durchschlug.

Die Themen seiner Bücher seien alle ureigenste Erfindung und Erfahrung, betont Gide mit verständlichem Stolz, immerhin war er gerade erst 22 Jahre alt, als 1891 sein erstes größeres Prosawerk anonym erschien: *Les Cahiers d'André Walter*. Auf N.s Biographie verweist zunächst einmal die Situation des jungen André Walter, geprägt durch zwei Frauen – darüber sich hinwölbend die penetrante häuslich-protestantische Frömmigkeit mit ihrer zeitspezifischen Fin de siècle-Enge und Prüderie als atmosphärischer Druck. Interessant sind die biographischen Parallelen der Jugend, auch Gide wurde groß im Umkreis von Frauen. Nach dem Tod des Vaters, Gide war elf Jahre alt, wurde er von der Mutter, einer Tante und einer Gouvernante streng kalvinistisch erzogen. Wieviel von N.s Impulsen hinter dem Werk steckt, ist schwer zu sagen, um so schwerer, als Gide sich später von seinem literarischen Erstling distanzierte. Deutlicher noch zeigt sich der N.-Einfluß in dem lyrischen Prosawerk *Les Nourritures Terrestres* (*Uns nährt die Erde*), erschienen 1897 mit nachweisbaren Einflüssen von Goethe, Whitman, Wilde und vor allem N. Gerade letzteres wird von Gide im Vorwort der Auflage von 1927 ausdrücklich bestritten, er habe den Philosophen zur Zeit der Niederschrift nicht einmal dem Namen nach gekannt. Den Zarathustra-Gout – die unbedingte Bejahung des Terrestrischen: Brüder bleibt der Erde treu – erklärt der Verfasser ganz einfach: »[J]eder, der das Leben voll und ganz bejaht, ist zwangsläufig ein Nietzscheaner«. Seit langem besteht Einigkeit bei den Fachleuten, daß *Les Nourritures Terrestres* ein in der Wolle gefärbtes N.-Buch ist. Im übrigen liegt es jenseits aller Wahrscheinlichkeit, daß Gide nicht einmal den Namen des damals schon populären deutschen Philosophen gekannt hat. Nachweislich liegt in der Zeit der ersten Bücher die Herausgabe jener Zeitschriften, in der N. prominent dem französischen Publikum nahegebracht wurde – ein engagierter Mitarbeiter in vielen Heften war Gide. In der *Ermitage* erschien 1899 auch sein *Brief an Angèle*, ein Jahr zuvor hatte Gide diese janusköpfige Hommage an N. geschrieben. Gide erwähnt und lobt einleitend die Übersetzungen von N.s Werken durch Henri Albert, die ab 1898 im *Mercure de France* erschienen. Gide war auch Mitarbeiter der *Revue Blanche* und besaß davon 13 komplette Jahrgänge von 1891 an – ein Eldorado an N.-Thematik, im übersetzten Originaltext wie als Kommentar quer durch das ganze Jahrzehnt.

»Alles, was ich geschrieben habe, bin ich selbst!« Gide fühlte sich von N. zeitlebens verfolgt. Im Vorwort zur deutschen Ausgabe von *Les Nourritures Terrestres* (1930) stehen Sätze, die diese Vermutung bestätigen. Das Buch also kam 1897 heraus – »zu einer Zeit, als ich N. noch nicht einmal dem Namen nach kannte« – dann erst erschienen die N.-Übersetzungen von Henri Albert, so die Rechtfertigung: »Hier liegt eine gewisse geistige Verwandtschaft vor und keine Beeinflussung. Meine Erschütterung durch die spätere Lektüre der Werke N.s wäre nicht so stark gewesen, hätte ich nicht mich selber schon auf diesen Weg begeben gehabt, auf dem ich ganz allein zu wandern glaubte, bis sich plötzlich vor mir ein riesiger Schatten erhob.«. Also N. als riesiger Schatten, das kann man schon eher nachempfinden als die ständig deklarierte Geisteskumpanei, aber auch hier das Gestrüpp der Widersprüche. Der *Brief an Angèle* zeigt als Bekenntnis – mit guter N.-Kenntnis übrigens – nichts von einem bedrohlichen Dämon. Man müsse sich in ihn verlieben, heißt es gleich zu Anfang: »N. ist vor allen Dingen gläubig.«. – Der Kampf mit N. und die Leugnung N.s prägten das geistige Leben des André Gide. Im August 1922 notierte Gide in seinem *Journal*: »Der Einfluß N.s auf mich? [...] Als ich ihn entdeckte, schrieb ich den *Immoraliste*. Wer wird mir je glauben, wie sehr er mich gestört hat [...] wie mein Buch um all das ärmer geworden ist, was *noch einmal zu sagen* mir widerstrebte?« *L'immoraliste* war 1902 erschienen, ein Roman, der schon vom Titel her mit N. verbunden ist und der in seiner gesamten Thematik auf N. zurückweist – warum konnte und wollte sich Gide nicht zu seinem großen Vorbild bekennen? Und warum mußte er sich so spät noch rechtfertigen, etwa mit der Eintragung vom 4. November 1927 – auch wenn es die briefliche Antwort ist an einen Doktoranden, der über N.s Einfluß auf Gide seine Dissertation schreiben möchte? »Wohin kann eine solche Untersuchung führen? In meinem *Immoraliste*, zum Beispiel, nach allem zu suchen, was etwa an Zarathustra erinnern könnte, und nicht mehr zu beachten, was das Leben selbst mich lehrte? Das Buch war in meinem Kopf vollständig fertig komponiert und ich hatte angefangen, es zu schreiben, als ich N. kennenlernte, der mich zunächst sehr gestört hat. Nicht etwa Anregung fand ich bei ihm, sondern, im Gegenteil, Behinderung.«

N. war für Gide zur Hauptsache der Zerstörer christlicher Moral, was er in der Tat ja auch war, nur Gide wollte das nicht akzeptieren, bei aller N.-Verehrung konnte er sich von den Grundbeständen des christlichen Glaubens nicht lösen. Zunehmend öffnete sich ihm der Zwiespalt zwischen Dostojewski und N. – extrem gesehen zwischen Christus und Teufel. Christus sei für den Antichrist N. die absolute Konkurrenz gewesen. Darum auch schrieb er den *Zarathustra* im Stil der Evangelien! »Die unmittelbare, tiefe Reaktion bei N. war, man muß schon sagen, Eifersucht. Mir scheint, man kann das Werk N.s nicht richtig begreifen, wenn man dieses Gefühl übersieht. N. war eifersüchtig auf Christus, eifersüchtig bis zum Wahnsinn. Da er seinen *Zarathustra* schreibt, quält ihn der Wunsch, dem Evangelium einen Streich zu spielen.« Im *Journal* notiert Gide im Juni 1930, daß er den *Zarathustra* unmöglich noch einmal wieder lesen könne, unerträglich sei der Anspruch des Verfassers, »der Welt ein Buch zu schenken, das man lesen könnte, wie man das Evangelium liest.« Immer stärker treten bei Gide die christlichen Argumente in den Vordergrund und verstellen jede Art von objektiver Sicht im philosophischen Sinne. Ohne Zweifel kämpfte Gide mit den Dämonen seiner inneren Widersacherschaft. Einerseits: »Ich kann Christus nicht den hochmütigen und eifersüchtigen Widerstand N.s entgegensetzen.« Andererseits: »Ich fühle in der Lehre von Christus ebensoviel befreiende Kraft wie in der N.s [...] Es lag nur an N., unterm Grabtuch einen wahren Christus wiederzuentdecken und neu zu beleben.«

*André Malraux*

N.s Einfluß auf André Malraux war außerordentlich, er bestimmt von frühauf sein Werk, stilmäßig wie inhaltlich, und manche Biographen behaupten sogar, Malraux habe die Ideen N.s zum Maßstab seiner Lebenskonzeption genommen. So entstehen Mythen, getragen vom Pathos der Männlichkeit und des Kampfes ebenso wie von der Hochschätzung der Künste ganz allgemein und der Musik im besonderen – bei gleichzeitiger Ablehnung der Wissenschaft. N. also das prometheische Vorbild, der *Übermensch* nicht als ferne Zukunftsidee sondern vielmehr als unmittelbare Vorgabe des eigenen Lebens, alles das geisterte ja schon früh durch die Schriften der N.-Schwärmer Jahrzehnte zuvor, vor allem in Deutschland und Italien. Malraux, 1901 geboren, gehört der zweiten Generation der N.-Jünger an, seine Auseinandersetzung mit N. begann in den zwanziger Jahren und war sowohl politisch wie auch metaphysisch geprägt. Neben N. war es vor allem auch Dostojewski, der den psychologischen, existentiellen und metaphysischen Horizont des jungen Malraux prägte. Wobei die persönlichen Schicksale, die Tragik ihres Lebens wie die Unbeirrbarkeit ihrer Lebenswege einen nachhaltigen Eindruck hinterließen. Genie und Wahnsinn waren ja ohnehin in der damaligen Zeit ein großes Thema. André Gide hatte in seinem *Brief an Angèle*, Malraux nennt ihn *Lettre sur N.*, früh schon den Wahnsinn ins Zentrum der Persönlichkeitsanalyse gestellt: N. wäre nicht der heroische Denker gewesen, wenn nicht der Wahnsinn gleichsam vorprogrammiert war. Keineswegs sei der Einsturz der Geisteskräfte ein physiologischer Zufall gewesen, so Malraux im Gefolge Gides, die metaphysische Notwendigkeit des Denkens, des existentiellen Wagnisses, des nihilistischen Spiels seien ohne die letzte Konsequenz nicht denkbar. Der Philosoph, der sich selbst als Experiment betrachtet und damit sein Leben aufs Spiel setzt, wird letztlich zum Opfer seines kosmischen Experimentierens. Malraux hat den biographischen Ausbruch des Wahnsinns dargestellt in dem Roman *La Lutte avec l'Ange* – nachgezeichnet den Darstellungen Overbecks, nachgezeichnet auch den Schilderungen von Lou Andreas-Salomé und den Deutungen Gides.

Malraux war ständig auf Reisen, in Europa begeisterte ihn das alte Griechenland und das Italien der Renaissance, in Berlin lernte er den deutschen Expressionismus kennen, in Asien erfüllte sich ihm der Traum vom großen Abenteuer, jetzt und später war es die persönliche politische Einmischung, die Malraux rauschhaft erlebte. Nach Indochina fuhr er 1923 als Archäologe, dann folgte China, 1925 kämpfte er an der Seite der Kommunisten, nahm teil am Kanton-Aufstand und war bis 1927 kommunistischer Propagandakommissar der revolutionären Südregierung. In seinem Roman *La condition humaine* (1933) schildert Malraux die Eroberung der Stadt Schanghai im Frühjahr 1927 durch die Truppen der chinesischen Nationalpartei unter Führung des Generals Tschiangkaichek. Der Roman begründete den literarischen Ruhm, nicht zuletzt durch die Verleihung des *Prix Goncourt*. 1930 war der Roman *La voie royale (Der Königsweg)* erschienen, er schildert die Indochina-Abenteuer. Zwei Jahre zuvor debütierte Malraux mit der ersten Darstellung der China-Erlebnisse, *Les conquérants*, einer romanhaften Berichterstattung. Manches an diesem Lebensweg erinnert an Hemingway, nicht zuletzt die heroische Attitüde, die hinter allen globalen Abenteuern aufleuchtet: *Ein Mann kann vernichtet, aber nicht besiegt werden!* Für Malraux war es von frühauf ein existentieller Kampf gegen den ↗Nihilismus, Widerstand gegen die Sinnlosigkeit des Daseins, was später Camus auf die Formel brachte: der *Mensch in der Revolte*. »Ich revoltiere, also bin ich.« Die zentrale Übereinkunft ist das Syndrom des Nihilismus, der leergefegte metaphysische Horizont. Daß Camus, wie vor ihm Malraux, gleichermaßen mit N. und Marx in den Kampf zieht – 1934/35 war Camus Mitglied der Kommunistischen Partei – ist symptomatisch für die geistige Situation Frankreichs in dieser Zeit.

Malraux hat die Postulate Zarathustras wohl am eindrucksvollsten umgesetzt in Lebenspraxis. Er teilte die Menschen ein in *esprits simples* und *esprits supérieurs*, analog dem niederen und höheren Menschen bis hinauf zum *Übermenschen* – in dieser Genealogie sah sich Malraux. Die Begrifflichkeit N.s schätzte er allerdings eher gering ein, der ↗*Übermensch* und der ↗*Wille zur Macht* waren für ihn nur *prédication*. Nicht im spekulativen Begriff, sondern im existentiellen Drama des Lebens zeige sich die Wahrheit N.s. Der Versuch also, das Leben des Geistes als praktisches Experiment durchzuführen, für diesen Ansatz steht Malraux wie kein anderer als Gewährsmann. Zum genannten asiatischen Engagement muß man den Einsatz im spanischen Bürgerkrieg 1937 noch hinzurechnen, wiederum als Brigadeführer und Organisator der Luftwaffe. 1939 tritt Malraux aus der Kommunistischen Partei aus. Als Freiwilliger nahm er am Zweiten Weltkrieg teil, wurde gefangengenommen, floh und leitete als Oberst Berger eine Partisanenbrigade. Berger war der Familienname Malraux'. Vincent Berger ist eine der Hauptfiguren in dem 1945 erschienenen Roman *Les noyers de L'Altenburg (Der Kampf mit dem Engel)*. Ohne Übertreibung darf man in Malraux die von ihm und Gide postulierte Mischung des *homme de pensée* und *homme d'action* in Idealform sehen. Vincent Berger im Roman hält nicht ohne Grund eine N.-Vorlesung mit dem Titel *Philosophie de l'Action* – daß seine Hörer N. für einen Mann des Geistes und der Gedanken hielten, davon konnte er ausgehen.

*Les noyers* und der Essay-Band von 1951 *Les voix du silence (Stimmen der Stille)* sind die Werke, in denen N. im Mittelpunkt der geistigen Diskussionen steht. Für Malraux war N. zunehmend zum Sinnbild modernen Denkens geworden. Der Philosoph, der seine Existenz aufs Spiel setzte – *das Leben ein Experiment des Erkennenden – das Leben ein Mittel der Erkenntnis* – der Mensch, der seinen bedingungslosen Einsatz mit dem Absturz in den Wahnsinn bezahlte, war die Konsequenz eines totalen Wagnisses. Der Philosoph als sein eigenes Versuchsobjekt, das Wesen der Dichtung wie der Philosophie seien dadurch im Tiefsten verwandelt worden, das Leben als Drama, gesteigert noch als Tragödie, wurde damit exemplarisch zu Ende geführt. Die Tragödie des Menschen ist zu einer neuen Art von Dichtung geworden, deren Botschaft lautet: Gott ist tot, und aus dieser Tasache resultiert das nicht zu Leistende. Das große Ja zum Leben mit allen Konsequenzen überfordert den Menschen ebenso maßlos wie vernichtend. Hauptwidersacher bei aller Anstrengung ist der Tod, der Vernichter jeder Sinnsetzung, der Zerstörer par excellence. Kulturkritisch ist dies als letztes Scheitern des Individuums anzusehn, für Malraux ist die *passion de l'Homme* von Anfang an fehlgeleitet. Malraux' Wort *L'Homme est mort* steht am Ende, damit ist die Hoffnung auf jedwedes Übermenschentum gelöscht – als könne der Mensch an die Stelle des toten Gottes treten. Es bleibt die geheimnisvolle Konnexion der Schlagworte *Dieu est mort* und *L'Homme est mort*, und verständlich ist die Faszination, die dieses metaphysische Hochspannungsfeld bei mehreren Generationen geistig hervorgerufen hat. Letztlich endet N.s Denken in jener Philosophie des *Absurden*, die im Mythos von Sisyphos seit Urzeiten festgeschrieben ist. Malraux hat die Thematik dargestellt in seinem Roman *La voie royale* mit ausdrücklichem Bezug auf N.s *Willen zur Macht* im Sinne eines unbändigen Willens zum Überleben, als metaphysische Notwendigkeit der Selbstbehauptung des Menschen in einer Welt, die ohne Gott ist. Die Helden dieser tragischen Geschichte sind ganz im Sinne N.s konzipiert, ihre *Erhöhung* besteht in jener metaphysischen Einsamkeit, aus der heraus sie ihrem kämpferischen Abenteuergeist immer erneut Kraft und Motivation geben. Gerade angesichts des Todes und damit angesichts der letzten Sinnlosigkeit gilt es, Widerstand zu leisten. *L'obsession de la mort* – diesem Zwang ist der Mensch gnadenlos ausgeliefert – christliche Tröstungen sind ausgeschlossen. In diesem Punkte steht Malraux in krassem Widerspruch zu seinem Vorbild Gide. Im Banne dieses metaphysischen Leidens, dieser Urwunde des Lebens, bewundert Malraux N.s Werk weniger als Philosophie denn als *mémoire du coeur*, die er immer erneut preist als seine tiefste künstlerische Kraft. Also nicht ein philosophisches System, das antritt, den europäischen Nihilismus zu überwinden, sondern der Kulturpsychologe und Seelenseismograph N. ist gemeint. Nur für Proust empfindet Malraux eine vergleichbare Verehrung, die er mit den Worten ausdrückt: *compréhension d'aveugle*, es geht um die unverfälschte Stimme des eigenen Erlebens, um jene blinde Treffsicherheit des Tons, den N. im *Ecce homo* mit dem Erlebnis der *Inspiration* in Zusammenhang bringt, man trifft ihn oder man trifft ihn nicht, – seine Sicherheit in diesem Punkte sei unübertroffen. N. also der große Mensch und epochale Philosoph, der zugleich ein großer Künstler ist, so sieht ihn Malraux.

*Albert Camus*

Albert Camus beschäftigte sich schon früh mit N. Bereits mit 16 Jahren liest er den *Zarathustra*, zwei Jahre später behandelt er in einem Essay über Musik die *Geburt der Tragödie*. N. steht wie kein anderer Denker als Garant einer neuen Weltsicht hinter Camus' philosophischem wie literarischem Werk. So in den großen Essays über das Absurde dieser Welt und die daraus resultierende Herausforderung zur metaphysischen Revolte – *Le mythe de Sisyphe (Der Mythos von Sisyphos)* und *L'homme révolté (Der Mensch in der Revolte)* basieren vom Kern her auf N.s sensationell-affirmativer Philosophie in einer Welt ohne Gott. Die Prosawerke, vor allem *L'étranger (Der Fremde)* und *La peste (Die Pest)*, spiegeln diesen philosophischen Hintergrund gleichsam in anthropologischen Grundsätzen – diktierend im Sinne Zarathustras: *Werde, der du bist!* Und fragend: *Was kann der Mensch?* Camus war beides: Philosoph und Künstler, kein Wunder, daß er mit einer unvergleichlich geschärfteren Optik an N. heranging als Gide und Malraux. Im Übrigen mit der besseren Jahrgangsreife – das Verständnis des Kosmos N. brauchte Zeit, in Deutschland wie im Ausland.

Als Philosoph hat Camus gleichsam die existenzielle Seite von N.s Denken fortgeschrieben, indem er sich der neuen Weltstruktur in ihrer totalen Absurdität stellte. Der Mensch revoltiert angesichts seiner absurden Situation ohne Sinn, Herr über Leben und Tod zu sein, er erhebt sich in äußerster Anstrengung zu jener metaphysischen Revolte, die ihm letztlich den Status irdischer Autonomie verleiht. Sie erst macht ihn überlebensfähig, nur eine neu errungene metaphysische Autarkie garantiert ihm Freiheit und Selbstverantwortung und damit eine gänzlich neue Orientierung. Nach dem definitiven Tod Gottes muß der Mensch sich notwendigerweise ebenso verschreckt wie mühsam in jenem nihilistischen Gelände zurechtfinden und existieren, das N. metaphysisch sondiert hatte – als Pionier mit lustvoller Entdeckerleidenschaft. Zarathustra hatte den neuen Menschen ausgerufen, den Menschen ohne Transzendenz – jetzt war er da, in schrecklicher Einsamkeit, ohne Orientierung, verzweifelt und bereit zum Selbstmord. So beginnt *Der Mythos von Sisyphos*: »Es gibt nur ein wirklich ernstes philosophisches Problem: den Selbstmord. Die Entscheidung, ob das Leben sich lohne oder nicht, beantwortet die Grundfrage der Philosophie.« Als Kronzeuge in dieser Fundamentalangelegenheit wird sogleich N. angeführt. Die Frage nach dem Sinn des Lebens sei die dringlichste aller Fragen, so Camus einleitend zu diesem ebenso philosophischen wie literarischen Essay, der ohne Umschweife dem existenziellen Generalthema zu Leibe rückt. Wie Pascal beginnt er fragend ex negativo – was bedeutet das: *Leben ohne Sinn?* Also ohne Bedeutung auf etwas hin – außer auf die eigene Existenz. Tatsächlich zeigt sich das Leben ohne Gott als sinnlos, eben absurd, denn wie will man mit der Sinnlosigkeit des Universums den Kampf aufnehmen? Das *Klima der Absurdität* zeigt sich überall, so Camus, gerade in den Dingen und Vollzügen des Alltags – der Mensch lebt mechanisch, bis ihn eines Tages das Bewußtsein der Leere einholt.

Diesem Grundphänomen des Daseins sind die

Dichter seit der Romantik auf der Spur gewesen, das 20. Jh. ist literarisch gleichsam eine einzige Spurensuche, den Exponenten dieser poetischen Phänomenologie des Absurden sieht Camus in Kafka. Dessen Helden sind die letzten Nachkommen des Sisyphos. »Bei Kafka ist es auf der einen Seite die Welt des täglichen Lebens, auf der anderen Seite die Welt der übernatürlichen Unruhe. Anscheinend haben wir es hier mit einer schrankenlosen Auslegung des N.-Wortes zu tun: ›Die großen Probleme liegen auf der Straße‹.« – »Je überspannter das Leben, um so absurder die Vorstellung, es zu verlieren. Vielleicht liegt hier das Geheimnis der großartigen Unfruchtbarkeit, die einen aus N.s Werk anweht. In dieser Ideenordnung scheint N. der einzige Künstler zu sein, der aus einer Ästhetik des Absurden die letzten Schlüsse gezogen hat; denn seine Botschaft beruht auf einer zwingenden, sterilen Klarheit und auf einer beharrlichen Verneinung jedes übernatürlichen Trostes« (*Die Hoffnung und das Absurde im Werk von Franz Kafka*).

Camus sieht N. in erster Linie als metaphysischen Arzt, als *Kliniker*: »Er hat den Nihilismus erkannt und untersucht wie einen klinischen Fall.« So zu Beginn des Essays *N. und der Nihilismus* (*Der Mensch in der Revolte*). In diesem Sinne hat Camus sich ein kongeniales Urteilsplateau geschaffen, das nach seiner Deutung die Denker der Existenzphilosophie von Kierkegaard bis Heidegger, Jaspers und Schestow nicht erreicht haben. Sie alle haben sich immer noch letzte Türchen offen gehalten zu irgendeiner Form von Transzendenz – so wird es, mit überzeugender Argumentation, dargelegt im *Mythos von Sisyphos*. Die so genannten Existentialisten also waren es nicht, die weiterhalfen, am Ende blieb dem radikalen Existenzdenker Camus nur N. *Vivre sans appel* – leben ohne Anruf und Anleitung, dem Absurden ins Auge sehen, lautet die Parole, unerbittlich und kompromißlos, in diesem Blick allein liegt die Wahrheit des Lebens und damit die Tapferkeit, es zu ertragen. Damit ist dem Selbstmord die zynische Behauptung genommen, das Leben sei sinnlos. Der Selbstmord zieht das Existenzrecht der Absurdität mit sich ins Nichts. »Ich weiß aber, daß das Absurde, um sich zu behaupten, sich nicht auflösen darf.« Diese Auflehnung, diese ständige Revolte gibt dem Leben seinen Wert, seine Kostbarkeit und Würde im Zeitalter ohne Gott. »So leite ich vom Absurden drei Schlußfolgerungen ab: meine Auflehnung, meine Freiheit und meine Leidenschaft. Durch das bloße Spiel des Bewußtseins verwandle ich in eine Lebensregel, was eine Aufforderung zum Tode war – und ich lehne den Selbstmord ab [...] Wenn N. sagt: ›Es scheint klar zu sein: die Hauptsache im Himmel und auf der Erde ist, lange und in derselben Richtung zu gehorchen. Auf die Dauer entsteht daraus etwas, das die Mühe des Lebens lohnt, beispielsweise Tugend, Kunst, Musik, Tanz, Vernunft, Geist, etwas Umbildendes, etwas Erhabenes, Närrisches oder Göttliches,‹ dann erläutert er damit die Regel einer anspruchsvollen Moral. Aber er zeigt auch den Weg des absurden Menschen.«

Das Absurde zeigt sich in der Konfrontation von Mensch und Welt, letztlich in der Provokation des Todes, in der unaufhebbaren Differenz zwischen menschlicher Lebens-Zeit und Welt-Zeit. Schluß also mit allen Ausreden und Theodizeen und himmlischen Konstrukten – jetzt heißt es, den Tatsachen ins Auge zu sehn – ausgehend von N. und verbunden mit der aktuellen Frage: Wo denn kann Rettung sein? Die *anspruchsvolle Moral*, von der Camus spricht, ist ein kulturschaffendes Prinzip im Menschen, das lernen muß, ohne Transzendenzen auszukommen. Ein zentrales Kapitel des *Mythos von Sisyphos* befaßt sich mit der Kunst – Überschrift: *Das absurde Kunstwerk* – wiederum beginnend mit N., in voller Übereinstimmung. Es gibt »eine metaphysische Ehre, die Absurdität der Welt zu ertragen«– so begründet Camus die Ästhetik des Absurden. »Es handelt sich darum, der Kampfregel treu zu bleiben.« Dieser Gedanke habe ganze Zivilisationen aufrecht erhalten, dabei geht es um leben oder sterben, nicht anders verhalte es sich mit der Erkenntnis des Absurden. »In dieser Hinsicht ist das Kunstwerk die absurde Freude *par excellence*. ›Die Kunst und nichts als die Kunst‹, sagt N., ›wir haben die Kunst, um nicht an der Wahrheit zu sterben‹.«

In dieser paradoxen Welt, so Camus, sei das Kunstwerk *die einzige Chance, sein Bewußtsein aufrecht zu erhalten und dessen Abenteuer zu fixieren*. »Créer, c'est vivre deux fois.« – »↗Schaffen heißt: zweimal leben.« Als Satz schon ein Meilenstein der neuzeitlichen Ästhetik. »Wenn die Welt klar wäre, gäbe es keine Kunst.« Camus' Essay *N. und der Nihilismus* gipfelt in dem Satz: »Die Botschaft N.s läßt sich unter dem Wort

›Schöpfung‹ zusammenfassen, mit dem Doppelsinn, den dieses Wort bei ihm angenommen hat.« – »Der Künstler erschafft die Welt auf seine Rechnung neu.« So Camus in *Der Mensch in der Revolte* – die mythischen Revoluzzer geben das Muster vor, und zu ihnen ist in erster Reihe N. zu rechnen. Er ist gleichsam der Entdecker des flächendeckenden Nihilismus. »Mit N. nimmt der Nihilismus offenbar prophetischen Charakter an.« So beginnt Camus programmatisch den Essay *N. und der Nihilismus* in *L'homme révolté* und er bekundet damit, daß 50 Jahre nach N.s Tod, also Mitte des 20. Jh.s, die existenzielle Situation des Menschen in Europa ohne den Umwerter aller Werte nicht zu bestimmen ist. »Wir leugnen Gott, wir leugnen die Verantwortlichkeit in Gott: damit erst erlösen wir die Welt.« Mit diesem Zitat aus der *Götzen-Dämmerung* eröffnet Camus den Essay. N., so Camus, schuf einen revolutionär neuen philosophischen Ansatz, indem er an die Stelle des methodischen Zweifels die methodische Negation setzte, die konsequente Destruktion auch noch der letzten metaphysischen Verschleierungen. Bekanntlich beneidete Camus Stendhal um seine Formulierung »La seule excuse de Dieu, c'est qu'il n'existe pas.«. Die einzige Entschuldigung für Gott ist, daß er nicht existiert – als Franzose schätzte Camus den subtilen Esprit. Immer wieder betont er: Warum so viel Aufregung? N. habe den toten Gott nur entdeckt. »Als Erster hat er die Ungeheuerlichkeit dieses Ereignisses begriffen.« Gott ist durch das Christentum gestorben – das sei in der Tat eine absurde Tatsache. N. habe die Wahrheit getroffen, indem er die Kirche auf den Kopf stellte. »Was hat Christus verneint? – Alles, was heute christlich heißt.«

*Italien: Gabriele d'Annunzio*

Frankreich hat N., wie kein anderes europäisches Land – neben Deutschland – emphatisch aufgenommen, und über Frankreich ist er auf den Wogen der Begeisterung nach Italien gekommen, also nicht auf direktem Wege. Die ersten Werk-Übersetzungen erschienen noch vor der Jahrhundertwende, 1898 *Jenseits von Gut und Böse* (*Al di là del bene e del male*) und ein Jahr später der *Zarathustra* (*Così parlò Zaratustra*), vorher waren es kleinere Übersetzungen und Beiträge zu N.s Werk. 1892 schon hatte Gabriele d'Annunzio in einer neapolitanischen Zeitung eine begeisterte Interpretation von N.s Ideen veröffentlicht, vor allem hatte es dem aristokratisch-ästhetizistischen Revoluzzer D'Annunzio der *Übermensch* angetan, der *Superuomo* wurde zum Leitbild seiner zugleich nationalistischen wie imperialistischen Verherrlichung des endlich vereinigten Vaterlandes. Das hatte fatale Folgen. Der aufziehende Faschismus stärkte sich mit falsch verstandener N.-Ideologie (*Wille zur Macht* = rücksichtslose Gewalt bis zum Krieg); zudem verherrlichte der Faschismus die kämpferischen Ideen der Französischen Revolution ebenso wie die Martialität Napoleons. (Solmi vertritt die Auffassung, D'Annunzio habe N. nicht interpretiert sondern absorbiert, seine Darstellungen seien künstlich und leer. Im übrigen habe D'Annunzio durch seine Mißverständnisse, vor allem mit Blick auf den *Superuomo*, zur Heraufkunft des Faschismus entscheidend beigetragen.) Wäre nicht der Machtmensch Mussolini gewesen – ein N.-Adorant wie D'Annunzio – dann wäre, um ein Haar (oder ein Quantum Machtpolitik) – der Dichter D'Annunzio der *Duce* geworden. Auch Mussolini sah früh schon im *Superuomo* die Chance, die europäische Décadence-Agonie zu überwinden (Benito Mussolini: *La filosofia della forza*, in: *Il pensiero romagnolo*, Nr. 48–50, Nov.-Dez. 1908).

In seinen chaplinesken Gebärden hat er das ja ebenso theatralisch geschafft wie sein gestischer Nachahmer in Deutschland. D'Annunzio befand sich in bester Gesellschaft, sofern es um die krankhafte Befriedigung von Ruhmsucht und Eitelkeit ging, die Theatralik seines Lebensstils ist legendär. Er war es, der unmittelbar nach dem Ersten Weltkrieg in Fiume die ebenso spektakuläre wie verführerische Choreographie des Faschismus erfunden hat.

Sein inszeniertes Leben begann sehr früh. Mit 21 Jahren heiratete er, selbst bürgerlicher Abstammung, die Tochter einer Herzogin (Hofdame der Königin) aus römischem Hochadel. Das war insofern konsequent, als der Faschismus (bei allen Schlägertrupps) sich ebenso aristokratisch wie antidemokratisch gerierte. An dieser ebenso albernen wie kämpferischen Männerfront konnte N. nichts Förderliches oder gar Honoriges begegnen. Daß Wagner für D'Annunzio ebenso Vorbild war wie N., verwundert nicht angesichts von Wagners Anspruch, *das* Gesamtkunstwerk aller

Zeiten geschaffen und der Nation gestiftet zu haben. Im Übrigen entsprach Wagners künstlerische und lebensmäßige Theatralik D'Annunzios Geschmack von Repräsentation. *N. contra Wagner*, das allerdings war für den italienischen Dandy nicht mehr als ein Aufmacher, er übernahm das Thema, zumindest vom Titel her, um die eigenen Spannungen zwischen ästhetizistischer décadence und machohaftem Machtwillen zu illustrieren.

D'Annunzio hatte N. aus französischen Zeitungsfeuilletons und Zeitschriften schnupperhaft kennen gelernt, und was aus seinem eigenen Zeitungsartikel 1892 gleichsam als Resümee hervorgeht, sind gerade jene schrecklichen Mißverständnisse, die mit Herren- und Sklavenmoral und mit N.s konstitutiver antidemokratischer Einstellung zu tun haben. Am meisten natürlich mit dem Superuomo, für den sich D'Annunzio in der Tat hielt. Sein Roman *Trionfo della morte* (*Der Triumph des Todes*), 1894 erschienen, enthielt schon den gesammelten Zündstoff der Mißverständnisse. Neben der Heroisierung des männlichen *Übermenschen* die gegensätzliche Stilisierung der Frau, das Weib als Inkarnation von Wollust und männerverschlingender Begierde. Dieser Gegensatz zwischen Mann und Frau als Grundkonflikt und Ausdruck von Machtstreben einerseits und sinnlicher Begierde andererseits wurde zum Modethema der Zeit. Hinzu kommen als Hauptmotiv und Würzung des Romans eine starke Prise zeitgemäßer Todessehnsucht, zutiefst verbunden mit Wagners *Tristan und Isolde*, so die eine Seite menschlicher Existenz, die andere repräsentiert eben durch Zarathustras *Übermenschen*. In der Widmung des Romans an den Maler-Freund Michetti stellt D'Annunzio die antipodische Struktur des Werkes heraus, über Wagners Kunst hinaus steigert sich demnach seine – D'Annunzios Kunst – im Namen N.s: »Wir wollen hören auf die Stimme des großen Zarathustra und in unserer Kunst mit unerschütterlichem Glauben die Ankunft des Übermenschen vorbereiten.« Doch dazu konnte es im Roman nicht mehr kommen, der Geschlechterkampf endet am Rande des Abgrunds, Supermann Giorgio Aurispa und seine verführerische Ippolita Sanzio reißen sich gegenseitig in die Tiefe. Als Motto war dem Roman ein Aphorismus aus *Jenseits von Gut und Böse* vorangestellt.

Potenziert treten dann die Fehldeutungen von Übermenschentum, Nationalismus und Rassismus 1895 in dem Roman *Le vergini delle rocce* (*Die Jungfrauen vom Felsen*) in grotesker Überzeichnung zu Tage. Der Held der Geschichte fühlt sich Zarathustra gleich, während er einsam zu Pferde durch die römische Campagna streift, sein Traum: Rom soll wiedererstehen in altem Glanz und voller Machtentfaltung. Nun will er den Sohn zeugen, den späteren König von Rom, der den Traum in die Tat umsetzen wird. Nur mit welcher der drei adligen Jungfrauen soll er die Tat vollziehen? Das also waren Romanprobleme im schwülen Klima des Fin de siècle. D'Annunzio wollte, nach eigenem Bekunden, N.s Philosophie in Dichtung umsetzen – herausgekommen bei diesem Transfer ist, schlicht gesagt, Kitsch. Das Buch wurde – fast zeitgemäß konsequent – ein Riesenerfolg. D'Annunzio ließ von seinem Thema nicht ab. Richard Wagner, N. und die Musik werden noch einmal in dem 1900 erschienen, Eleonora Duse gewidmeten Roman *Il fuoco* (*Das Feuer*) thematisiert. Wiederum ein Manifest des *Übermenschen*, vital, intellektuell, der diesmal in Venedig mit einer Welt des morbiden Zerfalls konfrontiert wird – musikalisch untermalt von Wagner-Tönen entwirft der Überdichter ein üppiges Gemälde ästhetizistisch grundierter Lebensmüdigkeit. D'Annunzio war – bei aller Widersprüchlichkeit der Weltanschauungen – zeitlebens ein glühender Verehrer Wagners, den er als künstlerischen Antipoden zur Philosophie N.s verstand: Wagner, der dekadente Künstler und Vertreter eines latenten Kulturpessimismus, N. der Heros des *Willens zur Macht*, der Aristokrat und Verfechter des Mythos vom neuen Herrenmenschen.

Profunde N.-Kenner in Italien gehen so weit, D'Annunzio jedwede genaue N.-Kenntnis abzustreiten. Also alles Schlagworte aus zweiter Hand oder Zitate als Zufallstreffer. Auf einem derartig dürftigen Fundament also gründete D'Annunzio seinen titanischen Narzißmus und den ebenso hybriden ästhetizistisch-imperialistischen Anspruch. Ohne Zweifel gehörte D'Annunzio zu jenen lästigen Nachfolgern, denen schon Zarathustra mit dem Knüppel drohte. Der wußte, warum er keine Jünger haben wollte. Hinzu kommt, daß D'Annunzio einen enormen Einfluß hatte, und das blieb nicht ohne Wirkung im literarischen Gelände der damals blühenden Dekadenz. Interessant mit Blick auf N. ist eigentlich nur, daß ein so exzentrischer Pompon oder *homo pomposus* – mit dem Lebensstil eines *römischen Herrschers* oder *Renaissancefürsten*, wie er selbst prahlte – die literarische und ideologische Szene derartig fest im Griff hatte. D'Annunzios spektakuläre politische Unternehmungen hatten daran gewiß ihren Anteil. Die eigenmächtige Besetzung Fiumes 1919 mit einigen hundert Soldaten und die jahrelange Regentschaft als selbst ernannter Gouverneur war bei allen gewagten Aktionen nur das Husarenstück. Nach der Annektion Fiumes verlieh König Vittorio Emanuele III. auf Betreiben Mussolinis dem poeta laureatus und Operetten-Feldherrn den Titel eines Prinzen von Montenevoso. Daß der Pseudo-Fürst sich ebenso spektakulär als Aviatore der damals noch abenteuerlich fliegenden Kisten hervortat, versteht sich von selbst. Desgleichen als Frauenheld, Windhundfan, Parlamentarier und Villenbesitzer. Benedetto Croce nannte ihn *Dilettant der Empfindungen* und Thomas Mann apostrophierte ihn als *Affen Wagners*, im Übrigen wunderte er sich: »Man nahm den eitlen, rauschsüchtigen Künstlernarren ernst dortzulande, wenigstens vorübergehend!«. Kurz gesagt, N. konnte in Italien nichts Schlimmeres widerfahren, als in die Hände D'Annunzios zu fallen und somit früh schon zum Zugpferd des Faschismus stilisiert zu werden.

*Englischsprachige Welt*

*George Bernhard Shaw*

Die literarische Verarbeitung N.s in England ist zunächst einmal sehr sporadisch und naturgemäß sehr viel pragmatischer ausgerichtet als philosophisch subtil strukturiert. Metaphysische Grundsatzfragen kommen so gut wie gar nicht vor. Das Zentrum von N.s Denken bleibt damit verschlossen, und so verwundert es nicht, daß in England der Begriff des *Superman* erfunden wurde. George Bernard Shaw (1856–1950) hatte das ominöse Wort aus der Taufe gehoben, als er 1903 eines seiner wichtigsten Stücke *Man and Superman* betitelte, bezeichnenderweise mit dem Untertitel: *A comedy and a Philosophy.* N. also als Hintergrund einer Liebeskomödie, das war neu, der *Übermensch* diesmal nicht als der große Macho, wie wir ihm in Amerika begegnen – in England tritt er bezeichnenderweise als subtiler Denker in Erscheinung: John Tanner, Zyniker und radikaler Gesellschaftstheoretiker, Autor des *Revolutionist's Handbook*, offenbar eine attraktive Inkarnation des *Übermenschen*, wird von seinem Mündel Ann Whitefield verfolgt – einem Ausbund jener *life force* (übersetzen wir: Urkraft des Lebens), die Shaw komödiantisch aufs Korn nimmt – also verkehrte Welt. Shaw hatte sich mit N. und Bergson beschäftigt, vor allem mit dessen Ideen einer *schöpferischen Evolution*, und eben dieser Kombination wegen kam es dann auch zu dem ebenso seltsamen wie seltenen Untertitel. Shaw hat das im Vorwort zu dieser philosophischen Komödie amüsant kommentiert. Unterhaltsam ist die Folie, von der N.s *Übermensch* sich abhebt als Idee der weiblichen *life force* oder des *élan vital* einer komödiantischen Lebensphilosophie. Eine Kostprobe aus dem satirischen *Zwischenspiel in der Hölle*, wo sich die Figuren des Stückes wiederbegegnen in den Rollen von Mozarts *Don Giovanni*, mag die Dimension des leichten Umgangs mit einem schweren Thema vermitteln. Auf die Frage der *Statue* im Himmel: »Und wer zum Teufel ist der Übermensch?« – gibt der Teufel persönlich die Antwort: »Oh, was ist die neueste Mode unter den Lebenskraft-Fanatikern? Haben Sie im Himmel unter den Neuankömmlingen nicht diesen deutsch-polnischen Irren getroffen? Wie hieß er noch? N.?« (*Statue*: »Nie gehört.«) – »Nun, er kam zuerst hierher, bis er wieder zu Verstand kam. Ich hatte einige Hoffnung auf ihn gesetzt, aber er war ein eingeschworener Lebenskraft-Anbeter, er war es, der diesen Übermenschen wieder ausgegraben hat, der so alt ist wie Prometheus; und das zwanzigste Jh. wird diesem neuesten aller alten Träume nachlaufen.«.

Shaws Philosophie sollte man nicht als allzu tiefgründig einschätzen – es sei denn, man wolle der Philosophie des Lachens jenen erhöhten Platz einräumen, den N. ihr zugewiesen hatte als intellektuelles, göttliches Gelächter. Schließlich sah sich N. selbst als metaphysischen Komödianten. Der Welt-Geist mit der Maske, der Denker mit der Narrenkappe. Vermutlich hätte er sich gar nicht so schlecht aufgehoben gefühlt in Shaws Welt, aber die Mißverständnisse auch hier. Von den ersten Besprechungen – etwa 1903 in *Blackwood's Magazine* unter dem Titel *Mr. G.B. Shaw, the Revolutionist* – bis hin zu sehr viel späteren Abhandlungen dominierten die biologistischen Deutungen im Sinne des *Superman* als eines physiologischen Zuchtprodukts. Oswald Spengler nahm Shaws ironische Zuspitzung in *Man and Superman* bitter ernst – nämlich die Menschheit in ein Gestüt zu verwandeln – insofern war Shaw für ihn auch mit aller Konsequenz der gelehrigste *Schüler und Vollender N.s*. So also ging N. in Spenglers *Untergang des Abendlandes* ein: »*Mensch und Übermensch*: letzte Synthese von Darwin und N.« Einig war man sich schon früh über die scheinbar entscheidende Einflußnahme N.s auf Shaw: »George Bernard Shaw is the foremost among these Nietzschean writers.«. Das war 1908. Einig sind sich die Gelehrten, daß dies bis heute gilt. In der Tat hat Shaw dem fehl verstandenen *Rassenwahn* N.s gehörig Tribut gezollt. Entsprechend giftig wurden ihm nach 1933 darum auch nationalsozialistisch-rassistische Züchtungsambitionen zugeschrieben.

Bergson habe viel stärker auf Shaw eingewirkt, steht irgendwo und anderswo wird Schopenhauer genannt. Shaw selbst antwortete darauf 1909 im Gespräch mit seinem Biographen Archibald Henderson in der ihm eigenen Art: »'If all this talk about Schopenhauer and N. continues,' Shaw laughingly said to me one day, 'I really have to read their works to discover just what we have in common.'« Das Wort wiegt ganze Reihen späterer Dissertationen auf, die allenthalben in Shaws Komödien N.-Einfluß wittern. Als besonders infiziert zeigen sich – neben *Man and Superman* – *Major Barbara*, vor allem vom Vorwort her, *Back to Methuselah, Mrs. Warren's Profession, Arms and the Man, You never can tell* und einige mehr aus einem Arsenal von über 30 Stücken. Oft genannt werden auch theoretische Äußerungen, die N.s Geist durchschimmern lassen. In dem literaturkritischen Essay *The Quintessence of Ibsenism* bekennt sich Shaw 1891 – gegen die Moralprüderie seiner Zeit – ohne Einschränkung zu Ibsen als dramatischem Vorbild und damit zu N. – Alles in allem: Richard Wagner hat ihn offenbar sehr viel stärker beeindruckt als N., das geht aus Shaws kritischem Essay *The perfect Wagnerite (Ein Wagner-Brevier)* hervor – eine musikkritische Schrift, die bereits 1898 erschienen ist. Hier lesen wir Shaws Lobpreis auf das Heldenlied von Siegfried, dem *Übermenschen*, den Wagner im *Ring des Nibelungen* verherrlicht hat. Schade nur, so Shaw, daß er dort nicht ein neues Reich gründete, stattdessen sich in Brünnhilde verliebte, damit verkam das Heldenepos zur konventionellen Oper. Sehr amüsant. Komödianten unter sich!

*James Joyce*

Er hatte N. früh gelesen, und es wäre ein Wunder, wenn das keine Folgen gehabt hätte bei einem literarischen Universalverwerter wie James Joyce. Stanislaus Joyce, der Bruder, berichtet von intensiven N.-Studien des jungen James (*My Brother's Keeper*, 1958). Literarische Kenner sagen, vor allem das Jugendwerk zeige deutlichen N.-Einfluß, etwa der Roman *A Portrait of the Artist as a Young Man*. Vor allem die Vorstufen. David Thatcher spricht von einer N.-Vernarrtheit (*infatuation*) oder milder übersetzt, Betörung des jungen Joyce durch N. Eigenartig ist nur, daß N.s Name im ganzen Buch nicht vorkommt, wohl dagegen die Namen anderer Philosophen wie etwa Aristoteles oder Thomas von Aquin. Wollte der Großmeister des beginnenden Modernismus keine Spuren hinterlassen? Wollte er die eigene Originalität nicht gefährden? In gewisser Hinsicht hat er sein Ziel erreicht. Genügend Interpreten sehen eine durchaus gleichartige Genialität am Werk – diese Kongenialität mit N. wird dem Mythos Joyce nicht geschadet haben. Der große Sprachmeister hatte fast anderthalb Jahrzehnte an dem Werk gearbeitet, beginnend 1904 mit einer Skizze *A Portrait of the Artist*. Dieses Prosastück wurde in den nächsten zwei Jahren erweitert auf rund tausend Seiten und trug den Titel *Stephen Hero*. Es handelte sich weitgehend um einen autobiographischen Künstlerroman. Das Werk wurde nicht veröffentlicht und ist nur zum Teil noch erhalten. Mit der Niederschrift von *A Portrait of the Artist as a Young Man* begann Joyce 1907 – 1914 war der Roman fertiggestellt und erschien 1916. Man darf davon ausgehen, daß hier ein Stück Leben niedergeschrieben wurde, um Klarheit zu schaffen in der eigenen Biographie, daß also nicht erzählt wird im Sinne freien Fabulierens. Stephen Dedalus bewegt sich als Hauptfigur durch alle Fassungen, in der letzten wird seine Biographie von Kindheit an dargestellt – ein stolzer, aufbegehrender Charakter wird in seiner Entfaltung gezeigt, jemand, der nicht dienen mag – *non serviam*, schwört sich der Jesuitenzögling. *I will not serve* – er sagt sich los von Familie, Nation und Kirche, verläßt Irland und geht nach Paris. Zarathustra hatte solchen Aufbruch in die Heimatlosigkeit des Geistes beschworen: »Heimat fand ich nirgends: unstät bin ich in allen Städten und ein Aufbruch an allen Thoren. Fremd sind mir und ein Gespött die Gegenwärtigen.« – Also Dedalus: »I will not serve in which I no longer believe, whether it calls itself my home, my fatherland, or my church.« Daß er Dedalus heißt, erscheint ihm wie ein Omen, er also ein Nachkomme des alten Dädalus, so bittet er ihn um Beistand. »Alter Vater, alter Artifex, steh mir bei, jetzt und immerdar.« Dädalus als Patron aller artistisch leichten, sich aus der Erdenschwere emporschwingenden Künstler – so kommt es, daß der Roman angefüllt ist mit Flug- und Vogelmetaphern. Der N.-Kenner ahnt schon – inclusive Kennerin – welche Parallelen sich auftun, denn gerade die Flugmetaphern sind ein Markenzeichen des *Zarathustra* und ganz allgemein gängig in N.s Werk, wenn es um Erhebung und Aufstieg des Geistes geht, gerade des künstlerischen. Im Übrigen war der mythische Dädalus ja auch der Erfinder des Labyrinths – übertragen wir dessen Bauprinzip auf Erzählformen, so haben wir das große Vorbild des Autors Joyce und seines Doppelgängers.

Dann gibt es die berühmte Postkarte von 1904, die Joyce ironisch mit *James Overman* unterzeichnete. Just in diesem Jahr wurde N. in den Dubliner Intellektuellenkreisen Mode. Für die intellektuellen Freunde und Gäste des Stephen Dedalus (später im Martello Tower des *Ulysses*) ist N. *the principal prophet*. Die frühe Erzählung von Joyce: *A Painfull Case* aus dem Erzählband *Dubliners* zeigt derartig deutliche Spuren von N., daß verschiedentlich schon darauf hingewiesen wurde. Überhaupt wurden unübersehbare Zeichen von N.s Wirkung in dieser Zeit aufgedeckt. Allerdings, in den Werken sind sie immer nur indirekt aufzuzeigen. Joyce war ein hochbegabter Montagekünstler – gewiß nicht der erste, denken wir an Goethes *Faust II* – und zum *principe collage* gehört in erster Linie nun einmal, daß man nicht verrät, woher der jeweilige Textfetzen stammt. Kein Wunder also, wenn die Interpreten immer erneut von fern N.-Töne hören. Irgendetwas im *Portrait* erinnert an Zarathustras Suaden, gewissermaßen unterschwellig, wie man einschränkt, aber fixieren im Sinne klarer Beweiskraft kann man das Erahnte nicht. Vielleicht war gerade das die Absicht des großen Zauberers. Im Übrigen war Joyce ein sehr skeptischer N.-Leser, immerhin hatte er Theologie, Philosophie und Sprachen studiert, unter anderem Deutsch und Norwegisch. Seine Lieblingsphilosophen waren die des Stephen Dedalus, Aristoteles und Thomas von Aquin, kein Wunder, daß er über die nötige Distanz verfügte, um N.s Denken richtig einordnen zu können. Den *Übermenschen* hat er keineswegs verherrlicht, im Gegenteil, im *Ulysses* wird er eher karikiert – denken wir nur an Leopold Bloom, diesen modernen Jedermann.

»N. was a favorite with Joyce' characters« (Tindall). Das gilt gerade auch für den *Ulysses*. Stephen Dedalus als Kontrastfigur zum Jedermann in seiner ebenso spießbürgerlichen wie verlogenen Moralwelt – dahinter steckt N. Immer mit einem Schuß Ironie in Szene gesetzt, etwa Stephens Deklamationen in der Bibliothek, die zufällig auch Bloom mitbekommt. Stephen philosophiert über Shakespeare und die Welt, kurz gesagt, er doziert »Theologicophilologik«. – Fazit: N. steckt überall im Werk des James Joyce – allerdings verdeckt. Etwa in eklatanten Übereinstimmungen im Bereich der Ästhetik, speziell hinsichtlich der Forderung, daß die Kunst unter der Optik des Leben zu sehen sei – dieser Fundamentalgedanke N.s findet sich schon im *Stephen Hero*. »The poet is the intense centre of the life.« Oder: »Art is not an escape from life. It's just the very opposite. Art, on the contrary, is the very central expression of life.« Der Künstler verfügt über keinen Himmel: »The priest does that. The artist affirms out of the fullness of his own life, he creates.« Solche Sätze sind Grundsätze von N.s Ästhetik, und sie wurden niedergeschrieben in genau der Zeit, als Joyce sich intensiv mit N.s Werk beschäftigte. Keine Frage, daß derartige Parallelen mehr als die Vermutung nahelegen, daß der Künstler Stephen aus dem Geiste N.s gefertigt ist. Sein Kampf gegen das Christentum, insbesondere die Kirche, liest sich wie die Umsetzung von N.s messerscharfen Attacken. Der *Antichrist* war zu dieser Zeit schon zu einem Schlagwort geworden. Vergessen wir nicht, Stephen wie sein Erfinder waren auf dem besten Wege, Priester zu werden, und so erscheint manches Statement in englischer Sprache angereichert mit jenen Spezifika, die auf deutsch den Sarkasmus Zarathustras würzen – etwa im Kapitel »Von den Priestern«.

Der Artist oder auch Artifex geht als Schaffender immer den Weg zu sich selber, so steht es in der Rede *Vom Wege des Schaffenden* : »Einsamer, du gehst den Weg zu dir selber! Und an dir selber führt kein Weg vorbei.« Diesem Gesetz der Selbstbestimmung folgt Stephen, als habe er die Forderung Zarathustras vernommen: »Werde, der du bist!«. Dieser Aufruf durchzieht das Werk N.s und so ist es kein Wunder, wenn Stephen sich den Traditionalisten unter seinen Freunden widersetzt, nämlich ihrer Forderung: »Try to be one of us.«. Stephen dagegen: »I shall express myself as I am.«. Der Weg in die Einsamkeit ist damit programmiert – fort von der Herde, der Menge, dem *Gesindel*, den *Viel zu Vielen*, wie N. es immer erneut gefordert hatte. Dahinter steht ja, wie wir wissen, der totale metaphysische Anspruch der Umwertung aller Werte, der Weg von der Religion zur Kunst: »Die Kunst erhebt ihr Haupt, wo die Religionen nachlassen. Sie übernimmt eine Menge durch die Religion erzeugter Gefühle und Stimmungen...« (MA I, Nr. 150, KSA 2, 144). Stephens Weg führt vom Priestertum zu einer Kunst, die keineswegs die alten Wurzeln gekappt hat, weder die scholastischen noch die verkündeten, er ist: »a priest of the eternal imagination«.

### Jack London, Theodore Dreiser

Der Einfluß N.s auf die amerikanischen Literaten zu Anfang des Jahrhunderts hält sich in Grenzen. Das hängt ganz sicher zusammen mit der anderen Denkungsart dieses Landes, wohl auch mit der kulturellen Entfernung und der spezifischen Sprachbarriere. Bei den Romanschriftstellern waren es Jack London (1876–1916) und Theodore Dreiser (1871–1945), die sich nachweisbar mit N. beschäftigt haben, vitalistisch ausgerichtet wie überwiegend die erste deutschsprachige, französische und italienische Literatengeneration, die N. las und sich begeisterte für die Lehre Zarathustras. Der *Übermensch* hatte es auch den Amerikanern angetan, *the overman*, *the superman* – der heroische Einzelkämpfer, der seine Moral selbst setzt – das sind die großen Abenteurer und Helden bei Jack London und die skrupellosen Wirtschaftsbosse bei Dreiser. Wolf Larsen, der kraftmeiernde Captain der *Ghost* in Londons *Sea Wolf* (1904) oder Frank Cowperwood, der rücksichtslose Großfinancier in der Trilogie *The Financier* (1912), *The Titan* (1914), *The Stoic* (1917) von Dreiser sind nietzscheanisch-darwinistisch aufgepumpte *Supermen* – im Übrigen prächtige Beispiele halbverdauter N.-Lektüre. Sowohl London wie Dreiser waren erfüllt vom *American way and dream of life*. Jack Londons Leben war ja in der Tat die beeindruckende Umsetzung eines kühnen Vitalismus, der ihn selbst zum Mythos werden ließ. Theodore Dreiser, offenkundig weniger aktiv, attraktiv und wagemutig, ließ seinen Utopien freien Lauf in dem autobiographischen Künstler-Roman *The Genius* (1915). Schon die Titel signalisieren ein unübersehbares *nomen est omen!* Immer geht es um den ebenso titanischen wie genialischen Aufstand gegen eine moralpuritanische Gesellschaft, deren Konvention man zerschlagen muß, offenbar aus innerster Notwendigkeit. *Superman* Cowperwood hält es mit den Frauen wie mit den Finanzen: unersättlich ist sein Appetit. Gehörnten Ehemännern droht er mit Mord oder alternativer Auszahlung – die demütig entgegengenommen wird. Von der hochdifferenzierten Kulturanalyse N.s lassen sich verständlicherweise in solchen Typen nicht einmal Restspuren entdecken.

### Eugene O'Neill

Am intensivsten beschäftigte sich der erste ernsthafte Dramatiker Amerikas, Eugene O'Neill (1888–1953) mit N. Das zeigt sich in Briefen, Manifesten, Reden – etwa in der Rede anläßlich der Verleihung des Nobelpreises – und natürlich im Werk, das ohne die *Geburt der Tragödie* und den *Zarathustra* nicht denkbar ist. Man berichtet, in den 20er Jahren habe O'Neill stets ein Exemplar des *Zarathustra* in der Manteltasche bei sich gehabt, das Werk muß eine Art Bibel für ihn gewesen sein, immer griffbereit auf dem Nachttisch – wie seine damalige Frau zu Protokoll gab. Neben N. gehörten bezeichnenderweise Ibsen und Max Stirner zu den Vorbildern des philosophisch inspirierten Dramatikers. Die *Geburt der Tragödie* war für ihn »the most stimulating book on drama ever written«. 1928 füllte er einen Fragebogen ohne wenn und aber aus. Frage: »What is your literary idol?« – »The answer to that is one word – N.« O'Neills Hauptinteresse galt der metaphysischen, speziell religiösen Thematik des Sinnverlustes, der daraus resultierenden Heimatlosigkeit des Menschen und der damit wiederum geforderten Überwindung des Schismas von Diesseits und Jenseits in der bedingungslosen Akzeptanz immanenter Lebenswerte. N.s Vorstellung vom Tragischen muß diesen Dichter tief beeindruckt haben – das Leben als ständiger Kampf gegen einen konstitutiven Pessimismus. Das Drama als stellvertretende Darstellung dionysisch-affirmativer Opposition gegen jede Art von Verneinung des Lebens.

*Andere Länder: William Gaddis, Milan Kundera, Harry Mulisch*

Im Ausland benutzen bis heute die Romanciers den Topos N. zur intellektuellen Ausschmückung ihrer Werke. Denken wir nur an William Gaddis' umfänglichen Roman *Die Fälschung der Welt* von 1955, an Milan Kunderas *Die unerträgliche Leichtigkeit des Seins* von 1980 oder Harry Mulischs Roman die *Entdeckung des Himmels* von 1992. Während Kundera in seinem Roman N. gleichsam als musikalischen Auftakt einsetzt, verwertet Mulisch in seinem ebenso erfolgreichen Buch den Denker als ständig aufleuchtendes Firmenzeichen für postmoderne Botschaften. Letztlich aber ist alles nur scheinmetaphysische *bricolage*. Zwei Engel unterhalten sich, der eine sagt, der Attentäter von Sarajewo seinerzeit sei ein Anhänger *N.s, des unheimlichsten aller Gäste* gewesen. Der andere: »Ach der Name N. scheint mir nicht ohne zusätzliche Bedeutung zu sein. Nitschewo. Das war dieser Nihilist, der seinerzeit die Geschichte verbreitete, der Chef sei tot. Nun, er war nicht weit von der Wahrheit entfernt, aber daß der Boss nicht sterben kann, ist nun gerade die abscheulichste Einschränkung seiner Allmacht.« Für N.-Kenner ein ungenießbarer Aufguß uralter Parodie. Im übrigen wird von einem bestialischen Mord in diesem Buch berichtet, der im Namen von N.s *Übermensch* verübt wurde – 1924 in Chicago von zwei Jurastudenten, nachdem sie den *Zarathustra* gelesen hatten – übrigens aus betuchten Familien stammend. Einziger Sinn des Mordes: die beiden wollten ein perfektes Verbrechen begehen. Das ist nun allzubekannt als literarischer Topos, ebenso wie andere Anspielungen, etwa auf den Doktor Faustus von Marlowe über Goethe bis Thomas Mann. Kultur ist wieder zitierfähig geworden, aber auch nur wie einst im Bildungsbürgertum, eben durch jenen von N. schon verfluchten Typ des Bildungsphilisters. Hier, bei Mulisch müßte man sagen: des Bildungsengels. Wie es auch sei, dem ist romanhaft im deutschen Sprachraum nichts Vergleichbares an die Seite zu stellen. Vermutlich will man sich im Land des Mißbrauchs nicht noch einmal an N. vergreifen.

Literatur: Ernst, P.: F.N. Seine Philosophie, in: Freie Bühne 1 (1890); Berg, L.: Der Übermensch in der modernen Literatur. Ein Kapitel zur Geistesgeschichte des 19. Jh.s, München 1897; Moeller-Bruck, A.: Die moderne Literatur in Gruppen- und Einzeldarstellungen, Berlin/Leizig 1899–1902; Landsberg, H. F.: F.N. und die deutsche Literatur, Leipzig 1902; Lublinski, S.: Zehn Jahre nach N., in: Die Propyläen, Jg. 7, Nr. 39 (1910); Heller, E.: Rilke und N., in: ders.: Enterbter Geist, Frankfurt a.M. 1945; Solmi, S.: N. e D'Annunzio, in: Il pensiero critico, Nr. 3, 1950; Lang, R.: André Gide und der deutsche Geist, Stuttgart 1953, Kap. V: »N. als Befreier«; Tindall, W. Y.: A Reader's Guide to J. Joyce, London 1959; Mann, Th.: Vorspruch zu einer musikalischen N.-Feier, in: ders.: Ges. Werke. Bd. X. Reden und Aufsätze, Frankfurt a.M. 1960 (1974), 180–184; v. Heydebrand, R.: Die Reflexionen Ulrichs in Robert Musils Roman »Der Mann ohne Eigenschaften«, Münster 1966; Hillebrand, B.: Artistik und Auftrag. Zur Kunsttheorie von Benn und N., München 1966; Pütz 1967/1975 (knapper Überblick der N.-Rezeption); Thatcher, D.: N. in England 1890–1914 – The Growth of a Reputation, Toronto 1970; Hina, H.: N. und Marx bei Malraux, Tübingen 1970; Füger, W.: Joyces *Portrait* und N., in: arcadia Bd. 7, Heft 2/3 (1972), 231–259; dort finden sich vielfache Verweise auf weitere Forschungsliteratur; Bridgewater, P.: N. in Anglosaxony, Leicester 1972; Steffen, H. (Hrsg.): N. Werk und Wirkungen, Göttingen 1974; Krummel, R.F.: N. und der deutsche Geist. Ausbreitung und Wirkung des N.schen Werkes im deutschen Sprachraum bis zum Todesjahr des Philosophen, Berlin/New York 1974; Rosenthal, B.: Die Idee des Absurden. F.N. und Albert Camus, Bonn 1977; Hillebrand 1978, 2 Bde; Martens, G.: N.s Wirkung im Expressionismus, in: Hillebrand 1978, II; Steffen, H.: Hofmannsthal und N., in: Hillebrand 1978, II; Werner, R.: »Cultur der Oberfläche«. Zur Rezeption der Artisten-Metaphysik im frühen Werk Heinrich und Thomas Manns, in: Hillebrand 1978, II; Pütz, P.: Thomas Mann und N., in: Hillebrand 1978, II; Seidler, I.: Das N.-Bild Robert Musils, in: Hillebrand 1978, II; Hillebrand, P.: Gottfried Benn und F.N., in: Hillebrand 1978, II; Reichert, H. W.: N. und Carl Sternheim, in: Hillebrand 1978, II; Dresler-Brumme, Ch.: N.s Philosophie in Musils Roman »Der Mann ohne Eigenschaften«, Wien/Köln/Weimar 1993; Steilberg, H. A.: Die amerikanische N.-Rezeption von 1896 bis 1950, Berlin/New York 1996; Hillebrand, B.: N. – wie ihn die Dichter sahen, Göttingen 2000.

*Bruno Hillebrand*

# Musik

*Schoenberg – Orff – Hindemith – R. Strauss – Delius – Mahler*

Eine Monographie, die N.s Wirkung auf Musiker und Komponisten darstellt, ist bis heute nicht geschrieben. Allerdings hat David S. Thatcher Vertonungen von Texten N.s in einer vorzüglichen annotierten Bibliographie dokumentiert (1975, 1976, Ergänzungen 1986). Erfaßt wurden ca. 420 Vertonungen von 219 Komponisten, wobei die meisten der fraglichen Werke in der Zeit um die Jahrhundertwende entstanden sind. Dabei waren es nicht N.s eigene ↗Kompositionen, durch welche Musiker zu Vertonungen angeregt wurden. Vielmehr war es der Reiz der Dichtung N.s und die Hommage an den als geistesverwandt empfundenen Künstler, die meist den Anstoß für Vertonungen gegeben haben. Bekanntere Namen unter den N. vertonenden Musikern sind Delius, Hindemith, Mahler, Orff, Schoenberg und Strauss, wobei Delius und Strauss wiederum Debussy, Bartók u. a. beeinflußten, auch wenn diese selbst keine eigenen N.-Vertonungen schrieben.

Von *Arnold Schoenberg* (1874–1951), dessen Zwölf-Ton-Musik in Thomas Manns N.-Roman *Doktor Faustus* begegnet, stammen acht Lieder für Gesang und Klavier (op. 6), von denen eines den Titel *Der Wanderer* (1905) trägt. *Carl Orff* (1895–1982) komponierte in früher Jugend ein *Nachtlied* (in: *Drei Gesänge*, op. 11, 1911) sowie einen *Zarathustra* für Bariton, Männerchöre und Orchester (1912), dem später noch (in: *Lieder*, 1919) ein Lied für Stimme und Klavier – *Mein Herz ist wie ein See so weit* – gefolgt ist. (Alle Stücke sind bisher nicht aufgeführt worden.) *Paul Hindemith* (1895–1963) schrieb 1939 *Drei Chöre*, von denen der zweite den Titel *Nun da der Tag* trägt.

Sind diese Kompositionen wohl nur von Interesse wegen der bekannten Namen ihrer Komponisten, so ist es im Falle von Strauss, Delius und Mahler die Kongenialität der Vertonungen selbst, die Beachtung verdient. *Richard Strauss* (1864–1949) wurde von seinem Interesse an Schopenhauer und Stirner zu N. geführt. Vermutlich las er ihn erstmals 1893 bei seinem Aufenthalt in Ägypten. Jedenfalls ist die Oper *Guntram* (1895, op. 25) von Stirner und N. beeinflußt, wenn Strauss darin das gegen die Konvention und die Ansprüche des Staates aufbegehrende Individuum feiert. Beeindruckt hatten Strauss N.s Antichristentum und sein Hellenentum genauso wie der Künstler N. und vor allem dessen *Zarathustra*. Die Tondichtung *Also sprach Zarathustra* (1896, op. 30) – die bekannteste N.-Vertonung überhaupt – war ein Versuch, die gesamte Entwicklung des Menschen von seinen Anfängen bis zum »Übermenschen« in Form eines symphonischen Gedichtes zu feiern. Ob Strauss damit, wie es oft behauptet wird, ein klassisches Exempel von Programmusik geschrieben hatte, ist umstritten. Zwar hatte Strauss den ersten Abschnitt der »Vorrede« des *Zarathustra* an den Anfang gestellt; auch hatte er seine symphonische Tondichtung in acht Nummern unterteilt, die Überschriften aus dem *Zarathustra* trugen. Aber wie es der Untertitel »Frei nach N.« andeutete, hatte Strauss wohl eher an eine N.s *Zarathustra* frei nachempfindende symphonische Dichtung als an eine Programmusik im strengen Sinne gedacht (Krause 1970, 247 ff.; Roman 1990). *Frederick Delius* wiederum (1862–1934) war im Vergleich zu Strauss und Mahler wohl derjenige Komponist, der sich am meisten vom philosophischen Gehalt der Werke N.s, und da insbesondere vom *Zarathustra*, beeindrucken ließ. Wie Strauss so fand auch Delius seine kritische Einstellung gegenüber dem Christentum bei N. wieder. Anders als Strauss, dessen *Also sprach Zarathustra* durch Opulenz gekennzeichnet ist, versuchte Delius die Stimmung des *Zarathustra* durch eine markige, prägnante, verknappte Musik zu fassen. Unter dem Eindruck der Philosophie N.s steht das *Mitternachtslied Zarathustras* (1898), das als Rundgesang komponiert ist; ferner das Tongedicht *La ronde se déroule* (1898) sowie die *Messe des Lebens* (1905), die Orchester, Chöre und vier Solistenstimmen 11 Passagen des *Zarathustra* deuten läßt. *Lieder nach Gedichten F.N.s* (1924 veröffentlicht, geschrieben vielleicht 1898) geben Vertonungen von *Der Wanderer und sein Schatten*, *Der Einsame*, *Der Wanderer* und *Nach neuen Meeren*. Das 1916 vollendete *Requiem*, das den im Kriege gefallenen Künstlern gewidmet ist, enthält einen »Gesang vor Sonnenaufgang« (Erstveröffentlichung 1921). Kennzeichnend für Delius wie für Strauss und auch für *Gustav Mahler* (1860–1911) ist die N. optimistisch deutende Auffassung vom Fürsprecher des Lebens sowie vom Denker, welcher der Entwicklung des Menschen noch die Stufe des Übermenschen verheißt. Mahler hatte sich in den Jahren zwischen 1893 und 1896 von N. einnehmen lassen. Die *Symphonie Nr. 3* (1902), deren vierter Satz »Oh Mensch! Gieb Acht!« überschrieben ist (also die erste Zeile des »Anderen Tanzliedes« und des »Nachtwandler-Liedes« aus dem *Zarathustra* wiedergibt), zeigt den großen Eindruck, den der *Zarathustra* auch auf Mahler gemacht hat. Wie Strauss so will auch Mahler eine Geschichte der Evolution des Menschen geben. »Es soll nicht weniger als der ›Makrokosmos‹ sein ... Die letzte Stufe der Differenzierung. Gott! Oder wenn Sie wollen der Übermensch« (Blaukopf 1983, 127). Mahler hatte allerdings nie den Antiwagnerismus N.s geteilt, und man kann darüber streiten, ob die 3. Symphonie nicht eher der Musikalität des *Zarathustra* als dessen philosophischem Gehalt nachempfunden worden war (Blaukopf 1969; Roman 1990, 304). Ein schönes Lob der ihn mit N. verbindenden »Musikalität« hat Mahler gegenüber Scharlitt ausgesprochen (Thatcher 1995, 319), auch wenn er sich nach 1902 wohl auch wieder von N. entfernt hat.

Insgesamt besehen zeigen die bedeutenden N.-Vertonungen eine Tendenz, N. optimistisch, ja sogar triumphalistisch, als Künder neuen Lebens und als Propheten des Übermenschen zu feiern. Alles Ironische und Parodistische, vor allem aber auch alles Tragische im Denken N.s ist demgegenüber unterrepräsentiert, wenn überhaupt präsent. Die in N.-Vertonungen meist gewählte Form war die eines durchkomponierten Liedes für eine Solostimme oder die eines Chor-Werkes. Es finden sich aber auch Kantaten, Messen, Opern (außer dem *Guntram* etwa Busonis *Dr. Faustus* [1926] oder Sinopolis *Lou Salomé* [1981]), Requiems, Serenaden, Sonaten, Symphonien u.a.m. Inwiefern sie N.s Auflösung traditioneller Formen, seinem Perspektivismus, seiner Analyse und Verbundenheit mit dem Stil der décadence folgen, wäre eine Frage eigener Art, die sich zu untersuchen empfiehlt.

Literatur: Seidl, A.: Moderner Geist in der deutschen Tonkunst, Regensburg 1912, 82–117 (Strauss); Del Mar, N.: Richard Strauss: A Critical Commentary on His Life and Works, London 1962; Fenby, E.: Delius as I knew him, London ²1966; Blaukopf, K.: Gustav Mahler, Wien 1969; Krause, R.: Richard Strauss: Gestalt und Werk, Leipzig 1970; Thatcher, D.S.: Musical Settings of N. Texts: An Annotated Bibliography (I), in: NSt 4 (1975), 284–323; Teil II, in: NSt 5 (1976), 355–383; Teil III, in: NSt 15 (1986), 440–452; Blaukopf, H. (Hrsg.): Gustav Mahler, Unbekannte Briefe, Wien/Hamburg 1983; Roman, Z.: N. *via* Mahler, Delius and Strauss: A New Look at some *fin-de-siècle* ›Philosophical Music‹, in: NSt 19 (1990), 292–312.

*Henning Ottmann*

## Nietzsche-Darstellungen in Malerei und bildender Kunst

*Stoeving – Olde – Schneider – Heim – Gordon – Munch – Janssen – Grützke – Schellbach – Saudek – Kramer – Kruse – Klein – Klinger – Dix – Donndorf – Zschokke – Thorak – Müller-Kamphausen – Kolbe*

N. ist den Philosophen ein Philosoph, den Künstlern ein Künstler gewesen. Viele Maler und Bildhauer wurden zu N.-Porträts und N.-Büsten angeregt. N.-Porträts finden sich in Ex-libris ebenso wie in Zeitschriften der Jahrhundertwende (wie dem *Pan* oder der *Jugend*). Dabei wurde N. einerseits zum Kranken, Leidenden und Märtyrer, andererseits aber auch zum Propheten und zum Künder einer neuen Zeit gemacht (Krause 1984). Dominierte nicht selten der im Zuge des ↗N.-Kults wuchernde N.-Kitsch, so kam es gelegentlich doch auch zu schönen Verbindungen von Nietzscheanismus und zeitgenössischer Kunst. Dabei spielten die kultur- und kunstpolitischen Aktivitäten eine große Rolle, die Harry Graf Kessler mit seiner Vision eines neuen, eines »dritten« Weimar zu verwirklichen versuchte und für die er die Mitarbeit von Hans Olde, Henry van de Velde, Max Klinger, Edvard Munch u.a. gewann (Stenzel 1995, 82ff.). War dabei die Frontstellung gegen die historistische Kunst- und Kulturpolitik Berlins bestimmend, so wurde die N. porträtierende Kunst später von der Gedächtnis- und Denkmalspolitik des N.-Archivs auf der einen, von der Kulturpolitik des Dritten Reichs auf der anderen Seite eingeholt. Das von Krause erstellte, vorzügliche Verzeichnis von N.-Bildnissen und N.-Thematiken (1984, 236ff.) umfaßt 179 Titel. Davon kann im Rahmen dieses Artikels selbstverständlich nur eine Auswahl präsentiert werden.

Abb. 1: Curt Stoeving, Friedrich Nietzsche in der Gartenlaube des Hauses Weingarten 18, Naumburg (1894)
Foto: NFG Weimar, GSA 101/82

Abb. 2: Hans Olde, Sog. Kleiner Nietzsche-Kopf für den *Pan* (Jg. 5, Nr. 4, 1899/1900; Radierung)

Abb. 3: Edvard Munch, Friedrich Nietzsche aufrecht stehend vor Bergkulisse mit Stadt bei Sonnenaufgang (1906)

Abb. 4 (links): Max Klinger, Friedrich Nietzsche. Marmorherme für den Verlag Alfred Kröner (1914-19) Museum der bildenden Künste zu Leipzig

Abb. 5: Karl Donndorf, Friedrich Nietzsche. Modell eines für den Garten des Nietzsche-Archivs geplanten Denkmals (»Nietzsche-Stylites«, 1914) Foto: NFG Weimar, GSA 101/51

*Malerei*

Als erster Porträtist N.s gilt *Curt Stoeving* (1863–1939), der außerdem durch eine N.-Plakette (1901), eine Porträtherme (1901) und ein Reliefporträt (1902?) bekannt geworden ist. Stoeving hatte in zwei großformatigen Ölgemälden den in der Gartenlaube des Naumburger Hauses sitzenden N. gemalt (1894) (Abb. 1, S. 481). Eines der beiden Gemälde war mit einem gewaltigen Rahmen ausgestattet, der aus dorischen Säulen und einem Architrav bestand und somit schon auf die beabsichtigte Tempel- und Weihestimmung verwies. Dieser stand allerdings entgegen, daß in der vordersten Linie der Veranda eine exakt geordnete Reihe von Blumentöpfen plaziert worden war, so daß N. weniger in einen Tempel, denn in eine Kleingärtneridylle versetzt worden war. Weniger pathetisch und pseudosakral waren dagegen die Bilder, die *Hans Olde* (1855–1917) von N. »auf dem Krankenlager« 1899 gemalt und radiert hatte. Die bekannte, in den letzten Jahren neu aufgelegte Radierung Oldes zierte das letzte Heft des *Pan* (1899/1900, Nr. 5, Heft 4, 233) (Abb. 2, S. 481). Olde hatte sich um eine Deutung des abwesend-anwesenden Blicks des umnachteten Dichters und Denkers bemüht. Oldes beachtliches Porträt taucht allerdings schon im selben Jahr auch auf einer Postkarte (einem Holzschnitt) auf, versehen mit einem den Vegetarismus lobenden N.-Zitat (GSA 101/89; Krause 1984, Abb. 10). 1914 macht N. Reklame für eine Firma oder ein Produkt »Berson« (Aschheim 1996, 210). Ex libris zeigen N. mit einer Dornenkrone (GSA 101/89, Ex libris für Georg Klapper 1900) oder als nackten Mann in den Bergen (GSA 101/80, Ex libris für F. B. Sutter, Alfred Soder 1907) – Geschmacksverirrungen, die es leider immer wieder bis zu Buchumschlägen bringen (Biser 1982; Aschheim 1996). An ein Altarbild erinnert das Monumentalgemälde von *Sascha Schneider* (1870-1927), das den Titel *Von der Wahrheit* trägt (1902); N. erscheint auf einer der Tafeln des Werkes als Dichter-König, der vor der allegorischen Frauengestalt der Wahrheit niederkniet (Krause 1984, Abb. 15). Immer wieder wurde N. als Zarathustra gemalt. In *Heinrich Heims Zarathustramorgen* (1922) begegnet er in heroischer Halb-Nacktheit. Als Übermensch mit den Zügen Leonardos wird er in *Benjamin Gordons Zarathustra* (1938) dargestellt. Während solche Porträts allenfalls als Schlüssel für den populären Zeitgeschmack oder die Wandlungen des N.-Bildes von Interesse sind, so ist es neben Hans Olde vor allem *Edvard Munch* (1863-1944) gelungen, bedeutende N.-Porträts zu schaffen. Zunächst konventionell beginnend mit einem N. in Denkerpose (Skizze 1905, Oslo Munch-Museum), setzen die beiden großen Porträts N. in die freie Natur. Munch hat das Bild *F. N. aufrecht stehend vor Bergkulisse mit Stadt bei Sonnenaufgang* einmal für Ernest Thiel, den Bankier und Förderer des N.-Archivs (1906, Stockholm, Thielska Galleriet), in einer zweiten Version für sich selber gemalt (Oslo, Munch-Museum) (Abb. 3, S. 481). Beabsichtigt war eine Darstellung des Dichters als »Zarathustra«. Allerdings streitet man bis heute sowohl über die Identifizierung von Stadt (N.s »bunte Kuh«?) und Landschaft (Engadin? Saale-Tal? Reine Seelenlandschaft?) als auch über die vom Maler intendierte Seelenstimmung. Weist das Porträt zurück auf Munchs *Melancholie* (Svenaeus 1973)? Oder ist die zunächst vorgesehene, dann weggelassene »aufgehende Sonne« ein Indiz dafür, daß Munch den Dichter des Zarathustra eher als den Propheten einer neuen Zeit hatte darstellen wollen? Spätere Werke Munchs, wie die Bilder in der Aula der Osloer Universität, geben keine Klarheit über diese Frage, da in ihnen ein Einfluß N.s nicht mit Sicherheit auszumachen ist. Munch wurde, außer von Harry Graf Kessler, vor allem von seinem Freund S. Przybyszewski beeinflußt, der Munchs Kunst als »psychischen Naturalismus« (1894) gedeutet hatte und der seinerseits von N. beeindruckt war (*Zur Psychologie des Individuums. Friedrich Chopin und N.*, Berlin 1902).

Eine Herausforderung wie für die Künstler der Jahrhundertwende war N. für die Künstler nach dem Ende des Zweiten Weltkrieges nicht mehr. Nur noch gelegentlich ist N. nach 1945 porträtiert worden, so etwa von *Horst Janssen* (1929–1995), der Oldes Radierung variiert hat. *Johannes Grützke* (geb. 1937) hat Böcklin, Bachofen, Burckhardt und N. in einer imaginären Zusammenkunft auf der mittleren Rheinbrücke in Basel versammelt (1970), ein großformatiges Ölgemälde (2,50 × 3,50), das sich den Basler Größen auf eine ironische, aber nicht respektlose Weise nähert (Progressives Museum Basel).

*Bildende Kunst*

Die erste N.-Büste wurde von *Siegfried Schellbach* im Auftrag von Elisabeth Förster-N. 1895 angefertigt; noch im selben Jahr ließ der Künstler ein Gipsrelief folgen (GSA 101/75; 101/76). Beide Werke zeigen weder einen prophetischen noch einen leidenden, sondern allenfalls einen normal-bürgerlichen N., der allein durch seinen etwas versonnenen Blick individualisiert ist. Zusammen mit Stoeving hatte *Rudolph Saudeck* (1880–1965) N. die Totenmaske abgenommen; Saudeck hat diese 1910 überarbeitet und 1912 in Reliefporträts umgeformt. Von Saudeck stammen darüber hinaus eine Marmorbüste (1906) und eine Marmor-Herme N.s (1916). Am populärsten war zunächst die 1898 von *Arnold Kramer* (1863–1918) geschaffene Bronze-Statuette des sitzenden Philosophen, die in mehreren Varianten vom N.-Archiv zum Kauf angeboten wurde (GSA 101/58). Kramers Sitzstatue war eine nicht ungeschickte Mischung aus antikisierendem Philosophen-Bildnis, vergleichbar der Sitzstatue etwa des Chrysipp, und bürgerlicher Kleinplastik des 19. Jh.s. Umstrittener dagegen war die Marmorbüste des finster blickenden N., die der Bildhauer *Max Kruse* (1854–1942), ebenfalls 1898, modelliert hatte (und die heute im N.-Haus in Sils-Maria steht). Der von Krause unternommene Versuch der Ehrenrettung für diese Büste (1984, 138 ff.) dürfte verfehlt sein. Das Gleiche gilt von der einen sitzenden N. darstellenden Statue *Max Kleins* (1847–1908), die den Turiner N. kurz vor seiner Umnachtung zeigen soll, aber doch eher einen Biedermann vorführt (1903).

Höhepunkte der plastischen Darstellungen N.s waren zweifelsohne die verschiedenen Büsten und Hermen, die *Max Klinger* (1857–1920) zwischen 1902 und 1904 geschaffen hat. Zu nennen ist da vor allem die von Harry Graf Kessler dem N.-Archiv einverleibte 2,55 m hohe repräsentative N.-Herme (1903), die in verkleinerter Form ab 1904 im Handel war. Mit ihr konkurriert die für den Verlag Alfred Kröner (1914) angefertigte Marmorherme, die 1919 mit Seitenreliefs versehen worden ist (Museum der bildenden Künste zu Leipzig) (Abb. 4, S. 482). Verschollen war Klingers erste Bronzeplastik N.s (1902), bis sie 1999 in einer Auktion bei Neumeister auftauchte und dort einem Privatbieter für 120 000,– DM zugeschlagen worden ist. Verloren hat sich dagegen die Spur des expressionistischen N.-Kopfes von *Otto Dix* (1891–1969), einer grün bemalten Gipsplastik (1912), die sich früher im Dresdener Stadtmuseum befand. Verschiedene N.-Hermen entwarf ab 1901 *Karl Donndorf* (1870–1941), dessen erster N. das Titelblatt der Zeitschrift *Jugend* (1901, 699) zierte. Eine Kleinplastik Donndorfs war ab Dezember 1902 im Handel, eine Marmorausführung wurde 1902/03 für die Villa »Silberblick« bestellt. Im Zusammenhang mit den Plänen zur Feier des 70. Geburtstags des Philosophen im Jahre 1914, die u. a. die Errichtung eines N.-Denkmals vorsahen, steht Donndorfs beachtliches Modell eines »N.-Stylites«, d. h. eines zum Säulenheiligen verwandelten N., der auf einer circa 6 m hohen dorischen Säule steht und in eine Art Priestergewand gekleidet ist (GSA 101/51) (Abb. 5, S. 482). Eine Büste des »jungen N.« stammt vom Schweizer Bildhauer *Alexander Zschokke* (1926, Universität Basel). Verschollen ist die N.-Herme von *Joseph Thorak* (1899–1952), die 1944 im Deutschen Haus der Kunst in München ausgestellt worden war. Die Pläne für die Errichtung einer N.-Gedächtnishalle, die auf Anregung Hitlers seit 1934 von Schultze-Naumburg betrieben wurden (↗Architektur), sahen neben einem Wandelgang mit »geistigen Ahnen« des Philosophen, einer Festhalle, einem kleinen Saal und einem Ehrenhof auch ein N.-Zarathustra-Monument vor, das den einzigen Schmuck des großen Festsaales bilden sollte. Nach dem Richtfest im Jahre 1938 erlahmte jedoch Hitlers Interesse. Weder Breker noch Thorak, sondern *Fritz Müller-Kamphausen* (1901–1955) erhielt den Auftrag für das Denkmal, das im Modell wieder einen sitzenden N. zeigt, umgeben von den Tieren Zarathustras (GSA 101/UF 249). Der von manchen favorisierte »Zarathustra« *Georg Kolbes* (1877–1947), der 1933 eine Statue *Zarathustras Erhebung* geschaffen und zwischen 1937 und 1947 vier Varianten dieser Statue modelliert hatte (Berger 1997, 30, 116), wurde von Hitler abgelehnt (Kolbe-Museum, Berlin). Als Ersatz für das fehlende Denkmal sollte schließlich der von Mussolini gespendete, antike *Dionysos* fungieren, der 1944 in Weimar eintraf und in die Villa »Silberblick« verbracht worden ist.

Literatur: Fuchs, G.: F. N. und die bildende Kunst, in: Die Kunst für Alle 11 (1895) 33–38, 71–73, 85–88; Seidl, A.: Kunst und Kultur, Berlin/Leipzig 1902; Stein, W.: N.

und die bildende Kunst, Berlin 1925; Svenaeus, G.: Der heilige Weg. N.-Fermente in der Kunst Edvard Munchs, in: Bock, H./Busch, G. (Hgg.): Edvard Munch. Probleme – Forschungen – Thesen, München 1973, 25–46; Krause, J.: »Märtyrer« und »Prophet«. Studien zum N.-Kult in der bildenden Kunst der Jahrhundertwende, Berlin/New York 1984; Stenzel, B.: Harry Graf Kessler. Ein Leben zwischen Kultur und Politik, Weimar u. a. 1995; Aschheim, S. E.: N. und die Deutschen. Karriere eines Kults, Stuttgart 1996; Berger, U. (Hrsg.): Georg Kolbe 1877–1947, München 1997.

*Henning Ottmann*

## Nietzsche-Kult

Über die normale Rezeption und Wirkung in Wissenschaft, Literatur, Musik und bildender Kunst hinaus stellt der N.-Kult eine Überhöhung von N.s Person zu einem modernen Messias bzw. seines Werkes zu einer neuen heiligen Schrift dar. N.-Kult ist wesentlich ein soziales, religiöses und psychologisches Phänomen, das im privaten oder öffentlichen Leben nachäffende oder rituelle Manifestationen zeitigt. N.s radikale Gedanken und Denkformen und sein einsiedlerischer Lebenswandel leisteten einer Verehrung durch Jünger Vorschub, wenngleich N. in seinen Schriften ausdrücklich die Heiligenverehrung als philosophischen Irrweg bezeichnet (Za I, »Von der schenkenden Tugend«, 3, KSA 4, 101 f.) und in *Ecce homo* ausdrücklich die Angst vor einer dereinstigen Heiligsprechung seiner Person ausgesprochen hat (EH, »Warum ich ein Schicksal bin«, 1, KSA 6, 365).

Eine erste öffentliche kultartige Verehrung wurde N. durch seinen Schüler und Freund Heinrich Köselitz zuteil, dem N. – durchaus zu Kultartigem passend – den Künstlernamen Peter Gast und damit eine neue Identität verliehen hatte. Köselitz stilisierte in seinen Vorworten zu den Neuauflagen von *Zarathustra* und *Menschliches, Allzumenschliches* (1893, 1894) N.s Leben zu einem heroischen Zarathustra-Leben und sprach 1900 am Grab N.s ein Bekenntnis, das in den Worten gipfelte: »*Heilig* sei Dein Name allen kommenden Geschlechtern« (F. Overbeck – H. Köselitz, Briefwechsel, 1998, XLf.; Janz 1978 ff., Bd. 3 357). Solche Stilisierungen führten endlich zu Alfred Kubins Ausruf um 1910 »Er ist wirklich – *unser* Christus!« (Krummel 1983, 416).

Die entscheidende Grundlage fand aber der N.-Kult in Elisabeth Förster-N.s während über drei Jahrzehnten programmatisch betriebener Heroisierung ihres Bruders in der Nachlaßverwaltung, in ihren Biographien, Luxus-Editionen (*Zarathustra, Ecce homo, Dionysos-Dithyramben*), Kunstaufträgen und Veranstaltungen. Seit August 1896 befand sich das N.-Archiv in Weimar und wurde als Pendant zu Bayreuth zu einem Kult- und Wallfahrtszentrum für N. aufgebaut. Ausdruck für die eingreifende Haltung Frau Förster-N.s sind die Retuschierung der Totenmaske, das eifersüchtige Zurückhalten der Drucklegung von *Ecce homo* bis 1908, die Kompilation des *Willens zur Macht* als des angeblichen Hauptwerks, die Edition einer Kriegsausgabe des *Zarathustra* (1914) etc.

Eine vom Archiv unabhängige N.-Verehrung hat sich um die Jahrhundertwende im Kreis um Stefan George entwickelt. Darüber hinaus gab es kaum eine geistige Bewegung, die sich nicht in irgendwelcher Form auf N. berufen hätte (Vegetarismus, Feminismus, Zionismus, Nationalismus, Sozialismus, Avantgarde etc.).

Ein besonders augenfälliger Kult fand in der ↗bildenden Kunst statt (Büsten, Statuetten, Zeichnungen, Gemälde, Ex libris und Radierungen). 1902 wurde das N.-Archiv von Henry van de Velde zu einer repräsentativen Jugendstilvilla umgebaut, seit 1911 war unter dem Vorsitz von Harry Graf Kessler in Weimar ein N.-Denkmal, dann ein N.-Tempel und ein N.-Stadion geplant. 1934 wurde neben dem Archiv eine N.-Gedenkhalle mit Feierraum und Apsis und mit Räumen für die Unterbringung des Archivs gebaut (↗Architektur).

Die nationalsozialistische N.-Rezeption war gespalten, und zu einem N.-Kult kam es nur in oberflächlicher Form (Schlagworte, allgemeine Patenschaft für die »blonde Rasse« etc.), während im intellektuellen italienischen Faschismus sich Mussolini ausdrücklich als »goldener Jünger Zarathustras« verstand.

Unter dem Kommunismus entstand eine vehemente Form des Anti-N.-Kults: Georg Lukács' *Die Zerstörung der Vernunft* (1954) wurde der Pate für die in der DDR bis zur Auflösung des Regimes beharrlich praktizierte Verdammung des Philosophen als Vorläufer des Nationalsozialismus und Faschismus.

In der Nachkriegszeit entwickelten sich kultartige Verhaltensweisen im Umkreis von N.- Gedenkstätten (Naumburg, Weimar, Sils-Maria) und N.-Vereinigungen. So wurde z.B. zum 150. Geburtstag N.s an dessen Grab in Röcken feierlich ein Kranz niedergelegt.

Literatur: Raschel, H.: Das N.-Bild im George-Kreis, Berlin 1984; Krause, J.: »Märtyrer« und »Prophet«. Studien zum N.-Kult in der bildenden Kunst der Jahrhundertwende, Berlin 1984; Cancik, H.: Der N.-Kult in Weimar, in: NSt 16 (1987), 414–420; ders.: Der N.-Kult in Weimar (II), in: Antes, P./Pahnke, D.: Die Religion von Oberschichten, Marburg 1989, 96–107; Nolte, E.: N. und der Nietzscheanismus, Frankfurt a.M./Berlin 1990; Naake, E.: N. in Weimar, in: John, J./Wahl, V. (Hgg.): Zwischen Konvention und Avantgarde, Weimar 1995, 21–31; Aschheim, S.E.: N. und die Deutschen. Karriere eines Kults, Stuttgart 1996; Riedel, M.: N. in Weimar, Leipzig 1997; Schneider, A.: Nietzscheanismus. Zur Geschichte eines Begriffs, Würzburg 1997.

*David Marc Hoffmann*

# Pädagogik

*Nohl – Spranger – Flitner – Bergemann – Key – Gurlitt – Havenstein – Hager – Arp – Weniger – Schmitz*

Innerhalb der deutschen Pädagogik – die Pädagogik des Auslandes läßt ein vergleichbares Interesse an N. nicht erkennen – dominiert gegenwärtig das Bild eines Autors, der als elitärer Bildungsphilosoph seine Zeit gehabt habe und allenfalls noch als Kultur- und Bildungskritiker in Erinnerung zu halten sei (Niemeyer 1998a). Zumindest insoweit gilt nach wie vor das Diktum von Habermas (1968, 237), wonach N. nichts Ansteckendes mehr habe. Wenig ansteckend war N. auch für die maßgebenden Universitätspädagogen des Kaiserreichs, wie exemplarisch die pejorativen Urteile Natorps (1899, 86), Willmanns (Krummel 1983, 29), Foersters (1906, 557), Reins (1913, VII) oder Paulsens (Uhle 1998) belegen. Sie bezeugen deutlich, wie sehr die Pädagogik an dem Bild N.s als eines ›Jugendverführers‹ (Niemeyer 1998b) bzw. ›verbotenen Philosophen‹ (Köster 1998) mitwirkte.

Ansteckend war N. allerdings für die Jugend und viele Vertreter der nachwachsenden Pädagogengeneration. Dies gilt für die Generation reformpädagogischer Praktiker, angefangen von Steiner (Krummel 1983, 79) über Buber (Krummel 1974, 14) bis Bernfeld (Krummel 1983, 56). Dies gilt aber auch für die universitäre Prominenz der Weimarer Epoche, also für Spranger, Nohl, Fischer, Petersen oder Flitner. Nohl betätigte sich 1913 sogar mit einem Beitrag auf dem Felde der N.-Forschung (Krummel 1983, 514). Schon im Oktober 1900 hatte er geschrieben, daß er einiges von N. gelesen und gefunden habe, »daß er trotz aller Pfaffen mehr Religion hat als irgend einer« (zit. n. Blochmann 1969, 26). Spranger publizierte im Jahre 1907 – ähnlich wie Jahre später Petersen (1919) – eine Rezension des aktuellen N.-Schrifttums (Krummel 1983, 284f.) sowie einen Aufsatz über N.s Sokratesbild (Spranger 1939) und bekannte für die Jahrhundertwende: »N. stand im Zenith« (Spranger 1950, 320). Flitner (1986, 95), der sich rückblickend zumindest für seine späte Schulzeit als »Nietzscheanhänger« auswies, traf wohl den Kern, wenn er meinte, »unter dem Einfluß N.s und der Neuromantik« sei seine Generation, die das Bewußtsein der Jugendbewegung getragen habe, »geistig erwacht« (Flitner 1928, 245).

Förderlich hierfür war zweifellos auch das schlagwortartige Wiederholen von Auffassungen N.s, wie etwa der von Bergemann (1900) als Motto eines seiner Bücher genutzte Ausruf: »Es wird irgendwann einmal gar keinen Gedanken geben als Erziehung« (N, KSA 8, 45). Im Zentrum stand aber das *Zarathustra*-Motto, das Ellen Key (1900) ihrem epochemachenden Buch *Das Jahrhundert des Kindes* vorangestellt hatte: »Eurer Kinder Land sollt ihr lieben: diese Liebe sei euer neuer Adel, – das unentdeckte, im fernsten Meere! Nach ihm heisse ich eure Segel suchen und suchen! An euren Kindern sollt ihr gut machen, dass ihr eurer Väter Kinder seid: alles Vergangene sollt ihr so erlösen! Diese neue Tafel stelle ich über euch!« (Za III, KSA 4, 255). Derartige reformpädagogisch folgenreiche Nietzscheanismen lassen sich auch noch nach 1914 identifizieren, etwa in 20 unmittelbar vor Kriegsausbruch als Monographie erschienenen Briefen, mit denen ihr Autor in Anbetracht des von N. demaskierten »deutschen Bier- und Bildungsphilisteriums« (Hammer 1914, 43) die Jugend und insbesondere den Wandervogel zum Kampf für eine neue, kosmopolitische Kultur aufrief. Denken ließe sich auch an einzelne Pädagogen, die N. dem Leser anboten als Befreier »von den störendsten und widerlichsten Hemmungen aller Erziehung: der ertötenden Leblosigkeit des ›fertigen‹ Lehrers, dem nichts mehr Werden, Fließen und Sichgestalten, nichts mehr Problem, –

nichts mehr Leben ist, der deshalb auch niemals Leben wecken kann« (Tögel 1917, 599). Dies waren aber eher Einzelstimmen im Vergleich zu dem zumal von Förster-N. forcierten Bemühen, N. als ›Kriegsphilosophen‹ aufzubereiten und auf diese Weise endgültig von seinem Nimbus als ›Jugendverführer‹ zu reinigen (Niemeyer 1999).

Teilweise war dies erfolgreich und führte mit Kriegsende hier und da auch zur Abrechnung mit N. Verbreiteter war allerdings der Versuch, N. erneut für den »Kampf gegen den Pseudo-Geist unserer Bildungsanstalten« (Eisinger 1926, 138) in Anspruch zu nehmen. So nutzte Gurlitt (1921) das Griechenbild N.s, um dem (Alt-)Philologenstand eine zeitgemäße Orientierung zu geben. Nohl (1933, 119) erinnerte an das N.-Wort von der Mission der Jugend, »jenes ersten Geschlechtes von Kämpfern und Schlangentödtern, das einer glücklicheren und schöneren Bildung und Menschlichkeit voranzieht« (HL 10, KSA 1, 331), und er knüpfte damit eine Brücke zum pädagogischen N.-Kenner Havenstein und dessen These, daß die Jugend nicht mehr frage, »wie es einstmals war, sondern wie es heute ist und morgen sein soll« (Havenstein 1930, 342), und die bei ihrer Antwort auf das *Zarathustra*-Wort zu verweisen sei: »Diese neue Tafel, oh meine Brüder, stelle ich über euch: werdet hart! –« (Za III, KSA 4, 268; vgl. Havenstein 1929/30, 320).

Im ↗Nationalsozialismus trat die fragwürdige Seite des sich hier ankündigenden Paradigmenwechsels deutlich hervor. Dazu gehörte die Ansicht, N. sei deswegen aktuell, weil die »Demokratie der Vergangenheit« nichts mit seinem »Ideal heldenhafter Gesinnung« (Hager 1933, 573) anfangen konnte. Verbunden damit war die Absage gegenüber der reformpädagogischen N.-Nutzung Keys und Gurlitts mit Schwerpunkt darauf, daß beide den einzelnen nicht in Beziehung zum Ganzen gesehen, sondern verabsolutiert hätten (Voigt 1937, 567f.). Auch einzelne Formulierungen N.s wurden nun unter Ideologieverdacht gestellt, etwa das Wort, man müsse »noch Chaos in sich haben, um einen tanzenden Stern gebären zu können« (Za I, KSA 4, 19), das nun in Verbindung mit dem »›Mut zum Chaos‹ unserer Wendekreis-Pädagogen aus der Systemzeit« (Arp 1939, 396) gebracht wurde. Es paßte zu diesem antireformpädagogischen Geist, wenn nun ersatzweise Schlagworte wie »Gelobt sei, was hart macht!« (Za III, KSA 4, 194), »Der gute Krieg ist es, der jede Sache heiligt« (Za I, KSA 4, 59) oder »Gefährlich leben!« (FW, Nr. 283, KSA 3, 526) populär wurden. Auch N.s Historienschrift rückte nun ins Zentrum, galt doch die »monumentale Geschichtsbetrachtung« als »eines der großen Mittel der Erziehung und Bildung der Glieder der Volksgemeinschaft, der Träger des Volkswillens, der Führer der Volkskraft« (Weniger 1938, 248). Vergleichbare Aufmerksamkeit gewannen jene Passagen der Bildungsvorträge, die dazu auffordern, das Individuum in strengste Zucht zu nehmen, weil es lernen solle, »das Erhabene zu verehren« (Otto 1936, 20). Und so konnte man bald über N., den »pädagogischen Klassiker der völkischen Bewegung« (Hager 1933, 573), lesen: »Es darf keine Prima mehr zur Entlassung kommen, die nicht wie zu Goethes ›Faust‹ so auch an das Werk N.s herangeführt worden ist« (Schmitz 1938, 600). Deutlich zeigt sich hier der Wandel N.s vom Jugendverführer über den kriegsstrategisch wichtigen Lektüregeber im Schlachtengraben des Ersten Weltkrieges hin zur offiziellen Schullektüre.

Die Kehrseite dieser Medaille ist nicht zu übersehen: Der Name N. blieb über den Zusammenbruch des ›Dritten Reichs‹ hinaus mit dem Ereignis verhaftet, das er am wenigsten verschuldet hatte. Damit begann sich das, was sich zum Kriegsende hin im Ausland abgezeichnet hatte, nämlich die Verantwortung für das Geschehene N. zuzuschreiben (Aschheim 1996, 301f.), nach 1945 auch in Deutschland sowie der deutschen Pädagogik durchzusetzen. Mitunter geschah dies mit einiger Ignoranz gegenüber dem eigenen Anteil an der nationalsozialistischen Zurichtung N.s, so wie bei Weniger, der 1948 schrieb: »Eine Wurzel des nationalsozialistischen Mythos finden wir, wie zu erwarten, bei N.« (Weniger 1948, 259). Auch Spranger, der seinerseits im ›Dritten Reich‹, ähnlich wie Weniger, volkserzieherische Absichten unter Berufung auf N. popularisiert hatte, las N. nun als einen Einflußgeber von Faschismus wie Nationalsozialismus sowie als einen »Ideologienlehre[r] mit stark politischer Intention« (Spranger 1954, 58), der keinen Platz mehr gelassen habe für Ideale, »die rein geistigen Ursprungs wären« (Spranger 1946, 49).

Erst in den 60er Jahren, bedingt wohl auch durch das allmähliche Hervortreten einer neuen Generation von Erziehungswissenschaftlern, die sich durch den Nationalsozialismus weitgehend unbelastet wußte, wurde N. wieder zu einer gewissen Adresse, die man allerdings nur in Maßen und in aller Vorsicht nutzte. Exemplarisch hierfür ist Groothoff (1961, 66), der seinem Kanon empfehlenswerter Schriften zum Themenbereich ›Philosophie in der Lehrerbildung‹ allein noch N.s *Unzeitgemäße Betrachtungen* zurechnete. Auch N.s Bildungsvorträge aus dem Jahre 1872 konnten mit einer gewissen, auch editorischen Aufmerksamkeit rechnen, dies zumeist im Zusammenhang mit der Klärung von N.s Stellung im Rahmen der Kulturkritik und deren Bedeutung für die Reformpädagogik. Eher gegenläufige, auf N.s Spätwerk orientierende Akzente setzte erst die pädagogische N.-Rezeption im Zusammenhang mit der Adaptation der ↗Kritischen Theorie der Frankfurter Schule. Ins Zentrum führt hier die über die Rückerinnerung an Horkheimers und Adornos *Dialektik der Aufklärung* entwickelbare These, daß »ein versteckter N. zumindest in der ›Kritischen Pädagogik‹ schon seit geraumer Zeit haust« (v. Prondczynsky 1998, 76).

Zu nennen wäre schließlich noch die These, N. sei der »Vater« (Welsch) der ↗Postmoderne und habe als solcher auch dem postmodernen Krisenbewußtsein der Pädagogik Ausdruck gegeben. Im Zentrum des Interesses steht dabei N.s Historienschrift und die hier diagnostizierte historische ›Krankheit‹, und dies mit dem Befund, daß »N.s Gegengifte gegen die Wissenschaft« unübersehbar gedeihen: »das ›Unhistorische‹ manifestiert sich im Praktizismus der Anti- und Alternativpädagogen, das ›Überhistorische‹ bezeugt sich in der Rehabilitation der erklärenden und verklärenden archaischen Kräfte des Mythos und seiner aktuellen Gestaltung sowie in der damit einhergehenden Neubewertung der Vormoderne« (Ullrich 1989, 152). N., so zeigt sich hier, droht (erneut) mit einem bestimmten und sehr eng gefaßten Teil seines Werkes zum Stichwortgeber für die allerneuesten ›Philosopheme‹ zu werden, und dies, wo doch schon Reinhard Löw allen Grund für sein Argument hatte, nur eine »Einbeziehung des ganzen Opus« (Löw 1984, 150) könne für eine Interpretation N.s als Erzieher tragfähig sein.

Literatur: Natorp, P.: Sozialpädagogik, Stuttgart 1899; Key, E.: Das Jahrhundert des Kindes, Berlin 1900; Bergemann, P.: Soziale Pädagogik auf erfahrungswissenschaftlicher Grundlage und mit Hilfe der induktiven Methode als universalistische oder Kultur-Pädagogik, Gera 1900; Foerster, F. W.: Jugendlehre, Berlin 1906; Rein, W.: Grundriß der Ethik, Osterwieck/Leipzig ⁴1913; Hammer, W.: N. als Erzieher, Leipzig 1914; Tögel, F.: F.N. und die Lehrerpersönlichkeit, in: Leipziger Lehrerzeitung 24 (1917), 597–600; Petersen, P.: Die Legende von F.N., in: Der Aufbau 32 (1919), Beilage, 311–313; Gurlitt, L.: Die Erkenntnis des klassischen Altertums aus dem Geist N.s, in: Oehler, M. (Hrsg.): Den Manen F.N.s, München 1921, 59–80; Eisinger, M.: N. ›über die Zukunft unserer Bildungsanstalten‹, in: Deutsche Lehrerinnenzeitung 43 (1926), 137–138; Flitner, W.: Die junge Generation im Volke (1928), in: Ges. Schr., Bd. 4, Paderborn u.a. 1987, 243–261; Havenstein, M.: Das Recht zur Kritik an der modernen Erziehung, in: Die Erziehung 5 (1929/30), 315–320; ders.: Die wissenschaftliche Erziehung in den Geistes- und Kulturwissenschaften, in: Nohl, H./Pallat, L. (Hgg.): Handbuch der Pädagogik, Dritter Band, Berlin/Leipzig 1930, 325–370; Hager, A.: F.N., der Erzieher des deutschen heroischen Menschen, in: Allgemeine Deutsche Lehrerzeitung 62 (1933), 577–579; Nohl, H.: Die pädagogische Bewegung in Deutschland und ihre Theorie (1933/35), Frankfurt a.M. ¹⁰1988; Otto, W. F.: Der junge N., Frankfurt a.M. 1936; Voigt, G.: N.s Gedanken über Bildung und Erziehung, in: Neue Jahrbücher für deutsche Wissenschaft 13 (1937), 558–568; Schmitz, F.: N. im Deutschunterricht der Prima, in: Die deutsche höhere Schule 5 (1938), 599–604; Weniger, E.: Wehrmachtserziehung und Kriegserfahrung (1938), in: ders.: Lehrerbildung, Sozialpädagogik, Militärpädagogik, ausgew. u. komm. v. H. Gaßen, Bd. 5, Weinheim/Basel 1990, 202–269; Arp, W.: N.s Menschenideal in unserem Erziehungsethos, in: Nationalsozialistisches Bildungswesen 4 (1939), 321–332, 391–406; Spranger, E.: N. über Sokrates (1939), in Ges. Schr. XI, Heidelberg 1972, 389–403; ders.: Der Ertrag der Geistesgeschichte für die Politik (1946), in: Ges. Schr. VIII, Tübingen 1970, 34–53; Weniger, E.: Geschichte *ohne* Mythos (1948), in: ders.: Erziehung, Politik, Geschichte, ausgew. u. komm. v. H. Gaßen, Bd. 4, Weinheim/Basel 1990, 259–283; Spranger, E.: Fünf Jugendgenerationen 1900–1949 (1950), in: Ges. Schr. VIII, Tübingen 1970, 318–344; ders.: Wesen und Wert politischer Ideologien (1954), in: Ges. Schr. VIII, Tübingen 1970, 54–76; Groothoff, H.-J.: Über die Philosophie in der Lehrerbildung, in: Zs. f. Pädagogik 7 (1961), 58–67; Habermas, J.: Nachwort, in: N., F.: Erkenntnistheoretische Schriften, hrsg. v. J. Habermas, Frankfurt a.M. 1968, 237–261; Blochmann, E.: Hermann Nohl in der pädagogischen Bewegung seiner Zeit, Göttingen 1969; Krummel 1974 u. 1983; Löw, R.: N. Sophist und Erzieher, Weinheim 1984; Flitner, W.: Erinnerungen, in: Ges. Schr., Bd. 11, Paderborn u.a. 1986; Ullrich, H.: Erziehung durch Kult, in: Viertelj. f. Wiss. Pädagogik 65 (1989), 152–178; Aschheim, S. E.: N. und die Deutschen, Stuttgart/Weimar 1996; Köster, P.: Der verbotene Philosoph, Studien zu den Anfängen der katholischen N.-Rezeption in Deutschland (1890–

1918), Berlin/New York 1998; Niemeyer, Ch.: N. und die deutsche (Reform-) Pädagogik. Vorüberlegungen zur Behebung eines Forschungsdesiderats, in: ders./ Drerup, H./Oelkers J./v. Pogrell, L. (Hgg.): N. in der Pädagogik?, Weinheim 1998, 96–119 (1998b); Niemeyer, Ch.: N. als Jugendverführer. Gefährdungslage und Pädagogisierungsoffensive zwischen 1890 und 1914, ebd. 96–119 (1998a); v. Prondczynsky, A.: Historische Konstruktionen: Zur Rezeption N.s in »Geschichten der Pädagogik«, ebd. 56–79; Uhle, R.: Der N.-Kultus in der Wahrnehmung philosophischer Pädagogik – das Beispiel Friedrich Paulsens, ebd. 80–95; Niemeyer, Ch.: »Plündernde Soldaten«. Die pädagogische N.-Rezeption im Ersten Weltkrieg, in: Zs. f. Pädagogik 45 (1999), 209–229.

*Christian Niemeyer*

# Philosophie

*Brandes – Klages – Jaspers – Heidegger – Löwith – Kritische Theorie (Horkheimer, Adorno, Marcuse, Habermas) – Postmoderne (Pannwitz, Lyotard, Derrida, Foucault, Deleuze)*

Die philosophische Wirkungs- und Deutungsgeschichte F.N.s gliedert sich in drei Etappen, die freilich nicht gegeneinander scharf abgrenzbar sind. Ihre Übergänge bleiben fließend. Die erste Etappe reicht etwa von den 80er und 90er Jahren des 19. Jh.s bis in die 20er Jahre des nachfolgenden. Sie läßt sich charakterisieren als die Zeit der Versuche von Annäherungen an bzw. Distanzierungen von einzelne(n) ausgewählten philosophischen Positionen N.s, dessen Philosophieren von Hauptrepräsentanten der deutschen systematischen oder »Schulphilosophie« (so etwa Wilhelm Dilthey, Eduard von Hartmann, Wilhelm Windelband, Heinrich Rickert, Edmund Husserl usw.) fast durchweg abgelehnt, von »systemoffeneren«, teilweise auch jüngeren Philosophen wie z.B. Georg Simmel, Alois Riehl, Raoul Richter, Hans Vaihinger, Ludwig Klages u.a. hingegen kritisch-fragend aufgenommen wird. Die zweite Etappe reicht von den dreißiger bis etwa in die fünfziger Jahre und ist – auch wenn man sie im Kontext komplizierter weltanschauungspolitischer »Instrumentalisierungsprozesse« sehen muß – wesentlich bestimmt vom Versuch einer philosophischen Interpretation des Schaffens des Philosophen N. in seiner theoretischen Gesamtheit (A. Baeumler, Jaspers, K. Löwith, Heidegger, W. Kaufmann, G. Lukács, u.a.). Die dritte Etappe beginnt in den 60er Jahren und reicht bis zur Gegenwart. Sie ist charakterisiert durch eine ungeheuer vielfältige, teilweise philologisch äußerst akribisch vorgehende N.-Forschung, die versucht, das gesamte Denken N.s einschließlich seiner Quellen und seiner Wirkungen in allen Details wissenschaftlich zu erschließen. Ermöglicht wurde diese Forschung aber erst, seit durch das Bemühen G. Collis und M. Montinaris sowie deren Nachfolger das N.sche Gesamtwerk der wissenschaftlichen Öffentlichkeit systematisch erschlossen wurde.

*Brandes, Georg (Pseudonym für Morris Cohen, 1842–1927; dän. Philosoph, Literaturhistoriker und Kulturkritiker)*

Brandes, der ursprünglich an positivistisch orientierten Denkansätzen Hippolyte Taines orientiert war und mit seinem epochalen Werk *Hauptströmungen der Literatur des 19. Jahrhunderts* (6 Bde., ab 1872) ein Vorkämpfer für den Naturalismus wurde, war der erste Wissenschaftler, der N.s Werk zu einem akademischen Gegenstand in seinen Vorlesungen machte. 1888 hielt er an der Kopenhagener Universität erstmals eine Vorlesung über N.s Philosophie. 1889 verfaßte er seinen richtungsweisenden Aufsatz *Aristokratischer Radicalismus/Eine Abhandlung über F.N.* (vgl. Guzzoni 1991). N., der bereits vorher mit Brandes in Kontakt stand, bemerkte dazu in einem Brief an Brandes vom 2. 12. 1887: »Der Ausdruck ›Aristokratischer Radicalismus‹, dessen sie sich bedienen, ist sehr gut. Das ist, mit Verlaub gesagt, das gescheuteste Wort, das ich bisher über mich gelesen habe«. Dabei ist der Liberale Brandes durchaus nicht unkritisch mit N. verfahren, dem er alles andere als demokratische Gedankengänge zuerkennen mag und dem er in seiner Christentumskritik vorwirft, »eine Karikatur im Geist und Stil des 18. Jahrhunderts geliefert« zu haben (Guzzoni 1991, 7). Sein ausschließlich psychologisches Interesse lasse auch eine wissenschaftliche Kontrolle seiner Theorien nicht zu. Im Zentrum der N.-Rezeption Brandes stehen ethisch-politische Fragen wie das Verhältnis von ↗Herren- und Sklavenmoral, die unegoistische ↗Mitleidsmoral des Christentums und Schopenhauers, die – nach N. – der egoistischen Grausamkeitsmoral historisch folge. Schließlich betont er N.s leidenschaftliches Bekennen zur aktiven Herrschaftsmoral der Edlen gegen die Neidmoral der Masse, die sich passiv wie das Lamm verhalte. Brandes sieht in N. den Denker, für den »Rechtszustände« (und somit der Staat) »nie etwas anderes als Ausnahmezustände« sind, die immer nur »als Einschränkung der eigentlichen Lebensbegierde, deren Ziel Macht ist« gelten müssen (ebd. 10). Schopenhauers »Wille zum Leben« und Darwins »Kampf ums Dasein« werden von N. durch den Ausdruck »Wille zur Macht« ersetzt. Die Unterdrückung der starken und wilden Machttriebe durch den Staat, die ursprünglich als »Feindschaftsgefühl«, »Grausamkeit«, »Wagespiel«, »Überfall«, »Verwüstung« allseits geachtete Prinzipien der freien, wilden Edlen in archaischen Zeiten waren und nun als »verbrecherisch« galten, schuf – so N.s »geniale Hypothese« – das böse Gewissen als »tiefgehende[n] Krankheitszustand«, der im Menschen zum Ausbruch kam, als »er sich endgültig in eine Gesellschaft eingesperrt fand, die gefriedet war« (ebd. 12). Das »Verbrochene« der Vorzeit wurde nun als »Schuld« empfunden und unter seiner »Herrschaft wurde unsere Erde der asketische Planet: ein Rabennest im Himmelsraum, von mißvergnügten, hochmütigen Geschöpfen bewohnt, denen vor dem Leben ekelt [...]« (ebd. 13). N.s »aristokratischer Radicalismus« verstehe sich hier als geistiges Gegengift.

*Klages, Ludwig (1872–1956, dt. Psychologe/Graphologe und Philosoph)*

Den wahren »Fortbildner N.scher Gedanken« vermeint C. A. Bernoulli in L. Klages gefunden zu haben. Er repräsentiere einen »Neonietzscheanismus«, dessen »Kongenialität auf N.s Lehre vom synthetischen Rauschcharakter des Lebens« verweist (Krummel III, 1998, 5f.). Für Klages ist N. in seinem Hauptwerk *Der Geist als Widersacher der Seele* (1929) »der gewaltigste Zertrümmerer ideologischer Wunschformen, den die Weltgeschichte kenne [...]« (Klages I, 1969, 4), und zugleich der »Wegbereiter derjenigen Forschungen [...], die allein erst den Namen ›Seelenkunde‹ verdienen dürfte«, da uns Fragen geläufig geworden sind, die in »dunkle Tiefen« führen, die niemals »spekulativer Scharfsinn« (ebd. 272) zu erreichen vermochte. N. erkannte auf dieser Basis, daß eine Psychologie, die »Bewußtseinstatsachen« für den eigentlichen Gegenstand der Seelenkunde halte, »niemals zur Selbsterkenntnis zu führen vermöge« (Klages IV, 1976, 703). Für N. war deshalb das Bewußtsein eher eine Krankheit und Unvollkommenheit, denn eine Vollendung des Lebens. Im Willen zur Macht komme, wenn auch nach Klages ungenau, nach seiner aktiven Seite hin das Ichgefühl als »Daseinsbehauptungsgefühl« (ebd. 704) charakteristisch zum Tragen. Für N. gehört dabei alles, was von einer Handlung gewußt werden könne, noch zur Oberfläche derselben, die uns zwar etwas verrät, aber mehr noch verbirgt. N. habe den »Glauben an eine wirkende Macht des Bewußtseins am empfindlichsten Punkte« angegriffen, nämlich dort, wo er »aus den Ursachen des Entschlusses [...] den Gedanken des Zwecks streicht, dem nur ein Symptomwert belassen wird« (Klages I, 1969, 556), denn gerade in dieser Position hätte sich das Bewußtsein als wirkmächtig zeigen können. Obgleich Klages N. beistimmt, daß Beweggründe (Zweckgedanken) bloß die Bedeutung von »Anzeichen« für die eigentlichen »Ursachen des Entschlusses« sind, so betont er jedoch, »daß von Willensentscheidung nur die Rede sein kann mit Beziehung auf die Bewußtseinstatsache der Absicht«. Für Klages ist eben die »Wollung nicht ohne das Kommando des Geistes [...]« (ebd. 565), und N. bleibt der »kühnste Pionier einer geistfeindlichen Lebenslehre« (ebd. 780), auch wenn er nächst Heraklit auch Epikuros, den mechanistischen Atomisten, ob seiner Wirklichkeitsnähe zu loben fand. Klages bemerkt in seinem N.-Buch (1926), in welchem er sich dessen »psychologischen Errungenschaften« zuwendet, daß dieser der »erste Psychologe« gewesen sei, dessen »ganz andersartige[ ] Wesenswissenschaft« sich von der »Kathederpsychologie des 19. Jh.s« grundlegend abgrenzte (Klages V, 1979, 20). Es gibt einen einzigen Leitgedanken, der durch all seine Werke in »pfeilgerader Linie dem Ziele« zustrebe und von diesem werden spätere Geschlechter den »Beginn der Wissenschaft von den Charakteren der Menschheit« ansetzen (Klages IV, 1976, 703) – nämlich »Analytiker des persönlichen wie gattungsmäßigen Selbstbetruges« (ebd. 705) zu sein, der ihn zum »größten Fesselnsprenger der Menschheit« (ebd. 707) werden ließ, der aber im Streben zum »Übermenschen« selber »ein Gefesselter« blieb. Es geht nämlich – so Klages – durch N.s Werk ein »verheerender Selbstwiderspruch« hindurch, der darin liege, »daß derselbe Denker, der wie kein andrer die Verbrechen des Willens zur Macht am Leben enthüllt, das Leben selber als eben diesen Willen zur Macht zu verstehen unternimmt« (Klages V, 1979, 179f.).

## Jaspers, Karl (1883–1969, dt. Philosoph und Psychiater)

Karl Jaspers sieht – neben Schelling und Kierkegaard – in N. einen der Denker, der die »Wege der Existenzphilosophie« ging (Jaspers 1979, 149). Ohne sein Wirken wäre die Entstehung der Existenzphilosophie in Deutschland unvorstellbar. Hinsichtlich N.s kam aber für die Jasperssche Rezeption noch eine Besonderheit hinzu, nämlich die gleichzeitige Auseinandersetzung mit der nationalsozialistischen Ideologisierung und Vermarktung dieses Denkers (insbesondere durch A. Baeumler). Wenngleich Jaspers in seiner N.-Rezeption zwar die Unabhängigkeit von Zeitereignissen in seinem N.-Buch 1935/36 betont, so fügt er doch nach dem Krieg hinzu, daß er »zugleich gegen die Nationalsozialisten die Denkwelt dessen aufrufen« wollte, »den sie zu ihrem Philosophen erklärt hatten« (Jaspers 1950, 6). Jaspers – der davon ausgeht, daß N. »nicht Leser überhaupt« suche, »sondern seine Leser, die ihm zuhören« (ebd. 25) – liest und interpretiert ihn konsequent vom Standpunkt seiner Existenzphilosophie, die N. nicht schlechterdings nachfolgen will, sondern deren Sinn es ist, mit ihm »den freien Raum des Möglichen, der alle Bindungen umgreift, zu gewinnen, um in der Existenz die Tiefe der eigentlichen Freiheit zu erwecken« (ebd. 459). Und gerade dies bedeute im Philosophieren mit ihm, sich ständig gegen ihn zu behaupten. Um ihn aber richtig verstehen zu können, bedarf es neben der Kenntnis des Lebens N.s vor allem der seiner »Grundgedanken« (Mensch, Wahrheit, Geschichte und gegenwärtiges Zeitalter, große Politik, Weltauslegung, Grenzen und Ursprünge) sowie eine Einordnung der Denkweise N.s im ganzen seiner Existenz. Gegen die bisherigen Methoden der N.-Deutung, nur einzelne Elemente aus seinem Schaffen herauszureißen, N.s Persönlichkeit und seine Gedankenwelt nur psychologisch zu erklären oder mythisch-symbolhaft zu überhöhen, wendet sich Jaspers prinzipiell. Er warnt davor, N. entweder als Aphoristiker zu zerstückeln oder ihn systematisieren zu wollen. Beides ist äußerst fragwürdig. N. gleicht einer gesprengten Bergwand, deren mehr oder weniger behauene Steine auf ein Ganzes weisen, aber das Bauwerk, um dessentwillen gesprengt wurde, ist nie errichtet worden. Man muß aber »durch die Trümmer hindurch den Bau suchen [...]« (ebd. 10). So fordert Jaspers im Beschäftigen mit N.s Denken sowohl den Umgang mit N.s Leben als auch das Eingehen auf systematische Zusammenhänge, die aber nicht als philosophische Systeme im üblichen Sinne zu verstehen sind, sondern permanent in der endlosen Wiederholung und Widersprüchlichkeit der einzelnen Teile zu zerfallen drohen. Die Einheit von Leben und Denken, zeitlicher Entwicklung und System hat bei Jaspers nur die Funktion einer kantischen »Idee beim Studium N.s« (ebd. 20). Die Suche nach einem philosophischen »Hauptwerk« sieht Jaspers als müßig an, denn man muß, will man N. verstehen, alles zusammennehmen, um die philosophischen Bewegungen seines Wissens in den vielfachen Spiegelungen am Ende durch eigenes Denken wirklich zu erfassen, wobei in den drei Teilen seiner Abhandlung je ein Gesichtspunkt vorherrschend ist. Bezüglich N.s Leben ist es die »Radikalität des Äußersten«, bezüglich der Grundgedanken muß in »einer Ordnung der wirksamen Grundmotive im einzelnen« gezeigt werden, »wie kein Gedanke beständig ist« und jeder sich immer wieder in Frage stellt. Die von N. erblickte »Seinsgestalt« ist bis an ihr Scheitern zu verfolgen, ohne zu stranden. Die »Auslegung im Ganzen« habe schließlich »die existentielle Bedeutung dieses Lebens und Denkens zu klären« (ebd. 23). So soll »die Aneignung N.s« offengehalten werden, und »niemand wird diese Weise der Aneignung vollenden« (ebd. 460) können und dürfen.

## Heidegger, Martin (1889–1976, dt. Philosoph)

Für Heidegger ist N. der »letzte deutsche Philosoph« (1983, 13), der leidenschaftlich Gott suchte und feststellen mußte: Gott ist tot. Darin drückt sich der Ernst der Verlassenheit der heutigen Menschen in der herrschaftlichen Welt des Seienden aus. Heidegger setzte sich schon unter dem Eindruck der Rickertschen Vorlesungen zu N. in seiner Habilitationsschrift (1916) mit dessen Denken auseinander und ging im § 76 von

*Sein und Zeit*, der sich mit dem existentialen Ursprung der Historie aus der Geschichtlichkeit des Daseins beschäftigt, auf N.s Historienschrift ein und stellt fest: »Die Möglichkeit, daß Historie überhaupt entweder von ›Nutzen‹ oder ›Nachteil‹ sein kann ›für das Leben‹, gründet darin, daß dieses in der Wurzel seines Seins geschichtlich ist und sonach als faktisch existierendes sich je schon für eigentliche oder uneigentliche Geschichtlichkeit entschieden hat« (Heidegger 1977, 396). Allerdings wird N. als Denker für Heidegger erst in den 30er Jahren zur wichtigsten geistigen Herausforderung, vor allem in Hinblick auf seine Metaphysikkritik. Diese Auseinandersetzung findet in seinen Vorlesungen in Freiburg zwischen 1936 und 1939 sowie in Abhandlungen zwischen 1940 und 1946 statt. 1961 erscheinen diese theoretischen Auseinandersetzungen mit Grundproblemen der N.schen Philosophie in seinem zweibändigen Werk *Nietzsche*, welches in gewissem Maß jenseits aller bisherigen Ansätze einer N.-Rezeption steht. Im Bemühen, gerade kein »N.-Bild« geben zu wollen, welches Person und Werk als Ergebnis eines bestimmten Zeitgeistes ansieht – und sich damit im Gegensatz sowohl zu einer NS-Vermarktung als auch einer »Rettung« N.s vor einem solchen Geschehen (z.B. bei Jaspers und Löwith) bzw. seiner Verdammnis aus gleichem Grunde (z.B. Lukács, Bloch, kritische Theorie usw.) befindend – steht »der Name des Denkers [...] als Titel für die Sache seines Denkens« (Heidegger I, 1961, 9). Inhalt des Heideggerschen Werkes ist es deshalb, »unser Denken auf die Sache eingehen zu lassen, jenes auf dieses vorbereiten [...]« (ebd.). Die Sache aber ist nicht Jasperssscher existentieller Appell und nicht Lukácssche Verdammnis, sondern das Sein und damit Heideggers ureigenste Metaphysikdeutung, die N. in der Geschichte der abendländischen Metaphysik einen besonderen Stellenwert einräumt. N.s Metaphysik stellt als Willensmetaphysik die Vollendung der Geschichte abendländischer Metaphysik dar und ist somit »niemals in ihrem Kern eine spezifisch deutsche Philosophie. Sie ist europäisch-planetarisch« (Heidegger II, 1961, 333). Deshalb konzentriert sich Heidegger auch nicht auf den »ganzen« N., sondern auf den des Nachlasses. Das in N.s Schaffenszeit Veröffentlichte ist für Heidegger immer nur »Vordergrund«. »Die eigentliche Philosophie bleibt als ›Nachlaß‹ zurück« (Heidegger I, 1961, 17). Und in deren Zentrum stehen der ↗Wille zur Macht und die ↗ewige Wiederkunft. Beide gehören »aufs Innigste zusammen« (ebd. 26). Im Band I des N.-Buches folgt Heidegger diesen beiden Schwerpunkten zunächst im »Willen zur Macht als Kunst«, indem er N.s Absicht, »die Kunst als eine Gestalt des Willens zur Macht« (ebd. 91) nicht nur nachzuweisen gedenkt, sondern ihn hinterfragt bezüglich der Leistung dieser Auffassung »für die Wesensbestimmung des Willens zur Macht und damit des Seienden im Ganzen«. Rausch ist der Gefühlszustand, der die »Subjektivität des Subjekts« sprengt, und die Schönheit durchbricht den Kreis des für sich stehenden Objekts. »Der ästhetische Zustand ist weder etwas Subjektives noch etwas Objektives« (ebd. 145). Die Kunst erhält nun einen neuen Stellenwert. Da sie »mehr wert ist als die Wahrheit«, ist sie »lebenssteigernder denn die Wahrheit als Festmachung eines Anscheins« (ebd. 250). Die »ewige Wiederkehr des Gleichen« ist schließlich für Heidegger im Anschluß der »Grundgedanke von N.s Metaphysik« (ebd. 255). Die sich damit verbindende Aussage über das Seiende im Ganzen, die nicht irgendeine Lehre neben anderen ist, sondern Produkt eines scharfen Kampfes gegen die abendländische platonisch-christliche und neuzeitliche Denkweise, enthält den Gedanken, daß die Wiederkehr nicht als Notwendigkeit der Freiheit gegenüber zu stellen ist. Sie darf niemals »in die schon vorgegebene ›Antinomie‹ von Freiheit und Notwendigkeit eingezwängt werden« (ebd. 401). Sie ist eine Gegenbewegung gegen die Gesamtgeschichte der abendländischen Philosophie, die als Platonismus gedacht wird und für N. Nihilismus ist. Dieser wird auf der »Blickbahn seines Denkens bis ins Äußerste erfahren und durchgefragt« (ebd. 437), und damit wird »der Herkunfts- und Herrschaftsbezirk« des »Gedankens von der ewigen Wiederkunft des Gleichen« eröffnet. Die Überwindung des Nihilismus muß ihn mit- und bis ans äußerste Ende durchdenken. N.s Philosophie »ist das Ende der Metaphysik, indem sie zum Anfang des griechischen Denkens zurückgeht, diesen auf *ihre* Weise aufnimmt und so den Ring schließt [...]« (ebd. 464). Mit dem Abschnitt »Der Wille zur Macht als Erkenntnis« schließt Band I, und Heidegger sieht N. hier als »Denker der Vollendung der Metaphysik«, indem er »den Gedanken-Gang zum ›Willen zur Macht‹ gegangen ist« (ebd. 473). Entgegen aller wissenschaftlichen »Erkenntnistheorie« des 19. Jh.s, die »die Frage nach dem Wesen der Erkenntnis zu einer Sache der ›Theorienbildung‹« (ebd. 496) macht, hat N. – wenngleich auch er nicht frei von den Einflüssen der Zeit war – diese Wesenswahrheit als »Illusion« angesehen. Wahrheit ist – ohne daß N. »Biologist« sei – eine entscheidende »Bedingung für das Leben«, und das Erkennen ist »Schematisieren eines Chaos nach praktischem Bedürfnis« (ebd. 551). Zu letzterem gehört »Horizontbildung« als »eingegrenzter Umkreis« und »Perspektive« als »Öffnung« des Umkreises der »maßgebenden Möglichkeiten« (ebd. 576). N. denke »das ›Biologische‹, das Wesen des Lebendigen, in der Richtung des Befehls- und Dichtungshaften, des Perspektivischen und Horizonthaften: der Freiheit« (ebd. 615). Er wird zum »Vollender« der abendländischen Metaphysik, weil er im Gedanken des Willens zur Macht das eigentlich Werdende in seiner Beständigkeit denkt, als das »eigentliche ›Seiende‹«. Damit denkt N. als »Metaphysiker«, der »dies auch weiß« (ebd. 656). Diese metaphysische Vollendung zu einem Ende aber »ist die Not des anderen Anfangs« (ebd. 657). An uns werde es liegen, ob wir dies in seiner Notwendigkeit erfahren, die dann auch »Not wenden« kann. Im Zentrum von *N.* II steht dann Heideggers Auseinandersetzung mit dem N.schen Konzept des »europäischen Nihilismus«, der als »Entwertung der obersten Werte« (1961, II, 44ff.) ein »geschichtlicher Vorgang« ist, welcher in der abendländischen Geschichte von der Antike bis zur Gegenwart waltet und also auch an »N.s Metaphysik« (ebd. 257ff.), trotz dessen Kritik an jener nicht vorübergeht. Seine Metaphysik ist vielmehr »die letzte Verstrickung in den Nihilismus« (ebd. 340). Er stellt »in Verstrickung in die Überlieferung« noch die Frage nach dem Wesen des Wahren und fragt so »nicht ursprünglich nach der Wahrheit« (Heidegger 1989, 362). Heidegger hingegen sieht die Wahrheit als »das erste Wahre, und zwar lichtend-verbergend des Seyns« (ebd. 348).

*Löwith, Karl (1897–1973, dt. Philosoph)*

Seit seinen frühesten Jahren – schon mit 13 las er den *Zarathustra*, den er als einen Schlüsseltext der destruierenden Moderne ansah – beschäftigt sich Löwith mit der Philosophie N.s. 1923 schloß er seine Dissertation zu *Auslegung von N.s Selbstinterpretation und von N.s Interpretationen* ab. Unter dem Eindruck Heideggers in Freiburg und Marburg, den er durchaus kritisch rezipierte, wandte er sich der philosophischen Umbruchsituation im 19. Jh. zu, die er in seinem bedeutsamen Werk *Von Hegel zu N.* (in den 30er Jahren in der Emigration geschrieben) theoretisch verarbeitete. »Hegel und N. sind die beiden Enden, zwischen denen sich das eigentliche Geschehen der Geschichte des deutschen Geistes im 19. Jh. bewegt« (Löwith 1995, 7). Die vielfältigen Wirkungen, die von N. seit 1890 ausgingen, sind für Löwith aber erst im 20. Jh. »zu einer deutschen Ideologie« verdichtet worden. Sein Hauptwerk zur Philosophie N.s erschien erstmals 1935 unter dem Titel *N.s Philosophie der ewigen Wiederkunft des Gleichen* (ab 1956 umgearbeitet unter dem Titel »N.s Philosophie der ewigen Wiederkehr des Gleichen«). Löwith unternimmt hier den Versuch, den philosophischen Grundriß des Ganzen des N.schen Werkes durch dessen dichterisch-denkerisches aphoristisches Schaffen hindurch frei zu legen. Als durchgängiges Grundproblem sieht er dabei in N.s Philosophie die Frage nach dem Sinn des menschlichen Daseins im ganzen des Seins. N. ist ein Liebhaber der Weisheit, der als solcher »das immer Seiende oder Ewige suchte und darum seine Zeit und die Zeitlichkeit überhaupt überwinden wollte« (Löwith 1978, 12). Eine solche Ewigkeit ist aber die ↗ewige Wiederkehr des Gleichen, die zu N.s »eigenster Lehre« geworden ist (ebd.), und der *Zarathustra* sei sein »Testament«. Ausgehend vom Gleichnis der drei Verwandlungen – Kamel: »du sollst«, Löwe: »ich will«, Kind: »ich bin« – will Löwith den Weg N.s als jenen des »doppelten Willens« zeigen, der ihn von seiner errungenen Freiheit zum Nichts, zum *amor fati* befreie; der den »extremen Nihilismus eines zum Nichts entschlossenen Daseins« umkehrt »in das notwendige Wollen der ewigen notwendigen Wiederkehr desgleichen« (ebd. 37). Aus dem Tod Gottes geht notwendigerweise der Glaube an das Nichts (↗Nihilismus) hervor, der eine Zwischenstellung zwischen jenem Tod und der »Wiedergeburt einer dionysischen Ansicht der Welt« einnimmt (ebd. 57). Dieses »Zwischen« als Problemwelt der dekadenten Moderne, die nicht aus und nicht ein weiß, zeigt eine Latenz, die noch unentschieden ist, aber eine auf Entscheidung drängende

Möglichkeit besitzt. Dieser Zusammenhang zwischen Gottlosigkeit und dem Wollen der ewigen Wiederkehr wird im *Zarathustra* angedeutet, um schließlich »mit der Lehre von der ewigen Wiederkehr zu schließen« (ebd. 57). N.s Lehre ist die extremste Form des Nihilismus und zugleich dessen »Selbstüberwindung« in das »Wollen der ewigen Wiederkehr« (ebd. 60 ff.), die sich in eine »anthropologische« und »kosmologische Gleichung« kleidet (ethisches Postulat und naturwissenschaftlicher Beweis der ewigen Wiederkunft), die Weltverfassung und »Selbstverhalten« vereinen soll, aber eigentlich »nur ihr Auseinanderklaffen« demonstriert. Die Wiederkunftslehre ist für N. zugleich »atheistischer Religionsersatz und eine ›physikalische Metaphysik‹« (ebd. 98). Und als Einheit beider »ist sie der Versuch, das exzentrisch gewordene Dasein des modernen Menschen zurückzubinden in das natürliche Ganze der Welt« (ebd. 98). Dieses Procedere macht für Löwith die ewige Wiederkehr N.s zweideutig: »Sie bedeutet ebensosehr eine welthafte Wiederkehr des Gleichen wie eine eigene Wiederholung des Selben« (ebd. 161). N.s Bestreben in seiner ↗»Experimentalphilosophie« lief letztlich darauf hinaus, »das eigene Wollen mit dem kosmischen Müssen« (Löwith 1995, 214) zu vereinen. Seine Lehre, die auf einen »Kosmos Anthropos« zielt, verweilte in diesem Zwiespalt, diesem Widerspruch und blieb letztlich »frag-würdig«. In seiner kritischen Auseinandersetzung mit Löwiths Buch verwies Schlechta in einem »Offenen Brief« an Löwith, daß »auch seine Weltauslegung letzten Endes eine – unmenschliche« (Schlechta 1980, 104) sei, die als Feststellung nicht ausschlösse, »daß nicht N.s ekstatischer Nihilist bereits die ›Weltherrschaft‹ angetreten haben könnte; insofern stecken wir wahrscheinlich mitten in ›N.‹« (ebd. 104).

*Kritische Theorie*

Eine Philosophie, die »bei sich selbst, bei irgendeiner Wahrheit, Ruhe zu finden meint, hat [...] mit kritischer Theorie nichts zu tun«, schreibt Horkheimer 1937 im Nachtrag zur Arbeit »traditionelle und kritische Theorie« (Horkheimer, Bd. 4, 1988, 225). Und in diesem Sinne gehört das Denken N.s, der diese Unruhe geradezu ad hominem demonstriert, in die Traditionslinie der »kritischen Theorie«, die im weiteren Sinne von den Repräsentanten der »Frankfurter Schule« – Horkheimer (1895–1973), Adorno (1903–1969), Marcuse (1898–1979), Habermas (1929) – vertreten wurde bzw. wird. Zugleich haben diese Denker selbst ein je unterschiedliches Verhältnis zur Philosophie N.s. Im Gegensatz zu Schopenhauers Pessimismus, der zur Verneinung alles Daseins führt, stellt *Horkheimer* fest, wollte sich N. von diesem Elend nicht zwingen lassen, denn er bemerkte, daß dieser Pessimismus seines Lehrers einen »schlechten Widerspruch« in sich barg, nämlich den, nur »die Konsequenz, die Verlängerung des ganzen grauenvollen Mechanismus« zu sein, also »das Gegenteil von Philosophie, d.h. von Freiheit, Denken, Phantasie, Spontaneität« (Horkheimer, Bd. 6, 1991, 256). Bedenklich sei aber dabei, daß N.s Ja »selbst mehr verzweifelt als ursprünglich klingt, daß in ihm der Pessimismus nicht nur aufgehoben, sondern fortgesetzt wird, heilloser, wahnwitziger als beim Begründer« (ebd. 256). Deshalb sei N.s psychologische, gesellschaftliche und historische Einsicht zwar überlegen, Philosophie aber »gibt es wahrscheinlich gar nicht, sie ist immer bloß ein Mythos« (ebd. 256). Jedoch gerade aus dieser Haltung heraus wurde N. für *Horkheimer/Adorno* in ihrem gemeinsam verfaßten aufklärungskritischen »Schlüsselwerk« *Dialektik der Aufklärung* (1944/1947) zu einer der wichtigsten Persönlichkeiten des Geistes, die einen Einblick in die innere Dialektik der Verstandesaufklärung gab. N. habe, »wie wenige seit Hegel, die Dialektik der Aufklärung erkannt«, denn er formulierte klar »ihr zwiespältiges Verhältnis zur Herrschaft« (Horkheimer, Bd. 5, 1987, 67 f.). Einerseits wollte N. nämlich die Aufklärung ins Volk bringen, daß die Priester alle mit schlechtem Gewissen Priester sind und man das politische Gebaren der »Fürsten und Staatsmänner« als »absichtliche« Lüge ausweist, andererseits war aber Aufklärung auch immer ein Mittel großer Regierungskünstler. N. entdeckt diesen »Doppelcharakter der Aufklärung« als historisches Grundmotiv und er bleibt darin »selber zwiespältig«, denn er empfand sich einerseits selbst als Vollender jener universellen Bewegung souveränen Geistes und sah zugleich in derselben Bewegung die »lebensfeindliche ›nihilistische‹ Macht« (ebd. 68). Für seine »vorfaschistischen Nachfahren« blieb allein »das zweite Moment« übrig und wurde »zur Ideologie pervertiert« (ebd. 68). Während Horkheimer in einem Gespräch mit Adorno und Gadamer zu N.s 50. Todestag (»Über N. und uns«) kritisch einwendet, daß dessen Methode ein grundlegender Mangel innewohne, »nämlich der Mangel an Dialektik«, der sich darin ausdrücke, daß das Moment der Vermittlung fehle, denn allen erkannten Unzulänglichkeiten des Christentums habe er nur den *Antichrist* apodiktisch gegenübergestellt, wie er aus der Tatsache, daß das Bürgertum nicht alle sozialen Fragen habe lösen können, theoretisch diesem die Aristokratie entgegengesetzt und sich »auf seine Fahnen geschrieben« habe (Horkheimer, Bd. 13, 1989, 115). Die Unfähigkeit, mit den Mitteln der Wissenschaft alle Schäden zu beheben, führte schließlich zu seiner nihilistischen Frage, »ob uns die Wahrheit überhaupt etwas wert sei« (ebd. 115). Aller Mißbrauch N.s resultiere letztendlich aus diesen Mängeln. Adorno kritisiert aber nun gerade an dieser Stelle Horkheimers Konzept, da ihm dies alles noch zu »hegelianisch« vermittelnd klinge, denn dort müsse das Andere des Negierten eben immer »in einer neuen Form mit enthalten sein« (ebd. 116). Aber »bei N. handelt es sich wirklich um den Versuch, aus Verzweiflung über das einmal als schlecht erkannte, eine neue Ordnung, neue Werte, wie er immer es nannte, aus dem Nichts gleichsam zu beschwören und entgegenzuhalten« (ebd. 116). Damit wird er aber nun in einem großen Maß auch äußerst bedeutsam für Adornos »negative Dialektik«, deren Aufgabe es sein sollte, die »Dialektik von derlei affirmativen Wesen [zu] befreien«, da sie die »Figur einer Negation der Negation« nicht kennt (Adorno, Bd. 6, 1973, 9). »N.s Befreiendes, wahrhaft eine Kehre des abendländischen Denkens, die Spätere bloß usurpierten, war, daß er derlei Mysterien aussprach« (ebd. 34). Von N. heute zu lernen – so Adorno – heißt deshalb, daß »das Vergängliche, das, was hinfällig ist, und nicht das angeblich Ewige und Überlebende, als Gehalt der Wahrheit auszusprechen sei« (Horkheimer, Bd. 13, 1989, 119).

Im »philosophischen Zwischenspiel« von *Triebstruktur und Gesellschaft* sieht *Herbert Marcuse* N. als denjenigen, der mit seiner Philosophie über die »ontologische Tradition hinaus« gehe (Marcuse, Bd. 5, 1979, 105), indem er den Logos als Unterdrückung und Perversion des Willens zur Macht beschuldigt. Darin aber schwebt bei N. eine Doppeldeutigkeit mit, denn erstens habe der Logos diesen Willen eher entfesselt als gehemmt und zweitens ist der Wille zur Macht nicht N.s letztes Wort, denn dieser sei immer noch ein Gefangener, da er keine Macht über die Zeit habe, die das Leben bestimmt und die in der europäischen Tradition vergöttlicht wurde. N.s Kampf gegen die Zeit will die »Tyrannei des Werdens über das Sein« (ebd. 107) brechen, und der Mensch wird zu sich selbst kommen, wenn jene Transzendenz besiegt ist, die die »Ewigkeit im Hier und Jetzt« nicht gegenwärtig sein läßt. N.s Konzeption endet in der Vision des geschlossenen Kreises – nicht Fortschritt, sondern »ewige Wiederkehr« (ebd. 107).

*Jürgen Habermas* knüpft in seiner N.-Rezeption, die vornehmlich in seinem *Philosophischen Diskurs der Moderne* (1985) entwickelt wurde, an den Gedankengängen von Horkheimer/Adorno in deren *Dialektik der Aufklärung* – ihrem »schwärzesten Buch« – an, die ihrerseits an dem »schwarzen« Schriftsteller des Bürgertums F.N. anknüpfen, um auch über ihn »den Selbstzerstörungsprozeß der Aufklärung auf den Begriff zu bringen« (Habermas 1985, 130). In ihrer »Hoffnung der Hoffnungslosen« (W. Benjamin) wollten sie jedoch bei aller Kritik, vom paradox gewordenen Begriff nicht lassen. N.s Konzept des »Anderen der Vernunft« hat mit seinem Eintritt in den Diskurs der Moderne diesem eine völlig neue Richtung gegeben. N. hat nur die Wahl »entweder die subjektzentrierende Vernunft noch einmal einer immanenten Kritik zu unterziehen – oder aber das Programm im Ganzen aufzugeben« (ebd. 106). Er entscheidet sich für letzteres und »verabschiedet die Dialektik der Aufklärung« (ebd. 106). Zwar benutzt er zunächst in seiner Frühzeit (*Geburt der Tragödie*) noch die »Leiter der historischen Vernunft«, allerdings nur, »um sie am Ende wegzuwerfen und im Mythos als dem Anderen der Vernunft Fuß zu fassen« (ebd. 107). Für N., den Habermas als die »Drehscheibe« des »Eintritts in die Postmoderne« sieht, verliert die Moderne angesichts dieses N.schen Heraussprengens aus der Dialektik der Aufklärung ihre ausgezeichnete Stellung, und der Blick wird zurück in die Welt des Mythos gelenkt, der aber nicht schlechthin als eine bloß archaische Vergangenheit erscheint, sondern dessen Erweckungshorizont allein die Zukunft ist. Und in diesem »Utopismus« (N.s Perspektivismus) sieht Habermas die Tatsache, daß N. nicht einem reaktionären Ruf »zurück zu den Ursprüngen« zugeneigt ist, sondern er vielmehr das »moderne Zeitbewußtsein [...] zuspitzt« (wie die damals moderne Kunst), und so das Medium zu finden vermag, »in dem sich die Moderne mit dem Archaischen berührt« (ebd. 108). Erst der späte N. verzichtet auf allen emanzipatorischen Gehalt, der dieser Kritik der Moderne noch eigen ist. Unter Zerreißung des »Prinzips der Individuation« komme N. zu einer Subjektivität, die völlig frei ist von allen Beschränkungen der Kognition und der Imperative der Moral. Hervortritt ein »übersubjektiver Wille zur Macht« (ebd. 118).

*Postmoderne*

Die Postmoderne ist eine kulturell-literarische, philosophische Bewegung, die sich seit den 70er/80er Jahren des 20. Jh.s in den USA und Westeuropa stark ausgebreitet hat. Seit Jahren gibt es eine heftige Diskussion darüber, was die Postmoderne ist und wie sie zur Moderne steht. Auf jeden Fall aber verbinden sich mit ihr Problem- und Theorienansätze, die ohne die europäische Moderne seit den 80er Jahren des 19. Jh.s undenkbar wären, sich zugleich aber in ihrer Ausführung nicht problem- und »bruchlos« in diese einordnen lassen. Da im Denken N.s ein hohes Maß an ähnlichen Auffassungen feststellbar zu sein scheint, avancierte er gleichsam zum »Ahnherren« dieser Bewegung. Erstmalig erwähnt übrigens der »Nietzscheaner« *Rudolf Pannwitz* in seiner *Krisis der europäischen Kultur* (1917) den »postmodernen Menschen« mit Blick auf N.s Übermenschen, der aber eher wie eine Karikatur zum Übermenschen erscheint (Pannwitz, Bd. 2, 1917, 64). Durch *Jean-François Lyotards* Studie *La condition postmoderne* (1979/1982) wird die zunächst vornehmlich im literarischen und künstlerischen Raum geführte Diskussion um die Postmoderne in den der Philosophie und der Gesellschaftstheorie transformiert (postmoderne Zeiten = postindustrielles Zeitalter; D. Bell). Auch hier blitzen in den erwähnten Lyotardschen Grundprinzipien (Ende der Metaerzählungen, die die Institutionen der Moderne rechtfertigen; Neubestimmung des konsenslos gewordenen Wahrheitsbegriffes und die traditionelle Gerechtigkeit; Krisis der metaphysischen Philosophie und ihrer universitären Institutionen) Bezugspunkte zu N.s aphoristischem, systemungebundenem Denken auf. Diese »aufblitzenden« Ansätze: wie Verfeinerung menschlicher Sensibilität für die Unterschiede, Verstärkung der menschlichen Fähigkeit, das Inkommensurable zu ertragen, wurden besonders bei jenen französischen Geistesschaffenden zu festen Brücken zwischen N. und der Postmoderne ausgebaut, die derselben mehr oder weniger fest zuzurechnen oder ihr zumindest nahestehend sind, wie J. Derrida (1930), M. Foucault (1926–1984), G. Bataille (1897–1962), G. Deleuze (1925) etc.

*Jacques Derrida*, der wie viele seiner Generation von den im Nachkriegsfrankreich zunächst dominanten Wellen des Existenzialismus, der Phänomenologie, des Marxismus und der Psychoanalyse in den 60er Jahren enttäuscht war, griff auf strukturalistische Methoden (z. B. de Saussure) zurück, um dann mit Hilfe des zentralen Begriffes der »différance«, welcher aber »die Opposition von Tätigkeit und Passivität ebensowenig zuläßt, wie die von Ursache und Wirkung oder von Unbestimmtheit und Bestimmtheit« (Derrida 1976, 24), die klassische Ontologie oder Ursprungsphilosophie zu kritisieren. »Und der Begriff der Spur wie jener der différance gestaltet [...] das Geflecht, welches unsere ›Epoche‹ als Abgrenzung der Ontologie (der Anwesenheit) zusammenfaßt und durchzieht« (ebd. 29). Es ist die Herrschaft des Seienden, die von der *différance* »solliziert«, d. h. im Ganzen erschüttert, ins Schwanken gebracht wird. Der Bezug zu Heidegger ist offenbar, denn Derrida begreift sich mit seiner »Dekonstruktion« des Identischen und Ganzheitlichen in sehr enger Wesensgemeinschaft stehend mit Heideggers Versuch, die abendländische Metaphysik von Plato bis Hegel zu destruieren, den er aber auch zu überwinden gedenkt. Und er wendet sich schließlich noch gegen all jene »Humanismus-Konzeptionen«, von Marx bis Sartre reichend, die in ihrem »Anthropologismus« letztendlich ebenfalls nur im »metaphysischen« Raum verbleiben. Derrida bemerkt jedoch, daß dieser Gestus, der sich so radikal bei Heidegger zeigt, zuvor schon bei N. und bei Freud nachweisbar ist, denn beide haben »bisweilen auf sehr ähnliche Weise, das Bewußtsein in seiner gesicherten Selbstgewißheit in Frage« (ebd. 24) gestellt. Für N. sei die »große Haupttätigkeit« unbewußt und das Bewußtsein ist »der Effekt von Kräften [...] deren Wesen, deren Wege und Weisen nicht seine eigenen sind« (ebd. 24). Ohne Differenzen zwischen den Kräften gibt es keine Kraft. »Von der Entfaltung dieses Gleichen als différance her kündigt sich die Gleichheit der Verschiedenheit und der Wiederholung in der ewigen Wiederkunft an« (ebd. 25). Eine solche »aktive« Zwietracht, die N. dem »System der metaphysischen Grammatik überall dort entgegensetzt, wo sie Kultur, Philosophie und Wissenschaft beherrscht, können wir mithin différance nennen« (ebd. 25). Mit dem Unterschied zwischen dem höheren Menschen und dem Übermenschen N.s meldet sich für Derrida die Trennung zwischen »zwei Aufhebungen des Menschen« an. Der erste wird »mit einer letzten Bewegung des Mitleids seinem Jammer überlassen. Der letztere – der nicht der letzte Mensch ist – erwacht und geht fort, ohne sich nach dem umzusehen, was er hinter sich läßt. Er verbrennt seinen Text und verwischt die Spuren seiner Schritte. Sein Lachen birst auf eine Wiederkehr hin, die nicht mehr die Form metaphysischer Wiederholung des Humanismus haben wird und noch viel weniger ›jenseits‹ der Metaphysik die des Eingedenkens oder der Wahrung des Sinnes von Sein, die des Hauses oder der Wahrheit des Seins« (ebd. 123). N.s Mahnung zum aktiven Vergessen des Seins hat dabei für Derrida nicht die metaphysische Form gehabt, »die Heidegger ihm aufgebürdet« habe (ebd. 123). Derrida fragt hier schließlich (im Mai 1968), ob man mit Heidegger N. als den letzten großen Metaphysiker lesen soll und ob man die »Nachtwache verstehen« müsse als »bewahrende Wache, die ums Haus her aufgestellt ist, oder als Erwachen zum Tage, der kommt, der auf die Nachtwache folgt ...? Vielleicht sind wir zwischen den beiden Nachtwachen, die zugleich die beiden fines hominis sind. Aber wer, wir?« (ebd. 123)

»N. war eine Offenbarung für mich. Ich hatte das Gefühl, da ist jemand, der ganz anders war, als man es mich gelehrt hatte«. Das bemerkt *Michel Foucault* 1982 (Mazumdar 1998, 34). Gelehrt hatte man Foucault und seiner Generation in Frankreich Hegel und die Phänomenologie. Von beiden verabschiedet er sich nun. N.s Erlebnis des Wahns wird ein anregendes Moment zu Foucaults Buch *Wahnsinn und Gesellschaft* (1961), welches schon im Untertitel einen vernunftkritischen Ansatz im N.schen Sinne erkennen läßt: »Geschichte des Wahns im Zeitalter der Vernunft«. Unter N.s Einfluß entwickelt er schließlich in seinen nachfolgenden Schriften (*Die Ordnung der Dinge*, 1966 und *Archäologie des Wissens*, 1969) die Konzeption einer Geschichtsschreibung als Antiwissenschaft, die sich gegen jeglichen Absolutheitsanspruch der Metaphysik und gegen die Herrschaft des humanen Vernunftsubjekts ausspricht. Seine N.-Rezeption ist vornehmlich festgehalten in der Einleitung zur *Archäologie des Wissens* und in seinem Aufsatz *N., die Genealogie, die Historie* (1971). Besonders in letzterem orientiert er sich an der zweiten *Unzeitgemäßen Betrachtung* N.s, die ihm eine wahre Fundgrube für die Kritik der historischen Vernunft wird. Foucault entdeckt mit N. die Rolle der Genealogie als Gegenspieler der Historie, die bisher als Geschichtsteleologie firmierte und eine zunehmende Herrschaft der Vernunft verkündete (Hegel, Marx). Ausgehend von N.s Verwendung des Begriffes »Ursprung« im Doppelsinn – einmal »ungenau« als »Entstehung«, »Herkunft«, »Abkunft« und zum anderen »genauer« als »Wunderursprung«, den »die Metaphysik sucht« (Foucault 1974, 84) – orientiert sich Foucault als »Genealoge« auf den Gebrauch im ersten Sinne. Während die »Ursprungshistoriker« im Suchen nach einem solchen immer auf eine »erste Identität« aus sind und »alle Masken abtun« (ebd. 85) möchten, um als Geschichtsmetaphysiker im »Leib des Werdens« der Geschichte »ihr eine Seele in der fernen Idealität des Ursprungs suchen« zu wollen (ebd. 88), wird sich der »Genealoge« beim Suchen nach »Entstehen oder Herkunft« bei den »Einzelheiten und Zufällen der Anfänge aufhalten« (ebd. 88). »Es gilt zu entdecken, daß an der Wurzel dessen, was wir erkennen und was wir sind, nicht die Wahrheit und das Sein steht, sondern die Äußerlichkeit des Zufälligen« (ebd. 90). Erforschung der Herkunft liefert keine »Fundamente«, vielmehr beunruhigt und zerteilt sie. »Sie zeigt die Heterogenität dessen, was man für kohärent hielt« (ebd. 90). »Entstehung« wird der Genealoge nie vom Endpunkt her suchen wollen, wie der Metaphysiker, der die Gegenwart in den Ursprung zurück versetzt. Gegen den eng damit verbundenen Glauben einer allmählich hervortretenden »geheimen Arbeit einer Bestimmung« (ebd. 92) zu einem vernünftigen Ziele, geht die Genealogie den »komplexen Pfaden der Herkunft« nach und hält das fest, was sich in ihrer Zerstreuung ereignet hat – nicht

»vorgreifende Macht eines Sinnes, sondern Hasardspiel der Überwältigungen« (ebd. 92). Mit und nach N. ist für Foucault indes die Genealogie die »wirkliche Historie«, allerdings nicht im »überhistorischen Sinne« jener vernünftigen Geschichtsmetaphysik, die außer aller Zeit ist, sondern gerade im Zerbrechen des Kontinuierlichen, der Totalität und im Setzen auf »das Ereignis in seiner einschneidenden Einzigkeit«, also im »Wirrwarr unzähliger Ereignisse« (ebd. 99), die nichts Großes mehr anerkennen. Der Genealoge sieht die Maskerade des Flitterwerkes und er weiß, was er davon zu halten hat. Er wird diesen »Karneval großen Stils« (ebd. 106) nicht zurückweisen, sondern möchte ihn »bis zum Äußersten treiben«, um sich zum Herren der Historie zu machen und so den »historischen Sinn von der überhistorischen Historie« (ebd. 104) zu befreien.

Mit der Bestimmung des N.schen Begriffs der Genealogie beginnt auch *Gilles Deleuze* seine umfangreiche Studie *N. und die Philosophie* (1962/dt.1976 u. 1985), die gleichsam den Beginn der N.-Renaissance in Frankreich darstellt. »Genealogie meint zugleich den Wert der Herkunft und die Herkunft des Wertes« (Deleuze 1985, 6). Dabei befindet sie sich zum absoluten Charakter der Werte genauso im Gegensatz wie zu derem relativen und nützlichen. Von dieser Genealogiekonzeption erwartet N. viel: »die neue Organisation der Wissenschaft, die neue Organisation der Philosophie, die Bestimmung der zukünftigen Werte« (ebd. 7). Und davon erwartet auch die Postmoderne des 20. Jh.s sehr viel. Zunächst beschäftigt sich Deleuze mit dem Tragischen, das im Gegensatz zu allen bisherigen ästhetischen Theorien, bei N. »vielfältige Freude« darstellt und dessen wahrhaftige Wiedergeburt es vom Stigma aller Furcht und allen Mitleids der »schlechten Zuhörer« (ebd. 23) befreien soll. Das Tragische wird so zum Gegenspieler des Nihilismus. Von hier aus wendet sich Deleuze dem zentralen Problem des Verhältnisses von »aktiv und reaktiv« als »Urqualitäten« (ebd. 46) bei N. zu, die er in ihrem »Enthaltensein« von der Natur bis zum Willen zur Macht und zu der ewigen Wiederkehr verfolgt. »Die ewige Wiederkunft ist das Sein des Werdens«, und dieses ist zwiefach, nämlich als »Aktiv-werden reaktiver Kräfte und Reaktiv-werden aktiver Kräfte« (ebd. 79). Der Wille zum Nichts aber war das universelle Reaktiv-werden der Kräfte, und wenn dieser Wille der ewigen Wiederkehr zugeführt wird, dann bricht er »sein Bündnis mit den reaktiven Kräften« (ebd. 77). In der aktiven Verneinung wird die Verfassung jener »starken Geister« wiedergegeben, die das Reaktive in sich auslöschen, um sich selbst und zugleich ihren Untergang zu wollen. Der kleine reaktive Mensch verschwindet. Durch die »ewige Wiederkunft wandelt sich die Verneinung als Qualität des Willens zur Macht um in Bejahung [...]« (ebd. 78). Unter diesen Voraussetzungen wendet sich Deleuze schließlich der Kritik N.s an seinen Vorgängern zu. Während er Schopenhauer wegen des Sieges der reaktiven Kräfte über die aktiven kritisiert, hebt er hervor, daß Kant »als erster Philosoph« begriff, daß Kritik positiv und umfassend sein müsse. Es bestehe aber eine »Diskrepanz zwischen dem Projekt und den Resultaten« (ebd. 98), denn Kant sei der »letzte klassische Philosoph«, der nur nach dem Wert der Wahrheit frage, nicht aber nach dem, »der die Wahrheit sucht« (ebd. 104). N. entwerfe deshalb an Hand seiner »Typologie« von aktiven und reaktiven Kräften »eine Philosophie, die die alte Metaphysik und die transzendentale Kritik ersetzten und den Wissenschaften vom Menschen ein neues Fundament erstellen soll: nämlich die genealogische Philosophie, das heißt die Philosophie vom Willen zur Macht« (ebd. 159).

Literatur: Brandes, G.: Aristokratischer Radicalismus. Eine Abhandlung über F.N. (1889), in: Guzzoni 1991, 1–15; Pannwitz, R.: Die Krisis der europäischen Kultur, in: Werke, Bd. 2, Nürnberg 1917; Bernoulli, C. A.: F.N.s Berufung nach Basel (1919), in: Krummel III 1998, 5f.; ders.: Die Sendung N.s (1919), ebd.; Heidegger, M.: Sein und Zeit (1927), Tübingen 1977; Klages, L.: Der Geist als Widersacher der Seele (1929–32), in: ders.: Sämtliche Werke, Bd. I, Bonn 1969; Jaspers, K.: Die geistige Situation der Zeit (1931), Berlin/New York 1979; Heidegger, M.: Die Selbstbehauptung der deutschen Universität (1933), Frankfurt a.M. 1983, 9–19; Löwith (1935) 1978; ders.: Von Hegel zu N. Der revolutionäre Bruch im Denken des 19. Jh.s (1935), Hamburg 1995; Heidegger, M.: Beiträge zur Philosophie. Vom Ereignis (1936–38), in: Gesamtausgabe, Bd. 65, Frankfurt a.M. 1989; Horkheimer, M.: Bemerkungen zu Jaspers' N., in: Zeitschrift für Sozialforschung 6 (1937), 407–414; Horkheimer, M.: Traditionelle und kritische Theorie (1937), in: Gesammelte Schriften, Bd. 4, Frankfurt a.M. 1988; Horkheimer, M./Adorno, Th.W.: Dialektik der Aufklärung (1947), in: Gesammelte Schriften, Bd. 5, Frankfurt a.M. 1987; Über N. und uns. Zum 50. Todestag des Philosophen (1950), in: Gesammelte Schriften, Bd. 13, Frankfurt a.M. 1989; Marcuse, H.: Triebstruktur und Gesellschaft (1957), in: Schriften, Bd. 5, Frankfurt a.M. 1979; Kaufmann, W.: Jaspers' Beziehung zu N., in: Schilpp, P.A. (Hrsg.): Philosophen des 20. Jahrhunderts. Karl Jaspers, Stuttgart 1957, 400–429; Schlechta, K.: Offener Brief an Karl Löwith (1959), in: Salaquarda, J. (Hrsg.): N., Darmstadt 1980, 98–105; Leist, F.: Heidegger und N., in: Philos. Jb. 70 (1962/63), 363–394; Löwith, K.: Heideggers Vorlesungen über N., in: Merkur 16 (1962), 72–83; Pöggeler, O.: Der Denkweg Martin Heideggers, Pfullingen 1963, 104–135; Adorno, Th. W.: Negative Dialektik (1966), in: Gesammelte Schriften, Bd. 6, Frankfurt a.M. 1973; Foucault, M.: Archäologie des Wissens. Einleitung, Frankfurt a.M. 1969; Heftrich, E.: N. im Denken Heideggers, in: Klostermann, V. (Hrsg.): Durchblicke, Frankfurt a.M. 1970; Röttges, H.: N. und die Dialektik der Aufklärung, Berlin/New York 1972; Beaufret, J.: Dialogue avec Heidegger, Bd. II, Paris 1973, 182–200, 201–224; Howey, R. L.: Heidegger and Jaspers on N., The Hague 1973; Pütz, P.: N. im Lichte der kritischen Theorie, in: NSt 3 (1974), 175–192; Foucault, M.: N., die Genealogie, die Historie, in: ders.: Von der Subversion des Wissens, München 1974; Schroeder, H. E.: Schiller – N. – Klages. Abhandlungen und Essays zur Geistesgeschichte der Gegenwart, 1974; Klages, L.: Die psychologischen Errungenschaften F.N.s (Selbstbericht), in: ders.: Sämtliche Werke Bd. IV, Bonn 1976; Deleuze 1976; Derrida, J.: Randgänge der Philosophie, Frankfurt a.M. 1976; Timm, H.: Amor fati? Karl Löwith über Christentum und Heidentum, in: Neue Zeitschrift für systematische Theologie und Religionsphilosophie 19 (1977), 78–94; Klages, L.: Die psychologischen Errungenschaften F.N.s, in: ders.: Sämtliche Werke Bd. V, Bonn 1979; Maurer, R.: N. und die kritische Theorie, in: NSt 10/11 (1981/82), 34–80; Welsch, W.: Postmoderne und Postmetaphysik. Eine Konfrontation von Lyotard und Heidegger, in: Phil. Jb. 92 (1985), 116–122; Habermas, J.: Der philosophische Diskurs der Moderne. 12 Vorlesungen, Frankfurt a.M. 1985; Benhabib, S.: Kritik des »postmodernen Wissens« – eine Auseinandersetzung mit Jean-Francois Lyotard, in: Huyssen, A./Scherpe, K.R. (Hgg.): Postmoderne. Zeichen eines kulturellen Wandels, Hamburg 1986; Hamacher, W. (Hrsg.): N. aus Frankreich, Frankfurt a.M. 1986; Behler, E.: Apokalyptische N.-Interpretation: Heidegger und Derrida, in: Bauschinger, S./ Cocalis, S./Lennox, S. (Hgg.): N. heute. Die Rezeption seines Werkes nach 1968, Bern/Stuttgart 1988; Koelb, C. (Hrsg.): N. as postmodernist, Albany 1990; Buhr, M. (Hrsg.): Moderne – N. – Postmoderne, Berlin 1990; Mazumdar, M. (Hrsg.): Foucault, München 1998.

*Hans-Martin Gerlach*

# Politik (Faschismus, Nationalsozialismus, Sozialdemokratie, Marxismus)

*Mussolini – Hitler – Rosenberg – Härtle – Baeumler – Mehring – Ernst – Wille – Servaes – Brahm – Eisner – Lukács – Günther – Bloch*

N.s Verhältnis zur Politik ist schillernd und äußerst widersprüchlich. Einerseits bezeichnet er sich selbst als: »der letzte antipolitische Deutsche« (N, KSA 14, 472), andererseits behauptet er: »Erst von mir an giebt es auf Erden grosse Politik« (EH, KSA 6, 366), und es sei »das nächste Jahrhundert«, welches den »Kampf um die Erd-Herrschaft, – den Zwang zur grossen Politik« (JGB, Nr. 208, KSA 5, 140) hervorbringen würde, wobei er diagnostizierte: »Die Zeit für kleine Politik ist vorbei« (ebd.); gemeint ist die Zeit dynastischer wie demokratischer »Vielwollerei« innerhalb europäischer »Kleinstaaterei«. Es war insbesondere das N.-Archiv und dessen Leiterin E. Förster-N., die N.s Denken seit den 90er Jahren des 19. Jh.s weltanschaulich-politisch zu »vermarkten« begannen. Im Vorwort zu der von Förster-N. zusammengestellten Sammlung politischer Textstellen: *N.-Worte über Staaten und Völker* (1922) schreibt sie: »Hier und da wird sich der Parteimann freuen, denn er findet Bemerkungen, die ganz nach seinem Herzen sind – aber, aber einige Seiten später findet er, daß N. dieselbe Sache auch von einem ganz anderen Gesichtspunkt aus betrachtet. Nicht umsonst hat mein Bruder so oft gesagt, daß jede Sache, jedes Erlebnis nicht nur zwei, sondern vier bis fünf verschiedene Seiten habe. Nein, er war kein Parteimann, oder, wenn er eine Partei hätte begründen können, so wäre es die der unabhängigen vornehmen Seelen gewesen, die er in allen Ständen gefunden hat« (Förster-N. 1922, 7). Im Schatten einer solchen eher »unschuldig« wirkenden Konstatierung der verschiedenen Sichtweisen ihres Bruders gerade auf politische Dinge, begann unter ihrer Leitung allerdings eine zielstrebig betriebene »Vereinseitigung« der Interpretationsvorgaben, die eindeutig »rechtslastig«, national-konservativ bis faschistisch gemacht wurden, wenngleich sie sich auch bemühte, im Freundeskreis des Archivs ein breiteres Meinungsspektrum zu versammeln, welches auch liberale, demokratisch gesinnte Verehrer N.schen Denkens aufnahm. Das N.-Archiv (↗Geschichte des N.-Archivs) stellte sich im 20. Jh. aber zunehmend als »Beschleuniger« einer rechts-konservativen Interpretationsmaschinerie dar, die mehr und mehr in faschistisches bzw. nationalsozialistisches Fahrwasser glitt. Bevor sich jedoch der deutsche Nationalsozialismus mehr oder weniger bewußt und zielstrebig der N.schen Philosophie und Weltanschauung bediente, waren es die italienischen Faschisten, die N. für sich entdeckten. Namentlich der Führer der italienischen faschistischen Bewegung, *Benito Mussolini*, war es, der sich schon vor dem Ersten Weltkrieg zu N. bekannte (Mussolini ist hier noch Sozialist und Direktor des *Avanti*, der führenden Zeitung der PSI) und eine Gemeinschaft zwischen Marx' Klassenkampf und N.s Übermenschen herzustellen suchte. In seinem anarchosyndikalistisch-voluntaristisch angehauchten Kampf gegen den Reformismus der italienischen Sozialisten und der II. Internationale sah Mussolini in der Verschmelzung Marxscher und N.scher Gedankengänge, eine proletarische Elite, die Starken und Helden, heraufkommen, die in ihrer Dynamik die »statische Masse« bestimmen werden. Unter dem Einfluß der Lebensphilosophie Bergsons und den soziologischen Konzepten Sorels und Paretos neigt Mussolinis theoretisch-politisches Konzept jedoch nach und nach stärker jener Seite in seinem buntschillernden Denken zu, welches den »Heroismus« im Lebensgefühl und einen »Glaubensfanatismus« an eine Finalität des geschichtlichen Geschehens betont. Mussolini hatte sich schon 1908 in einem Aufsatz, der sich mit einer Vorlesung Claudio Treves zu N.s Zentralproblem – dem ↗Willen zur Macht – kritisch auseinandersetzte, mit N.s »Machtphilosophie« beschäftigt. Für Mussolini, dessen politisch-ideologische Leitfigur zu dieser Zeit immer noch Marx und dessen Klassenkampfkonzept mit dem Ziel einer kommunistischen Gesellschaft ist, gewinnen N.s Gedanken zum Staat, seine antichristliche Haltung und die Idee des »Übermenschen« zunehmende Akzeptanz. »Der Übermensch kennt nichts als die Revolte. Alles was existiert, muß vernichtet werden« (Nolte 1960, 307). Zwei Feinde werde der Übermensch dabei überwinden müssen, bemerkt E. Nolte zu Mussolinis Konzept: »Gott und die Plebs« (ebd.). Für Mussolini aber ist der Übermensch N.s »das heroische Gedicht seines Lebens. Und darin fehlt die Katastrophe nicht ... Er ist vor allem ein Hymnus auf das Leben« (ebd. 308). Aus dem Zwiespalt des Vereinigungsversuches von Marx und N. tritt Mussolini aber nicht so sehr unter dem Eindruck einer »rein geistige[n] Entwicklung« heraus, um politisch »zur Kriegsbejahung und später zum Faschismus« (Nolte 1990, 267) zu kommen – sondern es ist vielmehr der Ausbruch des Ersten Weltkrieges, der Mussolinis Weltbild bestimmt. 1914 schreibt Mussolini dazu: »Indem ich nach kurzer Unterbrechung meinen Marsch wieder aufnehme, richte ich an Euch, Jünglinge Italiens, meinen Ruf ... Der Ruf besteht in einem Worte – das ich in normalen Zeiten nie ausgesprochen hätte, das ich aber heute laut, ohne Heuchelei, mit voller Überzeugung ertönen lasse, das furchtbare und faszinierende Wort: Krieg!« Krieg und Leben als Pflicht gehen schließlich auch in Mussolinis »Doktrin des Fascismus« ein: »Meine Doktrin war auch in jener Periode eine Lehre der Tat ... Nur der Krieg bringt die menschlichen Energien zu Höchstspannungen und adelt jene Völker, die ihn zu führen wagen. Alle anderen Formen der Eroberung sind nur Ersatzleistungen, die niemals den Menschen vor die höchste Entscheidung, vor die Wahl zwischen Leben und Tod stellen«. Für Mussolini hat dieser Weltkrieg das Ende der Demokratie des 19. Jh.s eingeleitet und auf diese Art »revolutionär« gewirkt, daß er schließlich »mit Strömen Blutes – das Jahrhundert der Demokratie liquidierte, das Jahrhundert der Massen, der Zahl der Majoritäten«. Das aber klingt wie eine durch die realen politischen Ereignisse bestätigte Apotheose jener N.schen Ahnung von einer neuen »großen Politik«, deren Visionen es erst seit N. gibt und von der N. behauptet: »alle Machtgebilde der alten Gesellschaft sind in die Luft gesprengt – sie ruhen allesamt auf der Lüge: es wird Kriege geben, wie es noch keine auf Erden gegeben hat« (EH, KSA 6, 366). In seinem Aufsatz *Mussolini und N. Ein Beitrag zur Ethik des Faschismus*, den M. Oehler, leitender Mitarbeiter am N.-Archiv in Weimar, Ende der zwanziger Jahre schrieb, zitiert er Mussolini, der von »dem N.schen Grundton« in dessen Schriften ausgehe, da diese einen »tiefen Eindruck« auf ihn gemacht und ihn »vom Sozialismus kuriert« hätten. Darüber hinaus habe aber auch eine »positive Lehre N.s« auf ihn gewirkt und diese lautete:

»›Lebe gefährlich‹. Ich habe danach gehandelt« (Oehler, GSA 100/1187, 1). Oehler sieht denn auch in Mussolinis »Tat« den Zweck, das »italienische Volk in eine ebenso straffe Zucht zu nehmen, es eine ähnliche harte Schule der Ordnung, des Gehorsams und der Disziplin durchmachen zu lassen« (ebd. 4), wie sie den »starken, unerschrockenen Willensmenschen« mit »dem sicheren Instinkt des Genies« für die faschistische Erziehung notwendig zu sein schien, der die »sittlichen Werte« wie »Einfachheit, Selbstzucht, Ordnung, Tatkraft, Opferbereitschaft für das Gemeinwesen, also die alte, schlichte, brave Soldatenmoral« (ebd. 3), zugrunde liegen. Mussolinis Zugeneigtheit zu N. und dem Geist des Archivs drückte sich schließlich in jenen Telegrammen aus, die zwischen ihm und dem Archiv anläßlich seines 50. Geburtstages 1933 gewechselt wurden, in welchen ihm das Archiv bescheinigt, der »geniale Wiedererwecker aristokratischer Werte in N.s Geist« zu sein, und Mussolini dem Archiv und der Förster-N. lobend erklärt, »den Geist Ihres großen Friedrich« zu hüten. B. Taureck verweist in seinem Buch *N. und der Faschismus* jedoch darauf, daß es nicht so sehr Mussolini, sondern viel stärker der italienische Maler und Schriftsteller Giulio Evola war, »der die Verbindung zwischen N. und dem Faschismus aus faschistischer Sicht am weitesten trieb« (Taureck 1989, 98). Im Vergleich mit dem italienischen Faschismus, insbesondere mit Mussolini, ist das Verhältnis der deutschen nationalsozialistischen Führer zu N.s Schaffen eher eines, welches als wenig kenntnisreich bezeichnet werden kann. »N. war, wie die neuere Forschung festgestellt hat, den Begründern des Nationalsozialismus so gut wie fremd«, bemerkt M. Montinari (1982, 169), und von »einer wirklichen nationalsozialistischen Assimilierung von N.s Denken« sei deshalb kaum zu reden. Bemerkenswert ist denn auch, daß sowohl *Hitler* als auch *Rosenberg*, letzterer gilt als der »Weltanschauungsbildner« des deutschen NS, zwar rein äußerlich mit N. poussieren (Hitlers Besuche im Weimarer Archiv, seine persönlichen finanziellen Unterstützungen bei der Errichtung der Gedenkhalle für N. in Weimar etc.) und ihn immer in die unmittelbare »Ahnengalerie« des NS einordnen (Rosenberg) – ironischerweise mit den N.-Gegnern P. de Lagarde und R. Wagner sowie H. S. Chamberlain –, in ihren Hauptwerken (Hitler: *Mein Kampf*; Rosenberg: *Der Mythus des 20. Jahrhunderts*) N. aber von ihnen gar nicht erwähnt oder nur sehr peripher behandelt wird. Offenbar hatte man ihn nicht gelesen oder stand ihm mehr oder weniger fremd gegenüber, obgleich natürlich viele Äußerungen N.s – und das nicht nur äußerlich, verbal – programmatisch aufbereitbar waren, was dann auch geschah. E. Sandvoss hat freilich in seinem Buch *Hitler und N.* auf einen Parallelismus zwischen beiden aufmerksam gemacht, der nicht direkte Textbezüge Hitlers auf N. zum Gegenstand hat, sondern in einem indirekten Textvergleich ein »Psychogramm« der Beziehungen herzustellen versucht, was zwar interessant, aber auch umstritten ist. Rosenberg hatte eher zum Mystiker Eckhart, zum Reformator Luther, zu den im Geiste des NS »klassizistisch« aufbereiteten Dichtern Goethe und Schiller, zur deutschen Romantik, zu Chamberlain und Wagner einen inneren Bezug, denn zum Werk N.s. Obgleich er ihn in seinem *Mythus des 20. Jahrhunderts* als einen der »Propheten« des 19. Jh.s im Kampf gegen die Persönlichkeitszerstörung des »Maschinenzeitalters« ansah, dessen »wilde Predigt vom Übermenschen [...] eine gewaltsame Vergrößerung des unterjochten, vom stofflichen Druck der Zeit gedrosselten Eigenleben[s]« war und dessen »subjektive Seite des großen Wollens und Erlebens« nur von einem ohnmächtigen Geschlecht einer geknebelten Zeit verstanden und so zugleich mißverstanden wurde, denn an »das Banner N.s reihten sich dann die roten Standarten und die marxistischen nomadischen Wanderprediger« (Rosenberg 1935, 581f.), so waren letztendlich für Rosenberg N.s Positionen und deren Interpretationsmöglichkeiten im Sinne eines Subjektivismus, der alle Bindungen zu lösen sucht und der einer Persönlichkeitsauffassung anhängt, die zu stark die Individualität betont und gerade nicht dem Typus verbunden ist, eher suspekt, denn: »Die stärkste Persönlichkeit ruft heute nicht mehr nach Persönlichkeit, sondern nach Typus« (ebd.). Darin aber ist nun vornehmlich die »Geburt der nordischen Rassenseele« allein zu begreifen. Überdies muß sich aus Rosenbergs nationalsozialistischer Pseudoklassizitätsauffassung eigentlich eine tiefe Aversion insbesondere gegen den frühen N. und dessen Dionysos-Konzept ergeben. Für ihn tritt das Dionysische als »etwas rassisch und seelisch Fremdes« in das griechische Leben ein, da dessen

Bräuche nicht nur das »vollkommene Gegenteil des Griechentums« seien, sondern dieses im gesamten Osten des Mittelmeerraumes herrschende und »von den afrikanisch-vorderasiatischen Rassen und Rassenmischungen« getragene Prinzip der »erdgebundenen Räusche des Dionysos« wird sich »bei der Erschlaffung des arischen Blutes und des nordisch apollinischen Lichtprinzips« immer in den chthonischen Wesen und Bastarden gegen jenes erheben und es zu überwinden gedenken (ebd. 70). Damit war aus NS-Sicht dem Dionysos natürlich keine Ehre zu erweisen, sondern ihm war skeptisch, ja destruktiv entgegenzutreten. Dennoch wurde auch durch den obersten Ideologen des NS, Rosenberg, N. straff in den Dienst der nationalsozialistischen Propagandaideologie genommen. In einer unter Rosenbergs Schirmherrschaft 1944 inszenierten Gedenkfeier zu N.s 100. Geburtstag hob er ihn in seiner Ansprache als jenen »großen Deutschen« hervor, der »einst aus innerem Protest zu seiner geistigen und politischen Umwelt zum Revolutionär wurde« und »das Schicksal eines Mißverstandenwerdens Jahrzehnte zu tragen hatte« (GSA, ZAS S 1944, 1). Erst jetzt würde er seiner geschichtlichen Würdigung entgegenreifen. Seine Tragik bestünde darin, daß man ihn im 19. Jh. nicht hören wollte und er selbst »an die besten Seiten des germanischen Wesens in Deutschland« leider nicht herankam (ebd. 7). Rosenberg bemüht sich besonders, N.s scharfe Kritik am »Deutschtum« allein auf das »zeitgegebene Erscheinungsbild« des »Reichsdeutschen« des 19. Jh.s zu beschränken, der aber selbst den Glauben an die »mythische Heimat« nicht verloren habe und eine »Säuberung von allen überwuchernden Fremdpflanzen« nicht nur forderte, sondern auch »gläubig erwartete« (ebd. 8 f.). Wie der NS so verteidige auch N. gegen die Mächte der westlichen »liberalen Welt« und »der marxistischen Diktatur, die wir als Todfeind aus Moskau gegen uns anmarschieren sehen« (ebd. 19), das »alte Europa«. Und diese Haltung führe ihn dazu – gleich dem NS – überzeugt zu sein, daß diese Entwicklung »Europa einmal zu den furchtbarsten allumfassenden Auseinandersetzungen, vielleicht aber dann auch zu harten tyrannischen Erscheinungen führen müsse« (ebd. 20). Die Nationalsozialisten fühlen sich deshalb (wie einst N.) berufen, sich einzig als »die ›guten Europäer‹« zu verstehen. Und die »nationalsozialistische Bewegung« stehe »als ganzes heute vor der übrigen Welt, wie N. als einzelner einst vor den Gewalten seiner Zeit« (ebd. 28). Rosenberg grüßt N. schließlich »über die Zeiten hinweg als einen Nahe-Verwandten, als einen geistigen Bruder im Kampfe um die Wiedergeburt einer großen deutschen Geistigkeit [...] und als Verkünder einer europäischen Einheit« im NS-Sinne (ebd. 30). Bei den NS-Führern wird N. eindeutig politisch-ideologisch instrumentalisiert, ohne eine nachweisliche nähere Sachkenntnis seines Schaffens. Schlagworte werden aus dem aphoristischen Werk herausgerissen, interessengeleitet aufbereitet, in ihrer schillernden Vielfalt der Interpretationsmöglichkeiten eindeutig zurechtgeschnitten und so direkt verfälscht. Die »mittlere« Führungsebene der NS-Ideologen bemühte sich in ihrem Wirken zum einen darum, N. in die »Ahnengalerie« des NS einzureihen, zum anderen mußten sie aber auch Sorge dafür tragen, »N.s politische Gedankenwelt und den Nationalsozialismus scharf abzugrenzen, Verwandtschaft und Gegensatz klarzustellen« (Härtle 1937, 5). Jede einfache Gleichsetzung zwischen N. und dem NS wurde zurückgewiesen, weil man so »unehrlich gegen N. und anmaßend gegen den Nationalsozialismus« (ebd. 6) werde, obgleich man der Ansicht ist, »daß überhaupt nur ein bewußter Nationalsozialist N. ganz erfassen kann« (ebd.). Man ist besonders bemüht, das »Widersprüchliche« in N. als »Oberfläche« darzustellen und die »verborgene Einheit«, die alles zusammenhält, herauszuarbeiten, wobei besonders beim reifen N. »die stärksten Gemeinsamkeiten und schärfsten Gegensätze zum Nationalsozialismus« (ebd. 7) hervortreten würden. H. Härtles Buch *N. und der Nationalsozialismus* ist geradezu ein »Katechismus«, wie im NS N. zu lesen und zu interpretieren ist. Das Erscheinen desselben im Zentralverlag der NSDAP mag nicht ohne ideologische Absicht gewesen sein, obgleich natürlich insbesondere in den frühen Jahren der NS-Herrschaft in Deutschland auch eine Reihe anderer konservativ-faschistischer Interpretationsarten vorhanden sind (vgl. dazu: Landgreder 1971; Penzo 1992; Aschheim 1996). Hier wird eindeutig das theoretische Schaffen N.s auf solche Themen wie »Zweites Reich«, »Demokratie«, »Krieg«, »Juden«, »Rasse«, »Zucht und Züchtung«, »die Deutschen«, »Europa«, »Staat«, »Einzelner und Gemeinschaft«, »Politik«

eingeschränkt, und es werden Interpretationsarten geliefert, die auch vor plumpen Text-Fälschungen nicht zurückschrecken. So wird beispielsweise der Begriff »Marxismus« für N. relevant gemacht (den dieser überhaupt nicht kannte) mit dem Hinweis, daß »sozialistisch und Sozialismus [...] bei N. immer für marxistisch und Marxismus« (ebd. 38) stehen würden. Eventuellen aufkommenden Betroffenheitsgefühlen im Zusammenhang mit N.s Sozialismuskritik im Hinblick auf die eigene Namengebung will man auf diese Art vorbeugen, da man die Ideologie einer »Volksgemeinschaft« aus der Linie der N.schen Kritik der christlichen bzw. sozialistischen »Herdengemeinschaft« herausnehmen und sie zugleich vor dessen ausschließliches Setzen auf den aristokratischen Individualismus bewahren wollte. N. sieht »im Individualismus nur die unterste Lebensform [...] als höchste dagegen eine Rangordnung, ein Herrschaftsgebilde« (ebd. 143). Dennoch sei N. »nicht durchgedrungen zu einem völkischen Sozialismus« (ebd.). Obgleich man begierig »antijüdische« Stellen bei N. sucht und sie entsprechend interpretiert, so kommt man auch um seinen Anti-⁊ Antisemitismus nicht umhin, den man als historisch überholt bezeichnet, weil in N.s Überlegung einer »möglichen Juden-Assimilierung« eine »lamarckistische Fehlmeinung« vorliege, dem der »biologisch begründete Antisemitismus« strikt entgegenstehe (ebd. 46), den N. aber noch nicht kannte und dem deshalb damals »das heute biologisch unverantwortbare Ziel einer Mischrasse« (ebd. 47) im Sinne einer solchen Assimilierung vorschwebte. In seinen »Umwertungs«-Bemühungen und damit im »Weltanschaulich-Wertmäßigen« (nicht so sehr im »Konkret-Politischen«) liege deshalb vornehmlich N.s Bedeutung für den NS. »Sollte N. nicht umsonst gerungen haben – dann mußte kommen der Mann aus dem Weltkrieg, der Philosoph aus dem Schützengraben, der Denker und Täter: Adolf Hitler« (ebd. 164). Der führende theoretische Kopf einer NS-Rezeption N.s auf philosophischem Gebiet ist aber zweifelsfrei *Baeumler*, seit 1933 Lehrstuhlinhaber für »politische Pädagogik« an der Berliner Universität und Amtsleiter des Amtes Wissenschaft A. Rosenbergs. Baeumler – zunächst ein bekannter Kant-Forscher – beschäftigte sich schon vor 1933 intensiv mit N., gibt seine Werke heraus (Kröner-Ausgaben) und publiziert Bücher über dessen Werk (so z.B. *N. – der Philosoph und Politiker*, 1931). Hier erfolgt schon vor der politischen Machtergreifung des NS in Deutschland die philosophische Indienststellung N.s für den Geist der braunen Bewegung. Da die veröffentlichten Schriften N.s »in der Tat sehr verschiedene Gesichter« (Baeumler 1931, 7) zeigen, bedarf es auch der Heranziehung der unveröffentlichten, um »die Einheit der N.schen Produktion« (ebd.) deutlich zu machen, obwohl er uns immer seine Absichten nur »ahnen« läßt. »Das Leitende aber ist immer das verborgene Pathos seines Wesens«, und hinter aller betonten Vielfalt des Vordergründigen verbirgt sich »eine Einheitlichkeit des Willens [...] Einheit nicht Vielheit ist der Charakter dieses Lebens« (ebd. 9). Der ⁊ *Wille zur Macht* sei »ein echtes philosophisches System [...]« (ebd. 19), und auf eine Baeumlersche Kurzformel gebracht lautet das Charakteristikum: »heroischer Realismus«, der weder Begriffrealismus noch Empirismus sei, sondern Glaube des Einzelnen auf der Menschen-Erde an sich und seine geschichtliche Sendung. Um N. aber als Ganzes für die NS-Ideologie aufzubereiten, kann sich Baeumler nicht (wie viele NS-Propagandisten) nur mit den zurechtgestutzten politischen Ansichten N.s befriedigen. Er gibt deshalb eine Gesamtsicht auf N.s Werk und behandelt in diesem Sinne N. zweigeteilt als »den Philosophen« und »den Politiker«. Die geistige Basis des »Philosophen« N. ist jener »heroische Realismus«, der alle »Hinterweltler« (Platon und Christentum) hinter sich zurückläßt und sich erkenntnistheoretisch in der Welt der Sinne und nicht der Vernunft mit ihrem »Logizismus« und »metaphysisch« in der Welt des dynamischen Werdens und nicht des ewigen Seins befindet. »Heraklitismus« ist deshalb für Baeumler die N.sche Leitorientierung vom ersten Tage seines Schaffens bis zum »Willen zur Macht«. »Hinter dem Wechsel der Position bleibt unverrückt die Grundkonzeption der heraklitischen Welt« (ebd. 63). Von diesem »Heraklitismus« und »heroischen Realismus« aus gesehen, bilden die »Einzelexistenzen mit ihren Perspektiven ... ›die Welt‹« (ebd. 38), und der »Wille zur Macht« schafft angesichts dieses universellen Perspektivismus »die Welt in jedem Augenblick neu, legt sie in jedem Augenblick neu aus« (ebd. 39). N.s eng damit verbundener Relativismus sei keine Verzweiflung an den Möglichkeiten der Erkenntnis, sondern vielmehr »eine

Reaktion der Redlichkeit auf die Falschheiten der Bewußtseinsphilosophie« (ebd. 40). Das Wollen aber sei streng antihedonistisch und als solches auch anticartesianisch. Es »ist das ewige Werden selbst, das kein Ziel kennt. Dieses Werden ist ein Kampf« (ebd. 47). Für Baeumler ist deshalb N.s ↗»ewige Wiederkunft« etwas, was nicht in dessen System paßt, und »von N.s System aus gesehen« sei sie »ohne Belang« (ebd. 80). »Es gibt im Grunde keine Philosophie der ewigen Wiederkunft, es gibt nur eine Religion der ewigen Wiederkunft« (ebd. 82). Von dieser philosophischen Voraussetzung aus wird dann der »Politiker« N. behandelt und zwar in seiner »germanischen« (nicht deutschen) Staatsauffassung. Das »Deutsche« erlange dort je seine Höhepunkte, wo das »Germanische« durchdringt. N. denke nicht deutschnational, weil im Bismarck-Reich sowohl im geschaffenen Nationalstaat (II. Reich) wie in den sozialistischen Gegnern desselben der Massenstaat mit all seinen Problemen, seinen Gleichheiten der Rechte und der Stimme, seinen Nivellierungstendenzen und Feigheiten hervortritt. Er lehnt diesen nationalen Staat ab, »weil er ein solches demokratisches Riesengebilde für unfähig hält, das Volk auf die Erzeugung des Genius vorzubereiten« (ebd. 132). Dies verhindert gerade der »Demokratismus und Sozialismus«, die beide für Gleichheit in den modernen Staaten eintreten. Gegen diese Ideale sei N.s *Zarathustra* in seinem politischen Sinne gerichtet, denn der »Übermensch« ist »das Gegenbild des ›letzten Menschen‹, d.h. des Funktionärs der demokratisch-sozialistischen Gesellschaft« (ebd. 119). Diese bürgerliche Gesellschaft setze auf das Bedürfnis nach Frieden und Sicherheit, was zu einer »matten Menschheit« führe, die »zeitweiliger Rückfälle in die Barbarei« bedarf (ebd. 171). Daraus entspringt nach Baeumler schließlich N.s Begriff der ↗»großen Politik«, deren vorantreibendes Moment »das Bedürfnis des Machtgefühls« (ebd.) ist. Gegen alles Mittelmaß gäbe es als »Gegenmittel« nur »die Gefahr und den Krieg« (ebd. 172). Ein Vorläufer dieser »großen Politik« sei der Typus des »höheren Europäers« (ebd. 177). Möge dieses »neue Europa« (und Baeumler bezieht sich hier auf N.s Nachlaß) »bald einen großen Staatsmann hervorbringen«, der als »der große Realist gefeiert wird« (ebd. 173). Kurze Zeit später ist er für Baeumler erschienen – Hitler. »Übertragen wir diese Stellung Hitlers gegen-

über der Republik von Weimar auf den einsamen Denker des 19. Jh.s, dann haben wir N.«. Das bemerkte Baeumler 1934 in seinem richtungweisenden Artikel *N. und der Nationalsozialismus* (Baeumler, A.: *Studien zur deutschen Geistesgeschichte*, Berlin 1937, 283). Gerade in diesem Artikel wird Wert darauf gelegt, sowohl den aktivistischen Heroismus N.s und seine Gegnerschaft zum Christentum in vordergründige Beziehung zur NS-Bewegung zu bringen und an die Stelle der »bürgerlichen Moralphilosophie« N.s »Philosophie der Politik« (ebd. 292) zu setzen, die an die Stelle absoluter Gegensätze von Gut und Böse »die natürliche Rangordnung des Besser und Schlechter« setzt im »Zeitalter der Arbeiter und Soldaten« (ebd. 293). Die Jugend wird zu diesem Werk erneut – wie es einst schon bei N. in den *Unzeitgemäßen Betrachtungen* geschehen sei – aufgerufen. »Und wenn wir dieser Jugend zurufen: Heil Hitler! – so grüßen wir mit diesem Rufe zugleich F.N.« (ebd. 294).

Diese direkte Identifikation der N.schen Philosophie mit dem politischen Machtapparat des Nationalsozialismus und seiner Ideologie war nach dem Zusammenbruch des »Dritten Reiches« 1945 einer der Hauptgründe der Verdammung N.s in der Folgezeit sowohl durch liberale als auch linke Kreise. Die weltanschauliche, politisch-ideologische Auseinandersetzung der Linken in Deutschland mit N.s Denken hat allerdings eine viel längere Tradition, die selbst nicht unabhängig von der allgemeinen N.-Rezeption des ausgehenden 19. und des 20. Jh.s gesehen werden darf (Literatur, Philosophie, Kunst, Musik). Vornehmlich bei den deutschen Linken, die sich mehr oder weniger direkt im Umfeld der deutschen Sozialdemokratie – der damals mächtigsten Arbeiterpartei Europas – befinden, zeichneten sich etwa *drei typische Gruppierungen* hinsichtlich der weltanschaulichen Auseinandersetzung mit N.s Philosophie ab, die allerdings nicht in jedem Falle scharf voneinander geschieden werden können und auch nicht als organisatorische Gruppierungen zu begreifen sind. Zunächst existierte eine »Zurückweisungspartei« mehr oder weniger strikter Observanz, in deren Zentrum *F. Mehring* und der junge P. Ernst stehen. Auf der Basis des Historischen Materialismus, wie ihn vornehmlich die Theoretiker der II. Internationale parteioffiziell vertreten (Kautsky, Plechanow u.a.) und beeinflußt durch die N.-

Kritik J. Dubocs und F. Tönnies, geht vor allem der führende Theoretiker der deutschen Sozialdemokratie F. Mehring vornehmlich stark ideologiekritisch-soziologisierend an N.s Denken heran. Er bezeichnet N. als »Philosophen des Kapitalismus«, dessen Amoral »die Bande zu sprengen« sucht, »welche die Klassenmoralen seiner früheren Entwicklungsstufen, die kleinbürgerliche Ehrbarkeit und die großbürgerliche Respektabilität ihm noch anlegen«. N. war aber für ihn »nicht nur der Herold, sondern auch das Opfer des Großkapitals«, dessen »fein und reich angelegter Geist« mit »Abscheu und Grauen das grenzenlose Elend« empfand, welches »der Kapitalismus schafft«. Für Mehring sieht N. in seinem Feinsinn allerdings nur die abstoßenden Erscheinungen einer imperialen bürgerlichen Welt, deren soziale Ursachen N. als elitärer, einsamer Bildungsbürger nicht begreift und der sich von diesem Ekel gänzlich übermannen läßt und deshalb keinen eindeutigen Ausweg im Sinne der historischen Überwindung dieses Widerspruchs der großkapitalistischen Ordnung findet; deshalb seine Aversion gegen das Christentum, welches mit seiner »Armenpflege« nur zur Verlängerung dieses Zustands beitrage und deshalb sein Fluch gegen die »Schnapsbrüder« von Sozialdemokraten, die auf dem Elend von heute ihre Hoffnung auf ein besseres Morgen bauen würden. Und gerade aus diesem Grund sehe N. das Heil im »Übermenschen«, dem Freigeist, der sich jenseits aller Herdeninstinkte bewegt. N. mußte irre werden und seine eigene Vernunft verlieren, weil er »krampfhaft die Vernunft des Großkapitals« suchte (ebd.). Er sei in Wirklichkeit an »der Fäulnis der bürgerlichen Gesellschaft erkrankt«. Auch der junge *P. Ernst* sieht in N. einen Denker des dekadenten Spätbürgertums. »Sein Publikum ist das Bürgerthum der Decadence, das einem strengen philosophischen Geist wenig geneigt ist« (*Freie Bühne* 1 [1890], 516). Und N. selber »gehört zu jener Klasse der bürgerlichen Decadents, welche in Opposition zu dem erreichten Ziel des bürgerlichen Denkens stehen« (ebd. 491). Bei N. kulminiere jene »nachklassische«, also nach Hegels Tod hereinbrechende Philosophie in Deutschland, die von Schopenhauer bis Lange reiche und die ihrerseits »die Philosophie der Feigheit, die aufgewärmte Philosophie unserer Großväter und die Philosophie der Brutalität« (ebd., 490) einer neuen Zeit miteinander zu verbinden suche. Sein Ideengut sei das eines »Weltverbesserers«, wie man es nunmehr auf allen Straßen finden kann, und dies sei eine »neue Moral«, die genau den veränderten gesellschaftlichen Verhältnissen entspräche. Man empfinde die Häßlichkeit der neuen Zeit und ihrer Sklavenmoral, verzichte aber – wie die progressive Sozialdemokratie – auf die wissenschaftliche Erkenntnis dieses Prozesses, »der sich nach den immanenten Gesetzen der Produktion abspielt« (ebd. 518), und man setze dagegen »Werturtheile«, die im Bunde mit solchen »Modetheorien« wie der der Vererbung stehen, um »neue Menschen« zu bilden und zu züchten, die einer eigenen neuen »Herrenmoral« bedürfen, damit sie der anstürmenden »Sklavenmoral« Paroli bieten können. N.s Philosophie wäre damit auf jeden Fall den tatsächlichen Verhältnissen in der zweiten Hälfte des 19. Jh.s adäquater als jede andere, insonderheit aber die des pessimistischen Misanthropen Schopenhauer. Für Mehring wie Ernst ist N.s Denken eine unmittelbare Konsequenz der großbourgeoisen Entwicklung am Ende des 19. Jh.s und es stellt einen direkten ideologischen Schluß aus den veränderten sozialökonomischen Verhältnissen dar, zu deren Rechtfertigung es entworfen worden ist. Die ideologiekritischen und -analytischen Elemente stehen, bei einer durchaus auch vorhandenen Würdigung der »schönen Sprache«, in welcher diese »Philosophie des Großkapitals« vorgetragen werde, und der Anerkennung des ungeheuren Gespürs des »feinsinnigen Seismographen« N. für kommende gewaltige Eruptionen, im Vordergrund dieser Argumentationslinie, die später über alle anderen »linken« N.-Rezeptionen bzw. -kritiken im Marxismus-Leninismus »siegen« sollte.

Dieser Gruppierung, die sich durch eine sehr harsche N.-Kritik auszeichnet, steht fast diametral eine andere »Parteiung« (freilich nicht im organisatorischen Sinne verstanden) gegenüber, die eine verhältnismäßig große Akzeptanz, wenn nicht sogar Begeisterung für diesen Denker und sein Werk aufbringt. Ihr Platz in der deutschen Linken ist vornehmlich der der sogenannten »Jungen« in der SPD, die sich als »*Friedrichshagener*« (dem Ort ihrer Diskussionen in Berlin) bezeichnen und deren theoretisch-politischer Kopf *B. Wille* ist. Auf dem Erfurter Parteitag der SPD 1891 wurde diese Gruppierung ausgeschlossen. Der Berliner Kunsthistoriker *F. Servaes* – ein N.-begeisterter Universitätsprofessor – neigt diesem Kreis gleichfalls zu, wie auch einige naturalistische Schriftsteller, die der von *O. Brahm* 1890 in Berlin gegründeten *Freien Bühne für modernes Leben* nahe stehen. Diese Gruppierung bekannte sich zu einem »revolutionären Individualismus« und sprach sich strikt gegen alle politische Organisationsprinzipien aus, die die Selbständigkeit des Geistes einschränken. Individualismus gegen »schablonisierenden Demokratismus«, so formulierte Servaes kurz die Programmatik dieser Gruppierung (*Freie Bühne* 3 [1892], 85). Jugendlichkeit, Eroberungslust und Hoffnungsfreudigkeit gegen Morschheit und Verzagtheit seien für sie wesentliche Charakteristika einer sozialistischen Aufbruchsstimmung. Hier müßten sich – nach Servaes – nun auch Berührungspunkte zwischen N. und den Sozialisten ergeben. Aber: »N. und der Sozialismus? Der radikale Aristokratismus und die radikale Demokratie? Sind das nicht zwei Todfeinde, die sich in alle Ewigkeit heftig befehden müssen? Oder ist doch ein Gemeinsames zu finden?« (ebd. S. 86) In der »Systematik des Zweifels« und in der »Revision der ganzen Weltanschauung« sowie der Tatsache, daß N. ein verwegener geistiger Experimentator sei, der vor nichts zurückschrecke, glaubt Servaes einen Berührungspunkt zwischen N. und dem revolutionären Geist des Sozialismus gefunden zu haben, denn »gerade hier schlägt der Nietzscheanismus in den Sozialismus ein«. Es sind zwei Ströme, die von jeweils anderen Enden kommen und sich mit »widerwilligen Zischen« vereinigen. »N. und der Sozialismus, beide sind sie revolutionär und beide zukunftsträchtig« (ebd. 88).

Zwischen diesen Eckpositionen befindet sich nun noch eine ziemlich breite dritte Gruppierung, die nicht scharf untereinander und auch nicht gegen die beiden oben erwähnten Extrempositionen abzugrenzen ist, da sie sich im Einzelfall entweder stärker zur ersten oder zur zweiten hingezogen fühlt. Man war deshalb bemüht, zwischen den beiden offenbar weit auseinanderklaffenden Positionen eines sozialen Demokratismus und eines radikalen, individualistischen Aristokratismus zu vermitteln, obgleich man sich der Differenzen durchaus bewußt blieb. Eine zentrale Position nimmt hier zweifelsohne der Linkssozialist *K. Eisner*, nachmaliger Ministerpräsident der bayerischen Räterepublik, mit seinem Buch *Psychopathia spiritualis. F.N. und die Apostel der Zukunft* (1892) ein. Es ist dies eine Auseinandersetzung mit N., die ihn jedoch vor allem von jeglicher Art »Zukunftsaposteln« befreien soll, da diese einen »Nietzscheanismus« begründen, der wertvolle Gedanken N.s, die mit dem Sozialismus durchaus zusammenstimmen könnten, vereinseitigend negativ interpretiert und politisch für seine Zwecke nutzt. Zugleich wendet sich Eisner aber auch gegen Mehrings historisch-materialistische Methode, N. direkt aus den sozialökonomischen »Zeitmaterien« herleiten zu wollen. Die Mehringsche »Anwendung des Geschichtsmaterialismus« scheint »verfehlt« (Eisner 1892, 93), genau so wie das Tun der »N.-Apostel«, die dessen Geist als »kleidsame Gewandung für viele Ungeister« mißbrauchen. »Dem großen N. droht die Gefahr, zum kleinen Heros des ›Fin de siècle‹ ausgefaselt zu werden«, und das sei das wirkliche »N.-Affentum« (ebd. 16). Von den »Nietzscheanern« wird in Sachen N. alles behauptet, nichts aber bewiesen. Wahrheiten werden dekretiert, man schwelgt im geistigen Absolutismus. Eisner sieht in seiner Auseinandersetzung mit N. eine »zielschwankende Aufgabe«, nämlich gegen N.s Lehre zu schreiben, »weil diese Lehre als Wesenskern schlummert in einer Welt von schillernden, grell widersprechenden Gedanken« (ebd. 25). Für ihn ruht N.s Lehre auf einem morschen Grunde, weil seine erkenntnistheoretischen Anschauungen nicht dazu dienen, »einen festen Untergrund für die ethischen, ästhetischen usw. Lehrsätze zu schaffen« (ebd. 26). Von diesem zentralen Punkt aus setzt sich Eisner dann mit einer Reihe wichtiger Probleme der N.schen Philosophie auseinander – so dem der décadence, der Rasse, der Moralzertrümmerung und Umwertung aller Werte, des Leibes, des Weibes, des Individualismus und Egoismus. »N. ist der große Anatom der Sittlichkeit«. Damit habe er aber vielleicht »unbewußt Operationen vollzogen, die Leben und Kraft der Sittlichkeit verjüngern und gesunden« (ebd. 46). Und hier sieht Eisner denn auch – bei aller Kritik an N. – den echten Zusammenhang zwischen N.s Egoismus und Individualismus, der natürlich einen Abgrund zwischen diesem Denken und dem Altruismus des Sozialismus offensichtlich aufklaffen läßt. Aber ausgehend von der Maxime: »Zweiheiten sind Einheiten« (ebd. 75), versucht

Eisner das strikte Entweder-Oder in einem verbindlicheren Sowohl-Als auch aufzulösen. Und dies geschieht über sein philosophisch-politisches Konzept, daß es »Aufgabe und Ziel der Menschen wie der Menschheit« sei, die »Entwicklung des Einzelnen zur vollentfalteten Eigenart« (ebd. 76) voranzutreiben. Und nur so kann und sollte ein Mensch dann »zur gleichen Zeit Egoist, Altruist, Individualist, Sozialist, Aristokrat und Demokrat sein« (ebd.). Wahre Demokratie ist nicht Vermassung, sondern sie »muß zur Panaristokratie werden« (ebd. 79). So ist der Sozialismus eine gesellschaftliche Entwicklung, die in Wahrheit des Individualismus nicht entbehren kann, sondern die »ihn als Faktum einschließt« (ebd. 77), weil nur so der Mensch und die Menschheit veredelt werden können. Nicht das Individuum auf das Niveau der »Masse« drücken, sondern alle auf das Niveau der Edlen heben, das ist das Ziel des Sozialismus. N. aber kannte diesen Zusammenhang nicht, weil ihm die wahren Ideale der Sozialdemokratie unbekannt waren. Für ihn war es undenkbar, daß die »leichten Tanzfüße Zarathustras« mit den »plumpen Arbeitsfüßen« des Proletariats ein Paar werden könnten. Alle Sozialdemokraten sind für ihn jene »Schnapsbrüder«, von denen er befürchtete, daß der »widerwärtige Geruch ausdunstenden Elends« verpestend bis zu der »feinen geistigen Höhenluft raffinierter Ichauskostung« (ebd. 82) vordringen könnte. »N. ist aus Menschenhaß Antisozialist« (ebd. 83). Ein »Philosoph des Kapitalismus« sei er aber gerade aus all diesen Gründen nicht, so polemisiert Eisner gegen Mehrings N.-Kritik. Eher wäre N. für den »Feudalismus des Stammbaums als für den Feudalismus des Geldschrankes ein[ge]treten« (ebd. 93). Während der erste noch edel sein kann, ist der letztere unedel von Natur aus. Mehrings Anwendung des Geschichtsmaterialismus auf N. sei »verfehlt« (ebd.), denn dessen »Träume sind nicht aus den Zeitmaterien entströmt« (ebd. 93). »N. als Thürhüter von Bleichröder und Rothschild wäre ein grauenhaftes Bild«; dennoch befürchtet Eisner, würde er auch »auf diesem Posten recht verwendbar sein« (ebd. 99).

Die In-Dienst-Stellung N.s für die Ideologie des Faschismus und des Nationalsozialismus, war eine gewichtige Basisvoraussetzung für die N.-Kritik des Marxismus-Leninismus seit den 30er Jahren unseres Jh.s. Repräsentativ für diese politisch-ideologische N.-Rezeption und -Kritik waren insbesondere *G. Lukács* und *H. Günther*. Unmittelbar nach der NS-Machtergreifung in Deutschland begannen sich beide in ihren ideologiekritischen Schriften mit Wesen und Herkunft der NS-Weltanschauung auseinanderzusetzen. N.s Denken erhielt dabei eine zentrale Stellung. Der ideologiekritische Grundtenor dieser N.-Auseinandersetzung knüpfte bei sozialistischen Vorgängern wie etwa Mehring in der deutschen Sozialdemokratie an, die mit der historisch-materialistischen Methode das N.sche Denken sehr unmittelbar aus den materiellen Zeitumständen ableiteten. »N.s Weltbild gelangt auf Grundlage des Imperialismus der Wilhelminischen Periode zur allgemeinen Wirkung« (Lukács 1989, 234). In dieser Periode sei N. ein »prophetischer Vorkämpfer und Vorläufer der späteren reaktionären Tendenzen« (ebd.) wie weiland Schopenhauer im Zeitalter Goethes und Hegels für das nachfolgende Zeitalter des Interessenausgleichs zwischen nachrevolutionärer Bourgeoisie und feudalem Adel, dessen politische Folge der Bismarck-Staat war. N.s geradezu ideale Eignung für diese politisch-ideologische Funktionalisierung als Zentralpunkt geistiger Repräsentation einer imperialen Herrschaft resultiert nach Lukács aus dessen Einbindung in einen antirationalen, aufklärungskritischen, lebensphilosophisch-romantischen Grundzug der Herrschaftsideologie des deutschen und internationalen Monopolkapitals. Das »einsame Genie« und »die Gefolgschaft N.s in Deutschland steht ... in lärmender oder verachtungsvoller Opposition zum leer-dekorativen Prunk, zur protzhaften Geschmacklosigkeit des sich vehement entfaltenden deutschen Imperialismus ...« (ebd. 235) und war gerade deshalb zu gebrauchen, weil sein »oppositioneller Charakter – N.s größte Stärke, seine oft außerordentlich geistvolle Kritik der spätbürgerlichen Dekadenz –« (der »Schlüssel auch zu seiner internationalen Wirkung«) eben nur eine »immanente Kritik, d.h. eine Kritik der Dekadenz von der Dekadenz aus« sei, die nicht »auf ihre sozialen Wurzeln« eingehe und nicht »ihre gesellschaftlichen Grundlagen« (ebd.) aufdecke, ja sie vielmehr geradezu verdecke. Deshalb haben alle die, die sich vom System abgestoßen fühlen, unter dessen Dekadenz leiden, aber nicht das System im Grundansatz bekämpfen wollen oder können, in N. »ihren Propheten ... den Propheten und Philosophen der subjektiven Scheinüberwindung der Dekadenz« (ebd.). Lukács bezeichnet diese Denker – allen voran N. – als die »indirekten Apologeten« des Imperialismus, H. Günther nennt sie in seiner 1935 verfaßten Schrift *Des Herren eigener Geist* »kritische Apologeten«, deren Paradox darin bestehe, daß diese Ideologen den Kapitalismus dadurch indirekt verteidigen, »indem sie ihn kritisieren« (Günther 1981, 147). Diese Kritiker aber sind doppelbödig, denn einerseits »werfen sie alles tatsächlich Revolutionäre« der »alten, aufklärerischen Bourgeoisie« über Bord, andererseits erwecken sie damit den Anschein, »dem heutigen Kapitalismus den Krieg zu machen« und schmücken sich so »aufs neue mit gefälschten Emblemen der Revolution« (ebd.). Lukács und Günther wissen (wie auch die nichtmarxistische N.-Kritik) um die »Proteusnatur« N. s. »Es gibt kaum einen Satz N.s, dessen gerades Gegenteil nicht ein anderer Satz N.s ausdrücken würde«, meint H. Günther 1935 in *Der Fall N. Die Philosophie N.s und der Nationalsozialismus* (Günther 1981, 253). Der Philosoph sei eben geradezu eine »polyphone«, »vielseitige Persönlichkeit« gewesen. Aber die deutsche Bourgeoisie brauchte insbesondere nach 1900 nicht N.s Proteusnatur, man griff zur Retusche. Die Linie reichte von G. Simmel über E. Bertram, das N.-Archiv, bis zu den Naziideologen Baeumler und Giese. »Da haben wir dann endlich den echten Kopf des Philosophen: einheitlich und klar, blond, blauäugig und germanisch: – N., ein Nazi!« (ebd. 257). Als Marxist will gerade Günther einen anderen Weg gehen. »Die Hakenkreuzler kolportieren Legenden über N.? – Dann rekonstruieren wir sein wahres Bild« (ebd. 258). Und indem die Nazis sich auf die angebliche »Geschlossenheit« und Unwandelbarkeit des N.schen Denkens stützen, will Günther das »Doppelgesicht« N.s zeigen. »Die volle Wahrheit über den ganzen N. an den Tag zu bringen« (ebd.), ist für ihn von größter Wichtigkeit, denn »daß N. ein Denker – der letzte deutsche Denker von europäischem Range« war, steht für ihn außer Frage. Mag es im historisch-materialistischen Grundansatz der Analyse von Lukács und Günther hier auch keine Differenzen gegeben haben, in der Durchführung des Programms der Ideologie-Analyse und -Kritik treten sie dann doch hervor, denn für den N.-Kenner Lukács, der natürlich auch das »Polyphone« N.s sieht, gibt es doch etwas Verbindendes in aller Vielfalt, denn der »systematische Zusammenhang der Gedanken eines Philosophen ist ein älteres Phänomen, als es die idealistischen Systeme sind« (Lukács 1954, 256), und jeder, der den Namen eines Philosophen verdient, habe ein solches. Auch in N.s aphoristischen Gedanken kann »ein solcher systematischer Zusammenhang aufgewiesen werden« (ebd.). Und Lukács zeigt dann in kritischer Auseinandersetzung die irrationalistische Gnoseologie, die amoralische Ethik, die antisozialistische und antidemokratische Elitetheorie, die Lehre vom Willen zur Macht und die »große Politik« als Grundelemente seiner »Systematik«. N. wird so zum Systematiker und »Begründer des imperialistischen Irrationalismus«. Günther unternimmt nicht den Versuch bei N. eine innere Systematik zu suchen, er geht vielmehr von einem historisch sich wandelnden N. aus. Er versucht in einer historisch konkreten Situation des antifaschistischen Kampfes auszudifferenzieren und zu zeigen, daß die Nazis N. nicht absolut beerben können, ja daß diese »Phrasendrescher« tief unter ihm standen, ihn nur ideologisch verdreht aufnahmen. »Sie haben den Philosophen gerade nur zur Hälfte beerbt« (Günther 1981, 272). Dieser »Erbeprozeß« wie auch das, was nicht zum »NS-Erbe« paßt, wird von Günther untersucht. Ein Rest des »Weltbürgertums des Jahrhunderts der Bildung« klingt noch in ihm nach – bei all seiner Kritik an diesem und »etwas in ihm hat sich noch gegen die heraufziehende Barbarei gewehrt. Aber gerade er hat die moderne Barbarei des Imperialismus [...] verkündet, vorbereitet, eingeleitet – er hat sie gewollt« (ebd. 320f.). Und gerade darin hätten ihn die Faschisten beerben können.

Es war dem Marxisten *E. Bloch* vorbehalten, insbesondere das stark eindimensionale Lukácssche N.-Bild schon frühzeitig kritisch zu beurteilen. Obgleich auch er in seinen *Leipziger Vorlesungen zur Geschichte der Philosophie* den »Vernutzensaspekt« N.schen Gedankenguts durch die Nazis sah, so bemerkt er doch, daß es »ungeheuer schädlich« sei, »was leider von allen Antifaschisten betrieben wurde, N. zu einem Vorläufer von Hitler zu machen« (Bloch 1985, 413). Für viele, insbesondere aber die Intellektuellen, sei Hitler dadurch »gerechtfertigt«, mindestens aber »sehr interessant gemacht« worden: »er kommt in eine vornehme Gegend« (ebd.). Bloch lehnt gegen Lukács die Linie vom späten Schelling über N. direkt zu Hitler ab. Er fragt Lukács in einem Brief vom 25. 6. 1954: »Und kommt da nicht ein höchst ungemäßes Glänzen an die Fahne, besser in das Aborthaus Hitler?« (Bloch 1985, 202). Bloch meinte, daß N. einen »neuen Menschen« anstrebte, der dann gestohlen wurde und dabei zur grauenhaften Bestie entartete, woran freilich dieses Konzept teilweise selbst schwere Schuld trug. Aber es war auch etwas, was gegen »Verkleinerung und die üble spießige Art in der Zivilisierung aufbegehrt und was man in seiner schönsten Erscheinung zu allen Zeiten schließlich Jugend genannt hat« (Bloch 1985, 415f.). Dieser Widerspruch, der sich seit der Auseinandersetzung bedeutender theoretischer Köpfe innerhalb der Sozialdemokratie mit N.s Denken in den politisch-ideologischen Zeitläuften fortspann, trat auch in der N.-Rezeption und -Diskussion in der ehemaligen DDR hervor. Während auf der einen Seite eine prinzipielle marxistisch-leninistische Ablehnungsfraktion des N.schen Denkens mit Blick auf die reaktionäre und faschistische Wirkungslinie vorhanden war, trat besonders in den 80er Jahren eine Tendenz einer vom Marxschen Standpunkt ausgehenden Front einer differenzierender analysierenden tiefer lotenden und wertenden Auseinandersetzung mit N.s Denken hervor, die auf diesem Gebiet geistiger Auseinandersetzung auch Ausdruck einer in tiefe Krise geratenen marxistisch-leninistischen Dogmatik war (vgl. Kapferer 1990, 257–76).

Literatur: Ernst, P.: F.N. Seine Philosophie 1890, in: Freie Bühne für modernes Leben, 1. Jg. Heft 18 und 19, Berlin 1890; Servaes, F.: N. und der Sozialismus. Subjektive Betrachtungen, in: Freie Bühne, 3. Jg. Heft 3, Berlin 1892; Eisner, K.: Psychopathia spiritualis, F.N. und die Apostel der Zukunft, Leipzig 1892; Duboc, J.: Jenseits vom Wirklichen. Eine Studie aus der Gegenwart, Dresden 1896; Tönnies, F.: Der N.-Cultus. Eine Kritik, Leipzig 1897; Förster-N., E.: N.-Worte, Leipzig 1922; Oehler, M.: Mussolini und N. Ein Beitrag zur Ethik des Faschismus (1927?), GSA Weimar 100/1187; Baeumler 1931; Rosenberg, A.: Der Mythus des 20. Jh.s, München 1935; Mussolini, B.: Schriften und Reden, Zürich/Leipzig/Stuttgart 1935; Baeumler, A.: Studien zur deutschen Geistesgeschichte, Berlin 1937; Härtle, H.: N. und der Nationalsozialismus, München 1937; Rosenberg, A.: F.N. Ansprache des Reichsleiters und Reichsministers Alfred Rosenberg bei der N.-Gedenkstunde zu seinem 100. Geburtstag am 15. Oktober 1944, GSA Weimar, ZAS S 1944; Lukács, G.: Die Zerstörung der Vernunft, Berlin 1954; Mehring, F.: Gesammelte Schriften (Werke), Bde. 1–15, Berlin 1960–1967; Mussolini, B.: La filosofia della forza (1908), zit.: Nolte, E.: Marx und N. im Sozialismus des jungen Mussolini, in: Historische Zeitschrift 191/192 (1960), 249–335; Sandvoss, E.: Hitler und N., Göttingen 1969; Landgreder, H.: Die Auseinandersetzung mit N. im Dritten Reich, Ein Beitrag zur Wirkungsgeschichte N.s, Phil. Diss., Kiel 1971; Günther, H.: Des Herren eigener Geist, Berlin/Weimar 1981; Montinari 1982; Bloch, E.: Neuzeitliche Philosophie II: Deutscher Idealismus. Die Philosophie des 19. Jh.s (Leipziger Vorlesungen zur Geschichte der Philosophie, Bd. 4), Frankfurt a.M. 1985; ders.: Briefe 1903–1975, Erster Band, Frankfurt a.M. 1985; Taureck, B.H.F.: N. und der Faschismus, Hamburg 1989; Lukács, G.: Zur Kritik der faschistischen Ideologie, Berlin/Weimar 1989; Nolte, E.: N. und der Nietzscheanismus, Frankfurt a.M. 1990; Kapferer, N.: Das Feindbild der marxistisch-leninistischen Philosophie in der DDR 1945–1988, Darmstadt 1990; Penzo, G.: Der Mythos vom Übermenschen/ N. und der Nationalsozialismus, Frankfurt a.M./Berlin/Wien/New York 1992; Aschheim, S.E.: N. und die Deutschen. Karriere eines Kults, Stuttgart/Weimar 1996; Krummel, R.F.: N. und der deutsche Geist, Bd. III, Berlin/New York 1998.

*Hans-Martin Gerlach*

# Psychologie

*Freud – Alfred Adler – Jung – Klages – Prinzhorn*

»Keine ernst zu nehmende Geschichte der modernen Psychologie kommt an F.N. und seiner perspektivischen Psychologie vorbei«, so Seidmann in der von Balmer herausgegebenen zweibändigen *Geschichte der Psychologie* (1982, 358). Man hat in N. sogar den Begründer der modernen Psychologie »im allereigensten Sinne« gesehen (Klages 1926, 10), und selbst Freud sah in ihm einen Philosophen, »dessen Ahnungen und Einsichten sich oft in der erstaunlichsten Weise mit den mühsamen Ergebnissen der Psychoanalyse decken« (*Selbstdarstellung*, GW 14, 86). Die Psychologie als »Herrin der Wissenschaften« und »Weg zu den Grundproblemen« wieder anzuerkennen, war eines von N.s Hauptanliegen. Aus seinen Schriften rede ein Psychologe, »der nicht seinesgleichen hat«. Psychologie ist für ihn in erster Linie »Morphologie und Entwicklungslehre des Willens zur Macht« (JGB, Nr. 23, KSA 5, 38f.). Dieser Machtwillen ist der Natur abgeschaut. N. wird als Psychologe auch zum Biologen und Physiologen.

Die früheste Rezeption des »Psychologen« N. fand in Wien statt. In den Anfängen der psychoanalytischen Bewegung spielte N. eine zentrale Rolle. Besonders im Kreis um Freud war sein Name allgegenwärtig. In den Augen Freuds war N. zu einer Art »Modegötzen« geworden (*Protokolle*, Bd. 2, 27), ein Begriff, der weniger auf N.s tiefe psychologische Einsichten abzielt, als vielmehr auf den unreflektierten Umgang damit. Zwei schulenbildende Vertreter des Fachs, A. Adler und C. G. Jung haben sich explizit immer wieder auf N. berufen und sich intensiv mit seinem Denken auseinandergesetzt. Freud selbst hingegen hat stets betont, mit N.s Werk nicht vertraut zu sein: Den »hohen Genuß« der N.-Lektüre habe er sich mit der bewußten Motivierung versagt, daß er »in der Verarbeitung der psychoanalytischen Eindrücke durch keinerlei Erwartungsvorstellung behindert sein« wollte (*Zur Geschichte der psychoanalytischen Bewegung*, GW 10, 43 ff.).

*Freud*

Die Berührungspunkte waren zahlreich. In den intellektuellen Kreisen Wiens war N. seit der *Geburt der Tragödie* (1872) bekannt. Zu Freuds Freundeskreis zählten zahlreiche glühende N.-Verehrer, darunter S. Lipiner, H. Braun, V. Adler und J. Paneth, der N. im Winter 1883/84 in Nizza persönlich kennengelernt hat, und Freud brieflich über seine Begegnungen und Gespräche mit dem Philosophen berichtete. Kein »psychologisch begabter Mensch«, so Prinzhorn, habe sich in den neunziger Jahren des vergangenen Jh.s »von der Faszination durch N. freihalten können« (1928, 115). In der Wiener psychoanalytischen Vereinigung wurde N. 1908 zum ersten Mal diskutiert. Im April ging es um die dritte Abhandlung der *Genealogie der Moral* mit dem Titel: »Was bedeuten asketische Ideale« und im Oktober um *Ecce homo*. Beide Diskussionen zeugen eher von der »Gründereuphorie«, mit der man damals »alles und jedes auf die Couch zu legen pflegte« (Gasser 1997, 276), als von einem Interesse an den Texten. Dennoch kam neben der Psychologisierung N.s auch die Frage nach der Vorläuferschaft deutlich in den Blick. Ziel der ersten Diskussion war es, auf die »tiefe psychologische Erkenntnis« (*Protokolle* Bd. 1, 319) von *Zur Genealogie der Moral* aufmerksam zu machen. Die Vereinsmitglieder waren sich über die Bedeutung N.s für die neuen Lehren Freuds einig und glaubten mit P. Federn eher umgekehrt fragen zu müssen, wie weit N. »nicht gekommen sei. Er habe eine Reihe der Funde Freuds intuitiv erkannt; er habe die Bedeutung des Abreagierens, der Verdrängung, der Flucht in die Krankheit, der Triebe als erster entdeckt; sowohl der normalsexuellen als auch der sadistischen Triebe« (*Protokolle*, Bd. 1, 337). N. habe, so Freud in seinem Diskussionsbeitrag am zweiten Abend, »mit großem Scharfsinn, gleichsam in endopsychischer Wahrnehmung, die Schichten seines Selbst« abgetragen. »Eine solche Introspektion wie bei N. wurde bei keinem Menschen vorher erreicht und dürfte wahrscheinlich auch nicht mehr erreicht werden. Was uns stört ist, daß er das ›ist‹ in ein ›soll‹ verwandelt hat. Der Wissenschaft aber ist ein Soll fremd. Er ist da doch noch Moralist geblieben, ist den Theologen nicht losgeworden« (*Protokolle*, Bd. 2, 28). Auch Wittels nannte in seiner Freud-Biographie (1924) N. ausdrücklich als Vorläufer. Ein weiteres Band zwischen N. und der Psychoanalyse stellt in gewisser Weise Lou Andreas-Salomé dar, die dreißig Jahre nach ihrer kurzen, aber intensiven Begegnung mit N. zu Freud in die Schule ging. Mit ihrer äußerst einfühlsamen Schrift *F.N. in seinen Werken* (1894) hatte sie bewiesen, daß sie für die Lehren Freuds geradezu prädestiniert war.

Unter den Freud-Schülern war der Anarchist O. Gross (1877–1920) der erste, der eine systematische Verbindungslinie von N. zu Freud herzustellen suchte. N. habe insbesondere den schädigenden und pathogenen Einfluß der Kultur auf das Individuum entdeckt und sei damit als Begründer einer »biologischen Soziologie« (*Über psychopathische Minderwertigkeiten*, 1908, 48) in die Geschichte eingegangen. Freuds eigene Forschungen auf diesem Gebiet seien »als die geradlinige Fortsetzung der Forschungen N.s anzusprechen« (ebd.). Tausk bezeichnete N. als den »einzigen vorpsychoanalytischen Denker« (*Jb. der Psychoanalyse* Bd. 6, 1914, 407), Pfister charakterisierte ihn als den »scharfsinnigsten aller Hintergrundpsychologen« (*Imago* Bd. 1, 1912, 56), und O. Rank, der wohl beste N.-Kenner des gesamten Freud-Kreises hob ihn – wenngleich erst nach dem Bruch – als Psychologen sogar noch über Freud: N. sei viel weniger »Moralist als beispielsweise Freud und daher auch viel mehr Psychologe als dieser« (1929, 279). Zahlreiche andere Mitglieder der Vereinigung, die sich alle mit N. beschäftigten, wären hier noch zu nennen, darunter Hitschmann (*Freud und N.*, 1933), Häutler, Stekel, Winterstein und L. Binswanger, der Neffe des N. in Jena behandelnden Psychiaters O. Binswanger.

*Adler*

Anders als Freud, der Schlüsselbegriffe wie der Wille zur Macht, Übermensch, Umwertung aller Werte oder Wiederkehr des Gleichen eher wie »Klangwolken« (Gasser 1997, 168) in seine Texte einfließen ließ, hat sich Alfred Adler (1870–1837), der Begründer der Individualpsychologie, in seinen Schriften explizit immer wieder auf N., insbesondere auf N.s Willen zur Macht berufen. »Wenn ich den Namen N. nenne, so ist eine der ragenden Säulen unserer Kunst enthüllt« (*Heilen und Bilden*, 123). »Von allen bedeutenden Philosophen, die uns etwas hinterlassen haben,« sei N. derjenige, der der psycho-analytischen »Denkweise am allernächsten stehe« (*Protokolle*, Bd. 1, 336). Etwa ab 1910 bezeichnete er seine »Leitidee« mit dem Terminus ↗Wille zur Macht. Unter Berufung auf N.s Willen zur Macht führte Adler den Aggressionstrieb als fundamentalen Trieb ein, der jedoch durch ein »angeborenes Gemeinschaftsgefühl« als Fundament aller Kultur, seine wichtigste Regulierung erfahre. Denn, so Adler, wo der Wille zur Macht zum leitenden Prinzip der Lebensführung wird, entstehen Neurose und Krankheit. Menschsein vollzieht sich für ihn in der steten Auseinandersetzung beider Prinzipien miteinander. Damit ist allerdings auch klar, daß der Wille zur Macht, wie N. ihn auffaßte, völlig verschieden ist von jenem Machtstreben, dem Adler besonders in seiner Neurosenlehre so großen Platz einräumte. Der Adler-Schüler M. Sperber behauptete im Hinblick auf N. sogar, man könne »sich kaum etwas Gegensätzlicheres denken als Adlers Auffassung vom Willen zur Macht« (*A. Adler oder Das Elend der Psychologie*, 1983, 107). In Adlers Schrift *Über den nervösen Charakter* (1912) wird N. zwar mehrfach erwähnt, jedoch eher schlagwortartig und so, daß sich daraus kein tieferes Verständnis von N.s Philosophie ableiten läßt.

*Jung*

Von den drei Begründern der Tiefenpsychologie: Freud, Adler und Jung, besaß Jung (1887–1961) zweifellos die umfangreichsten N.-Kenntnisse. »Sein alles durchdringendes psychologisches Urteil gab mir eine tiefe Einsicht in das, was Psychologie zu leisten vermag« (Briefe 1973, 371). Zahlreiche Gedanken Jungs, etwa über den Traum, die Archetypen, den »Schatten«, die »Persona«, den »alten Weisen«, lassen sich in mehr oder weniger abgewandelter Form auf N. zurückführen. Tief beeindruckt von der archetypischen Tiefe des *Zarathustra*, nannte er dieses Werk in einem Atemzug mit der Bibel. Zwischen 1934 und 1939 hielt er eigens *Zarathustra*-Seminare ab, weil er davon überzeugt war, daß dieses Werk »Inhalte des kollektiven Unbewußten unserer Zeit« ans Licht bringe. Diese Seminare, die inzwischen veröffentlicht sind (Jarrett 1989), stellen laut Ellenberger »die gründlichste Exegese dar, die jemals an dem berühmten Meisterwerk N.s versucht worden ist« (1973, Bd. 1, 385).

*Psychoanalyse*

Worin bestehen nun die spezifischen Erkenntnisse N.s, die ihn zum Vorläufer einer tiefenpsychologischen bzw. psychoanalytischen Betrachtungsweise werden ließen? – 1. Das ↗Unbewußte, die »grosse Vernunft des Leibes«, spielt im Denken N.s die ungleich wichtigere Rolle gegenüber dem Bewußtsein. N. hat einen geschärften Blick für die tiefe Kluft, die sich zwischen dem »ungewussten, vielleicht unwissbaren, aber gefühlten Text«, d.h. zwischen dem unbewußten Reich der Triebe und dem daneben vergleichsweise unbedeutenden »sogenannten Bewusstsein« auftut (M, Nr. 119, KSA 3, 113). – 2. ist dementsprechend bei N. das Ich bereits durch das Es entthront: Nicht ich denke, heißt es in *Jenseits von Gut und Böse*, sondern: »Es denkt: aber dass dies ›es‹ gerade jenes alte berühmte ›Ich‹ sei, ist, milde geredet, nur eine Annahme, eine Behauptung, vor Allem keine ›unmittelbare Gewissheit‹. Zuletzt ist schon mit diesem ›es denkt‹ zuviel gethan [...] vielleicht gewöhnt man sich eines Tages noch daran, auch seitens der Logiker ohne jenes kleine ›es‹ (zu dem sich das ehrliche alte Ich verflüchtigt hat) auszukommen« (JGB, Nr. 17, KSA 5, 31). – 3. gelangte N. zu derselben, letztlich Diderot verpflichteten Diagnose über den

Ursprung der Zivilisation. Lange vor Freud betonte er, daß der für die Moralbildung konstitutive Triebverzicht anfangs ein gewaltsam erzwungener war (GM, 2. Abh., Nr. 16, KSA 5, 321 ff.). »Fast Alles, was wir ›höhere Cultur‹ nennen, beruht auf der Vergeistigung und Vertiefung der Grausamkeit«, heißt es bei N. (JGB, Nr. 229, KSA 5, 166). Ähnlich die Formulierung Freuds: »Unsere besten Tugenden sind als Reaktionsbildungen und Sublimierungen auf dem Boden der bösesten Anlagen erwachsen« (*Das Interesse an der Psychoanalyse*, GW Bd. 8, 240). – 4. Freuds »ketzerischer Gedanke«, die Erklärung des schlechten ↗ Gewissens aus einer »Wendung der Aggression nach innen«, findet sich ganz explizit bereits bei N., der ausdrücklich von seiner »eignen Hypothese über den Ursprung des ›schlechten Gewissens‹« spricht: »Alle Instinkte, welche sich nicht nach Aussen entladen, wenden sich nach Innen – dies ist das, was ich die Verinnerlichung des Menschen nenne. [...] Die Feindschaft, die Grausamkeit, die Lust an der Verfolgung, am Überfall, am Wechsel, an der Zerstörung – Alles das gegen die Inhaber solcher Instinkte sich wendend: das ist der Ursprung des ›schlechten Gewissens‹« (GM, 2. Abh., Nr. 16, KSA 5, 321 ff.). – 5. Ganz ähnlich wie N. sieht Freud einen Höhepunkt an Schuldgefühl im monotheistischen Glauben erreicht, weil mit der symbolischen Inthronisation des ehemaligen Urvaters zugleich die Aggressionswünsche wiederbelebt worden seien. N.: »Die Heraufkunft des christlichen Gottes, als des Maximal-Gottes, der bisher erreicht worden ist, hat deshalb auch das Maximum des Schuldgefühls auf Erden zur Erscheinung gebracht« (GM, 2. Abh., Nr. 20, KSA 5, 330). Während jedoch für N. das Wort »Gott ist tot« gerade das Ende der abendländischen Moral kennzeichnet, bedeutet für Freud die »Tötung Gottes« den Beginn der Moral (*Der Mann Moses*). Gasser sieht in seiner monumentalen Vergleichsstudie eine interessante Parallele zwischen N.s Theorie des Nihilismus und Freuds Melancholie, indem er behauptet, bei der Analyse des Nihilismus habe N. gerade das Symptombild der Melancholie, wie es später von Freud beschrieben wurde, vor Augen gehabt. Der Melancholiker, so Freud in *Trauer und Melancholie*, unterscheide sich vom Trauernden dadurch, daß er nicht in der Lage ist, nach getaner Trauerarbeit seine Libido vom verlorenen Objekt abzuziehen und neuen Objekten zuzuwenden. Insofern ist die von N. prognostizierte melancholische Reaktion auf den Tod Gottes und die idealistischen Werte der bisherigen Menschheit ein Indiz dafür, daß die Ablösung vom moralischen Idealismus der Vergangenheit nicht wirklich vollzogen wurde. – 6. Auch der Sublimierungsbegriff, der in der Regel als genuin Freudsche Prägung angesehen wird, ist bei N. bereits vorhanden: »Das Verlangen nach Kunst und Schönheit ist ein indirektes Verlangen nach den Entzückungen des Geschlechtstriebes, welche er dem Cerebrum mittheilt« (N, KSA 12, 325 f.). N.s Sublimierungsbegriff ist jedoch anders akzentuiert und weiter gefaßt als derjenige Freuds, er grenzt die Sublimierung nicht auf den Bereich der Sexualtriebe ein. »Der Richter ist ein sublimirter Henker«, heißt es im Nachlaß von 1881 (N, KSA 9, 477). Oder: »Es giebt einen Trotz gegen sich selbst, zu dessen sublimirtesten Aeusserungen manche Formen der Askese gehören« (MA I, Nr. 137, KSA 2, 130 f.). Und: »Sublimirung der Grausamkeit: Mitleid erregen« (N, KSA 9, 404). – 7. finden sich bei N. Spuren einer Theorie des Gedächtnisses, welche die beiden wichtigen Momente der Freudschen Gedächtnistheorie, den Reizschutz und die Fähigkeit zur dauerhaften Erinnerung als Doppelvermögen von ›Vergeßlichkeit‹ und ›Gedächtnis‹ enthält. Vergeßlichkeit (↗ Vergessen), so N., sei keine bloße »vis inertiae, wie die Oberflächlichen glauben, sie ist vielmehr ein aktives, im strengsten Sinne positives Hemmungsvermögen [...] Die Thüren und Fenster des Bewusstseins zeitweilig schliessen [...] ein wenig Stille, ein wenig tabula rasa des Bewusstseins, damit wieder Platz wird für Neues«. Die aktive Vergeßlichkeit sei gleichsam die Türwärterin »einer Aufrechterhaltung der seelischen Ordnung« (GM, 2. Abh., Nr. 1, KSA 5, 291 f.). Gleichzeitig fragt N., ob das, was einmal die Tür passiert hat, nicht für immer gespeichert ist. »Dass es ein Vergessen giebt, ist noch nicht bewiesen, was wir wissen, ist allein, dass die Wiedererinnerung nicht in unserer Macht steht« (M, Nr. 126, KSA 3, 117). Im Nachlaß von 1885 heißt es dann: »Es giebt im organischen Reiche kein Vergessen; wohl aber eine Art Verdauen des Erlebten« (N, KSA 11, 476). N.s Theorie erweist sich als äußerst kritisch, was den Wert des Erinnerten und der Erinnerungsarbeit überhaupt angeht. Seine grundlegende erkenntnistheoretische Skepsis macht sich auch hier bemerkbar. Wenn der ganze Erkenntnisapparat ein »Abstraktions- und Simplifications-Apparat«, ja sogar ein »Fälschungs-Apparat« ist, der nicht primär auf Erkenntnis, »sondern auf Bemächtigung der Dinge« aus ist, kann es sich auch beim Gedächtnis nur um ein interpretierendes »aktives Zurechtmachen« der Erinnerung, nicht um die Faktizität des Materials handeln. – 8. kennt N. bereits sehr wohl den Mechanismus der Verdrängung, wie der berühmte Aphorismus 68 aus *Jenseits von Gut und Böse* zeigt, den Freud gleich zweimal zitiert: »›Das habe ich gethan‹ sagt mein Gedächtniss. Das kann ich nicht gethan haben – sagt mein Stolz und bleibt unerbittlich. Endlich – giebt das Gedächtniss nach« (KSA 5, 86). – 9. Auch den Mechanismus der Projektion kannte N. durchaus im Sinne von Freuds späterer Theorie, sowohl als unumgängliches, allgemeines psychisches Phänomen, wie auch als primitiven, gleichsam ›narzißtischen‹ Verschmelzungsvorgang und vor allem als Abwehrmechanismus (Gasser 1997, 276). In bezug auf den projektiven Hintergrund seiner frühen Wagner-Schrift schrieb N.: »Dies ist die fremdartigste ›Objektivität‹, die es geben kann: die absolute Gewissheit, was ich bin, projicirte sich auf irgend eine zufällige Realität – die Wahrheit über mich redete aus einer schauervollen Tiefe« (EH, KSA 6, 276). – 10. Lange vor Freuds Traumdeutung hat N. den Wert der Träume als sinnvoller psychischer Gebilde erkannt. »Was wir im Traume erleben gehört [...] so gut zum Gesammt-Haushalt unserer Seele, wie irgend etwas ›wirklich‹ Erlebtes« (JGB, Nr. 193, KSA 5, 114). In der *Morgenröthe* nimmt N. den Freudschen Kernsatz von der Wunscherfüllung des Traumes vorweg, indem er behauptet, »dass unsere Träume eben den Werth und Sinn haben, bis zu einem gewissen Grade jenes zufällige Ausbleiben der ›Nahrung‹ während des Tages zu compensiren« (M, Nr. 119, KSA 3, 112). – 11. Ellenberger behauptet sogar, in N.s Konzept des Übermenschen sei der »Keim der Freudschen Konzeption von der psychoanalytischen Behandlung enthalten«. Der Übermensch, der den Konflikt zwischen der konventionellen Moral und seinen Triebbedürfnissen überwunden habe, sei im Innersten frei geworden und habe sich »in etwa der gleichen Weise überwunden wie der Neurotiker nach einer erfolgreichen Psychoanalyse«. Wenn er ›gut‹ ist, dann ist er es nur deshalb, weil er es beschlossen hat (1973, Bd. 1, 383).

Unter den Psychologen im engeren Sinn sind vor allem zwei zu nennen, die sich intensiv mit N.s Werk auseinandergesetzt haben: L. Klages und H. Prinzhorn. In seiner Schrift *Die psychologischen Errungenschaften N.s* vertritt *Klages* (1872–1956) die Ansicht, daß N. die Psychologie »im allereigensten Sinne überhaupt erst begonnen habe« (1926, 10). N. ist für ihn der Entlarvungspsychologe par excellence, sein Grundthema sei die menschliche Selbsttäuschung bzw. »Seelenmaskerade«, die es zu durchschauen gelte, allerdings, so Klages, sei ihm dies bei sich selbst nicht gelungen. Kaum eine andere Formel habe das Wesen von N.s psychologischem Verfahren so eindeutig getroffen wie der von Klages geprägte Begriff »Entlarvungspsychologie« (Prinzhorn 1928, 92). Seinen Hauptgedanken, die Betonung des fundamentalen Unterschieds von Seele und Geist und die daran anschließende radikale Verurteilung des Geistes zugunsten des geistlosen, pflanzlichen und tierischen Lebens, sah Klages in N. präfiguriert. – Auch *Prinzhorn* (1886–1933) sieht in seiner Schrift *N. und das XX. Jh.* N. als Begründer »einer neuen Psychologie« (1928, 87), deren Anliegen die »Entlarvung der menschlichen Selbsttäuschungen« sei. Damit werde sie gleichzeitig zur »Todesbotschaft« für die Psychologie des 19. Jh.s, die sich an den Gesetzen der exakten Naturforschung orientierte. N. markiert für ihn den Wendepunkt hin zu einer neuen Psychologie, in deren Mittelpunkt das Interesse am Menschen steht. – *Jaspers* (1883–1869) war zwar Psychologe, Psychopathologe und Philosoph in einer Person, hat sich aber fast ausschließlich mit N.s Bedeutung in der Geschichte der Philosophie (1950/68) auseinandergesetzt. Eine spezielle Würdigung des Psychologen N. findet in seinen Schriften nicht statt. – Psychologen, Psychiater und Psychoanalytiker unterschiedlichster Provenienz sahen sich bis heute immer wieder von N.s Denken herausgefordert (Benedetti, Gekle, O. Kant, Lacan, Lang, Miller, Nitschke, Rattner, Seidmann, Stierlin, Volz, Wurmser, um nur einige zu nennen). Vor allem bei Gödde finden wir eine eingehende Würdigung der tiefenpsychologischen Pionierleistungen N.s, wenngleich er zu dem Ergebnis gelangt, »daß N. noch kein ›Tiefenpsychologe‹ im Freudschen Sinne war«, weil erst diesem die

»Erforschung der ›Gesetzmäßigkeiten‹ des Unbewußten« gelang (1996, 39).

Literatur: Andreas-Salomé, L.: F.N. in seinen Werken, Wien 1894; Adler, A.: Über den nervösen Charakter, Wiesbaden 1912; Klages, L.: Die psychologischen Errungenschaften N.s, Leipzig 1926; Prinzhorn, H.: N. und das XX. Jh., Heidelberg 1928; Rank, O.: Wahrheit und Wirklichkeit, Leipzig/Wien 1929; Jaspers, (1936); Freud, S.: Gesammelte Werke, 18 Bde., London 1940–52; Jaspers, K.: N.s Bedeutung in der Geschichte der Philosophie, in: Neue Rundschau 61 (1950), 346–358; Ellenberger, H. F.: Die Entdeckung des Unbewußten, 2 Bde., Bern u.a. 1973; Nunberg, H./Federn, E. (Hgg.): Protokolle der Psychoanalytischen Vereinigung, Frankfurt a.M. 1976, Bd. 1, 334–339, Bd. 2, 22–29; Kaufmann, W.: N. als der erste große Psychologe, in: NSt (1978), 261–287; ders. 1982; Seidmann, P.: Die perspektivische Psychologie N.s, in: Balmer, G. (Hrsg.): Geschichte der Psychologie, Weinheim/Basel 1982, Bd. 1, 358–421; Kaiser-El-Safti, M.: Der Nachdenker. Die Entstehung der Metapsychologie Freuds in ihrer Abhängigkeit von Schopenhauer und N., Bonn 1987; Jung, C. G.: N.'s Zarathustra. Notes of the Seminar given in 1934–1939, hrsg. v. J.L. Jarrett, London 1989; Bishop, P.: The Dionysian Self. C. G. Jung's Reception of F.N., Berlin/New York 1995; ders.: Jung's Annotations of N.'s Works. An Analysis, in: NSt (1995), 271–314; Gödde, G.: Wandlungen des Menschenbildes durch N. und Freud, in: Jb. der Psychoanalyse (1993), 119–166; ders.: N. und Freud. Übereinstimmungen und Differenzen zwischen »Entlarvungs-« und »Tiefenpsychologie«, in: Figl, J. (Hrsg.): Von N. zu Freud, Wien 1996, 19–43; Gasser, R.: N. und Freud, Berlin/New York 1997.

*Renate Müller-Buck*

## Rußland

*Šestov – Berdjaev – Vrubel' – Čiurlonis – Skrjabin – Mejerchol'd – Gor'kij – Mandel'štam – Majakovskij – Bogoiskateli – Bogostroiteli – Ivanov – Belyj – Blok – Bachtin u.a.*

N.s Wirkung vor und nach der Revolution von 1917 war enorm. Sie begann um 1890, kulminierte vor 1914, reichte bis in die offizielle und inoffizielle Kultur des Stalinismus, überdauerte trotz Verbots seiner Werke und Diffamierung seiner Person als Philosoph des Faschismus und der bürgerlichen Dekadenz, lebte wieder auf in der Modernismus-Debatte um 1970 und ist heute von ungebrochener Aktualität. Neben Vladimir Solov'ev war N. eine Leitfigur der Emigration. Seine Werke, die bis 1911 zügig übersetzt, in Einzelausgaben und einer russischen Werkausgabe publiziert, in der Sowjetzeit aber aus den Bibliotheken entfernt wurden, erscheinen seit der Perestrojka in zahlreichen russischen Ausgaben. Publikationen über ihn häufen sich. N. ist heute in Rußland einer der meistdiskutierten Denker der Moderne und Postmoderne. Sein offenes, experimentelles Denken wird kontrovers beurteilt als Chance und Gefahr für die kulturelle Neuorientierung, die an Denktraditionen der nicht-marxistischen Intelligenz anknüpft. N. hatte – zusammen mit Wagner – einen alldurchdringenden Einfluß auf die vorrevolutionäre Kultur des »Silbernen Zeitalters« um 1900 – in Philosophie (Šestov, Berdjaev), Literatur (Symbolisten und Kritische Realisten), Malerei (Vrubel', Čiurlonis), Musik (Skrjabin) und Theater (Mejerchol'd) – quer durch alle ideologischen Lager: Fasziniert waren Symbolisten, Religionsphilosophen und Atheisten, revisionistische Marxisten um Maksim Gor'kij, Akmeisten wie Mandel'štam und Futuristen wie Majakovskij oder Chlebnikov. Popularisierung und Vulgarisierung in Bestsellern (von Arcybašev oder Verbickaja), die nach 1905 bei Lockerung der Zensur zum N.-Kult ausarteten, fanden breite Resonanz auch beim Massenleser. Gemäß dem russischen Erwartungshorizont – geprägt von der politisch-kulturellen Krise, der »Umwertung aller Werte« nach dem Schiffbruch der revolutionären Volkstümler-Bewegung und der metaphysischen Revolte Dostoevskijs – wurde der deutsche Philosoph in den »russischen« N. transformiert. Typisch russisch ist die religiöse und sozial-politische Deutung N.s. Als Mystiker der Moderne, Prophet des »dionysischen Christus«, »Märtyrer der Erkenntnis« und Philosoph des »tragischen Individualismus« verstanden ihn die idealistischen »Gottsucher« (Bogoiskateli): die mythopoetischen Denker und Dichter der nicht-marxistischen »Russischen Renaissance«, D. Merežkovskij, V. Ivanov, A. Belyj, A. Blok und N. Berdjaev. Die »Kollektivierung« N.s – als Anwalt des »neuen Menschen« im Kollektiv der »prometheischen« Masse der Arbeiterklasse (Synthese aus Sozialismus und Religion) – leisteten die marxistischen »Gotterbauer« (Bogostroiteli): Gor'kij, A. Lunačarskij und A. Bogdanov, die ideologischen Rivalen Lenins. N. wurde als religiöser und sozialer Denker in die christliche Perspektive und in revolutionäre Denktraditionen integriert.

Am wirksamsten waren: 1. die Polarität des Dionysischen und Apollinischen aus der *Geburt der Tragödie* – mehrfach umgedeutet von: Ivanov *(Die hellenische Religion des leidenden und auferstehenden Gottes)*, Belyj *(Petersburg)*, Blok (»Geist der Musik«, *Die Zwölf*), Bachtin (Theorie des Karnevals); 2. die anthropologische Metapher des Übermenschen aus *Also sprach Zarathustra*, der als »sozialistischer Übermensch« verherrlicht oder als vermessener »Mensch-Gott« abgelehnt wurde. Heute ist klar: N., Marx und Solov'ev waren die drei Hauptstimulantien der russischen Kultur vor 1917. N.s Wirkung gehört zu den Brücken zwischen der vorrevolutionären und der nachrevolutionären Epoche. Der »sowjetische« N. basiert auf den nietzscheanischen Schlüsselmythen der russischen Intelligenz: Die sozial-mythische Ideologie der »Gotterbauer« wurde nach 1917 in der Linken Front des Proletkult fortgesetzt, im offiziellen Stalinismus politisiert und kraß verfälscht (»Wille zur Macht«) in den Dienst der kommunistischen Revolution gestellt (Massentheater, Komsomol, Architektur, Photomontage). Die christlich-existentialistische Ideologie der »Gottsucher« lag den Selbstdefinitionen der inoffiziellen Kultur bei A. A. Meier (Doppelgänger-Theorie von Gott und Satan, Theologie des Opfers), M. Bulgakov und Bachtin zugrunde. Die systemkritischen Romane *Wir* von E. Zamjatin und *Doktor Živago* von B. Pasternak haben einen nietzscheanischen Untertext. Große Wirkung hatte N. auch auf den Okkultismus (P. D. Uspenskij) und die russisch-jüdische Literatur (I. Babel').

Literatur: Gerigk, H.-J.: Belyjs »Petersburg« und N.s »Geburt der Tragödie«, in: NSt 9 (1980), 356–373; Szilard, L.: Apollon i Dionis (K voprosu o russkoj sud'be odnoj mifologemy), in: Umjetnost riječi XXV, 1981, 155–172; Sesterhenn, R.: Das Bogostroitel'stvo bei Gor'kij und Lunačarskij bis 1909: Zur ideologischen und literarischen Vorgeschichte der Parteischule von Capri, München 1982; Rosenthal, B. G. (Hrsg.): N. in Russia, Princeton 1986; Luker, N. (Hrsg.): Fifty Years On: Gorky and His Time, Nottingham 1987; Clowes, E.: The Revolution of Moral Consciousness. N. in Russian Literature 1890–1914, DeKalb/Illinois 1988; Nicše, F.: Sočinenija, 2 t., per. s nem. Sost., red., vstup. st. i primeč, K. A. Svjas'jana, Moskau 1990; Danilevskij, R. Ju.: Russkij obraz Fridricha Nicše, in: Na rubeže XIX i XX vekov, Moskau 1991, 5–43; Deppermann, M.: N. in Rußland, in: NSt 21 (1992), 211–254; Nicše F.: Stichotvorenija. Filosofskaja proza. Per. s nem. i sost. M. Korenevoj. Vstup. st. M. Korenevoj i A. Astvacaturova, St. Peterburg 1993; Rosenthal B. G. (Hrsg.): N. and Soviet Culture. Ally and Adversary, Cambridge 1994; Deppermann, M.: N. in der Sowjetunion. »Den begrabenen N. ausgraben«, in: NSt 27 (1998), 481–514.

*Maria Deppermann*

## Schweiz

I. *1869–79: Basler Professur:* Am 19. April kam der 24jährige N. als frischberufener Professor in Basel an (Berufungsurkunde in Hoffmann 1994, 9) und hatte dort während zehn Jahren festen Wohnsitz (5 Wohnungen siehe Hoffmann 1994, 172). Zunächst war N. ziemlich entwurzelt, doch die feine Basler Gesellschaft nahm sich des alleinstehenden deutschen Dozenten an, und so fand der junge N. eine väterlich-familiäre Umgebung in den Häusern Vischer, Sarasin, Heusler, La Roche, Bachofen und Burckhardt. Eine herausragende Stellung nahm die Freundschaft zu Jacob Burckhardt (↗Freunde) ein. N. brachte diesem Gelehrten aus der Generation seines Vaters eine unbeirrbare Verehrung entgegen. Die wichtigste Beziehung N.s war aber nicht mit einem Basler, sondern mit dem deutschen Theologen Franz Overbeck (↗Freunde). Viereinhalb Jahre wohnten die beiden jungen Professoren Zimmer an Zimmer und pflegten auch nachher herzlichen persönlichen und schriftlichen Austausch.

Bei Antritt seiner Unterrichtstätigkeit an der Basler Universität wurde N. aus dem preußischen Untertanenverband entlassen. Er wurde aber nicht gleichzeitig ins Schweizer Bürgerrecht aufgenommen, und als sich N. später (1876) bei den Basler Behörden nach Italien abmeldete, stellten ihm diese einen Reisepaß aus, der nur auf N. als *Professor an der Basler Universität* lautete (faksimiliert in Hoffmann 1994, 169). N. selbst wähnte sich aber irrtümlicherweise seither als *Schweizer Bürger*. Schweiz und Schweizer wurden ihm von einem politisch-geographischen Begriff immer mehr zu einer geistigen Qualität, die er für sich in einer Notizbucheintragung gegen alles Reichsdeutsche abgrenzte und pathetisch stilisierte (N, Frühjahr–Herbst 1881, 11[249], KSA 9, 536).

Von Basel aus hat N. die Innerschweiz und Ostschweiz, Graubünden, die Alpenwelt, die Genferseeregion, das Wallis und die Südschweiz bereist und kennengelernt.

II. *1879–89: Fugitivus errans:* Nach seiner Entlassung aus den Basler Lehrverpflichtungen entdeckte N. im Sommer 1879 das Oberengadin und feierte diese Entdeckung in seinen Briefen und Werken mit hymnischen Worten. Nun verbrachte er die Sommermonate meist in Sils-Maria, während er in den übrigen Jahreszeiten v. a. im Süden ein günstiges Klima suchte. Wie die Schweiz für N. zu einer geistigen Qualität wurde, so projizierte er schon früh in die Bergwelt sein eigenes philosophisches Ideal: »so hoch zu steigen, wie je ein Denker stieg, in die reine Alpen- und Eisluft hinein, dorthin wo es kein Vernebeln und Verschleiern mehr giebt« (SE 5, KSA 1, 381).

Eine weitere wichtige Schweizer Station war im Jahr 1884 Zürich, wo N. Meta von Salis (↗Frauen), Gottfried Keller und dem Dirigenten Friedrich Hegar begegnete (Hoffmann 1994, 96–101, 197–200).

III. *Zusammenbruch:* Wohl nur Dank des Einsatzes von drei Basler Kollegen konnte N. Anfang 1889 nach seinem Zusammenbruch dem Zugriff italienischer Irrenanstalten entzogen werden. Franz Overbeck ist auf Drängen Jacob Burckhardts und des Psychiaters Ludwig Wille nach Turin gereist, um N. heimzuholen. In Basel war der Umnachtete eine Woche in der Klinik, bis er von der Mutter nach Deutschland abgeholt wurde. Die innige Beziehung N.s zur Schweiz und namentlich zu Basel kommt in seinem »Wahnsinnsbrief« vom 5. Januar 1889 zum Ausdruck, wo N. schreibt, er wäre »sehr viel lieber Basler Professor als Gott . . .«.

IV. *Nachwirkung und Rezeption in der Schweiz:* Die erste Rezeption N.s im deutschsprachigen Raum geht wesentlich auch auf zwei Schweizer Rezensenten zurück: 1886 veröffentlichte Josef Victor Widmann im Berner *Bund* seine Besprechung von *Jenseits von Gut und Böse* unter dem Titel *Nietzsche's gefährliches Buch*, und 1888 publizierte Carl Spitteler in derselben Zeitung eine Sammelrezension *Friedrich Nietzsche aus seinen Werken* sowie eine Besprechung von *Der Fall Wagner* (faksimiliert in Hoffmann 1994, 123–127, 138f.). Eine zentrale Funktion innerhalb der kritischen N.-Forschung und -Rezeption nimmt Franz Overbecks Sammlung seiner N.-Briefe ein, die er dem Weimarer N.-Archiv prinzipiell vorenthalten und in der Basler Universitätsbibliothek deponiert hat und die später mit weiteren wichtigen Nachlässen ergänzt wurde (↗Geschichte des N.-Archivs).

Basel und Sils-Maria wurden schon früh zu N.-Pilgerstätten. Hermann Hesse und Hugo Ball wandelten in ihrer Basler Zeit auf den Spuren N.s. Giovanni Segantini suchte schon zu Wirkenszeiten N.s die Engadiner Landschaften heroisch und »übermenschlich« zu empfinden und zu malen. Im Schweizer Geistesleben wirkte N. von Karl Barth und Leonhard Ragaz bis Robert Walser und Friedrich Dürrenmatt.

Literatur: Bernoulli, C. A.: N. und die Schweiz, Frauenfeld/Leipzig 1922; Burckhardt, C. J.: Frédéric N. en Suisse, Monaco 1955, Genf 1970; Wanner, K.: Der Himmel schön, südlich die Luft aber frisch, Chur 1993, 174–219; Hoffmann, D. M. (Hrsg.): N. und die Schweiz, Zürich 1994; N.-Itinerar, ebd., 17–24; Raabe, P.: Spaziergänge durch N.s Sils-Maria, Zürich/Hamburg 1994; Pernet, M: N. und Segantini in Engadins Landschaft und Licht, Bündner Jahrbuch 1999, 59–71; Bollinger, A./Trenkle, F.: N. in Basel, Basel 2000.

*David Marc Hoffmann*

## Skandinavien

*Brandes – Strindberg – Höffding – Hansson – Hägerström*

N. wurde, zumindest für ein breiteres Publikum, in Skandinavien entdeckt. Georg Brandes hielt im Frühjahr 1888 in Kopenhagen Vorlesungen über ihn, und Ola Hansson veröffentlichte die erste umfangreichere Rezension und Diskussion über N. in deutscher Sprache. Ausgehend von Brandes, Hansson, Strindberg und anderen zeigte sich bereits Ende der 80er und Anfang der 90er Jahre in Skandinavien ein starkes Interesse für N. Bereits im Jahre 1890 schrieb Joseph Diner in der *Freien Bühne*: »Aus Skandinavien, dem gelobten Lande der Literatur, kommen seit einiger Zeit ganz merkwürdige Nachrichten. Der Nietzscheanismus, heißt es, hat dort festen Fuß gefaßt. Georg Brandes hält Vorlesungen über N., Strindberg und Eduard Brandes lassen sich von ihm zu neuen Schöpfungen begeistern, und Ola Hansson sendet Artikel auf Artikel nach Deutschland, in denen er als Apostel dieses neuen Heilands auftritt«.

N. wurde also früh in Skandinavien entdeckt und verursachte sowohl viel Begeisterung und Diskussionen als auch Opposition; dies galt besonders für Schriftsteller und Dichter, aber auch für Vertreter anderer Wirkungsfelder. Um das

Ausmaß und besonders die Tiefe des Einflusses N.s auf das Denken, die Literatur und die Kultur Skandinaviens ausmachen zu können, muß man ihn mit Dichtern und Denkern wie Bergson, Schopenhauer, Kant und Goethe vergleichen. Es ist anzunehmen, daß N. derjenige ist, dem am meisten von diesen Aufmerksamkeit gewidmet worden ist, aber keine Untersuchung seines Einflusses scheint bislang gemacht worden zu sein.

N. selbst zeigte wenig Interesse an und Kenntnis über Skandinavien. Zwar sprach er oft von Eis, Schnee und Kälte, aber das war mehr die Kälte der hohen Berge und der Alpen als die des Nordens. N. hatte keine Pläne, und anscheinend auch nicht den Wunsch, Skandinavien zu besuchen. Skandinavien ist fast nie von N. in seinen Büchern und Briefen oder in seinem Nachlaß genannt worden. Mehrere skandinavische Themen, die viele N.-Leser in seinen Texten erwarten würden, sind *nicht* präsent. Zum Beispiel werden die Mitternachtssonne und die Wikinger fast nie genannt; die skandinavischen Sagas und Mythen werden nur äußerst selten erwähnt, trotz N.s Begeisterung für altgermanische und nordische Geschichte und Mythologie während seiner Schulzeit und trotz seiner engen, mehrjährigen Beziehung zu Wagner. N. zeigte also keine romantische Neigung in Bezug auf den Norden und auf das Nordische, aber er war stolz darauf, »seine besten Leser in Kopenhagen und Stockholm zu haben«.

N.s Kenntnis der skandinavischen Literatur und Philosophie war gering. Als Kind las er zwar H.C. Andersens *Bilderbuch ohne Bilder*, Esaias Tegnérs Versepos *Die Fritjofsage* und die *Edda*, aber erst in den Jahren 1887 und 1888 begann er, wahrscheinlich auf Anregung Brandes und Strindbergs, mit denen er korrespondierte, mehr skandinavische Literatur zu lesen. Er las mit Vergnügen und Interesse mehrere Werke von Brandes (zwei kurze Aufsätze *Emile Zola* und *Goethe und Dänemark* und zwei längere Monographien: *Die romantische Schule in Deutschland* und *Moderne Geister*); ferner las er Strindberg (*Les mariés*, *Père* und die Kurzgeschichte *Remords*), studierte Höffdings *Psychologie in Umrissen auf Grundlage der Erfahrung* (1887); auch beabsichtigte er Kierkegaard zu studieren. Zwischen den Jahren 1883 und 1888 las er wahrscheinlich auch Ibsens Drama *Brand*.

Die entscheidenden Anstöße zu N.s schnellem Bekanntwerden in Skandinavien gaben Georg Brandes Vorlesungen über N. an der Kopenhagener Universität im April-Mai 1888 und die Veröffentlichung der Thesen dieser Vorlesungen in dem programmatischen Aufsatz *Aristokratischer Radicalismus* (Kopenhagen 1889) sowie die ausführliche Antwort des dänischen Philosophen Harald Höffding unter dem Gegenbegriff *Demokratischer Radikalismus* (Kopenhagen 1890).

Die Zeit um 1890 bezeichnet im nordischen Geistesleben eine Periode mit Auseinandersetzungen zwischen der Moderne und den Naturalisten einerseits und den Neuromantikern und den Konservativen andererseits. Diese Kontroverse kann erklären, warum N. mit solcher Intensität aufgenommen wurde. Beide Gruppen fanden ihren Sprengstoff bei N. Viele Naturalisten fühlten sich von den biologischen und darwinistischen Elementen seiner Philosophie angezogen, von seiner revolutionären Ethik und von seiner Umwertung religiöser und sittlicher Bereiche (einschließlich des erotischen). Viele Neuromantiker schwärmten für das Geistesaristokratische, das Heroisch-Tragische, die Verachtung der Demokratie und des Liberalismus, die Verherrlichung des Instinktlebens und der Instinktmoral, und sie bewunderten ihn als Sprachkünstler. In Schweden spielte auch die starke Tradition von Geijers und Boströms Persönlichkeitsphilosophie eine wichtige Rolle (vgl. Brandl 1977; 1983).

Es wird häufig angenommen, daß Brandes N. entdeckt hat, aber es scheint umgekehrt gewesen zu sein, denn eigentlich hat N. versucht Brandes für sich zu gewinnen. N. hatte schon in den 70er Jahren einen Teil von Brandes' Hauptwerk *Die Hauptströmungen der Literatur des neunzehnten Jahrhunderts* gelesen. Bereits 1883 hatte N. durch zwei Briefe seinen Verleger Schmeitzner auf »den Culturhistoriker« Brandes aufmerksam gemacht (»der geistreichste der jetzigen Dänen«) und hatte ihn gebeten, an Brandes sein *Also sprach Zarathustra* zu schicken. In den folgenden Jahren hatte N. Brandes durch seinen Verleger *Jenseits von Gut und Böse* und *Zur Genealogie der Moral* schicken lassen. Aufgrund dieser letzten Zusendung schrieb Brandes im November 1887 an N., womit ihr Briefwechsel begann. Die nächsten 13 Monate wechselten Brandes und N. 23 Briefe, 10 davon waren von Brandes und 13 von N.

*Georg Brandes* (1842–1927), ein Däne mit jüdischer Herkunft, war Skandinaviens wichtigster Literaturkritiker; er hatte eine überragende Bedeutung als Kulturvermittler zwischen dem kontinentalen und dem skandinavischen Europa. Brandes war modern, ein Naturalist mit politischen Sympathien für den liberalen Individualismus, aber er hatte auch (im Gegensatz zu N.) Sympathien für den Anarchismus und Sozialismus.

Durch sein Kontaktnetz und seine Autorität machte Brandes N. schnell bekannt, nachdem er im April und im Mai 1888 seine vielbesuchten Vorlesungen gehalten hatte. Ein Großteil der Vorlesungen waren Referate aus N.s Büchern. Brandes prägte für N.s Position den Begriff »aristokratischer Radikalismus«, der auch Brandes eigener politischer Überzeugung entsprach. In einem Brief an Brandes kommentierte N.: »Der Ausdruck ›aristokratischer Radicalismus‹, dessen Sie sich bedienen, ist sehr gut. Das ist, mit Verlaub gesagt, das gescheuteste Wort, das ich bisher über mich gelesen habe« (KSB 8, 206).

Spät im Leben teilte Brandes in seinen Erinnerungen mit, daß N.s Schriften ihn nicht befruchtet, ihm jedoch Mut eingeflößt hätten. Während seines Gedankenaustausches mit N. habe er sich bereichert und sich erneut auf der Höhe seines Wesens gefühlt. Ähnlich charakterisiert Strindberg N.s Einfluß auf ihn.

*August Strindberg* (1849–1913) ist der größte moderne schwedische Schriftsteller. Er und N. entdeckten einander im Jahre 1888 gleichzeitig durch Brandes, und sie begannen einen kurzen Briefwechsel, der bis zu N.s psychischem Zusammenbruch anhielt. Diese Beziehung bedeutet den Beginn der schwedischen N.-Rezeption. Strindberg tendierte bereits zum extremen Individualismus, noch ehe er N. gelesen hatte, doch der Kontakt mit N. wurde zum Katalysator. Während der nächstfolgenden Jahre hatte Strindberg als Schriftsteller eine nietzscheanische Periode. Folgende seiner Werke entstanden unter starkem Einfluß von N.: die Romane *Tschandala* und *An offener See*, das Vorwort zu *Fräulein Julie* und die Schauspiele *Gläubiger* und *Paria*. In dieser Phase nennt Strindberg N. »den freiesten, den modernsten von uns allen (natürlich nicht zuletzt in der Frauenfrage)«, und er empfahl fast allen seiner vielen und intellektuell wichtigen Briefkorrespondenten, N. zu lesen, manchmal mit den Wörtern: »Dort steht alles zu lesen«. Er charakterisierte N. als einen, »der zu predigen wagt das Recht des Starken, des Klugen, gegen die Dummen, die Kleinen«, und gegen die »Verweiberung« und genau damit sympathisierte Strindberg. Nach seiner »Infernokrise« wandte sich Strindberg von N. ab.

Der dänische Philosoph und Psychologe *Harald Höffding* (1843–1931) war wahrscheinlich der bedeutendste und einflußreichste Philosoph Dänemarks während der Jahrhundertwende. Er sympathisierte mit dem modernen Empirismus, Comtes Positivismus, J. S. Mills Utilitarismus und Herbert Spencers Evolutionstheorie und bekannte sich zu den ›Wohlfahrtsdenkern‹, zur Demokratie und zum Fortschrittsglauben.

In der Debatte über Brandes' N.-Vorlesungen, die vom Herbst 1889 bis zum Sommer 1890 geführt wurde, standen Brandes, der größte Kritiker des Nordens, und Höffding, der bedeutendste Philosoph des damaligen Dänemark, einander gegenüber. Die Hauptfrage der Debatte war, welcher Wert der höchste sei – allgemeine Wohlfahrt oder die Schaffung einer geistigen Elite. Die Debatte fand in Dänemark und Norwegen und ebenfalls in Schweden, wenn auch in geringerem Ausmaß, großen Widerhall. In Norwegen stellte sich beispielsweise Björnson auf Höffdings Seite, und Kielland ergriff mit Brandes N.s Position.

Höffding scheint N. gelesen zu haben, aber für ihn war N. kein Philosoph, sondern ein »selten begabter Schriftsteller«. Diese Einschätzung wurde in den folgenden Jahrzehnten zu einer gewöhnlichen Meinung.

Das Interesse für N. im Norden – und auch in Deutschland – wurde von der Propaganda des schwedischen Schriftstellers *Ola Hansson* (1860–1925) mächtig geschürt. Er war durch Brandes und Strindberg 1888 auf N. aufmerksam gemacht worden. Er betonte den Propheten N. und dessen späte Werke. In mehreren Artikeln propagierte er N., und in seiner Abhandlung *F.N.: seine Persönlichkeit und sein System*, welche in der Zeitspanne von 1889–90 auf deutsch, norwegisch und schwedisch erschienen ist, nannte er N. »den tiefsten aller modernen Geister«. Besonders sein Dichtwerk *Ung Ofegs visor* zeigt den Einfluß N.s und dessen *Also sprach Zarathustra*. Hanssons Begeisterung für N. dauerte nur ca. drei Jahre lang, später lehnte er ihn ab. Er wurde ein Anhänger von Julius

Langbehn und konvertierte später zum Katholizismus.

Bei den älteren Schriftstellern fand N. in den 90er Jahren wenig Resonanz oder Sympathie. Besonders ablehnende Haltungen nahmen Victor Rydberg in Schweden und Björnson in Norwegen ein. Ibsen scheint sich nur sehr wenig mit N. beschäftigt zu haben.

Unter den jüngeren Schriftstellern war um die Jahrhundertwende die Auseinandersetzung mit N. intensiver; dies gilt zum Beispiel in Schweden für Oscar Levertin, Ellen Key, Verner von Heidenstam, Axel Lundegård, Gustav Fröding, Karin Boye, Edith Södergran und Hjalmar Söderberg. Am stärksten beeinflußt war der Lyriker, Denker und Aphoristiker Vilhelm Ekelund. Wilhelm Peterson-Berger, der schwedische Komponist, Musikkritiker und Kunstphilosoph, bewunderte und übersetzte N. ins Schwedische. In Norwegen waren besonders Arne Garborg (er pendelte eine Zeitlang zwischen N. und Tolstoi) und Knut Hamsun (besonders in seinen frühen Romanen) beeinflußt. Es gibt eine tiefe Verwandtschaft zwischen der Kulturkritik N.s und Hamsuns. In Dänemark hatten viele Schriftsteller und Dichter Perioden, in denen sie Interesse für N. zeigten, zum Beispiel Karl Gjellerup, Sophus Schandorph, Henrik Pontoppidan, Johannes Jörgensen, Helge Rode und Johannes V. Jensen.

Für die Philosophie in Skandinavien ist die Bedeutung N.s nicht sonderlich groß, auch wenn viele Philosophen ihn gelesen und kurz kommentiert haben. Den wohl größten Einfluß übte er wahrscheinlich auf die teils idealistischen und teils lebensphilosophischen Schweden Hans Larsson und Vitalis Norström aus, die um die Jahrhundertwende lebten. Für den Neukantianer Hans Larsson war N. ein Anti-Theoretiker und Dichterphilosoph, der die Bedeutung von Intuition, Dichtung und Werten zeigte. Er bewunderte den Dichter und Psychologen N., lehnte aber viel von N.s Gedankengut ab. Norström, der immer ein guter Christ blieb, betonte N.s Wert-, Lebens- und Kulturphilosophie. Er war von N.s Heroismus und Subjektivismus beeinflußt, nahm aber ebenfalls von N. Abstand, auch wenn er spät im Leben sagen konnte: »Ich bin Nietzsche, aber tiefer als er«.

Der bedeutendste schwedische Philosoph des 20. Jh.s, *Axel Hägerström* (1868–1939), übte einen wichtigen Einfluß auf das allgemeine Kulturklima in Schweden während der ersten Hälfte des 20. Jh.s durch seinen Wertnihilismus aus. N.s Bedeutung für Hägerströms Wertnihilismus ist nicht bekannt, aber es ist anzunehmen, daß Hägerström von N.s Moral- und Wertkritik beeinflußt worden war, denn er las in den neunziger Jahren N. mit großem Interesse und hatte die Absicht, eine Abhandlung über ihn zu schreiben.

In der Peripherie der Philosophie befanden sich auch Bengt Lidforss, Oscar Levertin, Tor Hedberg und der Psychologe Poul Bjerre, die zu Beginn des 20. Jh.s über N. schrieben. Die Schriftstellerin Ellen Key betrachtete N. von einer idealistischen Weltanschauung her, die Vitalis Norström stark in Angriff nahm, als Teilrepräsentanten eines harmonischen Persönlichkeitsideals. Andere schwedische Philosophen, die seitdem Interesse für N. gezeigt haben, ohne jedoch tief beeinflußt zu werden, waren A. Ahlberg, G. Aspelin, R. Ekman, J. Landquist, A. Wedberg, I. Hedenius und L. Gustafsson.

N. hatte wenig Bedeutung für die relativ dürftige norwegische Philosophie jener Zeit, aber er ist u.a. von H. C. Hansen, Anathon Aall und dem Moralphilosophen Kristian Birch-Reichenwald Aars diskutiert worden.

Der Bahnbrecher der Sozialdemokratie (und bedeutende Naturwissenschaftler und Literaturkritiker) Bengt Lidforss versuchte eine Synthese zwischen der Sozialdemokratie und dem nietzscheanischen Individualismus zu finden. Auch der sozialdemokratische Pionier Axel Danielsson bewunderte N. wie ebenfalls weitaus später der finnische Dichter und Sozialdemokrat Atos Wirtanen.

Auf liberaler Seite war N. wenig beliebt, und er wurde am stärksten von dem Literaturkritiker Hellen Lindgren bekämpft. Unter den Konservativen, die sich teilweise mit Sympathie mit N. beschäftigten, sind Vitalis Norström und Rudolf Kjellén die wichtigsten Namen.

Literatur: Beyer, H.: N. og Norden, 2 Bde., Bergen 1958/59 (mit einer deutschsprachigen Zusammenfassung in Bd. 2); Borland, H. H.: N.s Influence on Swedish Literature with Special Reference to Strindberg, Hansson, Heidenstam and Fröding, Göteborg 1956; Brandl, H.: Persönlichkeitsindividualismus und Willenskult: Aspekte der N.-Rezeption in Schweden, Heidelberg 1977; ders.: Skandinavische Aspekte der N.-Rezeption, in: NSt 12 (1983), 387–418; Haaland, A.: N. i Norden, in: Edda 66 (1966), 204–216; Fambrini, A.: Ola Hansson und Georg Brandes: Einige Bemerkungen über die erste Rezeption N.s, in: NSt 26 (1997), 421–440; Die N.-Bibliographie der Herzogin Anna Amalia Bibliothek in Weimar (in Arbeit).

*Thomas H. Brobjer*

# Soziologie

*Ferdinand Tönnies – Georg Simmel – Max Weber*

Die Soziologie hat sich recht spät (und mit Blick auf Weber sogar recht kontrovers) mit der Frage beschäftigt, inwieweit die drei herausragenden Repräsentanten der Pionier- und Klassikergeneration – Ferdinand Tönnies (1855–1936), Georg Simmel (1858–1918) und Max Weber (1864–1920) – sich mit N., einem erklärten »Anti-Soziologen« (Baier 1981/82; Lepenies 1985, 287 ff.), auseinandergesetzt haben und zwar dergestalt, daß dies auch Spuren in ihren Werken hinterlassen hat. Dies verwundert allein schon deshalb, weil z. B. Tönnies, der nach dem Auseinanderbrechen der Freundschaft N.s mit Lou v. Salomé und Paul Rée mit beiden zeitweilig eng verkehrte, 1897 mit einer fulminanten N.-Kritik hervortrat, die, wie im Titel angezeigt, am ↗N.-Kult Anstoß nahm (Cancik 1987; Aschheim 1996, 17 ff.). Weder von den Zeitgenossen – eine Ausnahme stellt Simmel dar – noch von der Tönnies-Literatur ist dieser N.-Kritik besondere Beachtung geschenkt worden. Erst in jüngster Zeit scheinen die kritischen Äußerungen von Tönnies, die später Weber (1988, 446) Stefan George gegenüber wiederholen sollte: Hang zur Selbstvergottung bzw. Tendenz zur »künstlerischen Sekte«, größere Aufmerksamkeit zu finden (Rudolph 1990; Donnagio/Fazio 1998).

Wie Tönnies (1893; 1897a), der N. wiederholt kritisierte – u. a. in einer Kurzrezension (1892) des ihm unverständlichen *Zarathustra* –, setzte sich auch *Simmel* relativ früh mehrmals mit N. auseinander, am bekanntesten sind wohl der Essay über *F.N. Eine moralphilosophische Silhouette* (1896) sowie der als Buch veröffentlichte Vortragszyklus *Schopenhauer und N.* (1907), in dem Simmel u. a. auch die Weltbilder der beiden Philosophen vergleichend untersuchte (Krech 1998, 91 ff., 96 ff.). Dieses Buch nimmt Themen auf, die Simmel schon 1896 in dem genannten Essay, aber auch in einem *N. und Kant* überschriebenen Beitrag zur Frankfurter Zeitung vom 6. 1. 1906 erörtert hatte. Simmel (1897, 1648) sieht in dem von N. proklamierten ↗»Pathos der Distanz« (Ideal der Vornehmheit) »eine ganz eigenartige ethische Kategorie«, die sich nicht auf andere Wertungsarten zurückführen lasse, dabei jedoch »über das bloss Moralische« hinausgehe und zwar »nach der Seite des Aesthetischen hin« – im Sinne einer Verwandtschaft mit der »schönen Seele«, so ein Kernsatz aus der 1897 verfaßten Rezension von Tönnies' Schrift zum N.-Kult. Hieraus geht hervor, daß Simmel sich N. aneignet, indem er ihn ästhetisiert, und genau deshalb gerät er in einen unüberbrückbaren Gegensatz zu Tönnies. N., so Simmel (GSG 5, 1992, 124), habe dadurch eine »Kopernikanische That« vollbracht, daß er die »Kategorie der Vornehmheit [...] für die Moralwissenschaft entdeckt« habe (Simmel 1897, 1648; ferner Lichtblau 1984; Lichtblau 1996, 77 ff.). Doch auch N.s Lehre der ↗»ewigen Wiederkunft des Gleichen« erfährt durch Simmel (1957, 181 ff.) eine auch Weber beeindruckende verantwortungsethische Reformulierung: »So sollen wir in jedem Augenblick, gleichviel wie er in Wirklichkeit beschaffen ist, leben, *als ob* wir uns zu dem, was auf der ideellen Entwicklungslinie über diese momentane Wirklichkeit unser selbst hinausliegt, entwickeln wollten – wie wir so leben sollen, *als ob* wir ewig so lebten, d. h. als ob es eine ewige Wiederkunft gäbe« (Simmel o. J., 327). Dieser Sehweise sollte sich Weber, der Simmels *Schopenhauer und N.* gründlich gelesen hatte, nicht verschließen: so versah er eine Anmerkung in der *Protestantischen Ethik* (1904/05) 1920 mit einem Zusatz, der die der Wiederkunftslehre zugesprochene ethische Bedeutung mit jener der calvinistischen Prädestinationslehre in Beziehung setzte (Weber 1993, 75 u. 184 [231]). Und so wie Simmels Tönnies-Kritik von 1897 mehr über ihn als über N. verrät (Schluchter 1996, 169), so trifft dies vornehmlich auch für jene Weber-Interpreten zu, die wegen der Frage nach dem Einfluß N.s auf Weber in Streit geraten sind, auch wenn sich dahingehend eine gewisse Annäherung anzukündigen scheint, Simmel bei der Entwicklung von Webers N.-Verständnis eine vermittelnde Rolle zuzuschreiben (Schluchter 1996, 172). Simmel deutet N.s Wiederkunftslehre als eine »verantwortungsethische Zuspitzung [des] Vornehmheitsideals«, da sie solchen Handlungen, die individuell gewollt und als individuell getroffene Entscheidungen zu erkennen sind, einen Maßstab für handlungsleitende Maximen abzugewinnen versuche (Lichtblau 1996, 121f.). Insofern gerät N.s Lehre von der »ewigen Wiederkunft des Gleichen« in die Nähe von Simmels »individuellem Gesetz«, das später zum Grundprinzip seiner Ethik werden sollte, nunmehr freilich in Abwandlung des, so Simmel, »öden N.schen Gedankens«: Das »Kannst du wollen, daß dieses dein Thun unzählige Male wiederkehre«, laute nunmehr: »Kannst du wollen, daß dieses dein Thun dein ganzes Leben bestimme?« (Simmel 1918, 241; Simmel 1987, 190ff. u. 229f.).

*Tönnies* wird die Lektüre von N.s *Geburt der Tragödie* zum Erweckungserlebnis; mit dem N. der *Unzeitgemäßen Betrachtungen* fordert er eine Erneuerung der Kultur. N.s spätere Schriften, beginnend mit *Zarathustra* II, bleiben ihm verschlossen, jener N., für den sich seine Anhänger begeistern, ist ihm unverständlich, wohingegen die Werke der mittleren Schaffensperiode (*Menschliches, Allzumenschliches* I; *Der Wanderer und sein Schatten*; *Morgenröthe*; *Fröhliche Wissenschaft*), die noch etwas vom Geist der europäischen Aufklärung verrieten, seine Anerkennung finden, so daß er diese den N.-Enthusiasten empfiehlt, denen N. von den soziopolitischen Realitäten des 19. Jh.s (moderner Kapitalismus; soziale Frage) nichts vermitteln könne, da sie ihm völlig fremd seien. Ja, er sieht in N. sogar »ein[en] Apologet[en] des Kapitalismus und der Amoralität und Brutalität seiner herrschenden Klasse« (Liebersohn 1991, 25). Freilich schickt Tönnies wiederum zum Jahrestag von N.s Geburtstag am 15. 10. 1903 an dessen Schwester ein Huldigungsgedicht (Treiber 1987, 59). Nicht allein wegen dieser vehement geäußerten Kritik am damaligen N.-Kult ist mit Lichtblau (1996, 96) davon auszugehen, daß sich explizite N.-Bezüge in Tönnies' Werk wohl kaum nachweisen lassen, wenn auch Zander (1981) in N.s *Geburt der Tragödie* eine ästhetische Vorform von *Gemeinschaft und Gesellschaft* zu sehen glaubt. Wer jedoch dazu neigt, in Tönnies ausschließlich einen rückwärtsgewandten Kulturkritiker zu sehen, dem sei in Erinnerung gerufen, daß auch der junge Lukács in seinem Storm-Essay seiner Sehnsucht nach einer ethisch integrierten Gemeinschaft Ausdruck verleiht und in der später mit Bloch geführten Debatte über den Expressionismus diesem »mit ähnlichen Argumenten [antworten sollte], wie Tönnies sie gegen den späten N. gebraucht hatte« (Liebersohn 1991, 29).

Gerade Simmels Rezension von Tönnies' *N.-Kultus* zeigt an, daß beide zwei völlig unterschiedliche Positionen einnehmen. Zugleich wird auch deutlich, weshalb Simmel eine größere Affinität zu N. besitzt. Im Gegensatz zu Tönnies (Bickel 1988; Breuer 1996; Tönnies 1931) neigt Simmel in der Zeit seiner Auseinandersetzung mit diesem zu einer der Kunst(werk)betrachtung nachempfundenen ästhetischen Perspektive, die sich besonders für »Fragmente des menschlichen Daseins« interessiert, um über diese die (gesellschaftliche) Totalität zu erfassen (Frisby 1984, 27). Wer dieser Anschauungsweise huldigt, der sieht in der »Kategorie der Vornehmheit« eine »aristokratische, auf die Bedeutung der Distanz gerichtete Wertungsweise«, die »ein ewiges Element des Menschlichen ist, das mit der demokratischen, auf die Nivellirung zustrebenden einen Kampf führt, der im Praktischen nie definitiv, im Theoretischen nie objektiv zu entscheiden« sei (Simmel 1897, 1651; Simmel 1903, 10f.). Betrachtet Simmel (1896; GSG V, 119) N.s Werttheorie, die im Vornehmheitsideal ihren Ausgangspunkt nimmt, als »eine umgekehrte Theorie des ›Grenznutzens‹«, die »den Wert des Ganzen an der Höhe seiner höchsten Exemplare misst«, also den (Kultur-)Wert einer Epoche an wenigen großen Gestalten erfaßt und davon ausgeht, daß ein solcher Aristokratismus »nicht als Mittel für die Wohlfahrt der Gesellschaft« in Frage komme (Simmel 1903, 9f.), so bescheinigt Tönnies, der damals auch Hoffnungen auf die Arbeiterbewegung setzte (Breuer 1996, 21), N. »tiefste[ ] sozialwissenschaftliche[ ] Unwissenheit« (Rudolph 1990, 87). Gerade N.s »antisozialer und radikal individualisierter Ästhetizismus« (Aschheim 1996, 41) gerät Tönnies zum Ärgernis. Simmel (1903, 10) wiederum sieht im Vornehmheitsideal N.s »eine ganz einzigartige Kombination von Unterschiedsgefühlen, die auf Vergleichung beruhen, und stolzem Ablehnen jeder Vergleichung überhaupt«. Insofern erscheint ihm das Vornehmheitsideal als ein gegen die von der Geldwirtschaft geförderte Tendenz zur radikalen Nivellierung gerichteter letzter Versuch, vornehmlich gerichtet gegen die »tragische Folge jeder Nivellierung: daß sie das Hohe mehr herunterzieht, als sie das Niedrige erhöhen kann« (Simmel 1977, 433). Gemeinsam ist Simmel wie

Tönnies wiederum ein »tragisches Bewußtsein« hinsichtlich der Entwicklung der Kultur, eine Einschätzung, die beide mit Weber teilen (Breuer 1996, 30 ff.). Doch anders als Simmel und N. besteht Weber (1921/1980, 285) darauf, daß das Vornehmheitsideal einer »echten Aristokratie« sich nicht unbedingt zu »demokratisch verfaßten Massengesellschaften« in einem Widerspruch befinden muß, sofern es dieser gelänge, dieses Ideal gleich den »angelsächsischen Gentlemankonventionen« zu einem Vorbild zu stilisieren. Die Einsicht in die Vereinbarkeit aristokratischer und demokratischer Prinzipien nutzt Weber nachgerade zur vergleichenden Analyse der politischen Eliten Frankreichs, Englands und Deutschlands, in der Absicht, deren Anspruch auf Führung und Herrschaft zu hinterfragen – u. a. am Maßstab eines verantwortungsethisch geleiteten ↗»Willens zur Macht« (Lichtblau 1996, 135 ff.).

Sofern Simmel einer ästhetischen Perspektive zuneigt, schätzt er an N. besonders dessen Fähigkeit zur »psychologischen Analyse«, die dieser »am glänzendsten vielleicht im dritten Theil der *Genealogie der Moral*« durchgeführt habe (Simmel 1897, 1649). N. beherrsche hierbei vorzüglich die »Form der künstlerischen Intuition«, welche die »inneren Wirklichkeiten« erfassen könne. Wer der Intuition dieses Vermögen zuschreibt, dem erscheint auch »das ›Plötzliche‹ als zentrale Anschauungskategorie des modernen Bewußtseins« (Bohrer), zu der auch eine geeignete Darstellungsform gehört: bei N. der ↗Aphorismus, bei Simmel der Essay, die beide dem Vorwurf mangelnder »sorgfältiger Begründung« ausgesetzt sind (Overbeck 1995, 18 f.).

Verglichen mit Simmel, der sich explizit immer wieder mit N. auseinandergesetzt und diesen leicht nachweisbar rezipiert hat, scheint, so jedenfalls Schluchter (1996, 167), das Werk *Webers* »auffallend stumm« zu bleiben hinsichtlich eindeutiger Aussagen zum »Ausmaß und zur werkgeschichtlichen Bedeutung von Webers N.-Rezeption« (Lichtblau), auch wenn es durchaus gegenteilige Äußerungen gibt (Fleischmann 1964; Mommsen 1974/1965), die allerdings lange Zeit unbeachtet blieben (Peukert 1989, 128). Wenn Simmel (1917, 25 f.) für sich und seine Generation ausdrücklich erklärt hatte, daß auf jene, die »um 1880 herum noch bildsam« gewesen seien, vor allem »N. und der Sozialismus gewirkt« hätten, so ist von Weber nur eine mündliche Äußerung zu seiner geistigen Standortbestimmung überliefert: »Die Welt, in der wir selber geistig existieren, ist weitgehend eine von Marx und N. geprägte Welt« (Baumgarten 1964, 554 f.). Insofern kann es nicht überraschen, daß das gerade in jüngster Zeit wieder erwachte Interesse an dieser Thematik, das geweckt zu haben Hennis (1987) als Verdienst zukommt, die Weber-Experten zu recht uneinheitlichen, ja konträren Aussagen geführt hat, auch wenn sich dahingehend eine Verständigung abzeichnet, daß Webers N.-Verständnis weitgehend durch seine nachweisbare Simmel-Lektüre – sein Handexemplar von *Schopenhauer und N.* ist vorhanden (Mommsen 1974, 261 f., 154 f.) – beeinflußt worden sei. Gegenüber jenen älteren Studien, die den Einfluß N.s auf Weber dergestalt nachzuweisen versuchen, daß sie einschlägige Textpassagen in Parallele setzen – solche Parallelen wurden u.a. gezogen zwischen N.s Morallehre und Webers »dezisionistischer Verantwortungsethik« (selbst ein höchst umstrittener Begriff), zwischen N.s aristokratischem Vornehmheitsideal und Webers Konzept der heroischen bzw. charismatischen (Führer-)Persönlichkeit oder zwischen N.s und Webers kulturkritischen Diagnosen im Lichte des Bildes vom »letzten Menschen«, von dem N. am Anfang seines *Zarathustra* und Weber am Schluß seiner *Protestantischen Ethik* spricht (Eden 1984; Peukert 1989, 27 ff.; Scaff 1989) –, ist der Betrachtungsweise Lichtblaus (1996, 128) der Vorzug zu geben, welche Webers Verhältnis zu N. nicht nur als »vielschichtig« resp. »ambivalent« beurteilt, sondern dieses »sowohl vor dem Hintergrund der allgemeinen N.-Rezeption der Jahrhundertwende als auch im Kontext der verschiedenen Phasen und Schwerpunktverschiebungen innerhalb der Entwicklung von Webers eigenem Werk« reflektiert. Eine solche Betrachtungsweise vermag einerseits jene von Hennis (1987, 8 ff.) aufgeworfene Problemstellung zu berücksichtigen, die in Webers kulturwissenschaftliche Auseinandersetzung mit den Folgen des okzidentalen Rationalisierungsprozesses auch die von N. mitgegebene Frage nach dem Schicksal des modernen Menschen im Gehäuse der versachlichten Lebensordnungen einstellen möchte, sie vermag andererseits aber auch die von Schluchter (1996, 171) aufgeworfene Frage aufzunehmen, inwieweit »Weber das Wertproblem in hermeneutischer oder gar systematischer Abhängigkeit von

N. gelöst« hat, auch wenn ein solchermaßen eng gefaßter Abhängigkeitsbegriff die Antwort beinahe präjudiziert: »Übereinstimmung in der Problemstellung« bei Nicht-Übereinstimmung »in der Problemlösung«. Die Gegenposition hierzu hat wiederum Hennis (1987, 170) eingenommen, der von »eine[r] ganz grundsätzliche[n] ›Einstimmung‹, ›Inspirierung‹ Webers durch das Epochenbewußtsein und die Frageweise N.s« ausgeht, die »durch Parallelisierung zahlreicher Aussagen zur Evidenz gebracht werden« könne, »nur selten aber eine philologisch genaue Ableitung« erlaube. Freilich hat die Weber-Forschung gerade mit Blick auf die von Schluchter (1996, 168) genannten Dimensionen des Abhängigkeitsbegriffs gegenüber der N.-Forschung einen erheblichen Nachholbedarf, da sich diese schon früh auf die Vorgabe Montinaris (1982, 6) verständigt hatte, Ns. »ideale Bibliothek« zu rekonstruieren. Es könnte sich dann möglicherweise herausstellen, daß einige der aufgezeigten Parallen zwischen N. und Weber auf eine ihnen gemeinsame Quelle (wie z.B. die Lektüre von Wellhausen) zurückzuführen ist.

So kann man im Sinne einer »Abhängigkeit vom Zeitgeist« beim Weber der 90er Jahre die Anspielung auf zentrale Topoi N.s wie auch deren Gebrauch konstatieren. Beispielsweise weist Weber, bedrückt vom Gefühl, einer »Epigonengeneration« anzugehören (Lichtblau 1996, 129f.), in seiner Freiburger Antrittsvorlesung von 1895, welche die Nationalökonomie als »politische Wissenschaft« und als »Wissenschaft vom Menschen und seinen Bedürfnissen« (Hennis 1984, 39) in den Dienst eines »ökonomischen Kampfs ums Dasein« stellt, bisweilen in »schroff Nietzscheanische[r] Tonart« (Hennis 1987, 171) den ökonomischen Eudaimonismus aus sachlichen und ethischen Gründen zurück: »Nicht das Wohlbefinden der Menschen, sondern diejenigen Eigenschaften möchten wir in ihnen emporzüchten, mit welchen wir die Empfindung verbinden, daß sie menschliche Größe und den Adel unsrer Natur ausmachen« (MWG I/4.2, 559). Doch wenn Weber daran gelegen ist, die »Volkswirtschaftspolitik zu *entmoralisieren*, um sie *dadurch* zu politisieren« (Schluchter 1991, 178), dann heißt dies keinesfalls, daß sein politisches Denken in N. aufgehen würde, der heute, so jedenfalls Schluchter (1996, 171), eher als »philosophischer Aufklärer« und »radikaler, existenzieller Denker«

denn als »großer politischer Denker« gewürdigt wird (Ottmann 1987, ²1999). Präsenter ist N., wenn auch wiederum nur punktuell, sowohl in Webers *Protestantischer Ethik* als auch in seinen religionssoziologischen Schriften, wo er immer wieder auf N.s »glänzende[n] Essay« (GARS I, 241) – gemeint ist die *Genealogie der Moral* – zurückkommt: auf die dort skizzierte »Theorie des ↗›Ressentiments‹«, aber auch auf die dort erörterte Frage nach der Bedeutung asketischer Ideale (GM, KSA 5, 266ff.; 339ff.). Freilich ist zu bedenken, daß N.s Haltung zur »Askese« (↗Asketismus) recht ambivalent ist und er ihr durchaus auch positive Wirkungen zubilligt (Treiber 1989, 136f.).

Die auf den ersten Blick naheliegende Gleichsetzung von »machinale[r] Thätigkeit« (GM, KSA 5, 382) mit Arbeitsaskese (bei Weber) kann sich ohne weiteres darauf berufen, daß beide Autoren auf den Übungscharakter der Askese und die dadurch erzielten Wirkungen abstellen (Treiber 1991; 1999). Doch zeigt eine eingehendere, quellenorientierte Auseinandersetzung mit N.s Begriff der »machinalen Thätigkeit«, daß dieser auf Baumanns physiologisch orientierte Willenstheorie verweist, wie er sie in seinem *Handbuch der Moral nebst Abriss der Rechtsphilosophie* (1879) entwickelt hat (Brusotti 1997, 33ff.). So gesehen, zielt »machinale Thätigkeit« auf Übung bzw. Hervorbringung eines »Mechanismus« (ein ebenfalls von Baumann übernommener Begriff) ab (Brusotti 1997, 39ff.), wodurch nicht nur »absolute Regularität«, sondern auch eine »Tüchtigkeit machinaler Pflichterfüllung« zu erzielen seien, die ihrerseits jedoch der besonderen »philosophischen Rechtfertigung und Verklärung« bedürfe (N, KSA 12, 459: 10 [11] (146)). Demgegenüber rechnet Weber Disziplin und eine an letzten Werten sich orientierende »methodische Lebensführung« zum Kern der Askese. Weber geht also von einer »idealistischen Ethik« aus, wie sie dem »alten Christentum«, aber auch Kant eigen gewesen sei (MWG II/5, 399ff.). Auch wenn er die »Moral der Vornehmheit« zum »Dauernden in N.« zählt, so stören ihn die »biologischen Verbrämungen, die [dieser] um den Kern seiner durch u. durch moralistischen Lehre häuft« (MWG II/5, 402f.). Weber ist demnach nicht entgangen, daß N. in Anlehnung an Baumanns am Erfolg orientierter »effektiver Moral« eine »naturalistische Ethik« vertritt.

Zweifelsohne gehört N.s Ressentimenttheorie zu den für Weber »interessanteren Konstruktionen« (Schluchter 1991, 201). Wie im Kategorien-Aufsatz von 1913 dargestellt, sieht Weber in dieser »Theorie« N.s eine psychologische und geschichtsphilosophische Konstruktion, »welche aus dem Pragma einer Interessenlage eine – ungenügend oder gar nicht bemerkte, weil aus verständlichen Gründen ›uneingestandene‹ – objektive Rationalität des äußeren oder inneren Sichverhaltens ableitet«, im »methodisch gleichen Sinne« übrigens wie zuvor die »Theorie des ökonomischen Materialismus« (WL, 434). Gerade in dieser Verbindung von Psychologie und Geschichtsphilosophie sieht Lichtblau (1996, 145ff.) die besondere Attraktivität von N.s »moralgenealogische[n] Untersuchungen für Max Webers eigene historisch-vergleichende Soziologie«, auch wenn dieser nicht bereit gewesen sei, N. darin in allen Punkten zu folgen. Insoweit lenkt Lichtblau (1996, 145ff.) die Aufmerksamkeit nicht nur auf »äußerliche« Parallelen, sondern auch auf innere Übereinstimmungen – unter Einbeziehung der von Scheler und Sombart jeweils geführten Auseinandersetzung mit N.s Ressentimenttheorie. Schluchter (1996, 185) dagegen kommt, nicht zuletzt infolge des von ihm herangezogenen Abhängigkeitsbegriffs, zu dem anderslautenden Schluß: »bei äußerlichen Gemeinsamkeiten größte innere Differenz«. V. a. sei es N.s »physiologischer Psychologismus« (Schluchter 1996, 183), der eine »innere« Gemeinsamkeit nicht zulasse. Indem Weber N.s Konstruktion ihrer »biologischen Verbrämungen und ihres moralistischen Untertons« entkleide, mache er sie einerseits »historisch-soziologische[r] Forschung« zugänglich, grenze sie andererseits hinsichtlich ihres Geltungsanspruchs jedoch erheblich ein (Schluchter 1991, 201). Für Weber sei es erwiesen, daß ↗»Ressentimentmoralismus« von »weit geringerer historischer Tragweite« sei, als dies N. geglaubt habe (Schluchter 1991, 201): auf die »jüdisch-christliche Tradition« treffe er nur »in äußerst begrenztem Umfang« zu, auf den ↗Buddhismus schon gar nicht. Folge man Weber (GARS I, 204f.), dann ist die Eigenart einer Religiosität weder eine einfache Funktion der »[abstrakten] Klassengebundenheit« der jeweils in Frage kommenden Trägerschicht, noch »eine einfache Funktion verdrängter, weil ohnmächtiger Rachegefühle« (Schluchter 1996, 183).

So kämen für die »verschiedenen Arten ethischer ›Rationalisierung‹ der Lebensführung« ganz andere »religiöse Quellen« in Betracht, insb. das Erlösungsbedürfnis (GARS I, 243), aber auch, wie im Falle Altisraels, die Erfahrung der (politischen) Irrationalität der Welt. Wenn Weber (GARS I, 241) einräumt, die »Aufdeckung der pychologischen Bedeutung des Ressentiment« durch N. sei »[an sich] glücklich und fruchtbar«, könnte er jenen Kunstgriff N.s gemeint haben, mit dem dieser Dührings ursprüngliche Annahme einer »mechanischen Reaktion«, sich für erlittene Verletzung rächen zu wollen, auf die »Ebene einer imaginären Ersatzhandlung« verlagert, wodurch sie zu einer Disposition wird, »die sich ausbildet, wo ›die eigentlich Reaktion, die der That, versagt ist‹« (Stegmaier 1994, 119). Wenn von N. geltend gemacht wird, daß sich für derartige Ersatzhandlungen gerade die »moralische Attitüde« anbietet, dann ist es diese Weber ansonsten fernliegende psychologische Sehweise, die ihn, zugeschnitten auf die jüdische ethische Erlösungsreligiosität, zu faszinieren scheint, führt er doch unter direkter Bezugnahme auf N. aus: »In Gestalt dieser Theodizee der negativ Privilegierten dient dann der Moralismus als Mittel der Legitimierung bewußten oder unbewußten Rachedursts« (WuG, 301). Auch wenn Weber von einer »unerhörte[n] Verzerrung« spricht, »im Ressentiment das eigentlich maßgebende Element der historisch stark wandelbaren jüdischen Religiosität« sehen zu wollen (WuG, 302), so will er wiederum dessen »Einfluß« auch auf grundlegende Eigenarten der jüdischen Religiosität« nicht unterschätzen wissen. Er übernimmt nicht nur den Begriff der Ressentimentmoral, sondern sieht auch in der jüdischen Erlösungsreligiosität die Entwicklung zur Vergeltungsreligiosität schlechthin, wie er auch das postexilische Judentum, möglicherweise hierzu durch den Aph. 145 im ↗»Willen zur Macht« (N, KSA 13, 380f.: 14 [195]) angehalten (so Lichtblau), mit dem ungewöhnlichen Ausdruck »Pariavolk« (GARS III, 5; 376ff.) belegt – mit dem Zusatz freilich: »in einer kastenlosen Umwelt«. In diesem Kontext bescheinigt Fleischmann (1981, 270) Weber, in der »Transformation der Israeliten in Juden« eine »wirkliche Umwälzung aller Werte« zu sehen, wie er diesem auch eine »Auslegung des ›postexilischen‹ Judentums auf der Basis einer Konstruktion« attestiert, die weitgehend

N. verpflichtet sei (ferner: Eisenstadt 1981; Raphaël 1981). Doch würden die Befunde bzw. Urteile der Weber-Experten gerade bei dieser Thematik sicherlich weit weniger konträr ausfallen, verfügte die Weber-Forschung über vergleichbare Arbeiten, wie sie beispielsweise zu N.s höchst selektiver Wellhausen-Lektüre vorliegen (Ahlsdorf 1990; Hartwich 1996; Orsucci 1996, 318ff.).

Literatur: Baumann, J.J.: Handbuch der Moral nebst Abriss der Rechtsphilosophie, Leipzig 1879; Tönnies, F.: Rezension von F.N., »Also sprach Zarathustra«, in: Deutsche Litteraturzeitung 13 (1892), Sp. 1612–1613; Tönnies, F.: Ethische Kultur und ihr Geleite in der »Zukunft« und in der »Gegenwart«, Bd. 1: N.-Narren, Berlin 1893; Simmel, G.: F.N. Eine moralphilosophische Silhouette, in: Zeitschrift für Philosophie und philosophische Kritik, N. F. 107 (1896), 202–215 [GSG 5 1992, 115–129]; Rudolph, G. (Hrsg.): Ferdinand Tönnies: Der N.-Kultus. Eine Kritik, Berlin 1990 [zuerst Leipzig 1897]; Simmel, G.: Rezension von: Ferdinand Tönnies, Der N.-Kultus, 1897, in: Deutsche Litteraturzeitung Nr. 42 (1897), Sp. 1645–1651; Tönnies, F.: N. und die Humanität, in: Ethische Kultur. Wochenschrift für sozial-ethische Reformen 5 (1897a), 28–30; Simmel, G.: Philosophie des Geldes, 7. Aufl., Berlin 1977 [zuerst Leipzig 1900]; ders.: Zum Verständnis N.s, in: Das Freie Wort 2 (1903), 6–11 [GSG 7 1995, 57–63]; ders.: N. und Kant, in: Frankfurter Zeitung v. 6. 1. 1906 [in: Landmann, M. (Hrsg.): Brücke und Tür. Essays des Philosophen zur Geschichte, Religion, Kunst und Gesellschaft, Stuttgart 1957, 178–186]; ders.: Schopenhauer und N. Ein Vortragszyklus, Hamburg o.J. [zuerst Leipzig 1907]; Weber, M.: Rede auf dem ersten Deutschen Soziologentag in Frankfurt, 1910, in: ders.: Gesammelte Aufsätze zur Soziologie und Sozialpolitik, hrsg. v. M. Weber, 2. Aufl., Tübingen 1988, 431–449; Lukács, G.: Bürgerlichkeit und l'art pour l'art: Theodor Storm, in: ders.: Die Seele und die Formen, Neuwied/Berlin 1971, 82–116 [zuerst 1911]; Simmel, G.: Das individuelle Gesetz, in: Logos 4 (1913), 117–160 [in: Landmann, M. (Hrsg.): Georg Simmel, Das individuelle Gesetz. Philosophische Exkurse, Frankfurt a.M. 1987, 174–230]; ders.: Lebensanschauung. Vier metaphysische Kapitel, München/Leipzig 1918; Weber, M.: Gesammelte Politische Schriften (1921), 4. Aufl., Tübingen 1980; Baumgarten, E.: Max Weber. Werk und Person, Tübingen 1964; Fleischmann, E.: De Weber à N., in: Archives Européennes de Sociologie 5 (1964), 190–238; Mommsen, W.J.: Universalgeschichtliches und politisches Denken (1965), in: ders.: Max Weber. Gesellschaft, Politik und Geschichte, Frankfurt a.M. 1974, 97–143; Weber, M.: Gesammelte Aufsätze zur Religionssoziologie. Bd. 1, 6. Aufl., Tübingen 1972 [GARS I]; ders.: Gesammelte Aufsätze zur Wissenschaftslehre. 4. Aufl., Tübingen 1973 [WL]; ders.: Gesammelte Aufsätze zur Religionssoziologie. Bd. III: Das antike Judentum, 6. Aufl., Tübingen 1976 [GARS III]; ders.: Wirtschaft und Gesellschaft. Grundriss der verstehenden Soziologie. 5. Aufl., Tübingen 1976 [WuG]; Baier, H.: Die Gesellschaft – ein langer Schatten des toten Gottes. F.N. und die Entstehung der Soziologie aus dem Geiste der Décadence, in: NSt 10/11 (1981/82), 6–33; Eisenstadt, S. N.: Max Webers antikes Judentum und der Charakter der jüdischen Zivilisation, in: Schluchter, W. (Hrsg.): Max Webers Studie über das antike Judentum. Interpretation und Kritik, Frankfurt a.M. 1981, 134–184; Fleischmann, E.: Max Weber, die Juden und das Ressentiment, in: Schluchter, W. (Hrsg.): Max Webers Studie über das antike Judentum. Interpretation und Kritik, Frankfurt a.M. 1981, 263–286; Raphaël, F.: Die Juden als Gastvolk im Werk Max Webers, in: Schluchter, W. (Hrsg.): Max Webers Studie über das antike Judentum. Interpretation und Kritik, Frankfurt a.M. 1981, 224–262; Zander, J.: Ferdinand Tönnies und F.N. Mit einem Exkurs: N.s »Geburt der Tragödie« als Impuls zu Tönnies »Gemeinschaft und Gesellschaft« in: Clausen, L./Pappi, F.U. (Hgg.): Ankunft bei Tönnies. Soziologische Beiträge zum 125. Geburtstage von Ferdinand Tönnies, Kiel 1981, 185–227; Montinari 1982; Tönnies, F.: Selbstverfaßter Lebensabriß, in: Reichshandbuch der deutschen Gesellschaft. Handbuch der Persönlichkeiten in Wort und Bild, Bd. 2, Berlin 1983, 1917–1918; Eden, R.: Political Leadership and Nihilism. A Study of Weber and N., Tampa 1984; Frisby, D. P.: Georg Simmels Theorie der Moderne, in: Dahme, H.-J./Rammstedt, O. (Hgg.): Georg Simmel und die Moderne. Interpretationen und Materialien, Frankfurt a.M. 1984, 9–79; Hennis, W.: Max Weber in Freiburg. Zur Freiburger Antrittsvorlesung in wissenschaftsgeschichtlicher Sicht, in: Freiburger Universitätsblätter 23 (1984), 33–45; Lichtblau, K.: Das »Pathos der Distanz«. Präliminarien zur N.-Rezeption bei Georg Simmel, in: Dahme, H.-J./Rammstedt, O. (Hgg.): Georg Simmel und die Moderne. Neue Interpretationen und Materialien, Frankfurt a.M. 1984, 231–281; Lepenies, W.: Die drei Kulturen. Soziologie zwischen Literatur und Wissenschaft, München/Wien 1985; Cancik, H.: Der N.-Kult in Weimar. Ein Beitrag zur Religionsgeschichte der wilhelminischen Ära, in: NSt 17 (1987), 405–429; Hennis, W.: Max Webers Fragestellung. Studien zur Biographie des Werks, Tübingen 1987; Ottmann 1987, ²1999; Treiber, H.: Paul Rée – ein Freund N.s, in: Bündner Jahrbuch 29 (1987), 35–59; Bickel, C.: Ferdinand Tönnies' Weg in die Moderne, in: Rammstedt, O. (Hrsg.): Simmel und die frühen Soziologen. Nähe und Distanz zu Durkheim, Tönnies und Max Weber, Frankfurt a.M. 1988, 86–162; Peukert, D. J. K.: Max Webers Diagnose der Moderne, Göttingen 1989; Scaff, L.: Fleeing the Iron Cage. Culture, Politics, and Modernity in the Thought of Max Weber, Berkeley/Los Angeles 1989; Treiber, H.: N.s »Kloster für freiere Geister«. N. und Weber als Erzieher, in: Antes, P./Pahnke, D. (Hgg.): Die Religion von Oberschichten. Religion-Profession-Intellektualismus, Marburg 1989, 117–161; Ahlsdorf, M.: N.s Juden. Die philosophische Vereinnahmung des alttestamentlichen Judentums und der Einfluß von Julius Wellhausen in N.s Spätwerk, Diss. Berlin 1990; Liebersohn, H.: »Gemeinschaft und Gesellschaft« und die Kritik der Gebildeten am deutschen Kaiserreich, in: Clausen, L./Schlüter, C. (Hgg.): Hundert Jahre »Gemeinschaft und Gesellschaft«. Ferdinand Tönnies in der internationalen Diskussion, Opladen 1991, 17–30; Montinari, M.: F.N. Eine Einführung, Berlin/New York 1991; Schluchter, W.: Religion und Lebensführung. Bd. 1: Studien zu Max Webers Kultur- und Werttheorie, Frankfurt a.M. 1991; Treiber, H.: Im Westen nichts Neues: Menschwerdung durch Askese, in: Kippenberg, H. G./Luchesi, B. (Hgg.): Religionswissenschaft und Kulturkritik, Marburg 1991, 283–323; Weber, M.: Die protestantische Ethik und der »Geist« des Kapitalismus, hrsg. u. eingeleitet v. K. Lichtblau/J. Weiß, Bodenheim 1993; ders.: Der Nationalstaat und die Volkswirtschaftspolitik. Akademische Antrittsrede, in: ders.: Landarbeiterfrage, Nationalstaat und Volkswirtschaftspolitik. Schriften und Reden 1892–1899, hrsg. v. W. J. Mommsen, Tübingen 1993, 543–574 [MWG I/4.2]; Stegmaier 1994; Max Weber: Briefe 1906–1908, hrsg. v. M. R. Lepsius/W. J. Mommsen, Tübingen 1994 [MWG II/5]; Overbeck, F.: Werke und Nachlaß. OWN 4, Kirchenlexicon. Texte. Ausgewählte Artikel A-I, hrsg. v. B. v. Reibnitz/M. Stauffacher-Schaub, Stuttgart/Weimar 1995 [Aphorismus]; Aschheim, S. E.: N. und die Deutschen. Karriere eines Kults, Stuttgart/Weimar 1996; Breuer, S.: Von Tönnies zu Weber. Zur Frage einer »deutschen Linie« der Soziologie, in: Tönnies-Forum, Heft 2 (1996), 14–41; Hartwich, W.-D.: Die Erfindung des Judentums. Antisemitismus, Rassenlehre und Bibelkritik in F.N.s Theorie der Kultur, in: Trumah 5 (1996), 179–200; Lichtblau, K.: Kulturkrise und Soziologie um die Jahrhundertwende. Zur Genealogie der Kultursoziologie in Deutschland, Frankfurt a.M. 1996; Orsucci 1996; Schluchter, W.: Zeitgemäße Unzeitgemäße. Von F.N. über Georg Simmel zu Max Weber, in: ders.: Unversöhnte Moderne, Frankfurt a.M. 1996, 166–182; Brusotti 1997; Donnagio, E./Fazio, D.M. (Hgg.): Il culto di N. Una critica, Rom 1998; Krech, V.: Georg Simmels Religionstheorie, Tübingen 1998; Treiber, H.: Zur Genese des Askesekonzepts bei Max Weber, in: Saeculum 50 (1999), 247–297.

*Hubert Treiber*

## Spanischsprachige Welt

Die Präsenz eines Denkers in einem anderssprachigen Kulturraum ist zunächst einmal – zumindest für das breite Lesepublikum – von den zugänglichen Übersetzungen in der jeweiligen Fremdsprache abhängig. Die ersten Übertragungen ins Spanische wurden von 1906 an von P. González Blanco basierend auf den damaligen französischen Übersetzungen angefertigt. E. Ovejero y Mauri versuchte diesen eindeutigen Mißstand durch seine ab 1932 direkt aus dem Deutschen realisierten Übertragungen auszuräumen. Aus dieser Initiative entstand die erste Veröffentlichung des N.-Gesamtwerks. Beide Übersetzungsprojekte haben in der spanischsprachigen Welt trotz ihrer Defizite hinsichtlich der Originaltreue weite Verbreitung erfahren. Im Jahr 1947 machte P. Simón einen nächsten Versuch, dessen Ergebnisse jedoch erheblich weniger rezipiert wurden. Erst seit 1971 beginnt man über vertrauenswürdigere spanische Versionen eines Großteils der von N. veröffentlichten Texte zu verfügen, die A. Sánchez Pascual (1971), J. Jara (1990) und G. Meléndez (1992) vorgelegt haben. Des weiteren sind in Anthologien oder in Fachzeitschriften kurze Schriften oder Fragmente aus den Büchern des Philosophen auf Spanisch erschienen. Von den nachgelassenen Fragmenten gibt es bisher nur einige wenige Übersetzungen ausgewählter Passagen, wobei allerdings für das Jahr 2000 die Veröffentlichung eines ersten Bandes auf Spanisch mit den letzten ab April 1888 verfaßten nachgelassenen Fragmenten angekündigt ist.

Genau wie in den meisten europäischen Ländern stoßen die theoretischen Ansätze N.s auf erste Resonanz im kulturellen Umfeld von Künstlern, Dichtern und Schriftstellern. Persönlichkeiten wie J. Maragall, P. Baroja, M. de Unamuno, R. de Maeztu, Azorín, A. Machado, R. Pérez de Ayala und J. Ortega y Gasset übernehmen einzelne der von N. behandelten und schon ins Spanische übersetzten Themen. N.s neuer Ansatz zu Themen wie dem menschlichen Leben, dem Menschen als Individuum, dem Massenmenschen, dem Willen, der Kunst und dem Künstler und dem Zusammenhang zwischen einem philosophischen Werk und dem Leben des Autors stoßen bei seinen Lesern auf besondere Aufmerksamkeit. U. Rukser (1962) und G. Sobejano (1967) haben diese erste literarische Rezeption in der spanischsprachigen Welt dargelegt; D. Sobrevilla (1986) hat im Rahmen einer breiter angelegten Studie zu N.s Präsenz in Europa ein gesondertes Kapitel der Rezeption in den lateinamerikanischen Ländern gewidmet. In diesem kulturellen Umfeld ist es vielleicht V. Huidobro, der von Beginn seiner literarischen Aktivität an, die in seinem Gedicht *Altazor* (1931) kulminiert, die früheste und bedeutendste literarische Aneignung der Ansätze N.s realisiert (Cragnolini 1996). Motive N.s werden auch in den Werken von F. Icaza, J.J. Arreola, R. Gallegos, M. Díaz Rodriguez, J.L. Borges, L. Lugones, H. Díaz Casanueva, P. de Rokha und A. Valdelomar schon im Laufe der ersten Hälfte des 20. Jh.s aufgenommen.

Die N.-Rezeption in Spanien war zunächst beeinflußt von deutschsprachigen Autoren (wie Jaspers, Heidegger, Löwith). Später ist der Einfluß der französischen Philosophie (Bataille, Deleuze, Foucault, Klossowski) und teilweise auch der italienischen (Vattimo, Cacciari) dominierend geworden. Themen der Rezeption der letzten Jahre waren N.s Metaphysikkritik (Vermal 1987), N.s »unzeitgemäßes« Denken (Quesada 1988) und die in der Vision des Übermenschen sich zeigende Krise der Modernität (Sánchez Meca 1989). Man geht auf Distanz zu Heideggers Deutung des ↗Willens zur Macht, indem man das Motiv der »Liebe« bei N. neu betont (Barrios 1990). Überhaupt versucht man den Willen zur Macht als eine erweiterte und imaginative Form von Rationalität zu deuten, die im Gegensatz zur instrumentellen Vernunft steht, wie sie Heidegger bei N. finden wollte (Cragnolini 1998). N. wird als Wegbereiter und Kritiker der »Postmoderne« (Desiato 1998) sowie als Begründer einer Philosophie des »Leibes« (Jara 1998) diskutiert.

Literatur: Rukser, U.: N. in der Hispania, Bern 1962; Sobejano, G.: N. en España, Madrid 1967; Sobrevilla, W.: N. en la actualidad. 50 años de investigación nietzscheana 1933-1983, in: Repensando de la tradición occidental, Lima 1986, 242 – 333; Vermal, J.L.: La crítica della metaphísica de N., Barcelona 1987; Quesada, J.: Un pensamiento intempestivo. Ontología, estética y política en F.N., Barcelona 1988; Sánchez-Meca, D.: En torno al superhombre. N. y la crisis de la modernidad, Barcelona 1989; Barrios-Casares, N.: La voluntad de poder como amor, Barcelona 1990; Cragnolini, M.B.: N. – Huidobro – Aschenbach, in: Confines 3 (1996), 185–198; Jara, J.: N., un pensador póstumo, Barcelona/Valparaiso 1998; ders. (Hrsg.): N., más allá de su tiempo, Valparaiso 1998; Cragnolini, M.B.: N., camino y demora, Buenos Aires 1998; Desiato, M.: N. crítico de la postmodernidad, Caracas 1998.

*José Jara*

# Theologie

*Overbeck – Harnack – Kaftan – Rittelmeyer – Jesinghaus – Troeltsch – Scheler – Tillich – Hirsch – v. Balthasar – de Lubac – Biser – »Gott-ist-tot«-Theologie u.a.*

N.s Wirkungsgeschichte im Bereich der Theologie beginnt früh (1870ff.) in der dauerhaften Freundschaft mit dem Basler Kollegen und Kirchenhistoriker Franz Overbeck (↗Freunde). Der wechselseitige Einfluß führt schon 1873 zum gemeinsamen öffentlichen Auftritt mit der Publikation zweier Streitschriften, die auf die zeitgenössische Theologie Bezug nehmen. In der ersten seiner *Unzeitgemäßen Betrachtungen David Strauss der Bekenner und der Schriftsteller* (KSA 1, 157–242) demontiert N. u.a. mit der Methode des tödlichen Zitierens einen der bekanntesten Theologen des 19. Jh.s als »Bildungsphilister« und als Exponenten einer reichsfrommen, bürgerlich-religionsstifterischen Ideologie. Overbeck kritisiert die »Christlichkeit unserer heutigen Theologie« im Blick auf die längst eingeschliffene, zumeist jedoch kaschierte Spaltung von kirchlichem Auftrag und historischer Kritik, von exoterischem und esoterischem Standpunkt, von Kanzel und Rednerbühne (Peter 1992). Seine Polemik konzentriert sich zunehmend auf die etablierte liberale (speziell Berliner) Theologie, verkörpert in der Folge insbesondere durch Adolf Harnack (1851–1930). Für Overbeck – wie für N. – hat der frühe Auftritt erhebliche persönliche Konsequenzen, einer Selbst-Exkommunizierung vergleichbar. Durchaus in Parallele zu N.s Parole vom »Tod Gottes« vertritt Overbeck seine Diagnose vom »Ende des Christentums« als einem Erlöschen durch innere, schon in der Antike grundgelegte Widersprüchlichkeit, ein Prozeß, der sich allerdings mit einer polierten bürgerlichen Fassadenchristlichkeit noch über weite Zeitstrecken verträgt. Aus der vorausgesetzten radikalen Unvereinbarkeit von Glauben und Wissen versteht Overbeck das Wesen der Theologie als Zerstörungswerk. Im Außenseitertum dieser glaubenslosen Theologie, die allein der wissenschaftlichen Rationalität verpflichtet sein will, verfolgt Overbeck lebenslang das Vorhaben einer »profanen Kirchengeschichte«, die als fragmentarisches *Kirchenlexicon* zurückbleibt. Als nicht zu übersehendes Menetekel der Theologie steht

Overbeck neben N. an der Schwelle zum 20. Jh., mit einer bis heute nicht restlos eingeholten Aktualität.

I. Nach diesem Auftakt bleibt N., der bis etwa zur Hälfte des 20. Jh.s kaum in der deutschen Universitätsphilosophie als seriöser Philosoph durchgesetzt ist, für die (vornehmlich evangelische) Theologie ein nur gelegentlich zitiertes Mode- und Krisenphänomen der Neuzeit, um dessen protestantische Herkunft man freilich sehr wohl weiß. Die Epoche von N.s beginnendem Ruhm 1890 ff. ist im Kaiserreich als Folge des Kulturkampfs 1872 ff. gezeichnet durch einen extremen Konfessionalismus, in dem sich in mannigfachen Äußerungsformen gleichwohl zwei kontrastierende Grundstellungen zur Moderne abzeichnen und die jeweilige N.-Rezeption bestimmen. Der Protestantismus bewegt sich weithin in einer instinktiven Affirmation der Moderne, die von Luther her datiert und zuletzt als preußisch-deutsche Siegesgeschichte interpretiert wird. Der Katholizismus dagegen sucht als Minorität in umfassender Defensive seine speziell doktrinäre und organisatorische Stabilität in Abgeschlossenheit vom gottlosen Zeitgeist. Folglich erscheint N. in der weithin von Klerikern (mittleren Ranges) bestimmten katholischen Publizistik als Indiz einer eskalierenden Verfallsgeschichte, dessen genauere Kenntnis für Katholiken wenig Gewinn verspricht. Die frühe katholische N.-Rezeption formt konsequent das Bild eines »verbotenen Philosophen« (Köster 1998), dessen einzelne Züge als Reflex einer Gruppenrezeption noch lange Zeit geradezu kanonische Geltung behalten. Die Verbotenheit war derart notorisch, daß sie über die allgemeinen Indexregeln funktionierte; N.s Werke standen somit zu keiner Zeit auf den Listen des *Index librorum prohibitorum*. – Der Protestantismus wiederum neigte aus seinem superioren Epochenbewußtsein eher dazu, N. recht frühzeitig wenn schon als Krisensymptom, so doch auch als »Erzieher zum Christentum« (Gallwitz, H. in: *Preußische Jahrbücher* 83 [1896], 324–347) einzuordnen. Solche rechristianisierenden Okkupationen findet man in verschiedenen Varianten, so wenn etwa Adolf Harnack in einer gebildeten Anmerkung die »dilettantische Rede vom ›Übermenschen‹« auf das aktuelle (protestantische) Individuum als den »sittlichen Menschen im Bunde mit Gott« bezieht (Harnack, A.: *Die Bedeutung der Reformation innerhalb der allgemeinen Religionsgeschichte*, in: ders., *Reden und Aufsätze*, Bd. 2, Gießen 1904, 320). Natürlich trifft man zugleich auf zahlreiche kritische »Bewältigungen« in Traktätchenform – gewissermaßen als Kontrast zum freigeistigen »N.-Kultus« (Tönnies 1897). Als Autoren seien neben Gallwitz der (mit N. persönlich bekannte) Julius Kaftan sowie Friedrich Rittelmeyer und Walter Jesinghaus benannt (Krummel, 1974, Bd. 1; Aschheim 1996, 219 ff.). Nicht selten tritt vorschnell auch der Gedanke auf, N.s Einfluß sei bereits im Niedergang begriffen (Köster 1981/82, 644 ff.). Geradezu antizipierend hingegen hat Ernst Troeltsch die Tragweite von N.s Philosophie aufgefaßt im Kontext seines Bemühens, die »Absolutheit des Christentums« (1902) in einer modernen Kulturtheorie zu verankern.

II. Die tiefe Erschütterung durch die Katastrophe des Ersten Weltkriegs verleiht N. in der Theologie eine neue Aktualität. In seiner katholischen Phase hebt Max Scheler die N.-Rezeption auf ein zuvor nicht gekanntes Niveau (vgl. besonders: *Das Ressentiment im Aufbau der Moralen* 1912/15). Im Protestantismus gehört die Einbeziehung von N.s Kritik nun zur Pflicht aller Versuche, das Christentum in der Moderne neu zu lokalisieren, sei es in entschiedener Frontstellung (K. Barth), sei es in der konstruktiv gemeinten Reflexion von N.s Negationen. Dabei zeigt sich beispielhaft in Paul Tillichs Ausgang von einem »Zarathustra-Erlebnis« (1916, charakteristisch mitten im Weltkrieg) eine allgemeine Prädisposition des Lebensgefühls für N.s moralkritische Entfesselung zum höheren, gefahrvollen Dasein. Von dort her rührt die eher latente Wirksamkeit N.s in Tillichs Werk und seltener eine konkrete philosophische Argumentation. Auch bei Friedrich Gogarten, Emanuel Hirsch u. a. findet man diese »klimatische«, mit der idealistischen Tradition (Fichte!) verbundene Präsenz, deren Stellenwert einer genaueren Untersuchung bedürfte. Sind für die katholische Theologie nun Namen wie E. Przywara und Th. Steinbüchel zu nennen, so trifft man die lutherische Position konzentriert in der Abhandlung *N. und Luther* des Göttinger Systematikers E. Hirsch (in: *Luther-Jahrbuch* 2/3 [1920/21], 61–106; erneut in: NSt 15 [1986], 398–439). Hirsch beginnt mit einer eindrücklichen Salvierung Luthers gegen N.s unfreundliche Polemik und mit einer prinzipiellen Konfrontation von Atheismus und Gottesglauben. Bezeichnend aber, wie sich nach vollzogener Abgrenzung ein zunehmend positives N.-Bild durchsetzt, das vorgeprägte Züge der Gruppenrezeption aufweist und der zeitgemäßen Kategorie des »Prophetischen« (vgl. das Kapitel »Prophetie« in Ernst Bertrams N.-Buch) eine erhebliche Rolle einräumt. Zuletzt öffnet der Autor an entscheidender Stelle alle Schleusen, da er N.s antichristlichen Zentralbegriff des Dionysischen als »naturalistisches Nachbild der lutherischen Frömmigkeit« (Hirsch 1986, 419) rezipiert und die dionysische Widersprüchlichkeit von ekstatischem Ja und Nein, von Schaffen und Destruktion in die Nähe des lutherischen, in Paradoxen zu artikulierenden Gottesbegriffs rückt. Verdeckt zeigt sich in Hirschs N.-Rezeption, vermittelt über ein bestimmtes Lutherbild, die Öffnung für den nationalistischen Irrationalismus, zuletzt (auf dem weiteren Weg des Autors) für die Ideologie des Nationalsozialismus. Die Gegenposition dazu verkörpert ein anderer Lutheraner: Dietrich Bonhoeffer, besonders in den Fragmenten seiner *Ethik* (1939–1943). In geistreicher, durch die spezifisch katholische Gerichtsattitüde problematischer Kombinatorik unternimmt Hans Urs von Balthasars *Apokalypse der deutschen Seele* (1930/1937–39) eine quasi-eschatologische Kulturdeutung, in der die dogmatisch konservative Ausblendung des Politischen beherrschend bleibt.

III. Nach dem Zweiten Weltkrieg werden dem diskreditierten N. zögerliche, in alten Bahnen sich bewegende Kleinschriften gewidmet. Ein für den deutschen Katholizismus so einflußreicher Kultur-Interpret wie Romano Guardini vermeidet lebenslang ein tieferes Eingehen auf das Thema N. Schmale Untersuchungen wie die von J. B. Lotz (*Zwischen Seligkeit und Verdammnis...* 1953) und B. Welte (*N.s Atheismus und das Christentum* 1958) leben von Heideggers beherrschendem Einfluß in den 50er Jahren und versuchen sich an dessen katholischer Auslegung. In deutscher Übersetzung erscheint 1950 das Buch von Henri de Lubac: *Le Drame de l'Humanisme athée* (Paris 1943). Seine Anregungen und manche anderen katholischen Linien münden zuletzt in das lange Zeit »kanonisch« geschätzte Buch von E. Biser: *»Gott ist tot«. N.s Destruktion des christlichen Bewußtseins*, München 1962. – Für die evangelische Theologie erlangt N. erst wieder Aktualität in der veränderten Perspektive der 60er Jahre. Bonhoeffers Notiz: »N. konnte nur auf dem Boden der deutschen Reformation erwachsen« (*Ethik*, DBW 6, 97) scheint auf eine Affinität zu verweisen, die nicht zufällig im nordamerikanischen Protestantismus als sog. »Gott-ist-tot«-Theologie sich zu Wort meldet. Der paradoxe Titel bereits deutet auf die prekäre Situation der Theologie in der modernen Industriegesellschaft. Für sie liefert N. eine Parole, die aber weithin aus Eigenem gefüllt und damit auch relativiert wird. Die Berufung auf N. geht als variantenreich unternommene Ermöglichung von Christlichkeit auch über ihn hinweg (Daecke 1969). Die Prolongierung dieses Ansatzes reichert sich in der deutschen Rezeption an mit Elementen des lutherischen und philosophischen Herkommens (Rist, Hegel, Jean Paul). So bei D. Sölle (*Stellvertretung. Ein Kapitel Theologie nach dem »Tode Gottes«*, Gütersloh 1972), wo sich die theologischen Interessen in eine okkupierende N.-Interpretation umsetzen (Köster 1981/82, 673ff.). In der Tendenz vergleichbar, theologisch jedoch reflektierter, erkennt man solche Gedanken auch bei E. Jüngel (*Gott als Geheimnis der Welt*, Tübingen 1977). – Die Auflösung der konfessionellen Grundstellungen in den letzten Jahrzehnten des 20. Jh.s läßt tendenzielle Gemeinsamkeiten eines instrumentalisierenden theologischen Umgangs mit N. erkennen, etwa in dem Versuch, in N.s später Reflexion zum »psychologischen Typus des Erlösers« (AC, Nr. 29ff., KSA 6, 199ff. u. ö.) eine verborgene Jesus-Verehrung ausfindig zu machen und derart »Jesus« aus der Konkursmasse des (»paulinischen«) Christentums zu retten. Vage N.-Reminiszenzen wirken allerorten, so in der eingebürgerten Rede von Gottesfinsternis und Gotteskrise, vom abwesenden, zu vertretenden und vermißten Gott. Ein Überblick zeigt, daß sich für die christliche Theologie nur dort ein fruchtbarer Diskurs mit N. verbindet, wo der Forderung nach genauer Textkenntnis und kritischer Reflexion der theologischen Interessen Genüge getan wird.

Literatur: Daecke, S.: Der Mythos vom Tode Gottes. Ein kritischer Überblick, Hamburg 1969; Köster, P.: N.-Kritik und N.-Rezeption in der Theologie des 20. Jh.s, in: NSt 10/11 (1981/82), 615–685; Peter, N.: Im Schatten der Modernität. Franz Overbecks Weg zur Christlichkeit unserer heutigen Theologie, Stuttgart/Weimar

1992; Aschheim, S. E.: N. und die Deutschen. Karriere eines Kults, Stuttgart/Weimar 1996; Köster, P.: Der verbotene Philosoph. Studien zu den Anfängen der katholischen N.-Rezeption in Deutschland (1890–1918), Berlin/New York 1998.

*Peter Köster*

# Autorenverzeichnis

Brobjer, Thomas H.: Darwinismus, Nietzsches Bibliothek, Skandinavien (Wirkungsgeschichte), Züchtung

Brömsel, Sven: Antisemitismus, Buddhismus, Frau, Judentum, Musik (Begriffe, Theorien, Metaphern), Pathos der Distanz

Brose, Karl: Englischer Utilitarismus, Sozialismus

Brusotti, Marco: Vom *Zarathustra* bis zu *Ecce homo* (1882–1889)

Campioni, Giuliano: Aristokratie, Aufklärung, Französische Aufklärung, Freigeist, Genie, Held/Heros

Caysa, Volker: Asketismus, Gesundheit/Krankheit, Instinkt, Leib/Körper, Natur/das Natürliche, Trieb

Christians, Ingo: Kraft, Opfern, Schaffen, Schauspieler/Maske, Selbst, Sklave/Sklaverei, Typus, Zeit

Deppermann, Maria: Rußland (Wirkungsgeschichte)

Diethe, Carol: Frauen (Zeit und Person)

Ebeling, Knut: Frankreich (Wirkungsgeschichte), Grausamkeit, Leidenschaft, Lust

Figl, Johannes: Jugendschriften (1854–1869)

Fornari, Maria Cristina: Nachlaß 1885–1888

Gerhardt, Volker: Wille zur Macht

Gerlach, Hans-Martin: Philosophie (Wirkungsgeschichte), Politik (Wirkungsgeschichte)

Grau, Gerd-Günther: Redlichkeit, intellektuelle; Selbstaufhebung

Günzel, Stephan: Erde, Herrenmoral – Sklavenmoral, Jasagen/Bejahung, Rasse, Rausch

Hillebrand, Bruno: Literatur und Dichtung (deutschsprachig), Literatur und Dichtung (fremdsprachig)

Hödl, Hans-Gerald: Jugendschriften (1854–1869)

Hoffmann, David Marc: Film (Wirkungsgeschichte), Geschichte des Nietzsche-Archivs, Idiot, Nietzsche-Kult, Schweiz (Wirkungsgeschichte)

Jara, José: Spanischsprachige Welt (Wirkungsgeschichte)

Kerger, Henry: Gesetz, Gewissen, Moral, Recht, Schuld, Strafe

Kiesow, Karl-Friedrich: Von *Menschliches, Allzumenschliches* bis zur *Fröhlichen Wissenschaft* (1878–1882)

Klauck, Thomas: Seele

Köster, Peter: Gott, Priester, Religion, Theologie (Wirkungsgeschichte)

Kuhn, Elisabeth: décadence, Nihilismus, Pessimismus

Lemke, Harald: Freundschaft, Liebe

Marti, Urs: Demokratie, deutsch/der Deutsche, Europa/Europäer, Große Politik, Krieg/Kampf, Politik (Lektüren, Quellen, Einflüsse), Staat

Meyer, Katrin: Geschichte der Nietzsche-Editionen, Historie

Müller-Buck, Renate: Briefe, Psychologie (Wirkungsgeschichte), (Übersetzungen aus dem Italienischen)

Niemeyer, Christian: Nietzsches Leben, Nietzsches Zeit, Pädagogik (Wirkungsgeschichte)

Orsucci, Andrea: Altphilologie (Wirkungsgeschichte), griechische Antike, römische Antike, Sokratismus

Ottmann, Henning: Architektur (Begriffe, Theorien, Metaphern), Architektur (Wirkungsgeschichte), Blonde Bestie, Englischsprachige Welt (Wirkungsgeschichte), Heilig/der Heilige, Kapitalismus, Musik (Wirkungsgeschichte), Nietzsche-Darstellungen in Malerei und bildender Kunst, Philosophie der Neuzeit (17.–19. Jh.), Renaissance/Renaissancismus

Penzo, Giorgio: Italien (Wirkungsgeschichte), Übermensch

Reschke, Renate: Ariadne, Barbaren, Deutscher Idealismus, Kultur, Masse

Ries, Wiebrecht: Von *Menschliches, Allzumenschliches* bis zur *Fröhlichen Wissenschaft* (1878–1882)

Roskamm, Wilhelm: Mitleid, Vergessen

Salaquarda, Jörg: Christentum (Begriffe, Theorien, Metaphern), Christentum (Lektüren, Quellen, Einflüsse)

Salehi, Djavid: Experiment/Experimentalphilosophie, Subjekt

Schellong, Dieter: Kompositionen (Werke)

Schiller, Wolfgang: Gerechtigkeit, Wahrheit

Schlimgen, Erwin: Begriff, Bewußtsein, Logik, Metapher, Das Unbewußte

Schmid, Holger: Von der *Geburt der Tragödie* bis *Richard Wagner in Bayreuth* (1871–1878), Nachlaß 1872–1876

Schüle, Christian: Apollinisch-dionysisch, Artistenmetaphysik, Ästhetik, Tanz/Tänzer

Simon, Josef: Zeichen

Skirl, Miguel: Ewige Wiederkunft, Geist der Schwere, Kind, Lachen, Leiden, Ressentiment, Unschuld des Werdens

Sommer, Andreas Urs: Altes Testament, Philosophie und Theologie des 19. Jh. (Lektüren, Quellen, Einflüsse), Umwerthung der Werthe

Stingelin, Martin: Aphorismus, Poetik, Psychologie (Lektüren, Quellen, Einflüsse), Rhetorik, Sprachphilosophie (Begriffe, Theorien, Metaphern), Sprachphilosophie (Lektüren, Quellen, Einflüsse)

Thorgeirsdottir, Sigridur: Metaphysik

Treiber, Hubert: Freunde (Zeit und Person), Soziologie (Wirkungsgeschichte)

Ugolini, Gherardo: Philologica, Tragödie

Volz, Pia Daniela: Nietzsches Krankheit

Ziemann, Rüdiger: Gedichte

Zittel, Claus: Deutsche Klassik und Romantik, Einsamkeit, Erkenntnis, Französische Moralistik, Irrtum und Schein, Leben, Lüge, Malerei/Bildende Kunst (Lektüren, Quellen, Einflüsse), Mythos/Mythologie, Nachlaß 1880–1885, Naturwissenschaft (Lektüren, Quellen, Einflüsse), Perspektivismus, Romantik, Wissenschaft

# Bibliographie

Bibliographische Angaben finden sich am Ende eines jeden Artikels. Diese Bibliographie versammelt nur jene Standardwerke, die häufig zitiert werden. Eine umfassende Bibliographie der Primär- und Sekundärliteratur (1867–1988) ist in Vorbereitung (*Weimarer N.-Bibliographie in fünf Bänden*, hrsg. v. der Stiftung Weimarer Klassik/ Anna Amalia Bibliothek, bearb. v. Jung, S./Simon-Ritz, F./Wahle, C./v. Wilamowitz-Moellendorff, E./Wojtecki, W., Stuttgart/Weimar 2000ff.). Diese *Weimarer N.-Bibliographie* wird die bisher verwendete *International N.-Bibliography* ablösen (hrsg. v. Reichert, W./Schlechta, K., Chapel Hill 1960, erw. und rev. 1968, Ergänzungen NSt 2 [1973] 320ff., NSt 4 [1975] 351ff.).

Abel, G.: Die Dynamik der Willen zur Macht und die ewige Wiederkehr, Berlin/New York 1984, ²1999.
Andler, Ch.: N. Sa vie et sa pensée, 6 Bde., Paris 1920–31, 3 Bde., Paris 1958.
Andreas-Salomé, L.: F.N. in seinen Werken, Wien 1894, Frankfurt a. M. ³1983.
Baeumler, A.: N. der Philosoph und Politiker, Leipzig 1931.
Bernoulli, C.A. (Hrsg.): Franz Overbeck und F.N. Eine Freundschaft, 2 Bde., Jena 1908.
Bertram, E.: N. Versuch einer Mythologie, Berlin 1918, ⁸1965.
Brusotti, M.: Die Leidenschaft der Erkenntnis. Philosophie und ästhetische Lebensgestaltung von *Morgenröthe* bis *Also sprach Zarathustra*, Berlin/New York 1997.
Danto, A. C.: N. as Philosopher, New York 1965, ²1971 (aus dem Englischen v. B. Wolf), München 1998.
Deleuze, G.: N. und die Philosophie (aus dem Französischen v. B. Schwips), München 1976.
Figl, J.: Interpretation als philosophisches Prinzip. F.N.s universale Theorie der Auslegung im späten Nachlaß, Berlin/New York 1982.
Fink, E.: N.s Philosophie, Stuttgart/Berlin/Köln/ Mainz 1960, ⁵1986.
Förster-N., E.: Das Leben F.N.s, 2 Bde. in 3 Büchern, Leipzig 1895, 1897, 1904.
Gerhardt, V.: Vom Willen zur Macht. Anthropologie und Metaphysik der Macht am exemplarischen Fall F. N., Berlin/New York 1996.
Ders.: Pathos und Distanz. Studien zur Philosophie F. N.s, Stuttgart 1988.
Grau, G.-G.: Ideologie und Wille zur Macht. Zeitgemäße Betrachtungen über N., Berlin/ New York 1984.
Grimm, R. H.: N.s Theory of Knowledge, Berlin/ New York 1977.
Guzzoni, A. (Hrsg.): 100 Jahre philosophische N.-Rezeption, Frankfurt a. M. 1991.
Heidegger, M.: N., 2 Bde., Pfullingen 1961.
Ders.: N.s Wort »Gott ist tot«, in: Holzwege, Frankfurt a. M. 1950, 193–247.
Ders.: Wer ist N.s Zarathustra? in: Vorträge und Aufsätze, Pfullingen 1954, 97–122.
Hillebrand, B. (Hrsg.): N. und die deutsche Literatur, Texte 1873–1963 u. Forschungsergebnisse, 2 Bde., Tübingen 1978.
Hoffmann, D. M. (Hrsg.): Zur Geschichte des N.-Archivs. Chronik, Studien und Dokumente, Berlin/New York 1991.
Janz, C. P.: F.N. Biographie in drei Bänden, München 1978ff.
Jaspers, K.: N. Einführung in das Verständnis seines Philosophierens, Berlin/New York 1936, ⁴1981.
Kaufmann, W.: N. Philosoph – Psychologe – Antichrist (1950) (aus dem Amerikanischen v. J. Salaquarda), Darmstadt 1982.
Kaulbach, F.: N.s Idee einer Experimentalphilosophie, Köln/Wien 1980.
Klossowski, P.: N. und der Circulus vitiosus deus (aus dem Französischen v. R. Vouillé), München 1986.
Krummel, R.F.: N. und der deutsche Geist, 2 Bde., Berlin/New York 1974/1983; Bd. I/II ²1998; Bd. III 1998.
Löwith, K.: N.s Philosophie der ewigen Wiederkehr des Gleichen, Hamburg 1935, ³1978.
Magnus, B.: N.s Existential Imperative, Bloomington/Indiana 1978.
Montinari, M.: N. lesen, Berlin/New York 1982.
Müller-Lauter, W.: N. Seine Philosophie der Gegensätze und die Gegensätze seiner Philosophie, Berlin/New York 1971.
Orsucci, A.: Orient – Okzident. N.s Versuch einer

Lösung vom europäischen Weltbild, Berlin/New York 1996.

Ottmann, H.: Philosophie und Politik bei N., Berlin/New York 1987, ²1999.

Pieper, A.: »Ein Seil geknüpft zwischen Tier und Übermensch«. Philosophische Erläuterungen zu N.s erstem *Zarathustra*, Stuttgart 1990.

Pütz, P.: F. N., Stuttgart 1967.

Reibnitz, B. von: Ein Kommentar zu F. N., *Die Geburt der Tragödie aus dem Geiste der Musik* (Kapitel 1–12), Stuttgart/Weimar 1992.

Riehl, A.: F. N. Der Künstler und der Denker, Halle ⁴1901.

Ross, W.: Der ängstliche Adler. F.N.s Leben, Stuttgart 1980.

Schmidt, H. J.: N. absconditus oder Spurenlesen bei N., 4 Bde Berlin/Aschaffenburg 1991–94.

Schlechta, K./Anders, A.: F. N. – Von den verborgenen Anfängen seines Philosophierens, Stuttgart 1962.

Stegmaier, W.: N.s Genealogie der Moral. Werkinterpretation, Darmstadt 1994.

Vaihinger, A.: N. als Philosoph, Berlin 1902, ⁵1950.

Volz, P. D.: N. im Labyrinth seiner Krankheit. Eine medizinisch-biographische Untersuchung, Würzburg 1990.

# Siglenverzeichnis

| | | | |
|---|---|---|---|
| AC | Der Antichrist (1888) | KSA | Sämtliche Werke. Kritische Studienausgabe in 15 Bänden, hrsg. v. G. Colli/M. Montinari, München/New York 1980 (Textidentisch mit der KGW, aber ohne N.s Vorlesungen, Philologica und Jugendschriften; Bd. 14: Kommentar von M. Montinari; Bd. 15: Lebenschronik von M. Montinari und Namensregister von J. Salaquarda) |
| BAW (und BAB) | Werke und Briefe. Historisch-kritische Gesamtausgabe, hrsg. v. H.J. Mette, München 1933–1942 (Die Bde. 1 und 2 enthalten die Jugendschriften ab 1854, die Bde. 3 bis 5 die Philologica bis zur ersten Basler Zeit 1869) | | |
| DD | Dionysos-Dithyramben (1888/89) | | |
| DS | David Strauss der Bekenner und der Schriftsteller (1873) | | |
| EH | Ecce homo (1888/89) | KSB | Sämtliche Briefe. Kritische Studienausgabe, hrsg. v. G. Colli/M. Montinari, München/New York 1986 (Textidentisch mit KGB, aber ohne die Briefe an N.) |
| FW | Die fröhliche Wissenschaft (1882) | | |
| FV | Fünf Vorreden zu fünf ungeschriebenen Büchern (1872) 1. Ueber das Pathos der Wahrheit 2. Gedanken über die Zukunft unserer Bildungsanstalten 3. Der griechische Staat 4. Das Verhältnis der Schopenhauerschen Philosophie zu einer deutschen Cultur 5. Homer's Wettkampf | M | Morgenröthe (1881) |
| | | MA | Menschliches, Allzumenschliches MA I: Erster Band (1878) MA II: Zweiter Band (1879) |
| | | MN | Musikalischer Nachlaß |
| | | N | Nachlaß |
| | | N. | Nietzsche |
| | | NB | Nietzsches Bibliothek |
| | | NSt | Nietzsche-Studien |
| GA | Großoktav-Ausgabe, 15 Bde., Leipzig 1894–1904, 19 Bde., Leipzig ²1901–1913, wechselnde Herausgeber unter Leitung von Elisabeth Förster-N. | NW | Nietzsche contra Wagner (1894) |
| | | PhtZ | Philosophie im tragischen Zeitalter der Griechen (1873) |
| | | SE | Schopenhauer als Erzieher (1874) |
| GD | Götzen-Dämmerung (1889) | UB | Unzeitgemässe Betrachtungen |
| GM | Zur Genealogie der Moral (1887) | WA | Der Fall Wagner (1888) |
| GSA | Goethe-Schiller-Archiv Weimar | WB | Richard Wagner in Bayreuth (1878) |
| GT | Die Geburt der Tragödie (1872) | WL | Ueber Wahrheit und Lüge im aussermoralischen Sinne (1873) |
| HL | Vom Nutzen und Nachtheil der Historie für das Leben (1874) | | |
| JGB | Jenseits von Gut und Böse (1886) | WS | Der Wanderer und sein Schatten (1880) |
| KGB | Briefe. Kritische Gesamtausgabe, hrsg. v. G. Colli/M. Montinari, Berlin/New York 1975ff. | Za | Also sprach Zarathustra Za I: Erster Teil (1883) Za II: Zweiter Teil (1883) Za III: Dritter Teil (1884) Za IV: Vierter Teil (1885) |
| KGW | Werke. Kritische Gesamtausgabe, hrsg. v. G. Colli/M. Montinari, Berlin/New York 1967ff. | | |

# Register der Werke und Sachen

48er-Revolution 64

*A Painfull Case* (Joyce) 476
*A Portrait of the Artist as a Young Man* (Joyce) 432, 475
*Abendphantasie* 387
Abgrund 343
*Abschied* 150
Absolutheit des Christentums 528
*Abstraktion und Einfühlung* (Worringer) 431
Acheron 153
actio 314
*Adam Mensch* (Conradi) 446
Adler 116, 155, 206
Affe 342
*Afterphilologie* (Rohde) 38, 171, 337
Aggressionstrieb 511
agon 78, 212, 371, 373
aion 76, 88, 263
aktiv und reaktiv 498
Aktivismus 457
*Al di là del bene e del male* (Caviani) 434
Allzumenschliches 23, 26, 39, 43, 143
*Also sprach Zarathustra* 52, 120–122, 124, 140, 184, 218, 225, 238, 239, 342–344, 360, 364, 387, 388, 401, 479
Altes Testament 121, 364f.
Altphilologie 188, 428–430
Altruismus 396
*Am Gletscher* 152
amor dei intellectualis 410
amor fati 97, 115, 135, 137, 226, 239, 242, 276, 359, 493
*An den Mistral* 117, 154
*An die Freundschaft* 237
*An die Melancholie* 152
*An Goethe* 117, 153
*An offener See* 518
*Analecta Laertiana* 159
Anarchismus 134, 296, 329, 344, 443
*Andromeda* 68
Angriffskrieg 77
annulus aeternitatis 141
Anpassung 212, 396, 406
Anti-Antisemitismus 205, 503
Anti-Darwinismus 205, 212f.
Antike, römische 379–381
Antiquarische Historie 83, 238, 255f.
Antisemitismus 3, 5, 19, 24, 39, 40, 102, 128, 184f., 254, 261, 384, 413, 416, 446
Antiteleologie 348
*Antrittsrede* 18
Apeiron 87
*Aphorismen zur Lebensweisheit* (Schopenhauer) 186
Aphorismus 92, 185–187, 302

*Apokalypse der deutschen Seele* (v. Balthasar) 529
Apollinisch 74, 132, 162, 164, 187–190, 198, 255, 288, 290, 305, 338
*Apologie* (Platon) 375
Aporien 186
Aporien, zenonische 88
Äquivalenz der Handlungen 396
Arbeit, Würde der 77
Arbeiter 328
*Archäologie des Wissens* (Foucault) 497
Architektur 190f., 430f.
*Architektur der Erkennenden* 190
Ariadne 56, 191f.
Arier 189, 205, 305, 367
Aristokratie 192, 299, 317
aristokratischer Radikalismus 192, 517, 518
Aristokratismus 267, 521
*Aristoteles' Poetik* 337–339, 376f.
*Aristokratischer Radikalismus/Eine Abhandlung über F.N.* (Brandes) 489
*Arms and the Man* (Shaw) 475
Arsis 165
Arterhaltung 112, 339
Artistenmetaphysik 194, 418, 281, 465
Artistik 464
Askese 66, 98, 99, 107, 193, 252, 254, 383f., 512, 523
Asketik 245
asketische Ideale 126, 270, 303
asketische Religion 384
Asketismus 195–197
Assimilation 265
Ästhetik 197–200, 278
Ästhetik vom Zuschauerstandpunkt 369
ästhetische Vernunft 198
ästhetische Zuhörer 75, 279
ästhetischer Sokratismus 369
Ästhetizismus 195, 197, 296, 311, 436, 457, 521
Atheismus 245, 303
atheistischer Religionsersatz 494
Athen 78
*Auf den glückseligen Inseln* 153
*Auf den Meere ist es dunkel* 68
Auferstehung 133
aufklärerische Mythen 288
Aufklärung 100, 107, 200–202, 221, 277, 288, 326, 422
Aufklärung, französische 77, 202, 397–399
Augenblick 116, 228, 358, 359
*Auguste Comte und der Positivismus* (Mill) 395f.
*Aus hohen Bergen* 47, 154
*Aus meinem Leben* 71
Ausbeutung 262, 263
Ausdrucksschaffen, künstlerisches 91
Ausdrucksverstehen 108
Auslachen 269

Auslegung 144, 186
Auslese 396
Ausnahme 317
*Autobiographie aus dem Jahre 1858* 68, 381
*Autobiographie für die Erziehungsbehörde in Basel* 71
*Autobiographie von 1863* 69

BAB 169
*Back to Methuselah* (Shaw) 432, 475
*Bakchen* (Euripides) 370
Barbarei 77, 79, 202f.
Barbaren 74, 86, 202f., 304
Barbaren aus der Höhe 202
Barbaren des 20. Jahrhunderts 329
Barock 190
Barockstil 403
Basel 17, 31, 41, 59, 157
BAW 62
Bayreuth 20, 23, 53, 128, 172, 287
Begriff 203, 280, 331
Begriffs-Albinos 281
*Beiträge zur Kritik der griechischen Lyriker. Der Danae Klage* 159
*Beiträge zur Kritik des Laertius Diogenes* 159
Bejahung 259f., 498
Beleidigung, tödtliche 43
bellum omnium contra omnes 77, 89, 266
Berechenbarkeit 243
Berninismus 214
Besitzvertheilung 328
*Betrachtungen eines Unpolitischen* 457
Bewegung 88
Bewußtsein 113, 203–205, 257, 347, 490
*Beyond Good and Evil* (Chu/ Bargh) 434
Bibel 382
Bild 89, 280, 330
bildende Kunst 330, 401–404
Bildung 6, 53, 79, 80, 193, 360
Bildungsphilister 79
Bildungsvorträge 20, 77f.
*Biographical Sketch of an Infant* (Darwin) 213
biologisches Grundprincip 459
Biologismus 445
Bismarck-Ära 102
Blitz 343
blonde Bestie 202, 205f., 401, 448
Bonn 13, 65, 381
böse 253f., 285, 339, 353, 367, 375, 410
böse Natur 290
Brahmanismus 66, 106, 294
*Brand* (Ibsen) 517
*Braut von Messina* (Schiller) 390
*Brief an Angèle* (Gide) 467
*Brief an meinen Freund, in dem ich ihm meinen Lieblingsdichter empfehle* 387
Briefe 169–179
Buddhismus 65, 66, 91, 106, 121, 133, 206f., 294, 296, 313

Camerata Fiorentina 164
*Carmen* 127
Cartesianismus 436
Cäsaren 329
Cäsarismus 422
*Cecrops* 68
*Certamen Homeri et Hesiodi* 160
Chaos 299, 318
Chaos sive natura 140
*Charakterbild Jesu* (Schenkel) 417
*Chemie der Begriffe und Empfindungen* 94
Chinesenthum 193
*Choephoren* (Aischylos) 163
Chor 164, 368, 369, 377, 390
Choralentwürfe 68
Chorio-Retinitis centralis 57
*Chorus mysticus* 153
Christenthum 12, 29, 41, 91, 131–134, 148, 206, 207, 221, 245, 271, 283, 290, 294, 310, 311, 313, 316, 324, 328, 349, 364f., 366, 376, 381, 413, 421, 445, 455, 472, 505
Christenthum und Kultur 41
Chronos 263
*Cicerone* (Burckhardt) 190
circulus vitiosus deus 123
Civilisation 201
Codex Mutinensis 158
cogito, ergo sum 410
cogito-Kritik 426
cognitio symbolica 356
*Columbus novus* 154
comfort 394, 397
countermyth 226
Créer, c'est vivre deux fois 471
*Cursus der Philosophie als streng wissenschaftlicher Weltanschauung und Lebensgestaltung* (Dühring) 413

Dada 269
Damaskus-Erlebnis 116
Dämon 76
Dandy 252, 445
*Dante-Symphonie* (Liszt) 180
⟨*Darstellung der antiken Rhetorik*⟩ 167, 313
Darwinismus 79, 112, 212f., 260, 304, 360, 372
Das Absurde 470f.
Das Deutsche Reich 422
Das Ereignis 498
Das Es 511
Das ethisch-ästhetische Selbst 461
*Das griechische Musikdrama* 161, 336
*Das grösste Schwergewicht* 115
Das Heroisch-Idyllische 403
Das Humane 365
Das Inkommensurable 496
*Das Judenthum in der Musik* (Wagner) 184
Das Klassische 316
*Das Leben Jesu* (Strauss) 382
*Das Lied der Schwermuth* 137

*Das nächtliche Geheimniss* 153
Das Plötzliche 522
*Das Schrifttum als geistiger Raum der Nation* (Hofmannsthal) 452
*Das System des Vedanta* (Deussen) 36
Das unbedingte Sein 420
Das Unbewußte 347f., 415, 511
Das Ur-Eine 219, 240, 258, 274, 281, 347
Das Vergessen 330
*Das Wesen des Christentums* (Strauss) 382
*David Strauss der Bekenner und der Schriftsteller* 78–80, 416, 527
*De l'amour* (Stendhal) 109
*De Laertii Diogenis fontibus* 159
*Die Memoiren einer Idealistin* (Meisenbug) 53
*De Platone Sophista* 36
*De Theognide Megarensi* 158
*Death and the Maiden* (Polanski) 435
décadence 59, 116, 126f., 128, 129, 131, 135, 145, 148, 191, 194, 199, 213–215, 252, 284, 295, 296, 297, 327, 375, 396, 399, 402
décadence-Kritik 316
décadence-Werthe 214
decadencia española 213
Degeneration 433
*Dégénérescence et criminalité. Essai physiologique* (Féré) 424
Degenerescenz 127, 199
Dekonstruktion 496
Demokratie 101, 215–217, 296, 333, 507
demokratischer Radikalismus 517
Demokratisierung 221, 332, 422
Demokratismus 504, 506
Denaturalisations-These 421
Denken 331, 356f.
*Denken und Wirklichkeit. Versuch einer Erneuerung der kritischen Philosophie* (Spir) 419
*Der Alte und der Neue Glaube* (Strauss) 420
*Der Antichrist* 29, 30, 52, 55, 132–134, 256, 269, 310, 346, 365, 414, 417
*Der Übermensch in der modernen Literatur* (Berg) 449
*Der einsame N.* (E. Förster-N.) 441
*Der Einsiedler* 152
*Der Fall N. Die Philosophie N.s und der Nationalsozialismus* (Günther) 508
*Der Fall N. Eine Überwindung* (Schlaf) 450
*Der Fall Wagner* 30, 42, 126–128, 142, 146, 172, 213, 302
*Der Florentinische Tractat über Homer und Hesiod, ihr Geschlecht und ihren Wettkampf* 160
*Der geheimnisvolle Nachen* 153
*Der Geist als Widersacher der Seele* (Klages) 490
*Der Genesende* 121
*Der Geprüfte* 68
*Der Gottesdienst der Griechen* 167
*Der Griechische Roman und seine Vorläufer* (Rohde) 38
*Der griechische Staat* 77, 242, 262

*Der Idiot* (Dostoevski) 256
*Der junge N.* (E. Förster-N.) 441
*Der Kampf der Theile im Organismus* (Roux) 407
Der Künder, der Seher 453
*Der Mensch im Verkehr* 101
*Der Mensch mit sich allein* 102
*Der Mythus des 20. Jahrhunderts* (Rosenberg) 501
*Der Raub der Proserpina* 68
*Der Sängerkrieg auf Euboea* 160
*Der siebente Ring* (George) 453
*Der Skeptiker spricht* 111
*Der tolle Mensch* 114, 141
*Der Übermensch in der Politik. Betrachtungen über die Reichszustände am Ende des Jh.s* (Conrad) 449
*Der Ursprung der moralischen Empfindungen* (Rée) 45
*Der Wanderer* 142, 218
*Der Wanderer und sein Schatten* 25, 26, 93, 94
*Der Wille zur Macht als Erkenntnis bei F.N.* (Döblin) 459
Der wissenschaftliche Mensch 79
*Der Zweck im Recht* (Jhering) 244, 284, 307, 320
Despotismus 329
Determinismus 242
deutsch, der Deutsche 3, 5, 324, 393, 502
Deutsche Cultur 78
Deutsche Klassik und Romantik 99, 239, 385–392, 411
Deutsche Musik 3, 75
Deutsche Revolution von 1866 422
Deutscher Idealismus 392–394, 411f.
Deutsch-Französischer Krieg 18
Deutschland 4, 129, 132, 436
diabolonianism 432
Dialektik 166, 327, 369, 412, 495
*Dialektik der Aufklärung* (Horkheimer/ Adorno) 267, 494
*Dialogues philosophiques* (Renan) 194, 417, 422
Diät 206
Dichtung 100, 444–479
*Die Anthropologie des Apostels Paulus* (Lüdemann) 148
*Die Arier* (Poesche) 205
*Die Diadochai der vorplatonischen Philosophen* 166
*Die dionysische Weltanschauung* 162, 305, 336
*Die Elemente der Metaphysik* (Deussen) 36
*Die Entstehung des Gewissens* (Rée) 45
*Die Fabel von der intelligibelen Freiheit* 96
*Die Frage nach dem Ding* (Heidegger) 345
Die Frau 114, 232–235, 473
*Die fröhliche Wissenschaft* 27, 29, 111–119, 151, 153, 225, 260, 256
*Die Geburt des tragischen Gedankens* 162, 305
*Die Gefangenen* 103
*Die Götter vom Olymp* 68
*Die Göttinnen* (H. Mann) 312, 457
Die griechischen Götter 366
⟨*Die griechischen Lyriker*⟩ 163f.
*Die Hadesfahrt* 102f.

*Die Hauptströmungen der Literatur des neunzehnten Jahrhunderts* (Brandes) 517
*Die Heilige Cäcilie* (Raffael) 404
Die historische Kritik 207
*Die Katharsis des Aristoteles und der Oedipus Coloneus des Sophokles* (v. Wartenburg) 338
*Die Kindheit der Völker* 69
*Die Lust am Text* (Barthes) 187
Die ›modernen Ideen‹ 222
Die Moralen 411
*Die Ordnung der Dinge* (Foucault) 497
*Die Osterinsel* (Wilbrandt) 448
*Die Philosophie Herakleitos des Dunklen von Ephesos* (Lassalle) 373
*Die Philosophie im tragischen Zeitalter der Griechen* 87–89
*Die psychologischen Errungenschaften N.s* (Klages) 513
*Die romantische Schule in Deutschland* (Brandes) 517
*Die Schutzengel* (v. Salis) 54
Die Schwachen 325
*Die Sonne sinkt* 218
*Die Sprache als Kunst* (Gerber) 425
*Die Verbesserer der Menschheit* 131
*Die Vernunft in der Philosophie* 131
*Die vier grossen Irrthümer* 131
*Die vorplatonischen Philosophen* 166
*Die Welt als Wille und Vorstellung* (Schopenhauer) 16, 66, 383, 418
*Die Zeit Constantins des Großen* (Burckhardt) 37
Diesseitigkeit 219
différance 496 f.
Dike 87
Ding an sich 94, 187, 330, 383, 392, 411
Diogenes-Laterne 377
Dionysisch 132, 162, 164, 187–190, 198, 288, 290, 302, 306, 316, 370, 501, 529
dionysische Kunst 74
dionysische Lust 278
dionysische Natur 129
dionysische Vernunft 188
dionysische Weisheit 368
*Dionysische Weltanschauung* 164
dionysischer Christus 514
Dionysismus 437
Dionysos 56, 428
*Dionysos-Dithyramben* 30, 136 f., 146, 151, 154, 192, 218, 302
dispositio 314
Dissonanz, musikalische 76
Dithyrambus 85, 137, 155, 164
Divertissement 109
*Doktor Faustus* (Th. Mann) 457
Domestikation 406
*Don Giovanni* (Mozart) 109
Don Juan der Erkenntnisse 109
*Don Quixote* (Cervantes) 213
Dramatiker, dithyrambischer 85
*Duineser Elegien* (Rilke) 454

dulce 394, 395
dynamis 354
Ecce homo 30, 52, 111, 134–136, 146, 153, 224, 250

*Education* (Spencer) 396
Egoismus 275, 339, 396, 400
*Egoists. A Book of Supermen* (Huneker) 433
Ehe 234
Ehrlichkeit 80
Eifersucht 78, 312
Eigennutz 394
*Ein Blick auf den Staat* 101
*Ein Gewitter* 68
*Ein Schifflein fährt auf Meeres Bahn* 68
*Ein Zeitalter wird besichtigt* 458
*Eine Sylvesternacht* 180
*Einführung in das Studium der platonischen Dialoge* 165 f.
*Einführung in die lateinische Epigraphik* 165
Eingleichung 351
*Einleitung in die Tragödie des Sophocles* 164 f., 336
*Einleitung zur Rhetorik des Aristoteles* 167
Einsamkeit 35, 80, 149, 173 f., 218, 237, 238, 373, 388, 453
*Einsiedlers Sehnsucht* 47
Einverleibung 116, 140, 317, 352
Eitelkeit 318
Ekel 244, 343
Ekpyrosis 76, 87
Elegie 68, 302
Elite 518
elocutio 314
Emanzipation 94
Emanzipationsbewegung 233
*Empedokles* (Hölderlin) 387
*Empedokles-Drama* 387
Empedokles-Studien 192
Empfindung 425
*Encyclopaedie der klassischen Philologie* 165
Ende der Metaerzählungen 496
Ende der Metaphysik 492
Ende der Religion 310
Ende des Christentums 527
Englischsprachige Welt 431–434
Entartung 304
Entfesselung der Privatperson 216
Entladung 245, 338
Entlarvungspsychologie 513
Entnatürlichung 133
Entwicklungsgedanke 98, 100, 114
Entwicklungsmechanik 407
Epikureismus 91
epileptische Neurose 423
Epos 330, 365–367
Erde 455
Erde, Treue zur Erde 219
Erd-Herrschaft 141, 222, 249
Erdkultur 221
Erdregierung 141, 219, 249

Erinnerung 349
*Erinnerungen an N.* (Bernoulli) 41
Eris 78, 87, 312, 367
Erkenne dich selbst 84
Erkenntnis 110, 219, 392
Erkenntnis, Leidenschaft der 118, 140
Erkenntnis, Redlichkeit der 140
Erkenntniskritik 220, 257, 331
Erkenntniskritik, kantische 80
Erlöser 256, 275
Erlösung 127, 258, 348
Erlösung im Formalen 465
*Ermanarich* 180
Ernst 244, 249
Ernst, grosser 117
Eroberer-Rasse 333
Eros 109
Erscheinung 94, 187, 411
*Erste Liebe* (Turgenev) 233
erste Natur 290–292
*Erste unzeitgemäße Betrachtung* 21, 78–80
Erziehung 360, 385
Erziehung des Erziehers 84
Esel 259
esprit libre 236
esprits forts 236
esprits simples 469
esprits supérieurs 469
*Esquisse d'une morale sans obligation ni sanction* (Guyau) 414, 423
*Essais de psychologie contemporaine* (Bourget) 127, 213, 293, 424
Ethik 529
ethische Bedeutung der Wiederkunftslehre 226f.
*Études critiques sur l'histoire de la littérature française* (Brunetière) 148
Eudaimonismus 394, 523
Eugenik 254, 432
Europa, Europäer 124, 184f., 206, 221f., 236, 249, 304, 413, 457
Europäertum Goethes 385
europäische Einigung 221
europäischer Buddhismus 209
europäischer Nihilismus 493
europäischer Völkerbund 221
Evangelium der Kunst 194f.
Evolutionismus 212, 396
Ewige Wiederkehr des Gleichen 82, 92, 115f., 118, 123, 143, 147, 222–230, 282, 354, 404, 408, 437, 494
Ewige Wiederkunft des Gleichen 27, 59, 140, 202, 206, 239, 242, 247, 268, 293, 348, 356, 360, 373, 492, 498, 504, 520
Ewigkeit 103, 121, 136, 137, 140, 143, 358, 359
*Excelsior* 115
existential imperative 226
Existentialneid 313
Existenzphilosophie 491
Experimentalphilosophie 91, 230–232, 296, 411

Experte 63
Expressionismus 456
Exstirpation des deutschen Geistes 217

*F. N. in seinen Werken* (Salomé) 51
*F. N. und die Frauen seiner Zeit* (E. Förster-N.) 52
faitalisme 355
Falschmünzerei 346
Fälschung 52, 276
Familienbriefe 170
Fanatismus des Ausdrucks 465
Faschismus 436, 472, 499–507
fashion 394
Fatalismus 393
*Fatum und Geschichte* 69, 207, 246
*Faust* (Goethe) 344, 386
Feind 333
Fest 269, 306
Figuren 314
Fiktion 258, 350, 357, 392
Fiktionalismus 92, 105
Film 434f.
fines hominis 497
*Fiorenza* (Th. Mann) 312
flava bestia 205
*Fluch auf das Christenthum* 132–134
*Forgotten Fatherland* (Macintyre) 434
Form, äußere 83
formale Artistik 463
Fragment 138, 179, 440
Franconia 13, 16
Frankophilie 436
Frankreich 130, 435–437, 466
*Franz Overbeck und F. N. Eine Freundschaft* (Bernoulli) 41
Französische Aufklärung 77, 202, 397–399
Französische Moralistik 91, 93, 102, 105, 113, 114, 399–401
Französische Revolution 4, 280, 397, 422
Französische Romantik 130
Frauenemanzipation 51, 53
*Fräulein Julie* (Strindberg) 518
Free-thinker 236
Freigeist 93, 123, 142, 152, 200, 218, 221, 235–247, 263, 374, 390, 398, 400, 416, 421
Freiheit 82, 243, 325, 326
Freiheit des Willens 285, 334
Freitod 298
Freundschaft 234, 237f., 275, 276
Friedrichshagener 505
*Frösche* (Aristophanes) 161
fundamentum inconcussum 410
*Für die Ferien* 70
Furcht 107f.
Furcht und Mitleid 337
furor politicus 332

Garten Epikurs 238
Gebärde 100

Gebärdensprache 330
*Gebet an das Leben* 179
*Geburt der Tragödie* 4, 21, 38, 41, 42, 69, 77, 157, 164, 171, 194f., 198, 201, 208, 219, 240, 246, 251, 258, 275, 278, 281, 288, 302, 305, 315, 327, 355, 367, 368, 397, 418, 428, 431, 454, 464, 477
Gedächtnis 210, 244, 357, 512
Gedichte 67, 68, 150–157
Gefährlich leben 28
Gegenaufklärung 288
Geist 200, 273, 334
Geist der Schwere 121, 234, 238f.
geistige[s] Nomadenthum 236
Geist-Körper-Dualismus 88
Geldaristokratie 266
Gelehrte 81, 236, 239, 340, 389
gemäss der Natur leben 292
Genealogie 210, 497, 498
*Genealogie der Moral* 29f., 45, 124–126, 139, 176, 239, 254, 269, 294, 305, 501
genealogische Kritik 92, 209
Genie 77f., 99, 133, 195, 200, 235, 236, 239, 267, 332, 352, 379, 417
Genieästhetik 317
Genie-Klub 449
Geniekult 240
Genua 191
*Georg Christoph Lichtenberg's Vermischte Schriften* 425
George-Kreis 251, 288
Gerechtigkeit 83, 96, 241f., 307, 324, 350, 370, 383, 413, 496
Germanen 205
Germania 35, 69, 179
Germanismus 344
Gesamtkunstwerk 161, 287
*Geschichte der Gesellschaft* (Mundt) 70
*Geschichte der griechischen Beredsamkeit* 166
*Geschichte der griechischen Literatur* 167
*Geschichte der klassischen Philologie in Deutschland* (Bursian) 428
*Geschichte der letzten vierzig Jahre* (Menzel) 70
Geschichte der moralischen Empfindungen 95
Geschichte der Nietzsche-Editionen 437–440
*Geschichte der social-politischen Parteien in Deutschland* (Joerg) 422
*Geschichte der Sprachwissenschaft und orientalischen Philologie in Deutschland seit dem Anfange des 19. Jahrhunderts mit einem Rückblick auf die früheren Zeiten* (Benfey) 425
*Geschichte des Materialismus und Kritik seiner Bedeutung in der Gegenwart* (Lange) 44, 95, 147, 170, 212, 310, 400, 416, 422
Geschichte des Nietzsche-Archivs 440–443
*Geschlecht und Charakter* (Weininger) 185
Gesellschaft der Freunde des N.-Archivs 441
Gesellschaftsvertrag 333
Gesetz des Stärkeren 96
*Gesetz wider das Christenthum* 134

*Gesetzbuch des Manu* 134, 193
Gesetzgeber 80, 144
Gesetzmäßigkeit der Natur 290
*Gespräche mit Eckermann* 385
gesunde Sinnlichkeit 414
Gesundheit/Krankheit 23, 102, 111, 243f.
Gewissen 45,104, 125, 126, 244f., 284, 320
Gewissen, das intellectuale 112
Glaube 118, 211
Glaube an die Wissenschaft 355
Gläubiger 518
Gleiche Rechte 217, 242, 328
Gleichgewicht 241, 307
Gleichheit 242, 325
Gleichheit der Menschen 217
Gleichheit der Person und Rechte 328
Gleichmachen 276
Glück 68, 113, 378, 394
Glück der großen Zahl 397
Glücksversprechen 199
Goethe's Heidenthum 385
Gott 9, 131, 133, 208, 245–248, 283, 357, 376, 393, 408, 410
Gott am Kreuze 247, 346
Gott der Liebe 364
Gott der Philosophen 115
Gott für Jedermann 365
Gott ist tot 103, 120, 247, 491
Gott, christlicher 115
Gott, unbekannter 151
Götter 343
Götter Griechenlands 428
Gotterbauer (Bogostroiteli) 514f.
*Götterdämmerung* (Wagner) 130, 235
Götternamen 429
Gottesbeweise 382
Gott-ist-tot-Theologie 529
Gottsucher (Bogoiskateli) 514
Götze 130f.
*Götzen-Dämmerung* 30, 77, 130–132, 146, 310
Grammatik 131, 357, 410
Grausamkeit 77, 78, 96, 125, 126, 195, 210, 248, 283, 304, 319
*Great God Brown* (O'Neill) 433
Griechen 77, 108, 304, 365–379
griechische Kultur 267
*Griechische Kulturgeschichte* (Burckhardt) 44
*Griechische Rhythmik* 165
griechisch-römische Staatsreligion 383
Groll 78
Größe 194, 240, 247
großer Mensch 352
Große Politik 135, 148, 229, 248–250, 499, 504
großer Stil 190f., 214, 287, 319, 364, 401
große Vernunft 271, 272, 273, 322
Größe, historische 43
Größenwahn 58
Großer Mittag 121, 120, 343
Grossmuth 352

Großoktavausgabe 138, 438, 441
Grundrechte des Menschen 262
*Grundsätze der Philosophie der Zukunft* (Feuerbach) 414
*Grundzüge der verlorenen Abhandlung des Aristoteles über die Wirkung der Tragödie* (Bernays) 338
Guntram (R. Strauss) 479
Gut und Böse 95, 122, 125, 132, 238, 254, 259, 285, 305, 339, 393, 367, 375, 393
Gut und Schlecht 125
Güte der Natur 290, 397

Hakenkreuz 229
*Hamburgische Dramaturgie* (Lessing) 338
Hamilton-Gleichungen 228
Hammer 131
*Handbuch der Moral* (Baumann) 376
Handlung 377
Harmonik 165
Hazar 295
*Hecktors Abschied* 67, 150
Hedonismus 378, 395
Heerde, Heerdenmensch 254, 325, 341
Heerdeninstinkt 148
Hegelei 418
hegelianische Geschichtsphilosophie 255
Heilig, der Heilige 81f., 99, 107, 195, 250f., 384
Heilige Lüge 134, 193, 376
Held, Heros 133, 251–253, 382, 417
*Heraklitische Studien* (Bernays) 373
Heraklitismus 503
Herkommen 284
Heroenkult 260
heroischer Realismus 503
Heroismus 266
Herr der Erde 141, 219, 222
Herren der Erde 219
Herren- und Sklavenmoral 125, 253–255, 346, 447, 473, 489, 505
Herren-Rasse 333
Herrschsucht 340
Herrwerden 270
Hiersein 455
Hinterwelt 281, 383
Historie 82, 83, 101, 127, 201, 255f., 492
Historische Größe 43
historische Kritik 207–209, 246
Historisch-kritischen Ausgabe 439, 442
Historismus 255, 296, 393
Hoffnung 367
Hohenzollern-Dynastie 250
Höhere Kultur 101
*Homer und die klassische Philologie* 43, 160f.
*Homer's Wettkampf* 78
homerisches Gelächter 268
homo natura 331, 386
*How I became a Socialist* (London) 433
Humanismus 398, 496, 497
humanità 398

Humanität 367
Hygiene 207
*Hymnus an das Leben* 179f.
*Hymnus auf das Leben* 179
*Hymnus auf die Freundschaft* 179
*Hyperion* (Hölderlin) 387
hypothetisch leben 462
Hysterie-Forschungen 424
Hysterismus 127

Ich 271, 272, 322, 334
Ictus 165
Idee des Guten 95
Ideenlehre 166, 375
Identitätssatz 276
Idiot 133, 256, 417
*Idyllen aus Messina* 111, 117, 152, 153
*Il fuoco (Das Feuer)* (d'Annunzio) 473
*Ilias* 161
*Im deutschen November* 152
*Im grossen Schweigen* 109
imitatio 317
Immoralismus 146, 205, 214, 285, 311, 348, 410, 432
Immoralität der Natur 292
Imperative 284
Imperialismus 205, 507, 508
imperialistischer Irrationalismus 508
*In Phanta's Schloß* (Morgenstern) 450
*In purpurner Finsterniß* (Conrad) 448
Indien 206
Indien-Fahrt 111
indische Philosophie 107, 113
indische Religionen 383
Individualethik 237
Individualisierung 422
Individualismus 432, 433, 503, 518
Individuation 10, 74, 187, 188, 246, 251, 274, 368
individuelles Gesetz 521
Individuum 284
induction psycho-motrice 424
Innerlichkeit 83
*Inquiries into Human Faculty and its Delvelopment* (Galton) 424
Inspiration 99, 241, 302
Instinkt 147, 245, 256f., 326
Intellekt 89
intellektuale Anschauung 392
intellektuelles Gewissen 308
intellektuelle Redlichkeit 207
intelligente Sinnlichkeit 457
intelligible Welt 392
interesseloses Wohlgefallen 412
Interpretation 228, 299, 350, 355, 357
*Introduction to the Principles of Moral and Legislation* (Bentham) 395
inventio 314
Ironie 152, 375
Irrationalismus 456
Irrtum und Schein 94, 96, 131, 257–259, 277, 309

Islam 134, 383
Israel 364f.
Italien 443
italienische Oper 397

Ja- und Amen-Lied 121
*Jacques le fataliste* (Diderot) 398
Jahrhundert der Demokratie 500
Jasagen, Neinsagen 227, 254, 259f., 263
*Jason und Medea* 67
Jena 31
*Jenseits von Gut und Böse* (Widmann) 312
*Jenseits von Gut und Böse* 26, 29, 30, 39, 122–124, 144, 239, 250, 260, 269, 310
Jesuitismus 303, 328
*Jetzt und ehedem* 151
Journalisten 3
Judäa 261
Judain 261
judainfrei 415
Juden, Judentum 39, 247, 260–262, 313, 383f., 415, 421, 524
Jugendverführer 486
Jüngstes Gericht 133
jus talionis 307

Kairos 359
*Kaisermarsch* (Wagner) 4
Kamel 120, 206, 263
Kampf 212, 266, 408, 504
Kampf ums Dasein 212, 266, 406, 490
Kant-Laplace-Hypothese 372
Kants Moralität 393
Kapelle von Ronchamp 431
Kapitalismus 6, 205, 262f., 325, 447, 505, 508
Kaste 193, 316, 361
kategorischer Imperativ 248, 393
Katharsis 337f.
katholischer Schleiermacher 418
Katholizismus 107, 528
Kausalität 392, 411
KGW 138
KGW, Nachberichte zur 138
Kind 76, 206, 259, 263f., 348, 373
Kind Gottes 264
Kinderglaube 69
*Kirchenlexicon* (Overbeck) 41, 527
*Klage der Ariadne* 137, 150
Klassik 79, 148, 287, 385–392
klassischer Stil 401
Klassizismus 404
Klassizismus Schillers 391
kleine Politik 249, 499
kleine Vernunft 271, 272, 273, 322
kleiner Stil 191
Kleinoktav-Ausgabe 439
Kloster für freiere Geister 37, 46
Klugheits-Moral 378
Knechtschaft des Geistes 326

Koegel-Exzerpte 441
Kollektivneurose 211
Komödie 112, 268
*König Ödipus* (Sophokles) 163, 337
Konsistenz 118
kopernikanische Wende 231
Kopfneuralgie 57
Körper 271–273
Körperleib 272
Korrespondenztheorie der Wahrheit 350
kosmisches Bewußtsein 204
Kosmodizee 79, 193
kosmologische Bedeutung der Wiederkunftslehre 116, 227–229
Kraft 146, 148, 193, 229, 264–266, 298, 351, 359, 405, 408
Kraft-Auslösung 407
Kräftegleichgewicht 408
Kraft-Explosion 407
Kraftlagen 409
Krankheit 9, 57–59, 173, 243f.
Kreativität 199
*Kreislauf des Menschenthums* 101
Krieg 250, 266, 500, 504
Kriegsausgabe des Zarathustra 442
Kriegserklärung 146
Krimkrieg 67
Kritik an der utilitaristischen Moral 377
Kritik der christlichen Religion 132–134
Kritik der Dekadenz von der Dekadenz aus 507
*Kritik der Urteilskraft* (Kant) 278
kritische Historie 255f., 416
Kritische Theorie 494–496
Kritische Pädagogik 488
Kritizismus 416
KSA 138
Kultur 3f., 41, 76–79, 81, 84, 90, 100f., 104, 202, 266, 279, 289f.
*Kultur der Renaissance in Italien* (Burckhardt) 311
Kulturerscheinung, Frühformen der 100
Kunst 90, 91, 101, 114, 147, 194, 195, 197, 198, 208, 220, 267, 270, 277, 278, 286, 294, 300, 309, 326, 327, 356, 374, 394, 457, 464
Kunst, apollinische 74
Kunst, dionysische 74
Kunst, Physiologie der 128
Künstler 81, 240, 275, 289, 305, 318, 319, 452, 457
Künstler-Gott 194
Künstlerischer Lebenstyp 99
Künstler-Philosoph 275, 436
Kunstreligion 420
Kunsttriebe 187
*Kyrie-Fragment* 179

*L'Ancienne et nouvelle philosophie* (de Roberty) 147
*L'infinito* (Leopardi) 111
*L'immoraliste* (Gide) 467
l'art pour l'art 302
L'Homme est mort 469

*L'homme révolté (Der Mensch in der Revolte)*
(Camus) 470
*L'irréligion de l'avenir* (Guyau) 414
*La condition postmoderne* (Lyotard) 496
*La France nouvelle* (Prévost-Paradol) 422
*La gaya scienza* 111
*La Lutte avec l'Ange* (Malraux) 468
*La Renaissance italienne et la philosophie de l'histoire*
(Gebhart) 148
*La ronde se déroule* (Delius) 479
*La voie royale* (Malraux) 469
Labyrinth 109, 190, 192
Lachen 268f., 356
lachende Löwen 268
Lamarckismus 213, 360
Laut 89, 280, 330
*Lazarus Laughed* (O'Neill) 433
*Le Drame de l'Humanisme athée* (Lubac) 529
*Le mythe de Sisyphe (Der Mythos von Sisyphos)*
(Camus) 470
*Le Roman naturaliste* (Brunetière) 293
*Le Supplice* (Bataille) 248
*Le théâtre de la cruauté* (Artaud) 248
*Le vergini delle rocce (Die Jungfrauen vom Felsen)*
(d'Annunzio) 473
Lebe gefährlich 501
Leben 96, 120, 132, 197, 198, 269–271, 300, 327, 353, 356, 406, 450
*Lebensabriß* (Th. Mann) 457
Lebensneid 313
Lebensphilosophie 270
*Lebensrückblick* (Salomé) 51
Lebenssteigerung 460
Leib 104, 147, 192, 198, 200, 243, 271–273, 287, 321, 322, 334
leibender Leib 271f.
Leibverachtung 271
Leid 206, 320
Leiden 273–275
Leiden, die Begierde nach 113
Leidenschaft 110, 220, 275
Leidenschaft der Erkenntnis 118, 140, 220, 275, 377
Leier-Lied 223, 225, 259
Leipzig 14, 15, 29, 66, 381
Lenzer Heide Fragment 229
*Leonidas und Telakeus* 68
*Les Cahiers d'André Walter* (Gide) 467
*Les législateurs religieux. Manou-Moïse-Mahomet*
(Jacolliot) 148
*Les mariés* (Strindberg) 517
*Les Nourritures Terrestres (Uns nährt die Erde)*
(Gide) 467
*Les noyers de L'Altenburg* (Malraux) 469
*Les origines de la France contemporaine* (Renan) 422
*Les voix du silence* (Malraux) 469
Letzter Mensch 120
*Letzter Wille* 136, 155
Liberalismus 4, 422

libre penseur 236
Liebe 85, 86, 114, 141, 235, 251, 285, 306, 384
Liebe zum Leben 342
Liebe zum Menschengeschlecht 396
Liebe, unglückliche 110
Liebesbriefe 175
*Lied an die Freude* (Beethoven) 74
*Lieder des Prinzen Vogelfrei* 145, 153f.
*Lieder und Sinnsprüche* 151
*Lieder-Zarathustra's* 136
*Lieder nach Gedichten F.N.s* 479
life force 474
List 153, 174
Literatur und Dichtung (deutschsprachig) 444ff.
Literatur und Dichtung (fremdsprachig) 466ff.
Logik 88, 123, 276f., 357
Logik der décadence 215
Logos 88
Löwe 102, 121, 205f., 263
*Löwennovelle* (Goethe) 67
Lues 16
Lüge 96, 153, 197, 257, 277
Lust 206, 278f., 286, 378, 395
Lutherbibel 121, 382
Luthertum 246

Machiavellismus 148, 249, 285, 326
Macht 77, 85f., 195
Macht und Recht 307
Machtgefühl 107, 113, 139, 249, 329, 352
Machtgeschehen 353
Machtgrade 307
Machtphilosophie 410
Macht-Quanten 147
*Maigesang* 68
*Major Barbara* (Shaw) 475
Malerei/Bildende Kunst 69, 401–404
*Mammon and his Message* (Davidson) 432
*Man and Superman* (Shaw) 432, 474
*Manette Salomon* (Goncourt) 402
*Mann ohne Eigenschaften* (Musil) 461, 463
*Marco Millions* (O'Neill) 433
*Marginalien zu F.N.* (Rilke) 454
*Martin Eden* (London) 433
Märtyrer 480
Marxismus 503–509
Maschinen-Cultur 267, 279
Maske 123, 218, 318–320
Masse 127, 193, 235, 279f.
Massenkultur 267
Materialismus 416
materialistische Atomistik 405
Materie 290, 405
Mathematik 357
Maximal-Gott 247
Mechanik der Wärme 406
*Mein Glaube* (Tolstoj) 383
*Mein Glück* 117, 154
*Mein Kampf* (Hitler) 501

*Mein Leben* 71, 84
*Mein Lebenslauf* 71
*Meine Rosen* 153
*Meistersinger* (Wagner) 85
Melancholie 218, 388, 402, 512
Melier-Dialog 96
*Mémoires* (de Rémusat) 423
*Memorabilia* (Xenophon) 327
memoria 314
Mensch 110, 115, 342, 344
Mensch, der wissenschaftliche 79
Mensch, höherer 117, 121, 143, 341, 402
Menschenclub 449
Menschenliebe 383
Menschenrechte 242
Menschliches 23, 26, 39, 43, 143
*Menschliches, Allzumenschliches. Ein Buch für freie Geister* 92–103, 143, 200, 216, 235, 240, 250, 281
*Messe des Lebens* (Delius) 479
Metapher 89, 203f., 280, 314, 330, 425, 426
Metaphysik 94, 114, 281–283, 295, 459, 493
Metaphysik der Form 464
Metaphysik der Präsenz 282
Metaphysik der Subiectität 335
Metaphysik, Kritik der 122, 131, 255, 492
metaphysische Bedürfnisse 94, 281, 383
metaphysische Revolte 470
Metonymie 314
Metrik 165
Migraine accompagnée 57
Militärwesen 216
Mimus 100
*Mind* 213
Mitfreuen 274
Mitleid 6, 96, 107, 108, 121, 130, 133, 244, 274, 283, 298, 327, 339, 368, 376, 383, 384, 396
Mitleidsmoral 31, 419, 489
Mittag 116, 140, 143, 359
*Mittag und Ewigkeit* 140, 143
*Mitternachtslied Zarathustras* (Delius) 479
Mobilität 221
*Moderne Geister* (Brandes) 517
moderne Ideen 329
moderne Klöster 236
Modernität, Kritik der 127, 144
Möglichkeitssinn 461, 462
Moira 368
Mole Antonelliana 191
Monaden 300
Monadologie 410
Monarchie 216
monologische Kunst 218
Monotheismus 245
Monotono-theismus 311
Monument der offenen Hand 431
monumentalische Historie 222f., 255, 487
Moral 104, 107, 122, 209, 256f., 261, 284–286, 293, 294, 324, 341, 393, 411
Moral als Widernatur 131

Moral der Form 464
*Moral für Ärzte* 132
Moral, Selbstaufhebung der 104
Moral-Gott 247, 340
moralinfrei 415
Moralität 256, 411
Moralität, Phasen der 97
moralité larmoyante 30
Moral-Trompeter von Säckingen 390
*Morgenröthe* 26, 29, 47, 103–111, 139, 351, 352
mosaisches Gesetz 365
*Mrs. Warren's Profession* (Shaw) 475
Musarion-Ausgabe 439
Musik 40, 64, 69, 85, 100, 128, 130, 164, 172, 188, 189, 197, 286–288, 330, 337, 338, 479
musiktreibender Sokrates 374
*Müssiggang eines Psychologen* 130
Mutter Erde 429
Myopie 57
Mystik 384
Mythologem 226
Mythos 75, 90, 103, 189, 201, 207, 255, 267, 288f., 326, 355, 372, 495
Mythos, tragischer 74, 91

*N. – der Philosoph und Politiker* (Baeumler) 503
*N. und das XX. Jh.* (Prinzhorn) 513
*N. und der Nationalsozialismus* (Härtle) 502
*N. und die Philosophie* (Deleuze) 498
*N.'s Philosophie im Lichte unserer Erfahrung* (Th. Mann) 457
N.-Archiv 31, 52, 438, 440–443, 500
*N. s. Philosophie der ewigen Wiederkunft des Gleichen* (Löwith) 493
*Nach neuen Meeren* 117, 154
Nachahmung 265
Nachberichte zur KGW 138
*Nachklang einer Sylvesternacht* 180
Nachlaß 492
Nachlaß 1880–1885 138–142
Nachlaß 1885–1888 143–149
Nachlaß-Kompilationen 439
*Nachruf an N.* (Dehmel) 449
Nächstenliebe 238
*Nachtlied* 136, 191
Naivetät 366, 369
Narr 319, 344
nationaldeutsche Religion 415
Nationalismus 102, 128, 221, 249, 296, 422, 473
Nationalitäts-Wahnsinn 124
Nationalsozialismus 345, 458, 487, 501–504
Nationalstaaten 221
Natur 81, 152, 201, 289, 355
Natur als Quietiv 386
Natur, dionysische 129
Natur, Rückkehr zur 85
Natur, Stummheit der 110
Naturalismus 177, 296
Naturbetrachtung 386

Naturgesetz 291
Naturrecht 241, 292, 307
Naturwissenschaft 69, 228, 264, 373, 404–409
Naturzustand 332, 370
Naumburg 9, 26, 31, 52, 53, 55, 59, 64, 69, 440
Naumburg, Domgymnasium 67
negative Dialektik 495
Neid 78, 312, 328, 329, 367, 370
Nerven 89
Nervenreiz 280
neuer Adel 192f.
neue Aufklärung 229, 399
neuer Adel 192
Neues Testament 70, 121, 382
*Neunte Symphonie* (Beethoven) 79
*Neveu de Rameau* (Diderot) 398
*Nibelungenlied* 70, 71
Nichts 343, 384
*Nietzsche contra Wagner* 129f., 136, 146
*Nietzsche in Steinabad* 434
Nietzsche-Darstellungen in Malerei und bildender Kunst 480–485
Nietzsche-Kult 438, 485f., 520
Nihilismus 59, 66, 115, 137, 145, 147, 197, 213, 214, 215, 224, 229, 231, 260, 283, 293–298, 301, 316, 343, 345, 346, 350, 372, 396, 445, 469, 471, 472, 492, 494, 512
Nirwana 66
Nivellierung 216, 422
Nizza 55, 59
*Noch einmal eh ich weiter ziehe* 151
*Nouveaux essais de psychologie contemporaine* (Bourget) 294, 424
nueva Germania 52
*Nur als Schaffende* 113
*Nur Narr! Nur Dichter!* 137
Nutzen 394
Nützlichkeit 285, 339
Nützlichkeits-Moral 254
Nützlichkeitsprinzip 394

Objektivität 83, 335
Obligation 307, 320
*Ode an die Freude* (Schiller) 391
odium generis humani 380
*Odyssee* 161
Oedipus-Mythos 368
*Oh Mensch! Gieb Acht!* 150
*Ohne Heimath* 151
Ohnmacht 283
*On the Origin of Species* (Darwin) 212
Oper 75
Opfer 194, 298f.
Optik des Künstlers 270
Optimismus 79, 88, 276, 326, 358, 392, 393, 397
Optimismus Rousseaus 398
*Orcadal* 68
*Orchester-Meditation zu Byron's Manfred* 180
Organismus 334, 407

*Orientierung über die Bismarcksche Aera* (Bauer) 398, 413
Originalität 317f.
*Origines du christianisme* (Renan) 417
Orphiker 166
Ostrazismus 78

Pädagogik 486–489
paideia 226, 264
Palazzo Pitti 191, 214, 311, 401
Panaristokratie 507
Parabel 115
Paradoxa 186
Paralyse, progressive 31
*Parerga und Paralipomena* (Schopenhauer) 383
Paria 518
Pariavolk 524
Pariser Commune 193, 329, 399
*Parsifal* (Wagner) 43, 56, 130, 287
Partei 499
Pathos der Distanz 125, 280, 298, 299, 520
Pathos der Wahrheit 76
*Pathos of Distance. A book of A thousand and one Moments* (Huneker) 433
Paulinismus 415
Peitsche 232
Peitschenfoto 51
Peitschen-Sentenz 232
*Pensées* (Pascal) 117
*Penthesilea* (Kleist) 389
*Père* (Strindberg) 517
*Pères et enfants* (Turgenev) 293
Perikles' Leichenrede 371
Personen-Verhältnis 320
Perspektivismus 117, 140, 293, 299–301, 335, 376, 411, 461
Pessimismus 80, 102, 104, 145, 172, 294, 295, 297, 301f., 358, 383, 414, 415, 420, 494
*Phänomenologie des sittlichen Bewußtseins* (v. Hartmann) 415
Phasen der Moralität 97
Philister 235
Philologen-Poeten 86
Philologica 157–168
Philologie 14, 19, 336
Philologie des Christenthums 364
Philologiekritik 15
Philologischer Verein 36
Philosoph 80f., 123, 133, 342
*Philosoph und Edelmensch. Ein Beitrag zur Charakteristik F. N.s* (v. Salis) 54
Philosophie 14, 243, 294, 340, 356, 358, 371, 426, 489
*Philosophie der Erlösung* (Mainländer) 416
Philosophie des Großkapitals 505, 507
*Philosophie im tragischen Zeitalter der Griechen* 87–89, 166, 371f.
Philosophie und Theologie des 19. Jahrhunderts 412–422

Philosophie, vorplatonische 87–89
*Philosophischer Diskurs der Moderne* (Habermas) 495
Philosophie der Neuzeit 409–412
physikalische Metaphysik 228, 494
Physiologie 250
Physiologie der Kunst 128, 199, 336
Physiologie des Rechts 424
Physiologie des Tragischen 147
Physiologische Einwände 129
physis 289
Piazza di San Marco 191
Pietismus 55
plastische Kraft 265
platonische Dialoge 375
Platonischer Idealstaat 77
Platonismus 91, 231, 258, 350, 371, 445, 492
Plebejismus der modernen Ideen 395
Pöbel 280
Poesie 394
Poetik 302f., 337, 339
poetische Lüge 277, 386
Polarität von Kräften 265
Politik 172, 422–425
Politik (Faschismus, Nationalsozialismus, Sozialdemokratie, Marxismus) 499–509
politische Bedeutung der Wiederkunftslehre 229f.
politische Menschen 77
*Portofino* 153f.
positivisme 414
Positivismus 131, 296, 307, 350, 355, 356
positivistische Phase 91
Postmoderne 198, 282, 431, 488, 495, 496–498, 527
postmoderne Menschen 496
Priester 126, 134, 196, 210, 254, 261, 277, 280, 303f.
Primi Ajacis stasimi interpretatio et versio cum brevi praefatione 157
*Primum Oedipodis regis carmen, choricum commentario illustravit, dissertationibus adornavit Fr. Gu. Nietzsche* 69, 157
principium identitatis indiscernibilium 228
principium individuationis 188
*Prinz Vogelfrei* 152
*Prinz von Homburg* (Kleist) 389
*Probleme der Lyrik* (Benn) 465
Produktionsästhetik 464
Programmusik 479
Progressive Paralyse 31, 58
Projektion 513
*Prolegomena zu den Choephoren des Aeschylus* 163
*Prolegomena zur Geschichte Israels* (Wellhausen) 148, 365, 421
proletarische Elite 500
promesse de bonheur 412
*Prometheus* (Aischylos) 74, 367
Prometheus-Stoff 69
Propheten 480
Prophetie 529
Prostitution 234
Protestantismus 528

*Psyche. Seelencult und Unsterblichkeitsglaube der Griechen* (Rohde) 39
Psychoanalyse 226, 279, 347, 432
Psychologie 105, 107, 423f., 509–514
Psychologie des Erlösers 133, 382, 417
Psychologie des Glaubens 134
Psychologie des Irrthums 310
Psychologie des Künstlers 132
*Psychologie in Umrissen auf Grundlage der Erfahrung* (Höffding) 517
*Psychologische Beobachtungen* (Rée) 45, 92, 423
Psychologismus 276
*Psychopathia spiritualis. F.N. und die Apostel der Zukunft* (Eisner) 506
Puritanismus 196

Quietismus 410

Rache 153, 174, 241, 253, 280, 312, 328, 329, 524
Rangordnung 222, 229, 325
Rasse 2, 260, 304f.
Rassenmischung 262
Rassismus 205, 260, 360, 473
Rationalismus 326, 392, 409
Rationalismus des Sokrates 375
Raum 110, 409
Rausch 74, 129, 132, 162, 187, 189, 199, 305f., 347, 456, 492
Recht 241, 284, 306–308
Rechtfertigung des Daseins 74, 348
Rechtschaffenheit 104
recurrence 224
*Reden über die Religion* (Schleiermacher) 309
redlicher Atheismus 325
Redlichkeit 113, 220, 319, 324, 410
Redlichkeit Gottes 106
Redlichkeit, intellektuelle 140, 308f.
Reformation 101, 134, 280, 311
Regel 317
Reichsgründung 217
Reiz 330
Religion 97, 101, 107, 208, 215, 281, 309–311
Religion des Lebens 366
Religion des Mitleidens 283
Religion des Schreckens 261
Religionswissenschaft 310
religiöser Instinkt 310
religiöse Neurose 310
religiöser Lebenstyp 99
religiöser Wahrheitsbegriff 107
*Remords* (Strindberg) 517
Renaissance 83, 101, 134, 190, 311f. 346, 397, 400, 423
Renaissance-Mensch 148
*Requiem* (Delius) 479
Ressentiment 59, 95, 125, 126, 133, 134, 195, 206, 209–211, 239, 242, 261, 274, 279, 285, 312f., 329, 389, 410, 413, 523
Ressentiment-Religionen 210

Ressentimenttheorie 524
retour 224
return 224
revolutionärer Individualismus 506
*Revue philosophique de la France et de l'étranger* 423
Rhetorik 163, 313–315, 390, 423
*Rhetorik der Griechen und Römer in systematischer Übersicht* (Volkmann) 167
*Rhythmische Untersuchungen* 165
Rhythmos 165
*Richard Wagner in Bayreuth* 84–86
Richten 253
*Rimus remedium* 154
*Ring des Nibelungen* (Wagner) 84f., 127
*Ritter, Tod und Teufel* (Dürer) 402
Röcken 9, 64, 69
Rom 53, 191, 261, 285, 346
Romantik 91, 100, 287, 315, 385–392, 417
romantischer Antikapitalismus 262
*Rome, Naples et Florence* (Stendhal) 191
römisches Recht 244, 307, 320
*Rope* (Hitchcock) 435
Rosenlauibad 152
Rosenlauibad-Gedichte 152
Rousseauismus 85
Rousseaus Moralfanatismus 398
*Rückblick auf meine zwei Leipziger Jahre* 71
Rückkehr zur Natur 85
Ruhm 136f.
*Ruhm und Ewigkeit* 136f.
Rühmen 456
russische Nihilisten 395
Rußland 293, 514f.

sacrificium intellectus 410
*Salò o le 120 giornate di Sodoma* (Pasolini) 435
*Salontexte* (Baudelaire) 402
*Sanctus Januarius* 115
Sancyaphilos[ophie] 66
Satyr 74, 397
Satyrchor 338
Satz vom Widerspruch 276, 373, 393
Satz von der Erhaltung der Energie 147, 228, 407
Satzgrammatik 204
Schaffen 197, 198, 274, 317, 342–344
Schatten Gottes 114
Schauspieler 43, 79, 127, 128, 190, 318–320
Schlechta-Ausgabe 138
Schein 74, 95, 113, 187, 197, 220, 257–259, 277, 281, 318, 350, 392
Schein im Schein 404
scheinbare Welt 131, 147, 282
Schemata 357
schenkende Tugend 321, 367
*Scherz, List und Rache* (N. nach Goethe) 111, 153, 380
*Scherz, List und Rache* (Köselitz) 111, 174
Schiffahrt 110
*Schifferlied* 68
Schlange 116

schlecht 132, 259, 285, 305
schlechtes Gewissen 210, 261, 366
Schlechtweggekommene 229, 328
Schleiermacherei 418
Schmerz 96
Schönheit 278, 354, 492
*Schopenhauer als Erzieher* 17, 80, 82–84
*Schopenhauer und N.* (Simmel) 520
Schopenhauer-Gesellschaft 36
Schrecken 376
Schreibweise N.s 437
Schuld 31, 133, 210, 261, 320f., 348, 378
*Schuld und Sühne* (Dostoevskij) 31
Schuldbewußtsein 98
Schuldgefühl 512
Schulpforta 9, 35f., 64, 67, 157, 246, 364, 381, 382
Schulzeit 11–13, 64f.
Schwäche 283, 325
Schweiz 515
Schwermütigkeit 239
Schwingungszahl 455
*Sea Wolf* (London) 433, 477
Selbsterlösung 106
Seele 109, 190, 243, 271, 321, 405
Seelenwanderung 66
Seher 457
Sehnsucht zum Schein 366
Sein 88, 281, 373, 492, 497
*Sein und Zeit* (Heidegger) 492
Selbst 271, 272, 273, 321–324
Selbstaufhebung 245, 324f.
Selbstaufhebung der Moral 104
Selbstauflösung 323
Selbstbeherrschung 323
Selbstbestimmung 215, 231
*Selbstbetrachtungen* (Marc Aurel) 381
Selbstbetrug 490
Selbsterhaltung 292, 298, 323, 352, 405, 406, 408, 410
Selbstgenuß 322
Selbstgesetzgebung 253, 335
Selbstgewißheit 409f.
Selbsthaß 322
selbstlose Treue 84
Selbstlosigkeit 322f.
Selbstmord 470, 471
Selbstregierung 216
Selbstsucht 81, 323
Selbstüberwindung 297f., 323–325
Selbstvergottung 520
Selbstverschwendung 323
Selbstverwirklichung 226
Selbstzucht 322
Selektion 148, 406
Semiotik 357f.
semitisch 189
semitischer Sündenfallmythus 367
Siegfried-Idyll 130
Sils-Maria 26, 27, 59, 117f., 154, 224, 516
*Sils-Maria* 194

Silvaplana 224
Sinn 344
Sinn der Erde 342
*Sinn und Form* 262
Sinne 392
Sinnlichkeit 385, 392
Sitte 105, 284
*Sittengeschichte Europas* (Lecky) 380
Sittlichkeit 105, 284
Sittlichkeit der Sitte 284
*Sixtinische Madonna* (Raffael) 404
Skandinavien 516–520
Skepsis 94
*Skizzen und Vorarbeiten* (Wellhausen) 365
Sklave, Sklaverei 77, 192, 210, 221, 240, 325f.
Sklaven-Aufstand in der Moral 261, 285, 304
Sklavenmoral 125, 185, 194, 255, 259, 285, 304, 313, 346
*Socrates und die Tragoedie* 161, 164, 336, 367, 370
*Sokrates und Xenophon* (Krohn) 374
Sokratismus 75, 91, 118, 131, 189, 288, 306, 326f., 338, 355, 368, 375, 398
*Sonette an Orpheus* (Rilke) 454f.
Sophia 87
Sophisten 108
sophrosyne 268
Sorrent 23, 46, 53, 56, 382
*Sozialaristokraten* (Holz) 449
Sozialdemokratie 505
Sozialeudämonismus 396
Sozialismus 101, 262, 296, 325, 327–330, 397, 413, 432, 461, 500, 503f., 506f.
spanischsprachige Welt 526f.
Sparta 77f.
Spiel 88, 147, 348
Spinozismus 412
Sprache 85, 89, 94, 100, 114, 203, 319, 350
Sprache als Kunst 100, 425
Sprachmetaphysik 131
Sprachphilosophie 122, 306, 330f., 424
Sprachzeichen 204
*Sprüche und Pfeile* 130
Spur 496
Staat 77, 125, 235, 331–333
Staat und Genius 376
Staatsomnipotenz 262
Standpunkt des Ideals 208
Stärke 341
Steigerung 406
*Stern des Bundes* (George) 453
*Sternen-Freundschaft* 238
*Sternen-Moral* 111, 153
Stil 141, 266, 292, 322
Stil der décadence 213
Stil, nationaler 114
Stoff 405
Stoiker 292
Stolz 352
Strafe 125, 133, 241, 333, 378

*Streifzüge eines Unzeitgemäßen* 130, 132
Strenge 12
*Studien zur sokratisch-platonischen Literatur*, Bd. 1 (Krohn) 374
Subjekt 89, 104, 321, 334f., 410
Subjektivismus 501
Subjekt-Objekt-Struktur 335
Sublimierung 265, 267, 512
Substanz 321
*Suda* 159
Suffrage universel 217
Sünde 98, 133, 210f.
Superman 445, 474, 477
Superuomo 472, 473
Surlei 224
Surrealismus 269, 436
survival 429
*Symphonie Nr. 3* (Mahler) 480
*Symposion* (Plato) 109, 375
Syphilitische Infektion 51, 57
System 293, 503

*Tagebuch aus dem Sommer und Frühherbst 1859* 71
Tanz, Tänzer 154, 234, 335f.
Tanzlied 154
Tatsachen 355
*Tatsachen der Ethik* (Spencer) 396f.
Tausch 307
Tauschhandel 96
Täuschung 197
Tautenburg 50, 51
Teleologie 393
*Terres vierges* (Turgenev) 293
Terrorismus 329
Teufel 402
*The Financier* (Dreiser) 477
*The Genius* (Dreiser) 477
*The Iron Heel* (London) 433
*The Philosophy of F.N.* (Huneker) 433
*The Stoic* (Dreiser) 477
*The Titan* (Dreiser) 477
*The Triumph of Mammon* (Davidson) 432
*The Unicorn from the Stars* (Yeats) 432
Theater 128, 391
Theodizee 207
Theologe 133
Theologie 392, 411, 416, 527–530
Theologie des 19. Jh.s 382, 412–422
Theoretische Menschen 75, 374
Theorie des Schönen 70
Thermodynamik 228
Thesis 165
Tier 212
Tod 156, 251, 343, 402, 455
*Tod des Tizian* (Hofmannsthal) 452
Tod Gottes 114, 141, 190, 209, 219, 231, 412, 470, 527
Toleranz 398
Tonsprache 330

Topik 314
tractatus politicus 249
Tradition 235
Tragikomödie 268
tragische Gesinnung 85
tragischer Individualismus 514
tragischer Mythos 74, 91
tragisches Bewußtsein 522
Tragödie 40, 74–76, 117, 157, 161, 164, 167, 188, 273, 287, 318, 336–339, 367–370, 377, 386, 498
Transfiguration 404
Transzendenz 471
Traum 74, 94, 162, 188, 189, 240, 305, 306, 513
Treue 84, 352
Treue zur Erde 343
Tribschen 19, 42, 56, 172
Trieb 339–341
Trieb der Erhaltung 96
Trieb zur Erkenntniss 340
Trieb zur Wahrheit 89
*Triebstruktur und Gesellschaft* (Marcuse) 495
Triebverschiebung 210
Triebverzicht 512
*Trionfo della morte (Der Triumph des Todes)* (d'Annunzio) 473
*Tristan* (Wagner) 75, 85, 287
*Tristram Shandy* (Sterne) 398
Triton-Brunnen 191
*Triumph des Übermenschen* (Conradi) 448
Tropen 314, 425
Tschandala 518
Turin 54, 58, 59, 146, 191
*Turiner Brief* 42, 126
Typus 341f.
Tyrannen 218, 221

*Über allen Gipfeln* (Heyse) 448
*Über das verhältnis des deutschen staats zu theologie, kirche und religion* (Lagarde) 415
*Über den Begriff des Schönen (sittlich Guten) in der Moralphilosophie des Aristoteles* (Rée) 45
*Über die Benennung ›Musikdrama‹* (Wagner) 75
*Über die Natur der Cometen* (Zöllner) 409
*Über Staat und Religion* (Wagner) 3
Überbewußtsein 204
überdeutsch 86
Überfülle des Lebens 129
überhistorische Mächte 208
Überleben 213
Übermensch 59, 115, 120, 141, 143, 173, 194, 199, 226, 237, 244, 247, 251, 268, 273f., 293, 297, 321, 342–345, 360, 432f., 437, 445, 449, 460f., 480, 500, 504f., 515, 528
*Überwachen und Strafen* (Foucault) 321
Überwältigen 270
Überweib 447
Überwinden 342
Überwindung der Aufklärung 397
*Ueber die Anfänge des Mönchthums* (Overbeck) 40

*Ueber die Christlichkeit unserer heutigen Theologie* (Overbeck) 40, 382, 416
*Ueber die Zukunft unserer Bildungsanstalten* 44, 77, 165
*Ueber Wahrheit und Lüge im aussermoralischen Sinne* 86, 89f., 96, 219, 277, 313, 330
*Ulysses* (Joyce) 476
umgedrehter Platonismus 350
Umsturzgeister 216
Umwerthung aller Werthe 124, 130, 132, 135, 144, 145, 173, 211, 214, 345–347
Unabhängigkeit 80, 216
Unbekannter Gott 151, 246
unbewußte Schlüsse 409
Unendliche Melodie 130, 214
Unendlichkeit 111
ungermanische Civilisation 217
Universitätsphilosophie 82, 377
Unlust 96
unmittelbare Gewißheit 420
Unredlichkeit 308
Unschuld des Werdens 230, 263, 348f.
Unsterblichkeit der Seele 166, 378
*Unter Töchtern der Wüste* 137, 155, 156
*Untergang Trojas* 68
*Untergänge und Morgenröten* (Ferrari-Zumbini) 261
Unterwelt der Kultur 429
Unverantwortlichkeit 97, 241
Unzeitgemäße Betrachtungen 51, 78–86, 208, 497
Ursache 290
Ursprung aller Moral 285
Ursprung der Tragödie 74–76
*Ursprung des religiösen Cultus* 98
Ursprung des schlechten Gewissens 512
*Ursprung und Bedeutung* 106
utile 394, 395
*Utilitarianism* (Mill) 395
Utilitarismus 112, 125, 285, 327, 375, 394–397

Veden 66
Venedig 154, 191
Verachtung 254, 283
Verantwortlichkeit 125, 244, 334
Verarmung des Lebens 129
Verbrecher 254, 333, 334, 424
Verbürgerlichung N.s. 457
Verdrängung 513
*Vereinsamt* 152
Vererbung 360, 505
Verfall des Staates 216, 333
Verführung der Sprache 335
Vergeltung 307
Vergessen 82, 349, 512
Vergleich, iterierter 100
Verinnerlichung 210
Verkleinerung 193
Verlegerbriefe 176
*Vermischte Meinungen und Sprüche* 25, 94, 102
Vernatürlichung 290

Verneinung 195, 259f., 498
Verneinung der Natur 290
Verneinung des Willens zum Leben 16
Vernunft 257, 351, 352, 400
Vernunftrecht 307
Versprechen 97, 244
Versuch 230, 411
*Versuch über Wagner* (Adorno) 128
Versucher 231
Vertrag 306, 333
Via Appia 191
*Vie de Jésus* (Renan) 417
*Vie de Napoléon* (Stendhal) 423
Vielheit von Willen zur Macht 147
Vierte unzeitgemäße Betrachtung 23, 84–86
Villa Silberblick 52, 54, 441
virtù 59, 264, 311, 398
vita femina 232f., 234
Vitalismus 477
Vitalität 456
Vivre sans appel 471
*Vogel Albatross* 153
Volk 85
Volksbildung 192
Volksdichtung 240
Volksmetaphysik 208
Volkssouveränität 216, 332
*Vom Dufte der Blüthen berauscht* 95
*Vom Gesicht und Räthsel* 121
*Vom Nutzen und Nachtheil der Historie für das Leben* 80–82
*Vom Ursprung der Religionen* 106
*Vom Ursprunge der Poesie* 114
*Von den drei Verwandlungen* 120
*Von den Vorurtheilen der Philosophen* 122
*Von der Armuth des Reichsten* 130, 136
*Von der schenkenden Tugend* 120
*Von der Selbst-Ueberwindung* 120
*Vor dem Crucifix* 151
*Vorlesungen über lateinische Grammatik* 164
Vornehmheit 292, 299, 520, 521, 523
Vorsokratiker 200, 236, 371
*Vorspiel in deutschen Reimen* 111
*Vorspruch zu einer musikalischen N.-Feier* (Th. Mann) 457
Vorstellung 419
Vorstufe 138, 440
*Vorwärts* 101

Wachbewußtsein 204
*Wagner* (Palmer) 434
*Wahnfried* (Patzak) 434
Wahnsinn 106, 134
*Wahnsinn und Gesellschaft* (Foucault) 497
Wahnsinnszettel 30, 41, 137, 176
wahre Welt 131, 147, 282, 350
Wahrhaftigkeit 81, 252, 294, 296, 297, 308, 355
Wahrheit 80, 114, 123, 131, 156, 198, 220, 242, 245, 257, 275, 276, 286, 293, 294, 296, 300, 308, 330, 331, 350f., 376, 390, 392, 460, 492, 493, 495, 496, 497
Wahrheit, Pathos der 76
Wahrheit, Trieb zur 89
Wahrheitsbegriff, religiöser 107
Wahrheitssinn des Künstlers 99
Wahrnehmen (aisthesis) 199
*Walküre* (Wagner) 232
Wanderer 102, 136, 137, 152, 218, 236
*Warum ich ein Schicksal bin* 134
*Warum ich so gute Bücher schreibe* 134
*Warum ich so klug bin* 134
*Was den Deutschen abgeht* 132
*Was heißt Denken* (Heidegger) 345
*Was ich den Alten verdanke* 132
*Was ist deutsch?* (Wagner) 184
*Was ist vornehm?* 124
*Weib und Kind* 101
*Weihnachtsoratorium* 179
Weimar 52, 59, 441
Weisheit 94, 113, 341, 356
Welt 88, 299
*Weltgeschichtliche Betrachtungen* (Burckhardt) 43, 100
Weltprozeß 83, 415
Weltspiel 117
Werden 372, 504
*Werke und Tage* (Hesiod) 367
Wert des Lebens 270f.
*Werth des Lebens* (Dühring) 312, 413
Werte 132, 133, 294f., 317, 345
Wesen 258
*Wesen des Christenthums* (Feuerbach) 414
*Where There is Nothing* (Yeats) 432
Widerstand 265
*Wie die ›wahre Welt‹ endlich zur Fabel wurde* 130f.
*Wie man wird, was man ist* 135
Wiedergeburt 206, 227
Wiederholungszwang 226
Wiederkehr des Kleinsten 225
Wiederkehr und Wiederkunft 224
Wiederkunft von Mutter und Schwester 225
Wiederkunftslehre 376, 420
Wille 123, 353, 383, 419
Wille zum Glück 352
Wille zum Leben 260, 352, 490
Wille zum System 230
Wille zur Gesundheit 243
Wille zur Liebe 234
Wille zur Macht 5, 41, 52, 59, 121, 123, 125, 132, 144, 146, 147, 198, 199, 229, 241, 251, 255, 256, 263, 265, 270, 279, 282, 293, 311, 319, 323, 333, 334, 339, 340, 345, 348, 349, 350, 351–355, 359, 419, 437, 441, 443, 450, 461, 490, 491, 492, 500, 503, 509, 511, 527
Wille zur Macht als Erkenntnis 492
Wille zur Macht als Kunst 191, 492
Wille zur Wahrheit 121, 137, 297, 308f.
Willensfreiheit 105, 359

*Willensfreiheit und Fatum* 246
Willensmetaphysik 492
*Wir Antipoden* 129
*Wir Gelehrten* 123
*Wir Hyperboreer* 132
*Wir Philologen* 162
Wirkung 290
Wissenschaft 91, 194, 201, 270, 289, 300, 325, 355f., 374, 390
Wohlfahrt 394, 518
Wort 280, 287, 331
Wortaccente, Prinzip der 165
Wortspiel 302
Würde 240
Würde der Arbeit 77, 262
Würde des Menschen 77
Wüste 137
Wüsten-Heilige 251

*You never can tell* (Shaw) 475

Zähmung 131, 205, 360
Zarathustra 26, 27, 28, 29, 39, 42, 43, 48, 59, 103, 116, 118, 143, 155, 230, 263, 277, 278, 300, 353, 430, 447, 456, 468, 477
Zarathustra-Erlebnis 247, 528
Zauberer 136, 137
Zeichen 125, 203, 204, 356–358
Zeichenschrift 357

Zeit 110, 358–360, 373
Zeitatomenlehre 359
*Zeiten, Völker und Menschen* (Hillebrand) 422
Zeitpunkt 359
Zellen 408
Zenonische Aporien 88
Zeugungsverbot 298
*Zu N. s. Morallehre* (Döblin) 459
Zucht 249
Züchtung 124, 131, 148, 249, 264, 304, 360f., 422
Zuchtwahl 406
Zufall 292
*Zukunftsphilologie* (Wilamowitz-Möllendorff) 157, 337, 428
*Zur Geschichte der Theognideischen Spruchsammlung* 158
*Zur Naturgeschichte von Pflicht und Recht* 107
*Zur Philosophie der Griechen in ihrer geschichtlichen Entwicklung* (Zeller) 166
*Zur Theorie der quantitirenden Rhythmik* 165
Zürich 53
Zurück zum Leib 273
Zurück zur Natur 289
Zwang 243
Zweck 292
zweite Natur 290, 292
Zweite unzeitgemäße Betrachtung 21, 80–82, 358
Zwei-Welten-Lehre 411

# Namenregister

Abel, Günter 224, 228, 356
Adler, Alfred 511
Adler, Viktor 510
Adorno, Theodor Wiesengrund 128, 267, 288, 494f.
Aischylos (Aeschylus) 74, 85, 161, 163, 367
Albert, Henri 467
Alkibiades 379
Alkidamas 160
Anakreon 163
Anaxagoras 88, 166, 372
Anaximander 87, 166, 200, 222, 371, 419
Anaximenes 166
Andersch, Alfred 466
Andersen, Hans Christian 517
Andler, Charles 35, 435
Andreas, Fred 51
Andreas-Salomé, Lou s. Salomé, Lou
Antigone 368
Antisthenes 159
Apollon 187, 286, 368, 433, 456
Archilochos 74, 163
Arelate, Favorinus von 159
Ariadne 137, 155, 200, 232, 259, 275
Aristophanes 161, 370
Aristoteles 118, 163, 167, 276, 281, 313, 337ff., 373, 376
Aristoxenos 165
Arreola, Juan José 527
Artaud, Antonin 248
Assisi, Franz von 251
Athenaios 164
Augustinus 16
Aurel, Marc 381
Azorín, Antonio (Pseudonym für José Martínez Ruiz) 526

Babbitt, Irving 433
Babich, Babette E. 356
Bach, Johann Sebastian 75
Bachmann, Ingeborg 466
Bachofen, Johann Jakob 55, 336
Bachtin, Michail M. 515
Baer, Karl Ernst Ritter von 212, 358, 373, 405, 406
Baeumler, Alfred 139, 229, 345, 349, 439, 503
Bagehot, Walter 422
Bahnsch, F. 159
Bahr, Hermann 202
Balthasar, Urs von 529
Balzac, Honoré de 148
Banfi, Antonio 443
Bargh, Celia 434
Barnes, Jonathan 379
Baroja y Nessi, Pío 526
Barth, Karl 516, 528

Barthes, Roland 187
Bataille, Georges 248, 269, 275, 436, 437
Batz, Philipp 416
Baubo 282
Baudelaire, Charles 153, 213, 252, 402, 424, 436
Bauer, Bruno 398, 413
Baumann, Julius J. 327, 376, 523
Baumgartner, Marie 51
Baur, Ferdinand Christian 382
Bayle, Pierre 390
Bebel, August 329
Becker, Oskar 228
Beethoven, Ludwig van 74, 75, 80, 86, 221
Behler, Ernst 315
Behrens, Peter 430
Beneke, Friedrich Eduard 395
Benfey, Theodor 425
Benjamin, Walter 202, 267
Benn, Gottfried 149, 451, 463–466
Bentham, Jeremy 262, 395
Benz, Ernst 413
Berdjaev, N. 514
Berg, Leo 344, 446, 449
Bergemann, Paul 486
Bergk, Theodor 158
Bergson, Henri 100, 474, 500
Bernays, Jacob 88, 338, 373
Bernhard, Thomas 466
Bernini, Giovanni Lorenzo 191
Bernoulli, Carl Albrecht 41, 54, 438, 441, 442
Bersano 443
Bertram, Ernst 345, 529
Bierbaum, Otto Julius 449
Binswanger, Ludwig 511
Binswanger, Otto 511
Biser, Eugen 529
Bismarck, Otto von 2, 4, 250
Bispuri 443
Biton 233
Bizet, Georges 127, 287
Blanchot, Maurice 437
Blass, Friedrich 167
Bleibtreu, Carl 450
Bloch, Ernst 267, 508
Blok, Aleksandr A. 514
Bloom, Allan 433
Blumenberg, Hans 226, 288
Böcklin, Arnold 401
Bogdanov, Aleksandr A. (Malinovskij) 514
Bohley, Reiner 12, 33
Böhmer, Otto A. 434
Bölsche, Wilhelm 449
Bonhoeffer, Dietrich 529
Borchmeyer, Dieter 35, 43, 47
Borges, Jorge Luis 527

Borgia, Cesare 311
Bornmann, Fritz 378
Boscovich, Ruggero Giuseppe 405, 416
Bourget, Paul 127, 213, 293f., 424
Boye, Karin 519
Brahms, Johannes 128
Brandes, Georg (Pseudonym für Morris Cohen) 175, 267, 489, 516f.
Braun, Volker 202
Braun, Heinrich 510
Brennecke, Detlef 205
Brenner, Albert 46, 53
Bridgewater, Patrick 432
Brunetière, Ferdinand 293, 399
Brünnhilde 84, 86
Brusotti, Marco 107, 109, 114, 140
Büchner, Georg 405
Buddensieg, Robert 364
Buddha 133
Bülow, Cosima von 19
Bülow, H. von 47, 181
Burckhardt, Jacob 29, 37, 43, 55, 77, 86, 93, 100, 111, 174, 190, 191, 255, 297, 311, 332, 336, 397, 422, 442, 515, 516
Bursian, Conrad 428
Byron, George Noël Gordon, Lord 156

Cacciari, Massimo 443
Caesar, Gaius Julius 379
Camus, Albert 437
Cancik, Hubert 38, 39, 42
Canova, Antonio 391
Cantoni, Remo 443
Carlyle, Thomas 252
Carus, Carl Gustav 347, 423
Caspari, Otto 213, 228, 405
Castiglioni, Manlio 443
Cavani, Liliana 434
Celan, Paul 466
Cervantes, Miguel des 213
Chamberlain, Houston Stewart 501
Chamfort, Nicolas Sébastien Roch, genannt de Chamfort 186, 400
Chamisso, Adelbert von 181
Charcot, Jean-Martin 424
Chlebnikov, Velemir V. 514
Choerilus 167
Chopin, Frédéric 287
Chu, Simon 434
Cicero 379
Cohen, Morris (siehe Georg Brandes)
Colli, Giorgio 143, 146, 440, 443
Common, Thomas 432
Comte, Auguste 98
Cornford, Francis M. 428
Conrad, Michael Georg 447–451
Conradi, Hermann 345, 446–450
Moretti-Costanzi, Teodorico 443
Cosima (siehe Wagner, Cosima)

Cremer 188
Creuzer, Georg Friedrich 336

D'Annunzio, Gabriele 267, 443, 445, 472
Danto, Arthur C. 227, 228, 433
Darwin, Charles 98, 108, 212, 327, 344, 373, 392, 406, 412, 443, 445, 447
Davidson, John 432
Dehmel, Richard 449f.
Delacroix, Eugène 402
Deleuze, Gilles 259, 279, 313, 412, 437, 498
Demetrius von Magnesia 159
Demokrit 108, 166, 200, 212, 236, 372
Demosthenes 380
Derrida, Jacques 282, 321, 436f., 496
Descartes, René 204, 271, 354, 409, 420
Deussen, Paul 35, 65, 170, 206, 364
Díaz Casanueva, Humberto 572
Díaz Rodríguez, Manuel 527
Diderot, Denis 398
Diels, Hermann 159, 166, 378, 428
Dieterich 429
Diner, Joseph 447
Diogenes Laertius 159, 378
Diogenes von Sinope 346, 377
Diokles von Magnesia 159, 378
Dionysios von Halikarnassos 159, 164
Dionysos 135, 136, 137, 146, 147, 155, 187, 191, 246, 259, 273, 275, 286, 311, 319, 342, 433, 502
Dionysos Zagreus 75
Diotima 109, 232
Dix, Otto 484
Döblin, Alfred 458
Dodds, Eric 428
Dohm, Hedwig 51
Don Juan 432
Don Quixote 140
Donndorf, Karl 484
Donnellan, Brendan 400
Dostoevskij, Fëdor M. 31, 60, 133, 148, 256, 301, 383, 468
Dreher, Eugen 213
Dreiser, Theodore 432, 477
Dühring, (Karl) Eugen 126, 185, 241, 262, 370, 413
Durant, Will 433
Dürer, Albrecht 402
Dürrenmatt, Friedrich 466, 516

Eger 22
Eichendorff, Joseph von 150, 181
Eiser, Otto Dr. 24, 25
Eisner, Kurt 506
Ekelund, Vilhlem 519
Eleaten, die 84
Elektra 368
Eliade, Mircea 211
Ellis, Havelock 432
Emerson, Waldo 70, 121, 132, 230, 236, 252, 367
Empedokles 76, 80, 85, 166, 201, 212, 372

Engels, Friedrich 262
Epiktet 268
Epikur 102, 113, 378
Erasmus, Desiderius genannt Erasmus von Rotterdam 398
Ermanarich 70
Ernst, Paul 447, 451, 505
Espinas 213
Eucken, Rudolf 19
Euripides 75, 161, 163, 164, 327, 338, 369
Evers, Franz 447
Evola, Giulio 304, 501
Ewald, Georg Heinrich August 227

Fechner, Gustav Theodor 405
Federn, P. 510
Fénelon, François de Salignac de la Mothe 251, 410
Féré, Charles-Sanson 131, 424
Ferrari Zumbini, Massimo 261, 443
Feuerbach, Ludwig 382, 414
Fichte, Johann Gottlieb 392
Figl, Johann 65
Finocchietti, Nerina 37, 172
Flaischlen, Caesar 450
Flaubert, Gustave 148, 424
Fontenelle, Bernard le Bouvier de 400
Förster, Bernhard 28, 52, 184, 434
Förster-N., Elisabeth 9, 50, 51, 52f., 54, 55, 59, 169, 184, 227, 438, 440f., 485, 499
Foster, George Burman 433
Foucault, Michel 124, 253, 321, 436f., 497f.
Framm, Valentine 38
Frantz, Konstantin 2
Freud, Sigmund 51, 105, 210, 226, 245, 253, 347, 510
Fricka 232
Friedell, Egon 202
Frisch, Max 466
Fritsch, Theodor 185
Fritzsch, Ernst Wilhelm 25, 176, 437
Fröding, Gustav 519
Fuchs, Carl 38
Fynn, Emily 175

Gaddis, William 478
Gallegos, Rómulo 527
Gallwitz, Franz 528
Galton, Francis 254, 360, 424
Gasser, Reinhard 512
Gast, Peter s. Köselitz, Heinrich
Gebhart, Émile 148
George, Stefan 267, 452, 485
Gerber, Gustav 100, 167, 314, 419, 424f.
Gerhardt, Volker 224, 230, 241, 300
Gersdorff, Carl von 25, 36, 55, 162, 169, 170, 171
Gervinus, Georg Gottfried 70
Giddings, Franklin Henry 433
Gide, André 430, 436, 445, 466–468
Gillot, Hendrik 50
Gilman, Sander L. 15, 17, 24

Giusso 443
Gjellerup, Karl 519
Gluck, Christoph Willibald 164
Gobineau, Joseph Arthur, Comte de 184, 205, 305, 311
Goch, Klaus 12, 52, 55
Goethe, Johann Wolfgang von 67, 80, 82, 83, 86, 100, 101, 102, 103, 111, 132, 148, 150, 153, 154, 155, 156, 188, 221, 344, 374, 378, 385, 387, 390, 410, 412, 418, 461
Gogarten, Friedrich 528
Goldman, Emma 433
Goncourt, Brüder (Edmond Huot de; Jules Huot de) 60, 148, 402
González Blanco, P. 526
Gor'kij, Maksim 514
Gordon, Benjamin 483
Görres, Johann Josef von 188
Gracian, Balthasar 105, 400
Graf Kessler, Harry 56, 430, 441, 451, 485
Granier, Raimund 35, 170
Grau, Gerd-Günther 106
Grillparzer, Franz 83
Groddeck, Wolfram 138
Gross, Otto 510
Groth, Klaus 181
Grützke, Johannes 483
Gsell-Fels, Theodor 190
Guardini, Romano 529
Gundolf, Friedrich 453
Günther, Hans 507f.
Gurlitt 487
Guyau, Jean-Marie 400, 414, 423
Guyon, Jeanne Marie de 251, 410

Haase, Marie-Luise 141, 149
Habermas, Jürgen 282, 288, 495
Haeckel, Ernst 212, 447
Hager, A. 487
Hägerström, Axel 519
Halbe, Max 451
Hamsun, Knut 519
Händel, Georg Friedrich 364
Handke, Peter 466
Hanslick, Eduard 75
Hansson, Ola 516
Harnack, Adolf von 527, 528
Harrison, Jane 428
Hart, Brüder (Heinrich und Julius) 449
Hart, Heinrich 177, 446
Hart, Julius 447
Härtle, Heinrich 502
Hartleben, Otto Erich 447, 449
Hartmann, Eduard von 260, 347, 414
Hase, von 382
Hauptmann, Gerhart 449f.
Havenstein, Martin 487
Haym, Rudolf 418
Hegar, Friedrich 516

Hegel, Georg Wilhelm Friedrich 2, 92, 101, 104, 105, 109, 112, 258, 306, 309, 325, 373, 392, 412, 415, 493
Heidegger, Martin 114, 139, 224, 227, 242, 259, 271, 272, 273, 282, 304, 335, 340, 345, 349, 350, 351, 439, 442, 443, 491, 496, 497, 527
Heidenstam, Verner von 519
Heims, Heinrich 483
Heine, Heinrich 155, 221, 369, 446
Heinze, Max 29
Hellwald, Friedrich Anton Heller von 213
Helmholtz, Hermann Ludwig Ferdinand von 45, 373, 405
Helvétius, Claude-Adrien 395
Hennis, Wilhelm 522, 523
Heraklit 76, 87, 118, 166, 199, 200, 212, 222, 223, 255, 265, 358, 359, 372
Herder, Johann Gottfried 386
Hermann, Conrad 147
Herodot 233
Herzen, eigentlich Jakovlev, Alexandr Ivanovič 53
Herzen, Natalie 55
Hesiod 78, 87, 160, 166, 366
Hesse, Hermann 345, 444
Hesychius von Milet 159
Hettner, Hermann 70
Heyse, Hans 345
Heyse, Paul 205, 448
Hildebrandt, Kurt 58, 453
Hillebrand, Karl 422
Himmelmann, Beatrix 231
Hindemith, Paul 479
Hippokrates 108
Hirsch, Emanuel 528
Hirzel, Rudolf von 167
Hitchcock, Alfred 435
Hitler, Adolf 53, 184, 430, 433, 434, 442, 501–504, 508f.
Hobbes, Thomas 266, 323
Höffding, Harald 213, 517
Hoffmann von Fallersleben, August Heinrich 181
Hofmannsthal, Hugo von 430, 451
Hofmiller, Josef 442
Hölderlin, Johann Christian Friedrich 39, 121, 155, 188, 269, 387
Hollingdale, R. J. 433
Hölty, Ludwig Heinrich Christoph 68
Holz, Arno 447, 449
Homer 157, 160, 161, 163, 166, 240, 365
Horaz 157, 380
Horkheimer, Max 267, 288, 494
Horneffer, August 441
Horneffer, Ernst 441
Huelsenbeck, Richard 269
Huidobro, Vicente 526
Humboldt, Wilhelm von 188
Hume, David 147, 411
Huneker, James 433
Hutcheson, Francis 395
Huxley, Thomas Henry 396

Ibsen, Henrik 202, 432, 517
Ibykus 163
Icaza, F. 527
Ihering, Rudolph von 244, 284, 307
Ivanov, Vjačeslav I. 514

Jacoby 213
Jacolliot, Louis 134, 148
Jahn, Otto 14
James, William 211, 432
Janssen, Horst 483
Janssen, Johannes 382
Janz, Curt Paul 13, 22, 35, 36, 169
Jara, José 526
Jaspers, Karl 58, 224, 324, 336, 345, 443, 491
Jauß, Hans Robert 115
Jean Paul 103
Jensen, Johannes V. 519
Jesinghaus, Walter 528
Jesus 71, 133, 207, 251, 256, 262, 268, 364, 382, 413, 415, 468
Joël, Karl 442
Joerg, Joseph Edmund 422
Jörgensen, Johannes 519
Joseph 9
Joyce, James 432, 475
Jung, Carl Gustav 511
Jüngel, Eberhard 529
Jünger, Ernst 304
Juvenal 70

Kafka, Franz 471
Kaftan, Julius 528
Kallikles 206
Kallinos 163
Kant, Immanuel 75, 82, 84, 92, 95, 99, 104f., 131, 147, 220, 231, 256, 291, 308, 310, 350, 358, 371, 373, 382f., 392, 411, 460, 498
Kaufmann, Walter 315, 375, 399, 433
Kaulbach, Friedrich 231, 300
Kautzsch, Emil 365
Keller, Gottfried 21, 111, 175 516
Kennedy, John McFarland 432
Key, Ellen 486, 519
Kierkegaard, Sören 308
Kjaer, Jörgen 14, 55, 68
Klages, Ludwig 92, 189, 313, 490, 513
Klein, Julius Leopold 338
Klein, Max 484
Kleist, Heinrich von 80, 388
Kleobis (s.a. Biton von Argos) 233
Klinger, Max 484
Klopstock, Friedrich Gottlieb 155, 387
Klossowski, Pierre 227, 437
Koegel, Fritz 438, 440f.
Kohlenbach, Michael 149
Köhler, Joachim 24, 57
Kolbe, Georg 484
Kolumbus, Christoph 68

Kommerell, Max 454
Köselitz, Heinrich 25, 41, 47f., 134, 169, 174, 179f., 238, 287, 438, 440f., 485
Kramer, Arnold 484
Kraus, Karl 187, 444
Krohn, August A. 374
Krug, Gustav 35, 67, 170, 179f.
Kruse, Max 484
Kubin, Alfred 485
Kundera, Milan 478
Kundry 56

La Bruyère, Jean 400
La Rochefoucauld, François de 186, 400, 423
Lagarde, Paul de 3, 415, 501
Lamarck, Jean Baptiste Antoine Pierre de Monet de 360, 373
Langbehn, Julius 31
Lange, Friedrich Albert 44f., 95, 147, 170, 208, 212, 310, 372, 392, 400, 416, 422
Lange-Eichbaum, Wilhelm 16, 58
Larsson, Hans 519
Lassalle, Ferdinand 262, 373
Lassen, Christian 441
Latacz, Joachim 38, 42
Le Corbusier 431
Le Rider, Jacques 436
Lecky, William Edward Hartpole 60, 380, 413
Leibniz, Gottfried Wilhelm 147, 204, 228, 347, 351, 410
Leonardo da Vinci 311, 403
Leopardi, Giacomo 86, 111, 162, 269, 301, 388
Lessing, Gotthold Ephraim 79, 103, 389
Leukipp 166
Levertin, Oscar 519
Levy, Oscar 432
Lichtenberg, Georg Christoph 186, 423–425
Lichtheim, George 184
Liebmann, Otto 213
Liliencron, Detlev von 449
Lindau, Paul 42
Lipiner, Siegfried 510
Lippert, Julius 429
Liszt, Franz 180
London, Jack 433, 477
Lorrain, Claude 403
Lotz, Johann Baptist 529
Lotze, Rudolf Hermann 100
Love, Frederick R. 47
Löwith, Karl 224, 227, 349, 373, 439, 493f.
Lubac, Henri de 529
Lublinski, Samuel 447, 451
Lüdemann, Hermann 148, 382
Ludovici, Anthony Mario 432
Ludwig II. 2f.
Lugones, Leopoldo 527
Lukács, Georg 184, 205, 262, 485, 507f.
Lukrez 378
Lunacarskij, Anatolij V. 514

Lundegård, Axel 519
Luther, Martin 104, 106, 134, 280, 308, 311, 313, 381f., 411, 446, 528
Lyotard, Jean-François 496

Mach, Ernst 405
Machado, Antonio 526
Machiavelli, Niccolò 202, 249, 311, 422
MacIntyre, Alasdair 433
Macintyre, Ben 434
Maeztu, Ramiro de 526
Magnus, Bernd 226, 433
Mahler, Gustav 430, 479
Maillol, Aristide 430
Mainländer, Philipp 416, 418
Majakovskij, Vladimir V. 514
Malraux, André 468–470
Man, Paul de 314
Mandelstam, Osip E. 514
Mann, Heinrich 312, 336, 456–458, 463
Mann, Thomas 58, 205, 287, 312, 442, 451, 456–458
Mannhardt, Wilhelm 429
Maragall, Joan 526
Marcuse, Herbert 495
Mariani, Kardinal 176
Marsyas 78
Martin, Alfred v. 44
Martyr, Justinus 364
Marx, Karl 262, 500
Masini, Ferruccio 443
Matthison, Friedrich von 68
Maudsley, Henry 423
Maurer, Reinhart 231
Mayer, Julius Robert 406
Mehring, Franz 262, 505
Meier, A.A. 515
Meister, Ernst 466
Meléndez, G. 526
Mencken, Henry Louis 433
Mendelsohn, Erich 431
Menzel, Wolfgang 70
Mérimée, Prosper 293
Mette, Hans Joachim 439
Meyer, Guido 35
Meysenbug, Malwida von 23, 53, 55, 172
Michelangelo Buonarotti 190f., 311, 403
Mill, John Stuart 60, 262, 299, 395f., 422
Miltiades 78
Mimnermos 163
Mittasch, Alwin 404, 407
Möbius, Paul 58
Moeller-Bruck, Arthur 450
Moleschott, Jacob 405
Montaigne, Michel Eyquem de 102, 119, 236, 274, 378, 400
Monteverdi, Claudio 164
Montinari, Mazzino 116, 144, 169, 220, 288, 440, 443
More, Paul Elmar 433
Morgenstern, Christian 450

Morrison, Jim 435
Mozart, Wolfgang Amadeus 109, 287
Mulisch, Harry 478
Müller, Heiner 466
Müller, Karl Otfried 74, 188, 336, 338
Müller-Kamphausen, Fritz 484
Müller-Lauter, Wolfgang 147, 224, 228, 408
Munch, Edvard 483
Mundt, Theodor 70
Mushacke, Hermann 36, 170
Musil, Robert 460–463
Mussolini, Benito 53, 442, 472, 485, 500f.
Myschkin 256

Nägeli, Carl von 147, 213, 405
Napoleon Bonaparte, Louis 148, 221, 222, 266, 423
Napoleon III. 70
Natorp, Paul 7
Naumann, Constantin Georg 176
Naumann, Gustav 442
Nehamas, Alexander 433
Nietzsche, Carl Ludwig 9, 55
Nietzsche, Erdmuthe 55
Nietzsche, Franziska, geb. Oehler 9, 12, 55
Niobe 78
Nissen, Heinrich 429
Nitzsche, Marta 37
Nohl, Hermann 486
Noll, Thomas 44
Nordau, Max 202, 433
Norström, Vitalis 519
Novalis 155, 188, 347

O'Neill, Eugene 433, 477f.
Oedipus 274, 368
Oehler, Max 500
Olde, Hans 483
Olympos 163
Orage, Alfred Richard 432
Orest 163
Orestano, Francesco 443
Orff, Carl 479
Ortega y Gasset, José 526
Ott, Louise 56, 175
Ottmann, Henning 189, 224, 226, 228
Otto, Rudolf 211
Otto, Walter F. 428
Ovejero y Mauri, Eduardo 526
Overbeck, Franz 21, 40–42, 54, 59, 169, 173, 382, 415f., 418, 420, 438, 440, 516, 527
Overbeck, Ida 54
Ovid (eigentlich Publius Ovidius Naso) 67, 157

Palmer, Tony 434
Paneth, Josef 28, 185, 424, 510
Pannwitz, Rudolf 451, 496
Papini, Giovanni 443
Pareto, Vilfredo 500
Parmenides 88, 113, 118, 166, 200, 371, 419

Parsifal 287
Pascal, Blaise 102, 106, 109, 117–119, 186, 251, 301, 378, 383, 400, 410
Pasolini, Pier Paolo 434
Pasternak, Boris 515
Patzak, Peter 434
Patzer, Andreas 37, 39, 41, 45
Paulus 106, 134, 151, 251, 256, 280, 313, 382, 415, 421
Pérez de Ayala, Ramón 526
Perikles 89, 108, 205, 369, 371
Pernet, Martin 35
Persius 70
Pestalozzi, Karl 47
Peter, Niklaus 40
Peterson-Berger, Wilhelm 519
Petőfi, Sándor 181
Phidias 401
Phrynichos 167
Pindar 135, 163, 322
Pinder, Wilhelm 35, 67f., 170, 179
Platen, August Graf von 154
Plato 84, 88, 92, 95, 97, 102, 118, 131, 157, 163, 165, 206, 219, 249, 258, 264, 268, 281, 315, 358, 366, 374f., 378, 422
Plutarch 164, 378
Podach, Erich F. 32, 438f.
Poesche, Theodor 205
Poincaré, Henri 228
Polanski, Roman 435
Polyhistor, Alexander 159
Polyklet 401
Politycki, Matthias 316
Pontoppidan, Henrik 519
Pratinas 167
Praxiteles 401
Prévost-Paradol, Lucien-Anatole 422
Prezzolini, Giuseppe 443
Prinz Eugen 154
Prinzhorn, Hans 513
Proklos 164
Prometheus 140, 202, 251, 274, 367f.
Pryce-Jones, Candida 434
Przybyszewski, Stanislaw 483
Przywara, Erich 528
Puschkin, Aleksandr S. 181
Pythagoras 76, 166, 223, 312
Pythagoreer 82, 166, 223

Raffael 404
Ragaz, Leonhard 516
Rank, Otto 510
Ranke, Leopold v. 83, 255
Raskolnikow 31
Rathenau, Walther 430
Rée, Paul 5, 24, 27f., 36, 40, 44–46, 50f., 53, 92f., 169, 213, 232, 238, 423, 520
Reemtsma, Philipp 441
Reibnitz, Barbara v. 40, 42
Reinhardt, Karl 428

Rémusat, Claire Elisabeth Gravier de Vergennes, comtesse de 423
Renan, Ernest 133, 148, 194, 256, 382, 417, 422
Reventlow, Franziska Gräfin zu 336
Ribot, Théodule 423
Richter, Raoul 452
Riedel, Manfred 118
Riehl, Alois 431
Riemann, Hugo 214, 409
Rilke, Rainer Maria 51, 454
Ritschl, Friedrich Wilhelm 14f., 17, 20, 36, 38, 157
Ritschl, Sophie 17
Rittelmeyer, Friedrich 528
Robertson 213
Roberty, Eugène de 147
Robespierre, Maximilien de 399
Rode, Helge 519
Rohde, Erwin 37f., 55, 93, 111, 170f., 238, 337, 428
Rohe, Ludwig Mies van der 431
Rokha, Pablo de 527
Rolland, Romain 53, 442
Rolph, William Henry 213, 397
Romundt, Heinrich 36f., 44, 172
Roos, R. 256
Rorty, Richard 433
Roscher, Wilhelm 38
Rosenberg, Alfred 501f.
Ross, Werner 35, 58
Rossini, Gioacchino 287
Rothpletz 59
Rousseau, Jean-Jacques 5, 100, 102, 202, 273, 283, 290, 365, 378, 393, 397–399, 423
Roux, Wilhelm 147, 213, 407
Royce, Josiah 432
Rückert, Friedrich 181
Rukser, Udo 526
Rütimeyer, Ludwig 212, 405f.

Salaquarda, Jörg 43, 47, 115
Salin, Edgar 44
Salis, Meta von 53f., 175, 442, 516
Salomé, Lou 27f., 50–52, 169, 175, 181, 232, 253, 276, 379, 454, 510, 520
Salter, William Mackintire 433
Sánchez Pascual, Angel 526
Santayana, George 432
Sappho 163
Sartre, Jean-Paul 437
Saudeck, Rudolph 484
Scardaoni 443
Schaarschmidt, Carl 65f., 206
Schandorph, Sophus 519
Scheffel, Joseph Viktor 155
Scheler, Max 100, 253, 313, 442, 528
Schellbach, Siegfried 484
Schelling, Friedrich Wilhelm Josef 188, 347, 392
Schenkel, Daniel 417, 420
Schiller, Friedrich 82f., 100, 109, 150, 164, 188, 390
Schirnhofer, Resa von 55, 175

Schlaf, Johannes 449, 450
Schlaffer, Heinz 218
Schlechta, Karl 139, 224, 439
Schlegel, August Wilhelm 70, 161, 164, 338, 347, 370
Schlegel, Friedrich 161, 188, 338, 347, 417
Schleiermacher, Friedrich Daniel Ernst 211, 309, 418
Schluchter, Wolfgang 524
Schmeitzner, Ernst 176, 184, 206, 437
Schmidt, Arno 466
Schmidt, Hermann Josef 9, 12f., 35, 55, 57, 64, 68, 150, 233
Schmidt, Leopold Valentin 36, 366, 371
Schneider, Georg Heinrich 213
Schneider, Sascha 483
Schoenberg, Arnold 479
Schopenhauer, Arthur 16, 37, 66, 75, 78–80, 85, 93, 100, 102, 105, 107f., 110, 114, 120, 123, 126f., 146, 170, 172, 186, 197, 201, 206f., 212, 221, 234, 236, 239, 246, 250–252, 255, 260, 267, 283, 286, 294, 301, 303, 309, 310, 323, 328, 332, 347, 352, 358, 364, 371–373, 378, 383, 398, 402, 414, 418, 498, 505
Schuhmacher, Fritz 430
Schultze-Naumburg, Paul 430
Schumann, Robert 180, 239
Segantini, Giovanni 516
Seidl, Arthur 438, 441
Semper, Karl Gottfried 213
Seneca 317, 380
Senger, Hugo von 55
Servaes, Franz 506
Sestov, Lev I. 514
Severino, Emanuele 443
Seydlitz, Reinhart v. 46
Shakespeare, William 275, 367
Shaw, George Bernhard 202, 432, 474f.
Siegfried 76, 235, 287, 475
Simmel, Georg 6, 100, 224, 227, 228, 344, 520–522
Simón, P. 526
Simonides 159, 163
Sinaida 233
Skopas 401
Sobejano, Gonzalo 526
Sobrevilla, David 526
Söderberg, Hjalmar 519
Södergran, Edith 519
Sokrates 75, 80, 116, 161, 164, 166, 201, 219, 276, 313, 369f., 374
Sölle, Dorothe 529
Sommer, Andreas Urs 41
Sophokles 74, 88, 108, 161, 163, 172, 274, 327, 368
Sorel, Georges 500
Spencer, Herbert 98, 212, 262, 299, 327, 360, 375, 396, 422
Spengel, Leonhard 167, 314
Spengler, Oswald 441f., 475
Spinoza, Baruch de 102, 147, 262, 269, 323, 351, 378, 410, 418
Spir, African 392, 411, 419f.

Spitteler, Carl 129, 516
Spranger, Eduard 486
Springer, Anton 190
Stambough, Joan 433
Steilberg, Hays A. 432
Stein, Heinrich von 46, 252
Steinbüchel, Theodor 528
Steiner, Rudolf 52, 441
Steinhart, Karl 65, 364
Stendhal (d.i. Henri Beyle) 109, 148, 199, 221, 400, 412, 423
Sterne, Laurence 398
Sternheim, Carl 444
Stesichoros 163
Stirner, Max 344, 415, 443
Stobäus 158
Stoecker, Adolf 185
Stoeving, Curt 483
Stone, Oliver 435
Strauss, David Friedrich 3, 22, 78, 246, 382, 420
Strauss, Richard 430, 479
Strickers, Salomon 424
Strindberg, August 60, 175f., 517f.
Strongh, Tracy B. 433
Sudermann, Hermann 450
Sybel, Heinrich von 5

Tacitus 380
Taine, Hippolyte 39, 147, 171, 175, 252, 297, 392, 399, 422
Taut, Bruno 430
Tegnér, Esaias 517
Teichmüller, Gustav 373, 376, 420
Terpandros 163
Thales 87, 166, 200, 372
Thamyris 78
Thatcher, David S. 432, 479
Theognis 158
Theokrit 152
Theseus 191
Thespis 167
Thiel, Ernst 441
Thorak, Joseph 484
Thukydides 96, 108, 157, 307, 311, 369–371
Tille, Alexander 432
Tillich, Paul 528
Tissi, S. 443
Tocqueville, Alexis de 422
Tolstoj, Lev N. 382
Tönnies, Ferdinand 6, 520f.
Trampedach, Mathilde 55, 175
Treiber, Hubert 37, 45f.
Treitschke, Heinrich von 5, 40, 413
Trendelenburg, Friedrich Adolf 45
Troeltsch, Ernst 528
Turgenev, Ivan S. 233, 293
Tylor, Edward Burnett 98, 429
Tyrtaios 163

Umberto I. 176
Unamuno, Miguel de 526
Usener, Hermann 428f.

Vaihinger, Hans 227, 344
Valdelomar, Abraham 527
Valéry, Paul 436
Vattimo, Gianni 104, 443
Vauvenargues, Luc de 400
Velde, Henry van de 52, 430f., 485
Venturelli, Aldo 443
Vigny, Alfred de 301
Virgil 157
Vischer, Friedrich Theodor 100
Vischer(-Bilfinger), Wilhelm 19
Vogel, Martin 189
Vogt, Johann Gustav 408
Volkmann, Richard 167, 314
Voltaire (eigentlich François-Marie Arouet) 2, 5, 93f., 236, 398f.
Volz, Pia Daniela 10, 57, 64

Wackernagel, Jakob 206
Wagner, Cosima 5, 56, 76f., 93, 162, 169, 171, 176, 191, 192, 200
Wagner, Richard 2f., 21, 25, 28, 35, 38, 42f., 47, 69, 74f., 93f., 143, 157, 164, 171f., 184, 214, 232, 236, 238, 240, 251f., 269, 275, 286f., 306, 316, 318, 347, 367, 385, 392, 432, 438, 453, 472, 475, 501
Walser, Robert 516
Warburg, Aby 429
Wartenburg, Paul Yorck von 338
Weber, Max 100, 113, 253, 313, 520–526
Wedekind, Frank 450
Weigand, Wilhelm 445
Weininger, Otto 185
Welcker, Friedrich Gottlob 158, 160, 188, 336
Wellhausen, Julius 148, 365, 383, 421, 523
Wells, Herbert George 432
Welte, Bernhard 529
Weniger, Erich 487
Westermann 167
Whitman, Walt 202
Widmann, Josef Victor 312, 516
Wieland, Christoph Martin 103
Wilamowitz-Moellendorff, Ulrich von 38, 157, 171, 337, 339, 366, 369, 378, 428
Wilbrandt, Adolf von 447f.
Wilhelm I. 4
Wilhelm II. 5
Wille, Bruno 449, 505
Wille, Ludwig 516
Winckelmann, Johann Joachim 132
Wolf, Friedrich August 161f.
Wölfflin, Heinrich 190, 442
Worringer, Wilhelm 431
Wotan 85f.
Wurmser, Léon 58

Xenophanes 88, 166
Xenophon 327, 374

Yeats, William Butler 432
Yorick 152

Zamjatin, Evgenij I. 515
Zarathustra 116, 136, 233, 268, 274, 278, 295, 304, 342f., 353, 483
Zeller, Eduard 166

Zenge, Wilhelmine von 389
Zeno aus Elea 166
Zeus 76
Zimmern, Helen 175
Zittel, Claus 138, 141
Zoccoli, Ettore G. 443
Zola, Émile 148
Zöllner, Johann Friedrich 409
Zschokke, Alexander 484
Zweig, Stefan 444

MIX
Papier aus verantwortungsvollen Quellen
Paper from responsible sources
FSC® C105338

If you have any concerns about our products,
you can contact us on
**ProductSafety@springernature.com**

In case Publisher is established outside the EU,
the EU authorized representative is:
**Springer Nature Customer Service Center GmbH
Europaplatz 3, 69115 Heidelberg, Germany**

Printed by Libri Plureos GmbH
in Hamburg, Germany